2022 보건교사 임용고시 합격을 위한 필수 수험서

김희영 전공보건

기본이론·기출문제 풀이

지역사회간호 · 학교보건 · 정신간호

> 2020학년도 중등학교 보건교사 문제 및 해설 수록
> 최근 10년간 기출문제 수록 및 완벽 분석
> 주요 내용 및 기본 내용을 다지기 위한 기초문제 수록
> 각 과목별 보다 전문적이고 심오한 핵심이론서
> 도표와 체크 포인트를 활용하여 한눈에 들어오는 편집 체제
> 최근 개정법령 반영

최근 출제경향 적극반영!

보건교사
전문학원
현장강의 채택

마지원

PREFACE

이 책을 내면서

보건교사 임용고시는 지역사회간호학의 한 분야인 학교보건을 담당할 전문 교육공무원을 선발하는 시험입니다. 특히 최근의 시대변화는 지역사회간호학의 영역 및 기능 확대와 함께, 학교보건 대상자들의 요구도 변화되고 있습니다. 이에 따라 그동안 학교의 건강을 책임지고 관리하는 역할만 해왔던 보건교사들도 앞으로는 학교뿐 아니라 지역사회 및 국가 전체의 건강과 삶의 질 향상을 책임지는 일차보건의료 전문가로서의 역할 확대가 절실히 요구되고 있습니다.

실례로, 심폐소생술 등의 보건교육이 의무화되면서 보건교사의 활동영역이 더욱더 넓어지고 있다고 할 수 있을 것입니다.

따라서 오늘날과 같이 급변하는 보건의료 환경하에서는 보건교사 임용고시에 도전하는 수험생들께서는 최근의 보건의료분야의 변화추세와 향후 정부의 정책방향 변화에 대해 분야별 전문화된 이해가 선행되어야 할 것입니다. 실제 보건교사 임용고시 또한 영역범위의 확대와 더불어 난이도가 더욱더 깊어지고 있는 것이 현재 보건교사 임용고시의 가장 중요한 변화추세입니다. 이에 따라 앞으로 보건교사 임용고시 준비는 과거처럼 한 명의 유명강사에 의한 일반화된 수험방법만을 고집한다면, '보건교사 임용고시 합격'의 목적을 달성하지 못할 가능성이 높으므로 반드시 아래와 같은 점을 깊이 유의해야 할 것입니다.

첫째, 분야별 전문화된 강사에 의한 시스템적인 보건교사 임용고시 수험방법이 더욱더 바람직하며 성공적인 임용고시 준비가 될 것입니다. 즉, 각 과목별 전공교수에 의한 강의는 이제 선택이 아니라 필수가 되었습니다.

둘째, 최근 보건교사 임용고시에서 출제빈도가 높아지고 있는 분야인 지역사회간호학은 질환 및 환자 위주의 다른 간호분야와는 달리 정부의 정책에 따라 수시로 내용이 변경되고 학습범위 또한 다양하고 복잡하며, 보건의료 관련법규도 수시로 대폭적인 개정이 진행되고 있습니다. 따라서 향후 이 같은 정부의 보건정책 변화와 이에 대응하는 지역사회간호학 이론에 대한 충분한 이해 없이 단순한 문답형 암기학습만으로 보건교사 임용고시에 도전하게 된다면, 특히 전문가적 논리전개가 요구되는 2차 논술형에서 고전을 면치 못하게 될 것이고 결국 '보건교사 임용고시 합격'의 문턱 앞에서 실패하고 말 것임을 경고합니다.

셋째, 교수의 임용조건에도 현장임상경력이 2년 이상이 필수임을 감안할 때, 보건교사를 강의하는 강사 역시 현장임상경력은 필수라고 생각합니다. 따라서 앞으로 학원강의나 동영상 학습 등을 통해 보건교사 임용고시를 준비하는 수험생들은 특히 지도강사의 보건교사 현장경험 및 정부정책 기획경험, 그리고 실제 지도강사 자신의 논문(박사 및 석사) 작성경험 등에 따라 실질적인 수험준비와 임용고시 성공 여부가 크게 달라질 것이기 때문에 반드시 지도강사의 선정에 충분한 숙고가 있으시기 바랍니다.

저는 학교를 졸업하고 서울시 공무원이 되어 시립병원과 보건소를 9년 동안 근무하고, 그리고 보건교사를 5년 경험한 후에야 비로소 학교보건이나 지역사회간호학의 짜임에 새삼스럽게 감탄할 수밖에 없었습니다. 간호학은 매우 실질적인 학문입니다. 학교졸업 후 병원에 첫 발을 디뎌 짧은 기간의 OT기간만 지나도 바로 업무를 수행할 수 있을 정도의 살아있는 학문이라는 것에 공감하실 겁니다. 하지만 그 중에서도 학교보건이야말로 제가 보건교사로 있으면서 정말 가장 많은 도움을 받았던 과목이라고 감히 이야기할 수 있습니다. “이런 것도 공부해야 해?”라는 생각에서 “어쩜!, 이런 것도 교과서에 있구나!”라고 감탄할 정도로 학교보건은 한마디로 현장의 기본서라고 할 수 있습니다.

이렇듯 저의 보건교사직 경험은 학교보건 교과서를 새롭게 분석할 수 있는 눈을 키웠다고 할 수 있습니다. 기존의 출제된 임용고시 문제 역시 학교 보건교사로 근무하였던 경험이 있는 분이라면 누구나 출제할만한 문제들이었다고 봅니다. 현장감 있고 역동적인 문제라고나 할까요?, 반면 기본적으로 이론서만 달달 외운 분이시라면 색다른 문제 접근에 당황하실 것이라는 예상도 합니다.

보건교사의 길!, 생각보다 더 힘들고 험난한 길임은 분명합니다. 간혹 여러 해 수험준비로 지친 수험생들로부터 “언제 합격하게 될까요?”라는 질문을 자주 듣곤 합니다. 그러면 저는 항상 이렇게 수험생들에게 되묻습니다. “공부가 재미있나요?, 공부에 재미가 생기면 그 해에 합격하게 됩니다. 저도 여러분과 똑같이 임용고시 수험경험을 했고, 저 또한 그렇게 합격했었거든요!”라고요.....

PREFACE

많은 수험생들이 겪는 흐름이 있는데, 처음엔 현실이 싫어서 현실도피로 임용고시의 문을 두드리게 됩니다. 공부를 하게 되면서 방대한 암기량에 좌절하게 되고 이후 자신의 무능력 때문에 시달리게 됩니다. 자신의 머릿속에서 떠나지 않는 생각!, "과연 내가 할 수 있을까?", 이후 이러한 딜레마마저 포기한 무념무상 상태가 되었을 때 살포시 고개를 드는 공부의 참 재미!, 그래서 참 재미 때문에 공부가 하고 싶어질 때, 그 때 합격은 당연한 결과가 됩니다.

보건교사가 된 이후에도 이러한 느낌을 더 느끼고 싶어서 많은 현직의 보건교사들은 석・박사의 길을 가고 있습니다. 저 역시 이러한 길을 걸었고, 현재도 간호대학 강의와 지역사회 실습을 담당하고 있으며, 지금도 계속 공부의 참 재미를 느끼며 살고 있습니다. 그래서 더욱 더 자신 있게 수험생 여러분들에게 감히 이렇게 말씀드릴 수 있습니다.

"보건교사는 누구나 갈 수 있는 길입니다. 그러나 아무나 갈 수 있는 길 또한 아닙니다. 다만 인간으로서 느낄 수 있는 가장 깊은 좌절 끝에 찾아오는 공부의 참 재미를 느끼시는 분이시라면 보건교사의 문이 활짝 열려 있음을 굳게 믿으십시오!, 필자는 여러분과 함께 할 것입니다. 지금까지 느껴보지 못한 새로운 공부의 세계, 참 기쁨을 누릴 수 있을 때까지 저는 항상 수험생 여러분 곁에서 여러분을 돕겠습니다.", 감사합니다!!!

STRUCTURE

CHECK Point

중요하거나 보충설명이 필요한 부분을 한눈에 들어오게 효과적으로 배치함으로써 학습의 집중도를 향상시킬 수 있도록 요약정리하였다.

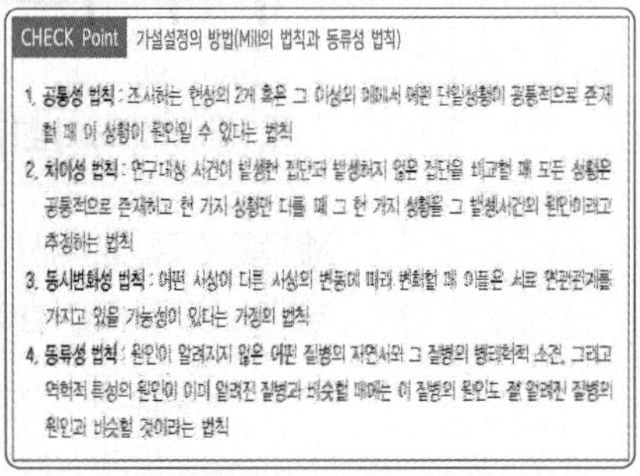

CHECK Point 가설설정의 방법(Mill의 법칙과 동류성 법칙)

1. **공통성 법칙** : 조사하는 현상의 2개 혹은 그 이상의 예에서 어떤 단일상황이 공통적으로 존재할 때 이 상황이 원인일 수 있다는 법칙
2. **차이성 법칙** : 연구대상 사건이 발생한 집단과 발생하지 않은 집단을 비교할 때 모든 상황은 공통적으로 존재하고 한 가지 상황만 다를 때 그 한 가지 상황을 그 발생사건의 원인이라고 추정하는 법칙
3. **동시변화성 법칙** : 어떤 사상이 다른 사상의 변동에 따라 변화할 때 이들은 서로 연관관계를 가지고 있을 가능성이 있다는 가정의 법칙
4. **동류성 법칙** : 원인이 알려지지 않은 어떤 질병의 자연사와 그 질병의 병태학적 소견, 그리고 역학적 특성의 원인이 이미 알려진 질병과 비슷할 때에는 이 질병의 원인도 잘 알려진 질병의 원인과 비슷할 것이라는 법칙

FINAL TEST

이론을 학습한 후 주된 내용 및 기본 내용을 다지기 위해 기초문제를 수록하였다. 내용을 제대로 이해했는지 확인해 볼 수 있는 기회가 될 것이다.

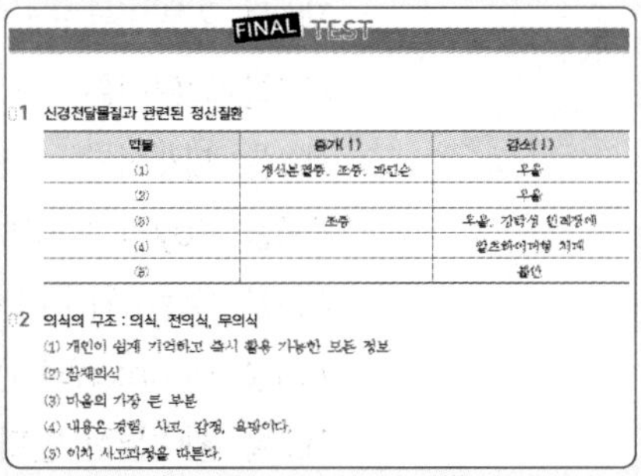

FINAL TEST

01 신경전달물질과 관련된 정신질환

약물	증가(↑)	감소(↓)
(1)	정신분열증, 조증, 파킨슨	우울
(2)		우울
(3)	조증	우울, 강박성 인격장애
(4)		알츠하이머형 치매
(5)		불안

02 의식의 구조 : 의식, 전의식, 무의식

(1) 개인이 쉽게 기억하고 즉시 활용 가능한 모든 정보
(2) 잠재의식
(3) 마음의 가장 큰 부분
(4) 내용은 경험, 사고, 감정, 욕망이다.
(5) 이차 사고과정을 따른다.

기출문제

이론 학습 뒤에 최근 10년간의 기출문제를 수록하여 기출 경향을 파악할 수 있도록 하였다. 실제 시험에 임하는 자세로 풀어본 후, 부족했던 부분은 자세한 해설을 보고 재확인하는 습관이 중요하다.

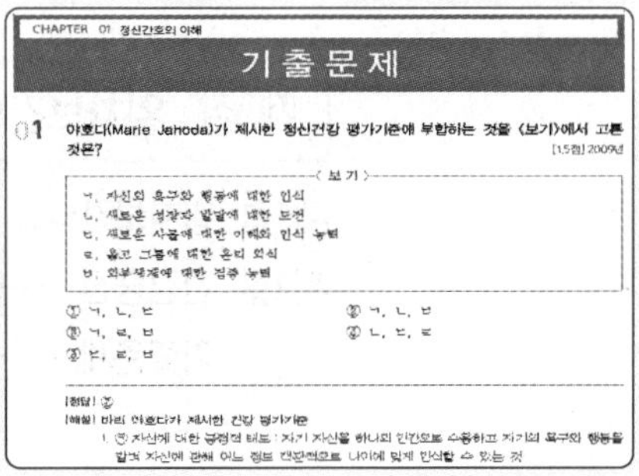

CHAPTER 01 정신간호의 이해

기출문제

01 야호다(Marie Jahoda)가 제시한 정신건강 평가기준에 부합하는 것을 〈보기〉에서 고른 것은? [1.5점] 2009년

〈보기〉
ㄱ. 자신의 욕구와 행동에 대한 인식
ㄴ. 새로운 성장과 발달에 대한 도전
ㄷ. 새로운 사물에 대한 이해와 인식 능력
ㄹ. 옳고 그름에 대한 윤리 의식
ㅂ. 외부세계에 대한 접촉 능력

① ㄱ, ㄴ, ㄷ ② ㄱ, ㄴ, ㅂ
③ ㄱ, ㄹ, ㅂ ④ ㄴ, ㄷ, ㄹ
⑤ ㄷ, ㄹ, ㅂ

[정답] ②
[해설] 마리 야호다가 제시한 건강 평가기준
1. ㉠ 자신에 대한 긍정적 태도 : 자기 자신을 하나의 인간으로 수용하고 자기의 욕구와 행동을 알고 자신에 관해 어느 정도 객관적으로 나이에 맞게 인식할 수 있는 것

CONTENTS

지역사회간호 및 학교보건

제1장 지역사회간호학의 이해

제1절 건강 및 역사 ······ 12
제2절 지역사회간호이론의 6가지 구성요소(Stevens) ······ 20
기출문제 ······ 69

제2장 지역사회간호 관련 이론

제1절 기획이론 ······ 80
제2절 교환이론 ······ 84
제3절 체계이론 ······ 85
제4절 Roy의 적응이론 ······ 89
제5절 Orem의 자가간호이론 ······ 92
제6절 Neuman의 건강관리체계이론 ······ 96
제7절 횡이론적 변화단계이론 ······ 103
제8절 SWOT 분석전략 ······ 108
기출문제 ······ 115

제3장 일차보건의료와 건강증진

제1절 일차보건의료 ······ 126
제2절 건강증진 ······ 130
기출문제 ······ 173

제4장 지역사회 간호행정

제1절 보건의료서비스 ······ 185
제2절 지역사회간호와 보건정책 ······ 223
기출문제 ······ 242

제5장 역학과 질병관리

제1절 역학 ··· 244
제2절 질병관리 ··· 253
제3절 예방접종 ··· 359
기출문제 ··· 379

제6장 산업보건

제1절 산업보건의 이해 ··· 410
제2절 건강진단 ··· 415
제3절 작업환경 관리 ··· 421
제4절 산업재해 ··· 424
제5절 산업장 건강문제 ··· 430
기출문제 ··· 462

제7장 환경과 건강

제1절 환경오염 ··· 475
제2절 공기와 건강 ··· 483
제3절 물과 건강 ··· 502
제4절 식품과 건강 ··· 523
제5절 폐기물 처리 ··· 532
제6절 환경 호르몬 ··· 536
제7절 환경영향평가 ··· 539
기출문제 ··· 555

제8장 학교보건

제1절 학교보건의 이해 ··· 566
제2절 학교보건사업 ··· 575

CONTENTS

제3절 학교간호과정 ········ 582
제4절 학생건강평가 ········ 589
제5절 보건실 운영관리 ········ 608
제6절 학교환경관리 ········ 625
제7절 학교 내 감염병 예방관리지침 ········ 650
제8절 학교건강증진 ········ 661
기출문제 ········ 698

제9장 보건교육

제1절 보건교육의 개념 ········ 735
제2절 보건교육 관련 이론 ········ 742
제3절 보건교육계획과 보건교육지도안 작성 ········ 756
제4절 보건교육 실시 ········ 766
제5절 보건교육 평가 ········ 804
기출문제 ········ 828

제10장 인구와 건강

제1절 인구의 이해 ········ 836
제2절 가족계획 ········ 854
기출문제 ········ 870

제11장 가족간호

제1절 가족의 이해 ········ 876
제2절 가족간호 ········ 883
제3절 우리나라의 가족 ········ 897
제4절 가족간호과정 ········ 902
기출문제 ········ 921

제12장 재난간호

제12장 재난간호 ········ 928
기출문제 ········ 931

CONTENTS

정신간호

제1장 정신간호의 이해 ···· 934
기출문제 ···· 943
제2장 인간의 이해 ···· 946
기출문제 ···· 970
제3장 치료적인 인간관계와 의사소통 ···· 979
기출문제 ···· 985
제4장 정신간호의 이론적 모델 ···· 988
기출문제 ···· 1012
제5장 지역사회 정신건강간호 ···· 1016
기출문제 ···· 1024
제6장 조현병 ···· 1033
기출문제 ···· 1047
제7장 불안장애 ···· 1050
기출문제 ···· 1065
제8장 기분장애 ···· 1079
기출문제 ···· 1098
제9장 신체증상 관련 장애 ···· 1110
기출문제 ···· 1115
제10장 인격장애 ···· 1117
기출문제 ···· 1124
제11장 해리장애 ···· 1125
제12장 물질 관련 장애 ···· 1130
기출문제 ···· 1143
제13장 아동 · 청소년 정신장애 ···· 1145
기출문제 ···· 1154
제14장 신경인지장애 ···· 1161
기출문제 ···· 1172
제15장 섭식장애 ···· 1173
기출문제 ···· 1180

부록 2020학년도 중등학교 보건교사 문제

2020학년도 중등학교 보건교사 문제 및 해설 ···· 1186

전공보건

P·A·R·T 1

지역사회간호 및 학교보건

01 지역사회간호학의 이해
02 지역사회간호 관련 이론
03 일차보건의료와 건강증진
04 지역사회 간호행정
05 역학과 질병관리
06 산업보건
07 환경과 건강
08 학교보건
09 보건교육
10 인구와 건강
11 가족간호
12 재난간호

CHAPTER

01 지역사회간호학의 이해

01 건강 및 역사

1 세계보건기구의 건강개념(1998년 5월)

"건강이란 단순히 질병이 없거나 허약하지 않은 상태만을 의미하는 것이 아니라 신체적 · 정신적 · 사회적 및 영적 안녕의 완전한 역동적 상태를 말한다."

1. 사회적 안녕

사회에 있어서 그 사람 나름대로의 역할을 충분히 수행하는 사회생활을 영위할 수 있는 상태로써 사회 속에서 자신에게 부과된 사회적 기능을 다한다는 뜻이다.

2. 영적 안녕

인간에게는 자기 삶의 의미와 목적을 발견하고 타인과 절대자와의 관계에서 사랑과 관심을 주고 받으며, 자신이 타인을 용서하고 용서를 받고자 하는 영적 기본욕구가 있는데, 이 중 한 가지라도 상실하거나 부족할 때 영적 안녕이 위협받게 된다.

2 지역사회에 초점을 둔 건강의 개념

1. 지역사회간호에서의 건강개념에 대한 공통점

(1) 상대적이고 역동적인 개념이다.

(2) 건강을 임상적인 관점보다는 기능적인 관점으로 본다.

(3) 인간을 대상으로 건강을 정의하기 보다는 지역사회나 인구집단의 건강을 정의한다.

2. 적정기능수준의 향상

대상자 스스로가 자신의 건강문제를 최대한으로 해결할 수 있는 기능을 말한다.

3 학자별 건강개념

1. Smith의 건강모형

(1) 임상적 모형

연속선상의 한쪽 끝에는 질병의 증상이나 징후가 있는 상태이고, 반대편 끝은 질병의 증상이나 징후가 없는 상태이거나 불구가 없는 상태로 이를 '건강'이라고 보았다.

(2) 역할수행모형

건강의 기준을 적절한 역할수행으로 보아 그 자신의 역할을 효과적으로 수행하면 '건강'하다고 보고, 자신의 업무수행을 방해하는 무력을 '질병'으로 보았다.

(3) 적응모형

건강은 유기체가 그의 물리적 · 사회적 환경과 효과적인 상호작용을 할 수 있는 상태, 즉 적응적 행위를 할 수 있으면 '건강', 적응에 실패하면 '질병'이라고 보았다.

(4) 행복모형

건강을 일반적인 안녕과 자아실현까지 확대하여 자아실현을 완성시키는 잠재력이 현실화되거나 실현된 상태를 '건강'으로 보았고, 생리학적인 상태의 치료가 안전하지 않아서 자아실현을 저해하는 상태를 '질병'으로 보았다.

여기에서 임상적 모형과 역할수행모형은 유기체의 안정성 유지가 초점이고, 적응모형과 행복모형은 변화와 발전을 지향하는 모형이다. 특히, 후자의 두 모형은 보건의료의 영역을 확대시키고 보건의료인들이 개인의 삶의 질에 관심을 갖도록 만들었다.

CHECK Point Smith의 건강모형에 따른 건강과 질병의 의미

모형	건강의 의미	질병의 의미
임상적 모형	불구, 질병의 증상, 징후가 없을 때	불구, 질병의 증상, 징후가 있을 때
역할수행모형	최고의 성과와 함께 사회적 역할수행	역할수행의 실패
적응모형	풍족한 유기체가 환경과 융통성 있게 적응을 지속	환경으로부터 유기체 소외
행복모형	안녕과 자아실현	무기력

2. Lalonde(1974, 캐나다 보건부장관)

(1) 건강은 '환경(20%), 생활방식(50%), 인간생물학(20%), 보건의료체제(10%)'의 4영역에 의해 성립한다고 간주하였다.

(2) 인간은 생물로서 포착되어 인간생물학의 범주 안에 들어왔으며, 생물로서의 한계가 있음을 암시하고, 또한 환경과 보건의료체제 역시 건강에 영향을 끼치는 중요 요소이지만 무엇보다도 신선한 것은 생활방식이 건강을 결정하는 요인의 하나라고 명시하였다.

(3) 건강은 생활방식(life style)으로 결정되며 생활방식을 바꿈으로써 병을 예방할 수 있으며 보다 건강해질 수 있다는 관점에서, 건강증진의 원형으로 간주되었다.

3. 건강의 개념 정의에 대한 접근

(1) 생의학적 모델

① 정신과 육체를 분리하는 데카르트의 정신 · 육체 이원론에서 출발하여 19세기 말에 Pasteur와 Koch에 의해 확립되었다.

② 육체를 기계나 부품처럼 생각하고 질병은 이 기계의 고장이고, 의사는 기계를 고치는 기술자의 역할을 수행하는 것으로 간주한다.

③ 특정 병인론(단일 병인론)의 원칙으로 특정 질병은 특정한 세균에 의해 발생된다고 보고, 질병의 치료는 이러한 특정 원인을 약물이나 수술 등의 국소적인 치료방법을 통해 실시하였다. 따라서 질병의 예방보다는 치료를 중시하므로 질병의 개인적인 차원을 강조하였다.

④ 이러한 환원주의는 19세기 세균설의 발전을 더욱 심화시켰다.

⑤ 생의학적 모델은 질병을 설명할 때 사회적 · 환경적 · 심리적 요인을 상대적으로 무시함으로써 만성퇴행성질환의 증가를 정확히 설명하지 못하였다.

⑥ 기술적 개입의 장점이 과대평가되기 쉬우며, 의학이 기술만능주의에 빠지는 결과를 초래하였다.

(2) 생태학적 모델

① '숙주, 병원체, 환경'의 3요소가 평형을 이룰 때 건강을 유지하게 되고, 균형이 깨질 때는 불건강이 초래된다고 하였으며, 위 3가지 요소 중 가장 중요한 것은 환경적 요소라고 하였다.

② **숙주** : 병원과의 접촉상태, 개인 또는 집단의 습관, 체질 · 유전, 방어기전, 심리적 · 생물학적 특성

③ **병원체** : 병원체의 특성, 민감성에 대한 저항, 전파조건

④ **환경** : 물리 · 화학적 환경, 사회적 환경, 경제적 환경, 생물학적 환경

(3) 사회생태학적 모델

① 개인의 사회적 · 심리학적 · 행태적 요인을 중시한 모델

② **숙주요인**(내적 요인) : 선천적(유전적) 소인과 후천적(경험적) 소인이 있다. 이러한 숙

주요인은 질병에 대한 감수성과 관련이 있다.

③ **외부환경요인(외적 요인)**

㉠ **생물학적 환경** : 병원소, 활성전파체인 매개곤충, 기생충의 중간숙주의 존재 등

㉡ **사회적 환경** : 인구밀도, 직업, 사회적 관습, 경제생활의 상태 등

㉢ **물리화학적 환경** : 계절의 변화, 기후, 실내외의 환경 등

④ **개인행태요인** : 사회생태학적 모델의 가장 큰 특징은 개인의 행태적 측면을 강조하고 있는 점이다. 현대에 와서 질병의 양상이 예전과 달라졌기 때문에 개인의 행태적 측면이 중요시되고 있다.

㉠ 감염병이나 급성질환에서 이제는 고혈압, 당뇨병, 암과 같은 만성질환이 만연하고 있다.

㉡ 병리학적 소인에 의한 질병이라기보다는 비병리학적 소인에 의한 질병이 점점 늘어나고 있는 추세이다.

㉢ 전염성 질환이 점점 사라지고 그 자리를 비전염성 질환이 차지하고 있다.

(4) 총체적인 모델

① 건강이란 사회 및 내부 생태체계가 역동적인 균형상태를 이루고 있는 것을 의미한다.

② 건강과 질병을 단순히 이분론적으로 파악하지 않고 건강 및 질병의 정도에 따라 연속선상에 있는 것으로 파악하였다.

③ 질병은 다양한 복합요인에 의해 발생한다.

④ 치료의 목적은 단순히 질병을 제거하는 것만이 아니라 개인이 더 나은 건강을 성취하기 위한 건강증진, 자가치료능력을 확대시키는 포괄적 개념을 포함한다.

⑤ 건강의 주체는 개인 자신이며, 의료인은 개인이 질병을 극복하고 건강한 삶을 누릴 수 있도록 교육하며 도와주는 역할을 할 뿐이다.

⑥ **구성요소**

㉠ **환경** : 물리적 환경뿐만 아니라 사회적 · 심리적 환경까지를 포함한다.

㉡ **생활습관** : 여가활동, 소비패턴, 식생활습관 등은 개인의 건강에 지대한 영향을 끼치고 있다.

㉢ **인체생리** : 유전적 소인 등과 같은 내적 요인은 질병발생에 영향을 주는 중요한 요인 중의 하나이다.

㉣ **보건의료시스템** : 이 요소가 다른 모델과의 차이점이 되며, 보건의료시스템은 포괄적 개념으로 예방적 요소, 치료적 요소, 재활적 요소 등을 포함한다.

CHECK Point 건강개념의 시대적 변천

1. **19C 이전 신체개념** : 생의학적 모델로서 인간을 기계로 보았고 질병은 이러한 기계의 부품이 고장 난 것이라 생각하였다.
2. **19C 심신개념** : 건강을 육체적, 정신적 측면으로 생각하였다.
3. **20C 생활개념** : 육체적 · 정신적 · 사회적 측면으로 생각한다(WHO 정의).

4 지역사회간호사의 역할

1. 지역사회 보건조직 관리자

지역사회 보건사업이나 사업조직을 구성 · 관리한다. 이를 위해 지역사회간호사는 계획, 조직화, 조정기능을 사용한다.

2. 직접간호의 제공자

간호사가 속해 있는 지역사회를 대상으로 대상자가 필요로 하는 간호를 제공한다.

3. 대변자(옹호자)

의료서비스 수혜자를 대변하며, 그들의 의료제도나 지식에 대한 무지와 그 때의 상황을 참작하여 논쟁이나 중재를 통해 법적인 근거하에 그들의 입장을 지지해 주는 것이다. 이를 위해 지역사회간호사는 각종 법칙 및 규칙에 대한 지식을 소유하여야 한다.

4. 팀요원(협력자)

지역사회 보건사업을 전개하는 데 도움이 되는 다른 팀(다른 간호사, 의사, 물리치료사, 사회복지사, 영양사)의 요원과 작용한 팀 구성원으로서의 역할을 한다.

5. 상담자

전문적인 기술을 기반으로 지역사회 주민의 건강문제에 대해 상담자가 된다.

6. 변화촉진자

건강관리요원으로서 지역사회 주민이 유용한 간호와 의료서비스 혜택을 받을 수 있는 기관에 쉽게 접근할 수 있도록 동기를 촉진시키는 역할을 한다. 즉, 의사결정과정에 영향력을 행사하여 바람직한 방향으로 변화되도록 유도하는 역할을 한다.

7. 교육자

교육자는 지역사회간호사의 주요 역할로서 건강에 관련된 습관, 건강증진 행위 등의 필요한 사항에 관하여 적절한 정보를 제공함으로써 계획된 변화를 도모하고 있다.

8. 평가자

필요한 간호활동을 결정하고 시행한 다음, 간호활동이 주민에게 미친 효과와 간호사업의 효율을 평가한다.

9. 정보수집자 및 보존자

과학적인 방법으로 수집된 확고하고 신뢰성 있는 자료를 준비하고 보존하는 역할을 한다.

10. 의뢰자

의뢰란 도움이 필요한 사람에게 다른 도움이 될 자원을 안내하는 과정이다. 이러한 의뢰자의 역할은 다른 말로 알선자 또는 사업연계자의 역할이라고도 한다.

11. 연구자

간호제공과 간호활동을 위한 이론적 배경을 위해 연구를 한다.

12. 지역사회조직 개발자

임상간호사가 하지 않는 지역사회간호사의 독특한 역할이다. 구체적으로 학교보건사업을 효율적으로 운영하기 위해 학교보건운영위원회를 둔다. 기존의 어머니회, 마을조직 등을 활용하기도 하며 필요시 새로운 지역사회조직을 개발하여 지역사회 사업 참여를 유도하기도 한다.

CHECK Point 역할 개발

1. **역할 확대** : 간호 고유의 역할을 확대하여 수행함으로써 저렴한 수가로 좀 더 많은 건강소비자에게 서비스를 제공하려는 의도에서 간호 고유의 역할을 기본으로 지역사회 주민의 요구를 충족시키는 데 구체적이고 적극적으로 접근하는 것을 말한다. 전문간호사제도가 이에 속한다.
2. **역할 연장** : 예 PA, NP

CHECK Point 유형별 지역사회간호사업의 비교

구분	일반화(전반화, 포괄적) 지역사회간호	전문화(특수, 문제중심) 지역사회간호
사업의 초점	가족의 건강관리	특수한 건강문제(모자보건, 결핵) 관리
특징	간호사가 가족을 단위로 하여 가족건강에 대한 책임의식을 가지고 사업을 제공	특수 건강문제에 대한 깊이 있는 전문적 지식을 가지고 그 사업만 제공
사업의 목적	다목적 : 포괄적으로 가족이 가진 여러 가지 건강문제	단일목적 : 특수목적의 한 가지 건강문제
경제성	경제적	각 분야별 전문간호사가 필요하기 때문에 비경제적
적용	지역주민 전체 대상사업으로 적합	특수분야의 문제가 많은 지역에 적합
장점	• 효율적이고 단순하다. • 가족의 문제 및 요구를 동시에 정확하게 파악한다. • 여러 사업을 동시에 진행하면서 사업의 중복을 피한다. • 가족의 신임을 얻어 문제해결에 이점을 준다. • 지역사회 문제점을 포괄적으로 파악할 수 있다. • 시간이 절약되고 경제적으로 사업을 수행할 수 있다. • 간호사는 다양한 영역의 지식을 습득할 수 있다.	• 특수분야의 문제가 많은 지역에 적합하다. • 사업에 대해 전문적 지식을 소유한다. • 깊이 있는 사업이 가능하다. • 특수 인구집단과의 깊은 신뢰를 형성할 수 있다.
단점	• 간호사는 각 사업영역에 대한 전문성 획득에 제한을 받을 수 있다.	• 지역사회 문제점을 포괄적으로 파악하기 어렵다. • 지역사회 전체에게 신임을 얻는 데 제한이 있다. • 다양한 문제를 가진 대상자의 경우 여러 명의 지역사회간호사에게 중복되는 서비스를 받을 가능성이 있다.

CHECK Point 전문간호사

1. **전문간호사가 되고자 하는 자는 다음에 해당되는 자격을 가진 자로서 전문간호사 자격시험에 합격한 후 보건복지부장관의 자격인정을 받아야 한다.**
   (1) 최근 10년 이내에 3년 이상 해당분야의 실무경력자로서 보건복지부장관이 지정하는 기관에서 해당 전문기관에서 해당 전문간호과정(2년 이상)을 이수한 자
   (2) 보건복지부장관이 인정하는 외국의 해당 전문간호사 자격을 가진 자
2. **전문간호사 자격시험**
   (1) 전문간호사 자격시험은 1차 필기시험과 2차 구술 또는 실기시험으로 구분하되, 2차시험은 1차시험에 합격한 자가 아니면 응시할 수 없다.
   (2) 합격자의 결정은 1차시험과 2차시험에서 각각 총점의 60% 이상을 득점한 자로 한다.
   (3) 보건복지부장관은 전문간호사 자격시험을 실시하고자 하는 때에는 시험일시, 장소, 과목 및 응시원서 제출기간 그 밖에 시험의 시행에 관하여 필요한 사항을 시험실시 30일 전에 공고하여야 한다.

3. 전문간호사 자격인정 등에 관한 규칙(제4조 제2항) : 자격구분별 실무경력인정기관

자격구분	실무경력인정기관
보건	• 「지역보건법」에 따른 지역보건의료기관 및 「농어촌 등 보건의료를 위한 특별조치법」에 따른 보건진료소 • 정부 또는 지방자치단체(보건위생업무에 종사하는 경우만 해당한다)
마취	• 의료기관의 마취통증의학과, 회복실, 당일수술센터 및 통증클리닉
정신	• 「정신보건법」에 따른 정신보건시설 또는 정신보건센터 • 「지역보건법」에 따른 보건소(정신보건업무에 종사하는 경우만 해당한다)
가정	• 의료기관 • 「지역보건법」에 따른 지역보건의료기관 및 「농어촌 등 보건의료를 위한 특별조치법」에 따른 보건진료소 • 「노인장기요양보험법」에 따른 장기요양기관
감염 관리	• 의료기관에 설치된 감염관리실 • 종합병원
산업	• 사업장 의무실 · 건강관리실 또는 부속의료기관 • 「산업재해보상보험법」에 따른 산재의료관리원 • 고용노동부가 지정한 특수건강진단기관 또는 보건관리대행기관(산업보건업무에 종사하는 경우만 해당한다) • 고용노동부, 한국산업안전공단, 대한산업보건협회, 한국노동연구원, 노동건강연구소, 한국산업간호협회, 근로복지공단(산업보건업무에 종사하는 경우만 해당한다)
응급	• 응급의료기관 • 「소방기본법」에 따른 구급 · 구조대 • 종합병원 • 군병원(간호장교의 경우만 해당된다)
노인	• 의료기관 • 「노인복지법」에 따른 노인복지시설 • 「지역보건법」에 따른 지역보건의료기관 및 「농어촌 등 보건의료를 위한 특별조치법」에 따른 보건진료소 • 「노인장기요양보험법」에 따른 장기요양기관
중환자	• 종합병원(중환자 간호업무에 종사하는 경우만 해당한다) • 300병상 이상의 군병원(중환자실에서 근무하는 간호장교의 경우만 해당된다)
호스피스	• 의료기관(호스피스 관련 업무에 종사하는 경우만 해당한다) • 종합병원 • 「노인장기요양보험법」에 따른 장기요양기관
종양	• 종합병원 • 「지역보건법」에 따른 지역보건의료기관(암 관련 업무에 종사하는 경우만 해당한다)
임상	• 종합병원(심장 · 호흡기계, 소화기계, 신경 · 근골격계, 비뇨 · 생식계 및 내분비계 간호업무에 종사하는 경우만 해당한다)
아동	• 종합병원 • 「아동복지법」에 따른 아동복지시설 • 「영유아보육법」에 따른 보육시설 • 「학교보건법」에 따른 보건시설 • 「유아교육법」에 따른 유치원

02 지역사회간호이론의 6가지 구성요소(Stevens)

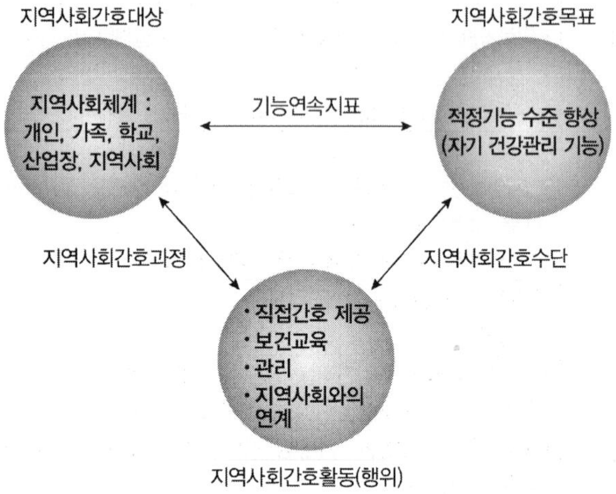

1 지역사회간호의 대상

지역사회간호의 대상은 개인과 가족과 집단을 포함한 지역사회 전체이다. 그 중 가족은 지역사회의 하부체계로서 가장 기본적인 단위가 된다.

1. 지역사회의 정의

비슷한 관심, 위치, 특성으로 모여 있는 인간의 공동체를 말한다.

(1) **공통된 문화** : 공동유대감

(2) 잦은 사회적 상호작용

(3) **지리적 영역의 공유** : 주민들 간의 상호 교류가 가능하도록 생활 터전이 근접성을 지니고 있다.

CHECK Point 지역사회 특성

1. **분리성** : 다른 지역사회와 물리적 · 지역적으로 구분지을 수 있는 경계를 가지고 있다.
2. **독특성** : 문화적 독특성을 가지고 있다.
3. **동질성** : 문화는 주민들에게 공유됨으로써 동질의 지역사회를 이루게 된다.
4. **자조성** : 궁극적인 목표인 자조성을 성취하려고 한다.
5. **합의성** : 공동의 목표를 가지고 합의한다.

2. 지역사회의 분류

(1) **구조적 지역사회** : 시간적 · 공간적 관계에 의해 모여진 공동체를 말한다.

① **집합체** : 사람들이 모인 이유에 상관없이 '집합' 그 자체(예 운동경기장에 모여 있는 군중, 훈련장에 모인 예비군들)

② **대면공동체** : 구성원 상호간에 상호교류가 빈번하여 소식이 쉽게 전달되고 사람들은 서로 친근감과 공동의식을 소유하고 있는 지역사회(예 가족)이다. 대면공동체를 대상으로 간호를 제공할 때에, 집단 내에서 가장 영향력 있는 한 사람이 설득되면 다른 구성원을 설득하는 것은 용이하게 된다.

③ **생태학적 문제의 공동체** : 지리적 특성, 기후, 자연환경과 같은 요인의 영향을 받아 동일한 생태학적 문제점을 내포하고 있는 집단(예 중세기의 페스트)으로 행정구역은 같지 않더라도 기후나 환경특성이 같은 인근 지역은 동일한 건강문제를 겪게 된다.

④ **지정학적 공동체** : 정부의 행정단위, 합법적인 지리적 경계에 의해 구분되는 집단(예 시, 군, 읍, 면, 리)이다. 보건소는 시 · 군 · 구단위로 설치하고 있어서 해당 시 · 군 · 구 지역의 특성을 파악하고 특성에 맞는 보건사업을 수행하고 있다.

⑤ **조직** : 일반적으로 일정한 환경하에서 특정 목표를 추구하기 위해 일정한 구조를 가진 사회단위(예 보건소, 병원, 학교)로 집단 규모가 커서 관료적인 성격을 띄고 있다.

⑥ **문제해결공동체** : 문제점이 확인되고 다루어져 해결될 수 있는 범위 내에 있는 구역

(2) **기능적 지역사회** : 특정 목적의 성취를 위하여 모여진 공동체로 유동적 특징을 갖는다.

① **요구공동체** : 주민들의 일반적 공통의 문제 및 요구에 기초를 두고 있는 공동체(예 유산상담 집단, 불구아동 집단)

② **자원공동체** : 어떤 문제를 해결하기 위한 자원의 활용범위로 모인 집단

(3) **감정적 지역사회** : 공통의 연고, 관심으로 모여진 공동체이다.

① **소속공동체** : 자기가 소속한 장소, 즉 출신지로 구분한 공동체(예 같은 고향)

② **특수흥미공동체** : 같은 취미, 흥미, 관심, 기호를 가지고 모인 공동체(예 낚시회)

3. 지역사회의 기능

(1) 경제적 기능

지역사회 주민들이 일상생활을 영위하는 데 필요한 물자와 서비스를 생산, 분배, 소비하는 과정과 관련된 기능으로써, 지역특산품을 개발하거나 기업을 유지하는 등의 자립을 위한 활동들이 포함된다.

(2) 사회화 기능

지역사회가 공유하는 일반적 지식, 사회적 가치, 행동 양상들을 새로이 창출하고 유지 ·

전달하는 기능으로, 이 과정을 통하여 사회구성원들은 다른 지역사회 구성원들과 구별되는 생활양식을 터득하게 된다.

(3) 사회통제의 기능

지역사회가 그 구성원들에게 사회의 규범을 순응하게 하는 기능으로, 정부기관에서 강제력을 가지고 집행할 수 있는 통제력 이외에 지역사회 스스로 규칙이나 사회규범을 형성하고 구성원들의 행동을 통제하는 활동이다.

(4) 사회통합 또는 참여의 기능

지역사회 구성원이나 단위조직들 간의 관계와 관련된 기능으로, 지역사회가 유지되기 위하여 지역사회의 결속력과 사기를 높이고 주민의 공동문제 해결을 위해 공동적으로 노력하는 기능을 말한다.

(5) 상부상조의 기능

지역사회 내의 질병, 사망, 실업 등 경조사나 도움이 필요한 상황에서 서로 상호간에 조력해 주는 기능이다.

2 지역사회간호의 목표

1. 지역사회보건의 목표

인간의 건강을 회복, 증진, 유지하고 수명을 연장하는 것

2. 지역사회간호의 목표

인간의 건강을 회복, 증진, 유지하기 위한 지역사회 적정기능수준의 향상

3. 적정기능수준에 영향을 미치는 요인

(1) 유전적 요인

유전적인 영향으로 형성된 노력과 잠재력은 수정하기가 어렵다. 다만, 유전학의 발달로 유전적인 영향을 최소한으로 줄일 수 있도록 노력하고 있다.

(2) 환경적 요인

대기오염, 수질오염 등의 환경적 요인은 지역사회의 적정기능수준을 성취하고 유지하는데 방해요소로 등장하고 있다.

(3) 개인의 행동요인(습관적 요인)

운동부족, 영양관리, 흡연, 스트레스, 비만, 알코올 남용, 약물남용 등

(4) 문화적 요인

문화란 사회적 집단이 가지고 있는 행동, 감정, 사고의 총체로 사회구성원의 일원에게 영향을 미치고 후손에게 전수되는 성질을 가지고 있다. 예를 들면 건강에 영향을 주는 문화요인으로 전통과 편견, 사회적 관습, 그 지역사회의 분위기 등을 들 수 있다.

(5) 사회 · 경제적 요인

사회적 계층은 경제적 상태, 교육수준 등의 특성에 따라 구별된다. 전염성 질환 등은 하류층에 더 많이 발생할 수 있고 일반질병의 발병률도 더 높은 경향이 있다.

(6) 정치적 요인

정치적 통제는 권한과 권력을 활용하여 사회적 안정과 압박을 유도한다. 정치적으로 억압을 받고 있는 소수집단 혹은 불균형한 정치제도에 의하여 차별받고 있는 집단 등도 정치적 영향으로 적정기능수준에 도달하지 못하고 있다.

(7) 보건의료전달체계 요인

보건의료전달체계가 질병중심 체계라면 적정기능수준에 도달하기 어려울 것이다. 건강을 유지하고 증진하는 지역사회조직의 증가와 의료보험 가입률의 증가는 지역사회 질병예방, 건강의 증진을 도모하고 지역사회의 적정기능수준 향상에 도움을 주는 보건의료전달체계이다.

3 지역사회간호활동

1. 직접간호의 제공

주민들의 건강문제가 발생하였을 때 주민에게 예방적 · 치료적 · 재활적인 서비스를 제공하여 삶의 수준을 높이는 서비스이며, 질병의 예방, 치료적 문제해결과 재활을 위한 간호, 건강증진을 위한 생활양식의 형성, 안녕과 복지를 지향하는 포괄적인 간호제공 활동을 말한다.

간호활동의 분류

구분		내용
형태별	직접간호	예방접종, 투약, 처치 등의 신체적 간호와 상담, 보건교육 등의 간호제공으로 대상자에게 직접 전달되는 간호활동
	반직접간호	직접간호를 위한 준비, 예방접종 물품 준비하기, 마을 건강요원의 지도, 보건교육을 위한 준비
	간접간호	예방접종사업계획 및 평가 연구, 즉 관리, 연구, 의뢰, 정책형성 등의 활동이나 공적 관계 등을 말하며, 주민과 지역사회간호사의 상호교환이나 업무에서 발생된다.
단계별	1차간호	① 건강유지, 증진단계의 간호서비스(적극적 예방) : 영양개선, 보건교육, 환경보전, 식품관리 ② 위험 가중단계의 간호서비스(소극적 예방) : 산업장 분진마스크 착용, 사고 예방교육, 예방접종
	2차간호	① 조기진단, 조기치료 목적 : 산업장 건강진단 ② 임상적 단계의 간호 : 입원치료, 가정간호, 환자간호
	3차간호	기능회복, 재활간호로 장애를 최소한으로 경감시켜 사회에 복귀할 수 있게 돕는 간호(작업치료 요법)

2. 보건교육 및 상담

지역사회 주민으로 하여금 스스로의 행동이나 노력으로 자신들의 건강을 유지할 수 있도록 도움으로써 간호활동 중에 가장 포괄적이고 계속적인 간호를 가능하게 하며 가장 오래 지속될 수 있도록 하는 활동이다.

3. 보건관리

4. 지역사회와의 연계

CHECK Point 공중보건학의 정의

1. C.E.A. Winslow(1920, Yale대 교수)
   "조직적인 지역사회의 노력을 통하여 ① 질병을 예방하고, ② 수명을 연장시킴과 더불어 ③ 신체적 · 정신적인 효율을 증진시키는 기술과 과학이다."라고 정의하였다. – 이의 목적을 달성하기 위해서는 ① 환경위생 개선, ② 전염병 관리, ③ 개인위생교육, ④ 질병의 조기진단 및 예방적 치료를 위한 의료 및 간호봉사의 조직화 ⑤ 모든 사람들이 자신의 건강유지에 적합한 생활수준을 보장받도록 사회제도를 발진시키는 등의 노력이 필요하다고 하였다.

2. 특징

(1) 지역사회보건의 대상(단위)은 개인이 아니라 지역주민(집단)이다.

(2) 지역사회보건의 목적은 질병예방, 수명연장, 육체적 · 정신적 효율의 증진이다.

(3) 이러한 목적을 달성하기 위한 접근방법은 개인이나 일부 전문가의 노력에만 의존하는 것이 아니라 여러 사람이 모여서 조직화된 지역사회의 노력으로 달성 가능하게 된다.

(4) 공중보건의 궁극적인 목표는 지역주민의 건강과 장수라는 생득권 실현에 있다.

3. 공중보건의 특성

(1) **공공성** : 공중보건은 공공의료의 성격을 가지며 세금을 재원으로 운영되고 있다.

(2) **공공재화** : 지역사회가 하나의 단위이며 환경보호와 위생사업의 결과로 지역사회는 맑은 공기와 안전한 식수, 청정식품생산, 안전한 도로 유지, 감염병예방의 철저 등이 요구되는데 이것은 지역사회의 공동 재산, 즉 공공재화와 같다.

(3) **접근성** : 보건의료서비스의 제공이 지역사회 주민들에게 경제적, 지리적, 사회 · 문화적 이유로 인하여 제한을 받아서는 안된다.

(4) **포괄성** : 공중보건은 예방, 치료, 재활 및 건강증진사업이 상호 조정되고 연속적으로 운영되어야 한다.

(5) **지속성** : 각 개인에게 제공되는 보건의료는 시간적 · 지리적으로 상관을 갖고 적절히 연계되어 의료제도가 확립되어서 기관 간에 이송이나 정보제공이 협력적으로 이루어져야 한다.

(6) **효율성** : 목적 달성에 투입되는 자원의 양을 최소화하거나, 일정한 자원의 투입으로 최대의 목적을 달성하는 경제원리가 적용되어 효율성이 높아야 한다.

CHECK Point 지역사회보건의 정의

1. 공중보건은 감염병의 예방과 관리, 환경위생, 개인의 건강보호와 건강증진을 위한 사회적 관심이 대두되고, 시대적 흐름에 따라 사업활동과 내용이 더욱 세분화되면서 자연스럽게 지역사회보건사업으로 명칭이 변경되었다.
2. 지역사회보건의 정의는 초기에는 질병예방과 수명연장에 초점을 두었고, 후기에는 최고도의 안녕상태에 도달하는 것에 초점을 두었다.
3. 지역사회보건이란

(1) 지역사회 주민과 보건서비스 제공자 간의 상호작용으로 포괄적 건강을 보존하는 데 목적을 둔 과학

(2) 지역사회의 자발적 참여를 통해 건강서비스 제공자와 지역사회 주민 사이의 역동적 과정

(3) 지역사회 주민과 지역사회를 최적의 생물학적 · 정신적 · 사회적 · 영적 안녕상태로 이끄는 것이다.

4 지역사회간호과정

교환과정, 체계이론, 기획과정을 활용한 독특한 간호과정으로 지역사회를 대상으로 간호하는 논리적이고 효율적인 접근단계이다.

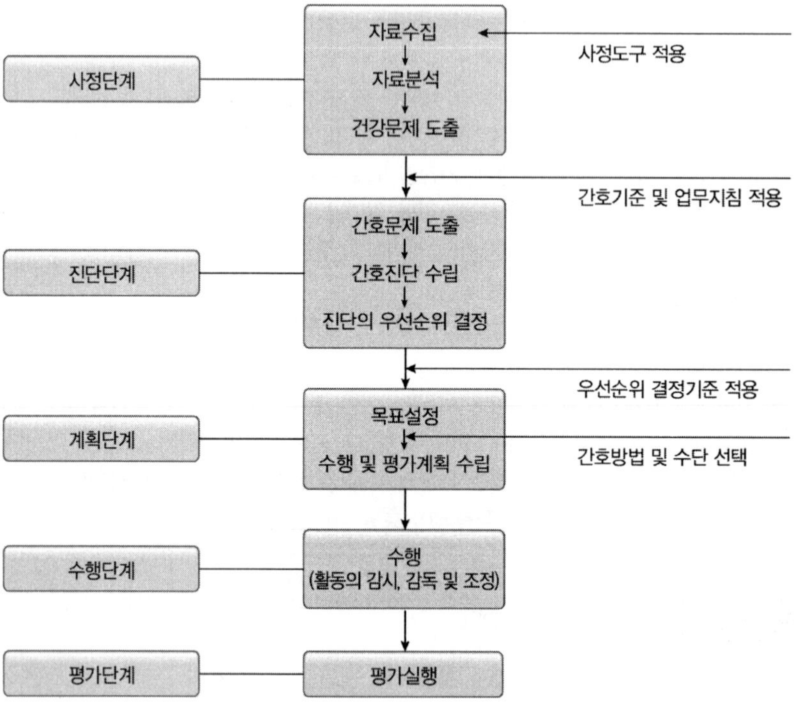

1. 사정단계

(1) 요구사정 방법

① **포괄적 사정** : 지역사회건강관련 정보 모두를 찾아내는 방법으로 기존의 연구자료와 현재 지역사회에 있는 모든 자료를 검토한다. 그러나 이 방법은 비용과 시간이 많이 들고 다른 연구와 부분적으로 겹치고 반복되는 경우가 많아서 잘 사용하지 않는다.

② **친밀화 사정** : 기존의 이용 가능한 자료를 연구하고, 일정량의 자료만 직접 수집하는 방법이다. 지역사회에 익숙해지기 위해 지역사회를 시찰하며, 건강기관, 사업자의 정부기관을 돌아보면서 자신을 소개하고, 문헌도 얻고, 대상자들에게 연결해 줄 지역사회 자원을 파악해 둔다.

③ **문제 중심 사정** : 한 가지 문제를 중심으로 사정하는 것으로 영유아기의 사고 발생 문제하면, 사고의 발생률, 발생원인 등에 대한 조사를 하고 관련 기관을 방문하며 관련자와 면담을 하는 것이다.

(2) 자료수집

① **2차 자료(간접정보 수집)** : 공공기관의 보고서, 통계자료, 회의록, 조사자료, 건강기록 등을 이용하는 방법이며 표준화된 통계자료인지를 검토해야 한다.

CHECK Point 2차 자료의 장단점

장점	단점
대규모의 조사자료인 경우가 많다.	지역대표성이 낮다.
즉시 활용이 가능하다.	자료가공을 위한 유연성이 적다.
다양한 목적으로 활용할 수 있어 효율적이다.	자료접근이 어려운 경우가 있다.
신속하고 효율적인 건강문제 도출이 용이하다.	관심을 갖고 있는 항목이 포함되어 있지 않을 수 있다.
지역 전체에 대한 자료이다.	규모가 커서 분석이 어렵다.

② **정보원 면담** : 지역사회 보건의료사업에 영향을 줄 수 있는 지역사회 내 공식, 비공식적인 지역지도자나 지역의 유지들을 통하여 지역사회의 건강문제, 문제해결과정 등의 자료를 수집한다. 면담할 때 구조화된 설문지를 이용하면 자료를 수집하는 데 더 효율적이다.

③ **차창 밖 조사** : 신속하게 지역사회의 환경, 생활상 등을 보기 위해 자동차 유리 너머로 관찰하는 방법이며 걸어서 다닐 수도 있다.

CHECK Point 지역사회 정보수집을 위한 5감 사용 예

시각	거리, 인도 및 운동장 상태, 연령 및 성별 분포, 사람들의 옷차림 및 일반적 건강상태
청각	소음수준 및 소음원
미각	음식공급 상태, 다양한 음식 및 가격, 수질
후각	오염원, 냄새, 위생수준
통각	기후, 지역사회 안전에 대한 느낌, 개방성, 친절

④ **설문지 조사** : 조사대상자를 직접 면담하여 자료를 얻는 방법으로 위의 방법들보다 비경제적 · 비효율적이며 시간이 많이 들고 비용이 많이 든다. 그러나 지역사회의 특정한 문제를 규명하기 위해서는 필요한 방법이다.

⑤ **참여관찰** : 지역사회 주민들에게 영향을 미치는 의식, 행사 등에 직접 참석하여 관찰하는 방법으로, 특히 지역사회의 가치, 규범, 신념, 권력구조, 문제해결과정 등에 대한 정보를 수집하는 데 적절하다.

CHECK Point 초점집단 기법

1. 조사하려는 내용에 맞게 선정한 소수의 사람들을 대상으로 수행하는 심층적인 질적 면접조사를 말한다.
2. 초점집단을 구성할 때는 구성원 간에 동질성이 보장되어야 한다. 즉, 비슷한 경험을 지니거나 이해관계가 같은 사람들이 모일수록 토의를 생산적으로 하기가 좋다. 집단의 크기는 6~12명 정도가 이상적이다.
3. 소요시간은 대략 두 시간 정도로 계획하나, 실제 토의시간은 90분 정도가 적당하다.
4. 짧은 시간에 광범위한 정보를 얻을 수 있는 장점이 있으나 초점집단이 모집단을 대표하는 것이 아니므로 일반화가 어렵다는 단점이 있다.
5. 노인의 만성질환관리에 대한 정보를 얻기 위해 6~10명 정도의 동일지역에 거주하고 있는 노인대표를 모시는 것이 한 예이다.

(3) 자료수집내용

① 지역사회 특성

㉠ 지정학적 특성

㉡ 자연환경 특성

㉢ **인구특성** : 인구규모, 인구구조(성, 연령별 분포 등), 인구분포 및 이동상태

㉣ **사회경제적 특성** : 생활수준, 경제상태 등

② 지역사회 건강수준

㉠ **건강상태** : 출생률, 사망률, 상병상태

㉡ **특정 인구집단 통계** : 모성사망률, 영아사망률

㉢ **건강행태** : 식습관, 음주, 흡연, 운동, 질병치료, 예방행위, 건강검진율, 예방접종률, 보건의료기관 이용률, 건강보험 상태

㉣ **건강관련 환경** : 상하수도 보급률, 환경오염원 등

③ 지역사회 자원

㉠ **인적 자원** : 보건의료 전문인의 종류와 수, 특정 전문가, 지도자

㉡ **보건의료자원** : 병원, 의원, 약국, 보건소, 보건지소, 보건진료소 등 각종 보건관계 시설의 규모, 수, 서비스 내용과 문제점, 이용자의 특성

㉢ **사회적 자원** : 각종 사회복지기관의 서비스 내용과 문제점, 지역사회 내 조직(지역사회 개발위원회, 노인회, 부녀회)

㉣ **정치자원** : 주민의 건강과 관련된 정부기관, 지방자치단체의 활동

㉤ **기타 자원** : 지역사회 학교 수, 학교 보건교사의 활동, 종교단체에서 제공하는 사업 내용

(4) 자료분석

① 이 단계를 통해 구체적인 지역사회 건강문제가 도출된다.

② 자료분석단계

㉠ **분류단계** : 지역사회 간호사정에서 수집된 모든 자료를 서로 연관성 있는 것끼리 분류한다.

㉡ **요약단계** : 분류된 자료를 지역사회의 전반적 특성을 파악하기 위하여 항목 간 관련성을 고려하여 표나 그림, 그래프 등으로 작성하여 요약한다.

㉢ **비교 · 확인단계** : 전반적인 지역사회 건강문제를 파악하기 위하여 과거나 다른 지역의 상황과 비교하여 부족한 자료를 확인한다.

㉣ **결론단계** : 위의 단계를 통해서 구체적인 지역사회 건강문제를 도출할 수 있다.

2. 진단단계

지역사회 간호사정 단계에서 도출된 건강문제 중 지역사회간호사는 그가 담당하고 있는 지역사회와 관련되는 각종 법령, 규정, 기준, 지침, 업무분장표 등을 기초로 하여 지역사회간호 문제를 확정한다.

(1) 지역사회 간호진단 분류체계

① **북미간호진단협회(NANDA)** : 이 간호진단의 분류기준은 로저스의 간호이론에 근거를 두고 개발된 9가지 인간의 반응양상(선택, 의사소통, 교환, 감정, 지식, 기동, 지각, 관계, 가치)의 범주에 세분화된 간호진단명이 포함되어 있다.

② **오마하 진단분류체계** : 지역사회 보건간호 실무영역에 적용 가능하며 간호과정에 기초를 둔 간호진단 개발에 목적을 두었다. 오마하의 문제분류체계는 다양한 대상자의 건강관련 문제들을 규명하기 위하여 고안된 포괄적, 순서적, 상호 배타적, 비소모적 분류법으로 간호진단, 중재, 결과 모두를 다루고 있는 것이 특징이다.

㉠ **오마하 문제분류체계(진단)** : 4개의 서로 다른 수준으로 이루어졌다.

ⓐ 첫번째 수준의 영역은 지역사회에 기초한 실무범위로 환경적, 사회심리적, 생리적 건강관련 행위로 구분된다.

ⓑ 두번째 영역별 문제는 44개의 간호대상자의 문제들이다. 이 곳에서 대상자의 요구, 문제, 강점을 알 수 있다.

ⓒ 세번째는 문제별 수정인자들로 개별 간호대상자의 문제와 연관되어 사용된다.

CHECK Point 오마하 문제분류체계의 문제별 수정인자

1. 대상자를 규명하는 것 : 개인, 가족, 지역사회
2. 문제의 심각도를 규명하는 것 : 건강증진, 잠재적 결핍 · 손상, 실재적 결핍 · 손상

ⓓ 네번째 수준은 각각의 문제별 증상과 징후를 말하며 모두 378개가 있다.

㉡ **중재틀(중재)** : 간호중재를 강조하는 방법으로 세 개의 수준으로 조직되었다.

ⓐ **첫 번째 수준은 범주** : 교육, 안내, 상담, 처치와 시술, 사례관리, 감독 등 4가지로 분류된 간호사의 주된 기능이다.

ⓑ **두 번째 수준은 간호중재나 활동** : 분노관리, 방광간호, 배변간호 등 75개 목록으로 구성된다.

ⓒ **세 번째 수준은 구체적인 정보** : 대상자에게 제공한 간호를 계획하고 문서화할 수 있는 적절하고, 정확한 단어 또는 짧은 문장이다.

㉢ **결과에 대한 문제등급척도** : 대상자에게 나타난 결과를 강조하는 방법으로 5점 척도로 구성되며 점수가 높을수록 대상자의 상태가 양호한 것을 의미한다.

ⓐ **지식(Knowledge)** : 기억력과 정보해석력에 대한 대상자 능력

ⓑ **행동(Behavior)** : 관찰가능한 반응, 행위, 혹은 목적에 부합된 대상자의 활동들

ⓒ **상태(Status)** : 객관적이고 주관적인 정의적 특성과 관련된 대상자의 조건

개념	1	2	3	4	5
지식(Knowledge)	지식 없음	최소한의 지식	기본적 지식	적절한 지식	탁월한 지식
행동(Behavior)	전혀 적절하지 않음	거의 적절하지 않음	때에 따라 적절함	대체로 적절함	항상 적절함
상태(Status)	아주 심한 증상/징후	심한 증상/징후	중등도 증상/징후	최소한 증상/징후	증상/징후 없음

예 간호진단 : 가족위생 결핍

등급 척도	현재 상태	기대되는 결과
지식	최소한의 지식	기본적 지식
행동	때때로 적절함	대체로 적절함
상태	중등도의 증상/징후	최소한의 증상/징후

CHECK Point 오마하 문제분류체계의 구성

구성	Ⅰ. 환경적 영역	Ⅱ. 사회심리적 영역	Ⅲ. 생리학적 영역	Ⅳ. 건강관련행위 영역
문제분류틀	1. 수입 2. 위생 3. 거주지 4. 이웃 · 직장의 안전	5. 지역사회자원과 의사소통 6. 사회접촉 7. 역할변화 8. 대인관계 9. 영적 고통 10. 슬픔 11. 정서적 안정감 12. 성욕 13. 돌보는 것 · 양육 14. 무시된 아이 · 어른 15. 학대당한 아이 · 어른 16. 성장과 발달	17. 청각 18. 시각 19. 언어와 말 20. 치열 21. 인지 22. 통증 23. 의식 24. 피부 25. 신경 · 근육 · 골격 기능 26. 호흡 27. 순환 28. 소화 · 수분공급 29. 장기능 30. 생리 · 배뇨기능 31. 생식기능 32. 임신 33. 산후 34. 전염성 · 감염성 질환 35. 기타	36. 영양 37. 수면과 휴식양상 38. 신체적 활동 39. 개인위생 40. 약물오용 41. 가족계획 42. 건강관리 감시 43. 투약 44. 기술적 절차
중재틀	• 범주 : ① 교육, 안내, 상담 ② 처치와 시술 ③ 사례관리 ④ 감독 • 목표 : 간호중재와 활동 내용 • 대상자에 대한 구체적 정보			
결과에 대한 문제등급척도	• 서비스 전 과정을 통하여 대상자의 발전과정을 측정 • 5점 리커트 척도로 점수가 높을수록 양호한 상태			

③ **가정간호분류체계(HHCC)** : 메디케어 가입자들에게 가정간호를 제공할 때 이들을 사정하고 분류하기 위해 또는 간호요구도를 예측하고 자원소모를 결정하기 위해 개발되었다.

④ **국제간호실무 분류체계(ICNP)**

㉠ 간호실무를 기술하는 데 국제적으로 통용될 수 있는 공통의 언어와 분류체계를 개발하여 간호정보를 비교하고, 간호실무와 연구를 촉진하고자 개발되었다.

㉡ 1996년 알파버전을 시작으로 1999년 베타버전, 2001년 베타버전 2, 2005년 버전 1, 2009년 버전 2를 발표하였다. 또한 현재에도 계속 연구가 진행되고 있다.

㉢ 버전 1은 베타버전 2가 가지고 있던 중복성과 모호성을 해결하여 7개 축을 가진 하나의 분류체계 구조로 간호진단과 간호결과, 간호중재 진술문을 만들어 낼 수 있다.

7개 축	활동	대상자	초점	판단	장소	방법	시간
간호진단			투약 불이행	위험	가정		
		지역사회	고혈압 유병률	높다			
		돌봄 제공자	쓰레기 처리서비스	손상			
간호중재	설명	환자			가정	투약지침	
			투약이행	실제	가정		

(2) 우선순위 결정

① 문제의 크기
② 대상자의 취약성
③ 문제의 심각성
④ 효율성이 높은 문제
⑤ 경제성
⑥ 수용성이 높은 문제(주민의 관심, 동기수준이 높은 문제)
⑦ 문제해결의 가능성이 높은 문제
⑧ 간호사의 준비도
⑨ 국가정책과의 연관성

CHECK Point 우선순위 결정

1. **Stanhope & Lancaster(1995)가 제시한 우선순위 결정기준**
   (1) 지역사회 건강문제에 대한 지역사회 주민들의 인식정도
   (2) 건강문제를 해결하려는 지역사회의 동기수준
   (3) 건강문제 해결에 영향을 미치는 간호사의 능력
   (4) 건강문제 해결에 필요한 적절한 전문가의 유용성
   (5) 건강문제 해결이 안될 때 후속적으로 생길 결과의 심각성
   (6) 건강문제 해결에 걸리는 시간
2. **Hanlon이 제시한 우선순위 설정 원칙**
   (1) 문제의 크기 : 많은 사람들에게 영향을 미치는 문제
   (2) 문제의 심각성 : 심각한 영향을 미치는 보건문제가 우선적
   (3) 과학적 지식과 기술 존재 : 문제를 해결하기 위해 필요한 지식이나 기술
   (4) 자원동원성 : 효율을 높이기 위하여 경제적 측면 및 인력에 대한 고려
   (5) 대상자의 수용력 : 교육대상이 될 개인이나 집단이 어느 정도의 관심과 자발성을 갖고 있는가
3. **BPRS방식** : 공식에 따라 점수를 계산한다.

$$BPRS = (A + 2B) \times C$$

   (1) A : 문제의 크기 · 건강문제를 지닌 인구의 비중 · 만성질환 유병률, 급성질환 발생률
   (2) B : 문제의 심각도 · 긴급성, 경중도, 경제적 손실, 타인에의 영향
   (3) C : 사업의 추정효과 · 건강문제 해결을 위한 사업의 효과

4. PEARL(Propriety, Economic feasibility, Acceptability, Resources, Legality) : BPRS의 계산 후 사업의 실현가능성 여부를 판단하는 기준으로 자주 사용하며 건강문제에 직접으로 연관되어 있지 않으나 특정 문제를 해결할 수 있는가를 결정하는 데 크게 영향을 미치는 5가지 항목을 이용하여 계산한다. 각 평가항목에 0점 또는 1점을 부여한 후, 5가지 항목의 점수를 곱하여 사업의 시행 여부를 결정하며, 평가항목 중 하나라도 불가의 판정을 받으면 보건사업은 시작할 수 없게 된다.
   (1) Propriety(적절성) : 해당기관의 업무범위에 해당되는가?
   (2) Economic feasibility(경제적 타당성) : 문제를 해결하는 것이 경제적으로 의미가 있는가?
   (3) Acceptability(수용성) : 지역사회나 대상자들이 사업을 수용할 것인가?
   (4) Resources(자원의 이용가능성) : 사업에 사용할 재원이나 자원이 있는가?
   (5) Legality(적법성) : 법적으로 문제가 없는가?
5. NIBP(Needs Impact Based Planning), CLEAR(Community Capacity, Legality, Efficiency, Acceptability, Resource Availability)

건강문제의 크기 / 해결 방법의 효과 추정	높음	보통	낮음
매우 좋음	반드시 수행	반드시 수행	수행
좋음	반드시 수행	수행	수행
효과가 있을 것 같음	시행 검토 혹은 연구 촉진	시행 검토 혹은 연구 촉진	연구 촉진
효과가 없음	사업의 중지 혹은 시작 금지	사업의 중지 혹은 시작 금지	사업의 중지 혹은 시작 금지

   (1) 캐나다에서 개발한 보건사업 기획방법으로 보건사업의 필요와 크기, 추정효과의 정도에 따라 보건사업을 '반드시 실행해야 할 문제', '실행해야 할 문제', '연구를 촉진해야 할 문제', '사업실행을 금지해야 할 문제'로 구분하고, 결정된 우선순위를 사업실행의 가능성이라는 측면에서 지역사회 역량, 합법성, 수용성, 자원의 활용가능성이라는 기준을 사용해서 보완하고 있다.
   (2) CLEAR는 지역사회의 역량, 합법성, 효율성, 수용성, 자원의 활용성을 기준으로 NIBP에서 결정된 건강문제의 우선순위가 사업의 수행가능성 측면에서도 효과를 나타낼 수 있는지를 확인하는 기준이다.
   (3) C(Community capacity, 지역사회의 역량) : 건강프로그램을 시행시 대상자가 사업에 대해 관심을 가지고 기획, 수행, 평가 등 전 과정에 적극적으로 참여하며 탄력적으로 대응할 능력이 있는지 확인한다.
   (4) L(Legality, 합법성) : 건강프로그램 사업과 관련된 법적 기준과 지침을 확인하여 사업을 수행시 법적인 제한점이나 문제가 없는지 확인한다.
   (5) E(Efficiency, 효율성) : 건강프로그램 시행에 드는 투입비용을 비용으로 환산했을 때 비용효과적인지 확인한다.
   (6) A(Acceptability, 수용성) : 대상자들이 건강프로그램 시행시 거부감 없이 받아들여 참여할 수 있는지 확인한다.
   (7) R(Resource availability, 자원의 활용성) : 주민이나 건강프로그램 관련 요원들의 인적 자원, 건물 · 시설 · 도구 · 물품 · 비품 등의 물적 자원 등이 활용 가능한지 여부를 확인한다.
6. John Bryant 우선순위 결정기준 : BPRS에 주민의 관심도 항목이 추가된 것
   (1) 질병 또는 보건문제의 유병도

(2) 보건문제의 심각도
(3) 해당 보건문제에 대한 지역사회의 관심도
(4) 문제를 다루는 데 있어서의 난이도

7. **미국 매릴랜드 주의 황금다이아몬드 방식** : 보건지표의 상대적 크기와 변화의 경향을 이용하여 우선순위를 결정하는 방식으로 주요 건강문제를 선정한 후 이들 건강문제의 이환율, 사망률, 변화의 경향을 미국 전체와 비교하여 '주가 좋음', '같음', '주가 나쁨'으로 구분하여 '황금다이아몬즈'상자에 표시한다.

	주가 나쁨	<------>	미국 전체가 나쁨
주가 나쁨	• 성인 고위험 음주율 • 자살 사망률 • 성인 인플루엔자 접종률	• 성인 월간 음주율 • 암사망률 • 청소년 위험 음주율	• 당뇨병 유병률 • 당뇨병 사망률 • 성인 비만율
↑ ↓	• 고령화율 • 간질환 사망률 • 성인 스트레스 인지율	• 평균수명 • 표준화 사망률 • 청소년 자살 사망률	• 고혈압 유병률 • 성인 점심 후 칫솔질 실천율
전국이 나쁨	• 청소년 앞좌석 탑승시 안전벨트 착용률 • 성인 금연시도율	• 이혼률	• 성인 중등도 이상 신체활동 실천율 • 비례사망지수 • 뇌졸중 유병률

8. PATCH에서 ① 건강문제의 중요성, ② 변화가능성을 제시하였다.

3. 지역사회간호 계획단계

(1) 목표설정

① **목표설정** : 지역사회와 관련성, 관찰가능성, 측정가능성, 실현가능성이 있는 것으로 정한다.

㉠ **관련성** : 해결할 문제가 국가 및 지역사회 보건정책과 관련성이 있어야 한다.

㉡ **실현가능성** : 문제의 성격이 해결가능한 것인가와 지역사회자원의 동원가능성 및 제공자의 문제해결능력을 확인하는 것으로, 목표는 현실적이고 구체적일수록 실현 가능하게 된다.

㉢ **관찰가능성** : 눈으로 사업이나 일의 성취결과를 명확히 확인할 수 있는 것으로, 애매한 추상적 표현보다는 행동용어로 표현하면 효과적이다.

㉣ **측정가능성** : 성취된 결과를 양적으로 수량화하여 숫자로 표시하면 효과적이다.

CHECK Point 목표기술시 SMART 원칙

1. Specific : 구체적
2. Measurable : 측정가능성
3. Aggressive & Achievable : 적극성과 성취가능성
4. Relevant : 연관성
5. Time limited : 기한

② **목표의 기술 요령**

㉠ 상·하위 목표 간 관계있는 기술을 한다.

㉡ 결과를 최종행위로 진술한다.

㉢ 대상자의 변화를 기술한다.

㉣ 한 문장 안에 단일 성과만을 기술한다.

㉤ 수단 또는 결과로 기술할 수 있다.

③ **목표설정의 요소** : 무엇을, 어떤 범위, 누가, 어디서, 언제 할 것인지

㉠ 대방중학교(어디서) 1학년생(누가) 건강증진 자가평가실천율이(무엇) 2014년 12월 말에서 2015년 12월 말까지(언제) 70%로 증가될 것이다(범위).

㉡ 부여군 양화면 65세 이상 노인들의 성인병 유병률을 2010년 1월 1일에서 2015년 12월 31일까지 매년 2%씩 감소시킨다.

㉢ **수단으로 표현한 예** : 2017년 1월까지 80%의 영아는 기본 예방접종을 받는다.

㉣ **결과로 표현한 예** : 영아사망률이 2027년 12월까지 12.8%에서 8%로 감소된다.

④ **목표의 종류**

㉠ 궁극적 목표

㉡ **일반 목표(장기 목표)** : 문제를 해결

㉢ **구체적 목표(단기 목표)** : 원인을 해결

CHECK Point 목표의 분류

1. **투입－산출모형에 따른 목표 분류** : 자원 및 정보를 특정한 제품 또는 산출로 변환시키는 데 필요한 활동과 과업들을 체계화시켜주는 모형

(1) **투입(Input)** : 보건사업기반 조성에 관한 지표, 사업에 투입하는 인력, 시간, 돈, 장비, 시설 등의 자원

(2) **산출(Output)** : 사업의 결과 나타나는 활동, 이벤트, 서비스, 생산물 등이며, 목적을 성취하기 위한 활동들

(3) **결과(Outcome)** : 사업의 결과 나타나는 건강수준이나 건강결정요인의 변화

※ **투입－산출모형에 의한 목표설정의 예**

사업	사업목표	활동 내용
금연	투입목표	• 인력 : 금연담당자 1명, 상담사 2명, 외부강사 2명 확보 • 장비 : 흡연모형 등 금연 교육자료 구입, 금연체험 홍보관 설치 • 예산 : 매년 금연사업 예산 5% 증액
	산출목표	• 금연교실 운영 • 금연 이동상담실 운영 • 청소년 보건교육 : 월 2회 실시 • 국민건강증진법 지도 단속 : 전체 금연시설의 10% 이상 연 2회 이상 • 금연홍보 : 지역언론매체 활용 거리캠페인 분기 1회, 청소년 및 지역주민 대상 금연교육 월 1회 이상
	결과목표	• 청소년 흡연율을 20%(5명 중 1명) → 10%(10명 중 1명)로 낮춘다. • 성인 흡연율을 33%(3명 중 1명) → 20%(5명 중 1명)로 낮춘다.

2. 인과관계에 따른 목표 분류

(1) **결과목표(Outcome Objective)** : 건강수준(사망률, 유병률, 장애 등)의 변화

(2) **영향목표(Impact Objective)** : 건강수준 변화를 위해 요구되는 건강결정요인과 기여요인의 변화

(3) **과정목표(Process Objective)** : 결과목표나 영향목표 달성을 위한 실제활동으로, 산출활동의 양적 수준과 투입 및 산출의 적절성

예 뇌혈관질환 사망률 감소

구분	내용
결과목표	70세 이하 성인 뇌혈관 사망률을 5년 이내에 10% 감소시킨다.
영향목표	70세 이하 성인 고혈압 유병률을 3년 이내에 10% 감소시킨다.
과정목표	70세 이하 성인 고혈압환자의 지속적 투약인구를 2년 이내에 20% 증가시킨다.

3. 시간에 따른 목표 분류 : 단기 – 중기 – 장기목표

인과관계에 따른 분류	시간에 따른 분류	투입-산출모형에 따른 분류	관련요인
결과목표	장기	결과목표	보건문제와 관련된 것
영향목표	중기(1~5년)	결과목표	결정인자와 관련된 것
과정목표	단기(9개월~1년)	투입, 산출목표	기여요인과 관련된 것

- 건강결정요인 또는 위험요인 : 건강에 직접 영향을 미치는 요인
- 기여요인 : 보건사업 결정요인에 직 · 간접적으로 영향을 미치는 요인

보건사업문제	결정요인	기여요인
심장병	고지질 식사	저지방 식이에 대한 지식부족
		저지방 식품의 높은 가격
	가족력	
설사	병원체에 대한 노출	열악한 주택환경
		가정위생의 불량

(2) 간호방법 및 수단의 선택

① 각각의 장단점을 고려하고 가장 효율적인 수단을 선택한다.

② **타당성 조사** : 기술적 타당성, 경제적 타당성, 사회적 타당성, 법률적 타당성

㉠ **기술적 타당성** : 기술적으로 가능하고 효과가 있는 것

㉡ **경제적 타당성** : 경제적으로 시행 가능하고, 효과가 경제적 측면에서 분명한 것

㉢ **사회적 타당성** : 사업대상자들의 수용도, 즉 얼마만큼 받아들여 줄 것인가

㉣ **법률적 타당성** : 목표달성 행위가 법률 제도적으로 보장이 되는 것인가

(3) 집행계획의 수립

① 간호업무활동을 언제, 누가, 어디서, 무엇을 가지고 할 것인가를 정한다.

② 시간계획을 작성할 때는 일별, 주별, 월별, 분기별, 연간계획 등으로 기술한다.

(4) 평가계획의 수립

① 사업을 시작하기 전에 평가에 대한 구체적인 계획을 수립하여야 한다.
② 평가는 사업이 완전히 끝났을 때와 사업이 진행되는 도중에 실시한다.
③ 평가계획 수립시 지역주민들을 참여시켜야 사업의 효율성이 높아진다.
④ 평가자, 평가시기, 평가도구, 평가범위 등을 결정한다.
  ㉠ **평가자** : 지역사회간호사 혼자서 할 것인지, 사업의 참여인원 모두가 할 것인지, 평가위원회를 구성해서 할 것인지를 결정한다.
  ㉡ **평가시기** : 사업이 완전히 끝났을 때와 사업이 진행되는 도중에 수시로 할 수 있다.
  ㉢ **평가도구** : 평가는 무엇을 가지고 할 것인가를 의미하며, 이때 평가도구는 타당성과 신뢰성이 있어야 한다.
  ㉣ **평가범위** : 목표달성 정도, 투입된 노력, 사업진행 과정, 사업의 적합성, 사업의 효율을 결정한다.

4. 수행단계

(1) 직접간호

(2) 보건교육

(3) 보건관리

① **활동의 조정** : 요원들 간의 업무를 조정함으로써 업무가 중복되거나 누락되지 않도록 각 요원들 간의 관계를 명확하게 한다.
② **활동인력의 감시와 감독활동**
  ㉠ **감시활동** : 전체적으로 사업이 의도한대로 진행되는가를 체크하는 것으로 투입, 과정, 결과에 대한 감시가 있다.
    ⓐ 투입에 대한 감시
      • 각자 맡은 업무가 적절한가?
      • 자원의 소비와 비용이 계획대로 이루어지는가?
      • 필요한 정보는 제때 준비되어 전달되는가?
      • 대상주민이나 지역사회가 기대한 만큼 참여하는가?
    ⓑ 과정에 대한 감시
      • 정해진 규범에 따라 기대되는 기능, 활동, 업무가 수행되는가?
      • 업무기준에 미치는가?
      • 직원들 간에 필요한 회의나 의사소통이 이루어지는가?
    ⓒ 결과에 대한 감시
      • 결과가 구체적으로 달성되었는가?

- 서비스를 계획한 대로 전달하였는가?
- 새로운 기술이나 고도의 훈련에 대한 성과가 있었는가?
- 의사결정은 시기가 적절하고 적합하였는가?
- 대상주민이나 지역사회가 만족하고 있는가?

ⓓ **감시활동방법**

- 직원들의 업무수행 내용이나 진행과 그 결과에 대한 지속적인 관찰
- 공급품이나 필요한 장비 등과 같은 자원의 점검
- 기록 검토
- 해당직원이나 대상주민들과 진행상 어려움에 대한 토의

㉡ **감독활동** : 직원들에게 관심을 갖고 그들의 활동을 지지하고 용기를 북돋아 주며 학습기회도 마련하는 것으로, 그 대상으로는 사업의 목적, 수행, 직원의 동기나 능력 및 사원들을 감독하는 것이다. 어느 정도 자주 방문하여 감독을 할 것인가는 지역사회의 상태, 지역사회간호사업의 수준, 교통망과 자원의 동원가능성에 의하여 결정된다.

ⓐ **사업의 목적에 대한 감독**

- 그 목적이 주민의 건강요구에 부합하는가?
- 직원들의 책임이 목적에 부합하며 정당하고 그것을 달성하도록 되어 있는가?
- 조직관리자와 담당직원 및 주민 간에 사업목적에 대한 이견은 없는가?

ⓑ **수행에 대한 감독**

- 각 부서 요원들의 업무가 어떻게 어떤 여건에서 수행되는가?
- 원하는 결과에 영향을 주는 긍정적이고 부정적인 요인들(직원의 지식, 태도, 환경, 자원 등)은 무엇인가?
- 직원이 겪는 어려움의 원인이 무엇인가?

ⓒ **직원의 동기나 능력에 대한 감독**

- 직원들의 기본요구가 무엇인가?
- 업무관련 동기와 요인은 무엇인가?
- 직원들에게 의사소통, 문제해결 및 갈등해소를 위해 필요한 기술은 무엇인가?
- 직원들에게 일을 위해 필요한 정보나 기술은 무엇인가?
- 그러한 정보나 기술을 얻기 위해 적절한 학습방법은 무엇인가?

ⓓ **자원에 대한 감독**

- 물품 보급 또는 재정지원에 관한 특별한 요구가 있는가?

ⓔ **감독을 위해 방문하기 전 알아야 할 사항**

- 감독해야 할 지역사회가 노날해야 할 목표량

- 요원들이 해야 할 활동
- 목표량과 관련된 사업진행 정도
- 사업진행 동안 발생할 문제
- 요구되는 물품

ⓕ **감독방법**

- 보건소나 보건진료소의 간호활동을 감독하기 위해서는 연간 지도감독계획을 세울 필요가 있다. 즉, 감독의 횟수, 실무장소의 상황, 프로그램의 진행단계, 지리적 여건과 직원들의 유용성 등을 고려하여야 한다. 지도감독을 위한 구체적인 활동내용은 다음과 같다.
- 기록의 보관상태와 보고사항과 일치하는가?
- 그 직원이 직무에 맞는 활동을 하는가?
- 대상주민이나 그 밖의 가족과 동네주민들의 반응은 어떤가?
- 지도감독시 나타난 문제점이나 건의 등에 대해 해당직원과 함께 토의한다.
- 차기 지도감독 시기를 확인한다.

③ **자원의 배분** : 물리적 자원, 비용, 시간, 공간, 정보 등의 자원을 배분한다.

④ **의사소통** : 필요한 모든 정보를 관련된 사람 전체에게 전달하는 행위이다.

5. 평가단계

(1) 평가절차

① **평가대상 및 기준설정** : 무엇을 평가하며 어떠한 측정기준으로 평가할 것인가를 결정한다.

② **평가자료 수집** : 평가하기 위한 정보 및 자료를 수집한다.

③ **비교** : 설정된 목표와 현재 이루어진 상태와 비교한다.

④ **가치판단** : 목표에 도달하였는지 혹은 도달하지 못했다면 어느 정도 도달했는지 등의 범위를 판단하고 그 원인을 분석한다.

⑤ **재계획** : 미래 사업진행 방향을 결정한다.

(2) 사업과정에 따른 평가범주

① **구조평가** : 사업의 철학이나 목적에 비추어 사업내용과 기준의 적절성을 확인하는 과정으로 '사업목표가 명확하고 구체적이며 측정가능한가', '일정, 인력, 예산 등이 각 단계별로 구체적으로 제시되었는가', '사업대상의 범위나 규모가 적절한가', '사업을 전개할 조직구조, 담당인력, 물적 자원에 대한 준비는 충분한가' 등에 대해 평가하는 것이다.

② **과정평가** : 사업에 투입될 인적 · 물적 자원이 계획대로 실행되고 있는지, 사업이 일정대로 진행되는지, 사업의 모든 측면이 피드백 되어 반영되는지를 확인하는 평가과정이다.

③ **결과평가** : 초기에 설정한 단기 및 장기 사업목표가 얼마나 달성되었는가를 평가하는 과정으로, 사업의 단기적 효과로써 사업대상자의 지식, 태도, 신념, 가치관, 기술, 행동의 변화를 측정할 수 있고 장기적 효과로써 이환율, 유병률, 사망률 등의 감소로 측정할 수 있다. 또한 사업에 대한 대상자 만족도, 사업담당자의 만족도 등도 측정할 수 있다.

평가내용			
구조 (투입)	장소		보건교육 장소로 보건소 당뇨병교실과 아파트 반상회 모임을 활용한 것이 적절하였다.
	기구, 도구, 물품		당뇨병 교육을 위한 안내지와 VTR 테이프가 효과적이었으나, 안내지를 교육참가 인원수 만큼 준비하지 못한 것이 아쉬웠다.
	인력		홍보물 부착을 위해 지역대학 간호학과 학생들을 활용하였다.
	예산		홍보물 제작에 예산보다 비용이 10만원 추가되었다.
과정 (진행 과정)	만족도, 흥미도		주제가 자기효능을 높이기 위한 당뇨병 관리를 위한 교육이었기에 지역주민들의 집중도와 만족도가 높았다.
	프로그램 참여율		지역주민이 1회 40~50명 참석하였고, 사전에 사람들이 많이 모이는 장소를 선택해 교육허락을 받은 것이 도움이 되었다.
	교재 적절성		안내 팸플릿은 간결하였고, 그림 등으로 전달력이 있었으나 VTR 테이프가 오래되어 화면상태가 불량해 보완이 요구된다.
	대상자 적절성		지역주민과 당뇨병 환자 및 보호자들에게 꼭 필요한 교육 및 상담 프로그램이었다.
결과 (산출)	효과	지식변화	당뇨병 관리에 관한 생활습관과 식이 · 운동 · 약물요법 및 합병증 등에 대한 교육 전후의 지식변화와 유의한 차이가 있었다.
		행위변화	보건교육 전후의 당뇨병 예방 및 관리를 위한 생활습관의 실천율을 조사한 결과에서 특히 교육참가인원의 운동실천율이 15%에서 25%로 10% 상향 변화하였다.
		사업목표의 달성 정도	단기적인 행위변화가 있었으므로 지속적인 행위변화를 위해서 당뇨병 관리를 위한 자기효능감 증진 프로그램이 요구되었다.
	효율		※ 보건교육과 당뇨병 관리에 소요된 단위비용 (총 소요비용 / 참여 인원수) / 사업으로 인해 변화된 결과 = (45만원 / 45명) / 운동실천 변화율 10% = 1,000원/명/% 예 교육대상자 1명당 운동실천율을 1% 향상시키는 데 1,000원이 소요됨

(3) 체계모형에 따른 평가범주

① **투입된 노력에 대한 평가(투입)** : 지역사회 보건사업에 투입된 인적 · 물적 자원의 소비량을 평가한다.

② **사업진행 과정에 대한 평가(과정)** : 계획단계에서 준비한 내용을 기준으로 평가자료를 수집하여 사업진행도를 평가한다.

③ **목표달성 정도에 대한 평가(산출)** : 설정된 목적을 기준으로 구체적인 목표의 달성 정도를 평가한다.

④ **사업의 효율에 대한 평가(산출 · 투입)** : 보건사업의 양적 · 질적 측면에서 사업효율을 평가한다.

⑤ **사업의 적합성(충족도)에 대한 평가** : 실적을 산출하고 그 산출한 자료로 지역사회 요구량과의 비율을 계산해 사업의 적합성에 대해 평가한다.

(4) 논리모형에 따른 평가범주

투입 ➜ 활동 ➜ 산출 ➜ 단기결과 ➜ 장기결과

- 형성평가 : 투입 → 활동 → 산출
- 결과평가 : 단기결과 → 장기결과

① **프로그램의 개입**

㉠ **투입(자원)** : 프로그램이 과업을 위해서 사용할 수 있는 다양한 차원의 자원으로 인적 자원, 재정적 자원, 기관 자원, 지역사회 자원을 의미한다.

예 프로그램을 수행하기 위해 다음과 같은 자원이 필요하다.

㉡ **활동** : 프로그램이 자원을 가지고 하는 것, 즉 목적 달성을 위하여 의도적으로 행해지는 과정, 도구, 행사, 기술, 행위를 의미한다.

예 만약 이러한 자원을 이용할 수 있다면, 이러한 자원을 이용하여 다음과 같은 활동을 수행할 수 있을 것이다.

② **프로그램이 의도하는 성과**

㉠ **산출** : 프로그램 활동의 직접적인 산물로 프로그램이 제공하는 서비스의 유형, 수준, 대상, 참여자수를 의미한다.

예 만약 계획된 활동들을 성공적으로 수행한다면, 의도한 서비스 산출물을 제공할 수 있을 것이다.

㉡ **단기결과** : 프로그램 참여자의 인식, 지식, 기술, 태도, 의견, 동기의 변화를 의미한다. 예 만약 프로그램이 의도한 정도의 산출이 이루어졌다면, 프로그램 참여자에게서 다음과 같은 성과가 단기적으로 나타날 것이다.

㉢ **장기결과** : 프로그램이 궁극적으로 의도하는 목표의 달성 정도, 즉 참여자의 행동과 상태의 변화를 말한다. 예 만약 프로그램이 의도한 정도의 단기적 성과가 나타난다면, 프로그램 참여자에게서 다음과 같은 궁극적인 성과가 장기적으로 나타날 것이다.

(5) **평가의 5요소**(Volman, Anderson & Mcfarlane, 2002)

① **관련성(적합성)** : 지역의 요구에 적합한 프로그램인가?

② **과정** : 활동들이 계획에 따라 이루어지고 있는가?, 적합한 인력과 자원들이 동원되었고 적시에 활동들이 수행되고 있는가?

③ **효율성** : 프로그램의 비용은 어떠했는가?, 투자된 비용으로 인한 편익은 충분한가?

④ **효과** : 프로그램이 목표를 달성했는가?, 프로그램결과 어떤 행동변화가 나타났는가?

⑤ **산출(결과)** : 프로그램의 장기효과는 무엇인가?, 효과평가가 즉각적이고 단기적인 평가요소인 반면, 산출에 대한 평가는 프로그램을 하게 된 초기 이유를 변화시켰는가를 보는 것이다.

CHECK Point Donabedian의 3가지 평가범주

1. **투입평가(구조평가)** : ① 장소, ② 기구, 도구, 물품, ③ 인력, ④ 예산
2. **진행평가(과정평가)** : ① 대상자 적절성, ② 프로그램 참여율, ③ 교재의 적절성
3. 결과평가
   (1) 효과 : ① 지식변화, ② 행위변화, ③ 사업목표달성
   (2) 효율 : 사업으로 인해 변화된 결과
   (3) 대상자 및 간호사의 만족도

CHECK Point 평가수준에 따른 프로그램 평가

1. 과정평가
   (1) 프로그램이 계획대로 시행되었는지 사정
   (2) 지도자의 훈련수준, 사용된 자료, 제반교육과정의 적절성 및 난이도, 참석자의 수, 대상자의 참여도
2. 영향평가
   (1) 프로그램을 투입한 결과로 대상자의 지식, 태도, 신념, 가치관, 기술, 행동 실천양상에 일어나는 변화를 사정
   (2) 단기적 영향은 교육 후 교육내용과 관련된 지식, 태도, 신념, 행동을 측정
3. 성과평가
   (1) 프로그램을 시행한 결과 얻어진 건강 또는 사회적 요인의 개선점을 측정
   (2) 음주에 관한 보건교육 시행결과 음주로 인한 이환율, 사망률이 얼마나 감소했는지 평가

CHECK Point 평가적용 사례

구분	구조평가	과정평가		결과평가	
		활동	산출	결과	
				단기	장기
세부목표	• 예산 • 인력 • 시간 • 기술	• 워크숍 • 캠페인 • 교육 및 훈련 • 미디어 홍보	• 교육이수자 • 홍보건수	• 지식, 태도, 신념의 변화 • 건강수준	• 사회적 변화 • 경제적 변화 • 환경적 변화
금연사업 사례	• 간호사 2명 • 예산 100만원 • 차량 1대	• 금연교실	• 금연교실 참여자 수	프로그램 종료 직후/1개월 후 금연자 수	프로그램 종료 1년 후 금연자의 삶의 질

5 기능의 연속지표(건강지표) – 개인이나 지역사회의 건강수준을 예측할 수 있는 도구

1. 개인기능지표(Freshman, 1979)

Freshman의 기능연속지표

← 부정적 기능지수 　　　　 긍정적 기능지수 →

기능 장애	불구	외상 (중상)	초기 경고신호	긴장 유발요소	**중간 지점**	자기 인식	대처 (대응)	성장	자아 실현	적정 기능수준

(1) **자기인식** : 한 대상자가 있는 장소, 그들에게 일어나는 일들을 이해할 수 있는 상태

(2) **대처** : 현재 발생된 문제를 처리할 수 있는 상태

(3) **성장** : 상황에 적합한 태도의 변화를 의미

(4) **자아실현** : 지역사회의 견지에 맞는 적절한 성취를 이루고 이를 유지하는 것을 의미

Terris의 건강연속선

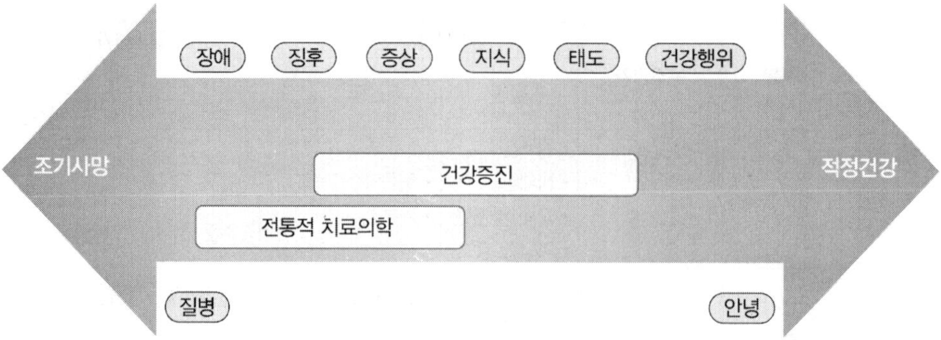

2. 지역사회의 건강지표(Hogue, 1985)

(1) 사회적 기능수준 : 직장출근율, 학교출석률, 부양비

(2) 증상과 문제점 : 사고율, 결석한 이유

(3) 질병 또는 위험요인과 생물학적 상관관계 : 혈압, 콜레스테롤 등

(4) 질병범주 : 급성 및 만성질환의 사례

(5) 사망률 : 특정원인별 사망률

(6) 장애 : 학습장애, 신체적 · 시각적 · 청각적 장애아동의 비율

(7) 인구 관련요소 : 출생률, 수태율, 사망률, 이혼율, 빈곤층의 비율, 실직률

(8) 성장과 영양상태 : 성인과 아동의 키, 몸무게, 철분결핍성 빈혈

(9) 의료 이용 형태 : 산전관리, 영 · 유아 예방접종, 병원입원

6 지역사회간호수단

1. 건강관리실 활동

(1) 건강관리실의 종류

① 고정 건강관리실 : 학교 내 보건실, 보건소 내 결핵실 · 진료실 · 영유아실, 산업장의 건강관리실 등

② 이동 건강관리실 : 적십자사에서 운영하는 헌혈이동차, 섬지역 이동진료선, 보건당국에서 운영하는 이동진료차

(2) 건강관리실 설치장소

① 대상자들에게 널리 알려지고 쉽게 찾을 수 있는 곳, 대상자의 생활중심지에 위치해 교통이 편리하고 이용하기 편리한 곳으로 농촌의 경우 시장, 학교근처가 적당하다.

② 이동 건강관리실일 경우 종교 및 정치와 관련없는 장소여야 한다. 단, 응급시에는 예외이다.

③ 모든 건강관리실마다 상담이나 비밀이 보장될 수 있는 개별적인 방을 설치하는 것이 중요하다.

④ 건강관리실 운영을 위한 기구 확보 및 물품관리 : 가능한 그 지역의 물품을 사용하는 것이 주민들에게 친근감을 줄 수 있다.

(3) 건강관리실 활동의 장점

① 시간과 비용이 절약된다.

② 건강관리실에 비치된 전문적인 시설을 이용할 수 있으며, 다른 전문인의 서비스도 활용할 수 있다.

③ 외부의 산만성이 적다.

④ 같은 문제를 가진 대상자들끼리 서로의 경험을 나누어 자신들만이 해결할 수 있는 방법을 알 수 있다.

⑤ 가정방문 때는 가져갈 수 없는 물품 등을 사용하여 시범을 보일 수 있다.

⑥ 대상자 스스로가 자신의 건강문제에 적극성을 가지고 자력으로 문제를 해결할 수 있는 책임감과 능력을 갖게 할 수 있다.

(4) 건강관리실 활동의 단점

① 대상자가 처한 상황을 직접적으로 파악하기가 곤란하다.

② 건강관리실에 내소하는 것이 불가능한 대상자들은 접근성이 줄어든다.

③ 대상자가 심리적으로 긴장하게 되는 경우 자신의 문제를 솔직히 드러내지 않는다.

④ 시범이 필요한 간호행위시 상황에 적절한 시범을 보일 수 없다.

2. 방문활동

(1) 목적

① 가족의 포괄적인 건강관리 도모

② 실제 가정환경 속에서 효율적이고 실질적인 간호과정의 적용

③ 가정환경을 관찰하여 가족의 건강증진의 방해, 지지요소의 확인 및 자원의 파악

④ 가족 스스로 문제해결능력(건강관리능력)의 증진

(2) 방문활동의 원리

① 방문활동은 업무계획에 의해서 시행되어야 한다. – 방문 시간은 미리 정하는 것이 좋다.
② 지역사회의 자원 이용시 지리적 · 경제적으로 접근성이 용이한 곳을 우선 이용한다.
③ 방문대상자와 공동으로 간호계획을 세우며 평가하는 것을 원칙으로 한다.
④ 토의하는 화제는 과학적이어야 하며, 행하는 간호기술은 전문적이어야 한다.
⑤ 방문횟수는 간호인력, 예산, 대상자의 상태를 참조하여 지역사회간호사가 판단해야 한다.
⑥ 방문대상자와의 우호적인 신뢰관계 형성이 중요하다.
⑦ 하루에 여러 곳을 방문시
㉠ 비전염성 영아부터 방문하고 전염성 환자는 끝에 방문하여 전염병 매체가 되지 않도록 한다.
㉡ 감수성이 높은 연령부터 가정방문한다.

(3) 일반적 방문활동의 우선순위

① 개인보다 집단이 우선이다.
② 비전염성 질환보다 전염성 질환이 우선이다.
③ 만성보다 급성질환이 우선이다.
④ 생활수준이 낮을수록, 교육수준이 낮을수록 우선이다.

(4) 방문 전 활동

① **방문대상의 이해** : 기록, 보고서 검토
② **예측되는 요구나 문제에 대처한다** : 필요한 물품, 기구, 약품, 서류의 준비
③ 방문일시 및 방문목적을 방문대상에게 사전 연락한다.

(5) 방문 중 활동

① 방문대상과 우호적인 상호관계를 수립한다.
② 신체적 · 정신적 · 사회문화적 · 경제적 요구에 대하여 관찰하고 질문한다.
③ 동원가능한 자원을 최대한 활용하여 필요한 간호를 제공한다.
④ 대상자의 질문에 응하고 상담한다.
⑤ 간호대상과 함께 공동 활동계획을 작성한다.

(6) 방문 후 활동

① 방문 중 계획에 대하여 지역사회간호사가 해야 될 부분을 처리하고, 간호대상자의 수행과정을 지속적으로 감시한다.

② 방문활동에 대한 평가
㉠ 무엇이 문제인가?
㉡ 부정적인 요인과 긍정적인 요인은 무엇인가?
㉢ 어려운 문제가 있었다면 대책은 무엇인가?
㉣ 문제의 근본원인은 무엇이며 그 대책은 무엇인가?
③ **기록** : 방문의 절차와 결과를 자세히 기록하고 방문대상, 목적, 내용, 문제점, 간호활동, 대상자의 태도, 간호의 결과, 앞으로의 계획 등을 기록하고 차기 방문시 참고한다.

(7) 가정방문활동의 장점
① 실제 가정환경에서 자료를 수집함으로써 신뢰도를 높이고 정확한 간호진단을 내릴 수 있다.
② 가정환경을 관찰함으로써 상대방에게 적합한 지도와 실제적 교육이 가능하다.
③ 포괄적 간호가 가능하고 가족단위의 보건교육도 가능하다.

(8) 가정방문활동의 단점
① 가정이 시끄럽고 산만하면 상담장소로 부적절하다.
② 비슷한 경험을 가진 타인과 경험을 나눌 수 없다.
③ 시간과 비용 면에서 비경제적이다.
④ 다른 전문인의 서비스를 받을 수 없다.
⑤ 타인의 가정방문에 대해 대상자가 부담을 가질 수 있다.

(9) 가정방문시 주의할 점
① 방문시간은 약속시간에 방문한다.
② 방문시 건강문제를 지닌 가족구성원뿐만 아니라 모든 가족에게 간호를 제공한다.
③ 응급상황에 대비하여 그 집에서 모든 출구를 확인해 둔다.

(10) 방문가방
① 내용
㉠ 신문지(깔개용, 휴지통용), 성냥
㉡ 종이수건, 비누(손소독용)
㉢ 필기도구, 기록지
㉣ **검사용구** : 진공채혈관, 소변검사용 스틱, 시험관, 객담통, 소변컵
㉤ **간호용품** : 관장기, 주사기, 알코올 솜, 반창고, 거즈, 면봉, 붕대, 식염수, 증류수, Hot bag, 설압자, 전지
㉥ 드레싱용품
㉦ **측정용구** : 혈압기, 체온계(구강, 항문), 청진기, 혈당측정기, 줄자, 체중기, 윤활유

② 방문가방 다루는 법

㉠ 가능한 안전한 장소에 놓는다. 간호대상이 비말전염병 환자이면 환자로부터 먼 거리에 가방을 두거나 책상이나 높은 장소에 올려놓는 것이 좋다.

㉡ 가방에서 신문지를 꺼내어 가방 놓을 장소에 깔고 가방과 종이봉지를 세워 놓는다.

㉢ 되도록 흐르는 물에 손을 씻고 수건으로 닦아서 신문지 한 귀퉁이에 놓아둔다.

㉣ 처치를 하고 난 뒤 다 쓴 용품들은 마른 솜으로 닦고 다시 알코올 솜으로 닦은 뒤 정리하여 가방에 넣는다.

㉤ 처치 후 나온 쓰레기는 종이봉지에 모았다가 가방 밑에 깔았던 신문지에 싸서 태우도록 가족들에게 요청하거나 혹은 처리하는 방법을 시범으로 보인다.

3. 자원활용 및 의뢰활동

자원의 활용은 가까운 것부터 사용하여야 하며, 이용에 편리한 자원과 이용가능한 자원에 대한 목록작성이 필요하다.

(1) 지역사회 및 가족의 자원

① **인적 자원** : 가족 또는 지역사회 내 건강문제를 해결하는 데 도움이 될 수 있는 사람

② **물리적 환경자원** : 건강관리를 위한 건물, 시설, 도구, 자료, 기구

③ **사회적 환경자원** : 가족 및 지역사회의 건강에 대한 지식과 기술수준 및 건강에 대한 가치관 등

④ **경제적 자원** : 건강보험 가입 여부, 의료보호대상, 건강관리를 위한 지불능력, 총수입

(2) 전문적 자원(지역사회간호사의 자원)

건강평가기술, 간호기술, 보건교육기술

(3) 지역자원(가족 및 지역사회 이외의 자원)

다른 마을이나 단체에 있는 자원, 즉 공공기관, 종합병원 및 개인의원, 영리단체 및 비영리단체(자선단체)를 의미한다.

(4) 의뢰시 유의점

① 본인이 의뢰한다는 사실을 납득하여야 하며 의뢰 여부를 대상자 스스로 결정하여야 한다.

② 의뢰는 가능한 한 개개인을 대상으로 한다.

③ 기관의 위치와 담당자가 만날 시간과 장소를 정확히 알려준다.

4. 면접(면담)

(1) 정의

두 사람이 의도한 목적을 가지고 생각이나 정보를 교환하는 과정을 말하며, 사교적인 대화와는 구별되어야 한다. 면접자는 특정분야의 학문과 기술을 가지고 면접을 하기 때문에 전문직업적 대화자라고도 한다. 면접방법에는 관찰, 청취, 질문, 이야기하는 것 등이 있다.

(2) 면접자의 자질

① 부드럽고 친절하며 사람들에 대한 순수한 관심을 가진 태도
② 상대방에게 도움이 되어 주겠다는 마음의 자세
③ 도움을 필요로 하는 사람들의 인격에 대한 존경심을 가진 태도
④ 자기결정, 자기지휘에 대한 권리를 인정하는 태도
⑤ 비판적이며 강제적이 아닌 남을 수용하는 태도
⑥ 걱정되는 일에 대하여 안심하고 이야기할 수 있도록 만드는 능력
⑦ 신뢰감을 얻을 수 있는 능력
⑧ 정확한 관찰과 민감한 이해력
⑨ 좋은 청취자가 될 수 있는 능력
⑩ 자신의 태도나 편견에 대한 자각능력
⑪ 자제능력
⑫ 융통성과 적응능력
⑬ 효과적인 의사소통능력
⑭ 건강관리에 대한 지식
⑮ 인간행동에 영향을 주는 기본원리에 대한 지식
⑯ 개인, 가족, 지역사회의 사회문화적 배경에 대한 지식
⑰ 소속기관에 대한 지식, 기능, 목적, 사업내용, 정책 등
⑱ 지역사회 자원에 대한 지식, 의뢰방법 등
⑲ 그 지역 혹은 그 사회계층에서 통용하는 언어를 사용

(3) 면접방법

① **관찰** : 관찰은 면접하는 동안에 보는 것, 듣는 것, 이해하는 것으로 구별한다. 관찰에 있어서 언어를 통한 표현, 즉 피면접자가 말하는 것, 말 안하는 것, 급작스런 화제의 변경, 이야기 줄거리의 간격 등에 주의해 말, 비언어적 표현, 즉 신체의 긴장도, 얼굴의 표정, 몸의 움직임, 몸의 자세 등을 주의하여 관찰한다. 관찰은 전체적이고 계속적인 과정이다.

② 효과적으로 청취하는 방법

㉠ 대상자가 대화하는 도중에 잠깐씩 중지하는 점에 관심을 기울인다.

㉡ 지나친 간섭, 혹은 적은 간섭은 피한다.

㉢ 대상자가 계속 대화를 할 수 있도록 가끔 반응을 나타내어 경청하고 있다는 것을 알린다. 경우에 따라서 환자의 말을 반복하고 조언이나 질문을 한다.

㉣ 경청하고 있다는 것을 대상자가 알 수 있도록 대상자를 정면으로 보는 자세, 얼굴 표정 및 적당한 몸짓 등을 취한다.

③ 질문 : 질문은 피면접자의 문제를 찾아내고 피면접자 자신이 가지고 있는 문제를 정확히 이해하도록 도와주는 목적을 가지고 있다.

㉠ 질문시기

ⓐ 피면접자가 하고 있는 말을 이해하지 못했을 때

ⓑ 피면접자가 본인이 가지고 있는 문제를 혼동하고 있을 때

ⓒ 구체적으로 필요한 정보를 얻으려고 할 때

ⓓ 화제의 방향이 빗나갔을 때

ⓔ 피면접자가 좀 더 구체적인 설명을 할 필요가 있을 때

㉡ 질문방법

ⓐ 직접적인 질문보다 일반적인 유도질문을 한다.

ⓑ "네" 혹은 "아니요"로 대답을 유도하는 것보다 설명을 요하는 질문을 한다.

ⓒ 관심과 친절감이 있는 언어를 사용한다.

ⓓ 지나치게 많은 질문 혹은 너무 적은 질문은 피면접자를 혼돈하게 하며 또한 관심이 없어 보이므로 피하도록 한다.

④ 이야기하는 것

㉠ 이야기하는 시기와 이유

ⓐ 피면접자가 화제를 계속하도록 조정할 때

ⓑ 필요한 정보, 지식, 조언을 제공할 때

ⓒ 각종 보건관리방법을 설명할 때

ⓓ 표면에 나타난 대상자의 느낌을 해석할 때

ⓔ 대상자를 안심시키려고 할 때

ⓕ 대상자의 질문에 답변할 때

㉡ 이야기 방법

ⓐ 대상자와 같은 수준의 언어를 사용한다.

ⓑ 간단하고 정확히 전달이 되는 용어를 사용하며 대상자와의 상호이해를 명백히 한다.

ⓒ 허식적인 칭찬 또는 공을 내세우는 것을 피한다.

ⓓ 질문에 대한 답변을 짧고 솔직하게 하고, 대상자에게 다시 주의를 기울이도록 한다.

⑤ **해석 또는 설명** : 해석은 관찰, 청취, 대화를 통한 과정에 의해 이루어지며, 어떤 단서, 인상 등을 합하여 사태를 파악하고, 획득한 여러 가지 증거, 정보 등을 참고로 하여 재구성한다.

5. 상담

(1) 정의 및 목적

① **정의** : 개인의 태도와 행위를 변화시키는 데 도움을 주기 위해 피상담자와 직접접촉을 통해 원만한 대인관계를 성립함으로써 자아구조를 이완시켜 새로운 변화를 받게 되는 과정이며, 개인적인 발달의 방향으로 현명한 선택이 이루어지도록 촉진하는 것이다.

② **목적**

㉠ 상담을 통해 사람들이 자신의 문제를 인식할 수 있는 힘을 얻도록 하며 문제해결 방안을 스스로 찾도록 도와주는 데 있다.

㉡ 개별상담은 교육방법으로 경제성은 없으나, 교육효과가 높고 개인의 비밀에 속하는 건강문제해결(성병, 나병, 결핵, 에이즈, 성생활)이나 사회에서 죄악시하는 문제(미혼모, 유산) 등을 교육시 흔히 적용한다.

(2) 상담의 원리

① 피상담자의 모든 행동에는 분명한 이유와 목적이 있다.

② 피상담자의 반응 중 즉각적으로 상담자가 관찰할 수 있는 것 뿐만 아니라 상당히 관심을 주지 않으면 놓치기 쉬운 감추어져 있거나 지연된 반응이 있음을 주목하고 가능한 이를 정확히 이해하는 것이 바람직하다.

③ 상담의 중간목표와 최종목표를 정하고 피상담자와 함께 목표를 달성하도록 노력해야 한다.

(3) 상담과정

① **관계형성과 경청** : 초기단계로서 Rapport 형성이 중요하다. 간호사와 대상자는 전문직업적인 지원관계를 확립하고, 상담자 전체를 이해하는 데 중요한 신뢰를 얻기 위해 경청해야 한다.

② **탐색과 직면** : 중간단계에 해당되며 피상담자가 가진 문제를 정확히 이해하고 규명하여야 한다.

③ **마무리 단계** : 피상담자가 태도 및 행동변화를 일으키도록 그 자신의 문제에 직면한 후에 오는 여러 가지 바람직한 생각을 행동화하도록 도와준다. 또한 상담과정을 평가

하고 이후의 피상담자의 긍정적인 방향전환에 대해 격려해 준다. 이러한 모든 상황이 상호 만족한 상태가 될 때 상담을 종결한다.

(4) 상담시 유의사항

① 신뢰감 있는 분위기를 조성하고 관심, 친절한 언어사용에 유의하도록 한다.
② 상담자는 문제를 해결해 주는 사람이 아니라 문제를 발견하고 해결하도록 도와주는 사람이라는 사실을 명심한다.
③ 긍정적인 태도를 가진다.
④ 적극적인 경청의 자세를 가지고 직접적인 질문보다는 유도질문을 한다.
⑤ 대상자가 스스로 말할 수 있을 때까지 여유를 가지고 기다린다.
⑥ 대상자가 부정적으로 반응하더라도 충분히 감정을 표시할 수 있도록 이를 받아들인다.
⑦ 대상자에게 지시, 명령, 훈계, 설득 등은 피한다.

(5) 상담의 장점

① 집단교육보다 교육효과가 높다.
② 단출한 장소에서 실시할 수 있어 별도의 행정적 노력이 필요 없다.
③ 특별한 계획이 없더라도 짧은 시간을 할애하여 간단히 문제해결을 도와줄 수 있어 어디에서나 적용할 수 있는 효과높은 교육방법이다.
④ 피면접자의 내적 긴장을 풀 수 있다.
⑤ 본인의 문제를 객관적으로 볼 수 있다.

(6) 상담의 단점

개인대상이므로 집단교육방법에 비해 경제성이 적다.

(7) 상담의 방법(기술)

① **기본방법** : 경청, 개방형 질문, 바꾸어 말하기, 요약, 반영, 명료화, 직면, 해석
② **상담의 기법**
㉠ 관심을 갖는다.
㉡ 개방적인 질문을 한다.
㉢ 경청한다.
㉣ **반응한다** : 지도, 질문, 직면, 정보제공, 해석, 지지와 격려
ⓐ **지도** : 지도하는 식으로 반응한다.
ⓑ **질문** : 개방식 질문이 좋다.
ⓒ **직면** : 잘못된 사고나 행위는 내담자에게 무비판적으로 직접 제시한다.
ⓓ **정보제공** : 내담자에게 도움이 되는 여러 가지 정보를 제공한다.
ⓔ **해석** : 내담자의 행동이나 다른 사건들이 의미하는 것을 설명한다.

ⓕ **지지와 격려** : 갈등으로 괴로워할 때 버틸 힘을 주고 칭찬한다.

ⓜ **교육한다** : 적절히 보건문제들을 처리하도록 예를 들어 가르쳐 준다.

CHECK Point 상담의 접근형태(Rogers)

1. **지시적 상담** : 상담전문가가 내담자의 문제해결에 있어서 대부분의 책임과 주도권을 쥐고 문제를 풀어가는 형태이다(보고, 지시, 설명, 평가 및 교정을 할 수 있다).
2. **비지시적 상담** : 막연하고 개방된 중립적 태도를 지니며, 상담자의 언어 및 간접적으로 표현된 내담자의 감정을 인정하며, 내담자의 간접적, 우회적 또는 숨겨진 감정과 태도에 반응한다.

6. 집단지도

(1) 정의

① 집단지도란 지역사회 간호사업 목적달성을 위한 방법 중 보건교육을 전달하는 수단으로 교육을 받는 학생, 교직원, 학부모들을 단체로 접근하는 것이다.

② 집단지도 방법에는 강연, 집단토론, 심포지엄, 패널토의, 시범, 분단토의, 역할극 등이 있다.

(2) 집단의 조직

① **기존집단의 활용방법** : 새마을 부녀회, 반상회, 교회집단, 4H 클럽, 학교집단, 어머니회 등 기존집단을 활용할 경우 시간과 비용이 절감된다.

② **새로운 집단의 조직** : 집단조직에 필요한 행정절차를 밟아야 하므로 시간과 노력이 많이 든다.

(3) 집단지도 방법

① **강연회** : 단시간 내 많은 내용을 한꺼번에 체계적으로 전달할 수 있다.

② **집단토론회** : 10~15명을 대상으로 자유로운 분위기에서 토론하며 사회자가 진행을 촉진한다.

③ **심포지엄** : 2명 이상의 연사가 동일문제에 대하여 서로 다른 입장에서 강연하며 사회자가 안내하여 청중과 강연자의 질의응답으로 진행한다.

④ **배심토의(패널토의)** : 대립견해를 가진 여러 명의 토의자(전문가)의 토의로 진행되며 청중은 그 의견을 듣고 비판능력이 있어야 한다.

⑤ 시범회

⑥ **분단토론회** : 몇 개 분단으로 나누어 책임맡은 문제 및 내용에 대해 토의하며 토의 후 전체의견으로 종합한다.

⑦ 역할극

(4) 집단지도 요구의 사정

① 보건교육대상자에 대한 정보
- ㉠ 대상자에게 적합한 내용, 요구되는 내용
- ㉡ 대상자들이 중요하다고 느끼는 특별한 관심분야
- ㉢ 대상자들의 경험, 즉 지식과 기술의 정도
- ㉣ 대상자들의 교육조건 : 정규교육, 특별교육
- ㉤ 문화적 배경 : 학생들의 행동규범, 습관, 전통

② 교육환경에 대한 정보
- ㉠ 인적 자원 : 동원 가능한 인적 자원
- ㉡ 집단지도를 위해 할애될 수 있는 시간
- ㉢ 교육지표, 장소, 시설 등의 물적 자원
- ㉣ 집단지도에 소요되는 재정

7. 계약

(1) 개념

대상자의 간호능력이 있음을 전제하고 시작되는 것으로서 간호사와 대상자 간의 협상으로 분명한 상호 서명하에 시작된다.

(2) 목적

① 대상자 스스로 자신의 건강관리에 간호사가 돕는 개념으로 전문가의 처방이나 관리에 대상자가 따르는 것과는 다른 개념이다.
② 건강관련 목표를 달성하기 위해 대상자와 전문가가 해야 할 일을 정함으로써 대상자가 보다 적극적으로 건강관리에 임할 수 있도록 지지하고 강화해 주는 것이다.

(3) 계약의 장점

① 대상자가 자신의 건강관리에 참여하게 된다.
② 대상자가 필요한 임무수행을 하도록 동기화가 된다.
③ 대상자의 독특한 요구에 맞는 건강관리의 개별화가 된다.
④ 대상자나 간호사가 정한 건강목표 달성가능성이 고조된다.
⑤ 대상자나 간호사의 문제해결능력이 개발된다.
⑥ 의사결정과정에 대상자의 참여가 조장된다.
⑦ 대상자가 자가간호 습득시 독립성과 자존심이 촉진된다.
⑧ 간호서비스의 효율성과 비용효과가 도모된다.

(4) 계약의 단점

대상자가 의료인에게 의존적일 때는 적용이 어렵다.

(5) 계약과정

① **요구탐색** : 대상자의 건강, 문제, 요구 사정
② **목표설정** : 대상자와 함께 논의 및 동의
③ **자원발굴** : 상호간에 제공해야 할 것과 기대되는 것 확인 및 주요 타인 기관, 타 전문가 등과 같은 적절한 자원의 발굴
④ **계획수립** : 목표달성을 위한 방법과 활동 확인
⑤ **책임분담** : 상호간에 책임질 부분 협상
⑥ **시간표 작성** : 전체 계약기간, 방문횟수 등의 설정
⑦ **평가** : 서로 상의한 시간마다 목표에 대한 정기적, 최종 진행평가
⑧ **재협상 또는 종결** : 계약의 수정, 협상 또는 종결

8. 사례관리

(1) 개념

① 개인의 건강요구를 향상시키기 위해 의사소통과 활용할 수 있는 자원을 통하여 필요한 서비스를 사정, 계획, 수행, 조정, 감시, 평가하는 협력적인 과정이다.
② 사례관리자는 대상자와 복잡한 서비스 공급체계를 연결시켜 대상자가 적절한 서비스를 받을 수 있도록 책임을 지게 된다.

(2) 목적

① **서비스의 질 향상** : 지속적인 양질의 의료 제공, 의료의 분절화 방지, 삶의 질 향상
② **비용 통제** : 자원의 효율적 활용, 병원 입원기간의 단축

(3) 사례관리자의 대상자

① 복잡한 신체적 · 정신적 손상을 가지고 있는 대상자
② 복수의 서비스를 필요로 하거나 받고 있는 대상자
③ 시설입소가 검토되고 있는 대상자
④ 서비스가 충분히 제공되고 있지 않는 대상자
⑤ 받고 있는 서비스가 부적절한 대상자
⑥ 돌봄을 제공해 줄 가족구성원이 없거나 혹은 충분하지 못한 대상자
⑦ 가족구성원만이 돌보고 있는 대상자
⑧ 행동이나 태도 면에서 다른 사람이 참을 수 있는 한도를 넘는 대상자
⑨ 행정서비스 이외에 이웃이나 자원봉사자와 같은 비공식적인 지원을 필요로 하는 대상자

⑩ 입 · 퇴원을 반복하고 있거나 혹은 자신의 건강관리를 할 수 없는 대상자
⑪ 자신의 문제점이나 요구에 대한 판단력이 부족한 대상자
⑫ 금전관리가 불가능하거나 혹은 행정서비스를 신청하는 데 도움이 필요한 대상자
⑬ 개인적으로 대변인이 필요한 대상자

(4) 사례관리자가 갖추어야 할 능력

① 개인의 건강요구를 파악할 수 있는 전문적인 능력이 있어야 한다.
② 대상자에게 가용한 자원을 파악하고 필요한 자원을 연계할 수 있어야 한다.
③ 개인의 건강요구를 충족시킬 수 있도록 서비스 계획을 수립하고, 이를 수행, 모니터, 평가할 수 있어야 한다.
④ 개인의 개별적인 건강요구를 고려하여 가능한 여러 자원을 조정할 수 있어야 한다.
⑤ 대상자 및 자원과 원활하게 의사소통을 할 수 있어야 한다.
⑥ 서비스의 질과 비용–효과성을 평가하고, 지속적으로 향상시킬 수 있어야 한다.

(5) 사례관리의 원칙

① **지속성** : 사례관리 서비스뿐만 아니라 대상자와 환경에 대한 사후관리, 지지적 관계, 재평가가 연속적으로, 지속적으로 이루어져야 한다. 관리가 잘 이루어졌지만 관리가 일회성으로 끝나 다시 불건강의 상태로 돌아가면 비용효과적이지 못하고 지속적으로 대상자를 관리하는 것이 사례관리의 목적이다.
② **포괄성** : 사례관리자들의 문제를 해결하는 데에는 포괄적인 서비스의 형태로 제공되어야 한다.
③ **통합성** : 다양하게 분리된 전달체계 내에서 통합적으로 접근하여야 한다.
④ **개별성** : 주어진 환경과 대상자의 특성 및 문제가 다양하므로 대상자의 욕구와 환경에 맞게 개별적으로 이루어져야 한다.
⑤ **책임성**
㉠ 지원망 내에서 사례관리가 제대로 이루어지고 있는지의 책임
㉡ 서비스 지원이 효과적이도록 보장하고 필요한 자원을 동원하며 사례관리 과정 전반에 걸쳐서 대상자의 욕구에 대한 자원을 동원하고 변경할 수 있는지에 대한 책임을 져야 한다.

(6) 사례관리의 흐름 및 절차

① **초기접촉** : 사례를 발견하여 스크리닝을 통하여 판단하고 사정을 위한 자료를 수집하는 접촉, 접수단계이다.
② **사정** : 개입방식을 선택하기 위하여 문제점을 파악하는 것과 동시에 강점을 파악하여 공식적 · 비공식적 지지를 검토하는 절차이다. 욕구 및 문제 사정 & 우선순위 → 지원

사정 → 장애물 사정

③ **계획** : 개별적 맞춤형 목표설정과 계획수립단계

④ **개입** : 개입은 크게 내부자원의 획득을 위한 직접적 서비스 제공과 외부자원의 획득을 위한 간접적 서비스 제공으로 나누어진다.

⑤ **점검** : 서비스와 지원이 잘 이루어지고 있는지를 모니터링 하는 것으로 점검은 사례관리의 여러 가지 기능 중에서도 매우 중요하다. 기관과 비공식적 망의 접촉은 점검이 중요하다.

⑥ 재사정 및 종결

⑦ **평가** : 구조평가, 과정평가, 결과평가

(7) 사례관리의 필요성

① 탈시설화의 영향

② 서비스 전달의 지방분권화

③ 복잡하고 다양한 문제와 욕구를 가진 대상자의 증가

④ 서비스 단편성의 문제

⑤ 사회적 지원체계와 관계망의 중요성에 대한 인식의 증가

⑥ 비용 효과성에 대한 인식의 증가

⑦ 가족을 기반으로 하는 중재방법의 필요성 증가

9. 의사소통을 위한 매체활동

(1) 편지

① 정기약속을 어기거나 다음 날짜를 알려줄 때 사용한다.

② 경비가 절약된다.

③ 수신인에게 전달되었는지 여부를 파악할 수 없다.

④ 건강관리실 운영시, 약속된 날짜에 오지 않는 환자의 경우 즉각 엽서를 보내면 상당히 압박감을 느끼게 되므로 약 1주일 후까지 기다려 엽서를 보내는 것이 좋다. 단, 중요한 치료목적으로 건강관리실을 방문해야 할 환자의 경우는 다음 날 즉시 가정방문을 하는 것이 좋다.

(2) 전화

자주 광범위하게 이용하는 매체이며 약속날짜를 어긴 경우 대상자에게 즉시 연락하여 다음 약속을 정할 때 쓰인다.

① **전화의 장점**

㉠ 시간과 비용 면에서 가장 경제적이다.

㉡ 일정한 시간의 구애 없이 빈번한 접촉을 할 수 있다.

㉢ 서신보다 개인적이며 친근감이 있어 덜 사무적이다.
㉣ 말을 주고받으며 의사소통이 빨리 된다.

② 전화의 단점
㉠ 전화가 없는 경우 이용할 수가 없다.
㉡ 전화 사용시의 예절에 유의해야 한다.
㉢ 가정상황에 대한 전체적인 파악이 불가능하다.

(3) 유인물

① 유인물의 장점
㉠ 가장 지속적인 기억을 하도록 해 준다.
㉡ 보건교육 내용을 조직적이고 계획적으로 자세히 담을 수 있다.
㉢ 다른 매체보다 신뢰성이 있다.
㉣ 대상자들이 보고 싶을 때 언제나 볼 수 있다.

② 유인물의 단점
㉠ 글을 모르는 주민에게 이용할 수 없다.
㉡ 비용, 시간, 전문기술이 요구된다.

(4) 벽보판

① 벽보판 활용의 장점
㉠ 대상자의 시각을 자극하여 많은 대상자에게 전파가 가능하다.
㉡ 그림과 글씨를 통하여 지역사회 대상자에게 흥미를 유발할 수 있다.

② 벽보판 활용의 단점
㉠ 제작에 대한 특별한 기술이 필요하다.
㉡ 장기적으로 게시할 수 있는 장소와 시설이 필요하다.

(5) 방송

긴급하게 알려야 할 지역사회 주민의 건강관리에 대한 교육이나 전달사항이 있을 때 활용한다. 학교에서는 쉬는 시간, 아침시간, 점심시간 등을 이용하여 사전 계획된 보건교육 내용을 전달한다. 방송의 운영도 교사나 보건교사의 강의식 전달방법보다는 각 학급 학생들이 연극식으로 혹은 낭송으로 보건교육을 하면 더욱 효과적이다.

① 방송을 통한 보건교육의 장점
㉠ 스피커를 통해 나가는 소리는 축제와 같은 행사에 참여하는 기분을 갖도록 친근감을 주는 작용을 한다.
㉡ 방송에서 듣는 이야기는 권위자로부터 듣는 것으로 생각한다.
㉢ 가장 빠르게 많은 대상자에게 전달할 수 있다.

② 방송을 통한 보건교육의 단점

㉠ 시간이 지나면서 기억이 상실된다.

㉡ 방송망의 사용이 번거롭다.

(6) 가정통신

① **개념** : 가정통신은 학생과 교직원의 건강관리를 위하여 학부모나 관련자들의 의견을 문의하거나, 학교의 보건행사 및 학생의 건강상태를 알려주며, 학부모를 교육하는 등의 다양한 목적으로 사용된다. 학부모는 학교에서 보내준 서신을 소중히 읽고 지키려고 하는 경향이 있어 이를 통한 보건교육은 효과적이다.

② 가정통신의 장점

㉠ 경비가 적게 든다.

㉡ 학부모와 같이 상의하여 학생의 건강관리에 필요한 결정을 하게 되므로 가족의 건강관리기능을 향상시키는 데 도움이 된다.

㉢ 가정통신을 보내고 받고 하는 동안 학부모는 학생의 건강에 대하여 생각하고, 문제를 의식하고 해결하려는 노력을 하게 된다.

③ 가정통신의 단점

㉠ 수신인에게 잘 전달이 안 될 경우가 있다.

㉡ 가정상황의 파악이 어렵다.

㉢ 가정통신을 전달하는 담임교사의 전달방법도 성과에 크게 좌우된다.

㉣ 수신인에게 전달되지 않는 경우에 확인할 수 없다.

④ 가정통신의 사용목적

㉠ 학생과 교직원의 건강관리를 위하여 학부모나 관련자들의 의견을 문의할 때

㉡ 건강관리를 위한 학부모의 협조 요청이 있을 때

㉢ 학생의 과거 및 현재의 병력과 건강력을 조사할 때

㉣ 학교의 보건행사나 건강평가 결과를 알려줄 때

㉤ 학부모를 교육하려고 할 때

FINAL TEST

01 WHO가 제시한 건강의 정의(1998년) : 단순히 질병이 없거나 허약하지 않은 상태만을 의미하는 것이 아니라 (　　　　·　　　　·　　　　및　　　　)으로 완전한 역동적 상태를 말한다.

02 지역사회간호에서의 건강개념

(1) 상대적 (　　　) 절대적

(2) 임상적인 관점 (　　　) 기능적인 관점

(3) 인간의 건강 (　　　) 지역사회나 인구집단의 건강

(4) 지역사회간호의 목적

03 건강의 정의

(1) (　　　　　　) : 임상적 모형, 역할수행 모형, (　　　　　　), 행복모형

(2) (　　　　　　) : 건강은 환경, (　　　　　　), 인간생물학, 보건의료체제의 4영역에 의하여 성립된다.

(3) (　　　　　　) : 건강이란 그 체계시점에서 가장 발달되고 성숙된 상태

(4) (　　　　　　) : 건강이란 계속적으로 변화하고 있는 환경에 적응하고 방어하는 상태

FINAL TEST 정답

01 신체적, 정신적, 사회적, 영적

02 (1) 상대적 (<) 절대적
(2) 임상적인 관점 (<) 기능적인 관점
(3) 인간의 건강 (<) 지역사회나 인구집단의 건강
(4) 지역사회간호의 목적 : 적정기능수준의 향상

03 (1) Smith, 적응모형 (2) Lalonde, 생활습관 (3) 발달모형 (4) 적응모형

04 생의학적 모델, 생태학적 모델, 사회생태학적 모델, 총체적인 모델

(1) 숙주, 병원체, 환경이 평형을 이룰 때 건강을 유지하게 된다.

(2) 이 모형의 가장 큰 특징은 개인의 행태적 측면을 강조하고 있는 점이다.

(3) 육체를 기계나 부품처럼 생각하고 의사는 기술자의 역할을 한다고 하였다.

(4) 질병발생에 영향을 주는 요인을 환경, 생활습관, 인체생리, 보건의료시스템으로 보았다.

05 지역사회간호사의 역할 : 옹호자, 변화촉진자, 간호의 제공자, 연구자, 팀요원, 상담자, 의뢰자

(1) 대상자에게 발생한 건강문제에 대해 간호를 제공한다.

(2) 주민의 의사결정과정에 영향력을 행사하여 바람직한 방향으로 변화되도록 유도하였다.

(3) 미혼모인 대상자가 미혼모 시설에 입소할 수 있도록 관계기관을 방문하는 등의 일을 추진하였다.

(4) 지역주민의 건강증진을 위해 자료를 수집하고 분석하는 등의 연구를 수행하였다.

(5) 대상자의 건강을 위하여 물리치료사와 협조하여 가정방문을 하였다.

06 지역사회의 분류

(1) (   ) : 구성원 상호간에 상호교류가 빈번하여 소식이 쉽게 전달되고 사람들 간 친근감과 공동의식을 소유하고 있는 지역사회

(2) (   ) : 합법적인 지리적인 경계에 의해 구분되는 집단

(3) (   ) : 문제점이 확인되고 다루어져 해결될 수 있는 범위 내에 있는 시공간 공동체

(4) (   ) : 같은 취미, 흥미, 관심, 기호를 가지고 모인 공동체

FINAL TEST 정답

04	(1) 생태학적 모델	(2) 사회생태학적 모델	(3) 생의학적 모델	(4) 총체적 모델	
05	(1) 간호의 제공자	(2) 변화촉진자	(3) 옹호자	(4) 연구자	(5) 팀요원
06	(1) 대면공동체	(2) 지정학적 공동체	(3) 문제해결공동체	(4) 특수흥미공동체	

07 지역사회간호의 역사

(1) 우리나라 지역사회간호의 역사적 변천에 대한 설명으로 옳은 것은?

가. 1962년 보건소법이 처음 제정되었다.
나. 1923년 로선복이 태화여자관에 보건사업부를 설치한 것이 지역사회 보건사업의 시초이다.
다. 1990년 산업안전보건법이 제정됨으로써 보건담당자인 간호사를 사업장에 배치하도록 하였다.
라. 2006년 13종의 전문간호사제도가 자리잡게 되었다.

① 가, 나, 다 ② 가, 다 ③ 나, 라 ④ 라 ⑤ 가, 나, 다, 라

(2) 보건간호-지역사회간호
① 사업목적 : 적정기능수준의 향상
② 사업대상 : 선택된 집단
③ 사업의 전달 : 수평적, 상향식
④ 사업성과 : 대체로 장기간
⑤ 의료보험의 시행
⑥ 군단위 보건소의 통합보건사업
⑦ 보건소법이 지역보건법으로 개정
⑧ 양호교사가 보건교사로 개칭
⑨ 보건관리자로 독자적인 역할을 수행
⑩ 보건소법이 전면개정

(3) 일반화 지역사회간호-전문화 지역사회간호
① 경제성이 높다.
② 단일목적의 건강문제해결이 목적이다.
③ 간호전문성이 획득된다.
④ 지역주민 전체 대상사업으로 적합하다.

(4) 현재 전문간호사에 해당되는 것은? (보건, 수술, 소아, 가정, 노인, 임상, 학교, 정신)

FINAL TEST 정답

07 (1) ③
(2) ① 지역사회간호 ② 보건간호 ③ 지역사회간호
④ 지역사회간호, 보건간호 ⑤ 보건간호 ⑥ 지역사회간호
⑦ 지역사회간호 ⑧ 지역사회간호 ⑨ 지역사회간호
⑩ 보건간호
(3) ① 일반화 ② 전문화 ③ 저무화 ④ 일반화
(4) 보건, 가정, 노인, 임상, 정신

08 다음 빈칸을 입력하시오.

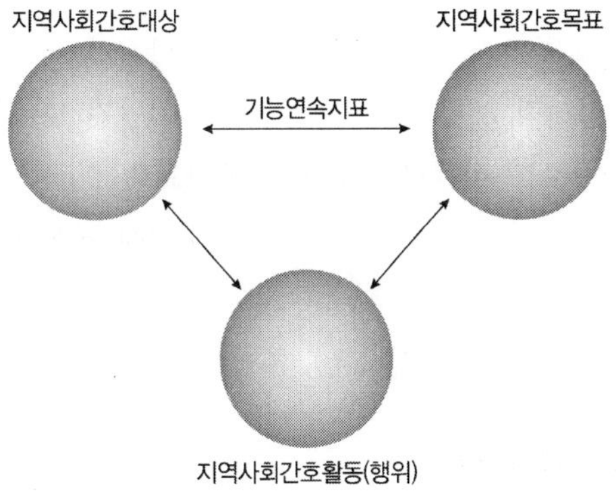

09 지역사회 기능 : 경제적 기능 – 사회화 기능 – 사회통합기능 – 사회통제기능 – 상부상조의 기능

(1) (　　　　　) : 지역사회 차원으로 특산품을 개발한다든다 기업을 유지하는 등의 자립활동을 말한다.

(2) (　　　　　) : 구성원들에게 사회의 규범을 순응하게 하는 기능이다.

(3) (　　　　　) : 지역사회가 공유하는 일반적 지식, 사회적 가치, 행동양상들을 새로이 창출하고 유지 전달하는 기능이다.

(4) (　　　　　) : 지역사회 내 질병, 사망, 실업 등 경조사나 도움을 필요로 하는 상황에 대하여 서로 상호간에 지지해 주는 기능이다.

(5) (　　　　　) : 지역 내 주민의 공동문제 해결을 위해 공동의 노력을 하는 활동이다.

FINAL TEST 정답

08

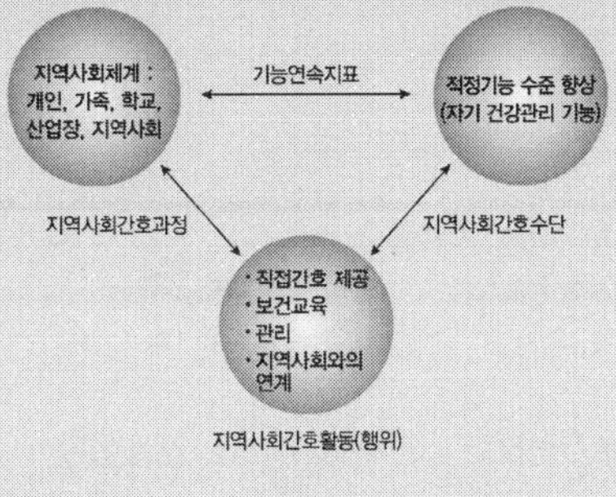

09 (1) 경제적 기능　(2) 사회통제기능　(3) 사회화 기능　(4) 상부상조기능　(5) 사회통합기능

10 **건강유지 및 증진을 위한 간호사의 역할 중 예방의 단계를 흔히 세 가지로 구분한다. 올바른 예방단계를 쓰시오.**

(1) 주민에 대한 건강교육 (2) 집단검진
(3) 신체적, 사회적, 심리적 재활 (4) 조기발견 및 치료
(5) 고혈압 환자를 대상으로 실시하는 뇌졸중 예방교육
(6) 방진마스크 착용 (7) 노인성 질환에 대한 관리
(8) 공중위생 관리

11 **지역사회 간호활동을 분류하시오.**

(1) 마을건강원의 감독 (2) 주민교육
(3) 관련 위원회의 조직 (4) 정책형성과 준비

12 **자료수집 방법**

(1) (   ) : 특히 지역사회의 가치, 규범, 신념, 권력구조, 문제해결과정 등에 대한 정보를 수집하는 데 적절한 자료수집 방법이다.
(2) (   ) : 조사대상자를 직접 면담하여 자료를 얻는 방법이며, 위의 방법들보다 비경제적, 비효율적이며 시간이 많이 들고 비용이 많이 든다. 그러나 지역사회의 특정한 문제를 규명하기 위해서는 필요한 방법이다.
(3) (   ) : 지역사회 주민들에게 영향을 미치는 의식, 행사 등에 직접 참석하여 관찰하는 방법이다.
(4) 정보수집시 오감 사용 : 시각, 청각, 미각, 후각, 통각
① 오염원, 냄새, 위생수준
② 기후, 지역사회 안전에 대한 느낌, 개방성, 친절
③ 소음수준 및 소음원
④ 사람들의 옷차림 및 일반적 건강상태

FINAL TEST 정답

10 (1) 1차 (2) 2차 (3) 3차 (4) 2차
(5) 1차 혹은 3차 (6) 1차 (7) 3차 (8) 1차

11 (1) 반직접간호 (2) 직접간호 (3) 간접간호 (4) 간접간호

12 (1) 참여관찰 (2) 설문지 (3) 참여관찰 (4) ① 후각 ② 통각 ③ 청각 ④ 시각

13 지역사회간호사가 지역의 건강문제를 파악하기 위해 활용할 수 있는 자료의 종류(직접자료, 간접자료)를 쓰시오.

(1) 각 가정에 대한 건강기록부

(2) 보건소 진료기록부

(3) 차창 밖 조사

(4) 동사무소 통계자료

(5) 지방자치단체의 연보

14 자료분석단계

(1) 표나 그림, 그래프 등으로 작성하여 요약한다.

(2) 수집된 모든 자료를 서로 연관성 있는 것끼리 분류한다.

(3) 과거나 다른 지역의 상황과 비교하여 부족한 자료를 확인한다.

(4) 지역사회 건강문제를 도출할 수 있다.

15 지역사회간호 실무에 유용한 간호진단

(1) 지역사회간호에서 자주 사용하고 있는 진단명

(2) 4개의 영역

(3) 4개의 진단수준

(4) 3개의 중재틀

FINAL TEST 정답

13 (1) 간접자료 (2) 간접자료 (3) 직접자료 (4) 간접자료 (5) 간접자료

14 (1) 요약단계 (2) 분류단계 (3) 비교·확인단계 (4) 결론단계

15 (1) 오마하진단
(2) 환경적, 사회심리적, 생리학적, 건강관련 행위영역
(3) 1수준(영역), 2수준(문제), 3수준(수정인자), 4수준(증상과 징후)
(4) 1수준(범주), 2수준(간호중재나 활동), 3수준(구체적인 정보)

16 우선순위

(1) BPRS방식 =

(2) PEARL방식

(3) PATCH

(4) Bryant

(5) 황금다이아몬드

17 목표

(1) 설정시 유의점 :

(2) SMART 원칙

18 간호방법 및 수단선택의 타당성

19 직원들에게 관심을 갖고 그들의 활동을 지지하고 용기를 북돋아 주는 간호활동

FINAL TEST 정답

16 (1) (A+2B)C : A(문제의 크기), B(문제의 심각도), C(사업의 추정효과)
(2) 적절성, 경제성, 수용도, 자원, 합법성
(3) 건강문제의 중요성, 변화가능성
(4) 유병도, 심각도, 관심도, 난이도
(5) 보건지표의 상대적 크기 · 변화 경향

17 (1) 관련성, 실현가능성, 관찰가능성, 측정가능성
(2) 구체적, 측정가능성, 적극성 및 성취가능성, 연관성, 기한

18 기술적 타당성, 경제적 타당성, 사회적 타당성, 법률적 타당성

19 감독활동

20 **평가의 종류 : 투입된 노력에 대한 평가, 사업진행 과정에 대한 평가, 목표달성 정도에 대한 평가, 사업의 효율성에 대한 평가**

(1) (   ) : 보건사업의 양적, 질적 측면에서 최소의 투자와 최대의 산출을 평가한다.

(2) (   ) : 실적을 산출하고 그 산출한 자료로 지역사회 요구량과의 비율을 계산한다.

(3) (구조평가, 과정평가, 결과평가) : 만족도, 흥미도, 프로그램 참여율, 교재의 적절성 등을 평가

(4) (과정평가, 영향평가, 성과평가) : 교육 후 교육내용과 관련된 지식, 태도, 신념, 행동을 측정

(5) Donabedian의 평가범주 중 과정평가에 속하는 것 : (만족도, 장소, 인력, 예산, 교재의 적절성, 효율성)

21 **기능연속지표 중 긍정적 기능지수를 순서대로 제시하시오.**

22 **건강관리실 활동, 방문활동, 면접, 상담, 편지, 전화, 유인물, 방송, 벽보판, 계약**

(1) 포괄적이고 가족단위의 보건교육도 가능하다. (   )

(2) 비슷한 경험을 가진 타인과 경험을 나눌 수 있다. (   )

(3) 자신의 문제를 인식할 수 있는 힘을 얻도록 하며, 문제해결방안을 스스로 찾도록 도와준다. (   )

(4) 시간과 비용면에서 가장 경제적인 매체 (   )

(5) 대상자가 의료인에게 의존적일 때는 적용이 다소 어렵다. (   )

(6) 전염병이 유행할 때 많은 사람들에게 이 사실을 알리고자 할 때 적합한 매체이다. (   )

FINAL TEST 정답

20 (1) 효율성에 대한 평가 (2) 적합성에 대한 평가 (3) 과정평가
(4) 영향평가 (5) 교재의 적절성

21 자기인식 → 대처 → 성장 → 자아실현 → 적정기능수준

22 (1) 방문활동 (2) 건강관리실 활동 (3) 상담 (4) 전화
(5) 계약 (6) 방송

23 하루에 여러 곳을 방문시 첫 방문지와 마지막 방문지를 제시하시오.

① 욕창이 있는 와상환자
② 정신질환자
③ 병원에서 오늘 퇴원한 산모
④ 교통사고로 요통을 호소하는 환자
⑤ 원인 모르는 설사환자
⑥ 비활동성 결핵환자

24 방문가방 내 물품으로 옳지 못한 것은? (신문지, 필기도구, 개인용품, 비누, 휴지, 윤활유)

25 방문가방 사용절차에 대한 설명으로 옳은 조합은?

가. 가방을 열어 신문지를 꺼내어 가방 놓을 장소에 깐다.
나. 소독이 필요하지 않은 기구들은 알코올 등으로 닦는다.
다. 필요하면 앞치마를 꺼내 입는다.
라. 처치를 하고 난 후 사용한 신문지는 가방에 넣는다.

① 가, 나, 다 ② 가, 다 ③ 나, 라 ④ 가, 나, 다, 라

26 대상자에게 지시, 설명, 평가, 교정할 수 있는 상담(지시적 상담, 비지시적 상담)

FINAL TEST 정답

23 첫 방문지 : ③, 마지막 방문지 : ⑤

24 개인용품

25 ①

26 지시적 상담

CHAPTER 01 지역사회간호학의 이해

기출문제

01 **다음은 A고등학교 건강증진사업 기획을 위한 회의내용이다. 〈작성 방법〉에 따라 순서대로 서술하시오.** [4점] 2018년

학 교 장 : 회의에 참석해주셔서 감사합니다. 보건선생님, 지난 회의에서 논의되었던 SWOT 분석기법에 대해 간단히 설명해주셨으면 합니다.

보건교사 : 이 기법은 조직 외부환경과 ㉠ 조직 내부역량을 분석하는 것입니다.

학 교 장 : 건강증진사업 전략을 개발하기 위해 우리 학교 내외의 현황을 자유롭게 말씀해 주시기 바랍니다.

부장교사 : 여러 가지 업무로 우리 학교 선생님들의 건강증진사업에 대한 관심이 부족한 상황입니다.

보건교사 : 학교보건법에 따라 약물 오·남용 예방교육을 실시해야 합니다.

학 교 장 : 우리 학교는 건강증진사업을 위한 충분한 예산이 확보되어 있습니다.

보건교사 : 담배회사의 공격적 마케팅 전략으로 인해 청소년 흡연율이 증가할 수 있다는 기사가 이슈화되고 있습니다.

… 중략 …

보건교사 : 자료에 제시된 표를 보시면 BPRS(Basic Priority Rating System) 방식의 적용 후 우리 학교 건강문제의 우선순위는 흡연, 비만, 음주, 부적절한 구강관리 순이었습니다. 추가적으로 ㉡ PEARL을 적용한 결과를 보면 중점적으로 해결해야 할 건강문제로 (㉢)이/가 선정되었습니다.

〈A고등학교의 건강문제 우선순위 선정 결과〉

건강문제	BPRS 점수	PEARL				
		P	E	A	R	L
흡연	240	1	0	1	1	1
비만	232	1	1	1	1	1
음주	224	1	1	1	0	1
부적절한 구강관리	135	1	1	1	1	1

… 하략 …

〈 작성 방법 〉

- 밑줄 친 ㉠에 해당하는 SWOT 분석의 2가지 구성요소와 이에 관련된 대화내용을 찾아 제시할 것
- 밑줄 친 ㉡의 목적을 서술하고, 괄호 안의 ㉢에 들어갈 건강문제를 제시할 것

| 정답 | ㉠ 조직 내부의 강점과 약점
- 강점 : 우리 학교는 건강증진사업을 위한 충분한 예산이 확보되어 있습니다.
- 약점 : 여러 가지 업무로 우리 학교 선생님들의 건강증진사업에 대한 관심이 부족한 상황입니다.

㉡ 사업의 실행가능성을 평가하기 위하여

㉢ 비만사업

| 해설 | 1. SWOT

어떤 조직의 내부환경을 분석하여 강점과 약점을 발견하고, 외부환경을 분석하여 기회와 위협을 찾아내어 이를 토대로 강점은 살리고 약점은 죽이고, 기회는 활용하고 위협은 억제하는 마케팅전략을 수립하는 기법

2. 우선순위 결정기준 보완

건강문제의 크기와 심각성, 문제해결을 위한 효과적인 방법에 의해 우선순위를 결정하였더라도 선정된 건강문제가 반드시 해결 가능한 보건사업은 아니다. 따라서 건강문제의 우선순위를 결정하는 것과 별도로 사업의 실행가능성을 평가하기도 하는데 그 기준에는 PEARL 이 있다.

PEARL : 0또는 1(P×E×A×R×L) 다섯 가지 평가항목 중 하나라도 불가 판정을 받으면 사업은 시작할 수 없게 된다.

① Propriety(적절성) : 해당기관의 업무범위에 해당되는가?

② Economicfeasibility(경제적 타당성) : 문제를 해결하는 것이 경제적으로 의미가 있는가?

③ Acceptability(수용성) : 지역사회나 대상자들이 사업을 수용할 것인가?

④ Resources(자원의 이용가능성) : 사업에 사용할 재원이나 자원이 있는가?

⑤ Legality(적법성) : 법적으로 문제가 없는가?

02 A중학교 보건교사가 작성한 건강생활 실천프로그램 기획안이다. 〈작성 방법〉에 따라 보건문제의 우선순위 결정과 평가지표에 대해 서술하시오. [4점] 2018년

건강생활 실천프로그램 기획안

(가) 학교건강실태 조사결과

- 운동 실천율 : 25%
- 아침 결식율 : 20%
- 흡연율 : 8.5%
- 과체중률 : 35%

(나) ㉠Basic Priority Rating System(BPRS)에 의한 우선순위 결정

㉡보건문제	평가요소		
	㉢건강문제의 크기	건강문제 심각도(B)	사업의 추정효과(C)
신체활동 부족	10	7	6
부적절한 식습관	8	8	5
흡연	6	10	5
비만	10	9	5

(다) 건강생활 실천프로그램

- 비만관리 교육
  - ◦ 대상 : 체질량지수 23.0kg/㎡ 이상인 학생
  - ◦ 기간 : 2018년 O월 ~ O월
  - ◦ 수행계획
    - – 보건교육(집단교육)
    - – 식사일기 쓰기
    - – 요리 교실
    - – 줄넘기 교실
  - ◦ ㉣평가지표
    - – 예산 집행률
    - – 전문가 확보율
    - – 과체중률
    - – 요리교실 운영 횟수
- 금연교육

… (하략) …

〈 작성 방법 〉

- ㉠의 산출공식을 쓰고, 우선순위에 따라 ㉡의 보건문제들을 순서대로 제시할 것
- BPRS 평가요소 중 ㉢은 무엇을 측정하는 것인지 서술할 것
- 논리모형(Logic Model)을 적용했을 때 ㉣ 중에서 결과(Outcome)평가에 해당하는 지표를 제시할 것

| 모범답안 |

1. BPRS = (A + 2B) × C
   ① 신체활동 부족 = (10 + 14) × 6 = 144
   ② 부적절한 식습관 = (8 + 16) × 5 = 120
   ③ 흡연 = (6 + 20) × 5 = 130
   ④ 비만 = (10 + 18) × 5 = 140
   우선순위 : 신체활동 부족 > 비만 > 흡연 > 부적절한 식습관
2. 건강문제의 크기 : 건강문제를 지닌 인구의 비중을 의미하며 만성질환의 경우 유병률, 급성질환의 경우 발생률을 의미한다.
3. 논리모형

투입 ➔ 활동 ➔ 산출 ➔ 단기결과 ➔ 장기결과

- **형성평가** : 투입 → 활동 → 산출
- **결과평가** : 단기결과 → 장기결과

   ① 예산 집행률 : 활동
   ② 전문가 확보율 : 투입
   ③ 과체중률 : 단기결과
   ④ 요리교실 운영 횟수 : 산출
   즉, 결과평가에 속하는 것은 과체중률이다.

03 **다음은 보건교사가 작성한 학교 금연 사업 평가 계획안이다. 평가는 체계모형에 근거하여 실시하려고 한다. 〈작성 방법〉에 따라 서술하시오.** [4점] 2016년

〈학교 금연 사업 평가 계획안〉

<table>
<tr><td>평가자</td><td>보건교사</td></tr>
<tr><td>평가 대상사업</td><td>2016년도 학교 금연 사업</td></tr>
<tr><td>평가목적</td><td>금연 사업의 효과를 체계적으로 평가하고, 사업 지속 가능 여부를 정하기로 함</td></tr>
<tr><td>참조 평가틀</td><td>[일반 체계모형]
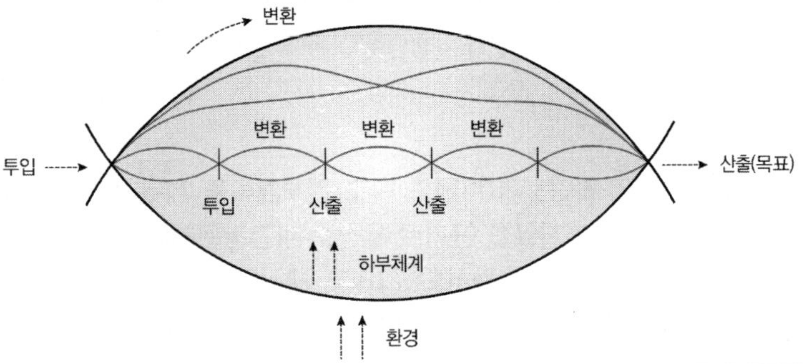
</td></tr>
</table>

평가영역	평가 지표	평가 시기	평가 방법 및 자료
투입된 노력 평가	• 예산 • 인력 및 시간	사업 수행 전	계획서 평가
사업 진행 정도 평가	• 사업 추진 정도 • 학생 참여율 • 예산 집행률	각 분기 말	• 업무 일지 • 프로그램 출석부 • 지출 정산서
(㉠)	비용-효과분석	사업 종료 후	전문가 자문
(㉡)	우선순위 결정의 타당도	사업 종료 후	설문조사
목표 달성 정도 평가	금연율	사업 종료 후	학생 대상 설문 평가와 호기 중 일산화탄소 측정

〈 작성 방법 〉

- 체계(system)의 정의를 제시할 것
- 학교의 금연 사업이 개방 체계로서 기능하기 위해 필요한 핵심요소를 제시할 것
- 체계모형에 따른 5개 평가 영역 괄호 안의 ㉠, ㉡에 해당하는 명칭과 목적을 순서대로 제시할 것

| 모범답안 |

1. **체계의 정의** : 체계란 '그들 간에 환경과 상호작용하는 요소들의 집합체'로 부분의 합보다 큰 것이다.
2. **필요한 핵심요소** : 경계를 통해 환경과 상호작용하는 정도에 따라 폐쇄적이거나 개방적이다.
3. **명칭과 목적**
   ㉠ 사업효율성 평가 : 목적은 사업을 수행하는 데 투입된 노력, 즉 인적 · 물적 자원 등을 비용으로 환산하여 그 사업의 단위목표량에 대한 투입비용이 어느 정도인가를 산출한다. 산출된 단위목표량에 대한 비용을 다른 목표량에 대한 비용 혹은 계획된 비용 등과 비교하여 많고 적음을 평가하기 위함이다.
   ㉡ 사업적합성 평가 : 목적은 사업의 목표나 사업 자체가 지역사회의 요구에 적합한지, 투입된 노력에 대한 사업의 결과는 합당한지 등에 관한 전반적인 평가를 하기 위함이다.

04 **K중학교 보건교사는 2013년도 학교 간호계획을 세우기 위하여 사정자료를 수집하였다. 아래 제시된 사정자료를 근거로 우선순위(건강문제의 크기, 문제의 심각성)에 따른 학교 간호문제 2가지를 제시하시오. 그리고 제시한 문제에 대해 목표를 1가지씩 설정하고, 목표별 수행계획과 평가계획을 각각 3가지씩 수립하시오.** [25점] 2013년

<table>
<tr><th>항목</th><th>사정 내용</th></tr>
<tr><td>학교간호의 목표</td><td>학교의 적정 기능수준 향상, 학생 및 교직원 등의 건강유지 및 증진</td></tr>
<tr><td>학생 및 교직원 수</td><td>남학생 384명, 교직원 38명</td></tr>
<tr><td>학교간호 관련 인력</td><td>보건교사, 인근지역 종합병원 · 병원 · 의원의 의사와 치과의사, 약국의 약사</td></tr>
<tr><td>학교 내 물리적 환경</td><td>• 교실 내 이산화탄소 농도 : 자연환기 상태에서 2,000ppm
• 교실 내 조도 : 책상 면을 기준으로 300lx(럭스)</td></tr>
<tr><td>연간 건강문제 발생 현황</td><td>• 2011년도 건강문제 발생 현황(총 364명 대상)
<table>
<tr><th>건강문제</th><th>보유학생수(a)</th><th>완치학생수(b)</th><th>새로 발생한 학생수(c)</th><th>총수(a-b+c)</th></tr>
<tr><td>근시</td><td>164명</td><td>0명</td><td>20명</td><td>184명</td></tr>
<tr><td>치아우식증</td><td>14명</td><td>7명</td><td>3명</td><td>10명</td></tr>
<tr><td>부정교합</td><td>12명</td><td>0명</td><td>1명</td><td>13명</td></tr>
</table>
• 2012년도 건강문제 발생 현황(총 384명 대상)
<table>
<tr><th>건강문제</th><th>보유학생수(a)</th><th>완치학생수(b)</th><th>새로 발생한 학생수(c)</th><th>총수(a-b+c)</th></tr>
<tr><td>근시</td><td>184명</td><td>0명</td><td>50명</td><td>234명</td></tr>
<tr><td>치아우식증</td><td>10명</td><td>7명</td><td>2명</td><td>5명</td></tr>
<tr><td>부정교합</td><td>13명</td><td>1명</td><td>0명</td><td>12명</td></tr>
</table>
</td></tr>
</table>

학생 건강생활과 관련된 행동	• 인터넷이나 게임을 하루에 2시간 이상 한다(63.9%). • 인터넷 중독자가 진단에 따른 고위험 사용군은 15%, 잠재적 위험사용군은 30%이다. • 주 3회 이상 땀이 나거나 숨이 찰 정도로 운동을 하거나 일을 한다(92%).

|모범답안|

1. 우선순위(건강문제의 크기, 심각성)에 따른 학교간호문제 2가지 제시

① 건강문제의 크기

건강문제의 크기	
근시	유병률 ≒ 61%, 발생률 25%
치아우식증	유병률 ≒ 1.3%, 발생률 0.5%
부정교합	유병률 ≒ 3%, 발생률 0%
교실 내 이산화탄소 농도	전교생과 교직원의 건강의 위험요인임
인터넷 위험사용군 (잠재, 고위험 포함)	유병률 45%

② 심각성

심각성	세부항목별 5점 척도			
근시 = 12	긴급성 4	경중도 3	경제적 손실 3	타인에의 영향 2
치아우식증 = 12	긴급성 4	경중도 3	경제적 손실 3	타인에의 영향 2
부정교합 = 8	긴급성 2	경중도 2	경제적 손실 2	타인에의 영향 2
교실 내 이산화탄소 농도 = 17	긴급성 5	경중도 4	경제적 손실 3	타인에의 영향 5
인터넷 위험사용군 = 13	긴급성 4	경중도 4	경제적 손실 3	타인에의 영향 2

☞ 우선순위 판단결과, 시급한 학교간호문제는 "근시"와 "교실 내 이산화탄소 농도"로 선정

2. 제시한 문제("근시"와 "교실 내 이산화탄소 농도")에 대한 목표와 목표별 수행 및 평가계획

목표	수행계획	평가계획
근시발생률을 2012년 25%에서 2013년까지 15%로 낮춘다.	① 보건교사는 연중 근시예방법에 대한 보건교육을 각 교실에서 실시한다. ② 보건교사는 4월에 정기적인 시력검사와 관련된 가정통신문을 각 가정에 발송한다. ③ 보건교사는 3~4월 동안 전 학년 학생을 대상으로 시력검사를 실시한다.	① 보건교사는 연초에 근시예방교육 계획서를 일관성 있고, 실현 가능하게 작성하였는지 평가한다. ② 담임교사는 정기적인 시력검진에 관한 가정통신문을 발송한 후 회신란을 통해 시력검진 실천 여부를 확인한다. ③ 학교장은 연말에 학생시력검사 결과서 및 통계지표를 통해 전교생 근시 유병률을 확인한다.

교실 내 이산화탄소 농도를 2013년 3월 학교 개학시까지 학교보건법에서 정하고 있는 1,000 ppm 이하 수준으로 낮춘다.	① 보건교사는 매월 마지막 날에 각 교실의 교실 내 이산화탄소 농도를 측정한다. ② 보건교사는 1년 1회 이상 교무회의 때 실내공기오염예방 및 환기의 중요성에 대한 보건교육을 일반교사들을 대상으로 실시한다. ③ 보건교사는 쉬는 시간마다 환기창을 열거나 환기용 기계설비를 가동하도록 전교생을 대상으로 안내방송을 한다.	① 보건교사는 연초에 실내공기오염 예방교육을 계획대로 실시하였는지 평가한다. ② 담임교사는 담당자를 정해 매 쉬는 시간마다 환기창을 개방하거나 기계용 환기설비 가동을 하였는지 확인하도록 지도한다. ③ 학교장은 매 학기말에 교실 내 이산화탄소 농도 측정결과를 확인한다.

05 학교보건 사업을 수행한 후 체계모형에 따라 평가하려고 한다. 평가범주에 따른 평가내용으로 옳은 것만을 〈보기〉에서 있는 대로 고른 것은?

2012년

	평가범주	평가내용
가	사업진행에 대한 평가	집행 계획대로 차질없이 수행하였는지를 평가
나	사업 효율성에 대한 평가	인적, 물적 자원들을 비용으로 환산하여 목표달성 정도와 비교하여 평가
다	투입된 노력에 대한 평가	사용된 인적, 물적 자원 등을 평가
라	목표달성 정도에 대한 평가	지역사회 요구를 파악하여 평가
마	사업의 적합성에 대한 평가	물적 자원의 소비량과 비용을 평가

① 가, 나
② 나, 라
③ 가, 나, 다
④ 가, 다, 라
⑤ 나, 다, 마

|정답| ③

|해설| 라. 사업의 적합성에 대한 평가
마. 사업의 효율성에 대한 평가

06 **오마하 문제분류체계(Omaha system problem classification scheme)를 적용한 지역사회 간호진단 단계 중 (가), (나)에 해당되는 내용으로 옳은 것은?** 2011년

영역(1단계)	증상과 징후(4단계)
환경 영역	주요 급수원이 지하수임
사회심리적 영역	(가)
생리적 영역	주민들의 주요 건강문제는 근육 · 골격기능 손상이며, 주요 원인은 관절염 때문임
건강관련행위 영역	(나)

① (가) 마을공터에 방치된 쓰레기로 인해 악취가 심함
 (나) 흡연자의 비율이 높음
② (가) 마을회관 앞 도로가 교통사고 다발지역임
 (나) 주민 다수의 개인위생이 불량함
③ (가) 독거노인들의 사회고립 문제가 심각함
 (나) 관절염 환자의 30%가 처방받지 않은 관절염 치료제를 사용함
④ (가) 차상위 계층에 속한 주민의 비율이 10%임
 (나) 의료보호 대상비율이 15%임
⑤ (가) 소외된 다문화 가정의 비율이 20%임
 (나) 주민 대부분이 보건소에 갈 때 교통편이 불편하다고 호소함

|정답| ③

|해설| ① (가) 환경 – 위생, (나) 건강관련행위 – 약물사용
② (가) 환경 – 이웃 · 직장의 안전, (나) 건강관련행위 – 개인위생
③ (가) 사회심리 – 아동 · 성인 방치, (나) 건강관련행위 – 약물사용
④ (가)(나) 환경 영역 – 수입
⑤ (가)(나) 사회심리 – 지역사회자원과의 의사소통, 사회접촉

※ 오마하 문제분류틀

1. 첫째 수준은 영역이다. 이는 문제분류의 첫 단계로서 지역사회 건강실무자의 우선순위 영역과 대상자의 건강관련 문제를 나타낸다. 영역의 4가지 분류는 아래와 같다.
 ① 환경 영역 : 대상자, 가정, 이웃과 광범위한 지역사회의 물질적 자원과 물리적 환경을 말하며, 대상자의 건강상태, 건강행위, 생활유형에 영향을 미치는 중요한 요소인 4가지 문제(수입, 위생, 주거, 이웃 · 직장의 안전)가 포함되어 있다.
 ② 사회 · 심리 영역 : 행위, 감정, 의사소통, 관계, 발달의 양상을 말하며, 대상자나 가족으로서 대상자 간 관계를 나타내는 12개 문제(지역사회자원과의 의사소통, 사회접촉, 역할변화, 대인관계, 영적 고통, 슬픔, 정신건강, 성욕, 돌봄 · 양육, 아동 · 성인 방치, 아동 · 성인 학대, 성장과 발달)가 포함되어 있다.

③ 생리적 영역 : 생활을 유지하는 기능과 과정을 말하며, 일반적으로 가족보다는 개인의 신체건강 상태에 초점을 둔 18가지 문제(청각, 시각, 언어와 말, 구강건강, 인지, 통증, 의식, 피부, 신경 · 근육 · 골격, 호흡, 순환, 소화와 수분, 배변기능, 배뇨기능, 생식기능, 임신, 산후, 전염성 · 감염성 질환)가 포함되어 있다.

④ 건강관련행위 영역 : 안녕상태를 유지 · 증진하고 회복을 향상시키며 질환의 위험요인을 감소시키는 행위로, 8가지 문제(영양, 수면과 휴식양식, 신체적 활동, 개인위생, 약물오용, 가족계획, 건강관리 감시, 투약처방)가 포함된다.

2. 둘째 수준은 영역별 문제로서 총 44가지의 대상자의 문제로 간호진단과 대상자 요구, 문제, 강점을 나타내는 영역이다.
3. 셋째 수준은 문제별 2개의 수정인자이다. 첫째 수정인자는 문제의 대상을 규명하는 것으로 개인, 가족, 지역사회를 포함한다. 둘째 인자는 건강질병 연속선을 표현하기 위해 의도된 것으로 건강증진, 잠재적 혹은 실재적 결핍 · 손상으로 구성되어 있다.
4. 넷째 수준은 각 문제의 실재적인 증상과 징후이다. 증상은 대상자나 가족, 친지 등에 의해 보고된 대상자 문제의 주관적 증거이고, 징후는 지역사회간호사나 기타 건강관리 제공자에 의해 관찰되는 대상자 문제의 객관적 증거이다.

07 **보건간호사업으로 비만아동들에게 운동 프로그램을 실시한 후 평가하려고 한다. 이 사업을 평가할 때 평가유형과 내용을 바르게 짝지은 것은?** 2009년

① 과정평가 : 학생의 참석률
② 과정평가 : 학생의 삶의 질
③ 결과평가 : 학생의 집중도
④ 결과평가 : 학생에게 제공된 프로그램 내용
⑤ 구조평가 : 학생의 비만에 대한 지식변화

|정답| ①
|해설| ② 결과평가, ③ 과정평가, ④ 과정평가, ⑤ 결과평가

08 지역사회간호사가 간호수단으로 건강관리실 활동을 활용할 경우 기대되는 장점을 4가지만 쓰시오.

2007년

| 모범답안 |

1. 시간과 비용이 절약된다.
2. 건강관리실에 비치된 전문적인 시설을 이용할 수 있으며, 다른 전문인의 서비스도 활용할 수 있다.
3. 외부의 산만성이 적다.
4. 같은 문제를 가진 대상자들끼리 서로의 경험을 나누어 자신들만이 해결할 수 있는 방법을 알 수 있다.
5. 가정방문 때는 가져갈 수 없는 물품 등을 사용하여 시범을 보일 수 있다.
6. 대상자 스스로가 자신의 건강문제에 적극성을 가지고 자력으로 문제를 해결할 수 있는 책임감과 능력을 갖게 할 수 있다.

CHAPTER

02 지역사회간호 관련 이론

01 기획이론

1 개념

1. 기획은 여러 가지 대안적인 행동과정 중에서 하나의 행동과정을 선택하는 행위이다.
2. 기획이란 행동하기 전에 무엇을 어떻게 해야 하는지를 결정하는 것이며, 미래를 예측하는 것이다.
3. 측정한 목표를 달성하기 위하여 최상의 이용 가능한 미래의 방법 및 절차를 의식적으로 개발하는 조직적인 계획적 · 동태적 과정이다.
4. 기획은 현재보다 더 좋은 미래를 만들고 미래의 일에 대한 불확실성을 경감시킬 목적을 갖는 하나의 사회적 과정이다.
5. 기획은 계획을 행하는 활동과정이며, 계획은 기획의 결과로 얻어지는 산물이다.
6. 기획은 넓은 의미로 국가 목표의 실현을 촉구하는 방안으로서 정책의 수립, 채택 및 조절 등에 결부되는 것이다.
7. 반면 좁은 의미로는 관리과정의 한 단계로 기획, 조직, 인사, 지휘, 조정, 보고, 예산의 관리 중 첫 단계를 말한다.
8. 기획과정은 사업을 진행하는 데 있어서 추진력을 주는 과정이며 기획을 하는 절차로써 일의 궁극적 목표를 달성하기 위한 구체적인 단계와 방법을 제시하여 준다.

2 기획의 특성

1. 기획은 미래지향적이다.
2. 기획은 목표지향적이고 의사결정을 포함한다.
3. 기획은 변화지향적이고 동적인 과정을 포함한다.
4. 기획은 반복과정을 포함한다.
5. 기획은 계층적 특성을 갖는다.

6. 기획은 통제성을 가짐으로써 동의 또는 지지를 획득하는 수단을 갖는다.
7. 기획의 본질은 설정된 목표를 달성할 수 있도록 과학적 방법을 적용하는 모든 것을 말한다.

3 기획의 원칙

1. 목적성의 원칙 : 구체적인 목적이 제시되어야 한다.
2. 단순성의 원칙 : 난해하거나 전문적인 용어나 술어는 피해야 한다.
3. 표준화의 원칙 : 재화, 서비스 및 작업방법 등의 표준화가 있어야 한다.
4. 신축성의 원칙 : 융통성과 탄력성을 가지고 필요에 따라 수정될 수 있어야 한다.
5. 안전성의 원칙 : 빈번한 수정으로 기획 자체가 방향을 잃어서는 안된다.
6. 경제성의 원칙 : 최소의 투입으로 최대의 목표를 달성할 수 있도록 작성되어야 한다.
7. 장래 예측성의 원칙
8. 계속성(계층화)의 원칙 : 하위계층으로 내려감에 따라 구체적이고 세분된 기획으로 분류되어 조직단위별로 업무가 배분되어야 한다.

4 기획의 필요성

지역사회와 조직의 요구를 전부 충족시킬 수 없으며, 제한된 인력, 시설 및 예산으로 소기의 목표를 달성하기 위해서는 기획이 필요하다.

1. 각종 요구와 희소자원의 배분

개인이나 지역사회의 각종 기대를 충족시키기 위해서는 부족한 자원을 사회경제적 중요성에 따라 우선순위를 결정하여 기대되는 요구와 자원의 배분을 상호 조정하여야 하기 때문에 기획이 필요하다.

2. 이해대립의 조정과 결정

목표나 목적을 달성하기 위한 방법과 수단의 결정에서 흔히 발생되는 갈등에 대한 문제를 해결하는 데에 기획이 필요하다.

3. 변화하고 발전하는 지식과 기술개발에 적용

급속하게 발전하는 지식과 기술의 소화능력과 이용가능성에 따라 무엇을 취해서 이용해야 할 것인지 적절한 선택을 위해 기획이 필요하다.

4. 합리적 결정수단 제공

현황, 우선순위, 목표 및 목적의 결정, 활동계획의 선정을 통한 기획은 능률과 효율의 원칙을 기반으로 하여 합리적인 정책결정을 내릴 수 있는 수단을 제공할 수 있다.

5 기획의 과정

1. 전제조건의 사정

기획을 할 수 있는 상태인지 아닌지를 결정하기 위한 준비단계이다. 이 단계에서는 기획을 위한 어떤 특정 전제조건을 사정하거나 혹은 설정한다.

2. 보건현황 분석

(1) 현재의 보건문제, 보건의료사업, 각종 자원에 대한 정보를 수집하고 연구한다.

(2) 이들 정보는 사업의 수요와 공급을 결정하고 사업의 경향, 사업의 제약점, 목표, 정책, 우선순위, 일반적인 기준, 자원의 분배를 결정하는 데 필요하게 된다.

(3) 보건상태의 분석, 간호상태의 분석, 자원의 분석 등이 포함된다.

3. 우선순위 설정과 각종 사업방법의 연구

보건자료를 분석하여 얻은 자료를 기반으로 어느 사업을 가장 우선적으로 해야 할 것인지, 이 선정된 사업을 어느 정도에서(구체적 목표) 어떤 방법과 수단으로 수행을 할 수 있을 것인지 각종 방법 및 수단들에 대한 장단점을 고려하여 가장 효과적이고 효율적인 방법을 선정한다.

4. 계획서의 작성

기획을 위한 환경과 전략을 고려하고, 기획을 위한 전제조건에 대한 사정 및 수립, 보건현황의 분석, 우선순위의 선정, 사업의 구체적 목적, 각종 방법 및 수단의 연구 등을 계획서로 작성한다.

5. 사업수행

사업의 목표를 달성하기 위하여 사업의 구체적인 수행을 계획한다. 또한 각종 개발된 사업수행방법에 대한 동원계획을 짜기도 한다. 사업의 수행은 계획에 따라 요원들이 그들의 특유한 역할과 기능을 수행함으로써 이루어진다.

6. 평가 및 재계획

(1) 평가는 계획되어 수행된 사업의 결과를 양적 · 질적으로 측정하여 정해진 기준에 따라 비교하는 것이다.

(2) 평가의 결과는 다음 기획에 자료가 되어 재계획을 하게 된다.

> **CHECK Point** 행정과정
>
> 1. **Gulick의 7가지 관리과정(POSDCoRB)** : 최고관리층의 하향적 지시에 의한 조직관리방식으로 고전적 조직관의 대명사적 용어를 제시
>   (1) P(Planning) : 행동하기 전에 무엇을 어떻게 해야 하는지를 결정하는 과정
>   (2) O(Organizing) : 2명 이상이 공동의 목표달성을 위하여 노력하는 협동체를 조직하는 과정
>   (3) S(Staffing) : 조직원의 채용과 훈련, 작업조건, 동기유발 등 제반활동
>   (4) D(Directing) : 최고관리자의 계속적인 의사결정을 구체적인 형태로 명령, 지시하는 제반 과정
>   (5) Co(Coordination) : 조직의 목표를 달성하는 데 있어서 조화된 기능을 발휘할 수 있도록 같은 성질의 업무를 모으고 동조되도록 하는 의식적인 행위
>   (6) R(Reporting) : 업무수행과정에서 상관에게 업무보고를 하는 것으로 보고에 필요한 기록, 조사 등 포함
>   (7) B(Budgeting) : 재정계획, 회계, 재정통제의 형식에 의한 예산편성에 따르는 모든 것으로서, 최고경영자는 예산을 통해 조직을 통제하고 관리
> 2. **Fayol의 5가지 행정과정(POCCC)** : 1916년 프랑스 관리과정학파의 창시자로 「일반 및 산업관리론」에서 제시
>   Planning(기획) → Organizing(조직) → Commanding(명령) → Coordinating(조정) → Controlling(통제)

02 교환이론

1 개념

1. 인간은 합리적인 동물이며, 최대의 이익을 추구하려는 경향이 있다는 심리적인 요인에 가정을 두고 있다.

2. Homans의 교환이론

(1) 성공명제

특정 행동이 이익으로 보상되면 그런 행동은 되풀이 될 가능성이 높다.

(2) 자극명제

일련의 특정 자극을 포함한 과거의 행동이 보상을 받게 되면 이전과 동일하거나 유사한 활동을 많이 하게 된다.

(3) 가치명제

특정 행동의 결과가 가치가 있을수록 그런 행동이 취해질 가능성이 크다.

(4) 박탈 – 포만명제

특정의 보상을 많이 받으면 받을수록 그 이상의 보상은 점차 가치가 없는 것으로 되어 간다.

(5) 욕구불만 – 공격명제

① **명제A** : 한 사람이 그의 행위에 대해 기대했던 보상을 받지 못하거나 기대하지 않았던 처벌을 받게 되면 그는 화를 낼 것이다. 그가 공격적 행동을 할 가능성은 더 커질 것이고 그런 행동의 결과들은 그에게 더 큰 가치를 갖게 된다.

② **명제B** : 한 사람이 그의 행위에 대해 기대했던 보상보다 더 큰 보상을 받거나 예상했던 처벌을 받지 않게 되면 그는 더욱더 승인하는 행동을 하게 될 것이고, 그런 행동의 결과들은 그에게 더 큰 가치를 갖게 된다.

3. 사람들은 정신적 · 시간적 · 경제적으로 손해를 보거나 비용이 많이 드는 일은 피하고, 이득이 있거나 보상이 큰 일을 추구하게 되는 경향이 있다.

4. 사회적 교환이론은 이해득실을 따지기보다 개인의 자유의사에 입각하며, 교환에는 호의가 개재하고 있다는 견해를 가진다. 인간의 많은 사회적 행동 중에는 비용에 비해 보상이 적음에도 불구하고 수행되는 경우도 있다.

2 주요 개념

1. 교환은 주고받는 과정으로 물질적인 교환과 비물질적 교환이 있다.
2. 교환자원에는 물질적 자원과 비물질적 자원이 있다.
3. 보상(Reward)은 교환을 통해서 얻을 수 있는 것으로 심리적 · 사회적 · 물질적 · 신체적 보상이 있다.
4. 대가(Cost)는 시간, 돈, 노력 등을 말한다.
5. 권력(Power)은 상대방으로부터 보상을 얻어내는 능력이다.
6. 규범(Norms)은 상호관계에서 인정되는 행동규칙이다.

3 지역사회간호에서의 교환과정

1. Eisenstadt는 지역사회간호에 적용될 수 있는 상호교환의 기본적 측면을 물질적인 것과 비물질적인 것이 있다고 말하였다.
2. 간호과정 중 수행단계에서 가장 잘 이루어진다.
3. 교환이 이루어지는 양자의 관계는 서로 대등한 위치에서 함께 일어난다.
4. 지역사회간호사업은 항상 좋은 방향으로 교환이 이루어지도록 교환과정을 연구하여 적용하여야 할 것이다.
5. 교환과정이 잘 이루어지려면 교환과정(절차), 교환과정을 위한 조직과 기준을 확립하여야 하며, 교환된 결과에 대하여 귀환이 이루어져 다음 과정에 참고해야 한다.

03 체계이론

간호이론 개발에 가장 많이 사용되는 원형이론 중의 하나로서, 모든 유기체는 하나의 체계이며, 상호작용하는 여러 구성요소로 이루어진 하나의 복합물이라고 본다. 체계의 유형은 외부환경과 내부의 구성요소 간의 상호작용 여부에 따라 서로 상호작용이 있는 경우를 개방체계라고 하고, 상호작용이 없으면 폐쇄체계라고 한다.

1. Von Bertalanffy(1952)에 의해 개발되었다.
2. 체계란 그들 간에 환경과 상호작용하는 요소들의 집합체로 부분의 합보다 큰 것으로 설명된다.
3. 체계이론은 부분들과 구성요소들의 조직, 상호작용, 상호의존성에 초점을 두고 있다.

4. 체계는 활동하기 위한 에너지를 필요로 한다. 에너지는 물질과 정보와 함께 존재하며 이들이 체계 내에 유입되는 과정이 투입이다. 체계가 이러한 물질, 정보, 에너지를 사용하는 과정은 변환이며, 이로부터 나온 결과가 산출이다. 체계가 완전한 기능을 발휘하기 위해서는 회환과정을 포함하여야 한다.

1 체계의 구조와 기능

1. 경계

체계를 환경으로부터 구분하는 것으로 환경과 상호작용하는 투과성의 정도에 따라 폐쇄적이거나 개방적이게 된다.

2. 환경

외부의 세계로서 속성의 변화가 이루어지게 하는 요소이다.

3. 계층

체계의 배열은 계층적 위계질서를 가지며, 하위체계의 계속적인 활동으로 체계가 유지된다.

4. 속성

속성은 체계의 부분이나 요소들의 특성을 의미한다. 체계의 기능은 체계에 의해 행해지는 활동으로, 에너지를 필요로 하며 에너지는 물질, 정보의 형태로 존재할 수 있다.

(1) **투입** : 체계 내로 에너지(정보, 물질 등)가 유입되는 과정

(2) **변환** : 체계 내에서 에너지, 정보, 물질을 사용하는 과정

(3) **산출** : 체계 내 보유되지 않는 에너지를 배출하는 과정

(4) **회환(환류)** : 체계가 완전한 기능을 발휘하기 위해 산출의 일부가 재투입되는 과정

2 주요 개념

1. 물질과 에너지

물질은 질량을 갖고 공간에 존재하며, 에너지는 일할 수 있는 능력을 말한다. 에너지는 한 형태에서 다른 형태로 전환하거나 이전될 수 있고, 물질과 에너지는 동등하여 서로 변환이 가능하다.

(1) 엔트로피(Entropy)

일로 전환될 수 없는 체계 내 에너지의 양으로 '무질서의 에너지'라고도 한다.

(2) 네겐트로피(Negentropy)

체계에 의해 사용되는 '자유에너지'로 일할 수 있는 에너지의 양이다.

2. 항상성(자기통제)

생성과 파괴가 일어남에도 변화하지 않고 체계 내 요소들이 균형상태를 유지하는 것으로 자가 조절능력에 의해 안정상태가 이루어진다.

3. 균등종국(동일한 결과)

시작상태에 관계없이 과정에 장애가 있어도 동일한 목표에 도달하는 것으로 개방체계의 특성이다. 체계는 목표지향적이고 서로 다른 시작조건과 과정을 거치면서 동일한 목표에 도달한다.

4. 위계적 질서

모든 체계는 질서와 양상(pattern)이 있다. 기능과 구조적인 위계질서와 과정적인 질서로 모든 체계가 복잡한 계열, 과정을 통해 상호 연결되며 모든 체계의 부분 또는 구성요소들 간에 순차적인 관계에 있음을 의미한다.

5. 환류

한 체계의 산출이 환경을 통해 평가되고, 이 평가결과가 다시 그 체계로 되돌아 오는 것이다.

6. 경계

외부체계로부터 들어오고 외부체계로 나가는 에너지의 흐름을 규제하는 것이다.

7. 전체성

부분들의 집합인 체계는 하나의 통일된 단일체로서 반응한다.

8. 개방성

체계가 환경과 에너지를 교환하는 정도를 말한다.

3 지역사회간호에의 적용

1. 지역사회는 건강에 대한 목표를 가지고 있고, 지역사회라는 경계를 가지고 있으며, 지역사회 구성물인 지역사회주민과 지역사회자원인 지역사회 내의 건강에 관련된 인적 · 물적 · 사회환경적 자원들이 있다. 이들 간에 상호작용을 하여 건강의 목표를 달성하고자 노력한다.

(1) **목표** : 지역사회 건강을 위한 적정기능수준의 향상

(2) **경계** : 지역사회

(3) **구성물** : 지역사회주민

(4) **자원** : 지역사회 내의 건강에 관련된 인적 · 물적 · 사회환경적 자원

(5) **상호작용** : 구성물과 자원 간의 목표를 향한 노력들

2. 지역사회 체계과정

지역사회체계는 항상 투입, 변환, 산출의 과정을 통해 목표를 향하여 움직이고 있다.

(1) 투입에서는 구성물과 자원이 체계 속으로 들어가고,

(2) 변환은 체계 속에 들어온 구성물과 자원이 상호작용을 하는 일련의 현상을 의미하며,

(3) 산출은 구성물과 자원이 상호작용을 하여 만들어 낸 결과를 의미한다.

3. 하부체계의 영향(회환의 역할)

체계가 목표를 달성하는 데에는 체계가 존재하기 위한 환경과 체계 내부에 존재하는 하부체계의 뒷받침이 있어야 한다. 하부체계에 이상이 생기거나 환경이 체계의 목표달성을 저해하는 요인으로 작용한다면 체계의 진행과정에 제동이 걸리게 되고, 이때 회환이 발생한다. 이러한 회환을 통하여 각 체계를 점검하고 환경의 제약요인을 완화하는 작업으로 스스로 효율적인 방향으로 교정하게 된다.

구분	지역사회	학교	산업체
구성물	지역사회주민	학생, 교직원 및 그 가족	근로자
자원	① 물리적 자원 : 면적, 경제, 기후, 지형, 역사, 상하수도시설, 역사 ② 인적 자원 : 보건의료인, 타 분야 전문인, 일반인 ③ 물적 자원 : 보건의료시설, 기구	① 물리적 자원 : 기후, 지형, 환기, 채광, 조명, 위생, 음료수, 화장실, 난방 ② 인적 자원 : 보건의료인 ③ 물적 자원 : 보건의료시설, 자료, 기구	① 물리적 자원 : 기후, 지형, 환기문제, 위생, 음료수, 안전도구 사용빈도 ② 인적 자원 : 보건의료인, 산업보건위원회, 안전관리요원 ③ 물적 자원 : 보건의료시설, 자료, 기구
환경	예산, 시간	예산, 시간	예산, 시간
상호 과정	의사소통, 갈등해소와 조화, 상위체계와의 관계유지, 유병률, 영아사망률, 전염병발생률, 사망률	의사소통, 갈등해소와 조화, 상위체계와의 관계유지, 전염병예방접종률, 구강검사율, 치과치료, 시력검사와 교정, 신장과 체중의 변화	갈등해소와 조화, 상위체계와의 관계유지, 결근율, 직업발생률, 사고발생률, 재발생률
경계	지역사회, 사회문화적 가치나 규범	학교	산업체
목표	지역사회의 건강	학교 및 교직원의 건강	산업체의 건강

04 Roy의 적응이론

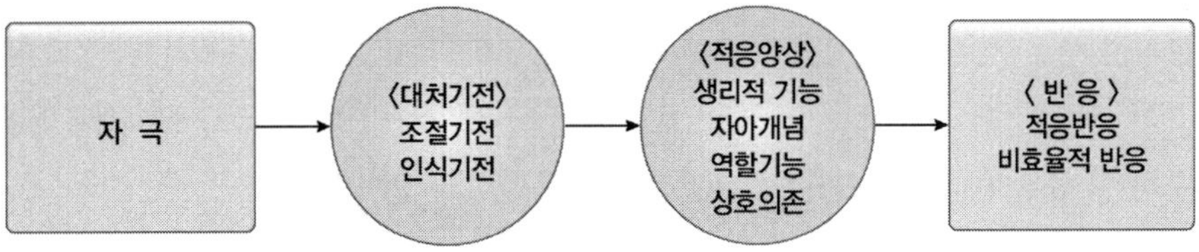

1 이론의 개요

1. Roy는 간호의 대상인 인간은 하나의 체계로서, 주위환경으로부터 계속적으로 투입되는 자극을 받고 있으며, 이러한 자극에 대하여 과정인 대처기전을 활용하여 적응양상을 나타내고 그 결과로써 반응을 나타낸다고 하였다. 이 반응은 회환되어 다시 자극의 형태로 투입원이 된다.

2. 인간이 자극에 대하여 적응하는 과정에는 대처기전과 적응양상이 있다. 대처기전은 적응하는 방법이고, 이 대처기전의 활동으로 적응양상이 활성화되며 이 적응양상이 반응으로 이어지게 된다.
3. 간호의 목표는 '인간이 통합된 총체적 상태인 적응의 상태를 유지하는 것'이며, 따라서 간호활동은 '자극 자체를 감소시키거나 내적 과정인 적응양상에 영향을 주어 인간이 적응반응을 나타낼 수 있도록 돕는 것'이다.
4. 인간은 변화하는 환경과 끊임없이 상호작용하는 생리적 · 정신적 · 사회적 존재이다.

2 주요 개념

1. 자극 - 개인의 능력에 영향을 주는 자극

(1) 초점자극(Focal Stimuli)

인간의 행동유발에 가장 큰 영향을 미치고 있는, 즉각적이며 직접적으로 직면하고 있는 사건이나 상황변화를 말한다.

(2) 연관자극(Contextual Stimuli)

초점자극에 의해 유발되는 행동과 관련된 다른 모든 자극으로 행동유발과 관련된 내 · 외적 상황도 포함된다.

(3) 잔여자극(Residual Stimuli)

현 상태와 관련되어 있지만 대부분 측정되기 어려운 신념, 태도, 성격, 과거의 경험 등이 포함된다.

2. 대처기전

(1) 조절기전

자극이 투입될 때 자율신경계 반응, 호르몬계 반응, 정신신체 반응 등을 통해 자율적으로 반응하는 하부체계 대처기전으로 생리적 적응양상과 관련된다.

(2) 인지기전

자극이 투입될 때 인지적 정보처리과정, 학습, 판단, 정서 등의 복잡한 과정을 통해 반응하는 하부체계 대처기전으로 주로 자아개념, 역할기능, 상호의존 적응양상과 주로 관련된다.

3. 적응양상

(1) 생리적 기능양상

환경의 자극에 대해 인간이 신체적으로 반응하는 방법으로 신체의 기본욕구(수분과 전해질, 운동과 휴식, 배설, 영양, 산소공급과 순환, 체온, 감각 및 내분비계 조절)에 반응하는 방법이다.

(2) 자아개념 양상

① 정신적 통합을 유지하기 위하여 일어나는 적응양상으로 타인들의 반응으로부터 형성되고 자신의 행동을 관리한다.

② **신체적 자아** : 신체에 대한 주관적인 생각으로 감각과 신체상이 포함된다.

③ **개인적 자아** : 자신의 성격, 기대, 가치에 대한 평가로서 자아일관성, 자아이상기대, 도덕적 · 윤리적 자아로 구성된다.

(3) 역할기능 양상

① 부여된 사회적 지위에 따른 의무의 수행을 말하며, 인간의 역할수행방법은 주어진 환경 내의 다른 사람과의 상호작용에 의존한다.

② 사회적 통합성을 유지하기 위해서는 환경 내의 다른 사람과 상호작용을 하고 적합한 행동역할을 능숙하게 수행하여야 한다.

③ Roy는 인간의 역할을 나무에 비교하여 1차 역할(나무 몸통), 2차 역할(1차 역할에서 나온 가지), 3차 역할(2차 역할에서 나온 가지)로 구분하여, 각 역할들이 역동적인 관계 내에서 상호 호혜적인 역할이 일어나야 된다고 하였다.

(4) 상호의존 양상

① 의미있는 타인이나 지지체계와의 관계, 사랑, 존경, 가치를 주고받는 것과 관련된다.

② 사회적 통합성 중에서도 특히 상호작용에 초점을 둔 적응방법이다.

4. 반응

(1) 적응반응

생존, 성장, 생식, 성숙과 같은 인간의 통합성을 증진시킬 수 있는 긍정적인 반응을 의미한다.

(2) 비효율적 반응

적응목적(생존, 성장, 생식, 성숙)에 도움을 주지 못하거나 방해가 되는 반응을 의미한다.

3 이론의 간호과정 적용

1. 사정

(1) 1단계 : 생리적 기능, 자아개념, 역할기능, 상호의존

(2) 2단계 : 초점자극, 연관자극, 잔여자극

(3) 간호사는 대상자의 행동이 적응인지 부적응인지 판단할 것

2. 간호진단

비효율적 반응과 자극의 관련성을 중심으로 기술

3. 간호계획

4가지 적응양상을 적응반응으로 변화하도록 중재방법 계획

4. 간호수행

(1) 간호사는 적응촉진자

(2) 간호활동은 자극 자체를 감소시키거나(외적 과정), 적응양상에 영향을 주어(내적 과정) 인간이 적응반응을 나타낼 수 있도록 돕는 것

05 Orem의 자가간호이론

1 이론의 개요

1. Orem은 간호의 대상자인 인간을 생물학적 · 사회적 · 상징적으로 기능하는 하나의 통합체로 자가간호라는 행동형태를 통하여 계속적인 자기유지와 자기조절을 수행하는 자가간호를 가진 자가간호 행위자로 보고 있다.
2. 자가간호란 인간이 자신의 생과 건강과 안녕을 유지하기 위해 솔선하여 수행하는 행동으로, 인간 내부에는 자가간호를 위한 요구와 자가간호를 수행할 수 있는 역량을 동시에 가지고 있다.

3. 간호는 자가간호 결핍이 있는 사람에게 제공하는 것으로, Orem은 개인을 위한 간호의 필요성을 결정하고 간호체계를 설계하여 제공하는 간호사들의 복합적인 능력을 간호역량이라고 설명하였다.

2 주요 개념

1. 자가간호요구

자신의 건강을 회복, 유지, 증진시키기 위하여 각 개인이 나름대로 시도하고 실행되어져야 할 활동이다.

(1) 일반적 자가간호요구

인간의 기본적인 욕구를 충족시키는 행동으로, 공기, 물, 음식섭취, 배설, 활동과 휴식, 고립과 사회적 상호작용, 생명과 위험으로부터의 예방, 정상적인 삶 등의 자가간호요구를 의미한다.

> 정상기능 증진에 필요한 6개의 필수요소 : 공기, 물, 음식섭취, 배설, 활동과 휴식, 고립과 사회적 상호작용

(2) 발달적 자가간호요구

인간의 발달과정과 생의 주기의 다양한 단계 동안 생기는 임신, 미숙아 출생, 가족 사망 등과 같이 성장발달과 관련된 상황에서 필요로 하는 자가요구를 의미한다.

(3) 건강이탈시의 자가간호요구

질병이나 상해 등으로 개인의 자가간호능력이 영구적, 일시적으로 손상되었을 때 인간은 자가간호 제공자에서 환자로 위치가 바뀌는데, 이때 필요한 의학적 치료를 가지고 참여하는 것을 의미한다.

① 적절한 의학적 도움을 찾는 것
② 병리적 상태의 결과에 대해 아는 것
③ 진단 및 치료, 재활을 효율적으로 수행하는 것
④ 의료의 부작용을 조절하거나 아는 것
⑤ 특수한 건강상태에 처해 있는 자신을 수용하기 위해 자아개념을 수정하는 것
⑥ 병리적 조건과 상태를 가지고 생활하기를 배우는 것

2. 자가간호역량

자가간호활동을 수행하는 힘이며, 개인이 삶과 건강을 유지하기 위해 스스로 실행하고 개발하는 능력이다.

3. 자가간호결핍

자가간호역량이 자가간호요구를 충족시키지 못할 때 일어나는 현상이다.

4. 간호역량

자가간호결핍이 일어난 사람들에게 간호체계를 설계, 제공하는 간호사들의 복합적인 능력을 의미한다.

5. 간호체계

(1) 전체적 보상체계

개인이 자가간호활동을 거의 수행하지 못하는 상황으로, 간호사가 전적으로 환자를 위하여 모든 것을 해주거나 활동을 도와주는 경우를 말한다.

(2) 부분적 보상체계

일반적 간호요구는 충족시킬 수 있으나 도움이 필요한 경우 부분적으로 자가간호를 대신 시행해 주고, 자가간호의 제한된 부분을 보상시키며, 필요할 때 환자를 보조해주는 경우를 말한다.

(3) 지지적 교육체계

환자가 자가간호요구를 충족시키는 자원을 가지고 자가간호를 수행할 수 있으나 지식이나 기술을 습득하는 데 간호사의 도움을 필요로 하는 경우를 말하며, 이 체계에서 5가지 돕는 방법은 '직접 행하거나 활동하는 것, 안내하는 것, 가르치는 것, 지지하는 것, 발전적인 환경제공 등'이 있다.

3 이론의 간호과정 적용

1. 사정

(1) 치료적인 자가간호요구를 사정한다.

(2) 환자의 자가간호역량을 파악한다.

2. 간호진단

자가간호결핍을 중심으로 기술한다.

3. 간호계획

체계적인 계획수립과 치료적인 자가간호를 결정하고 간호중재방법을 선택한다.

4. 수행

(1) 치료적 자가간호를 실행한다.

(2) 환자의 자가간호능력을 증진시킨다.

(3) 자가간호능력의 한계점을 보완해 준다.

4 오렘이 제시한 4가지 인지적 행위

1. 진단적 행위

(1) 현재 나타나거나 혹은 잠재적인 치료적 자가간호요구에 관해 상담하고 문제를 확인하는 일에 관한 계약을 맺게 된다.
(2) 환자의 개인적인 기본 조건을 확인하고 환자의 일반적, 발달적, 건강이상 영역의 자가간호요구와 관련된 자가간호행위에 대해 파악한다.
(3) 자료의 분석을 통해 치료적 자가간호요구의 진단이 도출된다.
(4) 자가간호능력 정도를 진단받고 능력이 제한되는 경우 자가간호결핍이 된다.

2. 처방적 행위

(1) 자가간호요구 각각에 대해 이상적인 정도를 결정하며 주변의 도움방법과 환자의 기본적인 상태, 가장 효과적인 도움방법 등을 고려한다.
(2) 환자와 함께 가장 적합한 행위를 상담하고 가장 효율적이고 적정한 방법을 디자인한다.
(3) 치료적 자가간호요구 사이의 우선순위를 정하고 환자와 간호사는 기대하는 효과를 설정하며 이것이 환자의 발달에 지지적인 방법임을 확인한다.

3. 규범적 행위

(1) 환자의 상태, 건강상태, 시점, 행위, 협조의 정도에 관한 결정이 이루어져야 한다. 이후 빈도, 도구, 개인적 요구들과 같이 구체적인 내용들이 결정된다.
(2) 규범적 행위를 통해 자가간호역량이 개발되고, 학습이 증진되며 자신의 안녕에 관한 인식과 자가간호를 하겠다는 관심이 증가되어야 한다.

4. 조정행위

(1) 이 단계에서 평가가 이루어진다.
(2) 규범단계의 효과와 환자의 결과를 예측하고 규범적 행위의 적절성을 평가한다.
(3) 환자의 결과를 평가하고 발달의 변화와 적응상태를 알아본다.

06 Neuman의 건강관리체계이론

Neuman의 간호모형

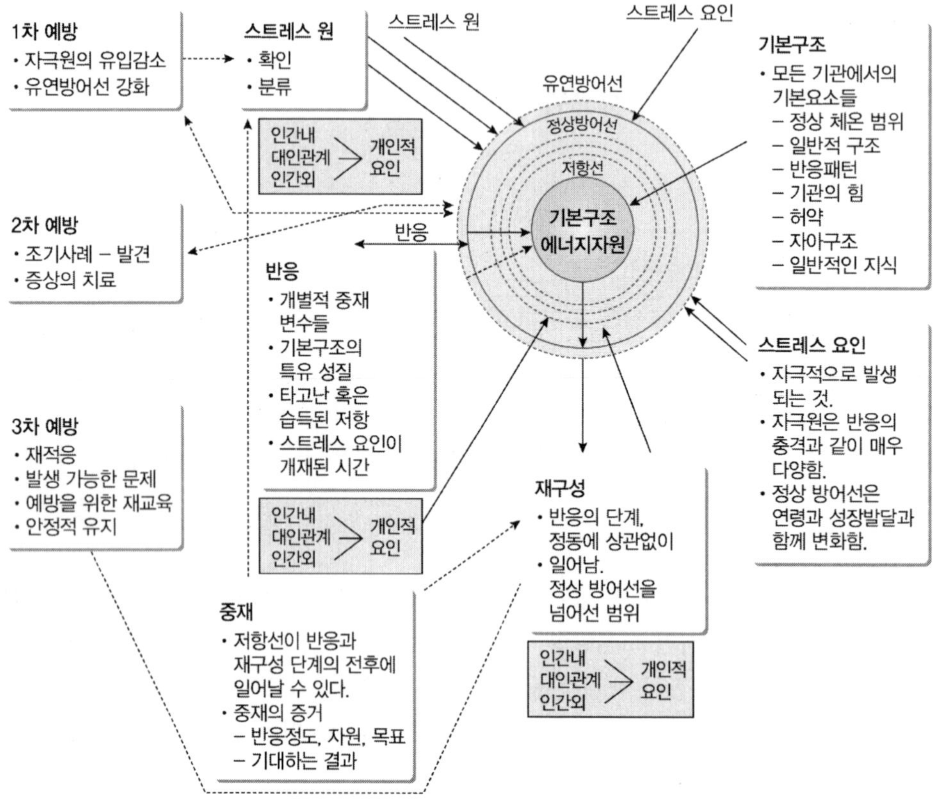

1 개념

1. 간호활동을 예방활동의 개념으로 설명한다.

2. 간호의 대상인 인간을 총체적 존재로 접근하며 생리적 · 심리적 · 사회문화적 · 발달적 및 영적인 변수로 구성된 하나의 체계로서 생존의 필수요소로 구성되어 있는 기본구조와 이를 둘러싸고 있는 3가지 보조막으로 구성되어 있다고 보고하였다.

3. 대상체계는 환경과 접하고 있으며 이들 환경은 내적 환경, 외적 환경으로 이루어져 있고, 대상체계와 계속적인 상호작용을 하며 지속적으로 영향을 미치는 스트레스원으로 구성되어 있다.

4. 간호의 목표인 건강은 인간체계 속의 기본구조와 방어선들이 환경의 변수들인 스트레스원을 막아내어 안전상태를 이루고 있는 것이다.

5. 간호활동은 기본구조를 보호하기 위해 스트레스원을 제거 또는 약화시키거나, 유연방어선 및 정상방어선을 강화시키는 1차적 예방활동과 저항선을 강화시키고 나타나는 반응에 대하여 조기 발견하고 바른 처치를 시행하는 2차적 예방활동, 기본구조에 손상이 왔을 때 이를 재구성하도록 돕는 3차적 예방활동으로 대별할 수 있다.

6. 기본과정

(1) 각 개인은 독특한 개성이 있기는 하나 일반적으로 알려진 보통의 정상적 특징을 가지며 외적 자극이 오면 그 범위 내에서 반응한다.

(2) 스트레스원은 다양하다. 각 스트레스원이 개인의 평형상태나 정상방어선을 깨뜨릴 수 있는 정도에는 차이가 있고 신체적 · 심리학적 · 사회문화적 · 발달적 · 영적 요소인 변수들 간의 관계도 스트레스원에 저항하는 정도에 언제나 영향을 미친다.

(3) 각 개인은 정상방어선이라고 알려진 정상범위 내에서 반응한다.

(4) 유연방어선을 넘어서 더 이상 스트레스원으로부터 개인이 보호받지 못하게 될 때가 스트레스원에 의해 정상방어선이 파괴된 시점인 것이다.

(5) 개인은 내부에 일련의 저항요인들을 가지고 있어서 정상방어선을 다시 찾아 안정을 유지하려고 한다.

(6) 사람의 건강이나 비건강은 신체, 정신, 사회문화, 발달, 영적의 5가지 변인이 상호작용하여 결정된다.

(7) 1차 예방은 개인환자 사정에 적용되는 일반적인 지식으로 스트레스원과 연관되는 위험요인들을 규명하고 완화시키는 것이다.

(8) 2차 예방은 중재순위를 적절히 정하는 것, 즉 치료적 간호들이다.

(9) 3차 예방은 적응과정인데, 즉 재구성이 시작되고 1차 예방 쪽으로 되돌려지는 형태의 움직임이다.

(10) 개인은 환경과 역동적으로 에너지를 교환한다.

2 주요 개념

1. 기본구조

인간이 생존하기 위한 필수적인 구조로서 모든 개체가 공통적으로 가지고 있는 요소로 정상 체온의 범위, 유전인자의 구조, 신체기관의 구조, 자아구조 등 생물체계로서 꼭 필요로 하는 조건을 말한다.

2. 저항선

(1) 기본구조를 보호하는 최후의 요인으로 신체의 면역체계를 들 수 있다.

(2) 이 선이 외부에서 침입하는 스트레스원에 의하여 무너지게 되면 기본구조가 손상받게 되어 생명이나 존재에 위협을 받게 된다. 즉, 저항선 파괴시 증상이 발현된다.

3. 정상방어선

(1) 한 대상체계가 오랫동안 유지해 온 평형상태로서 어떤 외적인 자극이나 스트레스원에 대해 나타나는 정상적 반응의 범위를 말한다.

(2) 개인이 가지고 있는 지식, 태도, 문제해결능력, 대처능력, 발달단계와 같은 행위적 요소와 신체상태, 유전적 요인 등 변수들의 복합물이라 할 수 있다.

4. 유연방어선

환경과 상호작용하여 시시각각으로 변하는 역동적 구조로 외부자극이나 변화에 대하여 신속하게 축소되거나 확장되는 것으로 대처함으로써 스트레스원이 유연방어선을 거쳐 정상방어선까지 침범하지 못하도록 완충역할을 한다.

5. 변수(대상자에게 내재된 5가지 변수)

(1) **생리적 변수** : 신체구조와 기능과 관련

(2) **심리적 변수** : 심리적 과정과 관계에 관여

(3) **사회문화적 변수** : 사회와 문화적 영향에 초점

(4) **발전적 변수** : 삶의 발전적 과정을 포함

(5) **영적 변수** : 신념과 창의적 측면 및 삶의 본질을 통합

6. 환경 : 인간을 둘러싸고 있는 힘으로 대상자에게 영향을 미친다.

(1) **내적 환경**

대상자의 경계 내에 순수하게 포함된 모든 힘이나 상호 영향력으로 하위체계 간 관계의 결과를 의미

(2) **외적 환경**

대상자의 경계 밖에 있는 영향력으로 물리적 자연이나 타인과의 관계 등을 의미

7. 스트레스원

불균형 상황위기, 성숙위기 등의 잠재적 요인을 가진 긴장을 일으키는 자극원이다.

(1) **체계 내 또는 내적 요인**

개체 내에서 일어나는 힘(예 조건반사, 통증, 불안, 상실)

(2) **체계 간 또는 대인적 요인**

한 사람 또는 그 이상의 개인들 사이에서 일어나는 자극 요인(예 역할기대)

(3) **체계 외 또는 외적 요인**

체계 외부에서 일어나는 힘(예 경제적 상황)

8. 건강상태

(1) 욕구가 충족될 때 적정 안녕상태가 되고 건강하다는 것을 의미하며, 충족되지 않은 욕구는 안녕상태를 감소시킨다.

(2) 대상자의 욕구충족에 따라 다양한 건강상태가 존재하므로 건강은 안녕에서 질병까지의 연속적인 개념으로 설명된다.

(3) 개방체계하에서 이용된 에너지보다 많은 에너지가 생산될 때 네겐트로피 또는 안녕상태로 옮겨가는 것이고 체계가 필요량보다 에너지를 덜 생산하면 대상자는 엔트로피 또는 질병상태로 옮겨가는 것이다.

9. 간호중재

(1) **1차 예방**

대상체계가 스트레스원과 부딪칠 가능성을 경감시키거나 스트레스원에 대한 유연방어선을 강화시키는 것이다. 즉, 자극원의 유입감소, 유연방어선 강화, 정상방어선의 보호 등이 해당된다.

(2) 2차 예방

신체의 적정기능에 영향을 미치거나 미칠 수 있는 위험요인과 악화된 상황을 감소시키거나 최소화한다. 즉, 저항선의 강화, 조기발견 등이 해당된다.

(3) 3차 예방

대상체계를 재구성시키고 안정성을 되찾게 한다. 즉, 기본구조의 재구성이 해당된다.

3 이론의 간호과정 적용

1. 사정

(1) 기본구조와 에너지 자원의 상태 사정

(2) 실재적 · 잠재적 스트레스원과 반응 사정

(3) 정상방어선, 저항선, 유연방어선을 확인

CHECK Point Neuman이론을 이용한 10대 임신에 대한 사정

구분	개인	가족	지역사회
스트레스원	• 어린 나이의 임신	• 10대 딸의 임신	• 10대 임신발생의 증가
기본구조	• 신체, 활력기능	• 가족구성, 가족의 역할	• 인구의 연령구성, 지역사회기능 활력
저항선	• 아이에 대한 태도 • 양육기술의 정도	• 가족의 융통성 • 지지체계의 가능성 • 가족의 수입 • 가족교육의 수준	• 건강관리시설과 서비스의 적정성과 이용가능성 • 교육과 경제적 수준
정상방어선	• 급만성 질병의 유무 • 영양수준 • 생활유형과 습관(음주, 흡연, 운동 등) • 건강에 대한 태도	• 10대 성행위에 대한 가족의 태도 • 가족의 결속력	• 10대 인구의 정도 • 교육수준 • 수입수준 • 피임사업의 이용가능성 • 통상 10대 임신율
유연방어선	• 피로정도 • 타 스트레스원의 유무	• 가족의 타 스트레스원의 유무	• 건강프로그램에 대한 재정가능성

2. 간호진단

스트레스원과 방어선과의 상호작용을 중심으로 기술

3. 간호계획

장단기 목표설정, 우선순위 설정

4. 간호수행

1차, 2차, 3차 예방활동을 초점으로 중재방법 모색

CHECK Point Neuman이론을 이용한 10대 임신에 대한 간호수행

구분	개인	가족	지역사회
1차 예방	• 적당한 영양, 휴식, 운동을 통한 건강증진 • 10대 성행위에 효과적인 피임사용을 권장	• 어린이를 위한 성교육과 부모를 위한 교육 • 부모와 성관계에 대한 토론의 장을 만듦	• 10대를 위한 성교육과 피임사업 제공
2차 예방	• 산전간호에 의뢰 • 임신코스를 조사하고 합병증 예방 • 분만과 부모역할을 준비	• 새 가족을 맞아들이는데 적응하도록 지지	• 요구에 맞는 부모자녀 간호서비스를 개발하는데 지지
3차 예방	• 재임신 예방으로 분만 후 피임사용 권장	• 분만에 대한 예방에 대해 토의 • 다른 딸에 대해 과보호하는 가족을 단념시킴	• 재임신을 예방하기 위해 피임사용에 대해 10대 임신자 교육

4 Neuman 모델의 장단점

1. 장점

(1) 대상인 지역사회, 가족, 개인을 구체화한다.

(2) 기본구조와 상하위 체계 간의 연결이 뚜렷해진다.

(3) 간호목표인 적정기능수준의 적정선이 정상방어선으로 명료화된다.

(4) 방어선을 기초로 하여 좀 더 구체적인 적정기능지표 개발이 가능하다.

(5) 간호행위를 1차, 2차, 3차 간호의 3단계로 구체화하여, 다른 보건의료 전문기관의 업무한계 규명에 도움을 줄 것이다.

2. 단점

(1) 간호행위에 대한 구체적인 활동양상이 제시되지 않아 어떤 행동을 어떤 모양으로 해야 할지 모호하다.

(2) 구체적인 간호활동으로 실제화하기 부족하므로 간호수단이나 도구에 대한 제시 또한 어렵다.

CHECK Point Neuman의 건강관리체계이론을 적용한 간호사정 지침

1. 기본구조
   (1) 생리적 특성 : 지역사회의 물리적 환경, 주민들의 인구구조 및 분포, 의료자원의 분포, 건강수준, 질병상태
   (2) 심리적 특성 : 지역사회 의사소통, 주민의 자율성, 유대관계, 결속력
   (3) 사회문화적 특성 : 문화, 관례, 전통, 교육, 직업, 통신, 안전, 교통, 경제, 산업, 보건사업 수준, 사회사업
   (4) 발달적 특성 : 역사, 개발상태, 발전계획
   (5) 영적 특성 : 건강에 대한 태도, 가치관, 신념, 종교분포, 기타 영적 추구 양상
2. 스트레스원
   (1) 체계 내 요인 : 지역사회 자체 내의 물리적 환경상태는 적절한가?
   (2) 체계 간 요인
      ① 다른 지역사회와 비교해 볼 때 기본구조에 관련된 자원들이 적절한가?
      ② 지역사회주민들의 자원 활용에 어려움은 없는가?
   (3) 체계 외 요인
      ① 지역사회 외부의 변화, 즉 정부 정책 등의 변화로 인해 지역사회에 영향을 주는 스트레스 요인은 무엇인가?
      ② 정부나 외부기관으로부터 적절한 자원을 제공받는가?
3. 방어선
   (1) 정상방어선
      ① 지역사회주민들의 건강에 대한 태도, 문제해결능력, 대처능력은 어떠한가?
      ② 지역사회주민들의 건강상태는 어떠한가?
      ③ 지역사회의 교통 및 통신상태는 적절한가?
      ④ 물리적 환경요소들은 적절한가?
   (2) 유연방어선
      ① 지역사회의 보건의료체계는 적절한가?
      ② 의료기관의 분포상태가 적정한가?
      ③ 의료서비스의 질이 양호한가?
   (3) 저항선
      ① 지역사회주민들의 경제수준은 적절한가?
      ② 지역사회주민들의 교육수준은 어떠한가?
      ③ 지역사회주민들의 유대관계, 결속력은 어떠한가?

07 횡이론적 변화단계이론(The Transtheoretical Model)

1 이론의 배경

1. 1970년 프로체스카에 의해 개발된 후, 지속적인 연구를 하고 있으며, 심리치료요법과 행위변화이론에 기초를 두고 있다.
2. 사람들이 어떻게 문제행위를 수정하는지 또는 어떻게 긍정적인 행위를 습득하는지를 서술하는 모형이다.
3. 주로 금연, 운동, 저지방 식이, 에이즈 예방을 위한 콘돔사용, 체중조절, 약물남용, 스트레스 관리 등의 다양한 문제행위에 적용되고 있다.

변화단계 모형

변화단계 모형

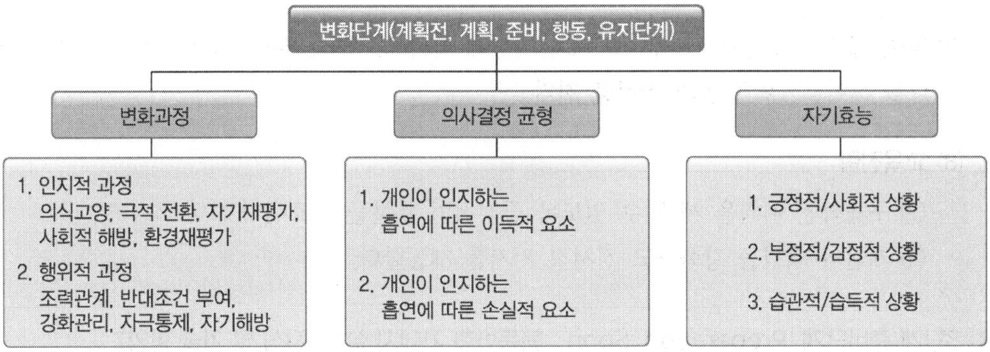

2 변화의 5단계

1. 1단계(인식 전 단계, 계획 전 단계, Precontemplation, Never : 교육, 홍보)

(1) 앞으로 6개월 이내에 행동변화의 의지가 없는 상태이다.

(2) 자신의 문제를 인지하지 못하는 상태, 여러 번 변화를 시도했으나 실패하여 사기가 꺾인 경우로 변화의 필요성이나 위험을 느끼지 않는 단계, 변화를 강요당하는 느낌을 받는다.

(3) "금연할 생각이 전혀 없다.", 이 단계에서 담배가 나쁘다고 하면 화를 내거나, 자신의 건강에 대한 막연한 자신감을 갖고 있다.

(4) 교육전략

① 인식을 갖도록 하기 위해 문제점에 대한 정보를 주어야 한다.

② 문제의 심각성을 일깨워주는 교육과 홍보가 중요하다.

2. 2단계(인식단계, 계획단계, Contemplation, Someday)

(1) 앞으로 6개월 이내에 행동변화의 의지가 있는 단계로 상당기간 이러한 상태에 머물러 있을 수 있다.

(2) 문제의 장·단점과 해결책의 장·단점을 고려하기 시작한다.

(3) 구체적인 계획은 아직 없다.

(4) "앞으로 언젠가는 담배를 끊어야겠다. 그러나 …", 담배가 해롭다는 것을 인정하고 부정적으로 생각하고 있지만 당장 끊겠다는 것은 아니다.

(5) 이점과 장애 사이에서 양가 감정을 가진다.

(6) 자기효능감은 낮으나 인지된 유익성은 높다.

(7) "나는 흡연하지 않는 나 자신을 더 좋아하게 될까요?" 또는 "내가 흡연하면 다른 사람들이 나를 싫어할까요?" 등의 질문을 한다.

(8) **교육전략**

① 구체적인 계획을 세울 수 있도록 긍정적인 부분을 강조한다.
② 개인의 의식을 강화하고 정서적 지지를 제공한다.

3. 3단계(준비단계, Preperation, Soon : 행동변화 기대치 설정, 지식 및 기술 함양)

(1) 앞으로 한 달 내에 행동변화의 의지를 가지고 있으며 적극적으로 행동변화를 계획하는 단계로, 과거 1년간의 금연노력 실패도 포함될 수 있다. 행동변화 기대치를 설정하고, 지식 및 기술을 함양한다.

(2) "앞으로 한 달 이내에 금연할 것을 고려하고 있다."

(3) 보건교육 프로그램에 참여하는 등 구체적인 계획을 가지고 있다. 담배 피는 개수를 줄인다든지, 피는 것을 지연하려는 노력이 나타난다. 금연예정일을 한 달 이내로 생각하고 있다. 즉, 작은 행동의 변화가 나타나기도 하나 아직 금연은 하고 있지 않다.

(4) **교육전략** : 기술을 가르쳐 주고, 실천계획을 세울 수 있도록 도와주며, 할 수 있다는 자신감을 준다. 예 금연서약서 쓰기

4. 4단계(행동단계, Action, Now : 건강행동 실천기회)

(1) 지난 6개월 내의 자신의 생활양식에 수정을 한 경우로 실행에 옮기는 단계이다.

(2) 건강행동의 변화가 실행되는 단계이다.

(3) "이젠 금연하고 있다."

(4) 자율성과 자기효능감이 향상되지만, 죄의식, 실패감, 개인의 자유가 제한됨을 느끼기도 한다.

(5) **교육전략** : 칭찬을 하고 실패를 막을 수 있는 방법을 가르치며, 이전의 행동으로 돌아가려는 자극을 조절하는 계획을 세우도록 해야 한다. 예 금연실행, 흡연유혹을 위한 전략, 용기를 북돋워 주기, 금연성과에 대해 보상, 실패를 막을 수 있는 방법을 가르쳐 주기

5. 5단계(유지단계, Maintenance, Forever)

(1) 새로운 습관이 6개월 이상 지속되는 단계이다.

(2) "이미 금연에 성공하였으며, 앞으로 금연상태를 유지하는 길만이 남았다."

(3) 금연을 시도했다가 실패하는 경우 금연 준비단계부터 다시 시작해야 한다.

(4) 다시 예전으로 돌아갈 가능성이 적고 변화를 지속할 수 있다는 것에 대해 더욱 확신을 가지고 있다.

(5) 유지단계는 고정되어 있는 것이 아니어서 다시 이전단계로 되돌아 갈 수도 있다.

(6) 중독성 또는 습관성 행동이 없다.

(7) 담배를 피우지 않으면서 다른 대체행동을 하는 단계이다. 즉, 새로운 행동이 자신의 한 부분으로 정착된다.

(8) **교육전략** : 유혹을 어떻게 조절해야 하는지 긍정적인 부분을 강조한다.
예 금연상태 유지, 자아존중감 기르기, 내부의 적 극복하기, 협조자 만들기, 긍정적인 강화를 함

3 변화과정

1. Consciousness raising(의식고양)

계획단계에서 가장 많이 행하여지는 과정이다. 높은 수준의 의식과 관련된 정확한 정보를 찾는 과정으로 문제를 이해하려고 대상자가 하는 활동이다.
예 AIDS 위험감소와 관련된 정보를 찾는다.

2. Dramatic relief(극적 전환)

문제행위의 결과에 대한 감정을 경험하고 느끼는 것으로 심리극, 우울감 해결, 역할극 등을 통해 얻을 수 있다. 예 불완전한 성행위의 위험에 대한 문헌들이 나를 당황하게 한다.

3. Self-reevaluation(자기재평가)

계획단계에서 준비단계로 이동할 때 사용하는 것으로, 자신의 가치관과 신념에 맞추어 자신의 행동을 평가한다.

4. Social-conditioning(사회적 해방)

사회 내에서 생활방식에 대한 개인의 인식이다.

예 안전한 성행위를 훨씬 쉽게 행하도록 하는 사회적 변화를 인지한다. 금연표지를 보는 것, 공공장소에서 금연이라는 것을 인식하는 것

5. Environmental reevaluation(환경재평가)

흡연이 환경에 미치는 영향을 재평가하는 것이다.

예 만약 사람들이 더 안전한 성행위를 한다면 세상이 더 좋아질 거라고 생각한다.

6. Helping relationship(조력관계)

타인과의 행동에 대한 지지관계를 형성하는 것으로 문제가 있을 때 도와주거나 들어주는 지지세력을 형성한다.

7. Stimulus control(자극통제)

환경 또는 경험을 재구축하여 문제자극이 덜 발생하도록 한다. 즉, 행동을 유발시키는 자극이나 상황을 조정하는 행동이다.

8. Reinforcement management(강화관리)

준비와 행동단계에서 적절하다. 강화는 물질적 · 사회적 또는 자기 자신을 통하여 이루어질 수 있다. 긍정적 행위는 강화하고 부정적 행위는 처벌한다.

예 만약 내가 안전한 성행위를 한다면 다른 사람으로부터 칭찬을 받을 것을 기대할 수 있다.

9. Counter-conditioning(역조건형성)

행동단계나 유지단계에서 바람직하다. 자극과 반응과의 연결을 끊어주는 것과 관련된 과정으로 문제행위를 보다 긍정적 행위나 경험으로 대치한다.

예 위험한 성행위 대신에 안전한 성행위를 한다.

10. Self-liberation(자기해방)

변화할 수 있다고 믿고 결심하는 것이다.

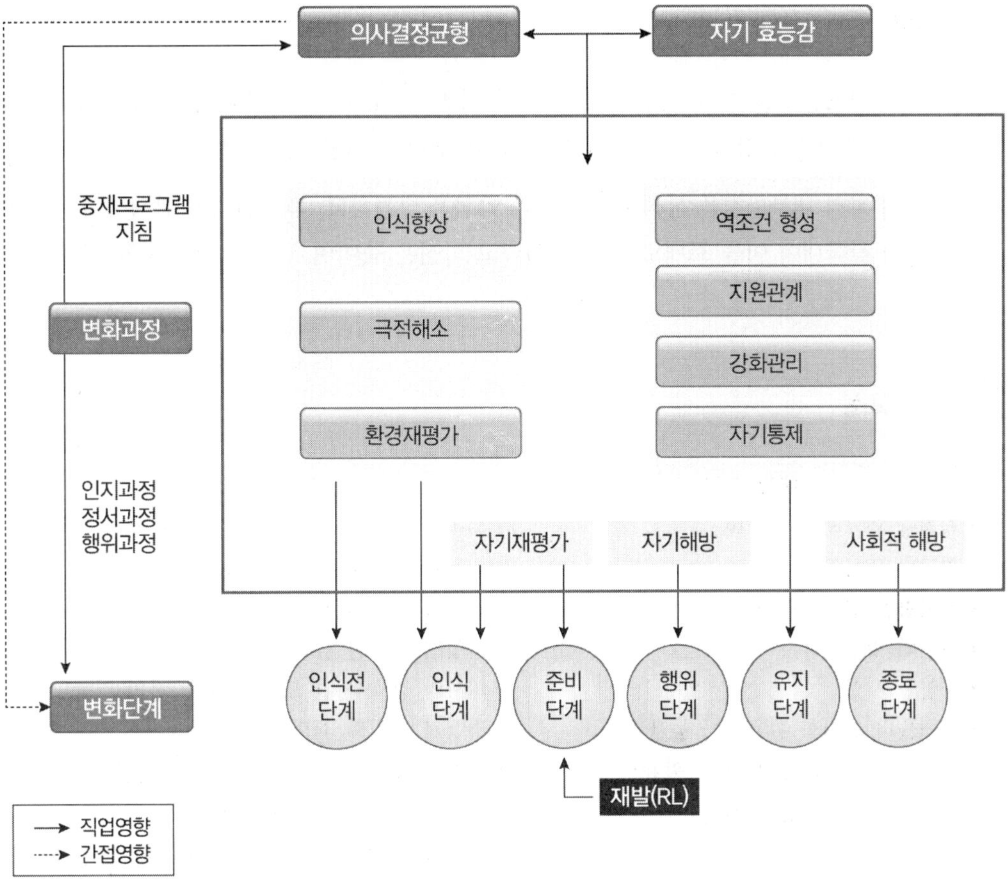

08 SWOT 분석전략(Strengths, Weaknesses, Opportunities, Threats)

1 개념

1. 조직의 환경분석을 통해 강점(strength)과 약점(weakness), 기회(opportunity)와 위협(threat)요인을 규정하고, 이를 토대로 마케팅전략을 수립하는 기법
2. 어떤 조직의 내부환경을 분석하여 강점과 약점을 발견하고, 외부환경을 분석하여 기회와 위협을 찾아내어 이를 토대로 강점은 살리고 약점은 죽이며, 기회는 활용하고 위협은 억제하는 마케팅전략을 수립하는 기법

2 구성요소

내적 강점	내적 약점
• 최첨단 의료시설과 장비 • 최고의 의료진 • 지리적인 접근도의 용이 • 병원의 명성 • 다양한 시설 • 직원들의 전산화 활용도가 높음 • 외부전문인력(대학)의 높은 활용도	• 복리, 후생, 임금상승으로 채산성의 악화 • 의료진과 직원들의 높은 이직률 • 직원들의 불친절 • 경영진에 대한 불만 • 의사와 간호사 간 또는 직원들 간의 갈등 • 경쟁적 지위의 쇠퇴 • 사업의 종류가 많아 집중도가 떨어짐
외적 기회	**외적 위협**
• 국민소득의 증가 • 의료수요의 증가 • 의료수요의 고급화 • 평균수명의 증가 • 대단위 주거단지 조성 • 경기회복에 따른 소비심리의 회복 • 민간건강보험의 도입 • 주민의 보건서비스에 대한 높은 만족도	• 국민의식수준의 향상에 따른 불만 및 관심의 증가 • 낮은 보험수가 • 정부의 통제 및 규제 • 의료시장 개방 • 병원노사분규의 확산 • 의료기관의 개설(새로운 경쟁자의 등장) • 경기침체 • 장애인에 대한 편의시설 부족 • 낮은 정기적 운동실천율

3 전략

1. SO전략(MAX-MAX, 강점-기회전략)

시장의 기회를 활용하기 위해 강점을 사용하는 전략을 선택, 공격적 전략, 시장점유율 확장 전략

2. ST전략(MAX-MIN, 강점-위협전략)

시장의 위협을 회피하기 위해 강점을 사용하는 전략을 선택, 차별화 전략, 시장투입전략

3. WO전략(MIN-MAX, 약점-기회전략)

약점을 극복함으로써 시장의 기회를 활용하는 전략을 선택, 방향전환전략, 약점극복전략

4. WT전략(MIN-MIN, 약점-위협전략)

시장의 위협을 회피하고 약점을 최소화하는 전략을 선택, 방어적 전략, 서비스표준화전략, 집중화 철수전략

구분	기회	위협
강점	SO 공격적 전략 사업구조, 영역 및 시장 확대	ST 다각화 전략 신사업 진출, 신기술, 신고객 개발
약점	WO 국면전환 전략 구조조정, 혁신운동	WT 방어적 전략 사업의 축소, 폐지, 철수

SO	WO
• 보건지소 및 건강관리협회와 연계하여 보건소 홍보 및 건강증진사업 활성화 • 국민체육센터활용으로 종합 체력측정 및 운동 상담 등 전문적인 서비스 제공 • 보건지소 개소로 적극적인 만성질환 관리 • 건강생활지도자 이용으로 건강증진사업 활성화	• 사업담당자의 전문교육을 통한 사업의 전문성 • 집단 거주지 형성이 잘 되어 있어 건강증진사업에 대한 주민참여 홍보에 적극 노력 • 사업에 대한 팀내 상호협조체계 구축
ST	**WT**
• 보건소사업에 대한 적극적인 홍보로 주민들이 많이 참여할 수 있도록 노력 • 건강생활지도자의 적극적인 활용을 위해 지속적인 교육과 관리를 통해 인식 전환 • 민간의료 기관과의 긴밀한 협조체계	• 영역별 담당자들의 지속적인 교육과 훈련으로 사업별 전문가 양성 • 팀별 협조체계를 통해 사업에 대한 이해도 높임

FINAL TEST

01 기획의 원칙

(1) ( ) : 난해하거나 전문적인 용어나 술어는 피해야 한다.

(2) ( ) : 빈번한 수정으로 기획 자체가 방향을 잃어서는 안된다.

(3) ( ) : 융통성과 탄력성을 가지고 필요에 따라 수정될 수 있어야 한다.

(4) ( ) : 최소의 투입으로 최대의 목표를 달성할 수 있도록 작성되어야 한다.

02 기획의 특성

(1) 기획은 ( )지향적이다.

(2) 기획은 ( )지향적이고 의사결정을 포함한다.

(3) 기획은 변화지향적이고 ( )인 과정을 포함한다.

(4) 기획은 ( )적 특성을 갖는다.

03 기획의 과정을 쓰시오.

FINAL TEST 정답

01 (1) 단순성의 원칙 (2) 안전성의 원칙 (3) 신축성의 원칙 (4) 경제성의 원칙

02 (1) 미래 (2) 목표 (3) 동적 (4) 계층

03 전제조건의 사정 → 보건현황 분석 → 우선순위 설정과 각종 사업방법의 연구 → 계획서의 작성 → 사업수행 → 평가 및 재계획

04 Gulick의 7가지 관리과정

(1) 조직원의 채용과 훈련, 작업조건, 동기유발 등 제반활동
(2) 2명 이상이 공동의 목표달성을 위하여 노력하는 협동체를 조직하는 과정
(3) 재정계획, 회계, 재정통제의 형식에 의한 예산편성에 따르는 모든 것으로서, 최고경영자는 예산을 통해 조직을 통제하고 관리
(4) 업무수행과정에서 상관에게 업무보고를 하는 것으로 보고에 필요한 기록, 조사 등 포함
(5) 조직의 목표를 달성하는 데 있어서 조화된 기능을 발휘할 수 있도록 같은 성질의 업무를 모으고 동조되도록 하는 의식적인 행위
(6) 행동하기 전에 무엇을 어떻게 해야 하는지를 결정하는 과정
(7) 최고관리자의 계속적인 의사결정을 구체적인 형태로 명령, 지시하는 제반과정

05 교환이론

(1) (　　　　　) : 교환을 통해서 얻을 수 있는 것을 말한다.
(2) (　　　　　) : 시간, 노력, 돈 등을 말한다.
(3) (　　　　　) : 과거의 행동이 보상을 받게 되면 이전과 동일하거나 유사한 활동을 많이 하게 된다.
(4) (　　　　　) : 생각지도 않았던 벌을 받았을 때 인간은 분노한다.

06 체계이론

(1) (　　　　　) : 체계에 의해 사용되는 자유에너지로 일할 수 있는 에너지의 양이다.
(2) (　　　　　) : 시작상태에 관계없이 과정에 장애가 있어도 동일한 목표에 도달하는 것으로 개방체계의 한 특성이다.
(3) (　　　　　) : 부분들의 집합인 체계는 하나의 통일된 단일체로써 반응한다.
(4) 체계의 5가지 구성요소를 나열하시오.
(5) 체계는 (　　　　　)와 (　　　　　)의 영향을 받는다.

FINAL TEST 정답

04 (1) S(Staffing) (2) O(Organizing) (3) B(Budgeting) (4) R(Reporting) (5) Co(Coordination) (6) P(Planning) (7) D(Directing)

05 (1) 보상 (2) 대가 (3) 자극명제 (4) 욕구불만-공격명제

06 (1) 네겐트로피 (2) 균등종국 (3) 전체성 (4) 구성, 자원, 상호작용, 목표, 경계 (5) 하부체계, 환경

07 Roy의 적응이론

(1) 인간의 행동유발에 가장 큰 영향을 미치고 있는, 즉각적이며 직접적으로 직면하고 있는 사건이나 상황변화를 말한다.

(2) 현 상태와 관련되어 있지만 대부분 측정되기 어려운 신념, 태도, 성격 등을 말한다.

(3) 자극이 투입될 때 자율신경계 반응, 호르몬계 반응, 정신신체 반응 등을 통해 자율적으로 반응하는 하부체계 대처기전으로 생리적 적응양상과 관련된다.

(4) 사정단계의 내용을 나열하시오.

(5) 로이의 적응이론에 의한 간호사의 역할을 제시하시오.

08 Orem의 자가간호이론

(1) 자신의 건강을 회복, 유지, 증진시키기 위하여 각 개인이 나름대로 시도하고 실행되어져야 할 활동

(2) 자가간호역량이 자가간호요구를 충족시키지 못할 때 일어나는 현상

(3) 개인이 자가간호활동을 거의 수행하지 못하는 상황일 때 환자를 위해 모든 것을 해주는 경우

(4) 사정의 내용을 나열하시오.

09 Neuman의 건강관리체계이론

(1) 한 대상체계가 오랫동안 유지해 온 평형상태로서 외적인 자극에 대해 나타나는 정상적 반응의 범위를 말한다.

(2) 인간이 생존하기 위한 필수적인 구조이다.

(3) 1차적 예방활동을 고르시오. (자극원의 유입감소, 저항선의 강화, 기본구조의 재구성, 정상방어선의 강화)

(4) 대상자에게 내재된 5가지 변수를 나열하시오.

FINAL TEST 정답

07 (1) 초점자극 (2) 잔여자극 (3) 조절기전
(4) 1단계 : 생리적 기능, 자아개념, 역할기능, 상호의존
2단계 : 초점자극, 연관자극, 잔여자극
3단계 : 간호사는 대상자의 행동이 적응인지 부적응인지 판단할 것
(5) 적응촉진자

08 (1) 자가간호요구 (2) 자가간호결핍현상 (3) 전체적 보상체계
(4) 치료적인 자가간호요구를 사정한다. 환자의 자가간호역량을 파악한다.

09 (1) 정상방어선 (2) 기본구조 (3) 자극원의 유입감소, 정상방어선의 강화
(4) ① 생리적 변수, ② 심리적 변수, ③ 사회문화적 변수, ④ 발전적 변수, ⑤ 영적 변수

10 횡이론적 변화단계이론

(1) 인식 전 단계 : 앞으로 (　　)개월 이내에 행동변화의 의지가 없는 단계

(2) 준비단계의 전략에 대해 고르시오. (긍정적인 부분을 강화, 금연서약서 쓰기, 금연성과에 대한 보상, 협조자 만들기)

(3) (　　　　　　) : 문제의 심각성을 일깨워주는 교육과 홍보가 중요한 전략이 되는 단계

(4) 변화과정

① 계획단계에서 가장 많이 행하여지는 과정이다. 높은 수준의 의식과 관련된 정확한 정보를 찾는 과정으로 문제를 이해하려고 대상자가 하는 활동이다. 예 AIDS 위험감소와 관련된 정보를 찾는다.

② 문제행위의 결과에 대한 감정을 경험하고 느끼는 것으로 심리극, 우울감 해결, 역할극 등을 통해 얻을 수 있다.

③ 계획단계에서 준비단계로 이동할 때 사용하는 것으로, 자신의 가치관과 신념에 맞추어 자신의 행동을 평가한다.

④ 사회 내에서 생활방식에 대한 개인의 인식, 즉 금연표지를 보는 것, 공공장소에서 금연이라는 것을 인식하는 것이다.

⑤ 흡연이 환경에 미치는 영향을 재평가하는 것이다. 예 만약 사람들이 더 안전한 성행위를 한다면 세상이 더 좋아질 거라고 생각한다.

⑥ 타인과의 행동에 대한 지지관계를 형성하는 것으로 문제가 있을 때 도와주거나 들어주는 지지세력을 형성한다.

⑦ 환경 또는 경험을 재구축하여 문제자극이 덜 발생하도록 한다. 즉, 행동을 유발시키는 자극이나 상황을 조정하는 행동이다.

⑧ 준비와 행동단계에서 적절하다. 강화는 물질적 · 사회적 또는 자기 자신을 통하여 이루어질 수 있다.

⑨ 행동단계나 유지단계에서 바람직하다. 자극과 반응과의 연결을 끊어주는 것과 관련된 과정으로 문제행위를 보다 긍정적 행위나 경험으로 대치한다. 예 위험한 성행위 대신에 안전한 성행위를 한다.

⑩ 변화할 수 있다고 믿고 결심하는 것이다.

FINAL TEST 정답

10 (1) 6　(2) 금연서약서 쓰기　(3) 1단계

(4) ① Consciousness raising, 의식고양　② Dramatic relief, 극적 전환
③ Self - reevaluation, 자기재평가　④ Social - conditioning, 사회적 해방
⑤ Environmental reevaluation, 환경재평가　⑥ Helping relationship, 조력관계
⑦ Stimulus control, 자극통제　⑧ Reinforcement management, 강화관리
⑨ Counter-conditioning, 역조건형성　⑩ Self-liberation, 자기해방

11 SWOT 분석 : 각 전략의 특징을 쓰시오.

(1) SO전략

(2) ST전략

(3) WO전략

(4) WT전략

FINAL TEST 정답

11 (1) 공격적 전략, 시장점유율 확장전략
(2) 차별화 전략, 시장투입전략
(3) 방향전환전략, 약점극복전략
(4) 방어적 전략, 서비스표준화전략, 집중화 철수전략

CHAPTER 02 지역사회간호 관련 이론

기출문제

01 **다음은 고등학교 보건교사가 작성한 상담 일지이다. 뉴만(B. Neuman)이 제시한 '건강관리 체계이론(The Neuman Systems Model)'에 근거하여 〈작성 방법〉에 따라 순서대로 서술하시오.** [4점] 2020년

상담일지

이 름	박 O O	성별 / 연령	여 / 17세
상담 일시	O월 O일 O시	학년-반	2-5
주요 문제	비만		
상담 개요	● 가족 구조 및 기능 현황 – 아버지(58세), 어머니(56세)와 함께 살고 있음. – 아버지는 일용직 일을 하시고, 어머니는 8년 전 교통사고로 인해 하반신 마비 상태이셔서 학생이 집안 일을 도맡아 하고 있음. – ㉠ <u>경제적으로 매우 어려워 현재 기초생활수급자 신청을 한 상태임.</u> – 복지관의 반찬 배달서비스를 받고 있음. – 학생의 비만관리가 필요하지만 부모님의 지원을 받기에는 어려움이 많음. ● 학생 현황 – 비만 정도(BMI 32) – 아침식사는 거의 거르는 편이며, 점심은 학교급식을 먹고 있고, 저녁은 과자나 라면으로 끼니를 해결하고 있음. – 비만관리를 위해 필요한 운동을 전혀 하고 있지 않음. – ㉡ <u>수면시간이 부족하여 항상 피곤한 상태임.</u> – 현재 본인의 비만 정도에 대해서 심각성을 느끼지 못하며, 비만이 지속될 때 나타날 수 있는 건강문제를 인지하지 못하고 있음.		
건강관리 계획	● ㉢ <u>2차 예방활동</u> – 보건실에 한 달에 한 번씩은 방문하여 비만관리 상담을 받도록 함. – 영양교실과 운동교실에 주 2회 참여하게 함. – 비만 합병증 예방을 위한 교육을 받도록 함.		
… 하략 …			

〈 작성 방법 〉

- 밑줄 친 ㉠은 어떤 스트레스원에 해당하는지 제시할 것.
- 밑줄 친 ㉡은 어떤 방어선에 해당하는지 제시하고, 그 방어선의 개념을 서술할 것.
- 밑줄 친 ㉢은 어떤 방어선이 침범되었을 때 적용할 수 있는지 제시할 것.

|**정답**| ㉠ 체계 외 또는 외적 스트레스원
㉡ 유연방어선
㉢ 저항선

|**해설**| 1. **스트레스원**

① 체계 내 또는 내적 요인 : 개체 내에서 일어나는 힘(예 : 조건반사, 통증, 불안, 상실)

② 체계 간 또는 대인적 요인 : 한 사람 또는 그 이상의 개인들 사이에서 일어나는 자극요인 (예 역할기대)

③ 체계 외 또는 외적 요인 : 체계 외부에서 일어나는 힘(예 : 경제적 상황)

2. **유연방어선** : 환경과 상호작용하여 시시각각으로 변하는 역동적 구조로 외부자극이나 변화에 대하여 신속하게 축소되거나 확장되는 것으로 대처함으로써 스트레스원이 유연방어선을 거쳐 정상방어선까지 침범하지 못하도록 완충역할을 한다.

3. **간호중재**

① 1차 예방 : 대상체계가 스트레스원과 부딪칠 가능성을 경감시키거나 스트레스원에 대한 유연방어선을 강화시키는 것이다. 즉 자극원의 유입감소, 유연방어선 강화, 정상방어선의 보호 등이 해당된다.

② 2차 예방 : 신체의 적정기능에 영향을 미치거나 미칠 수 있는 위험요인과 악화된 상황을 감소시키거나 최소화한다. 즉 저항선의 강화, 조기발견 등이 해당된다.

③ 3차 예방 : 대상체계를 재구성시키고 안정성을 되찾게 한다. 즉, 기본구조의 재구성이 해당된다.

02 고등학교 보건교사가 흡연 학생들과 면담한 내용이다. 프로체스카(J. Prochaska) 등이 제시한 '변화단계모형(Transtheoretical Model)'에 근거하여 〈작성 방법〉에 따라 순서대로 서술하시오.

[4점] 2020년

보건교사 : 오늘은 여러분의 흡연 경험과 금연에 대한 생각을 나누는 시간입니다.
A 학생 : 저는 중학교 3학년 때부터 흡연하기 시작했는데, 최근에는 몸이 피곤하고 가래도 많이 생기는 것 같아서 ㉠ 한 달 안에 담배를 끊으려고 해요.
B 학생 : 저는 흡연을 시작하고 나서 친구들이 많이 생겼어요. 물론 담배를 사야 해서 용돈도 많이 들고, 가끔 반 친구들이 담배 냄새가 난다고 놀리기도 하지만 아직까지는 담배를 끊고 싶은 생각이 없어요.
보건교사 : 그렇군요. 흡연이나 금연 등의 행위는 ㉡ '의사결정 균형'을 통해 변화하게 됩니다.
A 학생 : 그런데 선생님!, 막상 담배를 끊으려고 결심은 했는데 구체적으로 어떤 노력을 해야 확실하게 담배를 끊을 수 있을까요?
보건교사 : 한 달 안에 담배를 끊겠다고 생각하고 있으니 함께 흡연하는 친한 친구들에게 ㉢ "이제부터 담배를 안 피울거야."라고 말하는 것이 금연 의지를 다지는 데 도움이 돼요.
A 학생 : 그럼 저는 며칠 내로 날을 정해서 친구들에게 금연 결심을 말할래요.
B 학생 : 아직까지 흡연 때문에 건강에 아무 문제는 없는데, 정말 담배 피는 사람은 나이 들면 폐암에 걸린다는 게 맞나요?
보건교사 : 좋은 질문이에요. 그 궁금증을 해소할 수 있는 방법을 알려 줄게요. ㉣ 폐암환자를 소재로 한 책을 빌려 줄테니 책에서 흡연의 유해성을 찾아보고, 흡연에 대한 생각을 이야기해보면 어떨까요?

… (하략) …

〈 작성 방법 〉

- 밑줄 친 ㉠에 해당하는 변화단계를 제시할 것.
- 밑줄 친 ㉡의 개념을 서술할 것.
- 밑줄 친 ㉢, ㉣에 해당하는 변화과정의 명칭을 각각 제시할 것.

| 정답 | ㉠ 3단계 준비단계
㉡ 개인이 인지하는 흡연에 따른 이득적 요소와 개인이 인지하는 흡연에 따른 손실적 요소 간의 의사결정을 저울질하는 단계
㉢ 자기해방
㉣ 의식고양

| 해설 | TTM 이론

1. 변화단계 중 3단계(준비단계, Preperation, Soon : 행동변화 기대치 설정, 지식 및 기술 함양)
   ① 앞으로 한 달 내에 행동변화의 의지를 가지고 있으며 적극적으로 행동변화를 계획하는 단

계로, 과거 1년간의 금연노력 실패도 포함될 수 있다. 행동변화 기대치를 설정하고, 지식 및 기술을 함양한다.

② "앞으로 한 달 이내에 금연할 것을 고려하고 있다."

2. 의사결정 균형
3. 변화과정 중 Self-liberation, 자기해방 : 변화할 수 있다고 믿고 결심하는 것이다.
4. 변화과정 중 Consciousness raising, 의식고양 : 계획단계에서 가장 많이 행하여지는 과정이다. 높은 수준의 의식과 관련된 정확한 정보를 찾는 과정으로 문제를 이해하려고 대상자가 하는 활동

03 다음은 보건교사와 수석교사의 대화이다. 〈작성 방법〉에 따라 순서대로 서술하시오.

[4점] 2018년

수석교사 : 보건교사로 임용된 첫 해인데 어려움은 없으신가요?

보건교사 : 로이(C. Roy)의 적응이론을 적용해서 새로운 학교의 보건사업을 기획하려고 하는데 궁금한 게 있습니다.

수석교사 : 궁금한 게 무엇인가요?

보건교사 : 로이의 적응이론에 따르면 인간은 스스로 환경의 변화를 효과적으로 조정하기 위해서 개인의 능력이 중요한데, 그 능력에 영향을 주는 자극으로 초점자극, <u>㉠ 연관자극</u>, 잔여자극을 제시하더라고요. 이중 저는 잔여자극이 잘 이해되지 않아서요.

수석교사 : 잔여자극은 인간행동에 간접적으로 영향을 줄 수 있는 요인으로 신념, 태도, 성격 등 개인의 특성을 의미해요.

보건교사 : 그래서 이러한 자극들이 조절기전과 (㉡)에 영향을 미치는 거군요.

수석교사 : 맞습니다. 이러한 두가지 기전의 활동으로 생리적 기능, <u>㉢ 자아개념</u>, 역할기능과 상호의존의 네가지 적응양상이 나타나고, 적응양상이 긍정적으로 반응할 때 적응 반응이라고 합니다.

〈 작성 방법 〉

- 밑줄 친 ㉠의 개념을 설명할 것
- 괄호 안의 ㉡에 해당하는 용어를 제시하고 개념을 설명할 것
- 밑줄 친 ㉢의 하위 구성요인 2가지를 제시할 것

|정답| ㉠ 연관자극 : 초점자극에 의해 유발되는 행동과 관련된 다른 모든 자극으로 행동유발과 관련된 내·외적 상황도 포함된다.

㉡ 인지기전 : 자극이 투입될 때 인지적 정보처리과정, 학습, 판단, 정서 등의 복잡한 과정을 통해 반응하는 하부체계 대처기전으로 주로 자아개념, 역할기능, 상호의존 적응양상과 주로 관련된다.

ⓒ 자아개념
- 신체적 자아 : 신체에 대한 주관적인 생각으로 감각과 신체상이 포함된다.
- 개인적 자아 : 자신의 성격, 기대, 가치에 대한 평가로서 자아일관성, 자아 이상기대, 도덕적 · 윤리적 자아로 구성된다.

|해설| 로이의 적응이론

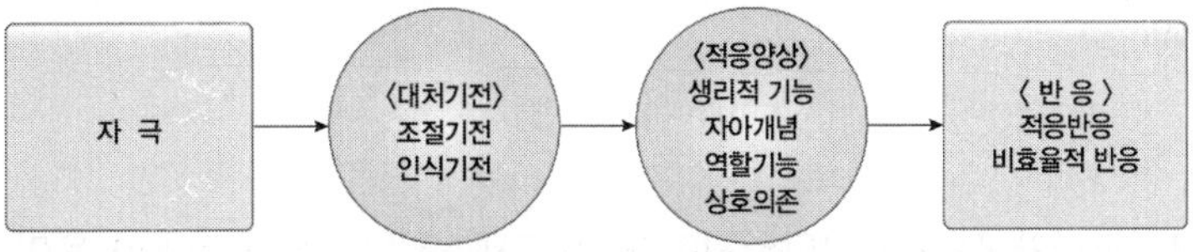

04 다음은 김OO 학생의 건강상담 카드이다. 〈작성 방법〉에 따라 서술하시오. [4점] 2017년

건강상담 카드

ㅇㅇ고등학교

날짜	2016년 00월 00일	학년-반	1-8	성별	여	성명	김OO
상담 내용	• 김OO 학생은 경도비만에서 정상체중이 된 지 7개월이 되었음 • 평상시에는 운동과 식이요법을 비교적 잘 지키고 있으나, 스트레스가 증가하면 자꾸 음식물을 과다 섭취하려고 하여 다시 비만이 될까 걱정하고 있음						
중재 방향	• '대체행동 형성/대응(counterconditioning)'이라는 변화과정을 이용하여 스트레스가 많은 상황에서 음식물을 과도하게 섭취하는 불건강한 습관 대신 근육 이완법을 통해 스트레스를 해소하는 건강한 습관을 형성하도록 할 예정임 … (하략) …						

〈 작성 방법 〉

- ◦ 범이론 모형(변화단계 모형)을 바탕으로 할 때, 김OO 학생은 어느 변화 단계인지 제시할 것
- ◦ 김OO 학생과 같은 변화의 단계에 있는 대상자들을 위해 일반적으로 이용가능한 변화의 과정 3가지를 기술하고 그 의미를 서술할 것(단, 대체행동 형성/대응은 제외할 것)

|모범답안|

1. 김OO 학생은 "유지단계" : 어느 단계에서나 마찬가지로 항상 실패라는 도전이 있을 수 있는 것처럼 이 단계에서도 예외는 아니다. 즉, 예전의 습관으로 돌아가지 않기 위해 계속 노력하는 단계이다.
2. 김OO 학생과 같은 대상자를 위해 일반적으로 이용가능한 변화의 과정 3가지와 그 의미
   ① 지지관계 : 문제행위를 변화시키려고 시도하는 동안 타인의 도움을 신뢰하고 인정하며 받아들여서 사용하려는 조력관계(치료적 관계 형성, 상담, 지지그룹)

② 보상관리 : 긍정적 행위 변화를 위해서는 보상을, 비건강 행위를 위해서는 징계를 제공(계약, 강화, 그룹인식 등)

③ 자극조절 : 문제를 유발하는 상황이나 원인을 통제, 조절하는 것으로 문제행위를 위한 실마리를 제거하거나 건강한 대안을 촉진하는 보상을 제공하는 자극관리(환경조정, 자기관리 그룹, 지지 등)

※ 대체행동 형성/대응 : 문제행위를 건강행위로 대치할 수 있음을 배우는 것(긍정적 자기주장, 완화요법 등)

05 **다음은 보건교사가 작성한 상담일지이다. 프로체스카(J. Prochaska) 등이 제시한 '범이론적 모형(transtheoretical model)'에 근거하여 밑줄 친 ㉠, ㉡에 해당하는 '변화과정'의 명칭과 개념을 각각 서술하시오.** [4점] 2016년

상담일지

학년 – 반	2-1	성명	김OO
성별	여	나이	17세
상담일	2015년 O월 O일 목요일		
주요 상담 문제	비만		
상담 개요	• 밤 늦게까지 TV를 보면서 라면과 피자를 먹는 습관이 있다. • ○○ 어머니는 딸의 비만에 대해 걱정을 하면서 야식을 못 먹게 하셨다고 함 • 운동을 하라고 권유도 받았지만 ○○는 전혀 귀 기울여 듣지 않았다고 함 • 보건교육 시간에 비만도를 계산한 결과 체질량 지수(BMI)가 중등도 비만에 해당하는 것을 알고 충격을 받음 • 비만의 심각성을 깨닫고 다이어트를 해야겠다고 결심함 • 구체적인 체중감량 방법에 대해 도움을 받고자 보건실을 방문함		
변화 과정	• ㉠ 활기 넘치게 운동하는 모습과 무기력하게 TV를 보면서 야식을 먹고 있는 모습을 비교함으로써 자신의 서로 다른 모습에 대해 인식하고 느끼도록 함 • ㉡ 체중을 줄일 수 있다는 믿음을 가지고 자신의 생일 날 부모님과 친한 친구들 앞에서 그 결심을 공개하도록 함		

| 모범답안 |

㉠ 자기재평가 : 계획단계에서 준비단계로 이동할 때 자신의 가치관과 신념에 따라 자신의 행동을 정서적, 인지적으로 재평가하는 과정으로, 자기 기준이나 이미지와 맞지 않는 행동을 수정하려는 동기를 스스로 부여하는 일이 일어나는 과정

㉡ 자기해방 : 변화하겠다고 결심하고 다른 사람에게 그 결심을 공개함으로써 의지를 더욱 강화시키고 확실한 책임을 갖도록 하는 과정

06 다음은 P군(남, 18세)과 보건교사의 대화내용이다. 프로체스카(J. Prochaska)의 '범이론적 모형(Transtheoretical model)'을 바탕으로 학생이 현재 처한 '변화단계'와 '변화과정'을 바르게 연결한 것은? [2.5점] 2013년

> 학생 : 담배를 끊으면 여러 가지로 좋겠다는 생각은 해봤어요. 담배를 피우니까 기침도 나고 가래도 자꾸 생겨서 건강이 나빠지는 것 같아서 담배를 끊으면 좋겠다고 생각했어요. 그런데, 제 주변에 친한 친구들이 대부분 담배를 피우고 있어서 담배를 끊으면 친구들과 서먹해질 것 같아서 망설여져요.
> 보건교사 : 네가 현재 단계에서 금연을 위한 행동을 하는 것이 필요하단다.

〈변화단계〉	〈변화과정〉
① 자각 전 단계(Precontemplation stage)	의식 고취(consciousness raising)
② 자각단계(Contemplation stage)	도움관계 형성(helping relationships)
③ 자각단계(Contemplation stage)	자기재평가(self-reevaluation)
④ 준비단계(Preparation stage)	의식 고취(consciousness raising)
⑤ 준비단계(Preparation stage)	극적 완화(dramatic relief)

|정답| ③

|해설| 1. 프로체스카의 범이론적 모형의 변화과정은 "자각 전 단계 – 자각단계 – 준비단계 – 실행단계 – 유지단계"이다. 자각단계는 문제를 인식하고 6개월 이내에 문제의 장단점과 해결책의 장단점을 고려하여 변화하고자 하는 의도를 갖고 있으나 구체적인 계획은 아직 없고 생각만 하고 있는 단계다.

2. 변화과정

(1) 경험적 묶음 : "의식형성, 극적 안도감, 환경재평가, 사회적 평가, 자기재평가 등"이다. 자기재평가는 자각단계에서 준비단계로 이동할 때 자신의 가치관과 신념에 따라 자신의 행동을 정서적, 인지적으로 재평가하는 과정으로, 자기기준이나 이미지와 맞지 않은 행동을 수정하려는 동기를 스스로 부여하는 일이 일어난다. 심상요법, 가치의 명료화, 교정감정의 경험 등이 포함된다.

(2) 행동적 과정 : 자극통제, 조력관계, 대체방법, 강화관리, 자기해방 등이다.

07 그림은 베티 뉴만(B. Neuman)의 건강관리체계 모델에서 대상자 체계를 나타낸 것이다. (가)~(라)에 대한 설명으로 옳지 않은 것은? [1.5점] 2013년

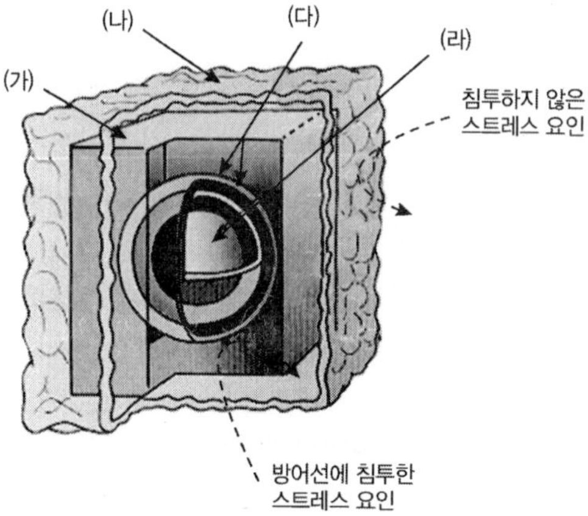

① (가)는 개인의 일상적인 대처 유형, 삶의 유형, 발달단계와 같은 행위적 요인과 변수들의 복합물이다.
② (나)에 자극을 주는 스트레스원에는 내적 요인, 대인적 요인, 외적 요인이 있다.
③ (나)는 한 대상체계가 오랫동안 유지해 온 평형상태로서, 어떤 외적인 자극이나 스트레스원에 대해 나타내는 정상적 반응의 범위를 말한다.
④ (다)가 스트레스원에 의해 함락되면 기본구조가 파괴되고, 이 상태를 방치하게 되면 결국은 사망에 이르게 된다.
⑤ (라)는 생존의 필수적인 구조이며, 건강관리 목표는 스트레스원이 이 구조까지 침범하지 않도록 방어선을 강화하는 것이다.

|정답| ③

|해설| (가) 정상방어선, (나) 유연방어선, (다) 저항선, (라) 기본구조

1. 정상방어선 : 대상자의 안녕상태 혹은 스트레스원에 대해 정상범위로 반응하는 상태. 한 체계가 오랫동안 유지해 온 평형상태로서 어떤 외부의 자극이나 스트레스원에 대해 나타내는 정상적 반응의 범위
2. 유연방어선 : 외적 변화에 방어할 잠재력을 가지고 환경과 상호작용하여 수시로 변화하는 역동적 구조. 외부자극이나 변화에 신속하게 축소되거나 확장되는 등 대처함으로써 스트레스원이 정상방어선을 침범하지 못하도록 완충적 역할. 유연방어선이 대상체계를 보호할 수 없을 때 정상방어선이 침투된다.
3. 저항선 : 대상체계가 생존요인, 스트레스원에 의해 기본구조가 침투되는 것을 보호하는 내적 요인들이다.
4. 기본구조 : 대상자의 생존요인, 유전적 특징, 강점과 약점이 모두 포함된 생존에 필요한 에너지 자원으로 생리적 · 심리적 · 사회문화적 · 발달적 · 영적 변수들이 역동적으로 구성되어 개인의 고유한 특성을 나타내며, 외부 스트레스원에 대한 방어선에 영향을 준다.

08 **베티 뉴만(Betty Neuman)의 건강관리 체계이론에 근거하여 지역사회를 사정하고자 한다. 이 이론의 핵심개념과 하위영역에 따라 사정내용이 옳게 연결된 것을 〈보기〉에서 고른 것은?** 2009년

〈 보 기 〉

ㄱ. 기본구조 - 생리적 특성 - 주민들의 인구 구조
ㄴ. 방어선 - 유연방어선 - 의료서비스의 질
ㄷ. 방어선 - 정상방어선 - 주민의 경제수준의 적절성
ㄹ. 스트레스원 - 체계 간 요인 - 물리적 환경

① ㄱ, ㄷ
② ㄴ, ㄹ
③ ㄱ, ㄴ, ㄷ
④ ㄹ
⑤ ㄱ, ㄴ, ㄷ, ㄹ

|정답| ③

|해설| ㄹ. 물리적 환경은 체계 내적 요인이다.

대상자 체계 안정성은 내부나 외부 환경요인에 의해서 영향을 받을 수 있는데, 뉴만은 이를 스트레스원이라고 설명했다. 스트레스원은 체계 내, 체계 간, 체계 외의 3가지로 분류된다.

1. 체계 내적 요인 - 통증, 상실, 분노, 동맥경화증, 고혈압 등
2. 체계 간 요인 - 역할기대, 가족에서의 대상자 역할, 간호제공자의 인식, 친구관계 등
3. 체계 외적 요인 - 관습의 변화, 경제생활, 실직, 지역사회 자원, 재정상태, 대상자 개인의 고용 등

09 **중학교에서 A형 간염환자가 발견되어 보건교사는 환자 간호 및 질병의 확산을 방지하기 위한 간호를 계획하려고 한다. 로이의 간호이론에 따라 자극의 유형과 적응 모드(양상)를 확인하고자 할 경우, 다음 각 항목에 해당되는 것이 무엇인지 쓰시오.** 2008년

항목	자극 유형 또는 적응 모드
A형 간염에의 이환	
학생들의 손 씻기 습관	
급식실 및 급수 환경	
감염 학생이 피로와 오심을 호소함	
감염 학생이 친구들로부터 따돌림을 당해 외로움을 경험함	
감염 학생이 황달로 인해 신체적 손상을 경험함	

|정답|

자극 유형	초점자극
자극 유형	잔여자극
자극 유형	관련자극
적응 모드	생리적 양상
적응 모드	상호의존 양상
적응 모드	자아개념 양상

10 **청소년의 흡연행위를 변화시키기 위해서는 금연의 단계적 변화에 대한 이해가 필요하다. 프로체스카의 횡이론적 변화단계이론에 근거하여 단계의 순서대로 금연의 5단계와 그에 대한 정의를 쓰시오.** 2007년

|정답| 1. 1단계(인식 전 단계, 계획 전 단계, Precontemplation, Never : 교육, 홍보)
앞으로 6개월 이내에 행동변화의 의지가 없는 상태이다.
2. 2단계(인식단계, 계획단계, Contemplation, Someday)
앞으로 6개월 이내에 행동변화의 의지가 있는 단계로 상당기간 이러한 상태에 머물러 있을 수 있다.
3. 3단계(준비단계, Preperation, Soon : 행동변화 기대치 설정, 지식 및 기술 함양)
앞으로 한 달 내에 행동변화의 의지를 가지고 있으며 적극적으로 행동변화를 계획하는 단계로, 과거 1년간의 금연노력 실패도 포함될 수 있다. 행동변화 기대치를 설정하고, 지식 및 기술을 함양한다.
4. 4단계(행동단계, Action, Now : 건강행동 실천기회)
지난 6개월 내의 자신의 생활양식에 수정을 한 경우로 실행에 옮기는 단계이다.
5. 5단계(유지단계, Maintenance, Forever)
새로운 습관이 6개월 이상 지속되는 단계이다.

11 **보건교사가 오렘의 자가간호이론에 근거하여 간호활동을 제공하려고 한다. 다음에 제시된 간호문제가 자가간호 필수요구 유형 중에서 무엇에 해당되는지를 각각 쓰고, 자가간호결핍이 발생하는 이유를 오렘이 제시한 2가지 개념을 이용하여 2줄 이내로 쓰시오.**

2007년

〈자가간호결핍 발생 이유〉

간호문제	자가간호 필수 요구 유형
① 골절부위의 심한 출혈로 인한 의식장애	
② 운동 후 발한에 따른 일시적 갈증	
③ 초경에 대한 지식부족과 관련된 부적절한 대처	

|정답| 1.

간호문제	자가간호 필수 요구 유형
① 골절부위의 심한 출혈로 인한 의식장애	건강이탈시의 자가간호 요구
② 운동 후 발한에 따른 일시적 갈증	일반적 자가간호 요구
③ 초경에 대한 지식부족과 관련된 부적절한 대처	발달적 자가간호 요구

2. 자가간호결핍 발생이유 : 대상자 개인의 자가간호역량과 자가간호 요구 간의 관계를 나타낸 것으로 자가간호 요구가 자가간호역량보다 클 때 나타나는 현상이다.

CHAPTER

03 일차보건의료와 건강증진

01 일차보건의료

1 일차보건의료의 역사 및 대두배경

1. 역사 및 철학

(1) 1978년 9월 12일 구소련의 알마아타 국제회의 '2000년까지 세계 모든 인류에게 건강(Health for all by the year 2000)을'이라는 보건정책을 채택하였다(알마아타 선언문 채택).

(2) 건강증진을 위해서는 현대의학적인 접근보다 사회접근법이 필요하게 되었으며, 건강과 건강관리를 목표로 한다면 자기 스스로가 관심을 가지고 적극적으로 노력해야 한다는 개념이 팽배해지기 시작하였다.

(3) 전 세계의 인구가 보건의료에 대해 평등해야 하고, 국민은 건강할 기본권리를 가지며, 국가는 국민의 건강을 보장하기 위한 책임을 져야 한다. 즉, 건강은 기본권이고(Human Right), 국가가 국민의 건강에 책임을 져야 하며(Health Right), 인구가 보건의료에 대해 평등해야 한다.

2. 대두배경

(1) 많은 인구가 적절한 의료혜택을 받지 못하고 있다.

(2) 의료생산비용 증가로 인한 의료비용의 상승으로 인한 건강소비자의 비용부담 증가

(3) 보건의료서비스의 지역적 편중

(4) 사회변화와 더불어 정치, 경제, 문화적인 요인으로부터의 건강 위해요인의 다양화

(5) 질병예방, 건강증진의 필요성이 강조됨으로써 일차보건의료의 중요성이 대두됨

> 일차보건의료는
> ① 국가의 핵심보건사업조직과 그 지역사회의 전반적인 사회, 경제개발의 구성요소가 된다.
> ② 대부분의 건강문제는 일차보건의료로써 해결 가능하며 질병발생 이전에 예방관리하는 것은 질병이 발생한 후 치료하는 것보다 효율적이고 경제적인 방법이 될 수 있다.

2 일차보건의료의 개념과 접근원칙

1. 일차보건의료의 개념

(1) 실제적이고 과학적으로 건전하며 사회적으로 수용가능한 방법과 기술에 근거하여

(2) 지역사회가 받아들일 수 있는 방법으로

(3) 지역주민들의 적극적인 참여하에

(4) 그들의 지불능력에 맞게

(5) 주민과 가장 가까운 위치에서 지속적으로 실시되는 필수적인 건강관리사업이다.

2. 일차보건의료의 접근원칙 8가지

(1) **포괄성** : 모든 사람에게 필요한 의료서비스이어야 한다.

(2) **수용성**

① 모든 주민이 쉽게 받아들일 수 있는 방법으로
② 주민의 지불능력에 맞는 보건의료수가로 사업이 제공되어야 한다.

(3) **근접성** : 근접한 거리에서 사업이 제공되어야 한다.

(4) **균등성(평등성)** : 어떤 여건에서도 똑같이 제공되어야 한다.

(5) **지속성** : 지속적인 서비스가 제공되어야 한다.

(6) **유용성** : 주민들이 쉽게 이용할 수 있고 유용한 것이어야 한다.

(7) **상호협조성** : 사회 여러 분야와의 협조체계를 유지해야 한다.

(8) **주민참여** : 지역사회의 적극적인 참여와 지역주민과 서비스제공자와의 동반자적 관계 형성이 필요하다.

CHECK Point WHO에서 제시한 일차보건의료의 접근법 필수요소 4A

1. 접근성(Accessible) : 지역주민이 원할 때는 언제나 서비스 제공이 가능해야 한다.
2. 주민참여(Available) : 지역사회의 적극적인 참여를 통해서 이루어져야 한다.
3. 수용가능성(Acceptable) : 지역사회가 쉽게 받아들일 수 있는 방법으로 제공되어야 한다.
4. 지불부담능력(Affordable) : 지역사회 구성원의 지불능력에 맞는 보건의료수가로 제공되어야 한다.

3 일차보건의료사업의 내용(WHO) : 필수요소 9가지

1. 현존 건강문제의 예방과 관리에 대한 보건교육
2. 가족계획을 포함한 모자보건
3. 식량 공급 및 영양
4. 음료수 공급 및 위생
5. 풍토병 예방 및 관리
6. 그 지역의 주된 감염병의 예방접종
7. 통상질환과 상해의 적절한 관리
8. 정신보건 증진
9. 기초약품 제공

4 지역사회간호와 일차보건의료

1. 지역사회간호에 일차보건의료를 도입하게 된 이유

(1) 간호사는 주민이 원하는 기본 보건의료 욕구를 충족시킬 수 있는 지식과 기술을 갖춘 준비된 인력이다.

(2) 지역사회간호의 개념과 일차보건의료의 개념의 일치성

① 지역사회간호의 목적 : 대상자가 스스로 건강관리능력을 향상시켜 적정기능수준의 건강을 유지할 수 있도록 간호제공과 보건교육서비스를 제공하는 것

② 일차보건의료의 목적 : 주민 스스로의 자발적인 참여하에 건강을 관리할 수 있도록 교육과 서비스를 제공하는 것

2. 일차보건의료의 발전영역

(1) 지역사회주민에게 빈번히 발생되는 건강문제를 기본적으로 해결할 수 있는 내용

통상질환관리, 정신보건, 기본의약품의 제공, 가족계획, 모자보건, 보건교육, 보건영양, 안전한 음료수 공급

(2) 지역사회간호를 통한 일차보건의료의 실천

보건진료소를 비롯한 보건소, 산업장, 학교, 가정간호사업 외에 추후 개발가능한 복지간호분야 등 다양하다.

(3) 단, 쉽게 이용가능하고, 대상자가 받아들일 수 있는 방법으로 그들의 적극적인 참여하에 비용지불능력에 맞는 의료수가로 이루어져야 한다는 기본개념을 지켜야 할 것이다.

5 일차보건의료와 학교보건

1. 일차보건의료와 학교보건의 개요

(1) 학교에서의 일차보건의료사업은 건강문제가 있을 때 보건의료체계에 들어오는 첫 관문인 보건실에서 대상자의 건강을 돌보는 사업이다.

(2) 보건실과 보건교사를 중심으로 학생과 교직원이 건강하고 안전하게 생활할 수 있도록 하며, 그들의 질병을 예방하고 건강을 유지 · 증진하여 학교교육의 능률화를 궁극적인 목적으로 하는 학교보건을 담당하는 한 분야이다.

(3) 건강에 관한 지식을 배우고 건강한 행동습관을 형성하여 건강한 생활을 수행할 수 있는 능력을 연마함으로써 일생 동안 건강하게 살 수 있는 토대를 마련해준다.

2. 학교보건사업과 일차보건의료의 관련성

(1) 학생의 건강문제라고 해서 모두가 학교보건을 통하여 해결하는 것은 아니나 학교에서 발생하는 기본적인 건강문제는 학교보건을 통하여 해결될 수 있다. 이와 같이 학교보건문제는 일차보건의료의 문제라고 할 수 있고, 따라서 일차보건의료의 관점에서 접근하는 것이 효율적이다.

(2) 학교에서 이루어지는 보건사업인 건강관리, 보건교육, 환경위생관리, 지역사회연계사업은 일차보건의료가 제시하고 있는 기본 사업내용을 전체적으로 포괄하여 제공하고 있으며, 학교인구의 건강을 구현하기 위해 4가지 접근방법으로 제공되고 있다.

① 즉, 학생과 교직원의 요구에 맞게,
② 그들이 받아들일 수 있는 방법으로,
③ 그들의 적극적인 참여하에
④ 무료로 제공받을 수 있다.

3. 학교보건에 있어 일차보건의료사업의 의의

(1) 학교에서의 보건실 활동을 통하여 학생과 교직원의 의료에 관한 평등권, 건강권, 기본권을 보장하여 건강을 구현하는 데 그 의의를 두고 있다.

(2) 학교보건을 통한 일차보건의료가 바람직하게 제공된다면 어려서부터 질병을 예방하고 자신의 건강을 스스로 관리할 수 있는 능력이 개발되어 국민의 건강권을 보장하는 토대가 마련되며, 국민의 건강기반이 확립될 것이다.

02 건강증진

1 건강증진 개념

1. 건강증진이란 "건강을 더 나은 상태로 향상시키는 것"으로 인간이 누릴 수 있는 최적의 건강상태를 유지하도록 도와주는 것이며, 최적의 건강이란 육체, 정서, 사회, 영적, 지적 건강의 균형상태를 의미한다. 건강증진은 건강회복, 질병예방, 건강유지와 함께 보건의료사업의 4대 목적 중 하나이다.

2. 건강증진과 유사한 개념

(1) 건강보호

사람들이 환경의 위해요인에 대한 접촉기회와 건강에 해로운 행동을 줄이도록 할 뿐만 아니라 건강한 환경 속에서 살 기회를 확대하고 적극적인 건강증진을 위한 생활양식을 갖도록 생활환경을 조성하는 것

(2) 질병예방

불건강의 위험요인을 조기에 발견 · 관리하여 질병발생 및 악화를 예방하기 위한 예방의학적인 사업활동 예 건강검진, 상담 · 지도, 예방접종

(3) 조기진단과 치료

진찰, 검사, 투약 등의 진료활동

(4) 건강증진

보건교육적 수단, 건강보호적 수단, 예방의학적 수단 등을 통하여 건강잠재력을 기르고, 불건강의 위험요인을 감소시킴으로써 건강을 유지 · 증진하려는 적극적인 건강향상책이다.

3. 건강증진사업의 필요성

(1) 인구의 노령화 및 만성질환의 증가

(2) 의료비를 포함한 사회적 부담의 증가

(3) 개인생활습관의 중요성

2 건강증진 발달과정

1. 국제 건강증진 발달과정

(1) 제1차 국제건강증진회의

① 1986년 11월 캐나다의 오타와에서 개최, 오타와 헌장 채택

② 세계 인구의 건강을 증진시키기 위해서는 과거 특정질병의 예방과 같은 소극적인 접근방식 대신 전체인구의 보다 나은 건강향유를 위한 생활양식 전체의 바람직한 변화 유도방안으로써 보건교육의 필요성이 논의되었다.

③ 건강증진의 개념을 명확히 하고, 건강증진을 위한 5가지 기본활동영역을 수립

㉠ 건강에 이로운 공공정책 수립

㉡ 건강지향적 환경조성 : 안전하고 동기조성적이며, 만족과 즐거움을 가질 수 있는 직장환경과 생활환경을 조성해야 건강증진이 가능하다. 또한 자연보호, 자연자원의 보존 및 환경조성은 건강증진전략에서 반드시 강조되어야 할 영역이다. 건강에 더 좋은 선택을 하는 것이 더 쉬운 선택이 되도록 지지적인 자연적 · 물리적 환경과 사회적 · 경제적 · 문화적 환경을 구축해야 한다.

㉢ 지역사회활동 강화 : 건강증진사업의 목적을 달성하기 위해서는 우선순위와 활동범위를 결정하고, 전략적 계획과 실천방법을 모색하는 데 있어서 구체적이고 효과적인 지역사회활동을 통해서 수행되어야 한다.

㉣ 개개인의 기술개발

㉤ 보건의료사업의 방향 재설정

ⓐ 이용자의 필요와 요구에 알맞은 서비스의 개발

ⓑ 전문인력의 훈련과정에 건강증진에 대한 교육의 포함

ⓒ 건강과 다른 분야와의 대화통로를 여는 것

오타와 헌장의 건강증진 활동영역별 활동의 예

건강한 공공정책 확립	• 흡연 없는 작업장 정책 • 자전거 헬멧 착용의 의무화법 • 식품성분표시제 • 음주운전금지법 • 환경보호 및 규제법
건강지향적 환경조성	• 자전거도로 구축 • 안전한 물 공급 • 흡연을 용인하지 않는 사회분위기 조성 • 걷고 싶은 거리 만들기

지역사회 활동 강화	• 동네 환경보호그룹 • 금주자 모임 • 유방암환자 자조그룹 • 젊은 엄마 자조그룹
개개인의 기술개발	• 학교에서의 성교육 • 당뇨병관리교육 • 남성노인을 위한 조리교실 • 스트레스관리 프로그램
건강서비스의 개편	• 직업병에 이환된 근로자의 작업환경에 관심을 가짐 • 여성근로자의 모유수유 저해 요인에 대한 의료진의 관심

(2) 제2차 국제건강증진회의

① 1988년 4월 호주의 아델라이드 시에서 개최

② 모든 국가가 건강증진을 위한 세계적 운동에 같이 동참할 것을 촉구하면서 5개의 기본활동영역 중 특히 건강증진을 위한 정부정책의 중요성을 강조

③ 경제사회정책과 건강정책의 연계, 정부와 민간 그리고 지역사회 여러 집단들의 연합을 통한 건강한 공공정책 확립을 건강증진의 수단으로 강조

(3) WHO주최 개발도상국가를 위한 실무회의

① 1989년 10월 스위스의 제네바에서 개최

② 개발도상국의 건강증진문제 토의

(4) 제3차 국제건강증진회의

① 1991년 6월 스웨덴의 선즈볼에서 개최

② 5개의 기본활동영역 중 건강지향적 환경조성의 중요성을 강조

(5) 제4차 국제건강증진회의

① 1997년 인도네시아의 자카르타에서 개최

② 건강증진은 가치 있는 투자라는 전제하에 건강증진을 위한 우선순위로 건강을 위한 사회적 책임 향상, 건강개발을 위한 투자 증대, 건강을 위한 동반관계 구축 및 확대, 지역사회의 능력증대 및 개인역량의 강화, 건강증진을 위한 인프라 구축을 제시

(6) 제5차 국제건강증진회의

① 2000년 6월 멕시코에서 개최

② 건강을 위한 사회적 책임감의 증진, 건강증진 및 개발을 위한 투자의 증대, 지역사회의 역량과 개인의 능력 향상, 건강증진을 위한 과학적 근거의 강화, 보건조직과 서비스의 재구성 등 건강증진의 주요전략 제시

(7) 제6차 국제건강증진회의

① 2005년 태국 방콕에서 개최

② **회의 주제** : 실천을 위한 정책과 파트너십, 급속히 변화하는 세계화 속에서 새로이 직면하게 되는 건강결정요인과 여기에 대처하기 위한 새로운 건강과제를 파악하였다. 즉, '건강결정요소'가 회의의 주요 주제였다.

③ 이 회의를 통해 지속가능하고 통합된 건강증진을 위한 틀과 전략을 개발, 건강증진정책 개발 및 파트너십 구축을 위한 모형과 방법, 건강의 사회적 · 경제적 · 환경적 결정요인 관리에 대한 성공경험, 그리고 전 세계적 건강증진을 위한 모니터링, 보고 및 능력개발 등에 대해 논의되었다.

④ **모든 사람이 건강하기 위해 지켜야 할 책임**

㉠ 건강증진을 세계 개발 의제의 중심이 되게 한다.

㉡ 건강증진을 각급 수준의 정부 책임의 핵심이 되게 한다.

㉢ 건강증진을 지역사회와 시민사회의 중요한 핵심이 되게 한다.

㉣ 건강증진이 기업실무에 대해서도 하나의 필요요건이 되게 한다.

(8) 제7차 국제건강증진회의

① 2009년 케냐 나이로비에서 개최

② **나이로비 행동강령을 채택 선언** : '건강증진 수행역량 격차해소'를 통한 건강증진과 개발

③ 최근 지구 온난화와 기후변화가 인간생활에 해를 끼치고 있다고 지적하면서, 국내 또는 국가 간의 일차보건의료의 재개를 통한 건강증진이 건강증진 수행역량의 격차를 해소하는 데 필수적이고 효과적인 접근이 된다고 제시하였다.

④ 수행역량 격차를 해소하기 위한 전략으로 지역사회 역량 강화, 건강지식 및 건강행동, 보건체계의 강화, 파트너십과 부문 간 활동, 건강증진을 위한 역량 강화 등을 제시하였다.

(9) 제8차 국제건강증진회의

① 2013년 핀란드의 헬싱키에서 개최

② **주요 의제** : 국가 수준에서 건강을 위한 다부문적 활동과 모든 정책에서의 건강 접근방법의 시행을 강조하였다.

③ **주요 전략**

㉠ 건강체계의 지속 가능성

㉡ 건강의 사회적 요소들에 관한 권고사항의 실시

㉢ 비감염성 질병들의 예방과 관리

㉣ UN 새천년 개발목표(MDGS)에 대한 검토

⑽ 제9차 상하이 회의(2016년 12월)

'UN의 2030년까지 세계의 지속 가능성을 위한 과제에서 건강증진의 역할 선언'을 채택하고 건강과 웰빙이 지속가능성의 필수요건이며, 'Sustainable Development Goals'의 실행을 통해 건강을 증진해야 한다는 점, 좋은 협치를 위한 조직이 건강에 필수적이라는 점 등을 확인하고 선언문을 채택하였다. 병행하여 진행된 건강도시 관련 시장회의에서는 '건강과 웰빙을 위해 일하는 도시가 지속가능한 도시'라고 정의하고 건강을 위한 거버넌스를 구축하고 건강도시 프로그램을 실현한다고 결의하였다. 건강도시 실현의 10가지 우선순위는

① 교육, 주거, 고용, 안전 등 주민에게 기본적인 욕구를 충족하는 것
② 대기, 수질, 토양오염을 저감하고 기후변화에 대응하는 것
③ 어린이에게 투자하는 것
④ 여성과 청소년 여학생에게 안전한 환경을 조성하는 것
⑤ 도시의 가난한 사람, 이민자, 체류자 등의 건강과 삶의 질을 높이는 것
⑥ 여러 가지 형태의 차별을 없애는 것
⑦ 감염병으로부터 안전한 도시를 만드는 것
⑧ 도시의 지속가능한 발전을 위해 디자인하는 것
⑨ 안전한 식품과 건강식품을 제공하는 것
⑩ 금연환경을 조성하는 것

2. 국내 건강증진 발달과정

(1) 1983년 : 국민건강 조사

(2) 1989년 : 보건의식행태 조사

(3) 1995년 : 「국민건강증진법」, 「지역보건법」 제정

(4) 1998~2001년 : 건강증진 거점 보건소를 중심으로 한 건강증진시범사업 실시

3 건강증진의 목표

1. 개인의 건강생활 실천능력 제고, 법 · 제도 · 공공정책 등의 체계를 건강친화적으로 구축

2. 비용 효과적이며 지속가능한 방법으로 자기건강 관리능력의 향상

3. 개인, 지역사회가 가지고 있는 건강잠재력을 최대한 이끌어 내도록 역량 강화

4. 수명의 연장, 국가의 경제적 · 사회적 부담의 경감

4 건강증진 원칙과 주요 영역

1. 건강증진의 3대 원칙

(1) 옹호

건강한 보건정책을 수립하도록 강력히 촉구하는 것

(2) 역량강화

본인과 가족의 건강을 유지할 수 있게 하는 것을 그들의 권리로써 인정하며, 이들이 스스로의 건강관리에 적극 참여하며 자신들의 행동에 책임을 느끼게 하는 것

(3) 연합

모든 사람들이 건강을 위한 발전을 계속하도록 건강에 영향을 미치는 경제, 언론, 학교 등 모든 관련분야 전문가들이 협조하는 것

2. 건강증진의 3가지 특성

(1) 질병이나 특정 건강문제 중심이 아니다.

(2) 질병예방은 소극적인 회피성 행위인 데 비해, 건강증진은 적극적인 접근성 행위이다.

(3) 건강증진은 건강을 향하는 긍정적이고 역동적인 과정이다.

3. WHO의 건강증진의 원칙(1986년 캐나다 오타와 회의)

(1) 건강증진은 특정 건강질병을 갖고 있는 사람들만을 대상으로 하기보다는 전체 지역주민들의 일상생활에 관한 전반적인 것을 통합한다.

(2) 건강증진은 건강문제의 원인이나 결정요인에 초점을 둔 활동이다.

(3) 건강증진은 건강유해요인들을 감소시키기 위한 의사소통, 교육, 의뢰활동, 경제적 방법, 조직변화, 지역사회개발, 지역의 활동 등의 다양한 활동 등을 포함한다.

(4) 건강증진은 효과적이고 확실한 지역주민의 참여를 목표로 한다. 1차 보건보다 더 적극적이다.

(5) 건강증진의 활성화에 가장 중점적인 역할을 하는 사람은 의료인력보다는 1차 건강관리자이다.

CHECK Point WHO의 학교건강증진의 원칙(1995년 중국 상하이 학교건강증진 워크샵)

1. 학교건강증진은 학생 중 특정질병을 가진 학생만을 대상으로 하는 것이 아니고 전체 학생들의 일상생활에 관한 전반적인 내용을 포함한다.
2. 학교건강증진은 학생들의 건강문제의 원인이나 결정요인에 초점을 둔 활동이다.
3. 학교건강증진은 학생들의 건강유해요인들을 감소시키기 위한 의사소통, 교육, 학교활동, 경제적 도움, 학교조직의 변화, 그리고 학교 개발 등의 다양한 활동들을 포함한다.
4. 학교건강증진은 효과적이고 확실한 학생들의 참여를 목표로 한다.
5. 학교건강증진의 활성화에 가장 중점적인 역할을 하는 사람은 학교의사보다는 1차 건강관리자인 보건교사이다.

4. 건강증진 접근의 3가지 주요 영역(범주)

(1) 질병예방

① **1차예방 단계** : 위험요인 감소를 통한 질병과정의 첫 번째 발생을 예방하는 것이다.

② **2차예방 단계** : 초기진단과 중재를 통해 병리학적 질병과정의 진행이나 원치 않는 상태의 진행을 예방하는 것이다.

③ **3차예방 단계** : 신체결함이나 능력저하를 피할 수 없고, 쉽게 질병으로부터 회복될 수 없을 때 일어난다. 재활측면을 강조하여 능력이 저하된 개인이 적정기능수준을 유지하도록 하는 것이다.

(2) 건강보호

건강보호는 적극적 건강과 불건강 예방에 목표를 둔 법적 · 재정적 통제, 법률이나 제반 정책, 기타 임의계약으로 정의내릴 수 있다.

① **법적 통제** : 법적 관심이 포함된다(예 안전띠 착용, 술과 담배의 판매, 음주운전단속 등).

② **재정적 통제** : 승용차에 대한 무연휘발유 사용을 권장하여 무연차량을 제작시 세금에 차등을 둔다거나 담배나 술 등 건강문제와 관련 세금을 통해 규제하는 것이 포함된다.

③ **기타 규제 및 통제** : 많은 고용주들과 보험단체 등과 같은 기관에서 실시하고 있는 금연정책이다.

(3) 보건교육

개인과 집단의 신념, 태도, 행위에 영향을 줌으로써 건강을 적극적으로 강화하고 불건강을 예방하거나 감소시키는 것을 목표로 하는 의사소통행위이다.

CHECK Point 건강증진과 보건교육

1. 건강증진과 보건교육의 관계

건강증진이란 사람들이 그들의 건강을 개선하고 통제할 수 있는 능력을 높여주는 과정이므로, 이러한 개인 스스로의 긍정적이고 적극적인 태도와 능력향상을 위해서는 보건교육이 가장 적절한 수단으로 활용될 수 있다.

2. 건강증진 실시에 있어 보건교육의 필요성

(1) 보건교육은 사람들에게 필요한 정보를 제공하고 외부적 힘에 의해서보다는 그들 자신을 유의하게 통제할 수 있도록 건강한 자존심을 기르고, 기술을 개발하도록 사람들을 돕는다.
(2) 보건교육을 통해 좋은 예방서비스를 공급하고 건강보호를 통한 환경제공을 하여 개인의 건강권 관리에 기여를 한다. 다시 말해 건강증진의 주요원리는 건강관리에 있으며, 보건교육이 이에 기여할 수 있는 수단이 된다.
(3) 질병양상의 변화와 의학기술의 한계에 따른 보건교육의 상대적 가치를 증대한다.
(4) 질병치료에 드는 엄청난 의료비가 절감된다.
(5) 개인의 건강은 집단건강의 기초가 되고 나아가 건강한 국가를 이룩하는 데 초석이 된다.
(6) 지역주민들이 스스로 건강을 지키려고 하는 소비자 운동으로서의 보건교육 강화가 촉진된다.

3. 건강증진을 위한 보건교육의 목적

(1) 모든 사람들이 건강 및 건강증진에 관한 기본지식을 갖게 한다.
(2) 모든 사람들로 하여금 건강하고 싶다는 태도를 가지도록 한다.
(3) 사람들이 건강증진을 현실화할 수 있는 방법을 알 수 있게 한다.
(4) 모든 사람들이 자신들의 건강을 증진 · 유지하기 위하여 개인적으로 또는 집단적으로 행할 수 있는 것들을 실천하게 한다.
(5) 누구나 건강과 관련하여 도움이 필요할 때 올바르게 도움을 구할 수 있는 능력을 가지게 한다.

4. 건강증진시대의 보건교육의 역할(WHO)

(1) 보건교육은 일차보건의료의 원리와 만인의 건강을 보장하기 위한 전략과 조화되는 새로운 정책을 개발하여야 한다.
(2) 보건교육은 사회적 제 목표를 달성 가능하도록 그에 맞는 기술을 가진 인간자원의 개발을 촉진해야 한다.
(3) 보건교육은 개인 및 지역사회 참여와 자립을 증진시키는 데 가장 적절한 교육적 기술을 반영하여야 한다.
(4) 보건교육은 타 부문과 협력적 접근방법을 강화하여야 하고, 적절한 기술을 통하여 보건교육의 전략을 다른 분야와 조정한다.
(5) 보건교육은 모니터링과 평가에 지금보다 더 많은 주의를 기울여야 한다.

5. 건강증진을 위한 보건교육의 접근방법

(1) 질병중심에서 건강중심으로 변화되어야 한다.
(2) 지원하는 보건교육이 되어야 한다.
(3) 일반인을 주체로 하여야 한다.

5. 건강도시

(1) WHO(2004)에 의하면 건강도시란 도시의 물리적 · 사회적 환경을 개선하고 지역사회의 모든 구성원이 상호 협력하여 시민의 건강과 삶의 질을 향상시키기 위해 지속적으로 노력해 가는 도시를 의미한다.

(2) 목적

도시의 건강과 환경을 개선하여 도시 주민의 건강을 향상시키기 위함이고, 이는 지방자치단체의 지역사회의 창의성을 발휘하여 '모든 인류에게 건강을'이라는 목적을 달성하려는 데 있다.

(3) 역사

① 1984년 캐나다 '건강의료를 넘어' 회의
② **1987년 건강도시 출범** : 캘리포니아 건강도시 프로젝트의 시작
③ **1988년 건강도시 아테네 선언** : 영국 벨파스트 시를 비롯하여 유럽의 125개 도시들이 동참

✚ 우리나라 건강도시 역사

1. **창원시** : 2004년 6월 최초로 WHO 서태평양지역 건강도시연맹에 창립회원도시로 가입
2. **원주시** : 2008년 일본에서 개최된 제3회 WHO 건강도시 연맹 총회에서 WHO 최우수상을 수상

(4) 건강도시의 조건

① 깨끗하고 안전하며, 질 높은 도시의 물리적 환경
② 안정되고, 장기적으로 지속 가능한 생태계
③ 계층 간, 부문 간 강한 상호지원체계와 착취하지 않는 지역사회
④ 개개인의 삶, 건강 및 복지에 영향을 미치는 문제에 대한 시민의 높은 참여와 통제
⑤ 모든 시민을 위한 기본적 요구(음식, 물, 주거, 소득, 안전, 직장) 등의 충족
⑥ 시민들 간의 다양한 만남, 상호작용 및 의사소통을 가능하게 하는 기회와 자원에 대한 접근성
⑦ 다양하고 활기 넘치며, 혁신적인 도시경제
⑧ 역사, 문화 및 생물학적 유산 혹은 지역사회 내 모임들과 개인과의 연계를 도모
⑨ 모든 시민에 대한 적절한 공중보건 및 치료서비스의 최적화
⑩ 높은 수준의 건강과 낮은 수준의 질병발생
⑪ 이상의 요건들이 서로 양립할 뿐만 아니라 더불어 이 요소들을 증진시키는 도시 행태

(5) 건강도시의 지표

① 삶의 만족도
② 식중독 사례
③ 교통사고 건수
④ 천식으로 인한 어린이 입원치료 건수
⑤ 자원봉사자 수
⑥ 자전거 도로의 길이
⑦ 레크리에이션 지도자 수
⑧ 주치의가 있는 가정의 비율
⑨ 편부모 가정 비율

6. 건강증진 프로그램의 수준 및 단계

건강증진 프로그램은 '건강에 대한 중요성 인식(Level Ⅰ)', '건강행위 변화(Level Ⅱ)', '지원적 환경 구축(Level Ⅲ)'의 3단계의 프로그램으로 구분될 수 있다.

(1) 건강에 대한 중요성 인식(Level Ⅰ)

프로그램 참여자들에게 프로그램의 주제에 대한 흥미와 중요성을 인식시키는 데 주안점을 두며, 메스컴을 통한 건강 캠페인 등이 포함될 수 있다.

(2) 건강행위 변화(Level Ⅱ)

금연, 규칙적인 운동, 체중조절과 같은 구체적인 행동의 변화를 목표로 하는 프로그램이 포함된다. 이 단계에서의 가장 성공적인 프로그램은 보건교육, 행동수정, 실천프로그램 및 환류를 조합한 것이다.

(3) 지원적 환경의 조성(Level Ⅲ)

변화된 행동을 지속시킬 수 있도록 하는 환경의 조성을 목표로 한다.

✚ 건강증진 프로그램의 수준 및 단계

건강증진	질병예방	건강보호
• 신체활동 및 운동 • 영양 • 흡연 • 음주 및 약물남용 • 성보건 • 사고예방	• 모자보건 • 만성퇴행성질환 • 정신건강 • 구강보건	• 식품, 의약품 안전관리 • 산업장 안전보건 • 환경보건 • 감염성 질환

5 국민건강증진법

1. 제정배경

(1) 산업화와 도시화에 따른 환경공해, 산업재해 및 각종 사고발생 등 건강위험요인이 증가하였다.

(2) 인구의 고령화와 생활양식의 변화로 만성퇴행성질환을 중심으로 한 성인병의 증가, 운동부족과 스트레스 증가로 인한 위장장애, 정신장애 등의 질환과 약물중독이 증가하였다.

(3) 1980년대 이후 국민소득 증대와 전 국민 의료보험 실시에 따른 의료이용의 급증, 난치성 만성질환의 증가, 의료기술의 발달과 함께 의료서비스의 다양화 및 고가화로 국민의료비의 지출증대 등의 문제가 발생하였다.

(4) 이러한 건강문제들은 의료적 문제의 개선조치만으로는 효과적으로 해결될 수 없어 국가가 법령으로 제정하여 건강을 국민의 기본권으로 보장하고 건강을 증진할 수 있도록 조치하게 되었으며, 국민 개개인이 일상생활에서 올바른 건강의식을 가지고 스스로 실천에 옮기는 일이 무엇보다 중요하게 되었다.

2. 제정목적

국민에게 건강에 대한 가치와 책임의식을 함양하도록 건강에 관한 바른 지식을 보급하고 스스로 건강생활을 실천할 수 있는 여건을 조성함으로써 국민의 건강을 증진함을 목적으로 한다.

3. 용어의 정의

(1) 국민건강증진사업이라 함은 보건교육, 질병예방, 영양개선, 건강관리 및 건강생활의 실천 등을 통하여 국민의 건강을 증진시키는 사업을 말한다.

(2) 보건교육이라 함은 개인 또는 집단으로 하여금 건강에 유익한 행위를 자발적으로 수행하도록 하는 교육을 말한다.

(3) 영양개선이라 함은 개인 또는 집단이 균형된 식생활을 통하여 건강을 개선시키는 것을 말한다.

(4) 건강관리란 개인 또는 집단이 건강에 유익한 행위를 지속적으로 수행함으로써 건강한 상태를 유지하는 것을 말한다.

4. 법령에서 제시하고 있는 사업

(1) 건강생활의 지원 등(법 제6조)

① 국가 및 지방자치단체는 국민이 건강생활을 실천할 수 있도록 지원하여야 한다.

② 국가는 혼인과 가정생활을 보호하기 위하여 혼인 전에 혼인 당사자의 건강을 확인하도록 권장하여야 한다.

CHECK Point 건강확인내용(시행규칙 제3조)

1. 자녀에게 건강상 현저한 장애를 줄 수 있는 유전성 질환
2. 혼인당사자 또는 그 가족에게 건강상 현저한 장애를 줄 수 있는 전염성 질환

(2) 광고의 금지 등(법 제7조)

① 보건복지부장관은 국민건강의식을 잘못 이끄는 광고를 한 자에 대하여 그 내용의 변경 또는 금지를 명할 수 있다.

② ①의 규정에 따라 보건복지부장관이 광고내용의 변경 또는 광고의 금지를 명할 수 있는 광고는 다음과 같다.

㉠ 「주세법」에 따른 주류의 광고

㉡ 의학 또는 과학적으로 검증되지 아니한 건강비법 또는 심령술의 광고

㉢ 그 밖에 건강에 관한 잘못된 정보를 전하는 광고로서 대통령령이 정하는 광고

(3) 금연 및 절주운동 등(법 제8조)

① 국가 및 지방자치단체는 국민에게 담배의 직접흡연 또는 간접흡연과 과다한 음주가 국민건강에 해롭다는 것을 교육 · 홍보하여야 한다.

② 국가 및 지방자치단체는 금연 및 절주에 관한 조사 · 연구를 하는 법인 또는 단체를 지원할 수 있다.

③ 「주세법」에 의하여 주류제조의 면허를 받은 자 또는 주류를 수입하여 판매하는 자는 대통령령이 정하는 주류의 판매용 용기에 과다한 음주는 건강에 해롭다는 내용과 임신 중 음주는 태아의 건강을 해칠 수 있다는 내용의 경고문구를 표기하여야 한다.

시행령 제13조(경고문구의 표기대상 주류)
법 제8조 제4항의 규정에 의하여 그 판매용 용기에 과다한 음주는 건강에 해롭다는 내용의 경고문구를 표기하여야 하는 주류는 국내에 판매되는 「주세법」에 의한 주류 중 알콜분 1도 이상의 음료를 말한다.

④ ③에 따른 경고문구의 표시내용, 방법 등에 관하여 필요한 사항은 보건복지부령으로 정한다.

(4) 금연을 위한 조치(법 제9조)

① 「담배사업법」에 의한 지정소매인 기타 담배를 판매하는 자는 대통령령이 정하는 장소 외에서 담배자동판매기를 설치하여 담배를 판매하여서는 아니 된다.

시행령 제15조(담배자동판매기의 설치장소)

① 법 제9조 제2항에 따라 담배자동판매기의 설치가 허용되는 장소는 다음 각 호와 같다.

1. 미성년자 등을 보호하는 법령에서 19세 미만의 자의 출입이 금지되어 있는 장소
2. 지정소매인 기타 담배를 판매하는 자가 운영하는 점포 및 영업장의 내부
3. 법 제9조 제4항 각 호 외의 부분 후단에 따라 공중이 이용하는 시설 중 흡연자를 위해 설치한 흡연실. 다만, 담배자동판매기를 설치하는 자가 19세 미만의 자에게 담배자동판매기를 이용하지 못하게 할 수 있는 흡연실로 한정한다.

② 제1항의 규정에 불구하고 미성년자 등을 보호하는 법령에서 담배자동판매기의 설치를 금지하고 있는 장소에 대하여는 담배자동판매기의 설치를 허용하지 아니한다.

② ①의 규정에 따라 대통령령이 정하는 장소에 담배자동판매기를 설치하여 담배를 판매하는 자는 보건복지부령이 정하는 바에 따라 성인인증장치를 부착하여야 한다.

시행규칙 제5조의2(성인인증장치)

법 제9조 제3항의 규정에 따라 담배자동판매기에 부착하여야 하는 성인인증장치는 다음 각 호의 1에 해당하는 장치로 한다.

1. 담배자동판매기 이용자의 신분증(주민등록증 또는 운전면허증에 한한다)을 인식하는 방법에 의하여 이용자가 성인임을 인증할 수 있는 장치
2. 담배자동판매기 이용자의 신용카드 · 직불카드 등 금융신용거래를 위한 장치를 이용하여 이용자가 성인임을 인증할 수 있는 장치
3. 그 밖에 이용자가 성인임을 인증할 수 있는 장치로서 보건복지부장관이 정하여 고시하는 장치

③ 다음의 공중이 이용하는 시설의 소유자 · 점유자 또는 관리자는 해당 시설의 전체를 금연구역으로 지정하고 금연구역을 알리는 표지를 설치하여야 한다. 이 경우 흡연자를 위한 흡연실을 설치할 수 있으며, 금연구역을 알리는 표지와 흡연실을 설치하는 기준 · 방법 등은 보건복지부령으로 정한다.

㉠ 국회의 청사
㉡ 정부 및 지방자치단체의 청사
㉢ 「법원조직법」에 따른 법원과 그 소속 기관의 청사
㉣ 「공공기관의 운영에 관한 법률」에 따른 공공기관의 청사
㉤ 「지방공기업법」에 따른 지방공기업의 청사
㉥ 「유아교육법」 · 「초 · 중등교육법」에 따른 학교[교사(校舍)와 운동장 등 모든 구역을 포함한다]

ⓢ 「고등교육법」에 따른 학교의 교사
ⓞ 「의료법」에 따른 의료기관, 「지역보건법」에 따른 보건소·보건의료원·보건지소
ⓙ 「영유아보육법」에 따른 어린이집
ⓒ 「청소년활동 진흥법」에 따른 청소년수련관, 청소년수련원, 청소년문화의집, 청소년특화시설, 청소년야영장, 유스호스텔, 청소년이용시설 등 청소년활동시설
ⓚ 「도서관법」에 따른 도서관
ⓣ 「어린이놀이시설 안전관리법」에 따른 어린이놀이시설
ⓟ 「학원의 설립·운영 및 과외교습에 관한 법률」에 따른 학원 중 학교교과교습학원과 연면적 1천제곱미터 이상의 학원
ⓗ 공항·여객부두·철도역·여객자동차터미널 등 교통 관련 시설의 대합실·승강장, 지하보도 및 16인승 이상의 교통수단으로서 여객 또는 화물을 유상으로 운송하는 것
㉮ 「자동차관리법」에 따른 어린이운송용 승합자동차
㉯ 연면적 1천제곱미터 이상의 사무용건축물, 공장 및 복합용도의 건축물
㉰ 「공연법」에 따른 공연장으로서 객석 수 300석 이상의 공연장
㉱ 「유통산업발전법」에 따라 개설등록된 대규모점포와 같은 법에 따른 상점가 중 지하도에 있는 상점가
㉲ 「관광진흥법」에 따른 관광숙박업소
㉳ 「체육시설의 설치·이용에 관한 법률」에 따른 체육시설로서 1천명 이상의 관객을 수용할 수 있는 체육시설과 같은 법 제10조에 따른 체육시설업에 해당하는 체육시설로서 실내에 설치된 체육시설
㉴ 「사회복지사업법」에 따른 사회복지시설
㉵ 「공중위생관리법」에 따른 목욕장
㉶ 「게임산업진흥에 관한 법률」에 따른 청소년게임제공업소, 일반게임제공업소, 인터넷컴퓨터게임시설제공업소 및 복합유통게임제공업소
㉷ 「식품위생법」에 따른 식품접객업 중 영업장의 넓이가 보건복지부령으로 정하는 넓이 이상인 휴게음식점영업소, 일반음식점영업소 및 제과점영업소와 같은 법에 따른 식품소분·판매업 중 보건복지부령으로 정하는 넓이 이상인 실내 휴게공간을 마련하여 운영하는 식품자동판매기 영업소
㉸ 「청소년보호법」에 따른 만화대여업소
㉹ 그 밖에 보건복지부령으로 정하는 시설 또는 기관

④ 특별자치시장·특별자치도지사·시장·군수·구청장은 「주택법」 제2조 제3호에 따른 공동주택의 거주 세대 중 2분의 1 이상이 그 공동주택의 복도, 계단, 엘리베이터 및

지하주차장의 전부 또는 일부를 금연구역으로 지정하여 줄 것을 신청하면 그 구역을 금연구역으로 지정하고, 금연구역임을 알리는 안내표지를 설치하여야 한다. 이 경우 금연구역 지정 절차 및 금연구역 안내표지 설치 방법 등은 보건복지부령으로 정한다.

⑤ 특별자치시장 · 특별자치도지사 · 시장 · 군수 · 구청장은 흡연으로 인한 피해 방지와 주민의 건강 증진을 위하여 다음에 해당하는 장소를 금연구역으로 지정하고, 금연구역임을 알리는 안내표지를 설치하여야 한다. 이 경우 금연구역 안내표지 설치 방법 등에 필요한 사항은 보건복지부령으로 정한다.

㉠ 「유아교육법」에 따른 유치원 시설의 경계선으로부터 10미터 이내의 구역(일반 공중의 통행 · 이용 등에 제공된 구역을 말한다)

㉡ 「영유아보육법」에 따른 어린이집 시설의 경계선으로부터 10미터 이내의 구역(일반 공중의 통행 · 이용 등에 제공된 구역을 말한다)

⑥ 지방자치단체는 흡연으로 인한 피해 방지와 주민의 건강 증진을 위하여 필요하다고 인정하는 경우 조례로 다수인이 모이거나 오고가는 관할 구역 안의 일정한 장소를 금연구역으로 지정할 수 있다.

⑦ 누구든지 ③부터 ⑥까지의 규정에 따라 지정된 금연구역에서 흡연하여서는 아니 된다.

⑧ 특별자치시장 · 특별자치도지사 · 시장 · 군수 · 구청장은 ③ 각 항에 따른 시설의 소유자 · 점유자 또는 관리자가 다음의 어느 하나에 해당하면 일정한 기간을 정하여 그 시정을 명할 수 있다.

㉠ ③ 전단을 위반하여 금연구역을 지정하지 아니하거나 금연구역을 알리는 표지를 설치하지 아니한 경우

㉡ ③ 후단에 따른 금연구역을 알리는 표지 또는 흡연실의 설치 기준 · 방법 등을 위반한 경우

(5) 담배에 관한 경고문구 등 표시(법 제9조의2)

① 「담배사업법」에 따른 담배의 제조자 또는 수입판매업자(이하 "제조자 등"이라 한다)는 담배갑포장지 앞면 · 뒷면 · 옆면 및 대통령령으로 정하는 광고(판매촉진 활동을 포함한다. 이하 같다)에 다음의 내용을 인쇄하여 표기하여야 한다. 다만, ㉠의 표기는 담배갑포장지에 한정하되 앞면과 뒷면에 하여야 한다.

㉠ 흡연의 폐해를 나타내는 내용의 경고그림(사진을 포함한다. 이하 같다)

㉡ 흡연이 폐암 등 질병의 원인이 될 수 있다는 내용 및 다른 사람의 건강을 위협할 수 있다는 내용의 경고문구

㉢ 타르 흡입량은 흡연자의 흡연습관에 따라 다르다는 내용의 경고문구

㉣ 담배에 포함된 다음의 발암성물질

ⓐ 나프틸아민

ⓑ 니켈

ⓒ 벤젠

ⓓ 비닐 크롤라이드

ⓔ 비소

ⓕ 카드뮴

ⓜ 보건복지부령으로 정하는 금연상담전화의 전화번호

② ①에 따른 경고그림과 경고문구는 담배갑포장지의 경우 그 넓이의 100분의 50 이상에 해당하는 크기로 표기하여야 한다. 이 경우 경고그림은 담배갑포장지 앞면, 뒷면 각각의 넓이의 100분의 30 이상에 해당하는 크기로 하여야 한다.

③ ① 및 ②에서 정한 사항 외의 경고그림 및 경고문구 등의 내용과 표기 방법 · 형태 등의 구체적인 사항은 대통령령으로 정한다. 다만, 경고그림은 사실적 근거를 바탕으로 하고, 지나치게 혐오감을 주지 아니하여야 한다.

④ ①부터 ③까지의 규정에도 불구하고 전자담배 등 대통령령으로 정하는 담배에 제조자 등이 표기하여야 할 경고그림 및 경고문구 등의 내용과 그 표기 방법 · 형태 등은 대통령령으로 따로 정한다.

(6) 가향물질 함유표시 제한(법 제9조의3)

제조자 등은 담배에 연초 외의 식품이나 향기가 나는 물질(이하 "가향물질"이라 한다)을 포함하는 경우 이를 표시하는 문구나 그림 · 사진을 제품의 포장이나 광고에 사용하여서는 아니 된다.

(7) 보건교육의 관장(법 제11조)

보건복지부장관은 국민의 보건교육에 관하여 관계중앙행정기관의 장과 협의하여 이를 총괄한다.

(8) 보건교육의 실시 등(법 제12조)

국가 및 지방자치단체는 모든 국민이 올바른 보건의료의 이용과 건강한 생활습관을 실천할 수 있도록 그 대상이 되는 개인 또는 집단의 특성, 건강상태 · 건강의식 수준 등에 따라 적절한 보건교육을 실시한다.

시행령 제17조(보건교육의 내용)

법 제12조의 규정에 의한 보건교육에는 다음 각 호의 사항이 포함되어야 한다.

1. 금연, 절주 등 건강생활의 실천에 관한 사항
2. 만성퇴행성질환 등 질병의 예방에 관한 사항
3. 영양 및 식생활에 관한 사항

4. 구강건강에 관한 사항
5. 공중위생에 관한 사항
6. 건강증진을 위한 체육활동에 관한 사항
7. 기타 건강증진사업에 관한 사항

(9) 보건교육사자격증의 교부 등(법 제12조의2)

보건복지부장관은 국민건강증진 및 보건교육에 관한 전문지식을 가진 자에게 보건교육사의 자격증을 교부할 수 있다.

(10) 영양개선(법 제15조)

① 국가 및 지방자치단체는 국민의 영양상태를 조사하여 국민의 영양개선방안을 강구하고 영양에 관한 지도를 실시하여야 한다.
② 국가 및 지방자치단체는 국민의 영양개선을 위하여 다음의 사업을 행한다.
㉠ 영양교육사업
㉡ 영양개선에 관한 조사 · 연구사업
㉢ 기타 영양개선에 관하여 보건복지부령이 정하는 사업

(11) 국민영양조사 등(법 제16조)

① 보건복지부장관은 국민의 건강상태 · 식품섭취 · 식생활조사 등 국민의 영양에 관한 조사(이하 "국민영양조사"라 한다)를 정기적으로 실시한다.
② 특별시 · 광역시 및 도에는 국민영양조사와 영양에 관한 지도업무를 행하게 하기 위한 공무원을 두어야 한다.
③ 국민영양조사를 행하는 공무원은 그 권한을 나타내는 증표를 관계인에게 내보여야 한다.
④ 국민영양조사의 내용 및 방법, 기타 국민영양조사와 영양에 관한 지도에 관하여 필요한 사항은 대통령령으로 정한다.

(12) 구강건강사업(법 제18조)

① 국가 및 지방자치단체는 국민의 구강질환의 예방과 구강건강의 증진을 위하여 다음의 사업을 행한다.
㉠ 구강건강에 관한 교육사업
㉡ 수돗물불소 농도 조정사업
㉢ 구강건강에 관한 조사 · 연구사업
㉣ 기타 구강건강의 증진을 위하여 대통령령이 정하는 사업

② ①의 ㉠~㉣ 사업내용 · 기준 및 방법은 보건복지부령으로 정한다.

시행령 제23조(구강건강사업)

법 제18조 제1항 제4호에서 "대통령령이 정하는 사업"이란 다음 각 호의 사업을 말한다.

1. 충치예방을 위한 치아홈메우기사업
2. 불소용액양치사업
3. 구강건강의 증진을 위하여 보건복지부령이 정하는 사업

⒀ 건강증진 사업 등(법 제19조)

① 국가 및 지방자치단체는 국민건강증진사업에 필요한 요원 및 시설을 확보하고, 그 시설의 이용에 필요한 시책을 강구하여야 한다.

② 특별자치시장 · 특별자치도지사 · 시장 · 군수 · 구청장은 지역주민의 건강증진을 위하여 보건복지부령이 정하는 바에 의하여 보건소장으로 하여금 다음의 사업을 하게 할 수 있다.

㉠ 보건교육 및 건강상담

㉡ 영양관리

㉢ 구강건강의 관리

㉣ 질병의 조기발견을 위한 검진 및 처방

㉤ 지역사회의 보건문제에 관한 조사 · 연구

㉥ 기타 건강교실의 운영 등 건강증진사업에 관한 사항

⒁ 검진(법 제20조)

국가는 건강증진을 위하여 필요한 경우에 보건복지부령이 정하는 바에 의하여 국민에 대하여 건강검진을 실시할 수 있다.

⒂ 국민건강증진기금의 설치 등(법 제22조)

보건복지부장관은 국민건강증진사업의 원활한 추진에 필요한 재원을 확보하기 위하여 국민건강증진기금을 설치한다. 기금조성은 법 제23조 제1항의 규정에 의한 부담금과 기금의 운용수익금을 재원으로 조성한다.

⒃ 국민건강증진부담금의 부과 · 징수 등(법 제23조 제1항)

보건복지부장관은 제조자 등이 판매하는 「담배사업법」 제2조에 따른 담배(「지방세법」 제54조에 따라 담배소비세가 면제되는 것, 같은 법 제63조 제1항 제1호 및 제2호에 따라 담배소비세액이 공제 또는 환급되는 것은 제외한다. 이하 이 조 및 제23조의2에서 같다)에 다음의 구분에 따른 부담금(이하 "부담금"이라 한다)을 부과 · 징수한다.

① 궐련 : 20개비당 841원
② 전자담배
　㉠ 니코틴 용액을 사용하는 경우 : 1밀리리터당 525원
　㉡ 연초 및 연초 고형물을 사용하는 경우
　　ⓐ 궐련형 : 20개비당 750원
　　ⓑ 기타 유형 : 1그램당 73원
③ 파이프담배 : 1그램당 30.2원
④ 엽궐련(葉卷煙) : 1그램당 85.8원
⑤ 각련(刻煙) : 1그램당 30.2원
⑥ 씹는 담배 : 1그램당 34.4원
⑦ 냄새맡는 담배 : 1그램당 21.4원
⑧ 물담배 : 1그램당 1,050.1원
⑨ 머금는 담배 : 1그램당 534.5원

(17) 국민건강증진기금의 사용(법 제25조)

① 금연교육 및 광고, 흡연피해 예방 및 흡연피해자 지원 등 국민건강관리사업
② 건강생활의 지원사업
③ 보건교육 및 그 자료의 개발
④ 보건통계의 작성 · 보급과 보건의료관련 조사 · 연구 및 개발에 관한 사업
⑤ 질병의 예방 · 검진 · 관리 및 암의 치료를 위한 사업
⑥ 국민영양관리사업
⑦ 구강건강관리사업
⑧ 시 · 도지사 및 시장 · 군수 · 구청장이 행하는 건강증진사업
⑨ 공공보건의료 및 건강증진을 위한 시설 · 장비의 확충
⑩ 기금의 관리 · 운용에 관한 경비
⑪ 그 밖에 국민건강증진사업에 소요되는 경비로서 대통령령이 정하는 사업, 즉 만성퇴행성질환의 관리사업, 담당공무원이나 담당자의 지도 · 훈련사업, 건강증진을 위한 체육활동지원사업, 금연지도원 제도 운영 등 지역사회 금연환경 조성사업 등

국민건강증진기금의 사용(법 제25조 ② · ③)

1. 보건복지부장관은 기금을 사용함에 있어서 아동 · 청소년 · 여성 · 노인 · 장애인 등에 대하여 특별히 배려 · 지원할 수 있다.
2. 보건복지부장관은 기금을 사용함에 있어서 필요한 경우에는 보조금으로 교부할 수 있다.

5. 제5차 국민건강증진종합계획(HP2030) 기본틀

국민건강증진법 제4조(국민건강증진종합계획의 수립)

① 보건복지부장관은 제5조의 규정에 따른 국민건강증진정책심의위원회의 심의를 거쳐 국민건강증진종합계획(이하 "종합계획"이라 한다)을 5년마다 수립하여야 한다. 이 경우 미리 관계중앙행정기관의 장과 협의를 거쳐야 한다.

② 종합계획에 포함되어야 할 사항은 다음과 같다.

1. 국민건강증진의 기본목표 및 추진방향
2. 국민건강증진을 위한 주요 추진과제 및 추진방법
3. 국민건강증진에 관한 인력의 관리 및 소요재원의 조달방안
4. 제22조의 규정에 따른 국민건강증진기금의 운용방안

4의2. 아동 · 여성 · 노인 · 장애인 등 건강취약 집단이나 계층에 대한 건강증진 지원방안

5. 국민건강증진 관련 통계 및 정보의 관리 방안
6. 그 밖에 국민건강증진을 위하여 필요한 사항

(1) 비전 : 모든 사람이 평생 건강을 누리는 사회

(2) 총괄목표

① 건강수명 : 2030년까지 건강수명 73.3세 달성

② 건강형평성 : 건강수명의 소득 간, 지역 간 형평성 확보

㉠ 소득 : 소득수준 상위 20%의 건강수명과 소득수준 하위 20%의 건강수명 격차를 7.6세 이하로 낮춘다.

㉡ 지역 : 건강수명 상위 20% 해당 지자체와 건강수명 하위 20% 해당 지자체의 건강수명의 격차를 2.9세로 낮춘다.

(3) 기본원칙

① 국가와 지역사회의 모든 정책 수립에 건강을 우선적으로 반영한다.

② 보편적인 건강수준의 향상과 건강형평성 제고를 함께 추진한다.

③ 모든 생애과정과 생활터에 적용한다.

④ 건강친화적인 환경을 구축한다.

⑤ 누구나 참여하여 함께 만들고 누릴 수 있도록 한다.

⑥ 관련된 모든 부문이 연계하고 협력한다.

(4) 사업분야 및 중점과제

① 총 6개 분야의 28개 중점과제

분과	건강생활 실천	정신건강 관리	비감염성 질환 예방관리	감염 및 환경성 질환 예방관리	인구집단별 건강관리	건강친화적 환경구축
중점과제	• 금연 • 절주 • 영양 • 신체활동 • 구강건강	• 자살예방 • 치매 • 중독 • 지역사회 정신건강	• 암 • 심뇌혈관질환 • 비만 • 손상	• 감염병 예방 • 감염병 대응 • 기후변화성 질환	• 영유아 • 아동청소년 • 여성 • 노인 • 장애인 • 근로자 • 군인	• 건강친화적 법·제도 개선 • 건강정보 이해력 제고 • 혁신적 정보기술의 적용 • 재원 운용 등 • 지역사회 자원 등

② 국민수명과 건강형평성에 기여하는 64개 핵심 대표지표 선정(10년 후 달라지는 모습)

중점 과제		대표 지표			형평성 지표		
		지표명	'18	'30	지표명	'18	'30
01	금연	성인남성 현재 흡연율	36.7%	25.0%	소득1~5분위 성인남성 현재 흡연율 격차	9.1%p	8.0%p
		성인여성 현재 흡연율	7.5%	4.0%	소득1~5분위 성인여성 현재 흡연율 격차	7.5%p	5.0%p
02	절주	성인남성 고위험 음주율	20.8%	17.8%	소득1~5분위 성인남성 고위험 음주율 격차	1.8%p	0.7%p
		성인여성 고위험 음주율	8.4%	7.3%	소득1~5분위 성인여성 고위험 음주율 격차	2.3%p	1.2%p
03	영양	식품 안전성 확보 가구분율	96.9%	97%	소득1~5분위 식품안전성 확보가구율 격차	11.4%p	7.0%p
04	신체활동	성인남성 유산소 신체활동 실천율	51.0%	56.5%	소득1~5분위 성인남성 유산소 신체활동 실천율 격차	9.2%p	7.0%p
		성인여성 유산소 신체활동 실천율	44.0%	49.3%	소득1~5분위 성인여성 유산소 신체활동 실천율 격차	5.9%p	3.7%p
05	구강건강	영구치(12세이상) 우식경험률	56.4%	45.0%	-	-	-
06	자살예방	자살사망률 (인구 10만명당)	26.6명	17.0명			
		남성 자살사망률 (인구 10만명당)	38.5명	27.5명	지역 상~하위 20%의 남성 자살사망률 격차 (인구10만명당)	19.1명	12.2명
		여성 자살사망률 (인구 10만명당)	14.8명	12.8명	지역 상~하위 20%의 여성 자살사망률 격차 (인구10만명당)	8.9명	5.7명
07	치매	치매안심센터 치매환자 등록·관리율(전국 평균)	51.5% ('19)	82.0%	지역 상~하위 20% 치매안심센터 치매환자 등록·관리율 격차	52.2%p ('19)	35.0%p

08	중독	알코올 사용장애 정신건강 서비스 이용률	12.1% ('16)	25.0%	-	-	-
09	지역사회 정신건강	정신건강 서비스 이용률	22.2% ('16)	35.0%	-	-	-
10	암	성인남성(20~74세) 암 발생률(인구 10만명당)	338.0명 ('17)	313.9명	지역 상~하위 20%의 성인남성 암 발생률 격차(인구 10만명당)	78.3명 ('17)	62.6명
		성인여성(20~74세) 암 발생률(인구 10만명당)	358.5명 ('17)	330.0명	지역 상~하위 20%의 성인여성 암 발생률 격차(인구 10만명당)	97.3명 ('17)	70.4명
11	심뇌혈관 질환	성인남성 고혈압 유병률	33.2%	32.2%	소득1~5분위 성인남성 고혈압 유병률 격차	5.4%p	4.4%p
		성인여성 고혈압 유병률	23.1%	22.1%	소득1~5분위 성인여성 고혈압 유병률 격차	8.5%p	7.5%p
		성인남성 당뇨병 유병률	12.9%	11.9%	소득1~5분위 성인남성 당뇨병 유병률 격차	7.6%p	3.4%p
		성인여성 당뇨병 유병률	7.9%	6.9%	소득1~5분위 성인여성 당뇨병 유병률 격차	5.4%p	4.4%p
		급성 심근경색증 환자의 발병 후 3시간 미만 응급실 도착 비율	45.2%	50.4%	급성 심근경색증 환자의 발병 후 3시간 미만 응급실 도착 비율의 최고-최저 시도간 격차	23.0%p	17.5%p
12	비만	성인남성 비만 유병률	42.8%	≤42.8	소득1~5분위 남성 비만 유병률 격차	-1.1%p	0.0%p
		성인여성 비만 유병률	25.5%	≤25.5	소득1~5분위 여성 비만 유병률 격차	15.6%p	4.6%p
13	손상	손상사망률 (인구 10만명당)	54.7명	38.0명			
14	감염병 예방및관리	신고결핵 신환자율 (인구 10만명당)	51.5명	10.0명	-	-	-
15	감염병 위기 대비대응	MMR 완전접종률	94.7% ('19)	≥95.0%	-	-	-
16	기후변화성 질환	기후보건영향평가 평가체계 구축 및 운영	-	구축 완료	-	-	-
17	영유아	영아사망률 (출생아 1천명당)	2.8명	2.3명	영아사망률 최고-최저 시도간 격차(인구 1천명당)	2.4명	1.2명
18	청소년	고등학교 남학생 현재 흡연율	14.1%	13.2%	-	-	-
		고등학교 여학생 현재 흡연율	5.1%	4.2%			

19	여성	모성사망비 (출생아 10만명당)	11.3명	7.0명	–	–	–
20	노인	노인남성의 주관적 건강인지율	25.1%	30.6%	소득1~5분위노인남성 주관적건강인지율 격차	16.2%p ('17)	14.0%p
		노인여성의 주관적 건강인지율	15.4%	20.9%	소득1~5분위노인여성 주관적건강인지율 격차	7%p	4.8%p
21	장애인	성인 장애인 건강검진 수검률	64.9% ('17)	69.9%	성인남성 장애인 건강검진 수검률	66.6% ('17)	71.6%
					성인여성 장애인 건강검진 수검률	62.5% ('17)	67.5%
22	근로자	연간 평균 노동시간	1,993 시간	1,750 시간	–	–	–
23	군인	군 장병 흡연율	40.7%	33.0%	–	–	–
24	건강정보 이해력 제고	성인남성 적절한 건강정보이해능력 수준	–	70.0%	소득1~5분위 성인남성 적절한 건강정보 이해능력 수준 격차	–	6.0%p
		성인여성 적절한 건강정보이해능력 수준	–	70.0%	소득1~5분위 성인여성 적절한 건강정보 이해능력 수준 격차	–	10.0%p

CHECK Point 향후 건강증진종합계획을 통해 중점적으로 추진할 과제

사전예방 중심 평생건강관리	건강환경 조성
• 생활습관 개선 지원 • 만성질환 예방 치료 연계 • 생애주기별 건강프로그램 확충	• 건강 캠페인 전개 • 건강위해요인 규제 강화 • 건강도시 활성화
마음이 건강하고 행복한 대한민국	**건강정책 추진체계 강화**
• 정신질환 조기 발견 지원 • 생활공간 중심 자살예방 강화 • 생명존중 문화 조성	• 건강지표 신뢰성 제고 • 근거 기반 예방정책 추진 • 빅데이터 기반 건강정보 제공

▶ 우리나라 건강증진사업

1983년	국민건강 조사
1989년	보건의식행태 조사
1995년 1월	국민건강증진법, 지역보건법 제정
1998년 7월 ~ 2001년 6월	건강증진 거점 보건소를 중심으로 한 건강증진시범사업 실시
2001년	전국보건소 정규인력을 통한 방문보건사업 전면 실시
2002년	건강증진사업이 전국 보건소로 확대
2005년	건강생활실천사업을 전국 보건소로 확대, 금연, 영양, 운동, 절주 4대 영역을 필수사업, 선택사업으로 구분 수행, 보건소 금연클리닉사업, 영양플러스사업(임산부 및 영유아 보충영양 관리사업) 시범 운영
2007년	맞춤형 방문건강관리사업 전국 실시
2008년	영양플러스사업 전국 확대 실시
2013년	전국 지자체에서 지역사회 통합건강증진사업을 시행

1. 1995년 「국민건강증진법」이 제정되면서 보건교육, 질병예방, 영양개선 및 건강생활의 실천 등의 건강증진사업을 실시

2. 국민건강증진종합계획의 수립
   (1) 2002년 제1차 국민건강증진종합계획 수립(Health Plan 2010)
   (2) 2005년 제2차 국민건강증진종합계획 수립(Health Plan 2010)
   (3) 2011년 제3차 국민건강증진종합계획 수립(Health Plan 2020)
   (4) 2016년 제4차 국민건강증진종합계획 수립(Health Plan 2020)
   (5) 2021년 제5차 국민건강증진종합계획 수립(Health Plan 2030)

3. 2009년 국민건강증진법의 개정으로 보건교육사(1~3급)제도 도입

▶ 통합건강증진사업

1. 개요
   (1) 지자체가 지역사회 주민을 대상으로 실시하는 건강생활실천 및 만성질환 예방, 취약계층 건강관리를 목적으로 하는 사업을 통합하여 지역특성 및 주민수요에 맞게 기획 · 추진하는 사업으로, 기존 획일적인 국가주도형 top-down 방식을 탈피해 지자체의 선택권과 자율성을 제고하여 지역여건에 맞는 건강증진사업을 추진할 수 있도록 제도 개선(2013년)
   (2) 보건소 건강증진 국고보조사업 통합(17개 개별사업 → 1개 사업으로 통합, 13개 개별사업으로 축소) 및 국가 건강증진 목표에 부합하도록 사업구조 재편성

2. **사업목적** : 지역사회 주민의 건강수준 향상을 위한 사업을 지자체가 주도적으로 발굴하여 추진함으로써 지역주민의 건강증진사업 체감도 향상

3. 기본방향
   (1) 분절적인 단위사업 중심에서 대상자 중심의 통합서비스 제공(효율성)
   (2) 정해진 지침에 따른 운영에서 지역여건에 맞추어 탄력적인 운영(자율성)
   (3) 정해진 사업의 물량 관리 위주의 평가에서 사업목적, 목표달성 여부의 책임 평가(책임성)

4. 주요 사업내용

(1) 지자체(보건소)별 예산액을 기준으로 다양한 건강증진 사업분야에서 지역여건에 따라 단위사업을 자율적으로 기획 · 추진

(2) 사업분야 : 금연사업, 절주사업, 신체활동사업, 영양사업, 비만사업, 구강보건사업, 심뇌혈관질환 예방관리사업, 한의약 건강증진사업, 아토피, 천식 예방관리사업, 여성어린이 특화사업, 치매관리사업, 지역사회중심재활사업, 방문건강관리사업

(3) 사업방법 : 기본 개별사업 간 경계를 없애고 개인별 · 생활터별 · 인구집단별 특성에 맞는 서비스 제공방식 수행

5. 지역사회 통합건강증진사업 도입 전후 비교

구분	기존 국고보조사업	지역사회 통합건강증진사업
목적	건강증진사업의 일환이나 지엽적인 목적만 달성 가능 예 금연클리닉(금연 실천)	국가건강증진 정책방향과 지자체 건강증진사업의 목적 일치시킴 예 금연사업(흡연예방 및 금연)
구성	**17개 사업 간 연계성 없이 운영** ① 보건소 간 연계성 없이 운영 ② 지역사회중심 재활 ③ 보건소 건강생활실천통합서비스 ④ 영양플러스사업 ⑤ 보건소 금연클리닉 ⑥ 모유수유클리닉 운영 ⑦ 철분제 · 엽산제 지원 ⑧ 구강보건실 설치 운영 ⑨ 어린이 구강건강관리 ⑩ 노인 불소도포, 스케일링 ⑪ 수돗물불소농도조정 지자체 보조 ⑫ 치매조기검진사업 ⑬ 치매노인사례관리 ⑭ 한의약 건강증진 Hub보건소 ⑮ 한의약 지역보건사업 ⑯ 아토피 · 천식 예방관리 ⑰ 심뇌혈관질환 예방관리 교육	**1개 사업으로 통합, 포괄적 운영** ① 금연 ② 절주 ③ 신체활동 ④ 영양 ⑤ 비만 ⑥ 구강보건 ⑦ 심뇌혈관질환 예방관리 ⑧ 한의약 건강증진 ⑨ 아토피 · 천식 예방관리 ⑩ 여성어린이 특화(모자보건) ⑪ 치매관리 ⑫ 지역사회중심재활 ⑬ 방문건강관리 지자체가 선택한 후 사업 간 경계가 없어 유기적으로 연계하여 사업설계 가능
운영체계	**<중앙>** • 총괄, 조정기능 부재 • 사업부서에서 연계성 없이 개별 운영관리, 교육실시 **<지자체>** 17개 사업 분절적, 획일적, 경직적으로 운영	**<중앙>** • 건강정책과 : 사업총괄, 조정 • 사업부서 : 사업전략 제시, 사업운영 및 교육지원 **<지자체>** 사업영역 중 선택하여 지자체 자율적으로 세부사업 설계
재원배분	• 국고보조사업별 재원배분 • 사업신청에 따른 예산배분	지자체 재정 등과 연동된 재원비중을 단계적으로 확대
평가	국고보조사업 산출결과 중심 평가	개별사업 중심이 HP2020 목표에 맞춘 평가 도입

▶ 생애주기별 영역별 주요 보건사업

구분	영유아(0~6세)	학령 · 청소년기 (7~19세)	청 · 장년기 (20~64세)	노인 (65세 이상)
모자보건	• 미숙아 및 선천성 이상아 등록관리 • 성장발달 상담	성교육 및 상담	• 올바른 출산인식 홍보 사업 • 생식건강관리	
구강보건	치아우식증 예방	학교 구강보건사업		틀니 지원사업
	수돗물 불소화 사업			
질병관리	예방접종		• 고혈압 예방 관리 • 당뇨병 예방 관리 • 뇌혈관질환 예방 • 관절염 예방 관리	• 치매 예방 관리 • 당뇨병 예방 관리 • 뇌혈관질환 예방 • 관절염 관리
암관리	소아 암관리		• 암조기 검진 • 암연구체계 구축 • 말기 암환자관리 체계 구축	• 암조기 검진 • 암연구체계 구축 • 말기 암환자관리 체계 구축
정신보건		• 정신건강 정보제공 • 알코올 약물중독 예방	• 정신건강 정보제공 • 알코올 약물중독 예방 및 상담	
건강생활	건강생활 실천(금연, 신체활동, 영양, 절주)			

6 건강신념모형(HBM)

예방적 건강행위 예측을 위한 건강신념모형

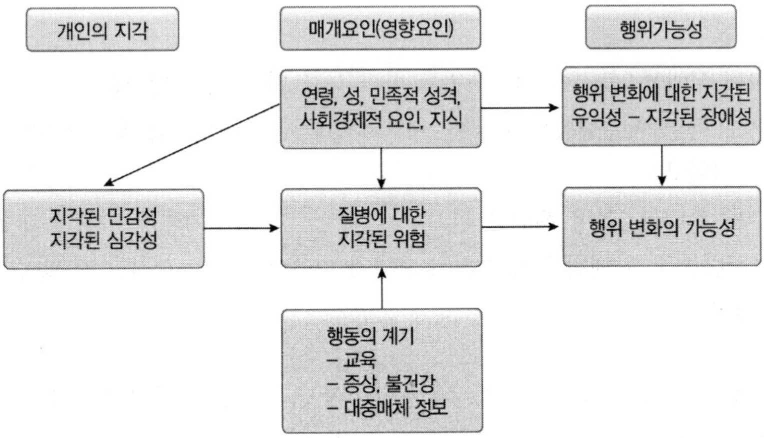

1. 이론의 개요

(1) 예방적 건강행위를 설명하기 위해 1960년대 사회심리학자들에 의해 개발되었고 후에 질환행위, 환자역할행위를 설명하는 데에도 효과가 있음이 입증되었다.

(2) 인간이 행위를 하는 것은 특정한 목표에 대한 개인의 가치와 어떤 행위를 하였을 때 그 목표를 달성할 가능성이 어느 정도인지에 대한 개인의 생각에 달려 있다고 보는 심리학 이론과 행위이론에 근거하여 개발되었다.

2. 기본개념

(1) 개인의 지각(지각된 위협감 = 지각된 민감성 + 지각된 심각성)

① **지각된 민감성** : 자신이 어떤 질병에 걸릴 위험이 있다고 지각하는 것으로, 질병에 걸린 경우 의학적 진단을 받아들이거나 재발할 위험성이 있다고 믿는 것을 말한다.

② **지각된 심각성** : 질병에 걸렸을 경우나 치료를 하지 않았을 때 어느 정도 심각하게 될 것인가에 대한 지각으로, 질병을 치료하지 않고 내버려 둘 경우 죽음이나 불구, 통증 등의 문제가 생길 것이라고 생각하는 것을 말한다.

(2) 조정요인(매개요인, 영향요인)

① **인구학적 변수** : 연령, 성별, 인종 등

② **사회심리적 변수** : 성격, 사회적 지위, 동료의 압력

③ **구조적 변수** : 질병에 대한 지식, 과거의 질병경험

④ **행동의 계기** : 의사결정을 하는 데 필요한 자극으로 질병으로 인한 증상과 같은 내적 요인이나 대중매체, 대인관계, 의료진이 제공한 유인물과 같은 외적 요인들이 관련된다.

(3) 행위가능성

① **지각된 장애성** : 특정한 건강행위를 하려고 할 때 그 건강행위를 하지 못하도록 하는 것으로 비용부담, 위험성(부작용, 치료로 인한 문제), 불쾌감(통증, 어려움), 시간소비 등을 말한다.

② **지각된 유익성** : 특정 행위를 함으로써 얻을 수 있는 혜택과 이익에 대한 지각이다. 즉, 사람들은 그 행위가 할 만하고 효과가 있을 것이라고 생각할 때 행동을 하게 된다는 것이다.

3. 건강신념모형은 어떤 질환에 대하여 지각된 민감성이나 심각성이 높을수록 동시에 그 행위를 취하는 데 장애정도가 낮고, 유익성이 많을수록 바람직한 건강에 관련된 행위를 한다고 설명할 수 있다.

7 Pender의 건강증진모형(HPM)

수정된 건강증진모형

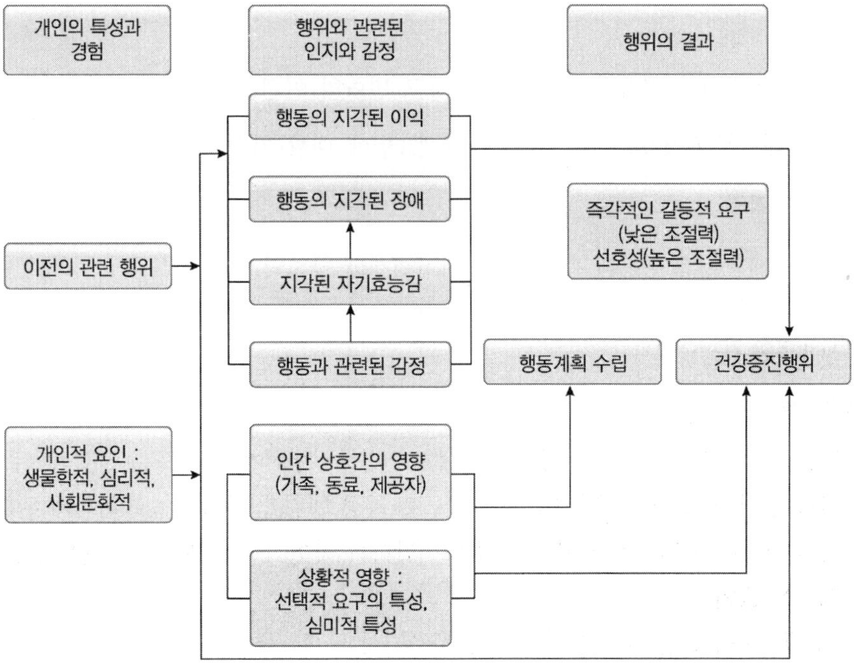

1. 이론의 개요

(1) 건강증진행위에 영향을 미치는 요인을 설명하는 것으로 건강신념모형과 자기효능개념인 Bandura의 사회학습이론을 기초로 하여 개발되었다. 또한 Fishbein의 합리적 행위이론에도 기초하여 행위는 개인의 태도와 사회적 규범에 영향받음을 주장하였으며, Feather의 기대 · 가치이론에도 그 기초를 두고 있다.

(2) 건강신념모형이 질병관련 행위를 주로 설명하는 것인 데 반해, 건강증진모형에서는 전반적인 건강증진행위를 설명하고 있다.

(3) 건강증진모형은 건강행위를 유지하며 환경적 영향을 수정하는 데 있어 인간의 능동적 역할을 강조하고 있다.

2. Pender의 건강증진프로그램 계획과정(개발과정)

(1) **사정자료 고찰 및 요약 :** 계획과정을 위한 기초 정보사정

(2) 대상자의 강점과 능력강화

(3) 건강목표와 관련된 행위변화의 조건 규명

(4) 대상자의 관점에서 계획이 성공적이라고 판단할 수 있는 행위나 건강결과의 규명

(5) 대상자의 선호도, 변화단계, 효과적 간호중재에 관한 과학적 지식에 근거한 행위변화 계획 개발

(6) 대상자의 관점에서 변화의 장점을 규명하고 변화의 이점을 반복

(7) 환경적, 대인적 행위변화 촉진요인과 장애요인에 대한 기술

(8) 수행시간 결정

(9) 행위변화 계획을 달성하는 데 필요한 지지체계를 구조화하고 행위변화 목표를 수행

3. 건강증진행위의 결정요인

(1) 개인의 특성과 경험

① **이전의 관련 행위** : 이전의 행위는 현재의 건강증진행위에 직접 또는 간접적으로 영향을 미쳐 주의를 기울이지 않고도 자동적으로 특정 행위를 하도록 습관화하게 된다. 습관화의 장점은 행위가 발생할 때마다 일어난다는 것이며, 축적되고 반복될 때 강화된다.

② 개인적 요인

㉠ **생물학적 요인** : 나이, 성, 체중, 사춘기상태, 폐경상태, 운동능력, 힘, 민첩성, 균형성

㉡ **심리적 요인** : 자존감, 자기동기화, 개인의 능력, 지각된 건강상태, 건강의 정의와 같은 변수

㉢ **사회문화적 요인** : 인종, 민족, 문화이입, 교육수준, 사회경제적 상태 등이 포함된다.

(2) 행위와 관련된 인지와 감정

① 행동의 지각된 이익

㉠ 특정 행위에 대해 개인이 기대하는 이익이나 긍정적인 결과를 말하며, 행동에 따른 긍정적 결과나 강화된 결과로부터 얻어진다.

㉡ **내적인 이익** : 피로감의 감소, 각성수준의 증가

㉢ **외적인 이익** : 경제적 보상, 사회적 상호작용의 증가

㉣ 처음에는 외적인 이익이 높은 동기적 의미를 지니지만 건강행위를 지속시키도록 동기화시키는 데는 내적 이익이 더 강력하다.

② **행동의 지각된 장애** : 이용하기 불가능함, 불편함, 값이 비쌈, 어려움, 시간소요가 많음, 만족감의 감소 등 어떤 행위를 하는 데 장애가 되는 것으로 상상된 것일 수도 있고 실제적일 수도 있다.

③ 지각된 자기효능감(강인성) : 수행을 확실하게 성취할 수 있는 개인의 능력에 대한 판단으로 긍정적인 감정을 가질수록 자기효능감은 커지게 되며, 자기효능감이 클수록 지각된 장애 정도는 감소하게 된다.

④ 행동과 관련된 감정 : 행위를 시작하기 전, 하는 동안, 후에 일어나는 주관적 느낌으로 '행동 자체와 관련된 감정, 행동하는 개인과 관련된 감정, 행위가 일어나는 환경과 관련된 감정 등' 3가지로 구성된다. 감정상태는 행위를 반복하거나 지속하는 데 영향을 미치며, 긍정적인 감정을 동반한 행위일수록 반복될 가능성이 크고, 부정적인 감정을 느끼게 하는 행위일수록 피할 가능성이 크다.

⑤ 인간 상호간의 영향 : 다른 사람의 태도, 신념, 행위를 인지하는 것을 말하며, 1차적인 원천은 가족(부모, 형제), 또래집단, 보건의료제공자이다.

⑥ 상황적 영향 : 상황에 대한 개인의 지각과 인지로, 행위를 촉진하거나 저해할 수 있다. 개인은 부적합하다기보다는 적합하다고 느끼고, 동떨어져 있기보다는 관련되어 있으며, 불안하고 위협적이기보다는 안전하고 안심할 수 있는 환경이나 상황, 매력적이고 흥미로운 환경에서 보다 능력껏 행동할 수 있다.

(3) 행위의 결과

① 행동계획 수립 : 주어진 시간과 장소에서 특정한 사람과 함께 또는 혼자 구체적인 활동을 하거나 행위를 수행 또는 강화하기 위한 명확한 전략을 확인하는 인지적 과정을 포함한다.

② 즉각적인 갈등적 요구와 선호

㉠ 계획된 건강행위를 하는 데 방해가 되는 다른 행위로, 건강증진행위를 계획하기 이전에 이미 의식 속에 자리 잡고 있는 대안적 행위를 말한다.

㉡ 갈등적 요구 : 외부적 요구에 따라 예상하지 않은 일을 실행해야 하거나 좋지 못한 결과가 일어날 가능성이 높을 때 발생하기 때문에 장애와는 다르다.

㉢ 갈등적 선호 : 긍정적인 건강행위계획으로부터 이탈하도록 하는 선호도 순위에 기반을 둔 강력한 충동이기 때문에 장애와는 차이가 있다.

③ 건강증진행위 : 이 모형의 궁극적인 목적지로 개인이나 집단이 최적의 안녕상태를 이루고 자아실현 및 개인적 욕구충족을 유지, 증진하려는 행위로, 질병을 예방하는 것 이상을 의미한다.

8 Green의 PRECEDE · PROCEED 모형

PRECEDE · PROCEED 모형

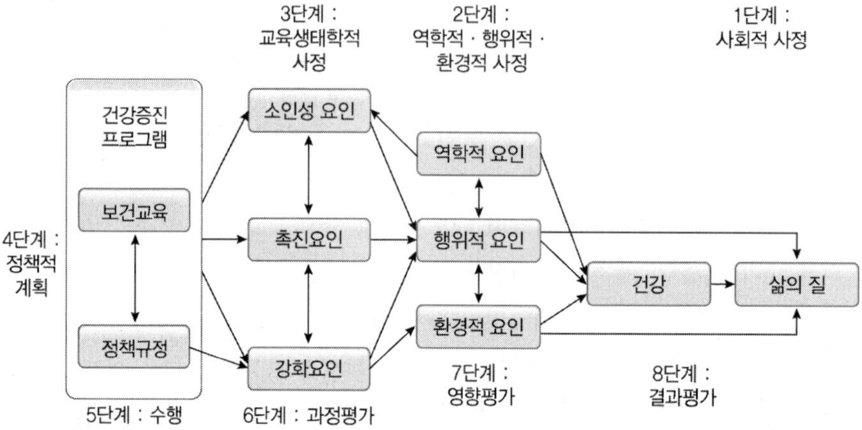

1. 이론의 개요

(1) Green과 Kreuter는 1980년 PRECEDE모형을 제시하였고, 1991년에는 이 모형에 정책, 법규, 조직체, 환경요소를 더 추가하여 PROCEED 모형을 제시하였다.

(2) PROCEED 모형은 보건교육계획을 위한 체계적이고, 조직적인 모형으로 보건교육의 마지막 결과로부터 시작하여 그러한 결과를 초래한 원인을 찾게 하는 연역적 사고체계이다.

(3) 이 모형의 기본명제는 건강과 건강행위는 많은 요인에 의해 일어나며, 건강행위에 영향을 주기 위한 효과는 다차원적이어야 한다는 것이다.

2. 모형의 단계

(1) 1단계 : 사회적 진단

① 지역사회 주민을 대상으로 삶의 질에 영향을 미치는 사회적 문제를 사정한다.

② 사회적 문제란 많은 수의 사람들에게 불편을 주고 안녕을 방해하는 원인이 된다고 생각되는 상황으로 개선될 수 있는 것을 말한다.

③ 사회적 문제는 객관적인 지표나 주관적인 해석으로 표현된다.

㉠ **객관적인 지표** : 고용률, 실업률, 결근율, 교육수준, 주택보급률, 인구밀도, 사회복지수준, 범죄율 등이 포함된다.

㉡ **주관적인 해석** : 대상집단에게 그들의 삶의 질을 방해하는 주요 장애물이 무엇인지를 물어보는 것이다.

(2) 2단계 : 역학적 진단

1단계에서 규명된 건강문제들에 대하여 순위를 매겨 부족한 자원을 사용할 가치가 가장 큰 건강문제를 규명하는 단계

(3) 3단계 : 행동적 · 환경적 진단

① 규명된 최우선의 건강문제와 원인적으로 연결된 건강관련 행위와 환경요인을 규명한다.

② PRECEDE 모형에서는 행동적 요인만을 고려하였으나, PROCEED 모형에서는 생활양식과 환경적 요인까지를 고려한다.

③ 이 단계를 통해 개인적 · 조직적 행동의 바람직한 변화를 나타내는 일련의 행동목적이 제시된다.

+ 행위사정 단계

1. 행위와 비행위요인
   (1) 행위요인 : 흡연, 과음, 고지방음식 섭취, 좌식생활
   (2) 비행위요인 : 성, 연령, 가족력
2. 행위분류 : 예방행위와 치료행위
   (1) 예방행위 : 표준체중의 유지, 금연, 과음중지, 규칙적인 운동, 고포화지방 식품섭취의 감소, 과도한 스트레스 제거, 이완요법 실시, 건강검진
   (2) 치료행위 : 투약과 수술에 관하여 결정, 처방받은 대로 약물 복용, 금연, 음주량 감소, 체중을 유지하거나 감소, 소금과 지방의 섭취를 감소
3. 행위의 중요도 · 가변성 정도에 따른 분류

구분	더 중요한	덜 중요한
더 가변적인	프로그램의 초점이 되는 높은 우선순위	정치적 목적을 위해 변화를 보여주는 것을 제외하면 낮은 우선순위
덜 가변적인	새로운 프로그램을 위한 우선순위 : 평가가 필수적으로 요구됨	프로그램 없음

(4) 4단계 : 교육적 · 조직적 진단

① 규명된 특정 건강행위에 영향을 주는 소인요인, 강화요인, 촉진요인을 사정

② **성향(소인)요인** : 행위를 하기에 앞서 내재된 요인으로 행위의 근거나 동기를 제공하는 인지이다. 예 지식, 태도, 신념가치, 자기효능, 의도 등

③ **촉진(가능)요인** : 건강행위 수행을 가능하게 도와주는 요인으로 보건의료 및 지역사회 자원의 이용가능성, 접근성, 시간적 여유 제공성, 개인의 기술, 개인의 자원, 지역사회 자원 등

㉠ **기술** : 신체운동, 휴식요법, 의료기기를 사용하는 것

㉡ **자원** : 보건의료시설, 인력, 학교 등이 포함

예 흡연의 경우 담배값, 저렴한 흡연예방 프로그램, 금연기구 등

④ **강화요인** : 사회적 유익성, 신체적 유익성, 대리보상, 사회적 지지, 친구의 영향, 충고, 보건의료제공자에 의한 긍정적 또는 부정적 반응

예 청소년 흡연, 음주의 경우 강화요인으로 가장 친한 친구의 영향

㉠ 환자교육에는 간호사, 의사, 동료환자, 가족에 의해서 강화된다.

㉡ 산업장에서의 보건교육은 동료, 감독, 부서장, 가족에 의해서 강화된다.

(5) 5단계 : 행정적 · 정책적 진단

프로그램 및 시행과 관련되는 조직적, 행정적 능력과 자원을 검토하고 평가한다.

예 인력, 물자, 시설, 예산 등에 대해 보다 개선할 수 있는 방안을 제시

(6) 6단계 : 수행

(7) 7단계 : 평가

① **과정평가** : 프로그램이 계획대로 시행되었는가를 평가함으로써 프로그램 관리에 필요한 기초정보를 얻을 수 있으며, 프로그램의 확산을 위한 판단의 단서를 제공한다. 본 모델의 4, 5단계의 변화를 평가하는 것이다.

② **영향평가** : 프로그램의 투입으로 인한 결과를 평가하는 단계로, 본 모델의 3, 4단계의 변화를 평가한다.

③ **결과평가** : 프로그램의 수행결과로 나타난 결과인 삶의 질을 측정하는 것으로, 프로그램 시행 후 상당한 기간의 경과가 요구되며 평가하기가 어려우나, 이 분야에 대한 연구는 서비스의 최종산물에 대한 평가라는 점에서 가장 강조되어야 할 부분이다.

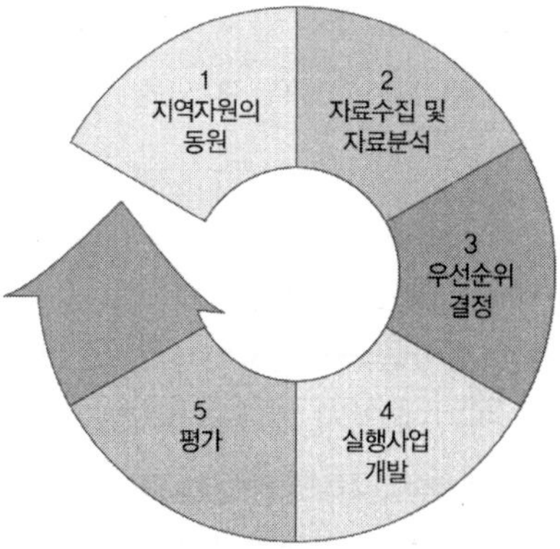

9 PATCH 모형

1. 정의

(1) 기본적으로 PRECEDE 모형에서 출발하였으며, 그 이후 미국보건사업기관에 의해 강화되었다.

(2) 주요 핵심은 지역사회 요구에 근거한 지역사회중심 접근이며 현재 널리 활용되고 있다.

2. 중요요소 5가지

(1) 계획과정에 지역사회가 적극적으로 참여하도록 한다.

(2) 기초자료에 입각한 사업을 계획한다.

(3) 보건교육을 계획하더라도 포괄적인 건강증진전략을 개발하도록 한다.

(4) 사업평가를 명확히 하고 결과를 알리도록 한다.

(5) 건강증진과 관련한 지역사회 역량을 증대한다.

3. 계획수립과정

(1) 1단계 : 지역사회 전체자원의 활성화

① 계획단계부터 지역사회 전체가 참여하도록 관련자 전원을 동원하여 의견을 수렴하고 계획하도록 노력하여야 한다.

② 지역사회의 적극적인 참여유도가 계획한 사업성공의 열쇠가 된다.

(2) 2단계 : 자료수집 및 자료분석

(3) 3단계 : 건강문제의 우선순위 설정

① 긴급히 해결하지 않으면 많은 사람에게 영향을 주는 문제를 찾는 것이 우선순위 1순위

② 다음으로 투자하면 효과가 높은 사업

③ 정부가 중요하게 강조하는 사업의 순으로 순위를 정하도록 한다.

(4) 4단계 : 건강증진 사업계획 및 포괄적인 사업수행전략 개발

어떤 전략을 이용하여 사업을 성공시킬 것인가를 계획 세우는 단계로, 특히 포괄적인 전략개발을 강조하였다.

(5) 5단계 : 평가를 강조하고는 있으나 무엇보다 지역사회접근을 포괄적으로 해서 계획하고 사업을 수행했는지에 더 강조점을 두고 있는 것이 특징이다.

CHECK Point MATCH 모형

1. PRECEDE 모형이 개인의 행위변화에 초점을 두었다면 이 모형은 일정지역 주민의 행위변화에 중요한 영향을 미치는 것은 그 지역사회 조직과 보건기관 등의 환경요인이라는 데 초점을 두고 있다(물론 개인의 행위변화도 동시에 중요하게 접근하고 있다).
2. Simons · Morton(1988)에 의해 제시되었으나, 기본적으로는 PRECEDE 모형에 지역사회 환경 여건을 통합 추가한 모형이라 할 수 있다.
3. PRECEDE 모형을 기초로 하되, PRECEDE 모형의 4~5단계 조직진단 쪽을 좀 더 강화한 모형이다.
4. PRECEDE 모형보다 지역사회 여건의 강조를 통합한 모형으로, 현재 미국의 CDC에서의 교육계획시 많이 활용하고 있다.

10 MAPP(Mobilizing for Action through Planning & Partnership) 모형

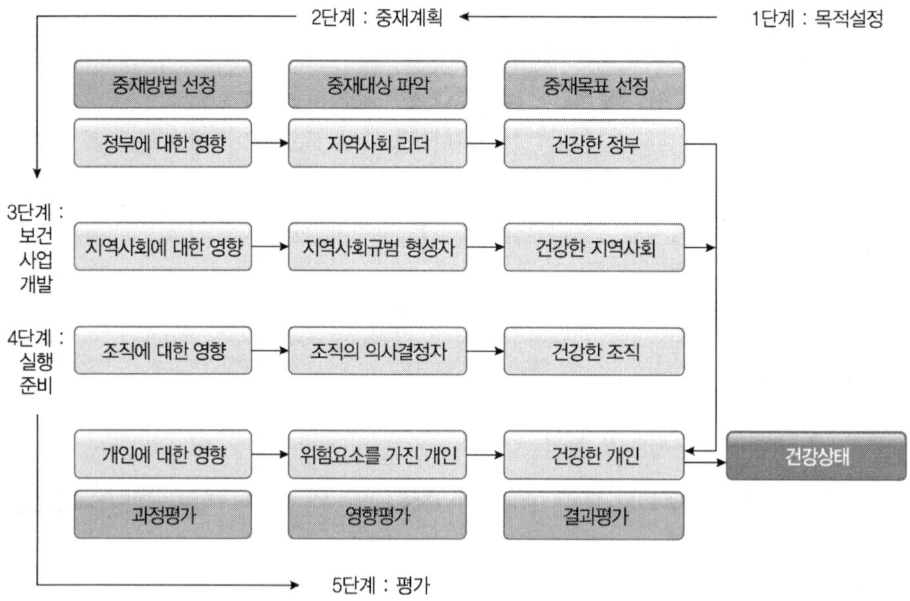

1. 미국 NACCHO와 미국 질병통제예방센터가 공동 개발한 지역사회 건강증진을 위한 보건사업 기획 모형이다.

2. 지역사회를 중심으로 구성된 지역보건체계가 총체적 체계사고를 통해 해당 지역사회의 보건 현황을 파악하고, 보건문제에 대응하는 역량개발에 초점을 맞추고 있다.

3. 모형의 단계

(1) 1단계 : 지역사회의 조직화와 파트너십 개발

기획과정에 참여할 조직 및 단계를 파악하고 동참하는 지역사회 주도형 기획과정의 구성에서 시작하며, 그 결과 현실적으로 실현 가능한 기획안을 개발하는 데 목적이 있다.

(2) 2단계 : 비전제시

비전에는 건강한 지역사회의 의미와 특성이 포함되어야 하고, 5~10년 후의 변화될 모습이 포함되어야 한다.

(3) 3단계 : 사정

사정은 포괄적이고 심층적으로 이루어진다.

① **지역의 건강수준 사정** : 인구학적 특성, 사회경제적 특성, 보건자원 유용성, 건강위험요인, 환경지표, 정신건강, 모성건강, 사망, 질병, 부상, 감염성 질환 등을 통해서 지역사회의 건강과 삶의 질과 관련된 주요 쟁점을 확인한다.

② **지역사회 핵심주제와 강점 사정** : "지역사회에서 가장 중요한 것은 무엇인가요? 우리는 지역사회의 건강을 증진시킬 수 있는 어떤 자산을 가지고 있나요?"라는 질문을 통해서 확인한다.

③ 지역보건체계 사정

④ **변화의 역량 사정** : 지역사회의 건강문제와 보건체계에 영향을 미칠 수 있는 법적, 기술적, 기타 문제를 확인한다.

(4) 4단계 : 전략적 이슈 확인

진단결과에 따라 지역사회보건전략의 우선순위 이슈를 선정한다.

(5) 5단계 : 목표와 전략 수집

우선순위 이슈에 대한 구체적 목표와 전략을 수립한다.

(6) 6단계 : 순환적 활동

지역사회보건사업을 계획하고 수행하며 평가하게 된다.

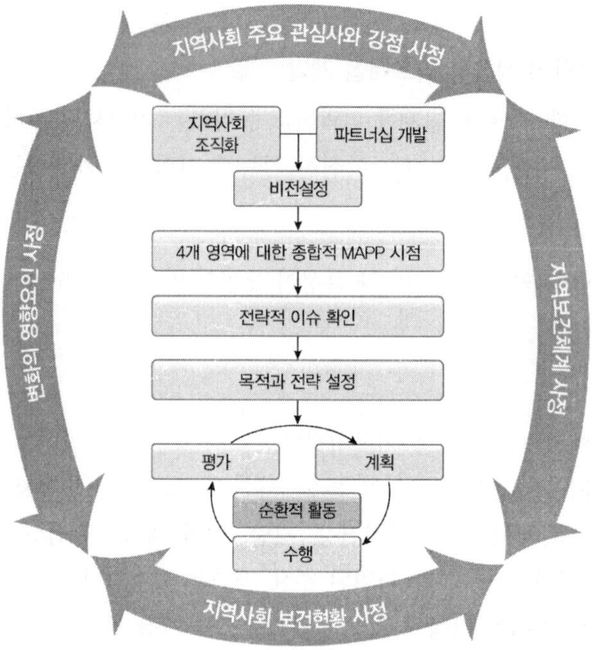

CHECK Point 건강통제이론

1. 내적 통제위
   (1) 자신이 처해있는 환경이나 상황에 대응하며 이를 조절하고 지배하려는 속성이 강함
   (2) 스스로의 조절력에 더 높은 가치를 두고 있기 때문에 외적 통제위보다 제공된 정보나 설득에 의존도가 낮다.
   (3) 목표달성을 위해서 자신의 능력이 보다 더 중요하다는 것을 인식하기 때문에 제공된 정보가 자신에게 유익하다는 판단이 설 때에만 받아들여진다.
2. 외적 통제위
   대인관계에 있어서 자기능력의 부족한 부분을 받아들이고 자신과 관련된 정보를 수집하여 강화를 얻기 위한 수단으로써 권위가 높은 사람에게 의존하는 경향이 큰 것으로 보인다.

FINAL TEST

01 일차보건의료의 개념 또는 건강증진의 개념을 찾아 쓰시오.

(1) 건강에 이로운 공공정책 수립 (　　　　　　　　　　)
(2) 건강지향적 환경 조성 (　　　　　　　　　　)
(3) 지역주민들의 적극적인 참여 (　　　　　　　　　　)
(4) 주민들의 지불능력에 맞게 제공 (　　　　　　　　　　)
(5) 개개인의 기술 개발 (　　　　　　　　　　)
(6) 주민과 가장 가까운 위치에서 제공 (　　　　　　　　　　)

02 일차보건의료

(1) 배경이론
(2) 관련 국제회의
(3) 국내 관련 법
(4) 접근원칙
① 근접한 거리에서 사업이 제공되어야 한다.
② 주민들이 쉽게 이용할 수 있고 유용한 것이어야 한다.
③ 모든 사람에게 필요한 의료서비스이어야 한다.
④ 지역주민과 서비스제공자와의 동반자적 관계 형성이 필요하다.
⑤ 어떤 여건에서도 똑같이 제공되어야 한다.
(5) 필수요소 4A

FINAL TEST 정답

01 (1) 건강증진 (2) 건강증진 (3) 일차보건의료 (4) 일차보건의료
(5) 건강증진 (6) 일차보건의료

02 (1) 건강권 (2) 1978년 9월 12일 구소련의 알마아타 국제회의 (3) 1980년 농특법
(4) ① 근접성 ② 유용성 ③ 포괄성 ④ 주민참여 ⑤ 균등성
(5) 접근성(Accessible), 주민참여(Available), 수용가능성(Acceptable), 지불부담능력(Affordable)

03 건강증진

(1) 배경이론

(2) 관련 최초의 국제회의

(3) 국내 관련 법

(4) 건강증진의 3대 원칙

(5) 건강증진과 보건교육의 관계

(6) 우리나라 건강증진사업의 종류 : (　　　　　　), 질병예방, 영양개선, (　　　　　　), (　　　　　　)

FINAL TEST 정답

3 (1) 생활양식의 변화 (2) 제1차 국제건강증진회의 (3) 1995년 국민건강증진법
(4) 옹호, 역량강화, 연합 (5) 보건교육은 건강증진을 위한 가장 좋은 수단
(6) 보건교육, 건강관리, 건강생활의 실천

04 국민건강증진법

(1) 제정목적 – 국민에게 건강에 대한 가치와 책임의식을 함양하도록 건강에 관한 바른 ( ) 을 보급하고 스스로 건강생활을 실천할 수 있는 ( )을 조성함으로써 국민의 건강을 증진함을 목적으로 한다.

(2) ( )은 국민건강의식을 잘못 이끄는 광고를 한 자에 대하여 그 내용의 변경 또는 금지를 명할 수 있다.

(3) 판매용 용기에 과다한 음주는 건강에 해롭다는 내용의 경고문구를 표기하여야 하는 주류는 국내에 판매되는 「주세법」에 의한 주류 중 알콜분 ( )도 이상의 음료를 말한다.

(4) ( )이 정하는 장소에 담배자동판매기를 설치하여 담배를 판매하는 자는 보건복지부령이 정하는 바에 따라 ( )를 부착하여야 한다.

(5) 금연구역

① 「공연법」에 따른 공연장으로서 객석 수 ( )석 이상의 공연장

② ( )인승 이상의 교통수단으로서 여객 또는 화물을 유상으로 운송하는 것

③ 체육시설로서 ( )명 이상의 관객을 수용할 수 있는 체육시설

④ 학교교과교습학원과 연면적 ( ) 이상의 학원

⑤ 특별자치시장 · 특별자치도지사 · 시장 · 군수 · 구청장은 「주택법」 제2조 제3호에 따른 공동주택의 거주 세대 중 ( ) 이상이 그 공동주택의 복도, 계단, 엘리베이터 및 지하주차장의 전부 또는 일부를 금연구역으로 지정하여 줄 것을 신청하면 그 구역을 금연구역으로 지정하고, 금연구역임을 알리는 안내표지를 설치하여야 한다. 이 경우 금연구역 지정 절차 및 금연구역 안내표지 설치 방법 등은 보건복지부령으로 정한다.

(6) ( )은 국민의 보건교육에 관하여 관계중앙행정기관의 장과 협의하여 이를 총괄한다.

(7) 구강건강사업의 종류

① 구강건강에 관한 교육사업

②

③ 구강건강에 관한 조사, 연구사업

④ 충치예방을 위한 ( )

⑤

⑥ 구강건강의 증진을 위하여 보건복지부령이 정하는 사업

FINAL TEST 정답

4 (1) 지식, 여건 (2) 보건복지부장관 (3) 1 (4) 대통령령, 성인인증장치
(5) ① 300 ② 16 ③ 1천 ④ 1천제곱미터 ⑤ 2분의 1
(6) 보건복지부장관 (7) 수돗물불소 농도 조정사업, 치아홈메우기사업, 불소용액양치사업

05 제4차 국민건강증진종합계획(4차 Health Plan 2020)

(1) 총괄목표 :

(2) 만성퇴행성질환과 발병위험요인 관리 사업분야(7가지)

(3) 감염질환관리 사업분야(5가지)

(4) 인구집단별 건강관리 사업분야(8가지)

(5) 분야별 대표지표

예방중심의 건강관리 측정 영역	대표지표
암관리	
심뇌혈관질환	
결핵	신고 결핵 신환자율(인구 10만명 당)
정신보건	
구강보건	아동청소년 치아우식 경험률(영구치)
금연	성인남자 흡연율, 중고등학교 남학생 흡연율
절주	성인 고위험 음주율
신체활동	유산소 신체활동 실천율
영양	건강식생활 실천율(지방, 나트륨, 과일 · 채소, 영양표시 4개 지표 중 2개 이상을 만족하는 인구비율)
영유아건강	
모성건강	
노인건강	노인 활동제한율 – 일상생활수행능력(ADL), 장애율
건강검진	일반(생애) 건강검진 수검률(건강보험 적용자)
비만	
손상예방	손상 사망률(인구 10만명 당)

FINAL TEST 정답

5 (1) 건강수명의 연장과 건강형평성 제고
(2) 암관리, 건강검진, 관절염, 비만, 심뇌혈관질환, 정신보건, 구강보건
(3) 예방접종, 비상방역체계, 의료관련 감염, 결핵, 에이즈
(4) 모성건강, 영유아건강, 노인건강, 근로자 건강증진, 군인 건강증진, 학교보건, 취약가정 건강, 장애인건강
(5) 암사망률(인구 10만명 당), 고혈압 유병률 · 당뇨병 유병률, 자살사망률(인구 10만명 당), 영아사망률(출생아 천명 당), 모성사망비(출생 10만명 당), 성인비만 유병률

06 우리나라 건강증진사업의 역사

1983년	국민건강 조사
1989년	보건의식행태 조사
	「국민건강증진법」, 「지역보건법」 제정
1998년 7월~ 2001년 6월	건강증진 거점 보건소를 중심으로 한 건강증진시범사업 실시
2001년	전국보건소 정규인력을 통한 방문보건사업 전면 실시
2002년	건강증진사업이 전국 보건소로 확대
	건강생활실천사업을 전국 보건소로 확대, 금연, 영양, 운동, 절주 4대 영역을 필수사업, 선택사업으로 구분 수행, 보건소 금연클리닉사업, 영양플러스사업(임산부 및 영유아 보충영양 관리사업) 시범 운영
	맞춤형 방문건강관리사업 전국 실시
2008년	영양플러스사업 전국 확대 실시
2013년	전국 지자체에서 지역사회 ( )을 시행

07 건강신념모형

(1) (   ) : 특정한 건강행위를 하려고 할 때 그 건강행위를 하지 못하도록 하는 것

(2) (   ) : 대중매체, 대인관계, 의료진이 제공한 유인물

(3) (   ) : 특정 행위를 함으로써 얻을 수 있는 혜택과 이익에 대한 지각

08 건강증진모형

(1) (   ) : 건강행위를 지속시키도록 동기화시키는 것

(2) (   ) : 건강행위계획으로부터 이탈하도록 하는 선호도 순위가 높은 강력한 충동

(3) (   ) : 피로감의 감소, 각성수준의 증가

(4) 처음에는 (내적, 외적) 이익이 높은 동기적 의미를 지니지만 건강행위를 지속시키도록 동기화시키는 데는 (내적, 외적) 이익이 더 강력하다.

FINAL TEST 정답

06 1995년 1월, 2005년, 2007년, 통합건강증진사업

07 (1) 지각된 장애성 (2) 행동의 계기 (3) 지각된 유익성

08 (1) 지각된 이익 (2) 즉각적 · 갈등적 선호성 (3) 지각된 이익(내적 이익)
(4) 외적 이익, 내적 이익

09 PRECEDE-PROCEED 모형

(1) (　　　　　) : 지역사회 주민의 삶의 질에 영향을 미치는 사회적 문제를 사정하는 단계
(2) (　　　　　) : 소인요인, 강화요인, 촉진요인을 사정하는 단계
(3) (　　　　　) : 가장 큰 건강문제를 규명하는 단계
(4) (소인요인, 강화요인, 촉진요인) : 개인이 소지하는 기술 및 자원
(5) (소인요인, 강화요인, 촉진요인) : 지식, 태도, 신념가치, 자기효능감

10 MAPP 모형 사정 영역(4가지)

11 학교건강증진모델 중 프로그램 초기에 개발되어야 하는 요소는? (교육과정, 환경, 행정, 지역사회, 학교서비스)

FINAL TEST 정답

9 (1) 사회적 진단　(2) 교육적 · 조직적 진단　(3) 역학적 진단
(4) 촉진요인　(5) 소인요인

10 지역사회 주요 관심사와 강점 사정, 지역보건체계 사정, 변화의 영향요인 사정, 지역사회 보건현황 사정

11 행정, 지역사회

CHAPTER 03 일차보건의료와 건강증진

기출문제

01 다음은 보건교사가 작성한 금연프로그램 결과보고서이다. 이를 바탕으로 건강증진학교의 구성요소와 건강증진 전략을 〈작성 방법〉에 따라 논하시오. [10점] 2018년

금연프로그램 결과보고서

1. 목적 : 학생들의 흡연율을 감소시켜 건강한 학교생활과 학습환경을 조성하기 위함
2. 추진배경 : 건강실태조사 결과 흡연율이 학생들의 가장 심각한 건강문제로 나타남

〈표 1〉 건강실태조사 결과

구분	흡연율	음주율	아침 결식률	비만율
비율(%)	20.2	15.8	16.6	14.6

3. 금연프로그램 추진 근거틀과 건강증진 이론

① WHO가 제시한 건강증진학교의 구성요소

〈그림 1〉 WHO 건강증진학교의 6가지 구성요소

② 프로체스카(J. Prochaska) 등이 개발한 변화단계모형(Transtheoretical Model : TTM)

…… (중략) ……

5. 프로그램 효과
   - 금연교실 등록 : 등록률 100%
   - 흡연율 20.0%에서 15.0%로 감소
6. 첨부 : 프로그램 종료 후 흡연학생 분석표 1부. 끝

[첨부] 프로그램 종료 후 흡연학생 분석표

집단	특성	학생수
A	6개월 이내에 금연을 고려하지 않고 있음	20
B	6개월 이내 금연하고자 하는 의도를 갖고 있으나, 구체적인 계획은 없이 생각만 함	30
C	1개월 이내에 금연 의도를 가지고 적극적으로 행동변화를 계획함	10
D	금연을 실시하고 있지만, 행위변화가 안정화되어 있지 않고 흡연 상태로 되돌아가려는 성향이 있음	20

〈 작성 방법 〉

- 서론, 본론, 결론의 형식을 갖출 것
- 보건교사가 흡연율 감소와 흡연학생의 건강행태 변화를 위한 추진 근거틀로 WHO 건강증진학교와 변화단계모형(TTM)을 적용하려는 이유를 건강증진학교의 정의와 건강증진이론의 특성에 근거하여 1가지씩 제시할 것
- WHO가 제시한 건강증진학교의 6가지 구성요소 중 〈그림 1〉의 ㉠과 ㉡에 해당하는 요소를 제시하고, 이에 대해 서술할 것
- 첨부 자료의 A집단은 변화단계모형(TTM)에 근거할 때 어느 '변화단계'에 속하는지 제시하고, 흡연율 감소를 위해 보건교사가 이 단계에서 적용할 수 있는 '변화과정' 3가지를 〈그림 1〉의 ㉢과 연계하여 서술할 것

02 **A중학교 보건교사는 (가)비만 관련 현황조사 결과를 반영하여 (나)와 같이 비만관리 프로그램을 기획하고자 한다. (나)에 제시된 PRECEDE-PROCEED 단계별 사정 자료를 활용하는 방안을 〈작성방법〉에 따라 논하시오.** [10점] 2017년

(가) 비만 관련 현황조사 결과

- **학생 건강조사 결과** : 전체 학생의 비만율이 지속적으로 증가하고 있음
- **전년도 학교 비만 프로그램 평가결과** : 건강신념모델(Health Belief Model)에 의한 개별상담 형식의 프로그램 운영으로 ㉠ 비만 관련 질병과 관련된 지각된 민감성과 지각된 심각성은 많은 개선이 있었으나 비만 관련 질병유병률 및 비만율의 감소와 비만 관련 건강행위의 개선은 미흡함
- **비만학생 초점 집단면담(focus group interview) 결과** : 상당수의 학생들이 비만으로 인해 건강 관련 삶의 질이 낮다고 말함. 비만 관련 건강행위에 대한 지식과 자신감이 부족하다고 함. 학교에서 비만상담이나 교육을 받고 싶으나 기회가 적다고 함. 체중관리에 대한 부모의 관심과 지식이 적어 체중관리를 지속하기 어렵다고 함. 학교 주변에 패스트푸드 상점이 너무 많아 쉽게 이용할 수 있다고 함. 학교급식 열량이 높은 것 같다고 함

(나) 비만관리 프로그램 기획안

- 비만관리 프로그램 개요
  - 대상 : ○○○명
  - 내용 : 그린(L. Green) 등(2005)의 PRECEDE-PROCEED 모형에 근거한 비만관리
  - 기간 : 2017년 3월~11월
- PRECEDE-PROCEED 단계별 사정자료

단계		사정자료
1	사회적 진단	• 건강 관련 삶의 질
2	(㉡)	• 비만 관련 질병유병률 • 비만율 • 비만 관련 건강행위
3	㉢ <u>교육 및 생태학적 진단</u>	• 비만 관련 건강행위에 대한 지식과 태도 • 비만 관련 건강행위 자기효능감 • 비만관리에 대한 학교 교육 및 상담 경험 • 체중관리에 대한 부모의 관심과 지식
4	행정 및 정책적 진단	• 비만관리 프로그램 수행에 필요한 인력, 시설, 예산, 규정

… (하략) …

〈 작성 방법 〉

- 서론, 본론, 결론의 형식을 갖추되, 본론은 다음을 포함하여 작성할 것
- ㉡에 들어갈 명칭을 쓰고, 이 단계에 추가로 파악해야 할 사정자료 2가지를 (가)에서 찾아 제시할 것
- ㉢단계에 제시된 사정자료를 소인(predisposing), 강화(reinforcing), 가능(enabling) 요인으로 분류하고, 각 요인에 해당되는 이유를 각각 제시할 것
- ㉠의 의미를 서술하고, ㉠이 ㉢단계의 3가지 요인 중 어디에 해당되는지 제시할 것

| 모범답안 |

1. 서론
2. 본론

(1) ㉡ 역학, 행위 및 환경적 진단 : 이 단계에서 추가로 파악해야 할 사정자료 2가지

① "학교에서 비만상담이나 교육받을 기회가 적다."

② "패스트푸드 상점이 너무 많아 쉽게 이용할 수 있다."

(2) ㉢ 소인, 강화, 가능요인 분류와 해당 이유

① 비만 관련 건강행위에 대한 지식과 태도 – 소인요인, 지식과 태도는 행위의 근거나 동기에 제공하는 인지적 · 정서적 요인임

② 비만 관련 건강행위 자기효능감 – 소인요인, 자기효능감은 행위의 근거나 동기에 제공하는 인지적 · 정서적 요인임

③ 비만관리에 대한 학교 교육 및 상담 경험 – 가능요인, 개인의 건강행위 수행을 가능하게 도와주는 요인으로 보건교육 및 상담은 학교의 건강증진 관련 프로그램임

④ 체중관리에 대한 부모의 관심과 지식 – 강화요인, 부모의 관심과 지식은 아동이 행위를 계속 유지하거나 중단하게 하는 요인

(3) ㉠ 비만 관련 질병과 관련된 지각된 민감성과 지각된 심각성

① 지각된 민감성은 자신이 비만 관련 질병에 걸릴 위험이 있다는 가능성에 대한 인지정도로 "질병을 진단받을 가능성, 재발가능성, 질병에 걸릴 가능성에 대한 지각"을 의미하며,

② 지각된 심각성은 자신이 비만 관련 질병에 걸렸을 경우나 치료하지 않았을 때 어느 정도 심각하게 될 것인가에 대한 지각으로 "죽음, 불구, 통증 등과 같은 의학적 결과나 학교, 가족생활, 사회적인 관계에 미치는 영향과 같은 사회적 결과"를 포함한다.

③ 따라서 "㉠ 비만 관련 질병과 관련된 지각된 민감성과 지각된 심각성"은 자신이 스스로 특정 질병에 대한 위험성과 심각성을 지각하는 것이므로 소인요인에 해당된다.

3. 결론

03 다음은 세계보건기구(WHO)의 국제건강증진회의와 관련된 방송보도 내용이다. 괄호 안의 ㉠에 해당하는 용어와 밑줄 친 ㉡에 해당하는 건강증진 활동영역(Health Promotion Action Means) 4가지의 핵심 내용을 서술하시오.

[5점] 2015년

> 기 자 : 저는 지금 WHO의 제8차 국제건강증진회의(8th Global Conference on Health Promotion)가 열리고 있는 현장에 나와 있습니다. 한국에서 오신 보건복지부 A과장님을 모시겠습니다. 안녕하십니까? 이번이 벌써 8번째 회의인데, 첫 번째 회의는 언제 열렸지요?
>
> A 과장 : 네, 1986년에 개최되었습니다.
>
> 기 자 : 당시에는 건강증진에 대한 사회적 관심이 아무래도 적었을 텐데요.
>
> A 과장 : 그렇죠. WHO 1차 회의에서 건강증진에 대한 정의가 제시되었고, 건강증진을 위한 5가지 주요 활동영역도 그 당시 채택된 (㉠) 헌장에서 제시된 바 있습니다.
>
> 기 자 : 그렇군요. 첫 번째 건강증진 활동영역은 무엇입니까?
>
> A 과장 : 네, 첫 번째 활동영역은 '건강한 공공정책 수립'입니다. 이 영역은 정책 결정자들에게 건강에 대한 책임감 자각을 강조하고 입법, 재무, 조세, 조직변화 등 다양한 측면을 포함한 건강증진정책 수립과 이를 촉진하기 위한 활동을 포함합니다.
>
> 기 자 : 네, 나머지 ㉡ 4가지 건강증진 활동영역의 핵심내용은 무엇인가요?
>
> … (중략) …
>
> 기 자 : 이상 핀란드의 헬싱키에서 OOO 기자였습니다.

|정답| ㉠ 오타와
㉡ 지지적 환경조성, 지역사회활동의 강화, 개인기술의 개발, 보건의료서비스의 재정립

04 다음은 어느 중학생의 건강상담 카드이다.

건강상담 카드

성명	김OO	성별	남	학년/반	3-2

- 신장/체중 : 160cm/73kg
- 체형 : 복부가 불룩함
- 혈압 및 맥박 : 120/70mmHg, 85회/분
- 생활습관 및 식습관
  - 운동 부족(조금만 걸어도 숨이 참)
  - 컴퓨터 게임 : 매일 3~4시간 이상
  - 아침식사를 자주 거르고 폭식함
  - 패스트푸드(치킨, 피자 등) : 주당 4회 이상
- 특이 사항
  - 일년 내내 감기가 자주 걸리는 편임
  - 외모(체형)에 대한 자존감이 낮은 편임

보건교사는 글랜즈, 라이머와 루이스(Glanz, Rimer & Lewis, 2002)의 건강신념모델(HBM : Health Belief Model)을 이용하여 김OO 학생이 비만관리 프로그램에 참여하도록 격려하고자 한다. 건강신념모델을 구성하는 개념 중 '개인의 지각' 및 '행위가능성'의 하위개념을 각각 정의하시오. 또한 김OO 학생의 비만관리 프로그램 참여를 격려할 수 있는 중재방안을 '개인의 지각' 및 '행위가능성'의 하위개념별로 각각 5가지씩 제시하시오.

[30점] 2012년

|모범답안|

1. '개인의 지각' 및 '행위가능성'의 하위개념 정의
   (1) 개인의 지각의 하위개념은
   ① 자신이 어떤 질병에 걸릴 위험이 있다고 지각하는 질병에 대한 <u>지각된 감수성</u>과
   ② 질병에 걸렸을 경우나 치료를 하지 않았을 때 어느 정도 심각한 상태가 될 것인가에 대해 지각하는 질병에 대한 <u>지각된 심각성</u>이다.

(2) 행위가능성의 하위개념은

① 특정행위를 함으로써 얻을 수 있는 이익 또는 혜택인 지각된 유익성과

② 특정한 건강행위를 하려고 할 때 그 건강행위를 하지 못하도록 하는 것, 비용부담, 위험성, 부작용, 불쾌감, 시간소비 등의 지각된 장애성이다.

2. 김OO 학생의 비만관리 프로그램 참여를 격려할 수 있는 중재방안

(1) 개인의 지각에 관한 중재방법

① 질병에 대한 지각된 감수성을 높여주기 위한 방안

㉠ 우리나라 비만 인구수와 비만으로 인한 합병증 발생수준, 비만호발 시기(영아기, 5~6세, 사춘기, 중년기 여성) 등을 교육하며,

㉡ 비만도가 28.52kg/㎡이므로 비만상태라는 것과 비만의 정도에 관한 정보를 제공하고,

㉢ 복부가 불룩한 체형에 관해 내장비만 및 복부비만임을 설명하며, 이로 인해 발생할 수 있는 건강문제를 설명하고,

㉣ 비만의 주된 원인인 고열량 · 고지방 식습관, 운동부족, 컴퓨터게임 등 학생이 가지고 있는 비만원인 행동에 대해 설명하며,

㉤ 자주 감기에 걸리는 면역력 저하 등 체력저하 및 체질저하와 비만과의 관련성을 설명해준다(비만도와 체질저하는 정적 관계임을 밝힘).

② 질병에 대한 지각된 심각성을 높여주기 위한 방안

㉠ 소아비만의 증상징후 및 이로 인해 발생할 수 있는 만성질환, 무릎관절이나 척추 통증 등의 불편감 등에 대해 알려주며,

㉡ 소아비만이 성인비만으로 이어지는 비율과 이유를 설명하고(지방증식형 비만),

㉢ 자존감 저하, 우울 등 정신건강에 미치는 영향에 대해 정보를 제공하고,

㉣ 성인시 비만상태가 직장선택, 대인관계에 영향을 준다는 점을 인식시키며,

㉤ 복부비만으로 인해 동반되는 만성질환(심뇌혈관질환, 고지혈증, 지방간 등)의 위험성에 대해 교육한다.

(2) 행위가능성에 관한 중재방법

① 예방적 건강행위에 대한 지각된 유익성을 높여주기 위한 방안

㉠ 학생이 참여하게 될 비만관리 프로그램에 관해 자세한 설명 및 최근 효과성에 대한 정보를 제공하고,

㉡ 비만 프로그램 참가로 학생이 얻게 될 목표달성시 체중과 그로 인해 얻게 되는 이점에 대해 교육하며,

㉢ 비만 프로그램에 참가하여 목표달성시 상(외적 보상, 강화물)을 제공하고,

㉣ 교내 비만관리 프로그램 실시와 프로그램 참여시작 시기를 본인이 선택 조정하게 하고,

㉤ 비만이 교정되면서 감기에 자주 걸리고, 조금만 걸어도 숨차고 했던 직접 느끼던 불편감이 완화될 수 있음을 알린다.

② 예방적 행위에 대한 지각된 장애를 줄여주기 위한 방안

㉠ 비만관리 프로그램 진행시 불편감이나 건의사항에 관한 문제점 파악 및 적절한 해소를 위해 주기적으로 상담 및 수시평가를 시행하며,

㉡ 비만관리 프로그램을 대상자에 맞추어 수정 및 보완할 수 있다고 여지를 주어 마음의 여유를 갖게 하고,

㉢ 아주 적은 양의 식사와 높은 강도의 운동을 해야 하는 것이 아니라고 알려주어 긍정적 태

도를 갖게 하며,

㉣ 슬럼프나 어려움이 있을 때 지지받을 수 있는 멘토링 제도를 운영하고, 자조집단을 구성해주어 또래 간 지지와 격려를 받게 하고,

㉤ 새로운 식습관과 행태습관 등을 익히는 데 어렵다고 하면, 기존 습관을 해온 기간이 길수록 새로운 습관을 익히는 데 노력이 필요하다는 것을 알려준다.

05 표준체중에 의한 상대체중으로 비만도를 산출하는 공식(Broca Index)과 판정기준을 제시하고 보건교사가 비만관리 프로그램 실시 후 그 효과를 평가할 수 있는 결과지표를 5가지 제시하시오. 또한 아래 면담자료에서 PRECEDE Model에 근거한 교육진단의 '성향요인'을 모두 사정하고, 그 사정된 요인별로 비만관리 내용을 제시하시오. [25점] 2011년

서울 소재의 초등학교 김○○ 보건교사는 신체발달상황 검사자료를 분석한 결과 6학년 학생의 비만율이 23.2%로 그 지역 평균 비만율보다 높게 나타났으며, 최근 3년간 경도 이상 비만학생이 계속 증가하고 있음을 파악하였다. 그래서 비만학생 및 그 학부모들에 대한 면담을 실시한 후 비만관리 프로그램을 계획하려고 한다. 면담자료는 다음과 같다.

가. 학생 면담자료

귀찮아서 아침을 거르는 경우가 많았고, 주로 화가 나거나 짜증나면 많이 먹게 된다고 하였다. 주로 선호하는 음식은 케익, 치킨, 햄버거와 콜라, 피자 등이었다. 걷기가 싫어서 등교시 또는 학원을 갈 때 교통수단을 주로 이용하였으며, 학원을 평균 2개 이상 다니므로 저녁식사는 햄버거나 라면 등으로 대신하거나 늦은 시간에 한번에 많이 먹게 되는 경우가 많았다. 살을 빼려고 노력하거나 자신이 비만이라고 인지하는 비율이 매우 낮게 나타났다. 좋아하는 활동으로 TV 보기와 게임하기 등을 들었고 그 소요시간이 정상체중 학생들보다 길었으며, 움직이기를 싫어해서 일주일의 평균 운동량이 매우 적게 나타났다. 또한 지난 1년간 건강상담을 받았다는 비율도 낮게 나타났다.

나. 학부모 면담자료

학생들이 배고프지 않도록 좋아하는 간식을 충분히 준비해두며, 살찐 것은 나중에 키로 갈 것이라고 생각하여 잘 먹으면 칭찬을 하였다고 한다. 또한 올바른 식습관에 대한 교육을 받은 경험이 없는 것으로 나타났다.

|모범답안|

1. 표준체중에 의한 상대체중으로 비만도를 산출하는 공식(Broca Index)
   ① 표준체중은 "(신장 - 100) x 0.9"로 계산하며,
   ② 비만도는 (실제체중 - 표준체중) / 표준체중 x 100으로 계산한다.

2. 비만도 판정기준

① 경도 비만 : 몸무게가 키에 대한 표준체중보다 20% 이상 30% 미만으로 무거운 경우
② 중등도 비만 : 몸무게가 키에 대한 표준체중보다 30% 이상 50% 미만으로 무거운 경우
③ 고도 비만 : 몸무게가 키에 대한 표준체중보다 50% 이상 무거운 경우

3. 보건교사가 비만관리 프로그램 실시 후 그 효과를 평가할 수 있는 결과지표

① 체중과 키를 측정하여 현재의 체중과 표준체중을 비교
② 체질량지수(BMI) 혹은 표준체중에 의한 상대체중
③ 허리둔부 비율(허리/엉덩이)로 남성은 1.0 이상, 여성은 0.8 이상시 비만
④ 체지방량
⑤ 피부주름 두께 – 상완삼두근(팔꿈치 머리와 견봉돌기 중간지점으로 표준수치는 남자 12.5mm, 여자는 16.5mm로 이보다 10% 아래면 영양실조, 10% 이상이면 비만 또는 영양과잉상태를 나타냄), 장골능(중간액와선상 장골능 바로위 대각선), 대퇴부(서혜부와 슬개골 중간부위 수직), 견갑하부(견갑 바로밑 대각선)를 캘리퍼를 이용해 3회 측정 후 평균치
⑥ 상완근 둘레(팔꿈치 머리와 견봉돌기 중간지점을 줄자로 확인, 표준수치 남자 29.3cm, 여자 28.5cm와 비교)
⑦ 지식 · 태도 · 행위변화(질문지, 구두질문, 체크리스트, 자가보고서 등을 활용)

4. PRECEDE Model에 근거한 교육진단의 성향요인

성향요인은 행위에 대한 동기부여 기능을 하는 것으로 "개인의 지식, 태도, 신념, 가치, 자기효능감 등과 그 외 유전적, 인종적, 성별, 나이"를 포함하므로

(1) 학생의 면담자료에서 성향요인은

① 태도 : 귀찮아서 아침을 거르는 경우가 많았고, 주로 화가 나거나 짜증나면 많이 먹게 됨. 걷기가 싫어서 등교시 또는 학원을 갈 때 교통수단을 주로 이용하였으며, 학원을 평균 2개 이상 다니므로 저녁식사는 햄버거나 라면 등으로 대신하거나 늦은 시간에 한번에 많이 먹게 되는 경우가 많음. 움직이기를 싫어해서 일주일의 평균운동량이 매우 적게 나타났고, 지난 1년간 건강상담을 받았다는 비율도 낮게 나타남
② 가치 : 주로 선호하는 음식은 케익, 치킨, 햄버거와 콜라, 피자였고, 좋아하는 활동으로 TV 보기와 게임하기 등을 들었으며, 그 소요시간이 정상체중 학생들보다 길었음
③ 인식 : 살을 빼려고 노력하거나 자신이 비만이라고 인지하는 비율이 매우 낮게 나타남

(2) 학부모 면담자료에서 성향요인은

① 태도 : 학생들이 배고프지 않도록 좋아하는 간식을 충분히 준비해 두며,
② 인식 : 살찐 것은 나중에 키로 갈 것이라고 생각하여 잘 먹으면 칭찬을 하였다고 함
③ 지식 : 올바른 식습관에 대한 교육을 받은 경험이 없는 것으로 나타남

5. 사정된 성향요인별 비만관리 내용

① 학생의 태도와 가치 변화를 위해 건강에 도움이 되는 식습관 및 행동, 올바른 스트레스 해소방법 등을 알려준다.
② 인식, 지식면에서는 주로 섭취하는 음식물의 영양성분 및 칼로리와 학령기 아동의 일일 총칼로리 요구량, 비만의 정의, 비만도 산출 · 판정기준, 소아비만의 증상과 징후, 소아비만의 문제점과 함께, 비만관리방법으로 "식이요법, 운동요법, 행동요법 등"을 안내한다.

06 **건강증진 PRECEDE-PROCEED 모형에 따라 학생들의 흡연과 금연에 영향을 미치는 내용들을 사정하였다. 사정된 내용에 따라 각 요인이 바르게 짝지어진 것은?** [2.5점] 2009년

① 촉진요인(enabling factor) – 친한 친구들이 흡연하고 있다.
② 강화요인(reinforcing factor) – 학생들은 흡연이 폐암의 원인이라는 것을 알고 있다.
③ 촉진요인(enabling factor) – 청소년에 대한 담배판매 금지규정이 있어 담배를 구입하기가 어렵다.
④ 성향요인(predisposing factor) – 생활지도부에서 흡연학생에게 교내 봉사활동을 하도록 하는 교칙이 있다.
⑤ 강화요인(reinforcing factor) – 보건교사가 학교 가까이에 있는 보건소 금연 프로그램의 무료 금연침에 관한 정보를 제공해 주었다.

|정답| ③

|해설| ① 친구의 영향이므로 강화요인이다.
② 개인의 지식으로 소인요인이다.
④ 교칙은 학교 내의 법이나 정책반영과 같은 맥락으로 이해할 수 있으므로 가능요인이다. 만약, 흡연으로 적발된 학생에게 교칙을 적용하여 봉사활동을 받게 했다면, 이는 행위에 대한 처벌이므로 강화요인으로 볼 수 있다. 그러나 보기에서는 교칙이 있다는 점을 설명하고 있으므로 규칙, 법 등으로 이해해야 한다.
⑤ 지역사회 자원에 관한 정보제공으로 건강행위(금연)를 실현 가능하도록 하는 촉진요인이다.

07 **바람직한 건강행위를 유도하기 위한 이론으로 팬더의 건강증진모델이 있다. 이 모델은 개인의 특성과 경험, 행위별 인지와 감정, 행위결과의 세 영역으로 구성되어 있다. 세 영역 중 행위별 인지와 감정은 중재의 대상으로 중요하다. 이 영역에 포함된 요소들 중 4가지만 쓰고, 그에 대한 정의를 기술하시오.** 2006년

|정답| 1. 행동의 지각된 이익
① 특정 행위에 대해 개인이 기대하는 이익이나 긍정적인 결과를 말하며, 행동에 따른 긍정적 결과나 강화된 결과로부터 얻어진다.
② 내적인 이익 : 피로감의 감소, 각성수준의 증가
③ 외적인 이익 : 경제적 보상, 사회적 상호작용의 증가
④ 처음에는 외적인 이익이 높은 동기적 의미를 지니지만 건강행위를 지속시키도록 동기화시키는 데는 내적 이익이 더 강력하다.

2. **행동의 지각된 장애** : 이용하기 불가능함, 불편함, 값이 비쌈, 어려움, 시간소요가 많음, 만족감의 감소 등 어떤 행위를 하는 데 장애가 되는 것으로 상상된 것일 수도 있고 실제적일 수도 있다.
3. **지각된 자기효능감(강인성)** : 수행을 확실하게 성취할 수 있는 개인의 능력에 대한 판단으로 긍정적인 감정을 가질수록 자기효능감은 커지게 되며, 자기효능감이 클수록 지각된 장애 정도는 감소하게 된다.
4. **행동과 관련된 감정** : 행위를 시작하기 전, 하는 동안, 후에 일어나는 주관적 느낌으로 '행동 자체와 관련된 감정, 행동하는 개인과 관련된 감정, 행위가 일어나는 환경과 관련된 감정 등' 3가지로 구성된다.
5. **인간 상호간의 영향** : 다른 사람의 태도, 신념, 행위를 인지하는 것을 말하며, 1차적인 원천은 가족(부모, 형제), 또래집단, 보건의료제공자이다.
6. **상황적 영향** : 개인은 부적합하다기보다는 적합하다고 느끼고, 동떨어져 있기보다는 관련되어 있으며, 불안하고 위협적이기보다는 안전하고 안심할 수 있는 환경이나 상황, 매력적이고 흥미로운 환경에서 보다 능력껏 행동할 수 있다.

08 **일차보건의료는 '2000년대에는 전 인류에게 건강을'이라는 목표를 성취하기 위한 접근법이다. 학교보건사업은 대표적인 일차보건의료사업의 한 형태이다. 세계보건기구는 일차보건의료 접근에서 고려해야 할 필수 요소로 4A를 제시하고 있다. 4A란 무엇인지 쓰고, 각각에 대한 정의를 기술하시오.**

2006년

| 정답 | 1. 접근성(Accessible) : 지역주민이 원할 때는 언제나 서비스 제공이 가능해야 한다.
2. 주민참여(Available) : 지역사회의 적극적인 참여를 통해서 이루어져야 한다.
3. 수용가능성(Acceptable) : 지역사회가 쉽게 받아들일 수 있는 방법으로 제공되어야 한다.
4. 지불부담능력(Affordable) : 지역사회 구성원의 지불능력에 맞는 보건의료수가로 제공되어야 한다.

09 Becker 등의 건강신념형은 질병예방행위를 설명하기 위한 모형이다. 이 모형에서 제시된 개념을 5가지만 열거하고, 각 개념에 대한 정의를 1줄 이내로 쓰시오. 2005년

|정답| 1. 개인의 지각(지각된 위협감 = 지각된 민감성 + 지각된 심각성)
① 지각된 민감성 : 자신이 어떤 질병에 걸릴 위험이 있다고 지각하는 것
② 지각된 심각성 : 질병에 걸렸을 경우나 치료를 하지 않았을 때 어느 정도 심각하게 될 것인가에 대한 지각
2. 조정요인 – 행동의 계기 : 의사결정을 하는 데 필요한 자극으로 질병으로 인한 증상과 같은 내적 요인이나 대중매체, 대인관계, 의료진이 제공한 유인물과 같은 외적 요인들이 관련된다.
3. 행위가능성
① 지각된 장애성 : 특정한 건강행위를 하려고 할 때 그 건강행위를 하지 못하도록 하는 것
② 지각된 유익성 : 특정행위를 함으로써 얻을 수 있는 혜택과 이익에 대한 지각

10 그린의 PRECEDE-PROCEED 모형은 포괄적인 보건교육 및 건강증진 계획을 수립하는 데 유용한 모형이다. 이 모형의 일부인 PRECEDE 과정은 보건교육 및 건강증진사업의 우선순위 결정과 목적 설정을 보여주는 진단단계이다. PRECEDE 과정의 5가지 사정단계를 제시하고, 각 단계에 대한 정의를 1줄 이내로 쓰시오. 2005년

|정답| 1. 1단계 사회적 진단 : 지역사회 주민을 대상으로 삶의 질에 영향을 미치는 사회적 문제를 사정한다.
2. 2단계 역학적 진단 : 1단계에서 규명된 건강문제들에 대하여 순위를 매겨 부족한 자원을 사용할 가치가 가장 큰 건강문제를 규명한다.
3. 3단계 행동적 · 환경적 진단 : 규명된 최우선의 건강문제와 원인적으로 연결된 건강관련 행위와 환경요인을 규명한다.
4. 4단계 교육적 · 조직적 진단 : 규명된 특정 건강행위에 영향을 주는 소인요인, 강화요인, 촉진요인을 사정
① 성향(소인)요인 : 행위를 하기에 앞서 내재된 요인으로 행위의 근거나 동기를 제공하는 인지이다. 예 지식, 태도, 신념가치, 자기효능, 의도 등
② 촉진(가능)요인 : 건강행위 수행을 가능하게 도와주는 요인으로 보건의료 및 지역사회자원의 이용가능성, 접근성, 시간적 여유 제공성, 개인의 기술, 개인의 자원, 지역사회 자원 등
㉠ 기술 : 신체운동, 휴식요법, 의료기기를 사용하는 것
㉡ 자원 : 보건의료시설, 인력, 학교 등이 포함
예 흡연의 경우 담배값, 저렴한 흡연예방 프로그램, 금연기구 등
③ 강화요인 : 사회적 유익성, 신체적 유익성, 대리보상, 사회적 지지, 친구의 영향, 충고, 보건의료제공자에 의한 긍정적 또는 부정적 반응
5. 5단계 행정적 · 정책적 진단 : 프로그램 및 시행과 관련되는 조직적, 행정적 능력과 자원을 검토하고 평가한다.

11 우리나라에서는 1995년 1월 국민건강증진법이 제정되었다. 이와 관련하여 다음 사항에 답하시오.

1998년

1. 국민건강증진법의 제정배경을 설명하시오.
2. 국민건강증진을 위한 보건교육에 포함되어야 할 내용을 6가지 이상 제시하시오.
3. 흡연에 대한 건강증진 접근에 대해 기술하시오.

|정답| 1. 제정배경

(1) 산업화와 도시화에 따른 환경공해, 산업재해 및 각종 사고발생 등 건강위험요인이 증가하였다.

(2) 인구의 고령화와 생활양식의 변화로 만성퇴행성질환을 중심으로 한 성인병의 증가, 운동부족과 스트레스 증가로 인한 위장장애, 정신장애 등의 질환과 약물중독이 증가하였다.

(3) 1980년대 이후 국민소득 증대와 전 국민 의료보험 실시에 따른 의료이용의 급증, 난치성 만성질환의 증가, 의료기술의 발달과 함께 의료서비스의 다양화 및 고가화로 국민의료비의 지출증대 등의 문제가 발생하였다.

(4) 이러한 건강문제들은 의료적 문제의 개선조치만으로는 효과적으로 해결될 수 없어 국가가 법령으로 제정하여 건강을 국민의 기본권으로 보장하고 건강을 증진할 수 있도록 조치하게 되었으며, 국민 개개인이 일상생활에서 올바른 건강의식을 가지고 스스로 실천에 옮기는 일이 무엇보다 중요하게 되었다.

2. 보건교육의 내용

(1) 금연, 절주 등 건강생활의 실천에 관한 사항

(2) 만성퇴행성질환 등 질병의 예방에 관한 사항

(3) 영양 및 식생활에 관한 사항

(4) 구강건강에 관한 사항

(5) 공중위생에 관한 사항

(6) 건강증진을 위한 체육활동에 관한 사항

(7) 기타 건강증진사업에 관한 사항

3. 국민건강증진법

(1) 제8조(금연 및 절주운동 등) 국가 및 지방자치단체는 국민에게 담배의 직접흡연 또는 간접흡연과 과다한 음주가 국민건강에 해롭다는 것을 교육 · 홍보하여야 한다.

(2) 제9조(금연을 위한 조치)

① 담배사업법에 의한 지정소매인 기타 담배를 판매하는 자는 대통령령이 정하는 장소 외에서 담배자동판매기를 설치하여 담배를 판매하여서는 아니 된다.

② 대통령령이 정하는 장소에 담배자동판매기를 설치하여 담배를 판매하는 자는 보건복지부령이 정하는 바에 따라 성인인증장치를 부착하여야 한다.

③ 국회의 청사 외 공중이 이용하는 시설의 소유자 · 점유자 또는 관리자는 해당 시설의 전체를 금연구역으로 지정하고 금연구역을 알리는 표지를 설치하여야 한다. 이 경우 흡연자를 위한 흡연실을 설치할 수 있으며, 금연구역을 알리는 표지와 흡연실을 설치하는 기준 · 방법 등은 보건복지부령으로 정한다.

CHAPTER

04 지역사회 간호행정

01 보건의료서비스

1 보건의료

1. 보건의료의 개념

(1) 의료(Medical Care)

협의적 개념, 상병자 개개인을 대상으로 하는 질병치료의 실천 및 그 체계

(2) 보건의료(Health Care)

광의적 개념, 인간의 생활을 대상으로 하는 건강관리의 개념으로 생활개념이 포함

(3) 포괄적 보건의료(Comprehensive Health Care)

지역사회 인구집단을 대상으로 하는 전인적 건강관리로 의료의 전 영역과 인간생애개념이 포함

2. 보건의료서비스의 개념

건강보호 및 증진을 일차적 과제로 삼고 질병에 대처하여 직접 사람에게 행하여지는 모든 조치를 보건의료서비스라고 한다. 보건의료서비스는 제공자와 이용자뿐만 아니라 이들 사이에 사회조직 등의 제도적 장치가 있어야 한다.

3. 보건의료서비스의 종류

(1) 질병의 자연사를 고려

1차 예방(건강증진과 질병예방), 2차 예방(진료), 3차 예방(재활)

(2) 대상자 건강문제의 종류에 따라

1차 의료, 2차 의료, 3차 의료

4. 적정 보건의료서비스의 요건

(1) 접근용이성

보건의료서비스는 필요하면 언제 어디서라도 이용할 수 있도록 재정적 · 지리적 · 사회문화적인 측면에서 주민이 필요한 보건의료서비스를 쉽게 이용할 수 있어야 한다.

(2) 질적 적정성

보건의료의 의학적 적정성과 사회적 적정성이 동시에 달성될 수 있어야 한다.

(3) 지속성

개인에게 제공되는 보건의료는 시간적, 지리적으로 상관성을 갖고 적절히 연결되어야 하며, 지역사회 수준에서 제공되는 보건의료는 보건의료기관들 간에 유기적인 관계를 가지고 협동적으로 보건의료서비스를 수행해야 하며 전인적 보건의료는 평생 또는 오랫동안 지속되어야 한다.

(4) 효율성

보건의료의 목적을 달성하는 데 투입되는 자원의 양을 최소화하거나 일정한 자원의 투입으로 최대의 목적을 달성할 수 있어야 한다.

양질의 의료서비스 구성요소

구성요소	주요 내용
접근용이성	개인적 접근성, 포괄적 서비스, 양적인 적합성, 형평성
질적 적정성	전문적인 자격, 개인적 수용성, 질적인 적합성
지속성	개인중심의 진료, 중점적인 의료 제공, 서비스의 조정
효율성	평등한 재정, 적정한 보상, 효율적인 관리

5. 보건의료서비스의 사회경제적 특성

(1) 질병의 예측불가능성

① 개인적으로 볼 때 불균등하고, 예측이 불가능하며, 긴급을 요하는 상황이나 집단적으로 볼 때 경험적, 확률적으로 추정이 가능하다.
② 개별적 수요의 불확실성과 불규칙성에 대한 집단적 대응을 위해 보험이 발생한다.
③ 건강보험을 통해 미래의 불확실한 큰 손실을 현재의 확실한 작은 손실로 대처하여 질병발생의 예측불가능성에 대비해야 한다.

(2) 외부효과

① 확산효과, 이웃효과라고도 한다.
② 전염의 전파를 차단하는 경우 얻는 효과는 질병에 걸려 치료를 하는 경우 얻는 효과보

다 몇 배를 사회가 획득하게 된다.

③ 예방접종을 실시하여 질병의 면역성을 획득함으로써 추가적인 비용부담 없이 타인의 감염위험은 감소하게 된다.

(3) 생활필수품으로서의 보건의료

① 보건의료는 의식주 다음의 제4의 생활필수품이다.

② 모든 사람은 보건의료서비스를 필요로 하며 지불능력을 가지고 있지 않다 할지라도 서비스를 받을 권리를 갖는다.

(4) 공공재적 성격

① 공공재란 모든 소비자에게 골고루 편익이 돌아가야 하는 재화나 서비스를 말한다.

② 비배제성, 타인의 소비로 자기의 소비가 지장을 받지 않는 비경합성이어야 한다.

③ 공공재의 경우 정부가 개입하지 않고 시장경쟁의 상태를 그대로 두면 구매력을 가진 사람만이 이용하게 되어 결국 시장기능이 실패하게 되므로 국가개입의 당위성이 커지게 된다. 이렇듯 국가개입이 커지게 되면 소비자측의 도덕적 위해 또는 불감증이 증가되어 무임승차자 문제가 제기되기도 한다.

(5) 정보의 비대칭성

① 질병관리에 관한 대중의 지식수준이 거의 무지상태에 있다.

② 공급자 위주의 시장, 전문가 지배, 공급유인 수요현상을 초래한다.

(6) 비영리적 동기

① 보건의료분야는 영리추구에 우선순위를 두고 있지 않다.

② 의료인에게는 영업세가 부과되지 않으며, 비영리의료기관은 과세대상에서 제외되고 있다.

③ 비영리적 동기 때문에 조직의 효율성에 문제가 초래되기도 한다.

(7) 경쟁제한

① 보건의료서비스는 제도적으로 경쟁이 제한되어 독과점이 형성된다.

② 생산권이 한정된 면허권자에게만 제한되며 보건의료 공급은 가격인상에 매우 비탄력적이다.

③ 의료기관 간의 가격경쟁이나 광고를 통한 경쟁이 금지되어 있다.

(8) 소비적 요소와 투자적 요소의 혼재

생산활동에 종사하고 있는 노동자의 질병이나 노동 불능의 예방을 목적으로 하는 서비스는 비노동 연령자에게 행하는 보건의료서비스와 비교할 때 투자적 성향이 존재하게 된다.

(9) 노동집약적인 인적 서비스

① 인간에 대한 인적 서비스인 보건의료서비스는 노동집약적인 성격을 가지고 있으므로 자동화에는 한계가 있다.

② 기업경영식의 경비절감정책이 효과를 거두기 어렵고, 조직 내의 인사관리가 다른 조직보다 어렵다.

(10) 치료의 불확실성

① 질병의 진행성과 증상 및 반응의 다양성 때문에 명확한 결과를 측정하기가 곤란하다.

② 불확실성으로 인해 의사의 재량권이 확대될수록 의사에게는 더 많은 의무가 부여된다.

(11) 공동생산물로서의 보건의료와 교육

보건의료서비스와 교육 · 연구가 분리되지 않고 밀접하게 관련되어 함께 생산됨으로써 의료의 질이 향상될 수 있다.

2 보건의료체계

1. 국가보건제도의 구성요소(WHO)

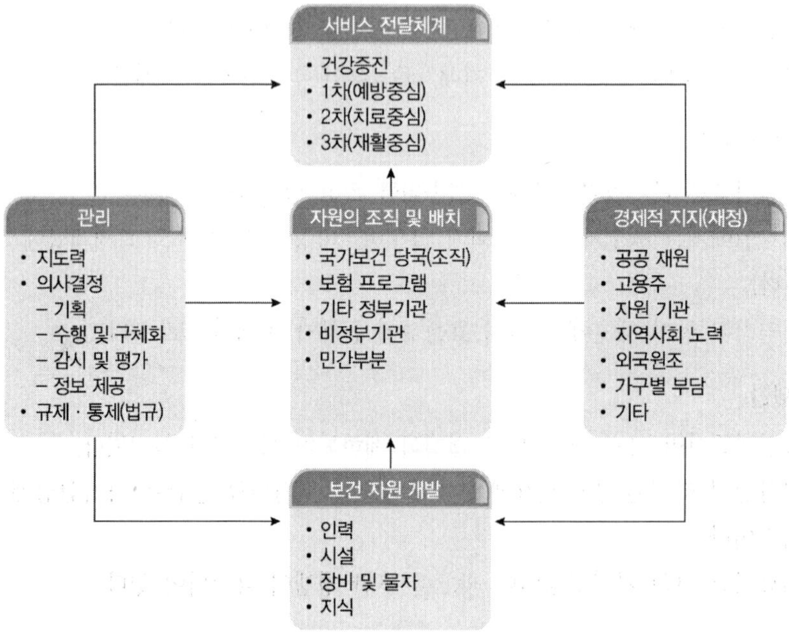

2. 보건의료자원의 개발

(1) 보건의료인력

보건의료관계 법령에서 정하는 바에 따라 자격 면허 등을 취득하거나 보건의료서비스에 종사하는 것이 허용된 자를 말한다. 보건인력은 이들을 양성하는 데 드는 시간과 비용이 많이 들 뿐만 아니라 필요에 따라 즉각적으로 공급할 수 없으므로 공급의 탄력성이 매우 낮다.

(2) 보건의료시설

① 의료기관(의료법 제3조)

㉠ 이 법에서 "의료기관"이란 의료인이 공중(公衆) 또는 특정 다수인을 위하여 의료·조산의 업(이하 "의료업"이라 한다)을 하는 곳을 말한다.

㉡ 의료기관은 다음과 같이 구분한다.

ⓐ **의원급 의료기관** : 의사, 치과의사 또는 한의사가 주로 외래환자를 대상으로 각각 그 의료행위를 하는 의료기관으로서 그 종류는 다음과 같다.

- 의원
- 치과의원
- 한의원

ⓑ **조산원** : 조산사가 조산과 임부·해산부·산욕부 및 신생아를 대상으로 보건활동과 교육·상담을 하는 의료기관을 말한다.

ⓒ **병원급 의료기관** : 의사, 치과의사 또는 한의사가 주로 입원환자를 대상으로 의료행위를 하는 의료기관으로서 그 종류는 다음과 같다.

- 병원
- 치과병원
- 한방병원
- 요양병원(「정신건강증진 및 정신질환자 복지서비스 지원에 관한 법률」 제3조 제5호에 따른 정신의료기관 중 정신병원, 「장애인복지법」 제58조 제1항 제2호에 따른 의료재활시설로서 제3조의2의 요건을 갖춘 의료기관을 포함한다. 이하 같다)
- 종합병원

㉢ **병원 등(법 제3조의2)** : 병원·치과병원·한방병원 및 요양병원(이하 "병원 등"이라 한다)은 30개 이상의 병상(병원·한방병원만 해당한다) 또는 요양병상(요양병원만 해당하며, 장기입원이 필요한 환자를 대상으로 의료행위를 하기 위하여 설치한 병상을 말한다)을 갖추어야 한다.

㉣ 종합병원(법 제3조의3)

ⓐ 종합병원은 다음의 요건을 갖추어야 한다.

- 100개 이상의 병상을 갖출 것
- 100병상 이상 300병상 이하인 경우에는 내과 · 외과 · 소아청소년과 · 산부인과 중 3개 진료과목, 영상의학과, 마취통증의학과와 진단검사의학과 또는 병리과를 포함한 7개 이상의 진료과목을 갖추고 각 진료과목마다 전속하는 전문의를 둘 것
- 300병상을 초과하는 경우에는 내과, 외과, 소아청소년과, 산부인과, 영상의학과, 마취통증의학과, 진단검사의학과 또는 병리과, 정신건강의학과 및 치과를 포함한 9개 이상의 진료과목을 갖추고 각 진료과목마다 전속하는 전문의를 둘 것

ⓑ 종합병원은 제1항 제2호 또는 제3호에 따른 진료과목(이하 이 항에서 "필수진료과목"이라 한다) 외에 필요하면 추가로 진료과목을 설치 · 운영할 수 있다. 이 경우 필수진료과목 외의 진료과목에 대하여는 해당 의료기관에 전속하지 아니한 전문의를 둘 수 있다.

㉤ 상급종합병원 지정(법 제3조의4)

ⓐ 보건복지부장관은 다음의 요건을 갖춘 종합병원 중에서 중증질환에 대하여 난이도가 높은 의료행위를 전문적으로 하는 종합병원을 상급종합병원으로 지정할 수 있다.

- 보건복지부령으로 정하는 20개 이상의 진료과목을 갖추고 각 진료과목마다 전속하는 전문의를 둘 것
- 제77조 제1항에 따라 전문의가 되려는 자를 수련시키는 기관일 것
- 보건복지부령으로 정하는 인력 · 시설 · 장비 등을 갖출 것
- 질병군별(疾病群別) 환자구성비율이 보건복지부령으로 정하는 기준에 해당할 것

ⓑ 보건복지부장관은 ⓐ에 따른 지정을 하는 경우 ⓐ 각 호의 사항 및 전문성 등에 대하여 평가를 실시하여야 한다.

ⓒ 보건복지부장관은 ⓐ에 따라 상급종합병원으로 지정받은 종합병원에 대하여 3년마다 ⓑ에 따른 평가를 실시하여 재지정하거나 지정을 취소할 수 있다.

ⓓ 보건복지부장관은 ⓑ 및 ⓒ에 따른 평가업무를 관계 전문기관 또는 단체에 위탁할 수 있다.

ⓔ 상급종합병원 지정 · 재지정의 기준 · 절차 및 평가업무의 위탁 절차 등에 관하여 필요한 사항은 보건복지부령으로 정한다.

㉥ 전문병원 지정(법 제3조의5)

ⓐ 보건복지부장관은 병원급 의료기관 중에서 특정 진료과목이나 특정 질환 등에 대하여 난이도가 높은 의료행위를 하는 병원을 전문병원으로 지정할 수 있다.

ⓑ ⓐ에 따른 전문병원은 다음의 요건을 갖추어야 한다.
- 특정 질환별 · 진료과목별 환자의 구성비율 등이 보건복지부령으로 정하는 기준에 해당할 것
- 보건복지부령으로 정하는 수 이상의 진료과목을 갖추고 각 진료과목마다 전속하는 전문의를 둘 것

ⓒ 보건복지부장관은 ⓐ에 따라 전문병원으로 지정하는 경우 ⓑ 각 호의 사항 및 진료의 난이도 등에 대하여 평가를 실시하여야 한다.

ⓓ 보건복지부장관은 ⓐ에 따라 전문병원으로 지정받은 의료기관에 대하여 3년마다 ⓒ에 따른 평가를 실시하여 전문병원으로 재지정할 수 있다.

ⓔ 보건복지부장관은 ⓐ 또는 ⓓ에 따라 지정받거나 재지정받은 전문병원이 다음 각 호의 어느 하나에 해당하는 경우에는 그 지정 또는 재지정을 취소할 수 있다. 다만, 제1호에 해당하는 경우에는 그 지정 또는 재지정을 취소하여야 한다.
1. 거짓이나 그 밖의 부정한 방법으로 지정 또는 재지정을 받은 경우
2. 지정 또는 재지정의 취소를 원하는 경우
3. ⓓ에 따른 평가 결과 ⓑ 각 호의 요건을 갖추지 못한 것으로 확인된 경우

ⓕ 보건복지부장관은 ⓒ 및 ⓓ에 따른 평가업무를 관계 전문기관 또는 단체에 위탁할 수 있다.

ⓖ 전문병원 지정 · 재지정의 기준 · 절차 및 평가업무의 위탁 절차 등에 관하여 필요한 사항은 보건복지부령으로 정한다.

② **공공보건의료기관**

㉠ **보건소** : 시 · 군 · 구별로 1개소씩 설치한다. 다만, 시장, 군수, 구청장이 지역주민의 보건의료를 위하여 특히 필요하다고 인정하는 경우에는 필요한 지역에 보건소를 추가로 설치할 수 있다.

㉡ **보건지소** : 읍 · 면마다 1개소씩 설치한다.

㉢ **보건진료소** : 의료취약지역 인구 500인 이상(도서지역은 300인 이상) 5,000인 미만 지역에 설치한다.

㉣ **보건의료원** : 병원의 요건을 갖춘 보건소

㉤ **건강생활지원센터** : 읍 · 면 · 동(보건소가 설치된 읍 · 면 · 동은 제외한다)마다 1개씩 설치할 수 있다.

(3) 보건의료장비 및 물자

의료장비뿐만 아니라 예방, 진단, 치료 및 재활에 사용되는 다양한 장비들, 즉 수송, 냉장, 화학분석기, 안경, 보청기, 의수족 등의 보철기구 등도 포함된다.

(4) 보건의료지식

3. 자원의 조직적 배치

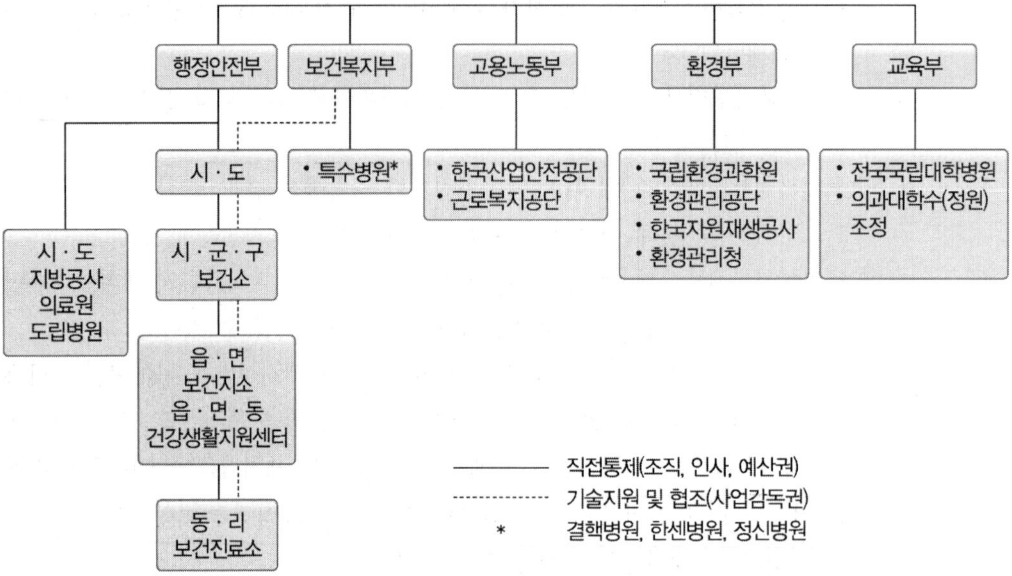

(1) 국가보건의료조직

우리나라의 보건조직은 여러 형태로 다원화되어 있다.

① **보건복지부** : 사회복지정책, 보건정책, 건강증진 및 연금 등에 관한 사무를 관장하고 있으나, 보건사업 진행에 있어서는 인사권, 예산집행권이 없는 정책결정기관으로서 기술지원만 하고 있다.

② **행정안전부** : 보건사업 진행에 있어서는 인사권, 예산집행권이 있다.

(2) 민간보건의료조직

① **대한결핵협회** : 결핵 및 호흡기질환에 관한 학술적 연구, 결핵의 근절과 호흡기질환에 관한 학술 향상을 위한 국제교류, BCG 백신의 생산과 연구에 관한 사업을 수행하고 있다.

② **인구보건복지협회** : 인구 및 가족계획, 모자보건 및 가정보건사업, 미혼모 예방사업, 에이즈 예방, 홍보, 교육사업 등을 수행하고 있다.

③ **대한적십자사** : 국내외 구호사업, 의료사업, 응급구호사업, 자원봉사사업, 이산가족재회사업, 청소년 적십자사업, 기타 국민보건 및 사회봉사에 관한 사업을 전개하고 있다. 12개의 적십자병원과 16개의 적십자혈액원, 1339 응급환자 정보센터 12개소를 운영하고 있다.

④ **한국한센복지협회** : 한센병에 관한 진료, 조사, 연구 및 교육사업을 수행하고, 국제교류를 통한 정보교환 등을 통해 한센병을 예방, 퇴치하며 장애인에 대한 의료적 · 사회적 재활사업을 추진하고 있다.

⑤ **한국건강관리협회** : 비전염성 만성질환과 보건복지부장관이 보건의료 시책상 필요로 하는 질환의 조기발견 및 예방을 위한 임상병리 검사와 치료, 역학적 조사연구 및 보건교육을 실시하고, 기생충질환 검사 및 조사연구, 성병검사, 각급 보건의료기관에서 의뢰하는 임상검사, 발견한 환자를 전문적으로 치료하는 기관으로 치료알선, 보건관리를 위한 국제적 학술교류, 보건교육 및 홍보 · 계몽 등이 있다.

(3) 보건관계 국제조직 : WHO

① **설립** : UN의 전문기관으로서 세계보건기구는 1948년 4월 7일 발족하였으며, 본부는 스위스 제네바에 있다. 우리나라는 1949년 8월 17일 65번째 회원국으로 가입하였으며, 북한은 1973년 5월 15일 138번째로 가입하였다.

② **목적** : 국제활동에 대한 지휘 · 조정기구로서 국제보건, 의료사업지도, 조정, 연구를 통한 질병 없는 세계를 구현하고 각국의 보건의료부문의 발전을 위한 재정지원, 기술훈련 및 자문활동 등을 하는 것을 목적으로 한다.

③ 주요 기능

㉠ 국제적인 보건사업의 지휘 및 조정

㉡ 회원국에 대한 기술지원 및 자료의 공급

㉢ 전문가 파견에 의한 기술자문활동 등

㉣ 보건, 의학, 관련 전문분야의 교육과 훈련기준 개발 보급

④ WHO의 지역사무소

㉠ **동지중해지역 사무소** : 지역사무처 카이로, 이집트

㉡ **동남아시아지역 사무소** : 지역사무처 뉴델리, 인디아, 북한 소속

㉢ **서태평양지역 사무소** : 지역사무처 마닐라, 필리핀, 남한 소속

㉣ **미주지역 사무소** : 지역사무처 워싱턴, 미국

㉤ **유럽지역 사무소** : 지역사무처 코펜하겐, 덴마크

㉥ **아프리카지역 사무소** : 지역사무처 브라자빌, 콩고

4. 보건의료서비스의 전달(가장 흔한 방식)

(1) 1차 예방

① **건강증진** : 보건의료기관의 전통적 기능을 넘어 건강에 긍정적으로 기여할 수 있는 환경조건 및 인간행동 창출을 목표로 삼는다.

② **예방활동** : 전염성 질병뿐만 아니라 구루병, 갑상선종, 치아우식증 같은 기타 예방 가능한 많은 질병들을 겨냥한다.

(2) 2차 예방 - 치료활동

의약품의 사용, 외과수술, 병리학적 진행을 차단하거나 어떤 질환의 해로운 결과들을 감

축하기 위한 기타 절차들로 구성된다.

(3) 3차 예방

① **재활** : 적절한 치료를 통해 신체 · 정신 · 사회적 기능을 복구하는 것을 목표로 삼는다.

② **사회 · 의학적 치료** : 특별히 처치나 재활로도 아무런 향상을 기대할 수 없는 결정적인 중증장애나 진행성 질환에 적용된다.

5. 경제적 재원

(1) 보건의료재원의 종류

① **세금** : 조세에 의해 보건의료체계를 운영하는 경우는 국가주도형의 보건의료체계에서 가능하다. 영국이나 캐나다는 세금에 의해 재원이 조달되므로 국민들은 보건의료 이용시에 금전적인 제약을 받지 않는다.

② **건강보험료** : 사회보장형의 건강보험에서 나타나는 형태로, 우리나라의 건강보험형태이다.

③ **이용자의 직접 부담** : 보건의료이용자가 보건의료를 이용한 후 진료비를 직접 지불하는 형태이다.

④ 기타 자선적인 기부, 기업주의 보조 등이 있다.

(2) 보건의료비

① **정의** : 건강상태의 변화로 초래되는 모든 자원비용을 합친 금액으로 정의된다.

② 협의의 개념

㉠ 직접비용

㉡ 제반 의료서비스의 이용에 대한 직접적인 지출의 합만을 의미한다.

③ 광의의 개념

㉠ 간접비용

㉡ 질환 또는 그 결과(조기사망, 장애, 후유증)로 인한 생산적 노동력의 상실이 초래하는 경제적 손실의 합을 의미한다.

(3) 국민보건의료비

① 정의

㉠ 직접비용에 국한하여 일정기간 동안 국내에서 거주하는 국민이 건강의 회복, 유지 및 증진을 위하여 보건의료서비스에 대하여 지불한 직접비용과 미래의 보건의료서비스의 공급능력 확대를 위한 투자비용의 합계로 주로 소득과 비교한 비율분석의 형태로 정책수립, 평가에 이용된다.

㉡ 개인, 가계, 기업 및 정부의 직접 의료비지출을 모두 합친 금액이다.

✚ 국민보건의료비의 구성

1. 국민보건의료비는 경상의료비(보건의료재화와 서비스의 최종 소비)와 보건의료의 하부구조에 대한 자본투자를 합한 것이라 할 수 있다. 여기에 의료서비스 및 재화와 공중보건 및 예방프로그램, 그리고 행정에 대한 공공재원 및 민간재원 지출을 포함한다. 단, 교육훈련과 연구 및 환경보건과 같은 보건관련지출(Health-related expenditure)은 제외한다.
2. 현재의 SHA 매뉴얼(보건계정 보고서)에 의하면, 국민보건의료비는 개인의료비, 집합보건의료비, 자본형성으로 구성되어 있다.
   (1) 개인의료비 : 개인에게 직접 주어지는 서비스 내지 재화에 대한 지출을 의미하고 흔히 병의원 등의 의료기관이나 약국 등에서 이루어지는 서비스 내지 재화에 대한 지출로 보통의 의료비는 이러한 개인의료비를 지칭한다.
   (2) 집합보건의료비 : 공중을 대상으로 하는 보건의료 관련 지출로 크게 예방 및 공중보건사업이나 보건행정관리비로 구분된다.
   (3) 자본형성 : 공장과 기계, 건물 등 고정자본과 원료재고품 등을 포함한 것을 의미하며 특히 건물 등 고정자본의 증가만을 가리켜 '고정자본형성'이라고도 한다. 보건의료관련 신규건물 즉, 병원이나 보건소 등의 건설 또는 증축, 대형장비의 구입 등이 이에 해당한다.
3. 새로운 SHA 매뉴얼에서는 국제비교에 경상의료비를 사용하기도 한다. Total Health Expenditure (총 보건 지출)에는 자본형성을 위한 지출이 포함되어 있어서 '중복' 가능성의 문제 등 국제비교에 한계가 있다는 지적이 있어왔기 때문이다. 경상의료비는 개인의료비와 집합보건의료비를 합한 개념이다.

② 국민보건의료비 증가요인

㉠ 의료수요의 증가

ⓐ 국민소득수준의 증대로 의료서비스를 이용할 수 있는 경제적 능력의 향상

ⓑ 전 국민 건강보험의 확대에 따른 경제적 장벽의 제거

ⓒ 인구의 노령화로 인해 의료서비스의 수요가 증대

ⓓ 사회간접시설의 확충으로 의료서비스 이용이 보다 용이해짐

㉡ 의료생산비용의 상승

ⓐ 전반적 임금상승과 함께 의료서비스 종사자들의 임금도 상승

ⓑ 의료서비스 생산에 투입되는 재료비 가격의 상승

㉢ 의학기술의 발전

ⓐ 고가 의료장비의 사용이 많아져 의료서비스의 가격이 상승

ⓑ 새로운 진단, 치료기술이 계속 개발되어 이용됨에 따라 의료서비스의 가격 상승

③ 국민보건의료비 증가대책

㉠ 소비자 측면

ⓐ 본인부담 정률제

- 본인이 의료비의 일정비율을 지불하고 제3자 지불단체가 나머지를 부담하게 한다.
- 의료서비스 중 일부항목을 보험급여항목에 포함시키지 않음으로써 진료비 억제효과를 기한다. 예 미용성형술

ⓑ **본인부담 정액제** : 의료서비스 이용시 본인이 총의료비 중에서 일정금액을 직접 부담하는 방식이다.

ⓒ **비용공제제** : 의료비가 일정수준에 이르기까지는 전혀 보험급여를 해주지 않는 것이다. 즉, 일정액까지는 피보험자가 비용을 지불하고 그 이상의 비용만 보험급여로 인정하는 것이다.

ⓓ **급여상한제** : 일정수준을 초과하는 보험진료비에 대해서는 보험급여를 해주지 않는 제도로 이와 비슷하게 급여기간 상한선을 정해 의료비 억제를 유도하기도 한다.

㉡ 의료제공자 측면

ⓐ 미국의 HMO제도

- 진료시설과 인력을 보유한 조직에 지역주민들로 하여금 일정금액을 지불하고 가입하게 한 뒤 그 조직이 일정기간 가입자에게 포괄적인 의료서비스를 제공하고 가입자의 건강에 책임을 지게 하는 제도이다.
- **3대 특징** : 자발적 가입, 포괄적 의료서비스, HMO 간의 경쟁

ⓑ DRG제도

- 입원환자의 종류를 질병의 종류 및 입원기간 동안의 의료자원 사용에 있어서 유사성을 중심으로 하여 DRG(진단명 기준 환자군)로 분류하고 DRG에 대한 포괄수가를 정하게 하여 그 병원이 진료한 연간 DRG의 종류 및 수량에 따라 보험진료비를 총량적으로 지급하게 하는 제도이다.
- 만약 병원이 정해진 재원기간보다 빨리 대상자를 치료하여 퇴원시킬 경우 포괄수가제에 대한 지정된 수당을 받고 또 병원을 유지할 수 있는 돈을 벌 수 있지만, 재원기간 내에 대상자를 퇴원시키지 못할 경우에는 추가 진료일수에 대해서는 금액을 상환받지 못하므로 손해를 보게 된다.
- 병원에 수입이 되는 환자를 끌어들이는 데 주력하여 병원에 손해가 되는 환자의 입원은 기피하게 된다.

㉢ 국가통제 측면

ⓐ 진료과정에 대한 통제

- 보건의료서비스의 양과 수가를 통제
- 의료의 질 관리

ⓑ **진료에 투입되는 자원의 통제** : 진료시설의 표준화, 의료인력의 통제, 예산통제, 의료장비구입의 통제

ⓒ 입원이나 치료의 적절성 검토

ⓓ 건강보험 청구심사 강화

ⓔ 대체 의료기관 및 대체 의료인력의 개발

ⓕ 의료서비스 공급자에 대한 정보제공

3 사회보장제도

1. 개념

"사회보장"이란 출산, 양육, 실업, 노령, 장애, 질병, 빈곤 및 사망 등의 사회적 위험으로부터 모든 국민을 보호하고 국민 삶의 질을 향상시키는 데 필요한 소득 · 서비스를 보장하는 사회보험, 공공부조, 사회서비스를 말한다(사회보장기본법 제3조 제1호).

2. 사회보장의 기능

(1) 최저생활의 보장

(2) 경제적 기능 : 국민경제의 성장, 경제변동 완화의 기능

(3) 소득분배의 기능

(4) 사회적 기능 : 국민생활의 안정, 국민생활에 대한 각종 요구나 이해대립의 조정기능

3. 사회보장의 체계

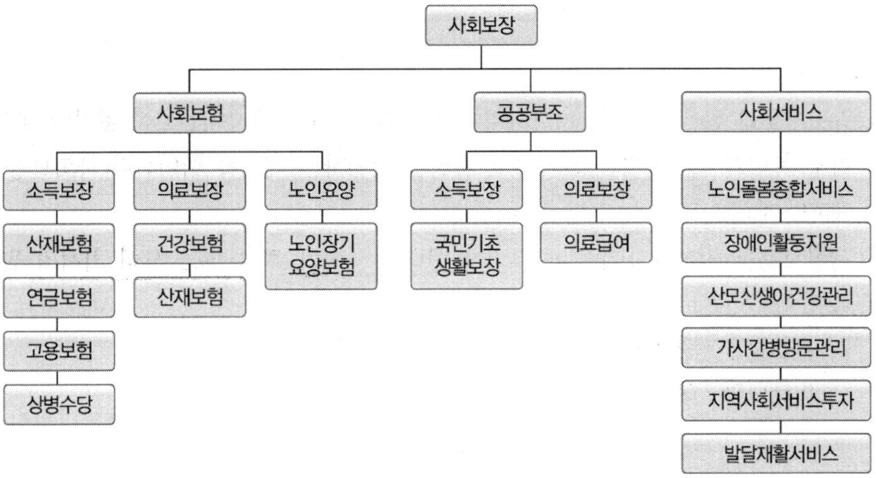

(1) 사회보험제도

① 국민에게 발생하는 사회적 위험을 보험방식에 의하여 대처함으로써 국민건강과 소득을 보장하는 제도를 의미한다(사회보장기본법 제3조 제2호).

② 국민을 대상으로 질병 · 사망 · 노령 · 실업 기타 신체장애 등으로 인하여 활동능력의 상실과 소득의 감소가 발생하였을 때에 보험방식에 의하여 그것을 보장하는 제도라 할 수 있다.

③ 강제가입과 당연적용의 원칙이 적용된다.

④ 종류

㉠ **소득보장** : 산업재해보상보험, 연금보험, 고용보험, 상병수당

㉡ **의료보장** : 건강보험, 산업재해보상보험

CHECK Point 5대 보험 : 산업재해보상보험, 건강보험, 연금보험, 고용보험, 노인장기요양보험

구분	산업재해보상보험	건강보험	국민연금	고용보험	노인장기요양보험
도입연도	1964년	1977년	1988년	1995년	2008년
적용대상	1인 이상 근로자	1인 이상 근로자, 농어민, 도시자영업자	1인 이상 근로자, 농어민, 도시자영업자	1인 이상 근로자	• 65세 이상 • 64세 이하 : 노인성질환자
급여내용	요양급여, 휴업급여, 장해급여, 유족급여, 상병보상연금, 장의비, 특별급여, 간병급여, 직업재활급여	요양급여, 건강검진, 요양비, 임신출산진료비, 본인부담환급금	노령연금, 장애연금, 유족연금, 반환일시금	고용안정사업, 직업능력개발사업, 실업급여	재가급여, 시설급여, 특별현금급여
관리부	근로복지공단	국민건강보험공단	국민연금관리공단	고용노동부	국민건강보험공단
주무부서	고용노동부	보건복지부	보건복지부	고용노동부	보건복지부

(2) 공공부조

① 공공부조라 함은 국가 및 지방자치단체의 책임하에 생활유지능력이 없거나 생활이 어려운 국민의 최저생활을 보장하고 자립을 지원하는 제도를 의미한다(사회보장기본법 제3조 제3호).

② 생활보호는 최저한의 수준에 그쳐야 한다. → 국가 최저 또는 사회 최저의 원칙

③ 종류

㉠ **소득보장** : 생활보호

㉡ **의료보장** : 의료보호

CHECK Point 미국의 Medicare와 Medicaid의 비교

미국의 공적 의료보장제도로는 Medicare와 Medicaid가 있으며, 전 국민의 약 20% 정도가 이 혜택을 받고 있다.

1. Medicare
   (1) 의미 : 65세 이상의 모든 노인과 신체장애자, 신장이식과 신장투석이 필요한 말기 신부전증 환자 등을 대상으로 하여 그들로 하여금 양질의 보건의료를 제공받게 하고, 그에 따른 경제적 부담을 경감시키는 데 주 목적이 있는 사회보장제도이다.
   (2) 급여내용 : 입원보험과 보조의료보험으로 구분된다. 입원보험은 입원비용과 요양원 치료, 가정보건서비스와 같은 퇴원 후 연장 요양서비스의 비용급여를 하고, 보조의료보험에서는 의사의 진료비 · 외래환자의 진료비 · 가정보건서비스 · 기타 입원보험에서 제외되는 비용이 급여된다.
   (3) 재정 : 입원보험료는 65세 미만자가 부담하는 사회보장세로 충당된다. 보조의료보험의 재정은 가입자가 지불하는 보험료와 연방정부의 갹출금으로 충당된다.
2. Medicaid
   (1) 의미 : 1965년에 도입된 저소득층을 대상으로 하는 의료부조제도로 우리나라의 의료급여에 해당한다. 즉, 빈곤층 일부의 의료비를 일반조세수입으로 주정부가 부담하는 제도이다.
   (2) 급여내용
      ① 입원서비스
      ② 병원외래서비스 및 보건서비스
      ③ 엑스선 서비스를 포함한 이학적 검사
      ④ 전문간호시설 및 가정보건서비스
      ⑤ 초기검사 진단 및 치료
      ⑥ 가족계획서비스
      ⑦ 의사서비스
   (3) 재정 : 재원은 주정부와 연방정부가 부담하는데, 그 중 연방정부의 부담비율이 평균 60%이다.

구분	Medicare	Medicaid
자격요건	• 병원(입원)보험 : 모든 노인 • 의료(외래)보험 : 기부금을 낸 노인	자산조사에 의한 모든 요구호자
방법	사회보험	공공부조
급여형태	병원 및 의료서비스의 일부	모든 의료서비스
재정	• 병원보험 : 사용자, 근로자, 자영업자의 근로소득세 • 의료보험 : 자발적 기부금, 일정비율의 조세	연방정부의 일반조세와 주정부의 일반조세
행정	• 비용청구를 처리하는 여러 보험자들을 이용하는 연방정부 차원 • 자격이나 혜택에 단일한 전국적 기준 제시 • 의사들이 보험에 지불하는 것보다 더 높은 요금을 부과하는 것을 허용	• 연방정부의 지침, 선정기준이 주마다 차이가 있으며 주행정 차원 • 의사들이 보험에 지불하는 것보다 더 높은 요금을 부과하는 것을 허가하지 않으므로 의사의 참여 저조

(3) 사회서비스

① **개념** : 일반적인 의미에서 개인 또는 사회 전체의 복지증진 및 삶의 질 향상을 위해 사회적으로 제공되는 서비스를 말하며, 공공행정(일반행정, 환경, 안전), 사회복지(보육, 아동, 장애인, 노인보호), 보건의료(간병, 간호), 교육(방과 후 활동, 특수교육), 문화(도서관, 박물관, 미술관 등 문화시설 운영)를 포괄하는 개념이다.

② 사회서비스의 종류

구분	적용대상	사업내용
노인돌봄 종합서비스	65세 이상의 노인	가사활동 지원 또는 주간보호서비스 제공(식사, 세면 도움, 외출동행, 청소, 세탁 등 신체 기능의 유지 증진)
장애인 활동지원	등록 1, 2급 장애인 (만 6세 이상~만 65세 미만)	일상생활과 사회활동이 어려운 장애인에게 활동지원, 방문목욕, 방문간호서비스 제공
산모 신생아 건강관리	출산가정	출산가정에 산후조리 가정방문서비스 제공
가사 간병 방문관리	기초수급자 및 차상위 계층 (만 65세 미만)	취약계층에 재가간병, 가사지원 등 제공(신체수발, 가사지원, 일상생활, 간병지원)
지역사회 서비스투자	사업별 상이	아동, 장애인, 노인 등 다양한 수요에 부합하는 서비스 제공
발달재활 서비스	만 18세 미만 장애아동	장애아동에 재활치료서비스 지원

4. 우리나라의 사회보장제도의 역사

입법연도	시행일	법률명	구분	기타
1960.1.1	1960.2.6	공무원연금법	사회보험	
1961.12.30	1962.1.1	생활보호법	공공부조	
1963	1977	의료보험법	사회보험	1989년 전 국민 확대 실시
1963.1.28	1963.2.6	군인연금법	사회보험	
1963.11.5	1964.6.9	산업재해보상보험법	사회보험	
1973.12.20	1975.1.1	사립학교 교원연금법	사회보험	
1973.12.24	1988	국민연금법	사회보험	1986년 12월 31일 전면 개정
1977.12.31		의료보호법	공공부조	
1981.4.3		아동복지법	사회서비스	
1981.6.5		노인복지법	사회서비스	
1989.4.1		모자보건법	사회서비스	
1989.12.30		장애인복지법	사회서비스	

1993.12.27	1995.5	고용보험법	사회보험	
1995.12.30		정신보건법	사회서비스	
1999.2.8	2000.7	국민건강보험법	사회보험	
1999.9.17	2000.10.1	국민기초생활보장법	공공부조	
2001.5.24	2001.10.1	의료급여법	공공부조	
2007.4.27	2008.7.1	노인장기요양보험법	사회보험	
2011.1		국민건강보험공단이 5대 사회보험료 징수업무 통합수행(건강보험, 국민연금, 고용보험, 산재보험, 노인장기요양보험)		

CHECK Point 우리나라 건강보험제도의 역사

1963.11	사회보장에 관한 법률	
1963.12	의료보험법 제정	임의적용 방식으로 사회여건에도 맞지 않아 유명무실하였음
1977.7	전문개정	500인 이상 사업장 근로자와 공업단지 근로자 강제 적용
1979.1	전문개정	공·교 의료보험 실시
1987		한방의료보험
1988		농어촌 지역의료보험제도의 실시
1989		• 약국 의료보험 전면 실시 • 도시지역 의료보험 실시로 전 국민 의료보험 실시(직장의료보험, 공무원 및 사립학교 교직원 의료보험, 지역의료보험으로 운영)
1998.10	국민의료보험법 시행	공무원 및 사립학교 교직원 의료보험과 227개 지역의료보험이 통합 → 1차 통합
2000.7	국민건강보험법 시행	의약분업 시행, 지역과 직장보험의 통합 → 2차 통합
2001.1		행위별 상대가치 수가체계 및 수가계약제 시행
2003		직장가입자와 지역가입자의 재정 통합 → 3차 통합
2007.4	노인장기요양보험법 제정	2008.7 노인장기요양보험 시행
2011		사회보험 통합 징수

4 의료보장제도

1. 정의

국민의 건강권을 보호하기 위하여 요구되는 필요한 보건의료서비스를 국가나 사회가 제도적으로 제공하는 것으로, 개인의 능력으로 해결할 수 없는 건강문제를 사회적 연대책임으로 해결하여 사회성원 누구나 건강한 삶을 향유할 수 있도록 하는 데 궁극적 목적이 있다.

2. 의료보장의 유형

(1) 국민보건서비스형(NHS) - 영국, 스웨덴, 이탈리아

① 국내에 거주하는 모든 사람들에게 그 지불능력, 신분, 직업, 지위, 성, 연령 등에 관계없이 포괄적인 보건의료서비스를 무료로 제공하게 된다.

② 국가가 대부분의 병원을 직접 운영하고 가정의는 지역주민 3,500명 이내로 등록받아 외래진료를 담당, 입원치료가 필요한 경우 가정의를 통해 의뢰를 한다.

③ 개원의에 대한 진료보수는 인두제 방식으로 모두 봉급을 받고 있다.

④ 단점

㉠ 의료생산성이 낮아 의료의 질이 저하되며, 특히 입원진료시 오래 대기해야 한다(→ 근래에는 병상의 10% 이내를 자비 부담 환자들이 대기하지 않고 입원할 수 있도록 허용하고 있다).

㉡ 정부의 과다한 복지비용 부담이 문제가 되고 있다.

㉢ 의료수용자측의 비용의식 부족과 민간보험의 확대, 장기간 진료대기 문제가 있다.

⑤ 장점

㉠ 의료공급이 공공화되어 의료비 증가에 대한 효율적인 통제가 가능하다.

㉡ 조세제도를 통한 재원 조달로 인해 소득의 재분배효과가 있다.

⑥ 의료배급제(rationing)제도가 일반화되고 있다.

(2) 사회보험형(NHI) - 독일, 일본, 프랑스, 한국

① 의료비를 정부기관이 아닌 보험자가 보험료로써 재원을 마련하여 의료를 보장하는 방식

② 대상자 모두가 강제로 가입

③ 피보험자와 사용자가 보험료를 부담하고 재정의 일부만을 정부가 부담

④ 피보험자, 보험자, 의료공급자가 존재

⑤ **장점** : 양질의 의료 제공

⑥ 단점

㉠ 소득유형이 서로 다른 구성원에 대한 단일보험료 부과기준 적용의 어려움

㉡ 의료비 증가에 대한 억제기능 취약

구분	NHI	NHS
적용대상 관리	국민을 임금소득자, 공무원, 자영업자 등으로 구분 관리	전국민에 일괄 적용
재원조달	보험료, 일부 국고지원	정부 일반조세
의료기관	• 일반의료기관 중심 • 의료의 사유화 전제	• 공공의료기관 중심 • 의료의 사회화 전제
급여내용	치료 중심적	예방 중심적

의료보수 산정방법		의료기관과의 계약에 의한 행위별수가제	• 일반 개원의는 인두제 • 병원급은 봉급제
관리기구		보험자(조합 또는 금고)	정부기관(사회보험청 등)
대표국가		독일, 프랑스, 네덜란드, 일본 등	영국, 스웨덴, 이탈리아, 캐나다 등
장단점	기본 철학	의료비에 대한 국민의 1차적 자기책임의식 견지(국민의 정부의존 최소화)	• 국민의료비에 대한 국가책임 견지 • 전국민 보편 적용(국민의 정부의존 심화)
	국민 의료비	의료비 억제기능 취약	의료비 통제효과 강함
	보험료 형평성	• 보험자 간 보험료 부과의 형평성 부족 • 보험자 간 재정 불균형 파생	• 조세에 의한 재원조달로 소득재분배 효과 • 조세체계가 선진화되지 않은 경우 소득역진 초래
	의료 서비스	• 상대적으로 양질의 의료 제공 • 첨단 의료기술 발전에 긍정적 영향	• 의료의 질 저하, 입원 대기환자 급증 • 민간보험 가입경향 증가로 국민의 2중 부담 초래
	관리 운영	• 조합중심 자율운영 • 상대적으로 관리운영비 많이 소요	• 정부기관 직접관리 • 관리운영비 절감

3. 진료비 보상제도

(1) 행위별수가제(FFS)

① 의사의 진료행위마다 일정한 값을 정하여 진료비를 결정하는 것으로 가장 흔한 지불비 방법이다.

② 장점 : 의사의 재량권이 커지고, 양질의 서비스를 충분히 제공할 수 있다.

③ 단점

㉠ 과잉진료, 의료남용의 우려

㉡ 의료비상승 우려

㉢ 행정적으로 복잡함

㉣ 의료인, 보험자 간의 마찰요인

㉤ 보건의료 수준과 자원이 지역적, 사회 계층적으로 불균등 분포

④ 한국, 일본, 미국의 개업의사

(2) 봉급제(Salary)

① 서비스의 양이나 제공받는 사람의 수에 관계없이 일정한 기간에 따라 보상받는 방식(단순 봉급제, 성과급제)으로 의사의 근무경력, 기술수준, 근무하는 의료기관 및 직책에 따른 보수규정을 정하고 그 규정에 따라 일정 기간에 1회씩 봉급을 지급하는 방법이다.

② 장점

㉠ 의사의 수입이 안정되고 불필요한 경쟁을 억제할 수 있다.

㉡ 질병의 예방에 관심을 가지며 의료남용의 감소를 가져온다.

㉢ 수속 및 행정관리가 간편하다.

③ **단점** : 진료의 형식화, 관료화, 서비스의 최소화가 우려된다.

④ 사회주의나 공산주의 국가에서 채택

(3) 인두제(Capitation)

① 의사에게 등록된 환자 또는 사람 수에 따라서 진료비가 지불되는 방법이다.

② 장점

㉠ 진료의 계속성이 증대되어 비용이 상대적으로 저렴하며 예방에 치중하게 된다.

㉡ 행정적 업무절차가 간편하다.

③ 단점

㉠ 환자의 선택권이 제한된다.

㉡ 서비스 양을 최소화하는 경향이 있다.

㉢ 환자후송이나 의뢰가 증가한다.

④ 영국에서 적용

⑤ 일당지불제

㉠ 장기 환자를 다루는 의료서비스 제공자에게 진료비를 보상하기 위한 방법이다.

㉡ 비용은 개별 환자를 하루 진료하는 데 드는 모든 비용을 말한다(치료, 약품과 붕대, 보철, 편의시설 이용비 등 포함).

㉢ 공급자가 특정 기간 동안에 지출한 총비용을 같은 기간 동안의 입 · 내원 일수로 나누어 일당을 계산한다.

㉣ 의료기관은 이윤극대화를 위해 비용을 줄이고 입 · 내원 일수를 증가시키려는 유인을 갖게 되나 일당 비용조정을 가능하게 한다면, 의료기관이 유발하는 모든 비용은 곧 지불보상이 될 것이므로 비용을 줄이고자 하는 유인을 예방할 수 있으며, 입 · 내원 일수 증대행위는 총액예산을 적용함으로써 방지할 수 있다.

㉤ 우리나라의 경우 보건소 등 공공기관과 의료급여환자의 정신과 질환에 일당제가 적용되고 있다.

㉥ 2008년부터 장기입원에 따른 진료비 과다지출을 억제할 목적으로 병원의 요양병상에 대해 요양입원환자를 15개의 수가군으로 세분화하여 적용되고 있다.

(4) 포괄수가제(PPS)

① 환자 1인당 또는 환자 요양 일수별로 혹은 질병별로 보수단가를 설정하여 보상하는 방법이다.

② 외래는 방문 빈도별로 설정, 입원은 질병별로 규정된 보수를 지불한다.

③ DRG(Diagnosis Related Group : 진단명 기준 환자군)에 대한 포괄수가를 정한 후 DRG종류 및 수량에 따라 보험진료비를 총량적으로 지급하는 제도이다.

④ 일당 및 방문당 수가제(per-diem payment)

㉠ 일당 수가제는 환자 입원 1일당 또는 외래진료 1일당 수가를 정하여 지불하는 방식으로, 주로 장기진료를 받는 경우에 적용한다.

㉡ 방문당 수가제는 방문시 이루어진 진찰, 처방, 검사, 처치 등 모든 비용을 포함하는 수가를 적용한다.

㉢ 우리나라는 요양병원의 입원료나 의료급여 정신과 입원치료비는 일당 수가제가 적용되고, 가정간호에서는 가정간호사가, 보건기관(보건소, 보건지소, 보건진료소)에 내소한 경우나 방문간호 등은 방문당 수가를 적용하고 있다.

⑤ 장점 : 경제적인 진료수행을 유도하고 의료기관의 생산성을 증대시키며 행정적으로 간편하다.

⑥ 단점

㉠ 서비스 양이 최소화되고 규격화되며 행정직의 진료진에 대한 간섭이 지나치다.

㉡ 포괄수가제는 진료비 방식이 매우 간편하지만 합병증이 발생하였거나, 새로운 약의 사용이나 의과학 기술의 적용에는 적합하지 못하다. 또한 진단이 불확실한 외래진료나 초진 환자의 경우에 적용하기에는 무리가 있다.

⑦ 미국의 Medicare, 병원진료비에 적용하는 DRG-PPS방식

⑧ 진료행위별로 합산해서 진료비를 계산하지 않고 진단별로 진료비가 결정된다. 미국의 DRG방식이 가장 대표적인 예로써 환자 종류당(예컨대 환자 1인당, 요양일수 1일당, 수진 건수 1건당) 총괄보수단가를 설정하여 보상하고 있다.

⑨ 신포괄수가제

㉠ 포괄수가제도 개선을 위한 논의를 통하여 정부는 진료내역의 편차가 큰 질병들에 있어서 의사서비스의 차별성을 어느 정도 수용할 수 있는 제도적 장치로 새로운 포괄모형(신포괄수가제)을 개발하였다.

㉡ 신포괄수가제는 새로운 '의료비 정찰제'로 진료비 산정시 포괄수가와 행위별 수가를 병행하며 의사의 직접진료, 선택진료비, 상급 병실료, 식대 등은 별도로 계산되는 방식이다.

㉢ 이 제도는 2014년 현재 4대 중증질환(암, 뇌, 심장, 희귀난치성 질환)과 같이 복잡한 질환까지 포함시켜 더 많은 입원환자가 혜택받을 수 있도록 국민건강보험공단 일산병원 및 서울의료원 등 지역거점 공공병원 40개 기관에서 시범사업으로 실시하고 있다.

CHECK Point 포괄수가제 적용질환(4개과 7개 질병군)

1. 안과 : 수정체수술(백내장수술)
2. 이비인후과 : 편도 및 아데노이드 수술
3. 일반외과 : 항문 및 항문주위수술(치질수술), 서혜 및 탈장수술, 충수돌기염수술(맹장염수술)
4. 산부인과 : 자궁 및 자궁부속기 수술(악성종양 제외), 제왕절개분만

(5) **총괄계약제**(Negotiation System)

① 지불측과 진료측이 미리 진료보수 총액을 정하는 계약을 체결하고 진료측의 단체는 그 총액의 범위 내에서 진료를 담당하고 지불자는 진료비에 구애받지 않고 보건의료서비스를 이용하는 제도이다.

② **장점**

㉠ 총의료비 억제 기능

㉡ 의료인 단체에 의한 과잉진료의 자율적 억제 기능

③ **단점**

㉠ 첨단 의료서비스 도입의 동기가 상실될 우려가 있다.

㉡ 매년 진료비 계약을 둘러싼 교섭의 어려움으로 의료공급의 혼란을 초래할 우려가 있다.

(6) **예산제**(Budget System)

① 주어진 기간 동안 공급자에 의해 제공되는 진료서비스와 약품에 대한 총비용을 사전에 미리 책정하여 지불하는 제도이다.

② 예산은 명백하게 제시된 예산규정과 협상체계에서 설정되어야 한다.

③ 실제 진료비가 예산을 초과하는 경우 공급자들이 부족분을 감수해야 하며, 반대인 경우 공급자는 이득을 얻게 된다.

④ 공급자와 보험자는 예상치 못한 비용증가라는 부담을 떠안을 수 있으므로 특정 요인의 변화가 예산규모에 영향을 미칠 수 있다는 데 서로 동의하면 예산은 가변적일 수도 있다.

⑤ **장점** : 공급자에게 이윤을 얻을 수 있는 가능성이 있으므로 주어진 예산을 효율적으로 이용하려는 동기가 생겨 진료비 절감효과를 가져올 수 있다.

⑥ **단점**

㉠ 반드시 필요한 경우에도 비용절감을 위해 비용이 적게 드는 효과적이지 못한 치료로 대치하는 부작용이 나타날 수 있다.

㉡ 질적 저하에 대한 부작용은 실제 유병률의 정도에 따라 예산을 탄력적으로 운영하거나 의료의 질 관리체계 도입, 공급자 사이에 환자유치를 위한 경쟁시스템 도입

을 통하여 해결할 수 있다.

(7) 보너스 지불제

① 특정 목표를 달성하기 위한 유인책으로 공급자에게 보너스를 지불하는 제도이다.

② 약품비 지출을 줄이기 위하여 환자당 처방비용이 평균처방보다 낮은 의사들에게 보너스를 지급하는 방안을 고려해 볼 수 있다.

③ 의사로 하여금 환자가 필요로 하는 처방수준 이하로 처방하도록 하는 것은 보너스 지불제도의 본래 의도와는 상반되는 것이므로 이루고자 하는 바람직한 목표달성에 중점을 두어야 한다.

④ 이 제도 수행을 위해 목표달성 여부를 감독할 엄격한 체계가 마련되어 있어야 한다.

CHECK Point 진료비 부과별 보수지불제도

분류	방식	장점	단점
행위별수가제 (Fee for Service)	• 제공된 의료서비스의 단위당가격에 서비스의 양을 곱한 만큼 보상하는 방식 • 의사의 시술 내용에 따라 값을 정하며 의료를 공급하는 것 • 진료 행위 자체가 기준	• 의료서비스의 양과 질의 확대 • 의료인의 재량권 확대(의료인의 자율보장) • 첨단 의·과학기술의 발달 유도 • 전문적인 의료수가결정에 적합 • 가장 현실적이고 합리적임 • 원만한 의사, 환자관계 유지	• 의사의 수입과 행위가 직결되므로 과잉진료 · 의료남용 우려 • 의료비 지급에서는 과잉진료를 막기 위해 심사, 감사 또는 기타 방법을 동원하게 되어 행정적으로 복합적인 문제 발생 • 의료인과 보험자 간에 갈등요인을 소지하고 있음 • 예방보다는 치료에 치중 • 기술지상주의 팽배가능성 • 상급병원 후송기피
인두제 (Capitation)	• 등록된 환자 또는 주민 수에 따라 일정액을 보상받는 방식	• 진료의 계속성이 증대되어 비용이 상대적으로 저렴 • 예방에 보다 많은 관심 • 행정적 업무절차 간편 • 의료남용을 줄일 수 있음 • 의료인 수입의 평준화 유도	• 환자의 선택권이 제한 • 서비스양을 최소화하는 경향 • 환자후송, 의뢰 증가 경향 • 고위험, 고비용환자 기피 • 고도의 전문의에게 적용 곤란 • 과소 치료 경향
봉급제 (Salary)	• 제공된 서비스의 양이나 사람수에 관계없이 일정 기간에 따라 보상하는 방식	• 의사의 수입이 안정되고, 불필요한 경쟁을 억제할 수 있음 • 행정관리 용이 • 조직의료에 적합	• 진료 형식화, 관료화가 우려됨 • 과소 서비스 공급 • 낮은 생산성 • 의료인의 자율성 저하

포괄수가제 (Case Payment) DRG-PPS	• 환자의 종류당 총 보수단가를 설정하여 보상하는 방식	• 경제적인 진료수행을 유도 • 병원업무의 표준화(진료의 표준화) • 예산통제 가능성 큼 • 부분적으로 적용 가능	• 서비스가 최소화되는 경향 • 서비스가 규격화되는 경향 • 의료행위에 대한 자율성 감소 • 합병증 발생시 적용 곤란 • 과소 진료의 우려 • 신규의학기술에는 적용 어려움
총괄계약제 (Negotiation System)	• 지불자측과 진료자측이 진료보수 총액의 계약을 사전에 체결하는 방식 • 주로 독일에서 시행	• 총진료비의 억제가 가능하며, 과잉진료에 대한 자율적 억제가능	• 매년 진료비 계약을 둘러싼 교섭의 어려움으로 의료제공의 혼란을 초래할 우려가 있으며, 새로운 기술의 도입이 지연
상대가치수가제 (RBRVS)	• 우리나라에서 시행 • 진료행위별 금액으로 표시되어 있는 현재의 수가체계를 진료행위별 점수화하여 요양급여에 소요되는 시간·노력 등 업무량 측정 • 요양급여의 위험도를 고려하여 산출한 가치를 각 항목간에 상대적 점수로 나타냄		

CHECK Point 상대가치수가제

미국의 Harvard대학에서 고안된 투입자원에 근거한 행위별 수가산정 모형인 자원기준 상대가치체계를 우리나라 사정에 맞도록 재고안 한 것으로 의료행위를 분류할 때 의료서비스의 난이도를 고려하여 상대가치에 그 환산지수를 곱하여 수가를 산정하는 방식이다.

① 업무량 시간 : 의료행위를 수행하는 데 실제로 소요되는 시간이다.

② 업무량 강도 : 육체적 노력 및 의료적 기술, 정신적 노력, 스트레스의 세 가지 요소이다.

4. 건강보험제도

(1) 정의

일상생활의 우연한 질병이나 부상, 분만으로 인하여 일시에 과다한 경제적 부담을 경감시켜 주는 제도로, 보험원리에 의하여 국민들이 평소에 보험료를 내어 기금화하였다가 보험사고가 발생할 경우 보험급여를 해줌으로써 국민상호 간의 위험을 분담하고 의료서비스를 제공하는 사회보장제도이다.

(2) 건강보험제도의 본질적 특징

① 건강보험에서의 보험사고는 일반적으로 일시적 사고이다. 그러나 일시적 사고라고 할지라도 고의나 예측할 수 있는 사고 또는 교통사고 등과 같이 가해자를 알 수 있는 사고는 제외된다.

㉠ **일시적 사고** : 질병, 상해, 출산 등
㉡ **영속적 사고** : 불구, 폐질, 노령 등
㉢ **영구적 사고** : 사망

② 건강보험은 경제적 부담의 경감을 목표로 한다.
③ 건강보험은 다수가 가입해야 한다.
④ 보험사고는 예측이 불가능해야 한다.
⑤ 건강보험의 보험료는 개인, 국가, 사용자가 일부 부담하는 것이 보통이다.

(3) 건강보험제도의 일반적 특성

① **법률에 의한 강제가입** : 일정한 법적 요건이 충족되면 본인의 의사에 관계없이 강제 적용된다. → 강제성
② **부담능력에 따른 보험료의 차등부담(형평부과)** : 재산, 소득수준 등 보험료 부담능력에 따라 차등적으로 부담함을 원칙으로 한다. → 부담의 재산, 소득비례의 원칙
③ **보험급여의 균등한 수혜** : 보험료 부과수준에 관계없이 관계법령에 의하여 보험급여가 균등하고 획일적으로 적용된다. → 형평성
④ **보험료 납부의 강제성** : 피보험자에게는 보험료 납부의 의무가 주어지며, 보험자에게는 보험료징수의 강제성이 부여된다.
⑤ **국민건강급여는 단기보험** : 1년 단위의 회계연도를 기준으로 수입과 지출을 예정하여 보험료를 계산하는 단기보험의 형태이다. → 예산의 균형성
⑥ **수익자 부담원칙** : 비용을 수익자가 부담하고 이익도 수익자에게 환원되는 수익자 부담원칙에 입각한다.
⑦ **급여우선의 원칙** : 보험급여는 인간의 생명과 고통에 직결되므로 그 발생과정이나 요인이 어떠하든 간에 급여시행을 우선적으로 하여야 한다. 즉, 중대한 자기 귀책사유가 있다 하여도 적시에 적정급여를 시행하고 사후에 그 책임을 분명히 하게 된다.
⑧ **적정급여의 원칙** : 가장 필요하고 적정한 급여가 제공되어야 한다.
⑨ **사후치료의 원칙** : 질병예방이 아닌 사후치료적 영역에 속한다.
⑩ **3자 지불의 원칙** : 급여시행자, 급여수령자, 비용지급자가 상이하며 이러한 3자 관계의 성립에 따라 급여비용 심사제도가 나타나게 된다.

(4) 우리나라 건강보험제도의 내용

① **국민건강보험법의 목적(법 제1조)** : 이 법은 국민의 질병 · 부상에 대한 예방 · 진단 · 치료 · 재활과 출산 · 사망 및 건강증진에 대하여 보험급여를 실시함으로써 국민보건을 향상시키고 사회보장을 증진함을 목적으로 한다.
② **건강보험 적용대상(법 제5조)** : 국내에 거주하는 국민은 이 법에 의한 건강보험의 가입자 또는 피부양자가 된다.

③ 가입자의 종류(법 제6조)
- ㉠ 직장가입자와 지역가입자로 구분
- ㉡ **직장가입자** : 모든 사업장의 근로자 및 사용자와 공무원 및 교직원
- ㉢ **지역가입자** : 가입자 중 직장가입자와 그 피부양자를 제외한 자

④ 피부양자
- ㉠ 직장가입자에게 주로 생계를 의존하는 사람으로서, 소득 및 재산이 보건복지부령으로 정하는 기준 이하에 해당하는 사람을 말한다.
- ㉡ 범위
  - ⓐ 직장가입자의 배우자
  - ⓑ 직장가입자의 직계존속(배우자의 직계존속 포함) → 부모, 장인 · 장모, 시부모 등
  - ⓒ 직장가입자의 직계비속(배우자의 직계비속 포함) 및 그 배우자 → 자녀, 손자, 손녀, 며느리, 사위 등
  - ⓓ 직장가입자의 형제 · 자매

⑤ 급여의 종류
- ㉠ **요양급여(법 제41조)** : 가입자와 피부양자의 질병 · 부상 · 출산 등에 대하여 요양급여를 실시
  - ⓐ 진찰 · 검사
  - ⓑ 약제 · 치료재료의 지급
  - ⓒ 처치 · 수술 및 그 밖의 치료
  - ⓓ 예방 · 재활
  - ⓔ 입원
  - ⓕ 간호
  - ⓖ 이송
- ㉡ **건강검진(법 제52조)**

CHECK Point 국민건강보험법 시행령 제25조

1. 법 제52조에 따른 건강검진(이하 "건강검진"이라 한다)은 일반건강검진, 암검진 및 영유아건강검진으로 구분하여 실시한다.
2. 건강검진을 받을 수 있는 사람은 다음과 같다.
   (1) 일반건강검진 : 직장가입자, 세대주인 지역가입자, 20세 이상인 지역가입자 및 20세 이상인 피부양자
   (2) 암검진 : 「암관리법 시행령」 별표 1의 암의 종류별 검진주기와 연령 기준 등에 해당하는 사람
   (3) 영유아건강검진 : 6세 미만의 가입자 및 피부양자

> 3. 건강검진은 2년마다 1회 이상 실시하되, 사무직에 종사하지 아니하는 직장가입자에 대해서는 1년에 1회 실시한다. 다만, 암검진은 「암관리법 시행령」에서 정한 바에 따르며, 영유아건강검진은 영유아의 나이 등을 고려하여 보건복지부장관이 정하여 고시하는 바에 따라 검진주기와 검진횟수를 다르게 할 수 있다.

㉢ 요양비(법 제49조)

ⓐ 공단은 가입자나 피부양자가 보건복지부령으로 정하는 긴급하거나 그 밖의 부득이한 사유로 요양기관과 비슷한 기능을 하는 기관으로서 보건복지부령으로 정하는 기관(제98조 제1항에 따라 업무정지기간 중인 요양기관을 포함한다)에서 질병 · 부상 · 출산 등에 대하여 요양을 받거나 요양기관이 아닌 장소에서 출산한 경우에는 그 요양급여에 상당하는 금액을 보건복지부령으로 정하는 바에 따라 가입자나 피부양자에게 요양비로 지급한다.

ⓑ ⓐ에 따라 요양을 실시한 기관은 보건복지부장관이 정하는 요양비 명세서나 요양 명세를 적은 영수증을 요양을 받은 사람에게 내주어야 하며, 요양을 받은 사람은 그 명세서나 영수증을 공단에 제출하여야 한다.

㉣ 부가급여(시행령 제23조)

ⓐ 법 제50조에 따른 부가급여는 임신 · 출산(유산 및 사산을 포함한다. 이하 같다) 진료비로 한다. 〈개정 2017.9.19〉

ⓑ 제1항에 따른 임신 · 출산 진료비 지원 대상은 다음 각 호와 같다. 〈개정 2018.12.24〉

1. 임신 · 출산한 가입자 또는 피부양자
2. 1세 미만인 가입자 또는 피부양자(이하 "1세 미만 영유아"라 한다)의 법정대리인(출산한 가입자 또는 피부양자가 사망한 경우에 한정한다)

ⓒ 공단은 제2항 각 호의 어느 하나에 해당하는 사람에게 다음 각 호의 구분에 따른 비용을 결제할 수 있는 임신 · 출산 진료비 이용권(이하 "이용권"이라 한다)을 발급할 수 있다. 〈개정 2018.12.24〉

1. 임신 · 출산과 관련된 진료에 드는 비용
2. 1세 미만 영유아의 진료에 드는 비용
3. 1세 미만 영유아에게 처방된 약제 · 치료재료의 구입에 드는 비용

ⓓ 이용권을 발급받으려는 사람(이하 이 조에서 "신청인"이라 한다)은 보건복지부령으로 정하는 발급 신청서에 제2항 각 호의 어느 하나에 해당한다는 사실을 확인할 수 있는 증명서를 첨부해 공단에 제출해야 한다. 〈개정 2018.12.24〉

ⓔ 제4항에 따라 이용권 발급 신청을 받은 공단은 신청인이 제2항 각 호의 어느

하나에 해당하는지를 확인한 후 신청인에게 이용권을 발급해야 한다. 〈개정 2018.12.24〉

ⓕ 이용권을 사용할 수 있는 기간은 제5항에 따라 이용권을 발급받은 날부터 다음 각 호의 구분에 따른 날까지로 한다. 〈개정 2018.12.24〉

1. 임신 · 출산한 가입자 또는 피부양자 : 출산일(유산 및 사산의 경우 그 해당일)부터 1년이 되는 날
2. 1세 미만 영유아의 법정대리인 : 1세 미만 영유아의 출생일부터 1년이 되는 날

ⓖ 이용권으로 결제할 수 있는 금액의 상한은 다음 각 호의 구분에 따른다. 다만, 보건복지부장관이 필요하다고 인정하여 고시하는 경우에는 다음 각 호의 상한을 초과하여 결제할 수 있다. 〈개정 2018.12.24〉

1. 하나의 태아를 임신 · 출산한 경우 : 60만원
2. 둘 이상의 태아를 임신 · 출산한 경우 : 100만원

ⓗ 제2항부터 제7항까지에서 규정한 사항 외에 임신 · 출산 진료비의 지급 절차와 방법, 이용권의 발급과 사용 등에 필요한 사항은 보건복지부령으로 정한다. 〈개정 2016.6.30〉

⑥ **요양기관(법 제42조)** : 간호, 이송을 제외한 요양급여는 다음의 요양기관에서 실시한다.

㉠ 의료기관

㉡ 약국

㉢ 한국희귀 · 필수의약품센터

㉣ 보건소, 보건의료원, 보건지소

㉤ 보건진료소

⑦ **보험료(법 제69조)**

㉠ **직장가입자의 보험료**

ⓐ 보수월액 × 보험료율

ⓑ 소득월액 × 보험료율

㉡ **지역가입자의 보험료**

ⓐ **세대단위로 산정**

월별 보험료 = 보험료 부과점수 × 점수당 금액

ⓑ **보험료 부과점수** : 지역가입자의 소득(종합소득, 농업소득) · 재산(부동산, 자동차 등)을 기준으로 산정하되, 기타 필요한 사항은 대통령령으로 정함

㉢ 보험료의 면제(법 제74조)

ⓐ 국외에서 업무에 종사하고 있는 경우(다만, 국내에 거주하는 피부양자가 없는 경우에 한함)

ⓑ 「병역법」에 따른 현역병, 전환복무된 사람 및 군간부후보생

ⓒ 교도소, 그 밖에 이에 준하는 시설에 수용되어 있는 경우

㉣ 보험료의 경감(법 제75조) : 다음의 어느 하나에 해당하는 가입자 중 보건복지부령으로 정하는 가입자에 대하여는 그 가입자 또는 그 가입자가 속한 세대의 보험료의 일부를 경감할 수 있다.

ⓐ 섬 · 벽지(僻地) · 농어촌 등 대통령령으로 정하는 지역에 거주하는 사람

ⓑ 65세 이상인 사람

ⓒ 「장애인복지법」에 따라 등록한 장애인

ⓓ 「국가유공자 등 예우 및 지원에 관한 법률」 제4조 제1항 제4호, 제6호, 제12호, 제15호 및 제17호에 따른 국가유공자

ⓔ 휴직자

ⓕ 그 밖에 생활이 어렵거나 천재지변 등의 사유로 보험료를 경감할 필요가 있다고 보건복지부장관이 정하여 고시하는 사람

⑧ 보험료의 부담(법 제76조)

㉠ 직장가입자

ⓐ 직장가입자는 보험료액의 100분의 50을 부담한다.

ⓑ 사용자의 부담

- 교직원인 경우 : 학교를 설립 · 운영하는 자가 100분의 30을 부담
  국가가 100분의 20을 부담
- 공무원인 경우 : 국가 또는 지방자치단체가 100분의 50을 부담
- 근로자인 경우 : 사용자가 100분의 50을 부담

㉡ 지역가입자 : 그 가입자가 속한 세대의 지역가입자 전원이 연대하여 부담

⑨ 본인일부부담금(시행령 제19조)

㉠ 입원진료 : 요양급여비용 총액의 100분의 20 + 식대의 100분의 50

㉡ 외래진료

ⓐ 상급종합병원 : 진찰료 총액 + (요양급여비용 총액−진찰료 총액) × 60/100

ⓑ 종합병원

- 동지역 : 요양급여비용 총액 × 50/100
- 읍 · 면 지역 : 요양급여비용 총액 × 45/100

ⓒ 병원, 치과병원, 한방병원, 요양병원
- 동지역 : 요양급여비용 총액 × 40/100
- 읍 · 면 지역 : 요양급여비용 총액 × 35/100

ⓓ 의원, 치과의원, 한의원, 보건의료원 : 요양급여비용 총액 × 30/100

ⓔ 보건소, 보건지소, 보건진료소 : 요양급여비용 총액 × 30/100

㉢ 약국, 한국희귀 · 필수의약품센터 : 요양급여비용 총액 × 30/100

⑩ 건강보험 진료절차

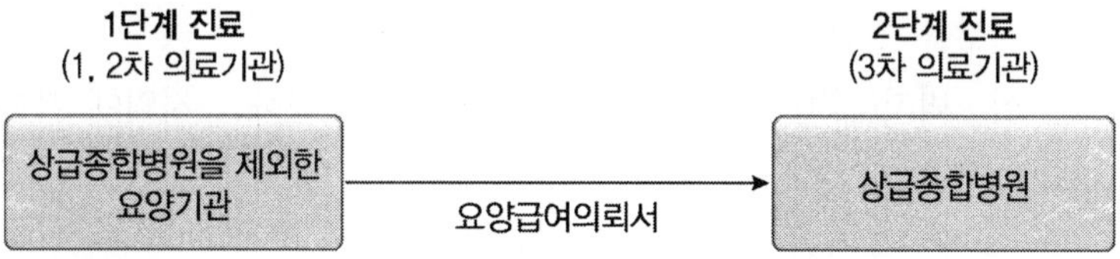

CHECK Point 상급종합병원에서 요양급여의뢰서 없이 진료를 받을 수 있는 경우

1. 상급종합병원에서 근무하는 자가 당해 요양기관에서 진료를 받을 경우
2. 상급종합병원의 치과, 재활의학과, 가정의학과에서 진료를 받는 경우
3. 상급종합병원에서 응급진료를 받는 경우
4. 상급종합병원에서 분만을 하는 경우
5. 혈우병환자가 혈우병 진료를 받는 경우
6. 장애인 또는 단순 물리치료가 아닌 작업치료 · 운동치료 등의 재활치료가 필요하다고 인정되는 자가 재활의학과에서 요양급여를 받는 경우

5. 의료급여제도

(1) 의의

수입이 적어 자력으로 생활하기가 곤란하거나 특수한 상황에 처해 있는 자에게 의료를 무상 또는 일정한 금액만을 본인이 부담하게 하여 그들의 생활에 도움이 되도록 하는 제도이다.

(2) 목적

생활이 어려운 자에게 의료급여를 실시함으로써 국민보건의 향상과 사회복지의 증진에 이바지함을 목적으로 한다.

(3) 연혁

① 1961년 「생활보호법」 제정으로 생활보호와 의료보호를 함께 실시

② 1977년 「의료보호법」이 제정되어 생활보호와 의료보호가 분리

③ 2001년 「의료급여법」의 제정으로 의료보호가 의료급여로 바뀌게 됨

(4) 종별대상자 종류 및 기준

구분	수급권자
1종	① 「국민기초생활보장법」에 의한 수급자 중 근로능력이 없는 자로만 구성된 세대의 구성원 • 18세 미만 자, 65세 이상인 자 • 중증장애인 • 치료 또는 요양 필요자 중 시 · 군 · 구청장이 판정한 근로무능력자 • 임산부 • 병역 중인 자 ② 「국민기초생활보장법」 이외의 타법에 의한 수급권자 • 이재민(재해구호법) • 의상자 및 의사자의 유족 • 국내 입양된 18세 미만의 아동 • 국가유공자 및 그 유족, 가족 • 무형문화재 • 새터민(북한이탈주민)과 그 가족 • 5 · 18 민주화운동 관련자 및 그 유족, 가족 등 • 노숙인 등 ③ 행려환자
2종	「국민기초생활보장법」에 의한 수급자 중 근로능력이 있는 자

(5) 의료급여의 내용

① 진찰, 검사

② 약제와 치료재료의 지급

③ 처치, 수술과 그 밖의 치료

④ 예방과 재활

⑤ 입원

⑥ 간호

⑦ 이송과 그 밖의 의료목적의 달성을 위한 조치

(6) 의료급여기관

① 「의료법」에 따라 개설된 의료기관

② 「지역보건법」에 따라 설치된 보건의료원, 보건소, 보건지소

③ 「농어촌 등 보건의료를 위한 특별조치법」에 따라 설치된 보건진료소

④ 「약사법」에 따라 등록된 약국 및 한국희귀 · 필수의약품센터

(7) 의료급여 진료비 부담기준

구분		본인부담금
1종	외래	① 보건소, 보건지소 및 보건진료소에서 진료하는 경우 : 없음 ② 1차 의료급여기관 : 1,000원 ③ 2차 의료급여기관 : 1,500원 ④ 3차 의료급여기관 : 2,000원 ⑤ PET, MRI, CT 등 : 급여비용의 5%
	입원	무료(식대는 20%)
	약국	500원
2종	외래	① 보건소, 보건지소 및 보건진료소에서 진료하는 경우 : 없음 ② 1차 의료급여기관 : 1,000원 ③ 2차 의료급여기관 : 급여비용의 15% ④ 3차 의료급여기관 : 급여비용의 15% ⑤ PET, MRI, CT 등 : 급여비용의 15%
	입원	의료급여기관의 입원 진료 : 10%(식대는 20%)
	약국	500원

(8) 의료급여대상자 진료절차 체계도

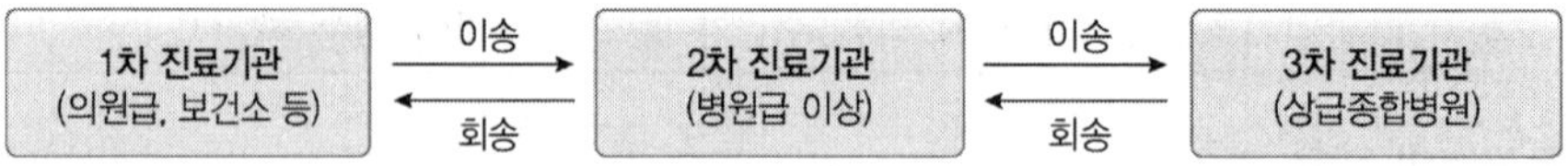

의료급여법 시행규칙 제3조(의료급여의 절차)

수급권자가 의료급여를 받고자 하는 경우에는 「의료급여법」(이하 "법"이라 한다) 제9조 제2항 제1호에 따른 제1차의료급여기관(이하 "제1차의료급여기관"이라 한다)에 의료급여를 신청하여야 한다. 다만, 다음 각 호 중 제1호부터 제6호까지의 어느 하나에 해당하는 경우에는 같은 항 제2호 또는 제3호에 따른 제2차의료급여기관(이하 "제2차의료급여기관"이라 한다) 또는 제3차의료급여기관(이하 "제3차의료급여기관"이라 한다)에 의료급여를 신청할 수 있고, 제7호부터 제12호까지의 어느 하나에 해당하는 경우에는 제2차의료급여기관에 의료급여를 신청할 수 있다.

1. 「응급의료에 관한 법률」 제2조 제1호에 해당하는 응급환자인 경우
2. 분만의 경우
3. 영 제3조 제2항 제1호 라목에 따라 보건복지부장관이 정하여 고시하는 결핵질환, 희귀난치성질환 또는 중증질환을 가진 사람이 의료급여를 받고자 하는 경우
4. 제2차의료급여기관 또는 제3차의료급여기관에서 근무하는 수급권자가 그 근무하는 의료급여기관에서 의료급여를 받고자 하는 경우
5. 「장애인복지법」 제32조에 따라 등록한 장애인이 장애인 보장구를 지급받고자 하는 경우

6. 감염병의 확산 등 긴급한 사유가 있어 보건복지부장관이 정하여 고시하는 기준에 따라 의료급여를 받고자 하는 경우
7. 단순물리치료가 아닌 작업치료 · 운동치료 등의 재활치료가 필요하다고 인정되는 자가 재활의학과에서 의료급여를 받고자 하는 경우
8. 한센병환자가 의료급여를 받고자 하는 경우
9. 「장애인복지법」 제32조에 따라 등록한 장애인이 의료급여를 받고자 하는 경우
10. 「국민건강보험법 시행령」 제45조 제1호에 해당하는 지역(보험료 경감 대상지역)의 의료급여수급권자가 의료급여를 받고자 하는 경우
11. 「국가유공자 등 예우 및 지원에 관한 법률 시행령」 제14조 또는 「보훈보상대상자 지원에 관한 법률 시행령」 제8조에 따른 상이등급을 받은 사람이 의료급여를 받고자 하는 경우
12. 8세 미만의 소아가 보건복지부장관이 정하여 고시하는 야간 · 공휴일에 의료급여를 받으려는 경우

6. 노인장기요양보험법

(1) 목적(법 제1조)

이 법은 고령이나 노인성 질병 등의 사유로 일상생활을 혼자서 수행하기 어려운 노인 등에게 제공하는 신체활동 또는 가사활동 지원 등의 장기요양급여에 관한 사항을 규정하여 노후의 건강증진 및 생활안정을 도모하고 그 가족의 부담을 덜어줌으로써 국민의 삶의 질을 향상하도록 함을 목적으로 한다.

(2) 정의(법 제2조) 이 법에서 사용하는 용어의 정의는 다음과 같다.

① "노인 등"이란 65세 이상의 노인 또는 65세 미만의 자로서 치매 · 뇌혈관성 질환 등 대통령령으로 정하는 노인성 질병을 가진 자를 말한다.

② "장기요양급여"란 제15조 제2항에 따라 6개월 이상 동안 혼자서 일상생활을 수행하기 어렵다고 인정되는 자에게 신체활동 · 가사활동의 지원 또는 간병 등의 서비스나 이에 갈음하여 지급하는 현금 등을 말한다.

③ "장기요양사업"이란 장기요양보험료, 국가 및 지방자치단체의 부담금 등을 재원으로 하여 노인 등에게 장기요양급여를 제공하는 사업을 말한다.

④ "장기요양기관"이란 제31조에 따라 지정을 받은 기관 또는 제32조에 따라 지정의제된 재가장기요양기관으로서 장기요양급여를 제공하는 기관을 말한다.

⑤ "장기요양요원"이란 장기요양기관에 소속되어 노인 등의 신체활동 또는 가사활동 지원 등의 업무를 수행하는 자를 말한다.

(3) 장기요양급여 제공의 기본원칙(법 제3조)

① 장기요양급여는 노인 등의 심신상태 · 생활환경과 노인 등 및 그 가족의 욕구 · 선택을

종합적으로 고려하여 필요한 범위 안에서 이를 적정하게 제공하여야 한다.

② 장기요양급여는 노인 등이 가족과 함께 생활하면서 가정에서 장기요양을 받는 재가급여를 우선적으로 제공하여야 한다.

③ 장기요양급여는 노인 등의 심신상태나 건강 등이 악화되지 아니하도록 의료서비스와 연계하여 이를 제공하여야 한다.

(4) 장기요양보험료의 징수(법 제8조)

① 공단은 장기요양사업에 사용되는 비용에 충당하기 위하여 장기요양보험료를 징수한다.

② ①에 따른 장기요양보험료는 「국민건강보험법」 제62조에 따른 보험료(이하 이 조에서 "건강보험료"라 한다)와 통합하여 징수한다. 이 경우 공단은 장기요양보험료와 건강보험료를 구분하여 고지하여야 한다.

③ 공단은 ②에 따라 통합 징수한 장기요양보험료와 건강보험료를 각각의 독립회계로 관리하여야 한다.

(5) 장기요양보험료의 산정(법 제9조)

① 장기요양보험료는 「국민건강보험법」 제69조 제4항 및 제5항에 따라 산정한 보험료액에서 같은 법 제74조 또는 제75조에 따라 경감 또는 면제되는 비용을 공제한 금액에 장기요양보험료율을 곱하여 산정한 금액으로 한다.

② ①에 따른 장기요양보험료율은 제45조에 따른 장기요양위원회의 심의를 거쳐 대통령령으로 정한다.

(6) 장기요양급여의 종류(법 제23조)

① **재가급여**

㉠ **방문요양** : 장기요양요원이 수급자의 가정 등을 방문하여 신체활동 및 가사활동 등을 지원하는 장기요양급여

㉡ **방문목욕** : 장기요양요원이 목욕설비를 갖춘 장비를 이용하여 수급자의 가정 등을 방문하여 목욕을 제공하는 장기요양급여

㉢ **방문간호** : 장기요양요원인 간호사 등이 의사, 한의사 또는 치과의사의 지시서(이하 "방문간호지시서"라 한다)에 따라 수급자의 가정 등을 방문하여 간호, 진료의 보조, 요양에 관한 상담 또는 구강위생 등을 제공하는 장기요양급여

㉣ **주 · 야간보호** : 수급자를 하루 중 일정한 시간 동안 장기요양기관에 보호하여 신체활동 지원 및 심신기능의 유지 · 향상을 위한 교육 · 훈련 등을 제공하는 장기요양급여

㉤ **단기보호** : 수급자를 보건복지부령으로 정하는 범위 안에서 일정 기간 동안 장기요양기관에 보호하여 신체활동 지원 및 심신기능의 유지 · 향상을 위한 교육 · 훈련 등을 제공하는 장기요양급여

ⓑ **기타재가급여** : 수급자의 일상생활 · 신체활동 지원 및 인지기능의 유지 · 향상에 필요한 용구를 제공하거나 가정을 방문하여 재활에 관한 지원 등을 제공하는 장기요양급여로서 대통령령으로 정하는 것

② **시설급여** : 장기요양기관이 운영하는 「노인복지법」 제34조에 따른 노인의료복지시설 등에 장기간 동안 입소하여 신체활동 지원 및 심신기능의 유지 · 향상을 위한 교육 · 훈련 등을 제공하는 장기요양급여

③ **특별현금급여**

㉠ **가족요양비** : 제24조에 따라 지급하는 가족장기요양급여

㉡ **특례요양비** : 제25조에 따라 지급하는 특례장기요양급여

㉢ **요양병원간병비** : 제26조에 따라 지급하는 요양병원장기요양급여

(7) 본인일부부담금(법 제40조)

① 재가 및 시설 급여비용은 다음과 같이 수급자가 부담한다. 다만, 수급자 중 「의료급여법」 제3조 제1항 제1호에 따른 수급자는 그러하지 아니하다.

㉠ **재가급여** : 당해 장기요양급여비용의 100분의 15

㉡ **시설급여** : 당해 장기요양급여비용의 100분의 20

② 다음의 어느 하나에 해당하는 자에 대해서는 본인일부부담금의 100분의 60의 범위에서 보건복지부장관이 정하는 바에 따라 차등하여 감경할 수 있다.

㉠ 「의료급여법」 제3조 제1항 제2호부터 제9호까지의 규정에 따른 수급권자

㉡ 소득 · 재산 등이 보건복지부장관이 정하여 고시하는 일정 금액 이하인 자

㉢ 천재지변 등 보건복지부령으로 정하는 사유로 인하여 생계가 곤란한 자

(8) 등급판정기준 등(시행령 제7조)

① **장기요양 1등급** : 심신의 기능상태 장애로 일상생활에서 전적으로 다른 사람의 도움이 필요한 자로서 장기요양인정 점수가 95점 이상인 자

② **장기요양 2등급** : 심신의 기능상태 장애로 일상생활에서 상당 부분 다른 사람의 도움이 필요한 자로서 장기요양인정 점수가 75점 이상 95점 미만인 자

③ **장기요양 3등급** : 심신의 기능상태 장애로 일상생활에서 부분적으로 다른 사람의 도움이 필요한 자로서 장기요양인정 점수가 60점 이상 75점 미만인 자

④ **장기요양 4등급** : 심신의 기능상태 장애로 일상생활에서 일정부분 다른 사람의 도움이 필요한 자로서 장기요양인정 점수가 51점 이상 60점 미만인 자

⑤ **장기요양 5등급** : 치매(제2조에 따른 노인성 질병에 해당하는 치매로 한정한다)환자로서 장기요양인정 점수가 45점 이상 51점 미만인 자

⑥ **장기요양 인지지원등급** : 치매환자로서 장기요양인정 점수가 45점 미만인 자

(9) 이용절차

본인의 신청 → 장기요양 평가관리원의 방문조사 → 노인장기요양 등급판정위원회 평가 → 판정 → 장기요양계획서 작성 → 서비스이용 등의 절차에 따름

5 보건의료전달체계

1. 보건의료전달체계의 개념

(1) 보건의료서비스의 제공을 원하는 사람이 있을 때 적절한 시기에 적절한 장소에서 적절한 의료인에 의해 적절한 진료를 받도록 해주는 절차

(2) 보건의료전달체계의 대두 배경

① 의료인력의 전문화와 고급화
② 의료비의 급증
③ 의료인력과 시설의 분포가 심한 불균형 상태

(3) 보건의료전달체계의 필요성(목적)

① 의료자원의 효율적인 이용
② 지역 및 의료기관의 균형적 발전을 도모
③ 종합병원에 대한 환자 집중현상을 방지
④ 국민보건의료비 증가 억제
⑤ 건강보험 재정의 안정화

(4) 보건의료기관과 보건의료전달체계

보건의료기관은 나름대로 진료수준과 기능, 역할을 설정하고, 이에 적절한 인적 · 물적 투자를 해야 하며, 국가의 보건의료정책도 이러한 방향으로 나아가고자 하는 제도가 보건의료전달체계이다. 따라서 1, 2, 3차 진료기관의 바람직한 구성비를 엄밀하게 나누기는 어렵지만, 보통 1차 진료기관은 70~80% 이상, 2차 진료기관은 20~25%, 그리고 3차 진료기관은 1~5% 정도로 추정하고 있다.

2. 보건의료전달체계의 유형(J. Fry)

(1) 자유방임형

① 국민 대다수가 각자 개인책임 아래 보건의료를 공급받고 있는 경우로 개개인의 능력과 자유를 최대한 존중하며 정부의 통제나 간섭은 극소화한 제도로 대표적인 나라는 미국, 일본이며 우리나라도 이 제도에 속한다. 정부의 관여를 최대한 배제한 민간조직에 의해 이루어지는 민간주도형이다.

② 장점

㉠ 국민이 의료인이나 의료기관을 선택할 자유가 최대한 부여된다.

㉡ 의료의 질적 수준이 높다.

㉢ 의료의 내용, 범위, 수준 결정에 의료인의 재량권이 부여된다.

③ 단점

㉠ **지역적, 사회 계층적 불균형** : 의료기관의 자유경쟁으로 자원이 지역적으로, 사회 계층적으로 불균형이 있어 형평에 어긋난다.

㉡ 의료비의 상승

㉢ 의료자원의 비효율적 활용

㉣ 보건의료전달이 질서정연하게 이루어지지 못한다.

㉤ 과잉진료, 의료남용의 우려가 있다.

㉥ 행정적으로 복잡하다.

㉦ 국가의 통제가 제한되어 민간의료단체의 힘이 세다.

㉧ 건강문제는 본인의 책임이 된다.

(2) 사회보장형

① 정치적으로는 자유민주주의여서 개인의 자유를 존중하는 한편 사회적으로 교육, 의료, 실업 등 사회보장을 중요시하여 국가에서 전 국민을 대상으로 소외계층 없이 일체의 보건의료서비스를 무료로, 강력한 정부주도형으로 실시하는 제도이다. 영국이나 캐나다, 스칸디나비아 등의 선진국이 여기에 속하며, 의사, 약사, 간호사는 봉급이나 인두제에 의한 보수를 받는다.

② 자유방임형 보건의료전달체계에 비해 지역사회 간호사의 역할이 확대되고, 보건교육을 통한 자기 건강관리 능력 배양 혹은 국민의 질병 발생률 감소에 기여한다.

③ 장점

㉠ 보건의료서비스의 기회가 균등하므로 형평성이 높다.

㉡ 국민개인의 자기의사 선택권이 어느 정도는 부여된다.

㉢ 치료와 예방을 포함하는 포괄적인 의료서비스가 제공된다.

㉣ 보건기획 및 자원의 효율적 활용을 기할 수 있다.

④ 단점

㉠ **의료제공의 비효율성** : 대규모 의료조직으로 인하여 관료적이며 행정체계가 복잡하다.

㉡ **보건의료의 질적 하락** : 의료인에 대한 보상이 일률적이거나 미약하므로 의료수준과 사기, 열의가 상대적으로 낮다.

(3) 사회주의형

① 의료자원과 의료서비스의 균등한 분포와 균등한 기회부여에 목표를 두고 의료를 국가경제, 사회 프로그램의 하나로 기획하여 누구나 필요할 때 무료로 제공하는 제도로 주로 공산주의 국가에서 채택하고 있다.

② 장점

㉠ 의료자원이 효율적으로 할당 · 분포되어 있어 언제, 어디서나 의료서비스를 받을 수 있다.

㉡ 예방에 치중할 수 있으며 서비스 전달이 조직적으로 이루어질 수 있다.

㉢ 누구에게나 무료이므로 형평성이 높다.

③ 단점

㉠ 관료체계로 인한 경직성, 의사 인센티브 결여로 의료의 질적 수준이 낮다.

㉡ 개인의 의사선택에 대한 자유가 없다.

구분	자유방임형	사회보장형	사회주의형
대표국	미국, 일본, 한국	영국, 캐나다	중국, 러시아, 북한
보건의료	상품	사회 공유물	국가 소유물
정부	최소한의 정부개입, 민간주도	정부 및 사회주도	국가주도
재원조달	민간의료보험	조세	조세
의료비 지불	포괄수가제, 행위별수가제	봉급제, 인두제	봉급제
의료시설	민간	정부, 민간	정부
의료전달의 체계화	−	++	++
의료조직의 관리통제	−	++	++
의료서비스의 질	++	+	−
의료서비스의 포괄성	−	++	++
의료 균형	−	++	++
선택의 자유	++	+	−
형평성	−	++	++
의료비 절감	−	++	++
의료자원의 효율성	−	++	+

02 지역사회간호와 보건정책

1. 보건정책의 의의

'보건'의 개념과 '정책'의 개념을 합성한 것으로서 국민의 질병을 치료, 예방하며 건강을 유지 증진하기 위한 결정과 국민의 빈곤과 사회적 소외를 해결하기 위한 결정이다.

2. 보건정책의 결정과정

(1) 정책의제형성과정

① **개념** : 문제의 정부 귀속화, 문제를 정부가 채택하는 과정

② **과정**

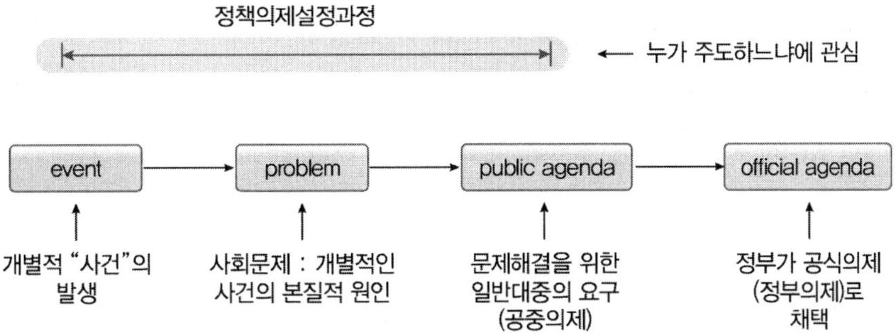

예 환경오염방지정책의 예 : 기침환자 발생급증 → 공해문제 인식 → 시민들의 환경개선 요구 → 환경정책 의제의 채택

(2) 정책결정과정(정책형성과 채택) & 정책분석과정

① **문제인지** : 정책결정의 첫 단계로 사회에서 일어나는 사건이나 상황에 대한 요구를 인식하고 개선 또는 해결할 문제임을 인정하는 단계이다.

② 목표설정

③ 정보수집과 분석

④ 대안의 작성

⑤ 대안의 비교, 분석

⑥ 대안의 평가 단계

(3) 정책집행과정

결정된 정책이 정책환경에 실시되어 정책결과로 전환되는 과정

(4) 정책평가과정

정책결과를 포함한 모든 정책과정이 정책의도나 목적을 잘 실현시키고 있는가를 판단하는 과정

(5) 정책종결과정

정부의 정책활동을 의도적으로 종식시키거나 중지하는 것

3. 우리나라의 보건정책

(1) 1단계(1948~1960년)

국가의 기본적 보건체계를 잡아가던 시기

(2) 2단계(1961~1975년)

사회의 주요한 질병을 관리하고 국가 경제 개발에 도움이 되는 인구 및 가족계획분야의 정책 개발에 치중하던 시기

(3) 3단계(1976~1989년)

국민의료보험의 단계적 확대정책 시행으로 보건의료서비스의 대중화에 치중하던 시기

(4) 4단계(1990~현재)

국민보건의 질적 향상에 중점을 두고 정책을 개발하여 시행하는 시기

4. 조직

(1) 조직의 정의

① **고전적 의미** : F. W. Taylor는 "조직이란 완만한 환경 속에서 집단내부의 목표를 달성하기 위하여 업무를 분할하고 업무에 상응하는 책임과 의무소관을 명확히 하는 과정"이라고 정의하였다.

② **현대적 의미** : 조직은 "급속한 환경변화 속에서 목표의 원활하고 신속한 적응을 위하여 인간행동을 규합하는 과정"이라고 정의된다.

(2) 조직의 특성

① 조직은 어떤 특정한 목표를 이룩하기 위한 수단적인 성격을 갖고 있다(목표지향적).

② 조직은 가급적 그 목표를 합리적으로 이룩하고자 한다(합리성).

③ 조직은 분업의 원칙에 따라 편성된다(분업적).

④ 이러한 조직은 하나의 체제로서 언제나 주변 환경과 영향을 주고받는 상호작용을 한다(환경과 상호작용).

⑤ 대체로 조직은 규모가 크고 복잡하므로(규모성과 복잡성) 대인관계에 있어 비정의성 및 보편성의 원칙에 따르려고 한다.

⑥ 조직은 시대나 상황과 연관성이 많아 끊임없이 동태적으로 변하고 있다(동태성).

⑦ 조직 내에는 비공식적 집단이 생겨나고 공식적 계획에서 예정하지 않았던 갈등이 벌

어지기도 한다(조직 내의 비공식적 관계).

⑧ 조직은 서로 의사소통을 할 수 있고 공공의 목표를 위하여 노력을 바칠 용의가 있는 사람들이 모여 조직을 구성한다(인간으로 구성되는 사회적 실체).

(3) 조직의 원칙(원리)

① **계층제의 원리** : 계층제란 "권한과 책임의 정도에 따라 직무를 등급화시키고, 이에 따라 상하 간의 계층을 설정하여 지휘계통과 명령계통을 확립시킨 피라미드형의 직제를 말한다."

② **통솔범위의 원리** : 1인의 상관, 감독자가 효과적으로 직접 감독할 수 있는 부하의 수로서, 개인이 기울일 수 있는 주의력의 범위에는 심리적 · 생리적으로 한계가 있음에 근거를 두고 있다. → 관리한계의 원리, 관리책임의 원리

③ **전문화 · 분업의 원리** : 업무를 성질별 · 기능별로 분할하여 계속적인 수행을 거쳐 조직의 능률성을 제고하고자 하는 원리를 말한다. 분업의 원리라고도 하며 J. D. Mooney는 기능의 원리라고도 하였다.

④ **명령 통일의 원리** : 한 사람의 상관으로부터 명령을 받고 보고하는 원리이며 의사전달의 능률화를 위한 원리로서, 하나의 조직에는 오직 한명의 장이 있어야 함을 말한다. 계층제의 한 원리에 속한다.

⑤ **조정 · 통합의 원리** : 조직체의 공동의 목적을 달성하기 위하여 행동의 통일을 이룩하도록 집단의 노력을 질서정연하게 결합하고 배열하는 과정을 조정(coordination)이라 한다. 무니(J. D. Mooney)는 조정의 원리는 현대조직의 최고 · 제1의 원리라고 주장하였다.

⑥ **위임의 원리** : 업무에 대한 결정권을 타인에게 부여하는 것을 의미한다.

⑦ **목표의 원리** : 상부조직이 갖는 장기적인 목표와 하부조직이 갖는 단기적인 목표의 명확성이 유지되어야 한다는 것을 의미한다.

⑧ **책임과 권한의 일치 원리** : 어떤 과업에 대한 권한과 책임이 일치해야 한다는 것을 의미한다.

5. 보건행정

(1) 보건행정의 정의

지역사회 주민의 건강을 유지, 증진시키고 정신적 안녕 및 사회적 효율을 도모할 수 있도록 하기 위해 국가나 지방자치단체가 주도적으로 수행하는 국민의 건강을 위한 제반활동을 말한다.

(2) 보건행정의 성격(특성)

① **공공성 및 사회성** : 보건행정은 국민의 건강유지와 증진을 위한 조직적인 행정이므로 당연히 공익을 위한 공공이익과 사회성을 갖는다.

② **봉사성** : 보건행정은 넓은 의미에서 국민에게 적극적으로 서비스하는 봉사기능을 가지고 있다.

③ **조장성 및 교육성** : 보건행정은 지역사회 주민의 자발적인 참여 없이는 그 성과를 기대하기 어려우므로 지역사회 주민을 위한 조장 및 교육을 실시함으로써 목적을 달성한다. 즉, 보건행정은 교육을 중요한 수단으로 사용하고 있다.

④ **과학성 및 기술성** : 보건행정은 발전된 근대과학과 기술의 확고한 기초 위에 수립된 과학행정인 동시에 기술행정이다.

(3) 행정과정

① **Gulick의 7가지 관리과정** : POSDCoRB

최고관리층의 하향적 지시에 의한 조직관리방식으로 고전적 조직관의 대명사적 용어를 제시

㉠ P(Planning) : 행동하기 전에 무엇을 어떻게 해야 하는지를 결정하는 과정

㉡ O(Organizing) : 2명 이상이 공동의 목표달성을 위하여 노력하는 협동체를 조직하는 과정

㉢ S(Staffing) : 조직원의 채용과 훈련, 작업조건, 동기유발 등 제반 활동

㉣ D(Directing) : 최고 관리자의 계속적인 의사결정을 구체적인 형태로 명령, 지시하는 제반 과정

㉤ Co(Coordination) : 조직의 목표를 달성하는 데 있어서 조화된 기능을 발휘할 수 있도록 같은 성질의 업무를 모으고 동조되도록 하는 의식적인 행위

㉥ R(Reporting) : 업무수행 과정에서 상관에게 업무보고를 하는 것으로 보고에 필요한 기록, 조사 등도 포함

㉦ B(Budgeting) : 재정계획, 회계, 재정통제의 형식에 의한 예산편성에 따르는 모든 것으로서, 최고 경영자는 예산을 통해 조직을 통제하고 관리

② **Fayol의 5가지 행정과정** : POCCC

1916년 프랑스 관리과정학파의 창시자로 「일반 및 산업관리론」에서 제시

Planning(기획) → Organizing(조직) → Commanding(명령) → Coordinating(조정)
Controlling(통제)

6. 근무성적 평정

(1) 의의 및 용도

① **의의** : 근무성적 평정이란 공무원이 일정기간 동안 수행한 근무 실적, 잠재적 능력, 가치관 등을 체계적으로 판정 · 기록하여 이를 인사행정에 활용하는 과정을 말한다.

② **특징**

㉠ 직위분류제에서 유용하다.

㉡ 절대평가가 아닌 상대평가이며, 탄력성을 지녀야 한다.

㉢ 경쟁 원리를 도입한다.

㉣ 승진, 승급, 교육 훈련, 적재적소의 인사배치 등의 자료로 활용된다.

③ **필요성** : 현재 인사행정의 경향이 종래의 행정 능률의 향상 외에 공무원의 적극적인 능력 발전과 행정의 객관화를 강조함에 따라 공무원들의 근무 성적 · 능력 · 가치관 등을 정확히 알아야만 그들의 능력을 발전시키고, 실적에 따른 공정한 대우가 가능하며, 행정의 능률도 향상시킬 수 있으므로 인사행정의 필수적 조건으로 간주된다.

④ **용도**

㉠ **인사행정의 기준** : 상벌의 목적으로 이용됨으로써 인사행정의 기준을 제공하여 준다. 즉, 근무성적 평정의 결과는 승진 · 승급 · 면직 · 감원 등의 결정 기준이 된다.

㉡ **채용시험의 타당도 측정** : 신규 채용 시의 시험성적을 임용 후의 근무성적과 비교해 상관관계를 밝혀보면 채용시험의 타당도를 측정할 수 있다.

㉢ **적정한 인사배치의 자료** : 근무성적 평정을 통하여 공무원의 능력 및 특질에 맞는 직책을 부여할 수 있다.

㉣ **훈련의 필요성** : 근무성적 평정을 통하여 공무원의 능력이 파악되면 그가 담당하는 직책이 요구하는 능력과 비교하여 훈련의 수요를 파악할 수 있다.

㉤ **감독자와 부하의 이해관계 증진** : 감독자와 피평정자인 부하 간에 근무 상황에 대하여 솔직하게 의견 교환을 하고 개선책을 강구하게 되면, 상호 간의 이해의 증진을 도모하여 부드러운 인간관계를 형성할 수 있다.

㉥ **근무능률의 향상** : 공무원 개개인이 그의 감독자로부터 자신의 장단점을 기술적으로 지적받을 경우 사기 앙양과 아울러 근무능률의 향상을 가져올 수 있다.

㉦ **공무원의 능력 발전** : 근무성적 평정제도는 공무원 스스로 파악하기 힘든 자신의 장단점을 평정자가 지적하여 줌으로써 능력 발전의 계기가 된다.

㉧ 보수 관리의 기초 자료

(2) 근무성적 평정방법

① 도표식 평정 척도법

㉠ 의의

ⓐ 가장 많이 이용되고 있는 방법으로, 한편으로는 평정하고자 하는 평정 요소를 나열하고, 다른 편에 평정 요소별로 평정하기 위한 등급을 숫자나 언어로 표시해 놓은 도표를 작성해 놓고 평정 요소별로 점수를 낸 후 전체 합계로 평정 점수를 계산하는 방법이다.

ⓑ 즉, 한편에는 실적 · 능력을 나타내는 평정 요소를 나열하고 다른 한편에는 우열을 나타내는 등급을 표시하여 피평정자를 관찰하고 해당 등급에 표시하게 되어 있다.

㉡ 장단점

장점	• 일시에 다수 인원을 신속히 평정할 수 있다. • 평정표의 작성이 간단하고 평정이 용이하다. • 상벌 목적에 이용하기가 편리하다. • 경비를 절약할 수 있다. • 평정 결과의 계량화와 통계적인 조정이 가능하다. • 분석적 평가로 타당성을 높일 수 있다. • 평정 결과의 정확성과 신뢰도를 높일 수 있다.
단점	• 합리적 평정 요소의 선정이 곤란하다. • 등급의 비교 기준이 모호하다. • 평정 요소의 비중 산출이 곤란하다. • 평정자의 주관 개입과 연쇄효과(Halo Effect)가 작용할 우려가 있다. • 평정 요소 간 중요성에 따른 가중치 결정이 어렵다.

㉢ 종류

ⓐ 단계식 척도법(비연속 척도법) : 미리 몇 개의 고과 요소를 선정하고 그것을 몇 단계로 구분하여 각 단계에 수, 우, 미, 양, 가 또는 A, B, C, D와 같은 평어로 표기하고, 고과자는 이 평어에 의해 피고과자를 몇 개의 단계로 평가하고 구분하는 방법

ⓑ 도식 척도법(연속적 척도법) : 각 고과 요소마다 각 종업원이 지니고 있는 특성과 직무 수행에서 나타난 실적의 정도에 따라 체크할 수 있는 연속적인 척도를 마련하고 고과자가 척도상 임의의 장소에 체크할 수 있도록 하는 방법

CHECK Point 도표식 평정 척도(1점에서 5점까지 부여)

구분	평정 요소		구분	평정 요소		구분	평정 요소	
근무 실적	담당업무의 질과 양		직무 수행 능력	전문 지식		직무 수행 태도	책임성	
	목표 달성도			이해 판단력			대민 친절성	
	적시성			지도력			협조성	
	창의성			기획력			청렴도	
	노력도			업무 추진력			보안도	
	조직·사회기여도			종합 실무능력				
	합계			합계			합계	

② 강제 배분법

㉠ 근무성적을 평정한 결과 피평정자들의 성적 분포가 과도하게 집중되거나 관대화되는 것을 막기 위해, 즉 평정상의 오류를 방지하기 위해 평정 점수의 분포 비율을 획일적으로 미리 정해 놓는 방법이다.

㉡ 피평정자가 많을 때에는 관대화 경향에 따르는 평정 오차를 방지할 수 있으나, 평정 대상 전원이 무능하거나 유능한 경우에도 일정 비율만이 우수하거나 열등하다는 평정을 받게 되어 현실을 왜곡하는 부작용이 초래될 수 있으며, 역산식 평정을 할 가능성도 있다.

③ 강제 선택법

㉠ 2개 또는 4~5개 항목으로 구성된 각 기술 항목의 조 가운데서 피평정자의 특성에 가까운 것을 강제적으로 골라 표시하도록 하는 방법이다.

㉡ 장단점

장점	•평정자의 편견이나 정실을 배제한다. •신뢰성과 타당성이 높다.
단점	•평정 기술항목들을 만들기 어려울 뿐만 아니라 작성 비용도 많이 든다. •피평정자와 평정에 관해 상의하기 어렵다. •평정자들이 어떤 조의 기술 항목들 중 하나를 반드시 선택해야 한다.

④ 사실 기록법

㉠ 공무원의 근무 성적을 객관적인 사실에 기초를 두고 평가하는 방법으로, 객관적이기는 하나 작업량을 측정하기 어려운 업무에 대하여는 적용할 수 없다는 결점이 있다.

㉡ 무엇을 평가기준으로 하는가에 따라서 산출 기록법, 주기적 검사법, 근태 기록법, 가감 점수법으로 나누어 볼 수 있다.

⑤ 서열법(성적 순위법, ranking method)

㉠ 피평정자 간의 근무성적을 서로 비교해서 서열을 정하는 방법으로, 비교적 작은 집단에 대해서만 사용할 수 있고 특정 집단 내의 전체적인 서열을 알려 줄 수 있으나 다른 집단과 비교할 수 있는 객관적인 자료는 제시하지 못한다.

㉡ 서열을 정하기 위한 비교 방법에는 쌍쌍 비교법, 대인 비교법이 있다.

⑥ **체크리스트 평정법**

㉠ 공무원을 평가하는 데 적절하다고 판단되는 표준행동 목록을 미리 작성해 두고 이 목록에 단순히 가부를 표시하게 하는 방법을 통해 공무원을 평가하는 방법이다.

㉡ 평정 요소가 명확하게 제시되어 있고, 평정자가 피평정자에 대한 질문 항목마다 유무 또는 가부만을 판단하기 때문에 평정하기가 비교적 쉬우나, 평정 요소에 관한 평정 항목을 만들기가 힘들 뿐만 아니라 질문 항목이 많을 경우 평정자가 곤란을 겪게 된다.

㉢ 대표적인 것으로 프로브스트(Probst) 고과법과 오드웨이(Ordway) 고과법이 있다.

ⓐ 프로브스트 고과법 : 구체적인 행동 양식을 기술한 근무 보고서, 평정된 사실을 채점하는 프로브스트 채점 기준표, 프로브스트 종합 기준표로 구성된다. 근무 보고서는 근무의 성패를 나타내는 구체적 항목이 100여 개가 기술되어 있다. 이 100여 개의 항목에는 각각 +2, +1, 0, −1, −1/2, −2, −3의 점수가 채점 기준표에 할당되어 있다.

ⓑ 오드웨이 고과법 : 특수한 업무를 평정하는 A식 고과표와 프로브스트법과 같은 B식 고과표로 구성된다. B식 고과표는 A식 고과표에 해당되는 특수한 실책이 없는 경우에 사용되는 것이며, A식 고과표에 있어서는 프로브스트법과 같이 사실만을 체크하는 것이 아니라 그 증거를 제시하는 것이 특색이다.

⑦ **중요사건 기록법**(Critical Incident Method)

㉠ 피평정자의 근무 실적에 큰 영향을 주는 중요 사건들을 평정자로 하여금 기술하게 하거나 또는 중요 사건들에 대한 설명구를 미리 만들어 평정자로 하여금 해당되는 사건에 표시하게 하는 방법이다.

㉡ 피평정자와의 상담을 촉진하는 데 유용하고, 사실에 초점을 두고 있다는 장점이 있으나, 이례적인 행동을 지나치게 강조할 위험이 있다.

⑧ **행태기준 평정 척도법**(BARS ; Behaviorally Anchored Rating Scales) [17. 서울]

㉠ 도표식 평정 척도법(주관성)과 중요 사건 평정법(객관성)의 장점을 통합한 것이다.

㉡ 특정 직무에 대한 성과를 정의하고 그에 따른 평가 방법과 가중치를 공개하여 직무 수행자가 그것을 인식하고 업무를 수행할 수 있도록 한다.

㉢ 목표관리법의 일환으로 사용될 수 있다.

㉣ **장단점**

장점	• 다양하고 구체적인 직무에 적용이 가능하다. • 객관성과 공정성이 높다. • 평가자 간 신뢰성을 높일 수 있다. • 성과 향상과 업무 개선 효과가 있다.
단점	• 개발에 시간과 비용이 많이 든다. • 평가의 대상이 되는 행동 지표에 영향을 받게 되므로 피평가자의 다른 행동을 고려하거나 회상하기 어렵다.

⑨ **목표관리법**(MBO) : 업무 담당자가 조직의 상위자와 협의하여 목표를 설정하고 정해진 기준에 따라 조직 단위들의 활동과 구성원의 기여도를 측정, 평가하는 총체적인 과정이다.

⑩ **평정 센터법** : 1956년 미국 전신전화공사가 처음으로 산업적 용도에 사용하였고, 1970년대까지 큰 관심을 끌지 못했으나 오늘날 대기업에서 널리 사용되고 있다. 대개 직속 상사에 의해서 지명된 관리적 잠재력을 가진 12명 정도의 종업원을 행위 평가에 숙달된 평가자들(3~6명)이 2일에서 3일 정도 밀접하게 관찰한다. 고과자들은 대부분 심리전문가이지만 평가받는 사람들보다도 두 계층 높은 관리 계층의 사람들인 경우가 일반적이다. 평가 센터를 운영하는 목적은 관리자로서의 잠재력을 가진 종업원을 발견하고, 일선 감독자를 선발하며, 종업원의 개발 욕구를 자극하기 위한 것이다.

⑪ **산출 기록법** : 단위시간에 달성한 일의 양 또는 일정한 일을 달성하는 데 소요되는 시간을 기준으로 평가하는 방법이다.

⑫ **집단 평정법**(다면 평정법, 360도 평가제)

㉠ 평정에 감독자, 동료, 부하 등 다양한 사람들이 참여하게 되는 제도이다.

㉡ 여러 사람을 평정자로 활용함으로써 소수인의 주관과 편견, 이들 간의 개인 편차를 줄임으로써 객관성과 공정성을 높일 수 있다.

㉢ 참여의 범위를 지나치게 확대하여 평정 대상자를 정확히 모르는 상태에서 평가가 이루어질 경우 오히려 정확성을 떨어뜨릴 위험성도 내포하고 있다.

⑬ **쌍대 비교법**(일조 비교법, paired comparison method) : 피고과자를 한 쌍씩 비교하여 그 결과를 종합하여 순위와 득점을 평정하는 방법으로, 피고과자를 두 사람씩 비교하여 고과하므로 고과의 정확도가 높고, 고과 과정에서 고과자도 누가 1번이 되고 2번이 되는가를 알지 못하므로 주관적 조작을 제거할 수 있다.

⑭ **인물 비교법**(대인 비교법) : 어떤 표준적 인물을 판단 기준으로 하여 피고과자를 표준적 인물과 비교하는 방법이다.

CHECK Point 평정법의 분류

1. **종업원 비교법** : 서열법, 쌍대 비교법, 인물 비교법, 강제 할당법
2. **평정 척도법** : 단계식 척도법, 도식 척도법
3. **대조 리스트법** : 프로브스트 고과법, 오드웨이 고과법
4. **최근의 인사고과 방법** : 중요사건 기술법, 행동기준 고과법, 목표관리법

(3) 근무성적 평정상의 오류

① **역산제** : 미리 등급이나 총점을 정해두고 각 평정 요소의 점수에 적당히 배분하는 현상이 등장할 수 있다.

② **관대화 경향** : 평정자가 피평정자로부터 불평이나 공격을 피하기 위하여 공정하게 평정하지 않고 무난 제일주의로 실제보다 높게 평정하는 경향이다.

③ **중심화 경향**(집중화 경향) : 평정자가 모든 피평정자들에게 대부분 중간 수준의 점수나 가치를 주는 심리적 경향을 말하며, 강제 배분법을 통하여 방지할 수 있다.

④ **연쇄**(헤일로) **효과** : 평정표상의 특정 요소인 선입견, 인상이 모든 평정 요소에 연쇄적으로 적용되는 경향이 등장할 수 있다.

⑤ **표준화의 어려움** : 부서별 직무 및 직원의 수준 차이로 표준화가 어렵다.

⑥ **논리적 착오** : 평정 요소 간의 논리적 상관관계가 있다는 관념에 의한 오차로써, 상관관계가 있는 한 요소의 평점 점수에 의해 다른 요소의 평정 점수가 결정된다. 예 기억력이 높으면 지식이 높다든가, 작업량이 많으면 숙련도가 높다고 평정하는 경향

⑦ **상동적 경향**(고정 관념, 선입견에 의한 오류) : 평정의 요소와 관계가 없는 요소 등에 대해 평정자가 갖고 있는 편견이 평정에 영향을 미치는 것을 말한다. 즉, 특정 지역의 출신이나 특정 학교 출신이기 때문에 당연히 어떠할 것이라고 범주화하여 판단하는 경우이다.

⑧ **규칙적 오류와 총체적 오류**

㉠ **규칙적 오류** : 어떤 평정자의 가치관 및 평정 기준의 차이 때문에 다른 평정자들보다 언제나 후하거나 나쁜 점수를 주는 것을 말한다.

㉡ **총체적 오류** : 평정자의 평정 기준이 일정하지 않아 관대화・엄격화 경향이 불규칙하게 나타나는 것을 말한다.

⑨ **근접 오차**(시간적 오차)

㉠ 공간적・시간적으로 근접하여 평정한 경우, 공간적・시간적으로 멀리 떨어져서 평정한 경우보다 평정이 일치하는 경향

㉡ **자기유사 오류** : 평정자가 자기 자신과 유사하다고 인정되는 피평정자들을 더 호의적으로 평정하는 오류, 즉 가치관, 태도, 성격 및 출신 등이 평정자와 가까운 피평정자일수록 더 높은 고과 점수를 주게 되는 경향

㉢ **시간적 근접 오류** : 평정 시점과 가까운 시점에 일어난 사건이 평정에 큰 영향을 미치게 되는 오류

㉣ **공간적 오류** : 평정자와 피평정자와의 공간적 거리가 멀 때 발생하는 오류

⑩ 대비 오차

㉠ 여러 명의 피평정자 중에 한 피평정자의 능력이 특히 탁월한 경우에 다른 피평정자의 능력이 업무 수행을 위한 요구 조건을 충족시킴에도 불구하고 낮은 평정 점수를 맞게 될 가능성

㉡ 대비 오차는 능력이 서로 다른 여러 명의 피평정자를 동시에 평정해야 하는 경우에 발생

⑪ **선택적 지각** : 정보를 객관적으로 받아들이지 않고 자신의 인지 체계, 지식, 가치관과 일치하는 것만을 받아들이는 것

(4) 근무성적 평정 운영상의 주의사항

① **평정 횟수의 문제** : 1년에 1~2회 정도가 바람직하다.

② **평정자 수의 문제** : 단독 평정보다는 복수 평정이 좋다.

③ **평정 결과의 공개 문제** : 근무 능률을 향상시키기 위하여 본인에게만 공개하는 방법이 바람직하다.

④ **이의 제기의 문제** : 평정에 대한 이의 제기를 인정함으로써 공정한 평정을 추진해야 한다.

⑤ 각 부처 간의 평정을 가능한 한 표준화할 필요가 있지만 각 부서의 특수성을 고려하는 방법도 고려해 볼 만하다.

⑥ 공정한 평정을 하도록 평정자의 훈련과 교육이 필요하다.

(5) 근무성적 평정의 개선 방향

① 고과자의 훈련

② 인사권의 위양

③ 부서별 성과 측정과 차별적 보상제도

④ 비통제적 이용의 장려

FINAL TEST

01 적정 보건의료서비스의 요건

구성요소	주요 내용
접근용이성	개인적 접근성, 포괄적 서비스, (①), 형평성
질적 적정성	전문적인 자격, (②), 질적인 적합성
지속성	(③), 중점적인 의료 제공, 서비스의 조정
효율성	평등한 재정, 적정한 보상, (④)

02 보건의료서비스의 사회경제적 특성

1) 전염의 전파를 차단하는 경우 얻는 효과는 질병에 걸려 치료를 하는 경우 얻는 효과보다 몇 배를 사회가 획득하게 된다.
2) 미래의 불확실한 큰 손실을 현재의 확실한 작은 손실로 대처하여 질병발생의 예측불가능성에 대비해야 한다.
3) 비배제성, 타인의 소비로 자기의 소비가 지장을 받지 않는 비경합성이어야 한다.
4) 공급자 위주의 시장, 전문가 지배, 공급유인 수요현상을 초래한다.
5) 질병의 진행성과 증상 및 반응의 다양성 때문에 명확한 결과를 측정하기가 곤란하다.

03 국가보건제도의 구성요소(5가지) : 보건의료자원의 개발, (   ), 경제적 재원, (   ), 보건의료서비스의 개발

04 종합병원의 병상 수와 필수과목

FINAL TEST 정답

1 ① 양적인 적합성 ② 개인적 수용성 ③ 개인중심의 진료 ④ 효율적인 관리

2 1) 외부효과 2) 질병의 예측불가능성 3) 공공재
4) 정보의 비대칭성 5) 치료의 불확실성

3 자원의 조직화, 행정 및 관리

4 100병상 이상, 7개 이상의 필수진료과목

05 상급종합병원의 경우 (   )개 이상의 진료과목을 갖추고 있어야 하며 (   )가 지정하고 있다.

06 보건지소의 설치장소

07 인사권, 예산집행권 없이 기술지원만 하고 있는 중앙의 조직

08 남한 소속의 WHO 지역사무소

09 의료수요의 증가요인을 4가지 제시하시오.

10 본인부담

1) 본인이 의료비의 일정비율을 지불하고 제3자 지불단체가 나머지를 부담하게 한다.
2) 일정액까지는 피보험자가 비용을 지불하고 그 이상의 비용만 보험급여로 인정하는 것
3) 일정수준을 초과하는 보험진료비에 대해서는 보험급여를 해주지 않는 제도

11 자발적 가입, 포괄적 의료서비스, 조직 간 경쟁을 특징으로 하는 미국의 민간보험제도는?

FINAL TEST 정답

05 20개, 보건복지부장관

06 읍 · 면별로 1개소

07 보건복지부

08 서태평양 지역사무소

09 ① 국민소득수준의 증대로 의료서비스를 이용할 수 있는 경제적 능력의 향상
② 전 국민 건강보험의 확대에 따른 경제적 장벽의 제거
③ 인구의 노령화로 인해 의료서비스의 수요가 증대
④ 사회간접시설의 확충으로 의료서비스 이용이 보다 용이해짐

10 1) 본인부담 정률제 2) 비용공제제 3) 급여상한제

11 HMO제도

12 현재 우리나라에서 실시하고 있는 의료보장제도는?

13 5대 사회보험

14 미국의 공공부조 중 (   ) : 65세 이상 노령자를 대상으로 하고 있는 사회보험 방식

15 사회보장제도의 역사

1) 전 국민 국민건강보험 실시연도 :
2) 국민건강보험 강제가입 실시연도 :
3) 의료급여 실시연도 :
4) 건강보험제도에 있어서 1, 2, 3차 통합의 연도
5) 노인장기요양보험제도의 실시연도

16 NHS & NHI

1) 국민을 임금소득자, 공무원, 자영업자 등으로 구분 관리
2) 조세에 의한 재원조달로 소득재분배 효과
3) 치료 중심적
4) 민간보험 가입경향 증가로 국민의 2중 부담 초래
5) 첨단 의료기술 발전에 긍정적 영향

FINAL TEST 정답

12 산재보험, 건강보험, 의료급여제도

13 산재보험, 고용보험, 노인장기요양보험, 건강보험, 연금보험

14 Medicare

15 1) 1989년　2) 1977년　3) 1977년
4) 1차 통합 : 1989년, 2차 통합 : 2000년, 3차 통합 : 2003년　5) 2008년

16 1) NHI　2) NHS　3) NHI　4) NHS　5) NHI

17 진료비 보상제도

1) 과잉진료, 의료남용의 우려
2) 서비스의 양이나 제공받는 사람의 수에 관계없이 일정한 기간에 따라 보상받는 방식
3) 의사에게 등록된 환자 또는 사람 수에 따라서 진료비가 지불되는 방법
4) 환자 1인당 또는 환자 요양 일수별로 혹은 질병별로 보수단가를 설정하여 보상하는 방법
5) 지불측과 진료측이 미리 진료보수 총액을 정하는 계약을 체결하고 진료측의 단체는 그 총액의 범위 내에서 진료를 담당하고 지불자는 진료비에 구애받지 않고 보건의료서비스를 이용하는 제도

18 건강보험 가입자의 종류

19 우리나라 건강보험제도의 특징에서 제외되는 것은?

① 단일보험자 체계
② 행위별수가제 적용
③ 보험료 부과방식의 일원화
④ 치료중심의 급여제도

20 피부양자의 자격에서 제외되는 사람은?

① 배우자
② 장인, 장모
③ 형제 및 그 배우자
④ 손녀

21 직장가입자와 피부양자의 일반건강검진 대상

FINAL TEST 정답

17 1) 행위별수가제 2) 봉급제 3) 인두제 4) 포괄수가제 5) 총괄계약제

18 직장가입자, 지역가입자

19 ③

20 ③

21 직장가입자는 나이에 상관없이 검진받을 수 있으나, 피부양자는 20세 이상이어야 한다.

22 간호, 이송을 제외한 요양급여를 행하는 요양기관의 종류

23 사립학교 교직원의 보험료의 부담

24 상급종합병원에서 요양급여의뢰서 없이 진료를 받을 수 있는 과

25 「국민기초생활보장법」에 의한 수급자 중 1종에 해당되는 사람

26 의료급여대상자 진료절차

27 노인장기요양보험

1) 재가급여의 종류
2) 수급권자의 조건
3) 재가급여의 본인부담
4) 장기요양급여는 노인 등이 가족과 함께 생활하면서 가정에서 장기요양을 받는 ( )를 우선적으로 제공하여야 한다.
5) 치매환자로서 장기요양인정 점수가 45점 이상 51점 미만인 자의 등급

FINAL TEST 정답

22 의료기관, 약국, 한국희귀의약품센터, 보건소, 보건의료원, 보건지소, 보건진료소

23 본인 50%, 학교 30%, 국가 20%

24 치과, 재활의학과, 가정의학과

25 근로능력이 없는 자

26
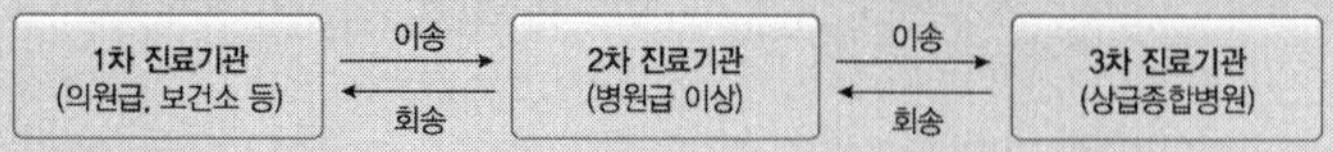

27 1) 방문요양, 방문목욕, 방문간호, 주야간보호, 단기보호, 기타 급여
2) 65세 이상 또는 노인성 질환을 가지고 있는 64세 이하인 자로서 6개월 이상 일상생활을 하지 못할 때
3) 15/100
4) 재가급여
5) 5등급

28 진료비 보상제도

1) 의료기관의 생산성 증대, 행정적으로 간편
2) 총의료비 억제, 첨단의료서비스 도입의 동기 상실
3) 과잉진료, 의료남용의 우려
4) 진료의 계속성이 증대, 환자의 후송이나 의뢰 증가
5) 진료의 형식화, 관료화, 서비스의 최소화, 사회주의 국가에서 채택

29 포괄수가제 적용질환

30 (   ) : 보건의료서비스의 제공을 원하는 사람이 있을 때 적절한 시기에 적절한 장소에서 적절한 의료인에 의해 적절한 진료를 받도록 해 주는 절차

31 자유방임형, 사회보장형, 사회주의형

1) 의료의 배급화
2) 예방에 치중
3) 높은 의료의 질적 수준
4) 건강은 본인의 책임
5) 보건의료의 질적 하락

FINAL TEST 정답

28 1) 포괄수가제 2) 총괄계약제 3) 행위별수가제 4) 인두제 5) 봉급제

29 1) 안과 : 수정체수술(백내장수술)
2) 이비인후과 : 편도 및 아데노이드 수술
3) 일반외과 : 항문 및 항문주위수술(치질수술), 서혜 및 탈장수술, 충수돌기염수술(맹장염수술)
4) 산부인과 : 자궁 및 자궁부속기 수술(악성종양 제외), 제왕절개분만

30 보건의료전달체계

31 1) 사회주의형, 사회보장형 2) 사회보장형, 사회주의형 3) 자유방임형
4) 자유방임형 5) 사회주의형

32 지역보건의료계획의 내용 : 공통내용, 시 · 군 · 구의 계획, 시 · 도의 계획

1) 지역보건의료서비스의 제공을 위한 전달체계 구성 방안
2) 지역현황 및 전망
3) 정신질환 등의 치료를 위한 전문치료시설의 수요 · 공급
4) 보건의료수요 측정
5) 보건소의 기능 및 업무의 추진계획과 추진현황

33 보건소의 설치기준

34 보건소의 업무

환경위생, 노인보건사업, 산업보건, 정신보건, 방문보건, 일반의약품관리, 의료기관에 대한 지도

35 보건진료소의 설치기준

36 보건정책의 결정과정

FINAL TEST 정답

32 1) 공통사항 2) 시 · 군 · 구 3) 시 · 도 4) 공통사항 5) 시 · 군 · 구

33 시 · 군 · 구별로 1개소씩

34 노인보건사업, 정신보건, 방문보건, 의료기관에 대한 지도

35 500명 이상~5,000명 미만인 의료취약지역

36 정책의제형성과정 → 정책결정과정 → 정책집행과정 → 정책평가과정 → 정책종결과정

37 조직의 원리

1) 업무를 성질별 · 기능별로 분할하여 계속적인 수행을 거쳐 조직의 능률성을 제고하고자 하는 원리
2) 권한과 책임의 정도에 따라 직무를 등급화시키고, 이에 따라 상하 간의 계층을 설정하여 지휘계통과 명령계통을 확립시킨 피라미드형의 직제
3) 한 사람의 상관으로부터 명령을 받고 보고하는 원리이며 의사전달의 능률화를 위한 원리
4) 조직체의 공동의 목적을 달성하기 위하여 행동의 통일을 이룩하도록 집단의 노력을 질서정연하게 결합하고 배열하는 과정
5) 1인의 상관, 감독자가 효과적으로 직접 감독할 수 있는 부하의 수

38 보건행정의 성격

1) 지역사회 주민의 자발적인 참여 없이는 그 성과를 기대하기 어려우므로 지역사회 주민을 위한 조장 및 교육을 실시한다.
2) 발전된 근대과학과 기술의 확고한 기초 위에 수립된 과학행정이다.
3) 국민의 건강유지와 증진을 위한 조직적인 행정이므로 당연히 공익을 위한다.
4) 보건행정은 넓은 의미에서 국민에게 적극적으로 서비스하는 기능을 가지고 있다.

39 Gulick의 7가지 관리과정

FINAL TEST 정답

37 1) 전문화 · 분업의 원리 2) 계층제의 원리 3) 명령 통일의 원리 4) 조정 · 통합의 원리 5) 통솔범위의 원리

38 1) 조장성 및 교육성 2) 과학성 및 기술성 3) 공공성 및 사회성 4) 봉사성

39 ① P(Planning) : 행동하기 전에 무엇을 어떻게 해야 하는지를 결정하는 과정
② O(Organizing) : 2명 이상이 공동의 목표달성을 위하여 노력하는 협동체를 조직하는 과정
③ S(Staffing) : 조직원의 채용과 훈련, 작업조건, 동기유발 등 제반 활동
④ D(Directing) : 최고 관리자의 계속적인 의사결정을 구체적인 형태로 명령, 지시하는 제반 과정
⑤ Co(Coordination) : 조직의 목표를 달성하는 데 있어서 조화된 기능을 발휘할 수 있도록 같은 성질의 업무를 모으고 동조되도록 하는 의식적인 행위
⑥ R(Reporting) : 업무수행과정에서 상관에게 업무보고를 하는 것으로 보고에 필요한 기록, 조사 등도 포함
⑦ B(Budgeting) : 재정계획, 회계, 재정통제의 형식에 의한 예산편성에 따르는 모든 것으로서, 최고 경영자는 예산을 통해 조직을 통제하고 관리

CHAPTER 04 지역사회 간호행정

기출문제

01 민군(13세)의 할머니가 제공받을 수 있는 '노인장기요양보험'에 대한 설명으로 옳은 것만을 〈보기〉에서 있는 대로 고른 것은? 2012년

상담 일지		
성명 : 민ㅇㅇ	성별 : 남	1학년 2반 10번
상담 주제 : 할머니 간호, 노인장기요양보험 소개		
상담내용 • 부모님은 모두 사망 • 68세 할머니와 단 둘이 살고 있는 조손가족 • 기초생활보장 수급권자 • 할머니는 중풍으로 6개월 전부터는 혼자서 일상생활을 수행하기가 어려움 • 학교에 있는 동안 혼자 계신 할머니가 걱정되어 수업에 집중할 수 없다고 함		
조치사항	노인장기요양보험을 설명해 줌	

〈 보 기 〉

ㄱ. 재가급여를 받으려면 본인부담금을 일부 내야 한다.
ㄴ. 장기요양 인정의 유효기간은 최소 6개월 이상이다.
ㄷ. 장기요양 인정 및 등급판정은 방문조사 후에 이루어진다.
ㄹ. 장기요양 등급판정 기간은 신청서를 제출한 날부터 30일 이내이다.
ㅁ. 재가급여에는 방문요양, 방문목욕, 방문간호, 주 · 야간보호, 단기보호 등이 있다.

① ㄱ, ㄴ, ㄹ
② ㄴ, ㄷ, ㅁ
③ ㄷ, ㄹ, ㅁ
④ ㄴ, ㄷ, ㄹ, ㅁ
⑤ ㄱ, ㄴ, ㄷ, ㄹ, ㅁ

|정답| ③

|해설| ㄱ. 기초생활보장 수급권자이므로 본인부담금은 전액 면제대상에 해당된다.

ㄴ. **노인장기요양보험법 시행령 제8조**(장기요양인정 유효기간)

① 법 제19조제1항에 따른 장기요양인정 유효기간은 1년으로 한다. 다만, 법 제20조에 따른 장기요양인정의 갱신 결과 직전 등급과 같은 등급으로 판정된 경우에는 그 갱신된 장기요양인정의 유효기간은 다음 각 호의 구분에 따른다. 〈개정 2013.5.31, 2014.6.25,

2016.11.8, 2017.12.26〉
1. 장기요양 1등급의 경우 : 4년
2. 장기요양 2등급부터 4등급까지의 경우 : 3년
3. 장기요양 5등급 및 인지지원등급의 경우 : 2년

② 법 제52조에 따른 장기요양등급판정위원회(이하 "등급판정위원회"라 한다)는 제1항에도 불구하고 장기요양 신청인의 심신상태 등을 고려하여 장기요양인정 유효기간을 6개월의 범위에서 늘리거나 줄일 수 있다. 다만, 이 경우에도 장기요양인정 유효기간을 1년 미만으로 할 수 없다.

02 자유방임형 보건의료체계에서는 정부의 통제력은 미약한 반면, 민간의료부문의 비율이 높고 영향력이 크다. 자유방임형 보건의료체계의 단점을 5가지만 쓰시오. 2003년

|해설| ① 지역적, 사회 계층적 불균형 : 의료기관의 자유경쟁으로 자원이 지역적으로, 사회 계층적으로 불균형이 있어 형평에 어긋난다.
② 의료비의 상승
③ 의료자원의 비효율적 활용
④ 보건의료 전달이 질서정연하게 이루어지지 못함
⑤ 과잉진료, 의료남용의 우려
⑥ 행정적으로 복잡하다.
⑦ 국가의 통제가 제한되어 민간의료단체의 힘이 세다.
⑧ 건강문제는 본인의 책임이 된다.

CHAPTER

05 역학과 질병관리

01 역학

1 역학의 이해

1. 역학의 개요

(1) 역학의 정의

① 인구집단을 대상으로(역학의 대상은 환자는 물론 지역사회의 모든 주민, 즉 건강인도 포함)

② 이들에게서 발생하는 생리적 상태 및 이상상태에 대해

③ 빈도와 분포를 기술하고

㉠ 인간집단 내에 발생하는 생리적 상태와 이상상태의 수를 헤아리고(빈도), 이러한 사건이 어떤 모양으로 퍼져 있는가(분포)를 논리적으로 설명하는 것

㉡ 사건의 분포 양상을 기술할 때는 성별, 직업별, 교육수준별, 지역별, 시간별 특성을 고려한다.

④ 이들 빈도와 분포를 결정하는 요인들을 원인적 연관성 여부를 근거로 밝혀냄으로써

⑤ 효율적 예방법을 개발하는 학문이다(예방법은 1, 2, 3차 예방 등 모든 수준의 예방을 포함).

⑥ 원인적 연관성을 확정짓기 위한 9가지 조건

㉠ **요인에 대한 노출과 질병발생과의 시간적 선후관계** : 요인에 대한 노출은 항상 질병발생에 앞서 있어야 한다. 시간적인 순서만이 아니고 노출과 질병발생 간의 기간도 적절하여야 한다. 예를 들면 석면은 폐암의 위험요인으로 알려졌지만 발생을 위하여 필요한 기간은 15~20년 이상으로 알려졌다.

㉡ **연관성의 강도** : 요인과 결과 간의 연관성의 강도가 클수록 인과관계일 가능성이 높다는 증거가 된다. 폐암과 관련된 요인 중 흡연자가 비흡연자보다 폐암발생률은 4~16배 높으면서 대기오염 수준이 높은 지역의 폐암발생률은 1.01~1.16배 높을 경우, 흡연이 대기오염보다는 폐암의 원인일 가능성이 더 높다는 것을 시사하는 것이다.

㉢ **연관성의 일관성** : 요인과 결과 간의 연관성이 관찰대상 집단과 연구방법, 그리고 연구시점이 다를 때도 비슷한 정도로 존재하면 일관성이 높다고 하고, 이는 인과관계일 가능성이 높다.

㉣ **연관성의 특이성** : 특이성이란 어떤 요인이 다른 질병과 연관성을 보이지 않고 특정한 질병과 연관성이 있거나, 어떤 질병이 여러 요인과 연관성을 보이지 않고 특정요인과 연관성이 보일 경우를 말한다. 만성질환의 경우 특이성을 보이는 경우는 드물지만 특이성이 있다면 원인적 연관성일 가능성이 높다.

㉤ **양-반응관계** : 요인에 대한 노출의 정도가 커지거나 작아질 때, 질병발생 위험도 이에 따라서 더 커지거나 더 작아지는 경우 인과관계일 가능성이 커진다. 예를 들면, 하루에 한 개피씩 담배를 피운 사람보다 하루에 한 갑씩 담배를 피운 사람이 폐암이 발생할 확률이 몇 배 더 높은 경우는 담배가 폐암을 유발하는 원인일 가능성이 크다.

㉥ **생물학적 설명 가능성** : 역학적으로 관찰된 두 변수 사이의 연관성을 분자생물학적 기전으로 설명 가능하다면 인과관계일 가능성이 높다.

㉦ **기존 학설과 일치** : 추정된 위험요인이 기존 지식이나 소견과 일치할수록 원인적 인과성이 있을 가능성이 커진다. 즉, 질병의 자연사나 생물학적 특성과 일치할수록 인과관계가 인정되기 쉽다.

㉧ **실험적 입증** : 실험을 통해 요인에 노출할 때 질병발생이 확인되거나 요인 제거로 질병발생이 감소한다면 원인일 가능성이 높다.

㉨ **기존의 다른 인과관계와의 유사성** : 기존에 밝혀진 인과관계와 유사한 연관성이 관찰되면 인과관계일 가능성이 높다. 예를 들어 임신초기 풍진감염이 태아 선천기형의 원인이 된다는 인과관계가 밝혀져 있는데, 유사한 종류의 바이러스에 노출된 임산부에서 선천성 기형을 가진 아이가 태어날 위험이 컸다면 인과적 연관성을 가질 것이라고 추론할 수 있다.

(2) 역학의 범위

① 19세기 중엽부터 역학은 주로 감염성 질환에 대한 연구와 관계가 있고, 예방 및 관리대책도 감염성 병원체, 숙주, 환경의 특성을 변화시키는 데 중점을 두고 있다.

② 최근 역학의 범위

㉠ 질병의 분포와 결정인자에 관한 연구

㉡ 건강의 유지에 관여하는 변수에 관한 연구

㉢ 암, 뇌졸중과 같은 비감염성 질환의 고위험 인구에 대한 특성 파악과 결정인자에 대한 연구

㉣ 알코올 중독, 약물남용, 아동학대, 자살과 같은 심리, 사회적 문제의 분포와 결정

인자에 대한 연구

ⓜ 환경문제에 직업적 손상과 질병을 다루는 연구

(3) 역학의 역할

① 기술적 역할

㉠ 자연사에 대한 기술

㉡ 건강수준과 질병양상에 대한 기술

㉢ **인구동태에 관한 기술** : 어떤 사건을 기술할 때는 그 분모가 되는 모집단에 관하여 상세한 기술이 병행되어야 한다. 인구학적 특성은 질병양상에도 크게 영향을 미치기 때문이다.

㉣ **건강관련 지수의 개발 및 계량치에 대한 정확도와 신뢰도의 검증** : 건강수준 및 질병양상을 기술하려면 계량된 자가 이용되는데, 여러 사람이 동일한 개념으로 사용할 수 있도록 표준화된 것이라야 한다. 현재 이용되고 있는 건강지수가 역학에 있어 계량자이며, 계속적인 연구와 활용을 통해 좀더 정확히 건강수준을 측정할 수 있는 새로운 보건지수의 개발도 역학의 역할이다.

② **원인규명의 역할** : 역학의 궁극적인 목표는 질병의 원인과 감염 경로를 찾아내어 질병 발생의 예방 및 전파를 차단하고 더 나아가 백신의 개발을 가능케 해서 질병을 효과적으로 관리하는 것이다.

③ 연구전략 개발의 역할

④ 질병 및 유행발생의 감시 역할

⑤ 보건사업평가의 역할

2. 역학의 조사단계

(1) 진단의 확인

임상소견, 발생수, 필요한 검사물을 채취하여 진단을 확인한다.

(2) 유행의 확인

유행이란 어떠한 지역사회에서 비슷한 성격을 가진 질병균이 통상적으로 기대했던 이상의 빈도로 발생하는 상태를 말하며, 통상적으로 기대했던 빈도란 수년 동안의 평균발생수를 말한다.

(3) 유행의 특성 기술

① 발생일시 확인

② 유행지역의 분포확인

③ 환자의 인적 특성 확인

(4) 감염원과 전파방식에 대한 가설설정

CHECK Point 가설설정의 방법(Mill의 법칙과 동류성 법칙)

1. **공통성 법칙** : 조사하는 현상의 2개 혹은 그 이상의 예에서 어떤 단일상황이 공통적으로 존재할 때 이 상황이 원인일 수 있다는 법칙
2. **차이성 법칙** : 연구대상 사건이 발생한 집단과 발생하지 않은 집단을 비교할 때 모든 상황은 공통적으로 존재하고 한 가지 상황만 다를 때 그 한 가지 상황을 그 발생사건의 원인이라고 추정하는 법칙
3. **동시변화성 법칙** : 어떤 사상이 다른 사상의 변동에 따라 변화할 때 이들은 서로 연관관계를 가지고 있을 가능성이 있다는 가정의 법칙
4. **동류성 법칙** : 원인이 알려지지 않은 어떤 질병의 자연사와 그 질병의 병리학적 소견, 그리고 역학적 특성의 원인이 이미 알려진 질병과 비슷할 때에는 이 질병의 원인도 잘 알려진 질병의 원인과 비슷할 것이라는 법칙

(5) 가설의 검증 및 지지 여부 검증

(6) 관리대책 수립 : 방역활동 및 예방대책 수립

(7) 보고서 작성

2 역학연구방법

1. 기술역학(역학의 1단계)

(1) 기술역학은 건강과 건강관련 상황이 발생했을 때 있는 그대로의 상황을 기술하는 것이다. 질병의 분포와 규모를 기술할 때 크게 사람에 관여된 변수, 공간적 특성에 관한 변수, 시간적 특성에 관한 변수별로 기술한다.

(2) 변수의 종류

① 인적 변수(생물학적 변수) : 연령, 성별, 인종, 종교, 사회계층, 직업, 결혼상태, 사회경제적 수준, 기타

② 지역적 변수

㉠ 지방성[풍토병적, 토착성(Endemic)] : 특정 지방의 적은 숫자의 인구에게 항상 계속적으로 감염병이 존재하고 있는 양상으로 우리나라 낙동강 지역의 간디스토마가 그 예에 속하고 장티푸스의 경우 우리나라 풍토병이라 할 수 있다.

㉡ 유행성 또는 전국적 유행(Epidemic) : 한 곳의 많은 인구에게 단시일 내 영향을 주는 양상으로 유행성 감기, 장티푸스의 유행이 그 예에 속한다. 토착성 발생수준 이상으로 많은 환자가 발생하게 된다.

㉢ **산발적(Sporadic)** : 지역에 상관없이 여기저기 산발적으로 질병이 발생하는 양상이다.

㉣ **범유행성[범발성(Pandemic)]** : 아주 광범위하게 많은 수의 인구에게 항상 계속적으로 감염병이 존재하고 있는 양상으로 독감, 페스트가 해당된다.

③ 시간적 변수

㉠ **추세변화** : 어떤 질병을 수십 년(10년 이상) 관찰시 증가 및 감소의 경향

예 장티푸스(30~40년), 디프테리아(20년), 인플루엔자(20~30년)

㉡ **주기변화(순환변화)** : 질병발병 양상이 수 년(2~4년) 간격을 두고 변하는 것

예 홍역은 2~3년, 백일해는 2~4년마다 주기적으로 유행한다. 이유는 집단면역수준이 떨어지기 때문이다. 즉, 유행이 지나고 나면 집단면역 수준이 70~80%에 도달하나 시간이 경과함에 따라 면역이 없는 신생아의 수가 많아지고, 면역된 인구는 사망 혹은 전출하여 감수성자의 비율이 증가하면 유행이 발생하기 때문이다.

+ 기초감염재생산수와 감염재생산수

1. 기초감염재생산수(R0)
   (1) 모든 인구가 감수성이 있다고 가정할 때 감염성 있는 환자가 감염 가능 기간 동안 직접 감염시키는 평균 인원 수
   (2) 전체 접촉자수를 분모로, 각 감염자가 전파시킨 2차 감염자수를 분자로 하여 기초감염재생산수를 계산할 수 있다.
2. 감염재생산수(R) : 한 인구집단 내에서 특정 개인으로부터 다른 개인으로 질병이 확대되어 나가는 잠재력
   (1) $R < 1$: 질병의 유행이 일어나지 않고 사라지게 된다.
   (2) $R = 1$: 풍토병이 된다(지역사회에 일정 수 유지).
   (3) $R > 1$: 질병의 유행이 일어난다.
3. 유행방지를 위한 면역인구 = $\{1-(1/n)\} \times 100$ * n = 기초감염재생산수

㉢ **계절적 변화** : 질병분포가 1년을 주기로 하여 특히 많이 발생하는 달이나 계절이 있을 때 이러한 현상을 계절변화라고 한다.

예 일본뇌염은 모기의 밀도가 극도에 달하는 7, 8월로부터 이 바이러스의 잠복기 약 1~2주 후인 9월에 가장 많이 발생한다.

㉣ **단기변화(돌연유행 = 일일변화)** : 시간별, 날짜별, 주일별로 변하는 것

예 장티푸스, 콜레라 등의 수인성 감염병 발생이나 식중독의 경우에 많이 나타난다.

㉤ **불규칙 변화** : 외래 감염병이 국내 침입시 돌발적이고 다발적으로 유행하는 경우

CHECK Point 감염병의 유행현상(역학의 4대 현상)

1. 생물학적 현상(사람) : 연령, 성, 인종, 사회경제적 상태, 직업 등
2. 시간적 현상(시간) : 추세변화, 순환변화, 계절적 변화, 불규칙 변화
3. 지리적 현상(장소) : 지방병적, 유행병적, 산발적, 범발적
4. 사회적 현상 : 인구밀도, 직업, 문화, 거주 등

2. 분석역학(역학의 2단계)

(1) 기술역학의 결과를 근거로 질병발생에 대한 가설을 설정하고 가설이 옳은지, 그른지를 가려내는 것이다.

(2) 종류

① 단면조사연구(Cross-Sectional Study)

㉠ 일정한 인구집단을 대상으로 특정한 시점이나 일정한 기간 내에 질병을 조사하고 각 질병과 그 인구집단의 관련성을 보는 방법이다.

㉡ 한번에 대상 집단의 질병양상과 이와 관련된 여러 속성을 동시에 파악할 수 있으며 경제적이므로 자주 사용된다.

㉢ 시점조사, 유병률연구(Prevalence Study)라고도 한다.

㉣ 장점

ⓐ 연구결과의 모집단 적용이 가능하다.

ⓑ 시간과 경비가 절감된다 : 비교적 단시간 내에 결과를 얻을 수 있다.

ⓒ 환자 - 대조군 연구보다 편견이 적다.

ⓓ 환자 - 대조군 연구보다 자료의 정확도가 높다.

ⓔ 동시에 여러 종류의 질병과 요인과의 관련성을 연구할 수 있다.

㉤ 단점

ⓐ 시간적 속발성의 정확한 파악이 어렵다. 즉, 질병과 관련요인과의 선후관계를 규명하기 어렵다.

ⓑ 표본(인구집단)의 규모가 커야 한다.

ⓒ 유병률이 낮은 질병에는 수행하기가 어렵다.

ⓓ 복합요인 중에서 원인요인만을 찾아내기가 어렵다.

② 환자 - 대조군 연구(= 후향적 조사, 기왕조사)

㉠ 연구하고자 하는 질병에 이환된 집단(환자군)과 질병이 없는 군(대조군)을 선정하여 질병발생과 관련이 있다고 의심되는 요인들과 질병발생과의 원인관계를 규명하는 연구방법이다.

㉡ **장점**

ⓐ 연구시간이 짧거나 표본인구가 적어도 가능하므로 시간, 경비, 노력이 절감된다.

ⓑ 의심되는 여러 가설을 동시에 검증할 수 있다.

ⓒ 기존자료의 활용이 가능하다.

ⓓ 희귀질병, 잠복기간이 긴 질병, 만성퇴행성질환에 적합하다.

ⓔ 비교적 빠른 시일에 결론을 얻는다.

ⓕ 중도탈락의 문제가 없다.

ⓖ 피연구자가 새로운 위험에 노출되지 않는다.

㉢ **단점**

ⓐ 기억에 의하므로 편견이 작용한다.

ⓑ 적합한 대조군의 선정이 곤란하다.

ⓒ 인과관계의 질을 확인할 수가 없다.

ⓓ 모집단이 없는 경우가 대부분이어서 전체인구의 적용에 문제가 있다. 즉, 일반화가 어렵다.

③ **코호트연구(= 전향적 조사)**

㉠ 연구하고자 하는 질병에 이환되지 않은 건강군을 대상으로 하여 그 질병발생의 요인에 폭로된 집단(폭로군)과 폭로되지 않은 집단(비폭로군) 간의 질병발생률을 비교, 분석하는 방법이다.

㉡ 코호트란 동일한 경험을 갖고 있는 그룹이라는 뜻이다.

㉢ **장점**

ⓐ 질병발생의 위험률, 발병확률, 시간적 속발성, 상대위험의 양반응 관계를 비교적 정확히 구할 수 있다.

ⓑ 편견이 비교적 적으며 신뢰성이 높은 자료를 구할 수 있다.

ⓒ 질병의 자연사를 파악할 수 있다.

ⓓ 인과관계를 구체적으로 확인할 수 있다.

ⓔ 부수적으로 다른 질환과의 관계를 알 수 있다.

ⓕ 일반화가 가능하다.

㉣ **단점**

ⓐ 시간, 노력, 비용이 많이 요구된다.

ⓑ 관찰기간이 길고 대상자가 다수이어야 하므로 발생률이 낮은 질병에의 적용이 곤란하다.

ⓒ 장기간의 추적조사로 탈락자가 많아 정확도에 문제가 발생한다.

ⓓ 연구기간이 길어짐에 따라 연구자의 잦은 변동으로 차질이 발생할 수 있다.

ⓔ 진단방법과 기준에 변동이 생길 수 있다.
ⓕ 질병분류에 착오가 생길 수 있다.

㉤ **후향적 코호트** : 과거기록에 근거를 두고 질병의 원인에 폭로된 사람과 폭로되지 않은 사람의 현재까지 질병의 발생을 비교하는 방식으로 과거의 원인을 가지고 현재의 결과를 알고자 하는 연구방식을 말한다.

3. 실험연구(역학의 3단계)

(1) 질병 규명을 실험적인 방법에 의해 입증하고자 하는 연구이다.

(2) 종류

① **임상실험** : 역학에서 2차 예방효과의 측정 등을 위하여 이용하는 연구방법으로 백신의 효과측정, 새로운 치료약물이나 처치방법의 효과 등을 규명하기 위하여 입원환자를 대상으로 하는 실험

② **지역사회실험** : 어떤 인구를 대표하는 집단을 대상으로 질병의 요인을 제거하거나 또는 생활태도를 변화시킴으로써 대상질병의 발생이 감소되는지를 규명하려는 1차 예방사업의 효과를 측정하는 실험

(3) 실험의 방식

① **단일맹검법** : 실험자나 피실험자가 사실을 인지함으로써 발생할 편견을 최소화하기 위하여 피실험자가 자신이 실험자군에 속하는지, 피실험자군에 속하는지를 모르게 한 상태에서 실험을 하는 방법

② **이중맹검법** : 피실험자는 물론 실험자도 누가 실험자군이고 누가 피실험자군인지를 모르게 하고 실시하는 실험방법

(4) 장점

역학연구 중 가장 결정적인 정보를 제공해 준다.

(5) 단점

① 윤리적 측면에서 불가능한 경우가 많다.
② 비용이 많이 든다.
③ 적절한 표본 수를 특별히 산정해야 한다.

4. 주요 유행조사

(1) Hippocrates

질병발생을 환경요인과 관련지었으며 풍토병과 유행병을 구분하였다.

(2) John Graunt

소아들의 질병발생과 사망률이 도시와 농촌 간 차이가 있음을 지적하였다.

(3) J. Snow의 콜레라 역학조사

1854년 8월~9월까지 영국 Broad Street를 중심으로 발생한 콜레라를 역학조사한 결과 Snow는 쓰레기로 오염된 템즈강으로부터 공급되는 물을 먹은 사람에게서 발병률이 높음을 알게 되었다.

(4) Clara Louise Maass

간호사이면서 역학자였던 Clara는 황열의 원인균을 분리하는 연구에서 모기가 질병의 보균자임을 증명하였다.

(5) Goldberge의 Pellagra 역학조사

당시 한센병의 일종으로 생각해 온 펠라그라가 전염성 질환이 아니고 영양결핍에 기인한다는 것을 입증하기 위하여 12명의 죄수를 대상으로 실험역학을 실시하였다.

(6) Theobald Smith

역학을 하나의 독립된 학문으로 체계를 세우는 데 공헌하였다.

(7) Doll과 Hill의 폐암에 관한 역학조사

1914년 군복무 후 정부가 시행하는 생명보험 가입자 중 사망의 원인이 폐암이었던 사람을 대상으로 흡연과 폐암과의 관계조사 결과 통계적 유의성 인정, 비교위험도가 크다는 것, 흡연량과의 반응관계가 성립됨을 입증하였다.

(8) Framingham의 심장병 연구

1943년 지역주민 전체를 대상으로 심장병 원인을 규명한 결과 흡연, 혈압, 혈중 콜레스테롤이 원인임을 입증하였다.

02 질병관리

1 질병의 발생

1. 질병발생의 3요인

(1) 병원체(Agent) – Clark(1992)

① 물리적 요인 : 외상을 유발시킬 수 있는 여러 가지 기계적 힘이나 고온, 한랭, 압력, 진동, 방사능 등을 말한다.

② 화학적 요인

㉠ 외인성 요인 : 자극성 물질, 독물질, 알러젠 등 숙주의 환경에 존재하면서, 숙주와 접촉 혹은 체내에 들어갔을 때 질병을 일으킬 능력을 가진 모든 화학물질을 말한다.

㉡ 내인성 요인 : 신체 내의 대사과정에 이상이 생겼거나 간장 및 신장에 장애가 있을 때는 이들 화합물이 신체 내에 축적되어 질병을 발생시킨다.

③ 영양요인 : 과잉 또는 결핍은 질병을 유발시킨다.

④ 심리적 요인 : 스트레스, 사회적 격리, 사회적 지지

⑤ 생물학적 요인 : 세균, 바이러스, 곰팡이, 기생충 등을 말한다.

(2) 숙주(Host)

① 생물학적 요인 : 연령, 성, 인종, 면역과 관련된 요인

② 감수성과 저항력 : 유전적 요인, 생물학적 요인(성, 연령 등), 체질적 요인(과거 폭로경험, 영양상태, 건강상태, 성격 등), 사회적 요인(사회 · 경제적 수준, 결혼, 가족형태, 직업 등)에 따라 결정된다.

③ 습관이나 관습(행태요인) : 개인위생, 생활습관

(3) 환경(Environment)

모든 외적 조건을 의미하며 병원소의 전파방식을 결정한다.

① 생물학적 환경 : 동식물, 미생물, 감염성 질환의 매개체, 감염원

② 사회적 환경 : 문화적, 기술적, 교육적, 정치적, 인구학적, 사회학적, 경제학적, 법적 특성이 포함

③ 물리적 환경 : 고열, 한랭, 공기, 기압, 주택시설, 음료수, 소음, 지리적 조건이 포함

2. 질병의 발생 모형

(1) 생태학적 모형(Gordon)

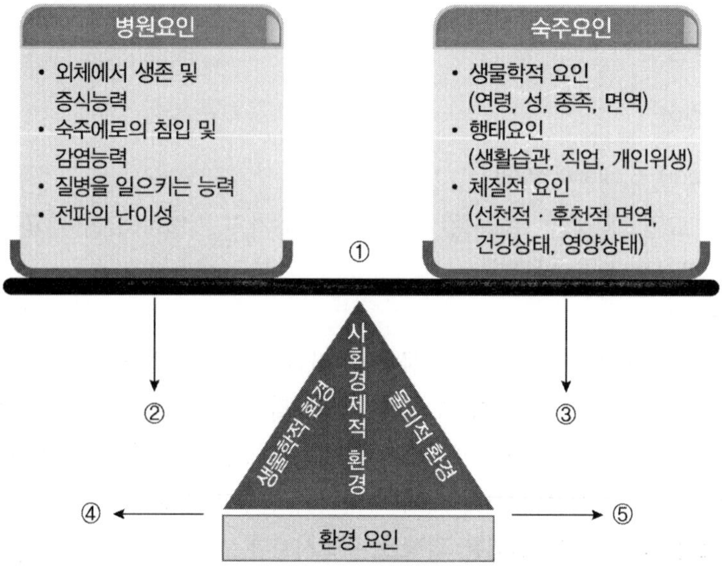

[생태학적 모형에 의한 질병 발생기전]

자료원 : 지역사회간호학, 수문사(2018)

역학적 삼각형 모형으로 질병의 발생기전을 환경이란 저울 받침대의 양쪽 끝에 병원체와 숙주라는 추가 놓인 저울대에 비유하여 설명하는 모형이다.

① 병인과 숙주, 환경 간에 평형상태는 질병이 없는 상태이다.

② **병인요인의 변화** : 병인요인의 발병력, 감염력 등이 높아지면 질병이 발생한다.

③ **개인 혹은 집단의 면역수준의 변화로 인한 숙주의 감수성 변화** : 숙주요인의 취약성 및 감수성 증가로 인하여 질병이 발생한다.

④ **환경의 변화**

㉠ 숙주 감수성을 높이는 쪽으로 환경의 변화가 일어나면 발병한다.

㉡ 병인요인이 작용하기 쉬운 쪽으로 환경의 변화가 일어나면 질병이 발생한다.

(2) 수레바퀴 모형(wheel model, Mausner & Kramer, 1985)

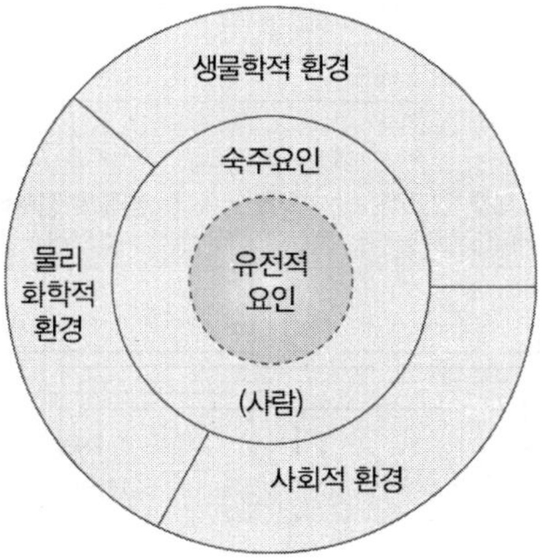

[사람과 환경 사이의 상호작용에 관한 수레바퀴 모형]

자료원 : 지역사회간호학, 수문사(2018)

① 숙주와 환경 사이의 관계를 설명하는 모형이다.

② 수레바퀴의 중심은 유전적 소인을 가진 숙주가 있고, 그 숙주를 둘러싸고 있는 환경은 생물학적, 화학적, 사회적 환경으로 구분되며, 질병의 종류에 따라 바퀴를 구성하는 각 부분의 크기는 달라진다.

③ 이 모형은 질병의 병인을 강조하지 않고 다요인적 병인을 확인하는 데 필요성을 강조하고 있다.

④ **거미줄 모형과 차이점** : 숙주요인과 환경요인을 구별하고 있어 역학적인 분석을 하는 데 용이하다.

⑤ **거미줄 모형과 유사점** : 질병의 병인보다 여러 가지 발생요인을 찾아내는 데 그 초점이 있다.

(3) 원인망 모형(거미줄 형, Web of Causation, MacMahon & Pugh, 1970)

질병발생이 어느 한 가지 원인에 의한 것이 아니라 여러 가지 원인이 서로 연관되어 있고 반드시 선행하는 요소가 거미줄처럼 복잡하게 얽혀 어떤 질병이 발생한다는 설이다. 즉, 과거의 여러 가지 선행요소는 마치 거미줄처럼 서로 복잡하게 얽혀 있어 그 근원을 찾기는 어렵지만 질병발생 계보를 여러 곳에서 적절하게 차단시키므로 효과적으로 예방 관리할 수 있다.

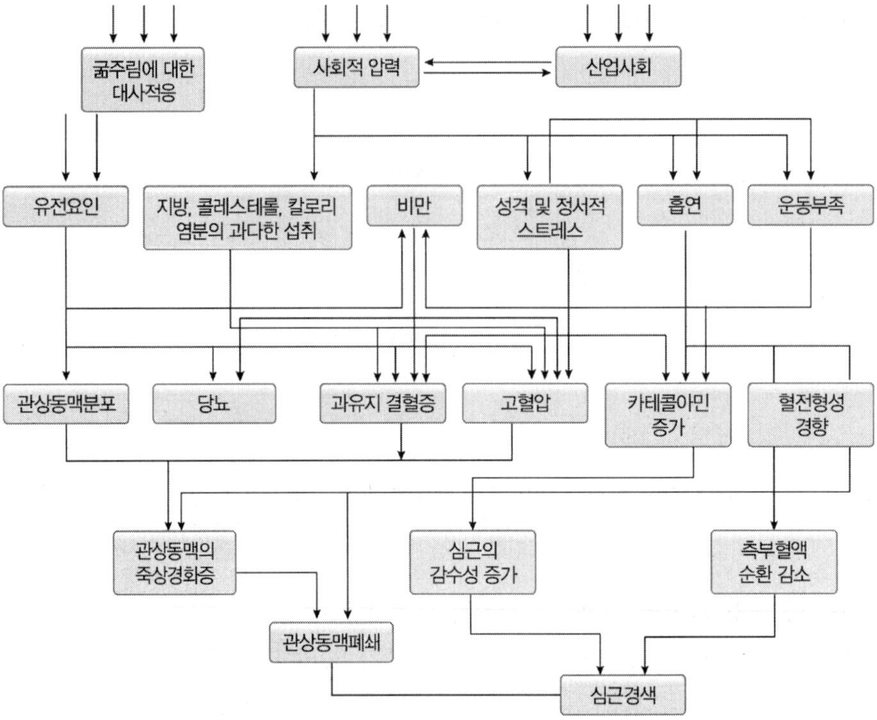

[관상심장질환의 발생을 설명한 원인망 모형]

3. 질병의 자연사와 예방수준

(1) 질병의 자연사

어떤 질병에 대하여 아무런 조치도 취하지 않았을 경우 다음의 5단계를 거치게 된다. 이 과정은 숙주, 환경, 병인의 세 요인 사이에 상호관계로 이루어지며, 이 요인 중 어느 하나에 변화가 오면 다른 요인의 상황에서도 변화를 가져와 서로 간의 균형이 깨어지게 되고, 이에 따라 질병발생이 용이해진다.

① **제1단계** : 전 발병기 또는 감수성기로서 질병발생에 유리한 요인이 존재하고 있으나, 숙주의 저항력이나 환경요인이 숙주에게 유리하게 작용하여 병원체의 숙주에 대한 자극을 극복할 수 있는 상태로 건강이 유지되고 있는 상태이다.

② **제2단계** : 질병전구기(전증상기)로서 병원체의 자극이 시작되는 시기이나 질병의 증상은 없다.

③ **제3단계** : 병원체의 자극에 대한 숙주의 반응이 시작되는 조기의 병적 변화기로서 정밀한 임상검사로 발견할 수 있는 증상이다. 이 변화는 임상한계선 밑에 있기 때문에 불현성이라 부른다.

④ **제4단계** : 사망을 포함한 중환기로서, 해부학적이나 기능적 변화가 심하여 인식할 수

있는 임상적인 증상이 나타나는 시기이다. 이 시기에는 완전히 회복될 수 있고, 불능이나 결함, 사망의 결과를 가져올 수 있다.

⑤ **제5단계** : 재활의 단계

(2) **예방수준(Leavell, 1965)**

① **1차 예방** : 질병발생을 억제하는 것으로 질병의 자연사 단계 중 1, 2단계를 위한 예방단계

② **2차 예방** : 조기발견과 조기치료가 이루어지며 질병의 자연사 단계 중 3, 4단계를 위한 예방단계

③ **3차 예방** : 의학적 재활과 직업훈련을 시켜주는 단계로 자연사 단계 중 5단계를 위한 예방단계

CHECK Point 예방의 수준

Leavell and Clark(1965)은 예방의 수준을 1차, 2차, 3차의 세 가지 수준으로 구분하였다. 이 모델은 보건의료전문직이 질병이 발생하기 이전이나 질병의 다양한 진행단계에 보건사업을 위한 전략을 인식하는 데 유용한 지침을 제시하였다.

질병의 과정	병인-숙주-환경의 상호작용 (비병원성기)	병인 자극의 형성 (초기 병원성기)	숙주의 반응 (불현성 감염기)	질병 (발현성 감염기)	회복 · 사망 (재활기)
예비적 조치	건강증진	특수예방	조기발견 조기치료	악화방지를 위한 치료	재활
예방 차원	1차적 예방		2차적 예방		3차적 예방

(3) **단계별 예방대책**

① **제1단계(비병원성기, 적극적 예방단계)** : 숙주와 병인 상호작용에 있어서 숙주의 저항력이나 환경요인이 숙주에게 유리한 상태로 환경위생, 건강수준증진, 영양관리, 보건교육 방법으로 접근한다.

② **제2단계(초기 병원성기, 소극적 예방단계)** : 숙주 면역강화로 특수질병에 대한 저항력을 증가시키는 단계로 특수예방, 예방접종 방법으로 접근한다.

③ **제3단계(불현성 감염기, 중증화의 예방단계)** : 불현성 감염기로서 이미 감염은 되었으나 숙주증상 이전의 단계로 집단검진에 의한 조기진단 및 조기치료를 통하여 더 이상 중증으로 진전되는 것을 예방하는 시기이다.

④ **제4단계(발현성 감염기)** : 임상증상이 나타나는 시기로 진단과 치료를 통하여 질병의 악화 및 장애의 제한을 위한 단계이다.

⑤ **제5단계(회복기)** : 회복기로서 질병으로부터 회복되거나 불구 또는 사망에 이르게 되는 시기이다. 질병으로 인해 불구가 된 경우 잔존능력을 최대한 재활시켜서 사회 복귀할 수 있도록 불구능력의 예방시기이다.

4. 병원균 침범에 대한 몸의 반응

(1) 잠복기

① 병원체가 몸에 들어온 후 증상이 나타날 때까지를 말한다.

② 잠복기는 병원체와 숙주의 저항력에 따라 몇 시간에서 몇 달까지 다양하다.

③ 이 기간 동안에는 새로운 사람에게 전파하는 힘은 약하다.

④ 질병의 잠복기가 다양하게 나타나는 이유

㉠ 병원체의 증식속도, 증식부위, 감염량이 다르다.

㉡ 숙주의 방어기전에 따라 속도가 다르다.

㉢ 병원체의 침입구로부터 친화성 조직까지 도달속도가 다르다.

㉣ 병원체의 독성이 다르다.

(2) 전구기

① 잠복기 후에 일반적인 증상이 나타나는 시기로 눈물, 콧물, 미열, 무력감을 경험한다.

② 이 기간 동안 병원체는 계속 증식한다.

③ 이 시기의 숙주는 새로운 숙주에게 병원체를 전파할 수 있다.

(3) 발현기

① 질병이 나타나는 단계로 숙주에게는 가장 힘든 시기이다.

② 인체의 모든 방어체계는 병원체에 의하여 손상을 받지 않도록 열심히 싸우게 된다.

(4) 회복기

① 해소기라고도 한다.

② 이 시기에는 환자의 증상이 차차 사라지고 건강을 회복한다.

③ 면역기전에 의해 회복기 이후에는 그 병원체에 대한 감수성이 줄어들어 다시 그 질병에 걸릴 확률이 낮아지게 된다.

5. 측정지표

(1) 비율(Rate)

① 비율의 특성

㉠ **분자** : 특정기간 내 발생한 건강관련 사건이나 문제의 수

㉡ **분모** : 포함된 모든 사람들(모집단)은 분자에서 고려한 특정 질병이나 사건에 대해 위험상태에 있어야 한다.

㉢ 특정 관찰기간 · 관찰지역이 분명히 제시되어야 한다.

㉣ 인구 또는 분모의 단위가 제시되어야 한다.

예 2000년 1년간 서울시 성동구 옥수동의 결핵발생률은 주민 1,000명당 5명이었다.

② 주요 비율

㉠ **발생률**(Incidence Rate) : 질병에 걸릴 확률 혹은 위험도를 직접 추정 가능하게 하는 측정을 말한다.

$$\text{발생률} = \frac{\text{일정기간 중 발생한 신 환자 수}}{\text{그 지역의 연(중앙)인구 수}} \times 1,000$$

$$\text{누적발생률} = \frac{\text{일정한 지역에서 특정한 기간 내 새롭게 질병이 발생한 환자 수}}{\text{동일한 기간 내 질병이 발생할 가능성을 지닌 인구 수}} \times 10 \times \text{시간}$$

$$\text{평균발생률} = \frac{\text{일정한 지역에서 특정한 기간 내 새롭게 질병이 발생한 환자 수}}{\text{총 관찰인년}}$$

단, 면역을 가진 사람이 많은 경우 : 중앙인구 – 면역을 가진 사람 수

만성질병의 경우 : 중앙인구 – 기존 환자 수

㉡ **유병률**(Prevalence Rate) : 어떤 시점, 혹은 일정기간 동안에 특정 시점 혹은 기간의 인구 중 존재하는 환자의 비율을 의미한다.

ⓐ **기간유병률** : 일정기간의 인구 중에 존재하는 환자 수의 크기

$$\text{기간유병률} = \frac{\text{같은 기간 동안에 존재하는 환자 수}}{\text{특정 기간 동안의 중앙인구}} \times 1,000$$

ⓑ **시점유병률** : 어떤 주어진 시점에서 인구 중 질병 혹은 질병을 가진 환자 수의 크기를 단위인구로 표시한 것

$$\text{시점유병률} = \frac{\text{같은 시점에서 존재하는 환자 수}}{\text{일정시점의 인구 수}} \times 1,000$$

+ 발생률과 유병률의 관계

급성감염병에서와 같이 이환기간이 대단히 짧을 경우 유병률과 발생률은 같게 되며 만성퇴행성질환의 경우처럼 이환기간이 길면 유병률은 높아진다. 발생률과 이환기간이 대체로 일정한 경우에 이 공식이 적용된다.

P(유병률) = I(발생률) × D(이환기간)

㉢ **사망률**(Mortality Rate)

$$\text{조사망률} = \frac{\text{같은 해의 총 사망 수}}{\text{특정 연도의 중앙인구}} \times 1,000$$

$$\text{신생아사망률} = \frac{\text{같은 해의 신생아 사망 수}}{\text{특정 연도의 출생 수}} \times 1,000$$

✚ 표준화 사망률

비교하고자 하는 모집단들의 연령별 사망률에 동일한 비중을 주기 위하여 표준인구로 추정한 기대사망수로써 측정해, 각 모집단의 연령별 구성비의 차이에서 오는 오차를 제거한다.

CHECK Point 표준화 방법

1. 직접 표준화법

표준인구를 택하여 이 표준인구가 나타내는 연령분포를 비교하고자 하는 군들의 연령별 특수사망률에 적용하는 방법이다. 직접법을 사용하려면 표준인구 인구구성과 표준인구와 비교하고자 하는 군의 연령별 특수사망률을 알고 있어야 한다. [16. 경남보건연구사]

> 직접 표준화율 = (기대 발생 수* 총합 / 표준인구) × 단위인구
> *기대 발생 수 = 인구 수 × 연령별 발생률

[두 지역 사망률의 직접표준화 계산방법]

연령	선진국			개발도상국		
	사망 수	인구 수	천 명당 사망률	사망 수	인구 수	천 명당 사망률
<15	1	100	10	40	1,000	40
15~45	25	500	50	25	500	50
45 <	100	1,000	100	35	100	350
보통사망률	126	1,600	78.8	100	1,600	62.5

(1) 비교하고자 하는 두 지역의 연령별 사망률을 비교한다.

(2) 표준이 되는 인구집단을 선정한다.

> 본 예에서는 두 지역의 인구 수를 합하여 표준 인구집단을 만들었다.
> <15 집단 : 100+1,000=1,100명
> 15~45 집단 : 500+500=1,000명
> 45 < 집단 : 1,000+100=1,100명
> 표준 인구집단 총 인구 수 : 3,200명

(3) 두 지역의 연령별 사망률을 연령별 표준 인구 수에 곱하여 연령별 기대 사망 수를 계산한다.

선진국			개발도상국		
천 명당 사망률	표준인구	기대 사망 수	천 명당 사망률	표준인구	기대 사망 수
10	1,100	11	40	1,100	44
50	1,000	50	50	1,000	50
100	1,100	110	350	1,100	385
계		171	계		479

(4) 두 지역에서 계산된 기대 사망 수를 전체 표준인구로 나누어 연령 보정률을 계산한다.

> 선진국 : 171/3,200=53.4/1,000명
> 개발도상국 : 479/3,200=149.7/1,000명
> 보통 사망률은 선진국이 높았으나 연령보정 사망률은 개발도상국이 3배 가까이 되는 것을 알 수 있다.

2. 간접 표준화법

비교하고자 하는 한 군의 연령별 특수사망률을 알 수 없거나, 대상인구 수가 너무 적어서 안정된 연령별 특수사망률을 구할 수 없는 경우에 사용한다. 이때는 표준화 사망비를 계산하게 된다.
[17. 충남보건연구사]

$$\text{표준화 사망비} = \frac{\text{어떤 집단에서 관찰된 총 사망 수}}{\text{이 집단에서 예상되는 총 기대 사망 수}}$$

예를 들어, 사망률을 표준화하고자 하면, 표준인구의 조사망률과 연령별 사망률 통계가 있고 해당 지역의 조사망률과 연령별 인구통계는 있으나, 연령별 사망통계가 없을 때 사용하게 된다.

[두 그룹의 연령별 사망률 간접표준화 계산방법 [16. 서울보건연구사]**]**

X-ray 정상 및 비정상 그룹의 연령별 사망률

연령	X-ray 정상군			X-ray 비정상군		
	인구 수	사망 수	비율(천 명당)	인구 수	사망 수	비율(천 명당)
15~34	13,681 (55.2%)	35	2.5	23 (20.5%)	1	43.5
35~54	8,838 (35.7%)	102	11.5	24 (21.4%)	5	208.3
55 <	2,253 (9.1%)	149	66.1	65 (58.1%)	14	215.4
계	24,772	286		112	20	
	천 명당 보통사망률		11.5	천 명당 보통사망률		179

(1) 비교하고자 하는 지역사회의 연령별 인구 수를 파악한다.
(2) 표준이 되는 인구집단을 선정하여 연령별 사망률을 파악한다(여기서는 정상그룹을 표준 인구 집단으로 선정하였다).
(3) 표준인구의 연령별 유병률을 비교하려는 집단의 연령별 인구 수에 곱하여 연령별 기대 사망 수를 계산한다.
(4) 연령별 유병 수를 모두 더하여 전체 기대 사망 수를 계산한다.
(5) 관찰 사망 수를 기대 유병 수로 나누어 표준화 사망비를 계산한다.
(관찰 사망 수 / 기대 사망 수)

연령	비정상 그룹의 인구 수(1)	정상그룹의 연령별 사망률(천 명당)(2)	기대 사망수 (1) × (2) = (3)	관찰 사망 수(4)
15~34	23	2.5	0.058	1
35~54	24	11.5	0.276	5
55 <	65	66.1	4.297	14
계	112		4.631	20

① 비정상 그룹의 연령별 사망률이 정상그룹의 연령별 사망률과 같다고 가정할 때 비정상그룹에서 기대되는 사망 수는 4.631이다.
② 그러나 실제 비정상군에서 관찰 사망 수는 20명이므로 20/4.631 = 4.3
즉, 표준화 사망비(4.3) = 관찰 사망 수(20)/기대 사망 수(4.631)
→ 비정상 그룹의 사망률은 정상 그룹의 사망률보다 4.3배 높다고 볼 수 있다.

ⓡ **발병률** : 어떤 집단이 한정된 기간에 한해서만 어떤 질병에 걸릴 위험에 놓여 있을 때 전체 인구 중 주어진 집단 내에 새로 발병한 총수의 비율을 의미한다.

$$발병률 = \frac{같은\ 기간\ 내에\ 새로\ 발생한\ 환자\ 수}{일정기간\ 발병위험에\ 폭로된\ 인구\ 수} \times 1,000$$

일정기간 발병위험에 폭로된 인구란 사건이 일어날 확률을 가진 인간집단을 의미한다. 그러므로 동일한 인구집단이라고 하더라도 질병의 특성에 따라 분모를 구성하는 사람 수는 달라진다.

단, • **면역을 가진 사람이 많은 경우** : 폭로된 인구 수 − 면역을 가진 사람 수
• **만성질병의 경우** : 폭로된 인구 수 − 기존 환자 수

ⓜ **2차 발병률(SAR)** : 환자를 가진 가구의 감수성이 있는 가구원 중에서 이 병원체의 최장 잠복기간 내에 발병하는 환자의 비율을 말한다.

$$2차\ 발병률 = \frac{환자와\ 접촉으로\ 인하여\ 이차적으로\ 발병한\ 환자\ 수}{환자와\ 접촉한\ 사람\ 수} \times 100$$

ⓑ **치명률(치사율)** : 특정 질병에 걸린 사람 중에서 그 질병으로 인해 사망한 사람의 백분율을 측정하는 지표로 특정 질병의 위중도를 알 수 있다.

$$치사율 = \frac{그\ 질병으로\ 인한\ 사망\ 수}{특정\ 질병\ 환자\ 수} \times 1,000$$

$$사망률 = 발생률 \times 치명률$$

CHECK Point 유병률과 발생률, 사망률의 의미

1. **발생률**
   모든 질환의 발생원인을 규명하고, 발생양상을 파악하는 데 이용하며 주로 급성질환에서 유용하다.
2. **유병률** : 현존하는 환자관리 요구량을 제공하여
   (1) 역학적 견지에서 볼 때 발생률보다 그 가치가 적지만 의료시설이나 인력 확보 등의 질병관리대책을 수립하는 데 중요한 자료가 된다.
   (2) 만성질환의 경우 질병관리에 필요한 인력 및 자원소요 정도를 추정할 수 있다.
   (3) 이환기간에도 영향을 받으므로 질병퇴치 프로그램이 제대로 수행되고 있는 지를 평가하는 데 유용하다.
3. **원인별 특수사망률**(같은 해 특정원인으로 인한 사망자 수 / 연평균 인구 x 100,000)
   어떤 질병이 어느 정도 발생하는가를 알려주는 질병구조와 함께 지역사회 건강수준을 측정, 파악하고 질병의 원인과 문제점을 찾아 질병에 대한 예방책 및 해결책을 모색하는 데 매우 중요하게 이용된다.
4. **귀속(기여)위험도**
   위험에 노출된 집단과 폭로되지 않은 집단의 위험도의 차이를 말하는 것으로 특정 보건사업의 수행으로 지역사회에 미칠 수 있는 영향의 크기를 반영하기 때문에 보건정책 수립에 유용한 정보를 제공한다.

(2) 비(Ratio)

① **비의 특성** : 두 사건 및 상황의 빈도를 비교할 때 각각의 비율을 비교하거나 두 사건의 건수를 직접 비교하는 것이다.

② **주요 비**

구분	병에 걸린 자	병에 걸리지 않은 자	계
폭로	a	b	a+b
비폭로	c	d	c+d
계	a+c	b+d	a+b+c+d

㉠ **위험비** : 의심요인에 폭로된 집단에서의 질병발생비율과 비폭로집단에서의 질병발생률의 대비를 말한다. 차이가 클수록 통계적 관련성은 크다.

ⓐ 병인 폭로시 병에 걸릴 위험비(R_1) = a / (a + b)

ⓑ 병인 비폭로시 병에 걸릴 위험비(R_2) = c / (c + d)

㉡ **상대위험비(비교위험비)** : 병인에 폭로된 사람이 병에 걸릴 위험도가 폭로되지 않은 사람이 병에 걸릴 위험도보다 몇 배나 되는지를 나타내는 것, 이 비가 클수록 폭로된 요인이 병인으로 작용할 가능성이 커진다.

$$상대위험비 = \frac{의심되는\ 요인에\ 폭로된\ 집단에서의\ 특정질환\ 발생률(R_1)}{의심되는\ 요인에\ 폭로되지\ 않은\ 집단에서의\ 특정질환\ 발생률(R_2)}$$

㉢ **교차비(OR Odds Ratio)** : 모집단이 없는 환자-대조군 연구에서는 사건발생률과 비발생확률의 비를 일컫는다. 또한 유병률이 0.03% 이하로 낮고, 발생률도 극히 낮은 질병에서, 상대위험비 공식 중 a, c는 거의 무시할만큼 적어, 이 때의 상대위험비는 교차비로 추정할 수 있다.

$$교차비 = \frac{\{환자군\ 중\ 유해요인\ 노출군(a)\ /\ 환자군\ 중\ 비노출군(c)\}}{\{대조군\ 중\ 유해요인\ 노출군(b)\ /\ 대조군\ 중\ 비노출군(d)\}} = a\ d / b\ c$$

㉣ **귀속위험도(기여위험도)** : R_1(폭로군에서의 발생률) - R_2(비폭로군에서의 발생률)

㉤ **귀속위험백분율** : (귀속위험도/폭로군에서의 발생률) × 100

+ 귀속위험도

1. 비교위험도는 상대적으로 몇 배 위험한지를 나타내고, 귀속위험도는 질병의 몇 %는 해당요인 탓이라는 뜻이다.
2. 귀속위험도는 위험요인을 갖고 있는 집단의 해당 질병발생률의 크기 중 위험요인이 기여하는 부분을 추정하기 위하여 개발된 통계량이다.
3. 귀속위험도는 폭로군과 비폭로군의 발생률 차 또는 구성비의 두 가지 의미가 있는데, 이를 혼용해서 사용하는 학자도 있고, 혼동을 피하기 위해 발생률의 차를 귀속위험도라고 하고, 구성비를 귀속위험백분율이라고 구분하는 학자들도 있다.

(3) 총계 백분율(Percent Total) 또는 분율(Proportion)

① 상대빈도 또는 구성비라고도 하며 어떤 속성을 가진 전체를 100으로 할 때 그 집단에 속한 소집단의 규모를 나타내는 것이다.

② 흔히 총계 백분율을 비율과 같은 개념으로 사용하는 경우가 있는데, 비율은 대상인구 100명 또는 1,000명 등 단위인구 중 어떤 문제의 발생위험 정도를 나타내지만 총계 백분율은 사건발생의 위험수준을 나타내지는 않는다.

③ 예를 들면 A학교의 학생 수는 1,000명이고 1년간 전염질환이 100명에서 발생하였는데, 그 종류를 보면 홍역 20명, 유행성 이하선염 40명, 인플루엔자 20명, 기타 20명이었다. 이 때 학생 수 100명당 전염질환의 조발생률은 10명, 홍역 2명, 유행성 이하선염 4명, 인플루엔자 2명, 기타 2명이며, 학생이 홍역에 걸렸을 확률은 2%임을 의미한다. 이에 비해 전염질환별 상대빈도를 구하면 전체 전염질환을 100%로 할 때 홍역은 20%, 유행성 이하선염은 40%, 인플루엔자는 20%, 기타 20%로 전체 전염질환 중 질환의 종류별 상대적 비중은 알 수 있으나 모집단 내 발생위험을 파악할 수는 없다.

CHECK Point 측정지표의 분류

1. 구성비율(Proportion)
   (1) 전체 중에서 어떤 특성을 지닌 소집단의 상대적 비중을 말한다.
   (2) 분자는 항상 분모에 포함되며, 주로 백분율(%)의 형태로 표현된다.
   (3) 단위는 없으며 값은 0에서 1 사이의 값을 취한다.
   (4) A/(A+B)의 형태가 된다. 예 유병률이 여기에 속한다.
2. 율(Rate)
   (1) 단위시간 동안 다른 측정값의 변화량을 의미한다.
   (2) 분모에 시간이라는 단위를 가지며 값은 0에서 무한대의 범위를 지닌다.
   (3) 발생률, 발병률, 이차발병률 산출에 이용된다.
3. 비(Ratio)
   (1) 한 측정값을 다른 측정값으로 나눈 A : B 또는 A/B 형태를 나타낸다.
   (2) 성비, 상대위험비, 교차비, 기여위험도(귀속위험도) 산출에 이용된다.

2 질병관리

CHECK Point 감염병의 발생설 전개에 따른 감염병 관리대책

1. 정령설 시대(종교설, 신벌설)
   (1) 귀신이나 악령이 어떤 경로를 통해 우리의 몸에 들어와 고통을 일으킨다고 생각하였다.
   (2) 귀신이나 악령을 몸 밖으로 내보내기 위해 전문가인 무당 또는 마술사가 등장하였다.
   (3) 승려들이 병을 고치는 행위에 참여(승려의사)하였다.
   (4) 무당에 의해서도 치료가 되지 않는 인간의 속병은 인간으로서는 어쩔 수 없으므로 전지전능한 신의 힘을 빌어 치료해야 한다고 생각하였다.
2. 점성설(우주설) 시대
   (1) 성좌의 운행과 인체의 각 부분의 기능은 밀접한 관련이 있다고 생각하고 별자리의 이동을 보고 질병의 진단과 예후를 판정하였다.
   (2) 질병의 발생은 계절, 기후와 매우 밀접한 관계가 있고, 지역환경의 특성과도 일정한 관계가 있다.
   (3) 점성설은 상당기간 동안 인정되었으며 유럽에서는 르네상스 이후까지도 유행하였다.
3. 장기설 시대
   (1) Hippocrates가 주장한 이후 상당기간 동안 보편성을 인정받은 설로서 Hippocrates는 건강과 질병을 자연현상으로 파악하고 오염된 공기, 즉 장기가 우리 몸에 침입하면 질병이 발생한다고 주장하였다.
   (2) Galen에 의해서 발전되었고, 19세기 말에 이르기까지 지배적인 질병발생설이었다.
   (3) 장기설은 질병의 원인을 과학적으로 규명하는 데에는 올바르지 못하지만, 보건학상의 의미를 부여하자면 지역사회의 환경과 위생을 향상시키는 데 지대한 공헌을 하였으며, 감염병 관리방법에도 영향을 끼쳤다.
4. 접촉 전염설(전염설, 접촉설) 시대
   (1) 16세기 경에는 사람 간의 접촉에 의해 질병이 전파된다는 접촉 전염설이 상당한 호응을 얻었다.
   (2) Aristoteles는 흑사병이 환자로부터 부근에 있는 건강한 사람에게 잘 전염된다는 사실을 지적하였다.
   (3) 16세기 초 유럽 전 지역에 성병(매독)이 유행하면서 전염설이 인정을 받게 되었다.
5. 미생물 병인설(세균설) 시대
   (1) G. Fracastoro는 1546년 "접촉 감염병 및 그 요법"에서 병원미생물의 존재를 예상하였다.
   (2) Leeuwenhoek는 자신이 고안한 현미경으로 작은 생물(미생물)의 존재를 확인하였다.
   (3) 19세기 후반 Koch와 Pasteur에 의해 특정 미생물이 특정 질병을 발생시킨다는 세균설이 지지를 받게 되었다.
   (4) 세균설이 확립됨으로써 19세기 후반부터는 공중보건이 새로운 국면으로 들어섰다. 즉, 감염병 예방과 치료가 합리화되고 과학화의 길로 접어들게 되었다.
6. 탈미생물 시대(다인설)
   (1) 20세기 초반까지 대부분의 감염병은 발생 원인균이 규명되어 감염병의 공포로부터 인류는 어느 정도 벗어나게 되었다.
   (2) 현대에 이르러서는 만성질환과 비전염성 질환이 만연되고 있으며, 세균에 의한 질병발생보다는 여러 가지 복합적인 요인에 의해 질병이 발생한다는 생각이 지배적이다. 즉, 인간 주변의 모든 물리적 · 사회적 환경이 질병발생의 원인이 되고 있다는 복수병인론이 지배적이게 되었다.
   (3) 복수병인론은 인간과 과학의 한계를 나타내고 있지만 한편으로는 질병문제를 개인, 사회, 국가, 인류 전체의 문제로 확대시키는 데 커다란 공헌을 하였다.

1. 감염성 질환의 관리

감염이란 병원체가 숙주에 침입한 후 숙주의 부담으로 체내에서 발육, 증식할 때 숙주가 나타내는 반응을 의미한다.

(1) 감염의 종류

① **현성 감염** : 임상증세가 있는 감염상태, 즉 환자만 생기는 유행의 형태로 예를 들면, 홍역과 같이 접촉 감염지수가 높은 질환의 경우 불현성 감염자는 거의 없고 임상증상이 있는 환자만 발생하는 유행을 한다. 환자나 타인이 질병에 이환되어 있는 것을 인지하고 있으므로 역학적으로 큰 문제점이 없고 관리가 수월하다.

② **불현성 감염**

㉠ 임상증세가 없는 감염상태, 즉 환자는 적고 잠행적으로 병원체 보균자만 많은 유행의 형태로 예를 들면, 일본뇌염과 같이 접촉 감염지수가 낮은 질환인 경우 임상증상이 없는 보균자만 발생하는 유행을 한다.

㉡ 불현성 감염의 역학적 중요성

ⓐ 불현성 감염의 환자가 현성 감염자보다 훨씬 많기 때문에 질병의 규모나 발생양상을 파악할 수 없다.

ⓑ 불현성 환자도 전염성이 있는데, 환자로 생각되지 않기 때문에 전염의 기회가 현성 감염에서 보다 크다.

ⓒ 지역사회의 집단면역 수준을 결정하는 데 영향을 준다.

ⓓ 숙주측면에서 부분적으로 면역이 획득되어 후에 재감염이 되었을 때 위중한 상태를 방어할 수 있는 이득이 있을 수도 있다.

③ **혼합감염** : 2종 이상의 병원균이 침입한 상태이다.

④ **중감염** : 감염상태에서 동일 병원균이 다시 침입한 상태이다.

⑤ **자가 감염** : 자신이 가진 병원균에 자기 자신이 다시 감염된 상태이다.

(2) 감염과정

① **잠재기간** : 인체에 병원체가 침입해서 인체 내에 머물러 있는 시기이다.

② **잠복기** : 병인의 침입에서부터 병원체가 증식하여 질환에 대한 증상 및 징후가 생기기 전까지이다. 즉, 병원미생물이 사람 또는 동물의 체내에 침입하여 발병할 때까지의 기간이다.

③ **잠재감염** : 병원체가 인체 내에 침입되어 감염되어 있으나 병원체를 발견할 수 없는 상태이다.

④ **전염기** : 잠재기간이 끝나 병인을 체외로 내보내어 존재하고 있을 때까지이다. 즉, 병원체가 전염력을 가지고 있는 기간이다.

⑤ **세대기** : 병원체가 숙주에 침입하여 증식한 후 그 숙주에서 다시 배출되어 가장 전염력이 클 때까지의 기간이다.

⑥ **발병기** : 질병이 외형적으로 드러나 사람에게 병을 일으키는 기간이다.

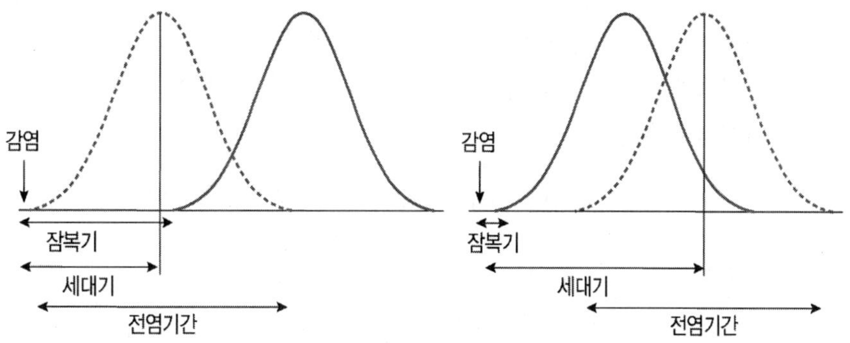

[호흡기 감염성 질환] **[위장관 감염성 질환]**

(3) 감염 고리

① **병원체**

㉠ Bacteria(세균) : 콜레라, 장티푸스, 디프테리아, 나병, 성병, 결핵, 백일해

㉡ Virus : 소아마비, 일본뇌염, 홍역, 이하선염, 간염, 에이즈

㉢ Rickettsia : 발진티푸스, 발진열

㉣ Protozoa : 아메바성 이질, 말라리아, 기생충

㉤ Fungus : 무좀

㉥ **감염력**(infectivity) : 병원체가 숙주에 침입하여 알맞은 기관에 자리잡고 증식하는 능력이다. 즉, 감염을 일으킬 수 있는 병원체의 최소량의 수로서 병원체가 숙주에 침범하여 증식하는 능력을 말한다. 또는 감염된 숙주가 다른 숙주에게 전파시킬 수 있는 능력을 말한다. 소화기 감염병인 콜레라는 장티푸스보다 훨씬 적은 수로도 감염을 일으킬 수 있으므로 장티푸스보다 콜레라가 감염력이 높다. 항체형성 여부로써 감염을 판단할 수 있다. 또한 2차 발병률을 통해 간접적으로 감염력을 측정할 수 있다. 감염력은 침입경로, 병원체의 병원소, 숙주 감수성에 따라 달라진다.

감염력 = [불현성 감염자 수(항체상승자) + 현성 감염자 수(발병자)]/접촉자 수(감수성자)

㉦ **병원성(발병력**, Pathogenicity) : 병원체가 임상적으로 질병을 일으키는 능력으로 감염된 숙주 중 현성 감염을 나타내는 수준이다. 홍역이나 광견병 바이러스는 병원력이 거의 100%이고, 백일해는 60~80%이고, 성홍열은 40%이며, 소아마비 바이러스는 0.1~3%로 아주 낮다. 후천성 면역결핍성 바이러스는 감염력이 크지 않으나 병원력이 높은 바이러스이다.

병원성 = 발병자 수 / 총 감염자 수

ⓞ **독력**(virulence) : 임상적으로 증상을 발현한 사람에게 매우 심각한 정도를 나타내는 미생물의 능력으로 현성 감염으로 인한 사망이나 후유증을 나타내는 정도를 의미한다. 독력을 평가하는 지표는 치명률이다. 광견병은 100%이나 수두와 풍진은 감염력과 병원력은 높지만 독력은 낮다. 후천성 면역결핍 바이러스는 독력이 큰 바이러스이다.

독력 = (중증환자 수 + 사망자 수) / 총 발병자 수

구분	감염력	병원력	독력
높다	두창, 홍역, 수두, 폴리오, 감기	두창, 광견병, 홍역, 수두	광견병, 두창, 결핵, 한센병
중간	풍진, 유행성 이하선염	풍진, 유행성 이하선염	폴리오
낮다	결핵, 한센병	폴리오, 결핵, 한센병	홍역, 풍진, 수두, 감기

ⓩ **면역력** : 홍역바이러스는 일생 동안 지속되는 면역체를 생성하나, 이질균은 강한 항원적 특성이 없어, 재감염이 일어날 수 있다. 면역력은 나이, 영양, 기타 숙주의 특성, 독력, 병원체의 양, 침입경로 등과 같은 요인에 영향을 받는다.

ⓒ **감염성 질환** : 병원체의 감염으로 발병되는 질병일 경우 감염성 질환이라 한다.

ⓚ **전염성 질환** : 전염성을 가지고 숙주에서 숙주로 전염시키는 경우를 말한다.

ⓣ **특이성과 항원성** : 한 가지의 병원체는 반드시 한 가지의 질병만을 일으키며 여러 가지 질병을 일으키지 않는다. 즉, 어떤 병원체 A(항원)의 감염을 통하여 생체에 얻어진 항체 A는 병원체 A에만 항원-항체반응을 일으키는 특이성을 지니고 있다.

ⓟ **병원체의 양** : 병원체의 양은 감염이나 발병에 큰 영향을 미친다. 수인성 감염병 중 장티푸스, 콜레라, 세균성 이질 등은 소량의 침입에 의해서도 감염이 잘 발생되며, 살모넬라 식중독이나 비브리오 식중독에서는 균의 일정한 수 이상 다량 침입에 의해서만 감염이 발생된다.

② **병원소** : 병원체가 생활하고 증식하며 생존을 계속해서 다른 숙주에게 전파될 수 있는 상태로 저장되는 장소를 병원소라 한다.

㉠ **인간병원소**

ⓐ **환자** : 병원체에 감염되어 자각적, 타각적으로 임상증상이 있는 모든 사람

ⓑ **무증상 감염자** : 임상증상이 아주 미약해 간과하기 쉬운 환자

ⓒ **보균자** : 증상이 없으면서 체내 병원체를 보유하고 균을 배출하여, 감염원이 되는 경우

ⓓ **잠복감염** : 감염된 균과 인체의 방어능력이 상호평형을 이루고 있어 사멸하지도

않고 증식도 정지되어 있는 상태를 말한다. 만성보균자와 감별이 힘드나 잠복감염은 만성보균자와는 달리 인체의 방어능력이 약화되는 경우 평형상태가 깨어져 균의 증식이 가능해지고 이에 따라 임상적인 증상을 다시 나타낼 수 있다.

예 Herpes Simplex, 매독

CHECK Point 감염병 관리상 중요한 대상은 보균자이다.

1. 이유
   (1) 활동이 자유로워 전염시킬 수 있는 영역이 넓다.
   (2) 보균자 수가 환자 수보다 많다(전염원으로 역할).
   (3) 자타가 경계하지 않는다(전파기회가 많다).
2. 종류
   (1) 회복기 보균자 : 병후 보균자, 병후기간에 임상증상은 없으나 병원체를 배출하는 보균자 예 장티푸스, 이질
   (2) 잠복기 보균자 : 발병 전 보균자, 잠복기간에 전염성을 가지는 보균자
   예 홍역, 디프테리아, 수두, 유행성 이하선염, 백일해
   (3) 건강보균자 : 병원체에 감염되었으나 처음부터 증상을 나타내지 않는 환자로 관리가 힘든 보균자 예 디프테리아, 소아마비, 일본뇌염
   (4) 만성보균자 : 보균기간이 3개월 이상이 되는 보균자 예 장티푸스

ⓛ **동물병원소** : 인간과 관계있는 가축(소, 말, 돼지, 개, 닭)과 쥐나 곤충(파리, 모기, 벼룩, 빈대, 이)이 동물병원소로서 질병의 매개역할을 한다.

CHECK Point 인수공통질환(Zoonosis)

결핵(새, 소), 일본뇌염(돼지, 조류, 뱀), 광견병(개), 페스트 · 발진열 · 살모넬라증 · 유행성 출혈열(쥐), 톡소플라스마(고양이), 탄저(소, 양), 브루셀라증(소, 염소), 렙토스피라(소, 돼지)

CHECK Point 인수공통감염병에 걸리기 쉬운 위험집단

1. 축산업자, 수의사 등 가축이나 그 부산물에 자주 접촉하는 사람
2. 도축시설 근무자
3. 레크리에이션 강사 등 직업적으로 야외활동이 잦은 사람
4. 애완동물을 기르는 사람
5. 환자를 돌보는 의료인
6. 전염병 발생 현지에서 역학조사를 벌이는 학자, 정부 관계자
7. 소독, 매몰 등 방역활동에 참여하는 사람
8. 긴급 재난 등 일시적으로 밀집된 환경에 거주하는 사람
9. 스트레스를 심하게 받고 있는 사람(면역력 저하)

㉢ **토양** : 무생물이면서 병원소 역할을 한다. 그 예로 파상풍을 들 수 있다.

㉣ **병원소와 감염원의 차이**

ⓐ **병원소** : 병원체가 생활 · 증식하고 생존을 계속하여 인간에 전파될 수 있는 상태로 저장되는 장소

ⓑ **감염원** : 병독을 직접 인간에게 가져오는 수단이 될 수 있는 모든 것(병원소, 전파물건 등)

③ **병원소로부터 병원체의 탈출구**

㉠ **호흡기계 탈출** : 호흡기질환 병원체가 기침, 대화, 재채기를 통해 탈출

예 결핵, 감기, 홍역, 디프테리아

㉡ **소화기계 탈출** : 소화기질환 병원체가 분변, 토물 등을 통해 소화기계로 탈출

예 장티푸스, 콜레라, 소아마비 등

㉢ **비뇨생식기계 탈출** : 주로 소변이나 생식기 분비물에 의해 탈출

㉣ **기계적 탈출** : 곤충에 의한 직간접 탈출, 주사기를 통한 탈출

예 뇌염, 간염

㉤ **개방병소로 직접 탈출** : 병소를 통해 직접 배출

예 파상풍, 나병, 트라코마

CHECK Point 침입경로별 예방법

1. **호흡기계 침입**
   (1) 타액관리 : 직접전파는 1m 이하의 거리 내에서 일어나기 때문에 개인 간의 거리를 1m 이상 유지한다. 커텐이나 막을 치거나 마스크를 착용하여 타액의 접근과 흡입을 막아준다.
   (2) 공기관리 : 밀폐공간인 경우 화학약품 같은 살균제나 자외선, 오존 등을 사용하여 공기를 소독한다. 환기를 시켜 맑은 공기를 희석시키고, 기름도포 등을 통하여 먼지에 섞여 있는 비말, 핵이 비산되는 것을 막아준다.
2. **소화기계 침입** : 소화기계는 오염된 물, 우유, 식품 등의 섭취에 의한 간접전파가 많기 때문에 파리, 바퀴 등에 대한 관리가 주가 된다.
   (1) 5F : 병원체가 있는 분변(Feces), 활성 전파체인 파리(Flies), 비활성 전파체인 음료수(Fluids)와 식품(Food), 오염된 손(Finger)을 철저히 관리해야 한다.
   (2) 소화기계 전염성질환 발병률은 한 나라의 보건수준의 척도로서 널리 이용된다.
   (3) 철저한 오물처리 : 병원체가 있는 분뇨, 하수, 음식물 쓰레기에 대한 소독을 철저히 한다.
   (4) 전파체 관리 : 파리를 구제하거나 음식물에 접근하지 못하도록 하고 손 청결에 유의한다.
   (5) 우유를 포함한 음식물과 상수관리를 철저히 한다.
3. **점막침입** : 주로 성 접촉이나 키스 등을 통한 직접전파가 대부분이기 때문에 불결한 성 접촉은 피하고, 성 행위시 콘돔을 사용하는 것도 예방법이 된다.
4. **경피침입** : 동물의 교상이나 매개곤충에 의한 것이 가장 많고, 드물게 오염된 주사침이나 혈액의 수혈이나 피부병변에 직접 접촉으로 인한 경우가 있으므로 이에 대한 관리가 주가 된다.
   (1) 활성 전파체인 매개충 관리
   (2) 의료사고 예방
   (3) 피부보호 : 상처부위에 드레싱을 잘 해주고, 병원체의 피부로 침입하는 것을 막기 위해 오염위험지역에서는 장화, 장갑 등과 같은 보호구를 사용한다.

④ **전파** : 배출된 병원체가 새로운 숙주에 운반되는 과정을 전파라 한다.

㉠ **직접접촉에 의한 전파** : 병원체가 운반체 없이 숙주에서 다른 숙주로 직접 전파되는 경우를 말한다. 예 성병, 나병, 홍역, 인플루엔자

ⓐ 비말전파

ⓑ **직접접촉** : 혈액접촉, 체액접촉

ⓒ 태반감염

ⓓ **직접전파가 성립될 수 있는 3가지 조건**

- 인구밀도가 높아야 한다.
- 환경위생상태, 영양상태가 나빠야 한다.
- 집단면역 수준이 낮아야 한다.

㉡ **간접접촉에 의한 전파** : 중간매개체를 통한 전파를 말한다.

ⓐ **간접전파의 성립요건**

- 병원체를 옮기는 전파체(Vehicle)가 있어야 한다.
- 병원체가 병원소 밖으로 탈출하여 일정기간 생존 가능하여야 한다.

ⓑ **활성 매개체(Vector-borne)** : 매개곤충(Vector)에 의한 전파

- **mechanical-borne** : 매개곤충이 단순히 기계적으로 병원체를 운반한다.
- **biological-borne** : 병원체가 매개곤충 내에서 성장이나 증식을 한 뒤 전파된다.

CHECK Point **활성 매개체의 병원체 전파유형**

증식형	병원체가 곤충의 몸 속에 들어와서 증식하여 옮겨 주는 것	페스트, 황열, 일본뇌염, 뎅구열
발육형	병원균을 픽업했을 때 수가 증가하는 것이 아니라 발육만 해서 옮겨 주는 것	사상충증, Loa Loa 사상충증
발육증식형	곤충이 병원균을 픽업했을 때 발육도 하고 수가 증가하는 것	말라리아, 수면병
배설형	곤충이 병원균을 배설하여 전파하는 것	발진티푸스, 발진열
경란형	곤충 모체의 유전에 의한 것	로키산 홍반열, 쯔쯔가무시병, 재귀열

ⓒ **비활성 매개체(Vehicle-borne)**

- 식품, 물, 생활용구, 완구, 수술기구 등의 무생물을 통한 전파
- 개달물(Fomite, 물, 공기, 식품, 우유, 토양을 제외한 무생물 전파체로서 장난감, 의복, 침구, 책 등이 포함)에 의한 전파매개체 자체는 숙주 내부에 들어가지 않고 병원체만 운반하는 매개체로 트라코마, 안질, 피부병 등이 그 예이다.
- **공동 전파체에 의한 전파** : 물, 공기, 식품, 우유, 토양에 의한 전파

- 물 : 일반적으로 병원체가 물 속에 들어가면 서서히 사멸한다. 그 이유는 물 속이 체액보다 삼투압이 낮고, 양분이 적으며, 수중의 다른 미생물과의 생존경쟁에서 약하기 때문이다. 병원체에게는 고인 물이 유동수보다 유리하고, 고온보다는 저온이 생존에 좋다.
- 우유 : 소의 질병, 우유 취급자의 질병에 의해 소의 유방이 오염되거나 우유가 직접 오염되는 경우에 전파체가 된다. 우유를 먹는 소아에게 많이 발생한다.
- 음식 : 음식물은 사람의 손, 비말, 토물이나 분변 같은 배설물, 하수 등을 통해 오염되어 전파체가 된다.
- 공기 : 먼지나 비말핵 등을 운반한다.
- 토양 : 테타누스, 탄저, 기생충(십이지장충) 등을 매개한다.

⑤ **병원체의 신숙주 내 침입구** : 탈출과 비슷한 경로로 침입하며 경로가 다르면 침입에 실패한다.

CHECK Point 병원체와 침입경로

구분	바이러스	세균	아메바	리케치아
호흡기	인플루엔자, 홍역, 유행성 이하선염, 수두, 천연두	결핵, 나병, 디프테리아, 성홍열, 수막구균성 수막염, 백일해, 폐렴		
소화기	소아마비, 전염성 간염	콜레라, 이질, 장티푸스, 파라티푸스, 식중독, 영아 설사증, 파상열	이질	
성기점막 피부		매독, 임질, 연성하감		
점막 피부	트라코마, 광견병 바이러스	파상풍, weils병, 야토병		발진티푸스

⑥ **감수성 숙주** : 숙주의 저항력이 높고 면역이 있으면 감염되지 않고 감수성이 높으면 감염 및 발병한다.

CHECK Point 감수성 지수(접촉 감염지수)

1. 미감염자의 체내에 병원체가 침입했을 때 발병하는 비율로서 주로 호흡기계 질병에 적용된다.
2. De Rudder가 제시하였다.
3. 천연두(두창), 홍역 : 95%>백일해 : 60~80%>성홍열 : 40%>디프테리아 : 10%>소아마비 : 0.1% 이하

(4) 감염성 질환의 예방과 관리(3대 원칙)

① 전파과정의 차단

㉠ **병원소의 제거** : 동물병원소만 가능하며 인간병원소는 발견 즉시 보건당국에 신고 및 보고한다.

㉡ **감염력의 감소** : 적절한 치료로 전염력을 감소시킬 수 있다. 매독환자의 페니실린 주사나 폐결핵환자의 항결핵요법이 이에 해당한다.

㉢ **병원소의 검역과 격리**

ⓐ **건강격리(검역)** : 감염병이 유행하고 있는 지역에서 환자와 접촉했거나 접촉했다고 의심되는 사람이나 동물이 다른 지역으로 들어가는 것을 막기 위해 감염되지 않음이 확인될 때까지 수용하여 감시한다.

• **건강격리의 효과를 감소시키는 요인** : 은닉환자, 간과환자, 보균자

ⓑ **환자격리** : 감염된 사람을 건강한 사람으로부터 떼어놓는 것

CHECK Point 격리와 감시

1. 정의(검역법 제2조)

"검역감염병"이란 다음의 어느 하나에 해당하는 것을 말한다.

(1) 콜레라
(2) 페스트
(3) 황열
(4) 중증 급성호흡기 증후군(SARS)
(5) 동물인플루엔자 인체감염증
(6) 신종인플루엔자
(7) 중동 호흡기 증후군(MERS)
(8) 에볼라바이러스병
(9) 이상 외의 감염병으로서 외국에서 발생하여 국내로 들어올 우려가 있거나 우리나라에서 발생하여 외국으로 번질 우려가 있어 질병관리청장이 긴급 검역조치가 필요하다고 인정하여 고시하는 감염병

2. 검역감염병 환자 등의 격리(동법 제16조)

(1) 질병관리청장은 제15조 제1항 제1호에 따라 검역감염병 환자 등을 다음의 어느 하나에 해당하는 시설에 격리한다.

① 질병관리청장이 지정한 검역소 내 격리시설
② 「감염병의 예방 및 관리에 관한 법률」 제36조 또는 제37조에 따른 감염병관리기관, 격리소 · 요양소 또는 진료소
③ 자가(自家)
④ 「감염병의 예방 및 관리에 관한 법률」 제8조의2에 따른 감염병전문병원

(2) 질병관리청장은 검역감염병 환자 등이 많이 발생하여 (1)에 따른 격리병동이나 감염병관리기관 등이 부족한 경우에는 보건복지부령으로 정하는 바에 따라 임시 격리시설을 설치 · 운영할 수 있다.

(3) 질병관리청장은 (1)에 따른 격리조치(이송을 포함한다)를 할 때에 필요하면 특별시장 · 광역시장 · 도지사 · 특별자치도지사(이하 "시 · 도지사"라 한다) 또는 시장 · 군수 · 구청장(자치구의 구청장을 말한다. 이하 같다)에게 협조를 요청할 수 있다. 이 경우 시 · 도지사 또는 시장 · 군수 · 구청장은 특별한 사유가 없으면 협조하여야 한다.
(4) 검역감염병 환자 등의 격리기간은 감염력이 없어질 때까지로 하고, 격리기간이 지나면 즉시 해제하여야 한다.
(5) (4)에 따른 격리기간 동안 격리된 사람은 검역소장의 허가를 받지 아니하고는 다른 사람과 접촉할 수 없다.
(6) 검역소장은 검역감염병 환자 등을 격리 수용하였을 때에는 보건복지부령으로 정하는 바에 따라 격리 사실을 격리 대상자의 가족, 보호자 또는 격리 대상자가 지정한 사람에게 알려야 한다.

3. 검역감염병 의심자에 대한 감시 등(동법 제17조)

(1) 질병관리청장은 제15조 제1항 제2호에 따라 검역감염병 접촉자 또는 검역감염병 위험요인에 노출된 사람이 입국 후 거주하거나 체류하는 지역의 특별자치도지사 · 시장 · 군수 · 구청장에게 건강상태를 감시하거나 「감염병의 예방 및 관리에 관한 법률」 제49조 제1항에 따라 격리시킬 것을 요청할 수 있다.
(2) 특별자치도지사 · 시장 · 군수 · 구청장은 제1항에 따라 감시하는 동안 검역감염병 접촉자 또는 검역감염병 위험요인에 노출된 사람이 검역감염병 환자 등으로 확인된 경우에는 지체 없이 격리 등 필요한 조치를 하고 즉시 그 사실을 질병관리청장에게 보고하여야 한다.
(3) (1)에 따른 감시 또는 격리기간은 보건복지부령으로 정하는 해당 검역감염병의 최대 잠복기간을 초과할 수 없다.
1.~6. 삭제 〈2020. 3. 4.〉

② **숙주의 면역증강** : 면역이란 숙주 체내의 방어력이 병원체를 이겨내기에 충분히 큰 상태를 의미한다. 면역은 척추동물이 개체를 유지해 나가기 위한 수단의 일종으로 건강을 좌우하는 중요한 요소이다. 인위적으로 면역을 증가시키는 방법에는 능동면역과 수동면역이 있다.

㉠ **면역의 분류**

선천면역	종속 면역, 종족 면역, 개인 특이성			
후천면역	능동면역	자연능동면역	불현성 감염 후, 이환 후 면역	
		인공능동면역	생균	BCG, MMR, 소아마비
			사균	간염, 광견병, 장티푸스, 백일해(aP), 콜레라
			Toxoid	DT(디프테리아, 파상풍)
	수동면역	자연수동면역	모유, 모체, 태반을 통한 면역	
		인공수동면역	항독소, 면역혈청, r-globulin(일시적 면역)	

ⓐ **선천면역** : 개체의 요인에 의해 결정되는 면역(종속, 인종, 개인차)

ⓑ **능동면역**

- 병원체나 독소에 대해 생체 세포 스스로가 작용해서 생기는 면역으로 효과는 늦으나, 면역성이 강하고 오래 지속된다.
- **자연능동면역** : 현성 감염이나 불현성 감염 후에 성립되는 면역
- **인공능동면역** : 인위적으로 백신이나 톡소이드로 감염을 일으켜 성립되는 면역(예방접종)

ⓒ **수동면역**

- 이미 면역을 보유하고 있는 개체가 항체를 혈청이나 기타 수단으로 다른 개체에게 주는 것으로 효과는 빠르나, 지속기간이 짧다(2~4주).
- **자연수동면역** : 경태반 면역(소아마비, 홍역, 디프테리아)
- **인공수동면역** : 면역혈청, 항독소 등을 주사해서 면역을 얻는 것

CHECK Point 능동면역과 수동면역 비교

내용	인공능동면역	인공수동면역
발효시간	길다	짧다
효력 지속시간	길다	짧다
혈청병 수반 여부	없다	있다
대상	건강인	환자
목적	예방	치료

CHECK Point 집단면역

1. 정의
   (1) 지역사회 혹은 집단에 병원체가 침입하여 전파하는 것에 대한 집단의 저항성을 나타내는 지표
   (2) 지역사회 내의 주민이 가지고 있는 면역이다(= 면역체를 가지고 있는 사람 / 인구 수).
   (3) 그 지역에 흔한 질병일수록 집단면역이 커진다.
   (4) 감염병의 시간적 발생현황과 관계가 크다(주기변화).
2. 집단면역의 중요성
   (1) 집단면역이 병원체가 집단 내에서 퍼져나가는 힘을 억제하게 되면 유행은 일어나지 않게 된다.
   (2) 어떤 지역에 유행이 일어나면 집단면역력이 높아져 그 후 몇 년간 유행이 일어나지 않는다. 그러므로 집단면역은 시간적 주기변화를 보이고 있다.
3. **한계밀도** : 그 집단 내에서 면역이 없는 신생아가 계속해서 태어나거나, 면역이 없는 사람이 그 집단 내로 이주해 옴으로써 집단면역의 정도는 점차 감소하다가 일정한 한도 이하로 떨어지면 유행이 일어난다. 이 집단면역의 한계를 "한계밀도"라고 한다.

ⓛ 백신의 종류

ⓐ 생백신(활성화 백신)

- 독성을 약화시켜 병원성을 약화시킨 것
- 접종되면 몸속에서 증식하여 극히 가벼운 병에 걸린 것과 같다.
- 1회 접종으로 강한 면역이 생긴다.
- 면역효과가 장시간 지속된다.
- 종류
  - 바이러스[홍역, 이하선염, 풍진, 소아마비(Sabin,Oral), 황열, 우두진, 수두]
  - 세균(BCG), 유전공학에 의해 만들어진 항원(장티푸스, Oral)

ⓑ 사백신(불활성화 백신)

- 바이러스나 세균 등을 죽여서 정제 추출하여 백신으로 한 것
- 충분한 면역을 얻기 위해 몇 번의 접종이 필요하다.
- 생긴 면역도 오래가지 않아 추가접종이 필요하다.
- 면역효과가 생백신에 비해 단시간 지속된다.
- 종류
  - 바이러스[인플루엔자, 소아마비(Salk, 주사), 광견병, A형간염]
  - 세균[백일해, 장티푸스(주사), 콜레라, 페스트]
  - 세균이나 바이러스의 일부분으로 구성(B형간염, 인플루엔자)
  - 유전공학에 의해 만들어진 항원(B형간염)
  - 세균의 세포벽의 일부분으로 구성(폐렴구균, 수막염구균)

ⓒ 톡소이드(Toxoid)

- 균이 내는 독소에 의해 일어나는 질환에서 그 독소만 추출한 것
- 부작용도 적고 안전하다.
- 충분한 면역을 얻기 위해 몇 번의 접종이 필요하다.
- 면역의 효과가 가장 떨어진다.
- 종류 : DPT, DTa(디프테리아, 파상풍)

ⓒ 성인 예방접종

접종	방법	고위험군
풍진	1회 접종	가임여성 중 미접종자
파상풍	10년마다	1회씩 모든 성인
B형 간염	0, 1, 2개월 또는 0, 1, 6개월 간격 3회	미접종자 또는 항체가 없는 모든 성인
인플루엔자	매년 가을	심장이나 폐의 만성질환자, 당뇨, 신부전증, 장기이식환자 등 면역기능 저하자

폐렴	1회 접종	65세 이상, 임파종 골수종, 만성 신장질환, 장기 이식환자 등 면역기능 저하자
유행성출혈열	1개월 간격 2회	다발지역의 군인, 주민, 농부
장티푸스	기본 및 2~3년마다 추가 접종	식품위생업소, 집단급식소 종사자, 어패류 취급자

㉣ 해외여행자 예방접종

㉤ **예방되지 못한 환자에 대한 조치** : 전파방지나 면역증강의 방법으로도 예방되지 못하고 감염병이 발생되었다면 환자의 고통을 최소화하고 합병증 및 후유장애, 사망을 적게 해야 한다. 필요에 따라 격리, 즉 3차 예방이 필요하다.

③ **환경위생 관리** : 신체 외에 있는 병원체를 죽이거나 전파체를 파괴하여 관리한다.

㉠ **소독** : 물리화학적 방법으로 병원체 파괴

㉡ **매개체 관리(전파동물관리)** : 전파동물 구제

㉢ **물의 정화** : 수인성 감염병 예방

㉣ 하수 및 폐기물 처리

㉤ 식품위생 식품의 보존과 가열

㉥ 우유위생

㉦ 공기소독

2. 법정 감염병(감염병의 예방 및 관리에 관한 법률)

(1) 법정 감염병의 종류

제1급감염병, 제2급감염병, 제3급감염병, 제4급감염병, 기생충감염병, 세계보건기구 감시대상 감염병, 생물테러감염병, 성매개감염병, 인수(人獸)공통감염병 및 의료관련감염병을 말한다.

분류	특성	질환
제1급 감염병	생물테러감염병 또는 치명률이 높거나 집단 발생의 우려가 커서 발생 또는 유행 즉시 신고하여야 하고, 음압격리와 같은 높은 수준의 격리가 필요한 감염병으로서 다음 각 목의 감염병을 말한다. 다만, 갑작스러운 국내 유입 또는 유행이 예견되어 긴급한 예방·관리가 필요하여 질병관리청장이 보건복지부장관과 협의하여 지정하는 감염병을 포함한다.	에볼라바이러스병, 마버그열, 라싸열, 크리미안콩고출혈열, 남아메리카출혈열, 리프트밸리열, 두창, 페스트, 탄저, 보툴리눔독소증, 야토병, 신종감염병증후군, 중증급성호흡기증후군(SARS), 중동호흡기증후군(MERS), 동물인플루엔자 인체감염증, 신종인플루엔자, 디프테리아

제2급 감염병	전파가능성을 고려하여 발생 또는 유행 시 24시간 이내에 신고하여야 하고, 격리가 필요한 다음 각 목의 감염병을 말한다. 다만, 갑작스러운 국내 유입 또는 유행이 예견되어 긴급한 예방·관리가 필요하여 질병관리청장이 보건복지부장관과 협의하여 지정하는 감염병을 포함한다.	결핵(結核), 수두(水痘), 홍역(紅疫), 콜레라, 장티푸스, 파라티푸스, 세균성이질, 장출혈성대장균감염증, A형간염, 백일해(百日咳), 유행성이하선염(流行性耳下腺炎), 풍진(風疹), 폴리오 수막구균 감염증, b형헤모필루스인플루엔자, 폐렴구균 감염증, 한센병, 성홍열, 반코마이신내성황색포도알균(VRSA) 감염증, 카바페넴내성장내세균속균종(CRE) 감염증, E형간염
제3급 감염병	그 발생을 계속 감시할 필요가 있어 발생 또는 유행 시 24시간 이내에 신고하여야 하는 다음 각 목의 감염병을 말한다. 다만, 갑작스러운 국내 유입 또는 유행이 예견되어 긴급한 예방·관리가 필요하여 질병관리청장이 보건복지부장관과 협의하여 지정하는 감염병을 포함한다.	파상풍(破傷風), B형간염, 일본뇌염, C형간염, 말라리아, 레지오넬라증, 비브리오패혈증, 발진티푸스, 발진열(發疹熱), 쯔쯔가무시증, 렙토스피라증, 브루셀라증, 공수병(恐水病), 신증후군출혈열(腎症侯群出血熱), 후천성면역결핍증(AIDS), 크로이츠펠트-야콥병(CJD) 및종크로이츠펠트-야콥병(vCJD), 황열, 뎅기열, 큐열(Q熱), 웨스트나일열, 라임병, 진드기매개뇌염, 유비저(類鼻疽), 치쿤구니야열, 중증열성혈소판감소증후군(SFTS), 지카바이러스 감염증
제4급 감염병	제1급감염병부터 제3급감염병까지의 감염병 외에 유행 여부를 조사하기 위하여 표본감시 활동이 필요한 다음 각 목의 감염병을 말한다.	인플루엔자, 매독(梅毒), 회충증, 편충증, 요충증, 간흡충증, 폐흡충증, 장흡충증, 수족구병, 임질, 클라미디아감염증, 연성하감, 성기단순포진, 첨규콘딜롬, 반코마이신내성장알균(VRE) 감염증, 메티실린내성황색포도알균(MRSA) 감염증, 다제내성녹농균(MRPA) 감염증, 다제내성아시네토박터바우마니균(MRAB) 감염증, 장관감염증, 급성호흡기감염증, 해외유입기생충감염증, 엔테로바이러스감염증, 사람유두종바이러스 감염증
기생충 감염병	기생충에 감염되어 발생하는 감염병 중 질병관리청장이 고시하는 감염병을 말한다.	회충증, 편충증, 요충증, 간흡충증, 폐흡충증, 장흡충증

세계보건기구 감시 대상 감염병	세계보건기구가 국제공중보건의 비상사태에 대비하기 위해 감시대상으로 정한 질환으로써 질병관리청장이 고시하는 감염병	두창, 폴리오, 신종인플루엔자, 중증급성호흡기증후군(SARS), 콜레라, 폐렴형 페스트, 황열, 바이러스성 출혈열, 웨스트나일열
생물 테러 감염병	고의 또는 테러 등을 목적으로 이용된 병원체에 의하여 발생된 감염병 중 질병관리청장이 고시하는 감염병	탄저, 보툴리눔독소증, 페스트, 마버그열, 에볼라열, 라싸열, 두창, 야토병
성매개 감염병	성 접촉을 통하여 전파되는 감염병 중 질병관리청장이 고시하는 감염병	매독, 임질, 클라미디아, 연성하감, 성기단순포진, 첨규콘딜롬
인수 공통 감염병	동물과 사람 간에 서로 전파되는 병원체에 의해 발생되는 감염병 중 질병관리청장이 고시하는 감염병	장출혈성대장균감염증, 일본뇌염, 브루셀라증, 탄저, 공수병, 조류인플루엔자 인체감염증, 중증급성호흡기증후군(SARS), 변종크로이츠펠트-야콥병(vCJD), 큐열, 결핵
의료 관련 감염병	환자나 임산부 등이 의료행위를 적용받는 과정에서 발생한 감염병으로써 감시 활동이 필요하여 질병관리청장이 고시 하는 감염병	반코마이신내성황색포도알균(VRSA)감염증, 반코마이신내성장 알균(VRE)감염증, 메티실린내성황색포도알균(MRSA)감염증, 다제내성녹농균(MRPA)감염증, 다제내성아시네토박터균(MRAB)감염증, 카바페넴내성장네세균속균종(CRE)감염증

(2) 법정 감염병의 관리

① 신고

㉠ 의사 등의 신고(법 제11조)

ⓐ 의사, 치과의사 또는 한의사는 다음 각 호의 어느 하나에 해당하는 사실(제16조 제6항에 따라 표본감시 대상이 되는 제4급감염병으로 인한 경우는 제외한다)이 있으면 소속 의료기관의 장에게 보고하여야 하고, 해당 환자와 그 동거인에게 질병관리청장이 정하는 감염 방지 방법 등을 지도하여야 한다. 다만, 의료기관에 소속되지 아니한 의사, 치과의사 또는 한의사는 그 사실을 관할 보건소장에게 신고하여야 한다. 〈개정 2010.1.18, 2015.12.29, 2018.3.27〉

1. 감염병환자등을 진단하거나 그 사체를 검안(檢案)한 경우
2. 예방접종 후 이상반응자를 진단하거나 그 사체를 검안한 경우
3. 감염병환자등이 제1급감염병부터 제3급감염병까지에 해당하는 감염병으로 사망한 경우
4. 감염병 환자로 의심되는 사람이 감염병 병원체 검사를 거부하는 경우

ⓑ 감염병병원체 확인기관의 소속 직원은 실험실 검사 등을 통하여 보건복지부령으로 정하는 감염병환자등을 발견한 경우 그 사실을 감염병병원체 확인기관의 장에게 보고하여야 한다.

ⓒ ⓐ 및 ⓑ에 따라 보고를 받은 의료기관의 장 및 감염병병원체 확인기관의 장은 제1급감염병의 경우에는 즉시, 제2급감염병 및 제3급감염병의 경우에는 24시간 이내에, 제4급감염병의 경우에는 7일 이내에 질병관리청장 또는 관할 보건소장에게 신고하여야 한다.

ⓓ 육군, 해군, 공군 또는 국방부 직할 부대에 소속된 군의관은 제1항 각 호의 어느 하나에 해당하는 사실(제16조제6항에 따라 표본감시 대상이 되는 제4급감염병으로 인한 경우는 제외한다)이 있으면 소속 부대장에게 보고하여야 하고, 보고를 받은 소속 부대장은 제1급감염병의 경우에는 즉시, 제2급감염병 및 제3급감염병의 경우에는 24시간 이내에 관할 보건소장에게 신고하여야 한다.

ⓔ 감염병 표본감시기관은 표본감시 대상이 되는 제4급감염병으로 인하여 ⓐ 제1호 또는 제3호에 해당하는 사실이 있으면 보건복지부령으로 정하는 바에 따라 질병관리청장 또는 관할 보건소장에게 신고하여야 한다.

㉡ 제12조(그 밖의 신고의무자)

ⓐ 다음 각 호의 어느 하나에 해당하는 사람은 제1급감염병부터 제3급감염병까지에 해당하는 감염병 중 보건복지부령으로 정하는 감염병이 발생한 경우에는 의사, 치과의사 또는 한의사의 진단이나 검안을 요구하거나 해당 주소지를 관할하는 보건소장에게 신고하여야 한다.

1. 일반가정에서는 세대를 같이하는 세대주. 다만, 세대주가 부재 중인 경우에는 그 세대원
2. 학교, 병원, 관공서, 회사, 공연장, 예배장소, 선박 · 항공기 · 열차 등 운송수단, 각종 사무소 · 사업소, 음식점, 숙박업소 또는 그 밖에 여러 사람이 모이는 장소로서 보건복지부령으로 정하는 장소의 관리인, 경영자 또는 대표자

ⓑ 제1항에 따른 신고의무자가 아니더라도 감염병환자등 또는 감염병으로 인한 사망자로 의심되는 사람을 발견하면 보건소장에게 알려야 한다.

② 보건소장 등의 보고(법 제13조)

신고를 받은 보건소장은 그 내용을 관할 특별자치도지사 또는 시장 · 군수 · 구청장에게 보고하여야 하며, 보고를 받은 특별자치도지사 또는 시장 · 군수 · 구청장은 이를 질병관리청장 및 시 · 도지사에게 각각 보고하여야 한다.

③ 인수공통감염병의 통보(법 제14조)

㉠ 「가축전염병예방법」 제11조 제1항 제2호에 따라 신고를 받은 국립가축방역기관장, 신고대상 가축의 소재지를 관할하는 시장 · 군수 · 구청장 또는 시 · 도 가축방역기관의 장은 같은 법에 따른 가축전염병 중 다음 각 호의 어느 하나에 해당하는 감염병의 경우에는 즉시 질병관리청장에게 통보하여야 한다.

1. 탄저
2. 고병원성조류인플루엔자
3. 광견병
4. 그 밖에 대통령령으로 정하는 인수공통감염병

㉡ ㉠에 따른 통보를 받은 질병관리청장은 감염병의 예방 및 확산 방지를 위하여 이 법에 따른 적절한 조치를 취하여야 한다.

㉢ ㉠에 따른 신고 또는 통보를 받은 행정기관의 장은 신고자의 요청이 있는 때에는 신고자의 신원을 외부에 공개하여서는 아니 된다.

㉣ 제1항에 따른 통보의 방법 및 절차 등에 관하여 필요한 사항은 보건복지부령으로 정한다.

④ 감염병 표본감시 등(법 제16조)

㉠ 질병관리청장은 감염병의 표본감시를 위하여 질병의 특성과 지역을 고려하여 「보건의료기본법」에 따른 보건의료기관이나 그 밖의 기관 또는 단체를 감염병 표본감시기관으로 지정할 수 있다.

㉡ 질병관리청장, 시 · 도지사 또는 시장 · 군수 · 구청장은 ㉠에 따라 지정받은 감염병 표본감시기관(이하 "표본감시기관"이라 한다)의 장에게 감염병의 표본감시와 관련하여 필요한 자료의 제출을 요구하거나 감염병의 예방 · 관리에 필요한 협조를 요청할 수 있다. 이 경우 표본감시기관은 특별한 사유가 없으면 이에 따라야 한다.

㉢ 질병관리청장, 시 · 도지사 또는 시장 · 군수 · 구청장은 ㉡에 따라 수집한 정보 중 국민 건강에 관한 중요한 정보를 관련 기관 · 단체 · 시설 또는 국민들에게 제공하여야 한다.

㉣ 질병관리청장, 시 · 도지사 또는 시장 · 군수 · 구청장은 표본감시활동에 필요한 경비를 표본감시기관에 지원할 수 있다.

㉤ 질병관리청장은 표본감시기관이 다음 각 호의 어느 하나에 해당하는 경우에는 그 지정을 취소할 수 있다.

1. ㉡에 따른 자료 제출 요구 또는 협조 요청에 따르지 아니하는 경우
2. 폐업 등으로 감염병 표본감시 업무를 수행할 수 없는 경우
3. 그 밖에 감염병 표본감시 업무를 게을리하는 등 보건복지부령으로 정하는 경우

ⓗ ㉠에 따른 표본감시의 대상이 되는 감염병은 제4급감염병으로 하고, 표본감시기관의 지정 및 지정취소의 사유 등에 관하여 필요한 사항은 보건복지부령으로 정한다.

ⓢ 질병관리청장은 감염병이 발생하거나 유행할 가능성이 있어 관련 정보를 확보할 긴급한 필요가 있다고 인정하는 경우 「공공기관의 운영에 관한 법률」에 따른 공공기관 중 대통령령으로 정하는 공공기관의 장에게 정보 제공을 요구할 수 있다. 이 경우 정보 제공을 요구받은 기관의 장은 정당한 사유가 없는 한 이에 따라야 한다.

ⓞ ⓢ에 따라 제공되는 정보의 내용, 절차 및 정보의 취급에 필요한 사항은 대통령령으로 정한다.

⑤ 역학조사(법 제18조)

㉠ 질병관리청장, 시 · 도지사 또는 시장 · 군수 · 구청장은 감염병이 발생하여 유행할 우려가 있거나, 감염병 여부가 불분명하나 발병원인을 조사할 필요가 있다고 인정하면 지체 없이 역학조사를 하여야 하고, 그 결과에 관한 정보를 필요한 범위에서 해당 의료기관에 제공하여야 한다. 다만, 지역확산 방지 등을 위하여 필요한 경우 다른 의료기관에 제공하여야 한다.

㉡ 질병관리청장, 시 · 도지사 또는 시장 · 군수 · 구청장은 역학조사를 하기 위하여 역학조사반을 각각 설치하여야 한다.

㉢ 누구든지 질병관리청장, 시 · 도지사 또는 시장 · 군수 · 구청장이 실시하는 역학조사에서 다음 각 호의 행위를 하여서는 아니 된다.

1. 정당한 사유 없이 역학조사를 거부 · 방해 또는 회피하는 행위
2. 거짓으로 진술하거나 거짓 자료를 제출하는 행위
3. 고의적으로 사실을 누락 · 은폐하는 행위

㉣ ㉠에 따른 역학조사의 내용과 시기 · 방법 및 ㉡에 따른 역학조사반의 구성 · 임무 등에 관하여 필요한 사항은 대통령령으로 정한다.

⑥ 필수예방접종(법 24조)

㉠ 특별자치도지사 또는 시장 · 군수 · 구청장은 다음 각 호의 질병에 대하여 관할 보건소를 통하여 필수예방접종(이하 "필수예방접종"이라 한다)을 실시하여야 한다. 〈개정 2010.1.18, 2013.3.22, 2014.3.18, 2016.12.2, 2018.3.27〉

1. 디프테리아
2. 폴리오
3. 백일해
4. 홍역
5. 파상풍
6. 결핵

7. B형간염
8. 유행성이하선염
9. 풍진
10. 수두
11. 일본뇌염
12. b형헤모필루스인플루엔자
13. 폐렴구균
14. 인플루엔자
15. A형간염
16. 사람유두종바이러스 감염증
17. 그 밖에 질병관리청장이 감염병의 예방을 위하여 필요하다고 인정하여 지정하는 감염병

필수예방접종이 필요한 감염병 지정 등 제1조(필수예방접종이 필요한 감염병)
「감염병의 예방 및 관리에 관한 법률」제24조제1항제17호에 따라 보건복지부장관이 감염병의 예방을 위하여 필수예방접종이 필요하다고 인정하여 지정하는 감염병은 다음 각 호와 같다.
1. 장티푸스
2. 신증후군출혈열

㉡ 특별자치도지사 또는 시장 · 군수 · 구청장은 제1항에 따른 필수예방접종업무를 대통령령으로 정하는 바에 따라 관할구역 안에 있는 「의료법」에 따른 의료기관에 위탁할 수 있다.

㉢ 특별자치도지사 또는 시장 · 군수 · 구청장은 필수예방접종 대상 아동 부모에게 보건복지부령으로 정하는 바에 따라 필수예방접종을 사전에 알려야 한다. 이 경우 「개인정보 보호법」 제24조에 따른 고유식별정보를 처리할 수 있다.

⑦ **임시예방접종(법 제 25조)**

특별자치도지사 또는 시장 · 군수 · 구청장은 다음 각 호의 어느 하나에 해당하면 관할 보건소를 통하여 임시예방접종(이하 "임시예방접종"이라 한다)을 하여야 한다.

1. 질병관리청장이 감염병 예방을 위하여 특별자치도지사 또는 시장 · 군수 · 구청장에게 예방접종을 실시할 것을 요청한 경우
2. 특별자치도지사 또는 시장 · 군수 · 구청장이 감염병 예방을 위하여 예방접종이 필요하다고 인정하는 경우

⑧ 예방접종의 공고(법 제26조)

특별자치도지사 또는 시장 · 군수 · 구청장은 임시예방접종을 할 경우에는 예방접종의 일시 및 장소, 예방접종의 종류, 예방접종을 받을 사람의 범위를 정하여 미리 공고하여야 한다. 다만, 제32조제2항에 따른 예방접종의 실시기준 등이 변경될 경우에는 그 변경 사항을 미리 공고하여야 한다.

⑨ 예방접종 내역의 사전확인(법 26조의2)

보건소장 및 제24조제2항(제25조제2항에서 준용하는 경우를 포함한다)에 따라 예방접종업무를 위탁받은 의료기관의 장은 예방접종을 하기 전에 대통령령으로 정하는 바에 따라 예방접종을 받으려는 사람 본인 또는 법정대리인의 동의를 받아 해당 예방접종을 받으려는 사람의 예방접종 내역을 확인하여야 한다. 다만, 예방접종을 받으려는 사람 또는 법정대리인의 동의를 받지 못한 경우에는 그러하지 아니하다.

⑩ 예방접종증명서(법 제27조)

㉠ 질병관리청장, 특별자치도지사 또는 시장 · 군수 · 구청장은 필수예방접종 또는 임시예방접종을 받은 사람 본인 또는 법정대리인에게 보건복지부령으로 정하는 바에 따라 예방접종증명서를 발급하여야 한다.

㉡ 특별자치도지사나 시장 · 군수 · 구청장이 아닌 자가 이 법에 따른 예방접종을 한 때에는 질병관리청장, 특별자치도지사 또는 시장 · 군수 · 구청장은 보건복지부령으로 정하는 바에 따라 해당 예방접종을 한 자로 하여금 예방접종증명서를 발급하게 할 수 있다.

㉢ ㉠,㉡에 따른 예방접종 증명서는 전자문서를 이용하여 발급할 수 있다.

⑪ 예방접종 기록의 보존 및 보고 등(법제28조)

㉠ 특별자치도지사 또는 시장 · 군수 · 구청장은 필수예방접종 및 임시예방접종을 하거나, 제2항에 따라 보고를 받은 경우에는 보건복지부령으로 정하는 바에 따라 예방접종에 관한 기록을 작성 · 보관하여야 하고, 그 내용을 시 · 도지사 및 질병관리청장에게 각각 보고하여야 한다.

㉡ 특별자치도지사나 시장 · 군수 · 구청장이 아닌 자가 이 법에 따른 예방접종을 하면 보건복지부령으로 정하는 바에 따라 특별자치도지사 또는 시장 · 군수 · 구청장에게 보고하여야 한다.

⑫ 예방접종에 관한 역학조사(법 제29조)

질병관리청장, 시 · 도지사 또는 시장 · 군수 · 구청장은 다음 각 호의 구분에 따라 조사를 실시하고, 예방접종 후 이상반응 사례가 발생하면 그 원인을 밝히기 위하여 제18조에 따라 역학조사를 하여야 한다.

1. 질병관리청장: 예방접종의 효과 및 예방접종 후 이상반응에 관한 조사
2. 시 · 도지사 또는 시장 · 군수 · 구청장: 예방접종 후 이상반응에 관한 조사

⑬ 예방접종피해조사반(법 제 30조)

예방접종으로 인한 질병 · 장애 · 사망의 원인 규명 및 피해 보상 등을 조사하고 제3자의 고의 또는 과실 유무를 조사하기 위하여 질병관리청에 예방접종피해조사반을 둔다.

⑭ 예방접종 완료 여부의 확인(법 제31조)

㉠ 특별자치도지사 또는 시장 · 군수 · 구청장은 초등학교와 중학교의 장에게 「학교보건법」 제10조에 따른 예방접종 완료 여부에 대한 검사 기록을 제출하도록 요청할 수 있다.

㉡ 특별자치도지사 또는 시장 · 군수 · 구청장은 「유아교육법」에 따른 유치원의 장과 「영유아보육법」에 따른 어린이집의 원장에게 보건복지부령으로 정하는 바에 따라 영유아의 예방접종 여부를 확인하도록 요청할 수 있다.

㉢ 특별자치도지사 또는 시장 · 군수 · 구청장은 제1항에 따른 제출 기록 및 제2항에 따른 확인 결과를 확인하여 예방접종을 끝내지 못한 영유아, 학생 등이 있으면 그 영유아 또는 학생 등에게 예방접종을 하여야 한다.

⑮ 감염병관리기관의 지정 등(법 제36조)

㉠ 보건복지부장관, 질병관리청장 또는 시 · 도지사는 보건복지부령으로 정하는 바에 따라 「의료법」 제3조에 따른 의료기관을 감염병관리기관으로 지정하여야 한다.

㉡ 시장 · 군수 · 구청장은 보건복지부령으로 정하는 바에 따라 「의료법」에 따른 의료기관을 감염병관리기관으로 지정할 수 있다.

㉢ ㉠및 ㉡에 따라 지정받은 의료기관(이하 "감염병관리기관"이라 한다)의 장은 감염병을 예방하고 감염병환자 등을 진료하는 시설(이하 "감염병관리시설"이라 한다)을 설치하여야 한다. 이 경우 보건복지부령으로 정하는 일정규모 이상의 감염병관리기관에는 감염병의 전파를 막기 위하여 전실(前室) 및 음압시설(陰壓施設) 등을 갖춘 1인 병실을 보건복지부령으로 정하는 기준에 따라 설치하여야 한다.

㉣ 보건복지부장관, 질병관리청장, 시 · 도지사 또는 시장 · 군수 · 구청장은 감염병관리시설의 설치 및 운영에 드는 비용을 감염병관리기관에 지원하여야 한다.

㉤ 감염병관리기관이 아닌 의료기관이 감염병관리시설을 설치 · 운영하려면 보건복지부령으로 정하는 바에 따라 특별자치도지사 또는 시장 · 군수 · 구청장에게 신고하여야 한다. 이 경우 특별자치도지사 또는 시장 · 군수 · 구청장은 그 내용을 검토하여 이 법에 적합하면 신고를 수리하여야 한다.

㉥ 보건복지부장관, 질병관리청장, 시 · 도지사 또는 시장 · 군수 · 구청장은 감염병 발생 등 긴급상황 발생 시 감염병관리기관에 진료개시 등 필요한 사항을 지시할 수

있다.

⑯ 감염병위기 시 감염병관리기관의 설치 등(법 제37조)

㉠ 보건복지부장관, 질병관리청장, 시 · 도지사 또는 시장 · 군수 · 구청장은 감염병환자가 대량으로 발생하거나 제36조에 따라 지정된 감염병관리기관만으로 감염병환자 등을 모두 수용하기 어려운 경우에는 다음 각 호의 조치를 취할 수 있다.

1. 제36조에 따라 지정된 감염병관리기관이 아닌 의료기관을 일정 기간 동안 감염병관리기관으로 지정
2. 격리소 · 요양소 또는 진료소의 설치 · 운영

㉡ ㉠ 제1호에 따라 지정된 감염병관리기관의 장은 보건복지부령으로 정하는 바에 따라 감염병관리시설을 설치하여야 한다.

㉢ 보건복지부장관, 질병관리청장, 시 · 도지사 또는 시장 · 군수 · 구청장은 제2항에 따른 시설의 설치 및 운영에 드는 비용을 감염병관리기관에 지원하여야 한다.

㉣ ㉠ 제1호에 따라 지정된 감염병관리기관의 장은 정당한 사유 없이 ㉡의 명령을 거부할 수 없다.

㉤ 보건복지부장관, 질병관리청장, 시 · 도지사 또는 시장 · 군수 · 구청장은 감염병 발생 등 긴급상황 발생 시 감염병관리기관에 진료개시 등 필요한 사항을 지시할 수 있다.

⑰ 감염병에 관한 강제처분(법 제42조)

㉠ 질병관리청장, 시 · 도지사 또는 시장 · 군수 · 구청장은 해당 공무원으로 하여금 다음 각 호의 어느 하나에 해당하는 감염병환자 등이 있다고 인정되는 주거시설, 선박 · 항공기 · 열차 등 운송수단 또는 그 밖의 장소에 들어가 필요한 조사나 진찰을 하게 할 수 있으며, 그 진찰 결과 감염병환자 등으로 인정될 때에는 동행하여 치료받게 하거나 입원시킬 수 있다.

1. 제1급감염병
2. 제2급감염병 중 결핵, 홍역, 콜레라, 장티푸스, 파라티푸스, 세균성이질, 장출혈성대장균감염증, A형간염, 수막구균 감염증, 폴리오, 성홍열 또는 질병관리청장이 정하는 감염병
3. 삭제 〈2018. 3. 27.〉
4. 제3급감염병 중 질병관리청장이 정하는 감염병
5. 세계보건기구 감시대상 감염병
6. 삭제 〈2018. 3. 27.〉

㉡ 질병관리청장, 시 · 도지사 또는 시장 · 군수 · 구청장은 제1급감염병이 발생한 경우 해당 공무원으로 하여금 감염병의심자에게 다음 각 호의 조치를 하게 할 수 있다.

이 경우 해당 공무원은 감염병 증상 유무를 확인하기 위하여 필요한 조사나 진찰을 할 수 있다.

1. 자가(自家) 또는 시설에 격리

1의2. 제1호에 따른 격리에 필요한 이동수단의 제한

2. 유선 · 무선 통신, 정보통신기술을 활용한 기기 등을 이용한 감염병의 증상 유무 확인이나 위치정보의 수집. 이 경우 위치정보의 수집은 제1호에 따라 격리된 사람으로 한정한다.

3. 감염 여부 검사

㉢ 질병관리청장, 시 · 도지사 또는 시장 · 군수 · 구청장은 ㉡에 따른 조사나 진찰 결과 감염병환자 등으로 인정된 사람에 대해서는 해당 공무원과 동행하여 치료받게 하거나 입원시킬 수 있다.

㉣ 질병관리청장, 시 · 도지사 또는 시장 · 군수 · 구청장은 ㉠, ㉡에 따른 조사 · 진찰이나 제13조 제2항에 따른 검사를 거부하는 사람(이하 이 조에서 "조사거부자"라 한다)에 대해서는 해당 공무원으로 하여금 감염병관리기관에 동행하여 필요한 조사나 진찰을 받게 하여야 한다.

㉤ ㉠부터 ㉣까지에 따라 조사 · 진찰 · 격리 · 치료 또는 입원 조치를 하거나 동행하는 공무원은 그 권한을 증명하는 증표를 지니고 이를 관계인에게 보여주어야 한다.

㉥ 질병관리청장, 시 · 도지사 또는 시장 · 군수 · 구청장은 ㉡부터 ㉣까지 및 ㉦에 따른 조사 · 진찰 · 격리 · 치료 또는 입원 조치를 위하여 필요한 경우에는 관할 경찰서장에게 협조를 요청할 수 있다. 이 경우 요청을 받은 관할 경찰서장은 정당한 사유가 없으면 이에 따라야 한다.

㉦ 질병관리청장, 시 · 도지사 또는 시장 · 군수 · 구청장은 조사거부자를 자가 또는 감염병관리시설에 격리할 수 있으며, ㉣에 따른 조사 · 진찰 결과 감염병환자 등으로 인정될 때에는 감염병관리시설에서 치료받게 하거나 입원시켜야 한다.

㉧ 질병관리청장, 시 · 도지사 또는 시장 · 군수 · 구청장은 감염병의심자 또는 조사거부자가 감염병환자 등이 아닌 것으로 인정되면 ㉡ 또는 ㉦에 따른 격리 조치를 즉시 해제하여야 한다.

㉨ 질병관리청장, 시 · 도지사 또는 시장 · 군수 · 구청장은 ㉦에 따라 조사거부자를 치료 · 입원시킨 경우 그 사실을 조사거부자의 보호자에게 통지하여야 한다. 이 경우 통지의 방법 · 절차 등에 관하여 필요한 사항은 제43조를 준용한다.

㉩ ㉧에도 불구하고 정당한 사유 없이 격리 조치가 해제되지 아니하는 경우 감염병의심자 및 조사거부자는 구제청구를 할 수 있으며, 그 절차 및 방법 등에 대해서는 「인신보호법」을 준용한다. 이 경우 "감염병의심자 및 조사거부자"는 "피수용자"로,

격리 조치를 명한 "질병관리청장, 시 · 도지사 또는 시장 · 군수 · 구청장"은 "수용자"로 본다(다만, 「인신보호법」 제6조 제1항 제3호는 적용을 제외한다).

ㅋ ㉠부터 ㉣까지 및 ㉦에 따라 조사 · 진찰 · 격리 · 치료를 하는 기관의 지정 기준, 제2항에 따른 감염병의심자에 대한 격리나 증상 여부 확인 방법 등 필요한 사항은 대통령령으로 정한다.

ㅌ ㉡ 제2호에 따라 수집된 위치정보의 저장 · 보호 · 이용 및 파기 등에 관한 사항은 「위치정보의 보호 및 이용 등에 관한 법률」을 따른다.

⑱ 업무 종사의 일시 제한(법 제45조)

㉠ 감염병환자등은 보건복지부령으로 정하는 바에 따라 업무의 성질상 일반인과 접촉하는 일이 많은 직업에 종사할 수 없고, 누구든지 감염병환자등을 그러한 직업에 고용할 수 없다.

㉡ 제19조에 따른 성매개감염병에 관한 건강진단을 받아야 할 자가 건강진단을 받지 아니한 때에는 같은 조에 따른 직업에 종사할 수 없으며 해당 영업을 영위하는 자는 건강진단을 받지 아니한 자를 그 영업에 종사하게 하여서는 아니 된다.

⑲ 건강진단 및 예방접종 등의 조치(법 제46조)

질병관리청장, 시 · 도지사 또는 시장 · 군수 · 구청장은 보건복지부령으로 정하는 바에 따라 다음 각 호의 어느 하나에 해당하는 사람에게 건강진단을 받거나 감염병 예방에 필요한 예방접종을 받게 하는 등의 조치를 할 수 있다.

1. 감염병환자등의 가족 또는 그 동거인
2. 감염병 발생지역에 거주하는 사람 또는 그 지역에 출입하는 사람으로서 감염병에 감염되었을 것으로 의심되는 사람
3. 감염병환자등과 접촉하여 감염병에 감염되었을 것으로 의심되는 사람

3. 급성 감염성 질환 각론

(1) 소화기계 감염병의 일반적 관리

① 환자나 보균자의 분변으로 배설된 병원체가 음식물이나 물에 오염되어 경구적으로 침입하여 감염된다. 예 장티푸스, 콜레라, 세균성 이질, 소아마비

② 4대 수칙

㉠ 손 씻기

㉡ 물은 반드시 끓여 먹고 음식물은 반드시 익혀 먹는다.

㉢ 조리기구는 흐르는 물에 세척 및 철저히 소독하기

㉣ 음식물 오래 보관하지 않기

③ 소독

㉠ 교내소독 및 기구 자불소독

㉡ 식수 위생관리 및 학교에서 제공하는 음용수 끓여 공급

㉢ 오염물질 소독

④ 급식소 관리

㉠ 급식시설에 대한 정기적인 세균검사 및 소독

㉡ 조리 종사자에 대하여 수인성 감염질환에 대한 정기검사 실시

㉢ 보균자, 접촉자는 음식물 조리 등에서 제외

⑤ 기타

㉠ 분뇨, 오물, 하수 위생점검

㉡ 위생해충, 쥐 구제

㉢ 감염병에 대한 보건교육 실시

㉣ 감염병 발생 시 보건소로 즉시 신고

⑥ 소화기 전염의 특징

㉠ 대부분 간접전파 양식이며 원인 매개체가 있다.

㉡ 지역사회의 사회경제적 수준, 환경위생과 밀접한 관계가 있다.

㉢ 지리적, 계절적 특성이 크다.

㉣ 감염가능성은 질병 증상발현 이후에 현저하다.

㉤ 폭발적으로 발생한다.

㉥ 매개체, 감염경로에 따라 발병률, 치명률, 2차 발병률에 현저한 차이가 있다.

CHECK Point 수인성 감염병의 특징

1. 유행성 지역과 음료수 사용지역 일치
2. 폭발적 발생
3. 치명률, 발병률이 낮고 2차 감염환자가 적다.
4. 잠복기가 길다.
5. 계절과 관계없이 발생한다.

(2) 호흡기계 감염병의 일반적 관리

① 전파방식

㉠ **직접전파** : 환자객담, 콧물(비말, Droplet)에 의한 전파

㉡ **간접전파** : 공기전파, 비말 핵(Droplet Nuclei)이나 먼지에 의한 전파

㉢ 디프테리아, 홍역(Measle), 풍진(Rubella), 성홍열(Scarlet Fever), Influenza

② **앓은 후 영구면역을 획득하는 질환** : 홍역, 유행성 이하선염, 백일해, 풍진, 콜레라(일반적으로 수년간)

③ 관리법

㉠ 접촉을 피한다.

ⓐ 공동의 집회는 하지 않는다.

ⓑ 사람이 많이 모이는 장소는 가지 않는다.

ⓒ 밀폐된 장소는 가지 않는다.

ⓓ 유행시 외출은 삼간다.

㉡ 개인 위생관리

ⓐ 외출에서 귀가 후 양치질

ⓑ 외출 후, 식사 전, 용변 후 꼭 손 씻기

㉢ 교내 위생관리

ⓐ 오염된 기구의 소독

ⓑ 화장지 등은 밀봉 폐기

ⓒ 비누 비치

ⓓ 교내소독 및 기구 자불소독

㉣ 저항력 강화

ⓐ 과로하지 않기

ⓑ 충분한 수면, 영양섭취, 휴식

ⓒ 매일 적절한 운동

ⓓ 필요시 예방접종

㉤ 실내온도, 습도 유지 및 환기 자주 하기

㉥ 감염병에 대한 보건교육 실시

㉦ 감염병 발생시 관할 보건소에 신고하기

CHECK Point 호흡기 감염병의 특징

1. 대부분 직접전파
2. 감염 가능기간 : 증상발현 이전부터 감염 가능
3. 연령, 성, 사회경제적 상태와 관련성 적음
4. 계절적 변화가 커서 관리가 어렵다.

(3) 절족동물 매개 감염병

페스트, 일본뇌염, 말라리아, 쯔쯔가무시, 유행성 출혈열

(4) 동물 매개 감염병

렙토스피라, 광견병(Rabis)

침입경로에 따른 전염병의 종류

호흡기		소화기		성기점막		점막 · 피부	
전염병	병원체	전염병	병원체	전염병	병원체	전염병	병원체
결핵	세균	전염성설사	바이러스	매독	세균	트라코마	클라미디아
한센병	세균	이질	세균, 아메바	임질	세균	파상풍	세균
두창(천연두)	바이러스	브루셀라증	세균	연성하감	세균	페스트	세균
풍진	바이러스	콜레라	세균	AIDS	바이러스	발진티푸스	리케치아
디프테리아	세균	장티푸스	세균			일본뇌염	바이러스
성홍열	세균	파라티푸스	세균			렙토스피라증	스피로헤타
수막구균성 수막염	세균	살모넬라	세균				
		식중독	세균				
인플루엔자	바이러스	폴리오	바이러스				
백일해	세균	A형간염	바이러스				
홍역	바이러스						
유행성 이하선염	바이러스						
폐렴	세균						

주요 매개생물과 관련된 감염병

매개생물	주요 감염병의 예
모기	말라리아, 사상충증, 일본뇌염, 황열, 뎅기열
쥐	렙토스피라증, 살모넬라증, 라싸열, 신증후군출혈열
쥐벼룩	페스트, 발진열
진드기류	재귀열(tick-borne relapsing fever), 쯔쯔가무시증
이	발진티푸스, 재귀열(tick-borne relapsing fever)

CHECK Point 감염성질환의 관리 및 간호

1. 1차 예방
   (1) 건강인의 건강을 보호하고 증진하는 것이 1차 예방의 목표이다. 따라서 감수성기 동안의 중재로써 병원체가 숙주와 접촉하는 것을 막거나, 숙주의 저항력을 높이는 방법을 찾는 것이다.
   (2) 보건교육 : 주민들에게 위험상황을 인지하여 위험에 폭로를 금하고 저항력을 높이는 행위를 하도록 교육해야 한다.
   (3) 감염병이 유행할 때 지역주민들에게 교육해야 할 내용
      ① 감염병의 조기증상과 전염경로, 예방을 위한 개인위생에 관해서 가르친다.
      ② 감염병환자의 격리방법 및 관리방법, 배설물 처리나 소독방법, 회복기 간호의 중요성과 회복기 보균자의 주의사항에 관해 가르친다.
      ③ 감염병환자나 전염 우려가 있는 사람을 발견시는 사회 전체의 안전을 위해서 당국에 보고해야 한다는 것 등을 인식시킨다.

④ 감염병이 의심스러운 환자는 우선 격리한 후 진단을 청하고 신고하도록 한다.
(4) 환경관리 : 전파동물 관리, 무생물 전파체 관리
(5) 면역학

2. 2차 예방
(1) 선별검사
(2) 교육 : 전염성질환의 초기증상에 대한 교육
(3) 조기진단과 치료
(4) 접촉자 검진

3. 3차 예방
(1) 격리 : 검역, 환자격리, 역격리(병원균이 있는 환경으로부터 환자나 건강인을 격리시키는 것), 완화격리(장티프스 보균자를 식품취급업에 종사하지 못하게 하는 방법)
(2) 전염성 폐기물의 안전한 처리와 관리
(3) 재가환자의 간호 : 환자간호, 격리와 소독

(5) 공수병

① **질병분포** : 2001년 말부터 2002년 초까지 경기도 연천군, 양주군, 파주시 등 휴전선과 인접한 지역에서 광견병 발생이 급격히 늘어나고 있으며 최근에는 개나 소뿐만 아니라 주택가를 맴도는 야생고양이에서도 발생하여 사람에게 직접적인 위험이 되고 있다.

② **병원체** : 공수병 바이러스(Rabies Virus)는 탄환모양의 향신경성 바이러스이므로 감염동물의 뇌조직 내에서 증식하며 치명적인 뇌척수염을 일으킨다.

③ **발병기전**

㉠ 광견병 감염동물이 물거나 할킨 교상 부위에 바이러스가 함유된 타액이 들어가면 교상 부위 근육세포에서 바이러스가 증식하게 된다.

㉡ 혈류나 임파관으로는 이동하지 않고 체내이동은 오직 신경섬유를 따라서 이뤄지며 뇌나 척수로 들어간다.

㉢ 뇌에 도달하면 급속하게 바이러스가 증식하여 뇌신경 세포의 변성과 괴사를 초래하여 광견병 증상이 나타나게 된다.

㉣ 증식된 바이러스는 신경섬유를 따라 원심성 이동을 하여 침샘, 부신, 신장, 점막, 각막, 피부 등으로 이동하며 침샘에서는 바이러스의 증식이 다시 왕성히 이루어져 배설되므로 또 다른 동물에 광견병을 전파시키기가 용이해진다.

㉤ 바이러스의 배출은 개와 고양이의 경우, 임상증상이 나타나기 3~7일 이전부터 이루어지며 증상이 나타난 이후에도 지속된다.

㉥ 잠복기는 광견병 바이러스가 피부의 교상 또는 다른 방법으로 체내에 침입한 날로부터 중추신경의 손상에 따른 증상이 나타나기까지의 기간으로서 동물의 경우는 2주~12주이며 사람의 경우는 평균 20~90일로서 교상을 입은 부위, 교상 부위에 분포된 신경 종말부의 숫자와, 분포, 감수성에 따라 달라진다.

ⓢ 보통 머리에서 가까운 부위를 물리면 잠복기가 짧아지는데 이는 뇌까지 도달하는 시간이 단축되고 이동방식 또한 척수를 거치지 않고 안면 혹은 두부의 뇌신경을 통해 직접 뇌로 침입하기 때문이다.

④ **전파양식** : 바이러스의 병원소는 야생동물이며, 사람에서는 종말 감염을 일으킨다. 광견병에 감염된 개, 고양이, 여우, 코요테, 자칼, 스컹크, 망구스 등의 포유동물이 병원소이고 이들의 타액이 감염원이 된다. 감염의 주된 경로는 광견병에 걸린 동물에 의한 교상으로 타액이 사람이나 다른 동물에게 전해짐으로써 일어나고 이외에도 타액에 의한 점막(눈, 코, 입)의 오염, 연무질을 통한 전파, 각막이식 등을 통해서도 전파가 가능한 것으로 알려져 있다. 광견병에 걸린 동물의 타액에 바이러스가 존재하더라도 양이 일정하지 않기 때문에 노출된 경우 모두 감염되는 것이 아니므로 발병률은 높지 않다.

⑤ **잠복기** : 잠복기는 대개 20~180일이며, 30~60일이 가장 많다. 짧을 때는 9일, 길게는 19년을 보고한 예도 있다. 75%에서 90일 이내에 발생한다.

구분	개	고양이	소	사람
잠복기	3~8주	2~4주	3~4주	20~90일 *수년에 이르는 경우도 있음

⑥ **주요 증상**

㉠ 발병초기에는 불안감, 두통, 발열, 권태감, 물린 부위의 감각이상이 생기게 된다. 2~10일 후에는 흥분, 불면증, 타액 과다분비 등의 증상과 부분적 마비, 연하근육의 경련 등에 의해 공수증(恐水症)으로 진행한다.

㉡ 중추신경계 증상이 나타나고 2~6일 이내에 섬망, 경련, 혼미, 혼수에 이르며 호흡근 마비 또는 합병증으로 사망한다.

⑦ **치료 및 환자관리**

㉠ 일단 임상증상이 나타난 경우는 거의 100%에서 사망하며 특별한 치료법이 없다.

㉡ 혈류를 차단하고 독을 빨아낸다.

㉢ 비눗물로 철저히 세척하고 소독하며 좌멸 괴사된 조직은 제거한다.

㉣ 필요에 따라 항균 치료와 파상풍 예방접종을 실시하며, 상처는 어쩔 수 없는 경우를 제외하고는 봉합하지 않는 것이 원칙이다.

㉤ 사람을 문 동물은 10일간 격리 관찰하며, 동물이 건강할 때는 예방접종을 하지 않아도 되며, 이상이 있으면 예방접종과 글로불린(HBIG)을 투여해야 한다.

㉥ **상처소독**

ⓐ 모든 교상(嚙傷) 환자는 교상을 당한 직후 소독비누(소독비누가 없을 경우 일반비누)를 이용해서 상처를 충분히 세척하도록 해야 한다.

ⓑ 의료기관에서는 교상 부위를 포비돈(Povidone-Iodine ; Betadine, Potadine), 알코올(Isopropyl Alcohol, Ethanol) 등 항바이러스 효과가 있는 소독제로 충분히 소독해야 한다.

ⓒ 의료기관에서는 공수병 예방과는 별도로 임상적 상황에 따라 파상풍 예방에 대한 치료를 해야 한다.

ⓢ 교상 후 치료(Postexposure Prophylaxis) : 면역력이 없는 대부분의 교상환자 치료

ⓐ 백신과 면역글로불린을 모두 투여해야 한다.

ⓑ 백신은 0, 3, 7, 14, 28일에 한번씩 총 5회 투여한다.

ⓒ 면역글로불린은 0일에 한번만 투여한다.

ⓓ 백신은 삼각근에 근주하고 삼각근 근주가 불가능한 유아의 경우 대퇴의 전외방에 근주한다.

ⓔ 백신은 둔부에 주사하지 않는다.

ⓕ 면역글로불린과 백신은 반대쪽에 주사한다.

ⓖ 면역글로불린은 가급적 교상 부위에 전량을 주사하되 불가능할 경우 잔량을 둔부에 근주한다.

ⓗ 백신의 투여량은 소아와 성인이 동일하다. 국내 시판 중인 VERORAB의 경우 1회에 1바이알(0.5mL)을 주사한다.

ⓘ 면역글로불린의 투여량은 몸무게 1kg당 20IU를 주사한다.

⑧ 예방법

㉠ 공수병은 동물에서 사람으로 전파되기 때문에 예방을 위해 가장 중요한 것이 동물에서의 광견병 예방이다. 집에서 기르는 개나 고양이에 대해서는 예방접종을 철저히 시행해야 한다. 야생동물에 대해서는 최근 경구용 백신이 개발되어 미끼먹이와 함께 투여되고 있다.

㉡ 예방접종

ⓐ 대상

- 공수병 감염의 위험이 높은 수의사, 도축업자 및 동물취급자
- 광견병 바이러스를 취급하는 실험실 연구원
- 적절한 의료시설이 없고 광견병의 발생률이 높은 지역으로 해외여행을 떠나려는 사람에 한하여 예방접종이 필요함

ⓑ 예방접종 받은 뒤 교상당한 경우에는 인공면역 글로불린을 투여하지 않아도 되며 백신투여 횟수를 2회(0일, 3일)로 줄일 수 있음

(6) 결핵

① 폐결핵의 원인균은 Mycobacterium Tuberculosis이다.

② 감염경로

㉠ 흡입(가장 많다), 섭취, 접촉(피부나 점막의 상처를 통한 직접감염)

㉡ 유전은 아니지만 감염된 태반에 의해 태아에게 전파될 수 있다.

③ 유발요인

㉠ 밀집과 가난, 도시인에게 많음, 낮은 사회 · 경제집단, 환기가 잘 안되는 집

㉡ 남자 : 여자 = 2 : 1, 유색인종 > 백인종

㉢ 재해시 많고, 육체적 긴장, 피로

④ **증상** : 상당히 진전될 때까지 뚜렷한 증상이 없다.

㉠ **국소증상** : 기침과 객담(누렇고 점액성), 호흡곤란, 객혈, 늑막통, 청진시 발견

㉡ **전신증상** : 피로와 발한, 빈맥, 오후에 미열, 체중감소, 식욕부진과 소화불량, 창백, 월경불순

⑤ 감수성과 저항성

㉠ 누구나 감수성이 있으며 첫 6~12개월 동안이 가장 위험하다.

㉡ 감염이 질병으로 진행될 위험은 3살 이하의 어린이에서 가장 높고 아동 후기에 가장 낮다가 청년기와 성인 초기에 다시 높아진다.

㉢ 고령자들 중 오랜 잠재감염 후 재발된다.

㉣ 저체중아나 영양불량자 중 감수성이 증가한다.

⑥ 환자 및 접촉자 관리대책

㉠ 결핵 약물요법의 원칙

ⓐ 약물을 병행하여 치료한다.

ⓑ 충분한 기간을 두고 지속적으로 복용해야 한다.

ⓒ 충분한 양을 충분한 농도로 투여한다.

ⓓ 규칙적으로 약을 복용한다.

ⓔ 공복시 한번에 약물복용이 효과적이다.

㉡ 기침이나 재채기시 입과 코를 휴지로 막고 휴지와 객담은 소각해야 하는 것에 대해 교육한다.

㉢ 활동성 결핵은 아니나 PPD 검사결과 양성인 사람은 INH를 1년간 투약한다.

㉣ **표준화 치료법** : INH 0.3g과 Rifampin(RMP) 0.6g을 1일 1회 공복시에 9개월간 투여한다.

㉤ **변법치료법** : 2개월 후부터는 INH(15mg/kg)과 Rifampin(RMP) 0.6g을 1일 2회 투여한다.

㉥ INH 내성균이 많은 지역에서는 Ethambutol을 추가하고 Pyrazinamide(13g/일)을 2개월 추가 사용한다. Streptomycin(1g/일)도 겸용된다.

⑦ 결핵약의 부작용

㉠ Isoniazid : 다발성 말초 신경염, 간장애

㉡ Rifampin : 피부가 가렵거나 발진, 간기능 장애, 황달, 간염, 위장증세, 열성반응, 자반증, 혈소판 감소증, 급성 신장기능 장애, 소변색깔 변화

㉢ Ethambutol : 시신경염, 피부발진

㉣ Streptomycin : 8차신경 손상(평형이상이 있어 어지러움, 귀울림, 청력저하), 신경장애, 오심, 구토

㉤ Pyrazinamide(PZA) : 간장 장애, 신장기능 장애, 빈혈, 고요산 혈증

⑧ 학교에서의 결핵 발생시 보건교사의 업무

㉠ 결핵의심자는 조퇴조치하고 의사의 진단을 받도록 한다(X-ray 간접촬영 → X-ray 직접촬영 → 객담검진).

㉡ 진단받은 학생은 학교장의 명에 의하여 등교를 중지한다.

㉢ 결핵약을 복용하도록 교육한다.

㉣ 건강기록부에 기록, 보관, 관리하고 지속적인 추후관리를 실시한다.

㉤ 접촉자의 발병 여부를 감시하고 병결학생을 확인한다(담임과 연계).

㉥ 보건실 기구의 자불소독을 철저히 한다.

㉦ 결핵에 관한 교육과 가정통신문을 발송한다.

㉧ 예방접종 권고 및 실시한다.

㉨ 필요시 휴교조치한다.

⑨ B.C.G접종 : 병원성을 없앤 살아있는 우형 결핵균으로 정제한 백신이다.

㉠ 접종대상

ⓐ 생후 4주 이내

ⓑ 6세 : 반흔유무 확인 후

㉡ 접종방법

ⓐ 부위 : 왼팔 상박외측 삼각근 중앙 또는 그보다 약간 아래의 피내

ⓑ 용량 : 0.1cc를 5초 이상 걸쳐 천천히 정확하게 주사

㉢ 주의점

ⓐ 피내에 정확히 주입한다.

ⓑ 접종량을 정확하게 한다.

ⓒ 주사부위를 문지르지 않도록 한다.

ⓓ 삼각근 상반부에 주사하지 않도록 한다.

ⓔ 접종 후 상처에 물이 들어가지 않도록 주의한다. 목욕은 24시간 후에 가능하나, 목욕시에도 물이 닿지 않도록 한다.

ⓕ 몽우리의 고름은 짜지 않는다.

ⓖ 상처부위를 깨끗이 하고 약을 바르지 않는다.

㉣ 접종금기

ⓐ 튜베르클린 양성 반응자

ⓑ 전신의 심한 피부질환자 : 습진, 화상

ⓒ 급성 발열성 감염증 : 홍역

ⓓ 미숙아

ⓔ 종두 접종시

ⓕ 세포면역결핍, 면역억제제 사용할 때

㉤ 합병증

ⓐ 임파선결핵 : INH를 6개월간 복용

ⓑ 코호현상 : 튜베르클린 양성 반응자에게 접종하였을 때 나타나는 현상으로 급성 염증이 접종 후 2~4일 이내 나타나 빠르게 자연 치유된다.

ⓒ 궤양 : 12주 이상 가고 직경이 10mm 이상시

ⓓ 켈로이드

(7) 디프테리아

① 임상적 특징

㉠ 편도선, 인두, 후두, 비강 때로는 다른 기관의 점막 또는 피부에 병변을 일으키는 급성 세균성 질환이다.

㉡ 국한된 디프테리아의 경우 목은 중등도로 아프며 경부 림프절의 종대가 있고 압통이 있다. 심한 경우 목에 종창이 생기는데 이를 황소목(Bull Neck)이라고 한다.

㉢ 후두 디프테리아는 유아와 아동들에게 위중한 반면 비강 디프테리아는 경미한데 만성적이고 한쪽 비강에서만 배설물이 나오며 점막이 벗겨진다. 불현성 감염이 현성 감염보다 많다.

㉣ 피부 디프테리아가 나타난 뒤 2~6주 후에 독소 흡수로 나타나는 결과는 뇌 및 말초운동신경과 감각신경들의 마비와 심근염인데 이들의 결과는 위중하다.

㉤ 예방접종을 하지 않은 15세 이하 아동에게 주로 발생하나 예방접종을 맞지 않은 어른에게도 자주 발생하며 온대지역에서는 추운 계절에 발생하는 감염병이다.

㉥ 불현성, 피부 및 창상 감염이 더 많다.

㉦ 10세 이하 연령층에 주로 발생하고 근래에 와서는 고령자 발생이 증가하는 경향이 있다.

② 병원체는 Corynebacterium Diphtheriae이며, 병원소는 사람뿐이다.

③ 전파경로

㉠ 환자와 보균자와의 접촉으로 전파, 즉 환자나 보균자의 비인두 분비물이 기침에

의해 수포의 형태로 직접 전파된다.

㉡ 드물게는 감염된 사람들의 병변부위에서 나온 배설물에 오염된 물건과의 접촉으로도 전파된다.

④ **잠복기와 전염기**

㉠ **잠복기** : 보통 2~5일 걸리며 더 길 수도 있다.

㉡ **전염기** : 전염기는 다양하며 보통 2주 또는 더 짧을 수도 있으나 드물게 4주 이상 병변과 배설물에서 균이 검출될 수 있다. 항생제 치료는 감염력을 즉시 중지시킨다.

⑤ **감수성과 저항성** : 면역된 어머니로부터 출생한 영아들은 비교적 면역성이 높다. 그러나 이런 피동면역은 6개월 이내에 상실된다. 디프테리아를 앓고 난 뒤 항상 영구면역을 얻는 것은 아니며 불현성 감염으로도 면역은 획득된다.

⑥ **주요 증상**

㉠ **비디프테리아** : 감기와 비슷, 전신증상 없이 혈액, 농성, 점액성 분비물

㉡ **편도, 인두 디프테리아** : 전신쇠약, 식욕부진, 인후통, 미열, 빈맥, 흰색 또는 회색 위막, 림프샘염

㉢ **후두 디프테리아** : 고열, 쉰 목소리, 기침(개 짖는 소리), 기도폐쇄, 호흡곤란, 창백

⑦ **관리방법**

㉠ **예방조치**

ⓐ 효과적인 관리방법은 유일하게 일정 집단면역수준을 유지하기 위한 디프테리아 톡소이드 예방접종이다. 예방접종은 보통 3종 혼합백신(DPT, DTaP)이다.

ⓑ 의료인과 같이 폭로의 위험이 높은 사람들은 Td를 매 10년마다 추가접종한다.

ⓒ HIV에 감염되었거나 심한 면역결핍 상태에 있는 어린이나 어른도 예방접종을 한다.

㉡ **환자, 접촉자 및 환경에 대한 조치**

ⓐ 관할 보건소에 신고한다.

ⓑ 후두 디프테리아인 경우 격리를 엄격히 하고 목이나 비강, 피부에서 24시간 간격으로 채취 배양하여 균이 2회 계속 음성으로 판정될 때까지 격리한다.

ⓒ 환자와 접촉한 모든 물건과 배설물로 오염된 모든 물품들을 소독한다.

ⓓ 접촉자의 관리에 있어 이미 기본 접종을 받은 접촉자는 추가 접종시킨다.

ⓔ **특이치료** : 디프테리아가 강력히 의심될 때는 세균검사 결과가 확정됨을 기다리지 말고 항독소 치료를 시작해야 한다.

㉢ **유행에 대한 조치** : 영아와 취학 전 아동을 보호하는 데 특별한 관심을 가지고 대상 인구 중 최대한의 수를 예방접종한다.

(8) 렙토스피라

① **질병분포** : 일종의 직업적 질환으로 논일 하는 농부, 사탕수수밭의 일꾼, 하수 청소부, 광부, 수의사, 축산업자, 도살장 일꾼, 군인 등에서 발생한다.

② 원인균은 Leptospira Interrogans이다.

③ 병원소는 소, 돼지, 개, 말 등을 포함한 가축들이다.

④ **잠복기** : 2~20일 보통, 10일의 잠복기를 거친다.

⑤ **전파경로**

㉠ 보균동물의 소변으로 오염된 흙, 자연수에 상처난 피부가 접촉될 때 전파된다.

㉡ 우리나라의 경우 추수기에 쓰러진 벼를 묶는 작업을 할 때 많이 발병되며 선진국에서는 개 접촉, 쥐, 야생동물과의 접촉으로 전염된다.

㉢ 사람과 사람 사이의 직접전파는 없다.

⑥ **주요 증상**

㉠ **초기** : 두통, 오한, 하지근육통, 눈 충혈

㉡ **고열** : 39~40℃ 정도로 2~12일간 지속

㉢ **13일 후** : 기침, 객담, 각혈, 호흡곤란

㉣ **중증** : 황달, 뇨 감소

⑦ **환자 및 접촉자 관리대책**

㉠ 발병 초기에 페니실린, 에리스로마이신, 테트라싸이클린이 도움이 된다.

㉡ 환자 격리는 불필요

⑧ **예방법**

㉠ 고위험 직업군의 경우 발생시기 1개월 전에 예방접종을 실시한다.

㉡ 흙이나 물과의 접촉을 피하기 위하여 장화, 고무장갑 등 보호의를 착용한다.

㉢ 작업 후 깨끗한 물로 손발을 씻도록 하고 매개동물인 들쥐 및 집쥐를 철저히 구제한다.

(9) 말라리아

① **임상적 특징**

㉠ 주로 열대, 아열대 지방에서 많이 발생하며 일단 발생하면 삼일열, 사일열 혹은 온대열 등의 심한 열이 발생하는데 이것은 원충이 각각 다르기 때문이다.

㉡ 말라리아 원충은 주로 인체 내 적혈구에 기생하며 여기에서는 무성 생식을, 모기 내에서는 유성 생식을 한다.

② **원인균** : 원충[4종류 : 열대열 원충(P.falciparum), 삼일열 원충(P.vivax), 난형열 원충(P.ovale), 사일열 원충(P.malariae)] – 우리나라에서는 삼일열 원충만이 유행한다.

③ 병원소는 사람이다.

④ 전파경로

㉠ 얼룩날개 모기속(Anopheles)에 속하는 모기, 우리나라에서는 중국얼룩날개모기(Anopheles sinensis)의 흡혈에 의하여 전파된다.

㉡ 수혈 혹은 오염된 주사기 바늘을 통해 원충이 사람에게 침입함으로써 전파된다.

⑤ 감수성과 면역성

㉠ 감수성은 전반적이며 면역은 인정되지 않으나 저항력은 있는 것으로 본다.

㉡ 양성 삼일열 말라리아는 간조직에서 3년까지도 반복하여 재발할 수 있어서 재발성 말라리아라고도 한다.

⑥ 잠복기는 삼일열과 난형열은 13~15일, 열대열은 12일, 사일열은 30일의 잠복기를 가진다.

⑦ 주요 증상

㉠ 삼일열 말라리아(Vivax Malaria)

ⓐ 말라리아의 3대 증상은 발열(규칙적인 발열이 특징적), 빈혈 및 비장종대이다.

ⓑ 초기에는 감기증상과 유사한 증상들을 보이다가 전형적인 경우 오한, 발열, 발한 후 해열이 반복적으로 나타난다.

- 오한기에는 춥고 떨린 후 체온이 상승한다.
- 고열기에는 체온이 39~41℃까지 상승하는데 90분 정도 지속된다.
- 하열기(발한기)에는 침구나 옷을 적실 정도로 심하게 땀을 흘린 후 체온이 정상으로 떨어지는데 4~6시간 정도 지속된다.

ⓒ 두통이나 구역, 설사 등을 보이며 치료하지 않는 경우, 증상은 1주~1개월 때로는 그 이상에 걸쳐 계속되고 그 후의 재발은 2~5년간의 주기로 나타난다.

- 예방약을 복용하는 경우는 이러한 전형적 증상이 없어지고 어린이나 고령 환자, 면역부전환자 이외에는 중증으로 되지 않는다.

㉡ 열대열 말라리아(Falciparum Malaria)

ⓐ 초기 증상은 삼일열 말라리아와 유사하고 72시간마다 주기적인 발열을 보이기도 하지만, 발열이 주기적이지 않은 경우도 많고 오한, 기침, 설사 등의 증상이 나타난다.

ⓑ 치료가 늦어져 중증이 되면 황달, 응고장애, 신부전, 간부전, 쇼크, 의식장애나 섬망, 혼수 등의 급성 뇌증이 나타난다.

ⓒ 신속한 치료가 예후에 결정적인 영향을 미치므로 진단 즉시 치료를 시작해야 하는데 치료하지 않으면 길게는 9개월~1년 정도 지속되며 사망률은 10% 이상에 달하고 치료를 해도 사망률이 0.4~4%에 달한다.

㉢ 난형열 말라리아(Ovale Malaria) : 삼일열형 말라리아로 삼일열 말라리아와 유사한 증상을 보이고 5년까지도 재발할 수 있다.

㉣ **사일열 말라리아(Malariae Malaria)** : 삼일열 말라리아와 유사하며 이틀 동안 열이 없다가 발열, 발한 후 해열이 반복되며 50년까지도 재발을 반복할 수 있다.

⑧ **치료법**

㉠ **항생제 요법** : Quinidine Sulfa제 사용

㉡ 안정, 두통시 진통제 투여

㉢ 충분한 수액 공급

㉣ 오한시 따뜻하게 해주고 더운 물을 마시도록 한다.

㉤ 고열시 알코올 마사지

⑨ **예방법**

㉠ 구충작업으로 산란장소와 서식처를 없애고 살충제를 뿌린다.

㉡ 주민교육을 철저히 하고 모기에 물리지 않도록 주의한다. 모기가 활동하는 밤 시간에 외출을 삼가야 하며 부득이 외출을 해야 하는 경우에는 긴 소매의 상의와 긴 바지를 착용하고 노출된 피부에는 모기 기피제를 발라야 한다. 또한 문이나 창문에 방충망을 설치하고, 모기장을 사용하는 것이 권장된다.

㉢ 말라리아 위험지역으로 여행할 때는 예방적 항생제 복용(Chemoprophylaxis)을 출발 1주일 전에 시작해서, 여행에서 돌아온 후 4주일 뒤까지 복용한다.

⑽ 메르스

① **개념** : 메르스 코로나바이러스(Middle East Respiratory Syndrome Coronavirus ; MERS-CoV)에 의한 호흡기감염증

② **임상적 특징**

㉠ 대부분 환자가 중증급성하기도질환(폐렴)이나 일부는 무증상을 나타내거나 경한 급성상기도질환을 나타내는 경우도 있다.

㉡ 주 증상으로는 발열, 기침, 호흡곤란이 있다.

㉢ 이외에도 두통, 오한, 인후통, 콧물, 근육통뿐만 아니라 식욕부진, 오심, 구토, 복통, 설사 등이 있다.

㉣ **합병증** : 호흡부전, 폐혈성 쇽, 다발성 장기 부전 등이 있으며 신부전을 동반하는 급성신부전 동반 사례가 사스보다 높다.

㉤ 기저질환(당뇨, 만성폐질환, 암, 신부전 등)이 있는 경우와 면역기능 저하자는 MERS-CoV 감염이 높고 예후도 불량하다.

㉥ **잠복기** : 5일(최소 2일 ~ 최대 14일)

㉦ **치명률** : 30%~40%(사우디아라비아의 경우)

③ **감염경로**

㉠ 명확한 감염경로는 밝혀지지 않았다(단, 사우디아라비아 내 단봉낙타접촉에 의한

감염전파가 보고).

㉡ 사람 간 밀접접촉에 의한 전파(대부분 병원 내 감염, 가족 간 감염 등 환자와 2m 이내에 머문 경우)

④ **치료방법** : 증상을 완화해주는 약은 있지만 치료제는 아직 개발되지 않았다. 완화방법은 다음과 같다.

㉠ 휴식, 영양섭취, 수면은 기본이다.

㉡ 해열을 하고 기침가래를 제거해 주는 약을 복용한다.

㉢ 면역을 도와주는 보조제를 먹도록 한다.

⑤ **예방법**

㉠ 재채기나 기침시 반드시 손수건이나 마스크를 이용한다.

㉡ 현재 건강컨디션이 좋지 않으면 외출을 삼가토록 한다.

㉢ 외출 후에는 반드시 올바른 손씻기를 실시한다.

(11) 발진티푸스

① **질병분포**

㉠ 주로 비위생적인 환경에 살면서 몸이가 많은 추운 지방에서 발생한다.

㉡ 1967년 말 이후 우리나라에서는 종식되었다.

② 원인균은 Richettia Prowazeki이다.

③ 병원소는 인간이다.

④ **잠복기** : 10~14일의 잠복기를 거친다.

⑤ **전파경로** : 이 → 사람 → 이의 감염 회전을 가진다.

⑥ **전파기간**

㉠ 환자는 열이 나는 동안, 체온이 정상으로 회복된 후 23일까지 감염력이 있다.

㉡ 이는 감염된 사람의 혈액에 접촉한 뒤 26일까지 감염력이 있다.

⑦ **주요 증상**

㉠ 갑작스럽고 뚜렷한 두통, 오한, 1~2일 만에 39~41℃의 발열 등의 증상이 있다.

㉡ 변비 증상이 많으며, 발병 4~7일에 붉은 반점이 상체에 생기고, 점차로 온몸으로 퍼지나 얼굴, 손바닥, 발바닥에는 없다.

⑧ **감수성과 저항성** : 누구나 감수성이 있으며 보통 한번 앓고 나면 영구면역이 생긴다.

⑨ **환자 및 접촉자 관리대책**

㉠ 치료제는 크로람페니콜이나 테트라싸이클린을 사용한다.

㉡ 치료는 열이 정상으로 돌아온 후 보통 2일간 실시한다.

㉢ 발진티푸스에 노출된 곳(환자 옷, 환자 거처)은 15일간 격리하여 살충제를 뿌린다.

㉣ 모든 접촉자는 2주 동안 감시하에 관찰한다.

⑩ **예방법**

㉠ 고위험군의 경우 살충제를 뿌린다.

㉡ 위생조건을 향상시킨다.

⑿ 발진열

① **질병분포** : 쥐들이 많은 곳에서 주로 발생하며, 특히 여름과 가을에 많이 발생한다.

② 원인균은 Rickettia Typhi이다.

③ 병원소는 쥐이다.

④ **잠복기** : 1~2주의 잠복기를 거친다.

⑤ **전파경로** : 감염된 쥐에 의해 쥐벼룩이 감염된 후 우발적으로 쥐벼룩이 사람에게 기생하게 되어 전파된다. 또한 사람에서 사람으로는 전파되지 않는다.

⑥ **주요 증상**

㉠ 근육통, 발열

㉡ 초기에 기침, 가래는 없다.

㉢ 발병 3~5일에 붉은 반점이 상체에 생겨 점차 온몸으로 퍼지나 얼굴, 손바닥, 발바닥에는 없다.

㉣ **반점** : 발진티푸스보다 지속시간도 짧고 수효도 적다.

⑦ **환자 및 접촉자 관리대책**

㉠ 격리는 필요치 않다.

㉡ 테트라싸이클린이나 크로람페니콜을 사용하면 48시간 내로 해열된다.

⑧ **예방법**

㉠ 쥐와 쥐벼룩을 없애도록 한다.

㉡ 고위험군의 경우 사백신 예방접종 1ml를 3번 주사할 수 있다.

⒀ 백일해

① **질병분포** : 드물게 백신의 부작용으로 나타날 수 있는 뇌염 때문에 예방접종을 기피해서 우리나라에서는 아직 주요 소아성 질환으로 남아 있다.

② 원인균은 Bordetella이다.

③ 병원소는 감염된 사람이다.

④ **잠복기** : 5~21일(보통 7일)의 잠복기를 거친다.

⑤ **전파경로**

㉠ 감염자의 비말에 의한 공기감염

㉡ 감염자의 비말이 물건에 묻어서 공기로 전파

⑥ **전파기간**

㉠ 발작적 기침단계 이전의 초기 감기단계(카타르기)에 높은 전염성이 있다.

㉡ 전염기간은 초기 감기단계로부터 특징적 발작기침이 나타난 후 3주 정도이다.

㉢ 항생제로 치료받은 경우는 치료시작 후 5~7일간이다.

⑦ **주요 증상**

㉠ **카타르기** : 발병 후 1주, 콧물, 미열

㉡ **경련기** : 발병 후 1~2주, 짧은 호기성 기침이 15~20회 연발, 사이사이에 흡기성 긴 호흡, 얼굴은 상기, 입술은 창백, 결막충혈, 끈끈한 배출액

⑧ **감수성과 저항성**

㉠ 누구에게나 감수성이 있다.

㉡ 5세 미만 아동에서 발생률이 가장 높다.

㉢ 앓고 나면 평생 면역을 얻는다(가끔 재발이 있을 수 있다).

⑨ **환자 및 접촉자 관리대책**

㉠ 배양검사를 위한 검사물을 항생제 치료를 시작하기 전에 채취한다.

㉡ 치료제로는 에리스로마이신을 주로 사용한다.

㉢ 발작 기침시 분비물이 기도로 넘어가지 않게 환아가 머리를 숙이고 기침을 하도록 한다.

㉣ 환자는 어린아이로부터 4주간 격리시킨다. 코와 인후의 분비물에 오염된 물품은 소독한다.

⑩ **예방법**

㉠ 백신을 가지고 능동 면역시킨다.

㉡ 예방접종 방법은 7세 이상 아동에게는 대개 질병이 경미하고 백신에 의한 부작용(열, 경련, 허탈, 고열)은 나이 많은 아동이나 성인에서 더 크기 때문에 예방접종은 하지 않는다.

㉢ 집단발생이 있으면 폭로위험에 있는 보건의료인들에게 0.25ml 백일해 백신을 추가접종하거나 에리스로마이신을 14일간 투여함으로써 이들을 보호한다.

⒁ **성홍열**

① **임상적 특징**

㉠ 용혈성 연쇄상 구균에 의한 감염으로 급성 고열성 접촉성 질환이다.

㉡ 2~10세에 발생하고 1세 미만은 선천적 면역을 가진다.

㉢ 계절과 관계없이 발생하나 우리나라에서는 5월 전후로 많이 발생한다.

② **원인균** : 용혈성 연쇄상 구균이다.

③ **전파경로** : 직접 접촉(환자 · 보균자 비말 감염), 이들이 접촉한 물건, 균에 의해 오염된 음식물(우유, 아이스크림 등)을 먹고 폭발적으로 발생할 수 있다.

④ **잠복기와 전염기**

㉠ **잠복기** : 2~5일

㉡ **전염기** : 발병부터 회복기까지, 충분한 치료를 받은 지 2일 후까지 격리

⑤ **주요 증상**

㉠ **전구증상** : 특징적인 3가지 주요 증상으로 발열, 인후통, 구토 등이 있으며, 발열은 갑작스런 발열(38~40℃)로 시작한다.

㉡ **질병증상(발진기)**

ⓐ 발진은 선홍색의 작은 구진이 나타나는데 전구증상이 있은 후 12~72시간에 나타난다.

ⓑ 목, 겨드랑이, 사타구니에 생기기 시작하고 몸체나 사지는 늦게 나타난다.

ⓒ 얼굴에는 별로 나타나지 않으며 입 주위는 창백하게 보인다.

ⓓ 팔꿈치나 사타구니 내측 부위는 진하게 충혈된 황선이 보이는데 손가락으로 눌러서 없어지지 않으며 이를 Pastia 증세라 한다.

ⓔ 혀는 1일에 회색의 막, 2일에는 막이 벗겨지며 붉은 유두가 보이고 5일에는 막은 없어지고 딸기 모양의 Strawberry Tongue이 된다.

ⓕ 경부 임파부종

㉢ **낙설기** : 발병 후 2주경부터 딱지가 떨어지기 시작한다.

㉣ **합병증**

ⓐ 급성기 도중이나 후에 중이염, 경부 임파선염, 부비동염이 흔하게 합병된다.

ⓑ 급성 사구체 신염이나 류마티스성 심장염은 연쇄상 구균에 대한 과민반응으로 생기는데 대개 감염 2~3주 후에 시작된다.

ⓒ 급성 사구체 신염을 알기 위해 발병 2주째부터 4주째까지 소변검사를 매주 한 번씩 해 보아야 한다.

⑥ **치료법**

㉠ 가정통신문을 통하여 환자관리에 대한 가정요법을 부모에게 교육한다.

㉡ 급성기에는 안정을 취한다.

㉢ **항생제 요법** : Penicillin, 과민 환자는 Erythromycin을 투여한다.

㉣ 음식은 유동식, 충분한 수분섭취를 한다.

㉤ 두통이나 인두통이 심하면 진통제를 투여한다.

㉥ **피부 간호** : 온수목욕으로 피부활력을 증가, Olive기름으로 마찰한 후 목욕하면 심한 자극을 예방할 수 있다.

㉦ 따뜻한 식염수로 인후세척 및 경부임파선에 온습포 및 냉습포를 한다.

㉧ 환자의 모든 분비물과 기구는 태우거나 소독해야 하며 보균자도 주의 깊게 관찰한다.

(15) 수두(대상포진)

① 임상적 특징

㉠ 90%가 9세 이하의 소아에서 발생하고, 봄이나 초겨울에 발생한다.

㉡ 전염력이 매우 강하여 집단으로 대유행할 수 있고, 한번 앓고 나면 병후 영구면역을 얻는다.

② 원인균 : Varicella Zoster Virus

③ 전파경로

㉠ 인두 분비물에 의한 비말 감염

㉡ 발진기에 피부나 점막에서 오염된 물건 등을 통한 간접전염

④ 잠복기와 전염기

㉠ 잠복기 : 13~17일

㉡ 전염기 : 발진 출현 전 1일~모든 발진이 딱지가 앉을 때(발진 후 7일 정도)

⑤ 주요 증상

㉠ 전구기 : 발진 2~3일 전부터 열, 권태감, 식욕부진 증상이 있다.

㉡ 발진기

ⓐ 수포는 반점, 구진, 수포, 농포 순으로 급격히 변화한다.

ⓑ 먼저 가슴과 배에 생겨 얼굴, 어깨, 사지로 퍼지며, 가려움도 동반된다.

ⓒ 수포는 매우 가려우며 3~4일 지속 후 딱지가 생긴다.

ⓓ 발진이 나타나는 부위에는 발진이 생기기 4~5일 전부터 심한 통증이 발생한다.

ⓔ 수두발진의 특징

- 같은 시기에 한 부위에서 시기가 다른 여러 형태의 발진을 동시에 관찰할 수 있다.
- 홍진성 구진이 곧 눈물모양의 수포가 되고 이것이 곧 혼탁한 삼출액으로 변한다.

ⓕ 수포가 가피로 변하면 수두의 전염력은 상실된다.

ⓖ 가피가 떨어지고 나면 그 자리에 수두를 앓은 자국이 남지만 수개월 내지 수년이 지나면 정상피부로 회복된다.

⑥ 치료법 : 대증요법 및 격리가 필요하다.

㉠ 안정, 청결, 보온

㉡ 소양증 간호

ⓐ 손톱은 짧게 깎고 긁지 않도록 하여 2차감염을 예방한다.

ⓑ 항히스타민제를 투여한다.

ⓒ 칼라민 로션을 바른다.

㉢ 적절한 영양공급과 충분한 수분섭취

㉣ **열 간호** : 아스피린 사용시 라이(Reye) 증후군이 발생할 우려가 있으므로 사용하지 않고, 고열시 해열제를 사용한다.

㉤ **피부 간호** : 온수 목욕, 비누는 사용하지 않도록 하고, 침구와 의복은 매일 갈아준다.

⑦ **예방법**

㉠ 수두 생백신(능동면역)이 나와 좋은 효과를 보이고 있다.

㉡ 감수성이 있는 학생 또는 접촉자(접촉 후 72시간 내 근육주사)에게 면역 글로불린(ZIG, ZosterImmunoGlobulin)을 주사하여 저항력을 증가시키거나 수두에 걸리더라도 증상을 경하게 할 수 있다.

(16) 수막구균성 수막염

① **질병분포** : 온대 및 열대지역에서 모두 흔히 발생하며 치명률이 높은 소아질환으로 알려져 왔으나 거의 사라져 가고 있다.

② 원인균은 Neisseria Meningitidis이다.

③ **잠복기** : 2~10일의 잠복기를 거친다.

④ **전파경로** : 감염자나 보균자의 코나 인후에서 나오는 분비물로부터 직접 접촉으로 감염된다.

⑤ **주요 증상** : 열, 심한 두통, 오심, 구토, 경부 강직, 혼수, 갑작스런 쇠약, 점상 출혈, 발진

⑥ **환자 및 접촉자 관리대책**

㉠ 치료제는 페니실린이나 앰피실린을 사용한다.

㉡ 치료 시작 후 24시간까지 절대 격리하며 환자의 분비물에 오염된 물건은 소독한다.

㉢ 감염자와 접촉한 사람은 48시간 동안 증상발현을 관찰한다.

⑦ **예방법**

㉠ 감염자와의 직접 접촉을 피한다.

㉡ 사람들이 많이 모이는 장소를 피하고 개인위생과 건강상태를 유지하도록 한다.

(17) 신종인플루엔자A(H1N1)

① **바이러스의 전파**

㉠ 신종인플루엔자A(H1N1)의 전파는 기존의 계절 인플루엔자 바이러스의 전파방법과 유사하다.

㉡ 계절 인플루엔자는 비말감염을 통해 주로 사람 대 사람으로 전파된다. 예를 들어, 감염된 사람의 기침이나 재채기를 통해 가까운 거리에 전파되는 비말감염의 경우, 비말은 공기 중에 퍼지지 않고 가까운 거리(2m 이내, 6feet)로만 이동한다.

② **잠복기와 전염기**

㉠ **잠복기** : 잠복기는 확인되지 않았으나 1~7일 사이로 추정되고 있다.

㉡ **전염기**

ⓐ 신종인플루엔자A(H1N1)의 전염기는 알려져 있지 않으나, 추정된 전염기는 계절 인플루엔자 감염에 근거한다.

ⓑ 감염된 사람은 증상발생 하루 전부터 증상이 소멸될 때까지 전염력이 있을 것으로 본다(보통 증상발생 하루 전부터 증상발생 후 7일까지).

ⓒ 어린이의 경우 특히 10일 이상 전염기를 가질 수 있다.

③ **임상증상**

㉠ 신종인플루엔자A(H1N1) 확진환자는 발열, 오한, 두통, 상기도증상(기침, 인후통, 콧물, 호흡곤란), 근육통, 관절통, 피로감, 구토 혹은 설사를 보였다.

㉡ 미국에서 발생한 642명을 대상으로 조사한 결과 발열(94%), 기침(92%), 그리고 인후통(66%)을 보였다.

④ **합병증** : 신종인플루엔자A(H1N1)의 합병증에 대해서는 아직 자료가 불충분하지만, 예전 돼지인플루엔자(Swine Influenza) 환자를 보면 가벼운 호흡기질환에서 하기도 증상, 탈수 혹은 폐렴, 급성호흡부전의 증상까지 보였으며 종종 사망까지도 일으킬 수 있다.

⑤ **환자 주의사항**

㉠ **가족구성원 및 간호하는 사람의 예방방법**

ⓐ 가능한 한 환자와 다른 사람들의 접촉을 제한할 것

ⓑ 간병인을 제외하고는 환자가 사용하는 방의 출입을 금하며 가급적 가족들도 환자와의 접촉을 최소화할 것

ⓒ 환자가 반드시 코와 입을 가리고 기침 혹은 재채기를 하도록 상기시킬 것

ⓓ 환자의 손은 비누로 자주 씻을 것. 특히 기침한 이후에는 반드시 손을 씻도록 할 것

ⓔ 모든 가족구성원들이 손을 비누로 깨끗이 자주 씻도록 할 것

ⓕ 집에서 간호해 줄 사람이 예방적으로 항바이러스제를 투약해야 하는 인플루엔자에 의한 합병증 발생 가능성이 높다면 자택이 아닌 의료기관에서 진료하도록 할 것

㉡ **환자관리**

ⓐ 환자는 여러 사람이 함께 쓰는 공간(거실 등)이 아닌 곳(가능하면 별도의 욕실이 있는 침실)에서 환자를 간호할 것

ⓑ 환자의 방문은 특별한 경우가 아니면 닫아 둘 것

ⓒ 진료 등을 위해 외출하는 경우가 아니라면, 환자는 외출을 삼가고 집에서 활동할 것(어른의 경우 증상발현 후 7일간)

ⓓ 환자가 진료 등으로 불가피하게 외출하여야 하는 경우 기침이나 재채기를 할

때 코와 입을 손수건 등으로 가리고, 가능하면 마스크를 착용할 것

ⓔ 여러 사람이 함께 쓰는 공간(거실 등)으로 환자가 나가야만 하는 경우 반드시 마스크를 착용할 것

ⓕ 환자는 가능하면 다른 사람과는 다른 별도의 화장실을 사용하고, 화장실은 매일 소독제를 사용하여 청소를 할 것

ⓖ 환자의 침대 옆에 따로 휴지통을 비치하여 환자가 사용한 휴지를 따로 폐기하며 환자가 사용한 휴지를 버릴 때 감염되지 않도록 감염 주의

ⓗ 간병인을 제외하고는 다른 방문객은 면회를 삼가고 전화 등을 이용할 것

ⓘ 가능하면 성인 1인이 환자를 간병할 것

ⓙ 임신부는 환자를 돌보지 않도록 할 것

ⓚ 가족, 환자접촉자 또는 환자와 방이나 화장실을 같이 사용하는 사람들은 자주 손을 비누로 씻거나 알코올제로 소독할 것

ⓛ 손을 말리는 경우 종이타월을 사용하거나 가족별로 지정된(서로 다른 색 사용) 수건을 사용할 것

ⓜ 창문을 여는 등의 방법으로 화장실, 식당 등 가족들과 같이 사용하는 공간에 환기가 잘 되도록 할 것

ⓝ 가족 중 항바이러스제를 투여해야 할 사람이 있는지 의사와 상의할 것

㉢ 간병하는 사람의 보호

ⓐ 환자와 얼굴을 맞대는 상황은 가능한 피할 것

ⓑ 어린이가 아픈 경우, 기침을 간호자의 얼굴에 하지 않도록 아이의 얼굴 혹은 턱을 어깨에 오도록 할 것

ⓒ 환자와 접촉하거나, 환자가 사용한 휴지, 세탁물 등을 만졌을 경우 즉시 비누로 깨끗이 손을 씻도록 할 것

ⓓ 증상이 발현되기 전에 다른 사람에게 바이러스를 전염시킬 수 있으므로 증상이 없더라도 외출시 마스크를 착용할 것

ⓔ 의사와 상담하여 항바이러스제를 복용해야 하는지 여부를 확인할 것

ⓕ 간병인 본인은 물론 가족 내의 다른 사람이 인플루엔자 증상(발열, 인후통, 기침, 코막힘, 콧물 등)이 있는지 매일 확인하고, 증상 발생시 의사와 상담하거나 보건소로 연락할 것

㉣ 마스크의 사용

ⓐ 밀접한 접촉이 불가피하다면 가능한 접촉시간을 줄이고 마스크나 혹은 N95 마스크를 착용하도록 할 것

ⓑ 사용한 마스크는 다른 사람이 만지지 못하도록 사용한 후에는 즉시 쓰레기통에 버리도록 할 것

ⓒ 일회용 마스크는 재활용을 금하고 천으로 된 마스크의 경우 일반 세탁세제로 세탁할 것
ⓓ 마스크 혹은 N95 마스크를 벗은 후에는 즉시 손을 씻을 것

ⓜ 청소 및 세탁
ⓐ 환자가 사용한 마스크를 포함한 1회용 용품은 쓰레기통에 버릴 것. 환자가 사용한 휴지 혹은 그에 준하는 물건을 만진 이후에는 즉시 손을 씻을 것
ⓑ 테이블, 화장실, 장난감 등의 표면을 해당물품 청소방법에 따라 소독제로 깨끗이 씻을 것
ⓒ 환자가 사용한 식기류, 천 등을 따로 분리할 필요는 없으나 깨끗이 씻기 전에 다른 사람이 사용하는 것은 절대 피해야 함
ⓓ 환자가 사용한 천류(수건, 침대시트 등)는 일반 세탁세제로 세탁할 것. 단, 바이러스가 묻는 것을 막기 위하여 세탁 전에 빨래감을 끌어안아서는 안되며, 이러한 세탁물을 만진 이후에는 반드시 바로 손을 씻을 것
ⓔ 식기는 식기세척기나 세제로 씻을 것

ⓑ 집에서 치료하려고 할 때 주의사항
ⓐ 당뇨, 심장병, 천식 등의 호흡기질환이 있는 환자는 반드시 의사와 상담 후 다른 치료가 필요하지는 않은지 확인
ⓑ 항바이러스제를 복용해야 하는지 의사에게 확인할 것
ⓒ 증상의 발병 후 그리고 체온이 정상화 된 후 7일간 집에서 치료할 것
ⓓ 충분한 휴식을 취할 것
ⓔ 탈수를 예방하기 위하여 음료를 충분히 섭취할 것(예 물, 스포츠 음료, 미음 등)
ⓕ 손수건이나 휴지로 입과 코를 가리고 기침하거나 재채기를 할 것
ⓖ 다른 사람과 밀접한 접촉은 가능한 피할 것

ⓢ 전문적인 치료가 필요한 응급 징후
ⓐ 건강한 성인의 경우 다음의 증상이 있을 경우 응급진료를 받을 것
- 흉통이 있거나 숨쉬기 곤란할 때
- 입술이 보라색 및 청색으로 변할 때
- 구토가 심하여 음료도 삼킬 수가 없을 때
- 일어섰을 때 어지럽거나, 소변이 나오지 않는 경우 등 탈수소견을 보일 때
- 발작이 있는 경우
- 평상시보다 반응이 느리거나, 정신이 혼미한 경우

ⓑ 소아의 경우 다음의 경우에 응급진료를 받을 것
- 심폐질환이 있거나, 면역체계에 영향을 주는 치료를 받고 있거나, 아스피린 같은 Acetylsalicylic Acid를 정기적으로 복용하고 있거나, 다른 만성질환이

있는 경우

- 생후 3개월 미만이고 항문체온이 38.5℃ 이상인 경우
- 호흡에 문제가 있거나, 쌕쌕거리거나, 호흡시 흉부통증이 있거나, 가래에 피가 섞여 나올 때
- 아주 소량의 물을 마시고 깨어있는 상태에도 최소한 매 6시간마다 소변이 없거나, 유아의 경우 우는데도 눈물이 나오지 않을 때
- 토하거나 심한 설사를 할 때
- 계속 흥분한 상태고 안정이 되지 않을 때
- 나른하고, 장난감을 가지고 노는 데 흥미를 보이지 않거나 비정상적으로 졸려할 때
- 열이 계속되고 5일이 지났는데도 나아지는 기미가 없거나 나아지는 기분이 있었으나 갑자기 새로운 열이 시작될 때
- 청색증이 있을 때
- 경련이 있을 때(발작)

ⓞ 기타 : 혼자 살거나, 어린 유아의 편부모이거나, 혼자서 장애인을 돌보는 사람은 다음과 같이 미리 준비하도록 한다.

ⓐ 적어도 1~2주 동안 지낼 수 있는 기본적인 생활용품을 준비(휴지 등)한다.

ⓑ 아세트아미노펜과 체온계를 준비하고, 체온계의 사용법과 눈금읽는 법을 정확히 알아 두도록 한다.

ⓒ 유사시 도움을 청할 수 있는 사람을 생각해 두고 연락방법 등을 미리 정한다.

ⓓ 유사시 자녀를 맡길 수 있는 곳을 정해 둔다.

ⓙ 자택격리 해제

ⓐ 유전자검사 등 정밀검사 결과 음성으로 확인시 격리해제

ⓑ 음성으로 확인되어 격리해제될 시 주의사항

- 항바이러스제(타미플루)는 격리해제 후에도 일정대로 복용하도록 교육
- 증상발현일 기준으로 매일 관할 보건소에서 유선으로 환자의 증상발현 여부 등 확인
- 추정 및 확진환자의 접촉자 자택격리일 경우, 마지막 노출 후 7일까지 자택격리 모니터링 후 질병관리본부(공중보건위기대응과)로 보고서 송부

ⓚ 보건소 역할

ⓐ 자택격리 관리대장 작성 : 환자나 접촉자의 이름, 성별, 연령, 접촉시기, 접촉형태, 발병 여부 기록

ⓑ 관리기간

- 증상발현 후 7일(증상이 회복된 경우)

• 증상이 7일 이상 지속되는 경우 증상 회복시까지
• 12세 이하의 어린이의 경우 7일 이상(질병관리본부와 협의)

ⓒ 관리내용
• 격리 시행시 「자택격리통지서」 제시
• 자택격리 방법
- 직장이나 학교 등 집밖에 나가지 않도록 하며, 잠복기간 중에는 외부인이 방문하지 않도록 한다.
- 매일 발병 여부를 관찰하며, 체온을 측정하도록 한다.
• 매일 유선으로 발열, 호흡기 증상 등의 변화를 확인
- 반드시 자택 유선전화를 이용하여 확인(휴대전화로는 자택격리 여부를 확인할 수 없으므로 사용하지 말 것)
• 발열과 호흡기 증상이 심해지면 즉시 보건소로 연락을 하여 보건소의 지시에 따라 진찰 및 치료를 받도록 교육한다.
• 24시간 Hotline과 담당자 안내
• 교육 및 홍보자료 배부

(18) 세균성 이질

① 임상적 특징

㉠ 일반적으로 위생상태가 나쁘고 인구밀도가 높은 곳에서 호발한다.

㉡ 식품매개성으로 집단으로 발생하는 특성을 가진다. 특히 위생상태가 불량하고 밀집되어 거주하는 고아원, 정신병원, 교도소, 캠프, 선박 등에서 많이 발생한다.

㉢ 세균성 이질은 1998년 이래 2002년 현재까지도 우리나라에서 가장 많이 발생하고 있는 제1군 법정감염병(감염병예방법 개정 전에는 1종)이다. 1군 법정감염병은 발생 즉시 조치가 필요한 질병들로 감염병 관리상 높은 우선순위를 가진 반면, 효과적인 예방접종의 부재 등 관리가 어려운 특징이 있다.

㉣ 항생제의 남용으로 다종류 항생제 내성이 있는 이질균이 세계의 여러 곳에 나타나고 있다.

㉤ 대부분 유행의 경우 처음 시작은 음용수나 식품을 매개로 집단적으로 발생하지만 유행 후반기에는 가구단위 개인접촉을 통한 산발적 발생으로 끝나는 것이 특징이다. 이는 감염력이 강한 병원체의 특징이기도 하다.

② **원인균** : Shigella(이질균)A, B, C, D군의 4종으로 우리나라에서 문제가 되는 것은 D군인 S.sonnei이다. 소량의 균으로도 전파되는 전파성이 매우 강한 감염병이다.

③ 전파경로

㉠ 환자의 대변이나 토물에 오염된 물 및 음식물을 매개로 하는 대변-경구전파이다.

㉡ 수인성이나 식품매개성으로 집단 발생을 보인다.

㉢ 배변 후 손톱 밑이나 손을 깨끗이 씻지 않은 환자나 보균자가 음식을 오염시켜 간접적으로 전파된다.

㉣ 식수, 우유, 바퀴벌레, 파리에 의한 전파도 있다.

④ 잠복기와 전염기

㉠ **잠복기** : 1~7일로 보통 1~3일(짧다)

㉡ **전염기** : 설사가 멈추고 항생제 투여를 중지한 후 48시간이 지난 다음 최소 24시간 간격으로 채취한 대변 또는 직장에서 얻은 검체에서 연속 2회 이상 이질균 음성으로 나올 때 격리를 해제한다. 즉, 발병 후 4주 이내이다.

⑤ 주요 증상

㉠ 경련성 복통과 함께 고열, 오한, 구토, 후중기(Tenesmus)를 동반한 설사를 한다.

㉡ 이질균이 낸 독소의 작용으로 구토와 수양성 설사가 나타나며, 대변은 수양변, 점액변, 혈변으로 진행한다. 복부팽만, 장음의 항진, 수진 시 직장에 통각을 호소한다.

㉢ 심한 경우 탈수되어 빈맥, 핍뇨, 다리경련, 불안의 증상을 보인다.

㉣ 장에 괴저가 생겨 괴사조직이 떨어지고 뇌증세가 생기면서 조기사망 할 수도 있다.

㉤ **합병증** : 장출혈, 장협착, 만성복막염 등(어린이의 경우 전신적 경련이 중요한 합병증으로 나타날 수 있다)

⑥ 치료법

㉠ 소량의 균으로도 감염이 일어날 수 있으므로 장관배설물의 위생적 관리를 요하며, 감염된 환자의 경우 식품취급, 탁아, 환자간호를 금해야 한다. 대변과 오염된 물건에 대한 철저한 소독이 요구된다.

㉡ 항생제는 내성균주가 많아 내성검사 실시 후 선택한다.

㉢ 모든 영유아 환자는 앰피실린을 사용한다.

㉣ 수분과 전해질을 공급한다.

㉤ **배설물 관리** : 세번 검사에서 음성으로 나올 때까지 식료품을 다루거나 아이를 돌보는 일을 금한다.

⑦ 예방법

㉠ 적절한 예방접종이 아직 없다.

㉡ 음식이나 물로 매개되는 감염병의 공통적인 예방법인 환경위생, 개인위생의 개선이 필요하다. 즉, 장티푸스의 예방대책과 동일하게 관리해야 한다.

(19) 유행성 결막염

① **원인균** : Adeno Virus 8형 및 19형 등이 있다.

② **전파경로** : 유행성 눈병 환자와의 직접적인 접촉이나 환자가 사용한 물건(세면도구),

수영장, 목욕탕 등을 통해서 전파될 수 있고, 전염력이 매우 강하다. 여름에만 생기는 것이 아니고 조건만 갖추어지면 사시사철 생길 수 있다.

③ **잠복기** : 5~12일의 잠복기를 거친다.

④ **주요 증상**

㉠ 보통 양쪽 눈에 발병하나 한쪽만 발병하는 수도 있으며, 양쪽 눈에 발병한 경우 대개 먼저 발병한 눈의 증상이 더 심하게 나타난다.

㉡ 발병초기에는 충혈, 중등도의 동통이 있고 눈물 및 눈꼽이 많이 나온다. 각막표면의 손상으로 수명(빛을 보면 눈이 부심)이 나타나기도 하며, 이때의 손상이 각막상피하혼탁(Subepitelial Opacity)을 남겨 수년간 지속되기도 한다.

㉢ 대개 3~4주간 지속된다. 처음 1주일 동안은 증상이 심하다가 1주일이 지나면 증상은 좋아지지만 빨갛게 된 눈은 3주 정도 간다.

㉣ 어린아이에서는 두통, 오한, 인두통, 설사 등이 동반되어 나타나기도 한다.

㉤ 상안검 결막에 과립이 나타난다. 결막과립은 크기와 수가 증가되며, 염증성 구진에 둘러싸인 육아조직과 각막혈관 증식이 3~4주 후에 나타난다.

㉥ 때로는 각막의 상부 또는 전체에 침범된다.

⑤ **치료법** : 눈병은 눈의 감기와 비슷한 것으로 특별한 특효약이 현재까지는 없어 합병증이 생기지 않도록 2차감염의 방지 및 대증요법을 시행하면 약 보름 정도 고생한 후에 호전되는데, 처음 며칠은 오히려 증상이 심해지기도 하지만 적절한 치료를 하면 낫는 병이므로 꾸준히 치료한다. 보기 좋지 않다고 안대를 하는 경우는 더욱 증상을 악화시킬 수 있으므로 피하는 것이 좋고 눈 위에 얼음찜질을 해 주는 것이 좋다. 또한 과로를 피하며, 수영장 등 대중시설 이용을 삼가고, 개인 위생청결을 철저히 하여야 한다.

㉠ 감염시 눈을 피로하게 하는 일이나 자극성 음식(술, 담배 등)을 제한하고 안정을 취한다.

㉡ 세면기, 손수건을 혼자 사용하며, 타인에게 대여하지 않는다.

㉢ 치료용 안약은 혼자 사용한다.

㉣ 안대는 눈의 온도를 높여 균 증식을 유발시키므로 하지 않는 것이 좋다.

㉤ 눈꼽을 닦을 때에는 청결한 자기 손수건을 사용하며 청결에 노력한다.

㉥ 손톱은 항상 짧게 깎고 얼굴이나 손을 청결히 유지하도록 한다.

㉦ 반드시 흐르는 물에 손을 씻는다.

⑥ **예방법**

㉠ 되도록 유행성 눈병 환자와의 접촉을 피한다.

㉡ 눈의 청결 유지에 노력한다.

㉢ **손의 청결 유지에 노력한다** : 외출시 손을 자주 씻고 눈을 비비지 않도록 해야 한다.

㉣ 손수건은 남의 것을 빌려서 사용하지 않는다.

ⓜ 세면기는 남의 것을 사용하지 않는다.
ⓑ 교실에 공용수건을 두지 않는다.
ⓢ 세숫물은 가능하면 흐르는 물을 사용하도록 한다.
ⓞ 기타 눈병 환자가 만진 물건을 접촉하지 않도록 해야 한다.
ⓙ 눈병에 걸렸을 경우에는 즉시 가까운 안과 병의원에서 치료를 받아야 한다.
ⓒ 수영장 등 대중시설 이용을 삼간다.

(20) 유행성 이하선염

① 임상적 특징

㉠ 1개 이상의 타액선, 특히 이하선이 주로 침범된다.
㉡ 치명률은 높지 않으나 보통 한쪽으로만 오는 고환염이 사춘기 이후 남성의 20~30%에서 발생한다.
㉢ 늦겨울이나 초봄에 호발하며, 불현성 감염이 약 30~40%이다.

② 원인균 : 일명 볼거리 Mumps Virus에 의해 발생, 한쪽만 앓아도 영구면역된다.

③ 전파경로

㉠ 타액의 비말을 통하여 감염
㉡ 타액으로 오염된 물건의 간접접촉

④ 잠복기와 전염기

㉠ 잠복기 : 14~21일(평균 18일)
㉡ 전염기
ⓐ 이하선이 붓기 24시간 전부터 종창이 가라앉을 때까지(7~10일)
ⓑ 종창 48시간에 가장 전염력이 강하다.

⑤ 주요 증상

㉠ 타액선이 부을 때까지 1~2일 전구기에 발열, 권태, 식욕부진, 두통, 구토, 인후통, 불안 및 전신 근육통
㉡ 발열 초 양쪽 또는 한쪽 이하선, 설하선의 팽창, 부종, 동통
㉢ 입을 벌리기 힘들고 연하 곤란, 입속 Stensen duct, 입구의 부종과 충혈
㉣ 39~40℃의 고열이 2~3일 있은 후 열이 떨어지면서 타액선도 가라앉는다.
㉤ 수뇌막염, 고환 · 부고환염, 난소염, 췌장염, 유양돌기염, 귀머거리의 합병증을 동반하는 수도 있다.
㉥ 침샘의 종창으로 통증을 느끼며 특히 입을 벌리거나 음식을 섭취할 때나 신 것을 생각하거나 먹을 때 통증을 유발한다.
㉦ 사춘기 남자는 15~20%에서 고환염, 사춘기 여자는 5%에서 난소염에 잘 걸린다.

⑥ 치료법

㉠ 대증요법, 격리
㉡ 신 음식은 먹이지 않도록 하고 적절한 영양공급과 수분섭취 격려
㉢ 종창으로 인한 불편감을 덜기 위해 냉찜질
㉣ 코와 인후의 청결을 위해 생리식염수 함수
㉤ 동통이 심할 때는 해열진통제로 관리

⑦ **예방법**

㉠ 홍역백신과 함께 할 때는 약독생균백신을 15개월 이후에 준다.
㉡ 생후 15개월에 MMR을 접종하고 4~6세에 추가접종한다.
㉢ 홍역, 풍진과 함께 주는 백신은 유행성 이하선염에 대한 예방력이 95% 이상이며 영구면역된다.
㉣ 사춘기 이전에 감수성자 특히 남성에게 예방접종한다.
㉤ 생균이 태아에게 전해지므로 임산부에게 예방접종은 실시하지 않는다.

(21) 인플루엔자

기원전 2세기 Hippocrates가 '유행성 열병'이라고 기술한 이래 세계적 유행, 국내 유행, 국소적 유행 등 많은 사람을 집단적으로 이환시키는 대표적인 질환이다. 우리나라에서는 인플루엔자를 독한 감기라고 하여 흔히 독감이라고 부른다.

① **원인균** : 인플루엔자 바이러스에 의해 발생하며 바이러스의 항원성에 따라 A형, B형, C형으로 나누며 가장 문제가 되는 것이 A형으로 증상이 심하지 않은 것이 특징이나 유행시 그 범위가 넓다.

② **전파경로** : 비말을 통한 호흡기 감염이다. 인플루엔자 바이러스는 건조된 점액이나 가래 속에서 수시간 생존하므로 이를 직접 흡입할 때 전파된다.

③ **잠복기와 전염기**

㉠ **잠복기** : 보통 2~3일
㉡ **전염기** : 임상증상이 있은 뒤부터 3일간

④ **주요 증상**

㉠ 보통 18~36시간의 비교적 짧은 잠복기간을 거친 후 증상이 나타난다.
㉡ 안면홍조, 안구발적, 경련성 기침, 심한 두통, 안구통, 사지통, 오한, 발열
㉢ 열은 38~40℃ 정도로 2~3일, 때로 1주일까지 지속된다.
㉣ 입맛이 없어지고 구역, 변비가 나타나는 수도 있으며 간혹 구토, 설사도 한다.
㉤ 그 외에 재채기, 콧물도 생길 수 있다.
㉥ 심해져서 폐렴으로 발전되면 호흡곤란, 청색증도 생긴다. 합병증으로 폐렴, 뇌염, 심근염, 중이염 등도 생길 수 있다. 소아들에게 있어 중추신경계를 침범하는 라이 증후군은 드문 합병증이다.

⑤ 치료법

㉠ 증상에 대한 대증요법

ⓐ 기침에 대해서는 진해제, 고열에 대해서는 해열제 등을 사용한다.

ⓑ 휴식을 취하여 심신의 안정을 도모한다.

ⓒ 수분섭취를 많이 하고 신선한 과일이나 쥬스 등도 섭취한다.

ⓓ 방안의 온도는 20℃ 내외로 유지시키고 가습기나 젖은 수건을 이용하여 방안의 습도를 유지시킨다.

㉡ 합병증에 대한 치료

ⓐ 합병증으로 많은 것은 기관지염이나 폐렴이다.

ⓑ 세균성 합병증이 있을 때만 항생제를 투여한다.

ⓒ 독감이 4~5일 이상 지속되면서 고열, 짙은 다량의 가래, 흉통이 생기면 합병증 병발을 생각하여 전문적인 치료를 받도록 한다.

㉢ 특이요법 : 근래에 몇몇 항바이러스 제제의 개발로 예방접종 효과를 보고 있다.

㉣ 간호중재

ⓐ 침상안정

ⓑ 인후통 완화 : 따뜻한 생리식염수로 함수, 증기를 흡입해서 흡기를 습화

ⓒ 등마사지 등의 이완요법을 제공

ⓓ 연식을 먹도록 하고 수분섭취를 권장

ⓔ 합병증 증상의 관찰

ⓕ 전파방지법을 교육(예 손씻기, 재채기나 기침시 코나 입을 가리고 하기)

⑥ 예방법

㉠ 접촉을 피한다.

ⓐ 공동의 집회는 하지 않으며, 유행시 외출을 삼간다.

ⓑ 사람이 많이 모이는 장소나 밀폐된 장소는 가지 않는다.

㉡ 개인 위생관리 : 외출 후 양치질과 식사 전, 용변 후 꼭 손을 씻는다.

㉢ 교내 위생관리

ⓐ 오염된 기구 등은 소독하고, 화장지 등은 소각폐기한다.

ⓑ 비누를 비치하고, 교내소독 및 기구 자불소독을 한다.

ⓒ 공동수건과 공동물건을 폐기한다.

㉣ 저항력 강화

ⓐ 과로하지 않도록 하고, 충분한 수면, 영양섭취, 휴식을 취하며, 매일 적절한 운동을 한다.

ⓑ 노인과 어린이, 쇠약자는 유행 전에 미리 예방주사를 맞는다.

• 늦은 가을에 맞는 것이 이상적이다.
• 사백신(소아나 노인), 생백신(성인)을 매년 접종하도록 한다(백신 유효기간 1년).

ⓒ **예방접종 대상자**
• 폐질환자, 심장질환자
• 만성질환으로 사회복지시설 등 집단시설에서 치료, 요양, 수용 중인 사람
• **병원에 다닐 정도의 만성질환을 앓고 있는 사람** : 당뇨환자, 신장질환자, 만성 간질환자, 악성종양자, 면역저하자, 아스피린 복용 중인 6개월~18세
• 65세 이상의 노인, 임산부
• 의료인, 환자가족

ⓓ **예방접종 금기대상자**
• 생후 6개월 미만 영아
• 인플루엔자 백신 접종 후 심한 과민반응을 보인 자
• 계란에 심한 과민반응을 보인 자
• 백신 접종 후 6주 이내에 Guillain-Barr증후군이나 다른 신경 이상이 생긴 자는 접종하지 않는 것이 바람직하다.
• 발열이 있는 사람은 열이 없어지기 전까지는 접종하지 않는 것이 바람직하며, 열이 없는 상기도 감염은 접종 금기가 아님
• 임신부도 인플루엔자 합병증의 위험인자가 있으면 접종이 필요하나 임신 1기(3개월)의 임신부는 태아 이상이 생길 가능성을 배제할 수 없으므로 접종을 피하는 것이 좋다.

ⓜ 실내 온도, 습도 유지 및 환기 자주 실시

⑦ **학교에서의 관리**

㉠ **건강관찰 및 상담을 통한 환자의 조기발견 및 조기치료**

ⓐ 학급조회 또는 종례시에 학급 담임교사가 관찰
ⓑ 건강이상 학생에 대한 상담 및 보건(담당)교사의 협조
ⓒ 학교에서는 격리(등교중지/자가치료)하였으나 이 환자가 학원(교습소)에서 전염시키는 사례를 차단
ⓓ 「학교보건법」 제7조 및 학교신체검사 규칙에서 정한 신체검사 철저

㉡ **학교 환경위생관리 철저** : 취약환경 및 병원소 관리를 통한 감염원 제거

ⓐ **수질검사를 통한 안전수 공급 및 온수 제공**
• 저수조가 먹는 물 부패의 온상이 되지 않도록 내부청소(연 2회) 및 상태 점검(매월 1회) 실시
• **지하수 사용학교의 먹는 물** : 염소소독(잔류염소 항시 0.1ppm 이상 유지) 및 연 4회 수질검사 철저

ⓑ **분뇨, 오물, 하수의 위생처리 및 방역소독** : 교내 하수구 및 취약지역 대청소 · 소독 및 방역활동 강화

ⓒ **급식학교의 경우에는 취사장, 조리장, 식품보관창고의 위생관리 철저** : 학교급식 실시교, 기숙사 · 생활관 · 구내식당 등 집단급식소 소독 및 식품위생 관리 강화

ⓓ **구충, 구서 철저** : 학교 내외 위생해충 서식가능 취약지역의 전반적인 환경위생 개선

㉢ **보건교육의 강화** : 교육을 통하여 학생 스스로 질병을 예방할 수 있는 능력을 배양

ⓐ 다양한 보건교육(학교장 재량시간, 보강수업 등 비정규 교육시간 확보) 활동을 통한 학생의 자기건강관리 능력 배양

ⓑ 개인 위생생활의 습관화 지도

㉣ **면역력 증강**

ⓐ 학교 예방접종은 감염병예방법 및 표준예방접종지침(보건복지부)이 정한 바에 따라 시장 · 군수 · 구청장 주관하에 실시하며 이때 학교장은 사전예진(학부모의 예방접종 동의서 첨부 등)을 통해 정확한 대상에게 안전하게 접종함을 원칙으로 시행

ⓑ 균형있는 영양섭취 및 운동을 통한 건강생활습관 형성 지도

㉤ **감염병 발생시의 대책**

ⓐ 발생 신고 및 보고

ⓑ 격리 및 등교중지, 임시 휴업 및 휴교

ⓒ 질병만연 방지와 복교

(22) 유행성 출혈열(신증후군출혈열)

① **질병분포**

㉠ 한국형 유행성 출혈열로 불려오다가 1970년 말 바이러스가 분리되어 한탄 바이러스 감염증이라고도 하며, 1982년 세계 보건기구 유행성 출혈열회의에서 신증후군 출혈열로 병명이 확정되었다.

㉡ 세계적으로 분포하고 있으며 야외에의 폭로기회가 많은 40대와 50대에 발생률이 비교적 높다.

② 원인균은 Hantan Virus이다.

③ **전파경로** : 들쥐의 배설물을 통하여 호흡기로 전염되나 사람에게서 사람으로의 전파는 없다.

④ **잠복기** : 1~3주(보통 12일~16일)의 잠복기를 거친다.

⑤ **주요 증상**

㉠ **유열기** : 환자의 10~20%가 경한 상기도 감염증상과 비슷한 전구증상으로 오한, 발

열, 요통, 복통, 전신근육통, 두통을 보인다.

ⓐ 오한, 고열(37.8~41.1℃), 요통, 복통, 전신적인 근육통, 식욕부진, 갈증, 오심 · 구토

ⓑ 4~7일이 지나면 열은 떨어지고, 비교적 서맥이며 혈압도 정상이다.

ⓒ 얼굴과 목의 "V"자 부위에 햇볕에 탄 것처럼 보이는 붉은 색이 뚜렷이 나타난다.

ⓓ 결막, 인두, 액와, 흉곽측면, 허리부분, 둔부와 대퇴의 점상 출혈이 3~5일간 지속된다.

㉡ **저혈압기**

ⓐ 발병 5일째 24~48시간 동안 일시적 저혈압과 쇼크발생. 심한 경우 1~3일간 증상이 지속된다.

ⓑ 단백뇨, BUN은 증가, 백혈구는 증가, 혈소판 수는 감소한다.

㉢ **핍뇨기(감뇨기)**

ⓐ BUN치가 급격히 증가하고 고칼륨혈증, 고인혈증과 저칼슘혈증, 점상출혈, 토혈, 흑색변, 객혈, 육안적인 혈뇨, 중추신경계통의 출혈 등 출혈 증상이 나타난다.

ⓑ 7일째 되면 이뇨가 시작되지만 심한 경우에는 9~11일째에 이뇨가 시작된다.

ⓒ 이때 수분과 전해질의 불균형과 중추신경계 증상(지남력 이상, 극도의 불안감, 기면 상태, 망상성 치매나 환각증), 대발작(Grandmal Seizures) 혹은 폐합병증 등이 나타날 수 있다.

㉣ **이뇨기** : 증상이 호전된 것으로 본다. 치명적인 경우에는 이뇨기에 하루 4리터 이상의 소변배설이 있으나 회복하는 경우에는 하루 소변이 2리터 이하이다.

㉤ **회복기**

ⓐ 회복기는 3~6주간이 걸린다. 체중은 서서히 증가하나 근육허약감이 있다.

ⓑ 저장뇨(Hyposthenuria : 비중이 낮은 요)와 다뇨증이 있다.

⑥ **치료법** : 특별한 치료법은 없으며, 쇼크, 저혈압, 신부전 등에 대한 대증요법이다.

⑦ **예방법**

㉠ 유행지역의 산이나 풀밭에 가는 것을 피한다.

㉡ 들쥐의 배설물에 접촉을 피한다.

㉢ 야외활동 후 귀가시에는 옷에 묻은 먼지를 털고 목욕을 한다.

㉣ 가능한 한 피부의 노출을 적게 한다.

㉤ 전염위험이 높은 사람(농촌지역 주민, 군인, 캠핑, 골프치는 사람 등 야외생활자)들은 반드시 예방접종을 받는다.

㉥ 유행성 출혈열 의심시 조기에 치료를 받는다.

㉦ 잔디 위에 침구나 옷을 말리지 않는다.

(23) 일본뇌염

① 임상적 특징

㉠ 여름철에 호발, 7월 중순~9월 하순에 유행하며, 불현성 감염이 많은 질환이다.

㉡ 주로 15세 이하에 발생하며, 5~10세에 호발하여 70세 이상에서 다시 높아지는 경향이 있다.

㉢ 뇌, 척수, 뇌막을 부분적으로 침범하는 급성 염증성 열성질환이다.

② **원인균** : Arbovirus B군에 속하며 50℃에서 10분간 가열하면 생존율은 약 0.1%로 급속히 감소되나 −70℃ 이하에서는 안정성이 유지된다. 동결건조하면 10년 이상 감염력을 유지한다.

③ 전파경로

㉠ 돼지, 사람, 말 등에서 감염된 모기가 사람을 물어서 전염되며 사람에서 사람으로는 전파되지 않는다.

㉡ 주로 돼지가 바이러스의 증폭숙주로서의 역할을 하는 것으로 알려져 있다.

④ 잠복기와 전염기

㉠ **잠복기** : 5~15일

㉡ **전염기** : 돼지에서는 혈액 속의 바이러스가 있는 동안을 전염기간으로 봄

⑤ 주요 증상

㉠ 무증상감염이 95% 이상의 환자에서 나타나며, 경한 감염의 경우 두통을 동반한 발열이 유일한 증상이다.

㉡ **초기** : 고열로 발병되며 불안, 권태, 두통, 전신통, 구토, 불면, 언어장애 등이 나타난다.

㉢ **극기** : 열이 최고도에 달하고 경련, 근강직(개구불능 등), 의식장애 및 뇌막자극증상 등이 나타난다.

㉣ **회복기** : 해열과 함께 발병 후 약 1주일 경에는 모든 일반증상이 회복된다. 그러나 해열 후 수일 간은 경부강직, 뇌막증상, 언어장애, 신경쇠약증상 등이 계속된다.

⑥ 치료법

㉠ 격리할 필요는 없다.

㉡ 특수요법이 없으며 호흡장애, 순환장애, 세균감염에 대한 보강적 요법을 시행한다.

㉢ 체위변경을 해주며, 경련환자는 조용히 부드럽게 다루어 사고를 예방한다.

㉣ 고열은 얼음찜질이 효과적이다.

⑦ 예방법

㉠ 만 15세 미만은 6월 전에 예방접종을 실시한다. 예방접종으로 80% 이상의 예방효과가 있다.

㉡ 매개체인 모기에 대한 관리

ⓐ 살충제를 뿌린다.

ⓑ 모기장을 사용한다.

ⓒ 물웅덩이, 습지와 같은 산란장소를 없앤다.

㉢ 저항력을 강화시킨다. 기초접종(생후 13~24개월 사이 1주 간격으로 2회, 기본접종 후 12개월 뒤 1회 접종) 및 만 6세, 12세에 각각 1회씩 추가접종을 받아야 한다.

㉣ 주거 가까운 곳에서 돼지를 기르지 않게 하고, 일본뇌염의 전파양식을 대중에게 교육한다.

⑧ **학교에서의 관리** : 신고 및 보고, 격리는 필요 없음, 모기에 대한 관리, 조기발견 및 조기처치, 환경위생관리, 보건교육, 가정통신문

(24) 장출혈성 대장균 감염증

① **임상적 특징**

㉠ 장출혈성 대장균 감염에 의한 용혈성 요독증후군은 신장기능 손상과 같은 치명적인 합병증을 초래할 수 있으며, 치명률이 5~10%에 이르는 질환으로 설사환자의 진단 및 치료에 있어서 임상의들의 관심이 필요하다.

㉡ **대장균**

ⓐ 사람과 동물의 대장에서 정상적으로 발견되는 세균

ⓑ 대부분의 대장균은 질병을 일으키지 않으나 일부 균주가 설사, 혈변 등의 증세를 일으킨다.

㉢ **신종대장균(0-157)**

ⓐ 1982년 미국에서 처음 발견

ⓑ **주요 증상** : 혈변, 복통, 설사

ⓒ 감염 성립에 필요한 세균량은 매우 낮아 감염력이 높다.

ⓓ 증상의 심각성, 진단과 치료의 어려움

② **원인균** : E.coil 0-157, 그 밖에 O17:H18, O26:H11, O11:H8 등이 있다. 특징적인 장점막 부착성을 가지며, 내산성으로 pH2~4에서 생존 가능하다. 균 자체는 70초에서 2분이면 죽는다.

③ **전파경로**

㉠ 주된 원인은 오염된 간 고기이다.

㉡ 충분히 멸균되지 않은 우유, 주스나 오염된 야채, 샐러드도 원인이 될 수 있다. 오염된 호수, 풀장에서의 수영이나 염소 소독이 충분하지 않은 물을 마셔 수인성 전파가 일어날 수 있다. 즉, 병원성 대장균은 가축, 애완동물, 건강보균자 및 자연환경에 널리 존재한다.

㉢ 사람 간 전파도 쉽게 일어날 수 있는데, 특히 밀집된 환경에서 2차감염이 잘 일어나므로 소아 집단시설에서의 관리가 어려운 면이 있다. 구강이나 항문을 통한 사람 사이의 직접전파도 가능하다.

④ **잠복기와 전염기**

㉠ **잠복기** : 3~4일 잠복기가 긴 것이 특징

㉡ **전염기** : 어른에서는 1주일 이내, 어린이에서는 3주까지 균을 배설한다.

⑤ **주요 증상**

㉠ 심한 설사와 복통을 호소하며 초기의 수양성 설사가 며칠 내 육안적 혈변으로 바뀐다(붉은 설사에서 완전 혈변까지 다양).

㉡ 중증인 경우 빈혈과 경련도 일어난다.

㉢ 발열이 없고 설사변에 백혈구가 없는 것이 다른 질환과 감별할 수 있는 특징이다. 대개 1주일이면 치유된다.

㉣ Shigella의 장독소를 생산하는 균주에 감염되면 용혈성 요독증후군(2~7%)이나 혈전성 혈소판감소증(노인에게서 발생되며 이때 치명률은 50%) 등의 합병증이 생길 수 있다.

㉤ 유아에서는 약 10%까지 합병되고 합병자 중에 2~7%가 사망하며, 고령자의 경우 용혈성 요독증후군의 사망률은 50%에 달한다.

㉥ 많은 경우 무증상이거나 온화한 설사를 하는데 대부분의 환자가 복통을 호소한다.

⑥ **치료법**

㉠ 대증요법. 반드시 의사의 검진을 받아 지시에 따른다.

㉡ 격리치료를 해야 하며, 설사로 인한 탈수를 보충하기 위해 적절한 수액요법을 실시한다.

㉢ 항생제 투여의 의의가 명확하지 않고 Sulfamethoxazole/Trimethoprim은 용혈성 요독증후군 같은 합병증을 촉진한다고 알려져 있어 항생제 사용에는 신중을 기해야 한다.

⑦ **예방법**

㉠ **1차 예방**

ⓐ **교육** : 철저한 개인위생, 병원체가 65℃ 이상에서는 사멸하기 때문에 육류는 익혀서 섭취, 과일이나 야채는 염소처리한 물로 잘 세척하여 섭취, 예방접종은 없다.

ⓑ **환경관리** : 주된 감염원인 소를 비롯한 가축사육 목장에 대한 종합적 감염 감시와 도축장 및 육류 가공 처리과정에 대한 오염방지대책을 수립하고 지속적인 감시를 실시한다.

㉡ **2차 예방** : 접촉자

검사를 받아서 감염시 균을 배출하지 않을 때까지 격리하고, 의심자는 식품취급이나 탁아행위를 금지한다.

㉢ 3차 예방

ⓐ **환자** : 항생제 치료 종료 48시간 후 24시간 간격으로 검사에서 2회 이상 균이 안 나올 때까지 격리 수용한다.

ⓑ 감염성 폐기물의 철저한 소독 및 환경관리를 실시한다.

(25) 장티푸스

① 임상적 특징

㉠ 장티푸스는 우리나라에서 가장 많이 발생하는(연중 발생) 토착성 감염병이다.

㉡ 예전에는 여름철에 가장 많이 발생(6~10월)하였으나 근래에는 해빙기인 3, 4월에 특히 환경위생이 불량한 곳에 집중 발생한다. 해빙기에 노후된 수도관의 파열이 많아지면서 발생하는 것으로 추측된다.

㉢ 병후 영구면역을 얻게 되는데, 예외로 약 2%의 재발률이 있다.

㉣ 예전에는 지방에서 많이 발생하였으나, 근래에는 대도시지역 발생률이 더 높다.

㉤ 발병 후 1주 이내는 혈액에서 발견되며 그 후 소변이나 대변에서 발견된다.

② 원인균 : Salmonella Typhosa

③ 전파경로

㉠ 환자의 대변이나 토물에 오염된 물 및 음식물을 매개로 하여 감염된다.

㉡ 파리가 오염물질로부터 다른 음식물에 세균을 전파한다.

㉢ 우리나라의 감염원은 대부분 오염된 우물물, 상수, 약수, 개천물이다.

④ 잠복기와 전염기

㉠ **잠복기** : 1~3주

㉡ 전염기

ⓐ 항생제 치료 종료 후 적어도 48시간이 지난 후에 24시간 간격으로 시행한 분변 배양에서 3회 연속 음성 결과가 나와야 한다.

ⓑ 가족 혹은 환자와 접촉한 사람은 적어도 24시간 이상의 간격으로 채취한 분변과 소변검사가 2회 연속 음성이 될 때까지 취식 및 육아 등의 일을 해서는 안 된다.

ⓒ 제대로 치료받지 않은 약 10%의 환자는 발병 후 3개월간 세균을 배출하며 2~5%는 영구 보균자가 된다.

⑤ 주요 증상

㉠ **1주** : 고열, 기침, 두통, 정신혼돈, 장미진(전흉부 등), 비출혈 등이 주요한 증상 및 징후이다.

ⓛ **2주** : 고열(계류열, 지속열), 헛소리, 의식혼미, 복부팽창, 회맹부 압통, 장출혈, 간과 비장의 비대, 열에 의해 서맥

ⓒ **3주** : 복부팽만이 더 심해지며, 치료하지 않을 경우 회장의 파이어판에 궤양이 생겨서 간헐적인 하혈이나 천공이 생기기도 한다. 중증에서는 중추신경계 증상도 생긴다.

ⓔ 치료하지 않을 경우 병의 경과는 3, 4주 정도이다. 일반적으로 설사보다 변비가 많다.

ⓜ 백혈구, 특히 호산구의 감소가 특징적이고 경증이 흔하나 중증의 비전형적 증상도 일어난다.

ⓑ 지속적인 발열, 무표정한 얼굴, 경도의 난청, 이하선염도 일어날 수 있다.

ⓢ 외과적 합병증으로는 장천공, 장폐색, 관절염, 골수염, 급성 담낭염, 농흉 등이 있다.

ⓞ 사망률은 10%이지만 조기에 항생제로 치료하면 1% 이하로 감소시킬 수 있다.

ⓙ 재발은 말기 치료의 5~10%에서 발생하고, 항생제 요법이 행해진 경우의 10~20%에서 생긴다.

ⓒ 경증 혹은 불현성 감염이 유행지역에서 흔하다.

⑥ **치료법**

㉠ 시원하고 조용한 환경을 만들어 준다.

㉡ 체력 유지를 위해 절대안정과 충분한 수면이 필요하다.

㉢ 고열이 계속되면서 많은 노폐물이 피부를 통해 배설되므로 피부를 청결히 해야 한다.

㉣ 항상 복부팽만의 위험이 있으므로 Gas가 생기지 않는 음식을 주어 이를 예방한다. 합병증으로 장출혈이나 장천공이 생길 수 있으므로, 야채나 과일 등 소화가 되지 않는 음식은 삼간다.

㉤ 환자 사용물품은 소독하여 격리 치료를 한다.

㉥ 항생제(클로람페니콜, 1일 23g 1개월간)를 투여한다.

㉦ 수분과 전해질을 공급한다.

㉧ 보균자는 엠피실린(1일 5~6g씩 1개월간)으로 치료하면 약 80~90%는 치료된다.

⑦ **예방법**

㉠ **1차 예방**

ⓐ **교육** : 철저한 개인위생과 안전한 식수와 음식 섭취, 과일 · 야채 · 어패류는 생식을 금하고 익혀서 섭취하도록 한다.

ⓑ **면역화** : 예방접종은 5세 이상에서 기본 접종 1회 후 매년 3년마다 추가 접종한다.

㉡ 2차 예방

ⓐ **정기검진** : 식품위생 종사자는 매년 1회, 이미용 종사자는 6개월에 1회 정기검진을 받아야 한다.

ⓑ **접촉자** : 감염되었을 경우 균을 배출하지 않을 때까지 격리한다.

㉢ 3차 예방

ⓐ **환자** : 항생제 치료 종료 48시간 후 24시간 간격으로 검사에서 3회 이상 균이 안 나올 때까지 격리 수용한다.

ⓑ 감염성 폐기물은 철저히 소독한다.

ⓒ **환경관리** : 화장실, 쓰레기통, 하수구 등에 대한 철저한 소독

⑧ 학교에서의 관리

㉠ 1군 감염병이므로 보건당국과 교육청에 신고한다.

㉡ 신고된 환자는 격리수용하고 환자가족과 접촉자, 보균자에 대해서는 감염병 예방에 필요한 계몽을 하고 예방 조치를 취한다.

⑨ 장티푸스 추정 위험군

㉠ 장티푸스 보균자와 밀접하게 접촉하는 사람

㉡ 장티푸스에 유행하는 지역으로 여행하는 사람 및 파병되는 군인

㉢ 장티푸스를 취급하는 실험실 요원

㉣ 간이 급수시설 지역 중 불안전한 급수지역 주민 및 급수시설 종사자

㉤ 집단급식소 종사자

㉥ 식품위생접객업소 종사자

(26) 조류인플루엔자(AI ; Avian Influenza)

① 개념

㉠ 조류인플루엔자란 닭이나 오리와 같은 가금류 또는 야생조류에서 생기는 바이러스(Virus)의 하나로서, 일종의 동물감염병이다.

㉡ 일반적으로 인플루엔자 바이러스는 A(고병원성), B(약병원성), C(비병원성)형으로 구분되는데, 이 중 A, B형이 인체감염의 우려가 있으며, 그 중 A형만이 대유행을 초래할 수 있다고 알려져 있다. 이 중에서 사람에게 인플루엔자 감염을 일으키는 바이러스의 형태로는, 일반적으로 3종류의 HA(H1, H2, H3)와 2종류의 NA(N1, N2)가 보고되고 있고, 조류의 인플루엔자 감염은 주로 H5형이나 H7형과 관련이 있는 것으로 알려져 있다. 그리고 이 중에서 H5N1 바이러스가 고병원성으로서, 우리가 알고 있는 가금류 조류인플루엔자 집단발생의 원인으로 알려져 있다.

㉢ 감염된 조류는 호흡기 증상과 설사, 산란율이 급격히 감소하며 볏이나 머리 부위에 청색증이 나타나고 깃털이 한 곳으로 모이는 현상이 나타나기도 한다.

② **조류에서 조류인플루엔자는 어떻게 감염되는가?**

조류인플루엔자는 바이러스에 감염된 조류의 콧물, 호흡기 분비물, 대변에 접촉한 조류들이 다시 감염되는 형태로 전파되고, 특히 인플루엔자에 오염된 대변이 구강을 통해 감염을 일으키는 경우가 많다. 따라서 조류의 호흡기 분비물이나 대변 등에 오염된 기구, 매개체, 사료, 새장, 옷 등은 조류인플루엔자 전파에서 중요한 역할을 한다.

③ 2003년 겨울부터 아시아 지역에서 유행하고 있는 H5N1 인플루엔자의 경우, 1997년에 이미 홍콩에서 인체감염을 일으켜 감염자 18명 중 6명이 사망하였고, 2006년 세계적으로 229명이 감염되어 그 중 131명이 사망하였다고 알려져 있다. 그러나 현재까지 H5N1 인플루엔자에 감염된 사람은 주로 닭이나 오리 등의 가금류와 밀접하게 접촉하여 감염되었다. 한국에서도 1996년, 2003년 12월 충북 음성에서 발생하여 전국적으로 확산되었으나 약병원성으로 인체에는 전염되지 않는 것으로 확인되었다.

④ 조류인플루엔자에 감염된 닭이나 오리와 같은 가금류를 사육하는 양계업자나 가금류의 살처분에 종사하는 사람들은 조류인플루엔자 바이러스에 지속적으로 노출되기 때문에 조류인플루엔자의 감염 위험이 높으므로 이들은 특별한 주의가 필요하다.

⑤ 사람이 조류인플루엔자 바이러스에 감염되면 38℃ 이상의 고열이 일어나면서, 기침, 인후통, 호흡곤란 등의 증상이 나타난다. 이러한 증상은 상기도 감염(감기)이나 일반적인 인플루엔자(독감)와 비슷한데, 이러한 증상이 나타나기 전 7일 이내에 닭이나 오리와 같은 가금류와 접촉하지 않았다면 조류인플루엔자를 의심하기보다는 상기도 감염과 같은 다른 질병을 의심해야 한다. 마찬가지로 조류인플루엔자가 유행하는 지역을 여행했던 사람이 여행 후 7일 이내에 열이 나거나 기침, 인후통, 호흡곤란 등의 호흡기 증상이 나타나면 즉시 보건소에 신고해야 한다.

조류인플루엔자가 발생한 농장은 물론 반경 3km 이내 농장의 닭이나 오리를 전부 살처분하고 반경 3~10km 이내 농장의 닭이나 오리에 대해서도 이동제한 조치를 하고 있다.

⑥ **호흡기질환 감염예방수칙**

㉠ 손을 자주 깨끗이 씻기

㉡ 환기를 자주 시키기

㉢ 호흡기 증상이 있는 경우는 마스크를 쓰고, 기침, 재채기를 할 경우는 휴지로 입과 코를 가리기

㉣ 손으로 눈, 코, 입 만지는 것을 피하기

㉤ 호흡기 증상이 있는 사람과 밀접한 접촉을 피하기

⑦ **식품의 안정성** : 조류인플루엔자 바이러스는 75℃ 이상에서 5분 이상 가열할 경우 사멸되므로 충분히 익혀서 섭취한다면 조류인플루엔자의 감염 가능성은 없다. 따라서

닭이나 오리를 요리할 경우 충분히 익히고 요리하는 사람도 손 씻기 등 개인위생을 철저히 한다면 조류인플루엔자의 인체감염 위험은 없다.

(27) 중증급성호흡기증후군(SARS)

2002년 겨울 중국에서 발생하여 세계적으로 확산되었던 신종전염병

① **원인균** : 사스 코로나바이러스(SARS-coV)

② **전파경로** : 환자의 호흡기 비말이나 오염된 매개물을 통해 점막의 직간접 접촉에 의한다.

③ **평균 잠복기** : 4~6일

④ **주요 증상** : 발열, 권태감, 근육통, 두통, 오한, 기침, 호흡곤란, 설사 등의 발병이 2주째에 나타난다. 중증환자는 급속히 호흡부전이 진행된다.

(28) 지카바이러스 감염증

① **개요** : 1947년 우간다 붉은털원숭이에서 바이러스가 최초로 확인되었고, 인체감염사례는 1952년 우간다와 탄자니아에서 처음 보고되었다.

② **전파경로**

㉠ **주된 전파** : 숲모기에 의한 전파로 감염되며 감염자와 일상적인 접촉으로 감염되지 않는다(이집트 숲모기가 주된 매개체이나 국내 서식하는 흰줄 숲모기도 전파 가능).

㉡ **수혈 전파** : 잠재적으로 수혈에 의한 전파 가능성 제기

㉢ **성접촉에 의한 전파** : 성접촉에 의해 감염되었을 가능성 있는 사례 보고가 있으며, 감염회복 후 2주까지 정액에서 바이러스 확인

③ **임상적 특징**

㉠ **증상** : 특징적인 증상은 37.5℃ 이상 발열 또는 반점구진성 발진과 함께 관절통, 결막염, 근육통, 두통의 증상이 약하게 3~7일 나타나는 것으로 대부분 별다른 치료없이 회복된다. 다만 최근 신생아 소두증과의 연관성이 제기되고 있어 임신한 여성은 발생 국가 여행을 연기할 것을 권고하고 있다.

㉡ 증상은 3~7일 정도 경미하게 진행되며 약 80%는 불현성 감염

㉢ **합병증** : 지카바이러스 감염 증가로 인해 소두증 신생아 출산 증가와 길랑바레증후군 증가 경향이 보고되고 있으나 원인 여부에 대해서는 조사가 진행 중이다.

④ **진단을 위한 검사기준**

㉠ **확인진단**

ⓐ 급성기 혈액에서 바이러스 분리

ⓑ 검체에서 바이러스 항원 또는 유전자 검출

㉡ **추정진단** : 급성기 혈청에서 IgM 항체 검출

⑤ **치료법**

㉠ 충분한 휴식 및 수분 섭취하면 대부분 회복

ⓛ 통증 등 증상이 지속될 경우 대증치료

(29) 홍역

① 임상적 특징

㉠ 홍역은 건조한 계절과 관계가 있으며, 주로 늦은 봄철(4, 5월)이나 초겨울에 발생된다.

ⓛ 예방접종을 받지 못한 15개월 미만의 영아나 학령전기에 호발 → 최근 10대 및 젊은 성인에게도 발생빈도가 증가하였다.

ⓒ 백신이 개발되기 이전 자연상태에서는 집단면역 수준에 의해 결정된 유행이 주기적으로 발생했었다. 인구가 조밀한 지역에서는 2~3년마다, 인구가 흩어져 사는 지역에서는 7~9년마다 발생한다.

ⓔ 우리나라의 경우 예방접종사업이 시행되고 있음에도 불구하고 소아성 신고 감염병 중에 발생률이 가장 높은 편이다.

② 원인균 : Measle Virus(홍역 바이러스)

③ 전파경로

㉠ 환자의 재채기나 비말에 의한 직접전파

ⓛ 콧물이나 인두분비물로 오염된 물품에 의한 간접전파

④ 잠복기와 전염기

㉠ 잠복기 : 열이 날 때까지 8~13일(평균 10일)

ⓛ 전염기 : 발진 출현 전 5일~출현 후 7일

ⓐ 전염력은 전구기에 가장 강력하다.

ⓑ 발진 출현 2일 후부터는 전염성이 최소로 감소한다.

⑤ 주요 증상

㉠ 발진 전구기(카달기) : 전염력이 가장 강하다.

ⓐ 발열 초부터~발진이 나타날 때까지 3~6일간

ⓑ 발열(38.3℃ 이상), 권태, 결막의 발적 및 수명, 기침, 콧물

ⓒ 전구기 말, 결막염이 있은 후 회백색 Koplick 반점이 1번째 하구치 맞은편의 구강점막(구강 내 협부 점막)에 수개~수백개 출현한다. 이 반점은 발진 1~2일 전에 나타나 발진 후 12~18시간 내에 소실된다.

ⓛ 발진기(4~5일간)

ⓐ Koplick 반점이 나타난 후 24~48시간 후 발진 시작

ⓑ 발진이 나타나는 순서는 귀 뒤부터 목의 측면, 얼굴, 전신(가슴, 배), 팔, 다리로 퍼지고 얼굴에서 가장 심하다.

ⓒ 3일 이상 지속되며, 이 후 발진이 난 순서대로 소실된다.

ⓓ 발진은 초기에 선홍색의 구진이다가 차츰 융합되어 암갈색으로 변하고 회복기가 되면 색소침착이 된다. 색소침착은 수주~수개월 동안 홍역을 앓은 자국으로 남는다.

ⓔ 임상증상은 발진 출현 후 2~3일간 가장 심한데, 40℃ 이상의 고열이 나며 몹시 괴로워 하지만 그 후 열이 내리고 기침이 적어진다.

㉢ **회복기**

ⓐ 발진 후 4~5일간으로 열이 떨어지고 카타르 증상이 감퇴한다.

ⓑ 발진은 나타난 순서대로 쇠퇴한다.

ⓒ 퇴색하며 쌀겨 모양으로 떨어진다. 손과 발은 벗겨지지 않으며 이 시기에 합병증이 잘 생긴다.

ⓓ 합병증으로 기관지염, 급성중이염, 급성뇌염, 홍채염, 각막궤양, 경부임파절염, 뇌수막염, 폐렴, 결핵이 악화된다.

ⓔ 아주 어리고 영양이 불량한 아동의 경우 치명률은 5~10% 이상이 될 수 있다.

⑥ **치료 및 관리**

㉠ 특수치료법 없이 대증요법으로 한다. 합병증에 대한 치료가 중요한데, 합병증시 적합한 항생제를 사용한다.

㉡ 적절한 휴식과 영양 공급, 수분은 충분히 섭취

㉢ 피부 간호

ⓐ 중조나 황산마그네슘을 가한 온수목욕으로 소양감을 감소시킨다.

ⓑ 손톱을 짧게 하여 긁지 않도록 하고 2차 감염을 예방한다.

㉣ 눈 간호

ⓐ 분비물이 많으면 2% 붕산수로 세척한다.

ⓑ 수명현상이 있으면 방을 어둡게 하거나 색안경을 씌워주며, 직사광선은 피한다.

㉤ 입 · 코 간호

ⓐ 식염수, 방부제로 양치질한다.

ⓑ 콧 속을 헐지 않게 한다.

㉥ 열이 심할 때 해열제를 사용한다.

㉦ 직접, 간접접촉으로 전염될 수 있으므로 격리가 필요하다.

㉧ 보건소에 신고한다.

㉨ 발진 이후 적어도 4~5일간 격리한다.

㉩ 합병증 우려, 생백신 금기자는 6일 이내 면역글로블린 주사 3개월 뒤 홍역 생백신을 접종한다.

⑦ **홍역 예방접종 금기사항**

㉠ 열이 있는 급성 질환자

㉡ 현재 병을 앓고 있거나 병후 쇠약자 및 영양장애자

㉢ 결핵, 심장병, 위장병, 간장질환, 각기증 및 설사환자

㉣ 알레르기성 체질자 및 과민성 환자(달걀 또는 닭고기에 과민반응)

㉤ 임신

㉥ 스테로이드계통의 면역억제 치료약품을 현재 또는 최근에 복용자

㉦ 홍역, 볼거리, 수두 등은 이환 후에 뇌염을 일으킬 가능성이 있는 병이기 때문에 1개월 이상 지난 후 예방접종을 하는 것이 바람직하다.

㉧ 어머니로부터 받은 수동면역이 지속되고 있는 신생아

㉨ 전신의 심한 피부질환

⑧ **홍역 예방접종(MR백신) 후 부작용(경한 증상)**

㉠ **접종부위 통증, 발적**

ⓐ 예방접종 부위가 아프거나 붉어지거나 붓는 증상

ⓑ 통상적으로 접종 후 24시간 이내에 발생

㉡ **발열**

ⓐ 중등도 혹은 고열 발생(약 5~15%)

ⓑ 통상적으로 접종 후 7~12일 사이에 호발, 1~2일간 지속, 1주일까지 나타날 수 있으며, 하루나 이틀 정도 지속

ⓒ 감염병으로 인한 발열과 달리 심하지 않으며 자연 소실되고 접종 당일 발생하는 발열은 백신으로 인한 것이 아니다.

ⓓ 아주 드물게 고열 때문에 경련을 일으킬 수 있다.

㉢ **발진, 두드러기**

ⓐ 전신적 혹은 국소적으로 나타나는 붉은 반점(약 5%)

ⓑ 가려움증 동반할 수 있다.

ⓒ 통상적으로 접종 후 3일 이전에 나타나는 경우는 드물고, 7일부터 10일 사이에 주로 발생

ⓓ 통상 2일간 지속

㉣ **임파선종대, 임파선염**

ⓐ 목 주위의 임파선이 커지고 만지면 통증이 유발된다.

ⓑ 통상적으로 접종 후 1~3주 사이에 주로 나타난다.

㉤ **관절통, 관절염**

ⓐ 접종 후 1~3주에는 관절의 통증, 경직 또는 부종이 나타난다.

ⓑ 접종자 10만명당 3명꼴로 발생한다.

ⓒ 3일 이상 지속될 수 있으며 여자 어린이에서 더욱 흔하다.

⑨ 홍역 예방접종(MR백신) 후 부작용(심한 증상)

㉠ 심한 알레르기 반응 : 독성 홍반과 만성 담마진(두드러기)

㉡ 아나필락시스 : 접종 후 30분 이내 발생

㉢ 혈소판 감소증

ⓐ 몸에 나타나는 출혈성 반점

ⓑ 접종자 3만명~백만명당 1명에서 나타날 수 있다.

㉣ 뇌염, 뇌증

ⓐ 의식 혼탁, 특이 행동, 심한 두통, 경련, 국소 신경학적 결함 등의 증상

ⓑ 접종자 백만명당 1명에서 나타날 수 있다.

ⓒ 접종 후 30일 이내 발생

㉤ 경련, 열성경련

ⓐ 갑작스런 의식변화 및 발작

ⓑ 통상적으로 접종 후 7~14일에 주로 발생

㉥ SSPE(Subacute Sclerosing Panencephalitis, 아급성 경화성 전뇌염)

ⓐ 처음에는 성격변화, 지능저하, 점진적으로 경련, 간대성 근경련, 혼수에 이르는 진행성 뇌염

ⓑ 백신접종 후 발생률 0.7/백만, 평균 감염 후 3.3년에 나타난다.

(30) 후천성면역결핍증(AIDS)

① 원인균 : 인체면역결핍 바이러스(HIV)

② 전파경로

㉠ 체액접촉 : HIV에 감염된 사람의 직접 성접촉(이성, 동성)

㉡ HIV에 감염된 사람의 혈액접촉 : 정맥 내 약물 남용자, 혈액이나 혈액제제의 수혈, 피부를 자르거나 구멍을 뚫을 때 소독 안된 기구 사용, 감염된 장기 이식

㉢ HIV에 감염된 모체로부터 태아에게 태반 감염

③ 잠복기 : 6개월에서 7년 이상(평균 2년)

④ 전염기 : 증상이 나타나지 않는 잠복기부터 증상이 나타나 사망할 때까지

⑤ 주요 증상

㉠ 1단계 : 항체는 양성이나 증상은 전혀 없는 건강보균자이다. 검사로만 감염의 사실을 알 수 있다.

㉡ 2단계 : AIDS와 관련된 복합증상에 노출된 ARC(AIDS-Related Complex)이다. 에이즈 바이러스가 몸에 침투한 후 평균 1~3주, 길게는 3개월이 지난 뒤 발열, 인두염, 림프절 종대, 관절통, 근육통, 식욕감퇴, 체중감소, 피부발진, 구강 칸디다증(곰팡이증), 구토, 설사 등의 급성 증후군이 오는데, 이는 약 1~2주 동안 지속되

다가 대개는 저절로 없어진다. 그 후 무증상기가 있는데, 에이즈 바이러스에 감염된 후 말기 에이즈 증상이 나타날 때까지 평균 약 8년이 걸린다.

㉢ **3단계** : 심한 면역결핍증과 치명적인 이차감염이나 악성종양이 나타나는 단계이다. 면역결핍으로 인한 다양한 증상을 보이면서 후기 및 말기 증상기로 접어들며, 면역기능이 완전히 소실된 상태에서 주요 기관이 균에 의해 감염되면 사망하게 된다. 주요 증상으로 다발성 기회감염, 독성반응, 카포시 육종, Carinii 폐렴 등이 나타난다.

⑥ **치료법** : 현재는 치료방법이나 예방백신이 없으며, 예방만이 우선책이다.

⑦ **예방법**

㉠ **체액접촉에 의한 감염예방**

ⓐ 책임 있고 건전한 성행위를 한다.

ⓑ AIDS가 의심되거나 걸린 사람과의 성관계는 피한다.

ⓒ 성 대상자는 한 명으로 제한한다.

ⓓ 콘돔을 사용한다.

㉡ **혈액에 의한 감염예방**

ⓐ 모든 혈액 및 혈액성분에 대한 철저한 검사를 시행한다.

ⓑ 수혈시 반드시 검사 여부 및 결과를 확인한다.

ⓒ 감염의 요인이 있는 사람이나 의심되는 사람은 헌혈 및 장기기증을 하지 않도록 한다.

ⓓ 빈혈 등 혈액질환이 진전되지 않도록 적절한 치료와 예방에 힘쓴다. 즉, 가능하면 수혈을 피한다.

ⓔ 건강할 때 자신의 혈액을 뽑아 보존했다가 필요시 본인의 혈액을 수혈받도록 한다.

ⓕ 혈우병 환자는 가열처리된 농축 응고제를 이용하도록 한다.

㉢ **태반감염 예방** : 부부 중 한 사람이라도 AIDS에 감염되었을 때, 아이를 가지려면 반드시 의사와 상담한다.

㉣ **기타** : 모든 의료기구는 소독을 철저히 한다.

⑧ **환자발견 및 등록**

㉠ **HIV에 감염되기 쉬운 고위험군**

ⓐ 한 사람 이상의 성 상대자를 가진 사람

ⓑ 충동적인 성행위를 할 수 있는 젊은이들

ⓒ 군인들

ⓓ 접객업 종사자

ⓔ 성 지식이나 에이즈 관련 지식이 적절하지 못한 사람
ⓕ 항문성교나 구강성교를 하는 사람들

㉡ 상담내용
ⓐ 안전한 성 행위의 권장
ⓑ 성병 발생시에 즉각 치료를 받도록 의료시설과 연관시키는 것
ⓒ 취약한 건강상태에 있을 때에 HIV검사를 받도록 격려하는 것

㉢ HIV검사를 받아야 하는 대상자
ⓐ 스스로 위험하다고 느끼는 자
ⓑ 성병 환자
ⓒ 정맥용 약물남용자
ⓓ 오염의 우려가 있는 혈액 수혈자
ⓔ 주산기의 고위험 여성
ⓕ HIV 감염증상 의심자
ⓖ HIV 감염 여성의 아기

⑨ HIV 혈청검사 결과 해석

양성 검사결과의 해석	음성 검사결과의 해석
㉠ AIDS바이러스에 대한 항체가 혈액에 존재한다. ㉡ AIDS바이러스에 감염되었고 신체는 항체를 만든다. ㉢ 아마도 활동성 HIV를 몸에 가지고 있을 것이고 다른 사람들에게 바이러스를 옮길 수 있다고 가정해야 한다. ㉣ 반드시 AIDS를 가진 것은 아니다. ㉤ 앞으로 반드시 AIDS에 걸리는 것은 아니다. ㉥ AIDS에 대한 면역자가 아니다. ㉦ HIV혈청 양성이라면 혈액, 혈청, 신체장기, 정액을 기증하지 않는다. ㉧ HIV혈청 양성이라면 다른 HIV혈청 양성인 사람과 비보호적인 성행위를 하지 않는다(교차 감염으로 질병의 심각성을 더 증가시킬 수 있으므로).	㉠ AIDS바이러스에 대한 항체는 현재 당신의 혈액에 존재하지 않는다. ⓐ 당신이 HIV에 감염되지 않았거나 ⓑ HIV에 감염되었지만 항체를 만들어내지 않았음을 의미할 수도 있다. ㉡ AIDS에 대해 계속적인 예방을 해야 함을 의미한다. ⓐ 음성 검사결과는 AIDS에 대한 면역이 있음을 의미하지 않는다. ⓑ 감염되지 않았다는 것을 의미하지도 않는다. ⓒ 단지 신체가 아직 항체를 생산하지 않았음을 나타낸다. ⓓ 주사바늘, 면도기, 칫솔, 성행위 기구 등이나 혈액에 감염된 물건을 같이 사용하지 않는다.

⑩ AIDS환자 교육내용
㉠ 질환의 기본적 병태생리와 진행
㉡ 약물의 사용목적, 용량, 효과, 부작용, 투여방법, 상호작용

㉢ 고단백질, 고칼로리 식이로 최적의 영양상태 유지의 중요성

㉣ 좋은 위생상태의 유지와 그 중요성

㉤ 감염의 예방과 조기발견

㉥ HIV의 전파 예방방법

㉦ 보고해야 할 증상과 징후

㉧ 추후관리의 중요성

㉨ 지역의 AIDS기구의 이름과 위치

⑪ 질환의 특성

㉠ HIV는 혈액, 정액, 타액, 눈물, 유즙, 뇌척수액에서 발견된다.

㉡ HIV는 60℃ 이상, 20분간 자비소독시 또는 표백제 사용시 파괴가 가능하다.

⑫ HIV감염자 관리

㉠ 3개월 간격으로 면담하고 주소이전 등 변동사항이 있으면 수시로 연락이 되도록 한다. 면담시 점검할 내용으로 건강상태, 결혼 여부, 주거변동 사항, 임신 여부, 경제적 사항, 현 직업, 양성자로서 사회적응 유도, AIDS에 대한 지식, 전파방지를 위한 노력 등이 있다.

㉡ 배우자의 항체결과 음성인 경우 6개월 마다 반복검사를 하고, 6개월에 1회씩 면역기능검사를 실시한다. 면역기능 저하시 주의사항을 본인에게 통보하며, 필요시 관리병원과의 연계를 확립시킨다.

㉢ 질병 발생시 즉시 관리병원에서 진료를 받을 수 있도록 하고 만일 에이즈로 발병되었을 경우 보건복지부에 보고한다.

㉣ **건강보호** : HIV감염자가 AIDS환자로 이행되는 과정을 지연시키기 위해 주로 약물요법과 적절한 섭생을 통한 영양관리가 실시되어야 한다.

㉤ 감염경로에 대해 역학조사를 즉시 실시하도록 한다.

㉥ 남편이 감염자라 하더라도 산모가 비감염자일 경우 그 신생아는 비감염 상태이므로 혈액을 채취할 필요는 없다.

㉦ 항체 양성자가 출산했을 경우, 보건복지부에 인적사항과 출산내용, 출산방법, 출산병원, 영아의 건강상태 등을 보고하고, 출생 후 15개월부터 시작하여 6개월 간격으로 2회 혈액을 채취, 혈청을 분리하여 국립보건원으로 송부한다.

(31) 콜레라

① 임상적 특징

㉠ 복통을 동반하지 않은 대량의 수양성 설사, 급속한 탈수증, 산증과 순환기계 쇼크를 동반하는 급성 세균성 소화기계 질환

㉡ 현성 감염보다는 무증상 감염(불현성 감염)이 더욱 많으며 가벼운 경우에는 설사

증상만 보이기도 하는데 특히 최근 유행하는 엘토르형은 무증상 감염이나 임상증상이 가벼운 경우가 많다.

㉢ 이른 여름에 시작하여 한여름에 발병한 후 늦가을까지 계속된다.

㉣ 치료하지 않을 경우 수시간 내 사망할 확률이 50%를 넘을 수도 있으나 치료시 치명률은 1% 이하이다.

㉤ 국내 토착하고 있는 병은 감염증은 아니며, 육로, 해상, 항공로 등을 통한 수입병의 하나이다. 일종의 빈민병으로 알려져 있다.

㉥ 여성보다 남성이 높고 소아와 노인에게 높다.

② **원인균** : 고전형 콜레라와 엘토르형 콜레라, Vibrio Cholerae 01, Vibrio Cholerae

③ **전파경로**

㉠ 콜레라 환자의 대변이나 토물에 오염된 물 및 음식물을 매개로 하여 감염된다.

㉡ 날 것 또는 설익은 해산물, 특히 최근에는 조개, 새우, 게 등 패류가 원인이 된다.

㉢ 위생처리되지 않은 하수로 씻은 채소와 과일도 매개체 역할을 할 수 있다.

④ **잠복기와 전염기**

㉠ **잠복기** : 수 시간에서 5일간이며 통상 2~3일이다.

㉡ **전염기** : 발병 후 1주일간 전후이며 주 증상이 없어진 후 수일(2일)간이지만 예외적으로 배균이 길어지는 경우도 있다. 보균자는 몇 달까지도 전파가 가능하다.

㉢ 사람과 사람으로의 직접전파는 희박하다.

⑤ **주요 증상**

㉠ 특징적인 경우는 갑작스럽게 통증이 없는 심한 수양성의 쌀뜨물 같은 설사(생선냄새), 구역, 구토를 시작으로 적절히 수액공급을 해주지 않으면 급격하게 탈수, 산증(Acidosis), 순환 허탈에 빠진다.

㉡ 소아에서는 저혈당, 신부전으로 진행한다. 불현성 감염이 많고, 특히 소아에서는 설사만 나타나는 경증인 경우가 많으며, 보통은 설사 발생 후 4~12시간 만에 쇼크에 들어가고, 18시간~수일 내에 사망한다.

㉢ 중증에서 치료하지 않으면 수시간 내에 사망에 이르고 사망률은 50% 이상에 달하지만, 적절히 치료하면 사망률은 1% 이하이다.

㉣ 배꼽주위의 경련, 사지의 청색증, 근경련

⑥ **감수성과 저항성**

㉠ 소아가 성인에 비해 2~10배의 높은 감수성을 보인다.

㉡ **위산결핍증자와 저소득층의 밀집지역에서 다발** : 엘토르 콜레라의 경우 40대 이후 연령 증가와 더불어 발생률이 증가하였다. 남성이 여성보다 많으며 나이가 많고 경제상태가 낮은 일일노동자, 어부, 도시변두리의 저소득 생활자, 무직자에게 두드러지게 발생하였다. 이는 비위생적인 환경에서 제대로 요리되지 않은 해산물을

자주 섭취하고 더구나 막걸리나 소주와 같은 알코올을 마셔 위산이 중화된 상태에서 오염된 음식을 먹었기 때문이라 해석된다.

㉢ 고전적 콜레라의 56~77%가 20세 전후에서 가장 낮고 연령이 많아질수록 높았던 반면, 엘토르 콜레라는 10% 이하이며 여성보다 남성이 높으며 소아와 노인에게서 높다.

⑦ 치료법

㉠ 수액 및 전해질 보충이 가장 중요하며 경구섭취가 가능한 경우는 경구투여하고, 탈수가 심한 경우는 신속하게 정맥 투여한다.

㉡ 항균제는 반드시 필요하지는 않으나, 이환기간을 단축시키고, 수분손실을 줄여주며, 균 배출기간을 단축시킬 수 있다.

⑧ 환자 및 접촉자 관리

㉠ 환자의 장내배설물에 오염된 물건은 크레졸 등으로 철저히 소독한다.

㉡ 항생제 치료 종료 48시간 후부터 24시간 간격으로 2회 대변 배양검사가 음성일 때까지 격리한다.

㉢ 환자와 접촉하는 모든 사람은 손 씻기 등 철저한 개인위생관리를 한다.

㉣ 환자와 음식, 식수를 같이 섭취한 접촉자는 마지막 폭로 가능시점부터 5일간 발병 여부를 감시한다.

⑨ 콜레라 환자와 접촉하거나 공동폭로자에 대한 관리

㉠ **검체 채취** : 환자와 음식, 식수를 같이 섭취한 공동폭로자나 접촉자는 검체를 채취하여 콜레라 감염 여부를 검사한다.

㉡ 발병 여부 관찰

ⓐ 환자와 음식, 식수를 같이 섭취한 공동폭로자나 접촉자는 마지막 폭로 가능 시점부터 5일간 발병 여부를 감시한다.

ⓑ 발병 즉시 콜레라 의사환자로 간주하여 격리 및 신고 후 방역 조치한다.

㉢ 예방적 화학요법

ⓐ 독시사이클린, 에리스로마이신 등

ⓑ **대상** : 2차감염의 가능성이 매우 높은 경우로서 확진환자, 접촉자나 폭로음식을 복용한 자 중 설사를 하는 사람

⑩ 예방법

㉠ 1차 예방

ⓐ **교육** : 4대 수칙

- **손 씻기** : 화장실 다녀온 뒤, 음식 만들기 전, 식사하기 전(학교에서는 비누 배치를 해둔다)

- 물은 반드시 끓여 먹고, 음식물은 반드시 익혀 먹으며 오염이 가능한 음식물은 섭취하지 않는다.
- 조리기구는 흐르는 물에 세척 및 철저히 소독한다.
- 음식물은 오래 보관하지 않는다.

ⓑ **면역화** : 예방접종(단, 유행시에는 별 도움이 안된다)

㉡ **2차 예방**

ⓐ **접촉자** : 검사를 받아서 감염이 되었을 때 균을 배출하지 않을 때까지 건강격리한다.

ⓑ 의심자는 120시간 동안 감시한다.

㉢ **3차 행위**

ⓐ **환자** : 항생제 치료 종료 48시간 후 24시간 간격으로 검사하여 2회 이상 균이 안 나올 때까지 격리한다.

ⓑ 감염성 폐기물은 철저히 소독한다.

ⓒ **환경관리** : 특히 화장실, 쓰레기통, 하수구 등에 대한 철저한 소독

㉣ **소독**

ⓐ 교내 소독 및 기구는 자불소독한다.

ⓑ **식수 위생관리 및 학교에서 제공하는 음용수 끓여 공급** : 상하수도 완비와 음료수 정화, 염소소독이 관리에 있어 중요하다.

ⓒ 환자의 대소변 및 오염이 되었다고 인정되는 물품은 소독한다.

ⓓ 원인 음식이 무엇인지를 알아내어 그 음식을 검사해 보도록 하고 음식을 폐기한다.

㉤ **급식소 관리**

ⓐ 급식시설에 대한 정기적인 세균검사 및 소독

ⓑ 조리 종사자에 대하여 수인성 감염질환에 대한 정기검사 실시

㉥ 보균자, 접촉자는 음식물 조리 등에서 제외

㉦ 분뇨, 오물, 하수 위생점검

㉧ 위생해충, 쥐 구제

㉨ 오염원에 따라 유통중지, 폐기처분, 소독 등의 조치

⑪ **학교에서의 관리**

㉠ **건강관찰 및 상담을 통한 환자의 조기 발견 및 조기 치료**

ⓐ 학급조회 또는 종례시에 학급 담임교사가 관찰

ⓑ 건강이상 학생에 대한 상담 및 보건(담당)교사의 협조

ⓒ 학교에서는 격리(등교중지 · 자가치료)하였으나 이 환자가 학원(교습소)에서 전염시키는 사례를 차단

ⓓ 「학교보건법」 제7조 및 「학교건강검사규칙」에서 정한 건강검사 철저

㉡ **학교 환경위생관리 철저** : 취약환경 및 병원소 관리를 통한 감염원 제거

ⓐ **수질검사를 통한 안전수 공급 및 온수 제공**

- 저수조가 먹는 물 부패의 온상이 되지 않도록 내부청소(연 2회) 및 상태점검(매월 1회) 실시
- 지하수 사용학교의 먹는 물 염소소독(잔류염소 항시 0.1ppm 이상 4.0ppm 이하 유지) 및 연 4회 수질검사 철저

ⓑ **분뇨, 오물, 하수의 위생처리 및 방역소독** : 교내 하수구 및 취약지역 대청소 · 소독 및 방역활동 강화, 화장실 소독강화, 공동수건 비치금지

ⓒ **급식학교의 경우에는 취사장, 조리장, 식품보관창고의 위생관리 철저** : 학교급식 실시교, 기숙사 · 생활관 · 구내식당 등 집단급식소 소독 및 식품위생관리 강화

ⓓ **구충 · 구서 철저** : 학교 내외 위생해충 서식가능 취약지역의 전반적인 환경위생 개선

㉢ **보건교육의 강화**

ⓐ 다양한 보건교육(학교장 재량시간, 보강수업 등 비정규교육시간 확보) 활동을 통한 학생의 자기건강관리 능력 배양

ⓑ 개인 위생생활의 습관화 지도

㉣ **면역력 증강**

ⓐ **학교 예방접종은 감염병예방법 및 표준예방접종지침(보건복지부)이 정한 바에 따라 시장 · 군수 · 구청장 주관하에 실시** : 학교장은 사전예진(학부모의 예방접종 동의서 첨부 등)을 통해 정확한 대상에게 안전하게 접종함을 원칙으로 시행

ⓑ 균형있는 영양섭취 및 운동을 통한 건강생활 습관형성 지도

㉤ **감염병 발생시의 대책**

ⓐ 발생 신고 및 보고

ⓑ 격리 및 등교중지, 임시휴업 및 휴교

ⓒ 질병만연 방지

(32) **파라티푸스**

① **원인균** : 살모넬라 파라타이피

② **병원소** : 사람이 주 병원소이며 드물게 가축일 때도 있다.

③ **전파경로**

㉠ 환자나 보균자의 대변으로부터 전파

㉡ 오염된 음식, 즉 고기, 우유제품, 조개 등으로부터 전파

④ **잠복기** : 장염형은 13주이고, 위장염형은 110일이다.

⑤ **전염기** : 보통 초발증상의 발현시기로부터 회복 후 수주 내지 수개월(보통 회복 후 12주) 배설된다.

⑥ **주요 증상**

㉠ 장티푸스보다 약한 증상

㉡ 기관지염, 오한, 두통, 근육통

㉢ 설사, 복통

㉣ 장출혈과 장천공 가능

㉤ 맥박 불규칙, 빈맥

⑦ **환자 및 접촉자 관리**

㉠ 파라티푸스 환자를 식중독으로 오진하여 제때에 치료하지 못하는 경우가 많다.

㉡ 균이 배출되지 않을 때까지 격리한다.

㉢ 기타 장티푸스 관리와 동일하다.

⑧ **예방법**

㉠ 장티푸스 예방법과 동일하게 관리한다.

㉡ 지역사회에 보균자가 있다면 하수도는 수시로 오염될 수 있다. 따라서 물이나 하수도의 균 유무 검사가 필요하다.

(33) 파상풍

① **임상적 특징**

㉠ 흙 속에 있던 아포가 피부상처를 통해서 침입하여 감염을 일으킨다. 척수전각을 침범하여 근골격의 강직과 발작 등을 일으키는 강력한 신경독소로 파상풍의 특이한 증상을 일으킨다.

㉡ 신생아의 탯줄을 끊을 때 감염되는 신생아 파상풍은 가난하고 비위생적인 환경에 사는 저개발국에서 많이 발생한다.

② **원인균** : 파상풍균 Clostridum Tetani

③ **전파경로**

㉠ 흙, 먼지, 사람 및 동물의 대변이 병원소로서 피부나 점막의 상처, 신생아 배꼽을 통해 침입한다.

㉡ 주로 깊은 관상통이나 자상에 의해 조직괴사를 일으킨 상처에서 발생한다.

㉢ 미국에서는 마약중독자의 주사부위 오염으로 발생하는 경우도 11%나 된다.

④ **잠복기와 전염기**

㉠ **잠복기** : 3일~3주(평균 10~14일), 상처의 크기부위, 들어간 균량에 따라 달라진다.

㉡ **전염기** : 사람에서 사람으로 전염되는 일은 없다. 건조상태에서는 15년 이상 균이 생존할 수 있으며, 특히 녹슨 못과 흙에 널리 분포되어 있다.

⑤ 주요 증상

㉠ 급성으로 나타난 과긴장(Hypertonia), 특히 복부강직이 첫번째 증상이다.

㉡ 통증을 수반하는 근육수축-목, 턱(Contraction) 아관긴급(Trismus Locjaw)이 나타나 입을 열지도 삼키지도 못한다.

㉢ **전신적 근육경련(Muscle Spasm)** : 사소한 자극(소리, 빛, 흔들림 등)에도 경련이 일어난다.

㉣ Risus Saldonicus 안면경련으로 비웃는 듯한 얼굴 표정

㉤ **전신경련시 후궁반장** : 목과 등이 경직되어 활모양으로 등쪽으로 휜다.

㉥ 때로는 호흡근이 마비를 일으켜 사망하기도 한다.

⑥ 치료법

㉠ 환자는 약간 어두운 방에 가능한 한 실내물품은 없이 하고 조용하게 둔다.

㉡ 실내는 따뜻하고 샛바람이 없어야 한다.

㉢ 환자를 진정시킨 후 항파상풍 혈청을 주사한다.

㉣ 창상의 2차감염과 합병증을 예방하기 위해 페니실린(최소 10일간 치료)을 사용한다.

㉤ 모든 괴사조직에서 이물을 즉시 제거한다(괴사조직에서 파상풍간균이 자라기 쉽다).

㉥ 적절한 호흡기도 유지한다.

㉦ 진정제 및 근이완제를 투여한다.

⑦ 예방법

㉠ 흙, 대변 같은 것에 오염된 상처는 적절히 처치해 둔다.

㉡ 외상 특히 오염된 창상이 있는 자로서 과거에 접종을 받은 자는 보강 추가접종을 한다.

㉢ 생후 2개월부터 맞는 DPT 능동면역을 실시하고, 면역은 10년간 지속된다.

(34) 풍진

① 임상적 특징

㉠ 홍역이나 성홍열과 비슷한 홍반성 발진을 동반한 비교적 경미한 전신적 감염질환이다. 소아들의 경우 전신적 증상이 없으나 성인은 미열, 두통, 전신쇠약감, 감기, 결막염 등의 전구증상을 나타낸다. 특히 성인 여성에게 합병증으로 관절통이나 관절염이 발생한다.

㉡ 임신 초기 3개월에 걸리면 90% 이상에서 선천성 풍진증후군이 발생한다. 또한 자궁 내 태아 사망, 자연 유산, 주요기관의 선천성 기형이 될 위험이 높다.

㉢ 겨울과 봄에 호발한다.

㉣ 예방접종이 시행되기 전에는 소아질환이었지만 이후 청년기나 성인에게 더 자주

발생한다(특히 수용소, 대학, 군대 내 유행 등).

② **원인균** : Togaviridae과의 Rubivirus속의 Rubella Virus(풍진바이러스)

③ **전파경로**

㉠ 감염자의 비인두 분비액의 비말(공기)이나 직접접촉에 의해 감염된다.

㉡ 콧물이나 인두분비물로 오염된 물품에 의한 간접전파

㉢ 선천적 감염

㉣ 선천성 풍진증후군에 걸린 소아는 고농도의 바이러스를 배출하므로 중요한 감염원이 된다.

④ **잠복기와 전염기**

㉠ **잠복기** : 14~21일, 보통 18일

㉡ **전염기**

ⓐ 발진 출현 전 7일(전염력이 가장 강하다)~출현 후 7일

ⓑ 선천성 풍진아는 바이러스 배출기간이 1년 이상

⑤ **주요 증상**

㉠ **전구기**

ⓐ 귀 뒤, 목 뒤, 후두부의 임파절이 붓는 것이 특징이다.

ⓑ 만지면 아프고 발진 하루 전 나타나 1~2주 계속될 수도 있다.

ⓒ 미열, 두통, 피로, 경한 호흡기 증세, 결막염 등

㉡ **발진기** : 임파절이 커진 후 나타남

ⓐ 처음에는 얼굴부터 나타나 2~3시간 내 머리, 구간, 전신(팔, 다리)으로 급속히 퍼진다.

ⓑ 발진은 첫 날은 홍역과 비슷(엷고 깨끗한 분홍빛, 담홍색)하고, 둘째 날에는 성홍열과 비슷하나, 셋째 날에는 없어지는 것이 특징이다.

ⓒ 결막은 충혈되고 편도선이나 연구개가 발적되어 있다.

㉢ 분만시 감염된 풍진은 경증이며 불현성 감염이 많다.

⑥ **치료법**

㉠ 대증요법

㉡ 충분한 휴식과 수분공급 및 영양공급, Vit C가 풍부한 음식 섭취

㉢ **선천성 풍진증후군** : 백내장, 심장질환(동맥관개존증, 심방중격결손, 심실중격결손), 귀머거리, 심한 지능박약을 동반하는 소두증

⑦ **예방법**

㉠ 일회의 생백신 접종으로 98~99%에서 평생 면역을 획득할 수 있다.

㉡ 백신접종 후 일부 접종자의 비인두에서 백신바이러스가 분리되지만 전염력은 없으며, MMR 백신의 일부로서 투여된다.

(35) 페스트

① 질병분포 : 감염된 쥐와 벼룩에 폭로될 기회가 많은 특정 직업인에게 주로 발생할 가능성이 높다.

② 원인균 : 페스트 간균

③ 병원소 : 야생쥐

④ 전파경로

㉠ 원인균에 감염된 쥐벼룩에 물렸을 때

㉡ 감염된 설치류나 토끼류를 다루었을 때 직접 전파된다.

㉢ 폐페스트에 걸린 사람의 호흡기 배설물로부터도 전파된다.

⑤ 잠복기 : 2~6일의 잠복기를 거친다.

⑥ 전염기 : 합병증인 폐렴에 걸리면 폐렴에 걸린 동안 전파된다.

⑦ 주요 증상

㉠ 발병 2일 이내에 서혜부, 액와부 등에 림프절 종창

㉡ 오한, 발열(39~40℃)

㉢ 구토, 설사, 빈맥, 불안

㉣ 2차적으로 폐렴, 폐수종

⑧ 환자 및 접촉자 관리대책

㉠ 스트렙토마이신, 테트라싸이클린 혹은 클로람페니콜을 가장 흔하게 사용

㉡ 폐렴 발병시 적절한 환자격리 실시

㉢ 노출 의심자는 10일간 페스트 관련 증상이 없는지 관찰

㉣ 옷에 쥐벼룩이 없는지 확인 필요

⑨ 예방법

㉠ 사백신을 2~3회 예방접종할 경우 수개월간 방어능력을 가지며 추가접종이 필요하다.

㉡ 감염된 동물을 다루거나 베트남 농촌지역, 캄보디아, 라오스를 여행하는 사람은 예방접종을 권한다.

㉢ 적절한 쓰레기 관리와 남은 음식 관리로 쥐들이 침입하지 못하도록 하고 벼룩에 물리지 않도록 한다.

(36) 폴리오

① 질병분포

㉠ 소아와 청년에 주로 발생하는 것이 특징이며 장관점막의 내막세포에서 증식하고 분변으로 배설되어 생활환경을 오염시키므로 비위생적인 환경에서는 쉽게 감염된다.

㉡ 소아의 경우 대부분 불현성 감염으로 면역을 얻게 된다.

② **원인균** : Polio Virus Ⅰ, Ⅱ, Ⅲ형

③ **병원소** : 사람뿐이며 불현성 감염인 사람, 특히 어린이의 경우가 대부분이다.

④ **전파경로**

㉠ 환자와 불현성 감염자의 인두분비물과 비말과의 직접접촉에 의한다.

㉡ 우유, 음식물, 기타 인분에 오염된 물의 경구전파가 주요 경로이다.

⑤ **잠복기** : 3일~35일, 보통 7일~14일의 잠복기를 거친다.

⑥ **전염기** : 현성, 불현성 감염에 폭로된 3~6시간 뒤에 목의 분비물에서, 72시간 뒤에는 대변에서 각각 발견되며, 목에서는 1주 가량, 대변에서는 3~6주 또는 그 이상 지속된다.

⑦ **주요 증상**

㉠ 열, 피로, 두통, 오심, 구토

㉡ 심한 근육통과 경련, 목의 강직

㉢ 대부분 하지에서 이완성 마비가 오거나 비대칭적인 것이 특징

⑧ **환자 및 관리대책**

㉠ 환자 목의 분비물과 대변 및 오염된 물건은 소독한다.

㉡ 초기 통증완화를 위해 Salicylate제제와 Demerol 투여한다.

㉢ 회복 후 마비된 근육에 물리요법 또는 외과적 치료를 한다.

⑨ **예방법**

㉠ 기본 예방접종은 2, 4, 6개월, 추가접종은 18개월, 4~6년에 실시한다.

㉡ 생활환경 개선 및 개인위생수칙을 준수하도록 교육한다.

(37) 쯔쯔가무시

① **질병분포**

㉠ 주로 새로 벌목된 지역 제초작업 등 좀진드기가 서식하는 곳에서 일하는 농부, 군인, 야외활동을 하는 사람들에게서 주로 발생한다.

㉡ 우리나라에서는 1984년 이후 전국적으로 많은 환자가 발생된다고 하며, 특히 10, 11월에 집중되어 있다.

㉢ 침수지역 복구활동, 성묘, 벌초 및 추수 등 야외활동 후에 갑작스런 고열이 있을 때에 의료기관을 방문하여 진료를 받도록 권고하고 의료기관은 지역보건소에 환자 발생을 신속히 신고하도록 한다.

㉣ 급성 열성질환에서 벌레에 물린 자국이 피부에 있고 소속 림프절이 커져 있고 발진이 있으면 쯔쯔가무시병을 의심하게 되고 환자가 관목숲에 다녀온 경험, 즉 야영 토목공사, 등산, 낚시 등의 기왕력이 있으면 거의 확실하다.

② 원인균

㉠ 쯔쯔가무시(Orientia Tsutsugamushi)는 쌍구균 또는 소간균상으로 길이 0.3~0.5㎛ 정도, 폭 0.2~0.4㎛이며, 세포 내에서는 증식한다.

㉡ 50℃에서 10분이면 사멸하며, 0.1% 포르말린, 0.5% 석탄산액에서 쉽게 죽는다. 동결상태에서는 살 수 있으나 동결 건조하면 사멸한다.

③ **전파경로** : 쯔쯔가무시는 리케치아의 일종인 리케치아 쯔쯔가무시에 의해서 발생하는 감염병으로 털진드기의 유충이 그 지역을 지나가던 사람을 물어서 걸리게 된다. 사람과 사람 사이의 직접전파는 되지 않는다.

④ **잠복기** : 10~12일의 잠복기를 가진다.

⑤ 주요 증상

㉠ 12일의 잠복기를 거쳐서 고열, 오한, 두통, 피부 발진 및 림프절 비대가 나타나며, 피부 발진은 발병 후 5~8일 경에 몸통에 주로 생기고, 간비종대, 결막 충혈 등이 나타날 수 있다.

㉡ 치료를 하지 않으면 열은 약 14일 가량 지속된다.

㉢ 진드기가 문 곳에 피부궤양이나 특징적인 가피(Eschar) 형성을 볼 수 있다.

㉣ 기관지염, 간질성 폐렴, 심근염이 생길 수도 있으며 수막염 증세를 나타내기도 한다. 일부 환자는 가피(진드기에 물린 상처)가 없거나, 열이 나는 기간이 짧고 피부발진이 더욱 많이 나타나기도 한다.

㉤ 치료받지 않은 경우에는 지역, 리케치아의 종류, 면역 유무 등에 따라서 사망률은 1~60%까지 다양하고 고령자에서 사망률이 높다.

⑥ **치료법** : 치료는 Doxycycline이나 Tetracycline을 사용하면 36~48시간이면 해열이 된다.

⑦ 예방법

㉠ 유행지역의 관목숲이나 유행지역에 가는 것은 삼간다.

㉡ 들쥐 등과 접촉하는 환경을 피한다.

㉢ 밭에서 일할 때에는 되도록 긴 옷을 입는다.

㉣ 야외활동 후 귀가시에는 옷에 묻은 먼지를 털고 목욕을 한다.

㉤ 진드기에 물린 상처가 있거나 피부발진이 있으면서 급성발열이 있으면 쯔쯔가무시를 의심하고 서둘러 치료를 받는다.

㉥ 수풀에서 작업하는 사람들은 피부나 옷에 진드기 살충제를 사용한다.

㉦ 쯔쯔가무시병의 호발 전에 대부분 소풍, 들놀이, 밭농사, 벼베기, 축산일, 나무베는 일 등을 했다고 하므로 이런 활동시 진드기에 접촉되지 않도록 교육이 필요하다.

특성	쯔쯔가무시	신증후군성 출혈열	렙토스피라증
원인균	Rickettsia Tsutsugamushi	Hantan Virus	Leptospira
숙주	등줄쥐	등줄쥐, 집	등줄쥐
감염경로	좀진드기의 유충이 사람을 물 때	호흡기 전파	설치류의 배설물
특징적 증상	1cm의 구진이 몸통과 목에서 온몸으로 퍼지며 건조가피 형성	육안으로 볼 수 있는 혈뇨, 혈압강하, 신부전	눈의 충혈, 1~3일 후 기침과 객담, 각혈, 호흡곤란, 황달
발생시기	9~11월	7월, 10~12월	8~9월

(38) B형간염

① 임상적 특징

㉠ 전 세계적으로 발병하고, 1년 내내 고르게 발생한다.

㉡ 특히 약물중독자나 혈액제품 사용자, 수혈자에게 많이 발생한다.

② 원인균 : B형간염 바이러스

③ 전파경로

㉠ 감염된 사람의 혈청과 접촉(수혈, 오염된 바늘, 주사기)

㉡ 정액 및 체액, 타액, 질분비물을 통하여 전염(동성연애자, 약물 중독자들에게 흔히 발생)

㉢ B형간염 바이러스 보유자 산모로부터의 수직감염

④ 잠복기 : 6주~6개월(평균 60~90일)의 잠복기를 거친다.

⑤ 주요 증상

㉠ 근육통, 관절통, 무기력증, 허약감, 식욕부진, 미열 등의 감기 증상

㉡ 오심, 구토, 복통, 설사, 변비 등의 위장 증세

㉢ 체중 감소 및 소양감

㉣ 황달은 일반적이진 않으나 빌리루빈 수치가 높을 때 나타난다.

㉤ 소변의 색은 황갈색, 대변은 회백색

㉥ 간문맥 순환장애로 인한 복수와 부종

⑥ 치료법

㉠ 간기능이 정상화될 때까지 안정 및 휴식

㉡ 식이요법 : 고단백, 고탄수화물, 고열량식이로 간세포의 회복을 돕고, 지방은 소화능력에 따라 조절하며, 단백대사에 이상이 있는 경우 단백 제한

㉢ 금주 및 자극성 음식(담배, 커피, 청량음료, 매운 양념)은 피한다.

㉣ 소양감 완화 : 미온수 목욕, 방안 서늘, 옷은 청결히 구김이 없이 손톱은 짧게 자름

㉤ 수분 섭취 강조 : 급성기에는 음료수 섭취를 많이 하도록(3000cc/day) 하고, 위장

증상이 심하면 정맥주사

⑦ **예방법**

㉠ 혈액, 혈액제품, 피부를 찌르는 기구들의 관리를 철저히 한다.

㉡ B형간염 바이러스 표면항원검사를 모든 헌혈자에게 한다.

㉢ 보균자를 등록시킨다.

㉣ 기관들 간에 정확한 기록과 정보를 서로 교환한다.

㉤ 수술대상자에게 자기 수혈을 권장한다.

㉥ **개인위생** : 면도기, 칫솔, 목욕수건, 담배 그 밖의 개인용품을 다른 사람과 같이 사용하지 않는다.

㉦ **수동면역** : 표준면역 글로불린

㉧ **능동면역** : B형간염 백신

⑧ **질병의 경과** : 5~10% 만성감염으로 이행되며 이 중 10% 정도 간경화증, 간암으로 진행

⑨ **고위험군**

㉠ B형간염 바이러스 보유자 산모로부터 출생한 신생아

㉡ B형간염 바이러스 보유자의 가족

㉢ 급성 B형간염 환자의 배우자

㉣ 반복되는 혈액제제 투여가 예상되는 혈우병, 혈액투석 환자

㉤ 정박아 수용소 또는 형무소 등에 수용된 자나 근무하는 자

㉥ 타인의 혈액이나 분비물에 자주 접촉하는 의료관계자

㉦ 잦은 성접촉자, 동성연애자

㉧ 마약 등 주사용 약물 중독자

㉨ B형간염 감염 유병률이 높은 지역의 주민 또는 그 지역으로의 여행자

⑩ **간염학생에 대한 간호중재**

㉠ 장기간의 침상안전과 휴식

㉡ **적절한 식이**

ⓐ 식욕부진은 낮에 심하므로 영양이 많은 아침식사를 제공한다.

ⓑ 간세포 회복을 돕기 위해 고단백, 고탄수화물 식이를 제공한다.

ⓒ 소량의 식사를 자주 한다.

ⓓ 오심을 유발하므로 양이 많고 기름진 음식은 피한다.

ⓔ 술은 간독성 물질이므로 금주를 하고 진정제나 아스피린 복용을 금한다.

㉢ 정서적 지지

㉣ **소양증에 의한 피부상처 방지**

ⓐ 전분 목욕, 미온수 목욕, 방안 온도를 서늘하게 한다.

ⓑ 손톱을 짧게 깎고 옷이나 침구를 깨끗이 한다.

ⓒ 항히스타민제를 도포한다.

ⓜ 보건교육

ⓐ 다른 사람에게 감염시키지 않게 교육한다.

ⓑ 재발 위험이 있음을 각성시켜 적절한 휴식이 필요함을 알게 한다.

ⓑ 정기적인 추후관리

(39) C형간염

① **정의** : C형간염 바이러스(Hepatitis C Virus, HCV)에 감염되어 HCV RNA검사에서 양성소견을 보이면서 만성적으로 간에 염증이 생기는 질환이다.

② **전파경로** : 주사기 공동사용, 수혈, 혈액투석, 성접촉, 문신, 비위생적인 침술행위, 모자간 수직감염 등 비경구적으로 전파

③ 주요 증상

㉠ 잠복기는 15~150일이고, 임상증상에 따라 급성과 만성으로 구분된다.

㉡ 급성의 경우 대부분 증상이 경미, 수혈에 의한 감염인 경우 70~80%가 무증상, 서서히 시작되는 감기몸살 증세, 전신 권태감, 메스꺼움, 구역질, 식욕부진, 우상복부 불쾌감 등이 나타난다.

㉢ 급성의 약 80~90%가 만성간염으로 이행하고, 20%는 간경변으로 진행한다.

㉣ C형간염은 간경변증 및 간암의 중요한 원인으로 B형간염보다 만성화 경향이 훨씬 높다.

㉤ C형간염의 경우 간염바이러스가 태반을 통과하지 못하기 때문에 태반감염은 발생하지 않지만 출산 전후 산모의 혈액이나 체액에 의한 수직감염의 가능성이 큰 것으로 알려져 있다.

④ 진단

㉠ 대부분의 경우 증상이 없기 때문에 검사를 하지 않으면 알 수 없다. 진단을 위해 간기능 검사와 간염바이러스의 상태에 대한 혈액검사를 시행한다.

㉡ 유전자형에 따라 치료기간과 반응이 다르기 때문에 치료 전 유전자형 검사가 필요하다.

⑤ **경과, 합병증** : 약 30%의 환자들은 간경변증으로 진행할 수 있으며, 간경변증이 발생하면 간암으로 진행할 수 있다. 따라서 적극적인 치료 및 정기적인 관리를 받아야 한다.

⑥ 치료법

㉠ 치료는 주사제인 페그인터페론과 경구약인 리바비린의 병합요법을 실시한다.

㉡ 페그인터페론은 매주 한 번 근육주사를 하고 리바비린은 매일 경구복용하게 된다.

㉢ 유전자형에 따라 6개월 또는 1년간의 치료를 하게 되며 치료효과는 유전자 1형에서 50% 이상, 2형에서 70% 이상 보고되고 있다.

⑦ 예방법

㉠ C형간염에서 가장 중요한 것은 예방이다. C형간염은 B형간염과 달리 백신이 개발되어 있지 않고 면역글로불린도 없다. 따라서 체액을 통해 C형간염 바이러스가 전파되지 않도록 각별히 주의를 해야 한다.

㉡ 주사 바늘이나 침, 면도기, 칫솔, 피어싱 기구, 손톱깎이 등을 함께 사용하지 않으며 출혈을 유발하는 성교는 피하고 가능하면 콘돔을 사용하도록 한다.

4. 만성 퇴행성질환 관리

CHECK Point 미국 만성질병위원회의 만성병 정의

1. 아픈 상태가 오래가는 질병
2. 기능장애가 남는 질병
3. 원래의 상태로 돌아가기 힘든 질병
4. 재활을 위해 특별한 관리가 요구되는 질병
5. 장기간의 환자진료와 간호가 필요한 질병

(1) 만성 퇴행성질환의 개념

급성 전염성질환에 대응하는 비전염성 질환을 의미하는 것으로 영속적인 불구상태나 회복 불가능한 병변, 재활을 위한 특별한 훈련이 필요한 만성질환과 병리학적으로 퇴행성, 대사성 및 신생물들의 모든 질환을 합쳐서 만성 퇴행성질환이라 한다.

(2) 만성 퇴행성질환의 특성

① 호전과 악화를 반복하면서 불가역적인 병리변화를 동반한다.

② 질병발생 시점이 불분명하며 연령이 증가하면 유병률도 증가한다.

③ 직접적인 요인이 존재하지 않으며 여러 요인이 복합적으로 작용하여 규명이 어렵고 잠재기간이 길므로 일관성 있는 관리가 어렵다.

④ 일단 발생하면 장기간(3개월 이상)에 걸쳐 치료와 감시를 요한다.

⑤ 기능장애를 동반한다.

(3) 만성 퇴행성질환의 위험요인

① 전염성질환의 기왕력

㉠ **포도상구균 감염** : 급성 류머티즘열, 심장질환 유발

㉡ **매독** : 매독성 심질환 유발

㉢ **소아마비** : 마비

㉣ **임신 중 풍진** : 선천성 심질환, 백내장, 벙어리 유발

② **유전적 요인** : 당뇨병, 녹내장, 고혈압 유발

③ **습관적 요인(기호성 요인)**

㉠ **과식이나 과다 지방식, 식염 과다섭취, 자극성 음식 섭취, 과음, 운동부족 등의 일상 생활 습관** : 비만, 식도암, 후두암, 고혈압, 당뇨병, 심장질환의 유발

㉡ **흡연** : 만성 기관지염, 폐기종, 폐렴, 폐암 및 순환기계통 질환 유발

㉢ **음주** : 간경화증, 간암, 동맥경화증, 뇌장애, 비타민 결핍증 유발

④ **조산이나 출생시 상해** : 정신박약, 신체장애

⑤ **성별에 의한 차이**

㉠ **여자** : 류머티즘성 관절염, 당뇨병, 고혈압, 심질환

㉡ **남자** : 관상 심장질환, 만성 호흡기질환

⑥ **환경적 요인** : 대기오염, 소음, 방사선 노출 등의 환경요인

⑦ **심리적 요인** : 불안, 긴장, 초조, 공포 등은 소화성 궤양, 고혈압 등 유발

⑧ **직업적 요인** : 직업성 질환에 해당

⑨ **사회 · 경제적 요인** : 부유층에는 당뇨병, 심장병, 유방암이 많고 빈곤층에는 결핵, 장티푸스, 위암, 자궁암이 많다. 동양인에게는 위암, 간암, 자궁암이 많고 서양인에게는 폐암, 유방암, 대장암이 많다.

(4) 만성 퇴행성질환의 예방

① **1차 예방** : 1차 예방에 필요한 직접원인이 밝혀지지 않아 예방이 어렵다. 현재까지는 금연이나, 금주, 체중조절 등 보건교육을 통하여 질병의 원인이 되는 환경적 요인과 내적 요인을 미리 제거하여 질병발생을 사전에 예방하도록 하는 활동이 1차 예방활동으로 행해진다. 1차 예방의 효과는 발생률 감소로 측정할 수 있다.

② **2차 예방** : 조기 발견을 위한 집단검진 사업이 2차 예방활동이라 할 수 있다. 대부분의 만성 퇴행성질환은 2차 예방에 치중한다. 2차 예방의 효과는 유병률 감소로 측정할 수 있다.

③ **3차 예방** : 질병으로 인한 불능과 조기사망을 감소시키는 것이다. 3차 예방의 효과는 사망률 감소로 측정할 수 있다.

(5) 사인순위

① **10대 사인순위(2017)**

㉠ 암 > 심장질환 > 뇌혈관질환 > 폐렴 > 자살 > 당뇨병 > 간질환 > 만성 하기도질환 > 고혈압성 질환 > 운수사고

㉡ **남성** : 암 > 심장질환 > 뇌혈관질환 > 폐렴 > 자살 > 간질환 > 당뇨병 > 만성 하기도질환 > 운수사고 > 추락

㉢ 여성 : 암>심장질환>뇌혈관질환>폐렴>당뇨병>고혈압성 질환>알츠하이머 병>자살>만성 하기도질환>패혈증

② 연령별 사인순위(2017)

순위	총계	1~9세	10대	20대	30대	40대	50대	60대	70대	80대
1	암	암	자살	자살	자살	암	암	암	암	암
2	심장질환	운수사고	암	운수사고	암	자살	자살	심장질환	심장질환	심장질환
3	폐렴	선천성 기형	운수사고	암	심장질환	간질환	심장질환	뇌혈관 질환	뇌혈관 질환	폐렴
4	뇌혈관 질환	타살	심장질환	심장질환	운수사고	심장질환	간질환	자살	폐렴	뇌혈관 질환
5	자살	심장질환	익사사고	뇌혈관 질환	간질환	뇌혈관 질환	뇌혈관 질환	간질환	당뇨병	알츠 하이머

(6) 암관리

① 암통계

㉠ 암사망률(2018)

ⓐ 폐암>간암>대장암>위암>췌장암>담낭 및 기타 담도암>유방암>비호지킨 림프종>백혈병>전립선암

ⓑ 남성 : 폐암>간암>위암>대장암>췌장암

ⓒ 여성 : 폐암>대장암>췌장암>간암>위암

ⓓ 연령별 : 10~20대는 백혈병, 30대는 위암, 40~50대는 간암, 60세 이상은 폐암으로 인한 사망률이 높다.

㉡ 암발생률

ⓐ 갑상선암>위암>대장암>폐암>유방암>간암>전립선암>췌장암>담낭 및 기타 담도암>비호지킨 림프종

ⓑ 남성 : 위암>폐암>대장암>간암>전립선암>갑상선암>췌장암>방광암>신장암>담낭 및 기타 담도암

ⓒ 여성 : 갑상선암>유방암>대장암>위암>폐암>간암>자궁경부암>췌장암>담낭 및 기타 담도암>난소암

② 6대 암검진 권고(보건복지부장관)

■ 암관리법 시행령 [별표 1] 〈개정 2019.5.14〉

암의 종류별 검진주기와 연령 기준 등(제8조제2항 관련)

암의 종류	검진주기	연령 기준 등
위암	2년	40세 이상의 남·여
간암	6개월	40세 이상의 남·여 중 간암 발생 고위험군
대장암	1년	50세 이상의 남·여

유방암	2년	40세 이상의 여성
자궁경부암	2년	20세 이상의 여성
폐암	2년	54세 이상 74세 이하의 남·여 중 폐암 발생 고위험군

비 고
1. "간암 발생 고위험군"이란 간경변증, B형간염 항원 양성, C형간염 항체 양성, B형 또는 C형 간염 바이러스에 의한 만성 간질환 환자를 말한다.
2. "폐암 발생 고위험군"이란 30갑년[하루 평균 담배소비량(갑) × 흡연기간(년)] 이상의 흡연력(吸煙歷)을 가진 현재 흡연자와 폐암 검진의 필요성이 높아 보건복지부장관이 정하여 고시하는 사람을 말한다.

③ **암 예방교육 및 홍보** : 개정된 암예방 수칙
㉠ 담배를 피우지 말고, 남이 피우는 담배 연기도 피하기
㉡ 채소와 과일을 충분하게 먹고, 다채로운 식단으로 균형잡힌 식사하기
㉢ 음식을 짜지 않게 먹고 탄 음식 먹지 않기
㉣ 암예방을 위해서 하루 한두 잔의 소량 음주도 피하기
㉤ 주 5회 이상, 하루 30분 이상, 땀이 날 정도로 걷거나 운동하기
㉥ 자신의 체격에 맞는 건강 체중 유지하기
㉦ 예방접종 지침에 따라 B형 간염과 자궁경부암 예방접종 받기
㉧ 성 매개 감염병에 걸리지 않도록 안전한 성생활 하기
㉨ 발암성 물질에 노출되지 않도록 작업장에서 안전 보건 수칙지키기
㉩ 암 조기 검진 지침에 따라 검진을 빠짐없이 받기

④ **보건복지부 권장사항** : 개정된 암예방 수칙
㉠ 담배를 피우지 말고, 남이 피우는 담배 연기도 피하기
㉡ 채소와 과일을 충분하게 먹고, 다채로운 식단으로 균형잡힌 식사하기
㉢ 음식을 짜지 않게 먹고 탄 음식 먹지 않기
㉣ 암예방을 위해서 하루 한두 잔의 소량 음주도 피하기
㉤ 주 5회 이상, 하루 30분 이상, 땀이 날 정도로 걷거나 운동하기
㉥ 자신의 체격에 맞는 건강 체중 유지하기
㉦ 예방접종 지침에 따라 B형 간염과 자궁경부암 예방접종 받기
㉧ 성 매개 감염병에 걸리지 않도록 안전한 성생활 하기
㉨ 발암성 물질에 노출되지 않도록 작업장에서 안전 보건 수칙지키기
㉩ 암 조기 검진 지침에 따라 검진을 빠짐없이 받기

(7) 고혈압

① 고혈압 관리기준(정상 130/85)

구분	고위험군 A	고위험군 B	고위험군 C
고혈압 전단계 (140/90 미만)	생활습관 변화	생활습관 변화	약물치료 + 생활습관 변화
1기 (160/100 미만)	생활습관 변화 (12개월까지 관찰)	생활습관 변화 (6개월까지 관찰)	약물치료 + 생활습관 변화
2기 (160/100 이상)	약물치료 + 생활습관 변화	약물치료 + 생활습관 변화	약물치료 + 생활습관 변화

㉠ 대상자 분류

ⓐ 고위험군 A : 혈압은 정상이거나 높지만, 심장이나 콩팥의 이상이 오지 않은 상태, 그리고 흡연이나 고지혈증처럼 심장병을 일으킬 수 있는 위험요인이 없는 사람

ⓑ 고위험군 B : 대부분의 고혈압 환자들. 심장이나 콩팥의 이상 등 고혈압에 의한 합병증은 오지 않은 상태이지만, 당뇨를 제외한 심장혈관계 질환을 유발할 수 있는 위험인자를 가지고 있는 사람

ⓒ 고위험군 C : 심장병이나 뇌졸중이 발병될 위험이 많은 군. 이미 심장혈관계 질환을 가지고 있거나 당뇨가 있는 사람

㉡ 치료의 결과에 영향을 줄 수 있는 위험인자 : 흡연, 60세 이상의 노령, 고지혈증, 남자 혹은 폐경기의 여성, 당뇨, 심장병의 가족력

② 약물요법

㉠ 약물요법의 원칙

ⓐ 약물사용의 목적은 심혈관질환의 예방을 위한 것으로 고혈압의 심각도, 장기의 손상정도, 위험인자 등 다른 상황의 존재 여부에 따라 결정된다. 모든 항고혈압제의 투여는 장기손상이 오기 전에 실시하여야 한다.

ⓑ 투약 주기는 목표 혈압에 도달할 때까지 1주일 단위로 하고, 그 이후에는 2주일 단위로 한다.

㉡ 고혈압 약물치료를 즉시 실시해야 하는 경우

ⓐ 행태교정을 3~6개월 한 뒤에도 확장기 혈압이 90mmHg 이상이면 항고혈압제를 투여한다.

ⓑ 표적 장기손상의 증거가 있거나 심혈관계의 다른 위험요인이 있을 때에는 진단 초기부터 약물투여를 실시한다.

ⓒ 처음 측정한 수축기 혈압이 210mmHg 이상이거나 확장기 혈압이 120mmHg 이상인 경우 즉시 약물치료를 한다.

㉢ 항고혈압 약물 투여시 고려할 사항

ⓐ 항고혈압제가 어떤 질환은 향상시키거나 다른 질환은 악화시킬 수 있다. 따라서 동시에 다른 질환을 같이 치료하는 약물을 선택하는 것이 좋다.

- **관상동맥 질환이 합병되었을 경우** : 베타차단제, 칼슘채널 길항제
- **천식이 합병되었을 경우** : 칼슘채널 길항제
- **당뇨병이 합병되었을 경우** : 전환효소 억제제
- **합병증이 없는 60세 이상의 노인** : 이뇨제, 베타차단제
- **합병증이 없는 60세 미만의 환자** : 이뇨제, 칼슘채널 길항제

ⓑ 약물의 부작용을 줄이기 위해서는 낮은 용량으로 시작하며 높이기 전에 반드시 몇 주 동안 같은 용량으로 치료한다. 만약 1~3개월 후에도 반응이 부적절하면 용량을 최대로 올려 보거나 다른 종류의 약물을 추가하거나 아예 바꾸는 것을 고려한다.

ⓒ 여성에서의 고혈압

- 먹는 피임약은 고혈압을 일으킬 수 있으며, 5년 이상 복용하면 고혈압이 3~5배 증가한다. 피임약 복용 중 심한 두통이나 구토가 일어나면 뇌졸중, 고혈압, 편두통일 수 있으므로 복용을 중지하고 병원으로 가야 한다.
- 임신시에 나타나는 고혈압은 임신 20주와 비교하여 확장기 혈압 15mmHg 이상, 수축기 혈압이 30mmHg 이상 증가한 경우에 약물요법을 실시한다.

ⓓ **노인성 고혈압** : 수축기 혈압이 180mmHg 이상인 경우는 160mmHg로, 수축기 혈압이 160~170mmHg인 경우 20mmHg 감소를 목표로 한다.

ⓔ **당뇨에서의 고혈압** : 130/85mmHg 이하를 목표로 하며 부작용에 유의하여 관리한다.

ⓕ **통풍에서의 고혈압** : 이뇨제는 요산을 증가시키므로 조절되지 않는 통풍환자는 피해야 한다.

㉣ 추후관리

ⓐ 장기손상이 없는 경우 1기 고혈압 환자는 치료 시작 후 1~2개월 내 혈압조절과 환자 순응도, 부작용 정도를 보기 위하여 재방문한다. 일단 혈압이 안정되면 3~6개월마다 방문하여 혈압을 측정한다.

ⓑ 대개 약물투여로 혈압이 정상화가 된 후 2~6개월 약물을 투여하지 않아도 혈압이 오르지 않는 경우가 5~20% 되는 것으로 알려져 있다. 이외에는 약물을 중단하면 다시 오르므로 평생 투여하는 것이 좋다. 그러나 1년 동안 4번은 의사를 방문하여 혈압이 효과적으로 조절된 후에 조심스럽게 약물치료를 줄여 나가는 것은 가능하다.

ⓒ 치료 전에 혈압이 180/115 이상이고 거의 최대용량으로 3가지 약제를 적절한

용량으로 써도 혈압이 160/100 이하로 내리지 못할 때를 저항성 고혈압이라고 말한다.

ⓓ 확장기 혈압을 너무 많이 낮추는 것은 관상동맥의 확장기 혈액 관류를 낮추어 관상동맥 질환의 위험을 증가시킬 수 있으므로 기존의 관상동맥 질환에서는 주의를 요한다.

(8) 당뇨

① 당뇨진단 기준

㉠ 공복혈당 ≥ 126mg/dl(이 기준은 명백한 고혈당이 아니라면 다른 날에 검사를 반복하여 확인)

㉡ 당뇨병의 전형적인 증상(다뇨, 다음, 설명되지 않는 체중 감소)과 임의혈당 ≥ 200 mg/dl

㉢ 경구당부하검사(포도당 용액 75g 섭취 뒤 혈액검사) 2시간 후 혈당 ≥ 200mg/dl

㉣ 당화혈색소 ≥ 6.5%

② 내당능 장애(전 당뇨) 기준

㉠ 식후 2시간 뒤 혈당치가 140~199mℓ/dℓ 이상

㉡ 공복시 혈당치가 100~125mℓ/dℓ 이상

③ 내당능 장애시는 경구당부하검사(75g)를 실시한 후 다음과 같은 진단을 내리게 된다.

㉠ 2시간 뒤 200mℓ/dℓ 이상이면 당뇨 진단

㉡ 2시간 뒤 140~199mℓ/dℓ 이상이면 내당능 장애

구분	검사방법	정상	당뇨병 전	당뇨병
혈당치(mg/dL)	공복시 혈당검사	99 이하	100~125	126 이상
	경구당부하검사 (2시간 후 혈당)	139 이하	140~199	200 이상

대상	연령	간격	비고
인구 전체	40세 성인	3년마다	현실적으로 우선순위가 낮음
위험군	전 연령	1년마다	당뇨환자 가족, 비만자(이상 체중 20% 이상), 임신성 당뇨과거력, 과체중아 분만(4Kg), 고혈압, 고중성지방증(250mg/dl 이상), 저HDL－콜레스테롤증(35mg/dl)
임의검사	전 연령	임의	캠페인 참여자
	임신부 (당부하 검사)	임신 24~28주에 실시	자원자 및 내소자

(9) 한국인의 이상지질혈증 진단기준

총콜레스테롤	mg/dl
높음	≥ 230
경계치	200~229
정상	< 200
LDL 콜레스테롤	**mg/dl**
높음	≥ 150
경계치	130~149
정상	100~129
적정	< 100
HDL 콜레스테롤	**mg/dl**
낮음	< 40
높음	≥ 60

중성지방	mg/dl
높음	≥ 200
경계치	150~199
정상	< 150

(10) 대사이상증후군

한 사람이 3가지 이상 보유하는 경우 심뇌혈관질환의 위험이 높다고 판정

① **복부비만** : 허리둘레 남성 102cm(동양인 90cm), 여성 88cm(동양인 80cm) 이상

② **고중성지방 혈증** : 150mg/dl 이상

③ **낮은 고밀도지단백콜레스테롤(HDL)** : 남성 40mg/dl, 여성 50mg/dl 미만

④ **고혈압** : 수축기 130mmHg 이상 또는 이완기 85mmHg 이상

⑤ 공복혈당 100mg/dl 이상 또는 당뇨병 치료 중

5. 집단검진

(1) 정의

질병의 조기진단을 위해 증상이 없는 건강한 사람들 중 질병을 가진 사람을 신속하고 정확하게 가려낼 수 있는 선별검사가 있어야 하며, 이 검사를 지역사회 인구집단에 적용할 때 집단검진이라 한다.

(2) 집단검진의 조건

① 질병의 발생 및 자연사가 알려진 질병이어야 한다.

② 증상이 나타나기 전 병리상태를 파악할 수 있는 검사방법이 있어야 한다.

③ 검진방법은 신뢰도, 타당도, 예측도가 높아야 한다.
④ 검사가 건강한 사람을 대상으로 하므로 검사방법 자체가 기술적으로 시행이 쉽고, 검사의 단가가 싸며, 일반대중에게 검사방법 자체가 받아들여질 수 있는 것이어야 한다.
⑤ 조기 발견한 질병에 대해 효과적인 치료방법이 있어야 하고 발견 후 진단과 치료에 쓰이는 경비가 일상적인 의료비에 준해 저렴해야 한다.
⑥ 선별해 내려는 상태는 중요한 건강문제여야 하고 질병 자체가 흔해서 국민건강에 차지하는 비중이 커야 한다.

(3) 집단검진 도구의 평가

① **신뢰도** : 검사법을 반복해서 같은 대상에게 적용시켰을 때 같은 결과가 나타나는 경향으로 이에 영향을 미치는 요인으로는 관측자의 편견과 기술부족, 측정도구의 불량상태, 측정시 환경조건 등인데, 신뢰도를 높이려면 이들 요인을 제거하도록 최대한의 노력을 기울여야 한다.

② **타당도(정확도)** : 측정하고자 하는 내용을 검사결과가 정확하게 반영해 주는 정도

㉠ **민감도** : 질병에 걸린 사람이 양성으로 나올 확률

민감도 = 검사양성자 수 / 총 환자 수

㉡ **특이도** : 질병에 걸리지 않은 사람이 음성으로 나올 확률

특이도 = 검사음성자 수 / 총 비환자 수

㉢ **의양성률** : 질병에 걸리지 않은 사람이 양성으로 나올 확률

의양성률 = 확진된 비환자 수 / 총 검사양성자 수

㉣ **의음성률** : 질병에 걸린 사람이 음성으로 나올 확률

의음성률 = 확진된 환자 수 / 총 검사음성자 수

③ **예측도**

㉠ **양성예측도** : 측정도구가 질병이라고 판단한 사람 중 실제로 질병이 있는 비율

양성예측도 = 확진된 환자 수 / 총 검사양성자 수

㉡ **음성예측도** : 측정도구가 질병이 아니라고 판단한 사람 중 실제로 질병이 없는 비율

음성예측도 = 확진된 비환자 수 / 총 검사음성자 수

CHECK Point 민감도·특이도

1. **어떤 측정치의 정확도 지표는 그 집단의 유병률과 깊은 관계를 가지고 있으며**
   ① 유병률이 높을수록 가양성률이 낮아지고 가음성률이 높아진다. 또한 양성예측도가 높아지고 음성예측도는 낮아진다. 따라서 민감도가 높은 검사법을 이용한다.
   ② 유병률이 낮을수록 가양성률이 높아지고 가음성률은 낮아진다. 또한 양성예측도가 낮아지고 음성예측도는 높아진다. 따라서 특이도가 높은 검사법을 이용한다.
2. 정확도가 높은 측정이 되려면 신뢰도는 높아야 하지만 신뢰도가 높다고 하여 반드시 정확도가 높은 것은 아니다. 반면 신뢰도가 낮으면 타당도는 반드시 낮아진다.
3. **진단기준을 낮추었을 때 정확도의 변화**(구분선이 아래로 이동)
   ① A, B, A+B는 증가하고, C, D, C+D는 감소한다.
   ② A+C, B+D, A+B+C+D는 변함이 없다.
   ③ 검사양성자 수는 증가하고 검사음성자 수는 감소한다.
   ④ 민감도는 증가하고, 특이도는 감소한다.
   ⑤ 위음성도는 감소하고, 위양성도는 증가한다.
   ⑥ 예측도에는 변화가 없다.
4. **유병률이 증가할 때의 정확도의 변화(구분선이 오른쪽으로 이동)**
   ① A, C, A+C는 증가하고, B, D, B+D는 감소한다.
   ② A+B, C+D, A+B+C+D는 변함이 없다.
   ③ 민감도, 특이도, 위음성도, 위양성도는 변화가 없다.
   ④ 양성예측도는 증가하고, 음성예측도는 감소한다.
5. Receiver Operating Characteristic(ROC)곡선
   ① 특정 진단방법의 민감도(Sensitivity)와 특이도(Specificity)가 어떤 관계를 갖고 있는지를 표현한 그래프이다. 이 그래프는 특정 모델에 대한 정확도(Accuracy)를 나타낸다.
   ② X축은 민감도, y축은 특이도이며 roc곡선은 좌측 꼭대기에 가깝게 그려질수록 환자도 다 맞추고 건강인도 다 맞추는 위치가 되어 특정 진단방법은 성능이 우수하다고 본다.

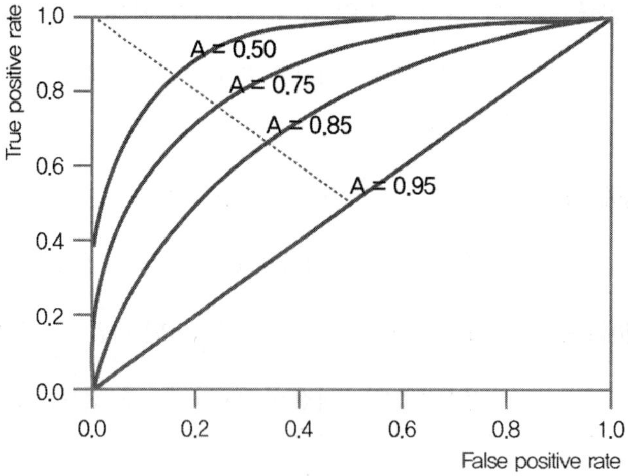

03 예방접종

1 개요

1. 의의

감염병의 만연, 감염 및 이환 방지

2. 목적

인위적인 능동면역을 보유할 수 있도록 항원인 백신을 투여

2 기초예방접종 및 추가접종

구분	기초접종	추가접종	접종부위
B형간염	• 0, 1, 6 방식 • 모체가 HBsAg(+)인 경우 : 출생 후 12시간 이내 백신과 면역글로불린 동시 주사	–	영아는 대퇴부 전외측, 그 이상 연령은 삼각근에 근육주사
결핵(피내용)	생후 4주 이내(1회)	–	상완 외측면 피내주사
DTaP(디프테리아, 파상풍, 백일해)	2, 4, 6개월(3회)	15~18개월(1회), 4~6세(1회)	영아는 대퇴부 전외측, 연장아나 성인은 삼각근 부위에 근육주사 또는 상완 외측면에 피하주사
소아마비 IPV	2, 4, 6~18개월(3회)	4~6세(1회)	허벅지 근육 또는 상완 외측면 피하 또는 근육주사
MMR(홍역, 볼거리, 풍진)	12~15개월(1회)	4~6세(1회)	상완 외측면 피하주사
일본뇌염(불활성화 백신, 약독화 생백신)	13개월 이상 1~2주 간격으로 2회, 1년 후 1회(3차)	6세(초등1), 12세(중1) 각 1회	상완 외측면 피하주사
수두	12개월 이상	–	상완 외측면 피하주사
b형 헤모필루스 인플루엔자(Hib)	2, 4, 6개월(3회)	12~15개월(1회)	• 영아 : 허벅지 전외측 • 소아 · 성인 : 삼각근 부위 근육주사
폐렴구균	2, 4, 6개월(3회)	12~15개월(1회)	• 다당질) 상완 외측면 피하 또는 삼각근에 근육주사 • 단백결합) 영아 : 허벅지 전외측, 소아 · 성인 : 삼각근 부위 근육주사
A형간염	12개월 이후 1차 접종	1차 접종 6~18개월 후 추가접종	삼각근 부위에 근육주사

신증후군출혈열	한달 간격으로 2회 접종하고 12개월 뒤에 1회 접종	–	삼각근 근육주사 또는 상완 외측면 피하주사
장티푸스	5세 이상 소아에서 1회 접종	3년마다 추가접종	경구용 및 피하 또는 근육주사
인플루엔자	사백신 : 6개월부터 접종 가능. 첫 해는 1개월 간격으로 2회 접종하고 이후 매년 1회 접종	6~59개월 소아의 경우 매년 접종	근육주사 (백신에 따라 비강투여 가능)
	생백신 : 24개월 이상부터 가능하며, 접종 첫해에는 1개월 간격으로 2회 접종	기초접종 이후 매년 1회 접종	

✚ 접종대상

1. 신증후군출혈열의 접종대상 : 고위험군에게 우선 접종하도록 권장
   (1) 군인 및 농부 등 직업적으로 신증후군출혈열 바이러스에 노출될 위험이 높은 집단
   (2) 신증후군출혈열 바이러스를 다루거나 쥐 실험을 하는 실험실 요원
   (3) 야외활동이 빈번한 사람 등 개별적 노출위험이 크다고 판단되는 자
2. 장티푸스 접종대상 : 고위험군에게 우선 접종하도록 권장
   (1) 장티푸스 보균자와 밀접하게 접촉하는 사람(가족 등)
   (2) 장티푸스 유행지역으로 여행하는 사람이나 체류자
   (3) 장티푸스균을 취급하는 요원

3 예방접종 관리지침

1. 접종 전 보호자 숙지사항

(1) 어린이의 건강상태를 가장 잘 알고 있는 사람이 온다.
(2) 집에서 체온을 측정하여 고열일 경우 예방접종을 미룬다.
(3) 모자보건수첩을 지참한다.
(4) 접종 전날 목욕을 시키고 청결한 의복을 입히고 데리고 온다.
(5) 예방접종을 하지 않을 어린이는 데리고 오지 않는다.
(6) 접종은 가능하면 오전에 한다.

2. 접종 후 주의사항

(1) 접종 후 20~30분간 접종기관에 머물러 아이의 상태를 관찰한다.
(2) 귀가 후 적어도 3시간 이상 주의 깊게 관찰한다.
(3) 접종 당일과 다음 날은 과격한 운동을 삼간다.
(4) 접종 당일은 목욕을 시키지 않는 것이 좋다.

(5) 접종부위는 청결하게 유지한다.

(6) 접종 후 최소 3일간은 특별한 관심을 가지고 관찰하며 고열, 경련이 있을 때에는 곧 의사 진찰을 받도록 한다.

(7) 아이는 반드시 똑바로 눕혀 재운다.

3. 예방접종의 일반적 금기사항

(1) 발열이나 현저한 영양장애

(2) 심장혈관계질환, 간장질환, 신장질환의 급성기

(3) 백신성분에 대한 알레르기가 있는 경우

(4) 백신성분에 대한 이상반응의 기왕력이 있을 때

(5) 임신 중인 경우

(6) 의사가 부적당하다고 인정되는 경우

① 건강상태가 좋지 않다고 인정될 때

② 감염병 이환 후의 기간이 짧은 경우

③ 방사선 요법, 부신피질 호르몬제제 투여 중, 항암제 투여 중일 때

④ 면역기능 이상

⑤ 소아마비 접종시는 설사치료가 끝날 때까지

⑥ 생백신 접종 후 1개월 이내

4. 예방접종 요원의 준수사항

(1) 접종 전에 손을 소독물로 깨끗이 씻는다.

(2) 접종대상자의 건강상태를 주의깊게 관찰하고 접종한다.

(3) 1회용 주사기와 주사침을 사용한다.

(4) 접종을 실시하기 전에 반드시 백신을 다시 확인하여 주의사항을 읽어보고 유효기간을 확인한다.

(5) 주사하기 전에 눈금을 확인하고 정량을 접종한다.

(6) 피접종자의 팔을 한손으로 꼭 잡고 접종해야 하며 주사부위는 접종할 때마다 바꾸어 놓아야 한다.

(7) 주사기는 서서히 주입한다.

(8) 주사침이 혈관으로 들어가지 않았나 확인한 후 백신을 주입한다.

(9) 주사침으로 예방접종액을 뽑을 때마다 주사침과 접종약병의 고무마개 부위를 알코올로 소독하고, 이때 주사기 내에 이물이 있는지 주의한다.

(10) 주사약은 주사 전에 충분히 흔들어서 이상유무를 확인한다.

⑾ 주사 전에 접종자의 주사부위를 충분히 소독한다.
⑿ 주사 전에 피접종자에게 금기사항 및 접종 후 준수사항에 대한 사전교육을 실시한다.

5. 접종 전 예진사항

(1) 열이 있는 급성 질환자(단, 열이 없는 감기와 같은 가벼운 감염증일 때는 예외)
(2) 현재 병을 앓고 있거나 병후 쇠약자 및 영양 장애자
(3) 결핵, 심장병, 위장병, 간장질환, 각기증 및 설사환자
(4) 알레르기성 체질자 및 과민성 환자(각종 두드러기가 잘 나는 사람 또는 편식환자)
(5) 임산부 및 산후 6개월 미만의 부인
(6) 스테로이드 계통의 면역억제 치료약품을 현재 또는 최근에 복용자, 면역기능 장애자
(7) 최근 3개월 이내에 감마글로불린 또는 혈청주사를 맞았거나 수혈을 받은 경우
(8) 홍역, 볼거리, 수두 등은 이환 후에 뇌염을 일으킬 가능성이 있는 병이기 때문에 1개월 이상 지난 후 예방접종을 하는 것이 바람직하다.

6. 피접종자 주의사항

(1) 접종 전후 일정기간 과도한 행동 또는 운동 등을 금하고 안정할 것(약 2일)
(2) 주사 후 목욕 또는 수영 등을 하지 말 것
(3) 접종부위를 긁거나 만지지 말 것
(4) 접종 후 비를 맞지 말 것
(5) 접종 전후 음주를 금할 것
(6) 접종 전 몸이 불편한 경우에는 의사의 진찰을 받는다.
(7) 접종 후 고열 또는 구토 등 부작용이 발생할 경우에는 의사의 진찰을 받는다.

7. 예방접종 시행상의 주의의무

(1) 예방접종 실시 전

① 피접종자의 건강상태를 충분히 관찰하여야 한다.
② 피접종자의 가족이 현재 앓고 있는 질병, 과거에 예방접종의 부작용이 있었는지의 여부 등에 대하여 반드시 의사의 진찰을 받아야 한다.
③ 예방접종의 금기사항을 반드시 지켜야 한다.

(2) 예방접종 실시시

① 연령에 따른 정확한 양의 접종
② 정확한 접종방법의 사용
③ 예방약 저온(2~4℃) 보관(아이스박스 사용 등)
④ 유효기간 및 금기사항을 확인 후 사용

(3) 예방접종 실시 후

① 예방접종으로 인한 쇼크에 대비해 접종장소에 응급처치 약품 및 기구를 준비하여야 한다.

② 만일 쇼크가 발생한 경우에는 신속하고 적절한 응급처치를 실시한다.

③ 예방접종 후 15~30분 정도 그 자리에서 상태를 관찰하는 것이 좋고, 피접종자 또는 보호자에게 예방접종 후의 주의사항에 대하여 교육하도록 한다.

8. 예방접종 효과 측정법

우리나라 65세 이상 노인에서 인플루엔자 접종이 폐렴으로 인한 입원율을 감소시키는 효과가 있는지 검토하고자 한다. 65세 이상 인플루엔자 접종군 10,000명과 비접종군 10,000명에 대해서 인플루엔자 유행기간 동안 폐렴으로 입원한 비율을 조사한 결과 접종군에서는 65명, 비접종군에서는 150명이 입원하였다면 인플루엔자 백신 효과는 (150/10,000 - 65/10,000) / (150/10,000) = 85/150 = 0.57, 즉 57%의 백신 효과가 있다.

9. 예방접종의 기본원칙

예방접종은 감염병의 발생률과 사망률을 감소시키고 비용-편익 면에서도 훨씬 이롭다는 긍정적 측면과 동시에, 생체 내 이물질의 주입에 의한 부작용, 경제적 부담 등의 부정적 측면이 있으므로 특히 단체 예방접종을 실시할 때에는 다음의 기본원칙에 입각해서 결정하여야 한다.

(1) 예방접종의 예방효과

예방효과란 예방접종 후 병원체가 침입시에 그 개체를 침입한 병원체로부터 방어해 주는 능력을 의미한다. 이러한 효과는 특히 항체를 충분히 생성하도록 자극하는 백신의 항원성, 항체의 지속성, 항원-항체 반응에 의한 병원체의 제거능력에 의하여 이루어진다. 만약 백신의 예방효과가 낮다면 접종은 권장되지 않는다.

예 콜레라 백신의 경우 예방효과가 50% 미만으로 낮아서 접종이 폐지된 바 있다.

(2) 예방접종의 안전성

백신의 예방효과가 아무리 좋아도 부작용이 많거나 심하여 병을 앓는 것보다 위중하면 예방접종의 활용도는 떨어진다.

(3) 예방접종의 유용성

백신의 예방효과가 뛰어나고 안전하다 하더라도 자연감염의 증상이 심하지 않거나 자연감염의 예방효과가 인공면역보다 좋은 경우, 또는 질병의 발생률이 매우 낮은 경우에는 예방접종의 유용성이 떨어진다.

(4) 예방접종의 비용－편익 효과

(5) 예방접종 방법의 용이성

백신의 투여방법이 의사나 보건요원이 실시하기에 편해야 한다.

✚ 백신의 효율성과 항원의 조건

1. **예방접종 백신의 효율성**(예방접종 백신이 유행 처치에 효율적일 조건)
   (1) 백신 또는 톡소이드의 효과
   (2) 백신의 안전성
   (3) 백신의 유용성(접종의 필요성)
   (4) 백신 투여의 용이성 및 실용성
2. **예방접종시 사용하는 항원의 조건**
   (1) 방어력 : 충분한 면역력을 산출하는 방어력이 있어야 한다.
   (2) 위험성 : 질병이 가지는 위험보다 적어야 한다.
   (3) 부작용 : 질병의 증상보다 적어야 한다.
   (4) 주사 횟수 : 이상적으로 1회가 좋다.

10. 예방접종률

예방접종률 = (해당연도 예방접종을 수진한 영유아 수 / 1~4세의 영유아 수) × 100

11. 예방접종약품의 적정보관

(1) 예방접종약품은 생물학적 제재이므로 저장, 수송, 접종에 이르기까지 냉장상태를 잘 유지하여야 한다.
(2) 예방접종약은 항상 2~8℃에 보관하도록 한다.
(3) 얼지 않도록 하고 얼었던 약은 사용하지 않는다.
(4) 현지출장시에는 얼음박스 내에 얼음과 접종약이 직접 접촉하지 않도록 주의한다.
(5) 예방접종약은 사용하기 전에 흔들어 보아 육안으로 이상한 것이 발견될 시는 절대로 사용하지 않는다.
(6) 유효기간이 경과했거나 변질된 약품은 냉장고에 저장하지 아니하며 규정에 의하여 용도변경 또는 폐기처분한다.

◆ 백신의 저장온도 및 유효기간

백신명	적정온도	유효기간	비고
BCG	2~5℃	용해된 것은 용해된 후 2시간	생백신
건조 BCG 백신	1~5℃	18~24개월	생백신
장티푸스 백신	2~8℃	20개월	
DTaP 백신	2~8℃	26~36개월	
디티백신	2~8℃	36~48개월	
MMR	2~8℃	24개월, 용해한 경우 8시간 이내 접종	
일본뇌염 백신	2~8℃	15~18개월	생백신
폴리오백신	-10℃ 0~4℃	36개월 14개월	생백신 사백신
B형간염	2~8℃	36개월	

CHECK Point 결핵산모와 신생아

1. 결핵걸린 산모가 분만 전 2주 이상 항결핵제를 복용하였다면 결핵균의 감염성이 없어졌으므로 격리할 필요는 없으나 INH를 투여한다. 3, 4개월에 PPD Test를 한 결과 음성으로 나오면 INH 투여를 중단한다.
2. 결핵걸린 산모가 치료 없이 분만을 한 경우 INH 투여를 해야 하나, 힘들면 BCG접종을 즉시 실시한다.
3. 산모가 혈액형 결핵(뇌막염, 속립성 결핵 등)일 경우 신생아는 선천성 결핵일 확률이 높으므로 결핵성 뇌막염에 준해서 치료한다.

4 예방접종피해 국가보상제도(1995년 1월부터 시행)

1. 국가보상의 대상이 되는 예방접종

「감염병예방법」 제24조와 제25조에 정한 필수예방접종과 임시예방접종

2. 예방접종피해에 대한 국가보상은 예방접종으로 인한 사망, 장애발생 및 중증의 심각한 질병발생 등이 그 대상이며, 이에 미치지 못하는 가벼운 이상반응은 국가보상대상에서 제외된다.

3. 보상절차

(1) 「감염병예방법」 제24조 및 제25조 규정에 의한 예방접종으로 인해 피해를 입었다고 의심될 경우 피접종자 또는 보호자는 관련 특별자치도지사, 시 · 군 · 구에 이를 보상 신청

(2) 제출받은 피해보상신청서를 시장 · 군수 · 구청장은 시 · 도지사를 거쳐 보건복지부장관에게 제출

(3) 시 · 도지사는 즉시 예방접종으로 인한 피해에 관한 기초조사를 실시한 후 피해보상신청 서류에 기초조사 결과 및 피해조사 의견서를 첨부하여 제출
(4) 보건복지부장관은 예방접종피해보상 전문위원회의 의견을 들어 보상 여부를 결정한 후 그 사실을 시 · 도지사에게 통보하고, 시 · 도지사(특별자치도지사는 제외한다)는 시장 · 군수 · 구청장에게 통보
(5) 보상이 결정될 경우, 해당 보상금을 즉시 보상수급권자에게 지급

4. 치료시 입원일자가 3일 미만이거나 본인이 부담한 의료비가 30만원 미만인 경우에는 보상에서 제외된다.

5. 국가보상의 종류

(1) 진료비 중 보험자(또는 의료급여기금)가 부담하는 금액을 제외한 잔액을 지급
(2) 정액 간병비(입원진료에 한하여 1일당 50,000원)
(3) 장애인 일시보상금
(4) 사망자 일시보상금(「최저임금법」에 의한 월 최저임금액의 240배)
(5) 장제비 30만원 보상

6. 신고하여야 하는 예방접종 후 이상반응자의 범위

예방접종 종류	이상반응의 범위	예방접종 후 이상반응이 나타날 때까지의 시간
비씨지(BCG)	1. 림프절 종창(지름 1.5cm 이상) 2. 골염, 골수염 3. 전신 파종성 비씨지 감염증 4. 국소 이상반응 5. 그 밖에 접종과 연관성이 있는 것으로 의심되는 이상반응 6. 제1호부터 제5호까지의 이상반응으로 인한 후유증	1년 이내 6개월 이내 6개월 이내 6개월 이내 기한 없음 기한 없음
B형간염	1. 아나필락시스 2. 국소 이상반응 3. 그 밖에 접종과 연관성이 있는 것으로 의심되는 이상반응 4. 제1호부터 제3호까지의 이상반응으로 인한 후유증	24시간 이내 7일 이내 기한 없음 기한 없음
폴리오(주사용)	1. 아나필락시스 2. 국소 이상반응 3. 그 밖에 접종과 연관성이 있는 것으로 의심되는 이상반응 4. 제1호부터 제3호까지의 이상반응으로 인한 후유증	24시간 이내 7일 이내 기한 없음 기한 없음
디티에이피(DTaP), 티디(Td), 티댑(Tdap), 디티에이피-아이피브이(DTaP-IPV)	1. 아나필락시스 2. 뇌염, 뇌증 3. 상완신경총 말초신경병증 4. 국소 이상반응 5. 그 밖에 접종과 연관성이 있는 것으로 의심되는 이상반응 6. 제1호부터 제5호까지의 이상반응으로 인한 후유증	24시간 이내 7일 이내 28일 이내 7일 이내 기한 없음 기한 없음

엠엠알(MMR)	1. 아나필락시스 2. 뇌염, 뇌증 3. 혈소판 감소성 자반증 4. 만성 관절염 5. 국소 이상반응 6. 그 밖에 접종과 연관성이 있는 것으로 의심되는 이상반응 7. 제1호부터 제6호까지의 이상반응으로 인한 후유증	24시간 이내 21일 이내 7~30일 42일 이내 7일 이내 기한 없음 기한 없음
일본뇌염	1. 아나필락시스 2. 뇌염, 뇌증 3. 국소 이상반응 4. 그 밖에 접종과 연관성이 있는 것으로 의심되는 이상반응 5. 제1호부터 제4호까지의 이상반응으로 인한 후유증	24시간 이내 7일 이내 7일 이내 기한 없음 기한 없음
수두	1. 아나필락시스 2. 뇌염, 뇌증 3. 국소 이상반응 4. 그 밖에 접종과 연관성이 있는 것으로 의심되는 이상반응 5. 제1호부터 제4호까지의 이상반응으로 인한 후유증	24시간 이내 7일 이내 7일 이내 기한 없음 기한 없음
b형 헤모필루스 인플루엔자	1. 아나필락시스 2. 국소 이상반응 3. 그 밖에 접종과 연관성이 있는 것으로 의심되는 이상반응 4. 제1호부터 제3호까지의 이상반응으로 인한 후유증	24시간 이내 7일 이내 기한 없음 기한 없음
폐렴구균	1. 아나필락시스 2. 국소 이상반응 3. 그 밖에 접종과 연관성이 있는 것으로 의심되는 이상반응 4. 제1호부터 제3호까지의 이상반응으로 인한 후유증	24시간 이내 7일 이내 기한 없음 기한 없음
장티푸스(주사용)	1. 아나필락시스 2. 국소 이상반응 3. 그 밖에 접종과 연관성이 있는 것으로 의심되는 이상반응 4. 제1호부터 제3호로 인한 후유증	24시간 이내 7일 이내 기한 없음 기한 없음
인플루엔자	1. 아나필락시스 2. 상완신경총 말초신경병증 3. 국소 이상반응 4. 그 밖에 접종과 연관성이 있는 것으로 의심되는 이상반응 5. 제1호부터 제4호로 인한 후유증	24시간 이내 28일 이내 7일 이내 기한 없음 기한 없음
신증후군출혈열	1. 아나필락시스 2. 국소 이상반응 3. 그 밖에 접종과 연관성이 있는 것으로 의심되는 이상반응 4. 제1호부터 제3호로 인한 후유증	24시간 이내 7일 이내 기한 없음 기한 없음
A형간염	1. 아나필락시스 2. 국소 이상반응 3. 그 밖에 접종과 연관성이 있는 것으로 의심되는 이상반응 4. 제1호부터 제3호로 인한 후유증	24시간 이내 7일 이내 기한 없음 기한 없음

※ 폴리오(주사용), B형간염, 수두, 인플루엔자, 장티푸스(경구용, 주사용) 예방접종 후 이상반응 중 신고대상은 예방접종 심의위원회를 거쳐 보건복지부장관이 정하는 경우를 제외하고는 DTaP의 기준에 의한다.

FINAL TEST

01 원인적 연관성을 확정짓기 위한 조건

(1) 요인에 대한 노출은 항상 질병발생에 앞서 있어야 한다.

(2) 폐암과 관련된 요인 중 흡연자가 비흡연자보다 폐암발생률은 4~16배 높으면서 대기오염 수준이 높은 지역의 폐암발생률은 1.01~1.16배 높다.

(3) 하루에 한 개피씩 담배를 피운 사람보다 하루에 한갑씩 담배를 피운 사람이 폐암이 발생할 확률이 몇 배 더 높은 경우는 담배가 폐암을 유발하는 원인일 가능성이 크다.

(4) 요인과 결과 간의 연관성이 관찰대상 집단과 연구방법, 그리고 연구시점이 다를 때도 비슷한 정도로 존재하면 일관성이 높다고 하고, 이는 인과관계일 가능성이 높다.

02 역학의 조사단계 : (   ) → (   ) → 유행의 특성기술 → 가설의 검정 및 지지 여부 검증 → 관리대책 수립 → 보고서 작성

03 기술역학 중 특정 지방의 적은 숫자의 인구에게 항상 계속적으로 전염병이 존재하고 있는 양상

04 기술역학 중 질병발생 양상이 2~4년 간격을 두고 변하는 것으로 이는 (   )수준과 관련이 있다.

FINAL TEST 정답

1 (1) 시간적 선후관계 (2) 연관성의 강도 (3) 양-반응관계 (4) 연관성의 일관성

2 진단의 확인, 유행의 확인

3 풍토병적

4 순환(주기)변화, 집단면역

05 관련된 분석역학의 종류를 찾아 쓰시오.

(1) 시점조사, 유병률연구라고도 한다.

(2) 희귀질병, 잠복기간이 긴 질병, 만성 퇴행성질환에 적합하다.

(3) 편견이 적고 신뢰성이 높은 자료를 구할 수 있다.

(4) 연구결과를 일반화할 수 있다.

(5) 시간, 경비, 노력이 절감된다.

(6) 상대위험의 양반응 관계를 비교적 정확하게 구할 수 있다.

(7) 질병의 자연사를 파악할 수 있다.

06 실험연구 중 실험대상자가 자신이 실험군에 속하는지, 피실험자군에 속하는지를 모르게 한 상태에서 실험을 하는 방법

07 질병발생의 3요인

08 질병의 발생모형

(1) 질병의 발생기전을 환경이란 저울받침대의 양쪽 끝에 병원체와 숙주라는 추가 놓인 저울대에 비유하여 설명하는 모형

(2) 숙주와 환경사이의 관계를 설명하는 모형

(3) 질병발생이 어느 한 가지 원인에 의한 것이 아니라 여러 가지 원인이 서로 연관되어 있고 반드시 선행하는 요소가 거미줄처럼 복잡하게 얽혀 어떤 질병이 발생한다는 설

FINAL TEST 정답

05 (1) 단면조사연구 (2) 환자-대조군연구 (3) 코호트연구
(4) 단면조사연구, 코호트연구 (5) 단면조사연구, 환자-대조군연구
(6) 코호트연구 (7) 코호트연구

06 단일맹검법

07 병원체-숙주-환경

08 (1) 생태학적 모형 (2) 수레바퀴모형 (3) 원인망 모형

09 다음 개념 중 1차적 예방을 골라 쓰시오.

숙주의 반응, 질병, 회복 · 사망, 병인의 자극형성, 병인-숙주-환경의 상호작용, 특수예방, 조기발견, 재활, 악화방지를 위한 치료, 건강증진

10 측정지표

(1) 치사율이 높은 급성질병의 경우 발생률과 유병률과의 관계

(2) 어떤 집단이 한정된 기간에 한해서만 어떤 질병에 걸릴 위험에 놓여 있는 때 그 집단 내에 새로 발병한 총수의 비율

(3) 환자 - 대조군연구에서 사건발생률과 비발생확률의 비를 일컫는다.

(4) 그 질환의 규모를 알 수 있는 측정지표 : (발생률, 유병률)

(5) 병원성, 독력, 감염력, 면역력

① 감염된 숙주 중 현성 감염을 나타내는 수준

② 병원체가 숙주에 침범하여 증식하는 능력

③ 중증환자 수 + 사망자 수 / 총 발병자 수

(6) 만성 퇴행성질환의 1차예방은 (발생률, 유병률, 사망률)의 감소로 측정할 수 있다.

(7) 상대위험도

(8) 귀속위험도

(9) 질병에 걸릴 확률 혹은 위험도를 직접 추정 가능하게 하는 측정지표

11 감염의 6고리

FINAL TEST 정답

09 병인의 자극형성, 병인 - 숙주 - 환경의 상호작용, 특수예방, 건강증진

10 (1) 유병률 < 발생률 (2) 발병률 (3) 교차비 (4) 유병률

(5) ① 병원성 ② 감염력 ③ 독력

(6) 발생률

(7) 의심되는 요인에 폭로된 집단에서의 특정질환 발생률(R_1) / 의심되는 요인에 폭로되지 않은 집단에서의 특정질환 발생률(R_2)

(8) (귀속위험도 / 폭로군에서의 발생률) × 100

(9) 발생률

11 병원체 - 병원소 - 탈출 - 전파 - 침입 - 숙주의 감수성

12 만성보균자의 보유기간

13 증상이 없으면서 체내병원체를 보유하고 균을 배출하여, 감염원이 되는 경우

14 잠복기 보균자가 되는 질환 : 홍역, 장티푸스, 소아마비, 유행성 이하선염, 백일해

15 인구밀도가 높고 환경위생이 나쁘며, 집단면역수준이 낮을 때 발생하는 전파

16 면역

(1) 모유, 모체 태반을 통한 면역
(2) 불현성 감염 후, 이환 후 면역
(3) 예방접종을 통한 면역

17 다음 법정 전염병의 분류를 쓰시오.

(1) 말라리아
(2) 쯔쯔가무시병
(3) 야토병
(4) 장티푸스
(5) 크로이츠펠트야콥병
(6) A형간염
(7) 일본뇌염
(8) 신종 인플루엔자
(9) C형간염

FINAL TEST 정답

12 3개월 이상

13 보균자

14 홍역, 유행성 이하선염, 백일해

15 직접전파

16 (1) 자연수동면역 (2) 자연능동면역 (3) 인공능동면역

17 (1) 3급 (2) 3급 (3) 1급 (4) 2급 (5) 3급
(6) 2급 (7) 3급 (8) 1급 (9) 3급

18 의료기관의 장이 관할 보건소장에게 즉시 신고해야 하는 감염병

19 반드시 격리수용 되어야 하는 감염병

20 기타 신고의무자가 신고해야 하는 감염병

21 「식품위생법」에 따른 건강진단항목

22 당뇨진단 기준

23 고혈압 전 단계

24 6대 암검진 권고

FINAL TEST 정답

18 1급

19 1급

20 홍역, 결핵

21 장티푸스, 폐결핵, 전염성 피부질환

22 식후 2시간 200mg/dl, 공복시 126mg/dl

23 140/90 미만

24 위암, 유방암, 자궁경부암, 간암, 대장암, 폐암

25 이상적인 혈중 콜레스테롤의 기준치

26 대사이상증후군에 대해 쓰시오.

27 집단검진

(1) 검사양성자 수 / 총 환자 수

(2) 측정도구가 질병이 아니라고 판단한 사람 중 실제로 질병이 없는 비율

(3) 질병에 걸리지 않은 사람이 양성으로 나올 확률

(4) 측정도구가 질병이라고 판단한 사람 중 실제로 질병이 있는 비율

28 「감염병의 예방 및 관리에 관한 법률」에서 제시하고 있는 필수예방접종의 종류를 나열하시오.

FINAL TEST 정답

25 200 이하

26 ① 복부비만 : 허리둘레 남성 102cm(동양인 90cm), 여성 88cm(동양인 80cm) 이상
② 고중성지방 혈증 : 150mg/dl 이상
③ 낮은 고밀도지단백콜레스테롤(HDL) : 남성 40mg/dl, 여성 50mg/dl 미만
④ 고혈압 : 수축기 130mmHg 이상 또는 이완기 85mmHg 이상
⑤ 공복혈당 100mg/dl 이상 또는 당뇨병 치료 중

27 (1) 민감도 (2) 음성예측도 (3) 의양성률 (4) 양성예측도

28 필수예방접종
① 디프테리아 ② 폴리오 ③ 백일해 ④ 홍역
⑤ 파상풍 ⑥ 결핵 ⑦ B형간염 ⑧ 유행성이하선염
⑨ 풍진 ⑩ 수두 ⑪ 일본뇌염
⑫ b형 헤모필루스 인플루엔자 ⑬ 폐렴구균 ⑭ 인플루엔자 ⑮ A형간염
⑯ 사람유두종바이러스감염증

29 관할 보건소 또는 관할구역 안에 있는 의료기관을 통하여 필수예방접종을 실시하여야 하는 자는?

30 특별자치도지사 또는 시장 · 군수 · 구청장은 임시예방접종을 할 경우 공고할 사항에 대해 나열하시오.

31 예방접종증명서를 발급하여야 하는 자를 쓰시오.

32 예방접종 기록의 보존 및 보고의무가 있는 자는?

FINAL TEST 정답

29 특별자치도지사 또는 시장 · 군수 · 구청장

30 예방접종의 일시 및 장소, 예방접종의 종류, 예방접종을 받을 사람의 범위

31 보건복지부장관, 특별자치도지사 또는 시장 · 군수 · 구청장, 예방접종을 한 자

32 특별자치도지사 또는 시장 · 군수 · 구청장

33 기초예방접종 및 추가접종의 스케줄에 대해 쓰시오.

34 예방접종 후 주의사항에 대해 5가지 이상 나열하시오.

FINAL TEST 정답

33 기초예방접종 및 추가접종

구분	기초접종	추가접종
B형간염	• 0, 1, 6 방식 • 모체가 HBsAg(+)인 경우 : 출생 후 12시간 이내 백신과 면역글로불린 동시 주사	-
결핵(피내용)	생후 4주 이내(1회)	-
DTaP (디프테리아, 파상풍, 백일해)	2, 4, 6개월(3회)	15~18개월(1회), 4~6세(1회)
소아마비 IPV	2, 4, 6~18개월(3회)	4~6세(1회)
MMR(홍역, 볼거리, 풍진)	12~15개월(1회)	4~6세(1회)
일본뇌염 (불활성화 백신, 약독화 생백신)	13개월 이상 1~2주 간격으로 2회, 1년 후 1회(3차)	6세(초등1), 12세(중1) 각 1회
수두	12개월 이상	-
b형 헤모필루스 인플루엔자(Hib)	2, 4, 6개월(3회)	12~15개월(1회)
폐렴구균	2, 4, 6개월(3회)	12~15개월(1회)
A형간염	12개월 이후 1차 접종	1차 접종 6~18개월 후 추가접종
신증후군출혈열	한달 간격으로 2회 접종하고 12개월 뒤에 1회 접종	-
장티푸스	5세 이상 소아에서 1회 접종	3년마다 추가접종
인플루엔자	• 사백신 : 6개월부터 접종 가능. 첫해는 1개월 간격으로 2회 접종하고 이후 매년 1회 접종	6~59개월 소아의 경우 매년 접종
	• 생백신 : 24개월 이상부터 가능하며, 접종 첫해에는 1개월 간격으로 2회 접종	기초접종 이후 매년 1회 접종

34 예방접종 후 주의사항

① 접종 후 20~30분간 접종기관에 머물러 아이의 상태를 관찰한다.
② 귀가 후 적어도 3시간 이상 주의 깊게 관찰한다.
③ 접종 당일과 다음 날은 과격한 운동을 삼간다.
④ 접종 당일은 목욕을 시키지 않는 것이 좋다.
⑤ 접종부위는 청결하게 유지한다.
⑥ 접종 후 최소 3일간은 특별한 관심을 가지고 관찰하며 고열, 경련이 있을 때에는 곧 의사진찰을 받도록 한다.
⑦ 아이는 반드시 똑바로 눕혀 재운다.

35 예방접종의 일반적인 금기사항에 대하여 5가지 이상 나열하시오.

36 접종 전 예진사항에 대하여 5가지 이상 나열하시오.

FINAL TEST 정답

35 일반적인 금기사항

(1) 발열이나 현저한 영양장애
(2) 심장혈관계질환, 간장질환, 신장질환의 급성기
(3) 백신성분에 대한 알레르기가 있는 경우
(4) 백신성분에 대한 이상반응의 기왕력이 있을 때
(5) 임신 중인 경우
(6) 의사가 부적당하다고 인정되는 경우
  ① 건강상태가 좋지 않다고 인정될 때
  ② 감염병 이환 후의 기간이 짧은 경우
  ③ 방사선 요법, 부신피질 호르몬제제 투여 중, 항암제 투여 중일 때
  ④ 면역기능 이상
  ⑤ 소아마비 접종시는 설사치료가 끝날 때까지
  ⑥ 생백신 접종 후 1개월 이내

36 예진사항

① 열이 있는 급성 질환자(단, 열이 없는 감기와 같은 가벼운 감염증일 때는 예외)
② 현재 병을 앓고 있거나 병후 쇠약자 및 영양 장애자
③ 결핵, 심장병, 위장병, 간장질환, 각기증 및 설사환자
④ 알레르기성 체질자 및 과민성 환자(각종 두드러기가 잘 나는 사람 또는 편식환자)
⑤ 임산부 및 산후 6개월 미만의 부인
⑥ 스테로이드 계통의 면역억제 치료약품을 현재 또는 최근에 복용자, 면역기능 장애자
⑦ 최근 3개월 이내에 감마글로불린 또는 혈청주사를 맞았거나 수혈을 받은 경우
⑧ 홍역, 볼거리, 수두 등은 이환 후에 뇌염을 일으킬 가능성이 있는 병이기 때문에 1개월 이상 지난 후 예방접종을 하는 것이 바람직하다.

37 예방접종의 기본원칙에 대하여 나열하시오.

38 예방접종률의 식을 쓰시오.

39 예방접종 피해 보상절차에 대하여 나열하시오.

FINAL TEST 정답

37 예방접종의 기본원칙

① 예방접종의 예방효과
② 예방접종의 안전성
③ 예방접종의 유용성
④ 예방접종의 비용 - 편익 효과
⑤ 예방접종 방법의 용이성

38 예방접종률 = (해당연도 예방접종을 수진한 영유아 수 / 1~4세의 영유아 수) × 100

39 특별자치도지사, 시 · 군 · 구에 이를 보상 신청 → 시 · 도지사에게 제출 → 시 · 도지사는 즉시 예방접종으로 인한 피해에 관한 기초조사를 실시한 후 피해보상신청 서류에 기초조사 결과 및 피해조사 의견서를 첨부하여 보건복지부장관에게 제출 → 보건복지부장관은 예방접종피해보상 전문위원회의 의견을 들어 보상 여부를 결정 → 결과를 시 · 도지사에게 통보하고, 시 · 도지사는 시장 · 군수 · 구청장에게 통보

40 예방접종 피해 국가보상의 종류에 대해 나열하시오.

41 신고하여야 하는 예방접종 후 이상반응자의 범위에 대하여 쓰시오.

(1) BCG 림프절 종창(지름 1.5cm 이상)

(2) B형간염 아나필락스

(3) 디티에이피(DTaP) 뇌염, 뇌증

(4) 엠엠알(MMR) 뇌염, 뇌증

(5) 일본뇌염 뇌염, 뇌증

(6) 수두 국소 이상반응

(7) b형 헤모필루스 인플루엔자 접종과 연관성이 있는 것으로 의심되는 이상반응

(8) A형간염 국소 이상반응

FINAL TEST 정답

40 국가보상

① 진료비 중 보험자(또는 의료급여기금)가 부담하는 금액을 제외한 잔액을 지급

② 정액 간병비(입원진료에 한하여 1일당 50,000원)

③ 장애인 일시보상금

④ 사망자 일시보상금(「최저임금법」에 의한 월 최저임금액의 240배)

⑤ 장제비 30만원 보상

41 (1) 1년 이내 (2) 24시간 이내 (3) 7일 이내 (4) 21일 이내 (5) 7일 이내 (6) 7일 이내 (7) 기한 없음 (8) 7일 이내

CHAPTER 05 역학과 질병관리

기출문제

01 다음은 보건교사의 연수 교육 자료이다. 〈작성 방법〉에 따라 순서대로 서술하시오.

[4점] 2020년

1. 원인 병원체 : A형 인플루엔자 바이러스가 변이를 일으켜 생긴 새로운 바이러스
2. 발생 상황

〈○○고등학교 신종인플루엔자 발생 상황〉

(단위 : 명)

위험 요인	신종인플루엔자		합계
	유	무	
노출	250	250	500
비노출	50	450	500
합계	300	700	1,000

3. 신종인플루엔자 확진 환자 신고
   (1) 신고 위무자 : 학교장
   (2) 신고 시기 : (㉠)
   (3) 신고 의무자는 (㉡) 에게 신고함.

… (하략) …

〈 작성 방법 〉

- 〈표 1〉을 이용하여 기여위험분율(attributable fraction) 산출값을 그대로 쓰고, 그 산출값의 의미를 설명할 것.
- 감염병의 예방 및 관리에 관한 법률(법률 제17491호, 2020.9.29., 일부개정)에 근거하여 괄호 안의 ㉠과 ㉡에 들어갈 말을 순서대로 쓸 것.

|정답| 1. 기여위험분율 = (R1–R2)/R1 = [{(250/500)–(50/500)}/(250/500)]*100 = 80%
전체 인구에서 신종인플루엔자 발생 중에서 변종 바이러스가 기인한 분율이 80%로 변종 바이러스에 노출되지 않는다면 신종인플루엔자의 80%를 예방할 수 있다.
2. ㉠ 신종인플루엔자는 1급감염병으로 발생 즉시 신고하여야 한다.
3. ㉡ 보건소장에게 신고

02 다음은 중학교 보건수업 내용의 일부이다. 〈작성 방법〉에 따라 순서대로 서술하시오.

[4점] 2020년

보건교사 : 여러분, 오늘은 '건강한 생활을 위한 감염 예방'에 대해 공부해 봅시다. 다음 그림의 감염 회로에서 연결 고리를 끊기 위해 일상생활에서 어떤 행동을 해야 하는지 한 명씩 말해 봅시다.

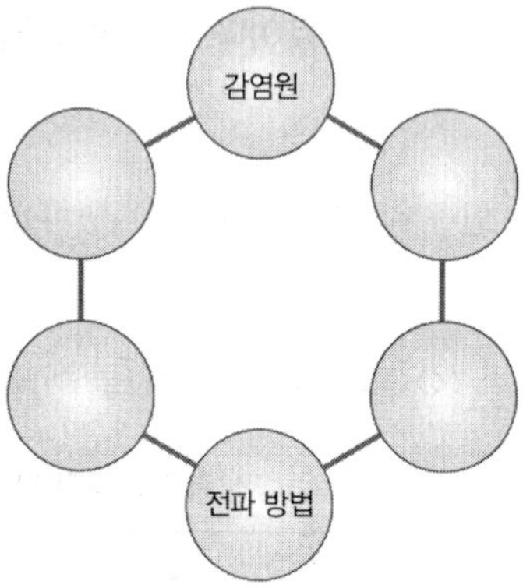

[감염 회로]

학생 A : 선생님, 외출할 때는 언제나 마스크를 착용해야 합니다.
보건교사 : 맞아요. 특히, ㉠ 결핵, 홍역의 경우 더 특별한 주의가 필요합니다.
학생 B : 질병을 이겨 낼 수 있는 항체를 만들기 위해서는 예방접종을 해야 합니다.
학생 C : 특히, ㉡ 어린 아이들이나 노인분들은 예방접종을 꼭 해야 합니다.
학생 D : 비누로 손을 자주 씻습니다.
학생 E : 손 소독제를 사용합니다.
학생 F : 그런데, 선생님. 소독과 ㉢ 멸균이라는 말을 많이 들었는데 두 단어가 구분이 잘 안 돼요.

… (하략) …

〈 작성 방법 〉

- 미국질병통제센터가 제시한 전파경로별 주의(transmission-based precaution) 중 밑줄 친 ㉠의 전파 차단을 위해 필요한 '주의(precaution)'의 명칭을 쓸 것.
- 〈그림 1〉의 감염 회로를 적용할 때, 밑줄 친 ㉡은 감염원과 어떤 요소와의 연결 고리를 끊는 것인지 그 구성 요소를 제시할 것.
- 〈그림 1〉의 감염 회로를 적용할 때, 밑줄 친 ㉢은 감염원과 어떤 요소와의 연결 고리를 끊는 것인지 그 구성 요소를 제시하고, ㉢의 개념을 서술할 것.

|정답| ㉠ 공기전파
㉡ 신숙주의 감수성
㉢ 병원소, 멸균 : 모든 미생물(병원 미생물과 비병원 미생물 모두)의 영양형은 물론 포자까지도 멸살 또는 파괴시키는 조작으로 멸균은 소독을 의미하지만 소독은 멸균을 의미하지 않는다.

|해설| 1. **전파경로별 주의**
① 접촉전파
② 비말전파 : 5㎛ 이상의 비교적 큰 입자로 대부분 기침, 재채기 등의 비말이 감염된 사람의 호흡기에서 감수성 있는 숙주의 비말에 직접 이동
③ 공기전파 : 5㎛ 이하의 작은 입자들이 공기 중에 떠다니다가 감수성 있는 숙주가 흡입

2. **감염 회로** : 감염원 - 병원소 - 탈출 - 전파 - 침입 - 신숙주의 감수성

3. **소독** : 병원성 미생물의 생활력을 파괴 또는 멸살시켜 감염 및 증식력을 없애는 조작을 말한다. 즉 병원 미생물의 사멸과 비병원 미생물의 정지

03 다음은 A학교 보건교사가 안전사고 발생률을 B학교와 비교한 자료이다. 〈작성 방법〉에 따라 순서대로 서술하시오.

[4점] 2019년

〈A, B학교 안전사고 발생률(2018년)〉

(단위 : 명)

구분	A학교		B학교		표준인구	A학교	B학교
	학생 수	발생률 (1,000명당)	학생 수	발생률 (1,000명당)		기대 발생수	기대 발생수
남학생	2,000	4.0	4,000	3.0	6,000	24	18
여학생	4,000	1.5	2,000	1.5	6,000	9	9
계	6,000	–	6,000	–	12,000	33	27

〈 작성 방법 〉

- 발생률의 개념을 서술할 것.
- A학교와 B학교의 직접 표준화 방법에 의한 안전사고 발생률(1,000명당)을 산출하여 순서대로 제시할 것(단, 산출값은 반올림 없이 소수점 아래 첫째자리까지 제시할 것).
- A학교와 B학교의 안전사고 발생률을 직접 표준화 방법에 의한 발생률로 산출하는 이유를 서술할 것.

|정답| 1. **발생률의 개념** : 학생 수 1,000명당 안전사고 발생 학생 수를 의미한다.

2. **표준화 방법에 의한 안전사고 발생률**

	A학교	B학교
남학생	4	3
여학생	1.5	1.5
계	2.7	2.2

A학교 남학생 = (24/6,000)*1,000 = 4
A학교 여학생 = (9/6,000)*1,000 = 1.5
B학교 남학생 = (18/6,000)*1,000 = 3
B학교 여학생 = (9/6,000)*1,000 = 1.5
A학교 계 = (33/12,000)*1,000 = 2.7
B학교 계 = (27/12,000)*1,000 = 2.2

3. 직접표준화법을 사용하려면 두 학교의 "성별 구성"과 "성별 안전사고 발생률"을 알고 있어야 한다. 표 1을 보면 A, B학교의 성별 구성과 성별 안전사고 발생률을 알 수 있어서 직접표준화법을 사용할 수 있다.

04

다음은 보건교사가 교직원을 대상으로 작성한 연수자료의 일부이다. 감염병의 예방 및 관리에 관한 법률 시행규칙(보건복지부령 제593호, 2018.9.27. 일부개정)에 근거하여 ㉠, ㉡에 해당하는 명칭을 순서대로 쓰시오. [2점] 2018년

학교 내 감염병 발생시 위기 대응

• 감염병의 예방 및 관리
- 학교장의 보건소 신고가 필요한 감염병

㉠	• 증상 : 발열, 기침, 콧물, 결막염, 코플릭 반점(Koplik's spot), 반구진 발진(maculopapular rash) 등 • 감염 경로 : 비말전파, 비인두 분비물과 직접 접촉

… 중략 …

- 표본 감시대상이 되는 감염병

㉡	• 정의 : 기생충에 감염되어 발생하는 감염병으로서 정기적인 조사를 통한 감시가 필요하여 보건복지부령으로 정하는 감염병 • 종류 : 회충증, 편충증, 요충증, 간흡충증, 폐흡충증, 장흡충증

… 하략 …

|정답| ㉠ 홍역, ㉡ 기생충감염병

|해설| 1. 홍역

(1) 임상적 특징

① 홍역은 건조한 계절과 관계가 있으며, 주로 늦은 봄철(4, 5월)이나 초겨울에 발생된다.

② 예방접종을 받지 못한 15개월 미만의 영아나 학령전기에 호발 → 최근 10대 및 젊은 성인에게도 발생빈도 증가

③ 백신이 개발되기 이전 자연상태에서는 집단면역 수준에 의해 결정된 유행이 주기적으로 발생했었다. 인구가 조밀한 지역에서는 2~3년마다, 인구가 흩어져 사는 지역에서는 7~9년마다 발생한다.

④ 우리나라의 경우 예방접종사업이 시행되고 있음에도 불구하고 소아성 신고 감염병 중에 발생률이 가장 높은 편이다.

(2) 원인균 : Measle Virus(홍역 바이러스)

(3) 전파경로

① 환자의 재채기나 비말에 의한 직접전파

② 콧물이나 인두분비물로 오염된 물품에 의한 간접전파

(4) 잠복기와 전염기

① 잠복기 : 열이 날 때까지 8~13일(평균 10일)

② 전염기 : 발진 출현 전 5일~출현 후 7일

㉠ 전염력은 전구기에 가장 강력하다.

㉡ 발진 출현 2일 후부터는 전염성이 최소로 감소한다.

(5) 주요 증상

① 발진 전구기(카달기) : 전염력이 가장 강하다.

㉠ 발열 초부터~발진이 나타날 때까지 3~6일간

㉡ 발열(38.3℃ 이상), 권태, 결막의 발적 및 수명, 기침, 콧물

㉢ 전구기 말, 결막염이 있은 후 회백색 Koplick 반점이 1번째 하구치 맞은편의 구강점막(구강 내 협부 점막)에 수개~수백개 출현한다. 이 반점은 발진 1~2일 전에 나타나 발진 후 12~18시간 내에 소실된다.

② 발진기(4~5일간)

㉠ Koplick 반점이 나타난 후 24~48시간 후 발진 시작

㉡ 발진이 나타나는 순서는 귀 뒤부터 목의 측면, 얼굴, 전신(가슴, 배), 팔, 다리로 퍼지고 얼굴에서 가장 심하다.

㉢ 3일 이상 지속되며, 이 후 발진이 난 순서대로 소실된다.

㉣ 발진은 초기에 선홍색의 구진이다가 차츰 융합되어 암갈색으로 변하고 회복기가 되면 색소침착이 된다. 색소침착은 수주~수개월 동안 홍역을 앓은 자국으로 남는다.

㉤ 임상증상은 발진 출현 후 2~3일간 가장 심한데, 40℃ 이상의 고열이 나며 몹시 괴로워 하지만 그 후 열이 내리고 기침이 적어진다.

③ 회복기

㉠ 발진 후 4~5일간으로 열이 떨어지고 카타르 증상이 감퇴

㉡ 발진은 나타난 순서대로 쇠퇴

ⓒ 퇴색하며 쌀겨 모양으로 떨어진다. 손과 발은 벗겨지지 않으며 이 시기에 합병증이 잘 생긴다.

ⓓ 합병증으로 기관지염, 급성중이염, 급성뇌염, 홍채염, 각막궤양, 경부임파절염, 뇌수막염, 폐렴, 결핵이 악화된다.

ⓔ 아주 어리고 영양이 불량한 아동의 경우 치명률은 5~10% 이상이 될 수 있다.

2. 감염병의 예방 및 관리에 관한 법률

(1) 제2조 제6호 "제5군감염병"이란 기생충에 감염되어 발생하는 감염병으로서 정기적인 조사를 통한 감시가 필요하여 보건복지부령으로 정하는 감염병을 말한다. 다만, 갑작스러운 국내 유입 또는 유행이 예견되어 긴급히 예방·관리가 필요하여 보건복지부장관이 지정하는 감염병을 포함한다.

(2) 시행규칙 제3조(제5군감염병의 종류) 제2조 제6호에서 "보건복지부령으로 정하는 감염병"이란 다음의 감염병을 말한다.

- 회충증, 편충증, 요충증, 간흡충증, 폐흡충증, 장흡충증

05 다음은 OO중학교 건강 게시판 내용의 일부이다. 괄호 안의 ㉠, ㉡을 순서대로 쓰시오.

[2점] 2018년

건강 게시판

〈우리가 알아야 할 국민 암 예방수칙〉

1. 담배를 피우지 말고, 남이 피우는 담배 연기도 피하기
2. 채소와 과일을 충분하게 먹고, 다채로운 식단으로 균형잡힌 식사하기
3. 음식을 짜지 않게 먹고, 탄 음식을 먹지 않기

… (중략) …

9. 발암성 물질에 노출되지 않도록 작업장에서 안전 보건수칙 지키기
10. 암 조기 검진지침에 따라 검진을 빠짐없이 받기

〈암의 종류별 검진주기와 연령기준 및 검사항목〉

암의 종류	검진대상	검진주기	검사항목
위암	40세 이상의 남·여	2년	1. 위 내시경 2. 조직 검사 3. 위장 조영검사
간암	40세 이상 남·여 중 간암 발생 고위험군	6개월	1. 간 초음파 검사 2. 혈청알파태아 단백검사
(㉠)암	50세 이상 남·여	1년	1. (㉡) 2. (㉠) 내시경 검사 3. 조직 검사 4. (㉠) 이중 조영검사
유방암	40세 이상의 여성	2년	유방촬영
자궁경부암	20세 이상의 여성	2년	자궁경부 세포검사

※ 암의 종류별 검진주기와 연령기준 : 암관리법 시행령 제8조(대통령령 제28206호, 2017.7.24, 타법개정)

※ 검사항목 : 암검진 실시기준(보건복지부 고시 제2018-1호, 2018.1.2, 일부개정)

|정답| ㉠ 대장, ㉡ 분변잠혈검사

|해설| 5대 암 검진권고 암(보건복지부장관)

■ 암관리법 시행령 [별표 1] 〈개정 2019.5.14〉

암의 종류별 검진주기와 연령 기준 등(제8조제2항 관련)

암의 종류	검진주기	연령 기준 등
위암	2년	40세 이상의 남·여
간암	6개월	40세 이상의 남·여 중 간암 발생 고위험군
대장암	1년	50세 이상의 남·여
유방암	2년	40세 이상의 여성
자궁경부암	2년	20세 이상의 여성
폐암	2년	54세 이상 74세 이하의 남·여 중 폐암 발생 고위험군

비 고

1. "간암 발생 고위험군"이란 간경변증, B형간염 항원 양성, C형간염 항체 양성, B형 또는 C형 간염 바이러스에 의한 만성 간질환 환자를 말한다.
2. "폐암 발생 고위험군"이란 30갑년[하루 평균 담배소비량(갑) × 흡연기간(년)] 이상의 흡연력(吸煙歷)을 가진 현재 흡연자와 폐암 검진의 필요성이 높아 보건복지부장관이 정하여 고시하는 사람을 말한다.

06 **다음은 보건교사와 동료교사의 대화내용이다. 괄호 안의 ㉠과 밑줄 친 ㉡을 순서대로 쓰시오.**

[2점] 2018년

동료교사 : 선생님, 우리 아이가 미열이 있고 머리가 아프다고 해서 자고 일어났는데 갑자기 왼쪽 아래턱 부위가 부었고, 같은 쪽 귀도 아프다고 하네요. 혹시 볼거리를 하는 건가요?

보건교사 : 볼거리는 유행성 이하선염이라고 하는데, 요즘 유행하고 있어요. 아이가 몇 살인가요?

동료교사 : 지금 중학교 1학년이에요.

보건교사 : 예방접종은 하셨지요?

동료교사 : 잘 기억이 나지 않는데 예방접종은 언제 해야 하나요?

보건교사 : 필수예방접종에서 1차 접종시기는 (㉠)입니다.

동료교사 : 어떻게 전염되지요?

보건교사 : 감염자와의 직접 접촉 또는 비말감염으로 전염돼요. 그래서 ㉡ <u>전염 기간</u>에는 집에서 쉬어야 해요.

… 하략 …

|정답| ㉠ 12~15개월, ㉡ 이하선이 붓기 24시간 전부터 종창이 가라앉을 때까지(7~10일)

|해설| 유행성 이하선염

1. 임상적 특성
   (1) 1개 이상의 타액선, 특히 이하선이 주로 침범된다.
   (2) 치명률은 높지 않으나 보통 한쪽으로만 오는 고환염이 사춘기 이후 남성의 20~30%에서 발생한다.
   (3) 늦겨울이나 초봄에 호발하며, 불현성 감염이 약 30~40%이다.
2. 원인균 : 일명 볼거리 Mumps Virus에 의해 발생, 한쪽만 앓아도 영구면역된다.
3. 전파경로
   (1) 타액의 비말을 통하여 감염
   (2) 타액으로 오염된 물건의 간접접촉
4. 잠복기와 전염기
   (1) 잠복기 : 14~21일(평균 18일)
   (2) 전염기
      ① 이하선이 붓기 24시간 전부터 종창이 가라앉을 때까지(7~10일)
      ② 종창 48시간 전에 가장 전염력이 강하다.
5. 주요 증상
   (1) 타액선이 부을 때까지 1~2일 전구기에 발열, 권태, 식욕부진, 두통, 구토, 인후통, 불안 및 전신 근육통
   (2) 발열 초 양쪽 또는 한쪽 이하선, 설하선의 팽창, 부종, 동통
   (3) 입을 벌리기 힘들고 연하 곤란, 입속 Stensen씨관, 입구의 부종과 충혈
   (4) 39~40℃의 고열이 2~3일 있은 후 열이 떨어지면서 타액선도 가라앉는다.
   (5) 수뇌막염, 고환 · 부고환염, 난소염, 췌장염, 유양돌기염, 귀머거리의 합병증을 동반하는 수도 있다.
   (6) 침샘의 종창으로 통증을 느끼며 특히 입을 벌리거나 음식을 섭취할 때나 신 것을 생각하거나 먹을 때 통증을 유발한다.
   (7) 사춘기 남자는 15~20%에서 고환염, 사춘기 여자는 5%에서 난소염에 잘 걸린다.
6. 치료법
   (1) 대증요법, 격리
   (2) 신 음식은 먹이지 않도록 하고 적절한 영양공급과 수분섭취 격려
   (3) 종창으로 인한 불편감을 덜기 위해 냉찜질
   (4) 코와 인후의 청결을 위해 생리식염수 함수
   (5) 동통이 심할 때는 해열진통제로 관리
7. 예방법
   (1) 홍역백신과 함께 할 때는 약독생균백신을 15개월 이후에 준다.
   (2) 생후 12~15개월에 MMR을 접종하고 4~6세에 추가접종한다.
   (3) 홍역, 풍진과 함께 주는 백신은 유행성 귀밑샘염에 대한 예방력이 95% 이상이며 영구면역된다.
   (4) 사춘기 이전에 감수성자 특히 남성에게 예방접종한다.
   (5) 생균이 태아에게 전해지므로 임산부에게 예방접종은 실시하지 않는다.

07 **다음은 인플루엔자 예방수칙에 대한 가정통신문이다. ㉠은 법정감염병 중 몇 군에 해당하는지 제시하고, ㉡에 의해 획득되는 후천성 면역의 유형을 쓰시오.** [2점] 2018년

> **가정통신문**
>
> 안녕하십니까? 겨울이 시작되면서 인플루엔자 환자가 급증하고 있습니다.
>
> 가정에서 다음과 같은 인플루엔자 예방수칙을 참고하시어 자녀들의 건강관리에 유의하여 주시기 바랍니다.
>
> ○ ㉠ 인플루엔자의 개요
> - 원인 : 인플루엔자 바이러스
> - 증상 : 고열, 오한, 기침, 인후통, 콧물, 근육통, 관절통 등
> - 감염 경로 : 기침, 재채기, 비말에 의한 직접 전파 등
>
> ○ 인플루엔자 예방수칙
> - 외출 후에는 반드시 손 씻기를 생활화합니다.
> - 기침과 재채기를 할 때는 휴지나 손수건으로 가리는 등 기침 에티켓을 지킵니다.
> - 발열과 호흡기 증상이 있을 경우 사람들이 많이 모이는 장소를 피하고 외출을 삼갑니다.
> - 발열과 호흡기 증상이 있으면 마스크를 착용하고 가까운 의료기관에 내원하여 진료를 받습니다.
> - ㉡ 예방접종을 통해 개인 면역력을 증강시킵니다.
>
> 년 월 일
>
> ○○ 고등학교장

|정답| 1. 인플루엔자는 제4급 감염병에 속한다.

2. 예방접종은 인공능동면역에 속한다.

08 다음은 A 남자 중학교 보건교사가 학생들의 건강 행위 중 우선으로 해결해야 할 것을 결정하기 위해 수집한 자료이다. PATCH(Planned Approach To Community Health) 방법을 활용해 중요성 측면을 파악하여 우선순위를 결정하고자 한다. 〈작성 방법〉에 따라 서술하시오. [4점] 2017년

〈표 1〉 A 남자 중학교 학생과 전국 남자 중학생의 흡연율 · 음주율

(단위 : %)

구분	흡연율	음주율
A 남자 중학교 학생	6.8	9.8
전국 남자 중학생*	4.8	8.8

* 출처 : 전국 남자 중학생 자료(2015년 청소년건강행태온라인조사, 질병관리본부)

〈표 2〉 우리나라 성인 남성의 흡연에 따른 암발생 코호트 조사 결과

(단위 : 명)

구분		암발생		계
		발생	비발생	
흡연	예	300	9,700	10,000
	아니오	100	99,900	100,000
계		400	109,600	110,000

〈표 3〉 우리나라 성인 남성의 음주에 따른 암발생 코호트 조사 결과

(단위 : 명)

구분		암발생		계
		발생	비발생	
음주	예	200	19,800	20,000
	아니오	200	99,800	100,000
계		400	119,600	120,000

〈 작성 방법 〉

A 남자 중학교에서 흡연과 음주 중 무엇을 우선적으로 해결해야 하는지 2가지 근거를 들어 서술할 것(단, 2가지 근거 중 1가지는 반드시 흡연과 음주의 암발생에 대한 상대위험비를 구하고, 중요성 측면에서의 의미를 포함할 것)

|모범답안|

A 남자 중학교에서 "흡연을 우선적으로 해결"해야 하는 2가지 근거

1. 상대위험비는 위험요인을 가지고 있는 군에서 건강문제 발생률과 위험요인을 가지고 있지 않은 군에서 건강문제 발생률의 비로 구한다.
   (1) 우리나라 성인 남성의 흡연군에서의 암발생은 비흡연군의 암발생률보다 30배만큼 크며, 우리나라 성인 남성의 음주군에서의 암발생은 비음주군의 암발생률보다 5배만큼 크다.
   (2) A 남자 중학교 학생의 흡연율과 음주율은 전국 남자 중학생의 흡연율 및 음주율보다 높아 흡연과 음주 모두 주요 건강문제이다. 이중 더 우선순위가 높은 것을 선정하기 위해 PATCH(Planned Approach To Community Health)를 적용하고자 한다.
2. PATCH는 건강문제의 중요성과 변화가능성을 적용하는데, 건강문제의 중요성은 건강문제가 얼마나 심각한 영향을 주는가와 건강문제를 변화시키면 건강수준에 얼마나 효과가 나타나는가를 평가하는 기준이며, 변화가능성은 얼마나 용이하게 변화할 수 있는가를 평가하는 기준이다.
   (1) 흡연군과 비흡연군에서의 암발생의 상대위험비는 30, 음주군과 비음주군에서의 암발생의 상대위험비는 5이다. 따라서 흡연율을 감소시킴으로써 암발생의 위험을 감소시키는 효과가 음주율을 감소시킴으로써 암발생의 위험을 감소시키는 효과보다 크다.
   (2) 또한 흡연과 음주는 모두 의존성 물질과 관련된 생활습관이므로 이를 수정하기 위한 노력 측면에서 변화가능성은 동일하다. 따라서 건강문제의 중요성과 변화가능성 측면에서 볼 때 A 남자 중학교에서 우선적으로 해결해야 할 것은 흡연율을 줄이는 것이다.

09 **다음은 고등학교의 보건교사가 작성한 교수 · 학습 지도안이다. 〈작성 방법〉에 따라 서술하시오.** [5점] 2016년

교수 · 학습 지도안			
단 원	질병 발생모형	지도교사	보건교사
주 제	원인망 모형(거미줄 모형)	대 상	2-1, 35명
차 시	2/3차시	장 소	교실
학습목표	• 원인망 모형으로 질병발생 과정을 이해하고, 예방 수준별 건강관리 방법을 적용할 수 있다.		
단 계	교수 · 학습 내용		시간
도 입	• 전시 학습 확인 : 질병발생의 생태학적 모형과 수레바퀴 모형 • 동기 유발 : 우리나라 청소년의 생활습관병 실태에 관한 동영상 시청 • 본시 학습목표 확인		5분
전 개	• 질병발생의 원인망 모형 → 심근경색의 발생에 관한 원인망 모형 … (중략) … • 심근경색의 증상과 예후 • 질병의 자연사와 예방적 조치의 적용 수준 – 질병의 자연사 5단계 – 리벨(H. Leavell) 등이 제시한 질병예방단계와 구체적 건강관리전략 • 모둠별로 심장질환과 관련하여 원인망 모형에서 자신과 가족에게 해당되는 위험요소를 찾고, 이를 관리하기 위한 방안을 3단계 예방수준으로 분류하고 토론하기		35분
정리 및 평가	• 모둠활동에서 정리한 것을 발표하기		10분

〈 작성 방법 〉

- 수레바퀴 모형의 강점 2가지를 제시할 것
- 원인망 모형의 강점 2가지를 제시할 것
- 리벨(H. Leavell) 등이 제시한 '1차 예방'의 목적을 질병의 자연사 1, 2단계와 연계하여 제시할 것

|모범답안|

1. 수레바퀴 모형의 강점
   (1) 질병의 병인보다 여러 가지 발생요인을 찾아낼 수 있다.
   (2) 숙주요인과 환경요인을 구별하고 있어서 역학적인 연구를 하기에 용이하다.

2. 원인망 모형의 강점
   (1) 질병의 병인보다 여러 가지 발생요인을 찾아낼 수 있다.
   (2) 질병의 발생계보를 여러 곳에서 적절하게 차단시키므로 효과적으로 질병을 예방할 수 있다.
3. 질병의 자연사 1, 2단계와 연계한 1차 예방의 목적
   1차 예방은 질병이 발생하기 이전에 원인에의 노출을 방지함으로써 발병 자체를 예방하는 것으로 건강증진과 건강보호를 목적으로 한다.

10

다음은 보건교사가 고등학생을 대상으로 작성한 폐결핵예방 교육 자료이다. 〈작성 방법〉에 따라 서술하시오. [4점] 2016년

♣ 폐결핵을 예방하자!

- ㉠ <u>폐결핵</u>이란?
  결핵균이 폐에 침범하여 감염된 상태
- 원인균은?
  결핵균
- 선별 검사는?
  ㉡ <u>투베르쿨린 피부 반응 검사</u>
- 진단 검사는?
  - 객담의 도말 배양 검사
  - 흉부 X-ray 검사
- 폐결핵환자의 흉부 X-ray 예시
  ㉢ <u>공동(cavity)</u>

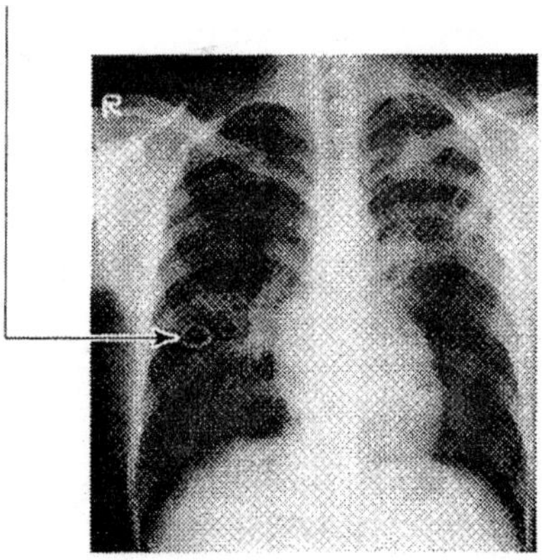

〈 작성 방법 〉
- ㉠이 「제2급 법정감염병」으로 구분되는 이유를 제시할 것
- ㉡에서 판독기준으로 삼는 피부 반응을 제시할 것
- ㉢이 형성되는 병태생리적 기전을 제시할 것

|모범답안|

1. ㉠이 제2급 법정감염병으로 구분되는 이유
   폐결핵이 2급감염병으로 구분되는 이유는 전파가능성을 고려하여 발생 또는 유행 시 24시간 이내에 신고하여야 하는 감염병이기 때문이다.
2. ㉡에서 판독기준으로 삼는 피부 반응
   피부 반응 부위가 10mm 이상이면 양성으로 판정된다.
3. ㉢이 형성되는 병태생리적 기전
   결핵균이 체내에 침투하면 식균작용으로 결절이 형성되는데, 이 결절의 중앙은 치즈변성(치즈화)의 괴사과정을 거쳐, 치즈화 물질이 액화되어 결절에서 배농된 후 공기가 차면 공동이 형성된다.

11 **다음은 ○○ 고등학교에서 발생한 유행성 이하선염에 대한 자료이다. ○○ 고등학교는 유행성 이하선염이 유행할 당시에 보건소와 연계하여 학생 전원에 대해 혈청학적 검사를 실시한 바 있다. 유행성 이하선염의 원인이 되는 병원체를 제시하고, 표에 제시된 자료를 기초로 ㉠에 해당하는 값을 구하시오. (단, 산출값은 반올림없이 첫째 자리까지 제시할 것)**

[2점] 2015년

유행성 이하선염 발생 현황

- 기간 : 2013년 ○월 ○일 ~ ○월 ○일
- 장소 : ○○ 고등학교
- 혈청학적 검사자 수 : 500명
- 병원력(발병력) : (㉠) %

[표] 2013년 환자 발생 수 및 증상별 분포도

(단위 : 명)

무증상 감염자	환자			계
	경미한 환자	중등도 환자	중증 환자 (합병증 발생)	
20	25	4	1	50

|정답| 1. 유행성 이하선염의 원인이 되는 병원체 : Mumps Virus
2. 병원력(발병력) = (현성 감염자 수 / 감염자 수) = 30/50 = 0.6
∴ ㉠에 해당하는 값은 60%

12 **K 보건교사는 최근 우리나라 청소년들 사이에서 결핵 유병률이 증가한다는 신문기사를 접하고, 재직 중인 고등학교 학생들의 전반적인 건강실태 및 결핵 감염 여부를 확인해야겠다고 판단하였다. 다음은 구체적 실천을 위하여 K 보건교사가 작성한 결재안이다. 〈보기〉의 지시에 따라 서술하시오.** [10점] 2015년

결재안

수신 : 내부 결재
(참조) 각 반 담임
제목 : 전 학년 건강실태 조사 및 결핵 집단검진 시행

보건실에서는 2014년 건강실태 조사 및 결핵 집단검진을 다음과 같이 실시하고자 합니다.

\- 다음 -

1. 목적 : 1) 학생들의 건강문제와 건강행위 및 생활습관 간의 상관관계를 파악한다.(㉠)
2) 학생들의 결핵 유병률을 파악한다.(㉡)
3) 결핵 확진을 받은 학생들을 대상으로 결핵 유발요인을 파악한다.(㉢)

… (중략) …

4. 세부 계획

구분	시기	추진사항
1단계	12월 8일	전 학년 건강실태 조사를 위한 설문조사(㉠)
2단계	12월 10일	보건소 흉부 방사선 촬영(㉡) 및 객담 검사에 의한 결핵 집단검진
3단계	12월 17일~26일	결핵으로 판정받은 학생군과 결핵이 없는 학생군을 대상으로 결핵 위험요인의 노출 여부를 조사하기 위한 분석역학 연구(㉢)
4단계	12월 30일	결과보고서 제출

5. 협조사항
건강 실태조사를 위한 설문조사 실시 및 결핵 집단검진시 각 반 담임교사의 지원

첨부 : 2011년 결핵 집단검진 결과분석표 1부. 끝.

첨부 : 2011년 결핵 집단검진 결과분석표

(단위 : 명)

흉부방사선 촬영 검사 결과	확진에 의한		계
	결핵 양성	결핵 음성	
양성	20	10	30
음성	5	465	470
계	25	475	500

〈 보 기 〉

1) K 보건교사가 ㉠과 ㉢을 위해 각각 적용하려는 역학연구 방법이 무엇인지 제시하시오. 그리고 보건교사가 고려해야 할 각각의 연구방법이 가지는 제한점 또는 단점을 4가지씩 서술하시오.
2) ㉡을 시행하기 앞서 K 보건교사는 과거 자료를 가지고 결핵검사의 타당성을 확인하고자 한다. 첨부 자료에서 제시한 '2011년 결핵 집단검진 결과분석표'에 근거해서 흉부방사선 촬영검사의 양성예측도와 음성예측도를 백분율로 산출하고(단, 산출값은 반올림 없이 첫째 자리까지 제시할 것), 산출값의 의미를 각각 서술하시오.

|모범답안|

1. 각각의 연구방법이 가지는 제한점 또는 단점

①-㉠ 단면 연구

ⓐ 표본의 규모가 커야 비교적 정확한 결과를 얻을 수 있고,

ⓑ 원인과 결과를 동시에 파악하므로 시간적 속발성을 확인하기가 어려우며,

ⓒ 단기간에 건강과 관련된 요인에 대한 정보를 얻을 수 있으며,

ⓓ 대상 인구집단이나 관련요인의 선택시 편견의 위험이 있고,

ⓔ 원인과 결과의 인과성에 대한 확대해석을 주의해야 한다.

②-㉢ 환자-대조군 연구

ⓐ 이미 발병된 이후에 조사를 하므로 편견이 많이 작용하며,

ⓑ 발병률을 알 수 없고,

ⓒ 인과관계의 질을 알 수 없고,

ⓓ 상대위험도를 구하지 못하고 추정 상대위험비(교차비)만 산출 가능하며,

ⓔ 대조군 선택에 오류가 개입될 수 있다.

2. 흉부방사선 촬영검사의 양성예측도와 음성예측도, 각각의 산출값의 의미

① 양성예측도 = 20/30 = 0.6666 → 60%

양성예측도가 60%라는 것은 "흉부방사선 촬영검사의 양성자 100명 중 60명은 실제로 결핵을 가지고 있는 자"라는 의미이고,

② 음성예측도 = 465/470 = 0.9 → 90%

음성예측도가 90%라는 것은 "흉부방사선 촬영검사의 음성자 100명 중 90명은 실제로 결핵에 이환되지 않은 자"라는 의미이다.

13 다음은 수레바퀴 모형(wheel model)에 대한 그림과 설명이다. 괄호 안의 ㉠, ㉡에 해당하는 용어를 차례대로 쓰시오.

[2점] 2014년

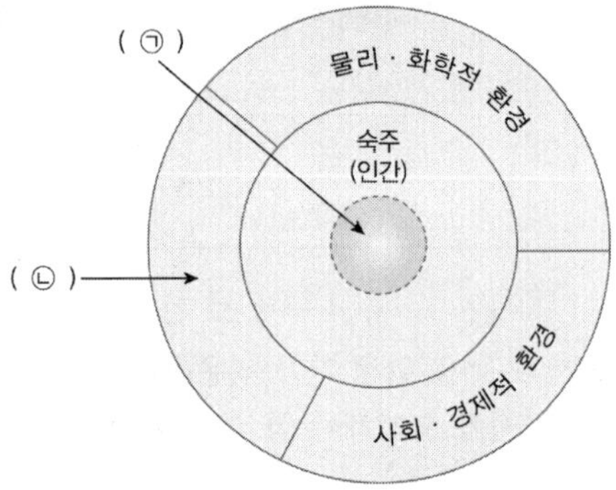

〈그림〉 수레바퀴 모형

수레바퀴 모형은 숙주와 환경과의 상호작용에 의해 질병이 발생한다고 설명한다. 이 모형에서는 생태계를 하나의 큰 원으로 표시하고 있는데 원의 중심 부분에는 숙주(인간) 요인이 있다. 숙주(인간) 요인의 핵심에는 (㉠)이/가 점선으로 배치되어 있고 원의 가장자리에는 (㉡) 요인, 사회 · 경제적 환경 요인, 물리 · 화학적 환경 요인이 있다.
질병은 각 요인들의 상호작용에 의하여 발생하며, 요인들이 질병 발생에 기여하는 비중에 따라 각각 차지하는 면적을 다르게 표시한다. 따라서 질병의 종류에 따라 모형에서 각 요인이 차지하는 면적이 달라진다.

|정답| ㉠ 유전적 요인을 갖고 태어난 숙주
㉡ 생물학적 환경

14 다음은 보건교사가 작성한 A형간염 발생에 대한 감염병 통계 보고서이다. 괄호 안의 ㉠, ㉡에 해당하는 비율을 각각 구하시오. (단, 학생 100명당 비율로 계산하고 산출값은 반올림없이 소수점 이하 첫째 자리까지만 제시할 것) [2점] 2014년

감염병 통계 보고서

2013년 O월 O일부터 O월 O일까지 4주간 A형간염이 다음과 같이 발생하였기에 이에 대한 감염병 통계결과를 보고합니다.

- 학교명 : OO 고등학교
- 총 학생 수 : 100명
- 기존 A형간염 학생 수 : 10명

〈표〉 신규 A형간염 발생 현황

기간 / 항목	제1주	제2주	제3주	제4주	계
신규 A형간염 발생자 수(명)	2	8	3	2	15
유병률(%)	(㉠)				
발생률(%)	(㉡)				

|정답| ㉠ 유병률(기간 유병률) : 그 기간 내에 존재한 환자 수 / 특정 기간의 중앙 인구수 × 100
= (10 + 15) / 100 × 100 = 25%

㉡ 발생률 : 유행 전 기간의 발생률
= 15 / 90 × 100 = 16.6%

15 **다음 표는 안전사고 발생에 대한 분석 자료이다. 〈표 1〉과 〈표 2〉에서 도출된 발생률의 명칭을 쓰고 각각의 특징을 서로 비교하여 서술하시오.** [5점] 2014년

〈표 1〉 안전사고 발생 분석표 Ⅰ

구분	A학교		B학교	
	학생(명)	발생(건수)	학생(명)	발생(건수)
여	200	10	100	5
남	100	10	200	20
계	300	20	300	25
발생률(100명당)	6.7		8.3	

〈표 2〉 안전사고 발생 분석표 Ⅱ

구분	A학교			B학교		
	학생(명)	발생(건수)	발생률(100명당)	학생(명)	발생(건수)	발생률(100명당)
여	200	10	5.0	100	5	5.0
남	100	10	10.0	200	20	10.0
계	300	20		300	25	

| 모범답안 |

1. 표 1에서 도출된 발생률은 조발생률(=보통 발생률)로, 이는 일정기간 동안 전체인구 중에서 실제로 발생한 건수를 나타낸다.
2. 표 2에서 도출된 발생률은 특수발생률(=성별 특수발생률)을 나타낸다.
3. 비교하려는 두 학교의 서열 분포가 다르므로 성별 특수발생률을 사용해서 두 학교를 비교해야 한다.

16 **다음은 B 중학교 보건교사가 제작한 수두 예방 관련 가정통신문이다. (가)~(마) 중 옳지 않은 것은?** [1.5점] 2013년

가정통신문
수두 예방 안내 안녕하십니까? 최근 OO교육청 관내 유치원, 초 · 중등학교에서 (가) 제2급감염병인 수두가 지속적으로 발생하고 있습니다. 수두는 감염성이 아주 강하므로 확산되지 않도록 다음 사항을 숙지하여 학생이 건강한 학교생활을 할 수 있도록 협조바랍니다. • (나) 수두는 수포액과의 직접접촉이나 수두에 감염된 사람의 타액에 의해 비말로 전파됩니다. • (다) 수두의 발진은 구진에서 시작하여 반점, 수포, 가피의 순으로 진행되며 가려움증을 동반합니다. • (라) 수두 예방접종은 수두를 앓은 적이 없거나, 수두백신을 접종하지 않은 경우에 실시합니다. • (마) 수두의 감염력은 모든 수포가 가피로 변하면 없어집니다. 2012. 9. 3 ○○ 중학교장

① (가)
② (나)
③ (다)
④ (라)
⑤ (마)

|정답| ③

|해설| 수두의 발진은 반점 → 구진 → 수포 → 농포 → 가피 등의 순서로 나타나며, 동시에 모든 발진이 관찰될 수 있다. 수포는 매우 가려우며 마지막에 딱지가 생긴다.

(가) 제2군 법정감염병은 예방접종을 통하여 예방 또는 관리가 가능하여 국가예방접종사업의 대상이 되는 질환으로 수두 외에 디프테리아, B형간염, 유행성 이하선염, 폴리오, 백일해, 일본뇌염, 홍역, 풍진, 파상풍, b형 헤모필루스 인플루엔자 등이 포함된다.

(나) 수두의 전파경로는 직접접촉, 오염된 물건, 비말, 공기매개 등이다.

(라) 수두를 앓은 적이 없거나 수두백신을 접종하지 않은 경우 등 고위험 아동이 수두에 노출된 경우에는 Varicella-zoster immune globulin(VZIG) 접종을 실시한다.

(마) 2차 감염을 예방하기 위해 병원에서는 엄격히 격리한다. 가정에서는 수포가 모두 건조되기까지 격리하고 면역이 저하된 아동은 환아로부터 격리한다.

17 다음은 K 및 S지역의 지역 건강현황 분석자료이다. 자료에 근거한 두 지역의 상대위험도(Relative Risk)와 비례사망지수(Proportional Mortality Indicator)를 비교한 것으로 옳은 것을 〈보기〉에서 고른 것은? [2.5점] 2013년

K 및 S지역의 지역 건강현황 분석

○ 목적
- 고등학생들에게 흡연의 장기적 위해성을 알리기 위함
- 흡연과 후두암 발생률의 상관관계를 밝히기 위함
- 생정 통계를 통한 지역의 건강수준을 평가하기 위함

○ 구체적 과제(* 산출값은 반올림없이 소수점 첫째자리까지 제시할 것)
- 지역의 상대위험도 산출(과제 Ⅰ)
- 지역의 비례사망지수 산출(과제 Ⅱ)

과제 Ⅰ. 코호트연구에 의한 두 지역의 후두암 발생 현황

〈K지역〉

(단위 : 명)

흡연 유무	후두암		계
	환자군	비환자군	
흡연자	100	50	150
비흡연자	30	260	290
계	130	310	440

〈S지역〉

(단위 : 명)

흡연 유무	후두암		계
	환자군	비환자군	
흡연자	60	40	100
비흡연자	40	160	200
계	100	200	300

과제 Ⅱ. 2011년 두 지역의 연령대별 사망 현황

(단위 : 명)

연령대	K지역	S지역
60세 이상	360	800
50~59세	120	600
40~49세	320	155
30~39세	180	40
20~29세	150	25
10~19세	30	50
0~9세	40	80
총 사망자 수	1,200	1,750

〈 보 기 〉

ㄱ. K지역의 흡연군은 비흡연군에 비해 후두암 발생 위험이 6.4배 높다.
ㄴ. K지역의 흡연군은 비흡연군에 비해 후두암 발생 위험이 17.3배 높다.
ㄷ. S지역의 흡연군은 비흡연군에 비해 후두암 발생 위험이 3배 높다.
ㄹ. S지역의 흡연군은 비흡연군에 비해 후두암 발생 위험이 6배 높다.
ㅁ. K지역의 비례사망지수는 S지역의 비례사망지수보다 낮다. 따라서 S지역보다 K지역의 건강수준이 더 높다.
ㅂ. S지역의 비례사망지수는 K지역의 비례사망지수보다 높다. 따라서 K지역보다 S지역의 건강수준이 더 높다.

① ㄱ, ㄷ, ㅁ
② ㄱ, ㄷ, ㅂ
③ ㄱ, ㄹ, ㅁ
④ ㄴ, ㄹ, ㅁ
⑤ ㄴ, ㄹ, ㅂ

|정답| ②

|해설| 1. **지역별 상대위험도**

① K지역 상대위험도 = {100/(100+50)} / {30/(30+260)} ≒ 6.44

② S지역 상대위험도 = {60/(60+40)} / {40/(40+160)} = 3

③ 결론

ㄱ. K지역의 흡연군은 비흡연군에 비해 후두암 발생 위험이 6.4배 높다.

ㄷ. S지역의 흡연군은 비흡연군에 비해 후두암 발생 위험이 3배 높다.

2. **지역별 비례사망지수** : 비례사망지수(PMI)는 연간 총사망자 수에 대한 50세 이상의 사망자 수를 %로 표시한 지수로, 값이 높을수록 건강수준이 높음을 의미한다.

① K지역 비례사망지수 = {(120+360)/1,200} × 100 = 40

② S지역 비례사망지수 = {(800+600)/1,750} × 100 = 80

③ 결론

ㅂ. S지역의 비례사망지수는 K지역의 비례사망지수보다 높다. 따라서 K지역보다 S지역의 건강수준이 더 높다.

18 다음은 Y고등학교 보건교사가 '말라리아'에 대하여 제작한 가정통신문이다. (가)~(바) 중 옳은 것만을 있는 대로 고른 것은?

[2.5점] 2013년

> **가정통신문**
>
> **말라리아를 예방합시다.**
>
> 1. 정의
>   - (가) 말라리아는 플라즈모디움(Plasmodium) 속에 속하는 기생원충이 적혈구와 간세포 내에 존재함으로써 일어나는 급성 열성 감염증이다.
> 2. 병원소 및 증상
>   - (나) 학질모기, 사람과 원숭이 등이 병원소이며, 고열, 두통, 오심, 심하면 혈액 섞인 구토와 황달 등의 증상이 나타난다.
> 3. 역학적 특성
>   - (다) 국내에서는 70년대 말 박멸선언 이후 2012년 현재까지 토착형 말라리아는 발생하지 않고 있으나, 최근 동남아시아, 아프리카 등의 여행자에 의한 해외유입 말라리아가 발생하고 있어서 주의를 요하고 있다.
>   - 암컷 모기가 인체를 흡혈하면서 전파하는 것이 주 감염경로이지만, (라) 수혈이나 오염된 주사기 바늘의 공동 사용으로도 전파된다.
> 4. 예방과 관리
>   - (마) 특별한 치료제나 예방약이 없으므로 유행지역으로 여행시에는 유행 여부를 반드시 확인하고 모기 기피제를 포함한 대비 물품을 철저히 준비한다.
>   - (바) 검역감염병이므로, 체류 지역 시장이나 군수는 감염의심자의 건강상태를 최대 144시간 감시해야 한다.
>   - 야외캠핑시에는 모기장을 설치하여 모기에 물리지 않도록 하고 모기 서식처를 제거하는 노력이 필요하다.

① (가), (라)
② (가), (다), (마)
③ (나), (라), (바)
④ (나), (다), (마), (바)
⑤ (가), (나), (다), (라), (바)

|정답| ①

|해설| 1. 말라리아는 Plasmodia라고 불리는 혈액기생충 질환으로 암컷모기(중국얼룩날개 모기)의 흡혈을 통해 전염되는 감염성 질환으로, 4종류(3일열, 열대열, 4일열, 난형)의 말라리아가 있으나 우리나라에서는 3일열 말라리아(Plasmodium vivax)가 주로 나타난다.

(1) 정의 : 말라리아 원충에 감염된 모기에 물렸을 때 모기의 타액과 더불어 원충이 인체에 들어가 적혈구를 파괴하면서 발열 등 전신증상을 일으킨다.

(2) 역학적 특성

① 병원체는 삼일열 원충이다.

② 말라리아의 유일한 병원소는 사람이다.

③ 전파방법은 감염된 중국얼룩날개(하학질)모기에 물렸을 때 전파되며, 이외에 일부의 경우 수혈이나 수직감염 등도 전염경로가 된다.

④ 잠복기는 감염모기에 물린 후 8일에서 12개월까지로 증상이 뒤늦게 나타나는 것이 특징이다.

(3) 임상적 특징

① 말라리아의 초기증상은 막연한 불편감, 두통, 피로, 근육통, 발열 등으로 비특이적이므로 최근에 열대지역(동남아, 아프리카 등)과 경기도 북부지역(위험지역)을 여행한 경력이 있으면 의심할 필요가 있다.

② 오한기(춥고 떨림), 고열기(체온이 39℃~41℃까지 상승), 발한기(침구나 옷을 적실 정도로 땀을 흘린 후 체온이 정상적으로 떨어짐)를 반복

(4) 예방과 관리법

① 집안에서 모기에 물리지 않는 방법 : 방충망 설치 및 상태를 점검하고 모기장과 모기향이나 메트형 제제 등을 사용하며, 모기 서식처(화분 물받이, 장독 등 물이 고여있는 곳)를 제거하여 모기 발생을 줄인다.

② 야외에서 모기에 물리지 않는 방법 : 여름철 야간활동(낚시, 야영, MT 등)을 자제하고, 외출시 긴소매 옷, 토시, 장화, 모자, 망사, 두건 등을 착용하며, 야간활동시 긴 옷을 착용하고 피복에 곤충기피제를 처리하여 사용한다.

2. 검역감염병은 콜레라, 페스트, 황열, 중증 급성호흡기증후군, 조류인플루엔자 인체감염증, 신종 인플루엔자 감염증 등이며, 감시 또는 격리기간은 최대잠복기로 다음의 기간을 초과할 수 없다.

(1) 콜레라 : 5일

(2) 페스트 : 6일

(3) 황열 : 6일

(4) 중증 급성호흡기증후군 : 10일

(5) 조류인플루엔자 인체감염증 : 10일

19 보건소 교육자료의 (가)~(다)에 들어갈 내용으로 옳은 것을 〈보기〉에서 고른 것은?

2012년

가을철 발열성 질환을 예방합시다

(가)는 원인균이 감염된 동물(쥐, 소, 개 등)의 소변으로 배출된 후 점막이나 미세한 상처가 있는 피부를 통해 전파됩니다. 증상은 혈관염, 고열, 두통, 근육통 등이며 심할 경우 폐출혈, 간기능 장애 등이 나타날 수 있습니다.

(나)는 원인균이 들쥐나 집쥐의 침이나 대소변을 통해 배출된 후 사람의 호흡기를 통해 전파됩니다. 증상은 초기 감기와 비슷하며 발열, 출혈 경향, 신장기능 이상 등이 나타나기도 합니다.

(다)는 원인균에 감염된 털진드기 유충이 사람을 물을 때 전파됩니다. 증상은 고열, 오한, 두통, 피부발진 등이며 심할 경우 폐렴, 심근염, 뇌수막염 등으로 진행되기도 합니다.

〈 보 기 〉

ㄱ. 신증후군출혈열　　　ㄴ. 렙토스피라증　　　ㄷ. 쯔쯔가무시

(가) (나) (다)
① ㄱ, ㄴ, ㄷ
② ㄴ, ㄱ, ㄷ
③ ㄴ, ㄷ, ㄱ
④ ㄷ, ㄱ, ㄴ
⑤ ㄷ, ㄴ, ㄱ

|정답| ②

|해설| (가) 렙토스피라증, (나) 신증후군출혈열, (다) 쯔쯔가무시

특성	렙토스피라증	신증후군출혈열	쯔쯔가무시
원인균	Leptospira의 Spirochetes	Hantan Virus	Rickettsia
숙주	등줄쥐	등줄쥐, 잡쥐	등줄쥐
감염경로	설치류의 배설물	호흡기 전파	좀진드기의 유충이 사람을 물을 때
특징적 증상	눈의 충혈, 1~3일 후 기침과 객담, 각혈, 호흡곤란, 황달	육안으로 볼 수 있는 혈뇨, 혈압하강, 신부전, 발열	1cm의 구진이 몸통과 목에서 온몸으로 퍼지며 건조가피 형성
발생시기	8~9월	7월, 10~12월	9~11월

20 S중학교에서 학생을 대상으로 우울 위험군 선별검사를 실시하였다. 위험군 선별 기준치를 A(16점 이상)와 B(24점 이상)의 두 가지로 하였다. 선별검사 결과와 의료기관의 진단검사 결과가 표와 같을 때, A와 B의 특이도와 양성예측도를 비교한 설명으로 옳은 것은?

[2.5점] 2011년

A. 기준치를 16점 이상으로 한 결과

(단위 : 명)

진단검사 / 선별검사	우울증		합계
	유	무	
양성(우울위험군)	80	20	100
음성(정상군)	120	880	1,000
합계	200	900	1,100

B. 기준치를 24점 이상으로 한 결과

(단위 : 명)

진단검사 / 선별검사	우울증		합계
	유	무	
양성(우울위험군)	60	20	80
음성(정상군)	140	880	1,020
합계	200	900	1,100

① 특이도와 양성예측도 모두 A가 B보다 더 높다.
② 특이도는 A가 더 높으며, 양성예측도는 B가 더 높다.
③ 특이도는 B가 더 높으며, 양성예측도는 A와 B가 같다.
④ 특이도는 A와 B가 같으며, 양성예측도는 A가 더 높다.
⑤ 특이도는 A와 B가 같으며, 양성예측도는 B가 더 높다.

|정답| ④

|해설| A의 특이도 = 880/900 x 100 = 97.78
A의 양성예측도 = 80/100 x 100 = 80
B의 특이도 = 880/900 x 100 = 97.78
B의 양성예측도 = 60/80 x 100 = 75

21 인간의 면역력은 여러 가지 형태로 구분되는데, 이에 관한 설명으로 옳은 것을 〈보기〉에서 모두 고른 것은?

[2.5점] 2010년

〈 보 기 〉

ㄱ. 수동면역은 능동면역에 비하여 면역효력이 늦게 나타나며, 효력 지속시간이 짧은 것이 특징이다.
ㄴ. 자연능동면역은 현성 감염 또는 불현성 감염 이후 형성되는 것으로, 두창(천연두), 성홍열, 일본뇌염, 세균성이질, 인플루엔자 등이 해당된다.
ㄷ. 현성 감염 후 영구면역이 형성되어 두 번 이환되는 일이 거의 없는 전염병에는 수두, 유행성 이하선염, 디프테리아, 수막구균성수막염 등이 있다.
ㄹ. 인공능동면역 중 사균백신에 해당되는 질병은 황열, 탄저, 홍역, 백일해 등으로 면역유지를 위해서는 추가면역이 필요하다.
ㅁ. 비특이성 면역은 숙주의 해부생리학적 특성에 따라 좌우되며, 신체점막의 점액이나 섬모활동 및 백혈구의 식균작용 등이 이에 해당된다.

① ㄱ, ㄴ
② ㄴ, ㅁ
③ ㄷ, ㅁ
④ ㄱ, ㄹ, ㅁ
⑤ ㄴ, ㄷ, ㅁ

|정답| ②

|해설| ㉠ 수동면역은 능동면역에 비하여 면역효력이 빨리 나타나며, 효력 지속시간이 짧은 것이 특징이다.
㉡ 두창, 성홍열은 한 번 이환되면 두 번 다시 이환되지 않고 영구면역 형성이 잘되며, 일본뇌염은 불현성 감염에 의해 영구면역이 잘 형성되고, 세균성이질과 인플루엔자는 한번 이환된 후 면역이 아주 약한 전염병이다.
㉢ 디프테리아, 수막구균성수막염은 한 번 이환된 후 면역이 아주 약한 전염병이다.

㉣ 황열, 탄저, 홍역은 생균백신이다. 백일해는 사균백신으로 면역유지를 위해서는 추가면역이 필요하다.

㉤ 비특이성 면역은 병원체의 종류를 가리지 않고 작용하는 것으로 숙주의 해부생리학적 특성에 따라 결정된다. 피부, 점막, 땀, 백혈구의 식균작용, 염증반응 등이 이에 해당한다.

22 김간호사가 여대생들을 대상으로 실시한 1차 연구와 2차 연구의 방법 및 그 특성에 관한 설명으로 옳은 것은?

[2.5점] 2010년

> 한국여자대학교 보건실 실장인 김간호사는 보건교육 및 건강상담에 관한 업무계획표를 작성하는 과정에서 학생들에 대한 관련자료가 부족하였다. 그래서 여대생들의 현재 건강상태와 그에 영향을 미치는 건강행위 및 위험요인과의 상관관계를 조사하여 건강요구가 정확히 무엇인지를 파악하고자 하였다. 이에 1차 연구로, 준비한 설문지를 가지고 각 학년 별로 표본을 추출하여 설문조사를 실시하여 자료를 수집하였다. 이후 보건실에서 골밀도 검사를 실시하였는데, 골감소증(골소공증)이 있는 여대생의 비율이 매우 높은 것을 발견하였다. 이에 김간호사는 골밀도가 정상인 집단과 골감소증이 있는 집단을 대상으로 이전에 다이어트를 목적으로 복용했던 체중조절 약물이 골감소증에 영향을 미쳤는가를 확인하기 위하여 2차 연구를 실시하였다.

① 1차 연구는 기술연구이며, 이 방법은 건강수준과 질병양상을 구체적으로 기술함으로써, 대상자의 역학적 변수와 건강문제 간의 인과관계적 연관성을 찾게 한다.
② 1차 연구는 단면조사연구이며, 이 방법은 구체적 가설없이 시행하는 현황조사로서, 단기간에 조사가 이루어지므로 유병률이 높은 질병을 파악하는 데는 유용하지 않다.
③ 2차 연구는 전향성 코호트연구이며, 이 방법은 대상자의 기억력 또는 과거기록에 의존하므로 연구대상자가 새로운 위험에 노출되는 일이 없는 안전한 연구방법이다.
④ 2차 연구는 환자 - 대조군연구이며, 이 방법은 통제가 필요한 변수에 대한 정보를 구하지 못할 때가 있지만 희귀질병이나 잠복기간이 긴 질병을 연구할 때 활용할 수 있다.
⑤ 2차 연구는 환자 - 대조군연구이며, 이 방법은 많은 비용이 소요되기는 하지만 위험요인 노출에서부터 질병진행의 전 과정을 관찰할 수 있다.

|정답| ④

|해설| 1차 연구 : 단면연구(유병률 연구), 2차 연구 : 환자 - 대조군연구

① 건강수준과 질병양상을 구체적으로 기술함으로써 대상자의 역학적 변수와 건강문제 간의 인과관계적 연관성을 찾는 것은 환자 - 대조군연구이다.

② 단면조사연구는 구체적 가설없이 시행하는 현황조사로서 단기간에 조사가 이루어지므로 유병률이 높은 질병을 파악하는 데 유용하다.

③ 대상자의 기억력 또는 과거기록에 의존하여 연구대상자가 새로운 위험에 노출되는 일이 없는 안전한 연구방법은 환자 - 대조군연구이다.

⑤ 많은 비용이 소요되기는 하지만 위험요인 노출에서부터 질병진행의 전 과정을 관찰할 수 있는 것은 전향성 코호트연구이다.

23 다음 사례를 읽고 물음에 답하시오.

[30점] 2010년

○○○○년 7월 21일 오전, A시에 소재하고 있는 B고등학교 보건실에 2학년 담임교사들이 많은 학생들에게 복통을 동반한 설사증상이 있다고 알려 왔다. 보건교사가 각 학급의 유사환자 발생 여부를 확인한 결과 전교에 250명의 학생이 설사, 구토, 복통, 발열, 메스꺼움 등의 주요 증상 중 2가지 이상의 증상을 나타내고 있었다. 이러한 증상들은 7월 20일 점심급식 후(교내, 학교주변, 집 등에서 간식 없었음)부터 나타난 것으로 조사되었다. 보건교사는 소화기계 전염병 유행을 의심하여 즉시 학교장에게 환자발생 수, 주요증상, 교직원 발생현황 등을 보고하였으며 그 내용은 다음과 같다.

〈보고내용〉

7월 20일 학교급식이나 학교의 음용수를 섭취한 학교구성원(학생, 교직원, 조리종사자) 중 주요 증상 2가지 이상을 호소하는 자는 모두 학생이었다. 급식 식단별 섭취 여부, 학교음용수 섭취 여부, 설사 및 동반증상 여부, 최초증상 발현시점 등에 대해 조사를 실시하였는데 이 결과에서 추정되는 원인은 급식식단 중 동태전이었다. 전교생 500명 중에서 동태전을 먹은 학생은 400명이었고, 이들 중 230명에게서 소화기계 전염병이 발생하였다. 그리고 동태전을 먹지 않은 학생 100명 중에서 20명에게 소화기계 전염병이 발생하였다.

위의 사례에서 학교와 보건교사가 취해야 할 학교전염병의 신고 및 보고체계와 확산방지를 위한 조치에 대해 기술하시오. 또한, 위의 〈보고내용〉을 근거로 하여 환자 – 대조군방법으로 연구설계를 작성하고, 이를 바탕으로 동태전이 소화기계 전염병의 원인이라는 것을 증명하시오.

| 모범답안 |

1. **학교전염병의 신고 및 보고체계** : 교육청 보고 및 방역당국(보건소) 신고
2. **학교전염병 확산방지를 위한 조치**
   (1) 전파과정 차단(전파방지)
   ① 환자격리 : 등교중지(병 · 의원 입원조치 등)
   ② 접촉자 관리 : 조기발견 위해 담임교사와 학생들에게 질병에 관한 정보 제공 및 발견시 보건교사에게 알리도록 함(숙주의 면역 증강 : 능동면역, 수동면역 활성화)
   (2) 예방되지 못한 환자에 대한 조치
   ① 적절한 의료시설 확충, 조기진단 및 적절한 치료와 간호, 합병증 감소
   ② 환자와 보호자에 대한 보건교육 제공 등(전교생을 대상으로 질병예방교육을 실시하고, 가정통신문을 통해 학부모에게 질병에 관한 정보를 제공하여 질병을 예방하고 조기발견 및 철저한 환자관리지도를 하도록 함)

(3) 환경관리

① 교내소독, 보건실 기구 자불소독, 화장실을 자주 소독하고,

② 식수는 반드시 끓여서 제공하고, 화장실에 비누를 비치해 청결한 손씻기를 하도록 하며, 공동으로 사용하는 수건이나 컵 등을 없애고, 환기를 자주 실시한다.

③ 숙주 저항의 증강, 감염 유포나 폭로를 의도적으로 피하도록 개인위생교육 및 어떤 감염병의 폭로 전후에 화학적 예방치료, 병원체의 불활성화 등

3. 환자 - 대조군방법으로 연구설계

구분	식중독 O	식중독 X	계
동태전 O	230	170	400
동태전 X	20	80	100
계	250	250	500

4. 동태전이 소화기계 전염병의 원인이라는 것 증명

교차비는 식중독이 발생한 집단과 식중독이 발생하지 않은 집단을 확인한 후 이들이 특정 유해요인(동태전)에 대한 노출이 어느 정도였는지를 조사함으로써, 유해요인이 건강문제 발생의 원인이 되었는지를 확인하는 것이다.

교차비 = (230/20) / (170/80) = 5.41

따라서 동태전을 먹은 집단이 동태전을 먹지 않은 집단에 비해 식중독에 이환될 확률이 약 5.41배 높다는 것을 의미하므로 결국 동태전이 소화기계 전염병의 원인이라는 것이 증명된다.

24 **만성 퇴행성질환에 대한 고위험군을 선별하기 위해 집단검진시 측정의 정확도(측정방법의 타당도)에 대한 설명으로 옳은 것을 〈보기〉에서 고른 것은?** [2.5점] 2009년

〈 보 기 〉

ㄱ. 민감도와 특이도가 높으면 정확도가 낮다.

ㄴ. 측정의 신뢰도가 높으면 정확도도 높다.

ㄷ. 정확도 지표는 가양성률과 가음성률에 의해 좌우된다.

ㄹ. 정확도 지표는 검사결과의 양성과 음성을 구분하는 한계치(cutting point)에 따라 달라진다.

① ㄱ
② ㄴ, ㄷ
③ ㄴ, ㄹ
④ ㄷ, ㄹ
⑤ ㄴ, ㄷ, ㄹ

|정답| ④

|해설| ㄱ. 민감도와 특이도가 높으면 정확도가 높다.

ㄴ. 정확도가 높은 측정이 되려면 신뢰도는 높아야 하지만, 신뢰도가 높다고 반드시 정확도가 높은 것은 아니다.

CHAPTER

06 산업보건

01 산업보건의 이해

1 산업간호의 정의

근로자의 신체적, 정신적, 사회적 건강을 고도로 유지·증진하기 위하여 산업공동체를 대상으로 근로자의 건강관리, 산업위생관리, 보건교육을 일차보건의료 수준에서 제공함으로써 산업체의 자기건강관리능력을 적정기능 수준까지 향상시키는 목표를 달성하고자 하는 과학적인 실천이다.

2 산업간호의 목적

1. 근로자들의 신체적, 정신적, 사회적인 안녕상태를 최고도로 증진하는 것이다.
2. 산업장의 작업조건에 의해 건강을 해치지 않도록 예방하는 것이다.
3. 취업으로 인해 근로자들이 건강을 해치는 일이 없도록 예방하는 것이다.
4. 취업으로 인해 근로자들이 건강을 해치는 유해인자에 폭로되지 않도록 보호하는 것이다.
5. 신체적, 심리적 적성에 맞는 직장에서 일하게 함으로써 작업능률을 충분히 발휘하고 나아가 노동의 재생산성을 확보하는 데 있다.

3 산업간호의 역사

1. 1960~1970년대 : 보건관리요원 시대

(1) 1961년 근로보건관리규칙

보건관리자는 '의사'로 규정하고, '보건관리요원'의 자격으로는 한의사를 제외한 의료업자, 고등학교 졸업자 또는 동등 이상의 학력소지자, 초등학교 이상의 졸업자로서 종합병원, 보건소, 보건진료소, 산업장에서 5년 이상 위생 실무에 종사한 경험이 있는 자로 규정했다.

(2) 1962년 : 산업간호사의 산업장 배치가 시작되었다.

2. 1980년대 : 보건관리 담당자 시대

(1) 1981년 산업안전보건법 제정 공포

안전보건관리 책임자를 두도록 하였으며 이들의 감독하에 산업보건활동을 하는 안전 및 보건관리자와 건강관리 보건담당자, 산업위생 보건담당자를 배치하도록 하였다.

(2) 건강관리 담당자의 역할은 산업간호사가 하도록 하였는데, 구체적으로 산업간호사의 직무 규정은 없고, 보건관리자인 의사를 보조하도록 언급하고 있다.

3. 1990년대 이후 : 보건관리자 시대

(1) 1990년 산업안전보건법 개정

① 산업간호사가 보건관리자로서 의사의 지시나 감독 없이 직무를 수행하였다.

② 보건관리 대행업체를 통한 소규모 산업장에서의 보건관리가 실질적으로 가능하도록 법적인 사항이 마련되었다.

(2) 1996년

「기업활동 규제완화에 관한 특별조치법」이 개정되면서 산업보건사업의 축소가 불가피하게 되었고, 이에 따라 고용된 전임간호사들의 위치 또한 불안정하게 되었다.

(3) 2000년 : 「산업안전보건법」 개정, 5인 미만 사업장의 안전보건관리가 강화되었다.

(4) 2003년 : 산업전문간호사 제도

4 산업보건 조직

1. 사업장 내 조직

사업장 내의 보건관리체계는 의사(산업의, 촉탁의사), 간호사, 산업위생관리기사(환경관리기사) 등으로 구성된 전임 산업보건 관리조직에 의해 이루어진다. 사업장 내의 보건관리조직은 보건관리자와 안전관리자로 구성되어 있다. 보건관리자는 사업장의 보건에 관한 업무를 담당하도록 하고, 안전관리자는 안전에 관한 업무를 수행하는 직책이다.

2. 사업장 외 조직

(1) 고용노동부

산업보건의 주무국인 산업안전국에는 안전정책과, 산업안전과, 산업보건환경과가 설치되어 있다.

(2) 지방행정조직

지방노동행정은 고용노동부의 외청인 지방노동청과 지방노동 사무소가 지방에서의 고용노동부 사무를 분장하도록 되어 있다. 지방노동청은 관리과, 근로감독과, 산업안전과, 고용보험과, 근로여성과, 고용안전센터로 구성되어 있고 산업보건 관련 업무는 산업안전과가 전담하고 있다.

(3) 근로복지공단 : 산업재해보상보험에 관한 업무를 총괄 분장하고 있다.

(4) 한국산업안전보건공단(KOSHA) : 「한국산업안전보건공단법」에 의해 근로자가 안전하고 건강하게 일할 수 있도록 하고 사업주가 재해예방에 힘쓰게 하여 국민경제발전에 이바지함을 목적으로 1987년에 설립하였다.

① 유해공정 작업환경개선 재정지원사업 시설지원업체 지도 육성
② 유해화학물질 관리지원
③ 건강증진사업 추진
④ 건강관리수첩 교부 및 관리
⑤ 작업환경 개선
⑥ 석면작업 관리
⑦ 외국인근로자를 위한 보건 상담
⑧ 작업환경 취약사업장 기술 지원
⑨ 뇌심혈관질환 예방 지원
⑩ 고령 및 여성 등 취약계층 근로자 건강 관리
⑪ 소규모 사업장 보건관리 지원국고 대행
⑫ 의료기관 종사근로자 건강 보호
⑬ 근골격계질환 예방
⑭ 산업보건 연구

(5) 산재의료관리원

3. 국제조직

국제노동기구(ILO)가 노동자의 노동조건 개선 및 지위를 향상시키기 위하여 설치한 국제연합의 전문기구로 1919년에 설립되었다.

4. 민간조직

(1) 대한산업보건협회(1963)

산업보건에 관계되는 학술연구와 기술진흥을 통하여 사업장 근로자의 건강보호 및 증진

과 쾌적한 작업환경 조성에 기여함으로써 국가산업발전에 공헌함을 목적으로 설립되었다.

(2) 한국산업간호협회(1994)

산업간호에 관계되는 학술연구 및 기술개발을 기하여 사업장 근로자의 건강증진을 도모함으로써 국가산업발전에 기여함을 목적으로 설립되었다. 한국산업간호협회지를 발간하고 있다.

(3) 한국산업간호학회(1990)

산업간호의 향상을 위한 학술활동을 목적으로 설립되었으며, 산업간호에 관한 연구, 회원의 교육 및 훈련, 회원의 관리 및 정보교환, 산업간호의 관련단체와의 학술교류, 학술지 발행 및 기타 본회의 목적 달성에 필요로 하는 사업을 하고 있다.

(4) 대한산업안전협회

산업재해예방을 위한 제반사항을 효율적으로 수행하여 근로자의 건강을 증진하고 사업주의 재해예방활동을 촉진하여 국가산업발전에 기여함에 있다.

5 산업보건인력

1. 보건관리자의 자격(산업안전보건법 시행령 제18조 [별표 6])

보건관리자는 다음의 어느 하나에 해당하는 사람으로 한다.

(1) 「의료법」에 따른 의사

(2) 「의료법」에 따른 간호사

(3) 법 제52조의2 제2항에 따른 산업보건지도사

(4) 「국가기술자격법」에 따른 산업위생관리산업기사 또는 대기환경산업기사 이상의 자격을 취득한 사람

(5) 「국가기술자격법」에 따른 인간공학기사 이상의 자격을 취득한 사람

(6) 「고등교육법」에 따른 전문대학 이상의 학교에서 산업보건 또는 산업위생 분야의 학과를 졸업한 사람(법령에 따라 이와 같은 수준 이상의 학력이 있다고 인정되는 사람을 포함한다)

2. 보건관리자의 업무(산업안전보건법 시행령 제17조)

법 제16조 제2항에 따라 보건관리자가 수행하여야 할 업무는 다음과 같다.

(1) 법 제19조 제1항에 따른 산업안전보건위원회에서 심의 · 의결한 업무와 안전보건관리규정 및 취업규칙에서 정한 업무

(2) 안전인증대상 기계 · 기구 등과 자율안전확인대상 기계 · 기구 등 중 보건과 관련된 보호구(保護具) 구입시 적격품 선정에 관한 보좌 및 조언 · 지도

(3) 법 제41조에 따라 작성된 물질안전보건자료의 게시 또는 비치에 관한 보좌 및 조언 · 지도
(4) 법 제41조의2에 따른 위험성 평가에 관한 보좌 및 조언 · 지도
(5) 제22조 제1항에 따른 산업보건의의 직무(보건관리자가 의사에 해당하는 사람인 경우로 한정한다)
(6) 해당 사업장 보건교육계획의 수립 및 보건교육 실시에 관한 보좌 및 조언 · 지도
(7) 해당 사업장의 근로자를 보호하기 위한 다음의 조치에 해당하는 의료행위(보건관리자가 의사, 간호사에 해당하는 경우로 한정한다)
   ① 외상 등 흔히 볼 수 있는 환자의 치료
   ② 응급처치가 필요한 사람에 대한 처치
   ③ 부상 · 질병의 악화를 방지하기 위한 처치
   ④ 건강진단 결과 발견된 질병자의 요양 지도 및 관리
   ⑤ ①부터 ④까지의 의료행위에 따르는 의약품의 투여
(8) 작업장 내에서 사용되는 전체 환기장치 및 국소 배기장치 등에 관한 설비의 점검과 작업방법의 공학적 개선에 관한 보좌 및 조언 · 지도
(9) 사업장 순회점검 · 지도 및 조치의 건의
(10) 산업재해 발생의 원인 조사 · 분석 및 재발 방지를 위한 기술적 보좌 및 조언 · 지도
(11) 산업재해에 관한 통계의 유지 · 관리 · 분석을 위한 보좌 및 조언 · 지도
(12) 법 또는 법에 따른 명령으로 정한 보건에 관한 사항의 이행에 관한 보좌 및 조언 · 지도
(13) 업무수행 내용의 기록 · 유지
(14) 그 밖에 작업관리 및 작업환경관리에 관한 사항

CHECK Point 보건관리 대행사업

1. 「산업안전보건법」상 보건관리에 대한 사업주 의무사항을 효율적으로 수행할 수 있도록 중소규모 사업장을 대상으로 산업보건사업 전문기관이 사업장 보건관리 업무를 지도, 지원해 주는 제도
2. **보건관리 대행사업의 취지**
   (1) 산업의 다양화로 유해물질의 제조와 사용이 급증하고 근로자들의 건강에 대한 관심과 요구가 높아졌다.
   (2) 중소규모의 사업장으로서는 사업주가 자체적으로 보건관리를 책임지고 수행해 나가기 어려운 실정이기 때문에 산업보건 전문기관의 인력과 시설을 공동으로 활용하여 종합관리함으로써 근로자에게 건강증진의 효과가, 사업주에게는 경제적 비용부담을 덜어주는 효과를 얻는 데 있다.

3. 보건관리 대행기관에 위탁할 수 있는 사업은 상시근로자 300인 미만을 사용하는 사업 및 벽지로 고용노동부장관이 정하는 지역에 소재하고 있는 사업을 말한다.
   ※「기업활동 규제완화에 관한 특별조치법」에 의거 사업장의 규모에 관계없이 대행기관에 보건관리를 위탁할 수 있다.
4. 목표는 근로자의 건강보호와 건강증진이며, 이를 위하여 사업장의 유해 작업환경으로부터 근로자의 건강을 보호하고 직업병을 예방하기 위함이다.
5. **보건관리 대행사업체의 업무내용**
   (1) 작업환경과 작업관리
   (2) 근로자 건강관리
   (3) 건강상담과 건강증진
   (4) 보건교육
   (5) 응급처치
   (6) 보건행정관리

02 건강진단

1 건강진단의 종류

1. 일반 건강진단

상시 사용하는 근로자에 대해 정기적으로 실시하는 건강진단이다.

(1) 실시 시기

① 사무직 근로자는 2년에 1회 이상
② 일반 근로자는 1년에 1회 이상
③ 유해 작업장 근로자는 1년에 2회 이상

(2) 목적

취업배치 후 근로자의 건강상태를 정기적으로 파악함으로써 신체손상을 최소화하고 직업성 질환, 전염병, 일반질병을 조기에 발견하고 궁극적으로 생산성을 향상시키기 위함이다.

(3) 검진항목

과거병력, 작업경력, 자각 · 타각증상(시진, 촉진, 청진 및 문진), 혈압, 혈당(전년도에 '당뇨병 의심'진단을 받은 자), 요당, 요단백, 빈혈검사, 체중, 시력, 청력, 흉부 X선 간접촬영, SGOT, SGPT, 총콜레스테롤(혈압이 150/95 이상인 자 혹은 전년도 고혈압 요관찰자), γ-GTP(35세 이상의 근로자) 등이 있다.

2. 특수 건강진단

유해한 작업환경에서 종사하는 근로자의 건강유지를 목적으로 사업주가 실시하는 건강진단이다.

산업안전보건법 시행규칙[별표 12의3]

특수 건강진단의 시기 및 주기(제99조 제2항 관련)

구분	대상 유해인자	시기 배치 후 첫 번째 특수 건강진단	주기
1	N,N-디메틸아세트아미드 N,N-디메틸포름아미드	1개월 이내	6개월
2	벤젠	2개월 이내	6개월
3	1,1,2,2-테트라클로로에탄 사염화탄소 아크릴로니트릴 염화비닐	3개월 이내	6개월
4	석면, 면 분진	12개월 이내	12개월
5	광물성 분진 나무 분진 소음 및 충격소음	12개월 이내	24개월
6	제1호부터 제5호까지의 규정의 대상 유해인자를 제외한 별표 12의2의 모든 대상 유해인자	6개월 이내	12개월

✚ 특수 건강진단 대상 유해인자(산업안전보건법 시행규칙 [별표 12의2])

1. 화학적 인자
   (1) 유기화합물(108종)
   (2) 금속류(19종)
   (3) 산 및 알카리류(8종)
   (4) 가스 상태 물질류(14종)
   (5) 허가 대상 유해물질(12종)
   (6) 금속가공유 : 미네랄 오일미스트(광물성 오일, Oil mist, mineral)
2. 분진(7종)
   (1) 곡물 분진(Grain dust)
   (2) 광물성 분진(Mineral dust)
   (3) 면 분진(Cotton dust)
   (4) 나무 분진(Wood dust)
   (5) 용접 흄(Welding fume)

(6) 유리섬유 분진(Glass fiber dust)
(7) 석면분진(Asbestos dust)

3. 물리적 인자(8종)
(1) 소음작업, 강렬한 소음작업 및 충격소음작업에서 발생하는 소음
(2) 진동작업에서 발생하는 진동
(3) 방사선
(4) 고기압
(5) 저기압
(6) 유해광선
① 자외선
② 적외선
③ 마이크로파 및 라디오파

4. 야간작업(2종)
(1) 6개월간 밤 12시부터 오전 5시까지의 시간을 포함하여 계속되는 8시간 작업을 월 평균 4회 이상 수행하는 경우
(2) 6개월간 오후 10시부터 다음날 오전 6시 사이의 시간 중 작업을 월 평균 60시간 이상 수행하는 경우

3. 배치 전 건강진단

근로자의 작업부서의 전환으로 특수 건강진단 대상 업무에 종사할 근로자에 대하여 사업주가 실시하는 건강진단이다.

4. 수시 건강진단

(1) 목적

급성적으로 발병하거나 정기적 건강진단으로는 발견하기 어려운 직업성 질환을 조기진단하기 위해

(2) 대상자

모든 법적 유해인자에 노출되는 근로자 또는 특수 건강진단 대상자 중 직업성 천식 또는 피부질환 유발업무 종사자를 대상으로 급성적으로 발병하거나 정기 건강진단으로는 발견하기 어려운 직업성 질환을 조기에 진단하기 위해서 실시하는 건강진단이다. 직업 관련성이 의심되는 증상이나 소견을 보이면 사업주에 의해 수시로 건강진단이 이루어지며 법정 유해인자에 의한 질환, 직업성 천식, 직업성 피부질환 등이 주요 검진 대상이 된다.

5. 임시 건강진단

(1) 동일부서에 근무하는 근로자 또는 동일한 유해인자에 노출되는 근로자에게 유사한 질병

의 자각 및 타각증상이 발생한 경우
(2) 직업병 유소견자가 발생하거나 다수 발생할 우려가 있는 경우
(3) 기타 지방노동관서의 장이 필요하다고 판단하는 경우

6. 2차 건강진단

일차 건강진단 결과 질환의심자(R)로 판정된 자를 대상으로 질환의 심사판정을 통보받은 날로부터 30일 이내에 실시한다.

근로자건강진단 종류별 대상, 시기 및 주기 비교

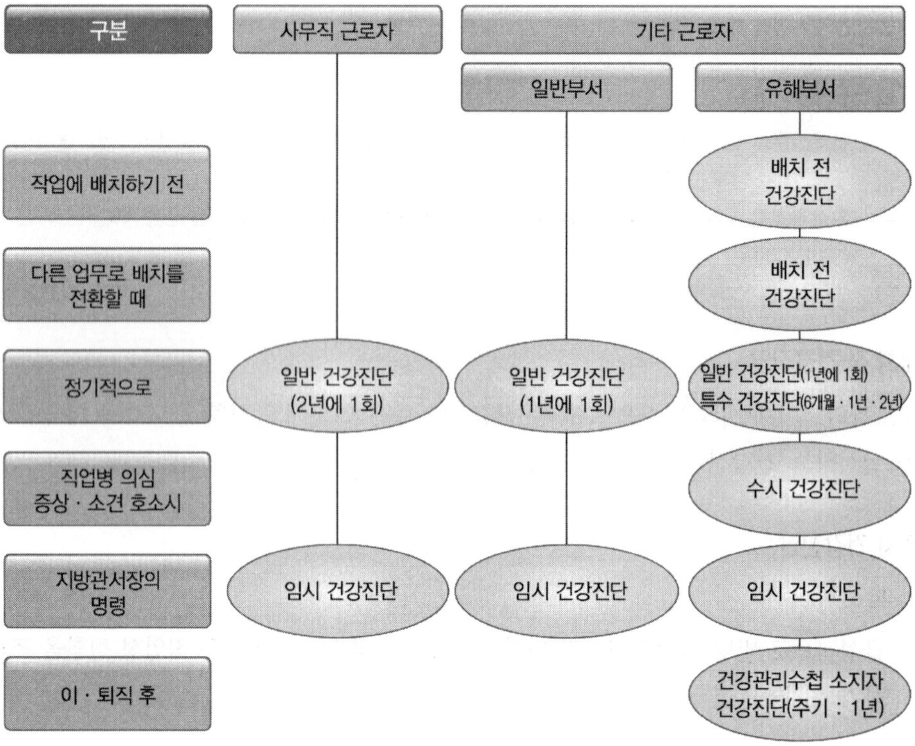

2 건강진단 결과

1. 근로자의 건강진단 결과는 건강진단 기관으로부터 30일 이내에 개별 근로자 및 사업주에게 통보되도록 하고 있다.

2. 일반 건강진단의 실시결과는 건강진단관리 구분 및 사후관리조치로 구분된다.

3. 배치 전 건강진단, 특수 건강진단, 수시 건강진단 및 임시 건강진단의 실시결과는 건강진단관리 구분, 사후관리조치 및 업무수행 적합 여부로 구분된다.

4. 건강진단 건강관리 구분

일반 건강진단

건강관리 구분		의미
A	정상자	건강관리상 의학적 · 직업적 사후관리 조치 불필요
B		경미한 이상소견이 있으나 의학적 · 직업적 사후관리 조치 불필요
C	요관찰자	건강관리상 의학적 · 직업적 사후관리 조치 필요
D_1	직업병 유소견자	직업병의 소견이 있어 적절한 의학적 · 직업적 사후관리 조치 필요
D_2	일반질병 유소견자	일반질병의 소견이 있어 의학적 · 직업적 사후관리 조치 필요
R	질환의심자	제1차 건강진단 실시결과에서 이상 소견이 있어 제2차 건강진단 실시 필요

배치 전 건강진단, 특수 건강진단, 수시 건강진단

건강관리 구분		의미
A	정상자	건강관리상 의학적 · 직업적 사후관리 조치 불필요
C_1	직업병 요관찰자	직업병 예방을 위하여 적절한 의학적 · 직업적 사후관리 조치 필요
C_2	일반질병 요관찰자	일반질병 예방을 위하여 적절한 의학적 · 직업적 사후관리 조치 필요
D_1	직업병 유소견자	직업병의 소견이 있어 적절한 의학적 · 직업적 사후관리 조치 필요
D_2	일반질병 유소견자	일반질병의 소견이 있어 의학적 · 직업적 사후관리 조치 필요

야간작업시 건강관리 구분 판정

건강관리 구분		의미
A	건강한 근로자	건강관리상 사후관리가 필요없는 근로자
C_N	질병 요관찰자	질병으로 진전될 우려가 있어 야간작업시 추적관찰이 필요한 근로자
D_N	질병 유소견자	질병의 소견을 보여 야간작업시 사후관리가 필요한 근로자
R	2차 건강진단 대상자	건강진단 1차 검사결과 건강수준의 평가가 곤란하거나 질병이 의심되는 근로자

5. 사후관리조치

사업주는 건강진단 의사의 소견에 따라 당해 근로자에 대하여 필요한 보건지도 및 사후관리를 실시하고 그 조치결과를 건강진단 실시 결과를 통보받은 날로부터 20일 이내에 관할 지방노동관서의 장에게 제출하여야 한다.

구분	조치내용	구분	조치내용
0	사후관리조치 필요 없음	5	일정기간 근로시간 단축 필요
1	건강상담 필요	6	일시적 및 영구적 작업전환 필요
2	개인보호구 착용 철저	7	건강회복 동안 근로금지 및 제한
3	의학적 추적검사 필요	8	산재요양 신청 안내
4	근무 중 의학적 치료 필요	9	기타

6. 업무수행 적합 여부

건강관리 구분이 일반질병 유소견자(D_2) 또는 직업병 유소견자(D_1)로 판정받은 근로자에 대해 반드시 판정하도록 되어 있다.

(1) 건강관리상 작업환경 및 작업조건의 변화가 없는 한 조건없이 현 작업에 계속 종사 가능
(2) 건강관리상 작업환경개선, 보호구 착용철저 및 건강진단 실시주기의 단축 등의 일정한 조치가 이루어지는 경우에 한하여 현 작업에 계속 종사 가능
(3) 건강장해의 발생이 우려되어 작업환경 및 작업조건의 개선 또는 건강이 회복되는 등 문제가 해결될 때까지 한시적으로 현 작업에 종사 금지
(4) 발생된 건강장해의 악화 또는 영구적인 건강장해가 우려되어 영구적으로 현 작업에 종사 불가능

◘ 건강관리 구분과 사후관리

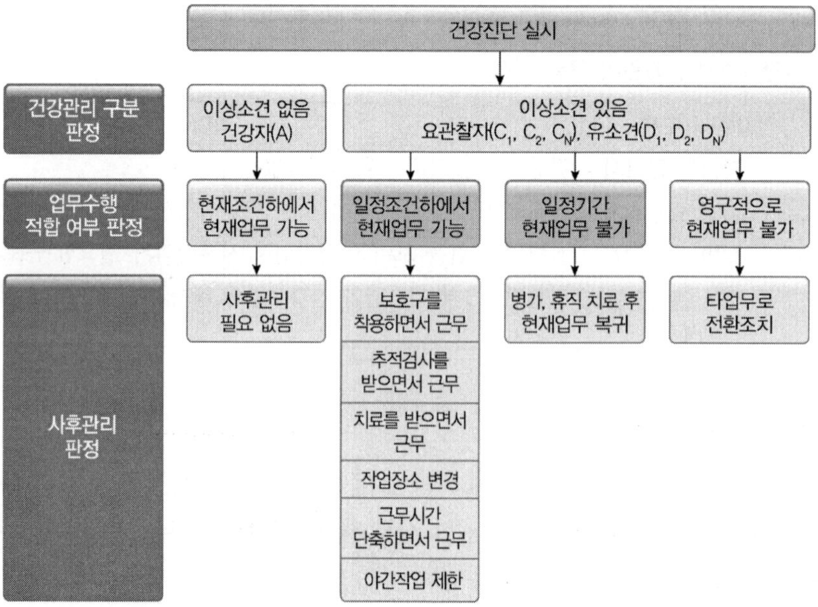

구분	업무수행 적합 여부 평가기준
가	현재의 조건하에서 현재의 업무가 가능
나	일정한 조건(작업방법 또는 작업환경 개선, 건강상담 또는 지도, 건강진단 주기단축 등)하에서 현재의 업무가 가능
다	건강장해가 우려되어 한시적으로 현재의 업무를 할 수 없음. 작업환경 또는 근로조건 개선 후 업무복귀 가능
라	건강장해의 악화 또는 영구적인 건강손상이 우려되어 현재의 업무를 할 수 없음

03 작업환경 관리

1 유해물질 허용 기준

유해인자 노출기준은 유해인자에 대한 노출을 평가하기 위한 기준으로, 「산업안전보건법」 규정에 의하여 작업환경 평가와 근로자의 건강상 유해하지 아니한 기준을 정함으로써 유해인자로부터 근로자의 건강을 보호하는 데 기여함을 목적으로 한다. 우리나라 노출기준은 미국산업위생협회(ACGIH)의 TLV 개념을 참고하여 기준을 정하고 있다.

1. 시간가중 평균농도(TLV-TWA)

1일 8시간, 1주 40시간의 정상 노동시간 중 평균농도로 나타내며, 근로자가 이러한 조건에서 반복하여 폭로되더라도 건강상의 장해를 일으키지 않는 농도를 말한다.

2. 단시간 노출기준(TLV-STEL)

유해성이 큰 물질에 적용하는 기준으로 15분 이상 이 농도 이상 노출되는 것을 예방하기 위한 기준

3. 최고허용농도(천정치, TLV-C)

잠시라도 이 농도 이상 노출시 건강장해를 초래하는 유해요인에 적용되는 기준으로 순간적이라 하더라도 절대적으로 초과하여서는 안되는 농도를 말한다.

CHECK Point 생물학적 허용한계(BLVs)

근로자의 혈액, 소변, 모발, 체액 등에 유해물질의 폭로상태를 의미하며, 직접 해당물질 · 대사물질을 측정하거나 간접적으로 장기나 조직의 변화상태를 측정한다.

2 작업환경의 유해인자와 유해성 영향요소

1. 유해인자

(1) 단순히 기계적인 것

(2) 화재나 폭발의 원인이 되는 것

(3) 호흡기나 소화기를 통해 흡수되어 건강장해를 일으키거나 피부, 눈에 자극을 주는 물질

(4) 소음, 진동, 열과 같은 에너지

2. 유해성 영향요소

(1) **농도** : 농도와 폭로시간이 길수록 유해성이 크다.

(2) **폭로시간** : 일정기간 계속적으로 폭로되는 경우보다 단속적으로 폭로되는 것이 신체에 대한 피해가 적다.

(3) **개인의 감수성** : 인종, 성별, 관습, 질병의 유무, 선천적 체질에 따라 유해 정도가 달라진다.

(4) **작업의 강도** : 육체적 작업이 심할수록 체내 산소요구량이 많아져 호흡량이 증가하고 호흡기 계통으로의 침입이 용이해지며, 땀을 많이 흘리게 됨에 따라 수용성 유해물질의 피부침입도 용이해진다.

(5) **기상조건** : 고온 다습, 무풍, 기상역전 등의 기상조건에 따라 유해 정도가 달라진다.

CHECK Point Haber의 법칙

K(중독지수) = C(농도) × T(시간)

3 작업환경관리의 기본원칙

1. 대치

공정, 시설, 물질을 변경하는 방법으로 가장 효과적이다.

(1) 공정을 변경하는 예

① 페인트를 공산품에 분무하여 도장하던 일을 페인트에 담그거나 전기흡착적 방법으로 변경한 것

② 자동차 산업에서 납을 고속회전 그라인더로 깎아내던 것을 저속 Oscillating Type Sander로 변경한 것

③ 금속을 두들겨 자르는 것을 톱으로 잘라 소음을 감소시킨 것

(2) 시설을 변경하는 예

① 화재예방을 위해 유리병에 저장하던 가연성 물질을 철제 통에 보관하는 것

② 흄을 배출하기 위한 통풍장치의 창을 안전유리로 바꾸는 것

(3) 물질을 변경하는 예

① 성냥 제조시 황인을 적인으로 대치하는 것

② 화재예방을 위해 드라이크리닝시에 석유 대신 Perchloroethylen을 사용하는 것

③ 세탁시 사염화탄소를 염화탄화수소나 불화탄화수소로, 벤젠을 톨루엔으로, 석면을 섬유유리나 식물성 섬유로 바꾸어 사용하게 한 것

2. 격리와 밀폐

작업장과 유해인자 사이에 물체, 거리, 시간 등으로 차단하는 방법이다.

(1) 공정의 격리는 비용이 가장 많이 들지만 최근 자동화 및 원격조정기술 등의 발달로 유용한 원칙으로 대두되고 있다.

(2) 방사선 동위원소 취급시 격리와 밀폐, 원격장치를 사용하는 것, 정유공장을 비롯한 많은 화학공장에서 자동화 장치를 설치하여 각종 유해인자를 근로자와 격리하는 방법 등이 있다.

3. 희석환기

유해증기를 포착하여 배출시키기 위하여 또는 쾌적한 온열상태를 유지하기 위하여 사용되고, 주로 고온다습한 환경에서 사용되거나 분진, 냄새, 유해증기를 희석하는 데 사용된다. 그러나 발생원에 대한 대책으로는 적절한 방법이 아니다.

4. 개인 보호조치 : 보호구 사용

5. 교육

04 산업재해

1 산업재해의 개념

1. 개념

근로자가 산업현장에서 돌발적인 안전사고로 인하여 갑자기 사망 또는 부상하거나 질병에 이환되는 것을 말한다.

2. 산업안전보건법

산업안전보건법 제2조(정의)

(1) "산업재해"란 노무를 제공하는 사람이 업무에 관계되는 건설물 · 설비 · 원재료 · 가스 · 증기 · 분진 등에 의하거나 작업 또는 그 밖의 업무로 인하여 사망 또는 부상하거나 질병에 걸리는 것을 말한다.

(2) "중대재해"란 산업재해 중 사망 등 재해 정도가 심하거나 다수의 재해자가 발생한 경우로서 고용노동부령으로 정하는 재해를 말한다.

(3) "근로자"란 「근로기준법」 제2조 제1항 제1호에 따른 근로자를 말한다.

(4) "사업주"란 근로자를 사용하여 사업을 하는 자를 말한다.

(5) "안전보건진단"이란 산업재해를 예방하기 위하여 잠재적 위험성을 발견하고 그 개선대책을 수립할 목적으로 조사 · 평가하는 것을 말한다.

(6) "작업환경측정"이란 작업환경 실태를 파악하기 위하여 해당 근로자 또는 작업장에 대하여 사업주가 유해인자에 대한 측정계획을 수립한 후 시료(試料)를 채취하고 분석 · 평가하는 것을 말한다.

2 산업재해 통계지표

1. 산업재해 통계지표

(1) 도수율

위험에 노출된 단위시간당 재해가 얼마나 발생했는가를 보는 재해발생 상황을 파악하기 위한 표준지표

도수율 = (재해건수 / 연 근로시간 수) × 1,000,000

(2) 강도율

1,000시간을 단위시간으로 연 근로시간당 작업손실일 수로써 재해에 의한 손상의 정도를 나타낸다.

강도율 = (손실작업일 수 / 연 근로시간 수) × 1,000

(3) 건수율(발생률)

조사기간 중의 산업체 근로자 1,000명당 재해발생건수를 표시하는 것으로 산업재해 발생 상황을 총괄적으로 파악하는 데 적합하나, 작업시간이 고려되지 않은 것이 결점이다.

건수율 = (재해건수 / 평균 실근로자 수) × 1,000

(4) 평균 작업손실일수

재해건수당 평균 작업손실규모가 어느 정도인가를 나타내는 지표이다.

평균 작업손실일수 = (작업손실일수 / 재해건수) × 1,000

CHECK Point 산업재해 통계지표의 의미

1. **강도율** : 도수율은 분모의 밀도를 고려한 발생밀도인 데 반해, 강도율은 분모와 분자의 강도를 모두 고려한 발생밀도이다. 즉, 위험노출시간에 따라 얼마나 중한 손상이 발생했는가를 보는 비율을 의미한다. 강도율은 위중도를 파악할 수 있는 측정단위이다.
2. **건수율** : 발생률의 의미를 갖는 비율이다. 발생상황을 파악하는 데 가장 단순한 자료이기도 하다.
3. **평균 작업손실일수** : 강도율 · 도수율, 재해의 평균 규모를 파악할 수 있는 측정으로 작업장별, 산업장 간 단순비교가 가능하다.

2. 작업동태통계

재해와 직업병, 다른 질병, 기타 사유로 근무를 하지 못하는 근로자의 규모를 파악하기 위한 측정방법

(1) 결근 도수율(결근 건수율)

전체 근로자 중에서 결근이 몇 번 발생하는가를 알기 위한 측정법

(2) 결근 일수율

전체 근로자를 기준으로 하였을 때 결근으로 업무에 참여하지 못하는 일수의 비율

(3) 결근 손실률(결근 인원율)

전체 근로자 중 결근이 발생한 근로자 수가 몇 명인가를 나타내는 지표

(4) 질병 결근 발생률(질병별 결근 건수율)

결근 건수율을 각 질병별로 구하는 것

질병 결근 발생률 = 각 질병으로 발생한 결근 건수 / 전체 근로자 수

(5) 결근 손실시간율(결근 강도율)

결근 손실시간율 = 총 결근시간 / 총 노동시간

3 산업재해의 원인

1. 직접원인

재해를 일으키는 물체 또는 행위 그 자체를 말하는 것

2. 간접원인(2차적 원인)

(1) 물적 원인

불안전한 시설물, 부적절한 공구, 불량한 작업환경 등으로 언젠가는 누군가 재해를 일으키게 되어 있는 기본적인 원인

(2) 인적 원인

① **체력이나 정신상의 결함** : 작업에 관한 지식의 부족, 작업의 미숙, 작업정원의 부족 또는 과잉, 부적당한 작업방법, 너무 긴 작업시간 등

② **심신요인** : 피로, 부주의, 부적절한 행동이나 동작, 수면부족, 음주, 월경, 질병 등

(3) 재해빈발 현상

① **재해발생이 많은 곳** : 작업방법, 작업환경, 작업조건, 작업장 내의 규율이나 인간관계 등 재해원인을 많이 찾아 볼 수 있다.

② **재해빈발자** : 작업자의 저지능, 정서불안, 주의력 부족, 판단미숙, 지구력 부족, 시력이나 색신의 이상, 청력장애, 질병, 체력부족 등에 해당되는 근로자의 경우

4 산업재해 발생의 역학적 요인

1. 기계 요인(1차적 원인)

재해 원인분석이나 재해 예방대책 수립에서 가장 크게 역점을 두고 있다.

2. 환경 요인

(1) 작업장소

(2) 작업일의 요일이나 작업시간

① **계절별** : 7~8월, 12~1월이 가장 많고 10~11월이 가장 적다.

② **시간별** : 오전은 작업시작 3시간 경, 오후는 작업시작 2시간 경에 많이 발생한다.

③ **주일별** : 목 · 금요일에 많이 발생하고 토요일은 적다.

(3) 높은 작업밀도와 빠른 작업속도

(4) 감독 기후 : 감독자의 재해예방에 관한 태도

(5) 물리적 환경 : 작업장소의 면적과 위치, 기후조건(온도, 습도)

3. 개체 요인

(1) 재해 소인

같은 재해가 모든 근로자에게 발생하는 것이 아니라 소수의 사람에게만 집중 발생하는데 이런 사람들을 재해소질자라고 한다. 재해소질자는 선천적으로나 또는 유아기부터 육체적이거나 심리적인 어느 특성을 지니는 것이기 때문에 취업시에 면밀한 선별검사를 하여 이를 예방하여야 한다.

(2) 경험

경험부족자가 유경험자보다 더 재해를 많이 일으키게 된다.

(3) 개체와 작업과의 관계

안전한 작업방법으로 인한 스트레스, 생산증대 요구, 보수체계 등으로 인해 스트레스가 축적되어 재해를 불러일으키게 된다.

(4) 원상회복

작업과정의 어딘가에 문제가 생겨서 원상회복이 필요하게 될 때 새로운 일을 수행하게 되는데 이로 인해 이차적인 사고가 유발될 수 있다.

(5) 오용

공구 같은 것을 원래의 용도에 어긋나게 사용하거나 기계 같은 것을 설계된 상태 이상으로 가동시키는 경우

(6) 파손

마모나 손상으로 파손상태에 이른 기구 등을 그냥 사용하는 경우 큰 사건이 터질 징후로 보아야 한다.

Heinrich 법칙 = 1(현성 재해) : 29(불현성 재해) : 300(잠재성 재해)

* 하인리히의 도미노 법칙 사고 발생 5단계
하인리히는 대형사고 발생까지 여러 단계의 사건이 도미노처럼 순차적으로 일어나기 때문에 앞선 단계에서 적절히 대처하면 재앙을 막을 수 있다고 추정하였다.
(1) 1단계 : 사회적 환경과 유전적 요소(선천적 결함)
(2) 2단계 : 개인적인 결함
(3) 3단계 : 불안전한 행동 및 불안전한 상태
(4) 4단계 : 사고 발생
(5) 5단계 : 재해
이 법칙의 핵심은 3단계의 불안전한 행동 및 상태를 제거하면 사고를 방지할 수 있는 것에 있다.

(7) 정보의 결핍

작업자가 주변상황에 필요한 정보를 갖지 못하는 경우

5 산업재해의 대책

1. 예방대책

유해 작업에는 보호구를 착용한다.

2. 재해환자의 관리

재해환자의 적절한 응급처치와 신속한 관리는 손상의 치유와 직업복귀를 촉진시킬 뿐 아니라 후유증을 최소화할 수 있다.

3. 산업장에서의 건강증진

(1) 스트레스 관리

(2) 요통관리

CHECK Point 위험예지훈련

직장이나 작업의 상황 속에서 잠재하는 위험요인과 그것이 초래하는 현상을 작업의 상황을 묘사한 도해를 사용하거나 현물로 작업을 해 보이면서 직장 소집단에서 토의하고 생각하며 합의한 뒤 위험의 포인트나 중점 실시사항을 지적, 확인하여 행동하기에 앞서 해결하는 것을 습관화하는 훈련이다. 순서는 감수성훈련 – 발견 – 파악 – 해결 – 문제해결훈련으로 실시한다.

6 물질안전 보건자료(MSDS : Material Safety Data Sheets)

1. 정의(한국산업안전공단)

화학물질을 제조 · 수입 · 취급하는 사업주가 해당물질에 대한 유해성 평가결과를 근거로 작성한 자료를 말하며 CSDS, ICSC, SDS라고도 한다. 화학물질을 판매하거나 양도시 MSDS를 사용자에게 전달하게 된다.

2. 목적

화학물질을 안전하게 취급하기 위하여 근로자나 실수요자에게 필요한 정보를 제공함으로써 화학물질, 화학물질에 의한 산업재해나 직업병 등을 예방하기 위함이다.

3. 정부부처의 MSDS제도 도입배경

(1) 유해물질로 인한 근로자의 위해 예방과 사고시 신속 대처
(2) 화학물질 사용량의 폭발적 증가와 유해성 자료의 부실
(3) 근로자의 알 권리 충족
(4) 국가차원의 종합적 · 체계적 화학물질 관리의 필요성 대두
(5) 화학물질 관리의 국제적 흐름에 동참

4. 우리나라 MSDS제도의 주요 내용

(1) MSDS의 작성 및 비치 의무화
(2) MSDS의 양도나 제공
(3) MSDS의 제출과 변경 명령
(4) 화학물질 용기에 경고표지 부착
(5) 근로자에 대한 교육
(6) 필요시 공정별로 관리요령 게시 및 화학물질 관련 유해성 정보 제공

5. MSDS적용 대상물질

(1) 순수 화학물질
(2) 단일 화학물질(물리화학적으로 별다른 영향을 미치지 않는 다음 물질의 혼합물)
(3) 혼합물
  ① 유해 화학물질 + 유해 화학물질
  ② 유해 화학물질 + 무해 화학물질
    ㉠ 발암물질 : 0.1% 이상
    ㉡ 독성물질, 부식성 물질, 자극성 물질 : 1% 이상

05 산업장 건강문제

1 산업피로

1. 개념

(1) 고단하다는 주관적인 느낌이 있으면서 작업능률이 떨어지고 생체기능의 변화를 가져오는 현상

(2) **종류** : 육체적 피로, 감각적 피로, 심리적 피로

(3) **피로의 정도**

① **보통피로** : 하루 저녁 수면으로 완전히 회복되는 피로
② **과로** : 다음 날까지 피로상태가 계속되는 피로
③ **곤비** : 과로가 축적, 단기간 휴식으로 회복될 수 없는 병적 상태

2. 산업피로의 원인

(1) **외적 요인**

작업의 강도, 작업의 양 및 농도, 작업자세, 작업환경, 작업시간

(2) **내적 요인**

개인의 체격, 체력부족, 신체허약, 정신적 소진, 작업적성, 작업자의 질병 유무, 작업의욕 상실, 숙련도, 연령, 성별

3. 산업피로의 결과

(1) **생리적 변화(의학적)** : 질병, 재해 빈발, 결근율 증가

(2) **피로감각(심리학적)** : 사기저하, 사고발생, 생산력 감퇴

(3) **작업량의 감소(생산적)** : 작업능력 저하, 생산성 저하, 생산품질 약화

4. 산업피로의 대책

원인제거, 생활의 안정, 영양개선, 정신보건향상, 건강증진

(1) **작업과정에 따라 적절한 휴식시간 삽입** : 여러 번 나누어 삽입하는 것이 효과적이며 60분 작업에 10분 휴식이 적당하다.

(2) 불필요한 동작을 피하고 에너지 소모를 적게 하려면 숙련과 훈련이 필요하다. 훈련은 작업능률을 향상시킬 뿐만 아니라 피로를 경감시키고 회복을 촉진시키는 의의도 가지고 있다.

(3) 힘든 노동은 기계화하여 육체적 부담을 감소시킨다.

(4) 작업에 사용하는 기계, 공구, 작업자세는 인간공학적으로 설계하며 작업공정과 속도, 교대제가 노동생리면에서 합리적이도록 강구한다.

(5) 작업능력에 개인차를 인정하여 작업량을 조절한다.

(6) 작업환경을 정비 · 정돈하여 유해 작업환경을 개선한다.

(7) 작업시간 중, 작업 전후에 간단한 체조나 오락을 한다. 특히 전신운동은 작업시의 고정된 자세와 동작 또는 운동부족을 교정하는 데 있어 특히 효과가 있다.

(8) 충분한 수면과 영양, 작업 후 목욕 또는 마사지, Tea Time

① 근육의 피로시 근육 내의 칼륨이 감소되며, 나트륨이 증가하므로 근육피로에서는 인산카리가 많은 음식(포도, 보리새우 등)의 섭취를 권장하고 있다.
② 스트레스와 피로에 관계가 깊은 부신피질과 중추신경의 기능은 혈당의 농도와 관계가 깊으므로 피로시 당의 보충은 에너지원일 뿐만 아니라 이러한 뜻에서도 의의가 있다.
③ 근육노동에 중요시되는 무기질은 염분으로써 체내 수분대사에 중요한 의의를 가진다.
④ 주간에 취하는 수면은 야간의 수면에 비하여 휴식의 효과가 떨어진다.

(9) 작업적성을 고려한다.

(10) 인간관계 되찾는 레크리에이션

5. 관련법규 마련

(1) ILO(국제노동기구)

(2) 우리나라 근로기준법

① **근로시간** : 휴게시간을 제외하고 1일 8시간, 주 40시간을 초과할 수 없다. 단, 합의시 1주 12시간을 한도로 연장할 수 있다.
② 15세 미만자는 근로자로 채용하지 못한다.
③ 15세 이상 18세 미만인 자의 근로시간은 1일에 7시간, 1주에 35시간을 초과하지 못한다. 단, 합의시 1일 1시간, 1주 5시간을 한도로 연장할 수 있다.
④ 18세 미만자는 보건상 유해한 작업에 채용 금지한다.
⑤ 임산부의 보호(법 제74조)

㉠ 사용자는 임신 중의 여성에게 출산 전과 출산 후를 통하여 90일의 출산전후휴가를 주어야 한다. 이 경우 휴가기간의 배정은 출산 후에 45일 이상이 되어야 한다.
㉡ 사용자는 임신 중인 여성근로자가 유산의 경험 등 대통령령으로 정하는 사유로 ㉠의 휴가를 청구하는 경우 출산 전 어느 때라도 휴가를 나누어 사용할 수 있도록 하

여야 한다. 이 경우 출산 후의 휴가기간은 연속해 45일 이상이 되어야 한다.

㉢ 사용자는 임신 중인 여성이 유산 또는 사산한 경우로서 그 근로자가 청구하면 대통령령으로 정하는 바에 따라 유산 · 사산 휴가를 주어야 한다. 다만, 인공 임신중절수술(「모자보건법」 제14조 제1항에 따른 경우는 제외한다)에 따른 유산의 경우는 그러하지 아니하다.

㉣ ㉠부터 ㉢까지의 규정에 따른 휴가 중 최초 60일은 유급으로 한다. 다만, 「남녀고용평등과 일 · 가정 양립 지원에 관한 법률」 제18조에 따라 출산전후휴가급여 등이 지급된 경우에는 그 금액의 한도에서 지급의 책임을 면한다.

㉤ 사용자는 임신 중의 여성근로자에게 시간외근로를 하게 하여서는 아니 되며, 그 근로자의 요구가 있는 경우에는 쉬운 종류의 근로로 전환하여야 한다.

㉥ 사업주는 ㉠에 따른 출산전후휴가 종료 후에는 휴가 전과 동일한 업무 또는 동등한 수준의 임금을 지급하는 직무에 복귀시켜야 한다.

㉦ 사용자는 임신 후 12주 이내 또는 36주 이후에 있는 여성 근로자가 1일 2시간의 근로시간 단축을 신청하는 경우 이를 허용하여야 한다. 다만, 1일 근로시간이 8시간 미만인 근로자에 대하여는 1일 근로시간이 6시간이 되도록 근로시간 단축을 허용할 수 있다.

㉧ 사용자는 ㉦에 따른 근로시간 단축을 이유로 해당 근로자의 임금을 삭감하여서는 아니 된다.

㉨ ㉦에 따른 근로시간 단축의 신청방법 및 절차 등에 필요한 사항은 대통령령으로 정한다.

ⓐ **상시 300명 이상의 근로자를 사용하는 사업 또는 사업장** : 공포 후 6개월이 경과한 날

ⓑ **상시 300명 미만의 근로자를 사용하는 사업 또는 사업장** : 공포 후 2년이 경과한 날

⑥ 생후 1년 미만 영아를 가진 여성근로자가 청구시 1일 2회 30분씩 유급 수유시간을 줄 수 있다.

⑦ 여성과 18세 미만자는 갱내에서 근로시키지 못한다.

⑧ 청구시 월 1일의 생리휴가를 주어야 한다.

⑨ 잠수 · 잠함 등 고기압 · 유해환경 작업자는 1일 6시간, 1주 34시간을 초과하지 못한다.

⑩ **태아검진 시간의 허용 등(법 제74조의2)**

㉠ 사용자는 임신한 여성근로자가 「모자보건법」 제10조에 따른 임산부 정기건강진단을 받는데 필요한 시간을 청구하는 경우 이를 허용하여 주어야 한다.

㉡ 사용자는 ㉠에 따른 건강진단 시간을 이유로 그 근로자의 임금을 삭감하여서는 아니 된다.

2 직업성 질환

1. 정의

(1) ILO : 29군의 직업성 질병을 설정

(2) 근로자들이 그 직업에 종사함으로써 발생하는 상병으로 재해성 질병과 직업병으로 나눌 수 있다.

2. 원인

(1) **불량한 환경조건** : 이상기온, 이상기압, 방사선 장애, 소음, 이상진동, 공기오염, 각종 유해 가스

(2) **부적당한 근로조건** : 작업의 과중, 운동부족, 불량한 작업자세

3. 직업성 질환의 특징

(1) 만성적 경과를 거치므로 조기발견이 어렵고 환경개선에 의한 예방효과도 시일 경과 후 나타난다.

(2) 특수검진으로 판명된다.

(3) 예방이 가능하나 적시에 효과적으로 이루어지기 어렵다.

(4) 유기물질의 채취방법과 분석법이 다르고 고가 장비나 기계에 의한 정량분석이 요구된다.

4. 물리적 원인에 의한 직업병

(1) 고온에 의한 건강장애

① **고온작업의 허용한계** : 작업자의 직장온도 38.3℃, 심박수 125회/min을 넘지 않아야 한다.

② **단시간 폭로시 허용한계** : 직장온도 38.9℃, 심박수 160~170회/min을 넘지 않아야 한다.

㉠ 열사병/일사병(Heat Stroke)

ⓐ **원인** : 체온조절중추 기능장애로 고온다습한 작업환경에서 격심한 육체적 노동을 하거나 옥외에서 태양의 복사열을 머리에 직접 받는 경우 발생한다. 땀의 증발에 의한 체온방출에 장애가 와서 체내에 열이 축적되고 뇌막혈관의 충혈과 뇌의 온도가 상승하여 생긴다.

ⓑ **증상** : 땀을 흘리지 못해 고열(41~43℃), 두통, 혼수상태, 피부건조

ⓒ **치료**

- 치료를 안하면 100% 사망하며 치료를 해도 체온이 43℃ 이상일 때는 약 80%, 43℃ 이하일 때는 40%의 치명률을 나타낸다.

- 체온하강이 중요하다. 얼음물에 담가서 체온을 39℃까지 내려주어야 하며, 이 같은 조치가 불가능한 경우 찬물로 닦으면서 선풍기를 사용하여 증발냉각을 시도하여야 한다.
- 울열 방지와 체열 이동을 돕기 위해 사지를 격렬하게 마찰시킨다.
- 호흡곤란시 산소를 공급한다.
- 체열의 생산을 억제하기 위해 항신진대사제를 투여한다.

㉡ **열경련(Heat Cramp)**

ⓐ **원인** : 고온환경에서 심한 육체적 노동을 할 때 잘 발생하며, 발생기전은 지나친 발한에 의한 탈수와 염분소실이다.

ⓑ **증상**

- 특징적 증상은 수의근의 통증성 경련
- **전구증상** : 현기증, 이명, 두통, 구역, 구토, 체온은 정상

ⓒ **치료**

- 바람이 잘 통하는 곳에 대상자를 누이고 작업복을 벗겨 전도와 복사에 의한 체열방출을 촉진시킴으로써 더 이상의 지나친 발한이 없도록 한다.
- 생리식염수를 공급(1~2ℓ)하거나, 0.1% 식염수를 마시게 한다.

㉢ **열피로(Heat Exhaustion, 열피비, 열허탈증)**

ⓐ **원인** : 고온환경에 오랫동안 폭로되어 말초혈관 운동신경의 조절장애와 심박출량의 부족으로 인한 순환부전, 특히 대뇌피질의 혈류량 부족이 주원인이다. 고온 작업장에서 중노동에 종사하는 사람, 특히 미숙련공에게 많이 발생한다.

ⓑ **증상**

- 전구증상으로는 전신의 권태감, 탈력감을 느낀다.
- 두통, 현기증, 귀울림, 구역질을 호소하다가 완전히 허탈상태에 빠져 의식을 잃기도 한다. 이완기 혈압의 하강이 현저하다.

ⓒ **치료**

- 시원하고 쾌적한 환경에서 휴식시키고 탈수가 심하면 5% 포도당 용액을 정맥주사한다.
- 더운 커피를 마시게 하거나 강심제를 써야 할 경우도 있다.

㉣ **열쇠약(Heat Prostration)**

ⓐ **원인** : 고열에 의한 만성 체력소모를 말한다. 좁은 의미에서 말하는 열중증에는 들지 않으나 고온 작업자에게 흔히 나타나는 만성형 건강장애로 만성 열중증이라고 할 수 있다.

ⓑ **증상** : 전신권태, 식욕부진, 위장장애, 불면, 빈혈, 몸이 점차로 수척해진다.

ⓒ **치료** : 영양공급, 비타민 B_1공급, 휴양 등이 필요하다.

(2) 저온에 의한 건강장애

① **국소작용** : 찬 공기가 혈류분포가 적은 피부에 작용하면 국소의 발적에 이어 빈혈이 오며 격심한 동통이 수반된다. 그 후 피부는 감각을 잃고 계속되면 피부의 궤양이 발생하는 손상을 입는다. 이들은 특히 사지, 귀뿌리, 코끝 등 노출된 부위에 많이 발생한다.

② **급성 일과성 염증반응** : 인체의 사지피부에 찬 기온이 작용하면 피부표면의 모세혈관이 수축되고 간헐적으로 반응성 혈관이완이 일어나는데, 이로 인하여 피부국소에 발적이 일어나고 냉감각에 의한 냉통증을 느끼며 감각마비 현상이 일어난다.

③ **참호족, 침수족** : 사지가 심하게 습하고 차게 되면 사지에 심한 장애가 온다. 초기 증상으로는 말초 소동맥의 경련을 동반한 급성 일과성반응이 일어나고 이어서 모세혈관의 확장, 부종 등이 일어나며 조직과 신경의 퇴화가 계속 발생한다.

④ **동상** : 피부가 창백해지고 둔한 감각이 되며 따끔따끔하고, 아픔이 나타난다(1도 동상). 동결이 계속되면 수포를 가진 광범위한 삼출성 염증이 나타나며(2도 동상), 조직의 깊은 부위까지 동결하면 조직의 괴사가 일어난다(3도 동상).

⑤ **전신작용** : 한랭의 전신작용은 반사적으로 신경계에 미치는 작용이다. 한랭에 대처하기 위하여 말초모세 혈관의 축소가 일어나고 맥박이 증가하며 더 나아가서 내장, 복부장기의 혈관이 수축된다.

⑥ **동사** : 한랭에 대항하기 위한 생리적 반응도 한계가 있어 한계를 넘으면 자기방어기전이 점차적으로 약화되어 각 기관의 기능이 상실된다. 특히 체온이 하강되고 생체기능의 저하로 생명을 유지하기 어렵게 되어 사망하게 된다.

⑦ **동창** : 고습도와 빙점 이상의 저기온의 환경에 반복, 노출되어 조직의 동결이 없이 생기는 강한 동상이다.

⑧ **고도 동상** : 대기산소 분압이 낮고 바람이 거센 상태에서 노출된, 항공조종사 혹은 등반가에게 생길 수 있다. 노출된 안면부보다 수부에 더 잘 생기며, 1분이라도 상기의 대기상태에 노출되면, 표피탈피에서 괴저 및 자가절단에 이르는 광범위한 조직결손이 생긴다.

⑨ **저체온증** : 한랭손상 가운데 가장 심한 형태로, 보호의복이나 체온조절기능으로 체온을 적절히 유지하지 못하여 생긴다. 중심체온이 32℃ 이하로 떨어질 경우, 생리적 이상이 노출기간과 체온저하의 정도에 비례하여 더욱 심해진다.

⑩ 저온에 의한 일반적 증상

㉠ **일차적인 생리적 반응** : 피부혈관의 수축과 근육긴장의 증가와 전율

㉡ **이차적인 생리적 반응** : 말초혈관의 수축으로 표면조직의 냉각과 피부혈관 수축으로 순환능력이 감소되어 상대적 혈류량의 증가로 일시적인 혈압상승이 온다.

㉢ 저온물체 취급업무나 10℃ 이상의 한랭한 장소에서의 작업으로 국소적 발적, 말초의 빈혈, 전신세포의 기능저하가 나타나며, 습도가 높으면 류마티즘, 신경염, 체표의 신경마비, 여성의 경우 생리이상 등이 나타날 수 있다.

㉣ 액화공기나 드라이아이스, 얼음 등을 취급하는 업무종사자의 경우 피부손상이나 동상이 발생할 수 있다.

⑪ 저온장애에 대한 응급처치

㉠ 동상부위를 압박하거나 젖은 의복 · 양복 · 구두 등을 벗긴다.

㉡ 더 이상 저온에 노출되지 않도록 하며 환부를 보온시켜 준다. 열 소모를 줄이고 외부바람으로부터 체온을 보호할 수 있는 의복 · 장갑 · 신발류가 필요하다.

㉢ 감각기능이 저하되어 있으므로 더이상의 외상을 받지 않도록 한다.

㉣ 흡연은 니코틴의 혈관수축 때문에 절대 금해야 하며, 음주는 혈관의 확장이 오히려 열손실을 조장하므로, 소량의 음주도 허용해서는 안된다.

㉤ 환자를 옮길 때는 가능한 한 복와위 혹은 앙와위를 유지하고, 환자가 걸어야만 이송이 가능한 경우에는 전문치료소에 도달할 때까지는 동결된 족부를 가온해서는 안된다. 일단 재가온한 손상부는 하부에 위치하게 하거나 다시 한랭하게 노출시켜서는 절대 안되기 때문이다.

㉥ 하지의 손상시 걷지 못하게 하고, 마사지는 조직을 손상시키므로 피한다.

⑫ 동상시 간호중재

㉠ 동상부위를 부드럽고 조심스럽게 다룬다.

㉡ 따뜻한 방으로 옮겨 몸을 녹이고 따뜻한 음료수나 음식을 준다.

㉢ 동상부위를 따뜻한 물에 담그거나 따뜻한 담요에 싸서 녹인다. 체표면보다 5~6℃ 높은 곳에서 시작, 체온이 37℃가 될 때까지 따뜻하게 한다. 뜨거운 물주머니나 난로를 쬐면 상처를 더욱 악화시키게 된다.

㉣ 꼭 조이는 옷을 풀어 느슨하게 하고, 안정을 도모한다.

㉤ 넓은 드레싱으로 상처를 보호하고 유출액을 흡수하게 한다.

㉥ 하지의 손상시 걷지 못하게 하고 마사지는 조직을 손상시키므로 피한다.

(3) 이상기압의 건강문제와 관리

① 잠함병(감압병)

㉠ **원인** : 너무 급격히 감압할 때 혈액과 조직에 용해되어 있던 질소가 산소나 이산화탄소와 함께 체외로 배출되지 않고 혈중으로 용입되어 기포를 형성하여 이들 기포가 순환장애와 조직손상을 일으키는 것이다. 질소가 기포를 형성하여 뼈의 소동맥을 막음으로써 순환장애와 조직손상을 일으키기도 한다. 1.6기압 이상에서의 작업을 할 때 나타날 수 있고, 이런 현상은 항공기가 고공으로 급상승할 때도 생길 수

있다. 주로 잠함작업자, 잠수부, 공군비행사, 해녀에게 많이 발생한다.

㉡ **4대 증상** : 피부소양감과 관절통, 내이와 미로의 장애, 뇌내 혈액순환장애와 호흡기계 장애, 척추증상에 의한 신경마비

㉢ **예방과 관리**

ⓐ 고압작업이 끝난 후 감압표에 의한 단계적 감압(1기압 감압에 20분 이상), 고압폭로 시간의 단축, 감압 후 적당한 운동으로 혈액순환 촉진, 감압 후 산소공급, 고압작업시 질소를 헬륨으로 대치한 공기흡입, 고압작업시 고지질이나 알코올 섭취를 금하도록 한다.

ⓑ 일단 감압증에 걸리면 즉시 치료갑에 넣어서 다시 가압한 다음 아주 서서히 감압한다.

ⓒ 채용 전에 적성검사를 실시하여 20세 미만, 50세 이상인 자, 여자, 비만자, 호흡기 또는 순환기 질환자, 골관절 질환자, 출혈성 소인자, 약물중독자 등은 작업에서 제외한다.

ⓓ 연 2회 정기 건강진단을 실시한다.

② 저압환경과 건강장애

㉠ **원인** : 높은 땅에 살거나 높은 곳으로 등산, 비행할 때 나타나는 것으로 산소부족으로 인한 장해가 나타나므로 해발 3km 이상시 산소호흡기를 착용한다.

㉡ **증상** : 통증성 관절장애, 질식양 증상, 신경장애, 이명, 난청, 고막의 파괴, 공기전색, 항공치통, 항공이염, 항공부비강염, 급성 고산병 증상이 나타나며, 심할 경우 심계항진, 호흡곤란, 경련, 혼수, 폐수종도 발생할 수 있다.

㉢ **직종** : 고공비행(조종사, 승무원), 고산작업자

㉣ **예방대책** : 등반 초기에 운동을 삼가고 등반속도를 줄여야 하며, 장애가 발생하였을 경우 응급처치는 저산소증을 교정하기 위해 고농도 산소를 공급하고 휴식을 취하게 한다.

③ 고압환경과 건강장애

㉠ **원인** : 잠수나 잠함작업을 할 때 발생하는 것으로 인체에 미치는 영향은 질소와 산소의 작용으로 인한 장애가 나타난다.

㉡ **증상** : 질소가스는 3기압에서 자극작용, 4기압 이상에서는 마취작용이 나타난다. 10기압 이상이 되면 정신기능이 고도로 손상되어 의식을 잃고 사망하게 된다. 한편, 산소분압이 증가하면(2기압 이상) 산소중독증상이 나타난다.

(4) 소음

소음이란 소음성 난청을 유발할 수 있는 85데시벨 이상의 시끄러운 소리를 말한다.

CHECK Point 용어 해석

1. 소리의 3요소
   (1) 소리의 높이 : 진동수에 따라 다르며 단위는 Hz 또는 CPS를 쓴다. 사람이 들을 수 있는 진동수를 가청 주파수라고 하며 20~20,000Hz이다. 이 이상의 진동수는 사람의 귀가 느끼지 못하므로 초음파라고 한다.
   (2) 소리의 크기 : 진폭에 따라 다르며 단위로는 dB을 사용한다.
   (3) 소리의 맵시 : 파동의 모양에 따라 다르며, 이 때문에 똑같은 진동수라도 악기마다 다른 소리가 나게 된다.
2. 건강인이 들을 수 있는 음역 : 20~20,000Hz, 20~150dB
3. 회화음역 : 250~3,000Hz

① 허용기준

㉠ 하루 8시간 폭로시 90dB 이하를 유지하며, 4시간 노출시 95dB, 2시간 노출시 100dB, 1시간 노출시 105dB, 30분 노출시 110dB, 15분 노출시 115dB, 어떠한 경우에도 115dB을 넘지 않게 한다.

㉡ **충격음** : 120dB 이상의 소음이 1초 이상 간격으로 발생하는 소음으로 140dB, 100회/1일을 초과하는 충격소음에 노출되어서는 안된다.

소음의 허용기준

1일 폭로시간(시간)	소음강도(dB)	폭로횟수(회)	충격소음의 강도(dB)
8	90	100	140
4	95	1,000	130
2	100	10,000	120

② **인체에 미치는 영향** : 일과성, 영구성 또는 일과성과 영구성을 겸한 청력손실, 대화방해, 급작스런 소음에 대한 생리반응은 경악반응, 필요 이상의 노력을 하여야 하는 작업방해가 일어난다. 그 외 소음의 기타 생체반응으로는 혈압상승, 맥박수 증가, 호흡의 변화, 근육긴장도가 증가한다.

③ 소음성 난청

㉠ **정의** : 소음으로 인하여 내이에 위치한 감각신경이 피로해지고 퇴화하는 현상으로 소음이 발생되는 장소에 장기간 노출됨으로써 유발된다.

㉡ 소음성 난청에 걸리기 쉬운 사람은 음악가, 군인, 굴착기 사용자, 공장노동자, 이비인후과나 치과 의사

㉢ 초기에 본인이 잘 알아챌 수 없는 것이 특징인데, 본인이 스스로 깨닫게 되었을 때는 이미 낮은 음도 못 듣게 되어 정상적인 대화생활에 지장을 받게 된 경우이다.

㉣ 영구적 청력손실에 영향을 주는 요소는 소음의 강도, 소음에의 폭로연수, 소음에

대한 개인의 감수성이다.

ⓜ 소음의 주파수에 관계없이 4,000Hz 근방의 청력이 가장 먼저 손상을 입고(C_5-dip 현상), 90dB의 소음에 10년간 직업적으로 노출될 경우 약 10%에서 소음성 난청이 발생된다.

ⓑ 임상적으로 소음성 난청은 공기전도와 골전도가 겹치고(Rinne Test 양성), 양측성이며 대개 대칭적이다.

④ 대책

㉠ 생산공정, 작업방법, 사용기계 등의 변경으로 소음원을 제거하거나 감약시킨다.

㉡ 기계에 소음기 부착이나 공명부분의 차단 등 기계의 부분적 개량을 실시한다.

㉢ 차음, 흡음조치를 한다.

㉣ 소음원의 거리적 격리를 한다.

ⓜ 최종적인 방법으로 귀마개, 귀덮개 등의 보호구를 착용한다.

(5) 진동

① 증상

㉠ **전신진동** : 시력저하, 피부로부터 열 발산을 촉진, 혈액순환을 억제하며, 장기에 진동을 주어 위장장애를 일으킨다.

㉡ **국소진동** : 작업자의 손가락에 있는 말초혈관의 폐색, 순환장애로 수지가 창백하고, 통증을 느끼는 Raynaud 현상(White Finger, Dead Finger)이 나타난다.

㉢ 무릎 등 관절에 비특이성 관절염을 유발하기도 한다.

② **직종** : 착암공, 재단공, 진동공구 사용자, 드릴작업, 전기톱 사용자

③ 예방대책

㉠ 진동의 원인제거와 진동을 감소시킨다.

㉡ 전파경로를 차단하며, 내진성을 높일 수 있는 작업자세, 작업시간 단축을 실시한다.

㉢ 국소진동 작업시 한랭의 영향을 고려하여 장갑을 착용한다.

㉣ 흡연자일수록 예후가 좋지 않으므로 금연하도록 한다.

(6) 전리방사선

① **정의** : 전리방사선은 생체에 대하여 전적으로 파괴적 작용을 하며, 염색체, 세포, 조직의 파괴와 사멸을 초래한다. 종류로는 X선, α선, β선, γ선, 중성자, 우주선 등이 있다.

② 건강장해

㉠ 골수, 조혈기능, 생식선에 영향을 미친다.

㉡ 생식세포에 돌연변이로 유전적 장애를 일으키며 기형과 불임도 온다.

③ **직종** : 방사선 촬영, 핵발전소, 의료인

④ **예방대책** : 직업상으로 폭로되는 성인의 안전 허용기준을 채택하고 시설과 작업방법의

관리로써 차폐물의 설치, 원격조작, 조사시간의 단축, 피부의 노출을 피하도록 한다. 또한 직업적으로 방사선 장해를 입을 위험이 있는 작업자에 대해서는 정기 건강진단을 실시한다.

(7) 유해광선(비전리 방사선)

파장에 따라 자외선(100~400㎛), 가시광선(400~700㎛), 적외선(760~6,000㎛)으로 구분된다.

① 자외선

㉠ **증상** : 눈물이 나고 결막이 충혈되고, 눈이 아프고 수시간 후 각막 · 결막에 염증이 생기며, 심하면 각막 표면에 궤양, 수포형성, 혼탁, 각막 및 안검의 부종발생, 안검 경련을 일으킨다. 나이가 많을수록 흡수량이 많아져 백내장, 피부암을 일으킨다.

㉡ **대책** : 전기용접공은 검은색 보호안경이나 차광안경을 착용하고, 피부는 보호용 크림을 바른다.

② 적외선

㉠ **증상** : 열중증, 피부화상, 망막화상, 후극성 백내장(초자공 백내장)

㉡ **대책** : 방열판, 방열장치의 설치, 방열복, 방열면, 보호안경의 착용

③ 부적절한 조명(가시광선)

㉠ **증상** : 가시광선의 장해는 조명불량 또는 조명과잉과 관계가 있다.

ⓐ **조명불량시** : 안구진탕증, 정신적인 불쾌감, 눈의 피로, 시력감퇴

ⓑ **조명과잉시** : 광선공포증, 두통 등이 나타나 작업능률과 생산량 감소

㉡ **대책** : 그림자가 없고 과도한 휘도가 없이 균등하고 쾌적한 조명의 유지

(8) VDT 증후군

① 컴퓨터, 팩시밀리 등 사무자동화로 인해 야기되는 건강문제

② 증상

㉠ **안정피로** : 시력감퇴, 복시, 안통, 두통 때로는 오심, 구토

㉡ **폭주부전** : 모니터에서 나오는 전자파의 영향으로 증상이 나타나며, 이외에도 근시화 변화, 눈물분비기능 변화, 안압 변화 등도 있다.

㉢ **근골격계 질환 & 비근골격계 질환** : 피로, 시각장애, 두통, 경견완증후군(목, 어깨, 팔 및 손목질환), 요통

㉣ **정신적인 스트레스** : 초조, 좌절감, 근심, 착란, 위축, 긴장, 무기력, 지루함

㉤ **기타장애** : 임신, 출산의 이상, 방전현상에 따른 불쾌감, 소양감 등의 피부장애, 소화불량, 혈압상승, 맥박수 증가

③ 위험요소

㉠ 화면과 문서 또는 키보드와 주변과의 밝기 차이

㉡ 좌식작업때문에 척추의 정상 요추만곡을 유지하기 힘들고 허리에 통증을 유발하며 엉덩이 부분에 과다한 압력이 집중되기 때문에 다리 부종, 다리 혈액순환 저하, 피로가 유발된다.

㉢ 목부위의 통증은 작업시 머리를 많이 숙임으로 인해 유발되는데 머리와 목의 각도가 66° 이상에서 60% 이상의 사람이 목이 경직되고 50% 이상이 목에 통증을 호소한다(정상적으로 바라보는 각도는 10~15°이다).

㉣ 작업대의 높이가 높으면 어깨를 들어올리거나 몸 바깥으로의 빈번한 회전동작으로 인해 어깨부위 근육의 피로가 누적되고 빠르고 반복적인 키보드 작업으로 인해 손목질환을 유발할 수도 있다.

④ **예방대책**

㉠ 책상 밑에 별도의 키보드 받침을 부착한다.

㉡ 의자의 높이는 작업대와 무릎 사이 17~20cm 정도의 공간을 확보하도록 하며, 발받침대를 만들어 무릎의 각도가 90°를 유지하도록 한다.

㉢ 주기적으로 짧은 휴식을 갖고 이 시간 동안 체조를 하도록 권장한다. 작업시간과 휴식시간의 비율은 1시간당 10~15분이 적당하다.

㉣ 작업시 몸통 경사각도를 90~110°를 유지하도록 하여 약간 뒤로 누운 듯한 자세를 취하는 것이 좋다.

㉤ 작업대 표면에서의 조명은 200~500Lux, 화면 바탕색 색상이 검정색 계통일 경우 300~500Lux, 흰색 계통일 경우 500~700Lux를 유지하도록 권장하고 있다.

5. 진폐증에 의한 건강장해

(1) **정의** : 분진, 흡입에 의해 폐의 조직반응이 일어나 병리변화가 온 상태이다.

(2) **흡입분진의 종류에 따른 진폐증의 분류**

① **규폐증** : 유리규산 분진에 의해 폐의 만성 섬유증식을 일으킨다. 채석장 인부, 석공들에게 많이 발생하며, 18C에는 칼가는 도공들에게 많이 발생하였다.

② **석면폐증** : 석면섬유 → 석면은 발암물질이 있어 기관지암, 폐암 발생 가능

③ **탄폐증** : 석탄, 규토, 규산분진

④ **면폐증** : 면, 아마, 대마, 목재, 곡물(취업 6개월 전후 발생)

(3) **증상**

① 결절형성이 극심하지 않는 한 일반적으로 자각증상은 없고, 호흡곤란, 기침, 다량의 객담과 객담의 배출곤란, 흉통, 혈담이 나오는 경우도 있다.

② **합병증** : 폐결핵, 기흉, 폐기종, 결핵성 늑막염, 만성 속발성 기관지 확장증, 만성 속발성 기관지염

(4) 예방대책

① 원인의 제거

② 분진방지 시설의 설치와 개선 및 방진마스크의 착용

③ 작업시간의 조정, 작업강도의 경감, 흡진을 적게 하는 작업자세의 유지

④ 호흡기질환자, 결핵의 기왕력이 있는 사람의 채용 금지

⑤ 근로자들의 정기적인 건강진단

6. 유기용제의 건강문제와 관리

(1) 정의

① 유기용제란 탄소를 포함하고 있는 유기화합물로서 피용해 물질의 성질은 변화시키지 않고 다른 물질을 용해시킬 수 있는 물질을 말한다.

② 유기용제의 특징

㉠ 물질을 녹이는 성질

㉡ 실온에서는 액체이며 휘발하기 쉬운 성질이 있다. → 호흡기로 흡입 가능

㉢ 유기용제는 유지류를 녹이고 또 그것에 스며드는 성질이 있기 때문에 피부를 통해 흡수되고 흡수된 후에도 중추신경 등 중요기관을 침범하기 쉽다.

③ **취급업종** : 염료, 합성세제, 유기안료, 의약품, 농약, 향료, 조미료, 사진약품, 폭약, 방충제, 방부제, 잉크, 금속코팅, 착색, 세척, 고무 및 가죽가공 등 매우 널리 사용되고 있다.

(2) 중독증상

① 일반적인 증상

㉠ 마취작용, 눈 · 피부 및 호흡기 점막의 자극증상

㉡ **중추신경의 억제증상** : 어지러움, 두통, 구역, 지남력 상실, 도취감, 혼돈이 나타나며, 농도가 증가하면 의식상실, 마비, 경련, 사망에 이를 수도 있다.

㉢ **만성 독성뇌병증(정신기질증후군)** : 감각이상과 같은 지각장애, 기억력 저하, 혼돈 등의 인지장애, 신경질, 불안, 우울, 무관심 등의 정서장애, 사지무력감, 작업수행 능력 저하, 협조운동 저하, 피로, 떨림 등과 같은 운동장애 등이 있다.

② **특이 증상** : 저농도에 장기간 폭로된 후 발생하는데 벤젠의 조혈장애, 염화탄화수소의 간장애, 메타놀의 시신경장애, 노말핵산 및 MBK의 말초신경장애, 이황화탄소의 중추신경장애를 들 수 있다.

(3) **중독시의 구급처치** : 의사가 올 때까지 다음과 같은 구급조치를 해야 한다.

① 용제가 있는 작업장소로부터 환자를 떼어 놓는다.

② 호흡이 멎었을 때는 인공호흡을 실시한다.

③ 용제가 묻은 의복은 벗긴다.

④ 보온과 안정에 유의한다.

⑤ 의식이 있는 환자에게는 따뜻한 물이나 커피를 마시게 한다.

(4) **벤젠중독**

① **직종** : 접착제 사용, 그라비아 인쇄, 고무풀 제조, 도장업

② 경피적이나 경기적으로 장기적으로 흡수하면 골수의 지방화가 일어난다.

③ **급성중독** : 마취, 중추신경 억제, 두통, 어지러움, 졸음으로 시작해서 운동실조, 부정맥, 호흡곤란, 의식소실, 경련발작 등이 있고 2,000ppm 이상이면 5~10분 내에 사망한다.

④ **만성중독** : 식욕부진, 체중감소, 두통, 권태감, 불면 등을 호소하며, 감염에 대한 저항력 감소, 호흡기 감염증, 패혈증, 조혈기능의 장애로 재생불량성 빈혈 및 백혈병 등의 발생이 높다.

⑤ 예방책

㉠ 대체품의 사용

㉡ 공기 중의 발산 방지, 밀폐방식

㉢ 보호구 사용

㉣ 혈액검사를 포함한 전 검진과 적정 배치

CHECK Point 유기용제에 따른 건강장애

유기용제	산업장 이용	건강장애
벤젠	농약, 약품제조, 휘발유	조혈장애(특히 재생불량성 빈혈), 백혈병
톨루엔, 크실렌, 에틸벤젠, 스타이렌	• 톨루엔 : 페놀, 사카린 등 합성 • 크실렌 : 에폭시수지, 약품제조 • 스타이렌 : 합성고무, 수지생산	중추신경계 억제의 일반증상
MBK EBK	물감, 염료, 잉크 등 제조와 용제	말초 신경독성
사염화탄소	탄화불소제 제조를 위한 연무제, 냉동제, 고무접착제, 케이블, 반도체 제조의 용제	중추신경계, 간장, 신장장해, 시신경염이나 위축, 간암
클로로포름	페니실린을 비롯한 약품을 정제하기 위한 추출제, 냉동제, 흡입마취제	마취효과, 간장과 신장의 괴사, 부정맥, 동물실험에서 간암, 신장암
염화비닐	폴리비닐 중합체 생산	간장애, 발암작용(폐암, 뇌암, 림프선암, 간의 혈관육종)
PCBs	변압기와 콘덴서 등 절연용액에 이용	피부에 홍반, 부종, 건조 및 비후, 간기능 장애, 신경장애
메타놀	포름알데히드, 플라스틱, 필름 등의 제조와 래커, 접착제, 코팅, 잉크, 결빙방지, 휘발유 첨가제 등	신경장애, 시각장애, 오심, 구토, 복통, 대사성 산혈증, 혼수, 사망
클리콜에테르	수지, 잉크, 섬유염색, 부동액, 휘발유 첨가제 등	빈혈 등 조혈기능장애, 폐 · 신장 · 생식기 장애

7. 중금속 중독(공업중독)

(1) 납중독(연중독)

① **침입경로** : 호흡기로 흡수되는 것이 대부분이나 경구 침입(기도의 점막, 위장관계), 피부로도 침입

② **직종** : 축전지, 화학과 건축업, 파이프와 케이블 피막, 전기용접, 페인트, 채광시, 용접공과 납땜공, 탄약공장, 유리 제조업자, 도자기 기술자

③ **증상** : 용해성 인산염으로 혈중농도가 어느 한도 이상시 증상 발현

㉠ **위장장애** : 식욕부진, 변비, 복부팽만감, 산통

㉡ **신경근육계통 장애** : 사지신근 쇠약, 마비(특히, Wrist Drop 동반), 관절통, 근육통, 연성마비

㉢ **중추신경장애** : 급성뇌증, 심한 흥분, 정신착란

㉣ **만성중독** : 동맥경화증, 고혈압, 신장장애

㉤ 비교적 경한 경우 두통, 현기증, 정신착란, 불면증, 졸린 상태가 지속되고 정신장애를 일으킨다.

㉥ **비뇨 · 생식기계 장애** : 정자 이상, 자연유산 등

㉦ **연중독의 4대 증상**

ⓐ 혈관수축이나 빈혈로 인한 피부창백

ⓑ 구강 치은부에 암청회색의 납이 침착(연연)한 청회색선

ⓒ 호염기성 과립 적혈구 증가, Hb 감소

ⓓ **소변 중 코프로폴피린 검출** : 초기진단

④ **예방과 관리**

㉠ 납 화합물을 보다 독성이 적은 물질로 대치하는 것이 가장 효과적이다.

㉡ 분진발생을 가능한 한 억제하기 위해 물을 뿌리고 바닥을 항상 축축하게 유지하며, 연페인트 성분을 마른 가루 대신 반죽형태로 공급하고 습식방법을 이용한다.

㉢ 개인보호구를 착용하고 최소한 주 1회 깨끗이 닦고 갈아입어야 한다. 개인보호구를 보관하는 별도의 장소가 필요하고 납의 분진이 손에 묻은 채로 담배를 피우거나 음식물을 먹지 않도록 한다.

㉣ 정기 건강진단을 실시하여 조기발견과 작업전환을 한다.

(2) 수은중독

수은은 실온에서 액체상태로 존재하는 유일한 금속이고 비중이 큰 은백색 금속이다.

① **침입경로** : 기도로는 수은 증기의 80%가 폐포에서 흡수되며 사고로 경구 섭취되기도 하고 소량은 피부로도 침입한다.

② **직종** : 도금, 피륙, 박제제조, 사진공업, 도료, 인견제조, 수은광산, 농약제조

③ 종류

㉠ **무기수은 화합물** : 질산수은, 승홍, 감홍, 뇌홍 등이 있다.

㉡ **유기수은 화합물** : 페닐수은 등 아릴수은 화합물, 메틸 및 에틸수은 등 알킬수은 화합물이 있다. 알킬수은 화합물의 독성은 무기수은 화합물의 독성보다 훨씬 강하다.

④ 증상

㉠ **초기 증상** : 안색이 누렇게 변하고 두통과 구토, 복통, 설사 등 소화불량 증세를 나타낸다.

㉡ 수은중독의 3대 증상

ⓐ **구내염 증상** : 잇몸이 붓고, 압통이 있다.

ⓑ **근육 진전** : 술을 마시는 사람에게 더 잘 생긴다.

ⓒ 정신흥분증에서는 불면증, 근심, 걱정과 함께 겁이 많아지고 부끄러움을 많이 탄다.

㉢ **만성중독** : 뇌조직에 침범하여 청력, 시력, 언어장애, 보행장애도 일어나며 모체를 통해 아이에게도 중독증상이 나타난다.

⑤ 예방과 관리

㉠ 급성중독시 우유와 계란 흰자를 먹여 수은과 단백질을 결합시켜 침전시킨다.

㉡ 위세척시 위의 점막이 손상되어 있으므로 조심하고 세척액은 200~300cc를 넘지 않도록 한다.

㉢ 예방

ⓐ 작업환경의 수은농도의 허용기준을 지키도록 한다.

ⓑ 독성이 적은 대체품을 사용하며 습식공법 이용, 환기장치 등이 필요하다.

ⓒ 작업대나 바닥은 수은이 침투되지 않는 재료로 만들고 흘린 수은을 모으기 쉽도록 작업대에 경사를 만든다.

ⓓ 수은입자의 증발을 막기 위해서는 흘린 수은입자를 일단 도랑에 모으고 물을 채운다.

ⓔ 작업장의 청결을 유지하고 국소배기 장치를 설치하며, 호흡기 보호용마스크를 착용한다.

ⓕ 작업 후에 반드시 목욕을 하고 외출복으로 갈아입는다. 작업복과 외출복을 같은 옷장에 넣지 않도록 하며 작업장 내에서는 음식물을 먹거나 담배를 피우지 않는다.

납과 수은의 비교

구분	납	수은
초기 비교증상	변비, 산통	설사, 복통
축적 부위	뼈	뇌
반감기	10년	45~70일
4대 증상	• 빈혈로 인한 피부 창백 • 구강 치은부에 청회색선의 납 침착 • 호염기성 과립 적혈구 증가 • 소변 중 코프로포르피린 검출	• 구내염 • 근육 진전 • 정신 증상 • 만성중독 시 뇌 조직 침범
기타 증상	• 마비(Wrist drop) • 심한 흥분, 정신착란	• 근심, 걱정과 함께 겁이 많아지고 부끄러움을 많이 탄다.

(3) 크롬중독

① 크롬은 은백색의 단단한 금속으로 인체에 유해한 것은 6가의 크롬을 포함하고 있는 중크롬산이다.

② **침입** : 증기 또는 분진흡입으로 발생

③ **직종** : 크롬도금 작업장, 크롬산염을 취급하는 작업장

④ 증상

㉠ **급성중독** : 심한 신장장애를 일으켜 과뇨증이 오며 더 진전되면 무뇨증을 일으켜 요독증으로 1~2일, 길어야 8~10일 안에 사망한다.

㉡ **만성중독** : 코, 폐, 위장점막 병변을 일으키는 것이 특징이며, 장기간 폭로될 때는 기침, 두통, 호흡곤란이 일어난다. 특히, 비중격의 연골부에 둥근 구멍이 뚫리는 비중격 천공이 나타나는데 처음에는 비염과 구별하기 어렵다.

⑤ 예방과 관리

㉠ 사고로 크롬을 먹었을 때는 응급조치로 우유와 환원제로 비타민 C를 주어야 한다.

㉡ 호흡기 흡입에 의한 급성중독의 경우 병원에 입원시켜 관리하여야 한다.

㉢ **예방** : 작업장 공기를 허용농도 이하로 유지하고 고무장갑, 장화, 고무앞치마를 입고 피부에 이들 물질이 닿지 않도록 한다. 피부보호용 크림을 노출된 피부에 바르고 비중격 점막에 바셀린을 바르면 훨씬 도움이 된다.

(4) 카드뮴 중독

① **직종** : 카드뮴 정련가공, 도금작업, 합금제조, 합성수지, 도료, 비료제조

② **증상** : 체내 축적된 Cd의 50~70%가 간, 신장에 축적

㉠ **급성중독** : 고농도 섭취로 발생하며 구토, 설사, 급성 위장염, 복통, 착색뇨, 간, 신장 기능장애, 단백뇨가 발생한다.

㉡ **만성중독증의 3대 증상** : 폐기종, 신장장애(단백뇨), 골격계 장애(뼈의 통증, 골연화증, 골다공증)

③ **예방과 관리**

㉠ 공기 중의 허용농도를 지키고 신장질환을 앓은 적이 있는지, 현재 앓고 있는지를 알아보고 정기 건강진단 소견과 비교자료로 사용한다.

㉡ 적절한 보호구를 사용하고 개인위생을 철저히 지키며 작업장 내에서 음식섭취와 흡연을 절대 금한다.

㉢ 작업복을 자주 갈아입고 매일 작업 후 목욕을 한다.

(5) 베릴륨 중독

① **직종** : 베릴륨은 우주항공산업, 정밀기기 제작, 컴퓨터 제작, 형광등 제조, 네온사인 제조, 합금, 도자기 제조업, 원자력공업 등에 사용된다.

② **증상**

㉠ **급성중독** : 사고에 의해 흡입한 후 몇 시간 또는 1~2일 내에 인후염, 기관지염, 모세기관지염, 폐부종 등의 증세를 나타낸다.

㉡ **만성중독** : 폭로된 지 5~10년 후에 발생하며 특징적인 육아종성 변화가 폐에 주로 나타나고 피부, 간장, 췌장, 신장, 비장, 림프절, 심근층에 나타나기도 한다.

③ **예방과 관리**

㉠ 작업장의 허용기준을 지키고 베릴륨 분진이나 흄이 발생하는 작업은 반드시 밀폐시키고 환기장치를 설치해야 한다.

㉡ 습식작업 방법과 호흡보호구, 보호장갑, 보호안경의 착용, 오염된 작업복을 갈아입는 등 개인위생관리와 적절한 기술관리대책, 근로자의 정기적인 건강진단이 필요하다.

(6) 망간중독

① 망간 화합물인 과망간산칼륨은 구강과 위 세척(0.1%)에도 사용된다.

② 일반적으로 노동위생상의 허용농도는 1㎖ 당 5mg이다.

③ 산화망간의 분진 등을 흡입하면 호흡기가 자극을 받아 심한 기침과 담이 유발되고 폐렴증세가 나타난다.

④ **만성중독 증상** : 무기력, 무관심, 식욕감퇴, 불면증 등의 가벼운 정신증세, 심하면 파킨슨 증후군이라는 신경증세가 나타난다. 이 외 언어장애, 수족경련, 정신착란 등의 증세가 나타난다.

8. 일산화탄소 중독

(1) 직종

도시가스, 배관공사, 탄광폭발, 연탄난로, 금속제련 등이다.

(2) 급성중독

일산화탄소는 혈색소와 친화성이 강하므로(산소의 200~300배), 혈색소가 체내조직에 산소를 운반하기 어려워져 체내조직에 산소결핍이 되는 상태로 중추신경계 증상이 주로 나타나고, 회복된 후에도 역행성 건망증, 지능저하, 시각이상, 실어증, 보행장해 등의 후유증이 남는다.

(3) 일반적인 증상

① **자각증상** : 피로하기 쉽고, 태만감, 불면, 두통, 기억력의 감퇴와 사지가 저리고 감각이상 등의 말초신경증상
② **전신증상** : 자극되기 쉽고 무감각, 인격의 변화
③ **시력증상** : 시력장해, 중심 암점, 색시야의 협착
④ **청력장해** : 이명, 평형장해
⑤ **심전도의 변화** : 심근장해
⑥ **기타** : 조로경향, 부종, 알코올 내용성의 저하

9. 직무 스트레스

(1) 정의(미국 국립산업안전보건연구소)

직무 스트레스란 업무상 요구사항이 근로자의 능력이나 자원, 바램과 일치하지 않을 때 생기는 유해한 신체적 · 정서적 반응

(2) 요인

① **물리적 환경** : 소음, 조명, 여름과 겨울철 온도, 습도, 환기 등
② 역할 갈등, 역할 모호, 대인관계 갈등
③ 직업 미래의 모호성, 고용기회, 양적 직무부담
④ **직무부담 변화** : 양적 작업부담의 변화 정도를 측정하는 것
⑤ **직무재량권** : 직무에 대한 통제수준을 의미하는 주관적 통제, 직무통제, 의사결정통제 등
⑥ 다른 사람에 대한 책임, 기술활용 저조, 정신적 요구
⑦ **교대근무** : 야간 교대를 포함하여 2, 3, 4교대 등 업무를 교대하여 수행하는 경우

(3) 중재요인

① **개인적 요인** : A형 행동양식이나 개인의 성격, 자존심, 경력, 연령, 성별, 교육 정도
② **직업 외 요인** : 가족 및 개인적 문제, 일상생활 사건, 대인관계, 결혼 등
③ **완충요인** : 직속상사의 사회적 지지, 직장동료의 사회적 지지, 가족 및 친구의 사회적 지지

(4) 영향

① 급성 반응
㉠ **심리적 반응** : 불안, 우울, 분노, 낮은 직무만족도, 낮은 자아존중감
㉡ **생리적 반응** : 건강이상 증상. 즉, 고혈압, 심계항진, 두통, 수면장애 등
㉢ **행동적 반응** : 흡연, 음주, 약물남용, 대인관계장애, 파괴적 행위 등
② **질병** : 관련된 질병은 고혈압, 심혈관질환, 알코올 중독, 정신질환 등

10. 근골격계 질환

(1) 산업안전보건법

① **정의** : 오랜 시간 동안 반복되거나 지속되는 동작 또는 자세를 근골격계 질환과 관련이 있는 작업형태로 규정하고 이러한 단순 반복작업으로 인하여 기계적 스트레스가 신체에 누적되어 목, 어깨, 팔, 팔꿈치, 손목, 손 등에 증상이 나타나는 경우를 말한다.
② **위험요인** : 반복적인 동작, 부적절한 작업자세, 무리한 힘의 사용, 날카로운 면과의 신체접촉, 진동, 온도 등을 작업관련성 근골격계 질환의 위험요인으로 규정하고 있다.

(2) 미국산업안전보건연구원

적어도 일주일 이상 또는 과거 1년간 적어도 한 달에 한 번 이상 상지의 관절부위(목, 어깨, 팔꿈치 및 손목)에서 지속되는 하나 이상의 증상들(통증, 쑤시는 느낌, 뻣뻣함, 화끈거리는 느낌, 무감각 또는 찌릿찌릿함)이 존재하고, 동일한 신체부위에 유사질병과 사고 경력이 없어야 하며 증상은 현재의 작업으로부터 시작되어야 한다.

(3) 발생원인

① 반복성과 힘
② 자세, 스트레스 및 진동
③ 비직업성 요인
④ 정신사회적인 요인

(4) 분류

구분	원인	증상
근막통 증후군	목이나 어깨를 과다히 사용하거나 굽힘의 자세	목이나 어깨부위 근육의 통증 및 움직임 둔화
요통	중량물 인양 및 옮기는 자세, 허리를 비틀거나 구부리는 자세	추간판 탈출로 인한 신경압박 및 허리 위에 염좌가 발생하여 통증 및 감각 마비
수근관 증후군	반복적이고 지속적인 손목의 압박 및 굽힘 자세	손가락의 저림 및 감각 저하
외상과염	과다한 손목 및 손가락의 동작	팔꿈치 내외측의 통증
수완진동 증후군	진동이 많은 직업	손가락의 혈관수축, 감각 마비, 하얗게 변함

CHECK Point 직종별 직업병

원인		직종	직업병
물리적 요인	기계적 부상	압연공, 병타공, 기계공	부상에 의한 질병
	고열, 건열, 습열	화부, 제련공, 초자공, 도자기공	열사병, 일사병, 심장질환, 화상, 모낭염
	한랭	제빙, 냉동, 겨울철의 옥외작업	동상
	자극성 가스, 고열, 유해광선 또는 눈의 이물	초자공, 주물공, 제련공, 전기용접	안질환(결막염, 각막염, 백내장)
	전리방사선, 동위원소	의사, 간호사, 기사	피부염, 피부암, 백혈병
	조명 부족	시계공, 광부, 정밀기계공	근시, 안구진탕증
	이상기압	잠수부, 항공기 조종사	잠함병, 고산병
	중·경한 육체적 작업	하역부, 운반부, 서서하는 작업	내장탈장, 정맥류, 요통
	진동	착암공, 병타공, 재단공	관절염, 신경염, 수지혈관 수축
	소음	조선공, 제관공, 금속공, 직포공	소음성 난청
	손작업	전신수, 타자수, 필경(筆耕)	혈액낭염, 수지경련
화학적 요인 (공업중독)	납중독	축전지, 인쇄, 납제련, 케이블 제조	골수침입, 빈혈, 소화기 장해, 정신신경장애
	수은중독	계기, 뇌관, 전기분해, 농약제조	구내염, 설사, 수전증, 무뇨증, 피부염, 정신장애
	망간중독	제강공	신경염, 신장염, 피부점막의 염증, 중추신경장애
	크롬, 니켈, 알루미늄 중독	도금, 제련	피부점막의 궤양, 폐암
	금속중독	제련소	발열, 소화기질환, 신경염, 피부염
	비소중독	농약	신경염, 소화기질환, 피부염, 악골 괴저, 소화기장애
	인중독	살충제, 살서제	악골 괴저, 소화기장애
	초기, 아황산가스 중독	셀룰로이드, 표백, 제지, 비료, 제련	치아 산식증, 순환기장애, 천식, 폐부종

화학적 요인 (공업중독)	황화수소 중독, 이황화탄소 중독	인조견사, 셀로판	급성마비, 두통, 불면증, 신경증상
	일산화탄소 중독	화부, 가열공	질식, 시신경장애, 심장장애
	청화물 중독	석탄가스 공업, 도금공	안질환, 호흡기질환
	산, 염기	각종 공업	피부염, 궤양, 호흡기질환
	유기용제 중독	탈지, 세척, 도료, 용매	조혈장애, 재생불능성 빈혈, 백혈병, 피부질환, 마비, 간장애, 심장장애, 호흡장애
	타르, 매연, 아스팔트, 광물유, 파라핀	석탄 및 석유제품 제조	피부염, 피부암
분진에 의한 것	• 무기분진 - 유리규산 - 석탄, 석면	 - 채석공, 채광부 - 요업, 연마공, 야금공	 - 규폐증 - 석면폐증, 탄폐증
	• 유기분진 면분진, 곡분, 목재분, 동물의 모발, 골분 및 배설물	방직공, 제분공, 제재공, 골분제조공	면폐증, 농부폐증
	금속분진	제련공, 화학공	금속열, 호흡기질환, 폐암
생물학적 원인	병원체오염에 의한 전염병	환자 및 세균취급자	전염성질환
	동식물 취급	피혁제조, 축산, 도살, 수의, 제분, 농부	탄저병, 마비저(馬鼻疽), 파상풍, 피부질환

CHECK Point 업무상 질병과 요양의 범위 [별표 5](근로기준법 시행령 제44조 제1항)

1. 업무상 질병의 범위
   (1) 업무상 부상으로 인한 질병
   (2) 물리적 요인으로 인한 질병
      ① 엑스선, 감마선, 자외선 및 적외선 등 유해방사선으로 인한 질병
      ② 덥고 뜨거운 장소에서 하는 업무 또는 고열물체를 취급하는 업무로 인한 일사병, 열사병 및 화상 등의 질병
      ③ 춥고 차가운 장소에서 하는 업무 또는 저온물체를 취급하는 업무로 인한 동상 및 저체온증 등의 질병
      ④ 이상기압하에서의 업무로 인한 감압병(減壓病) 등의 질병
      ⑤ 강렬한 소음으로 인한 귀의 질병
      ⑥ 착암기 등 진동이 발생하는 공구를 사용하는 업무로 인한 질병
      ⑦ 지하작업으로 인한 안구진탕증
   (3) 화학적 요인으로 인한 질병
      ① 분진이 발생하는 장소에서의 업무로 인한 진폐증 등의 질병
      ② 검댕 · 광물유 · 옻 · 타르 · 시멘트 등 자극성 성분, 알레르겐 성분 등으로 인한 봉와직염, 그 밖의 피부질병
      ③ 아연 등의 금속흄으로 인한 금속열(金屬熱)

④ 산, 염기, 염소, 불소 및 페놀류 등 부식성 또는 자극성 물질에 노출되어 발생한 화상, 결막염 등의 질병

⑤ 다음의 물질이나 그 화합물로 인한 중독 또는 질병

㉠ 납, ㉡ 수은, ㉢ 망간, ㉣ 비소, ㉤ 인, ㉥ 카드뮴, ㉦ 시안화수소

⑥ 다음의 물질로 인한 중독 또는 질병

㉠ 크롬 · 니켈 · 알루미늄 · 코발트 ㉡ 유기주석

㉢ 이산화질소 · 아황산가스 ㉣ 황화수소

㉤ 이황화탄소 ㉥ 일산화탄소

㉦ 벤젠 또는 벤젠의 동족체와 그 니트로 및 아미노 유도체

㉧ 톨루엔, 크실렌 등 유기용제

㉨ ㉦ 및 ㉧ 외의 지방족 또는 방향족의 탄화수소화합물

㉩ ②부터 ⑤까지 및 ⑥의 ㉠부터 ㉨까지의 화학적 요인 외의 독성 물질, 극성 물질, 그 밖의 유해화학물질

(4) 생물학적 요인으로 인한 질병

① 환자의 검진, 치료 및 간호 등 병원체에 감염될 우려가 있는 업무로 인한 감염성 질병

② 습한 곳에서의 업무로 인한 렙토스피라증

③ 옥외작업으로 인한 쯔쯔가무시증, 신증후군(腎症候群) 출혈열

④ 동물 또는 그 사체, 짐승의 털 · 가죽, 그 밖의 동물성 물체, 넝마 및 고물 등을 취급하는 업무로 인한 탄저, 단독(丹毒) 등의 질병

(5) 직업성 암 : 검댕, 콜타르, 콜타르피치, 정제되지 않은 광물유, 6가 크롬 또는 그 화합물, 염화비닐, 벤젠, 석면, B형 또는 C형 간염바이러스, 엑스선 또는 감마선 등의 전리방사선, 비소 또는 그 무기화합물, 니켈 화합물, 카드뮴 또는 그 화합물, 베릴륨 또는 그 화합물, 목재 분진, 벤지딘, 베타나프틸아민, 결정형 유리규산, 포름알데히드, 1,3-부타디엔, 라돈-222 또는 그 붕괴물질, 산화에틸렌 및 스프레이 도장 업무 등 발암성 요인으로 인한 암

(6) 무리한 힘을 가해야 하는 업무로 인한 내장탈장, 영상표시단말기(VDT) 취급 등 부적절한 자세를 유지하거나 반복 동작이 많은 업무 등 근골격계에 부담을 주는 업무로 인한 근골격계 질병

(7) 업무상 과로 등으로 인한 뇌혈관 질병 또는 심장 질병

(8) 업무와 관련하여 정신적 충격을 유발할 수 있는 사건으로 인한 외상후 스트레스장애

(9) (1)부터 (8)까지에서 규정한 질병 외에 「산업재해보상보험법」 제8조에 따른 산업재해보상보험 및 예방심의위원회의 심의를 거쳐 고용노동부장관이 지정하는 질병

(10) 그 밖에 (1)부터 (9)까지에서 규정한 질병 외에 업무로 인한 것이 명확한 질병

2. 요양의 범위

(1) 진찰

(2) 약제 또는 진료 재료의 지급

(3) 의지(義肢) 또는 그 밖의 보조기의 지급

(4) 처치, 수술, 그 밖의 치료

(5) 입원

(6) 간병

(7) 이송

FINAL TEST

01 (1960, 1980, 1990)년대 이후 : 보건관리자 시대

02 보건관리자는 (　　　　)인 이상의 사업장 및 노동부령이 정하는 사업장에 선임하도록 규정되어 있다.

03 보건관리자 중 간호사의 역할을 5가지만 쓰시오.

FINAL TEST 정답

01 1990년

02 50

03 보건관리자(간호사)의 역할
① 보호구(保護具) 구입시 적격품 선정에 관한 보좌 및 조언 · 지도
② 물질안전보건자료의 게시 또는 비치에 관한 보좌 및 조언 · 지도
③ 사업장의 근로자를 보호하기 위한 의료행위
④ 전체 환기장치 및 국소 배기장치 등에 관한 설비의 점검과 작업방법의 공학적 개선에 관한 보좌 및 조언 · 지도
⑤ 사업장 순회점검 · 지도 및 조치의 건의

04 건강진단

1) 상시 사용하는 근로자에 대해 정기적으로 실시하는 건강진단
2) 유해한 작업환경에서 종사하는 근로자의 건강유지를 목적으로 사업주가 실시하는 건강진단
3) 근로자의 작업부서의 전환으로 특수 건강진단 대상 업무에 종사할 근로자에 대하여 사업주가 실시하는 건강진단
4) 모든 법적 유해인자에 노출되는 근로자 또는 특수 건강진단 대상자 중 직업성 천식 또는 피부질환 유발업무 종사자를 대상으로 급성적으로 발병하거나 정기 건강진단으로는 발견하기 어려운 직업성 질환을 조기에 진단하기 위해서 실시하는 건강진단
5) 지방노동관서의 장이 필요하다고 판단하는 경우 실시하는 건강진단
6) 2차 건강진단 : 일차 건강진단 결과 (　　　　　)로 판정된 자를 대상으로 질환의 심사판정을 통보받은 날로부터 (　　　　　)일 이내에 실시한다.

05 일반 건강진단의 검진항목을 5가지 쓰시오.

FINAL TEST 정답

4 1) 일반 건강진단　2) 특수 건강진단　3) 배치 전 건강진단　4) 수시 건강진단
5) 임시 건강진단　6) 질환의심자(R), 30일

5 과거병력, 작업경력, 자각 · 타각증상(시진, 촉진, 청진 및 문진), 혈압, 혈당(전년도에 '당뇨병 의심'진단을 받은 자), 요당, 요단백, 빈혈검사, 체중, 시력, 청력, 흉부 X선 간접촬영, SGOT, SGPT, 총콜레스테롤(혈압이 150/95 이상인 자 혹은 전년도 고혈압 요관찰자), γ-GTP(35세 이상의 근로자)

06 다음의 빈칸을 채우시오.

1) 건강진단 건강관리 구분

건강관리 구분	
	정상자
	직업병 요관찰자
	일반질병 요관찰자
	직업병 유소견자
	일반질병 유소견자
	질환의심자

2) 업무수행 적합 여부

구분	업무수행 적합 여부 평가기준
	현재의 조건하에서 현재의 업무가 가능
	일정한 조건(작업방법 또는 작업환경 개선, 건강상담 또는 지도, 건강진단 주기단축 등)하에서 현재의 업무가 가능
	건강장해가 우려되어 한시적으로 현재의 업무를 할 수 없음, 작업환경 또는 근로조건 개선 후 업무복귀 가능
	건강장해의 악화 또는 영구적인 건강손상이 우려되어 현재의 업무를 할 수 없음

FINAL TEST 정답

06 1) 건강진단 건강관리 구분

건강관리 구분	
A	정상자
B	
C_1	직업병 요관찰자
C_2	일반질병 요관찰자
D_1	직업병 유소견자
D_2	일반질병 유소견자
R	질환의심자

2) 업무수행 적합 여부

구분	업무수행 적합 여부 평가기준
가	현재의 조건하에서 현재의 업무가 가능
나	일정한 조건(작업방법 또는 작업환경 개선, 건강상담 또는 지도, 건강진단 주기단축 등)하에서 현재의 업무가 가능
다	건강장해가 우려되어 한시적으로 현재의 업무를 할 수 없음, 작업환경 또는 근로조건 개선 후 업무복귀 가능
라	건강장해의 악화 또는 영구적인 건강손상이 우려되어 현재의 업무를 할 수 없음

07 유해물질 허용기준

1) 1일 8시간, 1주 40시간의 정상 노동시간 중 평균농도로 나타내며, 근로자가 이러한 조건에서 반복하여 폭로되더라도 건강상의 장해를 일으키지 않는 농도
2) 유해성이 큰 물질에 적용하는 기준으로 15분 이상 이 농도 이상 노출되는 것을 예방하기 위한 기준
3) 순간적이라 하더라도 절대적으로 초과하여서는 안되는 농도

08 Haber의 법칙을 제시하시오.

09 작업환경 관리의 기본원칙

1) 금속을 두들겨 자르는 것을 톱으로 잘라 소음을 감소시킨 것
2) 성냥 제조시 황인을 적인으로 대치하는 것
3) 방사선 동위원소 취급시 격리와 밀폐, 원격장치를 사용하는 것
4) 고온다습한 환경에서 사용되거나 분진, 냄새, 유해증기를 희석하는 데 사용
5) 작업환경 관리순서를 제시하시오.

10 산업재해 통계지표

1) 도수율
2) 강도율
3) 건수율
4) 평균 작업손실일수

FINAL TEST 정답

07 1) 시간가중 평균농도　2) 단시간 노출기준　3) 최고허용농도

08 K(중독지수) = C(농도) × T(시간)

09 1) 공정을 변경(대치)　2) 물질을 변경(대치)　3) 격리와 밀폐　4) 희석환기
5) 대치 → 격리와 밀폐 → 희석환기 → 개인보호구 → 교육

10 1) (재해건수 / 연 근로시간 수) × 1,000,000
2) (손실작업일 수 / 연 근로시간 수) × 1,000
3) (재해건수 / 평균 실근로자 수) × 1,000
4) (작업손실일수 / 재해건수) × 1,000

11 Heinrich법칙

12 근로기준법

1) 사용자는 임신 중의 여성에게 출산 전과 출산 후를 통하여 (　　)일의 출산전후휴가를 주어야 한다. 이 경우 휴가기간의 배정은 출산 후에 (　　)일 이상이 되어야 한다.
2) 생후 1년 미만 영아를 가진 여성근로자가 청구시 1일 (　　)회 (　　)분씩 유급 수유시간을 줄 수 있다.
3) 여성과 (　　)세 미만자는 갱내에서 근로시키지 못한다.

13 고온에 의한 신체장애

1) 체온조절중추 기능장애로 뇌막혈관의 충혈과 뇌의 온도가 상승하여 생긴다.
2) 발생기전은 지나친 발한에 의한 탈수와 염분소실이다.
3) 고온환경에 오랫동안 폭로되어 말초혈관 운동신경의 조절장애와 심박출량의 부족으로 인한 순환부전, 특히 대뇌피질의 혈류량 부족이 주원인이다.
4) 고열에 의한 만성 체력소모를 말한다.
5) 열사병에 대한 관리를 3가지 쓰시오.
6) 열경련의 증상을 나열하시오.

FINAL TEST 정답

11 1(현성 재해) : 29(불현성 재해) : 300(잠재성 재해)

12
1) 사용자는 임신 중의 여성에게 출산 전과 출산 후를 통하여 90일의 출산전후 휴가를 주어야 한다. 이 경우 휴가기간의 배정은 출산 후에 45일 이상이 되어야 한다.
2) 생후 1년 미만 영아를 가진 여성근로자가 청구시 1일 2회 30분씩 유급 수유시간을 줄 수 있다.
3) 여성과 18세 미만자는 갱내에서 근로시키지 못한다.

13
1) 열사병, 일사병　　2) 열경련　　3) 열피로　　4) 열쇠약
5) ① 얼음물에 담가서 체온을 39℃까지 내려주어야 하며, 이 같은 조치가 불가능한 경우 찬물로 닦으면서 선풍기를 사용하여 증발냉각을 시도하여야 한다.
② 울열 방지와 체열 이동을 돕기 위해 사지를 격렬하게 마찰시킨다.
③ 호흡곤란시 산소를 공급한다.
④ 체열의 생산을 억제하기 위해 항신진대사제를 투여한다.
6) ① 특징적 증상은 수의근의 통증성 경련
② 전구증상 : 현기증, 이명, 두통, 구역, 구토, 체온은 정상

14 잠함병

1) 원인을 제시하시오.
2) 예방법 5가지를 쓰시오.
3) 제외되는 대상을 5가지 쓰시오.

15 소음성 난청

1) 소음의 허용기준을 제시하시오.
2) C_5-dip현상에 대해 쓰시오.
3) Rinne Test 양성의 의미를 쓰시오.

16 국소진동으로 인해 말초혈관의 폐색, 순환장애가 발생하여 수지가 창백하고 통증을 느끼는 현상

17 자외선의 피해에 대한 예방대책을 쓰시오.

FINAL TEST 정답

14 1) 너무 급격히 감압할 때 혈액과 조직에 용해되어 있던 질소가 산소나 이산화탄소와 함께 체외로 배출되지 않고 혈중으로 용입되어 기포를 형성하여 이들 기포가 순환장애와 조직손상을 일으키는 것

2) ① 고압작업이 끝난 후 감압표에 의한 단계적 감압(1기압 감압에 20분 이상)
② 고압폭로 시간의 단축
③ 감압 후 적당한 운동으로 혈액순환 촉진
④ 감압 후 산소공급
⑤ 고압작업시 질소를 헬륨으로 대치한 공기흡입
⑥ 고압작업시 고지질이나 알코올 섭취의 금지

3) 20세 미만, 50세 이상인 자, 여자, 비만자, 호흡기 또는 순환기 질환자, 골관절 질환자, 출혈성 소인자, 약물중독자

15 1) 하루 8시간 폭로시 90dB 이하를 유지하여야 한다.
2) 소음의 주파수에 관계없이 4,000Hz 근방의 청력이 가장 먼저 손상을 입는 현상
3) 공기전도 = 골전도

16 Raynaud 현상

17 ① 검은색계통의 보호안경 착용
② 보호용 크림 적용
③ 포플린 천 사용(팔토시)

18 컴퓨터, 팩시밀리 등 사무자동화로 인해 야기되는 건강문제

19 VDT 증후군의 증상을 5가지 쓰시오.

20 사지가 심하게 습하고 차게 되면 사지에 심한 장애가 오는 상태

21 진폐증

1) 발암물질이 있어 기관지암, 폐암 발생이 가능한 진폐증

2) 규폐증의 원인

22 탄소를 포함하고 있는 유기화합물로서 피용해 물질의 성질은 변화시키지 않고 다른 물질을 용해시킬 수 있는 물질

23 벤젠중독의 특이증상

FINAL TEST 정답

18 VDT 증후군

19 ① 안정피로 : 시력감퇴, 복시, 안통, 두통 때로는 오심, 구토
② 폭주부전
③ 근골격계 질환 & 비근골격계 질환
④ 정신적인 스트레스 : 초조, 좌절감, 근심, 착란, 위축, 긴장, 무기력, 지루함
⑤ 기타장애 : 임신, 출산의 이상, 방전현상에 따른 불쾌감, 소양감 등의 피부장애, 소화불량, 혈압상승, 맥박수 증가

20 참호족, 침수족

21 1) 석면폐증
2) 유리규산 분진에 의한 폐의 만성 섬유증식

22 유기용제

23 조혈장애, 백혈병

24 납중독, 수은중독

1) 식욕부진, 변비, 복부팽만감, 산통 등의 증상을 호소
2) 복통, 설사 등 소화불량 증세를 나타낸다.
3) 납중독의 4대 증상을 나열하시오.
4) 수은중독의 3대 증상을 나열하시오.
5) 수은의 급성중독시 관리방법을 제시하시오.

25 비중격의 연골부에 둥근 구멍이 뚫리는 비중격 천공이 나타나는 중독

26 카드뮴 중독의 3대 증상을 나열하시오.

FINAL TEST 정답

24 1) 납중독
2) 수은중독
3) ① 혈관수축이나 빈혈로 인한 피부창백
② 구강 치은부에 암청회색의 납이 침착(연연)한 청회색선
③ 호염기성 과립 적혈구 증가, Hb 감소
④ 소변 중 코프로폴피린 검출 : 초기진단
4) ① 구내염(잇몸 붓고 압통)
② 근육 진전(근육 경련)
③ 정신증상(불면증, 근심, 걱정, 중독성 흥분)
5) 우유와 계란 흰자를 먹여 수은과 단백질을 결합시켜 침전시킨다.

25 크롬중독

26 폐기종, 신장장애(단백뇨), 골격계 장애

27 근골격계 질환에 대해 다음 빈칸에 알맞은 내용을 쓰시오.

구분	원인	증상
	목이나 어깨를 과다히 사용하거나 굽힘의 자세	목이나 어깨부위 근육의 통증 및 움직임 둔화
	중량물 인양 및 옮기는 자세, 허리를 비틀거나 구부리는 자세	추간판 탈출로 인한 신경압박 및 허리 위에 염좌가 발생하여 통증 및 감각 마비
	반복적이고 지속적인 손목의 압박 및 굽힘 자세	손가락의 저림 및 감각 저하
	과다한 손목 및 손가락의 동작	팔꿈치 내외측의 통증
	진동이 많은 직업	손가락의 혈관수축, 감각마비, 하얗게 변함

FINAL TEST 정답

27

구분	원인	증상
근막통 증후군	목이나 어깨를 과다히 사용하거나 굽힘의 자세	목이나 어깨부위 근육의 통증 및 움직임 둔화
요통	중량물 인양 및 옮기는 자세, 허리를 비틀거나 구부리는 자세	추간판 탈출로 인한 신경압박 및 허리 위에 염좌가 발생하여 통증 및 감각 마비
수근관 증후군	반복적이고 지속적인 손목의 압박 및 굽힘 자세	손가락의 저림 및 감각 저하
외상과염	과다한 손목 및 손가락의 동작	팔꿈치 내외측의 통증
수완진동 증후군	진동이 많은 직업	손가락의 혈관수축, 감각 마비, 하얗게 변함

CHAPTER 06 산업보건

기출문제

01 **다음은 고등학교 보건교사가 학교안전교육을 위해서 준비한 교육 계획 자료의 일부이다. 〈작성 방법〉에 따라 서술하시오.** [4점] 2020년

(㉠) 교육 계획			
대상 학급	2학년 5반	장소	보건교육실
학습 주제	일터에서 발생할 수 있는 안전사고 예방		
교육 내용	1. (㉡)의 정의 노무를 제공하는 사람이 업무에 관계되는 건설물 · 설비 · 원재료 · 가스 · 증기 · 분진 등에 의하거나 작업 또는 그 밖의 업무로 인하여 사망 또는 부상하거나 질병에 걸리는 것을 말한다(산업안전보건법 제2조). 2. 작업장 유해 요인과 노출기준 1) 작업장 유해 요인의 종류 • 화학적 인자 : 중금속, 유기화합물 등 • 물리적 인자 : 소음, 분진, 진동 등 • 생물학적 인자 : 박테리아, 미생물 등 • 기타 2) 유해물질의 노출기준 • 시간 가중 평균노출기준(Threshold Limit Value-Time Weighted Average, TLV-TWA) • 단시간 노출기준(TLV-Short Term Exposure Limit, TLV-STEL) • ㉢ 최고노출기준(TLV-Ceiling) … 중략 …		
교육 방법	… 하략 …		

〈 작성 방법 〉

- 학교안전교육 7대 영역 중 괄호 안의 ㉠에 들어갈 안전교육 영역을 교육부 고시에서 제시한 명칭으로 쓸 것.
  * 학교안전교육 실시기준 등에 관한 고시 개정안[교육부 고시 제2017-121호]
- 괄호 안의 ㉡에 들어갈 명칭을 쓸 것.
- 밑줄 친 ㉢의 의미를 서술할 것.

|정답| 1. 직업안전교육

2. 산업재해

3. 최고노출기준(천정치) : 잠시라도 이 농도 이상 노출 시 초래하는 유해요인에 적용되는 기준으로 순간적이라 하더라도 절대적으로 초과하여서는 안 되는 농도를 말한다.

|해설| 1) 학교안전교육 실시기준 등에 관한 고시 개정안 〈학년별 학생 안전교육의 시간 및 횟수〉

구분	생활 안전교육	교통 안전교육	폭력예방 및 신변 보호교육	약물 및 사이버 중독 예방 교육	재난 안전교육	직업 안전교육	응급 처치교육
교육 시간	13	10	8	10	6	2	2
학기당 횟수	2회 이상	3회 이상	2회 이상	2회 이상	2회 이상	1회 이상	1회 이상

2) 산업안전보건법 제2조(정의) : "산업재해"란 노무를 제공하는 사람이 업무에 관계되는 건설물 · 설비 · 원재료 · 가스 · 증기 · 분진 등에 의하거나 작업 또는 그 밖의 업무로 인하여 사망 또는 부상하거나 질병에 걸리는 것을 말한다.

02 다음은 보건교사가 작성한 교수 · 학습 지도안의 일부이다. ㉠, ㉡에 해당하는 용어를 순서대로 쓰시오.

[2점] 2018년

<table>
<tr><th colspan="5">교수 · 학습 지도안</th></tr>
<tr><td>단 원</td><td colspan="2">사회와 건강</td><td>지도교사</td><td>보건교사</td></tr>
<tr><td>주 제</td><td colspan="2">작업환경과 건강</td><td>대 상</td><td>고등학교 2학년 1반</td></tr>
<tr><td>차 시</td><td colspan="2">1/3차시</td><td>장 소</td><td>교실</td></tr>
<tr><td>학습목표</td><td colspan="4">작업환경에 의해 유발되는 건강 장해를 설명할 수 있다.</td></tr>
<tr><td>단 계</td><td colspan="3">교수 학습 내용</td><td>시간</td></tr>
<tr><td>도 입</td><td colspan="3">• 동기유발 : 작업환경 유해요인과 관련된 건강 장해의 최신기사 제시
• 본시 학습목표 확인</td><td>5분</td></tr>
<tr><td rowspan="5">전 개</td><td colspan="3">작업환경 유해 요인별 건강 장해
1) 분진에 의한 건강 장해</td><td rowspan="5">35분</td></tr>
<tr><td>㉠</td><td colspan="2">• 유기성 분진 또는 무기성 분진 등이 폐에 침착되어 조직 반응을 일으킨 상태의 총칭
• 증상 : 호흡곤란, 기침, 흉통 등
• 합병증 : 활동성 폐결핵, 흉막염, 기관지염, 기관지확장증, 기흉, 폐기종, 폐성심, 원발성 폐암, 비정형 미코박테리아 감염</td></tr>
<tr><td colspan="3">2) 작업형태에 의한 건강 장해</td></tr>
<tr><td>㉡</td><td colspan="2">• 음극선관(Cathode, CRT) 화면, 액정표시(Liquid Crystal Display, LCD) 화면 등을 장시간 사용함으로써 발생하는 장해
• 증상 : 눈의 피로, 근골격계 이상(경견완증후군, 요통 등), 정신신경계 이상(두통, 피로감 등)</td></tr>
<tr><td colspan="3">… 하략 …</td></tr>
</table>

|정답| ㉠ 진폐증, ㉡ VDT 증후군

|해설| 1. 진폐증

(1) 진폐증의 정의 : 분진, 흡입에 의해 폐의 조직반응이 일어나 병리변화가 온 상태이다.

(2) 흡입분진의 종류에 따른 진폐증의 분류

① 규폐증 : 유리규산 분진에 의해 폐의 만성 섬유증식을 일으킨다. 채석장 인부, 석공들에게 많이 발생하며, 18C에는 칼가는 도공들에게 많이 발생하였다.

② 석면폐증 : 석면섬유 → 석면은 발암물질이 있어 기관지암, 폐암 발생 가능

③ 탄폐증 : 석탄, 규토, 규산분진

④ 면폐증 : 면, 아마, 대마, 목재, 곡물(취업 6개월 전후 발생)

(3) 증상

① 결절형성이 극심하지 않는 한 일반적으로 자각증상은 없고, 호흡곤란, 기침, 다량의 객

담과 객담의 배출곤란, 흉통, 혈담이 나오는 경우도 있다.

② 합병증 : 폐결핵, 기흉, 폐기종, 결핵성 늑막염, 만성 속발성 기관지 확장증, 만성 속발성 기관지염

(4) 예방대책

① 원인의 제거

② 분진방지 시설의 설치와 개선 및 방진마스크의 착용

③ 작업시간의 조정, 작업강도의 경감, 흡진을 적게 하는 작업자세의 유지

④ 호흡기질환자, 결핵의 기왕력이 있는 사람은 채용을 금지

⑤ 근로자들의 정기적인 건강진단

2. VDT 증후군

(1) 컴퓨터, 팩시밀리 등 사무자동화로 인해 야기되는 건강문제

(2) 증상

① 안정피로 : 시력감퇴, 복시, 안통, 두통 때로는 오심 구토

② 폭주부전 : 모니터에서 나오는 전자파의 영향으로 증상이 나타나며, 이외에도 근시화 변화, 눈물분비기능변화, 안압변화 등도 있다.

③ 근골격계 질환 & 비근골격계 질환 : 피로, 시각장애, 두통, 경견완증후군(목, 어깨, 팔 및 손목질환), 요통

④ 정신적인 스트레스 : 초조, 좌절감, 근심, 착란, 위축, 긴장, 무기력, 지루함

⑤ 기타장애 : 임신, 출산의 이상, 방전현상에 따른 불쾌감, 소양감 등의 피부장애, 소화불량, 혈압상승, 맥박수 증가

(3) 예방대책

① 책상 밑에 별도의 키보드 받침을 부착한다.

② 의자의 높이는 작업대와 무릎 사이 17~20cm 정도의 공간을 확보하도록 하며, 발받침대를 만들어 무릎의 각도가 90도를 유지하도록 한다.

③ 주기적으로 짧은 휴식을 갖고 이 시간 동안 체조를 하도록 권장한다. 작업시간과 휴식시간의 비율은 1시간당 10~15분이 적당하다.

④ 작업시 몸통 경사각도를 90~110도를 유지하도록 하여 약간 뒤로 누운 듯한 자세를 취하는 것이 좋다.

⑤ 작업대 표면에서의 조명은 200~500Lux, 화면 바탕색 색상이 검정색 계통일 경우 300~500Lux, 흰색 계통일 경우 500~700Lux를 유지하도록 권장하고 있다.

03 다음은 고등학교 취업반 학생과 보건교사와의 대화내용이다. 〈작성 방법〉에 따라 서술하시오.

[4점] 2018년

학　　생 : 선생님, 안녕하세요?
보건교사 : 현장실습은 잘 다녀왔어요?
학　　생 : 네, OO회사에서 실습하고 왔어요. 그곳은 ㉠ 판금작업을 하는 곳이라 소음이 심했어요.
보건교사 : 그렇군요.
학　　생 : 그런데 선생님, 궁금한 게 있어요. 그곳에서 근무하는 근로자분들이 청력감소, 수면장애, 집중력 저하, 두통으로 일상생활이 많이 불편하다고 했어요. 얼마 전에 한 분이 건강진단을 받았는데, C1이라는 판정을 받았다고 했어요. C1이 무슨 뜻이에요?
보건교사 : C1은 (㉡)를 의미해요. 소음이 많은 작업장에서 오래 근무하면 소음성 난청이 발생할 수 있어요.
학　　생 : 소음성 난청을 예방할 수 있는 방법은 어떤 것이 있나요?
보건교사 : 작업할 때는 보호구 착용 등 작업기준을 준수해야 해요. 작업시 정기적으로 소음을 측정해서 소음 허용한계를 넘지 않도록 해야 하고, ㉢ 저소음 기계로 변경하거나 ㉣ 방음벽을 설치하는 등의 작업환경을 개선하는 것도 예방방법이에요.
학　　생 : 감사합니다.

〈 작성 방법 〉

- 산업안전보건법 시행규칙에 의거하여 ㉠의 생산직 근로자가 받아야 할 일반 건강진단의 검진주기를 제시할 것
- 괄호 안의 ㉡의 내용을 설명할 것
- ㉢과 ㉣의 예방대책이 작업환경관리의 기본원리 중 어디에 속하는 지를 구분하여 설명할 것

|정답| 1. 생산직 근로자의 경우 1년에 1회 일반 건강검진을 실시하며 판금작업의 경우 소음으로 인해 특수 건강진단을 24개월에 1회 실시한다.
2. C1은 직업병 요관찰자를 의미한다.
3. 저소음 기계로 변경은 대치, 방음벽 설치의 경우 격리에 속한다.

04 다음은 고등학교 보건교사가 작성한 〈교수 · 학습 지도안〉이다. 산업안전보건법 시행규칙(고용노동부령 제169호, 2016. 10. 28., 일부개정)에 근거하여 괄호 안의 ㉠, ㉡에 해당하는 내용을 순서대로 쓰시오. [2점] 2017년

교수 · 학습 지도안			
단 원	직업과 건강	보건교사	김 ○ ○
주 제	근로자 건강진단	대 상	3학년 취업반 30명
차 시	2/3 차시	장 소	3학년 1반 교실
학습목표	근로자 건강진단에 대해 설명할 수 있다.		
단 계	교수 · 학습 내용		시간
도 입	• 전시 학습내용 확인 : 산업재해 • 동기 유발 : 직업병 예방 사례 동영상 • 본시 학습목표 확인		5분
전 개	1. 근로자 건강진단 종류별 대상과 시기 1) 일반 건강진단 : 사무직 근로자는 2년에 1회 이상, 비사무직 근로자는 1년에 1회 이상 실시 2) 배치 전 건강진단 : (㉠)에 종사할 근로자를 대상으로 배치하기 전에 실시 3) (㉡) – (㉠)에 종사하는 근로자가 직업성 천식이나 직업성 피부염, 그 밖에 건강장해를 의심하게 하는 증상을 보이거나 의학 소견이 있는 경우에 실시 … (하략) …		

|정답| ㉠ 특수 건강진단 대상 업무
㉡ 수시 건강진단

|해설| 산업안전보건법 시행규칙 제98조(정의)

05 다음은 보건교사가 작성한 '중금속 물질 중독증과 관리방법'에 대한 교수 · 학습 지도안이다. (가)~(마) 중 옳은 것만을 있는 대로 고른 것은? 2013년

<table>
<tr><th colspan="5">교수 · 학습 지도안</th></tr>
<tr><td>단 원</td><td>직업과 건강의 관계</td><td>지도교사</td><td colspan="2">K</td></tr>
<tr><td>주 제</td><td>중금속 물질과 직업병</td><td>대 상</td><td colspan="2">고등학교 3학년 취업반 40명</td></tr>
<tr><td>차 시</td><td>2/3차시</td><td>장 소</td><td colspan="2">3-3 교실</td></tr>
<tr><td>학습목표</td><td colspan="4">중금속 물질의 종류별 중독증상과 관리방법을 구분할 수 있다.</td></tr>
<tr><td>단 계</td><td colspan="3">교수 · 학습 내용</td><td>시간</td></tr>
<tr><td>도 입</td><td colspan="3">• 전시 학습내용 확인 : 작업장에서의 근로자 건강관리
• 동기 유발 : 중금속 중독사례 동영상
• 본시 학습목표 확인</td><td>5분</td></tr>
<tr><td>전 개</td><td colspan="3">Ⅰ. 작업장의 유해한 물질유형에 따른 건강장애와 관리방법
• 납중독
- 중독증상 : 식욕부진, 변비, 급성 복부산통, 손 처짐을 동반하는 팔과 손의 마비 등이 나타난다.
- 관리법 : (가) <u>분진이 손에 묻은 채로 담배를 피우거나 음식을 먹지 않는다.</u>
• 수은중독
- 중독증상 : (나) <u>금속성 입맛이 나고 잇몸이 붓고 압통이 있는 구내염이 나타난다.</u>
- 관리법 : 급성중독시에는 우유와 계란 흰자위를 먹인 후 위세척을 한다.
• 카드뮴 중독
- 중독증상 : (다) <u>빈혈, 적혈구 수명 단축 등의 조혈기능장애가 나타난다.</u>
- 관리법 : 작업복과 통근복을 구별하여 착용한다.
• 크롬중독
- 중독증상 : (라) <u>장기간 노출되면 골연화증과 허리 및 다리의 통증을 수반하는 보행장애가 나타난다.</u>
- 관리법 : 호흡 보호구나 고무장갑 등의 개인보호구를 착용한다.
• 베릴륨 중독
- 중독증상 : (마) <u>자극성 피부염, 비중격 천공이 발생하며, 소변에서 코프로폴리핀(Corproporphyrin) 성분이 검출된다.</u>
- 관리법 : 분진이 발생하는 작업은 습식작업을 하고, 흄 생성 작업공정은 반드시 밀폐한다.</td><td>40분</td></tr>
<tr><td>정리 및 평가</td><td colspan="3">중금속 물질 중독에 관한 OX 질문</td><td>5분</td></tr>
</table>

① (가), (나) ② (가), (마)
③ (나), (다), (라) ④ (다), (라), (마)
⑤ (가), (나), (다), (마)

|정답| ①

|해설| (다) 빈혈, 적혈구 수명 단축 등의 조혈기능장애는 납중독 증상이다.

(라) 장기간 노출되면 골연화증과 허리 및 다리의 통증을 수반하는 보행 장애는 카드뮴 중독 증상이다.

(마) 자극성 피부염, 비중격 천공이 발생하는 것은 크롬중독 현상이고, 소변에서 코프로폴리핀 성분이 검출되는 것은 납중독 현상이다.

(1) 카드뮴 중독 증상 : 급성중독 증상은 구토 · 설사 · 급성위장염 · 복통 · 착색뇨, 간 및 신장기능장애가 나타나고, 만성중독 증상으로는 폐기종, 신장기능 장애, 단백뇨, 뼈의 통증, 골연화증, 골다공증 등 골격계 장애가 발생한다.

(2) 크롬중독 증상 : 급성중독 증상은 심한 신장장애를 일으켜 과뇨증이 오고 더 진전되면 무뇨증을 일으켜 요독증으로 사망하게 한다. 만성중독 증상으로는 코, 폐 및 위장의 점막에 병변을 일으키는 것이 특징이고 장기간 노출시는 기침 · 두통 · 호흡곤란, 비중격 천공이 발생한다.

(3) 베릴륨 중독 증상 : 급성중독 증상은 인후염, 기관지염, 모세기관지염, 폐부종 등의 증세를 나타낸다. 만성중독 증상으로는 특징적인 육아종성 병화가 폐에 주로 나타나며 피부, 간장, 췌장, 신장, 비장, 림프절, 심근층에 나타나기도 한다.

06 고온환경에서 심한 육체적 노동을 하던 김씨와 최씨가 다음과 같은 증상을 호소하였다. 의심되는 질병 (가)~(다)와 관리방법 ㄱ~ㄷ을 옳게 짝지은 것은? 2012년

건강 상담 일지			건강 상담 일지		
성명 : 김○○	성별 : 남	연령 : 58세	성명 : 최○○	성별 : 남	연령 : 58세
상담내용 • 주 증상 : 근육 통증 • 활력 징후 : 체온 37.8℃ 맥박 90회/분 호흡 22회/분 혈압 120/80mmHg • 피부 상태 : 차고 축축함			상담내용 • 주 증상 : 혼돈, 실조(atazia) • 활력 징후 : 체온 40℃ 맥박 108회/분 호흡 24회/분 혈압 120/80mmHg • 피부 상태 : 건조하고 뜨거움		

(가) 열사병(heat stroke)
(나) 열경련(heat cramp)
(다) 열피로(heat exhaustion)

ㄱ. 눕히고 다리를 올려준다.
ㄴ. 염분이 들어있는 음료수를 마시게 한다.
ㄷ. 미온수를 뿌리고 바람을 일으켜 열이 발산되게 한다.

	김씨	최씨
①	(가) - ㄱ	(나) - ㄷ
②	(가) - ㄷ	(다) - ㄴ
③	(나) - ㄴ	(가) - ㄷ
④	(나) - ㄷ	(가) - ㄴ
⑤	(다) - ㄷ	(나) - ㄱ

|정답| ③

|해설| 1. 김씨는 체온이 37.8℃, 근육 통증과 차고 축축한 피부상태이므로 열경련이다. 처치법은 열경련이 진정될 때까지 대상자를 앉히거나 눕혀서 경련 중인 근육을 쉬게 하고, 염분이 포함된 수분 공급과 서늘한 곳으로의 격리이다.

2. 최씨는 체온이 40℃, 혼돈, 실조의 상태로 건조하고 뜨거운 상태이므로 열사병이다. 처치법은 서늘하고 그늘진 곳으로의 대상자 격리, 충분한 산소와 수액 공급, 의복을 제거하고 젖은 타올이나 시트로 대상자를 덮고 바람을 일으킨다. 또한 냉방된 응급차량을 이용해 병원으로 신속히 이송하여야 한다.

07 A업체에 근무하는 근로자들의 건강진단에 대한 내용 중 현행 산업안전보건법 및 동법 시행규칙에 따른 조치로 옳은 것은? [2.5점] 2011년

> 김씨는 100데시벨(dB)의 연속 소음이 있는 A업체의 금속판 가공공장에서 기능직 정규 직원으로 5년째 일하고 있다. 최근 김씨는 다른 사람과의 대화시 정상적인 크기의 말소리를 잘 들을 수 없고 두통, 소화불량, 이명, 주의력 산만 등의 소음성 난청이 의심되는 자각증상이 있었다. 김씨는 같은 작업장에서 일하는 동료들도 여러 명이 같은 증상이 있다는 이야기를 들었다. 김씨는 추후에 건강진단을 받았으며 건강진단 결과 직업병 요관찰자로 분류되었다.

① 김씨는 직업병 요관찰자이므로 업무수행 적합 여부 판정을 받아야 한다.
② 김씨가 수시 건강진단을 요청하는 경우에 사업주는 수시 건강진단을 실시하여야 한다.
③ 이 작업장에 배치된 신규직원이 첫 번째 특수 건강진단을 받는 시기는 배치 후 24개월 이후이다.
④ 사업주는 질병의 조기진단을 위해 김씨에 대하여 2년에 1회 이상 일반 건강진단을 실시하여야 한다.
⑤ A업체의 보건관리자가 임시 건강진단을 건의하는 경우에 사업주는 임시 건강진단을 실시하여야 한다.

|정답| ②

|해설| ① 업무수행 적합 여부 판정은 배치 전 건강진단, 특수 건강진단, 수시 건강진단 및 임시 건강진단 실시 결과 건강관리 구분이 일반질병 유소견자(D_2) 또는 직업병 유소견자(D_1)로 판정받은 근로자에 대하여 반드시 판정하도록 되어 있다.

③ 배치 전 건강진단 후 첫 번째 특수 건강진단 실시시기는 1~12개월 이내이고, 특히 소음이 있는 업체의 경우는 12개월 이내이다.

④ 사업주는 사무직에 종사하는 근로자에 대하여는 2년에 1회 이상, 그 외의 근로자에 대하여는 1년에 1회 이상 주기적으로 일반 건강진단을 실시한다.

⑤ 임시 건강진단은 유해인자에 의한 중독, 질병의 이환 여부, 또는 질병의 발생원인 등을 확인하기 위하여 지방노동관서장의 명령으로 사업주가 비용을 부담해 실시하는 건강진단이다.

08 **보건교사 신규 임용시험에 응시한 김양이 시험에서 작성한 답안지의 내용 중 옳지 않은 것은?** [1.5점] 2011년

20**년도 보건과 중등교사 임용시험
〈문제〉 사례에서 보건교사가 해야 할 응급처치 방법을 다섯 가지 기술하시오. 여름철 극기훈련을 하던 중학생 철민이가 갑자기 쓰러졌다. 철민이의 활력징후를 측정한 결과 체온 41.2℃, 맥박 98회/분, 호흡 28회/분, 혈압 100/70mmHg이었고, 피부는 붉은색으로 뜨겁고 건조하며 땀은 나지 않았다. 이름을 불렀을 때 철민이는 간신히 눈을 뜨며 대답하고는 의식을 잃었다.
〈답안지〉 ㄱ. 의식변화 여부, 기도개방 여부, 경동맥 맥박 유무를 확인한다. ㄴ. 서늘하고 바람이 잘 통하는 그늘진 곳으로 옮긴다. ㄷ. 정제소금을 입에 넣어 염분소실을 보충해 준다. ㄹ. 옷을 벗긴다. ㅁ. 물을 몸 전체에 뿌려준다.

① ㄱ　② ㄴ
③ ㄷ　④ ㄹ
⑤ ㅁ

|정답| ③
|해설| 의식을 잃었으므로 경구로 염분 보충을 하지 않는다.

09 **더운 여름날, 운동장 조회를 하던 중 한 학생이 담임교사에게 부축을 받으면서 보건실로 들어 왔다. 학생은 두통과 어지러움, 오심을 호소했고, 얼굴은 창백하고, 피부상태는 축축하였으며, 체온을 측정한 결과 37.5℃였다. 이 학생을 위해 보건교사가 할 수 있는 간호중재에 대해 5가지만 쓰시오.** 2004년

|정답| 열경련(Heat Cramp)

1. 원인 : 고온환경에서 심한 육체적 노동을 할 때 잘 발생하며, 발생기전은 지나친 발한에 의한 탈수와 염분소실이다.
2. 증상
   (1) 특징적 증상은 수의근의 통증성 경련
   (2) 전구증상 : 현기증, 이명, 두통, 구역, 구토, 체온은 정상
3. 치료
   (1) 바람이 잘 통하는 곳에 대상자를 누인다.
   (2) 옷을 벗겨 전도와 복사에 의한 체열방출을 촉진시킨다.
   (3) 더 이상의 지나친 발한이 없도록 한다.
   (4) 생리식염수를 공급(1～2ℓ)하거나 0.1% 식염수를 마시게 한다.

10 **컴퓨터의 보급이 확산되어 학생들이 오락이나 통신을 하면서 컴퓨터 앞에서 보내는 시간이 점차 증가하고 있다. 이러한 현상은 학생들의 건강을 위협하며, 컴퓨터 단말기(VDT) 증후군을 야기시키기도 한다. 컴퓨터 단말기 증후군에 대해 설명하고, 예방요령을 제시하시오.**

1999년 후기

|정답| VDT 증후군

1. 컴퓨터, 팩시밀리 등 사무자동화로 인해 야기되는 건강문제
2. 증상
   (1) 안정피로 : 시력감퇴, 복시, 안통, 두통 때로는 오심, 구토
   (2) 폭주부전 : 모니터에서 나오는 전자파의 영향으로 인하여 근시화 변화, 눈물분비기능 변화, 안압변화 등도 있다.
   (3) 근골격계 질환 & 비근골격계 질환 : 피로, 시각장애, 두통, 경견완증후군(목, 어깨, 팔 및 손목질환), 요통
   (4) 정신적인 스트레스 : 초조, 좌절감, 근심, 착란, 위축, 긴장, 무기력, 지루함
   (5) 기타장애 : 임신, 출산의 이상, 방전현상에 따른 불쾌감, 소양감 등의 피부장애, 소화불량, 혈압상승, 맥박수 증가
3. 위험요소
   (1) 화면과 문서 또는 키보드와 주변과의 밝기 차이
   (2) 좌식작업때문에 척추의 정상 요추만곡을 유지하기 힘들고 허리에 통증을 유발하며 엉덩이 부분에 과다한 압력이 집중되기 때문에 다리 부종, 다리 혈액순환 저하, 피로가 유발된다.
   (3) 목부위의 통증은 작업시 머리를 많이 숙임으로 인해 유발되는데 머리와 목의 각도가 66° 이상에서 60% 이상의 사람이 목이 경직되고 50% 이상이 목에 통증을 호소한다(정상적으로 바라보는 각도는 10~15°이다).
   (4) 작업대의 높이가 높으면 어깨를 들어올리거나 몸 바깥으로의 빈번한 회전동작으로 인해 어깨부위 근육의 피로가 누적되고 빠르고 반복적인 키보드 작업으로 인해 손목질환을 유발할 수도 있다.
4. 예방대책
   (1) 책상 밑에 별도의 키보드 받침을 부착한다.
   (2) 의자의 높이는 작업대와 무릎 사이 17~20cm 정도의 공간을 확보하도록 하며, 발받침대를 만들어 무릎의 각도가 90도를 유지하도록 한다.
   (3) 주기적으로 짧은 휴식을 갖고 이 시간 동안 체조를 하도록 권장한다. 작업시간과 휴식시간의 비율은 1시간당 10~15분이 적당하다.
   (4) 작업시 몸통 경사각도를 90~110°를 유지하도록 하여 약간 뒤로 누운 듯한 자세를 취하는 것이 좋다.
   (5) 작업대 표면에서의 조명은 200~500Lux, 화면 바탕색 색상이 검정색 계통일 경우 300~500Lux, 흰색 계통일 경우 500~700Lux를 유지하도록 권장하고 있다.

CHAPTER

07 환경과 건강

01 환경오염

1 이해

1. 개념

(1) 인간의 활동에 의해서 발생한 대기오염, 수질오염, 토양오염, 해양오염, 방사능오염, 소음, 진동, 악취 등으로 사람의 건강이나 환경에 피해를 주는 상태를 말한다.

(2) 인간의 활동으로 배출된 물질이 공중보건학적인 면에서 건강(건강권)의 피해는 물론, 자연환경을 향유할 수 있는 인간의 권리(환경권)를 박탈하거나 재산상(재산권)의 피해를 줄 때 이를 환경오염이라 한다.

+ 용어의 정의

1. **환경의 개념** : 일반적으로 개체를 둘러싸고 있는 외계를 환경이라고 한다. 이러한 환경 중 물적 환경을 '자연적 환경'이라 하고, 인적 환경을 '인적 또는 정신적 환경'이라 하며 환경과 생물관계를 연구하는 학문을 '생태학'이라고 한다.
2. **환경보건의 개념(WHO)** : 인간의 신체발육, 건강 및 생존에 유해한 영향을 미칠 가능성이 있는 물리적 환경에 있어서의 모든 요소를 통제하는 것을 말한다.
3. **환경보건 정책** : 환경보건 종합계획(2011~2020) 수립 추진
   환경유해인자로 인한 건강피해 예방으로 건강하고 안전한 사회를 만들기 위하여 "환경성 질환부담(EBD)을 저감하여 환경보건 선진국으로의 도약"을 목표로
   ① (유해인자) 환경유해인자 인체노출 최소화
   ② (환경매체) 매체별 건강피해 감소
   ③ (취약지역) 환경오염피해 전과정 관리체계 구축
   ④ (취약계층) 환경유해인자로부터 건강보호
   의 관리대상별 목표를 달성하기 위하여 향후 10년간 5개 분야, 65개 세부 사업에 투자될 계획이다.

2. 환경오염의 원인

(1) **경제개발** : 경제개발은 소득수준을 높이고, 이에 따라 자연자원의 개발과 원료 채취, 가공, 소비활동의 증가 과정을 밟게 되며 결국 환경자원의 파괴와 고갈을 초래하게 된다.
(2) **인구증가** : 환경오염 = 단위면적당 공해량 × 인구
(3) **도시화 현상** : 도시화는 인구의 급증 · 생산시설의 집중 등으로 특정지역에 환경오염을 가중시켜 자연정화능력을 상실하게 한다.
(4) 과학기술의 발달
(5) 환경보전의 인식부족

2 환경관련 용어

1. 엘니뇨현상

태평양 동부 적도 해수면의 온도가 평상시보다 2~3℃ 상승되어 기존의 기상모형과는 근본적으로 다른 에너지 순환형태를 나타내게 되는 현상으로 이로 인하여 세계각지에 홍수 · 가뭄 · 폭설 등의 기상이변이 나타난다.

CHECK Point 라니냐현상

1. 해수면의 온도가 평년보다 0.5℃ 이상 낮은 현상이다.
2. 지구온난화로 인해 발생하나 비교적 드물게 나타난다.
3. 적도 무역풍이 강해지며 차가운 바닷물이 솟아오르게 되는데, 이 결과 엘니뇨처럼 기상이변이 발생한다.

2. 부영양화와 적조현상

유기물질, 무기물질(인, 질소화합물)이 함유되어 있는 합성세제, 비료 등이 하수에 다량으로 흘러 들어오면 과다한 영양분을 갖게 된다. 이로 인해 수조류, 플랑크톤 등 수중식물이 과도하게 번식되어 그 결과 악취가 나고 결국 산소부족으로 수중 생물이나 물고기들이 죽게 되어 그 물의 이용가치가 상실되는 현상이다.

3. 다이옥신

다이옥신은 철강소 전기로 · 제지공장 · 자동차 폐윤활유 · 석탄연료 · 도시폐기물 소각로 등에서 배출되는 유독성 화학물질이며, 피부병 · 간 손상 · 심장기능 저하 · 기형아 발생 등의 질환을 유발시킬 수 있다. 특히, 발암성이 가장 강한 것으로 알려져 있으며 플라스틱, 비닐계통, PCB, PVC 등 소각시 2차 오염물질로 발생한다.

4. 오존층의 파괴

오존층이 파괴되면 유해 자외선이 지구에 직접 도달하여 인체에 피부암, 백내장 등을 일으키며 지구온난화에도 영향을 준다. 오존층 파괴의 주 원인물질은 프레온가스, 이산화탄소, 메탄가스, 산화질소 등이다.

5. 온실효과

연료사용의 증가로 배출된 이산화탄소(66%), 아산화질소(3%), 메탄(15%), 염화불화탄소(8%) 등의 가스가 지구층을 마치 비닐하우스를 씌운 것처럼 둘러싸서 결과적으로 지구를 더워지게 하는 현상으로 지구온난화 현상이라고 한다. 이와 같이 지구의 기온이 상승하면 엘니뇨 현상을 일으키고 기상이변의 원인이 되기도 한다. 이외에 해수면 상승, 생태계 변화현상이 유발된다.

6. 열섬효과

대도시의 밀집된 대형건물 및 공장들은 불규칙한 지면을 형성하여 자연적인 공기의 흐름이나 바람을 차단시키고 인위적인 열의 생산량이 증가함에 따라 도심의 온도가 외곽지역보다 높아지게 된다. 이때 도심의 따뜻한 공기는 상승하게 되며, 도시 주위로부터 찬바람이 지표로 흐르게 되는데, 이러한 현상을 열섬현상이라 한다. 도심이 먼지 등으로 오염되었을 때 공기의 수직운동이 일어나지 않아 도심전체가 먼지기둥(먼지지붕, Dust Dome) 형태를 만들어 낸다.

+ 열섬현상이 심해지는 경우

1. 하늘이 맑고 바람이 약할 때
2. 일교차가 심한 겨울
3. 주로 밤에 발생
4. 인구가 밀집되고 높은 건물이 많은 도심지

7. 님비현상(Nimby)

쓰레기 매장, 분뇨 처리장, 하수종말처리장 등 혐오시설의 지역 내 설치에 대한 지역주민들의 반대현상을 말한다.

+ 용어 정리

1. **핌피현상**(Pimfy ; Please in my frontier) : 3D 외의 모든 업종은 환영한다는 것으로 지역에 유리한 사업을 서로 유치하려는 현상
2. **바나나현상**(Build absolutely nothing anywhere near anybody) : 환경적으로 보아 혐오적인 시설을 자기 지역권 내에는 설치하는 것을 반대하는 현상. '어디에든 아무 것도 짓지 마라'는 이기주의적 의미로 통용되기 시작했으며 유해시설 설치 자체를 반대하는 것

8. Green Round

제2의 우루과이 라운드라고도 하며, 어떤 제품의 국제간 유통에서 그 제품이 갖는 환경상의 특성은 물론 제조시의 환경오염 정도를 국제간의 무역에서 관세 등에 반영하자는 논리로, 그린라운드가 본격화되면 환경문제가 새로운 무역장벽으로 떠오를 전망이다.

9. 산성비

빗물의 pH 5.6 이하일 때를 산성비라 하며 산성비는 생태계를 파괴하고, 유적지를 부식시키며 농작물이나 산림에 피해를 준다.

10. Green Peace

환경 관련 반공해 국제단체의 대표적인 그룹으로 국제적인 조직을 갖고 있다.

3 환경과 관련된 국제협약

1. 1972년

113개국 정상들이 스웨덴의 스톡홀름에 모여 '인간환경에 관한 유엔회의'를 열고 '인간환경선언'을 선포하였다. 이 회의에서 '단 하나뿐인 지구'를 보전하자는 공동인식을 가졌다.

+ 인간환경선언의 4대 원칙

1. 인간은 좋은 환경에서 쾌적한 생활을 영위할 기본적 권리가 있다.
2. 현재와 미래에 있어서 공기, 물 등의 자연생태계를 포함하여 지구의 천연자원이 적절하게 계획, 관리되어야 한다.
3. 유해물질의 배출 등으로 인해 생태계가 회복될 수 없는 상태로 악화되지 않도록 한다.
4. 경제개발, 사회개발, 도시화 계획 등의 모든 계획은 환경의 보호와 향상을 고려하여 계획되어야 한다.

2. 1972년

런던협약은 폐기물의 해양투기로 인한 해양오염을 방지하기 위한 국제협약이다. 1972년에 채택되어 1975년부터 발효되었고, 한국은 1992년에 가입했는데 1994년부터 가입국으로서 효력이 발생했다. 런던협약은 유럽북해가 각국의 폐기물 투기로 오염이 심해짐에 따라 1972년 2월 유럽국가들이 모여 체결한 오슬로협약이 그 모체이다.

3. 1973년

UN산하 국제환경 전담기구인 UN환경계획기구(UNEP)가 창설되었다. UN환경계획기구(UNEP)는 UN인간환경회의의 성과를 이어받아 1972년 말 UN총회에서 설치가 결정되어 1973년 1월 1일 발족된 기구이다. UN 내외의 환경문제에 관한 활동의 조정과 촉진을 임무로 한다. UNEP가 중심이 된 활동으로, 기상변화 · 대기오염에 의한 인간의 건강변화 · 해양오염 등의 정보를 수집하는 지구환경 모니터링 시스템(GEMS), 환경변화 요인의 관측 데이터를 한 곳에 모아 컴퓨터로 분석하는 지구지리 정보시스템, 공해나 환경에 관한 정보를 제공해 주는 국제환경 정보시스템(INFOTERRA), 인간과 인간환경에 영향을 미치는 화학물질에 관한 정보를 수집하고 제공하는 유해물질 등록제도(IRPTC) 등이 있다. UNEP의 사무소는 케냐의 나이로비에 있다.

CHECK Point 유엔개발계획(UNDP)

개발도상국에 대한 이사회, 경제적 개발을 촉진하기 위한 기술원조의 제공 등을 목적으로 1965년 제20차 UN총회 결의에 의해 설립되었으며 개발로 인해 발생할 수 있는 환경문제를 논의한다.

4. 1982년 : 세계자연헌장 채택

5. 1983년 : 환경과 개발에 관한 세계위원회(WCED)는 '우리의 공동미래'라는 보고서를 제출

6. 1985년 : 비엔나협약 체결(오존층 보호를 위한 국제협약)

7. 1987년 : UNEP는 집행이사회에서 '유해폐기물의 안전관리를 위한 카이로 지침'을 채택

8. 1989년

바젤협약(1989)은 국제적으로 문제가 되는 유해폐기물의 수출입과 그 처리를 규제하려는 목적으로 1981년 제9차 국제연합환경계획 총회에서 다루어진 이래 여러 차례의 회의를 거쳐 1989년 3월 스위스 바젤에서 제정된 협약이다. 이 협약은 유해폐기물의 국가간 교역통제협약(Basel협약)을 채택한 것으로서 1992년부터 발효되었다.

동 협약은 유해폐기물의 국가간 교역을 최대한 억제하고, 강화된 통고요건(PIC)하에서만 국가간 이동을 허용하여 불법교역 및 비가입국과의 교역을 금지하는 규정을 두고 있다.

9. 1989년

몬트리올 의정서는 오존층 파괴물질인 염화불화탄소(CFCs)의 생산과 사용을 규제하려는 목적에서 제정한 협약이다. 이 협약은 1989년 1월에 발효되었으며 한국은 1992년 5월에 가입하였다. 이에 따라 염화불화탄소와 같은 규제물질을 포함한 냉장고나 에어컨 등의 제품은 1992년 5월 이후 비가입국으로부터 수입할 수 없게 되었다.

10. 1992년

180여개국의 대표, 83개국 정상들과 국제연합 역사상 최대의 국제회의를 개최, 이 회의에서 리우환경선언이 선포되었고 환경보전에 대한 각국의 합의가 도출되었다. 즉, 기후변화협약, 생물다양성 보존협약 개발과 환경에 관한 선언, 산림원칙성명 등이 채택되었으며, 21C 지구인의 행동 강령인 '의제 21'이 채택되었다.

(1) **리우선언** : 환경적으로 건전하고 지속가능한 개발의 구현을 위한 지구환경질서에 대한 기본규범이다.

(2) **의제 21** : 리우선언의 구체적인 실천계획

(3) **기후변화협약**

지구온난화를 일으키는 온실기체 배출량을 억제하기 위한 협약으로서 온실기체는 탄산가스, 메탄, 이산화질소, 염화불화탄소 등 여러 가지 물질이 있다. 이 협약은 1992년 6월 리우회의 마지막 날 채택되어 1994년 3월부터 발효되었다. → 1기 기후변화협약

(4) **생물다양성 보존협약**

지구상의 생물종을 보호하기 위한 협약으로서 이 협약이 처음 논의된 것은 1987년 국제연합환경계획이 생물종의 보호를 위해 전문가 회의를 개최하면서부터이다. 그 뒤 7차례에 걸친 각 정부 간 회의를 통해 1992년 6월 유엔환경개발회의에서 158개국 대표가 서명함에 따라 채택되었고 1993년 12월부터 발효되었다.

(5) **산림원칙성명** : 산림의 보전과 지속 가능한 이용에 관한 협약

11. 1997년

교토의정서(선진국의 온실가스 감축이 주 내용) → 2기 기후변화협약

(1) 1997년 12월 일본 교토에서 개최된 기후변화협약으로 교토 프로토콜이라고도 한다. 지구

온난화 규제 및 방지의 국제협약인 기후변화협약의 구체적 이행방안으로, 선진국의 온실가스 감축 목표치를 규정하였다.

(2) 의무이행 대상국은 오스트레일리아, 캐나다, 미국, 일본, 유럽연합(EU) 회원국 등 총 38개국이며 각국은 2008~2012년 사이에 온실가스 총배출량을 1990년 수준보다 평균 5.2% 감축하여야 한다. 한국은 제3차 당사국 총회에서 기후변화협약상 개발도상국으로 분류되어 의무대상국에서 제외되었으나, 몇몇 선진국들은 감축목표 합의를 명분으로 한국·멕시코 등이 선진국과 같이 2008년부터 자발적인 의무부담을 할 것을 요구하였고, 제4차 당사국 총회 기간에 아르헨티나, 카자흐스탄 등의 일부 개발도상국은 자발적으로 의무부담을 선언하였다. 2013~2017년 의무대상국이 개발도상국에 집중되기 때문에 5월부터 개최되는 대상국 확대협의에서 한국도 동참을 요구받을 것으로 예상된다. 2002년 IEA(국제에너지기구)의 통계에 따르면 한국의 연간 이산화탄소 배출량은 2000년을 기준으로 했을 때 4억 3400만 톤으로 세계 9위이며, 세계 전체 배출량의 1.8%를 차지한 것으로 나타났다. 더욱이 1990년 이후 배출량 증가가 85.4%로 나타나 세계 최고의 증가세를 기록하고 있기 때문에 의무대상국으로 분류될 가능성이 높다.

(3) 감축 대상가스는 이산화탄소(CO_2), 메탄(CH_4), 아산화질소(N_2O), 불화탄소(PFC), 수소화불화탄소(HFC), 불화유황(SF_6) 등의 여섯 가지이다. 당사국은 온실가스 감축을 위한 정책과 조치를 취해야 하며, 그 분야는 에너지효율 향상, 온실가스의 흡수원 및 저장원 보호, 신·재생에너지 개발·연구 등도 포함된다.

12. 1998년

유엔총회가 '세계기후 보전에 대한 결의'를 채택함에 따라 유엔환경계획(UN EP)과 세계기상기구(WMO)는 공동으로 IPCC(기후변화에 관한 정부 간 패널)를 구성하고 기후변화에 관한 조사연구를 시행하였다.

13. 2007년

발리 기후변화방지협약 로드맵은 유엔 기후변화협약이 선택한 내용으로 "유엔정부 간 기후변화위원회(IPCC) 연구결과대로 주요 선진국들이 온실가스를 2020년까지 1990년 대비 25~40% 감축한다"는 조항을 삽입하였다. 반면 미국은 이를 끝까지 반대하다가 결국 "당장은 아니지만 2009년까지 구체적인 감축목표를 내놓겠다"고 약속하였다. → 3기 기후변화협약

CHECK Point 발리 기후변화협약 로드맵의 주요 내용

1. **온실가스 감축** : 구체적 수치설정 없이 온실가스 배출에 대한 '상당한 감축' 목표에 합의
2. **협상 마감시한** : 각국은 2년간 추가협상을 거쳐 2009년 말까지 새 기후변화협약 최종 마무리
3. **개발도상국 배출 억제와 선진국의 지원** : 개도국은 온실가스 배출 억제를 위해 측정, 보고, 확인가능한 조치를 시행할 것. 선진국은 이를 위한 과학기술 이전, 금융지원, 투자를 증대시킬 것
4. **열대우림 보호 인센티브** : 2013년부터 개도국이 자국 우림을 태우지 않음으로써 줄어든 이산화탄소량을 판매하는 시스템 시행
5. **기금 마련** : 탄소배출권 거래시 2%씩 떼어내 조성한 적응기금을 개도국의 기후변화 피해극복 및 적응 사업에 사용하기로 결정

협약명	규제대상
런던협약(1972)	해양오염 방지
비엔나협약(1985)	오존층 보호
몬트리올 의정서(1989.1)	오존층 보호(CFC, Halon)
바젤협약(1989)	유해폐기물의 불법교역 및 처리
기후변화협약(유엔기후협약, 1992)	CO_2, 메탄, NO 등
생물다양성 협약(1992)	각종 생물자원의 이동
사막화방지 협약(UNCCD, 1994)	사막화 방지
교토의정서(1997)	온실가스 감축
발리 기후변화협약 로드맵(2007)	온실가스 감축

14. 2015 파리 기후변화협약 COP21 → 5기 기후변화협약

(1) 참가국 195개국

(2) **탄소중립** : 이산화탄소를 배출한 만큼 이를 흡수하는 대책을 세워 실질적인 배출량을 0으로 만든다는 개념

(3) 지구평균온도 상승폭을 산업화 이전과 비교해 1.5도까지 제한

(4) 우리나라는 온실가스 배출량 세계 7위로서 2030년까지 온실가스 배출전망치(BAU) 대비 37% 감축 방안 제출

구분	교토의정서	파리 기후변화협약
시행년도	2008~2020	2021~
목표	온실가스 감축 1기 : 5.2%, 2기 : 18%	지구온도 2℃(최대 1.5℃)
이행국	선진국	모든 당사국
목표설정	하향식	상향식

02 공기와 건강

CHECK Point 대기의 층

① 대류권 : 지상 0 ~ 11, 12Km ② 성층권 : 12 ~ 50Km
③ 중간권 : 50 ~ 80Km ④ 열권 : 80 ~ 500Km
※ 지상에서 20Km 이내 공기성분은 지표면의 화학성분과 유사하다.

1 공기의 구성

1. 질소 : 78%

(1) 고기압 상태시 질소는 중추신경계 마취작용

(2) **잠함병(감압병)** : 고기압에서 저기압으로 갑자기 복귀시 발생하며 동통성 관절장애를 수반

2. 산소 : 21%(인체가 산소의 증감에 적응할 수 있는 허용범위는 15~50%)

(1) **저산소증** : 대기 중 산소농도가 15% 이하시 발생, 10% 이하시 호흡곤란, 7% 이하시 질식이 초래된다.

(2) **산소중독** : 산소농도가 50% 이상시 발생, 폐부종, 충혈, 호흡억제, 서맥, 기침, 피로감

(3) 체내에서 소비되는 산소는 약 5%이므로 1시간에 약 24ℓ, 안정시 1일 소모량은 550 ~ 600ℓ의 산소를 소비하게 된다.

3. 탄산가스 : 0.03%

(1) 탄산가스는 실내공기 오염지표로 사용되며, 허용농도는 0.07~0.1%이다. 즉, 0.1% 이상일 때 그 방의 환기가 불량하다고 한다.

(2) 성인의 안정시 내쉬는 호흡 중에 4%의 탄산가스가 배출되므로 1시간에 약 20ℓ가 배출된다.

(3) 노동이나 운동에 의해 체내 에너지대사율이 항진되었을 때 더욱 증가하여 안정시에 1.5~2.0배에 달한다.

(4) 적외선의 복사열을 흡수하여 온실효과를 발생

(5) 중독

① 7% 이상시 호흡곤란

② 10% 이상시 질식

CHECK Point

가장 안전한 가스	산소, 질소, 이산화탄소, 아르곤
쉽게 농도가 변하지 않는 가스	네온, 헬륨, 크롬, 제논, 수소, 에탄올, 아산화질소
쉽게 변하는 물질	이산화황, 이산화질소, 암모니아, 오존, 과산화수소

2 온열지수

1. 기후

(1) 개념

① 기후(Climate) : 어떤 장소에서 매년 반복되는 대기현상의 종합된 평균상태로, 지구를 둘러싼 대기의 종합적인 현상을 의미한다.

② 기상(Weather) : 대기 중에서 일어나는 물리적 자연환경을 말한다.

③ 일기 : 하루 동안의 대기현상을 종합한 것이다.

(2) 기후요소

기후를 구성하는 기온, 기습, 기압, 강우, 강설, 복사량, 일조량, 구름 등을 말하며 특히 기온, 기습, 기류를 기후의 3대 요소라고 한다.

(3) 기후인자

기후의 분포와 기후의 변화를 일으키는 요인을 말하며 그 지역의 위도, 고도, 지형, 해류, 수륙분포 등을 일컫는다.

(4) 기상변화병(Meteropathy) : 기상변화에 의하여 생기는 질병을 말한다.

① 여름 : 이질, 장티푸스, 콜레라, 뇌염, 폴리오

② 가을, 겨울 : 디프테리아, 성홍열, 혈관손상, 심장질환, 고혈압, 폐렴, 기관지염

③ 봄 : 홍역, 감기

CHECK Point 기후순화

인간이 다른 기후대로 이주하여 그 기후대의 기후환경에 순응하는 과정을 말한다.

1. **개인적 순응성** : 기후순화에는 연령, 성별, 생활양식, 인종 및 기질 등의 개인적 차이가 있다.
2. **민족적 순응성** : 민족마다 기후순응에 차이가 있다. 즉, 영국, 프랑스인은 한대에 순응성이 있고, 스페인 및 이탈리아인은 열대에 순응성이 있다. 유태인 및 중국인도 각종 기후에 잘 순응하고 있다.
3. **대상적 순응성** : 인체의 세포 또는 기관이 그 새로운 기후환경에 대해 기능을 적응시키는 것을 의미한다.
4. **자극적 순응성** : 변화된 기후환경의 자극에 의하여 저하된 인체기능을 정상으로 회복시키는 순응을 의미한다.
5. **수동적 순응성** : 특정 기후환경에 대하여 약한 개체에 대한 최적기후를 찾아내는 순응을 의미한다.

2. 온열조건(기후의 4요소)

(1) 개념

기후요소 중 기온, 기습, 기류, 복사열은 인간의 체온조절에 영향을 주므로 온열요소라 하며, 이들에 의해 이루어진 종합적인 상태를 온열조건이라 한다.

(2) 기온

① 실외의 기온은 인간이 호흡하는 위치인 지상 1.5m에서 주위의 복사온도를 배제한 백엽상에서 측정한 건구온도를 말한다.

② **실내 적정온도** : 거실 18±2℃, 침실 15±1℃, 병실 21±2℃

③ **일교차** : 하루 중 최저의 기온은 일출 30분 전, 최고는 오후 2시경으로 그 온도의 차를 말한다.

예 일교차 : 내륙>해안, 구름이 적은 날>구름이 많은 날, 계곡분지>산림, 저위도>고위도 (참조 : 연교차 저위도<고위도)

④ 평소 수은온도계로 2분 측정하나, 이상 저온시는 알코올온도계로 3분 측정한다.

⑤ **측정방법**

㉠ 4시간 간격으로 측정(2, 6, 10, 14, 16, 22시에 측정)

㉡ 8시간 간격으로 측정(6, 14, 22시에 측정)

⑥ 인체가 쾌적하게 느끼는 조건은 나체 휴식시 25±2℃이며, 발한이 시작되는 범위는 27~30℃이며, 평상시 활동영역에서의 인체에 적절한 기온은 18±2℃ 범위에 있다.

(3) 기습

① **절대습도** : 공기 중의 수증기량을 중량 또는 수증기압으로 표시한 것, 즉 현재 공기 1m^3

중에 함유한 수증기량을 말한다.

② **포화습도** : 그 온도에 있어서 포화수증기량

③ **비교습도** : 현재 공기 1㎥가 포화상태에서 함유할 수 있는 수증기량과 현재 공기 중에 함유하고 있는 수증기량과의 비를 %로 표시한 것

$$RH\% = \frac{F(\text{그 온도에 있어서 공기 중의 수증기량})}{f(\text{그 온도에 있어서 포화수증기량})} \times 100$$

④ 쾌적습도는 40~70%의 범위로 15℃에서는 70~80%, 18~20℃에서는 60~70%, 24℃ 이상에서는 40~60%가 적절하다.

⑤ 습도는 낮에 열을 흡수했다가 밤에 대기 속으로 방출함으로써 기온의 변화를 완충시키는 장점이 있다.

⑥ 기온과는 반대로 오후 2시 전후에 습도가 최저가 되고 밤에는 증가하여 해뜨기 직전에 최고로 높다.

⑦ 습도가 높으면 고온시에는 더욱 덥게, 저온시에는 더욱 차게 느껴지게 되는데 이처럼 기온에 대한 온·냉감을 가중시킨다.

+ August 건습한란계

기온과 습도를 동시에 측정하는 온도계

(4) 기류

① **쾌적한 기류** : 실내 0.2~0.3m/sec, 실외 1.0m/sec

② **불감기류** : 0.5m/sec 이하, 실내나 의복 안에 항상 존재하며 인체의 신진대사를 촉진시킨다.

③ 실외에는 0.5~3m/sec의 기류가 항상 있어 인체의 방열작용을 촉진시키고 자연환기의 원동력이 된다.

④ 기류는 실외의 경우 기압의 차에 의해, 실내의 경우는 온도의 차이에 의해 발생되며 자체 압력과 냉각력으로 피부에 적당한 자극을 주어 혈관 운동신경은 물론이고 신진대사에도 좋은 영향을 준다.

⑤ **측정기**

㉠ **실외** : 풍차속도계, 아네모메타

㉡ **실내** : 카타 한란계

(5) 복사열

① 적외선에 의한 열이며 태양에너지의 50%는 적외선이다.

② 복사열의 열원이 되는 것은 난로, 벽, 천정 등 무수히 많으며 복사열의 영향은 거리의 제곱에 비례해서 온감이 감소한다.

③ 복사열은 흑구온도계로 측정된다.

3. 온열조건의 종합작용(온열지수)

(1) 개념

인체의 열교환에 작용하는 온열요소(기온, 기습, 기류, 복사열)의 복합적인 작용에 의해 만들어지는 객관적인 값으로 평가하는 지수를 말하며, 쾌적한 환경지수, 기후종합지수를 뜻한다.

(2) 감각온도(체감온도, 실효온도, 등감온도)

① 기온, 기습, 기류의 3인자가 종합작용을 하여 실제 인체에 주는 온도감각으로 체감온도라고도 한다.

② 포화습도(100%), 정지공기(기류 0m/sec) 상태에서 동일한 온감을 주는 기온(°F)을 말한다.

③ 대체로 안정시 보통 의복을 입고 우리에게 쾌적한 감각온도는 63°F(겨울)~71°F(여름)이다. 순응현상 때문에 여름에는 감각온도가 상승되고, 겨울에는 하강된다.

(3) 쾌감대

바람이 없는 상태, 의복을 입은 상태에서 쾌감을 느낄 수 있는 조건은 온도 17~18℃, 습도 60~65%이다(온도와 습도의 관계는 반비례 관계).

(4) 최적온도(지적온도)

① 체온조절에 있어서 가장 적절한 온도, 즉 이상적 온열조건을 말하는데 습도 및 기류와 밀접한 관계가 있으며, 작업의 강도, 계절, 성, 연령, 의복, 음식에 따라 달라진다.

② **쾌적 감각온도(주관적 최적온도)** : 감각적으로 가장 쾌적하게 느끼는 온도

③ **최고 생산온도(생산적 최적온도)** : 작업 생산능률을 가장 많이 올릴 수 있는 온도

④ **기능적 지적온도(생리적 최적온도)** : 최소의 에너지 소모로 최대의 생리적 기능을 발휘할 수 있는 온도

(5) 불쾌지수(DI)

$$DI = [(\text{건구온도}+\text{습구온도})℃ \times 0.72] + 40.6$$
$$DI = [(\text{건구온도}+\text{습구온도})°F \times 0.4] + 15$$

① 기온과 기습의 영향에 의해 인체가 느끼는 불쾌감을 표시한 것

② 기류와 복사열 등 실외조건을 전혀 고려하지 않았기 때문에 실외의 불쾌지수 산출에는 맞지 않는다.

③ 불쾌지수와 불쾌감의 관계

㉠ DI≥70이면, 약 10%의 사람들이 불쾌

㉡ DI≥75이면, 약 50%의 사람들이 불쾌

㉢ DI≥80이면, 거의 모든 사람들이 불쾌

㉣ DI≥85 이상이면, 모든 사람들(100%)이 견딜 수 없을 정도의 불쾌한 상태

(6) 카타냉각력

기온, 기습, 기류의 세 요소가 종합하여 인체의 열을 빼앗는 힘이다. 인간이 더위와 추위를 느끼는 것은 신체로부터의 발열량에 의해 결정된다. 이 한란계는 여러 가지 조건하의 공기 중에서 36.5℃의 인체표면에서의 열손실 정도를 측정하는 데 사용되었다. 냉각력을 측정하기 위해서는 카타온도계를 사용하며, 불감기류와 같은 미풍을 정확히 측정할 수 있기 때문에 최근에는 기류측정의 미풍계로도 사용된다.

(7) 습구흑구온도지수(WBGT지수)

제2차 세계대전시 열대지방에서 작전하는 미국 병사들의 고온장해를 방지하기 위해 Minard가 고안하였다. 간단하고 직접 수치를 읽을 수 있기 때문에 널리 이용되지만, 풍속이 고려되지 않은 결점이 있다.

① WBGT(℉) = 0.7tw + 0.2tg + 0.1ta(태양의 직사광선이 있는 옥외)

② WBGT(℉) = 0.7tw + 0.3tg(태양의 직사광선이 없는 옥외, 옥내)

주) tw : 습구온도, tg : 흑구온도, ta : 건구온도

(8) Windchill

인체가 느끼는 온도와 습도는 바람에 의해 변화한다는 개념으로 바람과 기온에 기인하는 냉각효과를 나타낸 수치이다.

3 공기의 자정작용

1. 희석작용
2. 강우, 강설 등에 의한 세정작용
3. 산소, 오존, 산화수소 등에 의한 산화작용
4. 자외선에 의한 살균작용
5. 식물의 탄소동화작용에 의한 CO_2와 O_2의 교환작용
6. 중력에 의한 침강작용

4 실내 공기오염

1. 군집독

(1) 실내에 다수인이 밀집해 있을 때 실내의 환기가 불량하여 공기의 화학적 조성이 달라지고 기온, 습도, 냄새, 먼지 등 물리적 성상이 변화되므로 두통, 권태, 현기증, 불쾌감, 오심, 구토 등의 증상을 일으키는 생리적 현상을 말한다.

(2) 실내공기 탄산가스의 농도 0.1%(1000ppm) 이상시 발생

(3) 예방 : 환기

2. 일산화탄소 중독

(1) 탄소나 탄소화합물이 산소의 공급이 불충분한 조건하에서 연소하거나 이산화탄소가 탄소와 접촉하여 발생한다(대표적인 예 : 연탄가스 중독).

(2) 일산화탄소가 실내공기의 0.05~0.1%만 존재해도 중독이 일어날 수 있다. Hb와 결합하여 산소운반능력을 감소, Hb는 산소보다 CO와의 친화력이 200배 이상이므로 중요하다.

(3) 증상 : 두통, 현기증, 구역, 구토, 청각, 시각의 감퇴, 중증시 의식혼탁, 혼수상태, 시야감소, 정신적 영향(불쾌감, 피로), 중독, 심폐환자의 병세악화, 2차세균 감염촉진, 만성으로 가면 성장장애, 만성 호흡기질환(폐렴, 기관지염, 기관지확장증, 천식, 폐기종), 심장마비, 직업병 악화

3. 이산화탄소(CO_2) 중독

(1) 실내공기 오염의 판정기준으로 위생학적 한계는 0.07~0.1%이다. 이산화탄소는 공기오탁의 전반적인 사태를 추측할 수 있는 대표적인 가스이다.

(2) 6%를 넘으면 인체에 유해작용을 주며 10% 이상에서는 사망한다.

4. 빌딩증후군

밀폐된 건물 내에서 근무하는 사람들은 두통, 현기증, 피로, 인후통, 메스꺼움, 졸음, 눈의 자극, 집중력 감소 등을 호소한다. 이러한 증후군은 에너지절약 방법으로 건물이 단열로 되어 있어 신선한 공기가 건물 안으로 충분히 공급되지 못하기 때문에 발생한다. 보통 사무실 근로자의 20~30%가 경험한 것으로 보고되고 있어, 사무실의 직업병이라 일컫는다.

CHECK Point 실내공기질 관리법 시행규칙

1. 실내공기질 유지기준(실내공기질 관리법 시행규칙 [별표 2] 〈개정 2018.10.18〉

오염물질 항목 / 다중이용시설	미세먼지 (PM-10) (㎍/m³)	미세먼지 (PM-2.5) (㎍/m³)	이산화 탄소 (ppm)	폼알데 하이드 (㎍/m³)	총부유세균 (CFU/m³)	일산화탄소 (ppm)
가. 지하역사, 지하도상가, 철도역사의 대합실, 여객자동차터미널의 대합실, 항만시설 중 대합실, 공항시설 중 여객터미널, 도서관 · 박물관 및 미술관, 대규모 점포, 장례식장, 영화상영관, 학원, 전시시설, 인터넷컴퓨터게임시설제공업의 영업시설, 목욕장업의 영업시설	100 이하	50 이하	1,000 이하	100 이하	-	10 이하
나. 의료기관, 산후조리원, 노인요양시설, 어린이집	75 이하	35 이하		80 이하	800 이하	
다. 실내주차장	200 이하	-		100 이하	-	25 이하
라. 실내 체육시설, 실내 공연장, 업무시설, 둘 이상의 용도에 사용되는 건축물	200 이하	-	-	-	-	-

비고

1. 도서관, 영화상영관, 학원, 인터넷컴퓨터게임시설제공업 영업시설 중 자연환기가 불가능하여 자연환기설비 또는 기계환기설비를 이용하는 경우에는 이산화탄소의 기준을 1,500ppm 이하로 한다.
2. 실내 체육시설, 실내 공연장, 업무시설 또는 둘 이상의 용도에 사용되는 건축물로서 실내 미세먼지(PM-10)의 농도가 200㎍/m³에 근접하여 기준을 초과할 우려가 있는 경우에는 실내공기질의 유지를 위하여 다음 각 목의 실내공기정화시설(덕트) 및 설비를 교체 또는 청소하여야 한다.
   가. 공기정화기와 이에 연결된 급·배기관(급·배기구를 포함한다)
   나. 중앙집중식 냉·난방시설의 급·배기구
   다. 실내공기의 단순배기관
   라. 화장실용 배기관
   마. 조리용 배기관

2. 실내공기질 권고기준(실내공기질 관리법 시행규칙 [별표 3] 〈개정 2018.10.18〉

오염물질 항목 / 다중이용시설	이산화 질소(ppm)	라돈 (Bq/m³)	총휘발성유기 화합물(㎍/m³)	곰팡이 (CFU/m³)
가. 지하역사, 지하도상가, 철도역사의 대합실, 여객자동차터미널의 대합실, 항만시설 중 대합실, 공항시설 중 여객터미널, 도서관·박물관 및 미술관, 대규모점포, 장례식장, 영화상영관, 학원, 전시시설, 인터넷컴퓨터게임시설제공업의 영업시설, 목욕장업의 영업시설	0.1 이하	148 이하	500 이하	-
나. 의료기관, 어린이집, 노인요양시설, 산후조리원			400 이하	500 이하
다. 실내주차장	0.30 이하		1,000 이하	-

3. 신축 공동주택의 실내공기질 권고기준(실내공기질 관리법 시행규칙 [별표 4의2]
   1. 폼알데하이드 210㎍/m³ 이하
   2. 벤젠 30㎍/m³ 이하
   3. 톨루엔 1,000㎍/m³ 이하
   4. 에틸벤젠 360㎍/m³ 이하
   5. 자일렌 700㎍/m³ 이하
   6. 스티렌 300㎍/m³ 이하
   7. 라돈 148Bq/m³ 이하

5 대기오염

CHECK Point 현대 환경오염의 특징

1. **다양화** : 산업기술의 다양화는 공해의 종류와 원인을 다양화시킨다.
2. **누적화** : 공장이나 인구의 집중은 공해의 누적화 현상을 일으킨다.
3. **다발화** : 대도시 주변의 공장난립과 인구집중으로 도시공해와 소음이 빈번하다.
4. **광역화** : 무계획적인 사업개발의 확대는 농촌에까지 영향을 미친다.

1. 대기 오염원

(1) 대기환경보전법에 의한 개념

배출시설에서 나오는 매연, 먼지, 악취 및 가스 등으로 인한 대기의 오염

(2) 대기오염물질 배출원 형태

① **점 오염원** : 화력발전소 등과 같은 대형 배출시설에서 배출되는 것으로 황산화물, 질소산화물이 주요 오염원이다.

② **선 오염원** : 자동차, 기차, 비행기, 선박 등과 같이 일정한 길을 이동하면서 배출하는 형태

③ **면 오염원** : 도시지역에서 일반주택과 같은 소규모 배출시설이 밀집해 분포하는 형태

CHECK Point 자동차 배출물질(이동배출원)

1. CO : 공회전시 불완전 연소로 인해 많이 배출되며 자동차 배출물질 중 가장 많은 양을 차지한다.
2. NOx : 가속시 불완전 연소로 인해 배출된다.
3. HC : 감속시 불완전 연소로 인해 배출된다.
   (1) 가솔린(휘발유)엔진 : 배기가스(69%), 크랑크케이스(24%), 연료탱크의 증발(6%), 기타(1%)
   (2) 디젤(경유)엔진 : HC화합물인 3 · 4벤조피렌물질 배출(발암물질)
4. Pb
   (1) 가솔린엔진 : 4에틸납 사용으로 배출된다.
   (2) 자동차의 속도가 빠를수록 많이 배출된다.

2. 1차 오염물질

공장의 굴뚝, 자동차의 배기관을 통하여 대기로 직접 배출된 물질을 말한다.

(1) 입자상 물질

① **분진(먼지, Dust)** : 먼지는 지상의 물체가 외부의 힘에 의해서 파쇄되어 생긴 미립자이다.

㉠ **강하분진** : 분진 중 10㎛ 이상의 크기를 가지며 비교적 무거워서 침강하기 쉬운 것

㉡ **부유분진** : 입자가 10㎛ 이하의 크기로 가벼워서 가라앉지 않고 장시간 공기 중에 부유하는 것

② **연무(Mist)** : 가스나 증기의 응축에 의해 생성된 대략 2~200㎛ 크기의 입자상 물질로 매연이나 가스상 물질보다 입자의 크기가 크다.

③ **연기(Smoke)** : 「대기환경보전법」에 의하면 배출시설에서 나오는 검댕, 황산화물, 기타 연료의 연소시에 발생하는 물질을 말한다. 매연은 연소시 발생하는 탄소성분, 회성분, 먼지의 작은 입자(20㎛ 이하)가 혼탁된 것으로 눈으로 볼 수 있는 형태의 대기오염물질이다.

④ **훈연(흄, Fume)** : 보통 광물질의 용해나 산화 등의 화학반응에서 증발한 가스가 대기 중에서 응축하여 생기는 0.001~1㎛의 고체입자이다. 납, 산화아연, 산화우라늄 등이 전형적인 훈연을 생성한다.

(2) **가스상 물질**

① **암모니아** : 무색의 기체로 특유한 자극성 냄새를 소유하며, 물에 용해되어 수산화암모니움이 된다. 배출 허용기준은 50~200ppm 이하로 규정하고 있다.

② **일산화탄소**

㉠ 자동차 배기가스에서 많이 발생하고 독성이 강하다.

㉡ Hb과의 친화력이 270~300배 정도 높아 조직 저산소증을 초래하며 중추신경계 기능을 저하시킨다.

㉢ **허용기준치**

ⓐ 실내기준 10ppm(0.001%)

ⓑ 실내주차장 기준 25ppm

ⓒ 작업장 내에서의 8시간 기준량 50ppm

ⓓ **대기환경기준 1시간 평균** : 25ppm

③ **황산화물(SOx)** : SO_2, SO_3, $MgSO_4$, H_2SO_4

㉠ 각종 연료, 석탄이나 석유 연소시 발생한다.

㉡ SO_2

ⓐ 무색이며 자극성 기체로 경유사용 차량에서 많이 발생한다. 대기의 습도가 높을 때는 부식성이 높은 황산 Mist를 형성하여 산성비의 원인이 된다.

ⓑ 석탄과 석유의 연소과정, 제련공장, 매연 등에서 다량 발생한다.

ⓒ 연간 평균치 0.02ppm 이하 24시간 평균치가 0.05ppm을 초과해서는 안된다.

ⓓ 노출시 인후, 비강, 눈 및 호흡기 점막에 일차적으로 궤양을 일으켜 세균의 감염을 받기 쉬운 상태에 도달된다. 장기간 노출되면 세균감염에 대한 저항력 약화, 체내 항체생성 억제, 기관의 섬모운동의 활성이 저하되거나 소실됨으로써

기관지의 통기 저항이 증대되어 기침, 호흡곤란 등 호흡기질환을 초래하여 천식으로까지 진전된다.

④ **질소산화물(NOx)** : NO, NO_2

㉠ 중유, 가솔린 등이 고온, 고압에서 연소할 때 공기 중 질소가스가 산화되어 발생한다. 주 배출원으로는 자동차 배기가스를 들 수 있으며, 화석연료를 사용하는 발전소, 보일러 소각로에서 발생된다.

㉡ **일산화질소(산화질소)** : 자극성이 없는 무색, 무취의 기체이나 농도가 높으면 신경에 손상을 주어 마비나 경련을 일으킨다. 또한 헤모글로빈과의 친화력이 CO보다 훨씬 강하므로 혈액 중의 헤모글로빈과 결합하여 메트헤모글로빈 혈증을 유발한다.

㉢ **이산화질소(NO_2)**

ⓐ 적갈색, 자극성 기체이며 일산화질소보다 7배 더 독성이 강하다. 질소산화물은 기관지염, 폐렴, 폐기종 등의 호흡기질환을 일으킨다.

ⓑ 직접적으로 눈에 대한 자극이 없는 것을 제외하고 SO_2와 피해가 거의 일치한다.

ⓒ 호흡기질환, 즉 기관지염, 기관지 폐렴, 폐암 등을 유발한다.

ⓓ 수용성이 적어 폐포에 쉽게 도달하여 HNO_2(아초산), HNO_3(초산)이 되어 폐포를 자극한다.

⑤ **황화수소** : 석유정유공장, 동물처리공장, 황산염 사용공장, 비스코스 공장 및 고무제품 공장 등에서 배출되는 황화수소는 계란이 부패하는 것과 같은 냄새와 함께 물건을 변색시키고 인체에 해를 준다.

⑥ **염화수소** : 상온에서 기체이며, 무색, 자극성 냄새를 가지고 있다. 전지, 약품, 비료, 염료, 금속의 세척, 유기합성, 도자기, 식품처리 등에 사용된다.

⑦ **탄화수소(HC)** : 대기 중에서 산소, 질소, 염소 및 황과 반응하여 여러 종류의 탄화수소 유도체를 생성한다.

⑧ **이산화탄소** : 화석연료의 연소 및 산림파괴 등에 의해 배출되는 이산화탄소는 해양이나 식물에 흡수되어 대기 중에서 제거되며, 화석연료의 연소에 의해 배출되는 양은 인구, 경제활동, 에너지 중 비화석 연료비율 등에 기인하므로 국가나 지역에 따라 배출특성이 다르다. 대기 중의 이산화탄소는 지구복사열을 흡수한 후 재복사하여 지표온도를 상승시키며 대기 중 이산화탄소 농도가 2배 증가하면 지표온도가 3℃ 증가하게 된다.

3. 2차 오염물질

(1) 배출된 1차 오염물질들은 물리화학적으로 불안정하므로 화학반응에 영향을 주는 반응물질의 농도, 광합성 정도, 기상학적인 확산력, 지역지세의 영향, 습도 등의 요인에 의하여

다양한 중간 생성물질을 만든다. 2차 오염물질을 만드는 가장 중요한 기전은 광화학적 반응이다.

(2) **오존(O_3)** : 오존성은 자동차 배출가스에서 발생하는 질소산화물, 탄화수소 등이 강력한 태양광선과 광화학 반응을 일으켜 생성된다.

(3) 알데히드(RCHO)

(4) PAN(Peroxy Acetyl Nitrate)

(5) NO_2

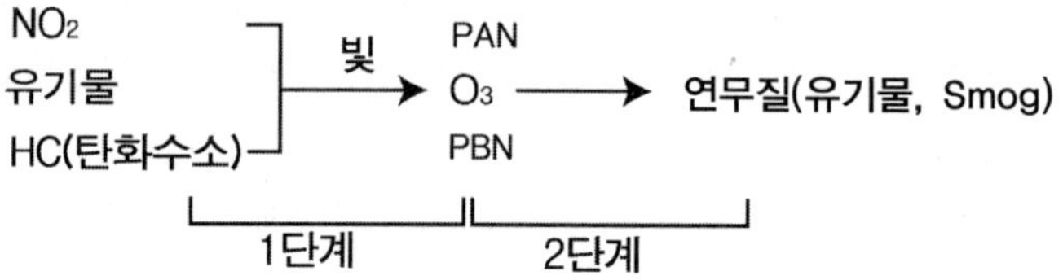

〈광화학적 스모그의 발생기전(2차 오염물질)〉

CHECK Point 광화학적 스모그의 발생조건

1. 자외선이 클수록	2. 낮시간 ↑
3. 대기오염물질의 배출이 클수록	4. 환기량이 적을 때
5. 역전층 형성시	6. 바람이 적을 때

6 대기오염현상과 발생기전

1. 기온역전

(1) 정상상태

지표면이 덥고 위로 올라갈수록 기온이 차므로 더운 공기가 가벼워 위로 올라가기 때문에 공기의 수직흐름이 있게 된다.

(2) 역전상태

찬 공기가 아래에 있고 더운 공기가 위에 있어 공기의 수직이동이 없어지고 가스나 오염물질이 지표면에 침체되므로 중독사고가 나기 쉬운 형태로 사면이 산으로 둘러싸인 분지나 계곡에 위치하는 공업지대의 경우 기온역전현상이 더욱 심화된다.

(3) 종류

① **복사성 역전** : 낮 동안의 태양복사열이 큰 경우 지표의 온도는 높아지나 밤에는 복사열이 적어 지표의 온도가 낮아져서 발생하는데, 지표 200m 이하에서 나타난다. 아침 햇빛이 비치면 쉽게 파괴되는 야행성이 특징으로 계곡지대나 밤이 긴 겨울에 많이 발

생한다.

② **침강성 역전** : 맑은 날 고기압 중심부에서 공기가 침강하여 압축을 받아 따뜻한 공기층을 형성하는 것으로 보통 1,000m 내외의 고도에서 발생하며, 역전층의 두께는 200~300m에 이른다.

2. 스모그 현상(Smog ; Smoke+Fog)

(1) 지상에서 배출되는 연기, 먼지 등 불순물이 대기 속으로 사라지지 못하고 쌓인 채 지상 300m 안팎의 공중에 떠 있는 현상으로 시야를 흐리게 하고 공기를 탁하게 한다.

(2) 형성되는 과정

광화학적 반응으로 황산화물, 질소산화물 등이 산소와 강한 자외선에 반응하여 새로운 복합물질을 만드는 현상이다.

(3) 종류

① **런던형 스모그** : 석탄과 유류연료에서 나오는 유황분이 안개에 섞여서 이루어진다.

② **LA형 스모그** : 자동차 배기가스에 의하여 광화학적 작용에 의해 산화촉진제를 형성하면서 이루어진 스모그이다.

두 가지 모두 대기 중의 기온역전현상으로 공기의 대류가 일어나지 않아 오염물질이 침체되어 발생한다.

항목	런던형 스모그 (흑색 스모그)	로스엔젤레스형 스모그 (백색 스모그)
발생시 온도	1~4℃	24~32℃
발생시 습도	85% 이상	70% 이하
기온역전의 종류	복사성 역전	침강성 역전
풍속	무풍	5m/sec
스모그 최성시의 시계	100m 이하	1.6~0.8km 이하
가장 발생하기 쉬운 달	12, 1월	8, 9월
주된 사용연료	석탄과 석유계	석유계
주된 성분	SOx, CO, 입자상 물질	O_3, NO_2, CO, 유기물
반응 유형	열적	광화학적, 열적
화학적 반응	환원	산화
최다 발생시간	이른 아침	낮
인체에 대한 영향	기침, 가래, 호흡기계질환	눈의 자극

③ **뮤즈계곡 사건** : 벨기에의 수도인 브뤼셀 전역을 고기압이 덮었을 때 근처의 뮤즈계곡에서 발생한 사건으로 안개, 무풍상태, 기온역전현상 등 비정상적인 기상상태가 3일

간 지속되었고 계곡 내 공장에서 배출되는 물질로 인해 급성 호흡기장애, 기관지 천식 등의 증상이 유발되어 약 60명이 사망하였다.

④ **도노라 사건** : 무풍상태와 기온역전을 동반한 고기압이 미국의 공업도시인 도노라를 포함한 펜실베니아주 북서부를 4일간 계속 덮어 호흡기질환과 17명의 사망자를 발생시켰다.

대기오염사건	환경조건	발생 원인물질
뮤즈계곡 (1930. 12)	계곡, 무풍지대, 기온역전, 연무발생, 공장지대(철공, 금속, 초자, 아연)	공장으로부터 아황산가스, 황산, 불소화합물, 일산화탄소, 미세입자 등
요코하마 (1946년 겨울)	무풍상태, 진한 연무발생, 공업지대	불명, 공업지역의 대기오염물질로 추정
도노라(미국) (1948. 10)	계곡, 무풍지대, 기온역전, 연무발생, 공장지대(철공, 전선, 아연, 황산)	공장으로부터 아황산가스 및 황산과 미세 에어로졸과의 혼합
포자리카 (1950. 11)	가스공장의 조작사고, 기온역전	유화수소(H_2S)
런던 (1952. 12)	하천평지, 무풍지대, 기온역전, 연무발생, 습도 90%, 인구조밀, 차가운 스모그	석탄연소에 의한 아황산가스, 미세 에어로졸, 분진 등
로스엔젤레스 (1954년 이후)	해안분지, 연중해양성, 기온역전, 백색연무, 급격한 인구증가, 차량급증, 연료	석유계 연료, 산·염화물성 탄화수소, 포름알데히드, 오존
보팔 (1984. 12. 3)	한밤중, 무풍상태, 쌀쌀한 날씨, 짙은 안개, 2,500명 사망	메틸이소시아네이트(MIC) (맹독성 농약원료)

(4) 스모그의 영향

시계가 불량해지고 육·해공의 교통장애, 가로수 고사, 환경조형물의 부식, 세탁물·금속제품의 부식, 피혁제품의 손상, 페인트의 변질, 건축물 부식 등 환경 및 경제적 손실이 발생한다.

3. 오존층 파괴

(1) 오존층

① 지상으로부터 24~48km 올라간 공간에 오존층이 있어 지구를 감싸고 있다. 오존층은 태양에서 강하게 내리쬐는 자외선을 일정하게 막아주고 있으므로 지구상의 생물을 보호하고 있다.

② **오존층 파괴의 영향** : 자외선으로 인한 면역의 감소, 피부암·백내장 등의 발병위험 증대, 지구상의 기후변화, 농작물·식물의 발육부진, 생태계의 파괴

㉠ **인간에게 미치는 영향** : 전염병(예 말라리아)과 안질환, 백내장을 유발시키고 피부암 발생률이 증가

㉡ 미생물 감소로 물의 정화능력 감소

③ **오존층의 파괴 원인** : 냉장고나 에어컨의 냉매제, 헤어스프레이용 분무제 등으로 쓰이는 프레온 가스류(CFCS)에 의해 파괴된다.

㉠ **염화불화탄소(프레온 가스)**

ⓐ 에어로졸 또는 스프레이 분사제

ⓑ 냉장고 및 에어컨 냉매제

ⓒ 플라스틱 발포제

ⓓ 전자제품 용매제

ⓔ 소화기 등

㉡ **NOx** : 초음속 항공기에서 배출(비행고도인 17~20km 상공에 NOx 잔류)

㉢ **브롬** : 소방재료, 훈증재료

④ **오존층 보호를 위한 국제적인 노력** : 유엔환경계획 오존문제 조종위원회에서는 1985년 3월 오존층 보호를 위한 비엔나협약 채택 이래 오존층 파괴물질에 관한 몬트리올 의정서를 1987년 9월 채택하여 프레온 가스 등 오존층 파괴물질을 규제물질로 지정, 순차적 사용금지 및 비가입국과 거래금지 등을 규정하고 있다.

⑤ **오존층 보호방법**

㉠ 프레온이 든 스프레이제는 사용하지 않는다.

㉡ 자동차 에어컨의 프레온가스는 줄어든 양만큼만 넣는다.

㉢ 냉장고나 가정용 에어컨을 버릴 때에는 프레온가스를 회수해 가도록 부탁한다.

㉣ 프레온 가스의 사용을 억제하고 대체물질 개발에 관심을 가진다.

(2) 오존

CHECK Point 오존이 발생하기 쉬운 기상조건

1. 지상의 평균풍속이 3m/sec 미만으로 바람이 약할 때
2. 기온이 평년보다 높은 경우, 25℃ 이상시, 즉 여름에 발생가능성이 높다.
3. 태양의 일사량이 많은 오전 10시~오후 2시 사이에 고농도를 나타낸다.
4. 3~7일 정도 비가 내리지 않고 쾌청한 날씨가 계속될 때

① 적은 양(최고 허용농도 0.1ppm)으로도 자극작용을 발생하여 기침과 권태를 일으키며, 상기도에 손상을 주어 폐렴을 유발시킬 수 있다. 또한 농도가 높으면 폐출혈 및 폐부종을 유발하여 치사하게 된다. 반면 오존은 강력한 산화력이 있기 때문에 적당량이 존재할 때는 살균, 탈취 등의 작용으로 인간에게 이롭게 사용된다.

오존농도(ppm)	노출시간	영향
0.1~0.3	1시간	호흡기 자극증상 증가, 기침, 눈 자극
0.3~0.5	2시간	운동 중 폐기능 감소
0.5 이상	3시간	마른 기침, 흉부 불안

② **식물에 미치는 영향** : 0.05ppm 이상이면 농작물의 수확량 50% 감소

③ 연간평균치 0.02ppm 이하, 1시간 평균치 0.1ppm 이하(연간 3회 이상 초과 불가)

④ 단계별 오존농도기준(대기환경보전법 시행규칙 [별표 7])

경보단계	발령기준
주의보	기상조건 등을 검토하여 해당 지역의 대기자동측정소 오존농도가 0.12ppm 이상일 때
경보	기상조건 등을 검토하여 해당 지역의 대기자동측정소 오존농도가 0.3ppm 이상일 때
중대경보	기상조건 등을 검토하여 해당 지역의 대기자동측정소 오존농도가 0.5ppm 이상일 때

※ 비고 : 오존농도는 1시간 평균농도를 기준으로 하며, 해당 지역의 대기자동측정소 오존농도가 1개소라도 경보단계별 발령기준을 초과하면 해당 경보를 발령할 수 있다.

⑤ 오존 발생에 따른 건강관리 추진방향

㉠ 오존으로 인한 학생 건강피해 예방 철저

ⓐ 오존경보 해제시까지 실외교육 삼가(체육 및 야외수업 활동)

ⓑ 오존경보시 학생 및 교직원들의 건강관리 및 피해가 최소화될 수 있도록 오존경보지역에 대한 홍보 및 교육실시

㉡ 오존경보 발령 접수시 교내 자체방송을 통하여 전파

㉢ 차량운행 자제 및 대중교통 이용 권고

4. 산성비

(1) 공장, 교통기관 및 발전소 등에서 배출되는 황산화물, 질소산화물 및 탄소산화물이 황산, 질산, 탄산 등의 형태로 빗물에 섞여 내리는 것을 말하며 빗물의 pH가 5.6 이하일 때를 산성비라고 한다.

(2) 산성비는 호수나 하천을 산성화시키므로 생태계를 파괴시키며 금속물이나 석조건물을 부식시키고, 식물의 수분흡수를 억제하여 농작물이나 산림에 피해를 준다. 또한 토양의 유기물 분해를 방해하여 생태계에 손상을 준다.

(3) 인체에 미치는 영향으로 암과 호흡기질환을 유발한다.

(4) 오염물질이 발생하는 그 지역에서만 발생하는 것이 아니라 공기의 이동으로 광범위하게 확산되는 것이 문제이다.

5. 기후변화와 건강

(1) 폭염이 건강에 미치는 영향

① 폭염과 같은 극단적인 기상현상으로 인해 영향을 받는 대표적인 질환은 심뇌혈관질환이다. 극단적인 추위와 함께 극단적인 더위는 흉통, 급성관상동맥증후군, 뇌졸중, 심부정맥으로 인한 입원에 직접적으로 영향을 미친다.

② 장기간 폭염시 열피로, 열경련, 열사병, 사망의 발생도 증가된다.

③ 인구학적 특성으로는 65세 이상 노년층이, 성별로는 남성이 더 취약한 것으로 조사되었다.

(2) 기후변화에 대한 대책(녹색생활 실천운동 추진)

① 이산화탄소 줄이기 시민실천 수칙

㉠ 실내 온도를 적정하게 유지한다.

ⓐ 여름철 실내온도를 26~28℃로 한다.

ⓑ 겨울철 난방온도를 20℃ 이하로 한다.

ⓒ 여름철에는 간편한 복장을 한다.

ⓓ 겨울철에는 내복을 입는다.

㉡ 승용차 사용을 줄이고 대중교통을 이용한다.

ⓐ 가까운 거리는 걷거나 자전거로 간다.

ⓑ 승용차 요일제에 참여한다.

ⓒ 카풀에 참여한다.

ⓓ 경차를 탄다.

㉢ 친환경 제품을 구입한다.

ⓐ 환경마크가 붙은 제품을 구입한다.

ⓑ 에너지소비효율이 높은 가전제품을 쓴다.

ⓒ 재활용 제품을 애용한다.

㉣ 물을 아껴 쓴다.

ⓐ 샤워기와 양변기는 절수형으로 설치한다.

ⓑ 양치질과 세수할 때 물을 받아서 쓴다.

ⓒ 세탁은 한번에 모아서 한다.

㉤ 쓰레기를 줄이고 재활용한다.

ⓐ 쓰레기를 철저히 분리배출한다.

ⓑ 1회용품 사용을 줄인다.

ⓒ 장바구니 이용을 생활화한다.

ⓓ 리필제품을 구입한다.

ⓗ 올바른 운전습관을 유지한다.

ⓐ 출발 전에 행선지를 미리 파악한다.

ⓑ 서서히 출발하고 서서히 정차한다.

ⓒ 경제속도로 운전한다.

ⓓ 공회전을 하지 않는다.

ⓔ 타이어 공기압을 유지한다.

ⓕ 불필요한 짐을 싣고 다니지 않는다.

ⓢ 전기제품을 올바르게 사용하여 에너지를 절약한다.

ⓐ 텔레비전을 보지 않을 때는 끈다.

ⓑ 컴퓨터를 사용하지 않을 때는 끈다.

ⓒ 냉장고에 음식물을 가득 채우지 않는다.

ⓓ 에어컨보다 가급적 선풍기를 사용한다.

ⓔ 고효율 조명등을 사용한다.

ⓕ 불필요한 전등은 끈다.

ⓖ 사용하지 않는 전기기기는 플러그를 뽑아 둔다.

ⓗ 낮은 층은 엘리베이터를 이용하지 않는다.

ⓞ 나무를 심고 가꾼다.

② **그린 스타트 운동** : 가정, 상업, 수송 등 비산업 부문의 온실가스 배출량을 효율적으로 감축해 나가자는 우리나라의 대표적인 국민운동

③ **탄소포인트제도** : 가정 및 상업건물 내 온실가스 감축량을 포인트로 환산하여 지자체별로 현금 또는 상품권, 쓰레기 종량제 봉투, 그린카드 포인트 적립 등 다양한 방법으로 인센티브를 제공하고 있다.

④ **그린카드 제도** : 탄소포인트제 가입자에게 더욱 많은 혜택을 주기 위하여 녹색제품 구매 및 대중교통 이용시 포인트를 적립받고, 지자체 등 공공기관의 관광, 문화, 체육시설에서 할인서비스를 받을 수 있다.

⑤ **탄소성적표지(라벨링) 제도** : 생필품 등의 제품과 서비스의 전 과정 동안 발생하는 온실가스 배출량을 소비자에게 공개하는 제도이다.

7 대기오염의 일반적 대처

1. **입법조치** : 1977년 「환경보전법」 제정 공포 – 현재 「대기환경보전법」 시행
2. 대기오염물질의 환경기준 설정
3. 대기오염 측정기기 설치 및 예보

4. 공학적 조치
   (1) 대기오염물질의 발생원을 잘 관리하여 오염물질의 발생을 줄임
   (2) 재료 및 방법을 개선
   (3) 공업단지를 주택가와 떨어진 곳에 조성하기 위한 도시계획 실시
   (4) 오염물질의 중화
   (5) 대기오염 측정기기, 인공위성을 통한 정보에 의하여 오염물 배출을 관리
5. 주민에 대한 교육과 계몽

CHECK Point

1. 링겔만 매연농도(우리나라 법적 기준 : 2도 이하)
   (1) 굴뚝으로 배출되는 매연농도를 측정하는 데 쓰인다.
   (2) 매연의 농도 구분 : 0~5도(6종)
   (3) 백상지의 흑선 부분은 0~100%인데 1도 증가할 때마다 20%씩 흑선이 증가한다.
   (4) 측정방법
      ① 농도표는 측정자의 앞 16m에 놓는다.
      ② 측정자와 연돌과의 거리는 200m 이내(가능하면 연돌 배출구에서 30~40m)로 한다.
      ③ 연돌 배출구에서 30~45cm 떨어진 곳의 매연농도를 측정한다.
   (5) 링겔만 챠트와 매연농도

chart NO(농도)	검은색의 폭(mm)	흰 부분의 폭(mm)	흰 부분과 비율(%)	매연농도(%)
0(0도)	완전 백	완전 백	100	0
1(1도)	1.0	9.0	80	20
2(2도)	2.3	7.7	60	40
3(3도)	3.7	6.3	40	60
4(4도)	5.5	4.5	20	80
5(5도)	완전 흑	0	0	100

2. 대기오염물질의 환경기준 설정(환경정책기본법 시행령)

항목	기준		
	연간 평균치	24시간 평균치	1시간 평균치
아황산가스(SO_2)	0.02ppm 이하	0.05ppm 이하	0.15
일산화탄소(CO)	-	9(8시간 평균)	25
이산화질소(NO_2)	0.03	0.06	0.10
미세먼지 (10㎛ 이하)(PM10)	50㎍/m^3	100	-
미세먼지 (2.5㎛ 이하)(PM2.5)	15	35	-
오존(O_3)	-	0.06ppm 이하 (8시간 평균)	0.1
납(Pb)	0.5㎍/m^3	-	-
벤젠 (발암성 물질 : 신설)	5㎍/m^3	-	-

CHECK Point 대기오염원의 원인 및 발생원

1. 원인
   (1) 인위적인 것 : 공장의 가동, 운수교통의 활동, 일반가정의 연료소비 등 사람들의 생활이나 활동으로 인해 발생하는 것
   (2) 자연적인 것 : 화산의 분연이나 사진(沙塵) 등
2. 배출된 오염물질이 강풍 때문에 고농도인 채 국지로 날아와서 오염을 일으키고 바람으로 이송되는 도중에 오염물질 사이에서 광화학반응을 일으켜 광화학 스모그를 생성시키기도 한다.
3. 선 오염원의 경우 일산화탄소와 휘발성 유기물, 질소산화물의 주요 오염원이 된다.
4. 고정 오염원인 발전소, 보일러, 건물의 냉 · 난방시설 등은 황산화물과 질소산화물의 주요 오염원이 된다.
5. 시간으로 보면 새벽에는 1차 오염물질이 가장 많고, 정오에는 2차 오염물질이 많이 발생한다.
6. 최근 글로벌 환경문제로 대두되고 있는 대기오염원의 하나는 실내공기오염이다. 특히 개발국에서는 많은 건물들이 공기가 새지 않게, 즉 에너지의 효율성이 높게 건축을 하였기 때문에 연료의 연소, 흡연, 기타 배출원에서 발생하는 화학물질이 건물 내에서 축적되어 오염을 일으킨다. 가장 중요한 실내오염원은 담배연기, 라돈 붕괴물질, 포름알데히드, 석면, 연소물질과 가정에서 사용되는 기타 화학물질이다. 특히 담배연기는 실내공기오염의 일차적 물질이다. 실내공기오염은 어린아이들에게는 급성 호흡기계 감염을 유발하게 한다. 또한 어른에게는 천식을 악화시키고, 만성 폐질환과 암을 일으키며, 임신 중 노출된 임부에게도 좋지 않은 임신의 결과를 가져온다.

03 물과 건강

1 물

1. 물의 자정작용

(1) 증발과 농축에 의한 정수

바다, 호수, 오수 등 지표상의 모든 물은 증발되고 농축되며 정화되어 빗물로 다시 내린다.

(2) 하천 및 호수 물의 자정작용

① 물리적 작용

㉠ 폭기(Aeration) : 대기 중 산소를 용해 · 흡수하고 자체 내 분해산물인 CO_2, H_2S를 내보낸다.

㉡ 희석 : 유량이 풍부한 하천이나 호소에 오염물질이 유입될 경우 많은 양의 물과 섞이게 된다.

㉢ **침전** : 물속의 부유물이 중력에 의해 가라앉아 세균의 영양원이 되는 유기물이 제거되어 간접적으로 세균증식이 억제된다.

㉣ **자외선 살균** : 얕은 물에서는 자외선에 의해 살균작용이 일어나며, 색 · 냄새 등이 태양광선에 의해 제거된다.

② **화학적 작용**

㉠ **산화** : 수중 유기물질이 호기성 세균에 의해 분해되어 인체에 무해한 무기질과 이산화탄소로 변하는 현상

㉡ **환원** : 오염이 심한 물속에 침전된 유기물질이 혐기성 균에 의해 분해되는 현상

③ **생물학적 작용**

㉠ 미생물에 의한 유기물질의 분해, 수중생물에 의한 포식작용 등 세균과 길항작용을 하여 살아가는 물질에 의해 정화된다.

㉡ 오염된 물속에 세균이 증식하게 되면 이를 먹고 사는 원생동물이 발생하게 된다.

㉢ 물의 물리적 성상이 좋아져서 일광이 침투하게 되면 이끼가 끼기 시작하여 탄산가스, 질소화합물을 소비하고 다량의 산소를 생산한다.

㉣ 물벌레, 각종 곤충의 유충, 연체동물, 물고기 등이 발생하여 물속에 있는 유기물질을 소비하여 물은 정화된다.

④ **물리화학적 작용** : 응집, 흡착

CHECK Point 물의 자정작용

1. 물리적 작용
   (1) 폭기, 희석, 확산, 침전, 여과, 흡착, 응집 등이 있다.
   (2) 유량이 풍부한 하천이나 호소에 오염물질이 유입될 경우 많은 양의 물과 섞이는 희석, 시간이 흐름에 따라 오염물질이 가라앉는 침전, 여과작용 등에 의해 오염물질의 농도가 낮아진다.
   (3) 정체된 물보다는 흐름이 활발한 물에서 잘 일어난다.
2. 화학적 작용
   (1) 햇빛에 의한 오염물질의 분해, 산소와의 결합으로 이루어지는 산화작용, 중화 등이 있다.
   (2) 자정작용에서 화학적 작용이 차지하는 비중은 물리적 작용이나 생물학적 작용에 비해 적다.
3. 생물학적 작용
   (1) 수중의 여러 생물에 의해 오염물질이 분해되는 작용을 말한다.
   (2) 자연계의 자정작용 중에서 오염농도를 낮추는 데 가장 큰 역할을 한다.
   (3) 생물학적 작용은 물속에 녹아 있는 산소의 양에 큰 영향을 받는다. 즉, 용존 산소량이 많을수록 생물학적 작용이 활발해진다.
   (4) 고인 물보다 흐르는 물에서 자정작용이 활발하게 일어나는 이유는 산소량이 많아 오염물질을 분해하는 생물들의 활동이 활발해지기 때문이다.

2. 상수도 수원

(1) 천수

비나 눈으로 내리는 물로 대기가 오염되면 매연, 분진, 세균의 오염이 많다.

(2) 지표수

지표면 위에 고여있는 하천, 호수 등의 물로, 수질은 비교적 안정적이지만, 오염의 기회가 많다. 우리나라의 상수도는 대부분 지표수를 사용하고 있다.

(3) 지하수

지하로 침투한 물로 지각의 윗부분인 토양층과 암석층에 보관된다. 유기물이나 미생물에의 오염은 적고 탁도가 낮아 수원으로 적합하나 수량이 적다.

(4) 복류수

지하수면이 하천수와 밀착해서 있는 물로 지하수와는 달리 확실히 흐름이 있으나, 지표수와의 교환이 이루어져 수질적으로는 지표수와 거의 비슷하며, 탁도가 지표수보다는 낮다.

CHECK Point 지하수와 지표수의 특징

1. 지하수의 특징
   (1) 경도가 높다.
   (2) 연중 수온이 거의 일정하다.
   (3) 오염물이 적다(유기물 함량이 적다).
   (4) 유속이 느리다.
   (5) 자정속도가 느리다.
   (6) 태양광선이 접하지 못하므로 광화학반응이 일어나지 않는다. 따라서 세균에 의한 유기물의 분해가 주된 생물학적 작용이다.
   (7) 지표수보다 용존 염류량이 다소 많다.
   (8) 국지적 조건에 따른 영향이 크다(지리적 환경조건의 영향을 크게 받는다).
   (9) 지하수는 농촌 간이상수도에서 가장 많이 사용하는 수원이다.
2. 지표수의 특징
   (1) 부식성, 유기물이 많다.
   (2) 미생물과 세균의 번식이 많다.
   (3) 공기의 성분이 용해되어 있다(용존 산소가 많다).
   (4) 경도가 낮다.
   (5) 오염이 되기 쉽다.
   (6) 구성성분은 유동적이다.
   (7) 집수지역의 영향을 많이 받는다.
   (8) 비주거지대의 지표수는 유기성 불순물이 훨씬 적다.
   (9) 수질변동이 비교적 심하다.

CHECK Point

1. 상수도 구성

상수도는 수원지에서 도수로를 통해 정수장에 유입된 후 정수과정을 거쳐 송수로를 따라 배수지에 이른다. 배수지에서는 수돗물이 급수관을 따라 가정이나 학교 등의 수요자에게 공급된다.

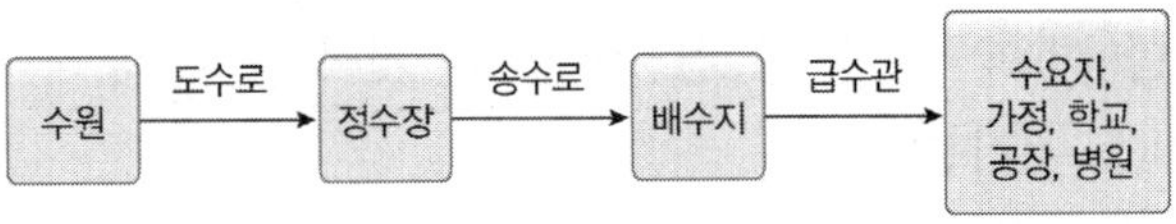

2. 정수법(Water Purification)

(1) 물의 정수는 희석, 침전, 일광소독, 산화작용, 생물의 식균작용 등의 자정작용에 의해서도 일어나지만 먹는 물로 사용하기 위해서는 다음과 같은 정수처리가 필요하다.

(2) 일반정수법

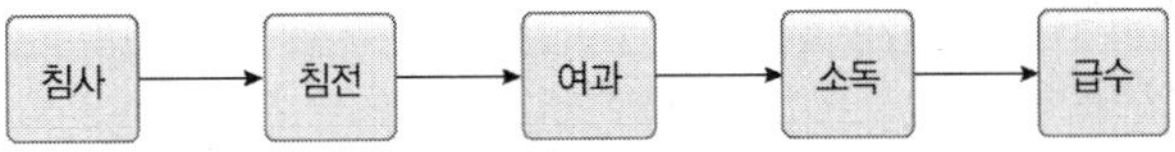

(3) **특수정수법** : 추가적인 정수처리가 요구될 때 사용

2 정수법

1. 폭기

(1) 이산화탄소, 메탄, 황화수소 등의 가스류를 분류하고 이산화탄소를 제거시킴으로써 물의 pH가 높아진다.

(2) 냄새와 맛을 제거시키며 물의 온도를 냉각시킨다.

2. 침전

(1) 보통 침전(= 단독 침전, 중력 침전)

① 자연침강에 의해 현탁 입자를 분리하는 것으로 시간이 오래 걸리고 설비시설이 커야 한다.

② 완속여과의 전 처리과정이다.

(2) 약품 침전(= 응집 침전)

① 보통 침전으로는 잘 가라앉지 않는 작고 가벼운 물질에 약품을 넣어주면 floc을 형성해서 침강되는 것이다.

② 급속여과의 전 처리과정이다.

3. 여과

(1) **완속여과법** : 영국식 법이며 모래층을 통한다.
(2) **급속여과법** : 미국식 법이며, 완속 여과보다 40배 이상 빠르다.
(3) 여과과정을 통해 95~99%까지 세균이 포획될 수 있다.
(4) 응집된 큰 덩어리의 부유물 중 침전이 안 된 것이 걸러진다.
(5) 색, 냄새, 맛도 걸러진다.

CHECK Point 완속여과법과 급속여과법의 비교

구분	완속여과법	급속여과법
침전법	보통 침전법	약품 침전법
여과속도	3m/일	120m/일
사용일수	20~60일	12시간~2일
모래층 청소	사면 대치	역류 세척
탁도, 색도가 높을 때	불리하다.	좋다.
이끼류가 발생하기 쉬운 장소	불리하다.	좋다.
수면이 동결하기 쉬운 장소	불리하다.	좋다.
면적	광대한 면적	좁은 면적이어도 된다.
비용	건설비는 많이 드나 경상비는 적게 든다.	건설비는 적게 드나 경상비가 많이 든다.
세균 제거율	98~99%	95~98%

4. 소독

(1) 가열법

자비소독(100℃ 끓는 물에서 15~20분간)이 가장 안전한 소독법으로 대부분의 병원균은 사멸(음료수 소독의 목적)되나 소규모의 음료수에만 적용되는 단점이 있다.

(2) 자외선법

파장 2,500~2,800Å에서 가장 살균력이 크나 투과력이 약하여 물이 혼탁하거나 색이 있을 때는 표면만 소독되므로 사용가치가 적고, 가격이 비싸다.

(3) 화학적 소독법(염소소독)

① 상수도 소독에 가장 많이 쓰이며 살균력이 좋고 잔류효과도 좋다.
② 염소는 강한 산화력을 갖고 있기 때문에, 유기물과 환원성 물질에 접촉하면, 살균력이 소모되므로 잔류염소가 필요한데, 잔류염소란 Break Point가 지날 때까지 염소를 넣어주는 것을 말한다. 유리잔류염소량 기준치(수도꼭지)는 0.1ppm, 단 물이 오염되었거나 오염 우려시 0.4ppm이다.

CHECK Point Break-Point Chlorination(잔류염소)

암모니아와 같은 물질을 함유하고 있는 물을 염소처리할 때 일정한 시간까지는 염소주입량과 비례하여 잔류염소가 증가하지만 일정한 시간이 지나면 주입 염소량이 증가하여도 잔류염소는 감소하여 최저에 달하며 이후에 다시 투입량에 비례하며 잔류하게 된다. 이 최저에 달한 시기를 불연속점이라고 하며, 이 점 이상까지 염소처리하는 것을 말한다. 물에 주입한 염소 중 물의 염소요구량에 의해 소모되고 남아 있을 염소를 잔류염소라 하며 이 잔류염소들이 강력한 소독력을 가지는 것이다. 또한 잔류염소는 두 가지 종류가 있으며 유리잔류염소가 결합잔류염소보다 살균력이 35~50배 강하므로 유리잔류염소는 0.1ppm 이상, 결합잔류염소는 0.4ppm 이상이면 충분하다(단, 유사시는 유리잔류염소는 0.4ppm 이상, 결합잔류염소는 1.8ppm 이상이어야 한다).

③ 염소소독의 장점

㉠ 강한 소독력 : 염소의 살균력은 온도가 높고, 반응시간이 길며, 주입 농도가 높을수록 또 낮은 pH에서 강하다. 염소는 대장균, 소화기계통의 전염성 병원균(수인성)에 특히 효과가 크다.

㉡ 큰 잔류 효과, 값싼 경비, 간단한 조작

④ 단점 : 냄새가 많고 독성(유기물과 결합하여 발암물질인 THM 트리할로메탄 생성)이 있다.

⑤ 잔류염소의 존재 의의

㉠ 수도관 파손으로 오염될 수 있는 미생물을 소독할 수 있다.

㉡ 사용 중 오염되는 미생물을 소독할 수 있다.

3 먹는물 수질기준 및 검사 등에 관한 규칙

수질검사

구분	검사대상	횟수
정수장에서의 검사	냄새, 맛, 색도, 탁도(濁度), 수소이온 농도 및 잔류염소에 관한 검사	매일 1회 이상
	일반세균, 총 대장균군, 대장균 또는 분원성 대장균군, 암모니아성 질소, 질산성 질소, 과망간산칼륨 소비량 및 증발잔류물에 관한 검사	매주 1회 이상
	미생물에 관한 기준, 건강상 유해한 무기물질 및 유기물질에 관한 기준, 심미적 영향물질에 관한 기준에 관한 검사	매월 1회 이상

	소독제 및 소독부산물질에 관한 기준에 관한 검사(다만, 총트리할로메탄, 클로로포름, 브로모디클로로메탄 및 디브로모클로로메탄은 매월 1회 이상)	매 분기 1회 이상
수도꼭지에서의 검사	일반세균, 총 대장균군, 대장균 또는 분원성 대장균군, 잔류염소에 관한 검사	매월 1회 이상
	정수장별 수도관 노후지역에 대한 일반세균, 총 대장균군, 대장균 또는 분원성 대장균군, 암모니아성 질소, 동, 아연, 철, 망간, 염소이온 및 잔류염소에 관한 검사	매월 1회 이상
수돗물 급수과정별 시설에서의 수질검사	일반세균, 총 대장균군, 대장균 또는 분원성 대장균군, 암모니아성 질소, 총트리할로메탄, 동, 수소이온 농도, 아연, 철, 탁도 및 잔류염소에 관한 급수과정별 시설[정수장, 정수장으로부터 물을 공급받는 주배수지를 기준으로 하여 급수구역별로 주배수지 전후, 급수구역 유입부, 급수구역 내 가압장(加壓場) 유출부, 광역 및 외부수수계통(外部授受系統)의 수수지점, 정수계통이 다른 계통과 합쳐지는 지점, 급수구역 관말(管末) 수도꼭지]에서의 수질검사	매 분기 1회 이상

1. 미생물에 관한 기준

(1) 일반세균은 1mL 중 100CFU(Colony Forming Unit)를 넘지 아니할 것. 다만, 샘물 및 염지하수의 경우에는 저온일반세균은 20CFU/mL, 중온일반세균은 5CFU/mL를 넘지 아니하여야 하며, 먹는샘물, 먹는염지하수 및 먹는해양심층수의 경우에는 병에 넣은 후 4℃를 유지한 상태에서 12시간 이내에 검사하여 저온일반세균은 100CFU/mL, 중온일반세균은 20CFU/mL를 넘지 아니할 것

(2) 총 대장균군은 100mL(샘물 · 먹는샘물, 염지하수 · 먹는염지하수 및 먹는해양심층수의 경우에는 250mL)에서 검출되지 아니할 것. 다만, 제4조 제1항 제1호 나목 및 다목에 따라 매월 또는 매 분기 실시하는 총 대장균군의 수질검사 시료(試料) 수가 20개 이상인 정수시설의 경우에는 검출된 시료 수가 5퍼센트를 초과하지 아니하여야 한다.

(3) 대장균 · 분원성 대장균군은 100mL에서 검출되지 아니할 것. 다만, 샘물 · 먹는샘물, 염지하수 · 먹는염지하수 및 먹는해양심층수의 경우에는 적용하지 아니한다.

(4) 분원성 연쇄상구균 · 녹농균 · 살모넬라 및 쉬겔라는 250mL에서 검출되지 아니할 것(샘물 · 먹는샘물, 염지하수 · 먹는염지하수 및 먹는해양심층수의 경우에만 적용한다)

(5) 아황산환원혐기성포자형성균은 50mL에서 검출되지 아니할 것(샘물 · 먹는샘물, 염지하수 · 먹는염지하수 및 먹는해양심층수의 경우에만 적용한다)

(6) 여시니아균은 2L에서 검출되지 아니할 것(먹는물공동시설의 물의 경우에만 적용한다)

2. 건강상 유해영향 무기물질에 관한 기준

(1) 납은 0.01mg/L를 넘지 아니할 것
(2) 불소는 1.5mg/L(샘물 · 먹는샘물 및 염지하수 · 먹는염지하수의 경우에는 2.0mg/L)를 넘지 아니할 것
(3) 비소는 0.01mg/L(샘물 · 염지하수의 경우에는 0.05mg/L)를 넘지 아니할 것
(4) 셀레늄은 0.01mg/L(염지하수의 경우에는 0.05mg/L)를 넘지 아니할 것
(5) 수은은 0.001mg/L를 넘지 아니할 것
(6) 시안은 0.01mg/L를 넘지 아니할 것
(7) 크롬은 0.05mg/L를 넘지 아니할 것
(8) 암모니아성 질소는 0.5mg/L를 넘지 아니할 것
(9) 질산성 질소는 10mg/L를 넘지 아니할 것
(10) 카드뮴은 0.005mg/L를 넘지 아니할 것
(11) 붕소는 1.0mg/L를 넘지 아니할 것(염지하수의 경우에는 적용하지 아니한다)
(12) 브롬산염은 0.01mg/L를 넘지 아니할 것(먹는샘물, 염지하수 · 먹는염지하수, 먹는해양심층수 및 오존으로 살균 · 소독 또는 세척 등을 하여 음용수로 이용하는 지하수만 적용한다)
(13) 스트론튬은 4mg/L를 넘지 아니할 것(먹는염지하수 및 먹는해양심층수의 경우에만 적용한다)
(14) 우라늄은 30μg/L를 넘지 않을 것(샘물, 먹는샘물, 먹는염지하수 및 먹는물공동시설의 물의 경우에만 적용한다)

3. 건강상 유해영향 유기물질에 관한 기준

(1) 페놀은 0.005mg/L를 넘지 아니할 것
(2) 다이아지논은 0.02mg/L를 넘지 아니할 것
(3) 파라티온은 0.06mg/L를 넘지 아니할 것
(4) 페니트로티온은 0.04mg/L를 넘지 아니할 것
(5) 카바릴은 0.07mg/L를 넘지 아니할 것
(6) 1,1,1-트리클로로에탄은 0.1mg/L를 넘지 아니할 것
(7) 테트라클로로에틸렌은 0.01mg/L를 넘지 아니할 것
(8) 트리클로로에틸렌은 0.03mg/L를 넘지 아니할 것
(9) 디클로로메탄은 0.02mg/L를 넘지 아니할 것
(10) 벤젠은 0.01mg/L를 넘지 아니할 것
(11) 톨루엔은 0.7mg/L를 넘지 아니할 것
(12) 에틸벤젠은 0.3mg/L를 넘지 아니할 것

(13) 크실렌은 0.5mg/L를 넘지 아니할 것
(14) 1,1-디클로로에틸렌은 0.03mg/L를 넘지 아니할 것
(15) 사염화탄소는 0.002mg/L를 넘지 아니할 것
(16) 1,2-디브로모-3-클로로프로판은 0.003mg/L를 넘지 아니할 것
(17) 1,4-다이옥산은 0.05mg/L를 넘지 아니할 것

4. 소독제 및 소독부산물질에 관한 기준(샘물 · 먹는샘물 · 염지하수 · 먹는염지하수 · 먹는해양심층수 및 먹는물공동시설의 물의 경우에는 적용하지 아니한다)

(1) 잔류염소(유리잔류염소를 말한다)는 4.0mg/L를 넘지 아니할 것
(2) 총트리할로메탄은 0.1mg/L를 넘지 아니할 것
(3) 클로로포름은 0.08mg/L를 넘지 아니할 것
(4) 브로모디클로로메탄은 0.03mg/L를 넘지 아니할 것
(5) 디브로모클로로메탄은 0.1mg/L를 넘지 아니할 것
(6) 클로랄하이드레이트는 0.03mg/L를 넘지 아니할 것
(7) 디브로모아세토니트릴은 0.1mg/L를 넘지 아니할 것
(8) 디클로로아세토니트릴은 0.09mg/L를 넘지 아니할 것
(9) 트리클로로아세토니트릴은 0.004mg/L를 넘지 아니할 것
(10) 할로아세틱에시드(디클로로아세틱에시드, 트리클로로아세틱에시드 및 디브로모아세틱에시드의 합으로 한다)는 0.1mg/L를 넘지 아니할 것
(11) 포름알데히드는 0.5mg/L를 넘지 아니할 것

5. 심미적 영향물질에 관한 기준

(1) 경도(硬度)는 1,000mg/L(수돗물의 경우 300mg/L, 먹는염지하수 및 먹는해양심층수의 경우 1,200mg/L)를 넘지 아니할 것. 다만, 샘물 및 염지하수의 경우에는 적용하지 아니한다.
(2) 과망간산칼륨 소비량은 10mg/L를 넘지 아니할 것
(3) 냄새와 맛은 소독으로 인한 냄새와 맛 이외의 냄새와 맛이 있어서는 아니될 것. 다만, 맛의 경우는 샘물, 염지하수, 먹는샘물 및 먹는물공동시설의 물에는 적용하지 아니한다.
(4) 동은 1mg/L를 넘지 아니할 것
(5) 색도는 5도를 넘지 아니할 것
(6) 세제(음이온 계면활성제)는 0.5mg/L를 넘지 아니할 것. 다만, 샘물 · 먹는샘물, 염지하수 · 먹는염지하수 및 먹는해양심층수의 경우에는 검출되지 아니하여야 한다.
(7) 수소이온농도는 pH 5.8 이상 pH 8.5 이하이어야 할 것. 다만, 샘물, 먹는샘물 및 먹는물공동시설의 물의 경우에는 pH 4.5 이상 pH 9.5 이하이어야 한다.
(8) 아연은 3mg/L를 넘지 아니할 것

(9) 염소이온은 250mg/L를 넘지 아니할 것(염지하수의 경우에는 적용하지 아니한다)
(10) 증발잔류물은 수돗물의 경우에는 500mg/L, 먹는염지하수 및 먹는해양심층수의 경우에는 미네랄 등 무해성분을 제외한 증발잔류물이 500mg/L를 넘지 아니할 것
(11) 철은 0.3mg/L를 넘지 아니할 것. 다만, 샘물 및 염지하수의 경우에는 적용하지 아니한다.
(12) 망간은 0.3mg/L(수돗물의 경우 0.05mg/L)를 넘지 아니할 것. 다만, 샘물 및 염지하수의 경우에는 적용하지 아니한다.
(13) 탁도는 1NTU(Nephelometric Turbidity Unit)를 넘지 아니할 것. 다만, 지하수를 원수로 사용하는 마을상수도, 소규모급수시설 및 전용상수도를 제외한 수돗물의 경우에는 0.5NTU를 넘지 아니하여야 한다.
(14) 황산이온은 200mg/L를 넘지 아니할 것. 다만, 샘물, 먹는샘물 및 먹는물공동시설의 물은 250mg/L를 넘지 아니하여야 하며, 염지하수의 경우에는 적용하지 아니한다.
(15) 알루미늄은 0.2mg/L를 넘지 아니할 것

6. 방사능에 관한 기준(염지하수의 경우에만 적용한다)

(1) 세슘(Cs-137)은 4.0mBq/L를 넘지 아니할 것
(2) 스트론튬(Sr-90)은 3.0mBq/L를 넘지 아니할 것
(3) 삼중수소는 6.0Bq/L를 넘지 아니할 것

7. 원수 수질기준 주요 항목

(1) 생화학적 산소요구량(BOD)

호기성 미생물이 호기성 상태에서 분해 가능한 유기물질을 20℃에서 5일간 안정시키는 데 소비되는 산소량을 말한다. 수질오염을 나타내는 대표적인 지표이며, 물속에 있는 유기물의 양을 간접적으로 측정할 수 있다. 상수의 기준은 5ppm 이하, 하수도 기준은 20ppm 이하이다.

(2) 화학적 산소요구량(COD)

물속의 유기물질을 간접적으로 측정하는 방법으로 유기물질(분해 가능한 물질과 분해 불가능한 물질 모두를 말한다)을 강력한 산화제로, 화학적으로 산화시킬 때 소모되는 산화제의 양을 말한다. 일반적으로 COD의 값은 BOD의 값보다 높다. 산업폐수의 오염지표로 사용하고 있는 기준은 10ppm 이하이다.

① 수중의 산화되는 물질을 화학적으로 산화시키는 데 필요한 산소량
② BOD 측정이 약 5일 걸리는 데 비해 COD는 약 2시간이 걸린다.
③ **공장폐수나 해수의 측정에는 COD가 더 정확한 이유** : 공장폐수나 해수는 무기물이나 생물학적으로 분해 불가능한 유기물을 다량 함유하고 있다.

④ 보통 해수에서 COD를 많이 사용하는 이유

㉠ 조류가 다량으로 번식하는 광합성 작용 때문으로 조류가 많이 발생하고 있을 때에는 탄소동화작용의 결과로 산소가 생성되므로 BOD가 아무런 의미가 없다.

㉡ 무기물이 다량 존재하므로 이 결과 BOD값이 COD에 비해 낮게 나오게 된다.

㉢ 해수의 경우 이상적인 BOD 측정방법이 없기 때문이다.

(3) 부유물질(SS)

물속에 있는 입자의 지름이 2mm 이하의 유기물이나 무기물 등 고형물을 총칭한다.

(4) 유기인

환경보전법상 유기인제 농약은 Parathion, Methyl Parathion, EPN, Methyl Demeton으로 급성 독성이 강한 4종을 가리킨다. 중독증상은 부교감신경 말초의 자극증상 및 골격근의 마비, 교감신경 자극증상과 중추신경 증상을 유발한다.

(5) 총인(T-P)

지표수에 서식하는 조류의 생장에 영향을 줄 수 있는 인의 농도를 말한다. 사람 및 가축에 의해 주로 오염되며 유기인의 한계농도는 0.005ppm 정도이다.

(6) 총질소(T-N)

물속에 존재하는 암모니아성 질소, 질산성 질소, 아질산성 질소 및 유기질소 등을 말한다. 조류성장에 필수적인 원소의 하나로서 수화현상의 발생 가능성을 판단할 수 있는 수질항목이다.

(7) 과망간산칼륨 소비량

먹는물 수질기준은 한국 10ppm 이하, WHO는 기준이 없으며 음용수 중에 함유된 유기물이나 산화되기 쉬운 무기물을 산화하는 데 소모된 과망간산칼륨의 양을 말한다. 이의 소비량이 많다는 것은 하수, 분뇨, 공장폐수 등 유기물이 다량 함유된 오수에 의해 오염되었거나 생물의 관내 또는 물속에 제1철염, 아산화금속, 아황산염, 황화물, 아질산염 등의 무기물이 많다는 것을 의미한다. 통상 COD 1ppm은 과망간산칼륨 소비량 약 4ppm에 해당된다.

4 하수처리과정

하수란 우리 생활에 의해 생기는 오수를 말하며 산업폐수, 생활오수, 빗물 등을 말한다.

1. 예비처리(1차 처리) : 물리적 처리방식

(1) Screening

유형의 큰 부유물질을 스크린으로 제거하는 방법이다. 스크린에 걸린 것을 스크린캄이라 하며 자주 제거하여야 한다.

(2) 침사법

토사 등의 큰 물질을 가라앉히는 단계로, 비중이 큰 것이므로 0.3m/sec 정도의 유속으로 흐르도록 설계되어 있다.

(3) 침전법

① **보통 침전** : 물리적 침전작용을 이용한 방법이며 하수 유속을 극히 느리게 하거나 완전히 정지시켜서 부유물질을 침전 · 제거하는 방법이다.

② **약품 침전** : 보통 침전으로 침전되지 않은 미세 부유물질에 약품(황산알미늄, 알미늄 명반)을 가하여 응집시켜 침전 · 제거하는 방법이다.

2. 본처리(2차 처리) : 생물학적 처리방식

(1) 혐기성 처리

유기물을 환원적으로 분해하여 소화시키므로 생물환원법, 혐기성 소화법이라고도 한다.

① **부패조** : 단순한 Tank에 하수를 넣은 후 산소를 차단하여 혐기성 균에 의한 분해가 이루어지게 하고 찌꺼기는 소화되게 하는 방식으로 가스가 발생하므로 악취가 나는 것이 단점이다.

② Imhoff Tank : 정화조라고도 하며, 상층(침전실 : 고체, 액체의 분리)에는 침전이 진행되고 하층(소화실, 부패실 : 오니의 부패작용)에는 오니의 소화가 이루어진다. 부패실에서 냄새가 역류하여 밖으로 나오지 않도록 고안되었다.

(2) 호기성 분해처리

하수에 공기를 보내 산소를 풍부하게 함으로써 호기성 미생물이 크게 증가하여 하수 중의 유기물이 더욱 저분자의 유기물로 분해되게 하여 점차 무기화되게 하는 방법이다.

① **살수여상법** : 하수를 여상 위에 살포하면 호기성 세균의 작용으로 생물막을 형성한다. 생물막의 표면에서는 호기성 세균의 활동이 활발하나, 막의 저부에서는 산소공급이 차단되므로 혐기성 세균이 증식하여 무기물을 분해하는 방법이다. 여상의 능률유지를 위해 균일한 살수와 공기의 접촉이 필요하다. 유지비가 적게 드나 여름철 위생곤충 문제가 발생한다.

② **활성오니법(표준 활성 슬러지법)** : 호기성 균이 풍부한 오니를 25% 첨가하여 충분한 산소를 공급함으로써 유기물이 산화작용에 의해 정화되는 방법이다.

㉠ 1차 처리된 하수의 2차 처리를 위해서 주로 채택되며 하수처리공법 중 가장 많이 사용되는 방법이다. 주요 공정은 포기조, 침전조, 슬러지 반송설비 등으로 구성되어 있다.
㉡ BOD 제거율이 90% 이상으로 유출수의 투시도가 높다.
㉢ 건설비가 상대적으로 적게 들지만 포기용 동력이 비교적 많이 들고 잉여오니의 생성량이 많다.
㉣ 포기조 내에서 활성 슬러지가 부유상태로 유지되며, 포기조로부터 유입된 혼합액은 최종 침전지에서 중력침전에 의해 고액 분리되어 상층등수는 처리수로써 방류되고, 침전 농축된 활성 슬러지는 포기조에 반송되어 하수와 혼합되어 다시 하수처리에 이용되는 공법이다.

CHECK Point 호기성 처리법과 혐기성 처리법

호기성 처리법	혐기성 처리법
반응속도가 빠르다.	반응속도가 느리다.
최종생성물의 에너지함량이 낮다(BOD가 낮다).	최종생산물의 에너지함량이 높다(BOD가 높다).
슬러지 생산량이 많다.	슬러지 생산량이 적다.
저농도 폐수에 적합하다.	고농도 폐수에 적합하다.
냄새가 적다.	냄새가 심하다.
시설비가 적게 든다.	시설비가 많이 든다.
소규모에 적합하다.	대규모에 적합하다.
산소공급 등 동력을 필요로 하므로 유지비가 많이 든다.	동력이 필요 없으므로 유지비가 적게 든다.
CO_2, SO_2, NO_2 등이 발생한다.	CH_4, CO_2, H_2S, NH_3 등이 발생한다.
최종 NO_3-N의 형태로 방출된다.	최종 NH_3-N의 형태로 방출된다.

3. 3차 처리

물리, 화학, 생물학적 처리방식을 조합하여 2차 처리에서 제거되지 않은 유기물 이외에 질소, 인과 같은 영양물질을 제거하는 고도의 처리과정이다. 보통 도시 하수처리에는 생물학적 2차 처리가 주로 채택된다.

4. 최종 침전지

부유성 고형물을 중력 침전으로 제거하는 시설로 여기에서 BOD, SS가 각각 30%, 40% 정도가 제거된다.

5. 오니 처리(하수에서 분리된 고형성분)

육상투기, 해상투기, 퇴비, 소각

CHECK Point 하수처리방법

1. **물리적 처리** : 스크린, 침사법, 침전법, 여과 등
2. **화학적 처리** : 중화법, 산화환원법, 응집법
3. **생물학적 처리** : 호기성, 혐기성 처리법

CHECK Point 하수처리방식의 비교

구분	합류식	분류식
정의	일반 생활하수를 빗물과 함께 모아서 배출하는 방식	빗물과 일반 생활하수를 분리해서 배출하는 방식
장점	• 비용이 적게 들며, 시공이 간편하다. • 하수도의 자연적 청소, 즉 빗물에 의해 하수구가 자연 청소된다. • 관이 크므로 수리, 검사, 청소 등이 용이하다. • 하수가 희석되므로 처리가 용이하다.	대체로 합류식 반대
단점	• 장마가 질 때 외부로 물이 범람한다. • 빗물이 혼입되면 처리용량이 많아진다. • 가뭄 때에 하수량이 적어서 침전이 생기므로 악취와 각종 위생해충이 발생한다.	

5 수질오염

1. 정의

수질오염이란 폐기물의 양이 증가하여 물의 자정능력이 상실되는 상태를 말한다.

2. 수질오염의 특성

(1) 대도시의 인구집중과 산업장의 과대한 집중으로 수질오염이 누적화되는 현상이 있다.

(2) 대도시나 공업도시 주변의 하천이나 강에 심한 오탁이 발생되어 인근까지 퍼지는 광역화 경향이 있다.

(3) 오염물질의 질, 양 및 종류가 다양화되는 경향이 있다.

(4) 선박의 기름 폐기, 공장폐수가 수산 양식이나 생활환경에 현저한 피해를 주고 있으며, 상수원 오염, 토양오염 등 건강상 피해뿐만 아니라 경제적 손실 등 피해내용도 다양화되어 가고 있다.

3. 수질오염원

(1) 점 오염원

오염원이 쉽게 확인되고 자체 정화시설이나 적정한 관리를 유도함으로써, 오염원의 통제가 용이한 오염원을 점 오염원이라 한다.

① **생활하수** : 가정에서 배출되는 가정오수와 사업시설 및 각종 공공기관에서 배출되는 폐수를 생활하수라고 하며, 세제류를 제외하면 대부분이 천연유기성 물질이다.

② **산업폐수** : 산업의 다양화 및 대규모화 등으로 인하여 각종 중금속을 비롯하여 생활하수보다 영향이 큰 고농도 유기성 물질, 고도의 처리를 요하는 난분해성 물질 등이 배출되는데, 주로 문제가 되고 있는 산업폐수, 피혁폐수, 금속폐수, 펄프폐수, 채광폐수, 채석폐수 등이다.

③ **축산폐수** : 축산폐수는 도시 하수의 분뇨와 같이 유기물질 함량이 매우 높으므로 처리에 어려움이 있다. 우리나라의 경우 최근 대규모의 사육이 늘고 있으며, 또한 그 대부분의 축산시설물들이 상수원 근처에 위치함으로써 문제의 심각성이 크다.

④ **발생량 기준** : 생활하수 > 산업폐수 > 축산폐수

⑤ **생물학적 산소요구량 기준** : 산업폐수 > 생활하수 > 축산폐수

(2) 비점 오염원

오염원의 확인이 어렵고 규제관리가 용이하지 않은 오염원이다. 이에는 잔류성이 문제되는 농약류, 질소와 인이 문제가 되고 있는 화학비료 및 거품이 과다하게 발생되는 합성세제가 대표적이며, 양식장 농경지배수 등이 이에 해당된다.

CHECK Point 폐하수의 발생원 및 특성

1. 산업폐수
   (1) 중금속 및 화학약품이 포함된 폐수가 많아 생물학적 처리가 곤란하다.
   (2) 미생물 성장에 필요한 N, P 등이 충분하지 않다.
2. 도시 하수
   (1) 일반 가정하수, 도시상가 하수, 백화점, 요식업소, 세탁소 등의 소규모 상공업 폐수 등의 하수를 도시 하수라 한다.
   (2) 아침, 저녁으로 부분적 첨두유량(Peak Flow)이 발생한다.
   (3) pH는 7~7.5 정도이다.
   (4) 유기물질이 많이 포함되어 있어 생물학적 처리가 가능하다.
   (5) 도시의 문화수준, 생활수준, 생활양식 등에 따라 오염 부하가 다르다.
3. 분뇨 및 축산폐수
   (1) 수인성질환과 기생충질환을 일으킬 수 있는 균을 함유하고 있다.
   (2) 질소농도가 높다.
   (3) 토사류를 많이 포함하고 있다.

4. 수질오염 사건

(1) 미나마타병(1952)

일본 구마모토현 미나마타만 주변 일대에서 발생한 사건으로 메틸수은에 의한 중독사건이다. 임상증상으로는 사지마비, 청력장애, 시야협착, 언어장애, 선천적 신경장애 등의 중추신경계 증상이 나타나며, 임산부 태반을 통과하여 지진아 출생률이 증가한다.

(2) 이타이이타이병(1954)

일본 도야마현 간쓰 천 유역에서 발생한 사건으로 원인은 카드뮴에 의한 중독이다. 임상증상으로는 신장기능 장애, 요통, 골연화증, 보행 곤란 등의 증상이 있다.

(3) 가네미 사건(1968)

일본 키타구슈시에 있는 가네미 회사에서 PCB(열매체)에 오염된 사료를 먹고 죽은 닭을 섭취한 후 중독증상을 일으킨 사건으로 임상증상으로는 식욕부진, 구토, 안질, 생식불능, 언어장애, 사산 등의 증상이 있다.

5. 수질오염 지표

(1) 용존산소(DO ; Dissolved Oxygen)

물에 녹아 있는 산소량을 ppm으로 표시한 것으로 수온이 낮을수록, 기압이 높을수록, 순수할수록 용존산소는 증가하고 오염될수록 감소한다.

① **수중의 용존산소량이 5ppm 이하** : 어류가 생존할 수 없는 오염상태

② 생활환경 수준의 수산용수의 경우 5ppm 이상, 담수의 경우 6.5ppm 이상, 해수의 경우 5ppm 이상은 되어야 한다.

③ 포화용존산소는 일반적으로 8~15mg/ℓ인데 온도나 염도의 영향을 받는다.

④ 수중에 용해된 산소는 오염된 유기물질을 산화 분해시켜 냄새, 맛이 제거되고 안정된 무기물질로 만든다.

⑤ 용존산소가 적으면 유기물질은 혐기성 분해되어 메탄, 알코올 유기산 등을 발생해 악취 등의 원인이 된다.

CHECK Point 용존산소의 증가와 감소

용존산소가 감소되는 경우	용존산소가 증가되는 경우
1) 오염물질의 농도가 높고 유량이 적을 때	1) 공기방울이 작을수록
2) 염류농도가 높을수록	2) 기압이 높을수록
3) 분해성 유기물질(오탁물)이 많이 존재할 경우	3) 수온이 낮을수록
4) 하천바닥의 침전물이 용출될 경우	4) 염분이 낮을수록
5) 조류가 호흡할 경우	5) 하천바닥이 거칠수록
	6) 수심이 얕을수록
	7) 유속이 빠를수록
	8) 하천의 경사가 급할수록

(2) **생물학적 산소요구량(BOD ; Biochemical Oxygen Demand)**

세균이 호기성 상태에서 유기물질을 안정화시키는 데 소비한 산소량을 말하며 오염될수록 높고 10ppm 이상시에는 악취가 난다. 어류가 생존하려면 5ppm 이하 방류하수의 기준은 20mg/L 이하이다.

① **1단계 BOD(탄소계 BOD)** : 탄소화합물이 산화될 때 소비되는 산소량으로서 보통 20℃에서 5일간 소비된 산소의 양을 말한다.

② **2단계 BOD(질소화합물 BOD = NOD)** : 질소화합물을 호기성 조건에서 미생물에 의해 분해시키는 데 요하는 산소량으로서 보통 100일 이상이 소요된다.

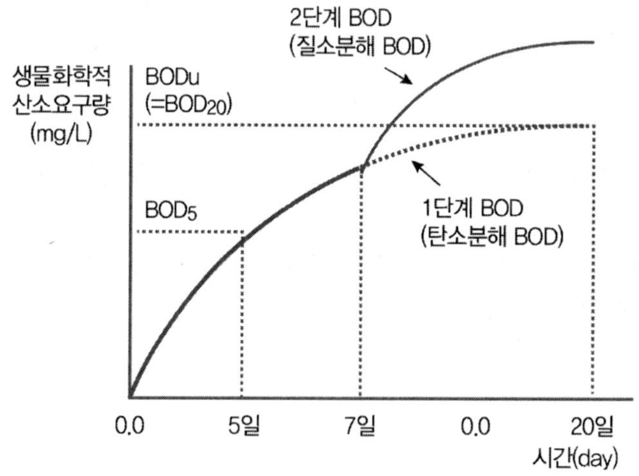

(3) **화학적 산소요구량(COD ; Chemical Oxygen Demand)**

산화제에 의하여 화학적으로 산화시킬 때 소비되는 산소량으로 BOD와 같이 수중 유기물질을 간접적으로 측정하는 방법이다.

(4) 부유물질(SS)

유기물질과 무기물질을 함유한 고형물 2mm 이하를 말한다. 일명 현탁물질이라 하며, 가정하수나 산업폐수 유입시 부유물질이 증가하여 탁도가 증가하고 어패류의 아가미에 부착하여 호흡장애를 일으킨다. 또한 퇴적시 수산양식에 피해를 주기도 한다.

(5) 냄새

하수의 수질기준으로 냄새가 없어야 한다. 취기검사는 검수 약 100mℓ를 병에 넣어 40~50℃로 가온한 뒤 뚜껑을 열면서 냄새를 맡으며, 무취가 정상이다. 단, 염소냄새는 제외한다.

(6) 미생물 검사

① **대장균군**

㉠ 대장균 자체가 유해한 경우는 적으나 분변오염의 지표로써 의의가 있다.

㉡ 저항성이 병원균과 비슷하거나 강해서 미생물 오염을 의심할 수 있다.

㉢ 검출방법이 간편하고 비교적 정확하기 때문에 실시한다.

㉣ **대장균 지수(Coli Index)** : 대장균을 검출할 수 있는 최소 검수량의 역수. 즉, 검수 10cc 검체에서 양성이 나왔다면 대장균 지수는 0.1이다.

㉤ **MPN** : 검수 100cc 중 대장균군의 최확수(이론상 가장 많이 있을 수 있는 수치)로서 MPN이 5라면 물 100cc 중 대장균이 5개 있다는 의미이다.

② **일반세균 수** : 검수 1cc 중에 함유된 균. 보통 한천배지에 무리를 형성할 수 있는 세균의 총수 1cc 중 100을 넘지 않아야 한다.

(7) pH

7.0 이하이면 하수나 공장폐수의 혼입을 의미한다(도시하수의 pH 7~7.5).

(8) 질소화합물

① **암모니아성 질소**

㉠ 동물성 배설물 분해의 첫 단계 화합물로서 위생적으로 중요한 오염의 지표로 삼는다.

㉡ 검출시 비교적 최근에 오염되었고 소화계 전염병 병원균이 생존해 있을 위험이 높음을 의미한다.

② **아질산성 질소** : 암모니아성 질소의 산화에 의해 생긴 것으로 물의 오염을 추정하는 유력한 지표

③ **질산성 질소**

㉠ 질소화합물이 산화되어 생성된 최종 분해물로서 과거의 오염을 나타낸다.

㉡ 질산성 질소를 함유한 물 또는 음식물을 먹으면 Methemoglobinemia을 일으켜 Blue Baby가 발생된다.

(9) 부영양화

유기성 영양염류가 가정하수, 농업 및 공장폐수에 의해 해양으로 다량 유입되면 해양의 물리 · 화학적 환경이 플랑크톤의 성장에 적합한 조건이 되어 플랑크톤이 많이 성장하여 물의 이용가치가 상실케 되는 것을 의미한다.

① 부영양화 요인

㉠ 정체수역에서 발생하기 쉽다.

㉡ 부영양화에 관계되는 오염물질은 질산염, 탄산염, 인산염 등이 있다.

㉢ 조류 번식에 필요한 물질은 C : N : P = 100 : 15 : 1이며 부영양화의 한계인자는 P이다.

② 부영양화를 일으키는 배출원

㉠ 농지에서 사용하는 비료

㉡ 합성세제

㉢ 자연 산림지대에 있는 썩은 식물

㉣ 목장지역의 축산폐수

㉤ 처리되지 않은 가정하수, 공장폐수 등의 유입

③ 부영양화의 특징

㉠ 화학적 산소요구량 값의 증가

㉡ 조류의 분해로 다량의 산소 소비(DO 감소)

㉢ 어패류 폐사

㉣ 혐기성 분해로 냄새 발생

④ 대책

㉠ 황산동 등의 화학약품 살포

㉡ 활성탄 살포

㉢ 에너지 공급 차단

㉣ 질소, 인 등의 영양원 공급 차단

㉤ 유입 하수를 고도 처리

㉥ 유역 내 무린세제 사용

㉦ 인을 사용하는 합성세제 사용 제한

(10) 적조현상

영양염류가 해양으로 다량 유입되면 빛, 수온 등 해양의 물리 · 화학적 환경이 플랑크톤의 성장, 생육에 적합한 조건이 되는데, 이러한 영양염류의 과다유입은 결국 플랑크톤의 사멸을 가져오게 되며 이때 바닷물이 적색 또는 갈색으로 변하는 현상을 말한다.

① 적조현상의 원인
㉠ 수온의 상승
㉡ 염분농도의 저하
㉢ 질산염, 인산염 등 영양염류의 증가

② 발생지역
㉠ 조석간만의 차가 비교적 큰 곳
㉡ 수심이 얕은 곳
㉢ 해안선이 매우 복잡한 곳
㉣ 바람과 해류의 영향을 적게 받는 곳
㉤ 담수와 해수가 완만하게 교차되는 곳

③ 적조현상의 피해
㉠ 과영양 상태로 진행되면 용존산소를 소비한다.
㉡ 어떤 조류는 독소를 방출한다.
㉢ 적조생물이 어패류의 아가미에 부착하여 질식사하게 된다.
㉣ 식물성 플랑크톤의 죽음으로 생태계에 막대한 피해가 발생된다.
㉤ H_2S, CO_2가 증가한다.

④ 대책 : 부영양화 대책과 동일

(11) BIP와 BI

① BIP(Biological Index of Pollution)
㉠ 현미경적인 생물을 대상으로 한다.
㉡ BIP가 클수록 오염이 심하다.

② BI(Biotix Index)
㉠ 육안적 동물을 대상으로 하여 산정한다.
㉡ BI가 클수록 청정하다.

(12) LD_{50} & LC_{50} : 독성물질의 유해도를 나타내는 지수

① LD_{50} : 실험동물에 유독물을 경구투여했을 때 24시간 혹은 48시간 내에 그 실험동물의 50%를 치사시키는 양으로 mg/kg(체중)의 단위를 사용

② LC_{50} : 실험동물의 호흡기를 통한 기체상 혹은 휘발성 유독물을 흡인할 경우 그 실험동물의 50%를 치사시키는 최저 농도치로 mg/ℓ의 단위를 사용

(13) TLm

일정한 시간 폐수에 노출시킨 후 시험생물 중 50%가 살아남는 농도를 말하며, 독성물질의 유해도를 알 수 있다.

(14) SDI(종다양지수)

수중생물의 종류와 개체 총수와의 관계를 나타낸 것으로 오염이 심한 지역은 수중생물의 종류는 적고 수는 많다. 즉, 오염이 심할수록 SDI값은 감소하게 된다.

(15) 수도열(Hannover fever, water fever)

① 1926년 독일 Hannover시에서 장티푸스 환자 2,500명이 발생하기 전 10배에 달하는 발열, 설사환자 발생

② **물을 여과하여 급수한 결과 수도열과 수인성 질병 감소** : Mills-Reincke 현상

㉠ 1893년 미국의 Mills는 메사츄세스주 로렌스시에서 물을 여과하여 공급한 결과 장티푸스, 이질 등과 같은 수인성 질환이 감소하였다.

㉡ 독일의 Reincke도 Elbe강의 물을 여과하여 함부르크 시민에게 공급한 결과 동일한 효과를 얻게 되었다. 이러한 근거하에 여과에 의한 정수작용을 Mills-Reincke 효과라고 한다.

(15) 수도열(Hannover fever, water fever)

① 1926년 독일 Hannover시에서 장티푸스 환자 2,500명이 발생하기 전 10배에 달하는 발열, 설사환자 발생

② 물을 여과하여 급수한 결과 수도열과 수인성 질병 감소 : Mills-Reincke 현상

㉠ 1893년 미국의 Mills는 메사츄세스주 로렌스시에서 물을 여과하여 공급한 결과 장티푸스, 이질 등과 같은 수인성 질환이 감소하였으며,

㉡ 독일의 Reincke도 Elbe강의 물을 여과하여 함부르크 시민에게 공급한 결과 동일한 효과를 얻게 되었다. 이러한 근거하에 여과에 의한 정수작용을 Mills-Reincke 효과라고 한다.

04 식품과 건강

CHECK Point 식품의 변질

1. **부패** : 미생물의 번식으로 단백질이 분해되어 아미노산, 아민, 암모니아, 악취 등을 발생하는 현상이다.
2. **변패** : 당질, 지방이 미생물에 의해 변질되는 현상을 말한다.
3. **산패** : 지방의 산화로 Aldehyde, Ketone, Ester, Alcohol 등이 생성되는 현상이다.
4. **발효** : 탄수화물이 산소가 없는 상태에서 분해되는 현상으로 유기산과 알코올이 생성된다.
5. **숙성** : 어류를 방치하면 점차 굳게 되어 사후강직이 오고 사후강직이 지나면 근육이 연화되어 향미가 증가되고 식용에 적합하게 되는데 이를 숙성이라 한다.

1 세균성 식중독

구분	감염형	독소형
정의	체내에서 생성된 다량의 균에 의해 발생	세균 증가시 발생한 체외 독소에 의한 식중독
독소	균체내 독소	균체외 독소
잠복기	길다	짧다
가열에 의한 예방	효과 있음	효과 없음
균의 생사와 발병	균 사멸시 식중독 발생 없음	균 사멸 후에도 발생 가능성
종류	살모넬라 식중독, 호염균 식중독(장염 비브리오), 병원성 대장균 식중독, 장구균 식중독	포도상구균 식중독, 보튤리누스 중독, 웰치균 식중독

1. 감염형

식품에서 미리 증식한 균이 식품과 함께 섭취되어 소장에서 더욱 증식한 후, 중독증상을 일으킨다.

(1) 살모넬라 식중독

① **원인균** : Salmonella Typhynurium

② 원인균을 보유한 각종 육류, 유류, 두부 등의 음식물 섭취 또는 대소변에 오염된 음식 섭취로 발병한다.

③ **잠복기** : 6~48시간(평균 24시간)

④ **증상** : 위장염 증상(복통, 설사, 구토), 고열(38~40℃)

⑤ 발병시기는 5~10월, 발병률은 75% 이상

⑥ **예방** : 저온저장하며 60℃에서 20분간 가열하여 균을 사멸하고 먹기 전에 끓인다. 도축장 위생관리는 정기검진하고, 식품취급장소의 방서, 방충시설 등의 설치 등 위생관리를 철저히 하며, 생식을 금지한다.

(2) 호염균 식중독(장염 비브리오)

① **원인균** : Vibrio Parahemolyticus(해산물, 오징어, 바다고기)

② 여름철에 집중 발생

③ **잠복기** : 8~20시간(평균 12시간)

④ **증상** : 설사, 복통, 구토(콜레라와 유사)

⑤ **예방** : 60℃에서 2분간 가열

(3) 병원성 대장균 식중독

① **원인균** : 박테리아, E.coli 등 18종

② **잠복기** : 10~30시간(평균 12시간)

③ **증상** : 급성장염 증세(점액성 또는 농 섞인 설사, 발열, 두통, 복통)

(4) 장구균 식중독

① **원인균** : Streptococcal Fecalis(치즈, 소시지, 햄)

② **잠복기** : 4~5시간

③ **증상** : 위장염 증상(설사, 복통, 구토, 발열)

2. 독소형

식품에 들어 있던 균이 증식하면서 독소를 생산하고 그 식품을 섭취함으로써 그 독소에 의한 중독증상을 일으킨다.

(1) 포도상구균 식중독

① **원인균** : 포도상구균이 내는 Enterotoxin(장독소)

② 가공식품(아이스크림, 케이크, 유제식품) 음식물 관리가 소홀한 봄·가을에 흔하다.

③ **잠복기** : 0.5~6시간(평균 3시간)

④ **증상** : 급성 위장염 증상(오심, 구토, 복통, 설사, 발열)

⑤ **예방** : 화농, 편도선염을 가진 사람의 음식취급 금지, 식품은 5℃ 이하로 보관, 조리 후 2시간 이내에 섭취, 식기는 멸균한다.

(2) 보툴리누스 중독

① **원인균** : Clostridium Botulism 균이 내는 외독소

② **원인식품** : 소시지, 육류, 통조림, 밀봉식품 등 혐기성 상태에서 발생
③ **잠복기** : 18~98시간
④ **증상** : 신경성 증상(시력저하, 복시, 안검하수, 동공확대, 언어장애, 연하곤란 등)
⑤ **치명률** : 6~7%로 가장 높다.
⑥ 독소는 80℃에서 수분간 가열하면 파괴되고, 균은 120℃에서 5분 이상 가열시 파괴된다.

(3) 웰치균 식중독
① **원인균** : Clostridium Welchii의 균주가 분비하는 외독소
② 웰치균은 90℃에서 30분 또는 100℃에서 5분 가열로 용이하게 사멸되지 않는 내열성 균으로 장독소를 생산하며, 동물, 단백질 식품에 의한 발생빈도가 높다.
③ **잠복기** : 12~18시간, **발병률** : 50~60%
④ **임상증상** : 설사(수양변으로 드물게 점액 또는 혈액이 섞인다. 1일 10~15회 정도 하지만 거의가 경증이다), 복통, 구역과 구토는 드물게 나타난다. 일반적으로 발열, 두통, 오한과 같은 뚜렷한 감염증상은 보이지 않는다.
⑤ **예방** : 각종식품의 오염 방지, 식품가열 후 즉시 섭취, 급랭시켜 증식을 억제

〈대표적 식중독의 예〉

구분	원인균	잠복기	증상	예방법
살모넬라 식중독	• Salmonella Typhynurium • 각종 육류, 유류, 두부	평균 24시간	• 위장염 증상(복통, 설사, 구토) • 특징 : 고열(38~40℃)	• 저온저장 • 60℃에서 20분간 가열 • 생식금지
장염 비브리오	• Vibrio Parahemolyticus • 해산물, 오징어, 바닷고기	평균 12시간	• 설사, 복통, 구토(콜레라와 유사)	• 60℃에서 2분간 가열
포도상구균 식중독	• 포도상구균이 내는 장독소 • 아이스크림, 케이크, 유제식품	평균 3시간	• 급성 위장염 증상(오심, 구토, 복통, 설사, 발열)	• 화농, 편도선염을 가진 사람의 음식취급 금지 • 5℃ 이하로 음식 보관 • 조리 후 2시간 내 섭취 • 식기멸균
보툴리누스 중독	• Clostridium Botulinum 균이 내는 외독소 • 소시지, 육류, 통조림, 밀봉식품 등 혐기성 상태	18~98 시간	• 신경성 증상(시력저하, 복시, 안검하수, 연하곤란, 언어장애)	• 치명률 6~7%
웰치균 식중독	• Clostridium Welchii균이 내는 외독소	12~18 시간	• 복통, 설사, 두통	• 식품가열 후 즉시 섭취 • 급랭

3. 감염독소형(혼합형)

(1) 식품 중에서 증식한 균이 장관 내에 정착하여 독소를 산출하며, 그 독소에 의하여 설사증상을 일으키는 것

(2) 독소원성 대장균, 가스괴저균, 세레우스균 등에 의한 식중독

CHECK Point 노로바이러스

1. 비교적 최근에 알려진 신종 병원체이며 최근 식품매개 집단식중독의 가장 중요한 원인체이다.
2. 증상
   (1) 5세 이하의 영유아뿐 아니라 성인에게도 증상이 나타나는데 오심, 구토, 설사, 복통이 주증상이다.
   (2) 대부분 증상은 경미하며 1~2일이 지나면 자연 회복되고 만성 보균자는 없다.
   (3) 잠복기는 24~48시간이며 소량의 바이러스만 있어도 쉽게 감염될 수 있을 정도로 쉽게 전파되고 전염성은 증상의 발현기에 가장 심하며 회복 후 3일에서 최장 2주일까지 가능하다.
3. 감염자의 대변 혹은 구토물에 있는 바이러스가 음식, 물을 오염시키거나 감염자의 손이나 접촉한 물건 등이 오염되어 이를 먹거나, 마시거나, 접촉함으로써 바이러스가 입으로 들어오게 된다.
4. 특별한 치료법은 없으며 탈수나 전해질 불균형에 대해서 치료한다.
5. 조리업무 종사자는 회복 후 최소 3일 이후에 업무복귀가 가능하다.
6. 예방
   (1) 개인위생과 음식물에 대한 관리가 중요하다.
   (2) 손을 자주 씻고, 특히 과일과 채소는 철저히 씻어야 하며, 굴은 가능하면 익혀서 먹는 것이 좋다.
   (3) 85℃에서 1분간 가열하는 경우 불활성화되어 사멸한다.

2 화학적 식중독

1. 첨가물

방부제, 착색제, 감미료 등의 과량사용으로 인한 식중독

2. 독물

메탄올, 농약, 포장재료의 용출물

3 자연독에 의한 식중독

1. 동물성 자연독

(1) 복어 중독

① 독성분은 Tetrodotoxin으로 복어의 난소, 간, 고환, 위장 등에 많이 함유되어 있다.

② 100℃에서 4시간 가열하여도 파괴되지 않는다.

③ **주증상** : 중독증상은 빠르면 30분 이내 늦어도 4~5시간 내에 나타나는데, 구순 및 혀의 지각마비, 운동마비, 언어장애, 호흡근 마비 등으로 사망률이 높다.

④ **예방법** : 전문 조리사의 취급, 유독한 장기 제거 후 요리할 것

(2) 굴(바지락) 중독

① 독성분은 Venerupin으로 100℃에서 1시간 가열하여도 파괴되지 않는다.

② **주증상** : 식후 8~24시간 내에 발생하는 경우가 많으며, 전신권태, 발열, 구역, 구토, 변비, 두통, 피하출혈, 반점, 황달, 의식혼탁 등으로 사망률이 높다.

(3) 조개 중독

① 독성분은 Saxitocin으로 100℃에서 30분 가열하여도 절반만 파괴된다.

② **주증상** : 섭취 30분 후부터 말초신경의 마비와 복어독과 비슷한 증상이 나타나며 중증인 경우 호흡장애로 사망하기도 한다.

2. 식물성 자연독

(1) 독버섯

① 독성분은 Muscarine, Cholin, Neurin 등이다.

② **주증상** : 식후 2시간 후에 발생하며 부교감신경의 말초를 흥분시켜 각종 분비물을 증진시키고, 위장장애를 일으켜 황달, 혈뇨 등도 나타난다. 중추신경계 침범시 발한, 환각, 경련, 혼수 등이 나타난다.

(2) 감자 중독

① 독성분은 Solanine으로 감자의 눈과 녹색부분에 있다.

② **예방법** : 감자 껍질(특히 눈)을 제거하여야 한다.

(3) **청매(매실) 중독** : 미숙한 매실의 경우 Amygdalin을 함유하고 있다.

(4) 맥각 중독

① 독성분은 Ergotoxin으로 맥류의 개화기에 발생하는 맥각균의 기생에 의하여 월동성이 강한 균핵이 생긴다.

② **주증상** : 교감신경계에 작용하여 구토, 설사, 복통, 경련 등을 일으키며, 임산부에서는 유산을 일으킨다. 혈관수축제나 자궁수축제로 이용되기도 한다.

CHECK Point	세균성 식중독과 소화기계 감염병의 차이점	
구분	소화기계 감염병	세균성 식중독
섭취 균량	극소량(주로 체내에서 증식)	다량(대부분 음식물 중에서 증식)
잠복기	일반적으로 길다.	아주 짧다.
경과	대체로 길다.	대체로 짧다.
전염성	심하다.	거의 없다.
면역성	어느 정도 성립된다.	성립되지 않는다.
감염경로	2차 감염	음식물 섭취

4 기타 식중독

1. E.coli O157

(1) 패스트푸드 레스토랑 체인점에서 잘 요리되지 않은 햄버거를 먹음으로써 발병한 이후 인체 병원균으로 최초로 알려졌다. 상추, 살균하지 않는 사이다나 우유와 처리하지 않은 물을 섭취함으로써 발생하며, 사람에서 사람으로 전파한다.

(2) 증상

무증상, 수양성 설사, 출혈성 대장염(혈액성 설사, 경련성 복통, 구토, 미열), 용혈성 요독증증후군(HUS, 용혈성 빈혈, 혈소판 감소증, 급성 신부전증, 어린이나 노인에게 흔함). HUS로 발전한 환자의 경우 3~5%는 사망하며, 약 12%는 말기 신장질환, 고혈압, 신경장애를 포함한 심한 후유증이 발생한다.

(3) 원인식품

지하수, 우유, 육회, 건조 소시지, 무순, 양배추, 야채절임, 메밀국수, 메론

(4) 전파경로

① 오염된 소고기와 우유 및 그 제품을 충분히 익히지 않은 경우
② 소의 배설물로 키운 야채를 섭취하였을 경우
③ 감염된 사람으로부터 다른 사람에게 전파되는 경우 : 주로 면역력이 약한 어린이나 노인

2. 캠필로박터 식중독

(1) 오염되어 있는 식품을 섭취하여 발생하는 감염성 식중독으로 미국에서 가장 빈도가 높은 식중독이다.

(2) 증상

설사, 열, 메스꺼움, 복통, 구토가 발생하고, 감염 후유증으로 Guillanin-Barre Syndrom (길랑바레 증후군)이 나타날 수 있으며, 아주 심한 경우 사망한다.

(3) 원인

소, 염소, 돼지, 닭, 개, 고양이 등이 보균하고 있으며, 대부분 처리하지 않은 우유나 오염된 음용수가 감염원이고 또한 가금류를 비위생적으로 처리하여 요리한 음식이 원인이다.

(4) 잠복기 : 2~7일로 다른 식중독보다 긴 것이 특징이다.

(5) 균의 특징

열에 의해 쉽게 파괴되고, 상온에서는 다른 세균들과 경쟁하여 잘 자라지 못하여 며칠밖에 생존하지 못하며, 냉장온도에서는 성장은 못하지만 생존할 수는 있다.

3. 리스테리아증

(1) 원인식품

식육 및 식육가공품, 야채(양배추 샐러드), 돼지 혀로 만든 젤리, 부적당하게 살균된 우유로 만든 연 치즈

(2) 증상

리스테리아증은 초기에는 감기와 비슷하나 중증시 임산부의 유산을 유발하고 신생아와 면역부전 숙주에게 패혈증을 일으킬 수 있으며, 뇌에 침투하여 뇌수막염을 일으켜 지각장애, 보행이상 등의 신경증상을 나타내는 식중독으로 치명률은 약 20%이다.

(3) 균의 특징

pH 5~9에서 증식이 가능하고, 저온에 저항력이 강하여 4℃에서도 증식이 가능하므로 냉장고를 과신하면 위험하다.

(4) 일단 감염증을 일으킨 환자에서는 30% 정도의 높은 치사율을 보이고 있다.

4. 여시니아 식중독

(1) 증상

발열, 설사, 복통(오른쪽 아래 1/4부위), 백혈구 증가증, 심할 경우 직장출혈, 회장 천공

(2) 원인

여시니아는 가축이나 야생동물의 장내세균으로 불완전하게 요리된 닭고기, 돼지고기, 소고기 등이 주요 보균원이며, 축산폐수에 오염된 지하수를 음용하는 것도 위험하다.

(3) 미국에서는 낮은 사회경제그룹의 유아에게 흔하게 발생한다.

(4) **잠복기** : 1~7일

(5) **균의 특징**

22~29℃의 실온에서 가장 잘 자라지만 저온에서 발육하는 특성과 산소 유무에 관계없이 생육가능하다. 하지만 열에는 약하여 적절한 가열, 조리(70℃, 3분)에 의해 사멸된다.

CHECK Point HACCP(식품안전관리인증기준)

1. **식품위생법상 정의** : 식품의 원료관리 및 제조 · 가공 · 조리 · 소분 · 유통의 모든 과정에서 위해한 물질이 식품에 섞이거나 식품이 오염되는 것을 방지하기 위하여 각 과정의 위해요소를 확인 · 평가하여 중점적으로 관리하는 기준
   (1) HA(위해요소) : 인체의 건강을 해칠 우려가 있는 생물학적, 화학적, 물리학적 인자를 말한다.
   (2) CCP(중점관리 기준) : HACCP를 적용하여 식품의 위해를 방지, 제거하거나 안전성을 확보할 수 있는 단계 및 공정을 말한다.
2. 1950년대 미국 원자력발전소 건설에 그 원리가 광범위하게 사용되었으나 식품에 대한 적용은 1950년대 말부터 시작되었다. 우리나라는 1995년 12월 개정된 「식품위생법」에 이 시스템의 근거가 마련되었고 1996년 12월 식품 위해요소중점관리기준을 확정 고시하였다. 이 시스템의 효과는 다음과 같다.
   (1) 예방적인 위생관리시스템
   (2) 식품의 안전성 도모
   (3) 사업체 및 조직의 의식구조 개선의 동기부여
   (4) 자율적인 위생관리 확립 가능
   (5) 품질과 안전비용 감소로 경쟁력 강화
   (6) 경험이 과학적으로 뒷받침
   (7) 안전성의 지속적 유지
   (8) 기업의 신뢰성 향상
   (9) 소비자의 안전식품 선택 확보
3. **위해요소의 분류**
   (1) 일반 위해 : 식품제조 가공업체의 시설 및 장비에 관련한 위해
   (2) 공정 위해 : 식품의 가공, 제조, 유통 중의 식품에 직접 발생할 수 있는 위해
   (3) 생물학적 위해 : 생물, 미생물들로 건강에 영향을 미칠 수 있는 병원성을 가진 종류 위해
   (4) 화학적 위해 : 비의도적으로 첨가된 화학물질, 의도적으로 첨가된 화학물질(보존료, 식품첨가물, 가공보조제 등), 천연적 발생의 화학적 위해
   (5) 물리적 위해 : 오염된 원재료, 설비 및 장비, 부적절한 조작 및 종업원 위생
4. **일반적인 CCP**
   (1) 시설, 설비의 위생유지
   (2) 기계, 기구의 위생
   (3) 종업원의 개인위생

(4) 일상의 미생물 관리체계
(5) 미생물의 증식억제, 온도관리

5. HACCP 도입시 장점
(1) 더욱 안전한 식품을 제공할 수 있다.
(2) 식중독 발생원인을 억제 관리할 수 있다.
(3) 식중독 사고를 감소시킬 수 있다.
(4) 더욱 효율적으로 식품을 조리하여 제공할 수 있다.
(5) 학교급식에 대한 신뢰성을 구축할 수 있다.

5 식중독 예방

1. 기본원칙

청결, 신속, 냉각 또는 가열

2. WHO의 식중독 예방 10대 원칙

(1) 안전을 위하여 가공된 식품을 선택할 것
(2) 철저하게 조리할 것
(3) 조리된 식품은 즉시 먹을 것
(4) 조리된 식품은 조심해서 저장할 것
(5) 한번 조리된 식품은 철저하게 재가열할 것
(6) 날음식과 조리된 식품이 섞이지 않도록 할 것
(7) 손은 여러 번 씻을 것
(8) 부엌의 모든 표면을 아주 깨끗이 할 것
(9) 식품은 곤충, 쥐, 기타 동물들을 피해서 보관할 것
(10) 깨끗한 물을 사용할 것

05 폐기물 처리

1 폐기물의 정의와 종류

1. 정의

(1) 폐기물이란 인간의 제반활동과 생활로 인해 발생되고 버려지는 물질로 경제적 가치가 없어진 물질

(2) 쓰레기, 소각재, 오니, 폐유, 폐산, 폐알칼리, 동물의 시체 등으로 사람의 생활이나 사업활동에 더 이상 필요하지 않게 된 물질

2. 종류

(1) **일반 폐기물** : 생활쓰레기(우리나라의 주요 오염물질)와 사업장 쓰레기

(2) **특정 폐기물** : 폐산, 폐알칼리, 폐유, 폐석면, 폐유기 용제

2 폐기물 처리방법

1. 폐기물 처리의 흐름

발생 → 배출 → 수집(문전수거, 분리수거) → 운반(철도, 도로, 바지선) → 중간처리(압축파쇄, 소각, 퇴비화) → 최종 처분(위생매립, 해양투기)

2. 매립(매몰, Sanitary Landfill)

(1) 매립처리는 땅을 파서 매몰하는 방법으로 전 세계 고형폐기물의 90% 이상이 이 방법으로 처리된다. 매몰 장소는 인가에서 떨어진 저습지나 골짜기 등 매립경사가 30° 정도가 적합하며, 취기나 곤충과 쥐의 발생, 수질오염이나 자연발화에 의한 화재 등도 고려하여야 한다.

(2) 쓰레기를 3m 내의 높이로 매립하고 20cm 정도의 흙을 덮는다. 쓰레기의 높이가 3m를 넘으면 통기성이 나빠져 혐기성 분해가 일어나므로 매립의 능률이 저하된다. 매립된 쓰레기는 소화, 발효되어 용적이 1/2로 가라앉았을 때 그 위에 다시 쓰레기를 1~2m의 높이로 재매립한 후 60~100cm의 흙(최종복토)을 덮고 공기를 차단하면 혐기성 균에 의한 부패가 서서히 일어난다.

(3) 매립지의 주택건설은 지반의 안정성을 기하기 위하여 10년 가량 경과한 뒤에 하는 것이 좋다.

(4) 장점

① 비교적 간편하며 처리비용이 저렴하다.

② 배출 가스포집 시설을 하여 연료로 활용할 수 있다.

(5) 단점

① 넓은 토지를 필요로 한다.

② 쥐나 해충의 발생, 악취의 위험이 있다.

③ 유해가스(황산화물, 질소산화물, 염산, 일산화탄소, 탄화수소화합물, 퓨란, 다이옥신) 피해가 우려된다.

④ 침출수가 지하수를 오염시킬 위험이 있고, 자연발화에 의한 화재 등도 고려하여야 한다.

(6) 매립의 종류

① **단순 매립** : 저습지, 웅덩이에 무조건 쓰레기를 투기하는 방식으로 매립 후 발생되는 메탄가스는 폭발위험성을 내포하고 있으며, 폐기물 속에 포함된 침출수가 토양으로 스며들어 지하수 오염이 유발될 수 있다.

② **위생 매립** : 일반 폐기물 처분에서 가장 경제적이고 흔히 사용하는 방법으로 폐기물 더미 속에 공기를 통과시켜 분해를 촉진시키는 방법이다. 또한 침출수의 토양 유입을 방지하며 메탄가스를 회수, 이용할 수 있다.

③ **안전 매립** : 유해폐기물의 최종 처분방법으로 환경오염을 최소화하기 위하여 유해폐기물을 자연계와 완전히 차단하는 방법이다.

3. 소각법(Incineration)

(1) 가연성 물질을 태우는 방법으로 가장 위생적인 방법이나, 연료비가 들며 대기오염의 문제가 발생한다. 또한 우리나라의 경우 불연성 쓰레기가 80%이므로 부적합하다.

(2) 소각로는 자연 송풍식과 강제 송풍식, 고온로와 저온로, 단독로와 연속로 등으로 구별된다.

(3) 장점

① 적은 부지 면적이 소요되고, 기후의 영향을 받지 않는다.

② 시의 중심부에 설치가 가능함으로써 쓰레기 운반거리가 짧아진다.

③ 폐열을 이용할 수 있고 가장 위생적이다.

(4) 단점

① 건설비나 관리비가 고가로 비경제적이다.

② 소각장소의 선택에 애로사항이 있으며, 대기오염 발생이 우려된다.

4. 투기법(Dumping)

적당한 육상 또는 해양에 버리는 방법으로 가장 비위생적인 방법이다. 악취발생, 전염병 전파의 매개체가 되며 물의 오염원이 된다.

5. 퇴비법(Composing)

환경에 악영향을 미치지 않고 호기성 조건하에서 생물학적으로 유기물을 안정화시키는 폐기물 자원화방법 중의 하나이다. 즉, 도시폐기물 중 음식찌꺼기, 축산폐기물, 낙엽 또는 하수처리장 슬러지와 같은 유기물을 안정된 상태의 부식토로 변환시키는 생물학적 공정이다. 퇴비화 과정은 일반적으로 3~4주 걸리고, 발효시 심부 온도가 60~70℃ 이상이므로 병균과 기생충 알은 사멸된다. 야적 퇴비법은 약 4~5개월, 고속 퇴비법은 2~3일 정도의 기간이 필요하다.

6. 그라인더법

가정 또는 작업장에서 쓰레기를 분쇄하는 방법이다.

7. 가축사료(Hog Feeding)

가축에게 밥, 찌꺼기, 야채류 등을 먹이는 방법으로 사료로 사용할 때는 위생관리가 잘 되어야 한다.

8. 다이옥신

연소 및 화학합성에 의해 인공적으로 생성된 것이다. 즉, 생활쓰레기 중 함유된 다이옥신류가 열분해하지 않고 그대로 배출되거나 또는 생활쓰레기 중 PCB, CI-Phenol 등 다이옥신류의 전구물질이 연소 분해하여서 생성해 배출되며, 또는 본래 다이옥신류와 관계없는 물질이 열반응시 복잡한 과정을 통해 다이옥신류를 생성해 배출해 내기도 한다.

CHECK Point 재활용 촉진을 위한 경제적 유인제도

1. **폐기물 예치금** : 종이팩, 금속캔, 유리병, PET병, 수은전지, 산화은전지, 타이어, 윤활유, 가전제품(텔레비전, 세탁기, 냉장고, 에어컨) 등과 같이 재활용이 용이한 제품 및 포장용기의 회수 및 재활용을 촉진하기 위하여 실시되는 제도
2. **폐기물 부담금** : 살충제, 유독물 용기, 화장품 용기, 리튬전지, 니켈, 카드뮴 전지, 부동액, 껌, 1회용 기저귀, 담배, 합성수지 등의 폐기물 발생 억제를 위하여 재활용이 곤란한 제품에 대하여 부담금을 부과하는 제도
3. **공병 보증금제** : 재사용이 가능한 청량음료병, 주류병의 용기 회수를 촉진하기 위해 용기를 반환하는 경우 미리 예치된 금액을 반환해 주는 제도

3 폐기물 관리정책

1. 예치금제도

수입, 생산, 판매업자로 하여금 생산량에 따라 일정 금액을 예치하게 한 후, 납부자가 해당 폐기물을 회수처리한 비율에 따라서 예치금을 반환해 주는 제도이다. 회수처리가 비교적 용이한 종이팩, 금속캔, 유리병, PET병, 타이어, 가전제품, 수은전지, 산화은전지, 윤활유, 부탄가스 등이 해당된다.

2. 부담금제도

수입, 생산, 판매업자로 하여금 생산량에 따라 일정 금액을 처리비용으로 부담하게 하는 제도로서, 부담금은 다시 반환해 주지 않는다. 회수처리가 비교적 어려운 껌, 형광등, 살충제, 1회용 기저귀, 비닐 등의 합성수지, 유독물 용기, 화장품 용기, 리튬전지, 니켈전지, 카드뮴전지, 부동액 등이 해당된다.

3. 쓰레기 종량제

3Ps(Polluter, Pay, Principle), 즉 오염원인자 부담의 원칙이다. 폐기물을 많이 배출한 사람이 관급 유가 쓰레기봉투를 많이 사용하게 하여 그 처리비용을 많이 부담하게 하는 제도이다.

4. 환경마크제도

다른 제품에 비해 생산, 사용, 폐기과정에서 환경을 덜 오염시키거나 에너지 및 자원절약에 공헌하는 저공해 상품에 일정한 마크를 부착하여 다른 상품과 구별하여 줌으로써 저공해 상품의 판매촉진, 상품개발 등을 촉진하는 제도이다. 재생노트북, 재생화장지, Refill 제품, 폐식용유, 재활용 비누 등이 해당된다.

폐기물 관리정책	구체적 관리정책
원천적 감량 ↓	쓰레기 종량제, 1회용품 사용규제, 과대포장 규제, 폐기물 부담금제도
재사용 ↓	공병보증금 제도, 리필제품 생산 권고, 알뜰시장(벼룩시장, 녹색가게)
재활용 ↓	분리수거, 폐기물 예치금, 재활용제품의 구매, 재활용 지정사업자의 폐자원 이용 목표물 부여, 재질분류 표시, 재활용사업 지원
소각 ↓	소각시설 확충, 소각기준 설정 및 운영, 소각에너지 회수
매립(최종처리) ↓	매립시설 확충, 해양투기, 매립가스 자원화, 비위생 매립 재정비

06 환경 호르몬

1 환경 호르몬의 정의

1. 최근 살충제, 플라스틱류, 다이옥신, PCB(폴리염화비닐), 중금속에서 발생하는 환경 호르몬으로 인한 여러 가지 피해현상이 문제시되고 있다.

2. 정의
   호르몬의 작용을 방해하거나 혼란시키는 물질로 내분비계 교란물질이다.

2 기전

인체 내의 많은 세포와 기관의 정보교환을 방해하며, 핏속에 녹아 있다가 특정 세포의 수용체에 작용한다. 화학구조가 수용체와 비슷한 환경 호르몬이 수용체와 대사, 결합하거나 수용체의 입구를 막아버리면 인체 이상이 발생한다.

3 내분비계 장애물질의 특징

1. 체내에서 마치 정상 호르몬처럼 작용하는 경우가 많으며 일단 물질이 체내에 들어오면 원상회복이 불가능하다.
2. 정상 호르몬의 생성, 분비, 수송 등의 다양한 과정에서 부작용을 일으킨다.
3. 정상 호르몬을 대신하여 세포물질과 결합한다(새로운 세포반응, 암 유발).
4. 성 호르몬을 변형시킨다.
5. 인체에 축적되어 수 세대까지 영향을 미친다.
6. 생체 호르몬과는 달리 쉽게 분해되지 않고 안정하다.
7. 환경 및 생체 내에 잔존하며 수년간 지속되기도 한다.
8. 인체 등 생물체의 지방 및 조직에 농축되는 성질이 있다.

4 환경 호르몬의 여러 가지 피해현상

1. 동물의 생식력 감소
2. 출산시 기형률 증가
3. 수컷의 탈 남성화와 여성화

4. 면역계통 이상
5. 인간의 신체, 행동, 정신 저해
6. 남성의 정자 수 감소
7. 남성의 고환암과 전립선암의 증가

5 환경 호르몬의 피해를 줄이기 위한 실천사항

1. 환경 호르몬 문제가 심각하다고 알린다.
2. 플라스틱류는 될수록 사용을 하지 않는다.
3. 손을 자주 씻고 먼지를 자주 제거한다.
4. 식사는 채식위주로 하고 고기는 한 달에 2번 정도만 섭취한다.
5. 합성세제의 사용을 줄인다.
6. 샴푸 대신 비누를 사용하고 화장품은 잘 닦아낸다.
7. 금연한다.
8. 건전지는 반드시 수거함에 넣는다.
9. 깨진 형광등을 만지지 않는다(수은 노출).
10. 합성물질의 사용을 가급적 줄인다.
11. 채소는 흐르는 물에 세 번 이상 씻고 과일은 껍질을 벗겨 먹도록 한다.
12. 주택가에서 농약, 살충제 사용을 자제한다.
13. 유리 젖병이나 비스페놀A가 나오지 않는 젖병을 사용한다(화려한 무늬가 입혀진 젖병은 피할 것).
14. 플라스틱 컵에 물은 가능한 사용하지 않는다.
15. 캔음료는 가능한 가열하지 않는다.
16. 세척제, 표백제 사용을 자제하고 쓰레기 발생을 억제한다.
17. 쓰레기는 태우지 말고, 태우는 곳 근처에도 가지 않는다.

6 내분비계 장애가 우려되는 물질

세계생태보전기금분류(67종)	일본 후생성 분류(142종)	내분비계 장애물질 용출 우려가 있는 생활용품
• 다이옥신류 유기염소물질 6종 • DDT, 아미톨 등 유기염소계 농약류 44종 • 펜타 노닐 페놀 • 비스페놀 A • 디에틸헥실프탈레이트 등 프탈레이트 8종 • 스틸렌 다이머, 트리머 • 벤조피렌 • 수은 등 중금속 3종 • PCB 등 잔류성 유기할로겐화합물	• 프탈레이트류 등 가소제 9종 • 플라스틱에 존재하는 물질 17종 • 다이옥신 등 산업장 및 환경오염물질 21종 • 농약류 75종 • 수은 등 중금속 3종 • DES 등 합성에스트로겐 8종 • 식품 및 식품첨가물 3종 • 식물에 존재하는 에스트로겐 유사 호르몬 6종	• 플라스틱 용기, 음료 캔, 병마개, 수도관의 내장 코팅제, 치과치료 시 이용되는 코팅제, 비스페놀 A • 합성세제 : 알킬페놀 • 컵라면 용기 : 스틸렌 다이머, 트리머 • 폐건전지 : 수은

7 내분비계 호르몬의 작용

1. 호르몬 유사작용
   정상호르몬처럼 작용을 하는 것으로 DES(합성 에스트로젠)을 예로 들 수 있다.
2. 호르몬 봉쇄작용
   호르몬 수용체 결합부위를 봉쇄하여 정상호르몬이 수용체에 접근하는 것을 막는다.
   예 DDE(DDT의 분해산물)
3. 호르몬 촉발작용
   교란물질이 수용체와 반응하여 전혀 엉뚱하고 해로운 물질을 합성하는 작용으로 다이옥신을 예로 들 수 있다.

07 환경영향평가

1 내용

1. 목적

환경에 영향을 미치는 계획 또는 사업을 수립 · 시행할 때에 해당 계획과 사업이 환경에 미치는 영향을 미리 예측 · 평가하고 환경보전방안 등을 마련하도록 하여 친환경적이고 지속가능한 발전과 건강하고 쾌적한 국민생활을 도모함을 목적으로 한다.

2. 평가내용

환경영향평가의 대상, 환경영향평가의 기준, 환경영향평가의 절차 등

3. 환경영향평가의 대상

도시개발, 산업입지 및 공업단지 조성, 에너지 개발, 항만 건설, 도로 건설, 수자원 개발, 철도 건설, 공항 건설, 간척 및 항만 준설, 아파트지구 개발, 관광단지 개발 등이다.

4. 환경영향평가의 주체

환경조성에 영향을 미치는 사업에 관한 계획을 수립하는 기관의 장이다.

5. 환경영향평가의 절차

환경현황 조사, 환경평가, 환경영향평가서 작성, 환경영향평가의 협의

6. 환경영향평가항목

(1) **자연환경 분야** : 기상, 지형 · 지질, 동 · 식물, 해양환경, 수리 · 수문

(2) **사회 · 경제환경 분야** : 인구, 주거, 산업, 공공시설, 교육, 교통, 문화재

(3) **대기환경 분야** : 대기질, 기상 · 기후, 지구온난화

(4) **수환경 분야** : 수질(지표 · 지하), 수리 · 수문, 해양환경

(5) **토지환경 분야** : 토양, 지형 · 지질

(6) **자연생태환경 분야** : 동 · 식물, 자연생태계

(7) **생활환경 분야** : 토지이용, 위락 · 경관, 친환경적 자원순환, 위생 · 공중보건, 소음 · 진동, 악취, 전파장해, 일조장해, 지역정체성

7. 환경영향평가 등의 기본원칙

(1) 환경영향평가 등은 보전과 개발이 조화와 균형을 이루는 지속가능한 발전이 되도록 하여야 한다.

(2) 환경보전방안 및 그 대안은 과학적으로 조사 · 예측된 결과를 근거로 하여 경제적 · 기술적으로 실행할 수 있는 범위에서 마련되어야 한다.

(3) 환경영향평가 등의 대상이 되는 계획 또는 사업에 대하여 충분한 정보 제공 등을 함으로써 환경영향평가 등의 과정에 주민 등이 원활하게 참여할 수 있도록 노력하여야 한다.

(4) 환경영향평가 등의 결과는 지역주민 및 의사결정권자가 이해할 수 있도록 간결하고 평이하게 작성되어야 한다.

(5) 환경영향평가 등은 계획 또는 사업이 특정 지역 또는 시기에 집중될 경우에는 이에 대한 누적적 영향을 고려하여 실시되어야 한다.

(6) 환경영향평가 등은 계획 또는 사업으로 인한 환경적 위해가 어린이, 노인, 임산부, 저소득층 등 환경유해인자의 노출에 민감한 집단에게 미치는 사회 · 경제적 영향을 고려하여 실시되어야 한다.

✚ 건강영향평가(HIA)

1. **목적** : 대상사업의 시행이 야기하는 건강결정요인의 변화로 인해 특정 인구집단의 건강에 미치는 잠재적 영향을 확인하고 인체건강에 미치는 긍정적인 영향은 최대화하고 부정적 영향과 건강 불평등을 최소화하여 사업계획을 조정하거나 대책을 마련하도록 의사결정권자에게 정보를 제공하기 위함이다.

2. 기능
   (1) 건강영향평가에 여러 전문가들이 관여하고, 의사결정과정에 공중참여를 용이하게 한다.
   (2) 당해 사업으로 인해 발생할 수 있는 긍정적, 부정적 건강영향과 건강 불평등을 확인한다.
   (3) 사업으로 인한 건강영향을 파악하고 어떤 요인이 건강에 영향을 미치는지를 인식하는 데 도움을 주며, 기관들 사이의 협력 개선을 위한 기초를 제공한다.
   (4) 취약집단의 건강상태에 초점을 맞추는 데 기여한다.
   (5) 건강부문에 대한 숨은 비용을 줄일 수 있다.

3. 원칙
   (1) 대상사업의 시행 이전에 실시하는 전향적 평가를 원칙으로 하며 주민에게 알권리를 보장하고, 정책결정자의 의사결정에 도움을 주기 위해 수행한다.
   (2) 대상사업의 시행으로 인해 발생될 것으로 예상되는 긍정적인 영향을 최대화하고, 부정적 영향 및 건강상 불평등을 최소화하기 위해 수행한다.
   (3) 건강결정요인의 변화에 기반을 두며, 건강결정요인에는 개인 및 집단의 건강상태에 영향을 미치는 물리적 요인으로 구성한다.
   (4) 합리적이고 과학적인 방법을 통한 정량적, 정성적 분석을 바탕으로 한다.
   (5) 건강영향평가는 다학제적이고 이해관계자의 참여적 접근을 통해 이루어져야 한다.

4. **건강영향평가와 환경영향평가의 차이점** : 우리나라의 경우 건강영향평가의 대상이 환경영향평가대상사업 중 일부로 결정되어 있다. 기존의 환경영향평가는 개발 사업으로 인한 물리적 환경영향을 중심으로 운영되어 왔는데, 이를 보완하여 2010.1.1.일부터 건강영향평가를 통해 환경영향평가제도 틀 내에서 환경유해인자가 국민건강에 미치는 영향을 추가하여 검토 · 평가하게 되었다. 따라서 건강영향평가는 더 적극적인 저감대책 수립이 용이하게 되었다.

2 환경오염의 대책

1. 도시계획

도시활동이 도시보건, 특히 환경오염 방지에 기여하는 바가 크므로 합리적인 도시계획이 이루어져야 한다.

2. 대기환경보전법의 준수

(1) 대기, 수질오염의 최량 규제기준을 초과하거나 토양, 수역이 특정 유해물질로 오염되었을 때 규제를 가한다.
(2) 사업장의 연료사용을 규제한다.
(3) 건강에 유해한 결과를 가져올 수 있을 때 자동차 통행을 통제한다.

3. 환경오염 방지기구의 확립 : 전문가 양성 및 검사시설의 확충

4. 조사연구의 추진 : 환경오염방지 대책에 대한 자료를 수시 제공

5. 국민의 협력 : 홍보활동과 보건교육을 통해 국민의 협조를 구한다.

3 환경오염의 규제방법

1. 직접규제 방법

오염물질을 배출하는 시설의 설치제한과 함께 설치된 시설에 대해서는 일정한 규제기준을 정하여 두고 정한 규제기준의 달성 여부를 점검하고 행정명령 등 벌칙을 적용함으로써 소기의 목적을 달성한다. 환경기준에는 대기환경기준, 수질환경기준이 포함되며, 이외에도 배출기준과 배출업소의 인 · 허가, 지도 및 점검 총량규제 등이 있다.

2. 간접규제 방법

배출부과금제도, 제품부과금제도, 과징금제도, 예치금제도, 부담금제도, 오염배출권 거래제도, 환경마크제도 등이 있다.

FINAL TEST

01 (　　　　　　현상) : 지구온난화로 인해 태평양 동부 적도 해수면의 온도가 상승되어 기상이변을 초래하는 현상

02 (　　　　　　) : 발암성이 가장 강한 것으로 알려져 있으며 플라스틱, 비닐계통, PCB, PVC 등 소각시 2차 오염물질로 발생한다.

03 온실효과의 주요원인 가스

04 부영양화 : 유기물질, (　　　,　　　　　　)이 하수에 다량으로 흘러 들어와 과다한 영양분을 갖게 되는 현상

05 (　　　　　　) : 대도시의 밀집된 대형건물 및 공장들은 불규칙한 지면을 형성하여 자연적인 공기의 흐름이나 바람을 차단시키고 인위적인 열의 생산량이 증가함에 따라 도심의 온도가 외곽지역보다 높아지게 되는 현상

FINAL TEST 정답

1 엘니뇨현상

2 다이옥신

3 이산화탄소

4 인, 질소화합물

5 열섬효과

06 (   ) : 쓰레기 매장, 분뇨 처리장, 하수종말처리장 등 혐오시설의 지역 내 설치에 대한 지역주민들의 반대현상

07 빗물의 pH (   ) 이하일 때를 산성비라 한다.

08 오존층 보호를 위한 국제회의

09 유해폐기물에 관한 국제협약

10 기후변화에 관한 국제협약

11 기후의 3대 요소

FINAL TEST 정답

06 님비현상(Nimby)

07 5.6

08 1985년 비엔나협약, 1989년 몬트리올 의정서

09 1972년 런던협약, 1989년 스위스 바젤협약

10 ① 1기 기후변화협약 : 1992년 기후변화방지협약
② 2기 기후변화협약 : 1997년 교토의정서
③ 3기 기후변화협약 : 2007년 발리 기후변화방지협약
④ 4기 기후변화협약 : 코펜하겐 협약
⑤ 5기 기후변화협약 : 파리 기후변화협약

11 기온, 기습, 기류

12 일교차가 더 큰 곳에 표시 : 내륙( )해안, 구름이 적은 날( )구름이 많은 날, 계곡분지( )산림

13 현재 공기 $1m^3$ 중에 함유한 수증기량

14 불감기류 : (   )m/sec 이하를 의미

15 감각온도 : 습도(   ), 기류(   ) 상태에서 동일한 온감을 주는 기온(   )

16 불쾌지수가 (   ) 이상이면 50%의 사람들이 불쾌를 느낌

17 군집독 : 탄산가스가 (   )% 이상시 발생

18 공기의 자정작용에 대해 쓰시오.

FINAL TEST 정답

12 내륙 > 해안, 구름이 적은 날 > 구름이 많은 날, 계곡분지 > 산림

13 절대습도

14 0.5

15 100%, 0m/sec, ˚F

16 75

17 0.1

18 ① 희석작용
② 강우, 강설 등에 의한 세정작용
③ 산소, 오존, 산화수소 등에 의한 산화작용
④ 자외선에 의한 살균작용
⑤ 식물의 탄소동화작용에 의한 CO_2와 O_2의 교환작용
⑥ 중력에 의한 침강작용

19 (   ) : 밀폐된 건물 내에서 근무하는 사람들에게서 나타나는 증상으로 두통, 현기증, 피로, 인후통, 메스꺼움, 졸음 등의 증상을 보인다.

20 (   )오염원 : 자동차, 기차, 비행기, 선박 등과 같이 일정한 길을 이동하면서 배출하는 형태

21 2차 오염물질을 나열하시오.

22 광화학적 스모그의 발생조건을 5가지 이상 나열하시오.

23 (   ) 역전 : 백색 스모그와 관련되어 있으며 1,000m 내외의 고도에서 발생하고 역전층의 두께는 200~300m에 이른다.

24 오존이 발생하기 쉬운 기상조건을 나열하시오.

FINAL TEST 정답

19 빌딩증후군

20 선

21 NO_2, PBN, PAN, O_3, 알데히드

22 ① 자외선이 클수록 ② 낮시간 ↑
③ 대기오염물질의 배출이 클수록 ④ 환기량이 적을 때
⑤ 역전층 형성시 ⑥ 바람이 적을 때

23 침강성

24 ① 지상의 평균풍속이 3m/sec 미만으로 바람이 약할 때
② 기온이 평년보다 높은 경우, 25℃ 이상시, 즉 여름에 발생가능성이 높다.
③ 태양의 일사량이 많은 오전 10시~오후 2시 사이에 고농도를 나타낸다.
④ 3~7일 정도 비가 내리지 않고 쾌청한 날씨가 계속될 때

25 런던형 스모그와 로스엔젤레스형 스모그에 대해 빈칸에 알맞은 내용을 쓰시오.

항목	런던형 스모그 (흑색 스모그)	로스엔젤레스형 스모그 (백색 스모그)
발생시 온도		
발생시 습도	85% 이상	70% 이하
기온역전의 종류		
풍속	무풍	5m/sec
스모그 최성시의 시계	100m 이하	1.6~0.8km 이하
가장 발생하기 쉬운 달		
주된 사용연료		
주된 성분	SOx, CO, 입자상 물질	O_3, NO_2, CO, 유기물
반응 유형		
화학적 반응		
최다 발생시간		
인체에 대한 영향	기침, 가래, 호흡기계질환	눈의 자극

FINAL TEST 정답

25

항목	런던형 스모그 (흑색 스모그)	로스엔젤레스형 스모그 (백색 스모그)
발생시 온도	1~4℃	24~32℃
발생시 습도	85% 이상	70% 이하
기온역전의 종류	복사성 역전	침강성 역전
풍속	무풍	5m/sec
스모그 최성시의 시계	100m 이하	1.6~0.8km 이하
가장 발생하기 쉬운 달	12, 1월	8, 9월
주된 사용연료	석탄과 석유계	석유계
주된 성분	SOx, CO, 입자상 물질	O_3, NO_2, CO, 유기물
반응 유형	열적	광화학적, 열적
화학적 반응	환원	산화
최다 발생시간	이른 아침	낮
인체에 대한 영향	기침, 가래, 호흡기계질환	눈의 자극

26 오존 경보의 발령기준을 제시하시오.

27 황사주의보 : 평균농도가 (   )㎍/m^3 이상일 때

28 링겔만 챠트에서 매연농도가 3도로 나타났다. 매연농도는 몇 %인가?

29 대기오염물질 환경기준 항목을 나열하시오.

30 물의 자정작용에 대해 나열하시오.

31 유사시 유리잔류염소와 결합잔류염소의 기준치를 제시하시오.(수도꼭지상)

FINAL TEST 정답

26 오존 농도가 0.3ppm 이상인 때

27 400㎍/m^3

28 60%

29 아황산가스, 일산화탄소, 이산화질소, 미세먼지(PM10, 2.5), 오존, 납, 벤젠

30 ① 물리적 작용 : 폭기, 희석, 침전, 자외선 살균
② 화학적 작용 : 산화, 환원
③ 생물학적 작용
④ 물리화학적 작용 : 응집, 흡착

31 0.4ppm, 1.8ppm 이상

32 상수도의 구성과 정수의 단계를 나열하시오.

33 완속여과법과 급속여과법에 대해 빈칸에 답을 쓰시오.

구분	완속여과법	급속여과법
침전법		
여과속도	3m/일	120m/일
사용일수	20~60일	12시간~2일
모래층 청소		
탁도, 색도가 높을 때		
이끼류가 발생하기 쉬운 장소		
수면이 동결하기 쉬운 장소		
면적	광대한 면적	좁은 면적이어도 된다.
비용		
세균 제거율		

FINAL TEST 정답

32 수원 → 도수로 → 폭기 → 침전 → 여과 → 소독 → 송수로 → 배수지 → 급수관 → 각 가정 및 회사 등

33

구분	완속여과법	급속여과법
침전법	보통 침전법	약품 침전법
여과속도	3m/일	120m/일
사용일수	20~60일	12시간~2일
모래층 청소	사면 대치	역류 세척
탁도, 색도가 높을 때	불리하다.	좋다.
이끼류가 발생하기 쉬운 장소	불리하다.	좋다.
수면이 동결하기 쉬운 장소	불리하다.	좋다.
면적	광대한 면적	좁은 면적이어도 된다.
비용	건설비는 많이 드나, 경상비는 적게 든다.	건설비는 적게 드나, 경상비가 많이 든다.
세균 제거율	98~99%	95~98%

34 폭기의 기능에 대해 3가지 이상 나열하시오.

35 잔류염소란 (   ) point가 지날 때까지 염소를 넣어주는 것을 말한다.

36 유리잔류염소량 기준치는(수도꼭지) (   )ppm

37 염소소독의 장점에 대해 3가지 이상 나열하시오.

38 매일 1회 이상 검사하는 항목을 나열하시오.

39 먹는물 수질기준

① 총 대장균군 ② 냄새 ③ 수소이온농도 ④ 색도
⑤ 탁도 ⑥ 일반세균

FINAL TEST 정답

34 ① 물의 pH를 높힌다.
② 냄새와 맛을 제거한다.
③ 물의 온도를 냉각시킨다.
④ 이산화탄소를 제거한다.

35 Break

36 0.1

37 ① 강한 소독력 ② 큰 잔류 효과 ③ 값싼 경비 ④ 간단한 조작

38 냄새, 맛, 색도, 탁도(濁度), 수소이온 농도 및 잔류염소에 관한 검사

39 ① 불검출/100㎖ ② 불검출 ③ pH 5.8~8.5 ④ 5도
⑤ 1NTU ⑥ 100CFU/㎖

40 BOD : 호기성 미생물이 호기성 상태에서 분해 가능한 유기물질을 ( )℃에서 ( )일간 안정시키는 데 소비되는 산소량

41 (해수, 가정하수, 산업폐수, 축산폐수)는 보통 COD로 측정한다.

42 하수처리과정을 나열하시오.

43 생물학적 산소요구량 기준에 따른 점 오염원을 순서대로 나열하시오.

44 다음의 경우 용존산소가 감소되는지, 증가되는지를 선택하시오.

1) 공기방울이 작을수록
2) 염분이 낮을수록
3) 하천바닥의 침전물이 용출될 경우
4) 하천의 경사가 급할수록
5) 분해성 유기물질(오탁물)이 많이 존재할 경우

FINAL TEST 정답

40 20, 5

41 해수, 산업폐수

42 1. 물리적 처리단계 : 스크린 → 침사법 → 침전법
2. 생물학적 처리단계
(1) 혐기성 처리방법 : 부패조, 임호프탱크
(2) 호기성 처리방법 : 살수여상법, 활성오니법
3. 화학적 처리단계

43 산업폐수 > 생활하수 > 축산폐수

44 1) 증가 2) 증가 3) 감소 4) 증가 5) 감소

45 혐기성 처리와 호기성 처리에 대한 내용 중 빈칸에 답을 쓰시오.

호기성 처리법	혐기성 처리법
반응속도가 ( ).	반응속도가 ( ).
최종생성물의 에너지함량이 낮다[BOD가 ( )].	최종생산물의 에너지함량이 높다[BOD가 ( )].
슬러지 생산량이 ( ).	슬러지 생산량이 ( ).
( )농도 폐수에 적합하다.	( )농도 폐수에 적합하다.
냄새가 적다.	냄새가 심하다.
시설비가 적게 든다.	시설비가 많이 든다.
( )에 적합하다.	( )에 적합하다.
산소공급 등 동력을 필요로 하므로 유지비가 많이 든다.	동력이 필요 없으므로 유지비가 적게 든다.
( ), SO_2, NO_2 등이 발생한다.	( ), CO_2, H_2S, NH_3 등이 발생한다.
최종 NO_3-N의 형태로 방출된다.	최종 NH_3-N의 형태로 방출된다.

46 대장균지수 0.01이 의미하는 것은?

FINAL TEST 정답

45

호기성 처리법	혐기성 처리법
반응속도가 빠르다.	반응속도가 느리다.
최종생성물의 에너지함량이 낮다(BOD가 낮다).	최종생산물의 에너지함량이 높다(BOD가 높다).
슬러지 생산량이 많다.	슬러지 생산량이 적다.
저농도 폐수에 적합하다.	고농도 폐수에 적합하다.
냄새가 적다.	냄새가 심하다.
시설비가 적게 든다.	시설비가 많이 든다.
소규모에 적합하다.	대규모에 적합하다.
산소공급 등 동력을 필요로 하므로 유지비가 많이 든다.	동력이 필요 없으므로 유지비가 적게 든다.
CO_2, SO_2, NO_2 등이 발생한다.	CH_4, CO_2, H_2S, NH_3 등이 발생한다.
최종 NO_3-N의 형태로 방출된다.	최종 NH_3-N의 형태로 방출된다.

46 100CC에서 양성

47 도시하수의 pH

48 실험용 물고기에 독성을 경구투여시 24시간 내에 실험생물의 반수가 죽는 독성물질의 양

49 적조현상 발생지역이 예상되는 곳을 3가지 이상 나열하시오.

50 감염형 세균성 식중독에 대해 나열하시오.

51 살모넬라 식중독의 특징에 대해 3가지 이상 나열하시오.

FINAL TEST 정답

47 7~7.5

48 LD_{50}

49 ① 조석간만의 차가 비교적 큰 곳
② 수심이 얕은 곳
③ 해안선이 매우 복잡한 곳
④ 바람과 해류의 영향을 적게 받는 곳
⑤ 담수와 해수가 완만하게 교차되는 곳

50 살모넬라, 호염균, 병원성 대장균, 장구균 식중독

51 ① 고열(38~40℃)
② 60℃에서 20분간 가열하면 균이 사멸
③ 잠복기 : 6~48시간(평균 24시간)
④ 원인균을 보유한 각종 육류, 유류, 두부 등의 음식물 섭취 또는 대소변에 오염된 음식 섭취로 발병

52 포도상구균 식중독의 특징에 대해 3가지 이상 나열하시오.

53 자연독에 대해 쓰시오.

① 굴 중독
② 맥각 중독
③ 복어 중독
④ 감자 중독
⑤ 청매 중독

54 식품안전관리인증기준 중 위해요소에 대해 나열하시오.

55 쓰레기 매립법 : (　　)m의 쓰레기 → (　　)cm의 흙 → (　　　　　　　　) → 쓰레기 1~2m → 최종복토 (　　)cm

FINAL TEST 정답

52 ① 화농, 편도선염을 가진 사람의 음식취급 금지
② 식품은 5℃ 이하로 보관. 가열에 의한 예방 효과가 없다.
③ 잠복기 : 0.5~6시간(평균 3시간)
④ 가공식품(아이스크림, 케이크, 유제식품) 음식물 관리가 소홀한 봄 · 가을에 흔하다.

53 ① Venerupin ② Ergotoxin ③ Tetrodotoxin ④ Solanine ⑤ Amygdalin

54 ① 일반 위해 : 식품제조 가공업체의 시설 및 장비에 관련한 위해
② 공정 위해 : 식품의 가공, 제조, 유통 중의 식품에 직접 발생할 수 있는 위해
③ 생물학적 위해 : 생물, 미생물들로 건강에 영향을 미칠 수 있는 병원성을 가진 종류 위해
④ 화학적 위해 : 비의도적으로 첨가된 화학물질, 의도적으로 첨가된 화학물질(보존료, 식품첨가물, 가공보조제 등), 천연적 발생의 화학적 위해
⑤ 물리적 위해 : 오염된 원재료, 설비 및 장비, 부적절한 조작 및 종업원 위생

55 3 → 20 → 소화, 발효되어 1/2로 가라앉으면 → 60~100

56 수입, 생산, 판매업자로 하여금 생산량에 따라 일정 금액을 예치하게 한 후, 납부자가 해당 폐기물을 회수처리한 비율에 따라서 예치금을 반환해 주는 제도

57 쓰레기 종량제 : 오염원인자 부담의 원칙을 쓰시오.

58 폐기물관리정책 중 원천적 감량에 대해 3가지 이상 나열하시오.

59 환경 호르몬의 피해를 줄이기 위한 실천사항을 5가지 이상 제시하시오.

60 환경오염의 간접규제 방법에 대해 3가지 이상 나열하시오.

FINAL TEST 정답

56 예치금제도

57 3Ps(Polluter, Pay, Principle)

58 쓰레기 종량제, 과대포장 규제, 1회용품 사용규제, 폐기물 부담금제도

59 ① 환경 호르몬 문제가 심각하다고 알린다.
② 플라스틱류는 될수록 사용을 하지 않는다.
③ 손을 자주 씻고 먼지를 자주 제거한다.
④ 식사는 채식위주로 하고 고기는 한 달에 2번 정도만 섭취한다.
⑤ 합성세제의 사용을 줄인다.
⑥ 샴푸 대신 비누를 사용하고 화장품은 잘 닦아낸다.
⑦ 금연한다.
⑧ 건전지는 반드시 수거함에 넣는다.
⑨ 깨진 형광등을 만지지 않는다(수은 노출).
⑩ 합성물질의 사용을 가급적 줄인다.

60 배출부과금제도, 제품부과금제도, 과징금제도, 예치금제도, 부담금제도, 오염배출권 거래제도, 환경마크제도

CHAPTER 07 환경과 건강

기출문제

01 **다음은 보건교사가 작성한 교수 · 학습 지도안이다. 〈작성 방법〉에 따라 순서대로 서술하시오.** [5점] 2018년

<table>
<tr><th colspan="4">교수 · 학습 지도안</th></tr>
<tr><td>단 원</td><td>환경과 건강</td><td>지도교사</td><td>보건교사</td></tr>
<tr><td>주 제</td><td>수질오염과 건강</td><td>대 상</td><td>고등학교 1학년 3반</td></tr>
<tr><td>차 시</td><td>1/3차시</td><td>장 소</td><td>스마트교실</td></tr>
<tr><td>학습목표</td><td colspan="3">수질오염이 건강에 미치는 영향을 설명할 수 있다.</td></tr>
<tr><td>단 계</td><td colspan="2">교수 · 학습 내용</td><td>시간</td></tr>
<tr><td>도 입</td><td colspan="2">• 동기유발 : 수질오염의 심각성과 관련된 동영상 시청
• 본시 학습목표 확인</td><td>5분</td></tr>
<tr><td rowspan="4">전 개</td><td colspan="2">… 상략 …
• 수질오염의 대표적인 사례</td><td rowspan="4">35분</td></tr>
<tr><td><u>㉠ 미나마타병</u></td><td>• 1950년대 일본 구마모토현 미나마타시에서 발생
• 임상증상 : 사지마비, 청력장애, 시야 협착, 언어장애, 선천성 신경장애 등</td></tr>
<tr><td><u>㉡ 이타이이타이병</u></td><td>• 1940년대 일본 도야마현에서 발생
• 임상증상 : 보행장애, 심한 요통과 대퇴관절통, 신기능 장애 등</td></tr>
<tr><td colspan="2">• 수질오염 지표
– 용존산소(Dissolved Oxygen, DO)
– <u>㉢ 생물학적 산소요구량</u>(Biochemical Oxygen Demand, BOD)
… 중략 …
• 수질오염 예방대책
〈모둠활동〉
수질오염이 건강에 미치는 영향을 <u>㉣ 수인성 감염병</u>, 화학물질에 의한 중독 측면에서 태블릿 PC를 이용하여 검색하고, 일상생활에서 실천할 수 있는 수질오염 예방대책에 대해 토론하기</td></tr>
<tr><td>정 리</td><td colspan="2">모둠 활동에서 정리한 것 발표하기</td><td>10분</td></tr>
</table>

〈 작성 방법 〉

• 밑줄 친 ㉠, ㉡의 발생원인 물질의 명칭을 순서대로 제시할 것
• 밑줄 친 ㉢을 정의하고, ㉢과 용존산소(DO)와의 관계를 서술할 것
• 밑줄 친 ㉣과 관련한 Mills-Reincke 현상에 대해 서술할 것

|정답| ㉠ 메틸수은

㉡ 카드뮴

㉢ 생물학적 산소요구량 : 호기성 미생물이 호기성 상태에서 분해 가능한 유기물질을 20℃에서 5일간 안정시키는 데 소비되는 산소량을 말한다. 반면, 용존 산소(Dissolved Oxygen, DO)는 물에 녹아있는 산소량을 ppm으로 표시한 것으로 생물학적 산소요구량과 용존산소는 반비례 관계에 있다. 즉, 오염이 되지 않은 깨끗한 물일수록 BOD는 감소하고 DO는 증가한다.

㉣ 1926년 독일 Hannover시에서 장티푸스 환자 2,500명이 발생하기 전 10배에 달하는 발열 · 설사를 주증상으로 하는 수도열(Hannover fever, water fever) 환자가 발생하였다. 이에 1893년 미국의 Mills는 메사츄세스주 로렌스시에서 물을 여과하여 공급한 결과 장티푸스, 이질 등과 같은 수인성 질환이 감소하였으며, 독일의 Reincke도 Elbe강의 물을 여과하여 함부르크 시민에게 공급한 결과 동일한 효과를 얻게 되었다. 이러한 근거하에 여과에 의한 정수작용 결과 수도열과 수인성 질병이 감소하였는데 이를 Mills-Reincke효과라고 한다.

02 **다음은 보건교사가 학생들을 대상으로 복어독 식중독 예방을 주제로 한 수업의 모둠 활동지이다. 괄호 안의 ㉠, ㉡에 해당하는 용어를 순서대로 쓰시오.** [2점] 2016년

복어독 식중독 예방 및 관리

♣ 다음은 복어독의 명칭과 속성을 묻는 질문입니다. 답이 무엇인지 찾아봅시다.

- 복어독은 계절, 복어의 종류 및 부위에 따라 독력이 다르게 나타난다. 복어에 들어 있는 독소의 명칭은 무엇인가요? (㉠)
- 위 상황에서 식중독이 발생한 이유는 요리에 들어간 복어독의 어떤 속성 때문인가요? (㉡)

|모범답안|

㉠ 테트로도톡신(Tetrodotoxin)

㉡ 물에 잘 녹고 열에 강해서 매운탕으로 끓였어도 남아있는 테트로도톡신은 신경독(신경독소)으로 지각이상, 위장장애, 호흡장애, 운동장애, 혈액장애 및 뇌증 등을 유발한다.

03 A고등학교에서는 교실 에어컨의 적정 사용 기준을 제시하기 위한 지표로 '불쾌지수'를 활용하기로 하다. 아래에 제시된 온도를 근거로 교실 내 불쾌지수 ㉠을 산출하고, 실외에서는 이 지수가 불쾌감을 나타내는 적정지표가 아닌 이유를 쓰시오. [2점] 2016년

〈교실 온도 및 불쾌지수〉

- 측정자 : 보건교사
- 장소 : A고등학교 2학년 1반
- 일시 : 7월 10일(월) 10:00
- 온도 : 건구온도 28℃, 습구온도 25℃
- 불쾌지수 : (㉠)[단, 온도는 섭씨(℃)로 계산하고 그 산출 값은 반올림 없이 소수 이하 둘째 자리까지만 제시할 것]

| 모범답안 |

1. 불쾌지수 ㉠ = (건구온도℃ + 습구온도℃) × 0.72 + 40.6
   = (28 + 25) × 0.72 + 40.6
   = 78.76
2. 불쾌지수가 실외에서는 불쾌감을 나타내는 적정지표가 아닌 이유는 "기류와 복사열" 등 실외조건을 전혀 고려하지 않았기 때문이다.

04 **다음은 고등학교 보건교사가 수학여행을 앞두고 있는 학생들의 식중독 예방 교육을 위하여 작성한 교수－학습 지도안이다. 괄호 안의 ㉠, ㉡에 해당하는 내용을 순서대로 쓰시오.**

[2점] 2015년

교수 · 학습 지도안			
단 원	식품과 건강	지도교사	김 ○○
주 제	식중독 예방 및 관리	대 상	남학생 35명
차 시	2/3차시	장 소	2-1 교실
학습목표	식중독 유형에 따른 원인과 예방법을 설명할 수 있다.		
단 계	교수 · 학습 내용		시간
도 입	• 전시 학습 확인 : 우리나라 식중독 발생 현황 • 동기 유발 : 학생 집단 식중독 사례에 대한 동영상 시청 • 본시 학습 목표 확인		5분
전 개	1. 식중독 유형에 따른 원인과 특성 1) 포도상구균 식중독 - 황색 포도상구균이 생성하는 (㉠)이/가 원인이 되어 발병함 - 오심, 설사, 구토, 복통 등의 급성 위장염 증상을 나타냄 - 주로 우유와 유제품, 김밥, 도시락, 어패류 등의 식품이 원인이 됨 - 식품 취급자가 (㉡) 질환이나 편도선염 등에 걸렸을 때는 조리 업무 종사를 금함 2) 장염 비브리오 식중독 … 중 략 …		40분
정리 및 평가	식중독의 원인균과 원인 식품에 대한 ○, × 퀴즈		5분

|정답| ㉠ 장독소, ㉡ 화농(성)

05 다음은 보건교사가 작성한 교수 · 학습 지도안이다. 괄호 안의 ㉠, ㉡에 해당하는 내용을 차례대로 쓰시오.

[2점] 2014년

<table>
<tr><th colspan="5">교수 · 학습 지도안</th></tr>
<tr><td>단 원</td><td>환경과 건강</td><td>지도교사</td><td colspan="2">최ㅇㅇ</td></tr>
<tr><td>주 제</td><td>(㉠)와/과 건강</td><td>대 상</td><td colspan="2">고등학교 2학년 3반(30명)</td></tr>
<tr><td>차 시</td><td>2/3</td><td>장 소</td><td colspan="2">2-3 교실</td></tr>
<tr><td>학습목표</td><td colspan="4">(㉠)이/가 건강에 미치는 영향을 설명할 수 있다.</td></tr>
<tr><td>단 계</td><td colspan="3">교수 · 학습 내용</td><td>시간</td></tr>
<tr><td>도 입</td><td colspan="3">• 전시 학습 확인 : 환경문제의 분류와 현황
• 동기 유발 : (㉠)이/가 건강에 미치는 영향에 관한 동영상 시청</td><td>5분</td></tr>
<tr><td>전 개</td><td colspan="3">1. (㉠)의 정의
생체 내 호르몬의 생산, 분비, 이동, 대사, 결합 및 배설을 간섭하는 외인성 물질
2. (㉠)의 종류와 특징 및 영향
<table><tr><th>종류</th><th>특징 및 영향</th></tr><tr><td>(㉡)</td><td>• 제초제와 살균제의 제조과정, 염소 화합물의 연소과정에서 발생하는 일련의 화합물
• 주로 소각장에서 배출되며, 대표적으로 2,3,7,8-TCDD가 있음.
• 암의 원인이 되기도 하고 면역력을 저하시키기도 함.</td></tr></table></td><td>40분</td></tr>
</table>

|정답| ㉠ 환경 호르몬, ㉡ 다이옥신

06 **그림은 상수도 소독방법 중 하나를 나타낸 것이다. ㉠의 명칭과 정의를 쓰고, 상수도 소독에서 ㉠의 활용방법과 그에 따른 장점을 서술하시오.** [5점] 2014년

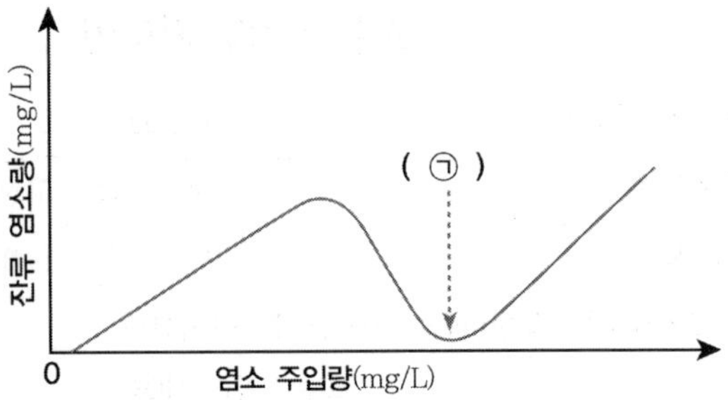

| 모범답안 |

1. ㉠의 명칭 : 불연속점
2. 정의 : 물을 염소처리할 때 일정한 시간까지는 염소 주입량과 비례하여 잔류염소가 증가하지만 일정한 시간이 지나면 주입염소량이 증가하여도 잔류염소는 감소하여 최저에 달하게 되는데 이 최저에 달한 시기를 불연속점이라고 한다.
3. 상수도 소독에서 ㉠(불연속점)의 활용방법
   염소를 물에 주입하면 여러 환원물질과 작용하여 소모되고, 잔류염소는 유기물질과 화합하여 클로라민을 형성하는데 점점 주입량을 증대하면 염화유기물과 클로라민의 염소에 의하여 산화 파괴되고 불연속점에서는 염소도 소비되고 클로라민도 없는 상태가 된다. 그 후에는 주입량에 비례하여 유리잔류염소가 증가한다.
4. 그에 따른 장점 : 불연속점 이상에서 처리하면 경제적이고 소독효과도 크며, 물의 냄새와 맛도 제거할 수 있다.

07 다음은 보건교사가 작성한 '기온역전'에 대한 교수 · 학습 지도안이다. (가)~(마) 중 옳은 것만을 있는 대로 고른 것은? 2013년

교수 · 학습 지도안			
단 원	환경과 건강의 관계	지도교사	L
주 제	기온역전	대 상	고등학교 1학년 3반 30명
차 시	3/3차시	장 소	1-3 교실
학습목표	대기오염으로 발생하는 기온역전을 이해한다.		
단 계	교수 · 학습 내용		시간
도 입	• 전시 학습내용 확인 : 대기오염물질 • 동기 유발 : 기온역전 사례 동영상 • 본시 학습목표 확인		5분
전 개	I. 기온역전 1. 정의 및 특성 • (가) 상공에는 오염물질이 흩어지지 않고 머무는 먼지 돔(dust dome) 현상이 발생하며, 지역 전체가 비닐하우스에 둘러싸인 것 같은 현상이다. • (나) 공기의 교환이 적고 확산이 일어나지 않아서 고도가 증가함에 따라 기온이 증가하는 현상이다. • (다) 인위적인 열 생산량이 증가함에 따라 도심의 온도가 변두리 지역보다 높아지는 현상이다. 2. 사례 • (라) 1948년 미국의 도노라사건과 1952년 영국의 런던 스모그사건이 그 예이다. 3. 유형 • (마) 복사성 역전은 고지대에서는 크고 두꺼운 역전층이 생기는 반면, 저지대에서는 역전층이 거의 생기지 않기 때문에 발생한다. • 침강성 역전은 공기층 전체가 하강할 때 형성…… … (중략) …		40분
정리 및 평가	기온역전의 정의, 유형, 사례에 관한 OX 질문		5분

① (가), (다)
② (나), (라)
③ (가), (다), (마)
④ (나), (다), (마)
⑤ (가), (나), (라), (마)

|정답| ②

|해설| 기온역전은 공기의 층이 반대로 형성되는 것으로 고도가 상승되어도 기온이 상승하여 상부의 기온이 하부의 기온보다 높아 대기가 안정되고 공기의 수직 확산이 일어나지 않는 현상이다.

1. 복사성 역전 : 낮 동안에 태양복사열이 큰 경우 지표의 온도는 높아지나 밤에는 복사열이 적어 지표의 온도가 낮아짐으로써 발생하며, 지표 가까이에서 발생하는데 주로 지표로부터 120~250m 정도의 낮은 상공에서 발생하고, 아침 햇빛이 비치면 쉽게 파괴되는 야행성이다.
2. 침강성 역전 : 맑은 날 고기압 중심부에서 공기가 침강하여 압축을 받아 따뜻한 공기층을 형성한다.

08 지하수를 먹는 물로 사용하는 학교의 수질검사 결과이다. 〈보기〉에서 조치가 필요한 항목을 고른 것은?

2012년

〈 보 기 〉

먹는 물 수질검사 결과

	항목	기준
ㄱ	일반 세균	1ml 중 110CFU
ㄴ	총 대장균	100ml 중 불검출
ㄷ	유리잔류염소	1.0mg/L
ㄹ	색도	4도
ㅁ	질산성 질소	12mg/L

① ㄱ, ㄴ
② ㄱ, ㅁ
③ ㄴ, ㄷ
④ ㄷ, ㄹ
⑤ ㄹ, ㅁ

|정답| ②

|해설| ㄱ. 일반 세균 : 1ml 중 100CFU

ㅁ. 질산성 질소 : 10mg/L

09 **식중독은 세균, 식물성 및 동물성 자연독, 독성 화학물질 등에 의하여 오염된 식품을 섭취함으로써 집단적으로 발생한다. 〈보기 A〉에서 제시된 식중독의 원인균(독)과 특성을 각각 〈보기 B〉와 〈보기 C〉에서 골라 바르게 연결한 것은?** [2.5점] 2010년

〈 보기 A 〉

가. 맥각 중독
나. 살모넬라 식중독
다. 호염균 식중독
라. 복어 중독
마. 포도상구균 식중독

〈 보기 B 〉

ㄱ. 아미그달린(amygdalin)
ㄴ. 마이틸로톡신(mytilotoxin)
ㄷ. 베네루핀(venerupin)
ㄹ. 대변연쇄상구균(streptococcus faecalis)
ㅁ. 에르고톡신(ergotoxine)
ㅂ. 장염 비브리오균(vibrio parahaemolyticus)
ㅅ. 테트로도톡신(tetrodotoxin)
ㅇ. 황색포도상구균(staphylococcus aureus)
ㅈ. 장염균(salmonella enteritidis)

〈 보기 C 〉

A. 식후 평균 3시간 정도에 발병하고 급성 위장염 증상을 보이며, 치사율이 가장 높은 식중독이다.
B. 열에 약하고 담수에 사멸되는 특징이 있으므로, 먹기 전에 가열하거나 깨끗한 수돗물로 씻는다.
C. 산란기에 독성이 강해지며, 주증상은 구순 및 혀의 지각마비, 호흡장애, 위장장애, 뇌장애 등으로 중추신경 및 말초신경에 대한 신경독을 일으킨다.
D. 열에 약하여 섭씨 60도에서 20분간 가열하면 균이 사멸되므로 먹기 전에 끓여 먹는다.
E. 덜 익은 매실 속에 들어있으며, 중독시에는 구토, 두통, 출혈성 반점이, 심한 경우에는 의식혼탁과 토혈 등의 증상이 나타난다.

① 가 – ㄱ – E
② 나 – ㅈ – A
③ 다 – ㅂ – B
④ 라 – ㄴ – C
⑤ 마 – ㅇ – D

|정답| ③

|해설| 가. 맥각 중독

① 원인균 : ㉤ 에르고톡신

② 특성 : 에르고톡신은 호밀이나 보리 따위의 이삭에 기생하여 된 균핵으로 독성이 강하므로 맥각이 함유된 밀가루를 먹으면 만성중독증세가 나타난다. 참고로 특유한 맥각 알칼로이드로부터 환각제 LSD-25를 만들기도 하고, 한방에서는 이삭이 떨어지기 전에 채취

한 것을 지혈제로 사용한다. 맛은 조금 달고 불쾌한 냄새가 난다. 자궁수축제, 분만촉진제, 지혈제로 쓰이며, 자궁출혈, 월경과다 등의 자궁질환을 치료하는 데 사용된다.

나. 살모넬라 식중독

① 원인균 : ㉣ 장염균

② 특성 : 열에 약하여 60℃에서 20분간 가열하면 균이 사멸되므로 먹기 전에 끓여 먹는다(D).

다. 호염균 식중독

① 원인균 : ㉥ 장염 비브리오균

② 특성 : 감염형 식중독으로, 열에 약하고 담수에 사멸되는 특징이 있으므로 먹기 전에 가열하거나 깨끗한 수돗물로 씻는다(B).

라. 복어 중독

① 원인균 : ㉦ 테트로도톡신

② 특성 : 산란기에 독성이 강해지며, 주증상은 구순 및 혀의 지각마비, 호흡장애, 위장장애, 뇌장애 등으로 중추신경 및 말초신경에 대한 신경독을 일으킨다(C).

마. 포도상구균 식중독

① 원인균 : ㉧ 황색포도상구균

② 특성 : 잠복기가 평균 3시간 정도로 식후 평균 3시간 정도에 발병하고 급성 위장염 증상을 보이는 식중독이다(A).

CHAPTER

08 학교보건

01 학교보건의 이해

1 학교보건의 개요

1. 정의

(1) 학생, 교직원이 건강하고 안전하게 생활할 수 있도록 질병예방, 건강보호, 건강을 증진하기 위함이다.

① 학생 및 교직원과 그 가족, 더 나아가서 지역사회를 대상으로
② 학생, 가족, 교직원 및 보건의료전문가가 참여하여
③ 보건봉사와 환경관리 및 보건교육을 제공함으로써
④ 각자의 건강문제를 해결할 수 있는 신체적 · 정신적 · 사회적 기능 수준을 향상시켜 안녕상태에 이르도록 하는 포괄적인 건강사업이다.

(2) 학교보건사업의 범위는 학생 및 교직원의 건강관리를 위한 직접적인 학교보건봉사, 보건교육과 상담, 환경관리, 지역사회와의 연계로 정의될 수 있다.

2. 학교보건의 중요성

(1) 학교보건 대상자의 범위가 크다(인구의 26%).
(2) 학생들은 학교라는 한 장소에 모여 있으므로 유리한 여건을 내포 → 사업의 제공이 용이
(3) 건강관리 중 가장 중요한 것은 보건교육이다. 학교에서는 교과과정 중 보건교육을 충분히 통합하여 운영할 수 있다.
(4) 학생시절은 건강행위를 위한 습관형성시기로 이 시기에 형성된 건강습관은 일생 동안 지속되어, 건강한 성인으로 성장이 가능하다.
(5) 학교보건사업의 효과는 가족에게까지 파급이 가능하다.
(6) 학교는 지역사회 중심체로서의 역할을 한다.
(7) 감염에 대한 저항력이 약한 학령기의 집단생활은 감염병 발생의 근원이 된다.

(8) 학령기는 성장발달시기로 질병을 조기 발견하여 불구를 예방하고 적은 경비로 큰 성과를 올릴 수 있는 시기이다.

(9) 교직원은 그 지역의 지도적 입장에 있고, 항상 보호자와 접촉하므로 교직원이 먼저 보건에 관한 지식을 습득하고 이것을 생활화함으로써 지역사회의 모범이 될 수 있다.

3. 학교보건의 목적

(1) 학교보건법 제1조

학교의 보건관리에 필요한 사항을 규정하여 학생 및 교직원의 건강을 보호·증진하기 위함이다.

(2) 학교보건의 대상자가 신체적·정신적·사회적으로 안녕 복지상태에 도달하도록 하는 데 목적이 있다.

① 1차적 목적은 모든 학생들의 복지, 건강증진과 유지, 자기 자신의 건강에 대하여 책임을 다하고 가족과 지역사회 자원을 이용할 수 있는 잘 적응된 개인으로 발달시키는 데 있다.

② 2차적 목적은 환아의 건강회복, 학령기 아동의 불구나 질병으로 인한 사망의 감소이다. 즉, 학교는 질병, 사고, 선천성 기형, 정신, 사회적 부적응으로 야기되는 건강요구를 해결하도록 도와야 한다.

(3) 학교간호의 목표

학교간호는 보건교사의 지식과 기술로 이루어지는 간호를 학교에 제공함으로써 학교가 그들의 건강을 스스로 관리하는 능력을 향상시키는 데 있다.

4. 학교보건의 기능

(1) 안전하고 건강한 학교환경의 제공
(2) 지속적이고 효과적인 학교보건교육
(3) 학생과 교직원에게 그들의 건강요구도에 따른 학교보건봉사
(4) 학교·지역사회의 건강증진

5. 학교보건의 특징

(1) 대상이 두 그룹
(2) 집단화
(3) 학령기, 청소년기이므로
(4) 생활습관 형성기

(5) 지역적 편견의 우려가 크므로

(6) 보건교육

6. 학교보건 관리체계

(1) 학교보건 조직

① 중앙조직 : 교육부, 학생지원국, 학생건강정책과에서 학교보건과 학교급식 업무를 관장한다.

② 지방조직 : 서울특별시 평생진로교육국 체육건강과에서 학생건강관리 업무 담당

③ 기타 관련조직 : 보건소와 보건지소

(2) 학교보건 관련기구

① 서울특별시 학교보건진흥원

② 한국학교보건협회

③ 한국건강관리협회

2 학교보건 관련법

1. 교육기본법

(1) 부모 등 보호자는 보호하는 자녀 또는 아동이 바른 인성을 가지고, 건강하게 성장하도록 교육할 권리와 책임을 가진다(제13조 제1항).

(2) 국가와 지방자치단체는 학생과 교직원의 건강 및 복지를 증진하기 위하여 필요한 시책을 수립 · 실시하여야 한다(제27조 제1항).

2. 초 · 중등교육법

교사는 정교사(1급 · 2급), 준교사, 전문상담교사(1급 · 2급), 사서교사(1급 · 2급), 실기교사, 보건교사(1급 · 2급) 및 영양교사(1급 · 2급)로 나누되, 별표 2의 자격기준에 해당하는 사람으로서 대통령령으로 정하는 바에 따라 교육부장관이 검정 · 수여하는 자격증을 받은 사람이어야 한다(제21조 제2항).

3. 학교보건법

(1) 목적(법 제1조)

이 법은 학교의 보건관리에 필요한 사항을 규정하여 학생과 교직원의 건강을 보호 · 증진함을 목적으로 한다.

(2) 건강검사의 정의(법 제2조 제1호)

"건강검사"란 신체의 발달상황 및 능력, 정신건강 상태, 생활습관, 질병의 유무 등에 대하여 조사하거나 검사하는 것을 말한다.

(3) 보건시설(법 제3조)

학교의 설립자 · 경영자는 대통령령으로 정하는 바에 따라 보건실을 설치하고 학교보건에 필요한 시설과 기구(器具)를 갖추어야 한다.

시행령 제2조(보건실의 설치기준)

① 「학교보건법」(이하 "법"이라 한다) 제3조에 따른 보건실의 설치기준은 다음 각 호와 같다.

1. 위치 : 학생과 교직원의 응급처치 등이 신속히 이루어질 수 있도록 이용하기 쉽고 통풍과 채광이 잘 되는 장소일 것
2. 면적 : 66제곱미터 이상. 다만, 교육부장관(「대학설립 · 운영 규정」 제1조에 따른 대학만 해당된다) 또는 특별시 · 광역시 · 특별자치시 · 도 또는 특별자치도(이하 "시 · 도"라 한다)의 교육감(「고등학교 이하 각급 학교 설립 · 운영 규정」 제2조에 따른 각급 학교만 해당된다)은 학생수 등을 고려하여 학생과 교직원의 건강관리에 지장이 없는 범위에서 그 면적을 완화할 수 있다.

② 제1항에 따른 보건실에는 학교보건에 필요한 다음 각 호의 시설 및 기구를 갖추어야 한다.

1. 학생과 교직원의 건강관리와 응급처치 등에 필요한 시설 및 기구
2. 학교환경위생 및 식품위생검사에 필요한 기구

③ 제2항에 따라 보건실에 갖추어야 하는 시설 및 기구의 구체적인 기준은 「초 · 중등교육법」 제3조에 따른 국립학교와 「고등교육법」 제2조 각 호에 따른 학교의 경우에는 교육부령으로 정하고, 「초 · 중등교육법」 제3조에 따른 공립학교 및 사립학교의 경우에는 시 · 도 교육규칙으로 정한다.

(4) 학교의 환경위생 및 식품위생(법 제4조 제1항)

학교의 장은 교육부령으로 정하는 바에 따라 교사(校舍) 안에서의 환기 · 채광 · 조명 · 온도 · 습도의 조절, 상하수도 · 화장실의 설치 및 관리, 오염공기 · 석면 · 폐기물 · 소음 · 휘발성유기화합물 · 세균 · 먼지 등의 예방 및 처리 등 환경위생과 식기 · 식품 · 먹는 물의 관리 등 식품위생을 적절히 유지 · 관리하여야 한다.

(5) 건강검사 등(법 제7조 제1항)

학교의 장은 학생과 교직원에 대하여 건강검사를 하여야 한다.

(6) 학생건강증진계획의 수립 · 시행(법 제7조의2)

① 교육감은 학생의 신체 및 정신 건강증진을 위한 학생건강증진계획을 수립 · 시행하여야 한다.

② ①에 따른 계획에는 제11조에 따른 학교의 장의 조치를 행정적 또는 재정적으로 지원하는 방안을 포함하여야 한다.

③ 학교의 장은 제7조에 따른 건강검사의 결과를 평가하여 이를 바탕으로 학생건강증진계획을 수립·시행하여야 한다.

④ 학교의 장은 ③에 따라 건강검사의 결과를 평가하고, 학생정신건강증진계획을 수립하기 위하여 제15조 제1항에 따른 학교의사 또는 학교약사에게 자문을 할 수 있다.

(7) 학생의 보건관리(법 제9조)

학교의 장은 학생의 신체발달 및 체력증진, 질병의 치료와 예방, 음주·흡연과 약물 오용(誤用)·남용(濫用)의 예방, 성교육, 정신건강 증진 등을 위하여 보건교육을 실시하고 필요한 조치를 하여야 한다.

(8) 보건교육 등(법 제9조의2)

① 교육부장관은 「유아교육법」 제2조 제2호에 따른 유치원 및 「초·중등교육법」 제2조에 따른 학교에서 모든 학생들을 대상으로 심폐소생술 등 응급처치에 관한 교육을 포함한 보건교육을 체계적으로 실시하여야 한다. 이 경우 보건교육의 실시 시간, 도서 등 그 운영에 필요한 사항은 교육부장관이 정한다.

② 「유아교육법」 제2조 제2호에 따른 유치원의 장 및 「초·중등교육법」 제2조에 따른 학교의 장은 교육부령으로 정하는 바에 따라 매년 교직원을 대상으로 심폐소생술 등 응급처치에 관한 교육을 실시하여야 한다.

③ 「유아교육법」 제2조 제2호에 따른 유치원의 장 및 「초·중등교육법」 제2조에 따른 학교의 장은 ②에 따른 응급처치에 관한 교육과 연관된 프로그램의 운영 등을 관련 전문기관·단체 또는 전문가에게 위탁할 수 있다.

(9) 예방접종 완료 여부의 검사(법 제10조)

① 초등학교와 중학교의 장은 학생이 새로 입학한 날부터 90일 이내에 시장·군수 또는 구청장에게 「감염병의 예방 및 관리에 관한 법률」 제27조에 따른 예방접종증명서를 발급받아 같은 법 제24조 및 제25조에 따른 예방접종을 모두 받았는지를 검사한 후 이를 교육정보시스템에 기록하여야 한다.

② 초등학교와 중학교의 장은 ①에 따른 검사결과 예방접종을 모두 받지 못한 입학생에게는 필요한 예방접종을 받도록 지도하여야 하며, 필요하면 관할 보건소장에게 예방접종 지원 등의 협조를 요청할 수 있다.

(10) 치료 및 예방조치 등(법 제11조 제1항)

학교의 장은 제7조에 따른 건강검사의 결과 질병에 감염되었거나 감염될 우려가 있는 학생에 대하여 질병의 치료 및 예방에 필요한 조치를 하여야 한다.

(11) 학생의 안전관리(법 제12조)

학교의 장은 학생의 안전사고를 예방하기 위하여 학교의 시설 · 장비의 점검 및 개선, 학생에 대한 안전교육, 그 밖에 필요한 조치를 하여야 한다.

(12) 교직원의 보건관리(법 제13조)

학교의 장은 제7조 제1항에 따른 건강검사 결과 필요하거나 건강검사를 갈음하는 건강검진의 결과 필요하면 교직원에 대하여 질병 치료와 근무여건 개선 등 필요한 조치를 하여야 한다.

(13) 질병의 예방(법 제14조)

감독청의 장은 감염병 예방과 학교의 보건에 필요하면 해당 학교의 휴업 또는 휴교(휴원을 포함한다)를 명할 수 있으며, 학교의 장은 필요할 때에 휴업할 수 있다.

(14) 감염병 예방접종의 시행(법 제14조의2)

시장 · 군수 또는 구청장이 「감염병의 예방 및 관리에 관한 법률」 제24조 및 제25조에 따라 학교의 학생 또는 교직원에게 감염병의 필수 또는 임시 예방접종을 할 때에는 그 학교의 학교의사 또는 보건교사(간호사 면허를 가진 보건교사로 한정한다. 이하 이 조에서 같다)를 접종요원으로 위촉하여 그들로 하여금 접종하게 할 수 있다. 이 경우 보건교사에 대하여는 「의료법」 제27조 제1항을 적용하지 아니한다.

(15) 학교에 두는 의료인 · 약사 및 보건교사(법 제15조)

① 학교에는 대통령령으로 정하는 바에 따라 학생과 교직원의 건강관리를 지원하는 「의료법」 제2조 제1항에 따른 의료인과 「약사법」 제2조 제2호에 따른 약사를 둘 수 있다.

② 모든 학교에 제9조의2에 따른 보건교육과 학생들의 건강관리를 담당하는 보건교사를 둔다. 다만, 대통령령으로 정하는 일정 규모 이하의 학교에는 순회 보건교사를 둘 수 있다.

(16) 보건기구의 설치 등(법 제16조)

교육감 및 교육장 소속으로 대통령령으로 정하는 바에 따라 학교의 보건 관리에 필요한 기구(機構)와 공무원을 둘 수 있다.

(17) 학교보건위원회(법 제17조)

① 제2조의2에 따른 기본계획 및 학교보건의 중요시책을 심의하기 위하여 교육감 소속으로 시 · 도학교보건위원회를 둔다.

② 시 · 도학교보건위원회는 학교의 보건에 경험이 있는 15명 이내의 위원으로 구성한다.

③ 시 · 도학교보건위원회의 기능 · 운영과 그 밖에 필요한 사항은 대통령령으로 정한다.

시행령 제25조(보건위원회의 구성)

① 보건위원회에는 위원장과 부위원장 각 1명을 두되, 위원장과 부위원장은 위원 중에서 호선한다.

② 삭제

③ 보건위원회 위원은 해당 교육청의 국장급 공무원 및 학교보건에 관하여 학식이 있거나 경험이 있는 사람 중에서 교육감이 임명하거나 위촉한다.

④ 제3항에 따라 위촉한 위원의 임기는 2년으로 하되, 연임할 수 있다. 다만, 보궐위원의 임기는 전임자 임기의 남은 기간으로 한다.

구분	학교보건위원회 (학교보건법)	시 · 도교육환경보호위원회 (교육환경 보호에 관한 법률)	지역교육환경위원회 (교육환경 보호에 관한 법률)
설치목적	학교보건의 중요 시책을 심의하는 정책기구	교육환경보호 업무에 관한 사항 심의	
설치장소	시 · 도 교육위원회	교육감 소속	
위원장	위원 중에서 호선	교육감이 임명하거나 위촉	교육감이 호선
위원	학교보건 경험자 중 교육감이 임명 : 15인 이내	1. 특별시 · 광역시 · 특별자치시 · 도 · 특별자치도(이하 "시 · 도"라 한다) 교육청의 4급 이상 또는 이에 상당하는 공무원 중에서 교육감 또는 특별시장 · 광역시장 · 특별자치시장 · 도지사 · 특별자치도지사(이하 "시 · 도지사"라 한다)가 지명하는 사람 2. 대학이나 공인된 연구기관에서 조교수 이상 또는 이에 상당한 직(職)에 있거나 있었던 사람으로서 학교의 교육환경 보호에 관하여 전문지식이 있는 사람 3. 「비영리민간단체 지원법」 제2조에 따른 비영리민간단체에서 추천한 사람 4. 교육경력이 5년 이상인 교원 및 강사 5. 그 밖에 지역별 학교의 교육환경 보호에 관한 학식과 경험이 풍부한 사람	교육감이 소속 직원, 관련 기관의 공무원, 학부모 또는 지역사회의 관련 전문가 중에서 학식과 경험이 있는 사람을 성별을 고려하여 임명하거나 위촉하되, 지역위원회가 설치되는 교육지원청의 관할구역 내에 위치한 학교의 학교운영위원회 위원인 학부모가 위원 총수의 2분의 1 이상이 되도록 구성하여야 한다(13~17명 이하).
임명 위촉자	교육감	교육감이 임명하거나 위촉	교육감이 임명

3 학교보건 인력의 배치 및 직무

1. 보건교사의 배치기준(학교보건법 시행령 제23조 제1항)

(1) 18학급 이상의 초등학교에는 학교의사 1명, 학교약사 1명 및 보건교사 1명을 두고, 18학급 미만의 초등학교에는 학교의사 또는 학교약사 중 1명과 보건교사 1명을 둘 수 있다.

(2) 9학급 이상인 중학교와 고등학교에는 학교의사 1명, 학교약사 1명 및 보건교사 1명을 두고, 9학급 미만인 중·고등학교에는 학교의사 또는 학교약사 중 1명과 보건교사 1명을 둔다.

(3) 대학, 사범대학, 교육대학, 전문대학에는 학교의사 1명 및 학교약사 1명을 둔다.

(4) 고등기술학교, 공민학교, 고등공민학교, 특수학교, 유치원 및 각종 학교에는 위의 (1)부터 (3)에 규정된 해당학교에 준하여 학교의사, 학교약사 및 보건교사를 둔다.

2. 보건교사의 직무

(1) 학교보건계획의 수립

(2) 학교 환경위생의 유지·관리 및 개선에 관한 사항

(3) 학생과 교직원에 대한 건강진단의 준비와 실시에 관한 협조

(4) 각종 질병의 예방처치 및 보건지도

(5) 학생과 교직원의 건강관찰과 학교의사의 건강상담, 건강평가 등의 실시에 관한 협조

(6) 신체가 허약한 학생에 대한 보건지도

(7) 보건지도를 위한 학생가정방문

(8) 교사의 보건교육협조와 필요시의 보건교육

(9) 보건실의 시설·설비 및 약품 등의 관리

(10) 보건교육자료의 수집·관리

(11) 학생건강기록부의 관리

(12) 다음의 의료행위(간호사 면허를 가진 사람만 해당한다)

① 외상 등 흔히 볼 수 있는 환자의 치료
② 응급을 요하는 자에 대한 응급처치
③ 부상과 질병의 악화를 방지하기 위한 처치
④ 건강진단결과 발견된 질병자의 요양지도 및 관리
⑤ ①부터 ④까지의 의료행위에 따르는 의약품 투여

(13) 그 밖에 학교의 보건관리

CHECK Point	보건교사 자격기준

1. **보건교사 1급** : 보건교사(2급) 자격증을 가진 자로서 3년 이상의 보건교사 경력을 가지고 자격연수를 받은 자
2. **보건교사 2급**
   (1) 대학 · 산업대학의 간호학과 졸업자로서 재학 중 소정의 교직학점을 취득하고 간호사면허증을 가진 자
   (2) 전문대학의 간호과 졸업자로서 재학 중 소정의 교직학점을 취득하고 간호사면허증을 가진 자
3. **소정의 학점** : 4년제 대학은 14학점(7과목), 전문대학은 10학점(5과목) 이상의 교과목과 4주 실습을 이수해야 한다.

3. 학교의사의 직무

(1) 학교보건계획의 수립에 관한 자문
(2) 학교 환경위생의 유지 · 관리 및 개선에 관한 자문
(3) 학생과 교직원의 건강진단과 건강평가
(4) 각종 질병의 예방처치 및 보건지도
(5) 학생과 교직원의 건강상담
(6) 그 밖에 학교보건관리에 관한 지도

4. 학교약사의 직무

(1) 학교보건계획의 수립에 관한 자문
(2) 학교 환경위생의 유지 · 관리 및 개선에 관한 자문
(3) 학교에서 사용하는 의약품과 독극물의 관리에 관한 자문
(4) 학교에서 사용하는 의약품 및 독극물의 실험 · 검사
(5) 그 밖에 학교보건관리에 관한 지도

5. 행정책임자 – 학교장의 직무

(1) 학교 환경위생, 식품위생 유지관리 의무
(2) 학생 및 교직원에 대한 신체검사 실시 의무
(3) 신체검사의 결과 감염병에 감염되었거나, 되었다는 의심이 있거나, 감염될 우려가 있는 학생 및 교직원에 대해 등교를 중지시킬 수 있다.
(4) 학생 및 교직원의 보건관리 의무
(5) 예방접종 완료 여부의 검사
(6) 치료 및 예방조치
(7) 학생의 안전관리
(8) **질병의 예방** : 감염병 예방과 학교보건에 필요한 때에는 휴업할 수 있다.

02 학교보건사업

1 학교보건사업의 개요

1. 정의

학교보건사업은 학생, 교직원, 가족 및 지역사회를 대상으로 학생, 교직원, 가족 및 보건의료전문가가 참여하여 학교보건봉사, 학교보건교육, 학교환경관리를 제공함으로써 각자의 건강문제를 스스로 해결할 수 있는 신체 · 정신 · 사회적 적정능력의 수준을 향상시켜 안녕상태에 이르도록 하는 포괄적인 건강사업이다.

2. 학교보건사업의 목표

학교보건사업의 목표는 학생 및 교직원에게 보건교육과 보건관리를 적절히 실시하여 학생 및 교직원으로 하여금 스스로 건강을 유지 · 증진하기 위함이다.

3. 학교보건사업의 기본 방침

(1) 학교보건사업은 보건교육을 통하여 학생과 교직원이 스스로 건강에 관한 능력을 갖출 수 있도록 보건 및 건강에 대한 정확하고 풍부한 정보와 지식을 제공하고, 건강한 생활을 할 수 있도록 자기건강관리 능력을 배양하며, 신체적 · 정신적 · 사회적으로 건강한 민주시민을 육성한다.

(2) 학교보건사업은 학교보건봉사와 환경안전관리를 통하여 학생들의 건강평가, 예방사업, 치료사업, 건강증진사업을 실시하며, 건강한 교내외 환경을 조성하여 안전한 학교생활을 영위하도록 학교보건활동을 강화하고, 보건위생시설을 확충 · 개선하며 깨끗하고 명랑한 교육환경을 조성한다.

4. 학교보건사업의 중요성

(1) 학교는 지역사회의 중심체 역할로서 국민의 건강권을 보장해야 한다.

(2) 학교는 전 인구의 26%나 차지하는 학생을 관리하고 있다.

(3) 학생들의 강한 학구열로 보건교육의 빠른 효과를 볼 수 있고, 보건에 관한 지식의 생활화가 용이하다.

(4) 학생들을 통하여 학생을 포함한 가족 및 지역사회까지 건강정보를 전달할 수 있다.

CHECK Point 학교보건업무

1. 교육부
   (1) 학교보건업무
      ① 보건교육
      ② 보건활동 강화
      ③ 학교환경위생 보호사업 강화
      ④ 학교신체검사 및 각종 병리검사 실시
      ⑤ 학교보건 사업운영 및 평가
   (2) 학교급식업무 : 영양교육, 식생활 개선, 학교급식 운영 및 평가
2. 시 · 도교육위원회
   (1) 학교보건업무에 대한 지도 · 감독 · 평가
   (2) 보건시설의 설치와 보건교사의 배치 등의 행정업무
   (3) 학교보건원과 같은 지원기관의 운영업무
3. 학교
   (1) 학교보건교육 실시
   (2) 학교 신체검사 실시
   (3) 학생 병리검사 실시
   (4) 학교 급수관리 및 환경위생관리
   (5) 학교급식
   (6) 학교보건실 운영

2 학교보건사업의 주요 내용

학교보건사업의 범위

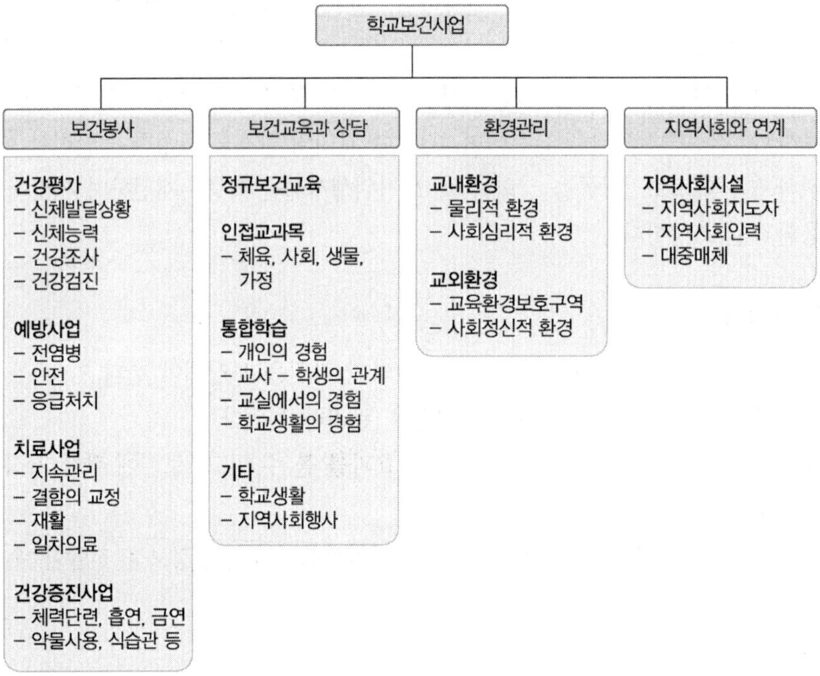

1. 보건봉사

(1) 건강평가

① 학교보건사업의 범주에서 학생과 교직원에게 제공하는 직접적인 서비스이자 역사적으로 가장 오래된 서비스이다.

② 학생은 전교생을 대상으로 매년 건강검사와 각종 검사(병리검사, 흉부 X-선 촬영, 혈액형 검사, 구강검사)를 통하여 건강평가가 이루어진다.

③ 교직원은 건강보험법에 의해 건강검진으로 갈음한다.

④ 학생건강평가의 목적은 학생의 성장발달을 감독하고 건강이상자를 조기 발견하는 데 있다.

(2) 예방사업

① 감염병의 예방을 위한 예방접종사업과 응급처치, 안전관리가 주로 제공되어 왔다.

② 학교에서 안전관리는 학교경영의 시점에서 대인관리와 대물관리의 두 가지 영역이 운영되도록 해야 한다.

(3) 치료사업

① 통상질환자에 대한 1차의료 수준의 처치 및 투약, 상병자에 대한 지속적 추후관리가 제공되어 왔다.

② 전 국민 의료보험실시 이전에 이러한 직무는 학교보건사업 중에서 가장 중요한 직무로 수행되어 왔으나 현재는 점차 축소되어질 부분이다.

(4) 건강증진사업

만성 퇴행성질환과 사고를 예방하기 위한 생활양식의 습관화와 건강증진활동의 실천 등으로 보건봉사 중 치료사업보다는 건강증진사업이 점차 확대되어 갈 전망이다.

2. 보건교육과 상담

보건교육은 정규적인 또는 계획적인 보건교육, 보건수업, 인접교과목(체육, 사회, 생물, 가정), 통합학습(개인의 경험, 교사 – 학생의 관계, 교실에서의 경험, 학교생활의 경험), 기타 학생활동과 지역사회활동을 통해 이루어진다.

3. 환경관리

(1) 교내환경

① **물리적 환경** : 공기오염, 환기, 채광, 조명, 온습도, 식기, 식품, 음료수, 상하수도, 화장실, 오물처리 등 기타 환경위생 및 식품위생을 적절히 유지하도록 정하고 있다(학교보건법 제4조).

② **사회심리적 환경** : 학교 내의 폭력이나 약물, 흡연, 음주 등의 오남용과 비행 등의 사회정신적 환경이 포함된다.

(2) **교외환경**

교육환경보호구역 안에서 금지행위와 시설을 정하고 있다.

4. 지역사회와 연계

점차 학교보건사업은 지역사회와의 긴밀한 관계 속에서 자원의 활용이 필요하다. 이 관계는 학부모와 지역사회와 지역사회의 지도자들이 포함되어야 한다. 이는 학교보건교육이 기술적인 지식인으로부터 일상의 생활에서의 인간의 행위에 필요한 지식과 기술을 적용할 수 있는 능력을 개발하는 데 역점을 두기 때문이다.

3 학교안전관리

우리나라의 사망원인별 통계자료를 보면, 사고로 인한 사망이 3순위를 차지하고 있어, 날로 증가하는 각종 안전사고 예방을 위하여 2007.12.14.자로 개정된 「학교보건법」 제12조에 '학생의 안전관리'에 관한 조항이 신설된 바, 학교장은 학생의 안전사고를 예방하기 위하여 학교의 시설 · 장비의 점검 및 개선, 안전교육의 실시 등 필요한 조치를 하여야 한다.

1. 학교안전의 정의

안전교육	안전학습	모든 교과를 통한 지식이나 기능 습득은 물론 체육, 보건학습의 안전내용 영역에 중심을 두고, 사회, 이과 등 관련 교과의 학습, 실험, 실습, 특별활동 등의 학급지도와 학교행사를 중심으로 하여 행하여지는 것이다.
	안전지도	안전에 관한 바람직한 행동변화에 필요한 지식이나 기능을 습득시키기 위해 안전학습과 안전에 관한 원리 원칙을 구체적인 행동 장면에 적용시켜 항상 안전한 행동을 실천하는 태도와 능력을 기르는 것을 말한다.
안전관리	대인관리	안전인식 진단, 일상행동 관찰 등으로 사고요인이 되는 학생 심신의 특징을 파악하거나 안전 행동의 실태 파악, 위험한 행동의 규제 및 긴급시의 구급 체제를 확립하는 것 등을 말한다.
	시설관리	환경관리로 학교 내외의 시설 설비의 안전점검과 안전조치 및 정서적 환경관리 등

2. 학교안전교육

(1) 정의

학교안전교육은 안전에 대한 잠재적 사고와 문제 상황에 대한 인식을 일깨워 사고를 미연에 예방하는 행동 변화를 조장하는 활동이다.

(2) 목표

① 학교안전교육의 목표는 모든 교육활동에서 사고를 예방하며 교사와 학생들이 안전한 생활을 영위하고 나아가 안전문화의 정착으로 안전한 삶을 준비하도록 하는 데 있다.
② 일상에서 안전하게 생활하는 데 필요한 사항을 이해시키고, 그에 관한 안전수칙을 잘 지키도록 안전한 행동이 습관화되도록 하며, 자신이나 타인의 생명을 존중하고 학교에서 안전한 활동에 기여할 수 있는 능력을 길러주는 데 있다.

(3) 방향

① 안전교육이 바로 생명의 안전을 기하고 재산의 보존을 위한 것이라고는 하지만, 지나치게 경원하는 소극적인 교육이 되어서는 안된다.
② 안전교육은 덮어놓고 금지만 하지 말고 올바른 방향으로 용기와 적극적인 참여가 이루어지도록 이끌어 나가야 한다.
③ 안전교육이란 피할 수 있는 위험은 재차 피하고 피치 못할 위험사태에 부딪쳤을 경우일지라도 당황하지 않고 침착하고 용감하게 그 처리방안을 모색하여 과학적으로 극복하여 나갈 수 있는 합리성을 길러 주어야 한다.
④ 복잡한 사회에서의 안전질서 유지와 창의적이고 합리적인 생활태도 및 문제해결을 위한 적극적인 투지력을 평소 교육에서 육성해 나가야 한다.
⑤ 학교안전교육은 학교생활에서 안전사고 및 건강상의 문제와 가정, 사회, 산업체 등 성인 사회에서 발생할 수 있는 각종의 사고, 건강상의 문제 등을 방지할 목적으로 각급 학생들에게 안전에 대한 지식, 기능, 태도 및 그 대책 등을 학교교육을 통해 체계적으로 습득하게 한다.

(4) 필요성

① 아동사고는 사망뿐만 아니라 불구의 원인이 되기도 한다.
② 학생들은 학교 내 외적 환경에서 많은 위험요인에 노출될 수 있고, 활동량이 많은 시기이므로 사고위험이 높다고 할 수 있다.
③ 사고의 원인은 무관심과 부주의로 인한 것이 대부분이므로 안전에 대한 교육과 안전생활을 실천화하여 사전에 예방할 수 있다.
④ 따라서 학생들에게 사고의 위험으로부터 안전을 유지하며 사고를 예방할 수 있는 능

력을 길러주기 위한 교육은 필수적이며, 사고위험의 요인을 미리 제거하고 사고를 당했을 경우 상해를 최소화할 수 있는 종합대책이 필요하다.

3. 학교안전관리

(1) 개념

학교에서의 안전관리는 사고 · 재해 발생요인을 사전에 파악하여 이것을 제거하는 데 노력하고, 만일 불행하게도 사고나 재해가 발생했을 때 신속하고 적절한 구급활동이 되도록 그 체제를 확립하여 학생들의 안전확보를 도모하기 위한 활동이다.

(2) 분류

<table>
<tr><td rowspan="7">학교안전관리</td><td rowspan="5">대인관리</td><td rowspan="3">심신안전관리</td><td>사고의 요인이 되는 심신상태 파악 분석</td><td>• 건강진단(시력, 청력, 질병 등)
• 체력진단(운동기능, 순발력)
• 지능, 성격진단
• 안전인식진단</td></tr>
<tr><td colspan="2">일상행동 관찰</td></tr>
<tr><td colspan="2">구급조치, 응급사고 발생시 구급체계</td></tr>
<tr><td rowspan="2">생활안전관리</td><td>학교 내 생활</td><td>• 안전한 생활실천상황 파악
• 휴식 · 여가시간 활동(교실, 운동장 사용)
• 교육시작 전, 방과 후 학과학습, 학교행사, 그룹활동</td></tr>
<tr><td>학교 외 생활</td><td>• 통학로 설정 안전
• 위험개소(구역) 설정 놀이, 운동규제</td></tr>
<tr><td rowspan="2">대물관리</td><td rowspan="2">학교환경관리</td><td>학교 내외 시설설비 안전점검, 안전조치</td><td>• 일상, 정기안전점검</td></tr>
<tr><td colspan="2">학교 환경미화 등 안전 배려</td></tr>
</table>

4 학교보건사업의 변천과정

1. 감염병 관리기

(1) 건강개념

생의학적 이론에 근거하여, 해부구조와 생리기능에 이상이 없는 상태로 학교보건에서 지향하는 건강은 감염병이 없는 상태를 의미한다.

(2) 주요 보건사업

① 학생의 해부 신체부분과 생리기능이 인간의 본태에서 벗어나지 않도록 감염병 관리를 실시하였다.

② **의사에 의한 치료위주의 감염병 예방사업** : 본태에서 벗어난 감염병 환자는 인간의 본태를 회복시키는 치료를 받도록 하였다.

2. 신체검사기

(1) 건강개념

인간의 해부구조와 생리기능이 외부의 균이나 환경에 의하여 손상되지 않고 인간의 본태를 유지하기 위한 인간의 적응능력이 곧 건강이라고 하였으며, 이는 적응이론에 의한 건강개념이라 할 수 있다.

(2) 주요 보건사업

① **예방접종약 및 항생제 개발** : 예방접종 위주의 사업을 전개하였다.
② **환경위생관리** : 감염병균을 제거하거나 증식을 억제하였다.
③ **건강을 신체적 · 정신적 · 사회적으로 평가** : 해부구조나 생리기능의 이상을 조기에 발견하고 조치한다.
④ 이상상태를 유도하는 환경을 제거 혹은 조정하거나 학생의 적응력을 강화시켜 건강한 삶을 영위하도록 하였다.
⑤ 신체검사와 각종 검사를 위주로 하였다.

3. 포괄적 건강관리기

(1) 건강개념

① 학교보건은 체계이론에 근거하여 학교 전체를 하나의 체계로 보며, 이 체계를 학교보건의 대상으로 보고 있다. → 이상의 건강개념은 일반체계이론과 기능이론에 의하여 설명한 것이다.
② 건강은 신체적 · 정신적 · 정서적 · 사회적 · 영적으로 안녕한 상태를 상위개념으로 하고, 학교의 건강에 대한 자기건강관리 능력을 하위개념으로 하고 있다. 즉, 인간이 외부환경에 신체적 · 정신적 · 사회적으로 적응하는 것을 건강이라고 보았다.

(2) 주요 보건사업

포괄적 건강관리를 위한 학교보건 내용은 학생 및 교직원의 건강관리, 환경위생관리, 보건교육 등으로 다양해졌다.

4. 학교보건교육 과정기

(1) 건강개념

① 건강은 신체적 · 정신적 · 정서적 · 사회적 · 영적으로 안녕한 상태를 추구하기 위하여 자기건강관리를 잘 할 수 있는 것이라고 보았다.

② 자기건강관리능력은 학생 및 교직원의 능동적 참여 속에서 보건교육 위주의 학교보건 사업을 전개했을 때 더욱 효과적이다.

(2) 주요 보건사업

① 기존의 학교보건 내용이었던 학생 및 교직원의 건강관리, 보건교육, 학교환경위생을 학생의 건강관리능력 본위의 교과과정으로 개발하여 학생 및 교직원의 건강관리, 보건수업, 건강한 생활을 교과로 개념화한 것이다.

② 이는 교육의 논리로 학교보건의 이론을 정립한 것으로 학교보건이 보건의료제도 및 보건산업의 일환이 아니라 교육제도 및 교육사업의 한 분야임을 의미한다.

(3) 학교보건교육 과정의 개념

① 학교보건교육 과정은 학생이 학교에 입학하여 졸업할 때까지의 정규, 비정규 보건관련 학습경험의 총체이다.

② 이는 지식의 전달뿐만 아니라 태도의 변화, 긍정적으로는 행동의 변화까지 도모하여 학생이 자기건강관리능력을 갖도록 하는 것이다.

③ 즉, 학생이 자기의 건강을 스스로 관리할 수 있는 능력을 갖도록 하기 위하여 건강관리에 긍정적으로 영향을 주는 지적 영역, 정의적 영역, 심동적 영역의 학습경험을 제공하는 과정이다.

03 학교간호과정

1 학교간호과정의 개요

1. 제1단계(사정)

(1) 자료의 수집 및 분석

(2) 학교간호의 기준 및 지침확인 : 그 중 보건교사가 다루어야 할 문제, 즉 학교간호문제를 추려서 문제의 범위를 한정한다.

(3) 학교의 간호진단 : 학교보건의 관점에서 학교가 안고 있는 문제, 즉 학교보건문제를 찾는다.

(4) 학교간호사업의 우선순위 설정 : 이들의 중요성과 처리가능성을 고려해 우선순위를 정한다.

2. 제2단계(계획)

(1) 학교간호사업의 목표설정

학교간호의 목적을 확인하고 처리할 학교간호 문제의 범위와 해결수준 즉, 목표를 설정한다.

(2) 학교간호 방법 및 수단의 선택

설정된 목표를 달성하기 위하여 필요한 방법과 수단을 선택한다.

(3) 학교간호사업의 집행계획 수립

해결할 문제의 해결목표를 달성하기 위하여 선택한 해결방법 및 수단을 누가, 언제, 어디에서 실행에 옮길 것이며, 필요한 예산은 어떻게 조치할 것인가 등을 구체적으로 결정한다.

(4) 평가계획

3. 제3단계(수행)

수립한 사업계획안에 의하여 보건교사가 학교간호활동을 수행한다.

4. 제4단계(평가)

학교간호사업의 평가 및 재계획 : 집행의 성과를 평가하여 사업의 수행과 차기계획의 수립에 참고자료를 얻는다.

2 학교간호과정

1. 제1단계 : 학교간호 사정

(1) 자료수집 영역

① 학생 및 교직원의 일반적 특성 : 교직원들의 성별, 연령별, 이동상태(결근 및 전근), 학생들의 학년별 · 성별 학생수, 생활환경, 학부모의 직업, 전학 등을 파악한다.

② 학생 및 교직원의 건강상태 : 교직원 건강진단 결과와 학생 신체검사 및 각종 검사결과, 보건실 이용상태와 주 호소, 사고발생 상태, 결석률과 결석원인, 요양호학생 및 특수아동 관리현황, 질병 유병상태, 질병 발생상태 등을 파악한다.

③ 대상자의 건강행위 : 흡연상태, 약물복용상태, 운동실태, 식습관, 여가활동 등을 파악

한다.

④ **학교 내 물리적 환경** : 교실의 환기, 채광, 조명 및 난방, 교구, 음료수 시설, 화장실, 운동장 및 체육시설, 안전관리 상태 등을 파악한다.

⑤ **학교주변 환경** : 교육환경보호구역을 중심으로 학습 및 보건에 장해를 주는 시설 유무와 교통사고와 관련된 학생들의 통학로, 통학수단, 통학시간 등을 파악한다.

⑥ **사회적 환경** : 학교의 각종 위원회, 학생들의 조직 등 학교 내 조직들을 파악한다.

⑦ **자원**

㉠ **인적자원** : 보건교사, 교의, 학교약사, 영양사, 교직원, 학부모 등

㉡ **보건의료시설 및 건물** : 보건실, 식당 등의 위치, 시설, 관리상태, 학교지정 병의원, 약국

㉢ **기기와 기구 및 자료** : 학교간호사업에 사용될 수 있는 약품, 각종 기구 및 도구, 자료(참고서적, 보건교육자료, 학교건강관리 지침, 각종 기록부, 보고서)

㉣ **예산** : 학교간호사업에 사용될 수 있는 예산 및 출처

㉤ **시간** : 보건교사 및 학교보건인력이 학교간호사업을 위하여 사용할 수 있는 시간

⑧ **상호작용** : 보건실 이용률, 예방접종률, 보건교육 횟수 등 학교보건대상 인구의 환경 간의 상호작용과 교직원과 교직원, 교직원과 학생 간의 상호작용 등

(2) 자료수집 방법

① **기존자료의 활용(2차 분석)** : 학생출석부, 보건실 일지, 학교보건사업 관련공문, 학생건강기록부, 보건교육 평가서, 물품관리대장 등 기존의 활동기록이 학교간호문제 파악을 위한 자료원으로 활용될 수 있다.

② **참여 관찰**

㉠ 보건교사가 직접 보고, 듣고, 느끼고, 만져보는 등 오감을 활용하여 학교에 관한 정보를 수집한다.

㉡ 보건교사 자신이 학교간호 사정을 위한 도구가 되는 것이다.

㉢ 관찰활동을 통해 최대한 많은 정보를 얻기 위해서는 먼저 보건교사가 학교시설 설비에 대한 기준을 잘 기억하고 있어야 하며 사고위험에 대해 민감하고 학생들의 행동특성을 예측할 수 있어야 한다.

③ 설문조사

④ **면담** : 학생들의 건강관련 생활에 관한 정보를 많이 갖고 있는 주요 정보제공자를 선정하여 면담을 함으로써 깊이 있는 정보를 얻을 수 있다.

⑤ 현지조사

(3) 자료분석

여러 방법으로 수집한 다양한 자료들은 그 자체만으로는 이용하기에 무리가 있기 때문에 수집된 자료들을 일목요연하게 영역별로 분류하고 통계 수치화하여 간호진단의 근거자료로 삼는다.

① 월간, 연간 유병률 = 월간 · 연간 현존하는 환자 수 / 월간 · 연간 중앙인구(해당 연도 7월 1일 대상자 수) × 1,000

② 연간 질병발생률 = 1년 동안 새로 발생한 환자 수 / 해당 연도 7월 1일 학생 수 × 1,000

③ 연간 사고발생률 = 연간 사고발생자 수 / 해당 연도 7월 1일 학생 수 × 1,000

④ 청력 · 시력 · 언어장애 아동률 = 대상학생 수 / 해당 연도 7월 1일 학생 수 × 1,000

(4) 학교간호의 기준 및 지침 확인

자료수집과 분석을 통하여 도출된 여러 문제들을 먼저 「교육법」, 「학교보건법」, 학교보건관리 기준 및 지침 등을 근거로 학교간호 문제를 분류한다.

(5) 학교가 가지고 있는 다양한 보건문제

① 보건교사가 직접 해결할 문제

② 보건교사가 다른 학교보건인력(보건의료전문가, 교직원, 학부모 등)에게 의뢰하여 해결할 문제

③ 보건교사가 학교의 보건행정 담당자(교장, 교감, 부장교사, 서무부장 등)에게 건의하여 해결할 문제

④ 보건교사가 처리하지 않을 학교보건문제

(6) 간호진단

일반적으로 학교간호문제를 기술하기 위해서는 학교간호문제를 발생케 하는 선행요인들을 규명하여서 '00으로 인한 00문제' 등의 형식으로 제시하고 있다.

(7) 우선순위 설정

① **문제의 중요성** : 학생과 교직원에게 건강문제, 환경문제의 순으로 직접적으로 영향을 미치는지 고려한다.

② **문제의 크기** : 얼마나 많은 대상집단이 그 문제를 가졌는가?

③ **취약성** : 취약성이 높은 저학년 집단을 우선한다.

④ **법적 의무사항 여부** : 기준 및 지침을 확인한다.

⑤ 자원동원 가능성

⑥ 실천가능성(수용성)

⑦ 경제성, 비용의 효과성 등을 고려하여 우선순위를 결정한다.

2. 제2단계 : 학교간호 계획

(1) 간호목표 설정

학교간호의 목표는 학교간호에서 의도하는 성취의 결과로 학교간호를 집행하기 위한 계획을 세우고 이루어진 사업을 평가하기 위한 기준이 되기 때문에 목표설정은 중요하다.

① **기준** : 학교간호 목표는 다음의 네 가지 기준에 맞아야 한다.
 ㉠ **관련성** : 해결해야 하는 문제와 관련이 있어야 한다.
 ㉡ **실현가능성** : 그 문제를 해결할 수 있어야 한다.
 ㉢ **관찰가능성** : 성취된 결과를 눈으로 보아서 확인할 수 있어야 한다.
 ㉣ **측정가능성** : 성취된 결과를 숫자로 표시할 수 있어야 한다.

② **구성요소**
 ㉠ **언제** : 의도한 바람직한 상태가 이루어져야 하는 시기
 ㉡ **어디서** : 학교간호사업이 이루어지는 장소
 ㉢ **누가** : 학교간호사업에서 바람직하게 변화되어야 할 대상
 ㉣ **무엇** : 바람직하게 달라져야 하거나 변화되어야 할 상태나 조건
 ㉤ **범위** : 달성하고자 하는 상태나 조건의 양

③ **목표의 종류**
 ㉠ **학교보건사업의 궁극적 목표** : 학생 및 교직원의 건강을 유지 · 증진한다.
 ㉡ **학교간호사업의 궁극적 목표** : 적정기능 수준의 향상
 ㉢ **일반적 목표** : 학교간호사업의 결과로 이루어지는 특정한 상태나 조건을 기술한다.
  예 ○○초등학교 비만학생의 비만율은 학교의 체중조절 프로그램을 통해 2003년 5월 15%에서 2004년 5월에는 10%로 감소될 것이다.
 ㉣ **구체적 목표** : 일반적 목표를 달성하기 위한 종속적이고 세부적인 목표를 기술한다.
  예 중등도 비만학생 100명 중 50% 이상 학생이 3개월간의 체중조절 프로그램에 참여한다.

(2) 간호방법 및 수단의 선택

① **방법** : 간호제공, 보건교육, 관리활동
② **수단** : 보건실 활동, 방문활동, 면접 및 상담, 자원활용 및 의뢰, 집단지도, 매체활용, 학교보건조직 및 각종 조직 활용 등이 있다.

(3) 수행계획

① 수행계획에는 언제, 어디서, 누가, 무엇을 가지고 학교간호를 수행할 것인지에 대하여 계획을 세운다.
② 학교간호를 수행하기 위해서는 보건교사 혼자가 아니라 학생이나 교직원 등이 같이 참여하는 것이 좋다.

③ **연간계획표** : 주요 보건사업계획을 작성하여 보건실 벽에 붙여 놓아 누구든지 항상 볼 수 있도록 한다.
④ **월간계획표** : 연간계획보다 더 자세히 작성하여야 한다.
⑤ **주간계획표** : 하루에 이루어져야 하는 것을 오전, 오후로 나누어 주단위로 작성한다.

(4) 평가계획

평가를 어떻게 하느냐에 따라 사업의 방향이 달라지기 때문에 적절한 시기에 적절하게 평가가 이루어지도록 계획하여야 한다.

① **평가시기** : 연말, 학기말, 분기말, 월말, 주말 중 적절한 평가시기를 결정한다.
② **평가자** : 보건교사, 학생, 교사, 학부모, 학교보건 관련요원 중 필요와 상황에 따라 결정하되 가능하면 다양한 사람들로 구성하는 것이 학교보건에 대한 이해와 관심도를 높일 수 있다.
③ **평가방법** : 설문지, 관찰, 체크리스트, 각종 건강관리자료와 보고서, 면담과 협의회, 통계자료 등이 있는데 실행가능하며 효과적인 방법을 선택한다.
④ **평가내용** : 사업목표에 기술된 내용을 중심으로 평가내용을 결정한다.
⑤ **평가범주** : 사업의 목표달성 정도, 투입된 노력, 사업의 진행정도, 사업의 효율 등을 고려한다.

3. 제3단계 : 학교간호 수행

학교간호사업 수행의 대부분은 보건교사가 직접 하지만 교의, 영양사, 담임이나 타 과목 교사 등 여러 요원들이 참여하기도 한다.

(1) 직접 간호활동

학생 및 교직원의 건강관리 활동, 보건교육 활동, 환경관리 활동, 안전관리 활동을 말한다.

(2) 간접 간호활동

예산의 계획 및 집행, 시설 · 비품 준비 및 관리, 문서관리와 학교보건 조직운영, 직무관계 수립 등 직접 간호활동을 원활하게 하기 위한 지지적인 기능을 수행한다.

① **조정자의 역할** : 계획을 상황에 맞추어 집행하는 역할
② **감시자의 역할** : 사업목표 달성을 위해 계획대로 진행이 이루어졌는지를 말한다.
③ **지도감독자의 역할** : 기술적인 면을 지도한다.

4. 제4단계 : 학교간호 평가

(1) 평가절차

① **평가대상 및 평가기준 결정** : 누구에게 무엇을 평가할 것인가를 결정한다.

② **평가자료 수집** : 평가해야 할 것에 관련된 자료나 정보를 수집한다.

③ **현재 사업실적과 목표 비교** : 측정된 사업결과를 처음에 세웠던 사업목표와 비교한다.

④ **가치판단** : 목적에 도달하지 못하였다면 그 원인을 분석한다.

⑤ **재계획** : 다음 사업을 계획함에 있어서 그대로 계획을 할 것인지, 수정할 것인지, 사업 종료를 할 것인지에 대하여 결정한다.

⑵ **평가범주**

① **목표달성 정도 평가** : 실적, 하위목표 수준, 즉 구체적 목표에 대한 달성정도를 파악하고 구체적 목표가 상위목표에 어느 정도 접근되었는지를 파악한다.

② **사업진행 정도의 평가** : 사업진행의 내용 및 일정이 계획에 맞추어 수행되었는지를 파악하고 차질이 있다면 그 원인을 분석한다.

③ **투입된 노력에 대한 평가** : 인적, 물적, 예산, 투입된 인력, 지역사회 자원, 예산에 비하여 실제로 투입된 실적이 어떠한가를 파악하고 그 차이를 분석하며 원인을 규명한다.

④ **사업의 효율에 대한 평가** : 최소의 비용으로 최대의 성과를 달성하자는 의도로 투입된 노력, 즉 인적, 물적 자원을 비용으로 환산하여 그 사업의 목표달성 정도와 비교함으로써 측정된다.

⑤ **사업의 적합성 평가** : 산출된 사업의 실적을 요구와의 비율로 평가한다.

⑶ **평가도구가 갖추어야 할 중요한 요소**

① **타당도** : 측정하려는 내용을 측정하고 있는가?

② **신뢰도** : 측정하고자 하는 내용을 얼마나 정확히 측정하는가?

③ **객관도** : 검사자의 신뢰도, 측정자가 변화되면 측정값이 변화되는 오차를 객관도가 있다, 없다로 구분한다.

④ **실용도** : 평가의 결과가 다음 번 교육에 활용할 가치가 있는가의 문제로 실용도가 있다, 없다로 표시한다.

04 학생건강평가

1 건강평가의 개요

1. 개념

학생 및 교직원의 질병 또는 건강상 결함의 예방, 발견 및 간이치료와 건강증진 및 체력향상을 도모하기 위하여 실시하고 있다.

2. 건강평가의 목적

(1) 학생의 성장과 발달을 감독
(2) 건강이상자를 조기 발견
(3) 잠재적 질병요인의 규명
(4) 질병자를 체계적으로 추후 관리
(5) 건강이상자의 발견과 치료가 이루어지고 합병증을 최소화
(6) 학생들이 자신의 건강에 관심을 갖고 건강관리 하도록 동기화
(7) 정기적으로 건강상태를 이해하고 건강생활을 할 수 있는 기초자료를 제공
(8) 건강검사를 보건교육 자료로 이용
(9) 의료전문가와 학생 간의 우호적 관계를 수립하고 전문적 관리방법을 이해하여 따를 수 있도록 도움

3. 학교건강검사규칙의 주요 내용

(1) 건강검사 실시계획의 수립(제2조)

학교의 장은 「학교보건법」(이하 "법"이라 한다) 제7조에 따른 건강검사를 원활하게 실시하기 위하여 건강검사에 필요한 소요예산을 포함한 구체적인 건강검사 실시계획을 매년 3월 31일까지 수립하여야 한다.

(2) 건강검사의 실시(제3조)

① 건강검사는 신체의 발달상황, 신체의 능력, 건강조사, 정신건강 상태 검사 및 건강검진으로 구분한다.
② 신체의 발달상황, 신체의 능력, 건강조사 및 정신건강 상태 검사는 해당 학교의 장이 실시하고, 건강검진은 「건강검진기본법」 제14조에 따라 지정된 검진기관(이하 "검진기관"이라 한다)에서 실시한다.
③ ②의 규정에 불구하고 건강검진을 실시하는 학생에 대한 신체의 발달상황 및 건강조

사는 검진기관에서 실시하되, 건강조사는 별지 제1호의2 서식 내지 제1호의4 서식 문진표의 작성으로 갈음할 수 있다.

(3) 신체의 발달상황에 대한 검사항목 및 방법(제4조)

① 신체의 발달상황은 키와 몸무게를 측정한다.

② 신체의 발달상황에 대한 검사의 방법은 별표 1과 같다.

(4) 건강조사의 항목 및 방법(제4조의2)

① 건강조사는 병력, 식생활 및 건강생활 행태 등에 대해서 실시하여야 한다.

② 건강조사의 항목에 따른 세부적인 내용 및 건강조사의 방법은 별표 1의2와 같다.

(5) 정신건강 상태 검사(제4조의3)

① 정신건강 상태 검사는 설문조사 등의 방법으로 한다. 이 경우 설문조사 등의 시행과 그 결과 처리는 「초 · 중등교육법」 제30조의4에 따른 교육정보시스템(이하 "교육정보시스템"이라 한다)을 통하여 할 수 있다.

② 학교의 장은 정신건강 상태 검사를 실시하는 경우(법 제7조 제6항에 따라 동의 없이 실시하는 경우를 포함한다)에는 검사와 관련한 구체적인 내용을 학부모에게 미리 알려야 한다.

(6) 건강검진의 항목 및 방법(제5조)

건강검진은 근 · 골격 및 척추, 눈 · 귀, 콧병 · 목병 · 피부병, 구강, 기관능력, 병리검사 등에 대하여 검사 또는 진단하여야 한다.

(7) 건강검진의 절차 등(제5조의2)

① 학교의 장은 법 제7조 제2항에 따른 학생의 건강검사를 실시하기 위하여 2개 이상의 검진기관을 선정하여야 한다. 다만, 검진기관을 2개 이상 선정할 수 없는 경우에는 관할 교육감(「지방교육자치에 관한 법률」 제26조 제1항에 따라 하급교육행정기관에 권한을 위임한 경우에는 교육장을 말한다. 이하 이 조에서 같다)의 승인을 얻어 1개의 검진기관만 선정할 수 있다.

② 학교의 장은 ①의 규정에 의하여 검진기관을 선정하고자 하는 때에는 「초 · 중등교육법」 제31조의 규정에 의한 학교운영위원회의 심의 또는 자문을 받을 수 있다.

③ 학교의 장은 검진대상자가 검진기관을 방문하여 건강검진을 받도록 하여야 한다.

④ 학교의 장은 ① 본문 및 ③에도 불구하고 다음의 어느 하나에 해당하는 경우에는 1개의 검진기관만을 선정하여 검진기관이 검진대상자에 대한 출장검진을 하도록 할 수 있다.

㉠ 학교가 소재한 지역(읍 · 면 · 동을 말한다)에 검진기관이 없는 경우

㉡ 「장애인 등에 대한 특수교육법」에 따른 특수학교 및 특수학급의 학생을 대상으로

검진을 실시하는 경우

㉢ 그 밖에 부득이한 사유로 출장검진이 불가피하다고 교육감이 승인한 경우

⑤ 검진기관은 검진대상자 여부를 확인한 후 검진대상자에 대하여 별표 1 및 별표 2의 검사항목에 해당되는 신체의 발달상황에 대한 검사 및 건강검진을 실시하여야 한다.

⑥ 검진기관은 검진을 실시하기 전에 검진에 필요한 별지 제1호의2서식부터 별지 제1호의4서식까지에 따른 문진표를 비치하고, 검진대상자에게 필요한 문진표를 작성 · 제출하도록 하여야 한다.

⑦ 검진기관은 법 제7조 제5항에 따라 다음의 서류를 작성하여 검사결과를 검사일부터 30일 내에 해당 학생 또는 학부모와 해당학교의 장에게 각각 통보하여야 한다. 이 경우 검진결과 질환이 의심되는 학생 또는 정밀검사가 필요한 학생이 있는 경우에는 해당 학부모에게 반드시 통보하여야 한다.

㉠ 별지 제1호의5서식에 따른 학생건강검사 결과 통보서

㉡ 별지 제1호의6서식에 따른 학생구강검사 결과 통보서

⑧ 건강검진에 소요되는 비용의 범위는 「국민건강보험법」 제52조 제2항 및 같은 법 시행령 제25조 제7항에 따라 보건복지가족부장관이 정한 금액을 적용한다.

(8) **별도의 검사(제6조)**

① 학교의 장은 법 제7조 제3항에 따른 별도의 검사를 다음의 학생에 대하여 실시할 수 있다.

㉠ **소변검사 및 시력검사** : 초등학교 · 중학교 및 고등학교의 학생 중 교육감이 지정하는 학년의 학생

㉡ **결핵검사** : 고등학교의 학생 중 교육감이 지정하는 학년의 학생

㉢ **구강검사** : 중학교 및 고등학교의 학생 중 교육감이 지정하는 학년의 학생

② ①의 규정에 의한 검사의 시기 및 방법 등 검사에 필요한 사항은 교육감이 정한다.

CHECK Point 학교보건법 제7조(건강검사 등)

① 학교의 장은 학생과 교직원에 대하여 건강검사를 하여야 한다. 다만, 교직원에 대한 건강검사는 「국민건강보험법」 제52에 따른 건강검진으로 갈음할 수 있다.

② 학교의 장은 제1항에 따라 건강검사를 할 때에 질병의 유무 등을 조사하거나 검사하기 위하여 다음 각 호의 어느 하나에 해당하는 학생에 대하여는 「국민건강보험법」 제52에 따른 건강검진 실시 기관에 의뢰하여 교육부령으로 정하는 사항에 대한 건강검사를 한다.

1. 「초 · 중등교육법」 제2조 제1호의 학교와 이에 준하는 특수학교 · 각종학교의 1학년 및 4학년 학생. 다만, 구강검진은 전 학년에 대하여 실시하되, 그 방법과 비용 등에 관한 사항은 지역실정에 따라 교육감이 정한다.
2. 「초 · 중등교육법」 제2조 제2호 · 제3호의 학교와 이에 준하는 특수학교 · 각종학교의 1학년 학생
3. 그 밖에 건강을 보호 · 증진하기 위하여 교육부령으로 정하는 학생

> ③ 학교의 장은 제2항에 따른 건강검사 외에 학생의 건강을 보호 · 증진하기 위하여 필요하다고 인정하면 교육부령으로 정하는 바에 따라 그 학생을 별도로 검사할 수 있다.
> ④ 학교의 장은 제1항과 제2항에도 불구하고 천재지변 등 부득이한 사유로 관할 교육감 또는 교육장의 승인을 받은 경우에는 교육부령으로 정하는 바에 따라 건강검사를 연기하거나 건강검사의 전부 또는 일부를 생략할 수 있다.
> ⑤ 제2항에 따라 건강검사를 한 검진기관은 교육부령으로 정하는 바에 따라 그 검사결과를 해당 학생 또는 학부모와 해당 학교의 장에게 알려야 한다.
> ⑥ 학교의 장은 제2조 제1호의 정신건강 상태 검사를 실시함에 있어 필요한 경우에는 학부모의 동의 없이 실시할 수 있다. 이 경우 학교의 장은 지체없이 해당 학부모에게 검사 사실을 통보하여야 한다.
> ⑦ 제1항과 제2항에 따른 건강검사의 시기, 방법, 검사항목 및 절차 등에 관하여 필요한 사항은 교육부령으로 정한다.

(9) 신체능력검사의 대상 및 방법 등(제7조)

① 신체능력검사는 체력요소를 평가하여 제8조에 따른 신체의 능력등급을 판정하는 필수평가와 신체활동에 대한 인식정도 등 필수평가에 대한 심층평가를 하는 선택평가로 구분한다.

② 학교의 장은 다음의 학생을 대상으로 신체능력검사를 실시한다. 다만, 심장질환 등으로 인한 신체허약자와 지체부자유자는 그 대상에서 제외할 수 있다.
- ㉠ 초등학교 제5학년 및 제6학년 학생
- ㉡ 중학교 및 고등학교 학생

③ 필수평가는 체력요소별로 1개의 검사항목을 선택하여 매 학년 초에 실시하는 것을 원칙으로 하되, 선택평가는 학교의 장이 해당 학교의 여건을 고려하여 검사항목, 검사주기 등을 자율적으로 결정하여 실시할 수 있다.

④ ② 및 ③에도 불구하고 학교의 장은 해당 학교의 여건을 고려하여 초등학교 제4학년에 대한 필수평가 또는 선택평가의 실시 여부를 자율적으로 결정할 수 있다.

⑤ ①에 따른 필수평가와 선택평가의 검사항목 및 검사방법은 별표 3과 같다.

⑥ 선택평가의 검사항목 중 자기신체평가 및 자세평가를 측정하기 위한 설문지는 별지 제1호의7 서식과 제1호의8 서식에 따라 작성하여야 한다.

(10) 신체의 능력등급(제8조)

① 신체의 능력등급은 제7조 제3항에 따라 체력요소별로 선택하여 검사한 검사항목의 항목별 점수를 종합하여 별표 6의 신체의 능력등급 판정표에 따라 판정한다.

② ①에 따른 검사항목의 항목별 점수는 별표 4의 신체능력검사(필수평가) 기준표와 별표 5의 신체능력검사(필수평가) 항목별 등급 및 점수 기준표에 따라 산정한다.

⑾ 건강검사 등의 실시결과 관리(제9조)

① 학교의 장은 법 제7조의3 제1항에 따라 건강검사의 실시결과를 다음의 기준에 따라 작성 · 관리하여야 한다.

㉠ **대상자가 학생인 경우** : 다음의 구분에 따라 작성 · 관리

ⓐ **신체발달상황 및 신체능력검사 결과** : 별지 제1호서식에 따른 학생건강기록부로 작성 · 관리

ⓑ **건강검진 결과** : 제5조의2 제7항에 따라 검진기관이 통보한 자료를 학생건강기록부와 별도로 관리

㉡ **대상자가 교직원인 경우** : 「국민건강보험법」 제52조에 따른 건강검진의 결과를 관리

② 학교의 장은 제6조에 따른 별도검사의 실시결과를 학생건강기록부와 별도로 관리하여야 한다.

③ 법 제7조의3 제2항 제3호에서 "교육부령으로 정하는 사항"이란 다음의 사항을 말한다.

㉠ 법 제10조 제1항에 따른 예방접종 완료 여부

㉡ 제5조 및 제5조의2에 따른 건강검진의 검진일자 및 검진기관명

㉢ 제6조에 따른 별도검사의 종류, 검사일자 및 검사기관명

④ 학교의 장은 ②의 사항을 교육정보시스템을 이용하여 처리하기 위하여 학생건강기록부에 기재하여야 한다.

⑤ 고등학교의 장은 소속 학생이 고등학교를 졸업할 때 학생건강기록부를 해당 학생에게 교부하여야 한다.

⑥ 학생이 중학교 또는 고등학교에 진학하지 아니하거나 휴학 또는 퇴학 등으로 고등학교를 졸업하지 못한 경우 그 학생이 최종적으로 재적하였던 학교는 학생건강기록부를 비롯한 건강검사 등의 실시결과를 학생이 최종적으로 재적한 날부터 5년간 보존하여야 한다.

⑦ 교육감은 제7조 제1항에 따른 신체능력검사 결과에 따라 학생 개인별 신체활동 처방을 제공하는 학생건강체력평가시스템을 교육정보시스템과 연계하여 구축하고, 학생 · 학부모가 조회할 수 있도록 관리하여야 한다.

⑿ 건강검사 등의 실시결과에 따른 조치(제10조)

① 학교의 장은 건강검사 등의 실시결과에 따라 보건의료기관, 체육단체 및 대학 등의 협조를 받아 소속 학생 및 교직원에 대한 건강상담, 예방조치 및 체력증진 등 적절한 보호 또는 양호의 대책을 강구하여야 한다.

② 학교의 장은 건강검사 등을 실시한 결과 수업면제 · 휴학 · 치료 · 보호 또는 교정 등을 필요로 하는 학생에 대해서는 본인 또는 그의 보호자에게 적정한 조치를 강구하도록 요청하여야 한다.

③ 학교의 장은 교직원에 대해서 건강검사 또는 「국민건강보험법」 제52조에 따른 건강검진을 실시한 결과 전염성질환 또는 신체의 심한 허약 등으로 복무에 지장이 있다고 인정되는 경우에는 휴직 기타 적절한 조치를 취하도록 임면권자에게 건의하여야 한다.
④ 학교의 장은 건강검사 등을 실시한 경우에는 별지 제2호 서식부터 별지 제4호 서식까지에 따른 통계표를 작성하여 다음 연도의 2월 말일까지 관할 교육장을 거쳐 교육감에게 보고하여야 한다.

⒀ 건강검사 표본학교의 지정 및 보고 등(제11조)

① 교육부장관은 법 제2조의2에 따른 기본계획의 수립 · 시행과 시책 마련을 위하여 건강검사의 표본학교를 지정할 수 있다.
② 교육부장관은 ①에 따른 표본학교(이하 "표본학교"라 한다)에 대해서 이 규칙이 정한 검사항목 외의 검사항목을 추가한 건강검사를 실시하게 할 수 있다.
③ 표본학교의 장은 건강검사를 실시한 경우 그 결과를 교육부장관이 정하는 바에 따라 교육감을 거쳐 교육부장관에게 보고하여야 한다.

2 신체발달상황

1. 개요

(1) 신체발달상황은 전국의 초 · 중 · 고등학생들의 체격 성장정도가 어느 정도인지를 파악하기 위하여 실시한다.

(2) 신체발달상황은 학교장의 책임하에 매년 1회 일정한 기간 내에 교직원이 참여하여 학생들의 키, 몸무게를 측정한다.

2. 검사의 객관성과 신뢰성을 높이는 방법

(1) 객관성을 높이는 방법

① 측정도구를 객관화시킨다.
② 여러 사람이 공동 측정한다.
③ 측정자의 소양을 높인다. 즉, 정확하게 측정하는 방법을 교육시키도록 한다.

(2) 신뢰성을 높이기 위한 방법

① 매년 같은 것을 사용하고 표준화된 신장계, 체중계, 좌고계, 줄자를 이용한다(공인규격품 이용).
② 신체발달상황 실시 전에 이상 유무를 점검하고 점검결과를 기록하여 비치한다.
③ 신체발달상황측정 도중에 수시로 정확유무를 점검한다.
④ 신체발달상황의 측정장소는 강당이나 교실을 이용하며, 한 곳에 고정하여 정확성을

기한다.

⑤ 측정자에게 정확한 측정기술을 알려준다.

3. 검사 측정방법 <학교건강검사규칙 제4조 제2항 관련>

검사항목	측정단위	검사방법
키	센티미터 (cm)	1. 검사대상자의 자세 가. 신발을 벗은 상태에서 발꿈치를 붙일 것 나. 등 · 엉덩이 및 발꿈치를 측정대에 붙일 것 다. 똑바로 서서 두 팔을 몸 옆에 자연스럽게 붙일 것 라. 눈과 귀는 수평인 상태를 유지할 것 2. 검사자는 검사대상자의 발바닥부터 머리끝까지의 높이를 측정
몸무게	킬로그램 (kg)	옷을 입고 측정한 경우 옷의 무게를 뺄 것
비만도	-	1. 비만도는 체질량지수(BMI, Body Mass Index : kg/㎡)와 표준체중에 의한 상대체중으로 각각 산출한다. 2. 표기방법 가. 학생의 신장과 체중을 이용하여 계산된 체질량지수를 성별, 나이별 체질량지수 백분위수 도표에 대비하여 다음과 같이 판정하여 표기한다. 1) 체질량지수 백분위수 도표의 85 이상 95 미만 경우 : "과체중" 2) 체질량지수 백분위수 도표의 95 이상인 경우 : "비만" 3) 성인 비만기준인 체질량지수 25kg/㎡ 이상인 경우는 백분위수와 무관하게 "비만" 4) 체질량지수 백분위수 도표의 5 미만인 경우 : "저체중" 5) 1)부터 4)까지에 해당되지 않는 경우 : "정상" 나. 표준체중에 의한 상대체중으로 산출된 비만도는 다음과 같이 판정하여 표기한다. 1) 몸무게가 키에 대한 표준체중보다 20퍼센트 이상 30퍼센트 미만 무거운 경우 : "경도비만" 2) 몸무게가 키에 대한 표준체중보다 30퍼센트 이상 50퍼센트 미만 무거운 경우 : "중등도비만" 3) 몸무게가 키에 대한 표준체중보다 50퍼센트 이상 무거운 경우 : "고도비만"

※ 1. 수치는 소수 첫째자리까지 나타낸다(측정값이 소수 둘째자리 이상까지 나오는 경우에는 둘째자리에서 반올림한다).

2. 비만도는 체질량지수와 표준체중에 의한 상대체중으로 각각 산출하기 때문에 서로 다른 결과가 나올 수 있다.

3 건강조사

1. 조사항목 및 내용

조사항목	조사내용
1. 예방접종/병력	가. 감염병 예방접종 나. 가족병력 다. 개인병력
2. 식생활/비만	가. 식습관 나. 인스턴트 및 그 밖에 식품의 섭취형태 다. 다이어트 행태
3. 위생관리	가. 손 씻기 나. 양치질
4. 신체활동	가. 근지구력 향상을 위한 운동 나. 심폐기능 향상을 위한 운동 다. 수면
5. 학교생활/가정생활	가. 가족 내 지지 정도 나. 학교생활 적응 정도 다. 교우관계
6. 텔레비전/인터넷/음란물의 이용	가. 텔레비전 시청 나. 인터넷 이용 다. 음란물에의 노출 여부 및 정도
7. 안전의식	가. 안전에 대한 인식 나. 안전사고의 발생
8. 학교폭력	가. 학교폭력에의 노출 여부 및 정도
9. 흡연/음주/약물의 사용	가. 흡연 나. 음주 다. 흡입제의 사용 여부 및 약물의 오 · 남용 여부 등
10. 성 의식	가. 성문제 나. 성에 대한 인식
11. 사회성/정신건강	가. 사회성(자긍심, 적응력 등) 나. 정신적 건강(우울, 자살, 불안증, 주의력 결핍 등)
12. 건강상담	가. 건강에 대한 상담의 요구 등

2. 조사방법

시 · 도 교육감은 위 조사항목 및 내용을 포함한 구조화된 설문지를 마련하고, 학교의 장을 통하여 조사할 수 있도록 한다.

4 건강검진

1. 건강검진 항목 및 방법

검진항목		검진방법(세부항목)
1. 척추		척추옆굽음증(척추측만증) 검사
2. 눈	가. 시력측정	1) 공인시력표에 의한 검사 2) 오른쪽과 왼쪽의 눈을 각각 구별하여 검사 3) 안경 등으로 시력을 교정한 경우에는 교정시력을 검사
	나. 안질환	결막염, 눈썹찔림증, 사시 등 검사
3. 귀	가. 청력	1) 청력계 등에 의한 검사 2) 오른쪽과 왼쪽의 귀를 각각 구별하여 검사
	나. 귓병	중이염, 바깥귀길염(외이도염) 등 검사
4. 콧병		코곁굴염(부비동염), 비염 등 검사
5. 목병		편도선비대 · 목부위림프절비대 · 갑상샘비대 등 검사
6. 피부병		아토피성피부염, 전염성피부염 등 검사
7. 구강	가. 치아상태	충치, 충치발생위험치아, 결손치아(영구치로 한정한다) 검사
	나. 구강상태	치주질환(잇몸병) · 구내염 및 연조직질환, 부정교합, 구강위생상태 등 검사
8. 병리 검사 등	가. 소변	요컵 또는 시험관 등을 이용하여 신선한 요를 채취하며, 시험지를 사용하여 측정(요단백 · 요잠혈 검사)
	나. 혈액	1회용 주사기나 진공시험관으로 채혈하여 다음의 검사 1) 혈당(식전에 측정한다), 총콜레스테롤, 고밀도지단백(HDL) 콜레스테롤, 중성지방, 저밀도지단백(LDL) 콜레스테롤 및 간 세포 효소(AST · ALT) 2) 혈색소
	다. 결핵	흉부 X-선 촬영 및 판독
	라. 혈압	혈압계에 의한 수축기 및 이완기 혈압
9. 허리둘레		줄자를 이용하여 측정
10. 그 밖의 사항		제1호부터 제9호까지의 검진항목 외에 담당의사가 필요하다고 판단하여 추가하는 항목(검진비용이 추가되지 않는 경우로 한정한다)

2. 적용범위 및 판정기준

(1) 다음 각 목의 검진항목에 대한 검사 또는 진단은 해당 목에 따른 학생을 대상으로 하여 실시한다.

① 위 표 제8호 나목 1) 및 같은 표 제9호의 검진항목 : 초등학교 4학년과 중학교 1학년 및 고등학교 1학년 학생 중 비만인 학생

② 위 표 제8호 나목 2)의 검진항목 : 고등학교 1학년 여학생

③ 위 표 제8호 다목의 검진항목 : 중학교 1학년 및 고등학교 1학년 학생

(2) 위 표에서 정한 건강검진 방법에 관하여 필요한 세부적인 사항 및 건강검진 결과의 판정기준은 교육부장관이 정하여 고시하는 기준에 따른다.

(3) 위 표 제1호부터 제10호까지의 검진항목 외의 검진항목에 대한 검진방법 및 건강검진 결과의 판정기준은 「국민건강보험법」 제52조 제4항 및 같은 법 시행령 제25조 제5항에 따라 보건복지부장관이 정하여 고시하는 기준에 따른다.

(4) 학생구강검사

① 초 · 중 · 고등학교 공통항목

㉠ 우식 치아

㉡ 우식발생위험 치아

㉢ 결손 치아(영구치에 한함)

㉣ 구내염 및 연조직 질환

㉤ 부정교합

㉥ 구강위생상태

㉦ 그 밖의 치아상태

② 중고등학교 추가항목

㉠ 치주질환

㉡ 악관절 이상

③ 고등학교 추가항목

㉠ 치아마모증

㉡ 제3대구치(사랑니)

3. 시력검사

(1) 시력검사 방법

① 산만하지 않으며 안정적인 장소를 선정하여 검사한다.

② 시력검사표는 형광등이 내장되어 있는 것으로 빛의 강도는 500Lux를 유지해야 한다.

③ 편평한 공간에서 수직으로 깨끗한 검사표를 건다.

④ 시력검사표의 높이는 시력표의 시력 1.0선에 학생이 섰을 때 눈높이로 한다.

⑤ 거리는 5m 또는 3m 떨어진 곳의 바닥에 분필로 줄을 긋거나 발을 그려 놓는다.

⑥ 검사받는 학생의 측방, 후방, 머리 위쪽에서 빛이 오도록 한다.

⑦ 학생들에게 검사의 목적을 설명한다.

⑧ 검사받지 않을 눈에는 차안기를 대주며 가리는 방법을 시범 보인다.

⑨ 시력검사용 시력 0.4선에서 시작하며, 오른쪽에서 왼쪽 눈으로 검사해 간다.

⑩ 안경을 쓴 학생은 교정시력만 검사한다.

⑪ 검사 도중 머리를 기울이거나 눈을 깜박이거나, 얼굴을 찌푸리거나, 눈을 가늘게 뜨고 보는 등의 비정상적인 행동을 주의깊게 관찰한다.

⑫ 특정한 선에서 4개 중 3개의 부호를 읽었을 때 시력을 기록한다.

⑬ 가장 큰 시력인 0.1을 식별할 수 없을 때 0.1이 보이는 거리까지 앞으로 1m씩 거리를 단축시켜 검사한다.

⑭ 1m 앞에서도 0.1의 시력표를 읽지 못하는 경우, 50cm 앞에서 손가락 세기(FC), 30cm 앞에서 손 움직임을 검사하는 수동운동(HM)으로 측정한다.

⑮ **표기법** : 분모는 정상인이 시표를 볼 수 있는 거리, 분자는 시표로부터 대상자의 거리로 표시. 정상은 20/20

⑯ 계산법 = (피검사자가 볼 수 있는 거리/정상인이 볼 수 있는 거리)*0.1

예 1.5M에서 3M용 시력표의 0.1을 볼 수 있다면 (1.5/3)*0.1 = 0.05

(2) 시력검사 결과에 따른 추후관리 사항

① **보건교사가 확인해야 하는 학생의 명단을 작성한다.**

㉠ 정밀한 시력검진을 받아야 하는 학생의 명단을 작성한다(필요시 더 정밀한 진찰을 받도록 전문의에게 의뢰한다).

㉡ 양쪽 시력 중 하나라도 0.6 이하가 되는 학생들은 시력검진을 받아야 하므로 아동 명단을 작성한다.

② 가정통신문을 이용해 학부모에게 알린 후 회신문을 받아 보관한다.

③ 보건교사는 담임교사와 협의회를 갖고 책상 · 의자의 조정, 좌석 · 학급편제의 적정을 기한다. – 협의회 결과를 기록한다. → 지도 및 교육에 활용 / 전학 또는 진학시 이관

④ 시력건강의 보호 · 증진을 위한 보건교육을 실시하도록 한다.

⑤ 부모가 권고된 추후관리를 하지 않으면 보건교사나 담임교사는 추후관리 방문을 계획한다.

⑥ 정밀검진 결과를 건강기록부에 기록 후 보고사항은 보고한다.

⑦ 시력이 더 나빠지지 않도록 시력 보호방법 등을 교육한다.

(3) 시력이상 관찰

① **시력검사 실시 전 시력문제를 가진 아동을 규명할 수 있는 지침**

㉠ **행동**

ⓐ 몹시 심하게 눈을 비빈다.

ⓑ 머리를 기웃거리거나 앞으로 내민다.

ⓒ 독서나 조업에 곤란을 느낀다.

ⓓ 책을 눈에 가깝게 가져간다.
ⓔ 눈을 찌푸리거나 가늘게 뜬다.
ⓕ 눈을 지나치게 문지른다.
ⓖ 정밀한 일을 할 때 필요 이상으로 또는 거칠게 눈을 깜박인다.
ⓗ 작은 물체에 걸려 넘어진다.
ⓘ 거리감각을 요하는 게임에 참여할 수 없다.

㉡ **표정(= 외모, 증상)**
ⓐ 내사시가 있다.
ⓑ 눈 주위가 붉거나 부종이 있다.
ⓒ 눈에 염증이 있거나 눈물을 많이 흘린다.

㉢ **주호소(= 합병증)**
ⓐ 잘 보이지 않거나 잘 볼 수가 없다.
ⓑ 수업을 한 후(눈을 이용한 정밀한 작업 후) 두통 · 어지러움을 호소한다.
ⓒ 어지러움과 흐림, 복시를 호소한다.

② **진찰을 받아야 할 눈의 증상**
㉠ 계속적인 눈의 충혈
㉡ 안구 또는 눈 주위에 계속적인 불편감이나 동통
㉢ 원근의 조절장애로 인한 시력장애(갑자기 시력이 나빠졌을 때, 눈이 쉽게 피로해지거나 눈을 가늘게 뜨고 보아야 물체가 잘 보일 때)
㉣ 사시
㉤ 눈이나 안검의 신생물, 각막이나 수정체의 혼탁
㉥ 지속적으로 눈물이나 눈꼽 등 분비물이 있는 경우
㉦ 좌우 동공의 크기가 다른 경우
㉧ 빛주위 무리나 무지개가 나타나는 경우, 갑작스러운 눈 앞의 부유물, 주변시야 결손 등

③ **안과의의 체계적인 검사가 필요한 경우**
㉠ 시력이 나쁘다고 생각되는 경우
㉡ 부모에게 약시, 사시가 있는 경우
㉢ 유전적인 안질환이 있는 경우
㉣ 눈을 자주 비비거나, 한 눈을 감는 어린이, 머리를 기울이는 어린이
㉤ 읽거나 보는 데 문제가 있는 어린이
㉥ 부모가 생각하기에 이상이 있다고 생각하는 어린이
㉦ 눈의 정렬이 바르지 않는 경우
㉧ 시선을 잘 맞추지 못하는 경우
㉨ 눈꺼풀이 처지거나, 눈이 흔들리는 경우 등

④ **학생의 시력을 위협하여 조기에 발견해야 하는 질환** : 약시, 각막염, 홍채염, 선천성녹내장, 망막박리, 유아학대증후군, 시신경질환 등

㉠ **안외상 예방법** : 안전을 위해 미리 주의를 하도록 위험한 환경을 점검하고 해로운 학습도구나 장난감 및 운동기구 등의 적절한 관리를 교육하도록 한다.

㉡ **시력장애를 예방하기 위한 일상건강관리** : 광선관계, 습도, 선글라스, 근용작업, TV 등 시청법, 긴장풀기 등

㉢ **조기에 적절한 치료를 받지 않으면 실명이 될 수 있어서 실명예방조치가 필수적인 질환**

ⓐ 안검하수의 경우 빠른 시일 내에 의사의 적절한 처치를 받도록 한다.

ⓑ 외상, 염증, 영양장애로 인한 각막혼탁이 발생되지 않도록 주의한다.

ⓒ 외상에 의한 백내장, 선천적 백내장 등을 빨리 발견하여 전문의의 수술이나 적절한 진료를 받도록 한다.

ⓓ 여러 가지 염증성 안질환을 조기 치료한다.

ⓔ 심한 굴절 이상의 경우 조기에 교정해 준다.

(4) 시력보호 교육

① 눈병예방교육

㉠ 눈 주위를 깨끗하게 한다.

㉡ 안경테를 깨끗하게 한다.

㉢ 콘택트렌즈를 자주 소독하고 손상없이 정해진 시간만 사용한다.

㉣ 안약은 혼자 사용한다.

㉤ 눈병이 유행할 때에는 수영장, 목욕탕에 가지 않는다.

㉥ 바람과 먼지 많은 날은 외출을 삼간다.

㉦ 눈에 약물이 들어갔을 때는 생리식염수나 깨끗한 물로 씻는다.

㉧ 눈에 이물질이 들어갔을 때는 눈물로 빼도록 한다.

㉨ 눈에 상처가 나기 쉬운 물건을 갖고 놀지 않는다.

② 근시예방교육

㉠ **근시의 정의** : 조절하지 않은 상태에서 평행광선이 망막의 전방에 초점을 이루는 눈

㉡ **학생들의 시력이 저하되는 원인**

ⓐ 유전

ⓑ 근거리 작업이나 독서시 부적당한 생활환경

ⓒ 신체허약, 영양섭취 부족

ⓓ 부적당한 조명

ⓔ 나쁜 자세

ⓕ 눈에 적당한 휴식을 주지 않는 것, 눈의 과다한 사용

㉢ 근시의 증상

ⓐ 원거리 시력이 언제나 좋지 않으며 흔히 눈을 찌푸리고 보는 경향이 있다.

ⓑ 근성 안정피로(눈과 머리가 아프며 경우에 따라 오심)를 호소한다.

ⓒ 눈이 쉽게 피로하고 두통이 생긴다.

㉣ 근시를 예방할 수 있는 방법

ⓐ 건강한 신체 유지

- 음식은 균형있게, 특히 비타민 A, B, C를 풍부하게 섭취한다.
- 옥외에서의 운동을 장려한다.
- 충분한 수면과 휴식을 취하도록 한다.

ⓑ 눈의 과로 방지

- 컴퓨터나 TV, 독서 등 가까운 곳을 볼 때에는 1시간에 한번은 눈을 쉬게 한다.
- 눈을 긴장한 상태에서 사용하지 않는다.
- 눈에 적당한 휴식을 준다. 독서나 작업 중 적당히 운동을 하며 눈의 피로 회복을 도모한다.

ⓒ 채광, 조명에 주의

- 가까운 곳을 보는 작업을 할 때에는 적당한 조명에 신경을 쓴다.
- 직사광선 또는 강하게 반사하는 물체, 전구가 노출되는 것 등은 피한다.
- 채광은 왼쪽 위에서 비쳐지게 하여 그림자가 생기지 않도록 한다.

ⓓ 올바른 자세를 유지

- 체격에 맞는 책상에서 수업을 받도록 하고 책과 눈의 거리는 30cm를 유지
- 바른 자세로 독서하도록 한다.

ⓔ **인쇄물 선택에 주의** : 선명하지 않는 활자, 나쁜 종이에 작은 활자로 인쇄한 책은 피한다.

ⓕ 스트레스가 쌓이지 않도록 한다.

ⓖ 시력검사를 정기적으로 받는다(연 1~2회).

ⓗ 근시학생에게는 안과의 검사 및 처방에 따라 맞는 안경을 쓰도록 한다.

③ 시력증진 훈련법의 종류 및 효과

㉠ 호흡법

ⓐ 안근의 긴장 제거

ⓑ 산소 보급

ⓒ 자율신경의 균형 도모 및 호르몬 분비의 정상화를 도움

ⓓ 자연치유력 증진

ⓔ 눈의 피로와 두통 제거

ⓛ 안구운동법 : 눈감기, 눈뜨기, 깜박임, 지압법, 동전싸이클 방법 등
ⓐ 안근 단련 및 안근의 균형을 되찾는다.
ⓑ 시점 이동 및 시야 확대
ⓒ 혈액순환 촉진
ⓓ 눈의 피로 제거

④ 학생들의 시력증진을 위해 보건교사가 해야 할 사업
㉠ 건강검진 : 시력검사, 색각검사, 안구운동검사
㉡ 건강관찰 : 행동, 표정, 호소(증상) 관찰
㉢ 환경관리
㉣ 안전관리 및 보건교육(시력관리를 위한 평소의 올바른 눈의 사용방법)
㉤ 시력증진 훈련 : 호흡법, 안구운동법
㉥ 포상

4. 귀 검사

(1) 청력검사

① 일반적인 청력검사
㉠ 한 번에 한 쪽씩 검사하고, 음차나 초시계를 사용한다.
㉡ 피검사자인 학생은 의자에 앉히고 검사자는 학생의 바로 뒤에 앉아서 음차를 햄머로 쳐서 왼쪽 혹은 오른쪽 귀의 거리에 대고 학생으로 하여금 들리면 같은 쪽 손을 들어 표시하도록 한다.
㉢ 초시계를 사용할 경우에는 사전에 검사도구로 사용할 시계를 선정하고 청력에 이상이 없는 몇 명의 학생들에게 실험하여 일반적으로 들을 수 있는 거리(검사거리)를 결정해야 한다.
㉣ 이상이 있을 시에는 음차를 사용하여 Weber test와 Rinne test를 하여 난청을 검사한다.

② 난청검사
㉠ 편기검사(Weber test) : 가볍게 진동하는 음차를 머리 위나 이마 중간에 대고 진동음이 들리는지 물어본다.
ⓐ 정상인 경우 양쪽에서 같게 들린다.
ⓑ 전도성 난청인 경우 지장이 있는 쪽으로 들리거나 편향된다.
ⓒ 감각성 난청인 경우 정상인 귀에서 들린다.
㉡ 공기전도와 골전도 비교(Rinne test)
ⓐ 가볍게 진동하는 음차를 더 이상 듣지 못할 때까지 유양돌기에 대고(골전도) 재

빨리 진동하는 음차를 이도 가까이 대준다(공기전도). 정상적으로 공기전도가 골전도보다 더 오래 들린다.

ⓑ 전도성 난청인 경우 골을 통해 더 오래 들린다.

ⓒ 감각성 난청인 경우 공기를 통해 더 잘 들린다.

㉢ **난청분류**

ⓐ **전도성 난청** : 골전도가 공기전도보다 더 오래 지속된다. 이것은 외이나 중이를 통한 정상 전도로가 폐쇄되어 뼈를 통한 진동이 폐쇄부위를 우회하여 통과하기 때문이다. 귀지, 이물로 외이도가 막혔을 때, 중이염, 고막천공, 경화증, 이소골 파괴 때문에 발생한다.

ⓑ **감각신경성 난청** : 공기전도가 더 오래 지속된다. 이것은 내이나 제8뇌신경이 정상 전도를 통해 온 진동을 인지하는 능력이 부족하지만 정상적으로 들을 수 있기 때문이다. Streptomycin 등 독성약물에 의한 청신경의 중독성 퇴행, 시끄러운 환경의 과다노출, 내이염, 연수손상, 소뇌, 뇌교의 종양, 노화 때문이다.

(2) 귀 질환

① 귀의 질환 유무에 대한 검사는 이경(otoscope)을 사용하여 귀의 염증을 확인한다.

② 이경이 없을 시에는 학생에게 질문을 하고 귀의 외부를 관찰한다.

③ 귀의 통증, 가려움, 귀지, 외이의 발적, 하얀 딱지, 분비물, 이명 등의 증상 유무를 확인한다.

④ 이상이 있을 경우에는 이비인후과 전문의에게 의뢰한다.

(3) 난청 예방법

① **1차 예방**

㉠ 운동시 헬멧을 착용하여 귀 손상을 입지 않도록 한다.

㉡ 직업상 소음에 노출시 귀마개 착용, 하루 8시간 이상 80dB에 노출되지 않도록 한다.

㉢ 시끄러운 음악소리에 노출되지 않도록 한다.

㉣ 딱딱한 물건을 귀에 넣거나 귀를 막지 않도록 한다.

㉤ 귀에 더러운 물이나 액체가 들어가지 않도록 한다(오염된 물에서 수영하지 않도록 한다).

㉥ 귀지 제거시 주의한다.

ⓐ 귀지를 파는 데 예리한 기구보다는 면봉을 사용한다.

ⓑ 이관 속의 딱딱해진 귀지는 따뜻한 오일로 부드럽게 제거한다.

ⓒ 그러나 귀지가 너무 심하게 낀 경우에는 의사가 제거해야 한다.

② 2차 예방

㉠ 난청 상태를 주위에 알리도록 한다.

㉡ 귀 정기검진을 한다.

㉢ 귀에 독성이 있는 약물 부작용이 있는지 관찰하도록 한다.

㉣ 지연된 이통, 부종, 이루, 꽉 찬 느낌, 청력 감소와 같은 증상을 사정한다.

㉤ 상기도 감염시 양쪽 코를 막은 채 코를 풀지 않도록 한다.

③ 3차 예방

㉠ 청각기능 회복을 위한 재활프로그램에 참여하도록 한다.

㉡ 소음이 지나친 환경을 피하도록 한다.

㉢ 적응방법, 언어소통방법, 보청기 사용방법에 대해 교육한다.

(4) 청력손실 이상자 관리

① 청력손실을 의심해 볼 수 있는 일상행동의 관찰내용

㉠ 주의가 매우 산만한 경우

㉡ 묻는 말에 엉뚱한 답을 말하는 경우

㉢ 평소에 지나치게 큰 소리로 이야기하는 아동

㉣ 듣는 자세가 특이한 경우

㉤ 언어에 이상이 있는 경우, 가성발음, 부자연스러운 목소리

㉥ 학업 부진

㉦ 이통을 호소하거나 청력장애의 소인, 모방과 같은 행동이 나타나는 아동들은 자세히 관찰해 보아야 한다.

② 청력검사 이상 학생 발견시 추후관리

㉠ 청력 손실자는 학업진행을 검토하고 청력과의 관계를 찾아보도록 한다.

㉡ 병력을 검토하여 귀, 코, 인후에 대한 의사 검진을 받도록 한다.

㉢ 조기 교정 및 원인 파악을 위한 전문의 검진을 받아보도록 부모와 상담한다.

㉣ 청력 손실자가 필요한 적응을 하도록 돕는다(특수학급으로의 편성, 과목별 개인지도, 독순술 지도, 언어치료, 학습지도, 청력훈련 등).

㉤ 청력장애의 정도에 따라 보청기의 사용 및 기타의 방법을 제시하고 이 방법에 적응하도록 교육한다.

㉥ 추후 관리내용 기록 및 필요시 보고한다.

5. 코 검진 추후관리

(1) 진찰을 받아야 할 코의 증상

① 코피를 계속 흘릴 때

② 코막힘이 계속 될 때
③ 냄새를 못 맡을 때
④ 콧물이 계속 나올 때
⑤ 다친 적이 없는데도 관자놀이 부위나 앞이마가 계속 아플 때
⑥ 감기증상이 10일 이상 지속될 때
⑦ 코 뒤에서 목 안으로 가래나 콧물같은 분비물이 흘러내려가는 느낌이 자주 들 때
⑧ 코나 코 주변이 계속 아플 때

(2) 콧병 예방교육 내용

① 코에 불편감이 생기면 바로 보건교사나 의사선생님과 상의하도록 한다.
② 코를 다치지 않도록 주의한다.
③ 사람을 많이 만났거나 외출에서 돌아온 후에는 반드시 세수를 하는 것이 좋다.
④ 함부로 콧 속을 후비지 않도록 한다.
⑤ 코를 너무 세게 풀지 않도록 한다.
⑥ 콧 속에 작은 물건 등을 집어넣지 않도록 한다.

6. 등심대 검사

(1) 궁극적 목적

척추측만증을 조기 발견하여 치료, 교정함으로써 학생 건강증진에 기여한다.

(2) 척추측만증 예방목적

측만 정도를 줄여서 측만이 진행되는 것을 방지하고, 외견상 상태는 물론 측만으로 인한 내부장기의 기능 저하도 함께 개선시키고자 한다.

(3) 등심대 검사의 적절한 시기

성장발육이 가장 빠른 시기에 있는 초등학교 5~6학년 정도의 시기가 가장 바람직하다.

(4) 등심대 검사의 처리사항

① **교육적 사후처리** : 검진결과에 따라 보건지도, 건강상담, 생활지도 등
② **가정통신문**
　㉠ 체질검사 결과를 가정통신문을 통하여 발송한다.
　㉡ **포함내용** : 질병 의심에 대한 내용과 향후 정밀검사의 필요성을 기록한다.
③ **전문의료기관의 회신** : 진단명, 처치 및 상담내용을 적어 학생 편에 학교로 회신한다.
④ **행정적 사후처리**
　㉠ 12월 말까지 건강검진 결과를 통계 작성하여 보고한다.

ⓛ 담당지역 보건소에 보내어 추후치료가 이루어지도록 한다.
ⓒ 차기 년도 건강검진시 전년도 치료결과를 참고할 수 있도록 한다.

7. 집단 뇨검사

(1) 집단 뇨검사의 실시배경

① 성인 만성신부전은 대부분 소아기부터 시작되어 온 만성신장염이 서서히 진행되어 성인에 이르러 만성신부전에 빠지게 되며, 신장기능이 상당히 저하되기 전까지는 자각증상이 없는 것이 특징이다.

② 만성신장염은 초기부터 현미경을 통해 혈뇨, 단백뇨의 소견을 보이므로 소변검사를 시행하지 않고 초기에 만성신장염을 진단하기는 거의 불가능하다.

③ 만성신장염을 자각증상이 없는 초기에 발견하여 조기에 치료할 수 있다면 대부분 만성신부전으로 이행되는 것을 상당수 예방할 수 있기 때문에 환자 자신은 물론 국가 경제적인 측면에서도 상당한 이익이 된다.

④ 성인은 직장 등에서 정기적으로 건강진단을 받으나 학생들은 개인적으로 건강진단을 받지 않는 이상 신장염을 조기에 발견하는 것이 거의 불가능하고, 특히 소아기 때는 소변정밀검사를 받지 않고서는 육안으로 만성신장염 유무를 알 수가 없다.

(2) 학교 집단 뇨검사 양성자의 관리

① **재검사 실시** : 이 검사는 집단검진으로 질병에 걸릴 가능성이 높은 위험군을 색출하는 검사이므로 진단적 의미를 지니지 않는다. 재검사를 실시해 오류의 가능성을 배제한다.

② **학부모에게 알림** : 재검사 실시 후에도 양성으로 판정되면 학부모에게 사실을 알린다.

③ 질병의 정확한 진단을 위하여 의뢰조치를 한다.

④ **보건교육** : 신장질환에 대한 주의사항, 섭생, 추후검사의 필요성에 대해 교육을 실시한다.

⑤ 건강기록부에 기록하여 계속적인 추후관리를 해주고 보고사항은 보고한다.

(3) 집단 뇨검사의 의의

① 뇨, 단백, 잠혈, Ph를 검사하여 신기능의 이상, 혈액질환의 이상(특히 용혈성 질환), 요로 결석, 요로 감염 등 위험군을 조기에 발견할 수 있다.

② 한번 손상되면 재생이 힘들고 병이 상당히 진행되어도 자각증상이 없는 경우가 많은 만성신장염을 조기에 발견하기 위하여 집단 뇨검사가 필수적이며, 초등학교 학생의 0.1%에서 만성신장염이 발견되고 있고, 그 숫자가 증가 추세에 있는 현 실정에서 집단 뇨검사의 의의는 더욱 커지고 있다.

(4) 집단 뇨검사 결과 이상이 있는 경우 학생의 문진사항

① **채뇨시** : 검사 전날 밤, 취침 전 배뇨의 여부
- ㉠ 채뇨시간(아침 첫 소변의 농축능력 확인)
- ㉡ 여자인 경우 생리 여부

② **가족력** : 만성신부전 환자의 여부, 난청을 동반한 혈뇨(알포트 증후군)

③ **기왕력** : 육안적 혈뇨, 고혈압, 신염, 신증후군, 요로감염증, 전신성 홍반성 낭창, 류마티스 관절염, 혈관성 자반증

④ **현 병력** : 부종, 혈뇨, 피로감, 식욕부진, 배뇨시 통증, 핍뇨, 야뇨 등

05 보건실 운영관리

1 보건실 관리

1. 보건실의 설치 · 운영관리

(1) 학교의 설립경영자는 보건실을 설치하고 학교보건에 필요한 시설 및 기구를 갖추도록 규정되어 있다.

(2) 예산관리

① 정의
- ㉠ **예산** : 사업에 필요한 경비에 대하여 예상된 수입과 지출을 표현한 것
- ㉡ **학교보건예산** : 학교보건 목적 도달을 위해 다음 회계연도에서 이룩할 사업과 활동을 위해 동원되는 모든 수단과 그 결과에 대해 계수적으로 표시한 설계

② 예산관리의 중요성
- ㉠ 상세하고 종합적인 학교보건활동을 미리 계획할 수 있다.
- ㉡ 업무의 시작과 진행에 도움이 된다.
- ㉢ 예산과정시 학교보건인력과 행정자가 계획에 참여함으로써 팀 접근을 조장한다.
- ㉣ 자원의 사용에 효율적 · 효과적 지침이 되며, 능률을 향상시킨다.
- ㉤ 기준이 설정되어 실제 지출과 기준을 용이하게 비교할 수 있다.
- ㉥ 예산기획은 현실에 적정선인지, 기준이 높은지 낮은지를 평가한다.
- ㉦ 예산은 학교보건사업의 질 평가에 도움이 된다.

③ 예산의 기능

㉠ 법적 기능 : 세출예산에 관계되는 것으로 지출을 미리 정해진 항, 목에 따라 집행하는 것(정해진 액수, 항목 유용, 회계연도)

㉡ 관리적 기능 : 예산지출을 통해서 기획(사업계획의 승인, 예산삭감, 사업의 우선순위 결정 등)의 기능

㉢ 경제적 기능 : 경제안정, 성장, 소득재분배 등

㉣ 정치적 기능

④ 예산의 원칙(고전적 예산의 원칙)

㉠ 예산공개의 원칙 : 예산의 편성, 결산의 결과가 공개되어야 한다.

㉡ 예산명료의 원칙 : 예산과 결산의 일치, 지출의 추계, 용도, 유래가 분명해야 한다.

㉢ 사전의결의 원칙 : 예산은 집행하기에 앞서 책임자의 의결을 거쳐야 한다.

㉣ 한정성의 원칙 : 예산의 각 항목은 상호한계를 명확히 한다(예산이 정한 목적 이외의 이용, 전용의 금지, 초과지출의 금지, 회계연도의 경과금지 등).

㉤ 완전성의 원칙 : 예산에는 모든 수입, 지출이 계상되어야 한다.

㉥ 단일성의 원칙 : 한 기관이나 조직에서의 예산은 단일화되어야 한다.

㉦ 예산통일의 원칙 : 모든 수입은 하나로 합쳐서 지출되어야 하되 반드시 한정된 목적에만 지출해서는 안된다.

⑤ 예산운영의 기술적 원칙(현대적 예산의 원칙)

㉠ 기획의 원칙 : 예산은 사업계획을 반영한다.

㉡ 책임의 원칙 : 지출할 때는 효과적이고 경제적으로 운영한다.

㉢ 보고의 원칙 : 예산의 편성, 의결, 집행, 결산의 모든 단계에서 상부기관의 재정 및 업무지침에 기초하고 정확한 정보와 현실적 상황에 근거한 예산을 운영한다.

㉣ 적절한 수단 구비의 원칙 : 효과적 활용을 위한 적절한 수단 마련, 비상시 대비 총예산의 1/100 정도의 준비금(예비비) 책정

㉤ 다원적 절차 : 예산단일성의 원칙과는 반대되는 개념으로, 사업별로 예산의 절차를 달리하여 예산운영의 효과성을 높이도록 한다.

㉥ 재량의 원칙 : 예산명료의 원칙과 반대되며, 책임자 재량에 의한 운영이 가능하다.

㉦ 시기의 원칙 : 한정성의 원칙과 반대되며, 집행시기가 신축성 있게 운영된다(장기개발사업 예산).

⑥ 현재 학교보건예산상의 문제점

㉠ 학교보건 예산계획에 보건교사가 직접적으로 관여하지 못하므로 학교보건사업을 발전적 방향으로 제공하는 예산을 반영하는 데 한계가 있다.

㉡ 예방접종비, 우유급식비 등 학생 본인부담금 대금 수집과 지출자가 학교마다 다르다.

(3) 보건실 설치

① 보건실의 규모는 일반교실(66㎡) 1칸 이상으로 하되, 부득이한 경우에는 완화할 수 있다.

② 교직원과 학생이 이용하기에 가장 편리한 위치인 교사의 중앙 1층에 위치해야 하며, 통풍과 채광이 양호한 곳이 좋다.

③ 학생과 교사가 건강상 문제가 있을 때 찾아오는 장소이므로 이들이 편안하게 보건교사와 상담할 수 있고, 쉴 수 있으며 필요한 처치를 받을 수 있도록 상담실과 처치실 및 요양실로 구분하는 것이 좋다. 요양실의 넓이는 보건실의 1/3 내지 1/4이 적당하다. 불가능한 경우 가리개, 커튼, 칸막이 등으로 구획을 설정하되, 동선을 최대한 짧게 기구 등을 설치하도록 한다.

④ 냉난방, 수도, 컴퓨터, 수납장, 전기시설의 설비가 절대적으로 요구되며 충분한 조명시설 및 환기시설을 갖춘다.

⑤ 학생들의 건강상담 및 응급처치에 불편함이 없도록 개방적이고 안정과 편리함이 있는 안락한 분위기를 조성하도록 한다.

⑥ 가능하다면 보건수업을 위한 보건교육실을 보건실 옆에 설치하도록 한다.

⑦ 벽은 흰색보다는 요양자의 기분을 온화하게 해주는 엷은 녹색으로 하는 등 세심한 관심을 가진다.

⑧ 보건실에는 연 · 월간 주간계획표를 부착하며 건강관리에 필요한 자료를 게시하는 것이 좋다.

2. 보건실 비품 및 약품관리

(1) 비품관리

① **비품의 종류** : 일반비품, 구급조치 및 질병예방처치용 비품, 건강진단 및 건강상담용 비품, 환경위생 검사용 비품 등이 있다.

② **관리상 유의점**

㉠ 구입하고자 하는 물품은 그 용도와 성능을 잘 확인한다.

㉡ 물품구입 및 출고는 기록관리를 철저히 한다.

㉢ 주기적으로 재고확인을 하여 물품수급에 차질이 없도록 한다.

㉣ 결함이 있을 때는 즉시 처리하여 사용에 지장이 없도록 한다.

㉤ 안전하고 효율적으로 보관한다.

③ 학교환경위생 및 식품위생검사에 필요한 기구

구분	기준
일반 시설 및 기구 등	사무용 책상 · 의자, 건강기록부 및 서류보관장, 약장 · 기기보관함, 소독(멸균)기, 냉 · 온장고, 물 끓이는 기구, 손전등, 가습기, 수도시설 및 세면대, 냉 · 난방시설, 통신시설, 컴퓨터 · 프린터기, 칠판 · 교육용 기자재 등
환자안정용 기구	침대 · 침구류 및 보관장, 칸막이(가리개), 보온기구 등
건강진단 및 상담용 기구	신장계 · 체중계 · 줄자 · 좌고계, 비만측정기, 시력표 · 조명장치 · 눈가리개 · 시력검사용 지시봉, 색각검사표, 청력계, 혈압계 · 청진기, 혈당측정기, 스톱워치(stopwatch), 검안경 · 검이경 · 비경, 펜라이트(penlight), 치과용 거울, 탐침 · 핀셋, 상담용 의자 · 탁자 및 진찰용 의자 등
응급처치용 기구	체온계, 핀셋 · 핀셋통, 가위 · 농반 · 가제통 · 소독접시 · 드레싱카, 부목 · 휴대용 구급기구 · 구급낭 · 들것 · 목발, 세안수수기 · 찜질기 · 켈리(지혈감자), 휴대용 산소기 및 구급처치용 침대 등
환경 및 식품위생 검사용 기구	통풍건습계, 흑구온도계, 조도계, 가스검지기, 먼지측정기, 소음계 및 수질검사용 기구 등
기타	학생 및 교직원의 보건관리에 필요한 시설 · 기구 등

(2) 약품관리

① 종류

㉠ **내과용 약품** : 해열제, 진통제, 진정제, 진해제, 건위제, 소화제, 지사제, 항히스타민제, 감기약 등의 약품은 사용하기 편리한 알약이 가루약보다 좋으며 일시에 다량을 구입하는 것보다는 학생 수와 전년도 소요정도를 파악하여 최저 필요량을 준비하도록 한다.

㉡ **외과용 약품** : 과산화수소(3% : 더럽혀진 환부를 소독할 때), 포타딘(열상, 화상, 창상의 살균소독), 소독용 알코올(75% : 개방성 상처는 점막을 심하게 자극하므로 사용이 곤란하다), 붕산수, 암모니아수, 바셀린 거즈, 물파스, 각종 연고 등을 준비하며 상처치료에 필요한 소독약은 이용하기 쉽게 병을 사용하여 준비한다.

㉢ **소독약** : 크레졸 비누액(3~5% : 오염물질 및 화장실 소독), 붕산수(2%, 구강 내, 눈 세척), 역성 비누액

㉣ **위생재료** : 붕대, 거즈, 반창고, 탈지면, 안대, 얼음주머니, 더운물 주머니, 생리대 등

② 관리

㉠ 소모품은 연간계획을 세운 후 구입하고, 사용분은 즉시 재고에서 보충하며 부족한 물건이 없도록 관리한다.

㉡ 약품 사용시 주의사항에 유의하여 투여하고, 학생들이 직접 약품을 다루는 일이

없도록 한다.

ⓒ 약품은 다치거나 아픈 학생에게 반드시 보건교사가 직접 투여한다.

ⓓ 의약품 사용에 있어서는 응급처치를 주목적으로 하므로 과다한 사용은 줄인다.

ⓔ 약품, 재료, 기구류는 항상 청결하게 보관한다.

ⓕ 냉장고의 적절한 온도를 유지 도모하여 약품의 유효성이 떨어지지 않도록 한다.

ⓖ 보관장이나 보관장소는 빛을 차단하고 건조하고 서늘하게 하여 습기, 열, 빛에 노출되지 않도록 한다.

ⓗ 불소 함유 등의 해독성 약물을 열쇠로 잠금장치하고 주의 표시를 해둔다.

ⓘ 정확한 건강사정과 기록 없이 약품을 사용하지 않는다.

ⓙ 각 병과 통에는 약품명을 분명하게 붙여 둔다.

ⓚ 올바른 약물 복용법을 가르친다.

ⓛ 유효기간을 자주 확인하여 지난 약품은 투여하지 않는다.

③ **투약시 주의점**

㉠ 학생들에게 물 없이 복용하거나 누워서 복용하지 않도록 주의시킨다.

㉡ 물 외에 녹차, 쥬스, 우유 등의 음료와 함께 약물을 복용하지 않도록 주의시킨다.

㉢ 반드시 지시대로 복용하도록 한다.

ⓐ **하제** : 한 컵 이상의 물로 복용한다.

ⓑ **트로키(구내정)** : 입 속에서 씹거나 삼키지 말고 천천히 녹여서 먹는다.

ⓒ **협심증 약** : 정제를 혀 밑 또는 치아와 뺨 사이에 넣고 녹여서 먹는다.

④ **약물투약시 준수해야 하는 일반적인 주의사항**

㉠ 약물, 사람, 용량, 투여경로, 투여시간을 정확히 지키도록 한다.

㉡ 첨부문서에 기재된 용법, 용량, 기타 사용 또는 취급상 필요한 주의사항을 준수하여야 하며, 이를 준수하지 않아 환자에게 유해한 결과가 발생하였다면 과실책임을 지게 된다.

㉢ 투약 후에는 부작용의 발현 여부를 세심하게 관찰하고 환자 또는 보호자에게 당해 투약과 관련된 주의사항을 교육하여야 한다.

⑤ **약물 준비시 안전투여를 위한 원칙** : 약에 붙은 라벨을 세 번 확인한다.

㉠ 약병 꺼낼 때

㉡ 약 준비하기 전에

㉢ 약을 다시 제자리에 놓을 때

⑥ **5가지 정확성 확인(5R)**

㉠ 정확한 약

㉡ 정확한 대상자

㉢ 정확한 용량

㉣ 정확한 투여방법

㉤ 정확한 시간

(3) 물품

① 물품의 보관 및 유지방법

㉠ 물품대장의 기록을 정확히 한다.

㉡ 물품 매입시 물품의 정확한 제품 수량, 결함 등을 점검한다.

㉢ 정기적으로 물품을 청구하고 물품 재고를 점검하며 소모품인 경우 필요시 물품을 주문한다.

㉣ 물품을 깨끗이 사용하고, 사용 후에는 늘 제자리에 두며, 안전하게 물품을 보관·저장한다.

㉤ 매 분기별 혹은 월 1회 이상 자체 점검을 실시하고 신속한 정비와 보수를 한다.

② 물품관리

㉠ 절차 : 주문 → 보관 → 출고 → 통제·유지

㉡ 물품 보관 및 유지를 위해 보건교사가 유의해야 할 사항

ⓐ 주문

- 구입 또는 수리할 물품의 내역 파악
- 구입하고자 하는 물품은 그 용도와 성능 확인
- 소모품은 필요하면 주문

ⓑ 보관

- 정기적으로 물품관리와 재고점검
- 물품을 깨끗이 사용하고 점검하며 잘 작동되게 보관
- 결함시 즉시 보고
- 사용 후 제자리에 두고, 안전하고 효율적으로 보관

ⓒ 출고

- 물품의 외부출고시 물품원장에 기록하고 서명한 후 출고
- 출고대장에 출고일자, 품목, 수량, 사용처, 책임자, 사용책임자 서명 등을 기록

ⓓ 통제·유지

- 물품대장 정확히 기록
- 각종 조회나 연수시 직원들에게 사용법, 안정성, 현금성 등에 대해 교육
- 인사이동시 실사하여 인수, 인계
- 매 분기별 또는 월 1회 이상 자체점검 실시와 정비·보수

3. 보건실 문서관리

(1) 기록

① 보건실에서 사용하는 건강관련기록부는 학생 및 교직원의 건강상태 파악 및 건강관리에 도움을 주며 건강교육의 자료로 활용하기 때문에 중요하다.

② **종류**

㉠ **보건봉사 관련기록** : 보건일지, 학생 건강기록부, 요양호자 카드 및 신체검사 통계표, 각종 병리검사 실시 명단, 보건실 비품대장, 약품대장 등

> **CHECK Point** 보건일지 작성내용
>
> 1. 당일 학교의 특별 지시사항 및 실천사항
> 2. 보건실 방문학생의 건강문제 및 처치내용
> 3. 보건실 방문학생의 건강통계자료
> 4. 보건교육의 대상자 및 교육내용
> 5. 요양환자 관리
> 6. 환경위생 관리

㉡ **보건환경 사업기록** : 학교급식 일지, 학교환경상태 점검일지, 학교시설 및 기구 안전점검 일지, 학교보건시설 관리카드 등

㉢ **보건교육 및 상담관련 기록** : 건강상담 일지, 보건교육계획 및 실행기록, 수업연구 참관 기록지 등

이외에도 보건교사 자신이 업무상 필요에 의하여 개발한 기록양식이 있을 수 있다.

③ 기록지 서식은 기존 사용하는 기록부를 사용하거나 필요한 경우 수정 · 보완하여 업무의 효율성을 기하도록 한다.

④ 기록은 활동이 끝난 즉시 정확하고 간단하게 기록해야 하고, 기록자의 서명이 있어야 하며 모든 기록지는 보건실 캐비닛에 보관 · 관리하도록 한다.

⑤ **학교보건기록의 필요성**

㉠ 학교보건활동의 증거서류로서의 역할

㉡ 학교보건활동계획의 기본자료로서의 역할

㉢ 학교 및 보건의료 전문인 사이의 의사소통 수단으로서의 역할

㉣ 학교관련 연구 및 통계자료의 역할

㉤ 학교보건사업의 평가도구로서의 역할

㉥ 학생을 위한 교육적 도구로서의 역할

㉦ 기록은 보고로서의 가치가 있다.

⑥ **기록유지의 기준** : 다음과 같은 기준에 의한 기록이라야 정확하고 알기 쉬운 기록이 될 것이다.

㉠ 정확성

㉡ 시간의 적절성

㉢ 완전성

㉣ 문제에 대한 타당성 및 합리성

⑦ **기록의 보관**

㉠ 기록의 보관기간은 주로 그 기관의 규정에 따라 다르므로, 그 기관의 규정에 준하도록 한다.

㉡ 기록의 종류에 따라 보관기간이 다르지만 보통 5년 이내이다. 단, 학생건강기록부는 고등학교 졸업시까지 보관하게 된다.

㉢ 건강기록부는 개인의 건강정보이므로, 비밀보장이 될 수 있도록 보관에 주의한다.

⑧ **학교 기록체계의 기준**

㉠ 기록은 기록하기가 쉬워야 하며 사업단위별로 구성하고(예 보건봉사, 보건환경, 보건교육 및 상담, 기타 등) 구분하여 도표화하며, 다른 기관과 대조할 수 있도록 기록을 하는 것이 좋다.

㉡ 기록의 목적에 부합하도록 하며 최소한의 시간이 소요될 수 있는 방법을 고안한다.

㉢ 기록을 보관하는 공간이 마련되어야 한다.

1. **기록의 용이성** : 기록이 쉽고 사업단위별로 구성하고 도표화
2. 기록의 목적에 합치
3. **보관의 용이성** : 보관공간이 마련
4. **보관기간** : 보통의 기록보관(5년), 학생건강기록부(고등학교 졸업 때까지)
5. 기록내용에 대한 신뢰성

(2) <u>보고</u>

① 보고는 학교보건 활동결과를 학교의 상급자에게 알리거나 또는 학교의 상위기관인 교육청에 보고하는 것 등이다.

② 보고내용으로는 학교에서 실시한 각종 보건관련 활동결과를 보건교사가 학교장에게 보고함으로써 자체 내 처리되는 경우와 보고형식에 맞추어 상급기관인 교육청에 보고하는 경우 등이 있다.

③ **보고의 종류** : 신체검사 결과보고, 각종 병리검사 보고, 결핵반응검사 및 BCG 접종결과 보고서, 예방접종 실시보고, 감염병 발생상태 보고, 학교주변환경 보호의 날 추진실적 보고, 학교주변 유해환경 보호사업 보고서, 불소용액 양치사업 실시학교 보고서, 소음 · 진동 허용기준 초과학교 현황보고서, 학교 음용수 수질검사결과 보고서, 심장병 및 난치병 어린이 치료현황 보고서, 기타 상위기관에서 공문서에 의한 보고를 요청하는 보고서 등이 있다.

④ 보고서 작성요령

㉠ 보고받는 사람이 내용을 잘 이해할 수 있도록, 보고서 내용을 명료하게 정리, 종합하여 보고한다.

㉡ 목적에 맞도록 하여야 하며 보고서식에 맞추어 내용을 명료하게 정리한다.

㉢ 보고기한 내에 도착하도록 제출하여야 한다.

㉣ 정해진 보고서식을 사용한다.

(3) 가정통신문

① 목적

㉠ 학생들의 건강관리를 위하여 학부모들로부터 의견을 문의하게 될 때

㉡ 학생의 과거 및 현재의 병력과 건강력을 조사할 때

㉢ 학교의 보건행사나 건강평가 결과를 알릴 때

㉣ 건강관리를 위한 학부모의 협조요청이 있을 때

② 작성시 유의점

㉠ 내용이 중복되지 않게 한다.

㉡ 대상자의 교육 및 사회 환경수준에서 이해할 수 있도록 작성한다.

㉢ 필요한 사업별로 미리 작성하여 이용한다.

③ 가정통신문 구성내용(항목 = 작성요령)

㉠ 가정통신문의 제목(예 가정통신〈구강검사〉)

㉡ 수신인(예 OOO 학부모님께)

㉢ 간단한 인사말

㉣ 통신의 요지

㉤ 발신일자

㉥ 발신인(예 OO 초등학교장)

㉦ 회신이 필요한 경우 절취선 아래에 회신란을 둔다.

④ 장점

㉠ 경비가 적게 든다.

㉡ 학부모와 상의하여 학생 건강관리 결정을 하게 되므로 가족 건강관리 기능이 향상된다.

㉢ 통신문을 보내고 받는 동안 학부모는 학생의 건강에 대해 생각하며 문제를 의식하고 해결하려는 노력을 하게 된다.

⑤ 단점

㉠ 전달되지 않을 수도 있다.

㉡ 전달이 안된 경우 확인이 어렵다.

㉢ 가정상황의 파악이 어렵다.

㉣ 담임 전달방법에 영향을 받는다.

(4) 건강기록부 관리요령

① 가급적 학교보건실에 보관하고 보건교사가 관리한다.

② 기재사항 발생과 동시에 학생의 담임교사가 기재한다. 단 건강검진, 구강검사, 병력에 대하여는 보건교사가 검진의사와 협의하여 기재한다.

③ 건강기록부 관리자는 학교신체검사규칙 제9조의 규정에 의하여 학생 또는 보호자에게 열람시키고 건강상담 자료로 활용하며 허약자 · 형태 이상자 등의 지도자료로 사용한다.

④ 학생이 다른 학교로 전학하는 경우에는 전학하는 학교에 이관한다.

⑤ 학생이 고등학교를 졸업할 때에는 본인 또는 보호자에게 교부하되, 휴학, 퇴학, 사망 및 중학교 또는 고등학교 미진학시 등에는 당해 학교에 5년간 보존한다.

(5) 건강검사기록

① 건강검사결과를 교육부령이 정하는 기준에 따라 작성 · 관리하여야 한다.

② 건강검사결과를 작성 · 관리할 때 교육정보시스템을 이용하여 처리하여야 하는 자료

㉠ 인적사항

㉡ 신체의 발달상황 및 능력

㉢ 그 밖에 교육목적에 필요한 범위 안에서 교육부령이 정하는 사항

③ 학교의 장은 소속 학교의 학생이 전출하거나 고등학교까지의 상급학교에 진학할 때에는 해당 학교의 장에게 이관하여야 한다.

(6) 학교보건 정보시스템

① 건강기록부 전사처리 필요성

㉠ 정책수립의 기초자료이다.

㉡ 학교 간, 시 · 도 간 상호 통용을 가능하게 한다.

② 학교보건 정보시스템 개발이 필요한 이유

㉠ 교원업무 경감 및 효율적인 학생건강관리의 체계화

㉡ 학교교육의 능률적인 수행

㉢ 교육활동 및 정책 수립의 기초자료로 활용

㉣ 학교보건 정보체계의 효과

㉤ 방대한 자료의 올바른 관리

㉥ 학생 및 교직원의 건강문제에 대한 신속 정확한 판단

㉦ 기초정책 수립을 위한 자료 제공

㉧ 일관성 있는 학교보건사업의 실시와 사후평가의 용이

(7) **보건일지** : 일일 업무활동을 기록하고 일일 통계를 얻을 수 있는 자료

① **보건일지를 통해 얻을 수 있는 통계자료**

㉠ 보건실 이용 학생 수

㉡ 사고로 내소한 학생 수

㉢ 학생의 건강문제 분류

㉣ 처치분류 통계

㉤ 외부 의뢰된 학생 수

② **보건일지 기록내용**

㉠ 당일의 학교의 특별한 지시사항이나 실천 및 특기사항을 기록한다.

㉡ 보건실에 방문한 학생들의 건강문제와 처치내용을 기록한다.

㉢ 각 신체조직별로 양호실 방문학생의 건강문제에 대한 통계를 산출하여 기록한다.

㉣ 보건교육의 대상과 주제를 기록한다.

㉤ 요양호자 관리나 환경위생관리를 기록하며 이를 통해 결석학생의 수와 원인(병결 혹은 사고결)을 파악한다.

4. 공문서 관리

(1) 공문서란 행정기관에서 공무상 작성하거나 시행하는 문서와 행정기관이 접수한 모든 문서를 뜻한다.

(2) **공문서의 종류(행정 효율과 협업 촉진에 관한 규정 제4조)**

① **법규문서** : 헌법 · 법률 · 대통령령 · 총리령 · 부령 · 조례 · 규칙(이하 "법령"이라 한다) 등에 관한 문서

② **지시문서** : 훈령 · 지시 · 예규 · 일일명령 등 행정기관이 그 하급기관이나 소속 공무원에 대하여 일정한 사항을 지시하는 문서

③ **공고문서** : 고시 · 공고 등 행정기관이 일정한 사항을 일반에게 알리는 문서

④ **비치문서** : 행정기관이 일정한 사항을 기록하여 행정기관 내부에 비치하면서 업무에 활용하는 대장, 카드 등의 문서

⑤ **민원문서** : 민원인이 행정기관에 허가, 인가, 그 밖의 처분 등 특정한 행위를 요구하는 문서와 그에 대한 처리문서

⑥ **일반문서** : ①부터 ⑤까지의 문서에 속하지 아니하는 모든 문서

(3) 모든 문서는 다른 법령에 특별한 규정이 없는 한 당해 문서에 대한 결재가 있음으로써 성립되며, 효력의 발생시기는 다른 법령에 특별한 규정이 없는 한 일반문서는 수신자에게 도달됨으로써 효력이 발생되고, 공고문서는 공고 후 5일이 경과한 날부터 효력이 발생한다.

(4) 문장표현의 원칙

① 내용과 설명의 정확성
② 6하 원칙에 의한 내용의 명확성
③ 꼭 필요한 사항만 가급적 유쾌하게 표현하는 간결성과 쾌적성
④ 과장하지 않고 진실하게 표현하는 성실성과 정중성

(5) 문서 작성의 일반원칙(행정 효율과 협업 촉진에 관한 규정 제7조)

① 문서는 「국어기본법」 제3조 제3호에 따른 어문규범에 맞게 한글로 작성하되, 뜻을 정확하게 전달하기 위하여 필요한 경우에는 괄호 안에 한자나 그 밖의 외국어를 함께 적을 수 있으며, 특별한 사유가 없으면 가로로 쓴다.
② 문서의 내용은 간결하고 명확하게 표현하고 일반화되지 않은 약어와 전문용어 등의 사용을 피하여 이해하기 쉽게 작성하여야 한다.
③ 문서에는 음성정보나 영상정보 등이 수록되거나 연계된 바코드 등을 표기할 수 있다.
④ 문서에 쓰는 숫자는 특별한 사유가 없으면 아라비아 숫자를 쓴다.
⑤ 문서에 쓰는 날짜는 숫자로 표기하되, 연 · 월 · 일의 글자는 생략하고 그 자리에 온점을 찍어 표시하며, 시 · 분은 24시각제에 따라 숫자로 표기하되, 시 · 분의 글자는 생략하고 그 사이에 쌍점을 찍어 구분한다. 다만, 특별한 사유가 있으면 다른 방법으로 표시할 수 있다.
⑥ 문서 작성에 사용하는 용지는 특별한 사유가 없으면 가로 210밀리미터, 세로 297밀리미터의 직사각형 용지로 한다.
⑦ ①부터 ⑥까지에서 규정한 사항 외에 문서 작성에 필요한 사항은 행정안전부령으로 정한다.

(6) 공문서 결재

① 문서의 결재란 보조기관을 단계적으로 거쳐 검토를 받으며 부분적으로 수정하는 과정을 거친 후, 최고 책임자가 최종적으로 문서의 내용을 승인, 허가함으로써 문서의 내용이 결정되는 것을 말한다.
② 결재제도
㉠ **전결** : 조직체의 장이 업무능률을 위하여 결재권의 일부를 보조기관의 장에게 위임하여 결재하도록 하는 방법으로 위임전결규정을 만들어서 위임의 한계를 정해둔다.
㉡ **대결** : 최종결재권자가 출장이나 휴가, 병가 등으로 장기간 부재중일 때, 최종결재권자의 직무를 대행할 수 있는 사람이 일시적으로 결재권자를 대신하여 결재를 하는 방법으로써 중요한 안건은 반드시 나중에 최종결재권자의 후결을 받아야 한다.
㉢ **후결** : 최종결재권자가 일시적으로 자리를 비운 동안에 기안문서의 내용이 급히 시

행되어야 할 경우, 최종결재권자를 대행할 수 있는 사람이 우선 결재하여 시행하고, 나중에 결재권자가 돌아오면 결재를 받는 방법이다. 그러나 권리, 의무에 관계되는 중요한 사항은 후결할 수 없다.

(7) 통제

문서의 남발을 막고 「행정 효율과 협업 촉진에 관한 규정」에 의한 감독을 하기 위하여 행정실(서무실)에 문서통제관(행정책임자)을 둔다.

(8) 발송

우편, 인편, 모사전송, 전신, 전신타자, 전화, 전산망 등을 이용한다.

(9) 공문서 처리방법

① 공문을 접수한 후 우선 내용을 자세히 읽고 난 후에 처리방향을 판단한다.
② 보고공문일 경우에는 내용을 정확히 파악해 날짜에 늦지 않도록 보고해야 한다.
③ 공문서의 정리는 누구든지 쉽게 찾을 수 있도록 한다. 일정한 기준에 따라 분류하고 분류된 문서를 기호화한다.
④ 공문서의 보관은 공문수신대장과 발송대장을 분류하여 색인목록과 함께 연도별로 철해 놓는다.
⑤ 공문서의 보관은 개인적으로 보관할 수 없으며, 꼭 지정된 곳에 보관해야 한다.
⑥ 법적 보관기간 동안 보관한다.
⑦ 보존연한이 지나면 폐기처분한다.

2 보건실 방문학생의 지도

1. 문진

(1) 대응자세(학생을 대하는 보건교사의 바른 자세)

보건실에 오는 학생들은 여러 가지의 문제를 가지고 찾아온다. 보건교사는 우선 모든 문제점을 수용하는 태도로 학생들을 대하고 학년에 따라 적절한 말로 대할 것이며, 자료에 의거해서 기왕력과 신체적인 특성을 파악하고 나서 문제점을 정확하게 이끌어 내야 한다.

① 부드럽고 친절한 마음
② 도움을 주겠다는 적극적인 수용자세
③ 사람들에 대한 순수한 관심
④ 적극적인 청취자세
⑤ 효과적인 의사소통능력
⑥ 인격을 존중하는 자세

⑦ 비판이나 평가하지 않는 자세
⑧ 전문가적인 자세
⑨ 충고나 설득보다 내담자의 잠재력 발견과 성장을 도와주는 자세

(2) 문진의 기본

① **시기** : 언제부터
② **부위** : 어느 부위가
③ **성상** : 어떻게
④ **원인** : 왜

(3) 주된 호소를 청취

주된 호소는 "머리가 아프다", "배가 아프다" 등 본인 고통의 표현, "열이 있다", "발을 삐었다" 등 현 증상의 표현, "OO약이 필요하다" 등 처치를 요구하는 것 등이다. 때로는 놀라고 당황하거나 너무 고통스러워서 말로 표현하지 못하는 경우도 있을 것이나 어쨌든 학생이 무엇을 요구하고 있는가를 적절하게 빨리 알아들어야 한다.

(4) 유의사항

① 예측하고 질문하거나, 질문이 유도적이 되어서는 안된다.
② 학생의 표정을 관찰한다.
③ 목격자가 있으면 그 학생에게서 듣는다.
④ 증상이 있는 부위는 확인하면서 파악한다.
⑤ 부상시 가능하면 현장상황을 재연시킨다.
⑥ 과오나 과실로 인한 것이 명백한 때라도 비난하지 않는다.
⑦ 증상을 들을 때는 예를 들면서 듣는다.
⑧ 예전에도 같은 증상이 있었는지 확인한다.

(5) 보건교사가 알아야 할 신체점검시 유의사항

병의 변화와 그 부위에 대한 정확한 판단을 위해서 증상에 따라 시진, 촉진, 청진, 타진을 한다.

① **몸의 전체를 사정한다** : 체온, 맥박, 혈압, 안색, 피부(발진 등)
② **고통이 없는 곳부터 만진다** : 특히 복부 촉진시
③ **증상에 대한 성상을 확인하면서 실시한다** : 통증의 정도, 양상, 간격 등
④ **직접적인 호소와 관련되지 않는 곳이라고 관찰을 게을리하지 않는다** : 학생들의 이해도나 표현력에 맞추어 불안을 가지지 않도록 빨리 그리고 충분한 대화를 하면서 건강사정을 실시하며, 건강문제가 판단되었으면 보호자에게 의사진료를 받도록 하고 결과는 각각 정리해서 기록을 남긴다.

2. 건강관찰

(1) 건강관찰 사항

① 장기적 질병의 유무(예 간질, 심장병, B형간염, 결핵, 천식 등)
② 신체적, 정서적, 사회적 불안과 적응 등
③ 전염병의 증후 발견
④ 비정상적 행동이나 용모의 발견
⑤ 개인의 청결과 건강생활의 실천 여부
⑥ 정상에서 벗어나고 있는 언행

(2) 건강관찰 대상

① 과다한 결석(수업일수의 10% 이상)을 하는 경우
② 빈번한 결석, 지각 및 조퇴자
③ 비정상적인 용모나 행위를 하는 자
④ 지나치게 피로하게 보이는 자
⑤ 빈번하게 아프거나 학급에서 과다 행동을 하는 경우
⑥ 교사가 보기에 정서적인 문제가 있거나 만성질환이 있는 경우
⑦ 심각하게 상해를 입었거나 상해를 입기 쉬운 학생인 경우
⑧ 빈혈과 같은 유전질환의 소인을 가지고 있는 경우
⑨ 특이하지 않으나 호소를 많이 해오는 학생의 경우

(3) 건강관찰시 유의점

① 관찰하는 데 있어서 신체적 · 정신적인 면 모두를 감안한다.
② 관찰결과 문제가 있는 학생에 대해서는 기록한다.
③ 기록은 질병의 조기발견, 건강상담 대상자의 선정, 건강진단 자료 등에 활용한다.
④ 건강관찰을 실시함으로써 학생들에게 자신의 건강이나 다른 사람의 건강에 대해 관찰하는 지식, 기능, 습관, 태도를 기를 수 있도록 지도한다.
⑤ 특별히 문제가 있는 학생의 건강사정은 점심시간, 청소시간 등 특정시간을 설정해서 실시한다. 그러나 학생의 건강상태는 활동성에 대한 관찰이 중요하고, 끊임없이 관찰해야 하므로 학생 관찰에 있어서 담임교사의 협조를 받는다.

(4) 보건실 내소자의 건강관찰 결과 이상학생의 처리사항

① 교사가 건강관찰에서 건강이상자 발견시 보건교사에게 보낸다.
② 이상이 발견되면 먼저 아동을 상담하고 전 담임, 학부모 순으로 상담하여 해결방법을 찾는다.
③ 계속 돌봐야 할 증상이나 질병을 가진 아동은 돌볼 아동 조사표에 기록하여 계속 관찰

및 관리한다.

④ 전문인의 자문이 필요한 경우는 전문가에게 의뢰한다.

⑤ 또는 가정으로 돌려보내 가정에서 병원진료를 받게 한다.

(5) 건강사정 및 관찰결과 발견된 유질환 학생의 관찰 및 관리내용

① 심장병, 천식, 신장질환, 혈액질환 등의 질환을 가지고 있는 학생에 대해서는 가족과의 연락을 긴밀히 하여야 한다.

㉠ 학교생활상의 주의점을 파악한다.

㉡ 학교활동에 지장이 없도록 한다.

㉢ 질병에 관한 병상의 변화가 보이지 않는가를 주의해서 관찰한다.

㉣ 필요 이상의 과잉반응은 본인에 대해서도 좋지 않은 일이 있을 수 있으므로 조심하지 않으면 안된다.

㉤ 수업참여 계속 여부, 귀가시키는 것 등을 판단하여 적절한 조치를 취한다.

② 그 외에 빈뇨, 요실금, 쉽게 피곤해 한다든가, 흔히 두통을 호소하는 등의 증상을 보일 수도 있으므로

㉠ 기질적인 병상의 변화와 심적 요인으로 인한 병상의 변화를 감별하는 것이 중요하다.

㉡ 증상이 나타나는 범위 정도, 빈도 등을 파악하여 목표를 세우는 것이 좋다.

(6) 담임교사의 건강관찰

담임교사는 학생의 보호자 다음으로 학생과 친근하게 빈번히 접촉하기 때문에 일상생활을 통하여 지속적으로 질적인 관찰을 수행할 수 있는 인적 자원이다. 그러므로 교의나 보건교사는 담임교사에게 짜임새 있는 계획을 세워 교육시키고 조력을 아끼지 않아야 한다.

① 담임교사가 관찰해야 할 건강관련 업무내용

㉠ 개인위생과 건강실천 지도

㉡ 전염병의 징후

㉢ 정신적, 정서적, 사회적 적응상태

㉣ 정상에서 벗어난 용모, 언행의 관찰

㉤ 보건교육

㉥ 건강하고 안전한 학급환경위생 관리

㉦ 학교보건인력의 일원으로 활동

㉧ 건강문제를 가진 학생에 대한 조치 및 감독

㉨ 적절한 응급조치

㉩ 건강문제 학생 보고

㉪ 건강기록부 활용

② 담임교사에게 알려주어야 할 건강관찰의 결과처리 방법

㉠ 교사가 건강관찰에서 건강이상자를 발견했을 때는 보건교사에게 보낸다.

㉡ 보건교사는 상세히 관찰하여 자신이 처리가 가능하다면 조치를 취한다.

㉢ 학생의 건강상태에 따라서 교의, 치과교의의 건강진단을 받도록 한다.

㉣ 가정에 돌려보내서 진료를 받게 한다.

3. 긴급이송을 요하는 상황

(1) 보건실 방문 학생의 건강사정 결과 병원으로 보내야 한다고 판단되는 증상

① 호흡곤란이 있을 때

② 안색이 창백하며, 청색증이라고 인정될 때

③ 의식장애를 보일 때

④ 구토가 지속될 때

⑤ 경련이 지속되거나 반복할 때

⑥ 고열이나 오한을 느낄 때

⑦ 고민 상태나 조울 상태가 인정될 때

⑧ 요나 변의 실금이 있을 때

⑨ 대량의 출혈이 있을 때

⑩ 큰 개방창상이나 골절이 있을 때

⑪ 심한 통증이 지속될 때

⑫ 탈진상태를 보일 때

⑬ 광범위한 화상을 보일 때

(2) 중등도와 긴급도 판단시 각 기관별 검진요령

① **호흡상태** : 가슴을 보고, 숨소리를 듣고, 입김을 느낀다.
→ 과호흡, 호흡의 불규칙성, 호흡의 미약, 호흡이 없는가의 상태를 조사

② **맥박** : 맥박의 유무, 강도, 규칙성 조사

③ **의식상태** : 말이나 행동 모습, 소리에 반응 정도, 통증 자극에 대한 반응 정도를 조사

④ **출혈상태** : 출혈량, 출혈부위, 혈액의 색 등을 조사

⑤ **얼굴모습** : 창백, 청색증, 안구의 움직임, 동공의 크기(축소, 산대, 좌우 크기), 동공의 빛에 대한 반사도

⑥ **피부상태** : 피부, 점막의 색, 체온, 발한, 발진 유무, 상처의 유무 등

⑦ **운동상태** : 관절 및 골격의 변형 유무나 운동성 조사

(3) 이송 대상자를 병원으로 보낸 후 보건교사의 처리사항

① **학급담임에게 연락** : 병원으로 보내는 이유 설명

② **보호자에게 연락** : 상병발생상황, 증상의 개략, 처치내용, 의료기관으로 보낸 이유를 설명

③ **의료기관에 연락** : 상병발생상황, 초진시의 증상과 증상경과, 실시한 처치내용, 관련되는 내용이 있으면 그것을 병원에 가져간다.

④ **기록** : 보건교사로서 숙지하고 있는 정보, 증상, 처치내용, 의견을 기록해서 앞으로의 안전교육자료의 하나로 활용한다.

06 학교환경관리

1 교내환경관리

1. 교사 내 환경관리

(1) 목적

학교교사 내 환기 · 채광 · 온습도 · 분진 및 소음 등 환경위생을 적정기준으로 유지 · 관리함으로써 성장기 학생들과 교직원들에게 쾌적한 환경을 제공하여 건강을 보호 · 증진하기 위함이다.

(2) 학교보건법 시행규칙 제3조

온도, 조도, 소음, 습도, 이산화탄소, 미세분진 및 환기 등에 대한 규정

(3) 교실 내의 온도와 습도

① **통상적인 실내온도, 습도의 기준** : 여름 25~26℃, 겨울에는 18~20℃, 인체에 쾌적한 습도는 40~70%

② **학교보건법 시행규칙(별표 2)**

㉠ **통상적인 실내온도** : 18~28℃

㉡ **난방온도** : 18~20℃

㉢ **냉방온도** : 26~28℃

㉣ **비교습도** : 30~80%

(4) 교사 내의 공기오염

교사 안에서의 공기의 질에 대한 유지 · 관리기준(학교보건법 시행규칙 제3조 제1항 제3호의2 관련)

① 유지기준

오염물질 항목	기준(이하)	적용 시설	비고
미세먼지	35㎍/㎥	교사 및 급식시설	직경 2.5㎛ 이하 먼지
	75㎍/㎥	교사 및 급식시설	직경 10㎛ 이하 먼지
	150㎍/㎥	체육관 및 강당	직경 10㎛ 이하 먼지
이산화탄소	1,000ppm	교사 및 급식시설	해당 교사 및 급식시설이 기계 환기장치를 이용하여 주된 환기를 하는 경우 1,500ppm이하
폼알데하이드	80㎍/㎥	교사, 기숙사(건축 후 3년이 지나지 않은 기숙사로 한정한다) 및 급식시설	건축에는 증축 및 개축 포함
총부유세균	800CFU/㎥	교사 및 급식시설	
낙하세균	10CFU/실	보건실 및 급식시설	
일산화탄소	10ppm	개별 난방 교실 및 도로변 교실	난방 교실은 직접 연소 방식의 난방 교실로 한정
이산화질소	0.05ppm	개별 난방 교실 및 도로변 교실	난방 교실은 직접 연소 방식의 난방 교실로 한정
라돈	148Bq/㎥	기숙사(건축 후 3년이 지나지 않은 기숙사로 한정한다), 1층 및 지하의 교사	건축에는 증축 및 개축 포함
총휘발성 유기화합물	400㎍/㎥	건축한 때부터 3년이 경과되지 아니한 학교	건축에는 증축 및 개축 포함
석면	0.01개/cc	「석면안전관리법」 제22조 제1항 후단에 따른 석면건축물에 해당하는 학교	
오존	0.06ppm	교무실 및 행정실	적용 시설 내에 오존을 발생시키는 사무기기(복사기 등)가 있는 경우로 한정
진드기	100마리/㎡	보건실	
벤젠	30㎍/㎥	건축 후 3년이 지나지 않은 기숙사	건축에는 증축 및 개축 포함
톨루엔	1,000㎍/㎥	건축 후 3년이 지나지 않은 기숙사	건축에는 증축 및 개축 포함

에틸벤젠	360㎍/㎥	건축 후 3년이 지나지 않은 기숙사	건축에는 증축 및 개축 포함
자일렌	700㎍/㎥	건축 후 3년이 지나지 않은 기숙사	건축에는 증축 및 개축 포함
스티렌	300㎍/㎥	건축 후 3년이 지나지 않은 기숙사	건축에는 증축 및 개축 포함

② 관리기준

대상 시설	중점관리기준
신축 학교	•「실내공기질 관리법」 제11조 제1항에 따라 오염물질 방출 건축자재를 사용하지 않을 것 • 교사 안에서의 원활한 환기를 위하여 환기시설을 설치할 것 • 책상 · 의자 및 상판 등 학교의 비품은 「산업표준화법」 제15조에 따라 한국산업표준 인증을 받은 제품을 사용할 것 • 교사 안에서의 폼알데하이드 및 휘발성유기화합물이 유지기준에 적합하도록 필요한 조치를 강구하고 사용할 것
개교 후 3년 이내인 학교	폼알데하이드 및 휘발성유기화합물 등이 유지기준에 적합하도록 중점적으로 관리할 것
개교 후 10년 이상 경과한 학교	• 미세먼지 및 부유세균이 유지기준에 적합하도록 중점 관리할 것 • 기존 시설을 개수 또는 보수하는 경우 「실내공기질 관리법」 제11조 제1항에 따라 오염물질 방출 건축자재를 사용하지 않을 것 • 책상 · 의자 및 상판 등 학교의 비품은 「산업표준화법」 제15조에 따라 한국산업표준 인증을 받은 제품을 사용할 것
「석면안전관리법」 제22조 제1항 후단에 따른 석면건축물에 해당하는 학교	석면이 유지기준에 적합하도록 중점적으로 관리할 것
개별 난방(직접 연소 방식의 난방으로 한정한다) 교실 및 도로변 교실	일산화탄소 및 이산화질소가 유지기준에 적합하도록 중점적으로 관리할 것
급식시설	미세먼지, 이산화탄소, 폼알데하이드, 총부유세균 및 낙하세균이 유지기준에 적합하도록 중점적으로 관리할 것
보건실	낙하세균과 진드기가 유지기준에 적합하도록 중점적으로 관리할 것

CHECK Point 서울학교 미세먼지 대응기준

예보 단계	대응 단계	기준(㎍/㎥) PM10	PM2.5	대응단계별 조치사항
좋음	평상시	0~50	0~25	[사전준비사항] • 고농도 미세먼지 발생 시 대처방안에 대한 숙지(학생, 학부모 지도 홍보) • 학생 및 보호자 비상연락망 구축 • 보건용 마스크, 상비약 등 비치, 점검 및 미세먼지 민감군 등 관리 대책 마련 • 고농도 미세먼지 상황 대비 실외수업 대체를 위한 사전계획 마련
보통	WHO 권고 기준 초과	51~80	26~50	• 예보상황 및 농도변화 실시간 확인(단, 3회는 필수 ☞ 8, 12, 17시) • 학생 마스크 착용 지도(경각심 고취 및 마스크 생활화 지도)
나쁨	익일 "나쁨" 이상(고농도 예보)	81 이상	51 이상	• 예보상황 및 농도변화 확인(매일 17시 다음 날 예보상황 확인) • 익일 예정된 실외수업에 대한 점검 • 보호자 비상연락망, 안내문 등을 통한 예보상황 및 행동요령 공지
	당일 "나쁨"이상	81 이상	51 이상	• 예보상황 및 농도변화 실시간 확인(단, 3회는 필수 ☞ 8, 12, 17시) • 실외수업 자제(체육활동, 현장학습. 운동회 등을 실내수업(활동)으로 대체) • 외부 노출 시 보건용 마스크(식약처 인증) 착용 안내 • 실내공기질 및 위생관리(물청소, 창문 닫기, 손 씻기, 온몸 먼지 털기 등) • 미세먼지 대응 안전교육(행동요령) 실시
매우 나쁨	주의보	150 이상 2시간 이상 지속	90 이상 2시간 이상 지속	• 유치원 : 실외수업 단축 또는 금지, 등 하원 시간 조정 등 실시 • 학교 : 실외수업 단축 또는 금지 ☞ 체육활동, 현장학습, 운동회 등을 실내수업(활동)으로 대체 • 외부활동 시 보건용 마스크 및 보안경 등 착용 • 실내 공기질 및 위생관리(물청소, 창문 닫기, 손 씻기, 온몸 먼지털기 등) • 미세먼지 대응 안전교육(행동요령) 실시 • 학생, 학부모 비상연락망을 통한 상황공유 및 대응요령 알림 • 미세먼지 민감군 및 고위험군 학생 관리대책 이행
	경보	300 이상 2시간 이상 지속	180 이상 2시간 이상 지속	• 유치원 : 실외수업 단축 또는 금지, 등 하원 시간 조정, 임시휴원 권고 • 학교 : 수업시간 조정, 등 하교 시간 조정, 임시휴업 권고, 실외수업 단축 또는 금지 • 외부활동 시 보건용 마스크 및 보안경 등 착용 • 미세먼지 대응 안전교육(행동요령) 실시 • 미세먼지 관련 질환자 파악 및 특별관리(조기귀가, 진료) • 학생, 학부모 비상연락망을 통한 상황공유 및 대응요령 알림 ☞ 단축수업이나 휴업조치 시 연락체계 유지 • 학교 소독, 청결 및 학생 위생관리 강화

(5) 교사 내 환기

① 필요 환기량 = 1인당 공기용적 / 시간 : 21.6m³/시간

② 쾌적한 교실 내의 공기를 유지하기 위해서는 휴식시간마다 학생들로 하여금 창문을 열어 놓도록 하여 수업시작시 외기에 가까운 상태로 둔다.

③ 환기의 필요성

㉠ 학습능률 향상 도모

㉡ 산소 공급

㉢ 실내온도와 습도의 조절

㉣ 학습시 기류 및 시설물 보호

㉤ 불쾌한 냄새, 세균, 먼지 등을 제거하기 위하여

④ 환기불량이 신체에 미치는 영향

㉠ 호흡기 : 기침, 가래, 인후통, 감기 등 호흡기질환에 자주 걸림

㉡ 뇌 : 두통, 기억력, 집중력 저하

㉢ 소화기 : 오심, 구토

㉣ 눈 : 눈 자극, 눈물

㉤ 피부 : 가려움

(6) 채광과 조명

① 채광(자연조명)

㉠ 최대한의 자연광 효과를 위해서는 일반적으로 창문의 면적이 환경위생학적으로 교실 전체면적의 1/5 이상이 바람직하다고 제시되고 있다.

㉡ 창의 색깔은 무색투명하고 채광은 좌측 또는 좌후방이 이상적이다.

㉢ 교실의 조명은 300Lux 이상이어야 한다. 만약 조명도가 50Lux 이하가 될 때에는 반드시 인공조명이 필요하다.

㉣ 최대조도와 최소조도의 비율이 10:1이 넘지 아니하도록 한다.

② 조도(인공조명)

㉠ 교실의 조명도는 학생의 책상면을 기준으로 300Lux 이상[40와트 복식 형광등(2개 1조)이 8개가 설치되어야 한다]이라야 한다.

㉡ 교실이나 흑판의 최대조도와 최소조도 비율이 3:1을 넘지 않아야 한다.

③ 인공조명의 우생학적 조건

㉠ 빛의 색이 일광에 가까워야 한다.

㉡ 조명은 학습상 충분한 것이어야 한다.

㉢ 조명도가 균일해야 한다.

㉣ 눈부심이 없어야 한다.

ⓜ 유해가스가 없어야 한다.

ⓑ 폭발, 화재의 위험이 적어야 한다.

ⓢ 취급하기 간단하고 가격이 저렴해야 한다.

ⓞ 그림자가 지지 않아야 한다.

④ **교실조도 관리**

㉠ 학교장은 교실조도 측정을 학교 자체 및 해당교육청에 의뢰하여 조명이 미달되는 교실에 대해서는 교실 내 조도기준인 300Lux 이상이 유지될 수 있도록 개선하여 학생 및 교직원의 시력보호와 쾌적한 면학분위기를 조성한다.

㉡ 학교장은 학생들이 수업 중인 교실에 절전을 이유로 감등 및 소등하는 일이 없도록 하고, 수시로 조명시설을 점검하여 노후된 전구의 교체와 청소를 실시하여 학생시력을 보호한다.

⑤ **불량조명**

㉠ 조도의 부족현상

㉡ **눈부심** : 교실 내 측면에 앉은 학생위치에서 보아 흑판의 외측 15도 이내 범위에 빛의 반사가 있으면 안된다. 또한 시야를 방해하는 광택이 흑판면과 책상면에 있으면 안된다.

㉢ 균일하지 않은 조명

㉣ 그림자가 많이 질 때

⑥ **불량조명으로 발생되는 문제** : 근시, 눈의 피로, 재해의 발생, 학습능률의 저하, 시력감퇴

⑦ **불량조명에 대한 조치**

㉠ 조도 부족시 조명기구 청소 또는 등을 더 단다.

㉡ 직사광선이 직접 비치는 곳은 비치지 않는 유리나 커튼으로 막아준다.

㉢ 야간학습 설치학교 교실의 기준 조도 300Lux 이상으로 설치한다.

(7) 소음

① 교사 내의 소음은 55dB(A) 이하로 규정하였다. 학교부지 경계 50m 이내 지역의 경우 소음은 주간(06~22시)은 65dB(A), 야간(22~06)은 50dB(A) 이하로 규정하고 있다.

② **소음의 영향**

㉠ 난청이 발생한다.

㉡ 심장박동을 불규칙하게 한다.

㉢ 두통, 식욕감퇴를 일으킨다.

㉣ 불안감을 조성한다.

㉤ 심리적 영향으로 불쾌감, 정신적 중압감, 집중력이 저하된다.

ⓑ 학습능력을 저하시킨다.

ⓢ 불필요한 피로의 원인이 된다.

ⓞ 만성적으로 소음에 노출되면 청각전도계가 음향성 외상을 받아 청력이 감퇴되는 소음성 난청을 초래한다.

③ **소음방지 대책** : 소음원의 차단 및 감소

㉠ 학교담장이나 나무를 적절하게 이용한다.

㉡ 학교건물의 구조는 차음효과가 크도록 설비한다.

㉢ 각 교실과 건물을 적절하게 배치한다.

㉣ 차음효과가 큰 이중창을 설치하거나 커튼을 사용하여 부분적 차음성능을 높일 수 있다.

(8) 책상과 의자

① **이상적 조건**

㉠ 각 학교 또는 학년별로 앉은 키, 상퇴장, 하퇴장의 평균치를 구한 통계자료를 이용하는 것이 이상적이다.

㉡ 의자 좌면의 높이는 하퇴길이에서 1.5cm를 빼고 의자의 전후경은 상퇴의 길이로 한다.

㉢ 책상의 높이는 의자의 높이에 좌고의 1/3을 더한다.

㉣ 허리가 굽혀지지 않게 똑바로 앉을 수 있어야 한다.

㉤ 경제적이고 편리한 것이어야 한다.

② **부적합한 책상과 의자로 인한 신체적 장애**

㉠ 학습능률이 저하된다.

㉡ 척추가 구부러지는 등 자세변화가 발생한다.

㉢ 장시간의 무리한 자세로 스트레스가 증대하고 피로가 쉽게 온다.

㉣ 근시의 원인이 될 수 있다.

㉤ 내장기관의 압박으로 활동이 활발하지 못하여 소화기능이 장애를 받을 수 있다.

2. 교사 외 환경관리

(1) 교지(교사용 대지와 체육장의 면적을 합한 용지)

교지선정의 이상적 조건은 다음과 같다.

① 충분한 면적

② 침수성이 좋고 건조하며 지반이 견고해야 한다.

③ 부식토, 점토, 쓰레기 매몰지는 피하고 유기물에 오염되지 않는, 물이 잘 빠지는 모래 섞인 곳

④ 통학이 편리하고 안전한 장소(주택 밀집지역이나 위험요인이 없으며 도보 통학거리가 30분 이내일 것)

⑤ 조용하고 공기가 맑으며 통풍이 잘될 뿐만 아니라 자연적인 조건이 좋은 풍치지구

⑥ 공장, 번화가, 철도, 교통량이 많아서 소음, 진동, 매연, 유해가스 등이 없는 곳

⑦ 유흥가, 혐오시설이 근접하지 않은 곳

⑧ 수질이 좋아 음용수나 생활용수를 구하기가 용이한 곳

(2) 교사

선정된 교지 중에서도 높은 대지로서 광선이 운동장으로 드는 남향을 선택한다.

① **일반교실** : 남향 및 동향, 동남향

② **유치원, 과학실, 실험실** : 남향, 동향

③ **미술실, 제도실** : 북향, 남북향

④ **체육실** : 남향, 동향

⑤ 학생들이 짧은 시간에 드나들 수 있도록 한다.

⑥ 화재 및 기타 재해를 예방할 수 있도록 안전하게 설계되어야 한다.

⑦ 복도의 폭은 360cm, 중간에 칸막이나 문턱이 없어야 청소하기에 편리하다.

⑧ 층계의 경사도는 40도 이내로 하며 난간을 높게 하여 학생들의 추락사고를 방지한다.

(3) 교실

① **면적과 방향** : 기준면적은 66㎡ 이상(25평, 학급당 학생 수 50명 이하)으로 교실의 방향은 남향이나 동향이 좋으며, 동남향이 특히 이상적이다(학급당 학생 수 25명 이하 시 45㎡).

② **천정과 벽** : 벽이 콘크리트일 경우 방한에 유의하여야 하며, 천정은 무광색으로 밝은 회색 또는 흰색, 하늘색, 달걀색 등 경쾌한 빛깔이 이상적이다.

③ **창과 커튼** : 창은 교실면적의 1/5 정도로 문열기 편한 구조로 채광, 통풍, 환기, 방한, 방서, 방음을 하는 이중창문을 사용하는 경우가 많다. 커튼은 열기가 편하고 실내에 직사광선, 통풍, 기분전환 등에 사용목적을 갖는 것이므로 계절에 따라 알맞은 것을 골라 쓰도록 한다.

(4) 음용수

① 학교에서 제공하는 먹는 물의 형태는 상수도, 간이상수도, 지하수로 구분한다.

㉠ 상수도, 간이상수도의 경우 저수조를 경유하지 않고 수도꼭지에 직접 연결하도록 규정하고 있다. 수도전은 학생 25명당 1개가 이상적이다.

※ Ortho-Tolidine검사 : 수도꼭지에서 받은 물에 잔류하는 염소의 유무를 측정

㉡ 지하수의 경우 연 4회 수질검사를 의뢰받아야 하며 이 중 연간 1회 이상은 정밀검사를 받아야 한다.

② 학생 및 교직원에게 공급하는 식수는 「먹는물관리법」 제5조의 규정에 의한 수질기준에 적합한 물을 제공하되, 가급적 끓여서 제공하여야 한다(100℃ 이상에서 15분간 끓여서 사용).

③ 음용수 사용물의 양은 하루 2ℓ(하절 2ℓ, 동절 1ℓ), 음용 이외 생활사용물의 양은 10ℓ 정도의 수준을 유지함이 바람직하다.

④ 정수기 관리

㉠ 학교장은 정수기와 냉온수기 관리담당자를 지정하여 주 1회 이상 청소 등 소독을 실시하며(정수기별 위생관리 점검표 설치), 수질검사를 다음과 같이 의무화한다(분기 1회, 2003년부터 각급 학교에서 자체예산 편성하여 시행).

ⓐ **조사항목** : 환경부가 제시하는 3개 항목(일반세균, 대장균군, 클로로포름)

ⓑ **조치사항** : 수질기준 초과시에는 필터교환 등 위생관리 강화 또는 시설철거 등 조치

㉡ 렌탈 및 기기 구입시 설치업체에 수질검사, 정기적인 필터교환 등 사후관리를 의무화하여 전문가에 의한 주기적인 위생관리 유도

⑤ 물탱크(저수조)의 위생관리

㉠ **물탱크가 설치된 각급 학교장은 6개월마다 1회 이상 청소 실시** : 해빙 직후 신학기를 앞둔 2월 말이나 3월 초순, 강우량이 많고 다량의 물 소비로 물탱크에 침전물이 증가하는 하절기가 지난 8월 하순이나 9월 초순에 실시하는 것이 바람직하다.

㉡ 위생상태를 위생점검기준에 따라 매월 1회 이상 점검한다.

㉢ 물이 스며들지 않도록 뚜껑을 덮고 '관계자 외 접근금지' 표지를 부착한다.

학교보건법 시행규칙 [별표 5]

1. 급수시설 설치

(1) 상수도 또는 마을상수도에 의하여 먹는물을 공급하는 경우에는 저수조를 경유하지 아니하고 직접 수도꼭지에 연결하여 공급하여야 한다. 다만, 직접 수도꼭지에 연결하기가 곤란한 경우에는 제외한다.

(2) 지하수 등에 의하여 먹는물을 공급하는 경우에는 저수조 등의 시설을 경유하여야 한다.

2. 급수시설관리

(1) 급수시설 · 설비는 항상 위생적으로 관리하여야 하며, 급수시설에서 사용 중인 저수조는 「수도법 시행규칙」 제22조의3에 따른 청소 및 위생상태 점검을 실시하고, 외부인이 출입할 수 없도록 잠금장치 등의 조치를 하여야 한다.

(2) 지하수 등을 먹는물로 사용하는 경우에는 원수의 수질 안정성 확보를 위하여 필요시 정수 또는 소독 등의 조치를 하여야 한다.

(3) 급수설비 및 급수관은 「수도법」 제33조 제2항 및 제3항에 따라 소독등위생조치, 수질검사 및 세척등조치를 실시하여야 한다.

3. 먹는물의 공급 등 : 학생 및 교직원에게 공급하는 먹는물은 「먹는물관리법」 제5조에 따른 수질기준에 적합한 물을 제공하여야 한다.
4. 수질검사
   (1) 저수조를 사용하는 학교의 경우 「수도법 시행규칙」 제22조의3 제4항에 따라 수질검사를 실시하여야 한다.
   (2) 지하수는 「먹는물 수질기준 및 검사 등에 관한 규칙」 제4조 제2항에 따라 수질검사를 실시하여야 한다.
5. 그럼에도 불구하고, 학교의 장은 학교의 규모 및 급수시설의 노후도 등을 고려하여 급수시설의 청소 및 위생상태 점검주기와 수질검사(수질검사 대상이 아닌 학교에서 실시하는 수질검사를 포함한다)주기를 단축할 수 있다.

(5) 화장실

① 화장실의 내부 및 외부를 4월부터 9월까지는 주 3회 이상, 10월부터 다음해 3월까지 주 1회 이상 소독을 실시하는 것이 좋다(소독은 20% 석회수나 크레졸액으로 실시).

② 쉬는 시간에 학생들이 사용가능한 거리에 설치되어 있어야 한다. 즉, 교실과 같은 층의 근거리가 가장 좋다.

③ 화장실 사용 후에 개인위생을 위하여 반드시 수세시설을 갖추어야 한다.

④ 남자용과 여자용으로 구분하며, 출입구 역시 구분하여 설치한다.

⑤ 대변기의 칸막이 안에는 소지품을 두거나 옷을 걸 수 있는 설비를 한다.

(6) 쓰레기

① 종류에 따라서 분리수거하도록 한다.

② 학교에서 발생하는 일반폐기물은 지방자치단체 등에 위탁처리 함을 원칙으로 한다.

③ 학교 내는 「폐기물관리법 시행규칙」 제20조의2에 의해 폐기물 소각시설을 설치 · 운영하지 아니하며, 기 설치되어 있는 소각시설의 경우에 한해 폐기물관리법령 등의 정한 바에 따라 적합하게 운영해야 한다.

(7) 학교방역 대책

① 방역당국의 협조를 얻어 정기적으로 학교주변의 소독을 실시하도록 한다.

② 교내 소독은 학교 자체 또는 용역업체에 의뢰하여 4월~9월까지는 2개월에 1회 이상, 10월~3월까지는 3개월에 1회 이상 실시한다.

(8) 위생해충 관리

① 위생해충이란 인간과 동물에게 감염병 등을 매개하고 독물질을 전파시킬 수 있는 곤충류나 거미류를 말한다. 위생해충은 인간에게 직접, 간접적으로 많은 피해를 주므로 위생학적으로 구제되어야 한다.

② 구제방법

㉠ 환경개선

㉡ 물리적 방법 : 가장 간단한 방법으로 파리채, 파리잡이 종이 등으로 구제하는 방법

㉢ 생물학적 방법 : 해충의 천적을 보호하거나 다른 지역에 이주시켜 해충의 세력을 억제하는 방법

㉣ 화학적 방법 : 위생곤충 구제용 약제를 사용하는 것으로 살충제, 기피제, 화학적 불임제, 그 외 보조제를 사용한다. 이는 최후에 사용하는 것이 좋다.

㉤ 사람과의 접촉방지 : 피부의 노출부를 피복하거나 모기장을 사용하고 기피제를 발라서 곤충의 접근을 막는다.

3. 특수 환경관리

(1) 새학교 증후군

① 실내 공기오염의 중요성이 대두된 배경

㉠ 하루 중 80%를 학교에서 보낸다.

㉡ 대기오염은 희석률이 크나 실내공기는 한정된 공간 내에서 오염된 공기가 순환하여 농도가 증가한다.

㉢ 다양하고 새로운 건축자재에서 오염물질이 배출된다.

㉣ 에너지 절감을 높이기 위해 건물을 밀폐한다.

② '새학교 증후군'의 예방방안

㉠ 학교신설시 교사 내 환경위생에 대한 조치방안 강구

ⓐ 학교설립시 현재 「학교보건법 시행규칙」으로 규정하고 있지 않은 포름알데히드, 총휘발성유기화합물 등 소위 '새학교 증후군'의 원인물질에 대한 사전측정 등을 통해 조치방안을 강구한다.

ⓑ 신설학교의 개교 전 건물완공 후나 기존학교의 건물증축 후에는 베이크 아웃(bake-out)방법 및 환기시설 등을 충분히 가동하여 휘발성 유해물질 등을 방출한다.

ⓒ 학교 신·증축시 사용하는 건축재료 및 가구류 등은 화학물질의 방출이 적은 친환경적 건축자재 사용 등 설계시부터 환경위생에 대해 검토한다.

㉡ 중앙복도형 학교

ⓐ 교실 창문을 수시로 개방하여 충분한 자연환기가 될 수 있도록 한다.

ⓑ 복도 양쪽, 중앙계단 창문에 대형환풍기 설치 등 강제환기 방안을 강구한다.

㉢ 베이크 아웃(bake-out) : 신·개축한 건물 내부온도를 높여 건축자재·마감재료 등에서 배출되는 휘발성 유기화합물(VOCs)을 포함한 유해물질 발생량을 일시적으로 높인 후 환기하는 방법이다.

③ 개선대책

㉠ 환기용 창 등을 수시로 개방하거나 기계환기 설비를 수시로 가동하여 1인당 환기량이 시간당 21.6㎥ 이상이 되도록 한다.

㉡ 먼지 발생요인을 제거하며 진공청소기 등을 활용한 먼지 청소와 입실 전 학생들의 의복, 신발 등의 청결 지도를 한다.

㉢ 신·증설 학교시설 창호에 대한 설계·시공방법을 개선한다.

ⓐ 외부에 면한 창호 개폐방법 개선 및 개방면적 증대

ⓑ 바닥마감재(비닐타일, 플로어) 시공시 인체 무해한 성분의 접착제 사용

ⓒ 친환경자재(페인트, 벽지) 사용과 초등학교 벽체 마감 개선

예 건식+친환경 벽지, 수성 페인트

㉣ **신·증설학교의 시설사업 후 실내환기기간을 확보한다.**

ⓐ 개교 전까지 충분한 실내환기기간 확보를 위해 시설공사 조기완공 추진

ⓑ 신·증설사업 추진시 실내환기기간을 감안한 공사기간 확보

※ 새집증후군·화학물질과민증 예방대책으로는 입주 전에 꾸준히 실내공기를 환기시켜 유기화합물을 배출시키는 방법이 효과가 크다.

㉤ 오염물질 방출기준이 있는 환경마크, 한국산업규격(KS) 등을 획득한 자재를 사용한다.

㉥ 신설학교 및 교실 증축시설의 실내공기 오염물질 측정을 활성화한다.

(2) 학교 석면관리 내실화

① 기본방침

㉠ 「석면안전관리법」에 따른 학교 석면건축물에 대한 효율적 관리 등을 통해 학생과 교직원이 쾌적하고 안전한 환경에서 생활할 수 있도록 조치한다.

㉡ 학교구성원 스스로가 석면 피해를 예방할 수 있도록 교육·홍보한다.

② 추진방향

㉠ 학교 석면 위험요인 개선

ⓐ 석면함유 건축자재에 대하여 안전하게 지속적으로 유지·관리한다.

ⓑ 훼손시 1차적으로 해당시설의 보수(관련법령 준수, 작업자 이외 출입금지) 등 여건에 맞게 조치하여 안전한 상태로 유지·관리하고, 2차적으로는 노후 정도에 따라 해당시설을 해체·제거한다.

ⓒ 심한 훼손인 경우에는 즉시 해당시설의 교체 또는 해체·제거를 한다.

ⓓ 석면함유 건축자재에 대한 개·보수 예산 등은 우선 지원한다.

ⓔ 석면함유 건축자재가 있는 학교는 석면의 비산여부 확인 등을 위하여 정기적인 검사 및 실태조사를 실시한다. → 학교 교사 내 환경위생 및 식품위생 점검시 석면 측정

ⓕ 석면건축물의 위해성 평가(물리적 평가, 잠재적 손상가능성, 건축물 유지 · 보수에 따른 손상가능성, 인체노출 가능성)에 따라 등급별 차등 관리한다.

ⓖ 일부 체육관 및 철골구조 등에 사용된 뿜칠 석면의 경우 고형화작업 등의 후속조치로 비산을 방지한다.

㉡ 학교 건축물 석면조사 완료에 따른 후속조치

ⓐ 「석면안전관리법」에 규정에 따라 학교장은 석면조사 결과를 「건축법」 제36조에 의거 철거 · 멸실시까지 기록 · 보존한다.

ⓑ 건축물 증 · 개축, 대수선 공사, 철거, 석면폐기물 배출시 석면조사 결과서를 활용한다.

ⓒ 학교별 석면함유 건축자재의 안전관리 등을 위하여 석면건축물 안전관리인을 지정 · 운영한다[「석면안전관리법」 제23조(석면건축물 안전관리인의 지정 등)].

ⓓ 학교 석면건축물 안전관리인을 대상으로 석면관리에 대한 전문지식 및 관리요령 함양 등을 위한 교육을 실시한다(지정 · 변경시 1년 이내 교육, 6시간).

ⓔ 6개월마다 학교 석면건축물의 손상상태, 석면비산 가능성 등의 조사 및 전기공사 등 건축물에 대한 유지 · 보수공사시 관련정보 제공 및 감시 · 감독한다.

2 학교보건법

1. 공기 질의 유지·관리 특례(제4조의2)

(1) 학교의 장은 제4조 제2항에 따른 공기 질의 위생점검을 상 · 하반기에 각각 1회 이상 실시하여야 한다.

(2) 학교의 장은 제4조 제2항 및 제3항에 따라 교사 안에서의 공기 질을 측정하는 장비에 대하여 교육부령으로 정하는 바에 따라 매년 1회 이상 정기적으로 점검을 실시하여야 한다.

2. 공기정화설비 등 설치(제4조의3)

학교(「고등교육법」 제2조에 따른 학교는 제외한다)의 장은 교사 안에서의 공기 질 관리를 위하여 교육부령으로 정하는 바에 따라 각 교실에 공기를 정화하는 설비 및 미세먼지를 측정하는 기기를 설치하여야 한다.

3. 건강검사기록(제7조의3)

(1) 학교의 장은 제7조에 따라 건강검사를 하였을 때에는 그 결과를 교육부령으로 정하는 기준에 따라 작성 · 관리하여야 한다.

(2) 학교의 장이 제1항에 따라 건강검사 결과를 작성 · 관리할 때에 「초 · 중등교육법」 제30조

의4에 따른 교육정보시스템을 이용하여 처리하여야 하는 자료는 다음과 같다.

① 인적사항

② 신체의 발달상황 및 능력

③ 그 밖에 교육목적을 이루기 위하여 필요한 범위에서 교육부령으로 정하는 사항

(3) 학교의 장은 소속 학교의 학생이 전출하거나 고등학교까지의 상급학교에 진학할 때에는 그 학교의 장에게 제1항에 따른 자료를 넘겨주어야 한다.

4. 등교 중지(제8조)

학교의 장은 제7조에 따른 건강검사의 결과나 의사의 진단 결과 감염병에 감염되었거나 감염된 것으로 의심되거나 감염될 우려가 있는 학생 및 교직원에 대하여 대통령령으로 정하는 바에 따라 등교를 중지시킬 수 있다.

5. 감염병예방대책의 마련 등(제14조의3)

(1) 교육부장관은 감염병으로부터 학생과 교직원을 보호하기 위하여 다음 각 호의 사항이 포함된 대책(이하 "감염병예방대책"이라 한다)을 마련하여야 한다. 이 경우 행정안전부장관 및 보건복지부장관과 협의하여야 한다.

① 감염병의 예방 · 관리 및 후속조치에 관한 사항

② 감염병 대응 관련 매뉴얼에 관한 사항

③ 감염병과 관련한 학교의 보건 · 위생에 관한 사항

④ 그 밖에 감염병과 관련하여 대통령령으로 정하는 사항

(2) 교육부장관은 제1항에 따라 감염병예방대책을 마련한 때에는 특별시장 · 광역시장 · 특별자치시장 · 도지사 · 특별자치도지사, 교육감 및 학교에 알려야 한다.

(3) 교육감은 교육부장관의 감염병예방대책을 토대로 지역 실정에 맞는 감염병 예방 세부 대책을 마련하여야 한다.

(4) 교육부장관과 보건복지부장관은 학교에서 감염병을 예방하기 위하여 긴밀한 협력 체계를 구축하고 감염병 발생 현황에 관한 정보 등 대통령령으로 정하는 정보(이하 "감염병정보"라 한다)를 공유하여야 한다.

(5) 학교의 장은 해당 학교에 감염병에 걸렸거나 의심이 되는 학생 및 교직원이 있는 경우 즉시 교육감을 경유하여 교육부장관에게 보고하여야 한다.

(6) 교육부장관은 제4항에 따른 공유를 하였거나 제5항에 따른 보고를 받은 경우 감염병의 확산을 방지하기 위하여 감염병정보를 신속히 공개하여야 한다.

(7) 제4항부터 제6항까지에 따른 공유, 보고 및 공개의 방법과 절차는 교육부령으로 정한다.

6. 감염병대응매뉴얼의 작성 등(제14조의4)

(1) 교육부장관은 학교에서 감염병에 효과적으로 대응하기 위하여 보건복지부장관과의 협의를 거쳐 감염병 유형에 따른 대응 매뉴얼(이하 "감염병대응매뉴얼"이라 한다)을 작성 · 배포하여야 한다.

(2) 감염병대응매뉴얼의 작성 · 배포 등에 필요한 사항은 대통령령으로 정한다.

7. 응급처치 등(제15조의2)

(1) 학교의 장(「고등교육법」 제2조에 따른 학교는 제외한다. 이하 이 조에서 같다)은 사전에 학부모의 동의와 전문의약품을 처방한 의사의 자문을 받아 제15조 제2항에 따른 보건교사 또는 순회 보건교사(이하 이 조에서 "보건교사 등"이라 한다)로 하여금 제1형 당뇨로 인한 저혈당쇼크 또는 아나필락시스 쇼크로 인하여 생명이 위급한 학생에게 투약행위 등 응급처치를 제공하게 할 수 있다. 이 경우 보건교사 등에 대하여는 「의료법」 제27조 제1항을 적용하지 아니한다.

(2) 보건교사 등이 제1항에 따라 생명이 위급한 학생에게 응급처치를 제공하여 발생한 재산상 손해와 사상(死傷)에 대하여 고의 또는 중대한 과실이 없는 경우 해당 보건교사 등은 민사책임과 상해(傷害)에 대한 형사책임을 지지 아니하며 사망에 대한 형사책임은 감경하거나 면제할 수 있다.

(3) 학교의 장은 질병이나 장애로 인하여 특별히 관리 · 보호가 필요한 학생을 위하여 보조인력을 둘 수 있다. 이 경우 보조인력의 역할, 요건 등에 관하여는 교육부령으로 정한다.

8. 감염병예방대책의 마련 등(시행령 제22조의2)

(1) 법 제14조의3 제1항 제4호에서 "대통령령으로 정하는 사항"이란 다음 각 호의 사항을 말한다.

① 감염병 예방 · 관리에 필요한 교육에 관한 사항
② 감염병 대응 능력 강화를 위한 가상연습 등 실제 상황 대비 훈련에 관한 사항
③ 감염병 방역에 필요한 물품의 비축 및 시설의 구비에 관한 사항
④ 그 밖에 감염병의 예방 · 관리를 위하여 교육부장관이 필요하다고 인정하는 사항

(2) 법 제14조의3 제4항에서 "감염병 발생 현황에 관한 정보 등 대통령령으로 정하는 정보"란 「감염병의 예방 및 관리에 관한 법률」 제2조 제5호에 따른 제4군감염병이 국내에서 새롭게 발생하였거나 국내에 유입된 경우 또는 같은 법 제41조 제1항에 따라 보건복지부장관이 고시한 감염병에 대하여 「재난 및 안전관리 기본법」 제38조 제2항에 따른 주의 이상의 예보 또는 경보가 발령된 경우 해당 감염병에 관한 다음 각 호의 정보를 말한다.

① 감염병명
② 감염병의 발생현황 또는 유입경로
③ 감염병환자 등(학생 및 교직원에 한정한다)의 발병일 · 진단일 · 이동경로 · 이동수단 및 접촉자 현황
④ 그 밖에 교육부장관 또는 보건복지부장관이 감염병의 예방 및 확산을 방지하기 위하여 필요하다고 인정하는 정보

9. 응급처치교육 등(시행규칙 제10조)

(1) 학교의 장이 법 제9조의2 제2항에 따라 교직원을 대상으로 심폐소생술 등 응급처치에 관한 교육(이하 "응급처치교육"이라 한다)을 실시하는 경우 응급처치교육의 계획 · 내용 및 시간 등은 별표 9와 같다.

(2) 학교의 장은 응급처치교육을 실시한 후 해당 학년도의 교육 결과를 다음 학년도가 시작되기 30일 전까지 교육감에게 제출하여야 한다.

(3) 학교의 장은 공공기관, 「고등교육법」 제2조에 따른 학교, 「교원 등의 연수에 관한 규정」 제2조 제2항의 연수원 중 교육감이 설치한 연수원 또는 의료기관에서 교직원으로 하여금 응급처치교육을 받게 할 수 있다. 이 경우 예산의 범위에서 소정의 비용을 지원할 수 있다.

10. 보조인력의 역할 등(시행규칙 제11조)

(1) 법 제15조의2 제3항에 따른 보조인력(이하 "보조인력"이라 한다)은 같은 조 제1항에 따른 보건교사 등(이하 "보건교사 등"이라 한다)의 지시를 받아 질병이나 장애로 인하여 특별히 관리 · 보호가 필요한 학생에 대해서 보건교사 등이 행하는 다음 각 호의 활동을 보조한다.
① 법 제15조의2 제1항에 따른 투약행위 등 응급처치
② 각종 질병의 예방처치, 건강관찰 및 건강상담 협조 등의 보건활동

(2) 보조인력은 「의료법」 제7조에 따른 간호사 면허가 있어야 한다.

학교보건법 시행규칙 [별표 9]

1. 응급처치교육의 계획 수립 및 주기
(1) 학교의 장은 매 학년도 3월 31일까지 응급처치교육의 대상 · 내용 · 방법 및 그 밖에 필요한 사항을 포함하여 해당 학년도의 응급처치교육 계획을 수립해야 한다.
(2) 학교의 장은 교육계획을 수립하는 경우에는 모든 교직원이 매 학년도 교육을 받을 수 있도록 해야 한다. 다만, 해당 학년도에 다른 법령에 따라 심폐소생술 등 응급처치와 관련된 내용이 포함된 교육을 받은 교직원에 대해서는 응급처치교육을 면제할 수 있다.

2. 응급처치교육의 내용 · 시간 및 강사

내용		시간	강사
이론 교육	• 응급상황 대처요령 • 심폐소생술 등 응급처치 시 주의사항 • 응급의료 관련 법령	2시간	• 의사(응급의학과 전문의를 우선 고려해야 한다) • 간호사(심폐소생술 등 응급처치와 관련된 자격을 가진 사람으로 한정한다) • 「응급의료에 관한 법률」 제36조에 따른 응급구조사 자격을 가진 사람으로서 응급의료 또는 구조 · 구급 관련 분야(응급처치교육 강사 경력을 포함한다)에서 5년 이상 종사하고 있는 사람
실습 교육	심폐소생술 등 응급처치	2시간	

비고
1. 교육 여건 등을 고려하여 응급처치교육의 내용 · 시간을 조정할 수 있으나 실습교육 2시간을 포함하여 최소 3시간 이상을 실시해야 한다.
2. 심폐소생술에 대한 전문지식을 갖춘 사람을 실습교육을 위한 보조강사로 할 수 있다.

3 교육환경 보호에 관한 법률

1. 목적(법 제1조)

이 법은 학교의 교육환경 보호에 필요한 사항을 규정하여 학생이 건강하고 쾌적한 환경에서 교육받을 수 있게 하는 것을 목적으로 한다.

2. 시 · 도교육환경보호위원회 등(법 제5조)

(1) 교육환경 보호를 위한 다음의 사항을 심의하기 위하여 교육감 소속으로 시 · 도교육환경보호위원회(이하 "시 · 도위원회"라 한다)를 둔다.

① 교육감의 교육환경 보호에 관한 시책

② 시행계획

③ 제6조 제1항에 따른 교육환경평가서

④ 그 밖에 관할 구역의 교육환경 보호와 관련하여 위원장이 회의에 부치는 사항

(2) 시 · 도위원회는 위원장 1명을 포함하여 15명 이내의 위원으로 구성하되, 위원장은 교육감이 임명하거나 위촉한다.

(3) 시 · 도위원회 위원은 다음의 사람 중에서 교육감이 임명하거나 위촉한다.

① 특별시 · 광역시 · 특별자치시 · 도 · 특별자치도(이하 "시 · 도"라 한다) 교육청의 4급 이상 또는 이에 상당하는 공무원 중에서 교육감 또는 특별시장 · 광역시장 · 특별자치시장 · 도지사 · 특별자치도지사(이하 "시 · 도지사"라 한다)가 지명하는 사람

② 대학이나 공인된 연구기관에서 조교수 이상 또는 이에 상당한 직(職)에 있거나 있었던 사람으로서 학교의 교육환경 보호에 관하여 전문지식이 있는 사람
③ 「비영리민간단체 지원법」 제2조에 따른 비영리민간단체에서 추천한 사람
④ 교육 경력이 5년 이상인 교원 및 강사
⑤ 그 밖에 지역별 학교의 교육환경 보호에 관한 학식과 경험이 풍부한 사람

(4) 시 · 도위원회 위원의 임기는 3년으로 하며, 연임할 수 있다. 다만, (3)의 ①에 따른 시 · 도위원회 위원의 임기는 해당 직에 재직하는 기간으로 한다.

(5) 「국가공무원법」 제33조 각 호의 어느 하나에 해당하는 사람은 시 · 도위원회 위원이 될 수 없으며, 시 · 도위원회 위원이 같은 조 각 호의 어느 하나에 해당할 때에는 당연히 해임 · 해촉된다.

(6) ①에 따른 교육감의 권한은 대통령령으로 정하는 바에 따라 교육장에게 위임할 수 있다.

(7) 시 · 도위원회는 심의사항과 관련하여 관계 행정기관의 장이나 공무원 또는 관계 전문가에게 자료제출, 의견 진술, 그 밖에 필요한 사항에 대하여 협조를 요청할 수 있다. 이 경우 요청받은 자는 특별한 사유가 없으면 요청에 따라야 한다.

(8) 교육감은 제9조에 따른 교육환경보호구역 내 금지행위 및 시설이 교육환경에 미치는 영향에 대하여 심의하기 위하여 「지방교육자치에 관한 법률」 제34조에 따른 교육지원청에 지역교육환경보호위원회(이하 "지역위원회"라 한다)를 두어야 한다. 다만, 교육지원청이 없는 경우 시 · 도위원회의 심의를 받는다.

(9) 시 · 도위원회와 지역위원회의 조직, 기능 및 운영 등에 관한 사항은 대통령령으로 정한다.

3. 교육환경보호구역의 설정 등(법 제8조)

(1) 교육감은 학교경계 또는 학교설립예정지 경계(이하 "학교경계등"이라 한다)로부터 직선거리 200미터의 범위 안의 지역을 다음의 구분에 따라 교육환경보호구역으로 설정 · 고시하여야 한다.

① **절대보호구역** : 학교출입문으로부터 직선거리로 50미터까지인 지역(학교설립예정지의 경우 학교경계로부터 직선거리 50미터까지인 지역)
② **상대보호구역** : 학교경계등으로부터 직선거리로 200미터까지인 지역 중 절대보호구역을 제외한 지역

(2) 학교설립예정지를 결정 · 고시한 자나 학교설립을 인가한 자는 학교설립예정지가 확정되면 지체 없이 관할 교육감에게 그 사실을 통보하여야 한다.

(3) 교육감은 (2)에 따라 학교설립예정지가 통보된 날부터 30일 이내에 (1)에 따른 교육환경보호구역을 설정 · 고시하여야 한다.

(4) (1)에 따라 설정 · 고시된 교육환경보호구역이 다음의 어느 하나에 해당하게 된 때에는 그 효력을 상실한다.

① 학교가 폐교되거나 이전(移轉)하게 된 때(대통령령으로 정하는 바에 따른 학교설립계획 등이 있는 경우는 제외한다)

② 학교설립예정지에 대한 도시 · 군관리계획결정의 효력이 상실된 때

③ 유치원이나 특수학교 또는 대안학교의 설립계획이 취소되었거나 설립인가가 취소된 때

(5) ①에 따른 교육감의 권한은 대통령령으로 정하는 바에 따라 교육장에게 위임할 수 있다.

4. 교육환경보호구역에서의 금지행위 등(법 제9조)

누구든지 학생의 보건 · 위생, 안전, 학습과 교육환경 보호를 위하여 교육환경보호구역에서는 다음의 어느 하나에 해당하는 행위 및 시설을 하여서는 아니 된다. 다만, 상대보호구역에서는 (14)부터 (29)까지에 규정된 행위 및 시설 중 교육감이나 교육감이 위임한 자가 지역위원회의 심의를 거쳐 학습과 교육환경에 나쁜 영향을 주지 아니한다고 인정하는 행위 및 시설은 제외한다.

(1) 「대기환경보전법」 제16조 제1항에 따른 배출허용기준을 초과하여 대기오염물질을 배출하는 시설

(2) 「물환경보전법」 제32조 제1항에 따른 배출허용기준을 초과하여 수질오염물질을 배출하는 시설과 제48조에 따른 폐수종말처리시설

(3) 「가축분뇨의 관리 및 이용에 관한 법률」 제11조에 따른 배출시설, 제12조에 따른 처리시설 및 제24조에 따른 공공처리시설

(4) 「하수도법」 제2조 제11호에 따른 분뇨처리시설

(5) 「악취방지법」 제7조에 따른 배출허용기준을 초과하여 악취를 배출하는 시설

(6) 「소음 · 진동관리법」 제7조 및 제21조에 따른 배출허용기준을 초과하여 소음 · 진동을 배출하는 시설

(7) 「폐기물관리법」 제2조 제8호에 따른 폐기물처리시설

(8) 「가축전염병 예방법」 제11조 제1항 · 제20조 제1항에 따른 가축 사체, 제23조 제1항에 따른 오염물건 및 제33조 제1항에 따른 수입금지 물건의 소각 · 매몰지

(9) 「장사 등에 관한 법률」 제2조 제8호에 따른 화장시설 · 제9호에 따른 봉안시설 및 제13호에 따른 자연장지(같은 법 제16조 제1항 제1호에 따른 개인 · 가족자연장지와 제2호에 따른 종중 · 문중자연장지는 제외한다)

⑽「축산물 위생관리법」 제21조 제1항 제1호에 따른 도축업 시설
⑾「축산법」 제34조 제1항에 따른 가축시장
⑿「영화 및 비디오물의 진흥에 관한 법률」 제2조 제11호의 제한상영관
⒀「청소년 보호법」 제2조 제5호 가목7)에 해당하는 업소와 같은 호 가목8), 가목9) 및 나목 7)에 따라 여성가족부장관이 고시한 영업에 해당하는 업소
⒁「고압가스 안전관리법」 제2조에 따른 고압가스, 「도시가스사업법」 제2조 제1호에 따른 도시가스 또는 「액화석유가스의 안전관리 및 사업법」 제2조 제1호에 따른 액화석유가스의 제조, 충전 및 저장하는 시설(규모, 용도 및 학습과 학교보건위생에 대한 영향 등을 고려하여 대통령령으로 정하는 시설의 전부 또는 일부는 제외한다)
⒂「폐기물관리법」 제2조 제1호에 따른 폐기물을 수집 · 보관 · 처분하는 장소(규모, 용도, 기간 및 학습과 학교보건위생에 대한 영향 등을 고려하여 대통령령으로 정하는 장소는 제외한다)
⒃「총포 · 도검 · 화약류 등의 안전관리에 관한 법률」 제2조에 따른 총포 또는 화약류의 제조소 및 저장소
⒄「감염병의 예방 및 관리에 관한 법률」 제37조 제1항 제2호에 따른 격리소 · 요양소 또는 진료소
⒅「담배사업법」에 의한 지정소매인, 그 밖에 담배를 판매하는 자가 설치하는 담배자동판매기(「유아교육법」 제2조 제2호에 따른 유치원 및 「고등교육법」 제2조 각 호에 따른 학교의 교육환경보호구역은 제외한다)
⒆「게임산업진흥에 관한 법률」 제2조 제6호, 제7호 또는 제8호에 따른 게임제공업, 인터넷컴퓨터게임시설제공업 및 복합유통게임제공업(「유아교육법」 제2조 제2호에 따른 유치원 및 「고등교육법」 제2조 각 호에 따른 학교의 교육환경보호구역은 제외한다)
⒇「게임산업진흥에 관한 법률」 제2조 제6호 다목에 따라 제공되는 게임물 시설(「고등교육법」 제2조 각 호에 따른 학교의 교육환경보호구역은 제외한다)
(21)「체육시설의 설치 · 이용에 관한 법률」 제3조에 따른 체육시설 중 당구장, 무도학원 및 무도장(「유아교육법」 제2조 제2호에 따른 유치원, 「초 · 중등교육법」 제2조 제1호에 따른 초등학교, 「초 · 중등교육법」 제60조의3에 따라 초등학교 과정만을 운영하는 대안학교 및 「고등교육법」 제2조 각 호에 따른 학교의 교육환경보호구역은 제외한다)
(22)「한국마사회법」 제4조에 따른 경마장 및 제6조 제2항에 따른 장외발매소, 「경륜 · 경정법」 제5조에 따른 경주장 및 제9조 제2항에 따른 장외매장
(23)「사행행위 등 규제 및 처벌 특례법」 제2조 제1항 제2호에 따른 사행행위영업
(24)「음악산업진흥에 관한 법률」 제2조 제13호에 따른 노래연습장업(「유아교육법」 제2조 제2호에 따른 유치원 및 「고등교육법」 제2조 각 호에 따른 학교의 교육환경보호구역은 제외한다)

(25) 「영화 및 비디오물의 진흥에 관한 법률」 제2조 제16호 가목 및 라목에 해당하는 비디오물감상실업 및 복합영상물제공업의 시설(「유아교육법」 제2조 제2호에 따른 유치원 및 「고등교육법」 제2조 각 호에 따른 학교의 교육환경보호구역은 제외한다)
(26) 「식품위생법」 제36조 제1항 제3호에 따른 식품접객업 중 단란주점 영업 및 유흥주점영업
(27) 「공중위생관리법」 제2조 제2호에 따른 숙박업 및 「관광진흥법」 제3조 제1항 제2호 가목에 따른 호텔업(「국제회의산업 육성에 관한 법률」 제2조 제3호에 따른 국제회의시설에 부속된 숙박시설은 제외한다)
(28) 「청소년 보호법」 제2조 제5호 나목6)에 해당하는 업소(「유아교육법」 제2조 제2호에 따른 유치원 및 「고등교육법」 제2조 각 호에 따른 학교의 교육환경보호구역은 제외한다)
(29) 「화학물질관리법」 제39조에 따른 사고대비물질의 취급시설 중 대통령령으로 정하는 수량 이상으로 취급하는 시설

+ 청소년 보호법 제2조 중 여성가족부장관이 고시한 영업

1. 전기통신설비를 갖추고 불특정한 사람들 사이의 음성대화 또는 화상대화를 매개하는 것을 주된 목적으로 하는 영업. 다만, 「전기통신사업법」 등 다른 법률에 따라 통신을 매개하는 영업은 제외한다.
2. 불특정한 사람 사이의 신체적인 접촉 또는 은밀한 부분의 노출 등 성적 행위가 이루어지거나 이와 유사한 행위가 이루어질 우려가 있는 서비스를 제공하는 영업으로서 청소년보호위원회가 결정하고 여성가족부장관이 고시한 것
3. 청소년유해매체물 및 청소년유해약물 등을 제작 · 생산 · 유통하는 영업 등 청소년의 출입과 고용이 청소년에게 유해하다고 인정되는 영업으로서 대통령령으로 정하는 기준에 따라 청소년보호위원회가 결정하고 여성가족부장관이 고시한 것

5. 금지행위 등에 대한 조치(법 제10조)

(1) 시 · 도지사 및 시장 · 군수 · 구청장(자치구의 구청장을 말한다. 이하 같다) 또는 관계 행정기관의 장(이하 "관계행정기관등의 장"이라 한다)은 제9조 각 호의 행위 및 시설(제9조 단서에 따라 심의를 받은 행위 및 시설은 제외한다. 이하 같다)을 방지하기 위하여 공사의 중지 · 제한, 영업의 정지 및 허가 · 인가 · 등록 · 신고의 거부 · 취소 등의 조치(이하 "처분"이라 한다)를 하여야 하며, 교육환경을 위해하여 철거가 불가피하다고 판단하면 사업시행자에게 해당 시설물의 철거를 명할 수 있다.
(2) 관계행정기관등의 장은 사업시행자가 (1)에 따른 철거명령을 이행하지 아니하는 경우 「행정대집행법」에서 정하는 바에 따라 대집행을 할 수 있다.
(3) 교육감은 교육환경 보호를 위하여 관계행정기관등의 장에게 교육환경보호구역 내 제9조 각 호의 행위 및 시설에 대한 처분 및 시설물의 철거 명령을 요청할 수 있다.

(4) (3)에 따른 요청을 받은 관계행정기관등의 장은 특별한 사정이 없으면 요청에 따른 조치를 취하고, 그 결과를 교육감에게 요청받은 날부터 1개월 이내에 알려야 한다.
(5) (3)과 (4)에 따른 교육감의 권한은 대통령령으로 정하는 바에 따라 그 일부를 교육장에게 위임할 수 있다.

6. 지역위원회의 구성 등(시행령 제11조)

(1) 지역위원회는 위원장과 부위원장 각 1명을 포함한 13명 이상 17명 이하의 위원으로 구성한다.
(2) 지역위원회의 위원은 교육감이 소속 직원, 관련 기관의 공무원, 학부모 또는 지역사회의 관련 전문가 중에서 학식과 경험이 있는 사람을 성별을 고려하여 임명하거나 위촉하되, 지역위원회가 설치되는 교육지원청의 관할구역 내에 위치한 학교의 학교운영위원회 위원인 학부모가 위원 총수의 2분의 1 이상이 되도록 구성하여야 한다.
(3) (2)에 따라 위촉된 위원의 임기는 2년으로 하며, 한 차례만 연임할 수 있다.
(4) 지역위원회의 위원장과 부위원장은 각각 위원 중에서 호선한다.
(5) 지역위원회의 위원장은 지역위원회를 대표하고, 지역위원회의 사무를 총괄한다.
(6) 지역위원회의 부위원장은 위원장이 부득이한 사유로 직무를 수행할 수 없는 경우 그 직무를 대행한다.

7. 교육환경보호구역의 설정 등(시행령 제21조)

(1) 법 제8조 제1항에 따른 교육환경보호구역(이하 "보호구역"이라 한다)의 고시는 다음의 사항을 포함하여야 한다.
① 보호구역 설정일자
② 설정된 보호구역의 위치 및 면적
③ 설정된 보호구역이 표시된 지적도면
(2) 교육감은 보호구역을 설정한 경우 그 설정 · 고시에 관한 사항을 시장(특별자치시장 및 행정시의 시장을 포함한다) · 군수 또는 구청장(자치구의 구청장을 말한다)에게 통보하여야 한다.
(3) 교육감은 보호구역임을 알리기 위하여 교육부령으로 정하는 표지판을 설치할 수 있다.
(4) 법 제8조 제4항 제1호에서 "대통령령으로 정하는 바에 따른 학교설립계획 등이 있는 경우"란 폐교 또는 이전(移轉)이 완료되기 전에 폐교 또는 이전 대상 학교의 기존 학교 용지를 활용하여 다른 학교를 설립하거나 이전하려는 계획을 교육감에게 인정받은 경우로서 교육감이 그에 관한 사항을 정보시스템 또는 교육청의 인터넷 홈페이지에 게시하는 등의 방법으로 공표한 경우를 말한다.

(5) 교육감(특별자치시 교육감은 제외한다)은 법 제8조제5항에 따라 같은 조 제1항에 따른 권한을 교육장에게 위임한다.

8. 보호구역에서의 금지행위 등(시행령 제22조)

(1) 법 제9조 제14호에서 "대통령령으로 정하는 시설"이란 다음의 어느 하나에 해당하는 시설을 말한다.

① 학교에서 교육 또는 연구 목적으로 설치하는 시설

②「고압가스 안전관리법 시행령」 제4조 제2호에 따른 고압가스제조의 신고대상 중 건축물의 냉·난방용 냉동제조에 사용되는 시설

③「의료법」 제3조에 따른 의료기관의 의료용 산소 공급 시설

④「화재예방, 소방시설 설치·유지 및 안전관리에 관한 법률」 제2조 제1항 제1호에 따른 소방시설

⑤ 다음의 기관에서 설치하는 소방·의료용 시설

㉠「소방기본법」 제3조 제1항에 따른 소방기관

㉡ 중앙소방학교 및 중앙119구조본부

(2) 법 제9조 제15호에서 "대통령령으로 정하는 장소"란 다음의 어느 하나에 해당하는 장소를 말한다.

①「폐기물관리법」 제8조 제1항에 따라 특별자치시장, 특별자치도지사, 시장·군수·구청장이나 공원·도로 등 시설의 관리자가 폐기물의 수집을 위하여 마련한 장소

②「폐기물관리법」 제46조 제1항 제2호에 해당하는 자가 해당 폐기물의 수집을 위하여 마련한 장소

(3) 법 제9조 제29호에서 "대통령령으로 정하는 수량"이란 「화학물질관리법」 제41조 제1항에 따른 수량을 말한다.

9. 금지행위 등에 대한 조치 권한의 위임(시행령 제23조)

교육감(특별자치시 교육감은 제외한다)은 법 제10조 제5항에 따라 같은 조 제3항에 따른 권한을 교육장에게 위임한다.

10. 보호구역의 관리(시행령 제24조)

(1) 학교의 장은 해당 학교의 보호구역 내 교육환경에 대한 현황 조사 및 보호구역 내 금지행위의 방지 등을 위한 계도 등(이하 이 조에서 "관리"라 한다)을 한다. 다만, 학교가 개교하기 전까지의 관리는 보호구역을 설정한 자가 한다.

(2) 학교 간에 보호구역이 서로 중복되는 경우 그 중복된 보호구역에 대한 관리는 다음에 해당하는 학교의 장이 한다.
  ① 상 · 하급 학교 간에 보호구역이 서로 중복되는 경우에는 하급학교. 다만, 하급학교가 유치원인 경우에는 그 상급학교로 한다.
  ② 같은 급의 학교 간에 보호구역이 서로 중복될 경우에는 학생 수가 많은 학교

(3) (2)에도 불구하고 학교 간에 법 제8조 제1항 제1호에 따른 절대보호구역과 같은 항 제2호에 따른 상대보호구역이 서로 중복되는 경우 그 중복된 보호구역에 대한 관리는 절대보호구역이 설정된 학교의 장이 한다.

11. 교육환경보호구역 안에서의 금지행위 및 시설 제외신청 등(시행규칙 제4조)

(1) 「교육환경 보호에 관한 법률」(이하 "법"이라 한다) 제9조 각 호 외의 부분 단서에 따라 법 제8조 제1항에 따른 교육환경보호구역(이하 "보호구역"이라 한다) 중 같은 항 제2호에 따른 상대보호구역 내의 금지행위 및 시설에서 제외하는 결정을 받으려는 자는 별지 제2호서식에 따른 금지행위 및 시설 제외 신청서를 작성하여 교육감 또는 교육감이 위임한 자(이하 "교육감 등"이라 한다)에게 제출하여야 한다. 이 경우 다음의 서류를 첨부하여야 한다.
  ① 해당 행위를 하려는 시설 또는 해당 시설의 건축설계도면(건축물대장이 없는 경우만 첨부한다)
  ② 보호구역이 설정된 학교와 해당 행위를 하려는 장소 · 시설 또는 해당 시설이 설치된 위치를 파악할 수 있는 주변 약도

(2) (1)에 따라 신청서를 제출받은 교육감 등은 「전자정부법」 제36조 제1항에 따른 행정정보의 공동이용을 통하여 건축물대장 및 토지이용계획확인서를 확인하여야 한다. 다만, 신청인이 확인에 동의하지 아니하는 경우에는 해당 서류를 첨부하도록 하여야 한다.

(3) (1)에 따라 신청서를 제출받은 교육감 등은 법 제9조 단서에 따라 금지행위 및 시설에서 제외할지 여부를 결정하고 별지 제3호 서식에 따라 그 결과를 신청인에게 통보하여야 한다.

(4) 교육감 등은 (3)에 따른 통보 내용 등을 별지 제4호 서식에 따른 관리대장으로 작성 · 보관하여야 한다. 이 경우 법 제12조 제1항에 따른 교육환경정보시스템(이하 "정보시스템"이라 한다)을 통하여 전자적 방법으로 작성 · 보관할 수 있다.

(5) 교육감 등은 (3)에 따른 결과를 관련 행정기관의 장에게 통보할 수 있다.

교육환경보호구역 안에서의 금지행위

구분	초·중·고		유치원		대학	
	절대	상대	절대	상대	절대	상대
1. 대기오염물질배출시설 2. 수질오염물질배출시설/폐수종말처리시설 3. 가축분뇨배출시설/처리시설/공공처리시설 4. 분뇨처리시설 5. 악취배출시설 6. 소음·진동배출시설 7. 폐기물처리시설 8. 가축시체/오염물건/수입금지물건 소각·매몰지 9. 화장시설/봉안시설 10. 도축업시설 11. 가축시장 12. 제한상영관 13. 전화방, 화상방/청소년 유해매체물 등 취급업(성기구 취급업소) 14. 고압가스/도시가스/액화석유가스 제조·충전·저장시설 15. 폐기물 수집·보관·처분장소 16. 총포·화약류 제조소/저장소 17. 감염병 격리소/요양소/진료소	(×)	(×)	(×)	(×)	(×)	(×)
22. 경마장·장외발매소/경륜·경정 경주장·장외매장 23. 사행행위영업 26. 단란주점영업/유흥주점영업 27. 숙박업/호텔업 29. 사고대비물질 취급시설	(×)	(△)	(×)	(△)	(×)	(△)
21. 당구장/무도학원/무도장	초:(○)(○) 중·고:(×)	(△)	(○)	(○)	(○)	(○)
18. 담배자동판매기 19. 게임제공업/인터넷컴퓨터게임시설제공업/복합유통게임제공업 24. 노래연습장업 25. 비디오감상실업/복합영상물제공업의 시설 28. 회비 등을 받거나 유료로 만화를 빌려주는 만화대여업	(×)	(△)	(○)	(○)	(○)	(○)
20. 게임물 시설	(×)	(△)	(×)	(△)	(○)	(○)
※ 영화상영관/비디오물소극장업/특수목욕장 중 증기탕	(○)	(○)	(○)	(○)	(○)	(○)

07 학교 내 감염병 예방관리지침

1 예방접종

1. 개요

(1) 학교는 건강에 민감한 연령층의 많은 학생들이 집단생활을 하고 있는 특성 때문에 감염성질환의 예방은 상당히 중요하다.

(2) 예방접종의 목적은 인위적인 능동면역을 보유할 수 있도록 항원인 백신을 투여함으로써 감염병의 만연, 감염 및 이환을 방지하기 위함이다.

(3) 「학교보건법」에 의하면, 초등학교장, 중학교의 장은 신입생이 입학한 날로부터 90일 이내 예방접종 완료 여부를 조사하도록 되어 있다. 이 조사표에 의해 입학 전 예방접종 여부를 건강기록부에 기록하고 추후 학교에서 이루어지는 집단예방접종계획에 참고하도록 한다.

2. 예방접종 관리

(1) 예방접종계획 수립

① 초등학교 1학년의 MMR, DPT, 소아마비 추가 예방접종이나 일본뇌염 예방접종은 관할 보건소와 협조하여 보건소의 학교 순회예방접종 일정에 맞추어 접종계획을 수립한다.

② 접종대상과 접종일자, 접종비, 접종 실시기관, 절차 등에 대한 구체적인 절차에 대해 계획안을 작성 후 학교장의 결재를 받는다.

③ 관할 교육청에 보고하고 협조를 구한다.

(2) 예방접종 공고 및 보건교육 실시

① **예방접종에 대한 안내문 발송** : 예방접종의 목적, 효과, 금기대상자, 접종전후 주의사항에 대해 학부모에게 알리며 부작용 발생시 대처에 대해서도 교육한다.

② 가정통신문의 회신란을 통해 학부모의 동의서를 받아 보관한다.

③ 예방접종 전 설문지를 발송하여 학생의 과거력과 현재 병력, 과거 예방접종시 부작용 발현 유무 등에 대한 정보를 파악해 둔다.

④ 예방접종 관련 보건교육을 실시한다.

(3) 예방접종 실시

① 반드시 접종기관의 의사가 참여하여, 예진을 통해 접종제외자를 선별하도록 한다.

② 예방접종을 직접 실시할 간호사는 약품의 보관, 운송에 주의하며 학생을 관찰해가면

서 정확히 예방접종하여야 하고, 보건교사는 예방접종요원으로 위촉받은 경우에만 실시할 수 있다.

③ 보건교사는 예방접종 대상자를 다시 한번 확인하며 접종 중에도 수시 보건교육을 실시한다. 접종기관의 의사, 간호사에 대한 인적 사항을 예방접종대장에 기록해 두며 사용한 약품명, 유효일자, 제조일자, 제약회사명 등에 대한 기록을 해둔다.

(4) 예방접종 부작용 관찰

① 예방접종 부작용 발생현황을 담임을 통해 파악한다.

㉠ **국소반응** : 접종부위 농양, 림프선염, 접종부위를 중심으로 발적, 부종

㉡ **중추신경계 이상반응** : 급성마비, 뇌증, 뇌염, 수막염, 발작

㉢ **기타** : 알러지 반응(두드러기, 습진, 안면부종, 전신부종), 아나필락시스성 쇼크, 관절염, 발열, 골수염, 쇼크 증후군, 저혈압 패혈증

② 예방접종 다음 날 결석자를 중심으로 결석사유를 파악한다.

(5) 기록유지 및 보고

① 예방접종대장을 만들어 상세히 기록 후 5년간 보존한다.

② 예방접종 결과에 대해 학교장과 교육청에 보고한다.

3. 예방접종 금기 대상자

(1) 열이 있는 급성질환자

(2) 현재 병을 앓고 있거나 병후 쇠약자 및 영양장애자

(3) 결핵, 심장병, 당뇨병, 위장병, 간장질환, 각기병, 설사환자

(4) 알레르기 체질자, 과민성 환자

(5) 스테로이드 계통의 면역억제 치료자

(6) 홍역, 볼거리, 수두 등 이환 후 1개월이 경과되지 않은 자

(7) 생백신(MMR, BCG, 소아마비) 투여 후 1개월이 경과하지 아니한 자(단, 소아마비와 장티푸스 간 예방접종은 4주 간격에서 제외된다)

(8) 의사가 건강상태가 좋지 않아 예방접종하기가 부적당하다고 인정한 자

4. 예방접종 후 관리와 주의사항

(1) 예방접종 전, 후 과도한 운동 또는 행동을 금한다.

(2) 주사 후 목욕 또는 수영 등을 하지 않는다.

(3) 접종부위를 긁거나 만지지 않는다.

(4) 접종 후 비를 맞지 않는다.

(5) 접종 후 고열이나 구토 등 부작용 발현시는 의사의 진찰을 받는다.

2 감염병 관리

1. 감염병 감염아동 관리

(1) 등교중지(학교보건법 제8조)

학교의 장은 제7조에 따른 건강검사의 결과나 의사의 진단결과 감염병에 감염되었거나 감염된 것으로 의심되거나 감염될 우려가 있는 학생 및 교직원에 대하여 대통령령으로 정하는 바에 따라 등교를 중지시킬 수 있다.

(2) 등교 등의 중지(학교보건법 시행령 제22조)

① 학교의 장은 법 제8조에 따라 학생과 교직원 중 다음의 어느 하나에 해당하는 사람에 대하여 등교중지를 명할 수 있다.

㉠ 「감염병의 예방 및 관리에 관한 법률」 제2조에 따른 감염병환자, 감염병의사환자 및 병원체보유자. 다만, 의사가 다른 사람에게 감염될 우려가 없다고 진단한 사람은 제외한다.

㉡ ㉠ 외의 환자로서 의사가 감염성이 강한 질환에 감염되었다고 진단한 사람

② 학교의 장이 ①에 따라 등교중지를 명할 때에는 그 사유와 기간을 구체적으로 밝혀야 한다. 다만, 질환증세 또는 질병유행의 양상에 따라 필요한 경우에는 그 기간을 단축하거나 연장할 수 있다.

(3) 가정통신문을 발송하여 정밀진단 및 치료를 받도록 하며 진단서 또는 소견서를 제출하도록 하여 보관한다. 단, 특별한 경우 소견서를 제출하지 않더라도 인정할 수 있다(예 유행성 결막염의 집단발생시).

(4) 초 · 중 · 고등학교 학교생활기록부 전산처리 및 관리지침 : 법정감염병 등 불가항력의 사유로 인하여 출석하지 못한 경우에는 출석으로 처리한다.

(5) 건강기록부 병력기록란에 등교중지 병명, 등교중지 기간(이환기간)을 기록한다.

(6) 질환별 감염가능기간

병명	감염가능기간
유행성 이하선염	증상발현 후 5일까지
홍역	발진이 나타난 후 4일까지
풍진	발진이 나타난 후 7일까지
결핵	치료 시작 후 2주까지
수두	모든 발진이 가피화되고 나서(약 7일)
소아마비	급성기 주요 증상이 없어진 후

성홍열	치료 시작 후 24시간까지
백일해	항생제 투여 후 5일까지
디프테리아	위막이 소실하고 완전히 치유(비강, 피부에서 24시간 간격으로 채취 배양하여 균이 2회 이상 음성일 때까지)
인플루엔자(유행성 독감)	발병 후 완쾌 3일 후까지

2. 학교 감염병 발생시 대처방안

(1) 각 감염병 증상과 유증상자와의 증세를 주의깊게 비교 · 관찰하여 감염병을 조기에 발견하도록 하며, 감염병 관리대장에 기록 · 관리한다.

(2) 보고

학교 감염병 발생시 보건교사는 환자발생 현황을 교육청에 즉시 유선보고 후 교무업무시스템으로 보고하며, 학교장은 「감염병의 예방 및 관리에 관한 법률」에 따라 감염병 환자 또는 의사환자 발생시 전자문서를 통해 보건소에 신고한다.

① 보고내용 : 병명, 최초 발생일시, 장소, 이환자 수, 치료 중인 환자 수, 학교에서의 조치상황, 참고사항 등

② 신고내용 : 보건소에 환자의 인적 사항, 주요 증상, 발병연월일 등

(3) 학교 자체적으로 감염병 비상대책반을 편성 · 운영한다.

(4) 등교중지 또는 휴업을 실시한 경우 학생생활지도 및 휴업학생 수업결손에 따른 대책을 강구한다.

3. 학교 감염병 발생시 대처순서

(1) 감염병 발생현황 조사

① 담임교사가 해당 반별로 조사한 후 보건교사가 확인 및 상담을 실시하며 이상자는 병원에 진료토록 조치한다.

② 보건교사 미배치교는 보건소 및 위촉교의 협조로 실시한다.

③ 담임교사의 반별 조사할 내용

㉠ 각 반별 환자 수 및 환자명단 파악(전화번호, 주소, 보호자 이름 파악)

㉡ 개인별 증상의 발생시기 확인 및 치료상황 파악

④ 보건교사의 확인 및 상담시 조사할 내용

㉠ 질병에 대한 원인규명을 위한 환자상담 및 개인 역학조사 실시

㉡ 환자의 상태 및 치료상황(병원 등) 확인, 개인위생수칙 지도

(2) 교내 · 외 방역소독 : 방역기관의 협조를 받아 교내 · 외 방역소독을 실시한다.

① **취약지역 집중관리** : 화장실, 급수장, 쓰레기장, 하수도 등
② **소독방법** : 학교자체 소독, 보건소 또는 주민자율 방역반, 소독 대행업체 등
③ 설사환자 발생시 화장실에 소독 비누액을 비치하여 손 소독 지도

(3) **역학조사 확인** : 방역당국의 가검물 채취 협조 및 검사결과를 확인한다.

① 학교에서는 집단설사환자 등 감염성 질환자가 발생하였을 경우 즉시 보건당국에 신고하고 역학조사반이 출동할 때까지 현장을 보존한다.
② 원인추정 음식(예 급식보존식), 식수(반드시 염소소독 전 채취), 조리시설 및 환경가검물, 기타 원인추정 등에 관한 검사를 실시한다.

(4) **감염확산 방지**

① 학교 감염병 예방을 위한 보건교육(식중독, 수인성 감염병, 유행성 이하선염, 홍역, 풍진, 유행성 각·결막염, 독감 등)을 강화한다.
② 전교생에게 가정통신문을 발송하고, 추가환자 발생을 감시한다.
③ 등교중지 환자에 대한 관리(학원, 공공이용시설 출입금지 등)로 확산을 방지한다.
④ 수인성 감염병의 경우 반드시 끓인 물을 공급한다.
⑤ 보건소에서 시행하는 예방접종의 사안별 지도 및 개인위생관리가 습관화되도록 한다.
⑥ 급식소 종사자에 대한 위생교육을 실시하고, 환경관리에 철저를 기한다.
⑦ 정상적인 수업이 곤란하거나 감염이 확산될 경우에는 학교운영위원회, 교육청 및 보건소 등 유관기관과의 협의를 거쳐 임시 휴업토록 조치한다.

(5) **학생 단체활동 자제 및 연기**

① 감염병 다발 시기에는 단체 수련활동 및 수학여행 등을 가급적 자제하거나 연기하는 등 학사일정을 탄력적으로 운영한다.
② 사설학원 등에서 주관하여 실시하는 학생 단체활동 등에도 감염병 예방과 관련, 예방지도 및 학부모 홍보에 적극 노력한다.

(6) **보고사항**

① 보건교사는 감염병 비상대책반을 가동함과 동시에 일일 각 학급 환자상황을 파악하도록 한다(담임교사는 환자상황을 파악하여 담당자에게 통보한다).
② 보건교사는 임상증상이 확인된 학생을 학교장에게 보고하고, 즉시 관할 교육청 및 보건소에 신고한다(보고종결은 완결보고까지 한 후 종결한다).

+ 교육청 및 보건소에 즉시 보고하고 신고한다.

1. 제1군감염병 환자 또는 의사환자, 홍역, 결핵일 경우 1명이라도 발생시 교육청에 보고 및 보건소에 즉시 신고
2. 집단식중독 및 설사환자(5명 이상) 발생시 교육청에 보고
3. 제2, 3, 4군감염병과 그 외 감염병에 대해서도 집단발생 양상이 있는 경우 교육청에 보고
4. 보고양식
   (1) 감독청 보고 : 유선보고 후 서면보고
   (2) 방역당국 신고 : 관할 보건소장에게 학교소재지와 환자의 주요 증상 및 인원 등을 서면, 유선, Fax 등 빠른 방법으로 신고

③ 모든 통계는 정확하게 완치시까지 기록 · 관리 및 보고한다.

④ 등교중지, 임시휴업, 언론사에서의 취재현황 등은 상세하게 즉시 유선 보고한다.

+ 휴교 또는 휴교조치

1. 감염병 발생으로 정상수업이 곤란할 경우 학교장이 휴교조치할 수 있다.
2. 휴교조치는 교내 혹은 학교소재지 근처에 제1군, 2군 감염병 발생시 할 수 있는데,
   (1) 계속적인 교내접촉이 감염원이 될 우려가 있을 때
   (2) 각종 조치에도 불구하고 환자가 계속 발생할 때
   (3) 휴교로써 환자가 감소하리라는 충분한 이유가 있을 때 학교장이 상부관청에 연락을 취하는 동시에 교의의 의견을 들어 휴교조치를 할 수 있다.

CHECK Point

1. 감염병 발생시 학교장 조치사항
   (1) 감독청 보고 및 방역당국(보건소) 신고
   (2) 보건당국에서 가검물 채취 등 역학조사를 위해 학교방문시 적극 협조
   (3) 환자격리 : 등교중지
   (4) 감염병 예방 보건교육 실시
   (5) 교내 취약지역 방역 실시
   (6) 추가환자 발생상황 철저히 파악
   (7) 환경관리 : 정기적 교내소독, 급수시설, 오염방지, 화장실 소독을 실시
2. 결핵 관리
   (1) 결핵환자의 조기발견을 위한 집단검진 순서
      ① 성인 : X선 촬영(과거에는 간접촬영 후 유소견자에 대해 직접 촬영) → 객담검사(가장 정확한 방법)
      ② 소아 · 유아 : 투베르쿨린반응검사(PPD test) → X선 촬영 → 객담검사

(2) Tuberculin 검사(소아나 유아기의 결핵균 감염 여부 및 감수성 유무에 대한 피내주사에의 피부반응검사)
① OT(old tuberculin) test : 초기에 사용, Tuberculin액을 피내접종하여 48시간 후 발적 부위의 직경이 4mm 이하면 음성, 10mm 이상이면 양성
② PPD(purified protein derivates : 결핵균의 배양에 의한 순화단백제) test : 최근 사용하는 피내주사에 의한 피부반응검사, PPD접종 72시간 후 발적부위의 직경이 10mm 이상이면 양성, 그 미만은 음성(BCG 접종 실시)
③ 개방성 환자에 폭로된 후 3주일이 지나야 투베르쿨린 반응에 민감

CHECK Point 학교안전사고 예방 및 보상에 관한 법률(약칭 : 학교안전법)

제1조(목적) 이 법은 학교안전사고를 예방하고, 학생 · 교직원 및 교육활동참여자가 학교안전사고로 인하여 입은 피해를 신속 · 적정하게 보상하기 위한 학교안전사고보상공제 사업의 실시에 관하여 필요한 사항을 규정함을 목적으로 한다.

제2조(정의) 이 법에서 사용하는 용어의 정의는 다음과 같다.
1. “학교"라 함은 다음 각 목의 어느 하나에 해당하는 기관 또는 시설을 말한다.
   가. 「유아교육법」 제2조 제2호의 규정에 따른 유치원(이하 “유치원”이라 한다)
   나. 「초 · 중등교육법」 제2조의 규정에 따른 학교(이하 “초 · 중등학교”라 한다)
   다. 「평생교육법」 제20조 제2항의 규정에 따라 고등학교 졸업 이하의 학력이 인정되는 평생교육시설(이하 “평생교육시설”이라 한다)
   라. 「재외국민의 교육지원 등에 관한 법률」 제2조 제3호에 따른 한국학교
2. “학생”이라 함은 학교에 입학하여 수학하고 있는 자를 말한다.
3. “교직원”이라 함은 고용형태 및 명칭을 불문하고 학교에서 학생의 교육 또는 학교의 행정을 담당하거나 보조하는 교원 및 직원 등을 말한다.
4. “교육활동”이라 함은 다음 각 목의 어느 하나에 해당하는 활동을 말한다.
   가. 학교의 교육과정 또는 학교의 장(이하 “학교장”이라 한다)이 정하는 교육계획 및 교육방침에 따라 학교의 안팎에서 학교장의 관리 · 감독하에 행하여지는 수업 · 특별활동 · 재량활동 · 과외활동 · 수련활동 · 수학여행 등 현장체험활동 또는 체육대회 등의 활동
   나. 등 · 하교 및 학교장이 인정하는 각종 행사 또는 대회 등에 참가하여 행하는 활동
   다. 그 밖에 대통령령이 정하는 시간 중의 활동으로서 가목 및 나목과 관련된 활동
5. “교육활동참여자”란 학생 또는 교직원이 아닌 사람으로서 다음 각 목의 어느 하나에 해당하는 사람을 말한다.
   가. 학교장의 승인 또는 학교장의 요청에 따라 교직원의 교육활동을 보조하거나 학생 또는 교직원과 함께 교육활동을 하는 사람
   나. 「비영리민간단체 지원법」 제4조 제1항에 따라 등록된 비영리민간단체에서 학생의 등교 · 하교 시 교통지도활동 참여에 관하여 미리 서면으로 학교장에게 통지하여 학교장의 승인을 받거나 학교장의 요청에 따라 그 단체의 회원으로서 교통지도활동에 참여하는 사람
6. “학교안전사고”라 함은 교육활동 중에 발생한 사고로서 학생 · 교직원 또는 교육활동참여자의 생명 또는 신체에 피해를 주는 모든 사고 및 학교급식 등 학교장의 관리 · 감독에 속하는 업무가 직접 원인이 되어 학생 · 교직원 또는 교육활동참여자에게 발생하는 질병으로서 대통령령이 정하는 것을 말한다.

제4조(학교안전사고 예방계획의 수립 · 시행)

① 교육부장관은 3년마다 학교안전사고 예방에 관한 기본계획(이하 "기본계획"이라 한다)을 수립 · 시행하여야 한다.

② 기본계획에는 다음 각 호의 사항이 포함되어야 한다.

1. 학교 안팎의 안전사고 예방정책의 기본방향 및 목표
2. 학교안전사고를 예방하기 위한 학교 안팎의 교육활동 운영의 기본지침에 관한 사항
3. 학교안전사고 예방 및 재난대비 훈련 등 학교안전교육에 관한 사항
4. 삭제 〈2019. 12. 3.〉
5. 학교 안전문화 확산에 관한 사항
6. 그 밖에 학교안전사고 예방을 위하여 필요한 사항

③ 교육부장관은 제1항에 따라 수립한 기본계획을 제4조의2에 따른 학교안전사고예방위원회의 심의를 거쳐 공표하여야 한다. 이를 변경하려는 경우에도 또한 같다.

④ 교육부장관은 기본계획을 수립하기 위하여 필요한 경우 관계 중앙행정기관의 장에게 관련 자료의 제출을 요청할 수 있다. 이 경우 요청받은 관계 중앙행정기관의 장은 특별한 사유가 없으면 이에 따라야 한다.

⑤ 교육감은 매년 기본계획에 따라 학교안전사고 예방에 관한 지역계획(이하 "지역계획"이라 한다)을 수립 · 시행하여야 한다.

⑥ 학교장은 기본계획과 지역계획을 바탕으로 학교의 교육과정 또는 학교장이 정하는 교육계획에 따라 매년 학교안전사고 예방에 관한 학교계획(이하 "학교계획"이라 한다)을 학교운영위원회의 심의를 거쳐 수립 · 시행하여야 한다.

⑦ 교육감은 매년 해당 연도의 학교계획 및 지난해의 학교계획에 따른 추진실적을 대통령령으로 정하는 바에 따라 평가하여 교육부장관에게 제출하여야 한다.

⑧ 그밖에 계획 수립 · 시행 및 평가 등에 필요한 사항은 대통령령으로 정한다.

제4조의2(학교안전사고예방위원회 구성)

① 교육부장관은 다음 각 호의 사항을 심의하기 위하여 교육부장관 소속으로 학교안전사고예방위원회(이하 "예방위원회"라 한다)를 둔다.

1. 기본계획의 수립 및 시행에 대한 평가
2. 학교안전교육 프로그램 및 교재 개발
3. 학교안전사고 예방 관련 사업 추진
4. 그 밖에 학교안전사고 예방과 관련하여 위원장이 회의에 부치는 사항

제4조의3(실태조사)

① 교육부장관 및 교육감은 기본계획과 시행계획을 효율적으로 수립 · 시행하기 위하여 학교안전사고 예방에 대한 실태조사를 할 수 있다.

② 교육부장관 및 교육감은 학교안전사고 예방에 대한 실태조사를 위하여 필요한 때에는 학교장 및 관계 기관 또는 단체의 장에게 관련 자료를 요청할 수 있다.

③ 교육부장관 및 교육감은 제1항에 따른 실태조사를 외부 전문기관에 위탁하여 실시할 수 있다.

제8조(학교안전교육의 실시)

① 학교장은 학교안전사고를 예방하기 위하여 교육부령이 정하는 바에 따라 학생 · 교직원 및 교육활동참여자에게 학교안전사고 예방 등에 관한 다음 각 호의 교육(이하 "안전교육"이라 한다)을 실시하고 그 결과를 학기별로 교육감에게 보고하여야 한다.

1. 「아동복지법」 제31조에 따른 교통안전교육, 감염병 및 약물의 오남용 예방 등 보건위생관리 교육 및 재난대비 안전교육
2. 「학교폭력 예방 및 대책에 관한 법률」 제15조에 따른 학교폭력 예방교육
3. 「성폭력방지 및 피해자보호 등에 관한 법률」 제5조에 따른 성폭력 예방에 필요한 교육
4. 「성매매방지 및 피해자보호 등에 관한 법률」 제5조에 따른 성매매 예방교육
5. 「초 · 중등교육법」 제23조에 따른 교육과정이 체험중심 교육활동으로 운영되는 경우 이에 관한 안전사고 예방교육
6. 그 밖에 안전사고 관련 법률에 따른 안전교육

② 삭제 〈2015. 1. 20.〉

③ 교육부장관 및 교육감은 다음 각 호의 사항이 포함된 안전교육에 필요한 교재와 프로그램을 개발 · 보급하고, 학교장의 요청이 있는 경우 교육부령으로 정하는 안전교육을 담당할 강사를 알선하는 등 안전교육에 필요한 지원을 하여야 한다.

1. 안전사고 예방 및 대책에 관한 사항
2. 재난대비 훈련 및 안전에 관한 사항
3. 그 밖에 교육부장관이 필요하다고 인정하는 사항

④ 학교장은 필요에 따라 안전교육을 이론교육과 실습교육으로 병행하여 실시하되, 안전교육을 효율적으로 실시하기 위하여 교원 또는 교육활동참여자로 하여금 담당하게 하거나 교육부령으로 정하는 바에 따라 전문교육기관 · 단체 또는 전문가에 위탁하여 실시할 수 있다

제34조(공제급여의 종류) 공제회가 지급하는 공제급여의 종류는 다음 각 호와 같다.

1. 요양급여
2. 장해급여
3. 간병급여
4. 유족급여
5. 장의비

제35조(공제급여액의 결정)

① 공제회는 공제급여의 종류별로 제36조 내지 제40조의 규정에 따라 공제급여액을 결정한다.

② 제1항의 규정에 불구하고 법원의 판결 등으로 학교안전사고로 인하여 피공제자가 입은 피해에 대하여 공제가입자 또는 피공제자가 지급하여야 할 보상액 또는 배상액이 확정되는 경우 그 확정된 보상액 또는 배상액(지연배상금을 포함한다)은 이 법에 따른 공제급여액으로 보아 공제회가 이를 부담한다.

제36조(요양급여)

① 요양급여는 학교안전사고로 인하여 피공제자가 부상을 당하거나 질병에 걸린 경우에 피공제자 또는 그 보호자 등에게 지급한다.

② 요양급여는 학교안전사고로 인하여 피공제자가 입은 부상 또는 질병의 치료에 소요된 비용 중 「국민건강보험법」 제44조에 따라 피공제자 또는 그 보호자 등이 부담한 금액으로 한다. 다만, 법원의 판결 등으로 「국민건강보험법」 제58조에 따라 공단의 구상권 행사에 따른 손해배상액이 확정된 경우 학교의 장이 부담할 부분은 공제회가 부담한다.

③ 제2항의 규정에 따른 요양급여의 범위는 다음 각 호와 같다. 〈개정 2019. 4. 23.〉

1. 진찰 · 검사
2. 약제 · 치료재료의 지급
3. 처치 · 수술 그 밖의 치료

4. 재활치료
5. 입원
6. 간호
7. 호송
8. 의지(義肢) · 의치(義齒), 안경 · 보청기 등 「장애인복지법」 제65조 제1항에 따른 장애인보조기구의 처방 및 구입

④ 제1항부터 제3항까지의 규정에도 불구하고 「학교폭력예방 및 대책에 관한 법률」 제2조 제1호에 따른 행위로 인한 경우에는 같은 법 제16조 제1항 제1호부터 제3호까지의 조치를 이행하는 데 필요한 비용을 지급하여야 한다.

⑤ 제1항부터 제4항까지의 규정에 따른 요양급여의 지급기준 등에 관하여 필요한 사항은 대통령령으로 정한다.

제37조(장해급여)

① 장해급여는 제36조의 규정에 따른 요양급여를 받은 피공제자가 요양을 종료한 후에도 장해가 있는 때에는 「국가배상법」 제3조 제2항 제3호에서 정한 금액 및 같은 법 제3조 제5항에서 정한 위자료를 피공제자 또는 그 보호자 등에게 지급한다.

② 제1항의 규정에 따른 장해정도의 판정기준 · 장해급여액의 산정 및 지급방법 등에 관하여 필요한 사항은 대통령령으로 정한다.

제38조(간병급여)

① 간병급여는 제36조의 규정에 따른 요양급여를 받은 자가 치료를 받은 후에도 의학적으로 상시 또는 수시로 간병이 필요한 경우에 실제로 간병을 받는 피공제자 또는 그 보호자 등에게 지급한다.

② 제1항의 규정에 따른 간병급여의 지급기준 등에 관하여 필요한 사항은 대통령령으로 정한다.

제39조(유족급여)

① 유족급여는 피공제자가 학교안전사고로 인하여 사망한 경우에 「국가배상법」 제3조 제1항 제1호에서 정한 금액 및 같은 법 제3조 제5항에서 정한 위자료를 피공제자의 상속인에게 지급하되, 사실상 혼인관계에 있던 자를 포함하여 지급한다.

1.~2. 삭제 〈2012. 1. 26.〉

② 제1항의 규정에 따른 유족급여의 지급기준 등에 관하여 필요한 사항은 대통령령으로 정한다.

제40조(장의비)

① 장의비는 피공제자가 학교안전사고로 인하여 사망한 경우에 「국가배상법」 제3조 제1항 제2호에서 정한 평균임금의 100일분을 그 장의를 행하는 자에게 지급한다.

② 제1항의 규정에 따른 장의비의 지급기준 등에 관하여 필요한 사항은 대통령령으로 정한다.

제40조의2(위로금)

① 공제회는 피공제자인 학생이 교육활동 중에 학교안전사고 이외의 원인을 알 수 없는 사유로 사망한 경우에는 대통령령으로 정하는 위로금을 지급하여야 한다.

② 제1항에 따른 위로금은 제39조 제1항에 따른 상속인에게 지급한다.

제41조(공제급여의 청구 및 지급 등)

① 제36조 내지 제40조의 규정에 따른 공제급여를 지급받고자 하는 자는 교육부령이 정하는 절차와 방식에 따라 공제회에 공제급여의 지급을 청구하여야 한다.

② 제1항의 규정에 따라 청구를 받은 공제회는 공제급여를 청구받은 날부터 14일 이내에 공제급여의 지급 여부를 결정하여야 한다. 다만, 제42조의 규정에 따른 조사의 필요성 등 정당한 사유가 있어 14일 이내에 공제급여의 지급 여부 결정이 어려운 때에는 14일을 연장할 수 있다.

③ 제2항의 규정에 따라 공제급여에 대한 지급 여부의 결정기간을 연장한 때에는 최초 지급 여부 결정기간이 만료되기 전까지 그 사유를 명시하여 공제급여의 지급을 청구한 자에게 통지하여야 한다.

④ 공제회가 공제급여를 지급하기로 결정한 경우에는 지체 없이 공제급여의 지급을 청구한 자에게 공제급여를 지급하여야 한다. 다만, 공제급여의 지급을 청구한 자의 신청이 있거나 공제회가 필요하다고 인정하는 경우에는 지급결정일 전이라도 공제급여의 전부 또는 일부를 먼저 지급할 수 있다.

⑤ 공제회는 제43조의 규정에 따라 공제급여의 전부 또는 일부를 지급하지 아니하기로 결정한 때에는 공제가입자와 공제급여의 지급을 청구한 자에게 지체 없이 그 이유를 통지하여야 한다. 이 경우 공제회는 공제급여의 지급을 청구한 자에게 제57조의 규정에 따라 심사 청구를 할 수 있다는 사실과 심사 청구 절차 및 기간 등을 알려야 한다.

제42조(학교안전사고의 조사 등)

① 공제회는 공제급여의 지급 여부를 결정하기 위하여 필요하다고 인정하는 경우에는 소속 직원으로 하여금 학교안전사고의 발생 장소를 방문하여 사고경위 등을 조사하게 하거나 사고관계자로 하여금 필요한 서류를 제출하게 하는 등의 조사를 할 수 있다.

② 공제회는 공제급여의 지급 여부를 결정하기 위하여 필요하다고 인정하는 경우에는 「국민건강보험법」 제42조의 규정에 따른 요양기관(이하 "요양기관"이라 한다)에 대하여 관계 진료기록의 열람 또는 필요한 자료의 제출을 요청할 수 있다.

③ 제1항의 규정에 따라 조사를 하고자 하는 경우 공제회는 조사의 목적 및 내용 등을 학교안전사고가 발생한 장소의 관리자, 공제가입자, 해당 피공제자 그 밖의 사고관계자 등에게 미리 알려야 하고, 사고 발생 장소를 방문하는 공제회 소속 직원은 신분증을 제시하여야 한다.

④ 학교안전사고가 발생한 장소의 관리자, 공제가입자, 해당 피공제자, 요양기관 또는 그 밖의 사고관계자 등은 정당한 사유 없이 제1항 또는 제2항의 규정에 따른 조사를 방해하거나 자료의 제출을 거부하여서는 아니 된다.

제43조(공제급여의 제한)

① 공제회는 다음 각 호의 어느 하나에 해당하는 경우에는 이 법에 따른 공제급여의 전부 또는 일부를 지급하지 아니할 수 있다. 다만, 제3호에 해당하는 경우에는 공제급여를 지급하지 아니한다.

1. 피공제자의 자해 · 자살. 다만, 학교안전사고가 원인이 되어 자해 · 자살한 경우에는 공제급여의 전부를 지급한다.
2. 학교안전사고로 인하여 피해를 입은 피공제자 또는 그 보호자 등이 정당한 사유 없이 요양기관의 지시를 따르지 아니하여 피공제자의 부상 · 질병 또는 장해의 상태가 악화되었거나 요양기관의 치료를 방해한 것이 명백한 경우
3. 학교안전사고와 관련하여 제36조 내지 제40조의 규정에 따른 공제급여를 받을 권리가 있는 자(이하 "수급권자"라 한다)가 「자동차손해배상 보장법」의 규정에 따른 손해배상을 받은 경우

② 공제회는 제12조 단서의 규정에 따라 공제회에 가입한 공제가입자가 교육부령이 정하는 기간 이상 제49조의 규정에 따른 공제료를 체납하고, 그 체납이 피공제자의 귀책사유로 인한 경우에는 그 금액을 모두 납부할 때까지 공제급여를 지급하지 아니할 수 있다.

08 학교건강증진

1 학교건강증진 개념

1. 목적

학생들이 자신들의 비만, 시력장애, 성, 비행청소년, 약물남용 등과 같은 문제를 어떻게 다루어야 하는지 가르치며 문제가 발생되었을 때에도 신속히 회복할 수 있는 능력을 향상시킬 수 있도록 하기 위함이다.

2. 학교건강증진의 중요성

(1) 학생과 교직원이 그 지역주민의 25% 이상을 차지하므로 전체 지역사회의 건강수준을 높이는 데 중요하다.

(2) 대상자가 학교라는 한 장소에 모여 있으므로 교육의 효율성이 높다.

(3) 학생을 대상으로 한 사업이므로 그 효과가 가정뿐 아니라 지역주민 다수에게도 사업의 효과가 미칠 수 있다.

3. 원칙

(1) 학생 중 특정질병을 가진 학생만을 대상으로 하는 것이 아니고 전체 학생들의 일상생활에 관한 전반적인 내용을 포함한다.

(2) 학생들의 건강유해요인을 감소시키기 위한 의사소통, 교육, 학교활동, 경제적 도움, 학교조직의 변화, 학교개발 등의 다양한 활동들을 포함한다.

(3) 학생들의 참여를 목표로 한다.

(4) 학교건강증진의 활성화에 가장 중점적인 역할을 하는 사람은 학교의사보다 일차건강관리자인 보건교사이다.

4. 학교건강증진의 내용

(1) **건강한 학교정책(학교보건정책)** : 교육적 요구를 촉진하는 학교활동에 영향을 미치는 정책의 실행 예 학교 내 금연운동, 응급처치 교육, 요보호 아동 건강 상담 제공, 학교보건위원회 구성

(2) **학교의 물리적 환경** : 교내외 건물, 운동장 및 놀이시설, 감염병 방지를 위한 기본적인 편의시설, 안전한 급수시설, 공기 질 등 건강에 영향을 미치는 환경을 의미

예 학교환경위생관리, 양치질 교실 조성, 휠체어 전용통로 설치 등

(3) **학교의 사회적 환경** : 교직원 간, 학생 간, 교직원과 학생 간 관계뿐만 아니라 학부모와 지역사회와의 관계를 의미 예 학부모 건강교실, 어린이 건강클럽 운영, 정신건강교육

(4) **지역사회와의 연계** : 학교와 학생 가족과의 연계, 학교와 지역사회 주요 단체 간의 관계를 의미 예 물리적 지원환경, 아동안전지킴이, 학교금연, 학교보건요원 등

(5) **개인건강기술과 활동능력(개인건강기술)** : 건강증진을 위한 활동에 스스로 참여하여 행동할 수 있는 기술과 능력을 함양하는 활동을 의미 예 흡연, 음주예방 교육, 올바른 식생활 교육, 손 씻기 체험교육, 줄넘기 교육

(6) **학교건강서비스(학교보건서비스)** : 아동, 청소년기 건강관리와 건강증진에 대한 책임을 갖도록 하는 학교 기반 또는 연계를 통한 직접적인 보건서비스 제공을 의미
예 학생 및 교직원 건강검진, 감염병 예방접종 안내, 건강검사 통계 등

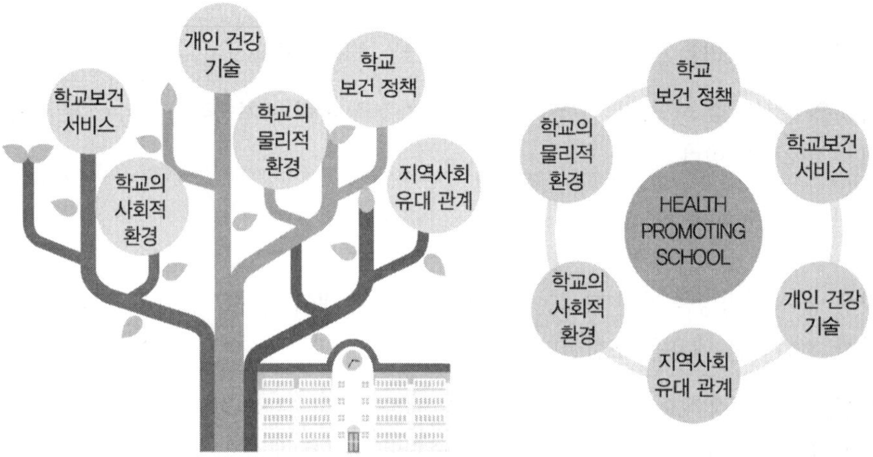

[WHO 건강증진학교 모형]

*출처 : WHO(2000), Health Promoting School

2 학교건강증진 프로그램

+ 건강증진 추진과제명

1. 비만예방 프로그램(비만탈출) 운영 및 정착
2. 학교 내 탄산음료 판매금지 등 비만유발 환경개선
3. 음주 · 흡연 등 약물남용 예방 프로그램 운영 및 정착

4. 학생 정신건강 실태조사 및 전문기관 연계치료 지도
5. 점심식사 후 이닦기 생활화
6. 1일 8회 30초 손씻기(1830) 운동 전개
7. 학생질병 조기발견 및 예방강화
8. 학교건강환경 평가제도 도입 : 2010년 '학생 건강증진모델' 개발 보급
9. 학교환경위생 개선
10. 정부 · 지방자치단체 등 협력체제 강화

1. 비만관리

(1) 학동기 아동의 비만관리 중요성

① 당뇨병, 고혈압 및 동맥경화증을 초래한다.

② 여러 가지 건강문제를 가져옴으로써 수명을 단축시킨다.

③ 10~13세의 학동기 비만은 성인비만으로 진행될 확률을 가지고 있다.

(2) 비만의 증가이유

① 지방음식 섭취를 부추기는 상품광고

② 고지방, 고당질, 고염분인 패스트푸드 산업의 급성장

③ 운동할 시간의 감소

④ TV 등 문화시설의 증가로 신체활동을 할 수 있는 여가활동의 감소

⑤ 심적 스트레스, 관심부족, 사랑부족 등의 심리적 인자

(3) 비만측정

비만이란 피하지방이 비정상적으로 많아진 상태를 의미하며 연령, 같은 성, 같은 신장의 아동의 표준체중보다 20% 이상 초과할 때를 비만이라고 한다.

① Rohrer지수 = 체중(kg)/신장(cm)^3 × 10^7

㉠ 키가 110~129cm인 경우 180 이상을 비만이라 판정

㉡ 키가 130~149cm인 경우 170 이상을 비만이라 판정

㉢ 키가 150cm 이상인 경우 160 이상을 비만이라 판정

㉣ 110 미만은 저체중

② Broca지수 : 신장을 고려하여 표준이 되는 체중을 계산하며 실제 체중이 표준의 몇 % 인지에 따라 판정한다.

㉠ 비만도(%) = (실제체중 − 표준체중) / 표준체중 × 100

표준체중 : {신장(cm) − 100} × 0.9(여성일 때는 × 0.85)

[판정]

ⓐ **경도비만** : 비만도 20~30%

ⓑ 중등도 비만 : 비만도 30~40%

ⓒ 고도비만 : 비만도 40% 이상

ⓓ 저체중 : −10%

ⓔ 표준체중 : −10~+10%

ⓕ 과체중 : 10~20%

㉡ 비만도(%) = (실제체중 / 이상체중) × 100

[판정]

ⓐ 정상 : 90~120

ⓑ 마른체중 : 90 이하

ⓒ 비만 : 120 이상

③ BMI(체질량지수)

㉠ 체중(kg) / 신장(m)^2

㉡ 결과

ⓐ 정상 : 20~25

ⓑ 과체중(약간 비만) : 25~30

ⓒ 심한 비만 : 30 이상

㉢ BMI수치에 따른 체질량지수 및 비만 관련질환 위험도(WHO, 성인)

분류	체질량지수(kg/㎡)	비만 관련질환의 위험
저체중	< 18.5	낮음
정상체중	18.5 ~ 22.9	보통
과체중	≥ 23.0	−
위험체중	23.0 ~ 24.9	위험 증가
비만 1단계(obese class I)	25.0 ~ 29.9	중등도 위험
비만 2단계(obese class II)	> 30	고도 위험
비만 3단계(obese class III)	≥ 40.0	극심한 위험

④ 한국소아과학회의 비만도 판정

㉠ 신장과 성별에 따른 표준체중 고려 후 비만도를 계산하는 방법으로 현재 학교에서는 이 방법을 사용하고 있다.

㉡ 비만도(%) = (실제체중 − 표준체중) / 표준체중 × 100

㉢ 판정

ⓐ 경도비만 : 비만도 20~30%

ⓑ 중등도 비만 : 비만도 30~50%

ⓒ 고도비만 : 비만도 50% 이상

ⓓ 저체중 : −10%

ⓔ **정상체중** : -10~+10%

ⓕ **과체중** : 10~20%

+ 기타 비만측정

1. **허리둘레** : 과거에는 허리-엉덩이둘레 비율을 복부비만을 판정하는 지표로 많이 사용해 왔으나 최근에는 허리둘레 자체를 판정에 쓰고 있다. 남자 90cm, 여자 80cm 이상일 때 비만으로 판정한다.
2. **피부주름 두께** : 피하지방의 두께를 측정하여 전체 체지방의 정도를 평가하는 방법으로 캘리퍼로 상지의 이두박근과 삼두박근, 견갑골 하부, 장골능 상부 네 부위의 피부주름 두께를 측정하고 이들의 합으로 체지방률을 추정하게 된다. 네 부위의 합이 남자에서 30, 37, 43mm, 여자에서 46, 60, 74mm 이상일 때 각각 경도, 중등도, 고도비만이라고 한다.
3. **허리둘레와 가슴둘레를 측정** : 허리둘레가 가슴둘레보다 클 경우는 비만 판정
4. **허리, 둔부의 둘레비**
   (1) 허리둘레(cm) / 엉덩이둘레(cm)
   (2) 남자의 경우 1.0 이상, 여자의 경우 0.9 이상일 때 비만 판정
5. **체지방률** : 남자 25%, 여자 30% 이상일 때 비만 판정

(4) 비만관리

① 칼로리 섭취 감소

㉠ 식사는 하루 세끼 균형있게 규칙적으로 하며 정해진 곳에서 천천히 한다.

㉡ 섬유소가 많은 음식을 섭취하며, 성장에 필요한 단백질, 비타민, 무기질 등의 영양소는 충분히 공급한다.

㉢ 간식은 하루에 1~2회로 제한한다.

㉣ 패스트푸드와 가공식품은 적게 먹고 단음식 섭취는 피한다.

㉤ 튀김 등 기름기가 많은 음식은 피한다.

② 칼로리 소모 증가

㉠ 승강기 대신 계단을 이용하며 가까운 길은 걸어 다닌다.

㉡ TV나 컴퓨터 등 앉아서 하는 일은 제한한다.

㉢ 일주일에 3~5일, 하루 30분 정도로 규칙적인 운동을 한다.

㉣ 걷기, 천천히 달리기, 수영, 자전거 타기, 등산 등이 좋으나 어린이인 경우에는 비만아가 흥미를 가지고 참여하도록 재미있는 운동을 실시한다.

㉤ 혼자 운동하는 것보다는 단체로 하는 것이 효과적이다.

㉥ 운동을 쉬었더라도 되도록 빨리 이전의 운동습관으로 돌아가게 한다.

③ **비만학생 관리카드 작성** : 상담 및 보건교육 자료로 활용하며, 전학시 건강기록부와 함께 이송하여 비만아 관리프로그램이 연속되도록 한다.

④ 비만관리 프로그램 운영

2. 시력관리

(1) 보건교사들은 초등학교 1학년 때부터 시력검사를 실시하여 이상이 발견되면 전문의에게 정밀검사를 받도록 지도해야 한다.

(2) 시력이상이 의심되는 증상

① 눈을 자주 비비거나 깜박일 때

② 먼 곳을 보거나 TV 시청시 눈을 찌푸리거나 고개를 많이 기울일 때

③ 눈이나 눈 주위에 염증이 자주 생길 때

④ 일정한 곳을 주시하지 못하고 고정이 안 될 때

⑤ 특별한 원인이 없이 머리가 자주 아프거나 어지러운 경우

⑥ 부모들이 심한 시력장애가 있을 때

(3) 시력관리를 위한 보건교육 내용

① 올바른 독서법에 대해 교육한다.

㉠ 책과 눈과의 거리는 20~30cm가 좋으며, 책과 눈과의 각도는 90도가 좋다.

㉡ 책을 읽을 때 40분~1시간에 10분 정도 휴식을 취한다.

㉢ 직사광선 아래에서 책을 읽지 않도록 한다.

㉣ 조도가 300Lux 이상 유지되도록 한다.

㉤ 몸을 기준하여 왼편 앞쪽에 광원이 있는 것이 좋다.

㉥ 독서 후 적당한 운동을 실시한다(줄넘기, 체조 등).

② 시력관리에 좋은 식품에 대해 교육한다.

㉠ 비타민 A가 많은 식품을 권한다(간, 달걀노른자, 치즈, 간유, 버터, 녹황색 채소).

㉡ 아침밥은 꼭 먹도록 하고 여러가지 음식을 골고루 먹도록 한다.

③ 올바른 TV 시청방법에 대해 교육한다.

㉠ 3m 이상 거리에서 시청하도록 한다.

㉡ TV 높이는 눈높이보다 약간 낮게 두는 것이 좋고 30분 시청 후 5분 쉬도록 한다.

④ 안구 운동방법에 대해 교육한다.

㉠ 안근의 유연성을 되찾고 활성화를 도모하여, 눈의 올바른 사용법을 익히기 위한 훈련으로 안구운동과 원근운동을 실시한다.

㉡ 눈 깜박이기 운동, 안구운동, 원근응시법, 눈의 마사지 운동

3. 구강관리

(1) 구강보건교육

① 식이지도

㉠ 치아에 좋지 못한 부착성이 높은 우식성 식품의 섭취를 줄인다.

㉡ 고칼슘 식이를 권장한다(우유, 치즈, 생선, 조개, 배추, 토마토).

② **올바른 이닦기** : 매 식사 후 3분 이내 회전법

③ 치아를 부당하게 사용하지 않는다(예 병따기, 차력시범).

④ 치아 보호장치를 활용한다.

⑤ **연령별 구강건강문제** : 치아우식증은 영구치열이 완성되는 시기인 12세, 잇몸질환은 잇몸질환이 생기기 시작하는 나이인 15세 때가 가장 중요한 시기이다.

(2) 불소용액 양치사업

식사 후 이를 닦고 난 후 0.05%의 불화소다 한 모금(10cc)의 용액을 약 30초~1분간 입안에 머물고 있다가 뱉게 한다. 양치 후 30분간 음식을 먹지 않아야 한다(매주 실시하는 경우 0.2%).

(3) 구강검진사업

CHECK Point 학교보건 간호사업의 유형

유형	일반 학교보건간호	특수 학교보건간호
행정담당 부서	보건복지부	교육부
특징	• 지역보건소 간호사의 기능의 일부로서 학교보건을 담당하는 제도 • 학교보건분야에 대한 전문적 지식이 부족할 수 있다. • 시간적, 기술적 제한으로 책임의식이 약할 수 있다. • 보건복지부의 업무지시가 학교상황에 부적합할 수도 있다.	• 학교에 자격을 갖춘 보건교사를 두어 학교보건사업을 수행하는 제도 • 학교보건분야에 대한 깊이있는 전문적 지식이 있다. • 학교보건에 대한 책임의식이 강하다. • 업무지시, 인사, 예산의 체계수립이 용이하다.
사업의 우선순위	그 지역사회에 관련된 사업의 한 부분으로 행하여 진다.	학교보건요구에 부응하는 사업을 할 수 있다.
경제성	경제적이다.	경비가 많이 든다.
적용	작은 학교들이 산재해 있는 농어촌에 적합하다.	큰 학교가 많은 도시에 적합하다.
장점	• 광범위한 활동 가능 • 건강관리의 계속성 • 지역사회의 학교보건 동기 조성 • 가족단위 건강관리로 확대가능 • 경제적	• 효율적이고 단순 • 문제 및 요구의 정확한 파악 • 교직원들의 책임감 공유 • 깊이있는 사업 가능 • 독립예산 획득 가능

9 기생충 관리

1. 기생충의 분류

원충류	근족충류	이질아메바, 대장아메바, 기타 아메바
	편모충류	람블편모충, 질편모충, 장세모편모충, 주혈편모충, 리슈만편모충, 질트리코모나스
	섬모충류	대장섬모충
	포자충류	말라리아, 톡소포자충, 폐포자충, 사람등포자충, 와포자충
윤충류	선충류	회충, 요충, 구충(십이지장충), 편충, 동양모양선충, 분선충, 선모충, 말레이사상충, 반크롭트사상충, 기타 사상충, 아니사키스, 유극악구충, 기타 선충류
	흡충류	간흡충, 폐흡충, 요코가와흡충, 이형흡충, 간질, 비대흡충, 주혈흡충, 극구흡충
	조충류	유구조충, 무구조충, 광절열두조충, 왜소조충, 쥐조충, 위립조충

2. 기생충별 특성

(1) 원충류

① 이질아메바

㉠ **병원체** : 이질아메바

㉡ **전파** : 음식물, 물 등의 오염으로 인해 경구 침입하여 맹장에 기생하게 된다.

㉢ **증상**

ⓐ 전신 권태, 복부 팽만감, 복통, 혈액과 점액이 섞인 설사변

ⓑ 간 농양을 일으키기도 한다.

㉣ **예방**

ⓐ 55℃에서 5분 이상 가열, 염소소독을 실시한다.

ⓑ 환자의 의류, 식기 등을 열소독한다.

ⓒ 파리 등의 곤충을 박멸한다.

② 질트리코모나스

㉠ **병원체** : 질트리코모나스(여성의 질강과 남성의 요도에서 발견)

㉡ **전파** : 남성이 매개체로 알려져 있고, 일종의 제2성병이라 할 수 있다.

㉢ **증상** : 질벽의 충혈과 소양감, 백대하, 무증상인 경우도 있다.

㉣ **예방**

ⓐ 변기는 석탄산이나 크레졸로 소독한다.

ⓑ 내의는 삶거나 일광욕으로 건조한다.

ⓒ 부부는 함께 치료하도록 한다.

③ 람블편모충

㉠ 인체 감염은 중간 숙주인 패류 또는 민달팽이를 날로 섭취함으로써 야기되지만 때로는 담수산 새우, 게, 육서산 플라나리아, 개구리 등과 같은 운반 숙주를 통해서도 이루어진다. 패류가 배출한 점액 속의 유충 또는 죽은 패류에서 유출된 유충으로 오염된 물 또는 야채 섭취로도 가능한 것으로 알려져 있다.

㉡ 설사가 지속되며 묽은 변으로 시작하여 점점 지방변이 된다. 지방변이 생기면 냄새가 심해지고, 악취 가스가 동반된다. 더불어 식욕 감퇴, 메스꺼움, 구토, 상복부 팽만감 등이 있다. 설사가 수개월 또는 수년간 지속하여 흡수장애와 체중감소가 생긴다. 특히 어린아이들에게서는 지방변 증후군(celiac syndrome)이 유발되어 식욕 부진, 지방변 설사, 지속적인 탈수, 체중감소 등이 두드러지게 나타난다. 그러나 혈변이나 점액변은 없다. 저감마글로블린 혈증이나 분비성 IgA 결손 환자 이외에 면역부전 환자에서는 중증 감염이 생긴다.

④ 톡소플라즈마증

㉠ **중간 숙주** : 포유동물 (예 고양이, 돼지, 토끼 등), 조류

㉡ 사람에게 감염은 고양이의 분변(Oocyst)에 오염된 음식물에 의한다.

㉢ 증세

ⓐ 선천성 톡소플라즈마 : 임신 초기에 선천적으로 감염된 태아는 사망, 유산, 조산, 기형이 유발하는 경우가 많다.

ⓑ 후천성 톡소플라즈마 : 오한, 두통, 발열, 폐염, 초생아는 뇌수막염, 소아는 뇌염 등을 유발한다.

(2) 선충류

① **회충**(ascaris lumbricoides, roundworm)

㉠ 병원체

ⓐ 크기는 20~30cm이며 주로 소장에 기생한다.

ⓑ 암놈 1마리가 하루 10만~20만개의 알을 낳는다.

ⓒ 소장에 기생하여 감염 후 산란 시까지 약 60~75일 걸린다.

㉡ 전파

ⓐ 알은 대변으로 나와서 채소밭에 뿌리면 여름에는 2~3개월 만에 부화해서 유충이 된다.

ⓑ 채소를 통해 침입하며, 위를 거쳐 소장에 들어가 장벽을 뚫고 폐에 모이기도 한다.

ⓒ 장벽의 혈관 계통이나 림프관 계통을 거쳐 폐에 집합하여 어느 정도 성장한 다음 기관지 → 기관 → 후두 → 인후 식도를 거쳐서 소장에 내려와 기생한다.

ⓓ 감염경로 : 경구(포장란) → 위(부화) → 심장 → 폐 → 기관지 → 식도 → 소장(성충) → 정착

㉢ 증세

ⓐ 위장증상으로 구토, 오심, 설사, 복통, 소화불량, 이미증

ⓑ 신경증상으로 두통, 어지러움, 실신, 경련, 시력장애, 청력장애, 야맹증, 기억력 감퇴

ⓒ 의료적 증상으로 장천공, 복막염, 장폐기증, 충양돌기염 등

㉣ 예방

ⓐ 채소를 흐르는 물에 여러 번 흔들어 씻으면 회충란은 어느 정도 떨어지며, 10분 이상 가열하면 사멸된다. 이는 분리시킨 충란의 경우이며 채소 속에 들어 있을 때에는 내부까지 열이 전도되는 데 시간이 소요되므로 더 오랜 시간이 필요하다.

ⓑ 채소는 잎을 펴서 흐르는 물에 여러 번 씻은 후, 열탕에 1분 정도 처리하여야 한다.

ⓒ 화장실은 수세식으로 하고, 인분을 비료로 사용하려면 2~3개월간 충분히 부식시켜야 한다.

ⓓ 용변 후와 식사 전에 손을 깨끗이 씻고 손톱을 짧게 깎는다.

ⓔ 변을 검사하여 환자를 발견하고 구충제를 복용시킨다.

② 요충(Seal Worm Disease)

㉠ 병원체 : Enterobius Vermicularis

ⓐ 4~8mm 크기이며 백색이다.

ⓑ 소장 하부, 맹장 등에 기생한다.

㉡ 전파

ⓐ 알이 손이나 음식물을 통해 들어와 소장 상부에서 부화하여, 맹장의 점막에서 성충까지 발육하고, 직장 내에서 기생하다가 45일 전후면 항문 주위로 나와 산란하고, 다시 직장으로 돌아간다.

ⓑ 알은 건조한 실내에도 오래 살기 때문에 같이 침식을 하는 사람은 모두 감염되고, 어린이가 많이 감염된다.

ⓒ 감염경로 : 항문 밖에 나와서 산란 → 감염성 충란 → 손을 거쳐 직접 경구 감염, 충란으로 오염된 음식물, 식기 등을 통한 간접 경구 감염

㉢ 증세

ⓐ 알을 낳기 위하여 항문으로 나오기 때문에 항문 주위나 회음부에 소양증이 생겨서 가렵다.

ⓑ 손으로 긁어서 묻은 알이 입으로 들어가고, 심하게 긁으면 상처나 습진이 생기며 불면증, 신경 쇠약, 신경증, 외음부의 충혈과 염증, 여자는 백대하증 등이 일어나며 어린이는 오줌을 싼다.

ⓒ 기생 수가 많으면 장카타르나 충수염을 일으킨다.

ⓓ 대도시 감염, 가족 감염, 자가 감염, 충란 감별법(스카치 테이프법 95%, 분변법 5%)

㉣ 예방

ⓐ 집단 구충을 하고, 내의와 손, 침실을 깨끗하게 한다.

ⓑ 내의를 자주 갈아입고 항문이 가려워도 맨손으로 긁지 않는다.

ⓒ 채소 감염은 회충과 같은 방법으로 예방한다.

③ **구충증(십이지장충증, hookworm disease)** : 십이지장충과 아메리카 구충이 있는데 우리나라에서는 2가지 다 유행한다.

㉠ 병원체

ⓐ 십이지장충(ancylostoma duodenale)과 아메리카 구충(necator americanus)이 있으며, 1cm 정도로 십이지장에 붙어서 한 마리가 하루 0.1~0.8mL의 피를 빤다.

ⓑ 하루 10,000~20,000개의 알을 낳는다.

㉡ 전파 : 경구감염과 경피감염이 있다.

ⓐ 감염경로 : 충란 → 분변과 함께 배출 → 부화(유충) → 탈피(유충) → 사상 유충(감염형) → 인체 침입(경구 및 경피감염) → 혈류, 임파류 → 폐, 기관지, 기관, 식도→ 소장 → 성충

ⓑ 기생 장소 : 소장, 갈고리 모양으로 예리한 이빨 2쌍이 장벽에 교착하고 있어서 이동성은 없다.

㉢ 증세

ⓐ 경피감염은 염증, 습진이 생기고 가렵고 붓고 발적이 생기며 세균에 감염되어 화농이 생기기도 한다.

ⓑ 경구감염은 목이 가렵고 기침이 나고 숨이 가쁘고 호흡이 곤란하다. 침입 초기에 기침, 구역, 구토가 나며, 성충이 되면 빈혈, 소화장애, 토식증, 다식증이 있다.

ⓒ 어린이가 심하게 걸리면 신체와 지능 발육이 저하되고 저항력이 떨어져 질병에 걸리기 쉽다.

ⓓ 특징 : 농촌에서 맨발 작업 시 경피감염되며 채독증(분변독)을 발생시킨다. 유충에 의한 증상을 채독증이라 한다.

㉣ 예방

ⓐ 알은 회충알보다 약하여 저온에서도 죽으며, 6일간 방치하면 발육하지 않는다.

ⓑ 직사광선이나 소독제에도 약하다.

ⓒ 알은 분변 속에서 겨울에는 13~14일 동안 산다. 다른 계절에는 75일 정도 살고, 긴 것은 130일 정도 산다.

ⓓ 분뇨를 2~3개월간 방치하면 알은 모두 죽는다.

④ **편충(whip worm)** : 감염률이 높지만 10마리 미만으로는 증상이 나타나지 않기 때문에 경시된다.

㉠ **병원체** : Trichuris Trichiura

ⓐ 머리는 실같이 가늘고 꼬리가 크고 넓다.

ⓑ 수놈은 40~50mm, 암놈은 45~50mm 정도이다.

㉡ **감염**

ⓐ 감염경로는 회충과 같으며, 소장 하부와 맹장 주위에 가늘고 긴 머리를 장 점막 내에 파고들어서 기생하므로 구충이 어렵다.

ⓑ 키스와 음식을 통해 감염된다.

㉢ **증세** : 대장염, 설사, 맹장염, 탈항 등의 원인이 되고 빈혈과 정신증상도 일어난다.

㉣ **예방** : 치료와 예방법은 회충의 경우와 같다.

⑤ **동양모양선충**

㉠ **병원체**

ⓐ 4~5mm 크기로 매우 가늘어서 머리카락 같고 회백색이나 무색이다.

ⓑ 소장 상부 점막에 붙어 있다.

㉡ **감염**

ⓐ 분변에 섞여 나온 알이나 토양에서 부화한 감염형 유충으로 오염된 채소나 손으로 경구감염되며 경피감염은 드물다.

ⓑ 감염형 유충은 온도나 화학약품에 강하며, 김치를 통하여 감염되는 경우도 있다.

㉢ **증세** : 십이지장충과 비슷하다.

㉣ **예방** : 십이지장충과 같다.

⑥ **분선충**

㉠ **병원체** : 약 3mm 크기로 소장에 기생한다.

㉡ **전파**

ⓐ 알이 외부로 나와 유충이 되어 채소나 피부를 통하여 인체에 들어와 폐를 거쳐 소장에 가서 기생한다.

ⓑ 충란은 3일 내에 감염될 수 있는 크기로 자란다.

ⓒ 증세

ⓐ 급성일 때는 유충침입 국부에 소양, 홍반, 발진이 생긴다. 2주일 후에는 색소 침착, 각설을 한다.

ⓑ 감염 6일부터는 약 3일간 기침이 심하고 15일부터는 설사, 복통, 변비 등이 있고 1개월 후에는 산통 발작, 점혈변이 나온다.

ⓒ 만성증은 복통, 복명, 연변, 점혈변, 부종, 기침, 영양 부족 등이 있다.

ⓓ 위장증세와 영양실조가 주로 나타나고 심하면 탈수, 황달, 간경화증도 나타난다.

ⓔ 예방

ⓐ 십이지장충과 같다.

ⓑ 자가감염도 있으므로 주의한다.

ⓒ 변비환자는 항문 주위를 깨끗이 소독한다.

⑦ 선모충(trichinella spiralis)

㉠ 길이 1.5mm 정도로 사람, 돼지, 곰, 쥐의 근육 내의 낭에 코일모양으로 존재한다.

㉡ 감염된 고기를 익혀 먹지 않으면 낭이 녹아 성숙하여 유충이 된다. 유충은 림프계에 침입하여 전신 각처로 운반된다.

㉢ 열이나 근육통이 감퇴되어 수개월 후에는 점차 회복되는 경우도 있다.

㉣ 자충은 죽지 않고 수년 또는 수십 년간 생존하며 사람 체내에서 25~31년간 생존한 보고도 있다.

⑧ 말레이 사상충증(filariasis) : 상피병이라고도 한다.

㉠ 병원체

ⓐ 사상충(brugia malayi)

ⓑ 수컷은 70~80mm, 암컷은 30~35mm이다.

㉡ 전파

ⓐ 감염원으로부터 피와 함께 빨려 들어간 사상충 새끼(micro filaria)는 2~3주 후 모기 속에서 필라리아형이 되어 모기가 사람 피를 빨 때 침입하여 림프조직에서 기생하며 1년 후 새끼를 낳는다.

ⓑ 정기적인 야간출현 시간 : 오후 2시~오전 2시(최고 출현 : 새벽 1시 30분)

ⓒ 토고숲 모기에게 흡입된 후 평균 15년 정도 인체 내에서 생존 가능

ⓓ 림프조직 기생

㉢ 증세

ⓐ 성충은 림프관이 있는 생식기, 사지 등에 기생한다.

ⓑ 부종, 통증, 상피증, 림프관염, 유미성 음낭 수종, 음낭 상피증 등을 일으킨다.

㉣ 예방 : 환경을 위생적으로 관리하여 모기를 없애고 모기에 물리지 않게 한다.

ⓜ **치료제** : 충체에 대한 화학요법(네오스티브산), 약물요법이 안 되면 외과적 요법(임파관 절단, 절개)

ⓑ **검사법** : 혈액검사(야간)

⑨ **아니사키스**(anisakis)

㉠ 해산 어류 중 제1 중간숙주인 고등어, 전갱이, 청어, 가자미, 갈치, 대구, 오징어 등에 유충이 있다.

㉡ 고등어의 복강이나 근육에서 발견되는 유충은 20~30mm 크기이다.

⑩ **유극악구충**(gnathostoma spinigerum)

㉠ 타이, 인도, 말레이시아, 중국, 일본 등에 분포하나, 우리나라에서의 발생 보고는 없다.

㉡ 제1 중간숙주는 물벼룩이고 제2 중간숙주는 가물치, 뱀장어 속의 민물고기와 양서류, 파충류, 조류, 갑각류, 포유동물 등이다.

㉢ 성충은 어류나 냉혈 동물을 잡아먹는 동물의 소화관 종유에 있다.

㉣ 사람이나 뱀, 조류, 냉혈 동물은 유충이 체내에 있는 어류를 먹으면 유충이 성충이 되지 않고(4.2~9.3mm) 피하 조직 등에 종유를 만들어 기생한다.

(3) **흡충류**

① **간디스토마**(간 흡충, clonorchiasis, chinese liver fluke) : 낙동강, 영산강, 금강, 한강 등의 강 유역 민물고기를 생식하는 지역주민이 많이 걸린다.

㉠ **병원체** : Clonorchis Sinensis

ⓐ 수명은 약 6~8년이고, 크기는 10~25mm이다.

ⓑ 병원소 : 환자, 돼지, 개, 고양이

㉡ **전파**

ⓐ 간에서 모충이 산란하면 난자가 담관과 소장을 통해 대변으로 배설된다(기생장소 : 담관).

ⓑ 난자는 수중에서 부화되어 유충이 되어 제1 중간숙주인 왜우렁이 속에 들어가서 성장하여 수중에 나와 제2 중간숙주인 참붕어, 피라미, 모래무지 등의 근육에 들어가서 피낭유충이 되며, 사람이 물고기를 생으로 먹으면 소장을 뚫고 간에 집합 기생한다.

ⓒ 배설된 충란이 사람에게 감염되는 데는 3개월 걸린다.

ⓓ 특징 : 우리나라 5대강 유역에 분포하며 사람, 개, 고양이 등이 종말 숙주이다.

㉢ **증세**

ⓐ 초기에는 소화불량, 설사, 식욕부진, 피로 등이 나타나고 이어서 간장 비대, 비장 비대, 복수, 소화장애, 황달 등이 나타난다.

ⓑ 심각한 경우에는 간경화증을 일으켜 사망에 이를 수 있다.

ⓡ 예방

ⓐ 민물고기를 생식하지 말고, 민물고기 조리 후 조리기구를 깨끗이 씻고, 생수를 마시지 않고, 인분을 철저히 처리한다. 개 · 고양이 등 디스토마가 있는 동물을 잘 관리한다.

ⓑ 치료에는 Praziquantel 제제를 사용한다.

② 요코가와 흡충(metagonimus yokogawai)

㉠ 병원체

ⓐ 1.2mm 정도의 장내 흡충으로 장내에 산란하여 알이 분변과 함께 배출된다.

ⓑ 사람과 개, 고양이, 돼지 등의 육식 동물과 펠리컨 같은 어식 조류의 소장 점막에 기생한다.

ⓒ 피낭유충은 열이나 화학약품에 강하여 식초 중에 1시간, 0.3% 염산이나 간장에서 6시간, 70℃에서 15분간 죽지 않는다.

㉡ 전파

ⓐ 충란은 다슬기 속에서 부화한다.

ⓑ 제1 중간숙주는 다슬기로 속에서 유미유충이 되어 제2 중간숙주인 은어, 납자리, 붕어, 참붕어 속에 들어가 피낭유충이 되며, 은어를 생식하면 감염된다.

㉢ 증세 : 흡충이 소장 점막에 기생하면 염증을 일으키며 설사, 복통, 무력감, 빈혈을 일으킨다.

㉣ 예방 : 은어를 생식하지 말아야 한다.

③ 폐디스토마(폐흡충증, paragonimus : oriental lung fluke) : 산간지역에 많이 분포하며, 홍역에 가재 생즙을 먹는 지역에서 많이 유행하였다.

㉠ 병원체 : Paragonimus Westermani

ⓐ 주로 폐에 기생하며 뇌, 복부 등에 기생하기도 한다.

ⓑ 성충은 길이 1cm, 넓이 0.5cm^2 정도이며, 수명은 7~8년이다.

ⓒ 고기 속에 있는 유충은 −10℃에서 24시간에 죽고, 열에 약하여 50℃에서 죽는다.

㉡ 전파

ⓐ 폐에서 모충이 낳은 알이 가래로 배설되어 물에서 부화하여 유충이 되어 제1 중간숙주인 다슬기 속에서 성장하여 물속으로 나와 제2 중간숙주인 게·가재 등에 침입하여 사람이 날로 먹으면, 장 · 림프선을 통하여 폐에 들어가 성충이 된다.

ⓑ 감염경로 : 충란 → 객담, 분변과 함께 배출 → 부화 → 유모 유충 → 다슬기(제1 중간숙주) → 포자낭 유충 → 레디 유충 → 유미 유충 → 민물게, 가재(제2 중간숙주) → 피낭유충 → 경구감염(사람, 종말 숙주) → 탈낭(소장 상부) → 성충(폐)

ⓒ 기생 장소 : 폐(유충상태로 뇌 등에 기생하는 경우도 있음)

㉢ 증세

ⓐ 서서히 발병한다.

ⓑ 폐 안에서 성충이 산란하고 생활하기 때문에 폐조직을 파괴하여 가벼운 기침이 시작되며 흉통, 인후통이 뒤따르기도 하고 가래에 혈액이 섞여 나오며 대출혈도 한다.

ⓒ 눈이나 뇌에 기생하여 복막염이나 시력장애, 뇌증상을 초래하기도 한다.

ⓓ 기생 부위에 따라 폐디스토마증, 복부 폐디스토마증, 뇌부 폐디스토마증, 안와 폐디스토마증이 있다.

ⓔ 특징 : 우리나라 산간지역에 분포한다. 사람, 개, 고양이가 종말 숙주이다.

㉣ 예방

ⓐ 피낭 유충의 저항력은 저온에 강하고, 식초나 간장에서는 단시간에 죽지 않지만 열에는 약하다.

ⓑ 게 · 가재의 생식을 금하고 유행지역에서는 생수를 마시지 말고, 환자 객담을 위생처리하며, 감염동물을 잘 관리해야 한다.

ⓒ 특효약으로 Praziquantel, Bithionol 등이 있다.

(4) 조충류

① 갈고리 촌충(유구조충, Pork Tape Worm) : 돼지고기를 생식하면 걸린다. 성충 감염보다 충란에 의한 뇌, 안구, 근육, 장벽, 심장, 폐 등에 낭충증 감염이 많다.

㉠ 병원체 : Taenia Solium

ⓐ 길이 2~7m, 폭 5~6mm이고 머리에 4개의 빨판과 갈고리가 있다.

ⓑ 800~900개의 마디가 있다.

㉡ 전파

ⓐ 인분에서 나온 알이 묻은 풀을 중간 숙주인 돼지가 먹으면, 관에서 부화하여 유충이 되어 돼지 장벽을 뚫고 들어가 2~3개월이면 유구 낭충이 된다.

ⓑ 사람이 감염된 돼지고기를 생식하면 소장 상부에서 탈낭하여 2개월 내에 성충이 되어 알이 분변으로 나간다.

ⓒ 환자 손으로 충란을 만지면 피부를 뚫고 들어가 낭충이 사람의 뇌, 안구, 근육, 심장, 피하 조직, 간, 신장, 뼈, 대혈관, 혀 등에 기생한다. 이를 낭미 충증이라 한다.

ⓓ 기생 장소 : 소장

ⓔ 감염경로 : 분변과 충란 체외 배출 → 돼지(중간 숙주) → 육구 유충 → 유구 낭충(근육) → 사람(종말 숙주) 경구 감염 → 성충(소장)

ⓕ 유구 조충, 유구 낭충 감염이 된다.

㉢ 증세

ⓐ 불쾌감, 상복부 동통, 식욕부진, 소화불량 등이 있다.

ⓑ 피하에 기생하여 낭충증을 일으킨다.

ⓒ 뇌낭충증일 경우 충체의 사멸로 뇌증(간질 발작)을 일으킨다.

㉣ 예방

ⓐ 돼지고기를 완전히 익혀 먹고, 환자는 구충하고, 돼지 사료를 분변으로 오염시키지 않아야 한다.

ⓑ 돼지고기를 −10℃ 이하에 1주일간 냉동하면 유충이 파괴된다.

② 민촌충(무구조충, beef tape worm)

㉠ 병원체 : Taenia Saginata

ⓐ 머리에 4개의 빨판이 있고, 끝에 홈이 있다.

ⓑ 7~8m이지만 40m짜리도 있다. 길이 16~20mm인 마디 1,000~2,000개로 되어 있다.

ⓒ 20년 정도 살며 1마리씩 기생하지만, 16마리가 기생한 예도 있다.

㉡ 전파

ⓐ 떨어진 마디가 인분으로 배출되어 터져서 알이 풀에 묻어서 중간숙주인 소가 먹으면 장관에서 부화하여 유충이 되어 장벽을 뚫고 들어가 3~6개월 후에 무구낭충이 된다. 이런 소의 고기를 생식하면 사람 소장 상부에서 탈낭하여 2개월 내에 성충이 된다.

ⓑ 감염경로 : 분변과 함께 충란 체외 배출 → 소(중간숙주) → 육구유충 → 무구낭충(허리, 엉덩이, 혀, 심장 등 근육) → 사람(종말 숙주) 경구감염 → 성충(소장 상부)

ⓒ 기생 장소 : 소장

㉢ 증세

ⓐ 소장에 기생하여 변을 눌 때뿐 아니라 걷거나 잘 때도 마디가 떨어져 나와 불쾌감을 준다.

ⓑ 상복부 둔통, 식욕부진, 소화불량, 빈혈 등이 생긴다.

㉣ 예방

ⓐ 쇠고기를 완전히 익혀 먹고, 환자는 빨리 구충하고, 소가 먹는 풀에 분변을 버리지 않는다.

ⓑ 포낭유충은 71℃에서 5분이면 죽는다. −10℃ 이하에서는 2~3일 만에 죽는다. 그러나 0℃에서는 4일까지 살아 있다.

③ 긴촌충(광절열두조충증, fish tape worm) : 주로 북반구에 많으며 우리나라에서는 드물다.

㉠ 병원체 : Diphyllobothrium Latum

ⓐ 3~10m × 1.5~2.0cm 크기로 약 3,000개의 마디로 되어 있다.

ⓑ 성숙마디는 3mm, 폭 15mm로 폭이 길이보다 넓기 때문에 광절이라 한다.

㉡ 전파

ⓐ 소장에서 분변으로 배출된 충란은 물에서(15~20℃) 11~15일 후에 부화되어 제1 중간숙주인 물벼룩(갑각류)이 먹으면 전의 미충이 된 다음 제2 중간숙주인 연어, 송어, 농어가 물벼룩을 먹으면 근육이나 간에서 성장하여 의미충이 된다. 이런 연어나 송어를 사람이 생식하면 감염된다.

ⓑ 인체감염 3주 후면 성충이 되어 산란한다.

㉢ 증세 : 식욕감퇴, 복통, 오심, 구토, 설사 등의 증상과 빈혈이 있다.

㉣ 예방

ⓐ 송어나 연어의 생식을 금한다.

ⓑ 건조, 염지, 냉동 등에 매우 강하여 죽지 않지만 열에 약하여 50℃에서 수분 내에 죽는다.

ⓒ 고기 속의 유충은 −10℃에서 24시간에 죽는다.

ⓓ 유충은 고기를 말리거나 간장에 조리면 죽는다.

④ 스파르가눔증(sparganosis) : 열두조충과 조충의 유충기를 스팔가눔이라 하며 사람의 장 이외에 기생하였을 때 스파르가눔증이라고 한다.

㉠ 병원체 : 성충은 Diphyllobothrium mansoni, D.mansonoides, D.decipiens, D.erinacei, D.ranurum 등으로 개나 고양이의 장에 기생한다.

㉡ 전파

ⓐ 제1 중간숙주는 물벼룩이고, 제2 중간숙주는 담수어, 뱀이나 개구리이다.

ⓑ 조류나 포유류, 사람도 숙주 역할을 한다.

ⓒ 감염된 물벼룩이 들어 있는 물을 마시거나, 의미충에 감염되어 있는 뱀이나 개구리를 생식하거나, 감염된 뱀이나 개구리를 잡아먹은 닭의 근육에 의미충이 들어 있는 것을 생식하면 감염된다.

㉢ 증세

ⓐ 피하 조직에 원형의 종유가 생기고 소양증이 있다.

ⓑ 기생 부위가 일정치 않으나 복부, 서혜부, 눈, 음낭, 유방 등에 기생한다.

CHECK Point

1. **만손열두조충** : 살쾡이 같은 야생의 육식동물과 개, 고양이 등을 종 숙주로 하고, 물벼룩, 개구리나 뱀 따위의 다른 동물을 중간숙주로 한다.
   ① 고양이과 동물의 변에 있는 알이 호수나 연못에 유출된다.
   ② 알이 부화되어 섬모 유충(coracidium)이 되는데, 이 섬모 유충을 물벼룩이 먹으면 물벼룩의 장에서 원미충(procercoid)이 부화하여 장을 뚫고 나가 잠복한다.
   ③ 이때 물벼룩은 행동이 둔해져서 잡아먹히기 쉬워지고, 이러한 원미충을 포함한 물벼룩을 올챙이가 포식하여 개구리로 자라는 과정에서 원미충은 근육으로 가서 충미충(Plerocercoid)으로 자란다.
   ④ 이러한 개구리를 뱀이나 쥐가 포식하여 충미충에 감염되고 종 숙주가 개구리, 쥐, 뱀을 날로 먹으면 종 숙주 소장에서 성충으로 자라 다시 위의 사이클을 반복하게 된다. 개구리나 민물고기를 해부할 때 육안으로도 확인할 수 있을 정도로 흔한 병이다.
   ⑤ 특이하게 만손열두조충은 2차 형태의 유충에 이름이 있는데, 이것이 바로 스파르가눔증이다.
2. 스파르가눔
   ① 주로 개구리나 뱀을 날걸로 먹어서 감염된다. 따라서 개구리나 뱀이 건강식 취급을 받아서 섭취가 잦고, 특히 군대에서 뱀을 섭취하는 문화가 있던 우리나라는 세계 제1의 스파르가눔 대국이다.
   ② 스파르가눔이 이렇게 인체에 들어오면, 장 벽을 뚫고 나간 후 온몸을 돌아다니게 되는데, 주로 가는 곳은 피부(75% 가량이 근육이나 피하 조직에서 발견된다)지만 각종 장기, 고환, 안구, 심지어는 요도나 유방에서도 발견된다. 다만, 인간은 종 숙주가 아니기 때문에 유충이 성충으로 성장하는 일은 없다.

10 학교보건 교육과정의 변천

1. 제1차 교육과정기(1946~1963)

(1) 교수요목기(1946~1954) : 교육부령 제35호(54. 4. 20) '교과과정 시간배정 기준령'에서는 초등학교와 중등학교에 교과목명을 '보건'교과로 설정하여 보건교육을 실시하였다.

(2) 제1차 교육과정기(1954~1963) : 5가지 목표(신체적 목표, 사회적 목표, 지적 정서적 목표, 안전지도, 레크리에이션 지도)를 세웠고, 각 목표를 달성하기 위한 구체적인 세부 목표 및 지도 내용을 제시하였다.

2. 제2차 교육과정기(1963~1973)

교육부령 제119호(63. 2. 15)에 의해 보건교과가 폐지되면서 '체육교과'로 통합되었고, 보건에 관한 교육은 '체육'교과의 일부로 삽입되었다.

3. 제3차 교육과정기(1973~1981)

(1) 1979년 교육부의 직제 개정 시 '학교보건과'가 신설되어 1980년부터 보건교육이 비로소 공식화되었다.

(2) 1981년 정부의 기구 축소 방침에 따라 학교보건과는 폐지되고, 신설된 학교체육과가 학교보건업무를 수행하게 되었다.

4. 제4차 교육과정기(1981~1987)

교육부 고시 제442호(81. 12. 31)에서 보건교육을 '체육'교과에서 지도하도록 하였다. '운동과 건강생활에 필요한 기초지식을 습득하여 이를 실천하는 태도를 기른다'라는 교육 목적에서 제시한 것과 같이 보건지식과 태도, 실천을 운동에 관한 것으로 국한시켰다.

5. 제5차 교육과정기(1987~1992)

학교보건 교육의 중요성이 부각되면서 1987년 서울특별시 교육청이 1주일에 6시간의 보건교육을 정규교과 시간에 실시하도록 행정지침을 정하였다.

6. 제6차 교육과정기(1992~1997)

(1) 1995년 3월 1일부터 초등학교를 시작으로 1996년 3월 1일까지 고등학교 교육과정까지 단계적으로 실시하였다.

(2) 1996년 초 · 중 · 고등학교의 체육교과서에 약물 관련 단원을 보강 및 신설하여 약물 관련 예방교육의 기틀을 마련하였다.

(3) 1997년부터 교원연수과정에 약물 오남용 예방 관련 과목을 반영하였다.

(4) 보건교육 지도에는 보건교사가 참여할 수 있도록 하였으며, 1998년 12월에 학교보건법 제9조를 개정하여 학교장은 약물남용의 예방을 위하여 필요한 지도를 하도록 규정하였다.

7. 제7차 교육과정기(1997~2007)

초등학교의 경우 통합적인 범교과 학습으로, 재량활동 시간에 보건교육, 성교육, 안전교육 등을, 중학교의 경우 재량활동 시간에 성교육과 안전교육 등을, 고등학교의 경우 가사와 실업에 관한 교과에서 공중보건이 선택과목으로 편성되었다.

8. 2007년 개정 교육과정

(1) 종전까지 전면개정으로 이루어지던 교육과정 개정 체제를 수시개정 체제로 변경하였으며 이후부터는 2~4년에 한 번씩 수시로 개정하게 되어 8차 교육과정 명칭은 사라지게 되었다.

(2) 국가 검인정을 받은 다양한 '보건'교과서가 개발, 탄생되어 각 학교에 배포되었다. 학교의 재량활동은 '창의적 재량활동'으로 운영되며, 범교과학습의 주제로서 성교육, 양성평등 교육, 안전교육 등이 포함되었다.

(3) 2007년 학교보건법이 개정되고, 교육과정이 수정되어 초 · 중등학교에서 보건교과가 단독과목이 되었으며, 보건교육을 체계적으로 실시할 수 있는 근거가 마련되었다.

(4) 초등학교의 경우 2009학년도부터 5, 6학년에서 학년별로 재량활동시간을 활용하여 연간 17시간 이상 총 34시간 실시하고 중학교에서는 2010학년부터 교과재량활동시간에 선택과목으로 운영하며, 고등학교의 경우 2010학년부터 교양선택 과목으로 보건교과를 운영하되, 고등학교 1학년에서 재량활동시간을 활용하여 연간 17시간 이상의 보건교육을 실시하도록 하였다.

9. 2009년 개정 교육과정, 2015년 개정 교육과정

2011년부터 적용된 2009년 개정 교육과정에서 초등학교 보건교육은 관련 교과군과 창의적 체험활동 시간, 중등학교에서는 창의적 체험활동 시간과 선택과목 시간을 활용하게 되었다.

(1) 보건교육의 단계적 목표

	단계적 도달 목표
유치원	몸과 주변의 청결에 대한 이해와 실천
초등학교	건강의 중요성 및 자신의 몸과 마음에 대한 이해, 건강생활 습관화
중학교	건강에 대한 올바른 지식과 건강 보호적, 건강증진 행위 습득
고등학교	청소년 시기의 건강 중요성 이해와 건강에 대한 의사결정능력 습득, 잘못된 건강행위 수정 및 건강관리능력
대학교	생애주기별 건강문제 예방 및 대처 능력

(2) 초등학교 보건교과 내용

대단원	5학년	6학년
건강의 이해와 건강생활	1. 나는 건강한가요? 2. 건강 검사, 이래서 필요해요. 3. 내가 이만큼 자랐어요. 4. 소중한 눈, 건강한 눈 5. 손 씻기, 건강생활의 시작	1. 건강에도 조건이 있나요? 2. 성장하는 나의 몸과 마음 3. 몸짱 마음짱이 진정한 건강짱! 4. 내가 거북목이라구요? 5. 앗, 허리가 휘기도 한다구요? 6. 과자, 알고 먹어요.
질병의 예방과 관리	6. 배가 부글부글 거려요. 7. 콜록콜록 에취~ 8. 뚱뚱하면 비만인가요?	7. 잘못된 습관으로 병에 걸려요. 8. 알레르기 때문에 괴로워요. 9. 감염병에 걸렸어요.

질병의 예방과 관리	9. 소중한 치아, 깨끗하게 지켜요. 10. 응급처치, 나도 할 수 있어요. 11. 나는 어린이 119 구급대원 12. 젤리가 목에 걸렸어요. 13. 위험 끝, 안전 시작	10. 다리를 삐었어요. 11. 4분의 기적, 생명 구하기 12. 지진, 화재에서 탈출하기
흡연, 음주, 약물 오남용 예방	14. 약, 이렇게 사용해요. 15. 담배, 왜 건강에 나쁜가요? 16. 간접 흡연과 건강	13. 잘 쓰면 약, 잘못 쓰면 독 14. 담배, 싫다고 말해요. 15. 담배 광고 속지 말아요. 16. 술이 건강에 미치는 영향
소중한 성과 건강	17. 궁금해요, 성 18. 몸과 마음이 변해요. 19. 아빠가 되기 위한 준비를 해요. 20. 엄마가 되기 위한 준비를 해요. 21. 남자와 여자의 몸, 무엇이 다른가요. 22. 소중한 생식기, 이렇게 관리해요. 23. 성폭력이 뭐예요? 24. 내 몸은 내가 지켜요. 25. 성 상품화와 성매매 예방	17. 닮은꼴 우리 가족 18. 아기는 어떻게 생겨요? 19. 동생이 태어났어요. 20. 이성 친구, 예절이 필요해요. 21. 고민되는 성, 바르게 결정해요. 22. 야한 장면, 이제 그만 23. 성은 사고파는 물건이 아니에요. 24. 성폭력! 싫어요. 25. 성폭력 이렇게 대처해요. 26. 남자 여자 차별하지 말아요.
정신건강	26. 내 마음을 알아볼까요? 27. 나와 다른 너 28. 마음의 문을 열어요. 29. 폭력 없는 학교, 우리가 만들어요.	27. 친구를 사귈 때도 기술이 필요해요. 28. 게임 없이 못살아! 29. 마음의 병도 치료가 필요해요. 30. 학교폭력 없는 따뜻한 교실
사회와 건강	30. 병원! 알고 가면 편리해요. 31. 건강한 가족 만들기 32. 가정폭력이 범죄라구요?	31. 의료소비자의 권리 32. 내 몸에 해가 되는 환경 호르몬

출처 : 교육과학기술부(2011.8.9.) 고시2 제2011-361 초등학교 교육과정 총론

(3) 중학교 보건교과 내용

영역	핵심개념	내용 요소	일반화된 지식
건강의 이해와 질병 예방	건강증진	• 건강의 중요성 • 건강 평가	건강은 신체적 · 정신적 · 사회적으로 안녕한 상태의 총체적 개념이며, 다양한 요인과 관련되어 있으므로 개인, 사회, 국가의 건강증진은 건강 수준 및 건강지표 평가 등에 근거한 건강관리를 통해 가능하다.
	생활주기	• 건강한 생활주기	건강은 생활습관 및 생활주기에 따라 변화하므로, 질병의 예방과 건강의 유지 증진은 생체리듬을 고려한 생활주기 관리를 통해 가능하다.

	질병예방	• 생활습관과 질병 • 유행성 감염병 • 신체 기관별 건강관리	질병은 각 기관의 항상성 균형이 깨질 때 발생하므로, 신체 기관별 병인의 특성을 고려하여 예방하고 관리해야 한다.
생활 속의 건강한 선택	약물, 담배, 술	• 의약품의 안전한 선택 • 흡연, 음주, 예방과 대처	약물의 오남용과 흡연, 음주는 건강에 위험을 일으키고, 주변의 권유 및 압력에 대응하는 태도가 건강에 영향을 미친다.
	성 건강	• 청소년의 성적 발달 • 이성교제와 성 역할 • 임신 출산과 피임 • 음란물과 성 상품화 • 성폭력 성매매	성은 생물학적, 사회문화적으로 다양한 요인과 관련되어 있고, 성 문제는 성 가치관 및 성 윤리 의식과 관련되어 나타난다.
	정서 정신건강	• 자아존중감 증진 • 스트레스와 과몰입 • 분노, 충동 등 감정 수용과 조절 • 죽음과 상실	감정과 정서를 이해하고, 자신의 감정과 생각을 표현하고, 조절하는 것은 대인관계 및 정신건강의 기초를 이룬다.
	건강 생활 기술	• 건강 의사소통기술(주장, 거절, 공감하기) • 건강 의사결정 • 건강증진 옹호 활동(개인과 지역사회)	건강생활기술은 삶의 요구와 문제들을 효과적으로 관리하고 대처하도록 돕는 적응적, 긍정적 능력이다.
안전과 응급 처치	생활 안전	• 건강 안전 위험요인 예측과 안전 문화운동 • 따돌림, 학대, 폭력 • 직업병 이해와 예방	개인의 생활방식, 안전 위험요인에 대한 예측 및 평가는 안전사고 예방에 영향을 미치므로, 행동양식의 일차적 변화, 안전제일의 가치관 정립, 안전의식의 무의식 표출이 안전문화의 원칙이다.
	응급처치	• 생활 속의 응급처치 • 심폐소생술과 자동제세동기	상황에 따른 적절한 응급처치능력은 손상 악화 방지 및 질병회복에 중요하다.
건강 지원과 사회 문화	건강권과 건강 자원	• 건강권과 책임(개인, 지역사회) • 건강정보, 자원 활용	건강할 권리는 인간의 기본권이자 사회 · 국가의 책무로, 건강권 보장을 위해서는 건강정보 자원의 활용이 중요하다.
	건강문화	• 유행 미디어와 건강 • 또래, 가족문화와 건강 • 장애인, 다문화 가족 등 사회적 소수자, 약자와 건강	문화는 건강에 영향을 미치는 주요한 요인으로 생활환경, 미디어, 신념, 관행 등은 건강문화 형성뿐만 아니라 개인, 지역사회, 국가 건강에 영향을 미친다.

(4) **고등학교 보건교과 내용** : 보건은 건강의 가치를 이해하고, 올바른 건강 지식과 자원에 체계적으로 접근하며, 일상생활에서 건강 생활을 실천하고 건강 관리 능력을 증진시킴으로써, 궁극적으로 개인과 공동체의 건강 및 삶의 질을 향상시키기 위한 과목이다. 이를 위해 보건 과목은 건강을 권리와 책임으로 이해하여 건강한 성장과 발달을 지향하고, 참여와 옹호, 소통과 배려를 바탕으로 건강에 유의한 선택을 하며, 건강 증진을 위한 사회·문화적 환경을 조성하는 등의 건강 핵심역량을 함양하는 데 중점을 둔다.

영역	핵심개념	내용 요소	일반화된 지식
건강의 이해와 질병예방	건강증진	• 건강 영향 요인 • 건강 지표, 평가	건강은 신체적·정신적·사회적으로 안녕한 상태의 총체적 개념이며, 다양한 요인과 관련되어 있으므로 개인·사회·국가의 건강 증진은 건강수준 및 건강 지표 평가 등에 근거한 건강 관리를 통해 가능하다.
	생활주기	• 건강한 생애 주기	건강은 생활습관 및 생활주기에 따라 변화하므로, 질병의 예방과 건강의 유지·증진은 생체리듬을 고려한 생활주기 관리를 통해 가능하다.
	질병예방	• 비만, 암 등 만성 질환 • 신체 기관별 건강 • 감염병 예방 관리	질병은 각 기관의 항상성 균형이 깨질 때 발생하므로, 신체 기관별 병인의 특성을 고려하여 예방하고 관리해야 한다.
생활 속의 건강한 선택	약물·담배·술	• 약물 오·남용 예방 • 흡연·음주 폐해와 건강한 선택	약물의 오·남용과 흡연·음주는 건강에 위험을 일으키고, 주변의 권유 및 압력에 대응하는 태도가 건강에 영향을 미친다.
	성 건강	• 섹슈얼리티(sexuality) • 사랑·성적 자기 결정권 • 성희롱·성폭력·성매매와 성문화 • 성 매개 감염병 • 준비된 임신과 피임, 미혼모, 저출산	성은 생물학적, 사회·문화적으로 다양한 요인과 관련되어 있고, 성 문제는 성 가치관 및 성 윤리 의식과 관련되어 나타난다.
	정서·정신 건강	• 자아존중감과 회복 탄력성 • 불안·우울 등의 감정 대처 • 자살과 위기 관리 • 정신 건강 문제와 편견	감정과 정서를 이해하고, 자신의 감정과 생각을 표현하고 조절하는 것은 대인 관계 및 정신 건강의 기초를 이룬다.
	건강 생활 기술	• 건강 의사 소통 기술 (협상, 거절, 갈등 관리)	건강 생활 기술은 삶의 요구와 문제들을 효과적으로 관리하고 대처하도록 돕는 적응적·

		• 공동체 건강 의사결정 • 건강 증진 옹호(국가와 세계)	긍정적 능력이다.
안전과 응급처치	생활안전	• 건강 · 안전 위험 요인 평가와 안전 문화 운동 • 차별 · 학대 · 폭력 • 직업병의 예방 · 대처	개인의 생활 방식, 안전 · 위험요인에 대한 예측 및 평가는 안전사고 예방에 영향을 미치므로, 행동 양식의 일차적 변화, 안전제일의 가치관 정립, 안전 의식의 무의식적 표출이 안전 문화의 원칙이다.
	응급처치	• 생활 속의 응급처치 • 심폐소생술과 자동제세동기 • 구조 활동	상황에 따른 적절한 응급처치 능력은 손상 악화 방지 및 질병 회복에 중요하다.
건강자원과 사회문화	건강권과 건강자원	• 건강권과 책임(국가와 국제) • 건강 윤리, 건강 격차 • 보건 의료 서비스와 의료 보장 제도	건강할 권리는 인간의 기본권이자 사회 · 국가의 책무로, 건강권 보장을 위해서는 건강 정보 · 자원의 활용이 중요하다.
	건강문화	• 건강 신념 · 관행 · 미디어 • 헌혈과 장기 기증, 장례 문화 • 문화적 다양성과 건강	문화는 건강에 영향을 미치는 주요한 요인으로 생활환경 · 미디어 · 신념 · 관행 등은 건강 문화 형성뿐만 아니라 개인 · 지역 사회 · 국가 건강에 영향을 미친다.

FINAL TEST

01 학교보건의 중요성에 대해 5가지 이상 나열하시오.

02 학교보건을 관장하는 중앙조직

03 건강검사의 결과를 평가하여 이를 바탕으로 학생건강증진계획을 수립 · 시행하여야 하는 사람은?

FINAL TEST 정답

01 학교보건의 중요성

① 학교보건 대상자의 범위가 크다(인구의 26%).
② 학생들은 학교라는 한 장소에 모여 있으므로 유리한 여건을 내포 → 사업의 제공이 용이
③ 건강관리 중 가장 중요한 것은 보건교육이다. 학교에서는 교과과정 중 보건교육을 충분히 통합하여 운영할 수 있다.
④ 학생시절은 건강행위를 위한 습관형성시기로 이 시기에 형성된 건강습관은 일생 동안 지속되어, 건강한 성인으로 성장이 가능하다.
⑤ 학교보건사업의 효과는 가족에게까지 파급이 가능하다.
⑥ 학교는 지역사회 중심체로서의 역할을 한다.
⑦ 감염에 대한 저항력이 약한 학령기의 집단생활은 감염병 발생의 근원이 된다.
⑧ 학령기는 성장발달시기로 질병을 조기 발견하여 불구를 예방하고 적은 경비로 큰 성과를 올릴 수 있는 시기이다.
⑨ 교직원은 그 지역의 지도적 입장에 있고, 항상 보호자와 접촉하므로 교직원이 먼저 보건에 관한 지식을 습득하고 이것을 생활화함으로써 지역사회의 모범이 될 수 있다.

02 교육부 학생복지정책관

03 학교장

04 (   )은 학생이 새로 입학한 날부터 (   )일 이내에 시장 · 군수 또는 구청장에게 「감염병의 예방 및 관리에 관한 법률」 제27조에 따른 예방접종증명서를 발급받아 같은 법 제24조 및 제25조에 따른 예방접종을 모두 받았는지를 검사한 후 이를 교육정보시스템에 기록하여야 한다.

05 학교관련위원회에 대해 빈칸에 알맞은 내용을 쓰시오.

구분	학교보건위원회(학교보건법)	지역교육환경위원회(교육환경 보호에 관한 법률)
설치목적	학교보건의 중요 시책을 심의하는 정책기구	교육환경보호 업무에 관한 사항 심의
설치장소		
위원장		
위원	학교보건 경험자 중 교육감이 임명 : 15인 이내	교육감이 소속 직원, 관련 기관의 공무원, 학부모 또는 지역사회의 관련 전문가 중에서 학식과 경험이 있는 사람을 성별을 고려하여 임명하거나 위촉하되, 지역위원회가 설치되는 교육지원청의 관할구역 내에 위치한 학교의 학교운영위원회 위원인 학부모가 위원 총수의 2분의 1 이상이 되도록 구성 : 13~17인
임명 위촉자		

FINAL TEST 정답

04 초등학교와 중학교의 장, 90

05 학교관련 위원회

구분	학교보건위원회(학교보건법)	지역교육환경위원회(교육환경 보호에 관한 법률)
설치목적	학교보건의 중요 시책을 심의하는 정책기구	교육환경보호 업무에 관한 사항 심의
설치장소	시 · 도 교육위원회	시 · 도 교육위원회(교육감)
위원장	위원 중에서 호선	교육감이 호선
위원	학교보건 경험자 중 교육감이 임명 : 15인 이내	교육감이 소속 직원, 관련 기관의 공무원, 학부모 또는 지역사회의 관련 전문가 중에서 학식과 경험이 있는 사람을 성별을 고려하여 임명하거나 위촉하되, 지역위원회가 설치되는 교육지원청의 관할구역 내에 위치한 학교의 학교운영위원회 위원인 학부모가 위원 총수의 2분의 1 이상이 되도록 구성 : 13~17인
임명 위촉자	교육감	교육감

06 학교의사 1인, 학교약사 1인, 보건교사 1인을 둘 수 있는 학교의 급수는?

07 보건교사의 직무에 대해 5가지 이상 제시하시오.

08 간호사 면허를 가진 보건교사가 할 수 있는 의료행위를 나열하시오.

09 ( )은 전염병 환자에게 대통령령이 정하는 바에 따라 등교를 중지시킬 수 있다.

FINAL TEST 정답

06 초등학교의 경우 18학급 이상, 중 · 고등학교의 경우 9학급 이상

07 보건교사의 직무
① 학교보건계획의 수립
② 학교 환경위생의 유지 · 관리 및 개선에 관한 사항
③ 학생과 교직원에 대한 건강진단의 준비와 실시에 관한 협조
④ 각종 질병의 예방처치 및 보건지도
⑤ 학생과 교직원의 건강관찰과 학교의사의 건강상담, 건강평가 등의 실시에 관한 협조
⑥ 신체가 허약한 학생에 대한 보건지도
⑦ 보건지도를 위한 학생가정 방문
⑧ 교사의 보건교육 협조와 필요시의 보건교육
⑨ 보건실의 시설 · 설비 및 약품 등의 관리
⑩ 보건교육자료의 수집 · 관리
⑪ 학생건강기록부의 관리
⑫ 의료행위(간호사 면허를 가진 사람만 해당한다)
⑬ 그 밖에 학교의 보건관리

08 의료행위
① 외상 등 흔히 볼 수 있는 환자의 치료
② 응급을 요하는 자에 대한 응급처치
③ 부상과 질병의 악화를 방지하기 위한 처치
④ 건강진단결과 발견된 질병자의 요양지도 및 관리
⑤ ①부터 ④까지의 의료행위에 따르는 의약품의 투여

09 학교장

10 초등학교장, 중학교의 장은 학생이 새로 입학한 날로부터 (　　　)일 이내에 예방접종의 완료 여부를 검사하여야 한다.

11 학교보건사업의 변천과정을 나열하시오.

12 학생 및 교직원의 능동적 참여 속에서 보건교육 위주의 학교보건사업을 전개하는 과정기는?

13 학교에서 실시하는 건강평가의 종류에 대해 나열하시오.

14 검진기관이 없는 지역에 소재한 학교의 장은 (　　　)의 승인을 얻어 검진기관의 출장에 의한 검진을 하게 할 수 있다.

15 학교에서 실시하는 별도의 검사와 그 대상자를 나열하시오.

FINAL TEST 정답

10 90일

11 감염병 관리기 → 신체검사기 → 포괄적 건강관리기 → 학교보건교육 과정기

12 학교보건교육 과정기

13 신체발달상황, 신체의 능력, 건강조사, 건강검진, 정신건강 상태 검사

14 교육감

15 **별도의 검사**
① 소변검사 및 시력검사 : 초등학교 · 중학교 및 고등학교의 학생 중 교육감이 지정하는 학년의 학생
② 결핵검사 : 고등학교의 학생 중 교육감이 지정하는 학년의 학생
③ 구강검사 : 중학교 및 고등학교의 학생 중 교육감이 지정하는 학년의 학생

16 검사도구의 신뢰성을 높이는 방법에 대해 3가지 이상 제시하시오.

17 키 측정시 측정대에 붙여야 하는 신체부위는?

18 학생의 신장과 체중을 이용하여 계산된 체질량지수를 성별, 나이별 체질량지수 백분위수 도표에 대비하여 판정하는 비만도에 대해 답을 쓰시오.

1) 체질량지수 백분위수 도표의 85 이상 95 미만인 경우
2) 체질량지수 백분위수 도표의 95 이상인 경우
3) 성인 비만기준인 체질량지수 (　　　)kg/㎡ 이상인 경우는 백분위수와 무관하게 "비만"
4) 체질량지수 백분위수 도표의 5 미만인 경우
5) 1)부터 4)까지에 해당되지 않는 경우

19 표준체중에 의한 상대체중으로 산출된 비만도가 다음과 같은 결과가 나온 경우 그 결과를 판정하시오.

1) 몸무게가 키에 대한 표준체중보다 20퍼센트 이상 30퍼센트 미만 무거운 경우
2) 키에 대한 표준체중보다 30퍼센트 이상 50퍼센트 미만 무거운 경우
3) 몸무게가 키에 대한 표준체중보다 (　　　)퍼센트 이상 무거운 경우 : "고도비만"

FINAL TEST 정답

16 신뢰성을 높이는 방법
① 매년 같은 것을 사용하고 표준화된 신장계, 체중계, 좌고계, 줄자 이용(공인규격품 이용)
② 신체발달상황 실시 전에 이상 유무를 점검하고 점검결과를 기록하여 비치한다.
③ 신체발달상황측정 도중에 수시로 정확유무를 점검한다.
④ 신체발달상황의 측정장소는 강당이나 교실을 이용하며, 한 곳에 고정하여 정확성을 기한다.
⑤ 측정자에게 정확한 측정기술을 알려준다.

17 등, 엉덩이, 발꿈치

18 1) 과체중　2) 비만　3) 25　4) 저체중　5) 정상

19 1) 경도비만　2) 중등도 비만　3) 50

20 건강조사 : (   )은 구조화된 설문지를 마련하고 학교의 장을 통하여 조사할 수 있다.

21 다음의 건강검진의 적용범위를 나열하시오.

1) 색각검사 :
2) 혈액검사 :
3) 혈색소 검사 :
4) 혈액형 검사 :
5) 흉부 X선 검사 :
6) 간염검사 :

22 고등학교 추가항목 구강검사에 대해 나열하시오.

23 시력검사시 유의사항에 대해 빈칸에 알맞은 답을 쓰시오.

1) 시력검사표는 형광등이 내장되어 있는 것으로 빛의 강도는 (   )Lux를 유지해야 한다.
2) 시력검사표의 높이는 시력표의 시력 (   )선에 학생이 섰을 때 눈높이로 한다.
3) 거리는 (   )m 떨어진 곳의 바닥에 분필로 줄을 긋거나 발을 그려 놓는다.
4) 시력검사용 시력 (   )선에서 시작하며, 오른쪽에서 왼쪽으로 검사해 간다.
5) 양쪽 시력 중 하나라도 (   ) 이하가 되는 학생들은 시력검진을 받아야 하므로 아동명단을 작성한다.

FINAL TEST 정답

20 시·도 교육감

21 건강검진
1) 초등학교 4학년 및 중학교 1학년 학생
2) 초등학교 4학년과 중학교 1학년 및 고등학교 1학년 학생 중 비만도가 "경도비만" 이상의 학생
3) 고등학교 1학년 여학생
4) 초등학교 1학년 학생
5) 중학교 1학년 및 고등학교 1학년 학생
6) 중학교 1학년 학생

22 치아마모증, 제3대구치

23 1) 500 2) 1.0 3) 5 4) 0.4 5) 0.6

24 난청검사에 대해 정답을 쓰시오.

1) 편기검사(Weber test)
   ① 정상인 경우
   ② 전도성 난청인 경우
   ③ 감각성 난청인 경우
2) 공기전도와 골전도 비교(Rinne test)
   ① 정상적인 경우
   ② 전도성 난청인 경우
   ③ 감각성 난청인 경우

25 난청의 1차 예방법에 대해 5가지 이상 제시하시오.

FINAL TEST 정답

24 1) ① 양쪽에서 같게 들린다.
② 지장이 있는 쪽으로 들리거나 편향된다.
③ 정상인 귀에서 들린다.
2) ① 공기전도가 골전도보다 더 오래 들린다.
② 골을 통해 더 오래 들린다.
③ 공기를 통해 더 잘 들린다.

25 난청 예방법
① 운동시 헬멧을 착용하여 귀 손상을 입지 않도록 한다.
② 직업상 소음에 노출시 귀마개 착용, 하루 8시간 이상 80dB에 노출되지 않도록 한다.
③ 시끄러운 음악소리에 노출되지 않도록 한다.
④ 딱딱한 물건을 귀에 넣거나 귀를 막지 않도록 한다.
⑤ 귀에 더러운 물이나 액체가 들어가지 않도록 한다(오염된 물에서 수영하지 않도록 한다).
⑥ 귀지 제거시 주의한다.

26 학교에서 실시하는 집단 뇨검사 결과 양성자에 대한 관리방법을 5가지 제시하시오.

27 집단 뇨검사 결과 이상이 있는 학생의 경우 문진사항에 대해 3가지 이상 제시하시오.

28 고전적 예산의 원칙에 대해 답하시오.

1) 예산의 편성, 결산의 결과가 공개되어야 한다.
2) 예산과 결산의 일치, 지출의 추계, 용도, 유래가 분명해야 한다.
3) 예산은 집행하기에 앞서 책임자의 의결을 거쳐야 한다.
4) 예산의 각 항목은 상호한계를 명확히 한다(예산이 정한 목적 이외의 이용, 전용의 금지, 초과지출의 금지, 회계연도의 경과금지 등).
5) 예산에는 모든 수입, 지출이 계상되어야 한다.
6) 한 기관이나 조직에서의 예산은 단일화되어야 한다.
7) 모든 수입은 하나로 합쳐서 지출되어야 하되 반드시 한정된 목적에만 지출해서는 안된다.

FINAL TEST 정답

26 집단 뇨검사

① 재검사 실시 : 이 검사는 집단검진으로 질병에 걸릴 가능성이 높은 위험군을 색출하는 검사이므로 진단적 의미를 지니지 않는다. 재검사를 실시해 오류의 가능성을 배제한다.
② 학부모에게 알림 : 재검사 실시 후에도 양성으로 판정되면 학부모에게 사실을 알린다.
③ 질병의 정확한 진단을 위하여 의뢰조치를 한다.
④ 보건교육 : 신장질환에 대한 주의사항, 섭생, 추후검사의 필요성에 대해 교육을 실시한다.
⑤ 건강기록부에 기록하여 계속적인 추후관리를 해주고 보고사항은 보고한다.

27 문진사항

① 채뇨시 : 검사 전날 밤, 취침 전 배뇨의 여부
　㉠ 채뇨시간(아침 첫 소변의 농축능력 확인)
　㉡ 여자인 경우 생리 여부
② 가족력 : 만성신부전 환자의 여부, 난청을 동반한 혈뇨(알포트 증후군)
③ 기왕력 : 육안적 혈뇨, 고혈압, 신염, 신증후군, 요로감염증, 전신성 홍반성 낭창, 류마티스 관절염, 혈관성 자반증
④ 현 병력 : 부종, 혈뇨, 피로감, 식욕부진, 배뇨시 통증, 핍뇨, 야뇨 등

28 예산의 원칙

1) 예산공개의 원칙
2) 예산명료의 원칙
3) 사전의결의 원칙
4) 한정성의 원칙
5) 완전성의 원칙
6) 단일성의 원칙
7) 예산통일의 원칙

29 교육환경보호구역 관리

1) 절대보호구역과 상대보호구역의 경계거리
2) 보호구역의 설정권자
3) 보호구역의 관리자
4) 상 · 하급 학교 간에 보호구역이 서로 중복될 경우에는 ( )가 이를 관리한다.
5) 같은 급의 학교 간에 보호구역이 중복될 경우에는 ( )가 이를 관리한다.
6) 학교 간에 절대보호구역과 상대보호구역이 서로 중복될 경우에는 ( )이 이를 관리한다.

30 감염병 발생으로 정상수업이 곤란할 경우 ( )이 휴교조치할 수 있다.

31 1명이라도 발생시 교육청에 보고 및 보건소에 즉시 신고하여야 하는 감염병의 종류

FINAL TEST 정답

29 보호구역

1) 절대보호구역 : 출입문으로부터 50m, 상대보호구역 : 학교경계선으로부터 직선거리로 200m
2) 교육감, 교육장
3) 학교장
4) 하급학교
5) 학생 수가 많은 학교
6) 절대보호구역이 설정된 학교의 장

30 학교장

31 제1군감염병 환자 또는 의사환자, 홍역, 결핵

32 학교환경관리

1) 보건실의 규모 : (   )m³
2) 교사 내 1인당 공기용적 : (   )m³/시간
3) 통상적인 실내온도 : (~   )℃
4) 교사 내 공기오염

오염물질 항목	기준(이하)	적용 시설	비고
미세먼지		교사 및 급식시설	직경 2.5㎛ 이하 먼지
		교사 및 급식시설	직경 10㎛ 이하 먼지
	150㎍/m³	체육관 및 강당	직경 10㎛ 이하 먼지
이산화탄소		교사 및 급식시설	해당 교사 및 급식시설이 기계 환기장치를 이용하여 주된 환기를 하는 경우 1,500ppm이하
폼알데하이드	80㎍/m³	교사, 기숙사(건축 후 3년이 지나지 않은 기숙사로 한정한다) 및 급식시설	건축에는 증축 및 개축 포함
총부유세균	800CFU/m³	교사 및 급식시설	
낙하세균		보건실 및 급식시설	
일산화탄소		개별 난방 교실 및 도로변 교실	난방 교실은 직접 연소 방식의 난방 교실로 한정
이산화질소	0.05ppm	개별 난방 교실 및 도로변 교실	난방 교실은 직접 연소 방식의 난방 교실로 한정
라돈		기숙사(건축 후 3년이 지나지 않은 기숙사로 한정한다), 1층 및 지하의 교사	건축에는 증축 및 개축 포함
총휘발성유기화합물	400㎍/m³	건축한 때부터 3년이 경과되지 아니한 학교	건축에는 증축 및 개축 포함
석면		「석면안전관리법」 제22조 제1항 후단에 따른 석면건축물에 해당하는 학교	
오존		교무실 및 행정실	적용 시설 내에 오존을 발생시키는 사무기기(복사기 등)가 있는 경우로 한정
진드기		보건실	

5) 교사 내 소음 (   )dB 이하
6) 수도꼭지에서 받은 물에 잔류하는 염소의 유무 측정 검사
7) 의자 좌면의 높이
8) 일반교실의 이상적인 방향
9) 복도의 폭
10) 화장실의 내부소독 주기 : 4월에서 9월까지는 주 (   )회 이상

FINAL TEST 정답

32 1) 66 2) 21.6 3) 18~28

4) 교사 내 공기오염 <개정 2019. 10. 24.>

오염물질 항목	기준(이하)	적용 시설	비고
미세먼지	35㎍/㎥	교사 및 급식시설	직경 2.5㎛ 이하 먼지
	75㎍/㎥	교사 및 급식시설	직경 10㎛ 이하 먼지
	150㎍/㎥	체육관 및 강당	직경 10㎛ 이하 먼지
이산화탄소	1,000ppm	교사 및 급식시설	해당 교사 및 급식시설이 기계 환기장치를 이용하여 주된 환기를 하는 경우 1,500ppm이하
폼알데하이드	80㎍/㎥	교사, 기숙사(건축 후 3년이 지나지 않은 기숙사로 한정한다) 및 급식시설	건축에는 증축 및 개축 포함
총부유세균	800CFU/㎥	교사 및 급식시설	
낙하세균	10CFU/실	보건실 및 급식시설	
일산화탄소	10ppm	개별 난방 교실 및 도로변 교실	난방 교실은 직접 연소 방식의 난방 교실로 한정
이산화질소	0.05ppm	개별 난방 교실 및 도로변 교실	난방 교실은 직접 연소 방식의 난방 교실로 한정
라돈	148Bq/㎥	기숙사(건축 후 3년이 지나지 않은 기숙사로 한정한다), 1층 및 지하의 교사	건축에는 증축 및 개축 포함
총휘발성유기화합물	400㎍/㎥	건축한 때부터 3년이 경과되지 아니한 학교	건축에는 증축 및 개축 포함
석면	0.01개/cc	「석면안전관리법」 제22조 제1항 후단에 따른 석면건축물에 해당하는 학교	
오존	0.06ppm	교무실 및 행정실	적용 시설 내에 오존을 발생시키는 사무기기(복사기 등)가 있는 경우로 한정
진드기	100마리/㎡	보건실	

5) 55 6) ortho-tolidine 검사 7) 하퇴길이-1.5cm

8) 남향 및 동향, 동남향 9) 360cm 10) 3회

33 Rohrer지수

34 BMI(체질량지수)

35 Broca지수

36 불소용액 양치사업을 일주일에 한 번씩 매주 하려고 한다. 불소용액의 농도는?

FINAL TEST 정답

33 체중(kg)/신장(cm)^3 × 10^7

34 체중(kg)/신장(m)^2

35 Broca지수
① (실제체중 - 표준체중)/표준체중 × 100, 표준체중 : {신장(cm) - 100} × 0.9(여성일 때는 × 0.85)
② (실제체중/이상체중) × 100

36 0.2%

CHAPTER 08 학교보건

기출문제

01 **다음은 학교 안전사고 발생 사건에 대한 내용의 일부이다. 〈작성 방법〉에 따라 순서대로 쓰시오.** [2점] 2020년

고등학교 2학년 남학생 3명이 실험실에서 축제 준비를 하였다. 이때 학생 A가 오래된 시약을 버리던 중 알 수 없는 이유로 화학 반응이 일어나 폭발사고가 났다.
학생 A는 방호복, 안전모, 안전장갑 등 보호구를 착용하여 손상을 입지 않았다. 그러나 실험실에 함께 있었던 학생 B는 전신 5%, 1도 화상으로 통원치료를 받았고 장해가 없는 상태로 완치되었다.
학생 C는 전신 40%, 3도 화상으로 대학병원 중환자실에 입원하여 치료를 받았으며, 여러 차례 목과 팔 등에 피부 이식 수술을 받았다. 학생 C는 퇴원 후 간병이 필요 없는 상태에서 상당 기간 동안 재활치료를 받았으며, 요양을 모두 종료한 후에 신체 장해 제12급 판정을 받았다.
※ 근거 : 학교안전사고 예방 및 보상에 관한 법률(약칭 : 학교안전법) [법률 제15966호, 2018.12.18., 일부개정]

〈 작성 방법 〉

- 학생 B와 학생 C가 공통으로 보상받을 수 있는 공제급여의 종류 1가지를 법률에 제시된 명칭으로 쓸 것.
- 학생 C가 추가로 보상받을 수 있는 공제급여의 종류 1가지를 법률에 제시된 명칭으로 쓸 것.

| 정답 | 1. 요양급여, 2. 장해급여

| 해설 | 학교안전사고 예방 및 보상에 관한 법률 제34조(공제급여의 종류) 공제회가 지급하는 공제급여의 종류는 다음 각 호와 같다.
① 요양급여
② 장해급여
③ 간병급여
④ 유족급여
⑤ 장의비

02 다음은 고등학교 교감과 신임 보건교사의 대화 내용이다. 밑줄 친 ㉠에 해당하는 평가의 명칭과 밑줄 친 ㉡에 해당하는 오류 용어를 순서대로 쓰시오. [2점] 2020년

보건교사 : 교감 선생님. 교원평가는 어떻게 이루어지나요?
교 감 : 동료평가를 포함하는 다면평가로 이루어지지요.
보건교사 : 네. 그렇군요. 그러면, 동료평가는 어떻게 이루어지나요?
교 감 : ㉠ 교사들의 직무수행과 관련된 특성을 나타내는 서술문들을 평가항목으로 배열하고, 동료교사가 각 항목의 유, 무를 표시하여 평가합니다.
보건교사 : 그렇군요. 그런데, 동료교사가 ㉡ 평가 대상 교사에 대해 전반적으로 우수하다는 인상을 가지고 있으면, 다른 평가항목도 좋게 평가할 수 있어 이에 대한 오류를 조심해야 할 것 같아요.
교 감 : 네. 선생님의 의견을 고려하여 객관적이고 타당한 평가가 되도록 노력할게요.
보건교사 : 감사합니다. 교감 선생님.

|정답| ㉠ 체크리스트 평정법 ㉡ 연쇄효과

|해설| 1. **집단 평정법(다면 평정법, 360도 평가제)**

① 평정에 감독자, 동료, 부하 등 다양한 사람들이 참여하게 되는 제도이다.
② 여러 사람을 평정자로 활용함으로써 소수인의 주관과 편견, 이들 간의 개인 편차를 줄임으로써 객관성과 공정성을 높일 수 있다.
③ 참여의 범위를 지나치게 확대하여 평정 대상자를 정확히 모르는 상태에서 평가가 이루어질 경우 오히려 정확성을 떨어뜨릴 위험성도 내포하고 있다.

2. **체크리스트 평정법**

① 공무원을 평가하는 데 적절하다고 판단되는 표준행동 목록을 미리 작성해 두고 이 목록에 단순히 가부를 표시하게 하는 방법을 통해 공무원을 평가하는 방법이다.
② 평정요소가 명확하게 제시되어 있고, 평정자가 피평정자에 대한 질문 항목마다 유무 또는 가부만을 판단하기 때문에 평정하기가 비교적 쉬우나, 평정요소에 관한 평정항목을 만들기가 힘들 뿐만 아니라 질문 항목이 많을 경우 평정자가 곤란을 겪게 된다.

3. **연쇄(헤일로) 효과** : 평정표상의 특정 요소인 선입견, 인상이 모든 평정요소에 연쇄적으로 적용되는 경향이 등장할 수 있다.

03 **다음은 우리나라의 제4차 국민건강증진종합계획(Health Plan 2020)에서 제시한 학교보건 사업과 지표이다. 괄호 안의 ㉠, ㉡에 해당하는 지표를 쓰시오.** [2점] 2019년

학교보건 사업과 지표

사업명	지표
학교 건강지원 기구의 설립	• 2020년까지 교육부에 1개 설치 • 2020년까지 17개 시 · 도 교육청에 1개씩 설치
학교 정신건강 수준의 향상	중 · 고등학생(㉠) 중 · 고등학생(㉠)
… (하략) …	
학생 개인위생 실천율의 증가	• 중 · 고등학생(13~18세) 학교에서 화장실 사용 후 비누 이용 손 씻기 실천율 • 중 · 고등학생(13~18세) 점심식사 직후 칫솔질 실천율
학생 손상 및 안전사고 발생 감소	• 학교 내 안전사고 발생률 • 학교 안전교육 경험률
건강한 교육환경 조성	석면 함유 학교 건축물 개선율

|정답| ㉠ 자살예방사업, ㉡ 스트레스 인지 감소사업

|해설| 제4차 국민건강증진종합계획에서 제시한 학교보건 사업과 지표

1. 목적

학교건강증진사업을 통해 학생(초 · 중 · 고등학교)들의 질병과 사고를 예방하고, 건강에 대한 올바른 지식을 습득하게 하고 건강한 태도 및 습관의 형성으로 성인기의 질병예방과 평생건강의 기틀을 형성함

2. 추진방향

① 학교보건교육의 강화를 통해 행동변화를 수반한 건강역량 향상

② 학생의 건강에 영향을 주는 가정, 지역사회 등을 포괄하는 학교보건사업 실시

③ 교육부와 연계한 건강증진학교 조성 및 확대사업 실시

3. 세부 추진계획

① 학생건강지원기구의 설립

- 교육부 산하의 총괄 기능의 학생건강지원기구와 각 시도 교육청 산하에 1개의 기구 설립 (서울시는 설립되어 있음)
- 건강증진학교 시범학교 지원사업 실시 및 점진적(초→중→고) 확대
- 건강증진학교에 대한 평가기준 개발 및 주기적 평가를 통한 인증제 실시
- 학교건강증진학교 네트워크 형성
- 국제 건강증진학교 네트워크 결성을 통한 세계 수준의 건강증진학교로 변모할 수 있도록 지원

② 학생들의 건강행태 및 건강상태의 개선

- 흡연예방사업, 음주예방사업, 비만예방 및 관리사업, 나트륨 섭취 감소 사업, 학교 스포츠클럽 활성화 사업, 약물사용 예방사업 등
- 건강증진학교 활성화를 통해 불건강한 보건행태 감소 또는 예방할 수 있는 학교정책 개발
- 알레르기 질환을 보유한 학생의 응급처치 및 관리가 가능한 아토피→천식 안심학교 단계적 확대

③ 학생들의 개인위생 실천율 증가
- 손 씻기 강화사업 : 손 씻기 교육 및 손 씻기 시설 설치
- 칫(잇)솔질 활성화 및 강화사업 : 칫솔질 교육, 점심식사 후 칫솔질할 수 있는 환경조성

④ 학생들의 정신건강수준 향상
- 자살예방사업
- 스트레스 인지 감소사업

⑤ 학생들의 건강한 성태도 함양
- 건강한 성가치관 형성을 위한 발달 단계에 맞는 성교육 실시
- 학교 성교육 담당교사 전문성 제고를 위한 교사연수 실시

⑥ 학생들의 손상예방 및 안전사고 발생 감소
- 안전사고 예방행동 실천율 향상 사업 : 안전사고 예방 교육, 교통안전 현장교육, 교통안전 캠페인, 안전벨트 및 헬멧(오토바이, 자전거, 인라인스케이트 등)과 보호대 착용 교육 실시 등
- 학교 내 안전사고 발생 감소사업 : 안전사고 유발 학교시설에 대한 안전장치 강화
- 학교손상 모니터링 시스템 구축

⑦ 학생들의 인터넷 중독 감소 사업
- 인터넷 유해 사이트 차단 프로그램 보급
- 인터넷 게임중독 감소사업

⑧ 건강한 학교 환경 조성
- 학교 건축물 석면 함유 조사
- 단계적 석면 함유 학교 건축물 개선 실시

04 다음은 초등학교 보건교사가 작성한 당뇨병 학생의 응급상황조치 계획서이다. 〈작성 방법〉에 따라 순서대로 서술하시오. [4점] 2019년

당뇨병 학생 응급상황 조치 계획							
학년-반	6-1	성명	김OO	체중	52kg	당뇨병 유형	제1형
저혈당 증상	… (상략) …						
저혈당 시 응급처치	● 의식이 있는 경우 … (중략) … ● 먹지 못하거나, 의식이 없거나, 발작 또는 경련을 보이는 경우 - ㉠ 학생을 옆으로 눕힌다(측위). - (㉡)을/를 근육 주사한다. - 119와 보호자에게 연락한다.						
비 고	학교보건법 제15조의2(응급처치 등) 제2항 : 보건교사 등이 제1항에 따라 생명이 위급한 학생에게 응급처치를 제공하여 발생한 재산상 손해와 사상에 대하여 고의 또는 중대한 과실이 없는 경우 해당 보건교사 등은 (㉢)와/과 상해에 대한 (㉣)을/를 지지 아니하며 사망에 대한 (㉣)은/는 감경하거나 면제할 수 있다.						

출처 : 학교보건법(법률 제16339호, 2019.4.23., 일부개정)

〈 작성 방법 〉

- 밑줄 친 ㉠을 해야 하는 이유를 서술할 것.
- 괄호 안의 ㉡에 해당하는 약물을 제시할 것.
- 괄호 안의 ㉢, ㉣에 해당하는 내용을 순서대로 제시할 것.

|정답| ㉢ 민사책임, ㉣ 형사책임

|해설| **학교보건법 제15조의2(응급처치 등)**

보건교사 등이 제1항에 따라 생명이 위급한 학생에게 응급처치를 제공하여 발생한 재산상 손해와 사상(死傷)에 대하여 고의 또는 중대한 과실이 없는 경우 해당 보건교사 등은 민사책임과 상해(傷害)에 대한 형사책임을 지지 아니하며 사망에 대한 형사책임은 감경하거나 면제할 수 있다

05 **다음은 학교보건법 시행규칙(교육부령 제194호, 2019.10.24., 일부개정) 제11조에 근거한 OO중학교의 보건 보조인력 채용 공고문이다. 〈작성 방법〉에 따라 순서대로 서술하시오.**

[4점] 2019년

> 보건 보조인력
>
> **보건 보조인력 채용 공고**
>
> 1. 근무 기간 : 2019.3.1.~2020.2.29
> 2. 근무 장소 : OO중학교
> 3. 지원 자격 : (　　　㉠　　　)
> 4. 직　　무 : 학교보건법 제15조의2 제3항에 따른 보조인력은 같은 조 제1항에 따른 보건교사 등의 지시를 받아 질병이나 장애로 인하여 특별히 관리·보호가 필요한 학생에 대해서 보건교사 등이 행하는 다음 각 호의 활동을 보조함
>   가. 학교보건법 제15조의2 제1항에 따른 (　　㉡　　) 등 응급처치
>   나. 각종 질병의 예방처치, 건강관찰 및 건강상담 협조 등의 보건활동
> 5. 선발 방법 : ㉢ <u>패널 면접(panel interview)</u>
>
> … (하략) …

〈 작성 방법 〉

- 괄호 안의 ㉠에 해당하는 내용을 제시할 것.
- 괄호 안의 ㉡에 해당하는 내용을 제시할 것.
- 밑줄 친 ㉢의 방법을 쓰고, 장점 1가지를 서술할 것.

|정답| ㉠ 간호사 면허가 있는 자
㉡ 투약행위
㉢ 면접자의 면접결과에 대하여 의견교환의 절차를 거쳐 광범위한 정보수집 및 정확한 평가를 할 수 있다.

|해설| 1. **학교보건법 시행규칙 제11조(보조인력의 역할 등)**

① 법 제15조의2 제3항에 따른 보조인력(이하 "보조인력"이라 한다)은 같은 조 제1항에 따른 보건교사 등(이하"보건교사 등"이라 한다)의 지시를 받아 질병이나 장애로 인하여 특별히 관리 · 보호가 필요한 학생에 대해서 보건교사 등이 행하는 다음 각 호의 활동을 보조한다.
- 법 제15조의2 제1항에 따른 투약행위 등 응급처치
- 각종 질병의 예방처치, 건강관찰 및 건강상담 협조 등의 보건활동

② 보조인력은 「의료법」 제7조에 따른 간호사 면허가 있어야 한다.

2. 패널면접

① 다수의 면접자가 한 사람의 피면접자를 상대로 하는 면접방식으로 관리직이나 전문직 등의 선발을 위한 면접시험으로 많이 이용된다.

② 장점 : 피면접자에 관한 면접자의 면접결과에 대하여 의견교환의 절차를 거쳐 광범위한 정보수집 및 정확한 평가를 할 수 있다.

③ 단점 : 다른 면접방법에 비하여 다수의 면접자가 필요하기 때문에 이로 인한 비용과 시간이 많이 소요된다.

06 다음은 지역협의회에서 만난 중학교와 고등학교 보건교사가 나눈 대화내용이다. 「2015 개정 고등학교 교양 교과(보건) 교육 과정(교육부 고시 제2015-74호)」과 「2015 개정 중학교 선택 교과(보건) 교육 과정(교육부 고시 제2015-74호)」에 근거하여 괄호 안의 ㉠, ㉡에 해당하는 내용을 순서대로 쓰시오. [2점] 2019년

> 중학교 보건교사 : 지난 주부터 '성 건강'에 대한 수업을 하고 있어요. 「2015 개정 고등학교 교양 교과(보건) 교육 과정」의 핵심 개념 중 '성 건강'의 내용 요소에는 어떤 것들이 있나요?
>
> 고등학교 보건교사 : 네, 섹슈얼리티(sexuality), 사랑 · 성적 자기결정권, 성희롱 · 성매매와 성문화, (㉠), 준비된 임신과 피임, 미혼모, 저출산에 대한 내용이 있습니다. 선생님은 중학교에서 '성 건강'과 관련하여 어떤 내용들을 가르치고 있나요?
>
> 중학교 보건교사 : 저는 「2015 개정 중학교 선택 교과(보건) 교육 과정」의 핵심 개념 중 '성 건강'의 내용 요소로 청소년의 성적 발달, (㉡)와/과 성 역할, 임신출산과 피임, 음란물과 성 상품화, 성폭력 · 성매매에 대한 내용을 지도하고 있어요.
>
> … (하략) …

|정답| ㉠ 성매개감염병 ㉡ 이성교제

|해설| 1. 2015 개정 고등학교 교양교과(보건) 교육과정 : '707page' 해설 참조

2. 2015 개정 중학교 교양교과(보건) 교육과정

영역	핵심개념	내용 요소	일반화된 지식
건강의 이해와 질병 예방	건강증진	• 건강의 중요성 • 건강 평가	건강은 신체적· 정신적· 사회적으로 안녕한 상태의 총체적 개념이며, 다양한 요인과 관련되어 있으므로 개인, 사회, 국가의 건강증진은 건강수준 및 건강지표 평가 등에 근거한 건강관리를 통해 가능하다.
	생활주기	• 건강한 생활주기	건강은 생활습관 및 생활주기에 따라 변화하므로, 질병의 예방과 건강의 유지 증진은 생체 리듬을 고려한 생활주기 관리를 통해 가능하다.
	질병예방	• 생활습관과 질병 • 유행성 감염병 • 신체 기관별 건강관리	질병은 각 기관의 항상성 균형이 깨질 때 발생하므로, 신체 기관별 병인의 특성을 고려하여 예방하고 관리해야 한다.
생활 속의 건강한 선택	약물, 담배, 술	• 의약품의 안전한 선택 • 흡연, 음주, 예방과 대처	약물의 오남용과 흡연, 음주는 건강에 위험을 일으키고, 주변의 권유 및 압력에 대응하는 태도가 건강에 영향을 미친다.
	성 건강	• 청소년의 성적 발달 • 이성교제와 성 역할 • 임신 출산과 피임 • 음란물과 성 상품화 • 성폭력 성매매	성은 생물학적, 사회 문화적으로 다양한 요인과 관련되어 있고, 성 문제는 성 가치관 및 성 윤리의식과 관련되어 나타난다.
	정서 정신건강	• 자아존중감 증진 • 스트레스와 과몰입 • 분노, 충동 등 감정 수용과 조절 • 죽음과 상실	감정과 정서를 이해하고, 자신의 감정과 생각을 표현하고, 조절하는 것은 대인관계 및 정신건강의 기초를 이룬다.
	건강 생활 기술	• 건강 의사소통 기술(주장, 거절, 공감하기) • 건강 의사결정 • 건강 증진 옹호 활동(개인과 지역사회)	건강 생활 기술은 삶의 요구와 문제들을 효과적으로 관리하고 대처하도록 돕는 적응적, 긍정적 능력이다.
안전과 응급처치	생활 안전	• 건강 안전 위험요인 예측과 안전 문화운동 • 따돌림, 학대, 폭력 • 직업병 이해와 예방	개인의 생활방식, 안전 위험요인에 대한 예측 및 평가는 안전사고 예방에 영향을 미치므로, 행동양식의 일차적 변화, 안전제일의 가치관 정립, 안전의식의 무의식 표출이 안전문화의 원칙이다.
	응급처치	• 생활 속의 응급처치 • 심폐소생술과 자동제세동기	상황에 따른 적절한 응급처치 능력은 손상 악화 방지 및 질병회복에 중요하다.
건강지원과 사회문화	건강권과 건강 자원	• 건강권과 책임(개인, 지역사회) • 건강정보, 자원 활용	건강할 권리는 인간의 기본권이자 사회 국가의 책무로, 건강권 보장을 위해서는 건강정보 자원의 활용이 중요하다.
	건강문화	• 유행 미디어와 건강 • 또래, 가족문화와 건강 • 장애인, 다문화 가족 등 사회적 소수자, 약자와 건강	문화는 건강에 영향을 미치는 주요한 요인으로 생활환경, 미디어, 신념, 관행 등은 건강문화 형성뿐만 아니라 개인, 지역사회, 국가 건강에 영향을 미친다.

07 **다음은 중학교 보건교사를 대상으로 하는 2015년 개정 교육과정에 대한 연수자료의 일부이다. 밑줄 친 ㉠에 해당하는 핵심역량과 괄호 안의 ㉡에 해당하는 용어를 순서대로 쓰시오.** [2점] 2018년

… 상략 …

2015년 개정 보건 교육과정의 핵심역량이 새롭게 설정되었습니다. 핵심역량의 첫 번째는 ㉠ 건강을 유지 · 증진하기 위하여 일상생활에서 지속적으로 건강행동을 계획하고 실행하여 자신의 잠재능력을 최대한 발휘할 수 있도록 하며, 사회적, 물리적 환경변화에 유연하게 대처할 수 있는 능력입니다.

… 중략 …

2015년 개정 보건 교육과정에 따르면 보건교과의 내용체계는 다음과 같습니다.

영역	핵심개념	내용 요소
건강의 이해와 질병예방	건강증진	건강의 중요성
		건강 평가
	생활주기	건강한 생활주기
	질병예방	생활습관과 질병
		유행성 감염병
		신체기관별 건강관리
생활 속의 건강한 선택	약물 · 담배 · 술	의약품의 안전한 선택
		흡연 · 음주 예방과 대처
(㉡)와/과 응급처치	생활 (㉡)	건강 · (㉡) 위험요인 예측과 (㉡) 문화운동
		따돌림, 학대, 폭력
		직업병 이해와 예방
	응급처치	생활 속의 응급처치
		심폐소생술과 자동제세동기
건강 자원과 사회 문화	건강권과 건강 자원	건강권과 책임(개인, 지역사회)
		건강 정보 · 자원 활용
	건강문화	유행 · 미디어와 건강
		또래 · 가족 문화와 건강
		장애인, 다문화 가족 등 사회적 소수자 · 약자와 건강

|정답| ㉠ 건강 핵심역량, ㉡ 안전

|해설| **2015 개정 보건교육과정**

1. 과목 소개

보건은 건강의 가치를 이해하고, 올바른 건강 지식과 자원에 체계적으로 접근하며, 일상생활에서 건강 생활을 실천하고 건강 관리 능력을 증진시킴으로써, 궁극적으로 개인과 공동체의 건강 및 삶의 질을 향상시키기 위한 과목이다. 이를 위해 보건 과목은 건강을 권리와 책임으로 이해하여 건강한 성장과 발달을 지향하고, 참여와 옹호, 소통과 배려를 바탕으로 건강에 유익한 선택을 하며, 건강 증진을 위한 사회 · 문화적 환경을 조성하는 등의 건강 핵심역량을 함양하는 데 중점을 둔다.

2. 내용 체계

영역	핵심개념	내용 요소	일반화된 지식
건강의 이해와 질병예방	건강증진	• 건강 영향 요인 • 건강 지표, 평가	건강은 신체적 · 정신적 · 사회적으로 안녕한 상태의 총체적 개념이며, 다양한 요인과 관련되어 있으므로 개인 · 사회 · 국가의 건강 증진은 건강수준 및 건강 지표 평가 등에 근거한 건강 관리를 통해 가능하다.
	생활주기	• 건강한 생애 주기	건강은 생활습관 및 생활주기에 따라 변화하므로, 질병의 예방과 건강의 유지 · 증진은 생체리듬을 고려한 생활주기 관리를 통해 가능하다.
	질병예방	• 비만, 암 등 만성 질환 • 신체 기관별 건강 • 감염병 예방 관리	질병은 각 기관의 항상성 균형이 깨질 때 발생하므로, 신체 기관별 병인의 특성을 고려하여 예방하고 관리해야 한다.
생활 속의 건강한 선택	약물 · 담배 · 술	• 약물 오 · 남용 예방 • 흡연 · 음주 폐해와 건강한 선택	약물의 오 · 남용과 흡연 · 음주는 건강에 위험을 일으키고, 주변의 권유 및 압력에 대응하는 태도가 건강에 영향을 미친다.
	성 건강	• 섹슈얼리티(sexuality) • 사랑 · 성적 자기 결정권 • 성희롱 · 성폭력 · 성매매와 성문화 • 성 매개 감염병 • 준비된 임신과 피임, 미혼모, 저출산	성은 생물학적, 사회 · 문화적으로 다양한 요인과 관련되어 있고, 성 문제는 성 가치관 및 성 윤리 의식과 관련되어 나타난다.
	정서 · 정신 건강	• 자아존중감과 회복 탄력성 • 불안 · 우울 등의 감정 대처 • 자살과 위기 관리 • 정신 건강 문제와 편견	감정과 정서를 이해하고, 자신의 감정과 생각을 표현하고 조절하는 것은 대인 관계 및 정신 건강의 기초를 이룬다.

	건강 생활 기술	• 건강 의사 소통 기술 (협상, 거절, 갈등 관리) • 공동체 건강 의사결정 • 건강 증진 옹호(국가와 세계)	건강 생활 기술은 삶의 요구와 문제들을 효과적으로 관리하고 대처하도록 돕는 적응적 · 긍정적 능력이다.
안전과 응급처치	생활안전	• 건강 · 안전 위험 요인 평가와 안전 문화 운동 • 차별 · 학대 · 폭력 • 직업병의 예방 · 대처	개인의 생활 방식, 안전 · 위험요인에 대한 예측 및 평가는 안전사고 예방에 영향을 미치므로, 행동 양식의 일차적 변화, 안전제일의 가치관 정립, 안전 의식의 무의식적 표출이 안전 문화의 원칙이다.
	응급처치	• 생활 속의 응급처치 • 심폐소생술과 자동제세동기 • 구조 활동	상황에 따른 적절한 응급처치 능력은 손상 악화 방지 및 질병 회복에 중요하다.
건강자원과 사회문화	건강권과 건강자원	• 건강권과 책임(국가와 국제) • 건강 윤리, 건강 격차 • 보건 의료 서비스와 의료 보장 제도	건강할 권리는 인간의 기본권이자 사회 · 국가의 책무로, 건강권 보장을 위해서는 건강 정보 · 자원의 활용이 중요하다.
	건강문화	• 건강 신념 · 관행 · 미디어 • 헌혈과 장기 기증, 장례 문화 • 문화적 다양성과 건강	문화는 건강에 영향을 미치는 주요한 요인으로 생활환경 · 미디어 · 신념 · 관행 등은 건강 문화 형성뿐만 아니라 개인 · 지역 사회 · 국가 건강에 영향을 미친다.

3. 과목 관련 정보

관련 학과	관련 직업
의학과, 간호학과, 치의학과, 약학과, 임상병리학과, 응급구조학과, 물리치료학과	간호사, 보건 행정직, 임상병리사, 물리치료사, 치위생사, 운동 처방사 등

08 **다음은 OO 중학교 1학년 학생이 보건교사와 대화한 내용이다. 〈작성 방법〉에 따라 순서대로 서술하시오.** [4점] 2018년

> 보건교사 : 오랜만이에요. 그동안 키가 많이 자랐네요.
> 학　　생 : 안녕하셨어요? 선생님, 여름 방학동안 10cm 컸어요.
> 보건교사 : 이제 선생님보다 더 클 것 같네요.
> 학　　생 : 그런데 교복치마가 자꾸 틀어지고, 친구가 제 몸이 한쪽으로 기울었다고 해요.
> 보건교사 : 척추측만증 검사를 해 볼게요. 그럼 스크린 안쪽으로 가서 ㉠ 겉옷을 벗고 뒤돌아 서 보세요. 이번엔 ㉡ 몸을 앞으로 숙이고 팔을 바닥으로 쭉 뻗어 보세요.
> (검사를 마친 후)
> … 중략 …
> 학　　생 : 선생님, 저 어때요?
> 보건교사 : 급 성장기에는 척추측만증이 발생할 수도 있으니까, 병원에서 진료를 받아 보는 게 좋을 것 같아요.

〈 작성 방법 〉

- 밑줄 친 ㉠의 방법으로 검진해야 할 사항 2가지를 서술할 것
- 밑줄 친 ㉡에 해당하는 검사명과 이 방법으로 검진해야 할 사항 1가지를 서술할 것

|정답| ㉠ 좌우 어깨선 높이의 차이 및 견갑골 높이의 차이를 본다.
좌우 견갑골의 후방돌출 유무를 확인한다.
㉡ 전방굴곡검사 : 좌우 등높이 또는 허리높이의 돌출을 본다.

|해설| **전방굴곡검사**

1. 먼저 학생을 런닝셔츠만 입힌 상태 또는 상의를 다 벗은 상태에서 바른 자세로 약간 다리를 벌리고 바로 세워
   ① 첫 번째, 좌우 어깨선 높이의 차이 및 견갑골 높이의 차이를 본다.
   ② 두 번째, 좌우 견갑골의 후방돌출 유무를 확인한다.
2. 다음 양팔을 나란히 하여 등을 90도까지 전방으로 굽히게 하고 검사자가 앞에서 혹은 뒤에서 등과 같은 눈높이로 본다.
   ③ 세 번째, 좌우 등높이의 돌출을 본다.
   ④ 네 번째, 좌우 허리높이의 돌출을 보면 된다. 돌출된 모습이 확인되면 자세 이상자로 보면 된다.

09 다음은 학교장과 보건교사의 대화 일부이다. 〈작성 방법〉에 따라 순서대로 서술하시오.

[4점] 2018년

> 학 교 장 : 보건선생님, 우리 학교의 요양호자 학생은 몇 명인가요?
> 보건교사 : 현재 15명인데, 그 중에서 응급을 요하는 학생은 2명입니다.
> 학 교 장 : 응급을 요하는 학생의 생명이 위급하면 보건교사가 투약 행위를 할 수 있다고 하던데 이를 위해 어떤 사전조치를 취해야 하나요?
> 보건교사 : 생명이 위급한 학생이 있을 경우 학교보건법 제15조의2에 의거하면 학교의 장은 사전에 (㉠)을/를 받아야 합니다. 그리고 보건교사로 하여금 (㉡)(으)로 해 생명이 위급한 학생에게 투약행위 등 응급처치를 제공하게 할 수 있습니다.
> 학 교 장 : 그렇군요. 앞으로 학교보건법 개정사항에 맞게 잘 준비해 주시기 바랍니다.

〈 작성 방법 〉

학교보건법 제15조의2(법률 제15534호, 2018.3.27, 타법개정)에 근거하여 작성할 것
- 괄호 안의 ㉠에 해당하는 사전 조치사항 2가지를 제시할 것
- 괄호 안의 ㉡에 해당하는 쇼크 2가지를 제시할 것

|정답| ㉠ 학부모의 동의와 전문의약품을 처방한 의사의 자문
㉡ 제1형 당뇨로 인한 저혈당쇼크 또는 아나필락시스 쇼크

|해설| **학교보건법 제15조의2(응급처치 등)**

① 학교의 장(「고등교육법」 제2조에 따른 학교는 제외한다. 이하 이 조에서 같다)은 사전에 학부모의 동의와 전문의약품을 처방한 의사의 자문을 받아 제15조 제2항에 따른 보건교사 또는 순회 보건교사(이하 이 조에서 "보건교사 등"이라 한다)로 하여금 제1형 당뇨로 인한 저혈당쇼크 또는 아나필락시스 쇼크로 인하여 생명이 위급한 학생에게 투약행위 등 응급처치를 제공하게 할 수 있다. 이 경우 보건교사 등에 대하여는 「의료법」 제27조 제1항을 적용하지 아니한다.

② 보건교사 등이 제1항에 따라 생명이 위급한 학생에게 응급처치를 제공하여 발생한 재산상 손해와 사상(死傷)에 대하여 고의 또는 중대한 과실이 없는 경우 해당 보건교사 등은 민사책임과 상해(傷害)에 대한 형사책임을 지지 아니하며 사망에 대한 형사책임은 감경하거나 면제할 수 있다.

③ 학교의 장은 질병이나 장애로 인하여 특별히 관리 · 보호가 필요한 학생을 위하여 보조인력을 둘 수 있다. 이 경우 보조인력의 역할, 요건 등에 관하여는 교육부령으로 정한다.

10 **다음은 수도권 지역 30학급 규모의 학교에서 건강검진을 수행하기 위하여 나눈 대화의 일부이다. 괄호 안의 ㉠, ㉡에 해당하는 내용을 학교건강검사규칙[교육부령 제31호]에 근거하여 쓰시오.** [2점] 2016년

> 보건교사 : 내년도 학생 건강검진계획에 대해 의논드리려고 합니다.
> 교감 : 올해 우리 학교 건강검진을 실시한 병원들이 불친절하고 오래 기다리게 했다고 학부모들 사이에 말이 많았어요.
> 보건교사 : 네, 저도 그런 말을 들었어요. 내년에는 검진기관을 바꿔보면 어떨까요?
> 교감 : 시골에 있는 내 친구가 근무하는 학교는 병원 검진 차량이 학교로 와서 건강검진을 한다고 하던데…… 우리 학교도 병원 검진 차량을 학교로 오게 할 수는 없나요?
> 보건교사 : 우리 학교는 해당이 되지 않습니다.
> 교감 : 왜 해당이 안 되나요?
> 보건교사 : (㉠)
> 교감 : 네, 그렇군요. 그럼 검진기관은 몇 개 선정해야 하나요?
> 보건교사 : 2개 이상 선정해야 합니다.
> 교감 : 그렇군요. 검진기관을 꼭 바꾸고 싶은데 2개 이상 선정하지 못하면 어떻게 해야 하나요?
> 보건교사 : (㉡)
> 교감 : 잘 알겠습니다.

|정답| ㉠ 검진기관이 없는 지역에 소재한 학교의 장은 교육감의 승인을 얻어 검진기관의 출장에 의한 검진을 하게 할 수 있다.
㉡ 검진기관을 2개 이상 선정할 수 없는 경우에는 당해 교육감의 승인을 얻어 1개의 검진기관만 선정할 수 있다.

|해설| 학교건강검사규칙 제5조의2(건강검진의 절차 등) 제4항, 제1항

11 **다음은 OO고등학교로 새로 발령받은 초임 보건교사 A와 선임 보건교사 B의 대화내용이다. ㉠~㉤에 들어갈 내용을 학교건강검사규칙[교육부령 제31호]에 근거하여 순서대로 서술하시오.** [5점] 2015년

A교사 : 선생님! 안녕하세요? 처음 뵙겠습니다.
B교사 : 어서 오세요. 발령을 축하드려요. 보건교사로서 첫 직장이시지요?
A교사 : 네. 선생님은 학교경력이 많으시죠?
B교사 : 저는 보건교사로 근무한 지 10년이 되었어요.
A교사 : 제가 초임이라 잘 몰라서 그러는데 학교건강검사에 대한 것을 상세히 여쭈어 봐도 될까요?
B교사 : 그러세요. 학교건강검사는 학교건강검사규칙에 준해서 실시하는데요. 뭐가 궁금하시죠?
A교사 : 학생들에게 시행해야 하는 건강검사는 어떤 종류가 있나요?
B교사 : 학생의 건강검사에는 5가지가 있는데 구체적으로 ㉠_______(으)로 구분합니다.
A교사 : 학교건강검사 실시계획은 매년 수립하는 것으로 알고 있는데, 언제까지 수립해야 하나요?
B교사 : 아! 그건 학교장이 매년 ㉡_____까지 수립하면 됩니다. 혹시 당해 연도에 천재지변과 같이 부득이한 사유로 건강검사를 실시할 수 없을 때는 교육장이나 교육감 승인하에 ㉢_______________________________.
A교사 : 마지막으로 한 가지만 더 여쭤볼게요. 학생건강기록부는 학생들의 졸업시에 어떻게 관리해야 하나요?
B교사 : 졸업하는 학생의 경우는 ㉣_______________________________, 휴학이나 퇴학으로 졸업하지 못하는 학생의 경우는 ㉤_________________.
… (하략) …

|모범답안|

㉠ 건강검사는 신체의 발달상황, 신체의 능력, 건강조사, 정신건강 상태 검사 및 건강검진으로 구분한다(학교건강검사규칙 제3조 제1항).

㉡ 매년 3월 31일까지 수립하여야 한다(학교건강검사규칙 제2조).

㉢ 교육부령으로 정하는 바에 따라 건강검사를 연기하거나 건강검사의 전부 또는 일부를 생략할 수 있다(학교보건법 제7조 제4항).

㉣ 고등학교의 장은 소속 학생이 고등학교를 졸업할 때 학생건강기록부를 해당 학생에게 교부하여야 한다(학교건강검사규칙 제9조 제5항).

㉤ 학생이 중학교 또는 고등학교에 진학하지 아니하거나 휴학 또는 퇴학 등으로 고등학교를 졸업하지 못한 경우 그 학생이 최종적으로 재적하였던 학교는 학생건강기록부를 비롯한 건강검사 등의 실시결과를 학생이 최종적으로 재적한 날부터 5년간 보존하여야 한다(학교건강검사규칙 제9조 제6항).

12 **다음은 보건교사가 수집한 2013년도 학교보건 환경검사 자료이다. 학교보건법 시행규칙에 규정된 정상기준에서 벗어난 항목 2가지를 찾아 각각의 정상 기준치와 함께 쓰시오.**

[2점] 2014년

<table>
<tr><th>영역</th><th>내용</th></tr>
<tr><td>학교 소개</td><td>도시 근교에 위치한 50년 역사의 중학교</td></tr>
<tr><td>교외 환경</td><td>학교 보호구역 내에 유해시설 없음.</td></tr>
<tr><td>교내 환경</td><td>
1. 공기
〈표 1〉 교사 내 공기의 질 검사결과
<table>
<tr><th>검사 항목</th><th>결과</th><th>조사 시설</th></tr>
<tr><td>미세먼지</td><td>90㎍/㎥</td><td rowspan="2">모든 교실</td></tr>
<tr><td>이산화탄소</td><td>900ppm</td></tr>
<tr><td colspan="3">… (중략) …</td></tr>
<tr><td>석면</td><td>0.04개/cc</td><td>지하 음악실</td></tr>
</table>
2. 교사 내 소음 : 50dB(A)
3. 교실 내 환경
1) 온도 및 습도 : 중앙 자동 조절장치(법적 기준 충족)
2) 조도 및 환기
〈표 2〉 교실 내 검사결과
<table>
<tr><th colspan="2">검사 항목</th><th>결과</th></tr>
<tr><td rowspan="2">조도(인공 조명)</td><td>책상면 조도</td><td>320Lux</td></tr>
<tr><td>최대조도와 최소조도 비율</td><td>10 : 1</td></tr>
<tr><td colspan="2">1인당 환기량</td><td>21.6㎥/hr</td></tr>
</table>
4. 식수
… (하략) …
</td></tr>
</table>

* 출처 : 학교보건법 시행규칙[시행 2013.3.23.] [교육부령 제1호, 2013.3.23. 타법개정]

|정답| 1. 교사 내 공기의 질 검사결과 : 석면(정상 기준치 – 0.01개/cc)

2. 교실 내 환경 검사결과 : 최대조도와 최소조도 비율(정상 비율 – 3:1)

|해설| 1. 공기 질 등의 유지 · 관리기준(학교보건법 시행규칙 제3조)

〈유지기준〉

오염물질 항목	기준(이하)	적용시설	비고
미세먼지	35㎍/m³	모든 교실	직경 2.5㎛ 이하 먼지
	100㎍/m³	모든 교실	직경 10㎛ 이하 먼지
이산화탄소	1,000ppm	모든 교실	해당 교실이 기계 환기장치를 이용하여 주된 환기를 하는 경우 1,500ppm 이하
폼알데하이드	100㎍/m³	모든 교실	

총부유세균	800CFU/m^3	모든 교실	
낙하세균	10CFU/실	보건실·식당	
일산화탄소	10ppm	개별 난방 교실 및 도로변 교실	난방 교실은 직접 연소 방식의 난방 교실로 한정
이산화질소	0.05ppm	개별 난방 교실 및 도로변 교실	난방 교실은 직접 연소 방식의 난방 교실로 한정
라돈	148Bq/m^3	1층 이하 교실	
총휘발성 유기화합물	400$\mu g/m^3$	건축한 때부터 3년이 경과되지 아니한 학교	건축에는 증축 및 개축 포함
석면	0.01개/cc	「석면안전관리법」 제22조 제1항 후단에 따른 석면건축물에 해당하는 학교	
오존	0.06ppm	교무실 및 행정실	적용 시설 내에 오존을 발생시키는 사무기기(복사기 등)가 있는 경우로 한정
진드기	100마리/m^2	보건실	

2. 환기 · 채광 · 조명 · 온습도의 조절기준과 환기설비의 구조 및 설치기준(학교보건법 시행규칙 제3조)

환기	(1) 환기 조절기준 - 환기용 창 등을 수시로 개방하거나 기계식 환기설비를 수시로 가동하여 1인당 환기량이 시간당 21.6m^3 이상이 되도록 할 것 (2) 환기설비의 구조 및 설치기준(구조 및 설치기준을 두는 경우에 한한다) ① 환기설비는 교사 안에서의 공기의 질의 유지기준을 충족할 수 있도록 충분한 외부공기를 유입하고 내부공기를 배출할 수 있는 용량으로 설치할 것 ② 교사의 환기설비에 대한 용량기준은 환기의 조절기준에 적합한 용량으로 할 것 ③ 교사 안으로 들어오는 공기의 분포를 균등하게 하여 실내공기의 순환이 골고루 이루어지도록 할 것 ④ 중앙관리방식의 환기설비를 계획할 경우 환기닥트는 공기를 오염시키지 아니하는 재료로 만들 것
채광(자연조명)	(1) 직사광선을 포함하지 아니하는 천공광에 의한 옥외 수평조도와 실내 조도와의 비가 평균 5% 이상으로 하되, 최소 2% 미만이 되지 아니하도록 할 것 (2) 최대조도와 최소조도의 비율이 10대 1을 넘지 아니하도록 할 것 (3) 교실 바깥의 반사물로부터 눈부심이 발생되지 아니하도록 할 것
조도(인공조명)	(1) 교실의 조명도는 책상면을 기준으로 300룩스 이상이 되도록 할 것 (2) 최대조도와 최소조도의 비율이 3대 1을 넘지 아니하도록 할 것 (3) 인공조명에 의한 눈부심이 발생되지 아니하도록 할 것
실내온도 및 습도	(1) 실내온도는 18℃ 이상 28℃ 이하로 하되, 난방온도는 18℃ 이상 20℃ 이하, 냉방온도는 26℃ 이상 28℃ 이하로 할 것 (2) 비교습도는 30% 이상 80% 이하로 할 것

13 **다음은 김OO 학생의 신체발달상황 검사결과를 알려주는 가정통신문이다. 괄호 안의 ㉠, ㉡에 해당하는 내용을 차례대로 쓰시오.** [2점] 2014년

가정통신문

이름	김OO	성별/연령	남/15세
일시	2013년 O월 O일	학년-반	3-2

안녕하십니까?
귀 자녀의 2013년도 신체발달상황 검사결과를 다음과 같이 알려드리오니 가정에서의 건강관리에 참고하시기 바랍니다.

• 신체발달상황 검사결과

키	체중	표준체중
150.0cm	60.0kg	45.0kg

• 비만도 판정 : (㉠)

• 건강관리 방법

… (하략) …

비만도 판정표*
1. 표준체중에 의한 (㉡)으로 산출
2. 표기방법
1) 표준체중보다 20퍼센트 이상 30퍼센트 미만 무거운 경우 : '경도 비만'
2) 표준체중보다 30퍼센트 이상 50퍼센트 미만 무거운 경우 : '중등도 비만'
3) 표준체중보다 50퍼센트 이상 무거운 경우 : '고도비만'

* 출처 : 학교 건강검사 시행규칙[시행 2013.3.23.] [교육부령 제1호, 2013.3.23. 타법개정]

|정답| ㉠ 중등도 비만 : (60 − 45) / 45 × 100 = 33.3
㉡ 상대 체중

14 **다음은 K고등학교 보건교사가 '간흡충증'에 대하여 작성한 보건 게시판 홍보내용이다. (가)~(마) 중 옳은 것만을 있는 대로 고른 것은?** [2.5점] 2013년

> **보건 게시판**
>
> **간흡충증 바로 알기**
>
> 1. 개요
>   - (가) <u>간흡충증은 일명 간디스토마로 불리며 한국, 일본, 중국, 동남아에 많이 분포함.</u>
>   - 우리나라는 주요 강 유역에서 주로 발생함.
> 2. 특성
>   - (나) <u>성충은 사람, 개, 고양이 등의 담도에 기생함.</u>
>   - (다) <u>분변으로 배출된 충란은 물속에서 제1숙주인 참붕어, 모래무지 등의 담수어에 섭취되어 피하조직에서 피낭유충이 됨.</u>
>   - (라) <u>초기 감염시에는 자각증상이 없으나, 반복적으로 감염이 되면 상복부 불쾌감, 소화불량, 황달, 간비대 등이 나타남.</u>
> 3. 예방 및 관리
>   - 민물고기는 절대 생식하지 말고, 조리 후에는 비누로 손을 깨끗이 씻어야 함.
>   - (마) <u>특별한 치료제가 없으니 감염되지 않도록 식생활 및 위생수칙을 준수해야 함.</u>

① (가), (다)
② (가), (나), (라)
③ (나), (라), (마)
④ (다), (라), (마)
⑤ (가), (나), (라), (마)

|정답| ②

|해설| 간흡충증은 간디스토마(Distoma Sinensis)라고 하며, 극동(한국, 일본, 중국, 베트남, 동남아 등)에 분포하고, 우리나라는 낙동강, 한강, 영산강, 금강, 만경강 등 5대강 유역 주위에 많이 감염되어 있다.

1. 병원체 : Clonorchis Sinensis
2. 생활사 및 전파 : 인체 기생부위는 간의 담관에 기생한다. 성충이 충란을 산란하면 간 담도를 통하여 장관을 거쳐 분변으로 배출된다. 담수에서 충란은 제1중간숙주인 왜우렁이나 쇠우렁에게 섭취되어 유미유충이 된다. 이 유미유충은 탈출하여 수주에서 돌아다니다가 제2중간숙주인 담수어(주로 인어과의 참붕어에 많으며 피라미, 모래무지 등)와 접촉하면 그 숙주 내에서 피낭유충이 된다. 이 피낭유충이 있는 담수어를 생식하면 인체에서 피낭유충이 분리된 후 십이지장에서 소화액의 작용으로 탈낭하게 되며, 인체의 총담관을 거쳐서 담도의 말단부로 이행하여 기생한다.
3. 감염증상 : 증상은 충체의 수 등으로 달라지나 충체의 기계적 또는 독소에 의하여 담관에 병변을 가져오고 심해지면 간경변의 원인과 원발성 간암의 원인이 될 수도 있다.
4. 예방대책 : 민물고기의 생식을 금하고 민물고기의 조리 후에는 2차감염이 되지 않도록 조리

기구의 소독을 철저히 한다. 그리고 분변관리와 민물의 생수를 마시지 말며, 개나 고양이, 쥐 등도 숙주이므로 충체에 감염되지 않도록 애완동물 관리를 철저히 한다.

5. 진단 : 대변 내 충란검사법, 영상진단으로서 초음파와 내시경적 역행성 담도 조영술, 피내반응검사로서 피부반응검사(CS skin test) 그리고 혈액검사를 통한 기생충 항체검사
6. 치료 : 프라지콴텔(디스토시드), 이 구충제는 폐흡충에도 똑같이 효과를 나타내며 효과가 좋다.

15

그림은 보건교사가 학생들을 대상으로 척추측만증을 검진하는 장면이다. 〈그림 1〉의 자세에서 검진해야 할 내용 3가지와 〈그림 2〉의 자세에서 검진해야 할 내용 2가지를 서술하시오.

[5점] 2014년

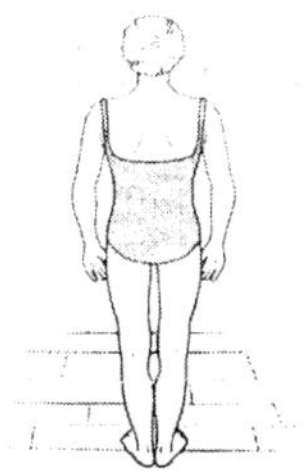

〈그림 1〉

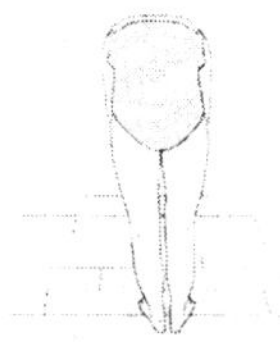

〈그림 2〉

| 모범답안 |

1. 〈그림 1〉의 자세에서 검진해야 할 내용
   (1) 좌우 어깨선 높이의 차이 및 견갑골 높이의 차이를 본다.
   (2) 좌우 견갑골의 후방돌출 유무를 확인한다.
   (3) 허리선의 비대칭, 골반 높이 등을 측정한다.
2. 〈그림 2〉의 자세에서 검진해야 할 내용
   (1) 좌우 등 높이(늑골 돌출 고)의 돌출을 확인한다.
   (2) 좌우 허리 높이(요추부 돌출 고)의 돌출을 확인한다.

16 **다음은 K교사(여, 43세)와 보건교사의 대화내용이다. (가)~(마) 중 옳은 것만을 있는 대로 고른 것은?** 2013년

> K교사 : 안과에서 20/30이라는 시력검사 결과가 나왔는데 이게 무슨 뜻인가요?
> 보건교사 : (가) 근거리 시력을 검사하는 스넬렌(Snellen) 차트로 검사를 하셨군요.
> (나) 20/30은 정상시력이랍니다. 차트 몇 미터 앞에 서서 측정하셨어요?
> K교사 : (다) 차트에서 6m 떨어진 곳에 서서 정면을 보고 측정을 했어요. 큰 시표부터 차차 작은 시표로 읽어서 읽을 수 있는 최소 시표까지 읽었어요. 그런데 선생님, 저의 부모님께서 두 분 모두 녹내장 수술을 하셨는데 저는 괜찮을까요?
> 보건교사 : (라) 녹내장은 가족적 소인, 고혈압, 당뇨병 등이 위험요인이 됩니다.
> (마) 녹내장 가족력이 있는 경우에는 정기적으로 안압을 측정하여야 합니다.

① (가), (나) ② (나), (라)
③ (다), (라), (마) ④ (나), (다), (라), (마)
⑤ (가), (나), (다), (라), (마)

| 정답 | ③

| 해설 | (가) 스넬렌 차트는 원거리 시력검사표이다. 근거리 시력검사는 다양한 크기의 손 포켓용 근거리 시력표를 사용하여 검사한다(예 Jeager Card). 시력검사표가 없을 경우에는 신문이나 잡지를 읽도록 하여 검사를 실시한다. 빛이 잘 드는 곳에서 이것을 눈에서 35cm 정도 거리에 놓고 검사한다.

(나) 정상시력은 20/20으로, 이는 시력이 정상인 사람이 6m 거리에서 읽을 수 있는 글씨를 대상자도 6m에서 읽을 수 있다는 것을 의미한다. 분자는 차트로부터 떨어진 거리이고, 분모는 정상인이 볼 수 있는 거리이다. 따라서 분모가 클수록 대상자의 시력이 나쁜 것이다.

(다) 스넬렌 알파벳 시력표는 6m 거리에 서서 검사한다.

(라) 녹내장의 위험요인은 가족적 소인, 고혈압, 심맥관계 질환, 당뇨병, 흡연, 카페인, 알코올, 무절제한 약물의 사용, 부신피질 호르몬제나 호르몬 수준의 변화, 자세, 눈 움직임 등이다.

(마) 녹내장은 유전적 경향이 있으므로 가족력이 있는 경우에는 해마다 안압을 측정하도록 한다. 또한 40세 이후에는 정규적인 안압측정이 바람직하다.

17 A초등학교 보건교사가 작성한 보건교육 계획서이다. (가)~(마)에 대한 설명으로 옳지 않은 것은? [1.5점] 2012년

보건교육 계획서			
주제	요충증의 전파 예방과 관리	일시	2011년 0월 0일 0시
장소	학교 강당	대상자	교사 30명
방법	강의, 동영상 시청	매체	빔 프로젝터
도입	• 인사말 • 요충증 아동의 항문 사진을 보여주며 학습동기를 유발한다. • 요충증의 정의 및 원인균 : Enterobius vermicularis • 발생 현황		
전개	• 증상 : (가) 야간에 극심한 항문주위 가려움증, 수면장애, 안절부절 못함, 잠자리에 오줌싸기, 주의 산만, 주의집중력 저하 • 진단 : (나) 테이프 검사 • 치료제 : (다) 메벤다졸(mebendazole, Vermox) • 예방 : (라) 항문주변 긁지 않기, 손톱을 짧게 하고 입에 손 넣지 않기, 철저한 손 씻기 • 특성 : (마) 가족 중에 감염된 사람이 있는 경우 가족 모두 치료		

① (가) 밤 동안 성충이 항문 주변으로 기어 나와 알을 낳을 때 극심한 가려움증이 있다.
② (나) 아침에 일어나자마자 항문 주변에 투명테이프의 접착 면을 압착하면 요충 알이 묻어 나온다.
③ (다) 요충치료에 사용하는 구충제이며, 임신부에게는 투여하지 않는다.
④ (라) 손이나 손톱 밑에 남아있는 알들이 입으로 들어가 재감염되는 것을 방지하기 위함이다.
⑤ (마) 요충 알은 몸 밖에서 1~2일간 생존하면서 접촉한 모든 가족에게 쉽게 감염될 수 있다.

|정답| ⑤

|해설| 요충 알은 몸 밖에서 2~3주간 생존하고, 건조에 강해서 공기 중에 섞여 있다가 가족 내, 공동생활 구성원 사이에 감염이 흔히 발생한다.

1. **병원체**
   ① Enterobius vermicularis, 4~8mm 크기이며 백색이다.
   ② 소장 하부, 맹장 등에 기생한다.
2. **전파**
   ① 알이 손이나 음식물을 통해 들어와 소장 상부에서 부화하여, 맹장의 점막에서 성충까지 발육하고, 직장 내에서 기생하다가 45일 전후면 항문 주위에 나와 산란하고, 다시 직장으

로 돌아간다.

② 알은 건조한 실내에도 오래 살기 때문에 같이 침식을 하는 사람은 모두 감염된다. 어린이가 많이 감염된다.

③ 감염경로 : 항문 밖에 나와서 산란 → 감염성 충란 → 손을 거쳐서 직접 경구감염, 충란으로 오염된 음식물, 식기 등을 통한 간접 경구감염

3. 증세

① 알을 낳기 위하여 항문으로 나오기 때문에 항문 주위나 회음부에 소양증이 생겨서 가렵다.

② 손으로 긁어서 묻은 알이 입으로 들어가고, 심하게 긁으면 상처나 습진이 생기며 불면증, 신경쇠약, 신경증, 외음부의 충혈과 염증, 여자는 백대하증 등이 일어나며 어린이는 오줌을 싼다.

③ 기생 수가 많으면 장카타르나 충수염을 일으킨다.

④ 대도시감염, 가족감염, 자가감염, 충란감별법(스카치테이프법 95%, 분변법 5%)

4. 예방

① 집단구충을 하고 , 내외와 손, 침실을 깨끗하게 한다.

② 내의를 자주 갈아입고 항문이 가려워도 맨손으로 긁지 않는다.

③ 채소 감염은 회충과 같은 방법으로 예방한다.

18 중학생을 대상으로 건강검사를 하려고 한다. (가)~(다)에 들어갈 내용으로 옳은 것은?

2012년

검사항목	대상 학년	실시기관	조사항목 및 실시방법
신체발달상태	중학교 1학년	(가)	키, 몸무게, 비만도
	중학교 2, 3학년	-	
건강조사	중학교 1학년	-	건강조사 항목을 문진표로 조사
	중학교 2, 3학년	(나)	(다)
건강검진	중학교 1학년	-	근골격 및 척추 등을 검진

	(가)	(나)	(다)
①	학교 자체	학교 자체	문진표로 조사
②	학교 자체	검진기관	문진표로 조사
③	검진기관	검진기관	문진표로 조사
④	검진기관	학교 자체	구조화된 설문지로 조사
⑤	학교 자체	학교 자체	구조화된 설문지로 조사

|정답| ④

|해설| 건강조사는 시 · 도 교육감이 구조화된 설문지를 마련하고, 학교의 장을 통하여 조사할 수 있도록 한다. 구조화된 설문지에는 “예방접종 · 병력, 식생활 · 비만, 위생관리, 신체활동, 학교 · 가정생활, 텔레비전 · 인터넷 · 음란물의 이용, 안전의식, 학교폭력, 흡연 · 음주 · 약물의 사용, 성 의식, 사회성 · 정신건강, 건강상담 등의 항목을 포함한다.

검사항목	대상 학년	실시기관	조사항목 및 실시방법
신체발달상태	중학교 1학년	검진기관	키, 몸무게, 비만도
	중학교 2, 3학년	학교 자체	
건강조사	중학교 1학년	검진기관	건강조사 항목을 문진표로 조사
	중학교 2, 3학년	학교 자체	구조화된 설문지로 조사
건강검진	중학교 1학년	검진기관	근골격 및 척추 등을 검진

19 C초등학교 보건교사가 학교 간호과정의 4단계를 적용하여 건강증진사업을 운영하였다. (가)의 활동에 해당되는 내용으로 옳은 것은? [1.5점] 2011년

1단계 (가)	2단계 (계획)	3단계 (수행)	4단계 (평가)

① 학부모에게 부모 교육용 뉴스레터를 매주 발송하였다.
② 사업요구도를 파악하기 위해 학교 건강검사 결과를 분석하였다.
③ 사업실시 후 학생들의 체지방 및 체중 변화정도를 분석하였다.
④ 학생들의 식습관과 생활습관을 교정하기 위하여 행동수정요법을 실시하였다.
⑤ 소재지 보건소에 의뢰하여 학생들에게 식이처방과 운동처방을 받게 하였다.

|정답| ②
|해설| ① 수행, ② 사정, ③ 평가, ④ 수행, ⑤ 수행

20 학교 안전공제 신청서의 내용을 참고하였을 때 사고 당시 보건교사가 취했을 처치내용 중 옳은 것을 〈보기〉에서 고른 것은? 2011년

학교 안전공제 신청서

사고일시	2010년 9월 30일	장소	1학년 3반 교실
사고대상	1학년 3반 손OO		
사고내용	• 12시 45분경 친구와 장난치다가 칼로 왼쪽 집게손가락의 끝마디가 절단됨. • 12시 47분경 보건교사와 담임교사에게 연락됨. • 12시 49분경 보건교사와 담임교사가 현장에 와서 손OO의 상태를 확인하고 119에 연락함. • 12시 54분경 119가 도착하여 병원으로 이송함. • 12시 57분경 학부모에게 연락함.		

2010년 9월 30일

OOO 중학교장

〈 보 기 〉

ㄱ. 맥박과 혈압을 측정했다.
ㄴ. 왼쪽 집게손가락의 근위부에 있는 동맥을 찾아서 압박했다.
ㄷ. 잘려나간 손가락을 얼음에 직접 닿게 하여 아이스박스에 넣었다.
ㄹ. 손가락 끝에 대준 거즈가 피에 젖을 때마다 계속 바꿔 주었다.
ㅁ. 손을 심장보다 높이 올리게 하고 출혈 부위에 거즈를 대고 직접 압박했다.

① ㄱ, ㄴ, ㅁ　　② ㄱ, ㄷ, ㄹ
③ ㄱ, ㄷ, ㅁ　　④ ㄴ, ㄷ, ㄹ
⑤ ㄴ, ㄹ, ㅁ

|정답| ①

|해설| ⓒ 잘려나간 손가락을 얼음에 직접 닿게 하면, 조직이 손상되어 접합의 실패율이 증가한다.
ⓔ 손가락 끝에 대준 거즈가 피에 젖을 때마다 교환하는 것은 노출된 내부조직이 자극받아 더욱 출혈이 심해질 수 있다. 따라서 거즈를 교환하지 말고 위에 덧대어 주어야 한다.

21 고등학교 1학년 여학생 예은이의 신체발달상황과 학교건강검사규칙에 근거하여 올해 예은이가 받아야 할 건강검진항목으로 옳은 것은? [2.5점] 2011년

건강검사 실시현황

가. 신체발달상황

구분		초등학교(학년)			중학교(학년)			고등학교(학년)		
		1	2	3	1	2	3	1	2	3
키(cm)		122	125	132		157	160	160		
몸무게(kg)		24	25	30		60	65	70		
비만도	체질량지수	16.1	16.0	17.2		24.4	25.7	27.3		
	상대체중	21.2	11.1	4.16		16.9	22.4	29.6		

① 흉부X선 검사, 색각검사
② 간염검사(B형간염 항원 검사), 혈색소 검사
③ 흉부X선 검사, 간염검사(B형간염 항원 검사)
④ 색각검사, 혈액검사(혈당 · 총콜레스테롤 · ST · LT)
⑤ 혈액검사(혈당 · 총콜레스테롤 · ST · LT), 혈색소 검사

|정답| ⑤

|해설| 예은이의 체질량지수는 27.3kg/㎡으로 비만(25kg/㎡ 이상)이고, 상대체중에 의한 비만도는 29.6%로 경도비만(경도 : 20~30%, 중등도 : 30~50%, 고도 : 50% 이상)에 속한다.
고등학교 1학년 여학생이 받아야 하는 기본 병리검사로는 혈색소 검사와 흉부X선, 요검사가 있고, 예은이는 경도비만에 해당하므로 "혈당, 총콜레스테롤, AST/ALT를 측정할 수 있는 혈액검사"가 추가된다.

참고로 학교에서 실시하는 병리검사로는 혈액형 검사가 있으며, 이는 초등학교 1학년을 대상으로 ABO 및 Rh식으로 검사한다. 또한 초등학교 1학년 학생은 비만도 판정시 경도비만 이상의 결과가 나온다고 하더라도 "혈당, 총콜레스테롤, AST/ALT 검사"를 하지 않는다. 이유는 초등학교 1학년 학생은 개인차는 있을 수 있으나 유아체형(팔다리가 짧은 편이고, 배 근육 발달이 안 되어 배불뚝이 체형)이 남아있을 수 있기 때문이다.

22 **A중학교(전교생 500명)와 B중학교(전교생 500명)의 전염병 발생현황 보고서이다. 전염병 발생 후에 각 학교에서 취한 조치로 옳은 것만을 〈보기〉에서 모두 고른 것은?** 2011년

전염병 발생현황

기관명 : A중학교

1. 병 명 : 세균성 이질
2. 최초 발생일 : 2010년 7월 6일
3. 이환 및 치료상황

(단위 : 명)

일자	학교명	신규 환자 수	현재 치료 중인 환자 수				완치자 수		환자 연인원 수
			입원	자가	통원	계(a)	금일	누계(b)	(a+b)
7월 6일	A중학교	10	1	5	4	10	0	0	10
7월 6일	A중학교	15	6	10	9	25	0	0	25
7월 6일	A중학교	20	11	15	19	45	0	0	45

전염병 발생현황

기관명 : B중학교

1. 병명 : 신종 인플루엔자A(H1N1)
2. 최초 발생일 : 2010년 10월 4일
3. 이환 및 치료상황

(단위 : 명)

일자	학교명	신규 환자 수	현재 치료 중인 환자 수				완치자 수		환자 연인원 수
			입원	자가	통원	계(a)	금일	누계(b)	(a+b)
10월 4일	B중학교	50	5	10	35	50	0	0	50
10월 5일	B중학교	100	5	20	125	150	0	0	150
10월 6일	B중학교	150	10	70	220	300	0	0	300

〈 보 기 〉

ㄱ. A중학교 교장은 제1군 전염병인 세균성 이질 환자가 발생한 후 임시 휴업조치를 하였다.
ㄴ. B중학교 교장은 환자 발생 수가 증가하고 있어 임시 휴업조치를 하였다.
ㄷ. A중학교 교장은 의사가 세균성 이질에 감염되었다고 진단한 학생에 대하여 등교중지를 명하였고, 그 사유와 기간을 구체적으로 밝혔다.
ㄹ. B중학교 교장은 의사가 신종 인플루엔자A에 감염되었다고 진단한 학생에 대하여 등교중지를 명하였고, 신종 인플루엔자A가 제3군 전염병이므로 그 사유와 기간은 밝히지 않았다.

① ㄱ, ㄹ
② ㄷ, ㄹ
③ ㄱ, ㄴ, ㄷ
④ ㄴ, ㄷ, ㄹ
⑤ ㄱ, ㄴ, ㄷ, ㄹ

|정답| ③
|해설| ㄹ. 신종 인플루엔자A는 제4군 전염병이므로 그 사유와 기간은 밝혀야 한다.

23 M초등학교 보건교사가 학생들 사이에 유행하고 있는 머릿니(Pediculus humanus capitis)의 확산방지를 위해 작성하여 배포한 가정통신문의 내용 중 옳지 않은 것은?

[1.5점] 2011년

가정통신문

결실의 계절입니다. 댁내 평안하십니까? 요즘 본교 학생들 사이에 '머릿니'가 급속히 유행하고 있어 이의 확산 방지를 위해 다음과 같은 안내자료를 전해드리고자 합니다. 자녀들과 함께 읽어 보시고 위생지도에 만전을 기해주시길 당부드립니다.

❖ 머릿니의 예방과 관리

① 알(서캐)은 귀 뒤, 뒤통수 쪽에 많이 있으므로 이 부위를 주의깊게 관찰해 주십시오.
② 머릿니는 모자, 빗, 침구류 등을 통해 전파될 수 있으니 남과 함께 사용하지 않도록 합니다.
③ 머릿니의 수명은 약 30일 정도이므로 지속적인 관리가 필요합니다.
④ 머릿니의 성충은 사람에게서 떨어져 나와도 10일 이상 살 수 있으므로 꾸준한 관리가 필요합니다.
⑤ 극심한 소양증으로 학생이 두피를 긁게 되면 2차감염의 우려가 있으니 주의깊은 관찰이 필요합니다.

|정답| ④

|해설| 머릿니의 특성

1. 머릿니는 머리카락에 살며, 머리의 피부로부터 피를 빨아먹는다. 몸길이는 약 2.5~3mm이다. 배는 매우 크고 머리카락과 옷의 섬유를 잡기 위해 날카로운 발톱이 달린 다리가 있다. 머릿니의 머리는 배보다 약간 작다. 날개는 없지만, 피부를 뚫고 피를 빨기 위해서 날카로운 입이 있다. 알은 길이 1mm에 폭은 0.5mm이다. 알을 낳기 위해서는 모기처럼 피를 필요로 하기 때문에 인간을 숙주(먹이)로 보통은 두피에 가깝게 발견되고 있으며, 사람의 털이 있는 부위에서 생존하게 된다. 머릿니 성충은 인간 숙주에게서 떨어져도 최대 48시간까지 생존할 수 있다.
2. 머릿니의 암컷은 '서캐'라고 불리는 알을 머리카락에 낳는다. 알은 일주일 정도 지나면 부화하고 애벌레로서 약 20일을 지낸다. 이후 어른벌레가 되는데, 한 달 가량 살며 300개 정도의 알을 낳는다.
3. 머릿니가 좀더 많이 분포하는 부위는 목덜미와 귀 주변이며, 암컷 머릿니는 보통 두피에서 1.2cm 높이의 머리카락에 알을 부착하는 경향이 있다. 머릿니는 기름으로 뒤덮인 머리안에서도 하룻밤을 지내고도 살아남을 수 있을 정도로 생존력이 강하고, 보통 샴푸로는 머릿니를 죽일 수 없으며, 쉽게 익사하지 않기에 전용샴푸를 사용하여야 한다.
4. 번식을 아주 빠르게 하는 것에 더해 피부를 가렵게 만드는 타액을 분비하기 때문에, 이것이 생길 경우 아주 불편하다. 또한 물렸을 때 심각한 질병을 옮기기도 한다. 머릿니로 인한 세 가지 질병은 발진티푸스(병원체 Rickettsia prowazekii), 참호열(병원체 Rickettsia quintana), 재귀열(병원체 Borrelia recurrentis)이다. 옛날에는 이 질병 때문에 수백만 명이 죽었으나 현재는 항생제로 치료할 수 있다.

24 다음의 소견을 보이는 여학생이 보건실에 왔다. 이때 보건교사가 학생에게 해줄 수 있는 간호중재와 그 원리로 옳은 것을 〈보기〉에서 모두 고른 것은? 2010년

> 14세 여학생이 수업 도중 월경 시작과 동시에 갑작스런 골반통증이 있어 보건실에 왔다. 이 여학생은 13세에 초경을 했으며 현재 하복부와 치골상부에 국한된 통증이 있고, 통증의 양상은 둔하게 쑤시는 형태로 나타난다고 하였다.

〈 보 기 〉

ㄱ. 열요법으로 통증부위에 혈류를 감소시키고 고긴장성 근수축을 감소시킨다.
ㄴ. 골반 흔들기 등의 운동으로 혈관이완을 증가시켜 자궁허혈을 감소시킨다.
ㄷ. 복부마사지로 2차적인 자극을 주어 통증의 역치를 감소시킨다.
ㄹ. 요가나 명상으로 이완을 유도하여 통증을 감소시킨다.

① ㄱ, ㄴ
② ㄱ, ㄷ
③ ㄴ, ㄹ
④ ㄱ, ㄴ, ㄹ
⑤ ㄴ, ㄷ, ㄹ

|정답| ③

|해설| ㉠ 열요법(열패드나 온욕)은 혈관확장과 근육이완을 증가시켜 자궁허혈을 최소화하여 월경통을 완화한다.
㉢ 복부마사지는 통증 역치 증가

25 다음 사례에서 보건교사가 실시한 응급처치로 옳은 것은? 2010년

> 고등학교 1학년 여학생이 실험실에서 실험을 하던 중에 양잿물이 쏟아지면서 학생의 눈에 양잿물이 들어갔다. 사고소식을 듣자마자 보건교사가 실험실로 달려갔더니, 학생은 눈을 꼭 감고, 안구통증으로 괴로워하며 울고 있었다.

① 산성액체로 중화시킨 뒤 생리식염수로 안세척을 실시하였다.
② 멸균된 생리식염수로 5분 정도 안세척을 실시하고 귀가시켰다.
③ 실험실에 비치된 앞치마와 글러브를 착용하고, 수돗물로 안세척을 하면서 병원으로 후송하였다.
④ 통증자극을 줄이기 위해 국소적 마취제를 점안하고, 양 눈에 드레싱을 적용한 뒤, 병원으로 후송하였다.
⑤ 안검을 벌리고 환측 눈의 외측안각에서 내측안각쪽 방향으로 생리식염수로 안세척을 실시하였다.

|정답| ③

|해설| 알칼리성 화학물질에 의한 눈 화상시 즉시 생리식염수나 수돗물로 눈의 내안각에서 외안각으로 세척한다. 알칼리성 용액은 20분간 세척한다.

26 **학교보건법과 학교보건법 시행령에 명시된 학교환경위생 보호구역(이하 "보호구역")설정 및 관리에 관한 내용으로 옳은 것은?** [1.5점] 2010년

① 교육감은 보호구역을 설정할 때에는 절대보호구역과 상대보호구역으로 구분하여 설정한다. 이때 상대보호구역은 학교출입문으로부터 직선거리로 300m까지인 지역 중 절대보호구역을 제외한 지역으로 한다.

② 보호구역은 보호구역이 설정된 해당 학교의 장이 관리한다. 학교 간에 절대보호구역과 상대보호구역이 서로 중복될 경우에는 상대보호구역이 설정된 학교의 장이 이를 관리한다.

③ 상 · 하급학교 간에 보호구역이 서로 중복될 경우에는 상급학교가 관리하며, 같은 급의 학교 간에는 학생 수가 적은 학교가 관리한다.

④ 학교설립예정지를 결정 · 고시한 자나 학교설립을 인가한 자는 학교설립예정지가 확정되면 지체 없이 해당 학교장에게 그 사실을 통보해야 하며, 학교장은 학교설립예정지가 통보된 날부터 보호구역을 관리해야 한다.

⑤ 교육감은 보호구역을 고시할 때 보호구역의 위치 및 면적과 보호구역이 표시된 지적도면을 포함하여야 하고, 게시판 또는 인터넷 등을 이용하여 그 내용을 국민에게 공개하여야 한다.

|정답| ⑤

|해설| **교육환경 보호에 관한 법률 제8조(교육환경보호구역의 설정 등)**

① 상대보호구역은 학교경계 등으로부터 직선거리로 200m까지인 지역 중 절대보호구역을 제외한 지역

② 학교 간에 절대보호구역과 상대보호구역이 서로 중복될 경우에는 절대보호구역이 설정된 학교의 장이 이를 관리한다.

③ 상 · 하급학교 간에 보호구역이 서로 중복될 경우에는 하급학교가 관리하며(다만, 하급학교가 유치원인 경우에는 그 상급학교), 같은 급의 학교 간에는 학생 수가 많은 학교가 관리한다.

④ 학교설립예정지를 결정 · 고시한 자나 학교설립을 인가한 자는 학교설립예정지가 확정되면 지체 없이 관할 교육감에게 그 사실을 통보해야 하고, 교육감은 학교설립예정지가 통보된 날부터 30일 이내에 교육환경보호구역을 설정 · 고시하여야 한다. 설정된 보호구역은 보호구역이 설정된 해당 학교의 장이 관리한다. 다만, 학교설립예정지의 경우에는 학교가 개교하기 전까지는 보호구역을 설정한 자가 관리한다.

27 **서울 소재의 A중학교에서는 학교건강검사규칙에 근거하여 학생 및 교직원을 대상으로 2009년 학교건강검사를 실시하였다. 이 규칙을 바르게 준수한 것으로 옳은 것은?**

[1.5점] 2010년

① 학교장은 교무회의를 거쳐 1개의 검진기관을 선정한 후 3학년 학생들의 건강검진과 신체의 발달사항 측정을 의뢰하여 실시하였고, 1~2학년의 신체의 능력검사 및 건강조사는 학교에서 자체 시행하였다.

② 학교장은 학생건강검사를 실시한 후 그 결과를 학생건강기록부에 작성 · 관리하고, 교직원들에 대해서는 「국민건강보험법」에 의한 건강검진결과를 관리하였다.

③ 학교장은 건강검진 결과 결핵초기로 판정받은 50세 담임교사에게 복무에 지장이 있다고 판단하여 휴직을 결정하였다.

④ 여학생들을 대상으로 한 신체능력검사를 하기 위하여 달리기, 오래달리기 - 걷기, 제자리멀리뛰기, 팔굽혀펴기, 윗몸일으키기 및 앉아 윗몸 앞으로 굽히기를 실시하였다.

⑤ 3학년 1학기를 마친 후 자퇴하고 외국유학을 준비 중인 학생의 담임교사는 부모에게 학생건강기록부 원본을 교부하였으며, 공증을 받은 후 외국학교에 제출하도록 하였다.

|정답| ②

|해설| ① 학교장은 2개의 검진기관을 선정한 후(학교운영위원회의 심의 또는 자문을 받을 수 있다) 중학교 1학년 학생들의 건강검진과 신체의 발달사항 측정, 건강조사를 의뢰하여 실시하였고, 중학교 2, 3학년의 신체의 능력검사 및 건강조사는 학교에서 자체 시행하였다.

③ 학교건강검사규칙 제10조(건강검사 등의 실시결과에 따른 조치) : 학교장은 교직원에 대해서 건강검진을 실시한 결과, 전염성 질환 또는 신체의 심한 허약 등으로 복무에 지장이 있다고 인정되는 경우에는 휴직 기타 적절한 조치를 취하도록 임면권자에게 건의하여야 한다.

④ 여학생의 신체능력검사 필수평가항목(5요소 11항목)은 심폐지구력(왕복 오래달리기, 오래 달리기 - 걷기, 스텝검사), 유연성(앉아 윗몸 앞으로 굽히기, 종합유연성 검사), 근력 · 근지구력(무릎대고 팔굽혀펴기, 윗몸 말아올리기, 악력), 순발력(50m 달리기, 제자리 멀리뛰기), 비만(BMI)이고, 남학생의 항목(11항목)은 여학생과 모두 동일하고, 무릎대고 팔굽혀 펴기가 팔굽혀 펴기로 다르다(참고로 초등학교 5~6학년은 이 항목을 실시하지 않는다).

⑤ 학생이 휴학, 퇴학, 사망 및 중 · 고등학교 미진학시에는 최종적으로 재적하였던 학교에서 학생건강기록부 전산자료 및 출력물을 5년간 당해 학교에 보존하여야 한다.

28 학령기 아동에게 발생하는 응급상황에 따른 처치가 옳은 것을 〈보기〉에서 고른 것은?

2009년

〈 보 기 〉

ㄱ. 팔에 뜨거운 물로 화상을 입었을 경우 팔을 찬물에 식힌다.
ㄴ. 질식으로 호흡곤란이 있으면 기침을 세게 하도록 유도한다.
ㄷ. 부식성 소독제를 마셨을 경우 구토를 유도한다.
ㄹ. 넘어져서 영구치가 빠지면 치아를 멸균된 거즈에 싸서 치과를 방문한다.

① ㄱ, ㄴ
② ㄱ, ㄷ
③ ㄴ, ㄷ
④ ㄴ, ㄹ
⑤ ㄷ, ㄹ

|정답| ①

|해설| ㉡ 불완전 기도폐쇄시 효과적인 기침으로 뱉어내도록 한다.
㉢ 강한 산이나 알칼리, 부식성 물질은 구토를 유발시키지 않는다.
㉣ 넘어져서 영구치가 빠지면 치관부를 손가락으로 잡고 식염수를 흐르게 하여 치근부의 이물을 가볍게 씻어 낸 후 빠진 치아를 식염수에 담그거나 젖은 거즈에 싸거나 우유에 담근 상태로 30분 이내에 치과에 간다.

29 학교에 등교할 수 없는 전염성 질환을 〈보기〉에서 고른 것은?

[2.5점] 2009년

〈 보 기 〉

ㄱ. 발진 후 5일 된 풍진
ㄴ. 발진 후 5일 된 홍역
ㄷ. 이하선의 종창 발현 후 7일 된 유행성 이하선염(볼거리)
ㄹ. 첫 수포가 생긴 후 8일이 지나고 수포에 딱지가 형성된 수두

① ㄱ, ㄷ
② ㄴ, ㄹ
③ ㄱ, ㄴ, ㄷ
④ ㄹ
⑤ ㄱ, ㄴ, ㄷ, ㄹ

|정답| ③

|해설| 감염성질환 전파차단을 위한 등교중지(격리)기간
(학교감염병 예방 · 위기대응 매뉴얼, 교육부, 2016.12)
1. 풍진 : 발진이 나타난 후 7일까지
2. 홍역 : 발진이 나타난 후 4일까지
3. 유행성 이하선염 : 증상발현 후 5일까지
4. 수두 : 모든 발진이 가피(딱지)가 형성될 때까지

30 **학교보건법과 학교보건법 시행령에 관한 내용으로 옳은 것을 〈보기〉에서 고른 것은?**

2009년

〈 보 기 〉

ㄱ. 보건교사는 부상과 질병의 악화를 방지하기 위한 처치를 한다.
ㄴ. 교육감은 교육환경보호구역을 설정 · 고시하여야 한다.
ㄷ. 학교의 장은 감염병 환자에게 등교중지를 명할 수 있다.
ㄹ. 학교의 장은 학생과 교직원에 대하여 건강검사를 하여야 한다.

① ㄱ, ㄷ
② ㄴ, ㄹ
③ ㄱ, ㄴ, ㄷ
④ ㄹ
⑤ ㄱ, ㄴ, ㄷ, ㄹ

|정답| ⑤

|해설| ㉠ 학교보건법 시행령 제23조(학교의사, 학교약사 및 보건교사)
㉡ 교육환경 보호에 관한 법률 제8조(교육환경보호구역의 설정 등)
㉢ 학교보건법 제8조(등교중지)
㉣ 학교보건법 제7조(건강검사 등)

31 **다음은 K초등학교 보건교사가 상담한 다섯 학생의 신체발달상황과 건강조사 결과의 일부이다. 물음에 답하시오.** [30점] 2009년

〈표 1〉 신체발달상황

이름	연령(세)	성별	키(cm)	몸무게(kg)	상대체중	BMI
A	12	여	154	64	30.6%	27.0
B	12	여	154	67	36.7%	28.3
C	12	남	156	69	50.0%	28.4
D	12	남	148	62	55.0%	28.3
E	12	남	150	67	67.5%	29.8

1) 상대체중 : (실제체중 - 신장별 표준체중) ÷ 표준체중의 백분율이며, 키가 148~150cm인 경우 표준체중은 남자 40kg, 여자 42kg이고, 키가 154~156cm인 경우 표준체중은 남자 46kg, 여자 49kg이다.

2) BMI(Body Mass Index) : 체질량지수(kg/m²)

※ 다음 그림은 한국 아동의 BMI 백분위수 곡선이다.

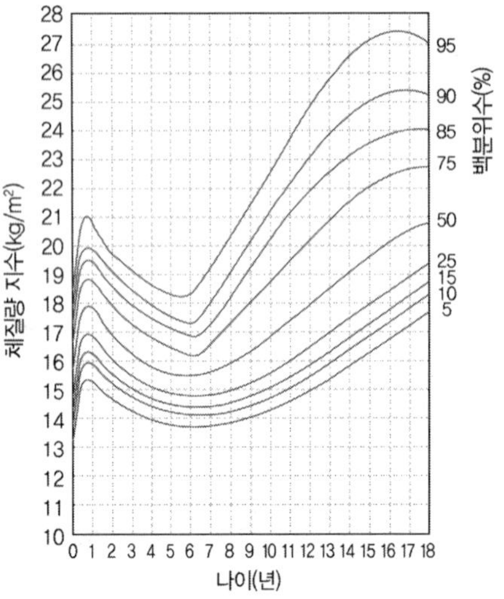

한국 남아(0~18세)의 BMI 백분위수

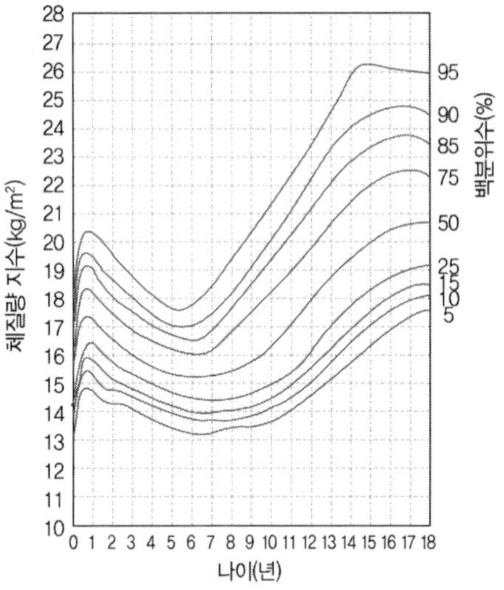

한국 여아(0~18세)의 BMI 백분위수

〈표 2〉 건강조사 결과

조사문항	내용	예	아니오
		명(%)	명(%)
식생활/비만	아침을 규칙적으로 먹는 편이다.	1(20)	4(80)
	매일 우유나 유제품을 먹는다.	4(80)	1(20)
	매일 채소와 과일을 먹는다.	1(20)	4(80)
	평소 단 음식과 짠 음식을 거의 먹지 않는다.	1(20)	4(80)
	콜라나 음료수 또는 과자를 하루에 두 번 이상 먹는다.	5(100)	0(0)
	햄버거나 피자 또는 라면을 거의 매일 먹는다.	5(100)	0(0)
신체활동	주 3회 이상 땀이 나거나 숨이 찰 정도로 운동을 한다.	0(0)	5(100)
	잠은 매일 7시간 이상 충분히 잔다.	5(100)	0(0)
	학교 체육활동 이외의 운동은 거의 하지 않는다.	5(100)	0(0)

31-1 위의 결과를 보고 학교건강검사규칙에서 제시하고 있는 비만도 판정기준을 근거로 하여 각 학생의 비만 정도를 설명하고, A~E 다섯 명의 학생들에게 공통으로 예측가능한 건강문제에 대하여 근거를 들어 논하시오. [10점]

| 모범답안 |

1. 표준체중에 의한 상대체중으로 산출된 비만도가 30% 이상~50% 미만인 경우 중등도비만이므로 A, B학생은 중등도비만이며, C, D, E학생은 50% 이상으로 고도비만이다. 또한 BMI 결과 다섯 명의 학생 모두 25kg/㎡ 이상이므로 비만이다(BMI 25kg/㎡은 성인비만 기준임).
2. A~E 다섯 명의 학생들에게 공통으로 예측가능한 건강문제는 모든 학생이 중등도 이상의 비만상태이며 모두 고열량, 고지방, 자극적 식이 등 잘못된 식습관을 가지고 있고, 신체활동은 매우 부족한 상태이다.
   그러므로 ① 앞으로 이 학생들 중 80~85%가 성인비만으로 이행되며, ② 고지혈증, 지방간, 고혈압, 동맥경화, 당뇨병, 심근경색, 뇌출혈 등의 성인병이 조기에 나타날 수 있을 뿐만 아니라 심하면 어릴 때 이러한 성인병의 합병을 유발할 수도 있다. 또한 ③ 비만은 심장에 부담을 주게 되고, ④ 편도비대증으로 기도가 살에 눌려 호흡장애를 일으키는 원인이 되기도 하며, ⑤ 신체발육에도 영향(성조숙증 발생 우려)을 미칠 수 있고, ⑥ 무거운 몸무게를 지탱하느라 무릎관절이나 척추 등의 통증을 호소하기도 하며, ⑦ 신체적 열등감이나 정서적 불안정으로 인해 학업에 열중하지 못해 성적이 부진해질 수도 있다.

31-2 위 학생들을 대상으로 강의식 보건교육을 실시하고자 한다. 가장 적절한 보건교육의 주제를 정하고, 교수 - 학습활동과정의 도입, 전개, 정리단계에서 강조해야 할 교사의 활동사항과 교육내용에 대하여 논하시오. [20점]

| 모범답안 |

1. 각 단계에서 강조해야 할 교사의 활동사항으로는 ① 도입단계는 본 수업이 시작되는 단계로, 교사는 "학습자의 동기유발, 학습목표 제시, 선수학습과 관련짓기 등"의 활동을 하고 ② 전개단계는 수업의 중심활동으로, "학습내용 제시, 학습자료 제시, 학습자 참여유도, 다양한 수업방법의 사용, 시간과 자원의 관리 등"의 활동을 하고, ③ 정리단계에는 학습지도의 결론부분으로, "학습과제에 대한 요약정리, 연습을 통한 강화, 일반화, 보충자료 제시 및 차시 예고"의 활동을 한다.
2. 각 수업과정 단계에서 제공할 수 있는 구체적인 학습내용으로는 ① 도입단계에서는 "신체발달상황과 건강조사 결과, 비만판정기준, 소아비만의 정의"를 알려주고, ② 전개단계에서는 "소아비만의 원인 및 증상, 문제점, 소아비만관리 지침(식이요법, 운동요법, 행동요법)"을 알려주며, ③ 정리단계에서는 본 "수업내용을 요약정리"하도록 한다.

CHAPTER

09 보건교육

01 보건교육의 개념

1 보건교육의 정의

1. 보건교육의 뜻

인간이 건강을 유지, 증진하고 질병을 예방함으로써 적정기능 수준의 건강을 향상시키는 데 필요한 지식, 태도, 실천을 바람직한 방향으로 변화시켜 놓는 것이다.

2. 보건교육의 목적

(1) 건강에 관한 기본지식을 습득하는 것만이 아니라 건강행위를 충분히 할 수 있도록 태도 형성에 영향을 주는 학습경험을 제공하는 데 목적이 있다.

(2) WHO가 주최한 1차 보건교육 전문위원회에서 제시한 보건교육의 최종목표

보건교육의 목적은 잘못되어 있는 건강지식, 태도 및 행동 등에 영향을 주어, 이를 새롭고 올바른 양상으로 바꾸어 놓음으로써 전 지역사회의 보건수준 향상에 기여하도록 하는 데 그 목적이 있다.

① 지역사회구성원의 건강은 지역사회 발전에 중요한 열쇠임을 인식시킨다.

② 개인이나 지역사회구성원들이 자기 스스로 자신의 건강을 관리할 능력을 갖도록 한다.

③ 자신들이 속한 지역사회의 건강문제를 스스로 인식하고 자신들이 해결할 수 있는 문제는 해결하려는 노력을 통하여 지역사회의 건강을 자율적으로 유지, 증진하도록 하는 힘을 갖게 하는 데 보건교육의 최종목표를 두고 있다.

④ 즉, 보건교육의 최종목표는 자신의 건강을 자신이 지켜야 한다는 긍정적인 태도를 갖고 자신의 건강을 지킴과 동시에 자신이 속한 지역사회가 발전하는 데 건강이 중요한 재산이며 목표임을 인식하고 지역사회의 건강은 구성원들 스스로의 노력으로 해결할 수 있도록 하는 데 있다.

CHECK Point WHO - 보건교육사업의 지침

1. 보건교육은 전체 보건사업계획의 일부분으로서 처음부터 계획되어야 한다.
2. 보건교육사업의 대상이 되는 지역사회에 대한 진단이 선행되어야 한다.
3. 보건교육을 계획할 시 교육대상자가 참여해야 한다.
4. 이용가능한 지역사회자원을 파악해야 한다.
5. 보건교육의 목표가 명확하게 제시되어야 하고 그에 따른 구체적인 계획이 수반되어야 한다.
6. 작은 규모의 시범사업으로부터 점진적인 보건교육사업으로의 확대가 이루어져야 한다.
7. 모든 보건요원은 훌륭한 보건교육 실천가가 되어야 한다.
8. 효율적인 보건교육사업 수행을 위해 보건교육 전문가의 자문이 필요하다.
9. 보건교육사업에서 요구되는 예산의 배정은 우선순위에 따라 이루어져야 한다.

3. 보건교육의 필요성

(1) 모든 보건의료서비스 프로그램의 공통되는 성분이다.
(2) 보건에 관한 최신정보를 교육대상에게 제공할 수 있다.
(3) 개인이나 지역사회가 건강에 이르는 생활양식을 유지 및 촉진하게 할 수 있다.
(4) 개인이나 지역사회가 건강에 관계되는 문제를 해결할 수 있는 능력을 확보하게 할 수 있다.

4. 학교보건교육의 필요성

(1) 대상인구가 전체인구의 25%를 차지할 만큼 광범위하다.
(2) 모든 가정에는 대부분 학생인구가 있어 가족과 지역사회로 확대될 수 있는 장점이 있다.
(3) 학생시절은 건강위생을 위한 습관형성시기로 이 시기에 형성된 건강습관은 일생동안 지속될 수 있다. 즉, 학생들은 가장 능률적인 보건교육 대상자이다.
(4) 건강증진사업을 위한 가장 중요한 전략이 보건교육이다. 학교에서는 교과과정 중에 보건교육을 충분히 통합하여 운영할 수가 있다.
(5) 학생들은 학교라는 한 장소에 모여 있으므로 지역주민들을 위한 사업시 지역을 방문해야 하는 것을 고려할 때 학교는 사업의 효율성을 높여준다.
(6) 교직원은 그 지역의 지도적 입장에 있고 항상 보호자와 접촉하므로 교직원이 먼저 보건에 관한 지식을 습득하고 이것을 생활화함으로써 지역사회의 모범이 될 수 있다.

2 보건교육의 원리

1. 교육의 기본요소는 교육자, 학습자, 교육내용, 환경이다.

(1) 교육자

전문적인 보건교육자로서 실제로 보건교육을 실시하고 있는 여러 보건전문가들을 말한다.

(2) 학습자

교육대상자로서의 개인, 환자와 그 가족, 집단, 지역사회 등을 모두 포함한다.

(3) 교육내용

건강과 질병에 관련된 것들로서 인간의 건강에 관련된 신체적, 정서적, 정신적, 사회적, 환경적 요인들을 포함한 광범위한 것이다.

(4) 환경

교육자와 학습자가 만나는 장소인 병원, 학교, 산업장, 지역사회, 가정 등과 그에 관련된 구조, 개인과 환경의 상호작용으로 형성되는 제반요인을 말한다.

2. 교수 – 학습개념

(1) 교수

교육자가 교육의 중심이 되어 교육을 계획하고, 학습자에게 지식 및 기능을 학습하도록 시키는 교육자 중심 교육활동을 말한다.

(2) 학습

학습이란 새로운 지식, 기술, 행동에 이르는 과정으로 행동의 변화를 유도하는 것이다.

CHECK Point 학습지도(교수)의 원칙

1. **자발, 창조의 원칙** : 학습자 스스로 자발적으로 학습활동에 참여해야 한다는 원리로 '자기 활동의 원리'라고도 한다.
2. **흥미의 원칙** : 교수자는 학습자의 생각을 파악하고 그 생각을 중점적으로 거론하여 학습의 필요에 흥미와 관심을 가지도록 함으로써 학습자가 적극적으로 학습하도록 유도한다.
3. **개별화 원칙** : 학습자가 지니고 있는 각자의 요구와 능력에 맞는 학습활동의 기회를 마련해주어야 한다.
4. **직접경험의 원칙** : 어떤 사물에 대한 개념을 인식시키는데 언어로써 설명하는 것보다는 구체적인 사물을 직접 제시하거나 경험시킴으로써 큰 효과를 볼 수 있다는 원리이다.
5. **사회화의 원칙** : 현실사회의 현상과 문제를 기반으로 하여 학교에서 경험한 것과 학교 밖에서 경험한 것을 교류시키고, 공동학습을 통하여 협력적이고 우호적인 학습을 진행하는 원리로 토의법이나 분단학습 등을 통해 사회화를 촉진할 수 있다.
6. **통합의 원칙** : 학습을 부분적 또는 분과적으로 지도할 것이 아니라 종합적인 전체로 지도하자는 원리이다.
7. **애정의 원칙** : 교육자는 대상자를 육성하고 신장시키고자 하는 애정을 가지고 있어야 한다. 이러한 애정과 관심의 표시가 학습자의 마음을 감동시켜 그 사람의 발달을 촉진하게 된다.

3 학습에 영향을 미치는 요인

1. 환경적 요소

(1) 교사

교사는 대상자에게 생물학적, 심리적, 사회적, 문화적으로 영향을 주는 환경이 된다.

(2) 교사 – 학습자 관계

교사와 학습자와의 관계는 학습의 성공 여부에 지대한 영향을 미치므로 따뜻하고 돌보는 분위기와 상호 존중하는 분위기, 성공적인 분위기를 만들어야 한다.

(3) 물리적인 학습환경

적절한 조명, 환기, 공간, 온도, 시각 · 청각 · 후각적 자극, 기구, 자원, 가구의 배치, 신체적 편안함, 시간을 포함하는 물리적 환경을 갖출 수 없다면 학습이 쉽게 일어날 수 없다.

2. 개인적 요소

(1) 정서적 준비도(동기)

필요한 노력을 기꺼이 투입하겠다는 학습자의 동기라고 할 수 있다. 학습동기는 태도와 신념 그리고 건강관련 행위에 근거한다.

(2) 경험적 준비성

사전경험, 대상자의 배경, 기술과 태도, 학습능력을 포함한다.

① **선수학습(사전경험)** : 이전의 경험이나 훈련 중에서 새로운 학습과 관련된 것을 의미한다.

② **신체 사회적 상태** : 대상자들은 자신의 건강상태에 따라서 질병으로부터의 회복과 건강의 유지나 증진 등의 광범위한 영역으로 배우고자 하는 에너지가 증가한다.

③ **학습자의 특성** : 학습자의 특성에는 개인차, 발달과 성숙, 학습자가 가지고 있는 기술수준과 그 기술에 대한 그들의 지각, 즉 자기효능감이 포함된다.

㉠ **지적 특성** : 학습자의 개인차를 말하며 학습에 관련된 지적능력 중 가장 많은 관련을 갖는 요인은 지능이다.

㉡ **정의적 특성** : 학습자가 학습활동을 하게 만드는 심리학적 요인들로 학습동기, 포부수준, 주의, 적응의 강도, 감정, 정서, 우월감 및 열등감을 말한다.

㉢ **인간발달 특징** : 교육자는 교육을 계획하거나 교육지도를 할 때 학습자의 발달특징과 발달단계, 발달과업을 이해하고 그에 따라 교육을 전개하여야 한다.

3. 교육방법

학습의 개인차를 고려하여 교육속도를 조절하고 교육내용에 따라 적절한 교육기법을 택하도록 한다.

4 보건교육시 고려할 사항

1. 보건교육은 모든 연령층을 대상으로 한다.
2. 보건교육은 개인이나 집단의 건강에 관한 지식, 태도, 행위를 바람직한 방향으로 변화시키는 데 목적이 있다.
3. 보건교육은 형제, 동료, 친구 사이에도 이루어진다.
4. 보건교육은 거의 실제 경험과 비슷한 학습환경에서 이루어질 때 그 효과가 매우 크다.
5. 보건교육은 그 지역사회에 위치해 있는 학교, 지역사회, 가정 간의 접촉수단이 되어야 한다.
6. 보건교육계획을 세우려면 명확한 목표 설정이 되어 있어야 한다.
7. 보건교육은 다른 분야와 협조적인 노력이 있어야 한다.
8. 보건교육 계획시 그 지역사회주민의 건강에 대한 태도, 신념, 미신, 습관, 금기사항, 전통 등 일상생활의 전반적인 사항을 반드시 알고 있어야 한다.
9. 보건교육은 양과 질을 측정할 수 있는 평가지표의 준비가 필요하다.
10. 보건교육은 개인, 가정, 지역사회주민의 요구 또는 흥미에 따라 실시해야 효과적이라는 것을 명심해야 한다.
11. 보건교육은 연령, 교육수준, 경제수준에 맞게 실시해야 한다.
12. 보건교육은 단편적인 지식이나 기능을 전달하는 것이 아니라 일상생활에서 응용될 수 있도록 하는 것이며 인간의 신체적, 정신적, 사회적 측면의 조화를 고려하여 실시해야 한다.
13. 대상자가 자발적으로 보건교육에 참여토록 한다.
14. 보건문제 해결은 일정한 공식이 없으므로 일종의 창의적인 과정이라 할 수 있다.

5 보건교육을 위한 학습과정

인지 → 흥미 → 심리적 평가 → 실천 → 수용

1. 인지단계

(1) 학습의 첫 단계로서 사물에 대하여 정확히 알 수 있도록 해주어야 한다.

(2) 보건교육목표에 설정된 내용에 따라 주민들이 사실을 인지할 수 있도록 지식을 제공한다.
(3) 보건교육활동을 통해 정확하고 과학적인 지식을 제공하는 것은 대단히 중요하다.

2. 흥미단계

(1) 보건교육 대상 주민이 관심을 가지고 계속 관계를 맺게 해주어야 한다.
(2) 보건교육 대상자가 필요로 하는 요구도와 중요하다고 생각하는 바를 사전에 알아서 그것에 맞는 보건교육내용을 마련함으로써 흥미를 유발시키고 또한 관심을 유지시킬 수 있다.

3. 심리적 평가단계

(1) 행동으로 나타난 실천의 결과를 평가하는 것이 아니라 얻은 지식 중심으로 인지한 내용에 대해 심리적으로 평가하는 것이다. 이 결과는 행동의 변화를 줄 수 있는 계기를 제공한다.
(2) 긍정적인 또는 부정적인 심리적 평가의 결과는 동기조성을 좌우할 수 있기 때문에 중요하다.

4. 실천단계

만일 심리적 평가의 결과가 자기에게 이익이 된다는 판단이 생기면 소극적이면서 소규모적인 방법에서도 자기 자신이 직접 참여하여 실천해보는 경험을 가지게 될 것이다.

5. 수용단계

(1) 보건교육의 목표가 달성되는 최종 단계로서 학습의 효과를 판정할 수 있는 결론단계이다.
(2) 새로운 지식을 얻어 관심과 흥미를 가지게 되며, 이에 따라 자기에게 이익이 있다는 판단으로 실험단계로서 경험을 얻고 그 결과로써 행태의 변화가 있었다면 이것은 학습의 효과로 간주할 수 있다.

6 보건교육가의 자질

1. 좋은 대인관계 성립

(1) 보건교육가의 인격향상

보건교육가의 인격과 행동이 대상자의 교육효과에 영향을 준다.

(2) 좋은 대인관계 유지방법

보건교육가는 대상자에게 도움이 되고 이익을 준다고 믿도록 행동하고 일하는 모습을 보여 주어야 한다.

2. 분명한 의사소통

(1) 간단명료하게 표현하기

좋은 의사소통을 위해서는 메시지를 좀 더 간단하고 명료하게 쓰거나 말하는 것으로 표현하는 것이 매우 중요하다.

(2) 경청과 주의집중하기

사람들이 표현하는 것을 경청하고 주의를 기울여야 하며 자유롭게 표현하도록 그들을 격려해 주어야 한다.

(3) 토론과 확인하기

경청 후 상대방이 한 말을 되풀이해주어 올바르게 확인하는 것이 필요하다.

3. 참여 조장

(1) 문제규명에의 참여

교육자는 직접 문제를 제시하기보다 대상자 스스로 자신의 문제를 구명할 수 있도록 격려하고 그 문제를 다룰 수 있도록 도와준다.

(2) 문제해결 및 발견에의 참여

대상자가 자신의 건강문제에 대해 책임을 스스로 갖고 문제해결에 직접 참여하도록 한다.

4. 참여 촉진

"우리가 확인할 수 있는 문제는 무엇인가?", "우리가 선택해야 할 가장 좋은 해결책은 무엇인가?" 등을 의논한다.

5. 평가 참여

6. 편견 배제

02 보건교육 관련 이론

1 행동주의(행동변화의 주요 요소 : 외적자극 즉 보상 또는 타인의 반응, S-R 반응)

1. 학습은 환경에서 일어나는 행위변화가 관찰되는 상황에서 새로운 건강습관이 결정될 때 이루어진다.

2. 주위 사람들의 어떤 행동이나 그 결과에 대해 격려나 보상 및 처벌을 주느냐에 따라 행동의 지속이나 소멸이 나타난다고 본다.

3. 학습원리

행동주의자들은 정신적 사상은 직접적으로 다룰 수 없기 때문에 무시해야 하고 직접적으로 다룰 수 있는 행동을 연구해야 한다고 주장한다.

(1) 반복은 학습을 증진시킨다. 특정한 자극과 특정한 반응의 연합이 이루어지기 위해서는 반복되는 연습이 필요하다.
(2) 새로운 자료는 간격을 두고 제시함으로써 학습을 돕는다. 하위과제로부터 상위과제로 단계적으로 성취함으로써 최종적인 학습목표를 성취하여야 한다.
(3) 정확하고 즉각적인 회환은 학습을 향상시킨다. 즉각적이고 일관성있는 강화가 가장 빠르게 행동을 형성시킨다.
(4) 각성은 주의집중에 영향을 준다. 인간의 마음은 변화하는 것에 끌리는데, 새로운 것 외에도 강한 감각적 자극, 정서적 각성, 적절한 수준의 긴장은 주의를 집중시킨다.
(5) 학습자의 행동결과에 상응하는 적절한 보상을 주면서 연습을 충분히 하도록 한다.
(6) 긍정적인 보상을 시간적 간격을 두고 적절하게 제공한다.
(7) 행동은 강화에 의해 증가된다. 간호사의 미소, 안심, 칭찬, 격려에 의해 대상자가 자기간호행위를 더 잘할 수 있을 것이다.
(8) 행동은 이전의 경험에 의해 영향을 받으며, 다음에 올 결과에 의해 더 큰 영향을 받는다.
(9) 처벌은 행동을 억제한다. 부정적인 자극(처벌)이 제거되었을 때 행동은 증가하는 경향이 있다.
(10) 반복되는 행동은 강화가 이루어지고 있으며 반복자체가 강화인자가 된다.
(11) 불규칙적인 강화가 행동을 오래 지속하게 한다.
(12) 대상자가 원하는 보상일 때 행동이 증가한다.
(13) 행동과 명백하게 연결된 보상이나 벌이 행동을 강하게 한다.
(14) 반응을 이끌어내지 못하거나 욕구를 충족시키지 못하는 행위는 소멸된다.

4. 고전적 조건형성이론(Pavlov, Watson), 자극 – 반응결합설(Thorndike), 조작적 조건형성 이론(Skinner)

(1) 고전적 조건형성이론

① 파블로프

㉠ 러시아 생리학자로 학습현상의 연구에 중요한 계기를 마련하였다.

㉡ 공복의 개에게 종소리를 들려주면서 고기를 주었는데, 나중에는 종소리만 듣고서도 고기를 먹었을 때와 같이 타액이 분비되는 것을 관찰하였다.

ⓐ **무조건 자극**(unconditioned stimulus) : 정상적으로 주어진 자극

ⓑ **무조건 반사**(unconditioned reflex) : 무조건 자극에 수반하여 일어난 반사

ⓒ **조건반사 형성 또는 조건화**(conditioning) : 무조건 자극(고기)에 조건 자극(종소리)을 연결시켜서 무조건 자극에 의한 무조건 반사와 똑같은 별개의 조건반사를 얻어낼 수 있게 된 것이다. 즉, 반응을 일으키는 무조건 자극과 조건 자극을 반복하여 제시함으로써 조건 자극에 대한 반응이 무조건 자극에 대한 반응과 같은 반응을 얻게 되는 새로운 행동의 연합적 형성과정을 말한다.

② 왓슨

㉠ 흰 토끼를 흰 쥐나 천둥소리와 연합하는 학습을 경험하게 된다고 하는 인간실험을 통해 조건형성과정을 설명하였다.

㉡ 흰 토끼를 좋아하는 11개월 된 알버트라에게 흰 토끼를 보여주어 놀라게 한 다음 흰 쥐를 천둥소리와 같이 자극하게 하였다.

㉢ 그 후 소년은 흰색에 대한 공포증이 나타났다.

(2) 자극 – 반응결합설(S–R bond theory) – 손다이크(Thorndike)

특정한 반응이 특정한 자극에서 결합된다고 주장하였다.

① **실험** : 굶긴 고양이를 상자 속에 넣고 고양이가 잘 볼 수 있는 곳에서 생선을 놓아 상자 속에 장치된 페달을 누르거나 고리를 잡아당기면 문이 열려 생선을 먹을 수 있도록 하였다.

② **시행착오설** : 고양이는 시행착오(비효율적인 다양한 반응을 수없이 반복)를 하다가, 시행을 거듭할수록 문제상자를 빠져나오는 시간을 점점 단축한다. 고양이는 생선을 먹게 됨에 따라 만족감 및 성취감을 느끼고 학습행위가 강화되었다.

③ **학습과정이 성공적인 결과를 가져오기 위한 1차적 학습법칙**

㉠ **연습의 법칙**(law of exercise) = 빈도의 법칙

ⓐ 반복되는 연습을 통해 자극과 반응의 결합이 더욱 견고해진다는 원리이다.

ⓑ 보상없는 단순한 반복은 피로, 분노 등 부정적 정서를 유발하므로 적절한 보상과 충분한 연습이 중요하다.

㉡ **준비의 법칙**(law of preparation) : 학습자는 심신이 학습하기에 적합한 조건으로 준비되어야 만족을 느끼므로 사전에 적절한 심신의 성숙이 선행되어야 한다.

㉢ **효과의 법칙**(law of effect) : 가장 중요한 법칙

ⓐ 학습과정이나 결과가 만족스러운 상태에서는 결합이 강화되고, 불만족 상태에서는 결합이 약하다.

ⓑ 보건교사는 학습에 있어 벌보다 보상이 효과적임을 알고 적용해야 한다.

㉣ **학습법칙의 교육적 활용**

ⓐ 연습하는 중에 정반응이 나타날 때마다 교사는 어떤 종류이건 보상을 주어야 한다(연습의 법칙, 효과의 법칙).

ⓑ 어떤 과제를 수행할 능력이 비효과적인 수준이라고 판단되는 시점에 이를 진행시키지 말고 일정 능력의 수준에 도달할 때까지 기다렸다가 보상하는 것이 바람직하다(준비성의 법칙).

ⓒ 학습자에게 무엇을 가르치려 할 때에는 학습자 스스로가 그 문제를 풀거나 거의 풀 수 있을 때까지 기다렸다가 보상하는 것이 효과적이며, 그 과정에서 바람직한 반응을 보이면 즉시 보상하는 것이 효과적이다(효과의 법칙).

(3) 조작적 조건형성이론 – 스키너(Skinner)

① 고전적 조건형성이론을 발전시켜 인간행동(반응)의 대부분은 물리적 또는 사회적 환경으로부터 오는 강화물(자극제)에 의해 일정한 유형의 행동(반응)을 일으키는 조작적 조건형성을 설명하였다.

㉠ **실험** : 스키너 상자(특별히 고안한 실험용 상자)에 흰쥐나 비둘기를 이용하여 학습과 행동에 대한 실험연구를 하였다.

→ **행동의 강화** : 실험상자 안에서 흰쥐의 지렛대 누르는 행동은 그 행동에 뒤따르는 음식에 의해 강화된다. 일정한 자극상태(빨간 등이 켜 있을 때)에서만 일관성 있게 지속되며 결국 흰쥐는 빨간 불에 반응하는 동물이 된다.

㉡ **조작** : 쥐가 환경에 스스로 작용하여 어떤 결과를 만들어내는 것이다.

㉢ **조작적 조건화** : 조작의 절차로 학습되는 과정으로, 반응에 뒤따라 일어난다.

㉣ **강화** : 조작적 조건형성을 일으키는 데 결정적인 역할을 하며, Skinner 학습이론의 가장 중요한 개념이다.

ⓐ 긍정적 강화(보상, 칭찬 등)와 부정적 강화(벌)가 있고, 부정적 강화의 비효과성을 특히 강조하였으며, 행동 즉시 주어졌을 때 가장 효과적이다.

ⓑ 지속적으로 주어지는 것보다 간헐적으로 주어지는 강화물이 행동의 지속을 높인다(부분적 강화).

ⓒ 점차 높은 차원의 강화물로 옮겨가도록 제공하는 것이 행동을 취하는 데 효과

적이다.

ⓓ 인간은 2차적 강화인 학습자에게 관심을 갖거나 공감하고 미소를 짓고 칭찬하는 교육자의 행위가 더욱 효과적이다.

ⓜ 이론의 비판

ⓐ 학습자를 상당히 수동적이며 쉽게 조작되는 존재로 본다.

ⓑ 외부적 강화나 보상의 중요성을 강조하면서 인간의 내면적인 자발성이나 만족들은 약화되고 실제적으로 환경이 인간행동에 미치는 영향을 고려하지 못한다.

② 행동주의 응용

㉠ 바람직하지 못한 행동을 감소시키는 방법

ⓐ **상반행동의 강화** : 부적절한 문제행동에 상반되는 다른 행동을 찾아 적절히 강화하는 방법

ⓑ **허용의 원리** : 부적절한 행동을 싫증이 날 때까지 수행하도록 허용 또는 강요하는 원리

ⓒ **타임아웃** : 바람직하지 못한 행동에 대해 주어질 정적 강화의 기회를 차단함으로써 그 행동이 강화되지 않게 하는 것

㉡ 행동주의는 학습을 겉으로 드러나는 외면적 행동의 변화로 보고, 학습자를 단순히 외부의 환경자극에 따라 반응하는 수동적인 학습자관을 택하고 있다.

㉢ 교수-학습 목표를 학습자들의 의사와는 관계없이 일방적으로 설정, 진술한 다음, 목표 성취에 필요한 자극과 이에 따른 반응, 반응의 결과에 대한 강화를 통해 학습이 이루어지도록 배열한다. 즉, 교수-학습의 주도권은 교사에게 주어진다.

㉣ 외재적 보상을 통한 즉각적인 피드백을 강조한다. 수업평가 역시 준거지향적 평가관에 따라 객관식 평가위주로 이루어진다.

2 인지주의(행동변화의 주요 요소 : 내적인 변화, S-O-R 반응)

1. 학습은 내적인 과정으로서 관찰이 반드시 필수적인 것은 아니며, 개인의 인지구조에 의해 통합된다.

2. 인간은 능동적이고 적극적 존재로 보며, 학습을 본질적으로 내적인 사고과정으로 본다. 교사는 학습자가 새로운 통찰력을 얻고 이에 따라 자신의 삶을 재구성하는 것을 돕고자 노력한다.

3. 학습원리

(1) 주의집중은 학습을 증가시킨다. 주의집중이 먼저 이루어져야 그 다음 단계인 파지, 재생, 동기유발로 진행될 수 있다.

(2) 정보자료를 조직화할 때 학습이 증진된다. 연대순으로 조직하거나, 부분에서 일반화로 통합하거나, 쉬운 것에서 어렵고 복잡한 것으로 조직하는 것이 효과적이다.
(3) 정보를 관련지음으로써 학습이 증가된다. 이미 그들이 갖고 있는 지식과 관련을 시킬 때 학습이 용이해진다. 즉, 대상자의 선지식이나 경험을 고려하여 관련성 있는 학습내용을 선정한다.
(4) 신기함이나 새로움은 파지에 영향을 준다. 특별한 자극은 사람을 매혹하여 주의를 집중하게 만들며, 이러한 주의집중은 정보의 파지를 증가시킨다.
(5) 우선적인 것은 파지에 영향을 준다. 학습자들은 학습활동의 처음과 마지막 몇 가지를 더 잘 기억하는 경향이 있다. 첫 부분에 기억나는 것은 첫 부분에 주의를 기울이기 때문이고, 끝부분만 생각나는 것은 최근의 지식이기 때문인 것으로 여겨진다.
(6) 각 사람들의 학습유형은 다양하다. 대부분의 경우 언어, 시각, 청각, 근육운동의 경험을 같이 할 때 가장 효과적이다.
(7) 새로이 학습한 내용을 다양한 배경에서 적용하는 것은 그 학습의 일반화를 도와준다. 다양한 상황에서의 적용은 일반화시킨 원리나 규칙을 발견하게 하고, 다음에 비슷한 상황에서 용이하게 대처할 수 있도록 돕는다.
(8) 모방은 하나의 학습방법이다. 학습자가 능력있고 매력있어 보이는 모델, 즉 학습자가 자신이 가치가 있다고 여기는 모델을 관찰함으로써 학습이 이루어진다. 모방을 통해 심리운동기술 및 태도와 신념 등을 학습할 수 있다.
(9) 새롭고 다양한 학습방법을 사용하여 대상자의 주의를 집중하도록 함으로써 학습효과를 높인다.
(10) 학습내용을 조직할 경우, 학습자 수준을 고려하여 계열성, 통합성의 원리를 적용한다.
(11) 학습전개과정 중 도입부분에서는 학습활동의 동기유발이, 요약정리단계에서는 학습활동의 마무리가 중요하다.

4. 통찰이론(Kohler), 장이론(Lewin), 정보처리이론

(1) 통찰이론(insight theory) – 퀼러(Kohler)

행태주의 심리학을 대표하는 이론으로 유인원의 학습과정을 오랫동안 연구하였다. 학습은 손다이크의 주장과 같이 시행착오에 의해 성립되는 것이 아니라 통찰에 의해 이루어진다는 결론을 얻었다.

① **인지적 불균형 상태** : 우리에 갇힌 원숭이가 바나나를 따려는 목적을 달성할 수 없을 때 경험한다. 이러한 불균형은 행위를 계속해서 하는 '동기'로 작용하게 된다.
② **통찰의 경험** : 원숭이는 바나나를 따려는 목적을 달성하기 위해 우리 안에 있는 장대나 상자를 수단으로 이용하고, 이때 원숭이는 '아하'하는 것을 경험한다. 즉, 주어진

형태에 맞게 목적과 수단을 연결시키는 통찰을 경험하는 것이다.

→ 이런 상황을 결정하는 것이 곧 '학습'이며, 통찰에 의해 이루어지므로 '통찰학습'이라고 한다.

③ **통찰학습의 특징 및 문제** : 상황을 어떻게 지각하여 통찰하는 지가 문제를 해결하는 데 필수적이고, 또한 그 해결이 즉각적이며 완전할 수 있다고 본다. 통찰에 의한 답은 반복될 수 있고, 상당기간 동안 유지되며 새로운 사태에 적용된다고 보기 때문이다.

④ **통찰학습의 과정**(Bigge&Hunt, 1968)

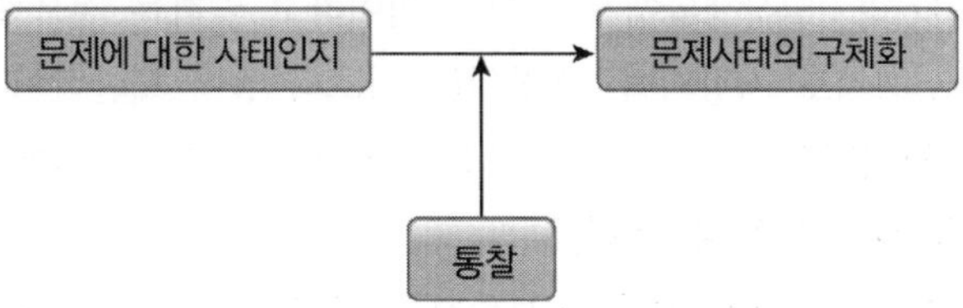

(2) **장이론**(field theory) – **르윈**(Lewin)

사물을 지각할 때 부분적인 것보다는 전체적인 역동성을 이해한다고 가정하며, 인간의 행동은 경험하는 모든 심리적 사실에 영향을 받으며, 이러한 사실은 한 개인의 전체적인 상황으로 생활공간을 이루게 된다. 그러므로 심리적 사실이 변화하면 전체의 생활공간이 재배치되고 행동의 원인은 계속 역동적으로 변화하게 된다.

① **학습** : "생활공간에 대한 인지구조의 변화과정"
환경과 개인의 내면적인 힘에 의한 인지구조의 변화 또는 성립을 의미하고, 이러한 과정의 구성은 크게 분화 – 종합 – 재구조화의 세 단계를 거치며, 이 속에서 가장 중요한 의미를 지니는 것은 학습자의 동기이다.

② **생활공간** : 장(field)을 의미하고, 유기체의 행위를 결정하는 복합적인 모든 상황을 말한다. 즉, 행위공식 B(behavior) = f[P(person) · E(environment)]의 f(P · E)를 의미한다. 객관적으로 동일한 환경에 처해 있더라도 심리적 장은 그 사람의 욕구에 따라 전혀 다를 수 있다.

③ **인지** : 통찰 혹은 이해와 같은 의미로서 장을 이해하고 있는 상태 또는 사태를 지각하는 방식을 의미하므로, 생활공간의 인지구조는 언어 · 정서 · 활동 · 사회적 교호관계의 발달에 따라 변화된다.

(3) **정보처리이론**(information processing theory)

① **인간** : 감각기관을 통하여 생활 속에 있는 정보들을 습득하고, 이를 정보로 저장하였다가 필요하여 사용하는 정보처리의 존재이다.

② **학습** : 정신적인 조작으로 정보를 처리하는 과정이다.

③ **기억** : 정보처리모형으로 설명. 기억저장의 형태와 성질에 관한 내용으로 구조적 특징

에 따라 감각 · 단기 · 장기로 구분되고, 이는 개인의 발달정보, 정보의 이해 정도에 따라 다르다.

㉠ **감각기억** : 오각에 의해 제시된 정보를 약 1초 동안 보유하는 것으로서 조건이 좋으면 약 2초 가량 지속된다.

㉡ **단기기억** : 보존할 수 있는 양과 기간이 제한적인 기억으로서 1회에 5~6개의 정보가 20~30초간 저장되고 반복적인 연습이 이루어져야 기억이 지속되지만, 주의가 산만하면 재빨리 사라진다.

㉢ **장기기억** : 일상생활에서 흔히 기억이라고 말하는 것으로, 기억시간은 몇 분에서 몇 년까지도 저장되며, 저장되는 정보의 양이 제한적이지 않고 오랫동안 기억된다. 장기기억은 의미, 이름, 모양, 향기 등 어떤 단서와 연결 저장되어 필요시 정보를 꺼내어 쓸 수 있다.

ⓐ 기억은 경험한 내용을 보존하는 과정, 파지는 기억된 것

ⓑ 그러나 시간이 경과함에 따라 많은 양의 정보는 망각

ⓒ 정보처리를 하는 기억장치는 능동적으로 정보를 사용하여 처리하고 새로운 결과를 회환한다. 즉, 저장된 정보는 저장되는 순간부터 계속 변화의 과정을 거친다. 이 변화는 추상적 처리에 의해 정보를 생략하거나 기존 정보를 보완하게 할 수 있다. 이러한 기억의 구성적 과정은 기억 당시의 인적 맥락과 능력, 사회적 환경에 따라 결정될 수 있다.

④ 정보처리 일반과정

㉠ **투입요인** : 정보에의 접근용이성, 들어오는 정보의 양, 적합성, 타당성 등 질에 관련되는 요인, 학습자가 주체와 관련하여 이미 가지고 있는 인지구조 등과 같은 학습이 시작되기 전의 학습 전 변인이다.

㉡ **과정요인** : 개인차로 나타나는 선택과 결정 및 통제에 관련된 요인이다. 통제능력 등은 개인차를 보이는데, 학습에서 다루어야 하는 특정 과제와는 상관없이 전 생애에 걸쳐서 누적적으로 변화된다.

㉢ **산출요인** : 관찰된 수행의 형태 및 질, 인지구조의 변화 등을 말한다. 이는 개인에 따라 다양성, 융통성, 독창성을 보이기 때문에 개인차를 나타낸다.

3 인본주의

1. 학습은 자아지시적인 것이다. 학습자들은 스스로 자진하여 학습하며 스스로 평가하므로 교사의 역할은 학습자의 요청에 반응하며, 학습과제와 관련이 있는 자신의 과거경험을 의사소통함으로써 자신을 개방한다.

2. 학습원리

(1) 신체적 건강상태는 개인의 집중능력과 에너지 수준에 영향을 준다. 또한 자존감과 이전의 학습경험은 학습에 대한 성공의 기대를 갖도록 해 준다. 그러므로 학습자의 건강한 상태와 긍정적인 자아개념을 고취시켜 개인의 자아실현을 촉진시키도록 한다.

(2) 학습자가 자신의 학습과정을 조절할 때 학습이 증가한다.

(3) 학습에 적극적인 참여가 필요하다.

(4) 동기화는 학습을 강화시킨다.

(5) 학습자로 하여금 자신의 감정을 표현하고 통찰과 행동을 통한 새로운 통합을 실행함으로써 자신의 문제를 해결하는 학습경험을 제공한다.

(6) 학습자의 전인적 특성을 고려한다.

(7) 학습자의 자율성을 존중하고 적극적인 참여를 유도함으로써 학습을 증대시킬 수 있다.

(8) 교육자는 대상자를 신뢰하고, 수용하며 촉진자, 조력자의 역할을 한다.

(9) 학습자의 욕구 중에서 그들에게 유익한 것을 학습목표로 설정하게 하여 스스로 동기화되도록 한다.

3. 심리역동 학습이론, 머슬로우 이론, 로저스 이론

(1) 심리역동 학습이론(psycho-dynamic theory) – 에릭슨(Erikson)의 '생의 8단계'

인지나 반응보다 인간의 정서적 측면에 초점을 두고 있으며, 행동 및 성격갈등과 의식, 무의식 속에 있는 유년기 경험의 중요성을 강조한다.

① **근본적인 원리** : 행동이란 의식적일 수도 있고, 무의식적일 수도 있다. 인성적 발달은 성장발달에 따라 단계적으로 일어나며, 성인행동은 초기 아동기의 경험과 갈등에서 나온다.

② **대표적 이론** : 에릭슨(Erikson)의 '생의 8단계'

각각의 단계에서 과업을 달성하지 못하면 다음 단계로 계속되는 인성의 발달이 어렵고, 이에 따라 위기가 초래된다.

→ 교육자는 보건교육과 관련해서 학습자의 감정, 무의식적인 행동, 심리적인 성장 및 발달에 대해 주목해야 학습자 개개인이 위기를 극복하고 인성이 바람직한 방향으로 발달될 수 있도록 도울 수 있다.

(2) 머슬로우(Maslow) 이론

① 인간은 자아실현을 위해 교육에 힘쓰는 존재이다.

② '욕구의 위계'에서 하위에 속하는 개인의 기본 생물학적 및 사회적 요구가 먼저 충족되어야 상위의 요구를 자유롭게 추구하여 궁극적으로는 자아실현에 이르게 된다는 인간 행동의 방향성을 제시하였다.

③ **교육자의 역할** : 학습을 최대한의 자발적인 자아실현을 위한 경험으로 보고 이 경험을 촉진시키는 것으로 즐거운 학습경험이 되도록 친근하고 개방적이어야 한다.

(3) 로저스(Rogers) 이론

① **비지시적 모형** : 자신의 경험을 통해 비지시적 또는 인간 중심의 상담이 보건교육에도 성공할 수 있다고 하였다.

※ 비지시적 교육모형은 학습을 '촉진'하는 데 중점을 둔다.

㉠ 심리치료가 학습과정이다. → '학습자 중심학습'을 개념화

㉡ 긍정적인 인간관계가 인간을 성장하도록 하므로 교육자는 과제의 개념이나 사고과정이 아닌 인간관계의 개념에 근거해서 교육이 이루어져야 한다.

② **인간** : 본성적으로 성장과 성취를 추구하는 경향을 갖고 있고, 현실에 대한 특정한 개념화에 따라 이해되어야 하는 존재이다.

③ **교육자** : 촉진자(facilitator)의 역할

㉠ 학습자들이 자신의 인생, 학업, 다른 사람들과의 관계에 대한 새로운 생각을 탐색하도록 도와준다.

㉡ 학습자의 의견을 경청하는 태도를 지녀야 하고 학습자가 감정표출, 통찰, 행동, 새로운 방향으로의 통합과정을 경험하도록 함으로써 스스로 자신의 문제를 해결하도록 하는 개방적이고 수용적인 환경을 조성해 주어야 한다.

④ 인본주의자들은 학습을 위해 개인의 욕구, 자존감과 자아정체감이 반드시 필요하다고 본다.

CHECK Point 교육이론에 따른 사고, 학습, 교사, 학습자에 관한 견해

이론		사고	학습	교사	학습자
행동주의 이론		시행과 착오	행동의 변화	지시한다(지시자)	순응한다
인지주의	통찰·장이론	안다, 지각한다	이해	고안한다(고안자)	참여한다
	정보처리이론	정보를 처리한다	기록, 저장, 재생	프로그램한다 (프로그램작성자)	투입한다, 산출한다
인본주의 이론		의미를 발견한다	자기실현	반응한다(반응자)	촉진한다, 평가한다

CHECK Point 학습이론을 보급하고 적용하는 데 공헌한 이론가들

1. 행동주의 이론
   (1) Pavlov의 조건반사
   (2) Thorndike와 자극－반응 연합
   (3) Skinner의 조작적 조건형성
2. 인지주의 이론
   (1) Lewin의 장이론
   (2) Kohler의 통찰학습
   (3) Piaget의 인지발달이론
3. 인본주의 이론
   (1) Maslow의 성장을 위한 교육
   (2) Rogers의 완전한 기능을 위한 비지시적 교육

CHECK Point 태도변화이론

태도와 행동의 관계는 상호 독립적으로 분리할 수 있는 것이 아니라 태도를 통하여 행위를 예측할 수 있기 때문에 태도와 행위는 일관성 있는 관계가 성립된다. 그러나 태도와 행위가 상호 일치하지 않는 것은 환경적 상황요인에 영향을 받기 때문이다. 태도는 인지요인, 감정요인, 행동요인으로 구성되어 있어서, 태도변화는 태도를 구성하고 있는 이들 요인의 상호작용으로부터 일어난다.

4 사회학습이론(Bandura)

1. 이론의 개요

(1) 환경과 행동이라는 측면 외에 인간의 인지적인 측면이 인간의 행동을 결정하는 요인이 된다.

(2) 환경과 행동과의 관계는 인간의 인지적인 능력과 상호작용을 하는 관계이며 이 3가지 구성요인들 간의 상호작용에 의해 인간의 행동이 결정된다고 본다.

(3) 주어진 환경을 그대로 수용하여 환경에 자신의 행동을 맞추기보다는 자신에게 유리한 상황을 만들어 그 안에서 행동한다.

2. 사회학습이론의 구성개념

결과기대와 자기효능감은 가장 중요시되는 인지과정들 중의 하나이다.

(1) **상호결정론** : 인간, 인간의 행위, 환경 간의 지속적인 상호작용에 따라 행위가 결정되는 것

(2) **환경과 상황** : 개인의 행위에 영향을 주는 모든 요소

(3) **행위능력** : 행위를 수행하기 위한 지식과 기술

(4) **결과 기대** : 어떤 행동으로 특정의 결과가 초래될 것이라고 믿는 것을 의미한다.

(5) **유인** : 개인이 특정한 결과에 대해 부여하는 가치

(6) **자기조절과 수행**

(7) **관찰학습** : Bandura 이론의 핵심개념으로 타인의 행동을 관찰함으로써 학습이 이뤄진다는 것이다.

(8) **강화**

① **직접 강화** : 도구적 조건화

② **대리강화** : 관찰학습

③ **자기강화** : 자기조절

(9) **자기효능** : 주어진 행동을 성공적으로 수행할 수 있다는 신념

5 합리적 행동이론(TRA)

행동의 가장 주요한 결정인자가 사람의 행동 의지라고 주장하였으며, 행동의 선행변수로 사람들이 어떤 행동을 실행할 동기가 얼마나 강한지와 관련된 행동의도, 행동실행 결과에 대한 다양한 신념과 각 신념에 대한 평가에 의해 구성되는 행동에 대한 태도, 행동실행에 대한 주변 사람들의 기대에 대한 자신의 지각과 자신이 그 사람들의 의견을 얼마나 수용하는가에 따라 행동의도에 영향을 미치는 주관적 규범이 있다.

Fishbein과 Aizen(1980)

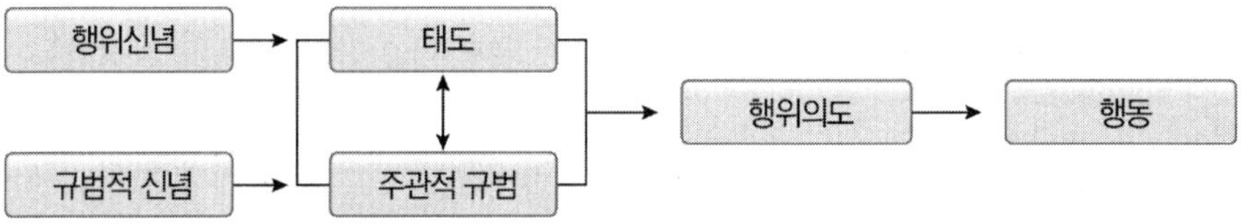

6 계획된 행동이론(TPB)

개인의 의지와 행동에 영향을 주는, 개인이 통제할 수 없는 요인들을 설명하려고 TRA에 행동통제인식을 추가하였다. 개인의 특정행동은 그 행동을 하겠다는 의도에 의해 결정되며, 의도에 영향을 미치는 핵심요인 세 가지는 행동에 대한 태도, 주관적 근거, 행동통제인식이다.

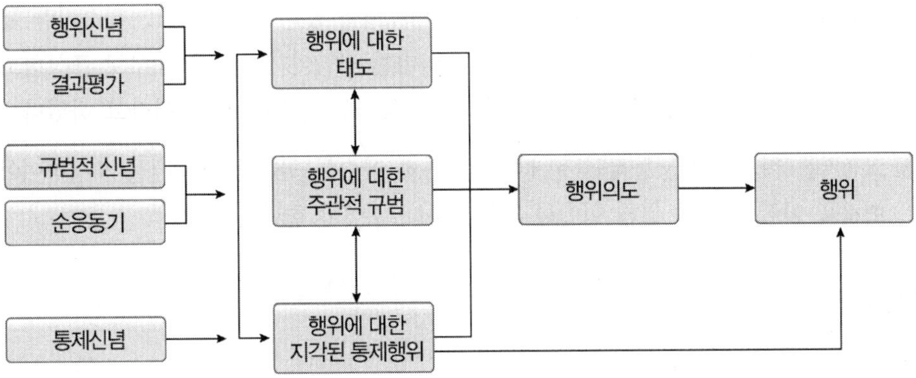

7 구성주의 학습이론

1. 개념

학습자가 스스로 지식을 형성 혹은 구성한다고 주장하는 철학적 관점이다.

2. 유형

(1) 인지적 구성주의

지식구조가 전적으로 인지활동을 통해 구성된다는 관점으로 지식이란 외부환경에 존재하는 정보와 직접적인 관련성이 없으며, 선행하는 인지구조를 기반으로 해서 구성된다.

(2) **사회적 구성주의** : 지식이 대체와 환경의 상호작용을 통해 도출된다는 관점이다.

3. 구성주의 특징

(1) **유의미학습** : 개인적 경험을 기반으로 해서 지식구조를 능동적으로 생성하고 구성하는 것이다.

(2) 지식의 완전한 전수는 불가능하다.

(3) **합의된 사상 도출 가능** : 모든 사람이 각자 대인 특유의 지식과 세계관을 갖고 있다 해도 서로 일치하는 다양한 사상에 대해 관찰하며 가설을 검증하고 결론을 도출하게 된다.

(4) 사회적 협상을 통해 지식구조를 형성한다.

(5) 학습자는 학습과정에서 주인의식 혹은 주도권을 가져야 한다. 스스로 학습을 계획하고 관리하며 조절하여야 한다.

(6) 협동학습과 다양한 학습을 중시한다.

(7) 지식이 개인별로 구성되어, 사람의 마음에 내재되어 있는 것으로 보고, 학습이란 학습자가 외부환경과의 상호작용을 바탕으로 한 유의미한 경험이나 지식을 내부로 표상하고, 이를 자신의 이해와 해석을 통하여 구성해가는 능동적인 문제해결과정이라고 하였다.

(8) 교육자는 학습자가 능동적인 문제해결을 통해 학습하도록 좋은 문제를 제시하여야 하고, 협력을 이끌어 내기 위한 학습환경을 제공해 주어야 한다.

4. 구성주의 교수 – 학습모형

(1) 인지적 도제이론

(2) 문제중심학습

(3) 상황학습

(4) 협동학습

5. 구성주의에 입각한 교수설계 원리

구성주의적 학습원칙	세부 내용
체험적 학습제공	• 학습자로 하여금 깊이 생각하고 탐색하며, 성찰할 수 있는 학습환경을 제공한다. • 학습에 대한 평가도 결과중심적 관점에서 과정중심적 관점으로 전환한다.
자기성찰적 학습 · 자기주도적 학습	• 메타인지(학습하는 방법을 배우는 것)의 습득 및 활용이 가능한 환경이다. • 학습자의 기존 지식과 개념을 활용할 수 있는 학습환경이다. • 주어진 과제나 문제를 규명하고, 해결과정과 방안을 모색하며, 해결안에 대한 평가를 포함하는 주도적 역할을 수행하도록 한다.
협동학습	• 학습자들이 다른 사람과 상호작용함으로써 개인적 인지구조에 일종의 혼란을 일으키고, 따라서 새로운 인지구조를 구성하고 공유할 수 있는 학습환경(기회제공)이다. • 학습자들 간의 토론, 대화, 상호작용을 통해 성찰적 학습기회를 촉진한다.
실제적 성격의 과제 제시	• 구체적인 상황이나 맥락에 기반하는 과제를 통한 학습을 강조하되, 주어지는 과제가 실세계의 것과 유사하도록 과제가 복잡하고, 비구조적이고, 구체적 상황을 포함하도록 한다.
교사로서의 역할 (촉진자 · 안내자)	• 교육자는 지식전달자, 유일한 정보공급자의 역할에서 벗어나, 학습자들이 자신의 학습 전 과정에서 주도적 역할을 할 때, 학습이 촉진자, 안내자, 멘토로서의 역할을 하도록 한다.

CHECK Point

1. Dale의 교육경험이론 모형

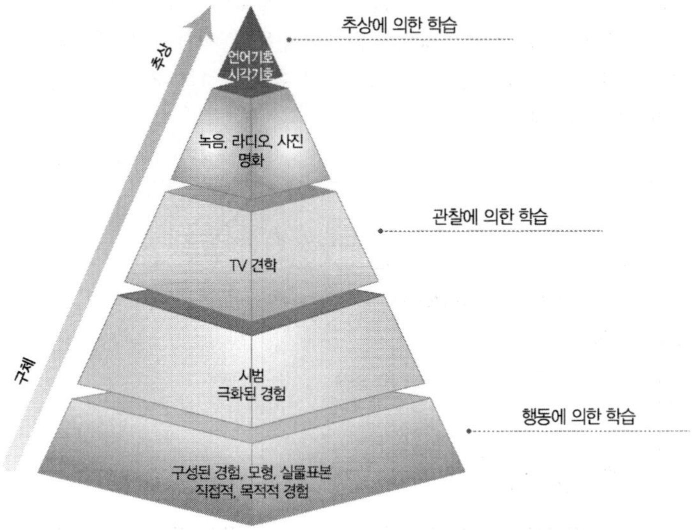

2. Kornikau와 McElroy의 학습피라미드이론

미국의 MIT 대학의 사회심리학자 Lewin이 세운 응용행동과학 연구소인 국립행동과학연구소에서 발표한 학습피라미드로 외부정보가 우리의 두뇌에 기억되는 비율을 학습활동별로 정리해 발표한 실험보고서를 살펴보면 읽은 것은 10%, 듣고 본 것은 50%, 말한 것은 70%, 말하고 행동한 것은 90% 정도 뇌에 기억된다고 한다. 이것은 학습피라미드라고도 불리우며 학생들을 대상으로 다양한 학습방법을 적용하여 학습내용을 전달하고 24시간 뒤 학습내용을 얼마만큼 기억하는지를 산정해서 그 결과를 피라미드 형태로 제시한 것이다.

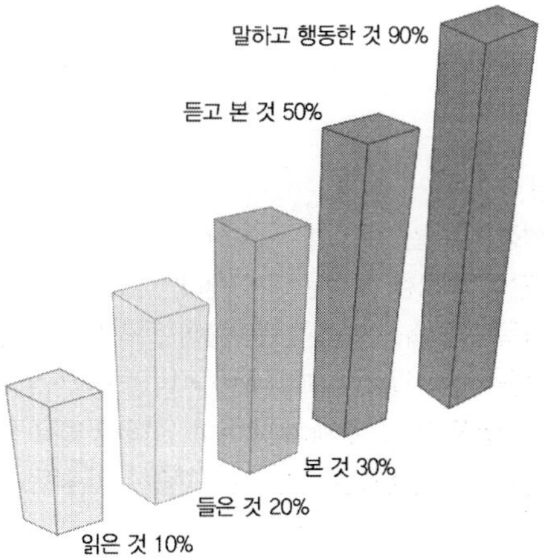

〈학습방법에 따른 기억효과(학습피라미드이론)〉

3. 에빙하우스의 망각곡선

독일의 심리학자 에빙하우스(1850~1909)는 16년간의 기억실험의 결과인 「기억에 관하여」를 발표하였다. 에빙하우스의 주장에 따르면 학습 후 10분 후부터 망각이 시작되며, 1시간 뒤에는 50%가 하루 뒤에는 70%가 한 달 뒤에는 80%를 망각하게 된다. 학습한 내용을 잊지 않고 장기기억화 시키기 위해서는 10분 후 복습, 1일 후 복습, 1주일 후 복습, 1달 후 복습이 반드시 필요하다는 것을 실험을 통해 밝혀내었다.

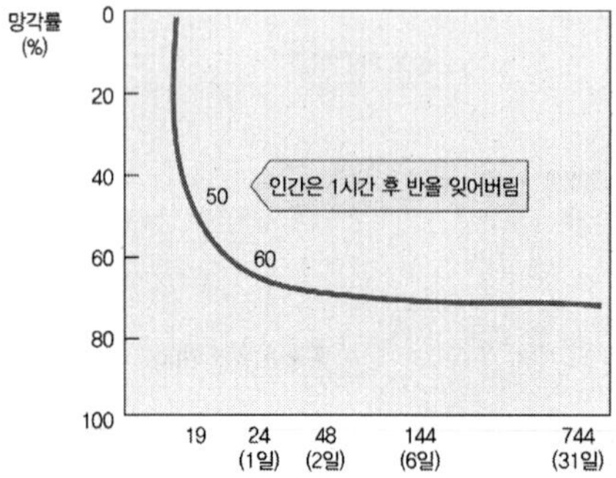

〈에빙하우스의 망각곡선〉

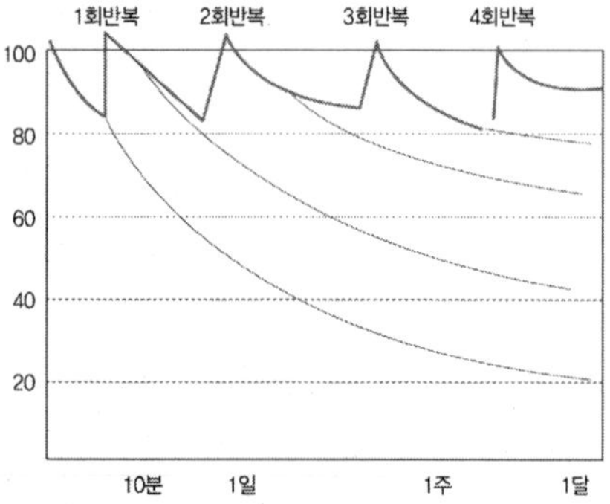

〈복습을 할 경우 변형된 망각곡선〉

03 보건교육계획과 보건교육지도안 작성

+ 수업계획의 원리

1. Kemp 교수설계모형 8단계

(1) 과목의 주제를 설정하여 일반목표를 세운다.
(2) 수업받을 학생집단의 중요한 특성을 확인한다.
(3) 달성해야 할 학습목표를 측정가능한 행동용어로 명시화한다.
(4) 각 학습목표 달성을 위한 필요한 교과내용을 나열한다.
(5) 학생들의 배경과 학생들이 그 주제에 관하여 얼마나 알고 있는지를 사전검사를 실시한다.
(6) 학습목표 달성을 위한 교과내용은 다른 교수학습(수업)활동과 이에 필요한 교수자료를 선택한다.
(7) 수업계획을 수행하는 데 필요한 예산, 요원, 시설, 도구, 일정 등을 조정 · 계획한다.
(8) 계획상의 필요한 부분은 수정하고 재평가할 의도를 가지고 학습목표에 근거하여 학생의 학습결과를 평가한다.

2. 수업계획의 일반적인 원리
(1) 타당성이 있어야 한다. : 학습지도계획은 지도목적에 적합하여야 한다.
(2) 융통성이 허용되어야 한다. : 같은 목표, 같은 내용, 같은 대상을 지도하는 데도 개개 교사에 따라 계획이 달라지고, 수업방법에도 차이가 있다.
(3) 과학성에 바탕을 두어야 한다. : 모든 계획은 목적과 수단 간에 개연성이 높아야 하며, 선택된 수단이 목적달성의 가능성과 확률 정도를 가늠하고, 가장 높은 것을 선택하며, 선택된 것은 실천을 통해 평가되고 검증되어 다음 단계에서 다시 선택할 지 기각해야 할 지에 대한 사고과정을 거쳐야 한다.
(4) 일관성이 있어야 한다. : 횡적인 면에서는 학교, 가정, 사회 간에 일관성이 있어야 하며, 종적인 면에서는 학교급 간과 교과 간에 일관성이 유지되는 계획이어야 한다. 또한 단원의 계획에서부터 차시별 계획까지 일관성이 유지되어야 한다.
(5) 유동성과 변경가능성을 전제로 해야 한다. : 계획을 실천하는 과정에서 문제가 있을 때, 예상되지 못한 요구에 부딪혔을 때 계획을 변경할 수 있는 유동성을 가져야 한다.
(6) 포괄성이 있어야 한다. : 학교라는 틀 내에서 학습지도가 이루어지는 것이므로 생활지도와 각종 교육행사 등도 고려하여 계획되어야 하며, 교육과정의 잠재적 효과도 감안하여야 한다.

1 보건교육요구 사정

CHECK Point Bradshow(1972)의 교육요구 유형

1. **규범적 요구** : 보건의료전문가에 의해 정의되는 것. 절대적인 것은 아니고 보건의료전문가의 전문적인 판단을 반영하는 것이다. 그러므로 학습자 혹은 교육대상의 주관적인 느낌이나 생각과 차이가 날 수도 있다.
2. **내면적 요구** : 학습자가 바라는 바대로 정의된다. 말이나 행동으로 나타나기 전 단계에 학습자가 교육의 필요성, 의문들을 품고있는 상태이다.
3. **외향적 요구** : 학습자의 내면적 요구에서 비롯되어 말이나 행동으로 나타난 상태를 말한다. 질문이나 나름대로의 보건행위, 교육에 대한 직접적인 요청 등을 통해서 나타난다.
4. **상대적 요구** : 집단마다 갖는 특성에서 비롯되는 것이다. 각기 다른 집단을 대상으로 한 연구결과 각 집단마다 고유의 외향적 요구들을 갖고 있음이 밝혀졌다.

1. 요구 사정 범위

(1) 학습요구의 사정

서비스나 교육프로그램을 향상시키거나 새롭게 고안하기 위한 기초작업으로서 어떤 상황에서 존재하는 것과 바람직하게 여겨지는 것을 확인하여 요구를 진술하는 일련의 과정을 말한다.

(2) 학습자의 준비성 사정

학습자의 학습요구를 규명한 후 정보를 받아들일 수 있는 대상자의 준비정도를 사정한다. 학습준비정도란 최적의 건강을 유지하거나 보다 능력있게 업무를 수행하는 데 필요한 학습에 관심을 보이는 정도를 의미한다. 즉, 건강교육자는 학습자의 학습능력과 준비성을 확인하기 위해 다음의 4가지 사항(PEEK 요소)을 파악해야 한다.

① **신체적 준비정도** : 대상자들의 신체적 안녕수준은 학습활동에 직 · 간접적으로 영향을 미친다.

② **정서적 준비정도** : 학습자가 학습활동을 하게 만드는 심리학적 요인들을 말하는 것으로 학습동기, 포부수준, 주의 및 적응의 강도, 감정, 정서, 우월감, 열등감 등이 이에 해당된다.

③ 경험적 준비정도

④ **지식정도** : 대상자의 현재 지식정도, 학습능력정도, 선호하는 학습유형을 의미하는 것이다.

2. 보건교육요구 사정단계

(1) 과거에 어떠한 문제가 있었는지 확인하여 기준과 표준을 정한다. 표준이나 기준은 그 지역의 건강특성이나 건강문제를 나타내는 지표를 포함한다. 표준이 설정되어 있지 않으면 보건교육을 위해 이 자료를 사용할 때나 후에 정보를 다시 수집할 때 수집된 자료가 무엇을 의미하는지 비교할 수 없다.

(2) 어떠한 자료가 수집되어야 하는지, 어떠한 내용으로 어디에서 수집할 수 있는지, 어떻게 수집하는 것이 가장 좋을지를 결정한다.

(3) 자료수집과 분석이다. 자료수집방법으로는 대인면접조사, 전화면접, 우편조사, 기록 및 통계활용, 회합 등이 있다.

(4) 문제의 본질과 내용을 기술한다.

2 우선순위 설정

1. 많은 사람에게 영향을 미치는 것
2. 심각성이 큰 건강문제
3. 실현가능성이 높은 것
4. 효율성이 높은 것
5. 개인, 지역사회의 관심과 자발적 참여가 높은 것

3 목적 설정

1. 목적 설정 이유

(1) 사업을 집행하기 위한 계획을 세울 수 있다.

(2) 사업의 평가를 위한 기준을 제시할 수 있다.

2. 학습목표 설정시 고려해야 할 사항

(1) 대상자에게 학습이 필요한 영역이 인지적, 정의적, 심동적 영역 중 어느 영역의 어떤 수준인가를 결정한다.

(2) 대상자의 발달적, 정서적, 경험적인 준비성을 고려한다.

(3) 시간적 요소, 즉 우선순위 설정, 중간목표의 설정, 순차적 배열, 지속적 관리를 고려한다.

(4) 학습이 이루어져야 할 환경을 고려한다.

(5) 분명한 의미의 행동적 용어를 사용한다.

3. 목표의 구성요소

예 대상자는 다섯 가지 기초식품군의 일일섭취량을 도움없이 계량할 수 있다.

(1) **내용** : 무엇을 가르칠 것인가를 말한다.

(2) **행위** : 대상자가 해야 할 활동을 말한다.

(3) **조건** : 대상자가 해야 할 활동이 특정한 조건하에서 행해질 때 기술하게 된다.

예 ~도구가 주어진다면, ~까지

(4) **범주** : 대상자가 어느 정도의 수행을 해야 학습이 성공적이라고 할 것인가를 명시하는 것이다.

CHECK Point Mager의 학습목적 설정의 4요소

1. **행동용어로 기술** : 교육 후 학습자에게 기대되는 최종행동을 기술한다.
2. **변화의 내용 기술** : 변화하고자 하는 내용이 포함되어야 한다.
3. **변화를 요구하는 조건제시** : 어떤 상태에서 어떤 행동을 기대하는지에 대한 조건이 제시되어야 한다.
4. **변화의 기준제시** : 변화의 정도를 명시하여야 한다.

※ 반드시 명시적인 행동용어를 활용하여야 한다.

예 자궁 내 장치 시술의 부작용을 5가지 제시했을 때 4개 이상의 정답을 선택할 수 있어야 한다.

암시적 행동용어	명시적 행동용어
• 알다(기억하다, 이해하다, 확인하다) • 이해하다(알다, 확인하다, 관련짓다) • 깨닫다(발견하다, 이해하다) • 믿다(인식하다, 믿음을 가지다) • 흥미를 가지다(인식하다, 좋아하다) • 느끼다(인상을 받다, 반응하다) • 비판적으로 생각하다(평가하다, 나쁘게 생각하다) • 생각하다(이해하다, 생각을 품다, 상상하다, 판단하다)	• 확인하다 • 열거하다 • 비교하다 • 해석하다 • 이름을 붙이다 • 고르다 • 분류하다 • 진술하다 • 시범하다

4. 학습목표의 분류

(1) 인지적 영역

지적 영역으로 인간의 두뇌를 움직여 기억하고, 이해 · 적용 · 분석 · 종합 · 평가하는 능력이다.

① **지식** 예 대상자들은 흡연의 피해를 열거할 수 있다.

② **이해** 예 대상자들은 니코틴의 작용을 말할 수 있다.

③ **적용** 예 대상자들은 심장질환과 니코틴의 작용을 관련지어 말할 수 있다.

④ **분석** 예 대상자들은 흡연으로 인한 증상과 자신에게서 나타나는 증상을 비교한다.

⑤ **종합** 예 대상자들은 금연방법을 참고해 자신의 금연계획을 작성한다.

⑥ **평가** 예 대상자들은 자신들이 계획한 금연계획을 실천가능성에 따라 평가한다.

CHECK Point 인지적 영역

1. **암기(지식)** : 정의하다, 반복하다, 기록하다, 나열하다, 지명하다, 연관하다, 밑줄 치다
2. **이해** : 번역하다, 다시 쓰다, 토의하다, 묘사하다, 인식하다, 설명하다, 표현하다, 판명하다, 찾다, 보고하다, 검토하다, 말하다
3. **적용** : 해석하다, 응용하다, 채택하다, 이용하다, 시범하다, 극화하다(각색하다), 연습하다, 예시하다, 운영하다, 예정표를 찾다, 개략하다
4. **분석** : 분류하다, 구별하다, 분석하다, 감별하다, 사정하다, 계산하다, 검증하다, 비교하다, 대조하다, 비판하다, 조직하다, 그림으로 묘사하다(도표를 만들다), 검사하다, 토론하다, 목록을 조사하다, 질문하다, 관련하다, 해결하다
5. **종합** : 구성하다, 계획하다, 제외하다, 설계하다, 형성하다, 정리하다, 조립하다, 수집하다, 건립하다, 창조하다, 관리하다, 측정하다, 준비하다
6. **평가** : 판단하다, 사정하다, 평가하다, 채점하다, 비교하다, 값을 정하다, 개정하다, 등급매기다, 선택하다, 선정하다, 감정하다, 견적하다

(2) **정의적 영역** : 인간의 태도, 느낌, 감정을 말한다.

① **감수** : 학습자는 단순히 어떤 것에 의식적이거나, 선호하는 자극에 주의를 기울인다.

예 대상자는 담배연기로 죽어가는 쥐를 들여다 본다.

② **반응** : 학습자는 반응을 보인다.

예 대상자는 담배가 자신이나 가족에게 매우 해롭다고 말한다.

③ **가치화** : 학습자가 자의적으로 헌신몰입하며 가치를 갖고 있음을 타인이 확인할 수 있다.

예 대상자는 금연계획을 세우고 담배를 줄여가며 금연스티커를 자신이 볼 수 있는 곳곳에 붙여 놓는다.

④ **조직화** : 복합적인 가치들을 적절히 분류하고 순서를 매겨 체계화하며, 이들 가치들의 관계가 조화로우며 내적으로 일관성이 있다.

예 대상자는 흡연의 유혹을 피하기 위해 기상과 함께 조깅을 하고 아침식사 후 커피 대신 과일을 먹는 등의 생활양식을 체계적으로 실행한다.

⑤ **성격화** : 일반화된 태세로 일관성 있게 그리고 효과적으로 행동하도록 한다.

예 대상자는 지역사회 금연운동에서 자원봉사자로 활동한다.

(3) **심리운동영역**

인간의 기술능력을 변화시키는 부분으로 관찰이 가능하기 때문에 확인하고 측정하기가 훨씬 쉽다.

① **지각** : 감각기관을 통해 대상, 질 혹은 관계를 알게 되는 과정이다.

예 노인들은 운동 시범자가 보이는 유연성 운동, 근력운동을 관찰한다.

② **태세** : 특정한 종류의 활동이나 경험을 위한 준비를 말한다.

예 노인들은 운동을 하기 위해 필요한 고무밴드를 하나씩 집어 든다.

③ **지시에 따른 반응** : 교육자의 안내하에 학습자가 외형적인 행위를 하는 것으로, 활동에 앞서 반응을 할 준비성과 적절한 반응의 선택이 필요하다.

예 노인들은 운동 시범자의 지시에 따라 고무밴드를 이용한 운동을 따라한다.

④ **기계화** : 학습된 반응이 습관화되어 학습자는 행동수행에 자신감이 있으며 상황에 따라 습관적으로 행동을 한다.

예 노인들은 음악을 들으며 스스로 운동을 한다.

⑤ **복잡한 외적 반응** : 복합적이라고 여겨지는 운동활동의 수행을 뜻하며, 고도의 기술이 습득되고 최소한의 시간과 에너지로 활동을 수행할 수 있다.

예 노인들은 집에서 TV를 보면서 고무밴드를 이용한 운동을 능숙하게 실행한다.

⑥ **적응** : 신체적 반응이 새로운 문제상황에 대처하기 위해 운동활동을 변경하는 것을 말한다.

예 노인들은 고무밴드가 없는 노인회관에서 고무밴드 대신 끈을 이용하여 운동을 한다.

⑦ **창조** : 심리운동영역에서 발달한 이해, 능력, 기술로 새로운 운동활동이나 자료를 다루는 방법을 창안해 낸다.

CHECK Point 영역별 측정방법

1. 지식영역에 대한 측정
   ① 진위형, ② 선다형, ③ 완성형, ④ 연결형, ⑤ 논문형
2. **태도영역에 대한 측정** : 가장 일반적인 기법은 관심있는 바를 개방형으로 나타내는 것
   예 담배를 피우는 사람은 ______________.
3. **행위영역에 대한 측정** : 행위사정이 가장 어려우나 행위목록을 작성하여 한다.

예

항목	월간	주간	매일
나는 _____ 한다. 음주 필로폰 대마초 담배 기타 등			

4 집행계획 수립

1. 사업목적에서 제시한 '무엇을 보건교육 할 것인가'를 주축으로 연간, 월간, 주간계획을 수립하는 것을 말한다.
2. 집행계획에는 보건교육시 이용될 방법과 담당해야 할 사람 및 실시시기, 활용해야 될 자원에 대한 내용도 포함시켜야 한다.
3. 집행계획 당시에 학습대상자인 지역사회 주민대표나 근로자 대표, 학생들을 참여시켜야 한다.

5 평가계획 수립

1. 건강교육프로그램이 얼마나 효과적이었는가를 알아내는 것이다.
2. 달성해야 할 목표가 지적, 정의적, 심리운동 영역 중 어느 영역에 속하는 가에 따라 그리고 평가대상이 개인인가, 집단인가 혹은 아동인가, 성인인가에 따라 평가방법이 달라진다.

6 보건교육지도안 작성

1. 학습지도안이라고도 하며, 교육시 어떠한 형태와 내용, 어떠한 방법과 과정으로써 교육을 할 것인가에 관한 내용을 모두 포함한 계획서이다.

2. 교육계획서를 작성할 때 주의점은 교육자 본인이 작성하여 자신의 계획에 맞게 교육을 이끌도록 하고 교육은 실제로 희생할 수 있는 것으로 작성되어야 하며 교육기자재는 빠짐없이 준비되어야 한다.

3. 교육지도안에 필요한 사항

(1) **제목** : 제목을 선정하는 데에는 다음의 3가지 방법이 있다.

① **제목식** : 교육의 주제를 나타내는 명사 형태로 기술하는 것 예 고혈압 관리법

② **방법식** : 능동적으로 '무엇 무엇을 하자'로 기술하는 것 예 고혈압을 관리하자.

③ **문제식** : 문제 제기 또는 질문형태로 기술하는 것 예 고혈압을 어떻게 관리할 것인가?

(2) **교육대상, 장소, 시간**

① **교육대상** : 학습자의 특성을 기록한다. 즉, 연령, 성, 직업, 보건지식 수준, 학습자 수

② **교육장소** : 학습자가 잘 모일 수 있는 곳

③ **교육시간** : 교육에 필요한 시간을 기록, 특정 보건교육 행사시에는 교육날짜와 시간을 쓰기도 한다.

(3) **학습(교육)목표**

학습자가 교육경험을 통하여 바람직하게 변화되어야 할 지식, 태도, 실천수준을 설정하는 것이다. 교육목표는 지도목표가 아니라 대상자인 학습자 중심의 목표를 설정하도록 한다.

① **학습목표의 분류**

㉠ **일반 행동목표** : 구체적 목표에 대한 상위목표로서 하위목표인 구체적 행동목표를 포괄할 수 있어야 한다.

㉡ **구체적 행동목표** : 일반 행동목표를 성취하기 위한 수단으로 하나의 일반 행동목표에 대해 여러 개의 구체적 행동목표가 설정될 수 있다.

② **학습목표 설정시 유의점**

㉠ 변화하고자 하는 목적과 관련성이 있어야 한다.

㉡ 논리적으로 기술되어야 한다.

㉢ 명확하게 설정되어야 한다.

㉣ 실현 가능하게 설정되어야 한다.

㉤ 교육 후 목표도달 유무를 관찰, 측정할 수 있도록 설정되어야 한다.

③ **학습목표의 기술요령**

㉠ **행동용어 기술** : 교육 후 학습자에게 기대되는 최종행동을 측정이 가능한 행동용어로 기록하여야 한다.

㉡ 변화의 내용을 기술

㉢ **변화를 요구하는 조건을 제시** : 어떤 상태에서 어떤 행동을 기대하는지에 대한 시기와 조건이 제시되어야 한다.

㉣ 변화의 기준 제시

(4) 학습내용의 선정과 조직

CHECK Point 학습내용 선정의 원리

1. 타당성(사회적 현실에의 적절성)
2. 영속성(계속성) : 다양한 상황에 활용될 수 있어야 한다.
3. 넓이와 깊이 균형 : 너무 광범위하거나 피상적이어서는 안되며, 일부 제한된 내용만을 깊게 다루어서도 안된다.
4. 참신성 : 가장 최신의 이론이나 정보를 선정하여야 한다.
5. 유용성
6. 계열성

계열화의 방법(김재현, 1996)

① 연대순	② 주제별 분류
③ 단순에서 복잡함으로	④ 전체에서 부문으로
⑤ 논리적 선행요건	⑥ 추상성의 증가
⑦ 학생들의 발달	

7. 통합성
8. 다양성

① **학습내용 선정시 유의점**

㉠ 학습내용이란 학습목표가 내용과 행동으로 이루어졌을 때 내용을 의미한다.

㉡ 학습자 흥미와 관심, 학습자의 성장 및 발달상태, 이전 경험이나 지식 정도를 파악한 후 선정한다.

㉢ 학습자가 실제 생활에서 응용할 수 있는 방법을 가르친다.

㉣ 학습목표를 달성할 수 있는 학습내용을 선정하여야 한다.

㉤ 학습자의 가정과 지역사회 여건에서 요구되고 허용되는 내용이어야 한다.

㉥ 가장 최신의 이론, 지식, 기술을 선정하여야 한다.

㉦ 학습내용은 꼭 알아야 할 것, 유익한 것, 알아두면 좋은 것으로 분류해 두어 활용하는 것이 좋다.

② **학교에서 이루어지는 보건교육내용 선정시 근거**

㉠ 사회문화적 근거를 고려하여야 한다. 즉, 지역사회에 당면한 건강문제이거나 사회적 문제와 관련된 것으로 한다.

㉡ 인간의 건강행위에 근거를 두어야 한다. 즉, 보건교육으로 학생들의 자가간호행동에 영향을 미치는 것이어야 한다.

㉢ 교육에 근거를 두어야 한다. 학교교육의 통합된 한 부분으로 교육의 기본논리에 의해 이루어져야 한다.
㉣ 법에 근거하여 정규 · 비정규 교육과정 속에서 이루어져야 한다.
㉤ 과학에 근거를 두어야 한다. 과학적으로 공신력 있는 자료를 활용하여야 하고 이를 위해 최신정보와 지식에 근거하여야 한다.

③ **학습내용의 조직** : 주제나 아이디어, 구체적인 내용들을 이미 알고 있는 것에서 모르는 것으로, 쉬운 것에서 어려운 것으로, 직접적인 것에서 간접적인 것으로, 구체적인 것에서 추상적인 것으로, 부분에서 전체적인 것으로 이행되도록 배열한다.

CHECK Point 교육내용 조직의 일반적 원리(Tyler)

교육내용이 선정되었다 하더라도 효과적인 교육을 하려면 체계적으로 조직하여야 한다. 이렇게 함으로써 앞 단계에서 분리되어 보이던 몇몇 아이디어들과 그 표집들이 하나의 묶음으로 결합되어 체계 있게 하나의 계열로 조직되며, 이러한 계열은 학습을 용이하게 한다.

1. 수직적 측면
   (1) 계속성 : 학습경험의 여러 요소들을 어느 정도 계속적으로 반복 경험할 수 있도록 조직
   (2) 계열성 : 교과의 선행내용을 기초로 후속내용의 질적인 심화와 양적인 확대
2. 수평적 측면(통합성)
   교육내용들의 관련성을 바탕으로 교육내용들을 하나의 교과나 단원으로 묶거나, 관련있는 내용들을 서로 연결하여 제시

CHECK Point 내용조직(배열)의 방법

구분	심리적 조직	논리적 조직	절충적 조직
설명	학생의 심리적 특성 토대	교과나 학문의 논리적 구조에 따라 조직	학습자의 심리적 특성을 중심으로 교재의 논리적 순서와 그 발전이 보장되도록 배열
	학생의 성숙과 성장발달의 특징, 심리적 · 정신적 경험의 민감성, 흥미와 욕구, 학습의 곤란도, 성공이나 실패	조직방법 • 쉬운 것 → 어려운 것 • 구체적 → 추상적 • 가까운 것 → 먼 것 • 간단 → 복잡 • 익숙 → 미숙 • 부분 → 전체	
장점	심리적 특색을 토대로 하므로 논리적 방법에 비해 진보적 방법		학생의 발달순서와 교재의 논리적 발전을 조화롭게 취급

④ 학습경험의 선정과 조직 및 시간계획
㉠ 학습경험이란 학습활동이나 학습과정이라는 용어로 쓰이기도 하며, 학습목표가 내용과 행동으로 이루어져 있을 때 행동에 속하는 것이다.

㉡ 학습경험을 선정하는 근거가 되는 원리 : 목표 및 내용과의 관련성, 학습자 능력에의 적절성, 실천해 볼 수 있는 기회의 부여, 흥미와 만족감을 주는 경험이어야 한다.

⑤ 학습활동의 단계

㉠ 도입활동 : 흥미유발과 동기부여를 위해 설명이나, 해석 혹은 제시를 한다. 도입단계의 활동으로 사전테스트 혹은 조사, 영화나 슬라이드 보기, 녹음테이프 듣기, 전시하기, 실물교수 등을 활용할 수 있다.

㉡ 전개활동 : 대상자들에게 흥미가 유발되었다면 학습내용으로 규명된 지식, 기능, 이해 등을 습득하도록 집단이나 개별활동을 수행한다. 전개단계에서는 폭넓고 다양한 활동에 주의할 필요가 있다.

㉢ 종결활동 : 전개단계에서 행한 활동을 종합하여 설정된 목표에 의해 성취감으로 나아가는 단계이다. 그동안 학습한 내용을 정리하거나 중요한 부분을 학습자에게 질문하거나 토의함으로써 여러 요소들을 하나로 끌어모아 정리하고 결론을 짓는다.

(5) 교육평가방법

계획 당시 평가기준, 평가방법, 평가시기, 평가자 등을 설정해야 한다.

04 보건교육 실시

1 보건교육 수행

1. 교육방법 선정에 영향을 주는 요소

(1) 대상자의 특성

① 대상자의 수

㉠ 100명 이상 많을 때 : 강의, 심포지엄, 패널토의(뇌염 예방접종, 가족계획)

㉡ 15~20명 정도로 적을 때 : 시범, 역할극, 그룹토의(신생아 목욕방법 등)

② 대상자의 참여의식

③ 대상자의 사전경험과 교육정도(지식)

④ 대상자의 문화적 배경 : 미신, 행동규범, 습관, 전통, 종교적인 신념 등

(2) 학습목표의 난이도

학습목표가 어려울수록 소집단을 요하며, 보조자료나 매체, 시범 등이 요구되고 많은 시간이 소요된다.

(3) 교육실시 장소 및 시설에 맞게 교육방법을 선정한다.

(4) 실시시기 및 시간 : 시간이 충분하지 못하다면 강의식 방법이 선택될 수 있다.

(5) 기타 : 보건교육 주제, 인적자원, 교육자의 능력(자질), 예산의 제한점

(6) 보건교육 방법 선택시 고려할 점(Tyler, 1950)

① 대상자가 인지능력을 수행할 수 있는 기회를 주어야 한다.
② 대상자 스스로 만족할 수 있는 활동이어야 한다.
③ 대상자의 능력 및 과거의 경험과 적정하게 조화되어야 한다.
④ 효과적인 방법을 선택함으로써 문제해결 가능성이 높아지기 때문에 교육자는 폭넓게 사고해야 한다.
⑤ 한 가지 방법으로 여러 가지 결과를 가져올 수 있으므로 교육방법 선택시 한 가지 이상의 긍정적 결과를 가져올 수 있는 방법을 선택하는 것이 바람직하다.

(7) Goodlad(1963)

① 대상자의 행동이 잘 나타날 수 있는 방법으로 한다.
② 여러 행동을 동시적으로 하는 것을 격려한다.
③ 능력이 있는 대상자와 능력이 떨어지는 대상자 모두에게 해당되는 방법을 선택한다.
④ 대상자의 다양한 흥미와 학습양상의 차이를 포괄적으로 고려한다.
⑤ 다른 시간이나 다른 장소에서 다른 생각이 잘 나타날 수 있는 방법을 택한다.

CHECK Point Ice breaking

1. 개념
그룹토의나 어떤 집단이 처음으로 만났을 때 어색한 분위기를 "Ice"로 표현하고, 어색한 분위기를 깨기 전에는 서로가 가지고 있는 의견들을 자유로이 토론할 수 없기 때문에 분위기를 부드럽게 하기 위해 어색한 분위기를 깬다는 것을 "Breaking"이라고 표현한 것이다. 즉, 처음 만나는 사람끼리 가질 수 있는 어색한 분위기를 빨리 친숙하게 만든다는 뜻이다.

2. Ice Breaking을 위한 짝짓는 방법
(1) **집단의 수가 많을 때** : 그룹토의를 위하여 처음 둥그렇게 앉았을 때 각자가 자기소개를 하는 것이 조금 어색하므로 2명씩 짝을 지어서 서로가 상대방과 이야기를 나누고 난 후 상대방을 소개하는 방법이다.
(2) **집단의 수가 적을 때**
① 그림으로 짝짓는 방법
② 기차놀이로 돌면서 짝짓는 방법

3. Ice Breaking을 모든 교육의 처음 단계에 활용하는 것이 언뜻 보면 많은 시간의 낭비를 초래하는 것 같이 보이나, 실제적으로는 그냥 처음부터 상호를 이해하지 못한 상태로 토의에 임하는 것보다 결과적으로는 빨리 의견을 교환할 수 있어 오히려 시간이 절약되는 방법이라고 볼 수 있다.

2. 대인접촉 보건교육의 형태

(1) 개별보건교육

보건사업현장에서 가장 많이 활용되고 있는 방법으로 두 사람이 상호작용하는 과정에서 피면접자가 가지고 있는 특별한 건강문제를 해결하는 데 주로 사용된다.

① 개별교육시 유의점

㉠ 학습자의 능력에 적합한 목적을 세운다.

㉡ 학습자가 마음을 열 수 있도록 신뢰관계를 형성한다.

㉢ 학습자의 상황을 긍정적으로 받아들인다.

㉣ 학습자가 자유롭게 의사를 표시할 수 있도록 조용하고 친밀한 분위기를 조성한다.

㉤ 서두르지 말아야 하며 여유있게 대상자를 대한다.

㉥ 학습자의 감정을 잘 수용하고 공감대를 형성한다.

㉦ 학습자 수준에 맞는 언어를 사용한다.

㉧ 현재의 문제에만 초점을 맞춘다.

㉨ 충고, 명령, 훈계, 설득, 권고 등을 피한다.

㉩ 상담시 알게 된 대상자의 비밀을 엄수한다.

② 장점

㉠ 한 사람만을 상대로 교육하거나 정확한 문제의식을 가지고 상담하므로 집단교육시보다 교육효과가 높다.

㉡ 대상자에 대한 이해가 확실하기 때문에 각자에 맞는 실천가능한 변화유도가 가능하다.

㉢ 짧은 시간에도 가능하기 때문에 보건사업현장 어디에서나 적용할 수 있다.

㉣ 집단교육에 비해 대상자를 모아야 하는 시간을 소비할 필요가 없다.

③ 단점

㉠ 경제성이 없다.

㉡ 학습자가 다른 사람들과 어울릴 기회가 없고 일대일 학습이므로 학습자가 심리적 부담을 느낄 수 있다.

④ 주의점

㉠ **면접장소** : 안정된 분위기가 되도록 적당한 조명, 온도가 필요하며 소음이 없는 조용한 곳이어야 한다.

㉡ **면접시간** : 목적에 따라 정하되 1시간 전후로 너무 길지 않도록 한다.

㉢ **면접자의 자질** : 말과 태도가 일치되어야 신뢰감을 얻을 수 있으며 긍정적 태도와 현재 문제만으로 공감대를 형성하도록 한다. 그리고 부정적 감정표현을 수용할 수 있어야 한다.

⑤ 상담의 기본원리(상담기술 및 상담시 유의사항) 7가지

㉠ 개별화의 원리

ⓐ 개별화의 원리는 내담자 개개인의 독특한 사실을 알고 이해하는 것으로, 상담시 개인차에 따라 상이한 원리나 방법을 활용하는 것이다.

ⓑ 내담자의 개성과 특성을 이해하고 보다 나은 적응을 위해 조력해야 하며, 상담 방법 또한 내담자의 개인차에 따라 달라져야 함을 의미한다.

㉡ 의도적인 감정표현의 원리

ⓐ 내담자가 자신의 감정을 자유롭게 표명하려는 욕구에 대한 인식이다.

ⓑ 상담자는 온화한 상담분위기를 조성하며, 내담자의 말을 의도적으로 귀담아 들어야 한다.

ⓒ 내담자 감정이 부정적이든 긍정적이든 허용적인 분위기를 만들어야 한다.

㉢ 통제된 정서적 관여의 원리 : 상담자가 내담자의 정서변화에 민감하게 반응하고, 적극적으로 관여하는 자세를 유지하기 위해 통제된 정서를 유지한 채 관여한다.

㉣ 수용의 원리

ⓐ 상담자는 내담자를 있는 그대로 이해하고 다루어 나가야 한다.

ⓑ 상담자는 내담자의 강점과 약점, 바람직한 성격과 그렇지 않은 성격, 긍정적 · 부정적 감정, 건설적 · 파괴적 행동 등 내담자를 있는 그대로 이해하고 다루어 나가도록 말, 행동, 표정에 거부적인 반응을 표현해서는 안된다.

㉤ 비심판적 태도의 원리

ⓐ 상담자는 내담자의 행동과 태도, 가치관 등을 평가할 때 객관적이고 중립적인 자세를 유지해야 한다.

ⓑ 특히, 내담자에게 잘잘못이나 책임성 유무를 따지는 등 심판적인 태도를 가지지 않도록 가치중립적인 태도를 취해야 한다.

ⓒ 죄책감, 열등감을 가진 경우 타인의 비판에 예민하므로 내담자는 자기의 잘못, 문제를 나무라거나 잘못을 질책하는 것을 두려워한다.

㉥ 자기결정의 원리

ⓐ 상담자는 내담자의 자기결정권을 존중하여 내담자 스스로 해결책을 선택하고 의사결정을 할 수 있도록 해야 한다.

ⓑ 상담자는 '내담자의 인지적 · 정신적 · 신체적 부족으로 인한 내담자 능력에 의한 제한', '법률이 허용한 범위 내에서의 법률에 의한 제한', '도덕률에 의한 제한', '기관, 그 자체가 지닌 목적 달성이나 기능에 위배된 경우에 기관의 기능에 의한 제한'의 4가지를 제외한다.

㉦ 비밀보장의 원리

ⓐ 상담자는 상담과정에서 얻은 정보를 내담자의 성장과 발달을 위한 목적을 제외

하고 사용 또는 공개해서는 안된다는 윤리적 규정과, 전문직업적 관계에서 나타나는 내담자에 대한 비밀보장의 보호를 의미하는 것으로서, 이와 같은 원칙은 상담자와 내담자 간의 신뢰형성에 중요한 요인으로 작용한다.

ⓑ 이때 내담자의 정보를 공개해야 하는 경우가 있는데(비밀보장의 예외), 내담자가 자신이나 타인을 해칠 위험이 있는 경우, 아동학대나 성폭력 등 범죄에 대한 내용을 알게 된 경우, 내담자의 보호자 요청이 있는 경우(내담자가 아동이거나 특수아일 경우), 내담자가 용인한 경우, 법원이 공개를 명한 경우 등이 있다.

⑥ 또래상담

㉠ 기능

ⓐ 자아개념과 자아존중감의 형성을 위한 중요한 활동무대이다.

ⓑ 바람직한 사회적 태도를 지니게 한다.

ⓒ 아동으로 하여금 살아가는 데 필요한 가치를 선택하도록 해준다.

ⓓ 정서적인 안정감을 제공한다.

ⓔ 가정환경이 좋지 못한 아동들로 구성된 집단에서는 집단의 질서가 쉽게 파괴되고 불량행동을 할 가능성이 높아진다.

㉡ 효과

ⓐ 또래상담자들이 친구의 문제를 도와줄 수 있고, 친구의 고민을 해결해 줄 수 있다는 점에서 큰 효과가 있다.

ⓑ 교사의 개인상담으로 인해 소수 학생들에게만 제공되는 상담혜택을 또래상담자를 통해 전체의 학생들에게 제공함으로써 학원 내에 상담활동이 활성화될 수 있다.

ⓒ 학교 내 또래상담원 양성을 통해 비행 방지 및 집단 따돌림을 사전에 예방할 수 있다.

ⓓ 또래상담자는 갈등관리와 중재자 역할을 수행하고, 외로운 친구들을 도와주어 또래의 위기를 관리해 주며, 자신 및 타인에 대해 긍정적으로 인식하는 방법을 알 수 있다.

ⓔ 또래상담자들은 분노와 좌절의 근본적인 원인이 비합리적인 사고에 있음을 알고 합리적 사고로 바꾸어 신나는 학교생활을 하는 데 보탬이 될 것이다.

ⓕ 또래의 영향을 많이 받고 또래집단의 압력은 행동에 대한 통제력을 크게 발휘하므로 학생 자신이 그 과정을 조직해 수행하면 토론이나 학습이 촉진될 것이다.

ⓖ 학생이 자신의 학습과 타인의 교육을 위한 학습에 참여함으로써 인위적으로나마 책임을 지면서 성인의 역할을 하게 된다.

> **CHECK Point** 면접 · 상담
>
> 면접이란, 서로 서로 정보를 교환하는 두 사람 사이의 관계를 말하며 주로 언어를 도구로 사용하여 면접자가 특정 분야에 지식과 기술을 가진 전문적 대화자로 피면접자와 대면한다. 개별상담은 효과가 높은 교육방법이지만 경제성이 없으므로 개인의 비밀에 속하는 건강문제 상담과 사회에서 죄악시하는 문제 교육이나 해결시, 또 미혼모 문제나 유산문제 등의 상담에 적용하는 것이 바람직하다.

(2) 집단보건교육

개별지도에 비해 설득력이 약하지만 제한된 인원, 시간, 경비로 일시에 많은 사람에게 내용을 전달할 수 있다.

① 집단보건교육 실시형태

㉠ 건강교실

ⓐ 학습자 수는 15~20명 정도, 많은 경우 50명 정도가 적당하다.

ⓑ 일정기간 내 같은 대상자들에게 적어도 반드시 5~6번 이상, 많으면 10~20번 정도에 걸쳐 교육한다.

ⓒ 계속해서 여러 번 시행하는 것이므로 매일이나 격일 또는 1주 1회나 2주 1회 등으로 하되 대상자가 연속적으로 출석할 수 있게 일정을 선택하는 것이 좋다.

ⓓ 보건소 회의실, 공공기관 회의실 등 외부와 차단되어, 주의 집중할 수 있는 장소가 좋다.

㉡ 건강관리실 교육

ⓐ 보건소, 학교, 산업장, 보건진료소, 병원외래 등에서 내소자를 중심으로 하여 1회성으로 이루어지는 교육이다.

ⓑ 5~10분 정도로 짧게 한다.

ⓒ 한두 가지 요점만 간단 · 명료하게 실시한다.

ⓓ 가능하면 실물이나 매체를 활용한다.

㉢ **지역사회에서의 교육** : 보건교육담당자가 지역사회로 나가 지역사회 내에 있는 노인정, 동사무소, 부녀회, 청년회 등 각종 모임을 이용하여 교육한다.

② 교육시간

㉠ 농촌의 경우 농번기를 피한다.

㉡ 주부의 경우 집안일을 끝낸 11시나 오후 2시 이후로 한다.

㉢ 교육시간은 1시간 내로 한다.

③ 교육환경

㉠ 예정된 학습자 수에 적절한 크기의 장소를 준비한다.

㉡ 적당한 온도를 유지할 수 있도록 냉 · 난방시설이 갖추어진 곳이 좋다.

㉢ 규모가 큰 교육장에서의 좌석 배치는 일렬배치도 무난하나 소규모의 교육장에서는 원형이나 ㄷ자로 의자를 배치한다.

㉣ 일렬배치의 좌석인 경우에는 시력이나 청력이 약한 사람, 키 작은 사람 등을 앞자리에 앉도록 배려한다.

3. 대중매체 중심 보건교육의 형태

(1) 의사전달을 효과적으로 하기 위한 보조수단으로 일시에 많은 대상을 상대로 전달할 수 있는 홍보 및 계몽자료와 매체를 말한다. 대중매체는 전파매체와 인쇄매체로 구분된다. 대중매체를 활용할 때는 교육내용이 일단 대중에게 보급되면 전국에 확산되므로 신중을 기하여야 한다.

(2) 장점

① 불특정 다수의 사람에게 많은 정보를 빨리 전달할 수 있다.
② 사람을 끌어들이는 효과가 커 사회적 여론 조성이나 동기유발을 잘 시킨다.
③ 정확하고 계획된 정보전달이 용이하다.
④ 반복적으로 정보를 내보내므로 지식축적이 용이하다.
⑤ 광범위한 파급효과를 갖는다.
⑥ 정보의 전달량과 전달시간을 고려할 때 대단히 경제적이다.
⑦ 인지적 · 정서적 · 정신운동적 영역의 학습을 북돋아 준다.
⑧ 특정한 내용이 시각적으로 전달될 수 있다.
⑨ 강의내용에 따라 교육자 없이 사용이 가능하다.
⑩ 복잡한 내용을 간단하게 구성하여 중점을 요약해 준다.
⑪ 교육자들은 반복적인 시범을 보여주지 않아도 된다.
⑫ 유머를 사용하여 스트레스를 감소시켜 준다.

(3) 단점

① 태도와 행동을 즉시 유도할 수 있는 설득력이 약하다.
② 정보에 대한 선택성이 높기 때문에 이를 기피함으로써 생기는 손실이 크다.
③ 사회경제적 수준에 따라 정보전달이 달리 될 수 있다. 즉, 경제수준이 높은 주민에게는 정보전달이 용이하나, 낮은 주민에게는 외면될 수 있다.
④ 정보량이 많을수록 주민은 회피하는 경향이 있다.
⑤ 매체와 기구는 구입, 유지, 갱신하는 데 비용이 많이 든다.
⑥ 세심한 계획(사전검토)을 필요로 한다.
⑦ 교육자 – 피교육자 간에 인간적인 관계형성을 저해한다.
⑧ 기구에 따라서 조작하기 어렵다.

4. 지역사회조직 활동을 통한 보건교육의 형태

(1) 기존의 지역사회조직 활용시 장점

① 지역사회조직 중심의 보건교육을 실시할 수 있다.

② 제한된 보건요원의 수와 시간, 적은 노력으로 많은 주민이 집단적으로 속해 있는 조직을 상대로 하여 보건교육을 할 수 있다.

(2) 새로운 지역사회조직 활용시 장점

① 보건교육을 보다 효과적으로 실시하기 위해서는 새로운 조직 구성이 더 바람직하다.

② 모든 사람이 능동적으로 참여할 수 있는 큰 장점이 있다.

CHECK Point 지역사회조직화 과정(Courtney, 1987)

1. **시범사업의 합법성 확보** : 합법성을 더 많이 확보하기 위하여 지방자치단체 차원의 보건위원회를 만들 것을 제안한다.
2. **문제의 정의** : 설정된 문제는 대상자의 입장뿐만 아니라 다양한 관점에서 정의를 내려야 한다. 선정된 문제에 영향을 미칠 수 있는 주요 인물들이 가지고 있는 이 문제에 대한 인식과 가능하다고 생각하는 해결 방법에 대해 이야기를 듣고, 시범사업팀의 대안에 대한 반응도 파악한다. 이 과정이 시범사업의 성패에 아주 중요하다.
3. **문제의 사정과 분석** : 기획의 과학성과 관련된 것으로 문제의 본질과 수준을 설명하기 위해 자료가 모아진다. 문제의 정의와 분석을 기초로 지역사회 진단과 사회정치적 진단이 이루어진다.
4. **목표선정** : 목표는 실증적인 자료에만 기초해서 선택되어서는 안된다. 보건문제나 상황의 정치적 맥락에 대한 이해도 목표선정의 근거로 반영되어야 한다.
5. **계획** : 이 단계에서는 가능한 모든 대안을 제시하고 지역사회보건위원회와 주요인물이 그 중에서 최종안을 선택할 수 있도록 참여시킨다. 최종적으로 하나의 안이 선정되면 이에 대한 인력, 시설 및 장비, 운영방법 등에 관한 내용을 결정한다.
6. **마케팅** : 준비된 계획안을 실행에 옮길 수 있도록 관련 기관을 설득하여 승인 또는 지원을 받는 것이 필요하다. 이를 위하여 구체적인 의사결정자에게 영향을 미칠 수 있는 방법과 전략을 세우고, 각 상황과 사람에 맞는 마케팅 활동을 전개한다.
7. **평가** : 지역사회조직화 과정에서 중요한 측면이다. 비용－효과 측면에서의 평가자료가 제시되고, 긍정적인 결과가 보고될 때 시범사업의 지속과 확장이 가능해질 것이다.

5. 교육자 중심의 보건교육방법 분류

(1) 일방식 교육방법

① 장점

㉠ 교육내용에 대한 지식이 전혀 없는 대상자일 경우에 적합하다.

㉡ 왕래식보다 더 많은 대중에게 교육할 수 있다.

② 단점

㉠ 피교육자의 의견은 반영됨이 없이 교육자의 일방적 교수법이다.

㉡ 교육자가 피교육자의 반응, 습득내용에 대한 느낌 등을 알 수 없다.

㉢ 왕래식보다 습득효과가 낮다.

(2) 왕래식 교육방법

① 장점

㉠ 교육자와 피교육자 또는 피교육자 간에 서로의 의견 및 지식을 교환하면서 협동하여 배우는 과정이다. 즉, 피교육자의 지식이나 의견이 반영된다.

㉡ 습득효과면에서 일방식보다 좋다.

② 단점

㉠ 교육내용에 대한 지식이 없는 피교육자들을 대상으로 할 때에는 부적합하다.

㉡ 많은 대중에게 지식전달이 불가능하다.

2 보건교육방법

1. 강의

(1) 교육자가 학습자에게 지식을 직접 가르치는 것으로 대부분의 경우 교육내용에 관해서 학습자가 기본지식이 별로 없을 때 이용한다.

(2) 장점

① 짧은 시간 내에 많은 양의 지식이나 정보를 많은 사람에게 전달할 수 있다.

② 같은 시간 내에 많은 사람을 대상으로 할 수 있기 때문에 경제적인 이점이 있다.

③ 모든 교육방법의 기본이 된다.

④ 문자, 어구, 문장 등을 언어로 자유롭게 해석하여 전달할 수 있다.

⑤ 전체적인 전망을 제시할 수 있다.

⑥ 교육자의 교육 준비시간이 절약된다.

⑦ 교육대상자들의 교육에 대한 긴장감이 다른 교육방법보다 적다.

(3) 단점

① 많은 양의 지식이나 정보가 전달되었으나 학습자가 다 기억하지 못하고 기억에 오래 남아있지 않는다.

② 학습자를 수동적인 상태로 만들어 능동적인 참여를 통한 변화유도가 용이하지 않다.

③ 교육대상자들의 학습 진행정도를 교사가 인지하기 어렵다.

④ 교육대상자의 학습 개인차를 고려하지 않아 학생 모두를 만족시키지 못한다.

(4) 강의를 효율적으로 하기 위한 방법

① 학습목적에 제시된 학습자의 요구만 요약한다.
② 말로만 하지 말고, 듣고 보고 해보도록 계획한다.
③ 학습자 스스로가 자신들의 배운 사실을 실제 경험으로 옮겨 보도록 동기를 부여해 준다.
④ 반드시 시청각 보조자료나 유인물을 사용하도록 한다.

2. 심포지엄(좌담회, 공청회, 강단식 토의)

(1) 2~5명의 전문가가 각자의 의견을 10~15분 정도 발표하고 사회자가 청중을 공개토론의 형식으로 참여시키는 방법으로 사회자는 이 분야의 최고 전문가여야 한다.

(2) 장점

① 특별한 주제에 대한 밀도있는 접근이 가능하다.
② 다채롭고 창조적이고 변화있게 강의를 진행할 수 있다.
③ 학습자들이 알고 싶어하는 문제의 전체적인 파악은 물론 각 부분까지 이해할 수 있다.

(3) 단점

① 학습자가 주제에 대하여 정확한 윤곽을 알지 못하면 효과가 적다.
② 연사의 내용이 중복될 수 있다.
③ 질문시간이 제한되어 있어 한정된 사람들만 질문에 참여하게 된다.
④ 비용이 많이 든다.
⑤ 토의목적에 알맞은 전문가의 선정이 용이하지 않다.

(4) 배심토의와의 차이점

심포지엄에서는 발표자나 사회자, 청중 모두 주제에 대한 전문지식이나 경험을 가진 전문가들이다.

3. 패널토의(배심토의, 대표토의)

(1) 집단구성원이 많아 각 구성원이 그 토론에 참가하기 곤란한 경우 토의할 문제에 대해 사전에 충분한 지식을 가진 소수의 대표자들이 다수의 청중 앞에서 그룹토의를 하는 방법으로 토의에 참석할 전문가는 4~7명으로 구성되며 각기 5~7분간 발표한다.

(2) 장점

① 참가자는 비교적 높은 수준의 토론을 경험하게 되며 타인의 의견을 듣고 비판하는 능력이 배양된다.
② 주제에 대하여 다각도로 분석하고 앞으로도 예측할 수 있다.
③ 연사나 참여자가 서로 마음을 털어놓고 토의함으로써 문제의 해결점을 제시할 수 있다.

(3) 단점

① 일정한 시간에 여러 명의 전문가를 초빙하므로 경제적 부담이 된다.
② 청중이 기존지식이 없을 때는 이해하기 어렵다.
③ 전문가 위촉이 어려우며 토의시 중복되는 이야기나 통상적인 발표가 되기 쉽다.
④ 사회자가 서툴거나 연사들이 산만하게 의견을 발표할 때 요약없는 토의가 되기 쉽다.

4. 집단토론

(1) 집단 내의 참가자들이 특정 주제에 대한 의문점, 개념 혹은 문제점에 대해 목표를 설정하고 자유로운 입장에서 상호의견을 교환하고 결론을 내리는 회화식 방법으로 한 그룹에 5~10명이 적당하다.

(2) 장점

① 학습자들이 능동적으로 참여할 수 있는 기회를 경험한다.
② 자신의 의견을 전달할 수 있는 의사전달능력이 배양된다.
③ 타인의 의견을 존중하고 반성적 사고능력이 생긴다.
④ 다수의 의견에 소수가 양보하고 협력하는 사회성이 길러진다.
⑤ 타인의 말을 잘 들어주는 경청능력이 길러진다.
⑥ 학습자 스스로 자신의 지식과 경험을 활용하게 되므로 학습의욕이 높아진다.

(3) 단점

① 소수에게만 적용할 수 있어 비경제적이다.
② 초점에서 벗어나는 경우가 많다.
③ 지배적인 참여자와 소극적인 참여자가 있을 수 있다.
④ 시간이 많이 걸린다.

5. 분단토의

(1) 와글와글 학습이라고도 하며 전체를 여러 개의 분단으로 나누어 토의시키고 다시 전체회의에서 종합하는 방법으로 각 분단은 6~8명이 알맞다.

(2) 장점

① 참석인원이 많아도 모든 대상자들에게 참여기회가 주어진다.
② 어떤 문제를 다각적으로 분석, 해결할 수 있다.
③ 다른 그룹과 비교되어 반성적 사고능력과 사회성이 길러진다.

(3) 단점

① 참여자들이 준비가 되어 있지 않을 경우 효과가 없다.

② 소수의 의견이 그룹전체의 의견이 될 수 있다.
③ 소심한 사람에게는 부담스러울 수 있다.

6. 브레인스토밍

(1) 갑자기 떠오르는 생각을 종이에 기록하거나 말로 표현해 본 후 글로 기록하거나 기록된 문장을 정리하면서 생각을 논리화하는 방법으로 12~15명의 단체에서 쓰이며 10~15분간 단기 토의를 원칙으로 한다. 이 방법은 주로 어떤 계획을 세우고자 할 때, 창조적이고 기발한 아이디어가 필요할 때, 학생들의 의견과 생각을 끌어내어 발전시키고자 할 때 사용하면 유리하다.

(2) 장점
① 재미있고, 어떤 문제든지 토론의 대상으로 삼을 수 있다.
② 장비가 거의 필요하지 않다.
③ 상호 협조적인 분위기를 조성할 수 있다.
④ 구성원 모두가 중요한 공헌을 할 수 있는 기회를 가질 수 있다.

(3) 단점
① 시간낭비로 끝날 수 있기 때문에 성공적으로 이끌기 위해서는 고도의 기술이 필요하다.
② 구성원이 참여하지 않으면 토론을 성공적으로 이끌 수 없다.
③ 구성원은 집단에 공헌해야 하는 강박적인 느낌 때문에 불편해 할 수도 있다.

7. 시범

(1) 보건교육에 가장 많이 사용하는 방법 중의 하나이며 현실적으로 실천을 가능하게 하는 효과적인 방법이다.

(2) 장점
① 흥미를 불러일으킨다.
② 배운 내용을 쉽게 실무에 적용할 수 있다.
③ 대상자 수준이 다양하더라도 쉽게 배울 수 있다.
④ 속도가 유동적이며 교사가 필요시 반복할 수 있다.

(3) 단점
① 소수 대상자에게만 가능하므로 비용효과 면에서 비효율적이다.
② 교육자는 교육준비에 시간을 많이 투자하여야 한다.
③ 시범에 필요한 자료들이 비싸고 제한되거나 이동이 어려울 수 있다.

(4) 유의사항

① 방법은 가장 진보적인 것이어야 한다.
② 사전에 충분한 연습을 해보아야 한다.
③ 필요한 물품은 순서대로 빠짐없이 준비하고 학습자에게 잘 보여줄 수 있도록 차례대로 진열해 놓는다.
④ 대상자들이 편안한 자세로 앉아서도 잘 보일 수 있는 장소가 마련되어야 한다.
⑤ 집중해서 볼 수 있도록 한다.
⑥ 시범 전에 시범의 목적과 내용, 절차에 관하여 간단히 설명해 준다.
⑦ 강조할 점은 시범 도중 반복하여 보여준다.
⑧ 명확하고 이해하기 쉬워야 한다.
⑨ 너무 많은 시간과 기술이 요구되지 않도록 학습자에게 유용한 기구를 사용한다.
⑩ 학습자의 이해도 확인을 위해 학습자가 재시범해 볼 기회를 제공한다.

8. 견학

(1) 현지답사라고 하며 현장을 직접 방문하여 관찰하고 배우는 교육활동이다. 교실에서 간접적으로 재창조할 수 없는 경우 사용하며, 가장 효과적인 방법 중의 하나이다.

(2) 장점

① 직접 관찰할 수 있으므로 사물을 관찰하는 능력이 배양된다.
② 다각도의 경험을 하게 되므로 태도변화가 용이하게 된다.
③ 배운 내용을 실제에 적용할 수 있게 된다.

(3) 단점

① 시간과 경비가 많이 든다.
② 세심한 계획과 평가가 필요하다.

(4) 유의사항

① 견학 후에는 경험을 나눌 수 있는 시간을 가져야 한다.
② 미리 질문지나 점검표를 사용하여 견학시 견학내용을 빠뜨리지 않도록 한다.
③ 너무 많은 인원이 한번에 방문하지 않도록 인원배정에 유의하여야 한다.

9. 역할극

(1) 학습자들이 직접 실제상황 중의 한 인물로 등장하여 연기를 하면서 실제 그 상황에 처한 사람들의 입장이나 상황을 이해하고 상황분석을 통하여 해결방법을 모색하는 방법이다. 역할극이 끝난 후 출연자와 관중이 함께 자유롭게 토론할 시간을 갖기도 한다. 역할극은

가치나 태도에 대한 이해를 증진시키는 데 효과적이다.

(2) 장점

① 실제로 활용이 가능한 기술습득이 용이하다.
② 자신들이 직접 참여하므로 흥미있고 동기유발이 잘된다.
③ 학습자들의 사회성이 개발된다.
④ 교육기교가 개발된다.
⑤ 교육대상자의 수가 많아도 적용이 가능한 교육방법이다.

(3) 단점

① 준비시간이 많이 요구된다.
② 대상자 중에서 갑자기 극중 인물을 선택하기가 어려울 수 있다.
③ 역할극을 수행하는 사람이나 보조 및 환경이 사실과 거리감이 있을 때 대상자들에게 교육효과가 나타나지 않아 시간낭비만 가져오게 된다.
④ 마지막 토의부분에 모든 피교육자가 참여하여야 하기 때문에 피교육자가 25명 이상일 때는 비효과적이다.
⑤ 출연자가 많을수록 극의 초점이 흐려지고 시간의 제약으로 깊이 있는 내용을 연출할 수 없게 된다.

10. 인형극

(1) 드라마와 비슷하나 주된 차이는 인형들이 행동하는 것이다. 인형극은 모든 연령층에 따라 다양한 주제로 다루어지며 인형의 움직임을 통해 청중은 인형과 일체화되어 반응하고 상상력을 갖게 된다.

(2) 장점

① 연령층에 따라 다양한 주제를 다룰 수 있다.
② 청중이 즉각적으로 반응하게 되고 상상력을 갖게 된다.
③ 민감한 주제를 다루어도 풍자적이고 과장된 표현에 의한 효과를 얻을 수 있다.

(3) 단점 : 청중 수를 제한하여야 한다.

11. 건강캠페인

캠페인을 활용하는 기간은 수일에서 1개월까지이며 보조자료는 포스터, 팜플렛, 라디오, TV 등이 있다.

12. 문제해결법(PBL)

(1) 정의

① 학습자에게 문제를 던져주고 그것을 해결해 나가는 과정을 통해 학습이 이루어지게 하는 교육방법이다.

② 학습자는 자신이 배운 지식을 이용하여 문제의 해결책을 고안하고 해결을 위한 자료를 모으며 해결방안을 모색하게 된다.

③ 문제해결법의 특징은 이론적 지식을 실제 교육상황에서 응용이 가능해야 하며 학습자 개개인이 스스로의 학습현장에서 발생한 과제를 해결해 나가는 방법을 배우는 데 도움을 준다.

(2) 문제해결법의 단계

① 1단계(문제의 인식) : 학습자가 선택한 문제나 해결하도록 선택시킨 문제에 대하여 자세히 검토하고 그 본질을 정확하게 인식하는 단계

② 2단계(해결방안 연구) : 어떤 방법과 절차로 해결할 것인지를 연구하는 단계

③ 3단계(자료수집)

④ 4단계(해결단계) : 수집된 자료의 조사, 관찰, 비교 등의 활동

⑤ 5단계(결과 평가 및 정리) : 결과에 대해 평가하고 보고서 등을 작성하여 건설적인 방향에 적용하는 단계

(3) 장점

① 시점에 관계없이 이루어질 수 있다.

② 모든 분야에서 얻은 이론적 지식을 실제상황에 적용시켜 볼 수 있다.

③ 학습자 개개인이 자립적으로 연결하여 활용할 수 있다.

④ 이 결과는 강의나 집단교육에도 사용 가능하다.

(4) 단점

① 한꺼번에 많은 대상이 참여할 수 없다.

② 학습자의 사전준비 및 능력의 한계에 결과가 좌우된다.

13. 프로젝트 교육방법

Kilpatric의 Project Method란 논문에서 비롯되었다. 프로젝트의 개념은 '진심을 다하여 실제 사회환경 속에서 목적을 향해서 수행하는 활동, 즉 목적있는 활동'을 말한다.

(1) 대두배경

① 기존의 교실중심, 강의중심, 주입식중심의 교육을 배격하고 학습자중심의 자발적이고 능동적인 학습활동을 강화하기 위함이다.

② 자신이 계획하여 지식과 기술, 적응능력 등의 포괄적인 능력을 획득하게 하기 위함이다.

③ 어떤 지식이나 기술을 교실이나 실습실 및 가상상황하에서 습득하지 않고 실제 교육대상자들이 그 지식이나 기술을 적용할 실제상황에서 학습함으로써 교육 후 즉시 활용할 수 있는 지식과 기술적응능력을 획득하게 하기 위함이다. 즉, 강의로 주어진 부분적인 지식이 아니라 자신이 계획한 목적을 가지고 실제상황에 부딪쳐 단계적으로 연구하며 배우는 방법을 말한다. 현재 대학원이나 박사과정에서 논문을 쓰게 하는 것을 말한다.

(2) 장점

① 학습자들 스스로가 주어진 목적도달을 위해 계획하고 실시, 평가하므로 학습에 대한 동기유발이 용이하다.

② 자신이 계획하고 실천하는 과정을 통해 자주성과 책임감이 개발된다.

③ 자신들이 문제해결을 위해 활동하게 되므로 지시나 명령이 없이도 능동적으로 연구하는 태도가 개발된다.

④ 실제조사나 자료수집을 통해서 얻어진 사실을 가지고 계획을 수립하고 실행하게 되므로 의사결정능력과 관찰능력이 배양된다.

⑤ 실제상황 속에서 문제를 찾고 연구하게 되므로 실천가능한 해결방안을 모색할 수 있다.

⑥ 교실에서의 이론과 실제상황과의 차이를 비교할 기회가 허용된다.

⑦ 주어진 목적을 완료하여야 하므로 인내심이 배양되며 결과를 얻었을 경우는 성취감을 갖게 된다.

⑧ 이 교육방법을 학생들에게 적용하면 창의력과 탐구능력이 개발되게 된다.

⑨ 혼자 하는 경우도 있으나 4~5명이 할 경우 학습자들 간에 협동정신, 지도력, 희생정신 등이 배양되게 된다.

(3) 단점

① 교사가 목적만 제시하고 계획, 수행, 평가는 학습자 스스로 수행해야 하므로 학습자 중 교사의 도움만 의존해 온 능력이 부족한 학생은 시간과 노력만 낭비하는 경우를 초래하게 된다.

② 목적에 도달하기 위해서는 자료수집, 실제관찰 등이 이루어져야 하므로 자료수집이 불가능할 경우 결과 전체가 미비한 상태로 그치게 된다.

③ 계속 수동적인 주입식 교육위주의 위치에 있던 학생들의 경우는 자신의 일을 계획, 수행할 수 없으므로 학습시간으로 활용하지 않고 놀거나 다른 활동을 하게 되어 학습분위기가 조성되지 못하는 경우도 있다.

④ 학습자들의 학습결과를 평가하는 데 필요한 표준의 설정이 어려워 평가의 신뢰도 및 객관성이 결여될 우려가 있다.

(4) 실시과정

① 목적설정 단계

② **계획단계** : 가장 중요한 단계인데, 올바르고 치밀한 계획의 수립이 성패의 기준이 되기 때문이다.

③ **실행단계** : 모든 자료수집 후 해결방안을 창안해내는 단계인데, 이 단계는 학습자들이 가장 의욕적이고 흥미가 집중되는 단계이다.

④ 평가단계

14. 모의 실험극(simulation)

(1) 특성

① 시뮬레이션은 학습자에게 실제와 유사한 상황을 제공하여 실제에서 있음직한 위험부담없이 학습을 할 수 있는 환경을 의미한다.

② 시뮬레이션은 학습을 하는 학습자가 실제와 유사한 학습환경에서 다른 학습자와 상호작용을 하거나 학습환경 내에 있는 어떠한 기기와 도구를 가지고 환경과 상호작용을 하면서 학습을 이끌어 나간다.

③ 시뮬레이션 교육방법은 컴퓨터를 이용하여 수행할 수도 있고, 학생들끼리의 상호작용을 통하여 수행될 수도 있다.

④ 시뮬레이션은 생생한 사례를 재생시킨 모의현장에서 참가자들이 새로 터득한 기술이나 지식을 응용하고, 그들이 취한 행동의 적합성에 관해 피드백을 제공한다.

⑤ 교육대상자가 어떤 기전을 다룰 수 있도록 실습시키기를 원하거나 어떠한 지역사회 건강문제를 해결하기를 원한다면 시뮬레이션 방법을 사용하는 것이 좋다.

(2) 장점

① 대상자에게 흥미를 유발시켜 기꺼이 참여하게 한다.

② 다른 역할에 대한 책임감과 만족감을 얻을 수 있다.

③ 상당한 기술을 배울 수 있다. 즉, 질문기법과 의사결정에 도움이 된다.

④ 발견학습이나 태도, 기술을 습득해야 하는 교육에 유용하다.

⑤ 다른 사람과 효과적으로 작업하는 방법을 배우는 데 유익하다.

⑥ 학습자에게 실제 현장과 거의 같은 여건하에서 안전하고 빠르게 현실을 경험하게 한다.

⑦ 학습자의 참여를 조장하고 즉각적인 회환을 줌으로써 교육을 활기차게 만든다.

(3) 단점

① 학습진행에 시간과 비용이 많이 소요된다.
② 교육자가 훈련의 기회를 얻지 못해 익숙하지 못할 수 있다.
③ 학습의 준비가 잘못 되었을 경우, 학습자가 교육목적을 인지하지 못하여 흥미거리로 끝날 위험성도 있다.

(4) 시뮬레이션 학습을 설계할 때 주의사항

① 사실과의 유사성 정도이다. 사실성에 너무 치우치면, 학습 자체가 너무 복잡해져 학습자는 중요한 것이 무엇인지 파악을 못하게 된다.
② 사실성이 너무 결여되면, 배우고 나서 실제상황에 적용하기가 힘들다.
③ 따라서 시뮬레이션 학습을 설계할 경우에는, 실제상황에서 학습자에게 가장 필요로 한 부분이 무엇인지를 파악하고 이를 집중적으로 다루어야 한다.

15. 협동학습

(1) 개념

협동학습이란 모든 학습자가 명확하게 할당된 공동과제에 참여할 수 있는 소집단에서 함께 학습하는 것으로, 학습능력이 서로 다른 학습자들이 주어진 학습과제나 학습목표를 향하여 소집단 내에서 함께 학습하는 활동을 의미한다.

(2) 활용시 유의사항

① 구성원들 모두 똑같은 공헌을 할 수 있도록 협력활동을 구조화해야 한다.
② 협동학습의 지도를 위해 교사의 철저한 지도계획이 필요하며, 교사지도에 대한 학생들의 훈련이 필요하다.
③ 협동학습 지도는 개방적이고 창의적으로 이루어져야 하며, 각 단원에 알맞게 지도되어야 한다.
④ 집단 구성시 학생의 특성과 자질을 파악 · 고려하여 구성하여야 한다.

(3) 장점

① 소집단 내에서 동료들끼리 긍정적으로 정보를 나누고 상호작용을 한다.
② 긍정적 자아개념과 자아존중감 등 긍정적 심리작용이 일어난다.
③ 협동심을 키울 수 있고 동기유발이 가능하다.
④ 학습자에게 타인을 배려하는 태도를 길러줄 수 있다.
⑤ 문제를 해결하거나 의사결정하는 능력을 길러줄 수 있다.
⑥ **협동학습의 긍정적 효과**
㉠ 기본적인 기능과 문제해결, 사고력 등이 향상된다.

㉡ 상호작용을 통한 학습방법과 자원(시간, 에너지, 능력)의 관리와 통제 등 학습전략의 학습이 이루어진다.

㉢ 자기이해는 물론 타인이해의 폭을 넓히며, 협력적 태도와 교사 및 동료 학생에 대한 신뢰를 통한 인간관계의 개선효과가 있다.

㉣ 자신감을 갖고 적극적으로 학습에 임하려는 태도와 자아존중감의 형성 등에 긍정적인 효과가 있다.

(4) 단점

① 구성원이 이질적이어서 학생의 능력, 선수학습 정도 등이 달라 집단 내 분쟁 가능성이 있다.

② 수업의 질을 통제하기 어렵다.

③ 학습과제 수행보다 사회적 상호작용에만 치중할 우려가 있다.

④ 몇몇 학생에 의해 학습활동이 주도될 수 있다.

⑤ 아무런 노력없이 무임승차하는 학생이 있을 수 있다.

(5) 무임승객 효과와 봉 효과

① **무임승객 효과** : 학습능력이 낮은 학습자가 적극적으로 학습에 참여하지 않아도 학습능력이 높은 학습자의 노력으로, 학습능력이 높은 학습자의 성과를 공유하게 되는 것을 말한다.

② **봉 효과** : 학습능력이 높은 학습자가 자기의 노력이 다른 학습자들에게 돌아가기 때문에 학습참여에 소극적이게 되는 부정적인 효과를 의미한다.

(6) 협동학습의 특성

① **구성원 간의 상호의존성** : 집단의 공동목표를 달성하기 위해서는 구성원 간의 상호의존성이 전제되어야 한다.

② **개별적인 책무성** : 집단의 목표 달성을 위해 역할을 분담하게 되므로 개인의 책무성이 강조된다.

③ **이질적 집단 구성** : 집단을 이질적으로 구성하여 모든 학생들에게 도움이 되도록 한다.

④ **지도력 공유** : 협동학습은 개개인이 책무를 지니므로 능력이 뛰어난 일부 학생에 지도력이 주어지는 것이 아니라 집단이 공유하도록 해야 한다.

⑤ **교사의 적극적인 개입** : 구성원 간의 상호작용을 통해 개인과 집단의 학습목표를 최대한으로 달성하고자 하는 것이 협동학습이므로, 교사가 학습활동을 관찰하고 적극적으로 개입하여야 한다.

(7) 전통적 소집단과 협동학습의 비교

전통적 소집단	협동학습
상호의존성이 항상 존재하는 것은 아님	구성원 사이의 긍정적 상호의존성
개인은 다른 구성원들의 성취에 무임승객이 될 수 있음	개별적 책무성
구성원은 개인적 특성에 있어 동질적	구성원은 개인적 특성에 있어 이질적
한 학생이 리더로 지정되고 책임을 짐	모든 구성원이 리더가 가능하며, 리더십의 책임을 짐
상호책임 없음	구성원은 목표달성을 위해 서로 도와주고 격려하며 상호책임을 짐
주로 주어진 과제를 완성하는 데에만 관심을 둠	학습성취의 최대화를 위해 좋은 협력관계를 유지해야 함
상호작용 기능이 있는 것으로 가정하나, 종종 무시됨	사회적 기능들을 직접 배움
교사의 관찰이나 개입이 거의 없음	교사는 집단이 어떻게 과제를 수행할 것인지에 대해 집단과정을 구조화 함

16. 팀 토너먼트식 게임법(TGT : Team-Games-Tournamant)

(1) 게임상황에서 학습이 이루어지며, 성공의 기회를 모든 학생들에게 균등하게 제공한다는 점이 특징이다.

(2) 준비 → 안내 → 팀별 학습 및 게임 → 팀별 보상의 순서를 따라서 활동이 진행된다.

17. 팀 성취 분배보상 기법(STAD : Student Teams Achievement Divisions)

(1) 수업절차보다는 평가방식이 독특하기 때문에 유명해진 협력학습이다.

(2) 어떤 형태의 수업을 한 뒤에 학습지가 주어지면 학생은 곧 있을 퀴즈에 대비해서 소집단별로 공부를 한다.

(3) 개인별로 시험을 치르는데, 그 평가방식이 소집단 구성원들끼리 활발하게 서로를 도와주지 않을 수 없는 동기를 제공한다.

(4) STAD의 수업절차와 학습계획

① 수업이 끝나고 적절한 준비시간을 준 다음 개인별 퀴즈를 치르게 된다.

② 퀴즈를 치른 후에는 짝과 답안지를 서로 교환하여 채점을 한 다음, 다시 교사가 회수함으로써 일단 수업은 끝이 난다.

③ 교사는 점수를 수합해서 소집단 점수를 계산한다. 소집단 점수는 그 구성원의 향상 점

수의 산술평균이 된다. 가능한 대부분 학습자가 항상 점수를 얻을 수 있도록 기준을 만드는 것이 학습동기를 높이는 데 도움이 된다.

④ 한 단원의 수업이 끝났을 때 최대한 빨리 점수를 발표하는 것이 효과적이다. 교사는 두 가지 방식으로 보상을 주게 되는데, 하나는 소집단에 대한 보상이고, 또 하나는 소집단 점수를 게시판에 공고하는 일이다.

18. 직소 I(Jigsaw – I)

(1) 개요

① 이 모형은 팀 구성원 각자가 과제의 일부를 분담하여 책임지고 수행함으로써 팀 전체의 목표를 달성하도록 한다.

② 팀 내의 역할분담 → 전문가 집단 협의 → 팀 내 교수학습 등의 순서로 진행된다.

(2) 구성 및 절차

① 5~6개의 이질집단으로 학생들을 분류한 후 학습단원을 집단구성원의 수에 맞도록 나누어 각 구성원에게 한 부분씩 할당한다.

② 각 집단의 같은 부분을 담당한 학생들이 전문가 집단을 형성하여 분담내용을 토의 학습한다.

③ 소속집단으로 돌아와서 학습한 내용을 집단구성원들에게 가르친다.

④ 단원학습 후 학생들은 시험을 보고 개인의 성적대로 점수를 받는다(시험점수는 개인 등급에만 기여).

(3) 특징

① 직소 I 모형은 개인의 과제해결력의 상호의존성은 높으나 보상의 상호의존성은 낮다.

② 집단보상을 받지 못하므로 형식적인 집단목표가 없다.

③ 각 집단구성원의 행동이 다른 구성원들에게 보상받도록 도와주므로 협동적 보상구조의 본질적 역동성이 존재한다.

④ 작업분담구조를 통해서 집단구성원 간의 상호의존성과 협동심을 유발한다.

19. 직소 II (Jigsaw – II)

(1) 개요

과제를 분담할 뿐만 아니라 여기에 STAD 평가방식을 결합시켜서 과제분담과 보상효과를 동시에 추구한다.

(2) 구성 및 절차

① 학습집단을 5~6명으로 구성한다.

② 학습과제는 몇 개의 소주제로 분류하고 각각의 학생에게 하나의 소주제를 제공한다.
③ 각 팀에게는 동일주제를 맡은 학생들이 전문가 집단을 구성하고 30분 동안 공동토론을 실시한다.
④ 소속팀으로 돌아와 전문가 집단에서 학습한 내용을 동료들에게 가르친다.
⑤ 학생들은 개인별 형성평가를 받고, STAD처럼 향상점수와 팀 점수를 산출하여 결과에 따라 보상을 제공한다. 그러므로 직소 I보다는 보상 상호의존성을 높여준다.

(3) 특징

① 직소 I 모형의 개별보상과 집단보상이 추가된 것으로, 직소 I 모형과 달리 인지적 · 정의적 학업성취영역에서 전통적 수업보다 효과적이라는 장점이 있다.
② 개별학습자나 팀은 자신들이 좋아하거나 원하는 주제를 할당받을 수 있도록 한다는 점이 원래 모형과 다른 점이다.
③ 교사의 주요 역할은 세분화될 수 있는 학습과제를 선정하는 것이다.

20. 웹(WEB)기반 교육

(1) 특정하게 미리 계획된 방법으로써 학습자의 지식이나 능력을 육성하기 위한 의도적인 상호작용을 웹을 통해 전달하는 활동이다.

(2) 장점

① 교과서와 분필에 의존한 수업에서 탈피할 수 있다.
② 수업진행이 역동적이다.
③ 학생의 창의성과 자율성이 최대한 보장된다.
④ 수준별 학습, 나아가 개별화 학습이 가능하다.
⑤ 학습동기, 성취감이 고양된다.
⑥ 웹 자체가 오늘날 가장 방대한 정보원으로서 교육적 활용가능성이 무궁무진하다.

(3) 단점

① 학습목표에 바로 도달하지 못하고 자칫 혼란에 빠질 가능성이 있다.
② 교과교육과 직접적으로 관련되는 내용이 아직은 부족하다.
③ 많은 자금이 필요하다.
④ 실시간 상호작용이 가능하지만 전화나 화상회의 수준의 상호작용을 기대할 수는 없다.

(4) 전통적 학습과 웹기반 교육의 비교

구분	전통적 학습	웹기반 학습
학습공간	제한	인터넷에 연결된 장소라면 어디에서나 가능
학습경험	제한적이고, 간접경험 위주, 수동적 학습	경험적인 학습, 학습과정이 실제 세계와 통합
협동학습	같은 공간, 같은 또래의 역할분담, 토론 활동	인터넷에 연결된 모든 학급과 토론, 질문, 문제해결
사회적 상호작용	사회적 상호작용을 방해하는 측면이 많다.	학습에 효과적으로 사용될 수 있는 협동학습과 상호작용을 위해 설계
수업전략	시간과 내용의 고정성으로 인해 수업전략의 다양성 부족	원격교육의 개념을 크게 증진. 학습자는 시간과 내용의 융통성을 즐기며 과제에 있어 개인적인 피드백을 얻을 수 있다.

(5) 원격교육(사이버 강의)

① 언제 어디서나 시간과 장소의 제약없이 다양한 매체와 테크놀로지를 이용하여 학습이 이루어지는 것이다.

② 가장 중요한 것은 교육대상자로서 충분한 동기유발이 되어 있어야 한다.

③ 원격교육은 융통성이 있으며, 강의실 교육과 비교했을 때 학습결과에 유의한 차이가 없는 것으로 보고되고 있다.

④ 교육자–학습자와 학습자 간 상호작용을 촉진하기도 한다.

(6) 이–러닝

① 네트워크를 중심으로 학습내용을 전달하고 학습자와 상호작용하며 학습을 촉진시키는 일련의 과정이다.

② 언제, 어디서나, 누구나, 교육대상자가 될 수 있게 하는 것을 목적으로 한다는 점에서 그동안의 원격학습, 온라인 학습과 공통점이 있으나, 최신의 정보를 적기에 개별화하여 대상자별로 특화된 교육을 실시할 수 있다는 점, 네트워크를 통하여 교육대상자와 교육자는 물론 대상자들 간의 상호작용이 일어날 수 있어 협동학습을 도모할 수 있다는 점이 장점이다.

③ 컴퓨터와 네트워크, 서버 등 하드웨어적인 준비에 초기 투자비용이 많아야 하고, 내용 중심이 아니라 멀티미디어의 효과적인 활용을 중심으로 교수–학습계획이 정교하게 구성되도록 하는 기술이 필요하며 전문적인 운영, 관리기법이 필요하기 때문에 교육자의 입장에서 많은 준비가 필요하다.

(7) 시뮬레이션

① 인위적 또는 가상의 경험을 통하여 학습자가 직접 실제상황과 같은 조건에서 활동을 경험해 보는 것으로 위험을 감수하지 않으면서 문제해결, 상호작용, 심동영역의 기술을 적용할 수 있는 기회를 제공한다.

② 인지영역학습의 상위단계에서 사용할 수 있으며, 심동영역, 정의영역의 학습에도 효과적이다.

③ 태도변화를 위한 교육과 예상되는 사건에 대비하기 위한 교육방법으로도 유용하다.

④ 시간제한이나 실제상황과 같은 긴장감을 조성하고 실제와 같은 장비나 비품을 활용하며, 환경적 조건도 실제상황과 유사하게 조성하도록 한다.

21. 포럼(=공개토의)

(1) 로마 시민들이 자유롭게 연설하거나 토론하는 장소였던 도시광장 포룸(forum)에서 유래하였다.

(2) 주어진 주제에 대해 새로운 사고방식이나 정보 자료, 분석결과를 제공하고, 그 문제에 대한 질의응답을 받아 부가적인 정보를 제공해 줌으로써 관련 문제를 명백히 이해하도록 하고 있다.

(3) 1~3인 정도의 전문가가 간략한 발표 후 발표내용을 중심으로 청중과 질의응답을 통해 토론을 진행하는 방식이다.

22. 세미나

(1) 적합한 문제의 선택은 교육대상자들과 관련이 있는 것으로 한다.

(2) 참가자들은 사전에 충분한 지식을 가져야 하며, 세미나를 통해 참가자들은 연구문제를 과학적으로 해결하는 능력을 키우거나 비판적 사고를 키울 수 있다.

(3) 참가자들이 새로운 것을 발견하는 것에 중점을 두는 유도토의라고 할 수 있다.

(4) 능동적 역할이 길러진다.

(5) 장점

① 토의 주제에 대해 심층적 연구와 전문적 연구의 기회를 제공하며 높은 전문성을 갖게 해준다.

② 참가자 전원이 해당 주제에 대한 지식, 정보를 체계적이고 깊이 있게 토의함으로써 비판적 사고를 키운다.

③ 다양한 발표와 토의를 통해서 참석자들의 관심집중과 흥미를 유발한다.

④ 능동적 참여가 가능하다.

(6) 단점

① 참여자의 선정과 시간 배분에 주의를 기울여야 한다.

② 문제에 대한 충분한 지식을 가지고 있어야 한다.

CHECK Point 교수 - 학습전략 방법

1. 상호작용적 방법 : 집단토의, 상담, 동료교수(Peer-Teaching), 집단 프로젝트
2. 교사중심 방법 : 강의, 시범, 모델링
3. 개별학습방법 : 프로그램 학습법(PI), 컴퓨터 보조학습(CAI), 개별 프로젝트
4. 경험적 학습방법 : 현장경험, 실험실 실습, 역할극, 모의상황(시뮬레이션)

3 보건교육매체 활용

1. 교육매체의 사용목적

(1) 교육대상자의 교사의존도를 낮춘다.

(2) 매체를 활용함으로써 목표달성이 용이하게 한다.

(3) 강의실에서 시공간적인 제한을 극복하게 한다.

(4) 대상자의 경험의 폭을 넓혀준다.

(5) 시각경험의 통일을 기할 수 있다.

(6) 학습이 보다 능률적으로 흥미있게 이루어지게 한다.

(7) 강의내용에 대해 새로운 동기를 유발시킨다.

(8) 추상적인 것에서 구체적인 것까지 의미를 더해준다.

(9) 복잡하고 어려운 내용을 이해하기 쉽게 전달한다.

2. Kemp & Smellie가 제시한 교수매체의 기여도(교수매체활용의 의의)

(1) 교수활동이 보다 표준화될 수 있다.

모든 학습자는 같은 매체를 보고 듣게 되므로 동일한 메시지를 전달받게 된다. 교사가 수업을 주도할 경우 주제의 내용은 다양한 방법을 통하여 전달될 수 있으나, 매체를 사용하게 되면 전달방법에 의해 초래되는 차이점은 없어지게 된다.

(2) 가르치는 것을 보다 재미있게 해준다.

매체의 주의력을 끄는 특성, 명료한 메시지, 변화있는 상황 전개, 특수효과 등은 학습자를 즐겁게, 깊이 생각하게 동기유발한다.

(3) 교수이론의 적용을 통하여 학습을 보다 상호작용적으로 만들어 준다.

매체에 담긴 내용이 잘 조직되면 학습자를 잘 가르칠 수 있다. 매체를 계획할 때에는 학습자의 참여, 피드백, 강화 등을 고려하여 계속적인 상호작용을 유발시켜 준다.

(4) 교수에 소요되는 시간을 줄여준다.

많은 양의 정보가 짧은 시간 안에 전달 · 흡수된다(교사와 학습자 모두 효율적이다).

(5) 학습의 질을 높여준다.

매체는 지식의 요인을 분명히 전달한다.

(6) 필요시 필요한 장소에서 교수활동이 일어날 수 있게 한다.

(7) 학생들은 배우는 것과 학습과정 자체에 대해 긍정적인 태도를 갖게 된다.

학생들은 흔히 매체를 사용하는 것에 호감을 갖는다. 이유는 동기유발적이라는 것과 학습을 성공적으로 이끌 수 있다는 사실 때문이다.

(8) 교사의 역할이 긍정적인 방향으로 바뀔 수 있다.

교사는 기술이나 내용을 반복 설명해야 하는 부담을 덜 수 있으므로 과목의 주요 부분에 주력한다.

3. 아인니히(Heinich)와 그의 동료들이 고안한 “ASSURE”(1996)

(1) A(Analyze learner characteristics) : 학습자의 특성 분석

① **일반 특성** : 연령, 학년, 직업이나 지위 그리고 문화적 또는 사회경제적 요인과 같은 것들을 폭넓게 확인하는 것을 포함한다.

② **특별한 출발점 능력** : 학습자가 가지고 있거나 또는 부족한 지식과 기능을 말한다.

③ **학습양식** : 한 개인이 학습환경을 지각하고 상호작용하며 정서적으로 반응하는 방식을 결정하는 일단의 심리적 특성이다. 불안, 적성, 시각적 또는 청각적 신호, 선호, 동기 등과 같은 상이한 자극에 학습 · 지각하고, 반응하는 방식에 영향을 주는 심리적 특성의 스펙트럼을 말한다.

(2) S(State objectives) : 목표 진술

① 대상자가 해야 할 것이 무엇인지 기술

② 대상자의 행동이 관찰가능한지 기술

③ 행동이 나타날 수 있는 상황에 대해 기술

④ 목표가 도달되었는지의 여부를 정의할 수 있는 표준 설정

㉠ **목표영역 설정** : 목표가 지적 영역인지, 인지영역인지, 정의적 영역인지, 심동영역인지를 설정하고, 우선순위 영역을 정한다.

㉡ **적절한 전략 선택** : 선택영역에 의사결정에 필요한 도구를 선택한다.

ⓐ **인지영역** : 확인하기, 명명하기, 기술하기, 순서화하기, 구조화하기

ⓑ **정의적 영역** : 흥미, 동기화, 태도나 가치

(3) S(Select, modify or design materials) : **적절한 매체 선택**

① 대상자의 언어능력, 시각 및 청취능력, 경험, 지능, 동기화, 성격 등을 고려하여 선택

② 목표에 적합한 자료가 없으면 기존의 자료를 수정, 재편성

③ 허용되는 예산, 기간, 시설, 장비를 배려

④ **선택과정**

㉠ 주어진 학습과제를 위한 적당한 방법을 결정하기

㉡ 방법을 수행하는 데 적당한 매체유형을 선택하기

㉢ 그 매체유형 내에서 특정자료를 선택하거나 수정하거나 설계하기

⑤ 기존의 이용 가능한 자료를 선택하는 경우와 마찬가지로, 새 자료를 설계할 때에도 어떤 기본적 요소를 고려해야 한다.

㉠ **목표** : 학습자들이 무엇을 배우기를 원하는가?

㉡ **대상** : 학습자의 특성은 무엇인가?

㉢ **비용** : 자료를 준비하는 데 필요한 재료(비디오 테이프, 오디오 테이프 등)를 구입하는 비용이 예산범위 내에서 충분히 이용 가능한가?

㉣ **기술적 전문성** : 당신이 사용하고 싶은 자료의 종류를 설계하고 만들기 위해 필요한 전문성을 가지고 있는가?, 없다면 필요한 기술적 도움을 받을 수 있는가?, 단지 값싸게 구입할 수 있는 재료라면 구태여 더 멋진 전문적 자료를 만들려고 시간과 돈을 낭비하지 않는다.

㉤ **기자재** : 교육자가 설계하려고 하는 자료를 만들거나 사용하기 위해 필요한 기자재가 있는가?

㉥ **시설** : 교육자의 설계가 그 자료를 준비하거나 사용하기 위해 특별한 시설을 필요로 한다면, 그러한 시설이 이용 가능한가?

㉦ **시간** : 교육자가 생각하고 있는 그러한 자료의 종류를 설계하고 만드는 데 필요한 시간을 확보할 수 있는가?

(4) U(Utilize materials) : 교재 활용

① **자료에 대해 사전 검토하기** : 보건교육 자료(비디오)를 사전에 미리 보고 자료내용이 학습자와 목표에 적당한지 검토한다.

② 자료 준비하기

㉠ 교육자와 학습자들이 필요한 모든 자료와 기자재를 모은다.

㉡ 어떤 순서로 그 자료나 매체를 사용할 지 결정한다.

㉢ 대상자에게 필요한 자료를 확보한다.

③ 환경 준비하기

㉠ 매체와 자료를 사용하기에 알맞은 장소를 준비한다(편안한 의자, 적당한 조명과 환기, 분위기 조절 등).

㉡ 기자재가 잘 작동되는지 사전 점검해 본다.

㉢ **시설 및 자리 배열** : 모든 학습자가 잘 볼 수 있고 들을 수 있도록 시설을 배열하고, 학습자들이 어떤 주제에 대해 토론하길 원한다면 서로 마주 볼 수 있도록 자리를 구성한다.

④ 교육자 준비하기

㉠ 교육내용에 대한 전반적인 개요를 제시한다.

㉡ 준비가 주제와 관련되는가에 대해 논리적으로 설명한다.

㉢ 주의집중 효과를 설명함으로써 동기적 진술을 한다.

㉣ 수업의 특별한 측면에 주의를 기울이도록 지시하는 단서를 제공한다.

⑤ **학습경험 제공하기** : 교육자는 학습경험을 제공하고 학습에서 주의를 이끌 수 있어야 한다.

(5) R(Require learner participation) : 학습자 참여

반응에 대한 즉각적 강화가 제공될 때 학습이 증진된다.

(6) E(Evaluate) : 매체의 평가

① 방법과 매체의 평가

② 수정

4. 교육매체의 종류 및 특성

(1) 실물이나 실제상황

생활의 실제장면을 교육의 필요에 의해 직접 사용하는 것으로 건강교육이 가장 효과적이다.

① 장점

㉠ 모든 감각기관을 동원하기 때문에 흥미롭게, 쉽게 교육목표에 도달할 수 있다.

㉡ 교육 후 실생활에서 즉시 교육내용을 활용할 수 있다.

㉢ 단기간 내 교육자와 학습자 간의 의사소통이 이루어질 수 있다.

② 단점

㉠ 교육목표에 맞는 실물이나 실제상황을 구하기가 어렵다.

㉡ 실제 현장에 가서 보려고 하는 경우에는 경제적인 부담감이 생긴다.

㉢ 시간적, 계절적 제한이 있어 항상 가능하지가 않다.

㉣ 보관하기가 어려우며 실물이 손상되기 쉽다.

③ **활용방법** : 환자에게 자가주사법 교육시 실제 주사기를 가지고 교육한다거나 가족계획에 관한 교육시 실제 피임약이나 콘돔으로 교육

(2) 모형 및 표본, 유사물

① 장점

㉠ 실물이나 실제상황과 거의 비슷한 효과를 얻을 수 있다.

㉡ 교육목적에 맞게 모형을 제작할 수 있다.

㉢ 반복적인 검사나 관찰을 할 수 있다.

㉣ 운반할 수 있고 재사용이 가능하다.

㉤ 쉽게 관심을 끌 수 있다.

② 단점

㉠ 대부분이 수입품이어서 경제적 부담이 있다.

㉡ 대상자가 많을 때에는 사용하기가 부적절하다.

㉢ 실물을 축소시키거나 단면화하므로 세부적인 부분까지 실제로 볼 수 없다.

㉣ 파손되기가 쉽다.

㉤ 실제로 적용할 수 있도록 기술을 습득하기가 어려운 면도 있다.

③ **활용방법** : 인체장기모형, 분만과정, 피임기구 삽입법, 신생아 목욕법에 활용

(3) 칠판

① 장점

㉠ 구입하기 쉬우며 가격이 저렴하고 관리유지가 쉽다.

㉡ 누구나 부담없이 사용할 수 있다.

㉢ 교육을 진행하며 자연스럽게 사용하게 되므로 주의를 분산시키지 않는다.

㉣ 지우고 다시 쓸 수 있으므로 융통성이 있다.

㉤ 결과를 계속 보여주거나 의견을 비교 · 대조할 때 효과적이다.

ⓑ 주제나 청중에 맞게 다양한 방법으로 사용할 수 있고 다른 보조매체에도 도움이 될 수 있다.

② **단점**

㉠ 많은 양의 자료를 한꺼번에 취급할 수 없고 쓰는 데 시간이 소모된다.

㉡ 세부적이고 복잡한 그림을 그리려면 기술이 필요하다.

㉢ 너무 많이 사용하면 흥미나 주의집중이 안된다.

㉣ 50명 이상의 다수에게는 부적절하다.

㉤ 교육자의 필체가 좋지 못할 때는 학습자들이 알아보기 어렵다.

③ **판서시 주의점**

㉠ 글씨는 충분히 크게 정자로 쓴다. 저학년은 12~13cm, 중학생은 9~10cm, 고교생은 6~7cm가 적당하다.

㉡ 광선반사로 인한 장애가 없도록 교실의 채광을 적절히 조절한다.

(4) 융판

무늬가 없는 융이나 모직천에 그림을 부착하는 매체로, 주로 소그룹에 적용한다.

① **장점**

㉠ 매우 경제적이다.

㉡ 자료를 제작하기 쉽고 특별한 조작기술이 없이도 사용할 수 있다.

㉢ 반복해서 보여주기가 편리하다.

㉣ 주의집중이 잘 되어 흥미있게 교육할 수 있다.

㉤ 운반이 편리하여 어디서나 쉽게 활용할 수 있다.

ⓑ 학습자의 반응에 따라 학습속도를 조절할 수 있다.

ⓢ 생략 및 순서를 바꿀 수 있는 융통성이 있다.

ⓞ 전기가 없는 곳에서도 사용할 수 있다.

② **단점**

㉠ 자세한 설명이 불가능하다.

㉡ 대상자가 많을 때는 사용하기 어렵다.

㉢ 자료 제작시 기술이 요구된다.

③ **활용방법** : 생리기전이나 인체구조 등을 이해시키기 위한 교육시 학습자 참여를 유도할 때 활용

(5) 게시판(벽보판)

일선 교육현장에서 많이 사용하는 것으로 건강관련 주요 사업내용, 건강진단 일정, 교육일정, 클리닉 시간표 등을 포스터, 만화, 사진, 유인물로 제작하여 게시한다. 게시판은

사람들의 왕래가 빈번한 곳에 설치하는 것이 좋으며 1주일 가량 전시한 후 1~2일 정도 게시판을 비워두는 것이 주목을 끌 수 있어 좋다.

① 장점

㉠ 자료가 하나밖에 없을 경우 전체 대상자가 다 볼 수 있어 효과적이다.

㉡ 알리고자 하는 내용을 계속적으로 많은 사람에게 알릴 수 있다.

㉢ 준비하는 데 시간이 적게 들며 강사가 필요없으므로 경제적이다.

㉣ 학습자를 모으지 않아도 되므로 활용하기가 쉽다.

② 단점

㉠ 학습자에게 정보가 전달되었는지 확인할 수 없다.

㉡ 학습자들의 관심을 끌기가 어렵다.

㉢ 장기간 게시하거나 배치가 좋지 않은 경우에는 잘 보게 되지 않는다.

㉣ 글씨나 그림을 이해하지 못하는 사람에게는 효과가 없다.

㉤ 많거나 복잡한 내용에는 적합하지 않다.

③ 게시판 종류

㉠ 고정 게시판

㉡ 간이 게시판

(6) 포스터

큰 종이(60×90cm)에 그것을 보는 사람들에게 정보나 방향을 제시하고 중요한 행사를 알리기 위하여 사용하며 전시를 위해서는 사람들이 쉽게 볼 수 있는 눈높이와 적당한 빛이 있는 장소를 선택해야 한다.

① 장점

㉠ 보관이 용이하며 여러 장을 한 번에 만들어 사용할 수 있다.

㉡ 장기간 부착할 수 있어 경제적이다.

㉢ 이동이 용이하며 매력적이고 관심을 끌 수 있다.

② 단점

㉠ 함축된 내용이어야 하므로 전문적 기술이 필요하다.

㉡ 정보가 정지되어 있어서 금방 시대에 뒤쳐지게 된다.

㉢ 오래 게시하거나 배치가 좋지 않을 경우 쳐다보지 않게 된다.

(7) 인쇄물(Leaflet, Pamphlet)

한 장으로 된 전단, 몇 장으로 된 팜플렛 및 소책자는 알리고자 하는 정보를 짤막하고 명확하게 요약해서 그림과 함께 인쇄하는 것이다.

① 장점
㉠ 대상자가 이해하기 쉬운 언어로 복잡한 개념을 설명할 수 있다.
㉡ 장소와 관계없이 언제나 활용할 수 있다.
㉢ 대상자 속도에 맞게 학습할 수 있다.
㉣ 대상자가 교육내용을 언제든지 찾아볼 수 있다.
㉤ 대상자에게 맞는 내용을 구성할 수 있다.

② 단점
㉠ 제작에 시간이 걸린다.
㉡ 내용을 추상적으로 전달하게 된다.
㉢ 비개별적이고 즉각 피드백을 받을 수 없다.
㉣ 분량이 많으면 대상자가 읽어보지 않을 수 있다.
㉤ 읽는 능력이 떨어지는 대상자나 시각 및 인지장애가 있는 사람에게는 사용하기 어렵다.

(8) 슬라이드 환등기

① 장점
㉠ 많은 대상자에게도 사용할 수 있다.
㉡ 쉽게 만들고 보관할 수 있다.
㉢ 조작이 간편하며 제작비용이 다른 교육자료보다 저렴하다.
㉣ 정지상태에서 확대된 영상을 볼 수 있으므로 상세히 분석할 수 있다.
㉤ 반복사용이 가능하며 시간적 제한이 없다.
㉥ 누구나 쉽게 활용할 수 있다.
㉦ 망원렌즈를 사용하여 화면에 옮기게 되면 육안으로 볼 수 없는 세심한 부분까지 보고 배울 수 있다.
㉧ 재배치가 가능하다.

② 단점
㉠ 전기와 암막을 사용하여야 하므로 시설의 제한이 있다.
㉡ 대상자와 학습내용에 따라서 주의집중이 흐려질 수 있다.
㉢ 정지한 상태만을 보여주게 되므로 연속적인 과정을 교육시키는 데 무리가 있다.
㉣ 어둡게 해야 하므로 주의집중이 어렵고 졸음을 촉진하게 된다.

(9) 투시환등기(OHP)

① 장점
㉠ 어떤 형태의 집단에서도 보건교육이 가능하다.
㉡ 암막이 없이도 사용할 수 있기 때문에 어느 장소에서나 신축성 있게 사용할 수 있다.

ⓒ 기계조작이 매우 간편하며 자료관리가 간편하여 활용하기가 쉽다.
ⓓ 짧은 거리에서도 확대된 화면을 보여줄 수 있다.
ⓔ 여러 자료를 다양하게 겹치면서 표현할 수 있다.
ⓕ 대상자와 시선을 마주 보면서 사용할 수 있으므로 학습자의 반응을 관찰하며 교육할 수 있다.
ⓖ TP에 쓴 내용은 지우고 다시 쓸 수 있기 때문에 융통성이 있다.

② 단점
ⓐ 투사기 자체의 크기 때문에 움직이기가 쉽지 않다.
ⓑ 사전에 치밀한 준비가 필요하며 목적에 맞는 자료준비를 위해서는 시간과 기술이 요구된다.
ⓒ 움직임이 없는 평면적인 상만을 제시하므로 이것 한 가지만 사용하면 지루한 감이 있다.

(10) 실물환등기

① 장점
ⓐ 자료준비에 소요되는 시간을 절약할 수 있다.
ⓑ 실제자료를 사실 그대로 확대할 수 있기 때문에 정확한 상황을 쉽고 빠르게 제시할 수 있다.

② 단점
ⓐ 실내에 암막장치가 잘 되어야 한다.
ⓑ 자료가 너무 큰 경우에는 투영할 수 없다.
ⓒ 기계가 커서 운반에 불편하다.
ⓓ 내장된 전구로부터 발생하는 열로 인하여 장시간 사용하면 자료가 훼손될 수 있다.

(11) 실물화상기

① 특성
ⓐ 비교적 최근에 개발된 실물화상기는 OHP나 실물환등기와 같이 필름이나 실물을 투사하는 기기이나 일반TV와 연결하여 인쇄물, 입체자료, 슬라이드 필름 등의 모든 시청각 자료와 교재를 TV화면으로 보여주므로 암막이 필요 없다.
ⓑ 빛을 통과하지 않는 불투명한 자료를 스크린에 투사시키는 기계이다.

② 장 · 단점
ⓐ 모든 시청각 자료(모형, 기구, 실물 등)와 교재를 TV화면에 보여줄 수 있다.
ⓑ 여러 가지 시청각 기기와 연결하여 사용할 수 있다.
ⓒ 가격이 비싸다.

(12) 그림, 사진

① 장점

㉠ 주변의 신문, 잡지, 책 등에서 자료를 구하여 염가로 제작 가능하다.

㉡ 다양한 형태로 학습에서 활용이 가능하다.

㉢ 구하기 쉽고 비용이 적게 들며 손쉽게 사용할 수 있다.

㉣ 휴대하기 간편하여 어떤 집단이나 장소에서도 활용할 수 있다.

② 단점

㉠ 입체성이 없으며 자료의 크기가 작아 대집단 대상으로 사용하기에는 어려운 점이 있다.

㉡ 대상자의 주의가 분산된다.

(13) 비디오테이프

① 장점

㉠ 움직이는 전 과정을 대화와 함께 보여주어 사실과 가장 가깝게 접근할 수 있다.

㉡ 시공간을 초월할 수 있어 다른 곳의 상황을 어느 곳에서도 보여 줄 수 있다.

㉢ 학습자의 주의집중을 지속시킬 수 있다.

㉣ 필요시 화면을 정지시키거나 되돌려 볼 수 있다.

㉤ 교육목적에 맞게 재구성이 가능하다.

② 단점

㉠ 비용이 많이 들고 목적에 맞게 제작하기 어렵다.

㉡ 사용하기 위한 시설과 기구를 갖추어야 한다.

㉢ 일단 만들어진 필름은 내용을 고치기가 어려워 융통성이 없다.

(14) 영화(비디오 영화)

① 장점

㉠ 대상자 각각에게 같은 사물을 정확하게 같은 각도에서 볼 수 있도록 한다.

㉡ 분명하게 설명을 들을 수 있도록 한다.

㉢ 자세히 볼 수 있게 한다.

㉣ 대상자의 개인차를 최소화하면서 동일한 경험을 줄 수 있다.

㉤ 특히, 비디오 영화인 경우 특정 부분을 반복해서 보여줄 수 있다.

② 단점

㉠ 보건교육용 영화가 충분히 제작되어 있지 않은 현실에서 특정 목적에 맞게 제작하기 위해서는 전문기술이나 인력, 비용 및 시간이 많이 든다.

㉡ 영사기나 비디오 등의 장비가 필요하다.

(15) EBS 교육방송

① 장점

㉠ **속보성** : 방송의 가장 중요한 기본적인 특성은 정보를 빨리 전달하는 속보성이다. 언제 어디서나 방송기자가 갈 수만 있다면 정보의 전달이 가능하다.

㉡ **동시성** : 방송은 전국으로 동시에 전달될 수 있다는 장점이 있다. 따라서 같은 방송을 본 사람들은 유사한 경험을 동시에 하게 되고 토론과 연구에 필요한 커뮤니케이션이 활발하게 된다.

㉢ **경제성** : TV방송을 만들고 송출하는 데는 많은 비용이 드는 것이 사실이나 전국적인 시청자 수를 고려하면 경제적이다.

㉣ **비문자성** : TV방송은 문자보다 시각정보와 음성정보로 전달되기 때문에 문자가 가지는 추상성도 없고, 문자의 해독력에 영향을 적게 받는 장점이 있다.

② 단점

㉠ **일방적인 정보전달** : TV방송을 비롯한 각종 매체의 가장 큰 단점은 일방적 정보전달이라는 것이다. 이런 정보전달의 일방성을 극복하기 위해서 쌍방향 유선TV 등이 개발되고 있으나 아직 비용 면에서 보급에 문제가 있다.

㉡ **제한성과 즉시성** : TV프로그램은 방송국에서 정해진 프로그램만 시청할 수 있기 때문에 시청자의 요구가 반영되기 어렵고, 정해진 시간에만 방송되기 때문에 녹화해두지 않으면 다시 보기 어렵다.

(16) 학교방송

① 장점

㉠ 권위있게 인식됨으로써 학생들의 주의를 집중시킬 수 있다.

㉡ 가장 빠르게 많은 대상자에게 전달이 가능하다.

㉢ 음성전달 매체이므로 대상자들이 자유롭게 상상력을 발휘할 수 있게 해준다.

② 단점

㉠ 시간이 지나면 기억이 상실된다.

㉡ 학생 개별화에 따른 교육이 이루어지기 어렵다.

㉢ 반드시 방송시설이 있어야 하고 관리상의 문제가 있다.

(17) 컴퓨터 프리젠테이션용 파워포인트

① 프리젠테이션의 고안 및 작성시 기본원리

㉠ 프리젠테이션 전체에 일관된 스타일을 적용한다.

㉡ 한 페이지에 6줄x6(핵심단어 6개) 원칙을 적용한다.

㉢ 한 페이지에는 한 아이디어만 수록한다.

㉣ 제목은 28포인트, 바탕글은 18포인트 이상의 굵은 글씨체를 사용한다.

㉤ 전체적으로 일관된 서체를 사용한다.

㉥ 그래픽을 효과적으로 사용한다.

㉦ 색상감각을 익혀야 한다. 설득목적은 진한 청색바탕 위에 밝은 색 텍스트를 사용하고, 정보제공시에는 옅은 색 바탕에 진한 텍스트를 사용한다.

② 장점

㉠ 다양한 문자배열, 음향, 영상, 에니메이션 효과 등으로 인해 학습자의 흥미유발이 용이하고, 이로 인해 학습효과를 높일 수 있다.

㉡ 학습자 개개인의 속도대로 조절하여 학습할 수 있다.

㉢ 자료파일을 웹 페이지에 링크하며 정보를 공유할 수 있다.

③ 단점

㉠ 컴퓨터 시스템 및 프로젝터의 구입과 유지에 드는 비용이 고가이다.

㉡ 매력적인 자료파일을 제작하기 위해서는 이에 따른 지식 및 기술과 시간, 노력이 필요하다.

(18) 디지털 카메라

① 개념 : 디지털 이미지는 이미지를 디지털 형태로 저장하여 컴퓨터 또는 텔레비전 모니터에 제시하거나 집단 앞에 투사하는 것이 가능하다. 디지털 이미지 저장매체에는 CD-ROM, DVD-ROM 그리고 컴퓨터 디스크 등이 있다.

② 장점

㉠ 가장 큰 장점은 디지털 이미지로 사진을 찍을 수 있기 때문에 일반카메라처럼 현상, 인화, 스캔과 같은 추가 과정이 필요없다는 점이다.

㉡ 디지털 카메라 중 플로피 디스켓 또는 스마트 카드를 사용하는 것들은 사진을 많이 저장할 수 있다.

㉢ 대부분 확대, 축소기능을 가지고 있다.

㉣ 사용이 편리하며, 심지어 어린이들도 쉽게 사진을 찍을 수 있다.

③ 단점

㉠ 디지털 카메라는 아직도 고가에 속한다. 그러나 전통적 카메라와는 달리 필름을 사용하지 않기 때문에 추가 비용이 없다.

㉡ 디지털 카메라는 아직 전통적인 카메라에 비해 다룰 때 세심한 주의를 필요로 한다.

(19) 컴퓨터

① 분류

㉠ 컴퓨터 보조수업(CAI) : 교육과정에 컴퓨터를 책이나 교사매체용, 보완용으로 사용

하는 것으로 컴퓨터 보조학습은 학습자 개개인의 속도대로 학습할 수 있게 해주기 때문에 일반수업보다 시간을 많이 절약할 수 있다. 또한 이 방법은 학습의 속도와 순서를 학습자가 스스로 조절할 수 있도록 한다. 다양한 색깔이나 음악, 만화화 된 영상 등은 학습자의 흥미를 끌고 수업내용의 현실성을 높여준다. 그러나 컴퓨터로 가르칠 수 있는 교육내용이나 목적에는 제한이 있다. 컴퓨터를 이용하는 대부분의 수업에서는 정의적, 심동적, 대인관계의 기술과 같은 목적을 가르치기에는 효과적이지 못하다.

CHECK Point CAI의 유형

1. **개인교수형** : 가장 기본적인 형태. 지식과 정보를 화면을 통해 제시하고, 학습자가 그것을 읽고 이해하였는가를 점검하는 문제를 제공하며 그 문제에 따른 학습자의 반응을 본 후 적절한 회환을 주어 다음 학습의 경로를 결정하는 형태로 새로운 개념이나 지식을 가르칠 때 효과적이며, 개별 지도가 필요한 내용의 학습에 적합하다.
2. **반복연습형** : 연습과정에서 흔히 사용되는 것으로 학습자가 새로운 정보나 지식, 기술을 습득한 후 반복하여 다루어 보도록 기회를 제공하는 것이다.
3. **시뮬레이션** : 현실의 어떤 측면을 모방하거나 축소시켜 학습하도록 하는 것으로 학습자가 단순화되고 보다 체계적인 모의현실 상황에서 컴퓨터와 상호작용을 통해 문제를 해결하는 과정에 참여하는 것이다. 실제상황에 대한 조작된 연출로 학습활동을 하기에 위험하거나 수행에 따른 비용이 많이 요구될 때 적합하다.
4. **게임형** : 이미 정해진 규칙과 그 규칙 내에서 달성해야 할 목적과 도전감이라는 흥미의 요소가 포함되어 있다. 어떤 특정한 지식의 종류에 국한되지 않고 사실, 원리, 과정, 역동적 관계, 기술, 태도 등을 학습하는 데 사용될 수 있는 장점이 있다.
5. **시험형** : 학습자의 성취정도를 평가하기 위한 것으로 학습자의 선수능력정도나 학습목표 달성 여부를 파악할 수 있으며, 각종 결정의 근거가 되고, 학습문제를 진단할 수 있다.

ⓛ **컴퓨터 관리수업(CMI)** : 컴퓨터를 활용해서 수업과 관련된 정보나 자료를 분석, 기록, 평가하여 교육자의 수업관리를 지원하는 형태이다.

② 장점

㉠ 교육시간을 절약할 수 있다.
㉡ 학습자의 흥미를 유발하고 교육내용의 현실성을 높여 준다.
㉢ 다양하고 새로운 경험을 제공해 줄 수 있다.
㉣ 교육효과를 높일 수 있다.

③ 단점

㉠ 정의적, 정신운동적인 교육에는 효과적이지 못하다.
㉡ 교육자와 학습자와의 대인관계가 어렵다.
㉢ 학습자의 창의성이 무시되기 쉽다.

㉣ 좋은 교육자료 제작을 위해서는 많은 노력과 경비가 필요하다.
㉤ 나이가 많은 성인들은 컴퓨터화 된 수업과정을 싫어할 수 있다.

(20) 빔 프로젝터

① **개념** : 빔 프로젝터는 노트북과 연결하여 노트북에 장착된 그림이나 교육내용들을 스크린에 비추어 많은 사람들이 보고 배울 수 있도록 하는 데 사용되는 광학적 교육 보조자료로서 최근에 가장 많이 활용되고 있다. 많은 기관이나 학교들에서 이 기자재를 준비하여 활용하고 있으며, 이를 활용하려면 빔 프로젝터와 노트북, CD, 필요시 캠코더, 스캐너 등이 준비되어야 한다.

② **장점**

㉠ 기자재가 준비된 경우 추가자료가 필요 없다.
㉡ 화면이 크고 선명하여 많은 사람들이 볼 수 있다.
㉢ 다른 자료(OHP, Slide)는 융통성이 없으나 이 자료는 뒤로 돌려 다시 볼 수도 있고, 내용을 수정할 수도 있다.
㉣ 다양한 색상과 도표, 그림을 제시할 수 있다.
㉤ 모든 내용의 저장이 가능하여 다시 볼 수 있으며, 많은 양의 자료는 CD에 할 수 있다.
㉥ 실제 회의진행 사진들도 즉시 빔을 통해서 보여줄 수 있다.
㉦ 사진이나 그림 등을 영상으로 보여주기 위해서는 스캐너로 스캔한 후 빔으로 연결하여 활용할 수 있다.

③ **단점**

㉠ 빔과 노트북, 스캐너, 캠코더 등을 준비하는 데 많은 비용이 소요된다.
㉡ 스크린 및 전기시설이 요구된다.
㉢ 사용자의 준비조작능력이 없으면 활용이 가능하지 않다.
㉣ 자료준비 조작이 단순하지 않다.

5. 교육매체 선정 및 사용시 주의점

(1) 구입하기가 쉽고 가격이 적절하여야 한다.
(2) 쉽게 사용할 수 있어야 하고 보관이나 운반이 쉬워야 한다.
(3) 유지와 수선비가 적게 들어야 한다.
(4) 견고하고 위험성이 없어야 한다.
(5) 교육주제에 가장 적당한 방법을 사용한다.
(6) 학습자에게 적합한 방법을 사용한다.
(7) 동일한 조건의 경우에는 경제적이며 조작이 간편한 자료를 활용한다.

(8) 학습자 중에 청각, 시각장애자, 문맹자 유무를 확인한다.
(9) 교육자료는 모든 대상자들이 다 듣고 볼 수 있도록 한다.
(10) 매체활용에 필요한 장비가 있는지, 이용상에 문제가 없는지를 확인한다.

6. 적합한 교육매체를 선택할 때 고려해야 할 요소

보건교육자는 교육시작 전에 내용이 적절한 지, 수준은 적합한 지, 비용은 적당한 지, 즉각적으로 구할 수 있는 것인지, 질은 좋은지 등에 관해 반드시 확인하는 준비과정이 필요하다.

(1) 대상자의 특성

대상자의 언어능력, 시각 및 청취능력, 경험, 지능, 동기화, 성격, 학습자의 연령 및 학생의 발달수준, 교육수준, 집단의 크기, 주제에 대한 지식 정도, 전체 대상자가 다 듣고 볼 수 있을 것

(2) 한번의 교육에 여러 가지 보조자료가 활용되는 경우 학습목적에 따라 단계별로 제시할 것

(3) 적절한 시간 배정

(4) 장소

(5) 경제성 – 구입경비(예산)

(6) 쉽게 구할 수 있고 조작이 간편할 것

(7) 기타 : 교육매체의 손상시 추후 관리서비스의 체제, 구입경비, 사용지침서 마련 여부

05 보건교육 평가

1 보건교육 평가 목적

1. 교육목표 도달정도를 알아본다.
2. 교육효과를 증진시킬 수 있는 요인을 파악한다.
3. 교육방법이나 매체가 적절하였는지를 확인한다.
4. 다음 교육계획의 자료로 삼는다.

2 보건교육 평가단계

1. 1단계(평가대상 및 기준설정)
2. 2단계(평가자료 수집)
3. 3단계(비교) : 수집된 평가자료를 분석하여 설정된 보건교육 목표와 현재 이루어진 상태를 비교한다.
4. 4단계(가치판단) : 보건교육 목표에 도달하였는지 혹은 어느 정도 도달했는지 등의 범위를 판단하고 도달하지 못했다면 그 원인을 분석한다.
5. 5단계(재계획)

3 보건교육 평가유형

+ 보건교과 평가의 유형

1. 평가영역에 따른 유형 : 지적 영역, 정의적 영역, 행동적 영역
2. 수업단계(시기)에 따른 유형 : 진단평가, 형성평가, 총괄평가
3. 평가기준에 따른 유형 : 임의평가, 준거지향평가, 규준지향평가
4. 평가방법에 따른 유형 : 양적 평가, 질적 평가
5. 수행평가

1. 기준에 따른 평가

(1) 절대평가

① 미리 도달해야 할 목표를 설정해 놓고 교육을 실시한 후 목표에 도달되는지 도달되지 않았는지를 알아보는 목표지향적 평가로 주로 활용하고 있다.

② 절대평가에서는 교수-학습과정 전체가 평가의 대상이 되며 평가자는 반드시 교육자가 된다.

(2) 상대평가

① 다른 사람에 비하여 어느 정도 했는지를 규정하는 것에 초점을 둔다.

② 개인의 상대적 위치와 우열의 파악이 가능하여 경쟁을 통한 학습동기를 유발시킬 수 있다.

③ 상대평가에서는 학습자가 주된 평가의 대상이다.

CHECK Point 목적지향 평가와 기준지향 평가

목적(준거)지향 평가(절대평가)	기준(규준)지향 평가(상대평가)
무엇을 성취했느냐가 주요 관심	얼마나 성취했느냐가 주요 관심
개인차를 최소화할 수 있다.	개인차는 극복할 수 없다.
학습자는 능동적인 존재	학습자는 수동적인 존재
절대평가의 개념	상대평가의 개념
평가자는 교육담당자	평가자는 교육담당자와 제삼자
발달적 교육관	선발적 교육관(다른 사람에 비해 얼마나 잘했나?)
내용타당도, 목표타당도, 교육타당도 중요시	신뢰도 중요시
의사, 간호사 자격 국가시험, 운전면허 시험	표준화 학력검사, 지능검사, 성격검사, 적성검사
협동학습을 조장	개인차 변별에 적합
질적 향상을 도모	경쟁을 통한 동기유발에 적합

2. 과정에 따른 평가

(1) 진단평가

교육이 시작되기 전 학습자들의 지식, 태도 및 행동을 변화시키는 데 있어서 가장 우선적인 것이 무엇인지, 무엇을 교육할 것인지를 알아보고 적절한 방법으로 교육전략을 세워 교육의 효과를 극대화하기 위하여 실시한다.

(2) 형성평가

교육이 진행되는 동안 교육진행정도를 파악하여 교육내용이나 방법을 향상시키기 위하여 조정할 사항이 있는지를 확인하기 위하여 시행된다. 형성평가를 통하여 학습자들의 교육동기를 유발시킬 수 있으며, 교육방법을 변경할 수도 있고 교육단계에서 학습자로 하여금 건강신념이나 문제해결능력을 향상시킬 수 있다.

(3) 총합평가

보건교육사업의 1단계가 완전히 끝났을 때 목표의 도달 여부를 알아보고 실시한 교육의 장단점을 평가하여 교육을 할 때 더욱 좋은 교육방안을 찾기 위하여 시행하는 평가이다.

CHECK Point 진단평가, 형성평가, 총합평가

구분	진단평가	형성평가	총합평가
목적	① 대상자들의 지식수준, 태도, 흥미, 준비도 등을 진단하고 확인하기 위해 ② 학습장애요인을 밝히기 위해 ③ 학습전략을 극대화하고 대상자를 적절히 배치하기 위해	① 학습 진전상황을 파악하여 현재의 위치를 개별적으로 알려줌으로써 학습보조를 맞추어 나갈 수 있도록 하기 위해 ② 피드백을 주어 교정학습이나 보충학습의 기회를 제공하기 위해 ③ 학습곤란이나 결손부분을 진단하고 교정하기 위해 ④ 학습동기를 촉진하고 학습방법을 개선하기 위해	① 사전에 설정한 교수목표에 대한 성취도 수준을 판정하기 위해 ② 집단 간의 성적결과를 비교할 수 있는 정보를 제공하기 위해 ③ 교육의 장기적인 질적 관리를 위해
평가도구	체크리스트, 표준화된 진단검사	쪽지시험, 퀴즈, 프로그램 진행 중 질문	중간고사, 기말고사
평가시기	프로그램 시작 전	프로그램 진행 중	프로그램 진행 후

3. 수행평가의 유형과 방법

학생들의 자유로운 구성능력을 평가하고자 하는 수행평가는 선택형 지필평가(진위형이나 배합형 포함), 이외의 다른 모든 방법으로 하는 평가방식으로도 볼 수 있다.

(1) 서술형 및 논술형 검사

① 서술형 혹은 논술형 평가란 영어의 에세이 테스트를 번역한 것으로, 흔히 주관식 평가라고 한다.

② 학생으로 하여금 출제자가 제시한 답을 선택하도록 하는 것이 아니라, 학생이 답이라고 생각하는 지식이나 의견 등을 직접 서술하도록 하는 평가방식이다.

③ 가장 큰 특징은 학생의 생각이나 의견을 직접 서술하도록 하기 때문에 학생의 창의성, 문제해결력, 비판력, 판단력, 통합력, 정보수집력 및 분석력 등 고등 사고기능을 쉽게 평가할 수 있다는 것이다.

(2) 구술시험

① 구술시험은 종이와 붓이 발명되기 전부터 시행되어 오던 것으로, 가장 오래된 수행평가의 한 형태이다.

② 학생으로 하여금 특정 교육이나 주제에 대하여 자신의 의견이나 생각을 발표하도록 하여 학생의 준비도, 이해력, 표현력, 판단력, 의사소통능력 등을 직접 평가하는 방식이다.

(3) 토론법

① 교수-학습활동과 평가활동을 통합적으로 수행하는 대표적인 방법으로, 특정한 주제에 대해 학생들이 서로 토론하는 것을 보고 평가하는 것이다.

② 수행평가에는 특히 찬반토론법을 많이 사용하는데, 이는 사회적으로나 개인적으로 서로 다른 의견을 제시할 수 있는 토론주제를 가지고 토론을 하게 한 다음, 찬성과 반대 의견을 토론하기 위해 사전에 준비한 자료의 다양성이나 충실성, 토론내용의 충실성과 논리성, 토론 진행방법 등을 총체적으로 평가하는 방식이다.

(4) 실기시험

① 수행평가를 위한 실기시험에서는 가능한 한 교수 - 학습활동과 평가활동을 분리하지 않고, 수업시간에 자연스럽게 평가하는 것이 바람직하다.

② 자연스러운 상황에서의 실기시험은 음악, 미술, 체육, 실과분야에서 많이 사용되는 방법이나, 요즈음은 읽기, 쓰기, 듣기, 말하기 등 언어분야에서도 많이 활용되고 있다.

(5) 실험, 실습법

① 실험, 실습법은 자연과학분야에서 많이 사용하는 것으로, 어떤 과제에 대해서 학생들로 하여금 직접 실험, 실습을 하게 한 후 결과보고서를 제출하게 한다.

② 평가자는 학생들의 실험, 실습과정을 직접 관찰함과 아울러 제출된 결과보고서를 동시에 고려하여 평가하게 된다.

③ 보다 객관적인 평가가 되기 위해서는 평가항목을 세분화하도록 하고, 평가자는 실습 및 실기과정을 직접 관찰함과 동시에 실습도구의 조작적 능력, 실습에 관련된 기초지식의 적용 여부에 관하여 포괄적으로 평가해 주도록 한다.

④ 실기시험의 결과물에 대해서는 교사뿐만 아니라 학생 상호평가를 실시하고 실기평가를 위한 준비과정 및 태도에 관해서도 평가해 주도록 한다.

(6) 면접법

① 평가자가 학생과 직접 대면하여 질문하고 학생이 대답하는 과정을 통해 평가하는 방법이다.

② 구술시험이 주로 인지적인 영역을 중심으로 한 학업성취도를 평가하기 위한 방법이라면, 면접법은 주로 정의적인 영역에 대한 것을 평가하기 위한 방법이라고 할 수 있다.

(7) 관찰법

① 관찰은 학생을 이해하고 평가하기 위한 가장 보편적인 방법 중의 하나이다.

② 객관적이고 정확한 관찰을 하기 위해서는 관찰대상을 있는 그대로 기술하는 일화기록법이나 체크리스트나 평정척도를 이용하기도 한다.

③ 관찰결과의 기록

㉠ **일화기록법** : 일상생활이나 학습장면에서 일어나는 여러 가지 행동사례를 나타난 그대로 상세하게 기록해 누적된 기록들을 분석함으로써 피험자의 여러 성격 특성을 파악하려는 방법이다.

㉡ **체크리스트법** : 관찰하려고 하는 행동단위를 미리 가능한 한 자세히 분류해서 표로 작성하고, 그것에 따라 체크하게 하는 방법이다. 이 방법은 기록의 양적인 처리가 쉽다는 이점이 있으나, 행동단위를 의미있게 조직적으로 분류하는 것이 어렵다는 단점이 있다.

㉢ **평정기록법(평정척도법)** : 관찰자가 관찰하는 대상을 일정한 척도(상, 중, 하)에 따라 분류하고 측정하는 방법이다.

㉣ **행동기록법** : 개인의 행동을 일시에 순서있게 관찰하고 기록하는 방법이다.

(8) 자기평가 및 동료평가 보고서법

① 특정 주제나 교수 – 학습영역에 대하여 자기 스스로 학습과정이나 학습결과에 대한 자세한 평가보고서를 작성 · 제출하도록 하여 평가하는 것이다.

② 이와 유사하게 동료학생들이 상대방을 서로 평가하도록 하는 동료평가 보고서법을 이용하여 학생들을 평가할 수도 있다.

(9) 연구보고서법

① 연구보고서법이란 각 교과별로나 통합교과적으로 여러 가지 연구주제 중에서 학생의 능력이나 흥미에 적합한 주제를 선택하되, 그 주제에 대해서 자기 나름대로 자료를 수집하고 분석 · 종합하여 연구보고서를 작성 · 제출하도록 하여 평가하는 것이다.

② 연구의 주제나 범위에 따라 개인적으로 할 수도 있고, 관심있는 학생들이 함께 모여서 단체로 할 수도 있다.

③ 연구보고서법은 구안법(프로젝트법)의 일종이다.

(10) 개념지도 작성법

① 개념지도는 학생들이 개념 및 개념 간의 관련성에 대한 자신의 이해정도를 표현하기 위해 스스로 만들어 낸 정보의 묶음을 말한다.

② 개념지도 작성법은 개념들의 관계에 대한 학생의 이해가 어떻게 변화해 가고 있는지를 평가하는 데 유용하다.

(11) 포트폴리오법

① 의미

㉠ 포트폴리오는 한 개인의 기술, 아이디어, 흥미 및 성취물을 담아두는 용기로서 'folio'에서 나온 말이다.

㉡ 교육에서의 포트폴리오는 하나 이상의 분야에서 학습자의 관심, 능력, 진도, 성취, 성장 등의 증거를 보여주는 학생들의 작품을 의도적으로 모아 둔 작품집, 혹은 모음집을 뜻한다.

② 포트폴리오 평가와 전통적인 평가의 비교

포트폴리오 평가	전통적인 평가
주어진 내용영역에서 학생들의 활동을 다양하게 표현하게 해준다.	한정된 내용영역을 나타내며 학생들이 배운 것을 실제적으로 나타내지 못한다.
자신의 평가와 자신의 목표 설정으로 학생들로 하여금 참여를 높인다.	학생들의 투입이 거의 없는 기계적인 채점결과에 의존한다.
학생들의 개인차를 고려한다.	같은 범위에 있는 모든 학생들을 동시에 검사한다.
교사와 학생 간의 협력이 이루어진다.	교사와 학생 간의 협력체제가 없다.
학습에 평가와 교수가 연결된다.	평가와 교사와 학생을 분리시킨다.

③ 포트폴리오 작성에 있어 학생의 역할

㉠ 포트폴리오는 학생에게 자기반성의 기회를 제공해 주어야 한다.

㉡ 학생들은 포트폴리오에 포함시킬 내용의 선택에 관여한다.

㉢ 포트폴리오에는 학생들의 활동과 포트폴리오를 만드는 의도가 나타나야 한다.

㉣ 학생들은 자신의 포트폴리오를 개발하기 위하여 다른 사람들의 모형과 과정에 대한 정보를 제공받아야 한다.

④ 장점

㉠ 학생에 대한 다양한 학습정보를 제공해준다.

㉡ 교수와 평가를 통합하여 수업을 이끌 수 있도록 해준다.

㉢ 학습과정 속에서 학생들의 성장과 변화를 발견할 수 있도록 해준다.

㉣ 교육과정과 실세계 삶의 경험을 일치할 수 있도록 도와준다.

㉤ 학생들을 개별화, 자율화할 수 있도록 해주며, 이를 통해 적극적인 교수 – 학습이 이루어지도록 해준다.

⑤ 평가방법 : 일반적으로 포트폴리오 평가에서는 총체적인 평가와 분석적인 평가방법이 있는데, 이들을 혼합하여 사용하는 것이 일반적이다.

㉠ 분석적 평가방법은 학생의 작품이 지니고 있는 여러 가지 특성이나 차원에 따라 각각 점수를 할당하는 방법으로, 학생 포트폴리오에 대해 더 상세한 정보를 제공해준다.

㉡ 총체적 평가방법은 학생의 포트폴리오를 전체로서 이해하고 전반적인 것에 대해 점수를 부과한다.

⑿ 수행평가의 일반적인 특징 8가지(백순근, 2002)

① **교사의 전문적인 판단에 의거하여 평가하는 방식** : 타당성 중시, 상황과 맥락을 고려한 교사의 전문적 판단을 중시한다.

② **학생 스스로 답을 작성하거나 행동으로 나타내도록 하는 평가방식** : 학생은 창의성, 문제해결력, 비판력 같은 고등 사고기능을 기를 수 있으며, 수행평가는 이러한 고등 사고기능 파악을 중시한다.

③ **추구하고자 하는 교육목표의 달성 여부를 가능한 실제상황에서 파악하고자 하는 평가방식** 예 실제 글 짓는 상황을 통하여 작문실력을 평가

④ **교수 – 학습의 결과뿐만 아니라 교수 – 학습의 과정도 함께 중시하는 평가** : 학습하는 방법을 학습하는 것도 중요하며, 아는 것을 실제로 적용할 수 있는지 여부를 파악하는 것이 중요하다.

⑤ **학생의 학습과정을 진단하고 개별학습을 촉진하려는 노력을 중시** : 지적 수준을 진단하고, 학생의 이해수준을 높이며, 개별학습을 촉진한다.

⑥ **개개인을 단위로 평가하기도 하지만 집단에 대한 평가도 중시** : 학생 상호간의 협력을 유도하며, 나아가 학생들의 사회성을 신장시키는 데도 기여한다.

⑦ 학생 개개인의 변화, 발달과정을 종합적으로 평가하기 위해 전체적이면서도 지속적으로 평가하는 것을 강조한다.

⑧ **종합적이고 전인적인 평가 중심** : 학생의 지적인 영역뿐만 아니라 개개인의 행동발달 상황이나 흥미, 태도 등 정의적인 영역, 그리고 운동기능 등 행동영역에 대한 종합적이고 전인적인 평가 중심이다.

⒀ 수행평가의 문제점

① **많은 수의 학생 평가** : 수행평가는 다양한 학생들을 다양한 방법으로, 다양한 기준에 의해 평가하고자 하는 것이므로 많은 시간이 요구된다. 그런데 교사 1인당 담당해야 할 학생이 너무 많을 경우 수행평가가 형식적으로 흘러갈 가능성이 많아진다.

② **타당도와 신뢰도** : 수행평가는 다양한 학생들에게 다양한 방법으로 진행되기 때문에 평가도구가 잘 제작되지 않을 경우 타당성과 신뢰성에 문제가 생길 수 있다.

③ **채점결과에 대한 객관성** : 평가도구의 타당성과 신뢰성의 유지가 어렵다는 것은 나아가 채점의 객관성에도 심각한 문제가 발생할 수 있다는 것을 의미한다.

④ 수행평가의 세부 문제점

㉠ 수행평가 도구 개발의 어려움이 있다.
㉡ 채점기준, 즉 점수부여 기준 설정이 용이하지 않다.
㉢ 채점자 내 신뢰도와 채점자 간 신뢰도 확보가 어렵다.
㉣ 시간이 많이 소요된다(평가도구 개발, 점수부여 등).

㉤ 비용이 많이 든다.

㉥ 점수결과 활용에 어려움이 있다.

4 보건교육 평가방법

1. 교육내용에 따른 평가방법의 적용

(1) 인지적 영역의 평가

① **질문지법** : 신뢰도와 타당도가 높은 문항을 개발하는 것이 필요하며, 기존에 개발된 표준화된 도구를 사용할 수도 있다.

② **구두질문법** : 관찰법과 함께 사용함으로써 정확한 평가가 이루어질 수 있다.

(2) 정의적 영역의 평가

① **관찰법** : 관찰자의 편견이 작용하지 않도록 적절한 기록방법을 병행하여 관찰 즉시 기록하도록 한다. 관찰법은 학습자의 학습활동을 관찰하여 학습의 변화량을 매일 연속적으로 측정할 수 있는 것을 말한다. 언제든지 학습자의 전반적인 변화를 평가할 수 있고, 관찰결과는 즉시 학습의 개선을 이해 · 활용할 수 있으며, 태도를 측정하는 정의적 영역이 관찰을 통해 평가가 가능하다.

㉠ 분류

ⓐ 자연적 관찰 · 통제적 관찰

- **자연적 관찰** : 특별한 관찰도구나 계획없이 자연상태 그대로를 관찰하는 방법으로 보건교육 도중 학습자의 태도, 지역주민들의 건강습관 등을 사실 그대로 관찰하여, 그 결과를 교육에 활용하거나 평가에 활용하는 방법이다.
- **통제적 관찰** : 의도적인 통제조건하에서 나타나는 반응을 관찰하는 것이다. 즉, 사전에 어떤 행동을 발생시킬 특정 환경조건을 설정한 후에 관찰한다는 의미에서 조직적 관찰 또는 실험적 관찰이라고도 한다.

ⓑ 참여관찰 · 비참여 관찰

- **참여관찰** : 관찰자가 피관찰자가 있는 행동상황이나 조건에 직접 들어가 관찰하는 것이다.
- **비참여 관찰** : 관찰자가 피관찰자의 상황이나 생활의 참여없이 그냥 관찰하는 것이다.

㉡ 관찰결과의 기록방법

ⓐ 일화기록법(Anecdotal Record)

- **정의** : 관찰된 행동이나 사진 중에 의미있다고 생각되는 것을 구체적으로 상세하게 기록하는 방법이다.

- **장점** : 정의적 · 행동적 영역의 평가에 유용하며 나이가 어리거나 의사소통이 제한된 학생에게도 가능하다.
- **단점** : 전형적 행동보다는 단편적 · 피상적 행동의 기록이 될 수 있으며, 관찰과 기록에서의 객관성 유지가 어렵다. 또한 기록 · 관리에 상당한 노력과 시간이 소요되며, 자료처리와 분석이 복잡하다는 제한점을 가지고 있다.

ⓑ 행동목록표(Check List)

- **정의** : 관찰하려는 행동단위를 미리 분류하고 행동에 대한 관찰내용을 체크하거나 빈도로 표시하는 방법이다.
- **장점** : 정의적 영역의 평가뿐만 아니라 인지적 영역과 실기 · 실습의 행동적 영역에도 다양하게 사용이 가능하다. 비교적 실시방법이나 기록방법이 간편하고 결과의 양적 처리가 가능하다.
- **단점** : 행동단위 분류가 어려워 관찰할 행동을 모두 포괄하면서도 서로 배타적으로 만들기가 어렵다.

㉢ 관찰시의 유의점

ⓐ 관찰 전에 충분한 계획을 세워 어떤 행위를 언제, 어떤 기준에 의해 관찰하고 기록할 것인가를 구체적으로 계획하여야 평가를 위한 관찰이 된다.

ⓑ 관찰자의 편견이나 의견이 들어가지 않도록 객관성을 유지해야 한다.

ⓒ 관찰시의 상황과 조건, 돌발사건 등이 충분히 고려되어 기록으로 남도록 한다.

ⓓ 관찰한 행동표본이 전체를 대표할 수 있을 만한 것이어야 한다.

ⓔ 시간경과에 따라 기억내용이 흐려질 수 있기 때문에, 즉시 기록하고 적절한 기록방법을 유지하여야 한다.

㉣ 장점

ⓐ 정의적 영역이나 행동적 영역 평가에 유리한 방법이다.

ⓑ 말과 글로 표현하기 어려운 행동에 대한 평가가 가능하다.

ⓒ 피관찰자가 보이는 행동을 측정하기 때문에 피관찰자가 말이나 글로 왜곡시킬 수 없어 객관적인 측정이 가능하다.

ⓓ 피관찰자에게 제한을 받지 않고 어떤 대상에게도 적용이 가능하다.

㉤ 단점

ⓐ 드러내기를 꺼리는 사적 행동이나 유의미한 행동을 포착하기 어렵다.

ⓑ 관찰하는 것을 피관찰자가 느낄 경우 의도적으로 행동을 변화시켜 관찰결과 자체가 왜곡될 수 있다.

ⓒ 관찰결과의 해석에 주관이 개입될 수 있다.

ⓓ 관찰자의 편견이나 선입관이 개입된 관찰이나 해석이 된다면 평가의 신뢰도가

떨어진다.

ⓔ 행동관찰, 기록, 분석에 시간과 비용이 많이 소요된다.

② **평정척도를 이용한 자가평가법** : 대상자 자신이 특정양식에 따라 자가보고를 하는 방법

③ **질문지법**

㉠ **분류**

ⓐ **구조적 질문지** : 질문지 작성자가 미리 반응이 나올 만한 선택지를 주어 선택하게 하는 방법으로, 폐쇄형 질문지라고도 한다.

ⓑ **비구조적 질문지** : 주어진 질문에 응답자가 자유롭게 반응하도록 하는 형태로, 자유반응형 질문지라고도 한다.

㉡ **유의사항**

ⓐ 예비조사를 하여 설문지를 작성한다.

ⓑ 질문내용은 비교적 간단하고 구체적이며 객관적이어야 한다.

ⓒ 실시할 때의 조건과 환경(실내온도, 소음 등)의 통제가 필요할 수도 있다.

ⓓ 질문지는 평가대상의 수준, 능력 등을 고려해 작성해야 한다.

ⓔ 질문이 어떤 암시를 주거나 강한 정서반응, 윤리적인 문제 등을 야기하지 않아야 한다.

㉢ **문항의 유형**

ⓐ **선택형 문항** : 문제와 함께 여러 개의 선택지가 제시되고, 그중 정답을 가려내도록 하는 방법이다.

- **진위형 문항** : 어떤 내용을 제시한 후, 이것이 맞느냐 틀리느냐를 표기하게 하는 형식의 문제인데 양자택일형이라고도 한다.
  - 한 문제에 뚜렷한 한가지 개념만을 다룬다.
  - 부정문은 가능한 피한다.
  - 문장은 간결하게 하며, 복잡한 조건이 많이 첨가된 긴 문장과 절대구어도 피한다.
- **배합형 문항** : 배합형 문제는 단순배합, 복합배합, 분류배합, 관계분석, 관계분류, 공변관계 등 다양한 형태가 있으나 보건교육 후 평가시에는 단순, 복합배합형을 적용할 수 있다.
  - 전제나 답지의 내용들이 모두 동질의 것이어야 한다.
  - 전제나 답지의 수 및 길이가 제한되어야 한다.
  - 답지의 수가 반드시 전제의 수보다 많아야 한다.
- **선다형 문항** : 선다형 문제는 질문을 명확히 제시한 후 제시된 문항 중에서 정답을 하나 선택하도록 하는 것이다. 답지가 4개이면 사지선다형이 되며, 5개

이면 오지선다형으로 불리며, 답지가 많을수록 추측에 의해 답할 가능성이 줄어들어 신뢰도가 높아진다. 선다형 문항은 문항작성이 비교적 어렵다는 단점이 있으나 단순한 사실이나 개념, 용어의 기억을 평가하는 것에서부터 추리력, 판단력까지 평가가 가능하다. 단일정답형(type A), 조합형(type K), 확장결합형(type R)이 주로 활용된다.

- 제시되는 문항들이 명백하고 간단하여야 한다.
- 사용되는 용어의 선택시 혼용되는 용어는 피한다.
- 적절한 난이도와 변별력이 유지되어야 한다.
- 정답을 찾아내는 데 도움이 되는 단서는 피하도록 한다.

ⓑ **서답형 문항** : 서답형 문항은 문두만 제시하고, 응답자가 스스로 답을 생각해서 쓰도록 하는 문항형태이다. 이것은 응답자로 하여금 답을 생성하는 재생(recall)을 요구한다는 점에서 회상형 문항이라고 한다. 단답형, 배합형, 논문형 문항이 대표적인 서답형 문항이다.

• **단답형** : 단답형은 가장 단순한 형태의 질문으로, 글자 그대로 간단한 단어, 숫자, 위치, 원인 등을 아는지 모르는지 평가할 때 사용한다.
  - 답이 정확하고 한가지 뜻을 지닌 것으로 한다.
  - 정답은 가능한 한가지가 되도록 하나, 부득이한 경우 2~3개도 가능하다.
  - 내용을 묻는 문제일 경우 철자법, 문법, 문장표현 등은 채점대상에서 제외되어야 한다.

• **완성(완결)형** : 완성형은 질문하는 문장의 일부를 비워 놓고 거기에 적절한 내용을 기술함으로써 전체의 내용을 완성하도록 하는 문제의 형식이다.
  - 문장 중 중요한 의미를 가진 내용을 공란으로 남겨 놓아야 한다.
  - 한 공란에는 한 개의 정답만 쓰도록 한다.
  - 문제의 진술 속에 정답의 단서를 포함하지 말아야 한다.
  - 채점의 기준은 공란 하나를 채점 단위로 하여야 한다.

• **논문형** : 논문형은 일정한 형식이 있는 것이 아니라, 학습자의 능력에 따라 대상자들이 자유로이 반응하게 만든 것이다.
  - 평가하려는 대상자들의 성격과 범위를 고려하여 문제를 제작하여야 한다.
  - 고도의 정신능력(사고, 추리, 종합, 비판, 응용, 표현능력)을 측정할 수 있게 문제를 만든다.
  - 질문내용을 명확히 하고, 답의 재량을 적절히 제한한다.
  - 질문은 가능하면 쉽고 자세하게 한다.
  - 채점기준은 사전에 제시한다(예 문자의 조직 1점, 내용의 타당성 4점, 표현능력 1점, 이론의 합리성 2점, 예시의 타당성 2점).

(3) 심동영역의 평가

① **자가감시법** : 대상자가 행위를 한 후에 자신의 행위를 기록하는 방식으로 외부에서 객관적으로 관찰한 자료와는 다를 수 있으나 스스로 평가한다는 동기화를 유도할 수 있어 중요하게 활용된다.

② 행동목록표를 이용한 자가평가법

③ 직접관찰, 실기와 시범으로도 측정된다.

2. 평가도구가 갖추어야 할 조건

(1) 타당도

그 도구가 평가하려는 내용, 즉 교육목표나 기준을 얼마나 잘 측정하고 있는가를 의미한다.

(2) 신뢰도

평가도구가 믿을 만한가? 즉, 측정하고자 하는 내용을 얼마나 정확하게, 오차 없이 측정할 수 있는가를 말한다. 측정의 결과가 평가자의 주관에 의하여 흔들리지 않고, 검사횟수에 관계없이 평가의 결과가 얼마나 일치하는지를 알아보고자 하는 것이다. 동일한 답안지를 동일한 사람이 시간이나 상황을 달리해서 평가한다 하더라도 같은 결과가 나오면 신뢰도가 높은 것이다.

(3) 객관도 : 평가자의 일관성을 의미하는 것이다.

(4) 실용도

평가도구의 경제성, 간편성, 편의성을 나타내는 것으로 교육자나 교육대상자에게 그 평가방법이 얼마나 쉽게 적용할 수 있는가를 말한다.

FINAL TEST

01 교육의 기본요소 : 교육자, (　　　　), 교육내용, (　　　　)

02 학습에 영향을 미치는 환경적 요인을 제시하시오.

03 학습에 영향을 미치는 개인적 요소에 대해 나열하시오.

FINAL TEST 정답

01 학습자, 환경

02 환경적 요인
(1) 교사
(2) 교사 - 학습자 관계
(3) 물리적인 학습환경

03 개인적 요소
(1) 정서적 준비도(동기) : 필요한 노력을 기꺼이 투입하겠다는 학습자의 동기라고 할 수 있다. 학습동기는 태도와 신념 그리고 건강관련 행위에 근거한다.
(2) 경험적 준비성 : 사전경험, 대상자의 배경, 기술과 태도, 학습능력을 포함한다.
① 선수학습(사전경험) : 이전의 경험이나 훈련 중에서 새로운 학습과 관련된 것을 의미한다.
② 신체 사회적 상태 : 대상자들은 자신의 건강상태에 따라서 질병으로부터의 회복과 건강의 유지나 증진 등의 광범위한 영역으로 배우고자 하는 에너지가 증가한다.
③ 학습자의 특성
㉠ 지적 특성 : 학습자의 개인차를 말하며 학습에 관련된 지적능력 중 가장 많은 관련을 갖는 요인은 지능이다.
㉡ 정의적 특성 : 학습자가 학습활동을 하게 만드는 심리학적 요인들로 학습동기, 포부수준, 주의, 적응의 강도, 감정, 정서, 우월감 및 열등감을 말한다.
㉢ 인간발달 특징 : 교육자는 교육을 계획하거나 교육지도를 할 때 학습자의 발달특징과 발달단계, 발달과업을 이해하고 그에 따라 교육을 전개하여야 한다.

04 보건교육시 고려할 사항에 대해 5가지 제시하시오.

05 보건교육을 위한 학습과정을 제시하시오.

06 행동주의, 인지주의, 인본주의 중 하나를 선택하시오.

(1) 반복은 학습을 증진시킨다.
(2) 학습은 자아지시적인 것이다.
(3) 인간은 능동적이고 적극적 존재로 보며, 학습을 본질적으로 내적인 사고과정으로 본다.
(4) 행동은 이전의 경험에 의해 영향을 받으며, 다음에 올 결과에 의해 더 큰 영향을 받는다.
(5) 새롭고 다양한 학습방법을 사용하여 대상자의 주의를 집중하도록 함으로써 학습효과를 높인다.
(6) 신기함이나 새로움은 파지에 영향을 준다.
(7) 학습자의 전인적 특성을 고려하고, 긍정적인 자아개념을 고취시키며 자기실현을 촉진시킬 때 학습이 증대된다.
(8) 새로운 자료는 간격을 두고 제시함으로써 학습을 돕는다.
(9) 교육자는 대상자를 신뢰하고, 수용하며 촉진자, 조력자의 역할을 한다.
(10) Pavlov의 조건반사, Thorndike와 자극-반응 연합, Skinner의 조작적 조건형성

FINAL TEST 정답

04 고려사항
① 보건교육은 모든 연령층을 대상으로 한다.
② 보건교육은 거의 실제 경험과 비슷한 학습환경에서 이루어질 때 그 효과가 매우 크다.
③ 보건교육계획을 세우려면 명확한 목표 설정이 되어 있어야 한다.
④ 보건교육은 연령, 교육수준, 경제수준에 맞게 실시해야 한다.
⑤ 보건문제 해결은 일정한 공식이 없으므로 일종의 창의적인 과정이라 할 수 있다.

05 인지 → 흥미 → 심리적 평가 → 실천 → 수용

06 (1) 행동주의 (2) 인본주의 (3) 인지주의 (4) 행동주의 (5) 인지주의
(6) 인지주의 (7) 인본주의 (8) 행동주의 (9) 인본주의 (10) 행동주의

07 사회학습이론의 3가지 주요 구성요소를 제시하시오.

08 합리적 행동이론 중 행위의도를 결정하는 구성요소를 제시하시오.

09 계획된 행동이론 중 행위의도를 결정하는 구성요소를 제시하시오.

10 구성주의의 학습원칙에 대해 5가지 제시하시오.

11 수업계획의 일반적인 원리에 대해 5가지 제시하시오.

FINAL TEST 정답

07 인간, 행동, 환경

08 태도, 주관적 규범

09 행위에 대한 태도, 행위에 대한 주관적 규범, 행위에 대한 지각된 통제행위

10 체험적 학습제공, 자기성찰적 학습, 협동학습, 실제적 성격의 과제 제시, 교사로서의 역할(촉진자 · 안내자)

11 일반적 원리
① 타당성이 있어야 한다.
② 융통성이 허용되어야 한다.
③ 과학성에 바탕을 두어야 한다.
④ 일관성이 있어야 한다.
⑤ 유동성과 변경가능성을 전제로 해야 한다.

12 Bradshow(1972)가 제시한 교육요구 유형을 나열하시오.

13 PEEK의 구성요소를 나열하시오.

14 학습목적 설정의 4요소를 제시하시오.

15 인지적 영역 중 어디에 속하는지 제시하시오.

(1) 대상자들은 보충식이가 필요한 이유를 말한다.

(2) 대상자들은 현재 실시하고 있는 보충식 식단의 영양을 다섯 가지 기초식품군과 비교한다.

(3) 대상자들은 다섯 가지 기초식품군과 평상시 가족이 사용하는 식품재료를 참고하여 보충식이 식단을 작성한다.

(4) 대상자들은 아기들의 치아발달에 알맞은 보충식이 준비방법을 선택한다.

(5) 대상자들은 보충식이를 시작해야 할 시기를 진술한다.

(6) 대상자들은 자신들이 만든 보충식이 식단을 준비의 용이성, 경제성에 따라 실천가능성을 평가한다.

FINAL TEST 정답

12 규범적 요구, 내면적 요구, 외향적 요구, 상대적 요구

13 신체적 준비도, 정서적 준비도, 경험적 준비도, 지식정도

14 행동용어로 기술, 변화의 내용 기술, 조건제시, 기준제시

15 (1) 이해 (2) 분석 (3) 종합 (4) 적용 (5) 지식 (6) 평가

16 정의적 영역 중 어디에 속하는지 제시하시오.

(1) 대상자는 아이를 친정어머니에게 맡기고 부부가 함께 영화를 보러 외출한다.

(2) 대상자는 아기에게 미소를 지어보이며 항문수술 후 아기를 간호하는 것을 바라본다.

(3) 대상자는 항문이 없이 태어난 자신의 아기가 다운증후군이라는 진단명을 듣고 아기를 들여다 보며 운다.

(4) 대상자가 아동의 현실적인 모습을 말로 표현하고 특수학교에 보낼 계획을 진술한다.

(5) '어떻게 지내냐?'는 질문에 장애아를 포함한 가족구성원 각각의 활동과 관심사에 대해 언급한다.

17 심리운동영역 중 어디에 속하는지 제시하시오.

(1) 대상자는 간호사의 도움없이 장루를 세척할 수 있다.

(2) 대상자는 장루주머니가 없을 때에도 집에 있는 다른 재료를 이용하여 장루간호를 한다.

(3) 대상자는 간호사의 장루간호를 관찰한다.

(4) 대상자는 간호사의 언어적 도움을 받아 장루를 세척한다.

(5) 대상자는 출장시에도 장루간호를 할 수 있다.

(6) 대상자는 간호사의 도움없이 그리고 장루주머니가 새는 일이 없이 완전하게 장루간호를 한다.

(7) 대상자는 간호사가 행하는 장루간호 시행절차 중 일부를 자신이 해보겠다고 자원하여 표현한다.

18 학습내용의 선정 원리 중 계열화의 방법을 제시하시오.

FINAL TEST 정답

16 (1) 조직화 (2) 반응 (3) 감수 (4) 가치화 (5) 성격화

17 (1) 기계화 (2) 창조 (3) 지각 (4) 지시에 따른 반응 (5) 적응 (6) 복잡한 외적 반응 (7) 태세

18 계열화 방법
① 연대순
② 주제별 분류
③ 단순에서 복잡함으로
④ 전체에서 부문으로
⑤ 논리적 선행요건
⑥ 추상성의 증가
⑦ 학생들의 발달

19 학습 내용의 조직방법에 대해 나열하시오.

20 교육방법 선정에 영향을 주는 요소를 3가지 나열하시오.

21 (　　　　　　　) : 처음 만나는 사람끼리 어색한 분위기를 깬다는 의미

22 상담의 기본원리를 5가지 제시하시오.

FINAL TEST 정답

19 쉬운 것 → 어려운 것, 구체적 → 추상적, 가까운 것 → 먼 것, 간단 → 복잡, 익숙 → 미숙, 부분 → 전체

20 **교육방법 선정 요소**

(1) 대상자의 특성
　① 대상자의 수
　② 대상자의 참여의식
　③ 대상자의 사전경험과 교육정도(지식)
　④ 대상자의 문화적 배경
(2) 학습목표의 난이도
(3) 교육실시 장소 및 시설에 맞게 교육방법을 선정한다.
(4) 실시시기 및 시간 : 시간이 충분하지 못하다면 강의식 방법이 선택될 수 있다.
(5) 기타 : 보건교육 주제, 인적자원, 교육자의 능력(자질), 예산의 제한점

21 ice breaking

22 **상담의 기본원리**

(1) 개별화의 원리
(2) 의도적인 감정표현의 원리
(3) 통제된 정서적 관여의 원리
(4) 수용의 원리
(5) 비심판적 태도의 원리
(6) 자기결정의 원리
(7) 비밀보장의 원리

23 알맞은 교육방법을 제시하시오.

(1) 가장 민주적이며 반성적 사고능력 배양, 경청능력 배양 (　　　　　　)

(2) 사회자, 발표자, 청중 모두 전문가, 주제에 대해 밀도있는 접근 가능 (　　　　　　)

(3) 청중 앞에서의 그룹토의, 비판능력 배양, 사회자는 촉진자 역할 (　　　　　　)

(4) 짧은 시간 내에 많은 양의 지식이나 정보를 많은 사람에게 전달 (　　　　　　)

(5) 현실적으로 실천을 가능하게 하는 효과적인 방법으로 보건교육에서 가장 많이 사용하는 방법 (　　　　　　)

(6) 학습자의 자발적이고 능동적인 참여하에 자신이 계획하여 지식, 기술, 적응능력 등 포괄적인 능력 획득 (　　　　　　)

(7) 전문가가 각자의 의견을 10~15분 정도 발표하고 사회자가 청중을 공개토론의 형식으로 참여시키는 형식

(8) 사전에 충분한 지식을 가진 소수의 대표자들이 다수의 청중 앞에서 그룹토의를 하는 방법

(9) 민감한 주제를 다루어도 풍자적이고 과장된 표현에 의한 효과를 얻을 수 있는 교육방법

(10) 학습자가 실제와 유사한 학습환경에서 다른 학습자와 상호작용을 하거나 학습환경 내에 있는 어떠한 기기와 도구를 가지고 환경과 상호작용을 하면서 학습을 이끌어 나가는 학습유형

(11) 협동학습 유형 중 팀 구성원 각자가 과제의 일부를 분담하여 책임지고 수행함으로써 팀 전체의 목표를 달성하도록 하는 학습유형

(12) 과제를 분담할 뿐만 아니라 여기에 STAD 평가방식을 결합시켜서 과제분담과 보상효과를 동시에 추구하는 학습유형

24 아인니히(Heinich)가 고안한 "ASSURE"를 제시하시오.

FINAL TEST 정답

23 (1) 집단토론 (2) 심포지엄 (3) 패널토의 (4) 강의 (5) 시범
(6) 프로젝트 (7) 심포지엄 (8) 패널토의 (9) 인형극 (10) simulation
(11) 직소 I(Jigsaw－I) (12) 직소 II (Jigsaw－II)

24 ASSURE
① 학습자의 특성 분석 ② 목표 진술 ③ 적절한 매체 선택
④ 교재 활용 ⑤ 학습자 참여 ⑥ 매체의 평가

25 알맞은 교육매체를 쓰시오.

(1) 장소와 관계없이 언제나 활용할 수 있다.
(2) 주의집중이 잘되어 흥미있게 활용할 수 있다.
(3) 반복적인 검사나 관찰이 가능하다.
(4) 실생활에서 즉시 교육내용을 활용할 수 있다.
(5) 대상자와 시선을 마주 보면서 사용할 수 있다.
(6) 실물을 축소시키거나 단면화하므로 세부적인 부분까지 실제로 볼 수 없다.
(7) 무늬가 없는 융이나 모직 천에 그림을 부착하는 매체로, 주로 소그룹에 적용하는 매체
(8) 움직이는 전 과정을 대화와 함께 보여주어 사실과 가장 가깝게 접근할 수 있는 매체
(9) 학습자 개개인의 속도대로 학습할 수 있게 해주기 때문에 일반수업보다 시간을 많이 절약할 수 있는 매체

26 적합한 교육매체를 선택할 때 고려해야 할 요소를 5가지 제시하시오.

27 보건교육 평가단계를 제시하시오.

FINAL TEST 정답

25 (1) 인쇄물 (2) 실물(모형, 융판도 가능) (3) 모형 (4) 실물
(5) 투시환등기 (6) 모형 (7) 융판 (8) 비디오테이프
(9) 컴퓨터 보조수업(CAI)

26 **교육매체 선정 요소**
① 대상자의 특성
② 한번의 교육에 여러 가지 보조자료가 활용되는 경우 학습목적에 따라 단계별로 제시할 것
③ 적절한 시간 배정
④ 장소
⑤ 경제성 - 구입경비(예산)
⑥ 쉽게 구할 수 있고 조작이 간편할 것

27 **평가단계**
① 1단계(평가대상 및 기준설정) ② 2단계(평가자료 수집) ③ 3단계(비교)
④ 4단계(가치판단) ⑤ 5단계(재계획)

28 목적지향 평가와 기준지향 평가의 특징을 쓰시오.

목적(준거)지향 평가	기준(규준)지향 평가
( ) 성취했느냐가 주요 관심	( ) 성취했느냐가 주요 관심
개인차를 최소화할 수 ( ).	개인차는 극복할 수 ( ).
학습자는 ( )적인 존재	학습자는 ( )적인 존재
( )평가의 개념	( )평가의 개념
평가자는 ( )	평가자는 ( )
( )적 교육관	( )적 교육관
( ) 중요시	( ) 중요시
의사, 간호사 자격 국가시험, 운전면허 시험	표준화 학력검사, 지능검사, 성격검사, 적성검사
( )을 조장	( )에 적합
질적 향상을 도모	경쟁을 통한 동기유발에 적합

FINAL TEST 정답

28 평가

목적(준거)지향 평가(절대평가)	기준(규준)지향 평가(상대평가)
무엇을 성취했느냐가 주요 관심	얼마나 성취했느냐가 주요 관심
개인차를 최소화할 수 있다.	개인차는 극복할 수 없다.
학습자는 능동적인 존재	학습자는 수동적인 존재
절대평가의 개념	상대평가의 개념
평가자는 교육담당자	평가자는 교육담당자와 제삼자
발달적 교육관	선발적 교육관(다른 사람에 비해 얼마나 잘했나?)
내용타당도, 목표타당도, 교육타당도 중요시	신뢰도 중요시
의사, 간호사 자격 국가시험, 운전면허 시험	표준화 학력검사, 지능검사, 성격검사, 적성검사
협동학습을 조장	개인차 변별에 적합
질적 향상을 도모	경쟁을 통한 동기유발에 적합

29 진단평가, 형성평가, 총합평가의 특징을 쓰시오.

구분	진단평가	형성평가	총합평가
목적 (O, ×)	① 학습 진전상황을 파악하여 현재의 위치를 개별적으로 알려줌으로써 학습보조를 맞추어 나갈 수 있도록 하기 위해 ② 학습장애 요인을 밝히기 위해 ③ 학습곤란이나 결손부분을 진단하고 교정하기 위해	① 사전에 설정한 교수목표에 대한 성취도 수준을 판정하기 위해 ② 피드백을 주어 교정학습이나 보충학습의 기회를 제공하기 위해 ③ 학습전략을 극대화하고 대상자를 적절히 배치하기 위해 ④ 교육의 장기적인 질적 관리를 위해	① 대상자들의 지식수준, 태도, 흥미, 준비도 등을 진단하고 확인하기 위해 ② 집단 간의 성적결과를 비교할 수 있는 정보를 제공하기 위해 ③ 학습동기를 촉진하고 학습방법을 개선하기 위해
평가도구			
평가시기			

FINAL TEST 정답

29 진단평가, 형성평가, 총합평가

구분	진단평가	형성평가	총합평가
목적	① 대상자들의 지식수준, 태도, 흥미, 준비도 등을 진단하고 확인하기 위해 ② 학습장애요인을 밝히기 위해 ③ 학습전략을 극대화하고 대상자를 적절히 배치하기 위해	① 학습 진전상황을 파악하여 현재의 위치를 개별적으로 알려줌으로써 학습보조를 맞추어 나갈 수 있도록 하기 위해 ② 피드백을 주어 교정학습이나 보충학습의 기회를 제공하기 위해 ③ 학습곤란이나 결손부분을 진단하고 교정하기 위해 ④ 학습동기를 촉진하고 학습방법을 개선하기 위해	① 사전에 설정한 교수목표에 대한 성취도 수준을 판정하기 위해 ② 집단 간의 성적결과를 비교할 수 있는 정보를 제공하기 위해 ③ 교육의 장기적인 질적 관리를 위해
평가 도구	체크리스트, 표준화된 진단검사	쪽지시험, 퀴즈, 프로그램 진행 중 질문	중간고사, 기말고사
평가 시기	프로그램 시작 전	프로그램 진행 중	프로그램 진행 후

30 영역에 따른 평가방법을 제시하시오.

(1) 인지적 영역의 평가방법

(2) 정의적 영역의 평가방법

(3) 심동영역의 평가방법

31 평가도구가 갖추어야 할 조건을 제시하시오.

FINAL TEST 정답

30 평가방법

① 질문지법, 구두질문지법

② 관찰법, 평정척도를 이용한 자가평가법, 질문지법

③ 자가감시법, 행동목록표를 이용한 자가평가법, 직접관찰 및 실기와 시범

31 평가도구

① 실용도 : 평가도구의 경제성, 간편성, 편의성을 나타내는 것

② 객관도 : 평가자의 일관성을 의미

③ 타당도 : 교육목표나 기준을 얼마나 잘 측정하고 있는가를 의미

④ 신뢰도 : 측정의 결과가 평가자의 주관에 의하여 흔들리지 않는 것을 의미

CHAPTER 09 보건교육

기출문제

01 **다음은 중학교 보건교사가 작성한 보건교육 계획서의 일부이다. 〈작성 방법〉에 따라 서술하시오.** [4점] 2020년

2020학년도 2학기 보건교육 계획서

차시	학습주제	학습목표	교육방법 및 내용
1	학교 내외 환경의 건강 위험요인 찾기	학교 내외 환경의 건강 위험요인을 나열할 수 있다.	[교육방법] • ㉠ 분임토의(buzz session) [교육내용] • 학교 내 환경의 건강 위험요인 • 학교 외 환경의 건강 위험요인

〈 작성 방법 〉

ㅇ 밑줄 친 ㉠의 토의방법에 대해 서술할 것.

| 모범답안 |

분임토의

1. 개념 : 와글와글학습법이라고도 하며 전체를 여러 개의 분단으로 나누어 토의시키고 다시 전체회의에서 종합하는 방법으로 각 분단은 6~8명이 알맞다.
2. 장점
   ① 참석인원이 많아도 모든 대상자들에게 참여기회가 주어진다.
   ② 어떤 문제를 다각적으로 분석, 해결할 수 있다.
   ③ 다른 그룹과 비교되어 반성적 사고능력과 사회성이 길러진다.
3. 단점
   ① 참여자들이 준비가 되어 있지 않을 경우 효과가 없다.
   ② 소수의 의견이 그룹전체의 의견이 될 수 있다.
   ③ 소심한 사람들에게는 부담스러울 수 있다.

02 다음은 보건교사 A와 B의 대화내용이다. ㉠, ㉡에 해당하는 토의방법의 명칭을 순서대로 쓰시오.

[2점] 2018년

보건교사 A : 학생들과 보건수업을 하는데 걱정이 많아요. 연명의료를 주제로 토의하는 수업을 하고 싶은데 어떤 방법이 좋을까요?

보건교사 B : 요즈음 언론에도 자주 등장하는 내용이라 학생들이 흥미로워 하겠네요. 생각해두신 토의방법이 있나요?

보건교사 A : ㉠ 연명의료에 대한 다양한 견해를 가진 전문가 4~6명을 초청하여 사회자의 진행에 따라 연명의료에 대한 의견을 찬·반으로 나누어 토의하게 함으로써, 토의과정에 참석한 학생들이 연명의료에 대한 지식을 얻고, 생명의 존엄성에 대해 생각해 보는 기회를 가져보려고 해요.

보건교사 B : 네, 학생들이 전문가의 다양한 의견을 들을 수 있어서 좋은 방법인 것 같습니다. 그런데 그 방법은 전문가 선정을 하는 게 어려울 수 있어요. 토의에 참여하는 학생 수는 몇 명인가요?

보건교사 A : 30명이에요.

보건교사 B : 그러면 혹시 이 방법은 어떨까요? ㉡ 학생들을 여러 모둠으로 나누어 토의하게 한 후, 전체 토의시간을 가져 상호 의견을 교환하게 하는 방법을 추천드려요.

보건교사 A : 선생님, 좋은 의견 감사합니다.

|정답| ㉠ 패널토의
㉡ 분단토의

03 다음은 보건교사가 약물사용에 관한 교육 후 학습목표 달성을 확인하기 위해 작성한 평가계획서의 일부이다. 메이거(R. F. Mager)가 제시한 학습목표 구성의 3가지 요소를 쓰고, 평가계획서를 근거로 하여 이들 요소를 모두 포함하는 학습목표를 서술하시오.

[4점] 2017년

평가계획서	
평가대상	OO중학교 2학년
평가단원	약물과 건강
평가내용	약물 사용과 관련된 용어 학습 확인
평가문항	※ 다음 문장이 맞으면 ○, 틀리면 ×를 쓰시오. 1. 열이 나고 기침이 심해 한달 전에 동생이 처방받아 복용했던 감기약을 먹는 것은 약물 오용이다. (　　) 2. 두통약을 오래 복용했더니 1알 먹고 듣지 않아 2알로 늘린 것은 금단증상 때문이다. (　　) 3. 오랫동안 피우던 담배를 끊었더니 불안과 불면증이 생긴 것은 약물 내성 때문이다. (　　)
성취도 판별 기준	평가문항 3개 중 2개 이상 맞아야 함.

|모범답안|

1. Mager의 학습목표 구성의 3가지 요소
   (1) 행위 : 교육 후 기대되는 최종행동을 구체적인 행위로 나타내기 위한 행위동사
   (2) 상황 및 조건 : 최종행위가 일어나는 데 기대되는 조건 기술
   (3) 성취기준 : 학습자가 도달할 최종목표를 판정하는 기준
2. 학습목표 : "약물사용과 관련된 용어 학습확인 평가문항 3개 중(조건) 2개 이상(성취기준) 맞을 수 있다."(행위)

04 K중학교 보건교사가 작성한 보건교육계획이다. (가), (나)에 가장 적합한 보건교육방법으로 옳은 것은? 2011년

보건교육계획

시기	교육 주제	교육 방법	교육방법의 특성
월	환경 오염과 건강	(가)	• 교실중심의 교육에서 벗어나 소집단별로 학생들 스스로 현장을 방문해 환경오염과 건강의 관계를 파악하기 위한 자료를 수집함 • 이 과정에서 학생들은 전체 학습과정을 스스로 계획하고 실행함 • 현장조사나 자료수집과정에서 학생들의 의사결정능력과 관찰능력이 함양됨
수	흡연 유혹의 거절법	역할극	• 학생들이 실제 흡연 상황 중의 인물로 등장하여 연기를 보여줌으로써 흡연권유 상황을 분석해 해결방안을 찾을 수 있도록 유도함
금	인터넷 중독	(나)	• 인터넷 중독에 대하여 상반된 견해를 가진 전문가들이 각자의 의견을 발표한 후 사회자의 안내에 따라 토의를 진행함 • 토의과정을 통해 학생들은 주제에 대한 관심을 갖게 되고 다양한 의견을 수용하여 합리적인 결정을 할 수 있는 능력을 배양함

	(가)	(나)
①	분단토의(buzz session)	세미나(seminar)
②	모의상황학습(simulation)	심포지엄(symposium)
③	프로젝트법(project method)	배심토의(panel discussion)
④	프로젝트법(project method)	문제중심학습법(problem based learning)
⑤	세미나(seminar)	집단토의(group discussion)

|정답| ③

|해설| 프로젝트법은 실제 사회환경 속에서 목적을 향해서 수행하는 활동, 즉 목적이 있는 활동으로 교사가 주는 지식이나 기술이 아닌 학습자 스스로의 연구, 구상, 추정 등을 통한 자발적인 지식, 기술, 적응능력의 습득을 의미한다. 또한 강의로 주어진 부분적인 지식이 아니라 자신이 계획한 목표를 가지고 실제상황에 부딪혀 단계적으로 연구하며 배우는 방법을 말한다.

배심토의(패널토의)는 토의에 참가하는 4~6명의 선정된 배심원과 다수의 일반청중으로 구성되어 특정주제에 대해 상반되는 견해를 대표하는 몇몇 사람들이 사회자의 진행에 따라 토의하는 형태이다.

05 중학교에서 '비만예방 및 관리'를 주제로 보건교육을 하려고 한다. 보건교사가 적용할 수 있는 보건교육방법 및 매체의 특성에 대한 설명으로 옳은 것을 〈보기〉에서 모두 고른 것은?

[1.5점] 2010년

〈 보 기 〉

ㄱ. 강의는 짧은 시간에 '비만예방 및 관리'에 대한 많은 지식과 정보를 제공할 수 있지만, 학생들의 학습진행정도와 개인차를 인지하기 어려운 점이 있다.
ㄴ. 집단토의는 '비만예방 및 관리'라는 주제에 대해 학생들이 자유롭게 의견을 나눌 수 있지만, 토의진행이 잘 이루어지지 않으면 시간이 낭비될 수 있다.
ㄷ. 멀티미디어를 활용한 웹기반 학습방법은 학생들 간에 '비만예방 및 관리'에 대한 정보를 주고 받을 수 있으며, 학생들이 교사나 외부인과도 정보를 교류할 수 있다.
ㄹ. 컴퓨터 보조학습(Computer Assisted Instruction)은 '비만예방 및 관리'에 대한 교육을 학생의 성과에 맞추어 전개할 수 있으며, 학생들에게 즉각적 피드백을 줄 수 있다.

① ㄹ
② ㄱ, ㄷ
③ ㄴ, ㄹ
④ ㄱ, ㄴ, ㄷ
⑤ ㄱ, ㄴ, ㄷ, ㄹ

|정답| ⑤

06 보건교사가 초등학교 1학년을 대상으로 위생과 관련된 보건교육을 교실에서 실시하였다. 학생들의 학습동기를 증진시키기 위한 전략으로 바람직한 것을 〈보기〉에서 모두 고른 것은?

2010년

〈 보 기 〉

ㄱ. 학생들이 교사를 좋아하게 만들기 위하여 수업분위기를 적절하게 통제하면서도 자유롭고 온화하게 조성하였다.
ㄴ. 직접체험 경험, 관찰을 통한 대리경험, 그리고 격려 등의 언어적 설득전략을 활용하여 학생들이 자신의 과제를 잘 수행할 수 있다는 자신감을 갖게 하였다.
ㄷ. 수업시간에 외적 동기를 증진시키기 위하여 호기심, 탐험, 재미 등 다양한 학습방식을 제공함으로써 학생들이 문제를 해결하고 이해하면서 의미를 느끼도록 하였다.
ㄹ. 즉각적이고 구체적으로 피드백을 제공하여 학생들로 하여금 자신이 가진 지식이 정확한 지를 평가하게 하였다.
ㅁ. 처벌은 일시적인 효과는 있으나 비효과적이므로 수업시간에 집중하지 않는 학생들을 꾸짖는 것을 가급적 삼가하였다.

① ㄱ, ㄹ
② ㄴ, ㄷ
③ ㄱ, ㄴ, ㅁ
④ ㄴ, ㄷ, ㄹ
⑤ ㄱ, ㄴ, ㄹ, ㅁ

|정답| ③
|해설| ㄷ. 외적 동기가 아니라 내적 동기이다.

07 초등학생을 대상으로 하는 성 학대 예방교육의 내용으로 옳지 않은 것은?

[1.5점] 2010년

① '괜찮은', '적절한' 신체접촉과 '안되는', '부당한' 신체접촉을 구별할 수 있도록 한다.
② 원치 않은 신체접촉이 일어났을 때, "안돼"라고 말할 권리가 있음을 상기시킨다.
③ 성과 관련된 신체부위는 부끄러워하지 않도록 은유적인 용어를 사용하여 교육한다.
④ 원치 않은 신체접촉은 낯선 사람뿐만 아니라 가까운 주변사람들과의 사이에서도 발생할 수 있음을 알린다.
⑤ 원치 않은 신체접촉을 당했을 때, 이 사실을 숨기지 말고 즉시 믿을 만한 어른들에게 이야기하도록 한다.

|정답| ③
|해설| 성과 관련된 신체부위는 정확한 용어를 사용하여 교육함으로써 오해의 소지를 없애도록 한다.

08 상황에 적절한 보건교육방법을 〈보기〉에서 고른 것은? 2009년

〈 보 기 〉

ㄱ. 고혈압을 앓고 있는 학부모 10명을 대상으로 고혈압 자가 관리를 주제로 그룹토의를 하였다.

ㄴ. 학생들을 소그룹으로 나누어 환경오염에 대한 시나리오를 주고, 스스로 문제발견과 해결과정을 통해 환경오염 예방능력을 배양하도록 문제중심학습(PBL : Problem Based Learning) 방법을 적용하였다.

ㄷ. 성인을 대상으로 건강과 운동에 대해 4~6명의 전문가의 의견과 사회자의 진행에 따른 단상토론을 통해 건강과 운동에 대한 태도변화를 유도하고자 패널토의를 개최하였다.

ㄹ. 효율적인 학교보건사업을 위해 전문가 2~3명이 의견을 발표한 후, 사회자 진행에 따라 보건교사들과 질의 · 응답을 통해 공개토론을 하면서 문제해결에 접근하기 위하여 심포지엄을 개최하였다.

① ㄱ, ㄷ
② ㄴ, ㄹ
③ ㄱ, ㄴ, ㄷ
④ ㄹ
⑤ ㄱ, ㄴ, ㄷ, ㄹ

|정답| ⑤

|해설| 문제중심학습은 건강문제에 대처하는 건강행위의 학습은 문제해결과정 자체이므로 이 방법은 특히 보건교과수업에서 유용하고, 학습자에게 문제를 던져주고 그것을 해결해 나가는 과정을 통해 학습이 이루어지게 하는 교육방법이다.

09 **고등학생들에게 성폭력 피해시 대처방안에 대한 교육내용으로 옳지 않은 것은?**

[1.5점] 2009년

① 피해자는 범인을 알게 된 후 2년 내에 고소한다.
② 가해자의 신장, 체중, 인상착의를 기억해 둔다.
③ 강간은 결코 자신의 잘못 때문이 아님을 명심한다.
④ 안전한 장소로 몸을 옮기고 빨리 주위에 도움을 청한다.
⑤ 옷을 갈아입거나 목욕을 하지 말고 병원으로 간다.

|정답| ①

아동 · 청소년의 성보호에 관한 법률 제20조(공소시효에 관한 특례)

1. 아동 · 청소년대상 성범죄의 공소시효는 「형사소송법」 제252조 제1항에도 불구하고 해당 성범죄로 피해를 당한 아동 · 청소년이 성년에 달한 날부터 진행한다.
2. 제7조(아동 · 청소년에 대한 강간 · 강제추행 등)의 죄는 디엔에이(DNA)증거 등 그 죄를 증명할 수 있는 과학적인 증거가 있는 때에는 공소시효가 10년 연장된다.
3. 13세 미만의 사람 및 신체적인 또는 정신적인 장애가 있는 사람에 대하여 다음의 죄를 범한 경우에는 1.과 2.에도 불구하고 「형사소송법」 제249조부터 제253조까지 및 「군사법원법」 제291조부터 제295조까지에 규정된 공소시효를 적용하지 아니한다.
   (1) 「형법」 제297조(강간), 제298조(강제추행), 제299조(준강간, 준강제추행), 제301조(강간등 상해 · 치상) 또는 제301조의2(강간등 살인 · 치사)의 죄
   (2) 제9조(강간 등 상해 · 치상) 및 제10조(강간 등 살인 · 치사)의 죄
   (3) 「성폭력범죄의 처벌 등에 관한 특례법」 제6조 제2항, 제7조 제2항, 제8조, 제9조의 죄
4. 다음의 죄를 범한 경우에는 1.과 2.에도 불구하고 「형사소송법」 제249조부터 제253조까지 및 「군사법원법」 제291조부터 제295조까지에 규정된 공소시효를 적용하지 아니한다.
   (1) 「형법」 제301조의2(강간등 살인 · 치사)의 죄(강간등 살인에 한정한다)
   (2) 제10조 제1항의 죄
   (3) 「성폭력범죄의 처벌 등에 관한 특례법」 제9조 제1항의 죄

CHAPTER

10 인구와 건강

01 인구의 이해

1 인구의 개요

1. 개념

(1) **인구** : 일정한 기간 내에 일정 지역에 생존하는 인간집단(시간, 공간 공동체적 의미)

(2) **국민** : 국적 공동체

(3) **민족** : 정신적, 문화적 공동체

(4) **인종** : 유전적 공동체

2. 인구의 종류

(1) 이론적 인구

① **폐쇄인구** : 인구이동(전 · 출입)이 전혀 없고 단순히 출생과 사망의 수적인 변동만 일어나고 있는 상태의 인구를 말하고, 반대로 인구이동을 포함한 인구를 개방인구라고 한다.

② **안정인구** : 인구이동이 없는 폐쇄인구에서 어느 지역인구의 성별 · 각 연령별 사망률과 가임여성의 연령별 출생률이 변하지 않고 오랫동안 지속되면(보통 250~400년) 인구규모는 변하지만, 인구구조는 변하지 않고 일정한 인구를 유지하는 안정인구가 된다. 즉, 안정인구란 폐쇄인구사회에서 인구가 일정한 성장률과 연령별 특수사망률에 의해 고정된 인구분포를 보이는 인구를 말한다.

③ **정지인구** : 안정인구 중 출생률과 사망률이 같아 인구의 자연성장률이 0인 경우로 인구분포, 인구규모가 변하지 않는 인구를 말한다.

④ **준안정인구** : 연령별 출생률만이 일정하게 유지된다는 조건하에서 나타나는 이론적 인구를 말한다.

⑤ **적정인구** : 인구와 자원과의 관련성에 근거한 이론으로 인구의 과잉을 식량에만 국한할 것이 아니라 생활수준에 둠으로써 주어진 여건 속에서 최대의 생산성을 유지하여 최고의 생활수준을 유지할 수 있는 인구를 말한다. 이는 Platon에 의해 제시되었고,

Cannon에 의해 이론화되었다.

(2) **귀속별(실제적) 인구**

인구집단을 시간이나 지역 등의 속성에 결부시켜 분류한 인구로, 교통문제, 도시계획 등 정책의 기초자료로써 활용된다.

① **현재인구** : 인구조사에서 조사 당시 해당지역 내에 실제로 존재하는 인구 수

② **상주인구** : 인구조사 당시의 소재에 상관없이 통상적으로 거주하고 있는 인구 수. 즉, 특정한 관찰시각과 특정한 지역에 주소를 둔 인구집단을 의미한다. 현재인구와 비교하여 잠시 출타하여 왕래하는 인구 수를 추정할 수 있다.

③ **법적 인구** : 특정한 관찰시각에 있어 어떤 법적 관계에 입각하여 특정한 인간집단을 특정지역에 귀속시킨 인구를 말한다. 예 호적법에 의한 본적지 인구, 선거법에 따른 유권자 인구, 조세법에 따른 납세 인구

④ **종업지 인구** : 어떤 일에 종사하고 있는 장소에 결부시켜 분류한 인구를 말한다. 이는 산업별 구조와 지역사회의 사회경제적 특성을 파악할 수 있는 자료가 된다.

2 인구이론

1. Malthus의 인구론

(1) 근대산업사회 초기, 의학의 발달로 모자보건이 향상되자 출생률 증가, 사망률이 저하되어 인구가 기하급수적으로 증가하게 되나 식량은 산술급수적으로 증가되므로 인간의 생존을 위하여 인구의 증가 억제가 필요하다고 하였고, 억제하는 방법으로 도덕적 억제를 주장하였다(자녀 부양능력 있을 때까지 만혼 주장, 피임 반대).

(2) Malthus 이론의 결함

① 인구이론을 인구와 식량에만 국한하여 고찰하였다.

② 만혼만으로 인구증가가 식량생산의 수준 이하로 떨어지리라는 보장은 없으며 모든 사람에게 만혼을 기대하기는 어렵다.

③ 인구 억제의 가장 효과적인 수단인 피임에 대해 반대하였다.

④ 인구문제를 인간과 식량과의 관계에 국한한다 하더라도 반드시 인구가 기하급수적으로 증가하는 것은 아니며 식량도 산술급수적으로만 증가하는 것이 아니 다.

(3) Malthus 이론의 주요 원리

① **규제의 원리** : 인구는 반드시 생존자료에 의해 규제

② **증식의 원리** : 생존자료가 증가되는 한 인구도 증가

③ **파동의 원리** : 인구는 증식과 규제의 상호작용에 의해 균형에서 균형교란으로, 다시 균형회복으로 부단한 파동을 주기적으로 반복

2. Neo-Malthusism

Francis Place가 주장하였으며 만혼을 반대하고 피임에 의한 산아제한을 주장하였다.

3. 인구전환이론(인구이행론 : 인구의 변화과정을 분석한 것)

(1) Notestein과 Thompson의 분류

① **제1기(고잠재적 성장단계, 다산다사형)**

㉠ 출생률과 사망률이 모두 높으므로 인구의 증가는 사실상 제한된 범위 안에서만 일어난다.

㉡ 산업화가 시작되면 사망률이 떨어지며, 평균수명도 길어진다.

㉢ 높은 영아사망률이 특징으로 현재 전 세계인구의 약 1/5이 이 시기에 있다고 본다.

② **제2기(과도기적 성장단계, 다산소사형)**

㉠ 높은 출생률과 의학의 발달, 환경위생의 향상으로 낮은 사망률을 보여 급속한 인구증가가 나타난다. 이 단계를 인구변천단계라고도 한다.

㉡ **사망률 저하의 원인** : 살충제의 대량사용, 항생제의 출현, 보건행정의 발달, 식량수급의 원활 등이 있다.

㉢ 현재 전 세계인구의 약 3/5이 이 시기에 있다고 본다.

③ **제3기(인구감소의 시작단계, 소산소사형)**

㉠ 출생률과 사망률이 다같이 낮아지는 단계이다.

㉡ 현재 전 세계인구의 약 1/5이 이 시기에 있다고 본다.

(2) Blacker의 분류

① **제1단계(고위정지기, 다산다사)** : 고출생률과 고사망률의 인구정지형으로 중부아프리카 지역의 국가들과 같은 후진국들이 이에 속한다.

② **제2단계(초기확장기, 다산감사)** : 저사망률과 고출생률의 인구증가형으로 경제개발 초기에 있는 대부분 아시아에 있는 국가들의 인구형태이다.

③ **제3단계(후기확장기, 감산소사)** : 저사망률과 저출생률의 인구성장둔화 형태로 산업의 발달과 핵가족의 경향이 있는 국가들의 인구형태이다.

④ **제4단계(저위정지기, 소산소사)** : 사망률과 출생률이 최저에 달하는 인구증가 정지형으로 이탈리아, 중동, 구소련 등의 인구형태이다. 우리나라는 제3단계에서 제4단계로 접어들고 있는 과정이다.

⑤ 제5단계(감퇴기) : 출생률이 사망률보다 낮아져서 인구가 감소하는 형태로 북유럽, 북아메리카, 일본, 뉴질랜드 등의 나라들이 이에 속한다.

◎ 인구변천단계

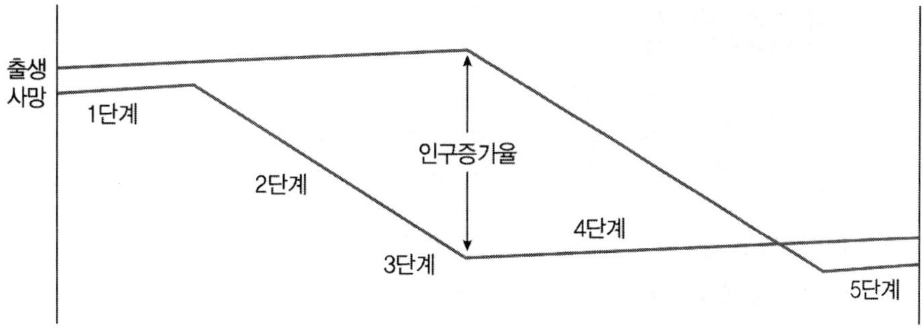

C. P. Blaker의 분류 5단계

고위정지기	초기확장기	후기확장기	저위정지기	감퇴기

F. Notestein과 W. Thompson의 분류(3단계)

고잠재적 성장단계	과도기적 성장단계	인구감소의 시작단계

3 인구통계

1. 인구통계 자료원

(1) 인구의 정태적 통계

① 시시각각 변동하는 인구의 어떤 특정한 순간의 상태를 말하며 인구의 크기, 구성 및 성격을 나타내는 통계로서 주요 내용은 다음과 같다.

㉠ 성별 인구에 관한 통계

㉡ 연령별 인구에 관한 통계

㉢ 인구밀도에 관한 통계

㉣ 농촌 및 도시별 인구에 관한 통계

㉤ 인종별 인구에 관한 통계

㉥ 교육정도별 인구에 관한 통계

㉦ 직업 및 직종별 인구에 관한 통계

㉧ 결혼상태별 인구에 관한 통계

② 인구정태 통계자료원

㉠ 국세조사 및 사후표본조사, 연말 인구조사

• 국세조사(인구 Census) : 어떠한 시점에서 일정한 지역에 거주하거나 머물러 있

는 사람 모두에 대한 특정정보를, 개인단위별로 수집하는 정기적인 조사를 의미한다. 우리나라에서도 매 10년마다 정기적으로 실시되고 있으며 그 중간의 매 5년마다 간이 국세조사가 시행되기도 한다.

> **CHECK Point**
>
> - 국세조사를 세계 최초로 실시한 나라 : 스웨덴(1749)
> - 근대적 의미의 국세조사를 실시한 나라 : 미국(1790)
> - 한국의 국세조사 : 1925년 10월 1일

㉡ 주민등록부 등의 공적 기록에 의해 산출되는 정태통계

㉢ 기존의 통계자료를 분석해서 얻어지는 인구추계 등

(2) 인구의 동태적 통계

① 일정기간에 있어서 인구가 변동하는 상황을 말하며 인구동태의 요인은 출생, 사망, 혼인, 이동 등이다.

㉠ 결혼 및 이혼에 관한 통계

㉡ 인구증감에 관한 통계

㉢ 출산에 관한 통계

㉣ 사망에 관한 통계

㉤ 인구이동에 관한 통계

② **인구동태 통계자료원** : 출생, 사망, 이동 및 혼인 등의 신고를 통하여 나타난 통계

2. 생정통계

(1) 출생률

① **조출생률** : 조출생률은 인구의 성별 및 연령구조의 영향을 많이 받기 때문에 이런 단점을 보완하기 위해서는 표준화출생률을 사용하기도 한다.

② **일반출산율** : 가임연령의 범위가 국가에 따라 다를 수 있으므로 국가 간의 비교에서 유의해야 한다. 예 우리나라 15~49세, 미국 15~44세

③ **연령별 특수출산율** : 15세경부터 급격히 상승하여 20대 후반에 최고에 이르고 그 후 서서히 감소하여 50세 전후에는 0이 된다.

④ **합계출산율** : 한 세대의 여자들이 15~49세 동안에 낳은 정상출생아의 수를 나타낸다. 각 연령별 출산율을 합하여 산출한다.

⑤ **총재생산율** : 한 세대의 여자들이 15~49세 동안 낳은 여아의 수를 나타내는 지표로 각 연령별 여아출산율의 합계이다.

⑥ **순재생산율** : 각 연령에서의 여성사망률을 고려하여 계산된 재생산율을 말한다. 순재

생산율이 1 이상이면 다음 세대에 인구가 증가하는 것을 의미하는 것으로 확대재생산이라고 하고, 1 이하이면 인구의 감소를 나타내는 것으로 축소재생산이라고 한다.

(2) 사망률

조사망률	한 지역사회의 사망수준을 가장 간단히 표시해주는 지수로, 국가 간 또는 지역 간 건강비교에 가장 많이 사용하고 있지만 인구의 연령구조나 사망의 연령분포를 고려하지 않기 때문에 연령구조가 다른 2개 이상의 사회들 간의 사망수준의 비교는 어렵다.
연령별 사망률	(어떤 연령군의 1년간 사망자수/어떤 연령군의 연 중앙인구수) × 1,000
모성사망비	(같은 해 임신, 분만, 산욕기 합병증으로 사망한 부인수/총 출생아수) × 1,000
모성사망률	(같은 해 임신, 분만, 산욕기 합병증으로 사망한 부인수/가임연령 여성인구수) × 1,000
	전반적인 보건수준을 나타내는 중요한 지표로 임산부의 산전, 산후관리 수준의 반영 및 지역사회 의료전달체계, 사회경제적 수준을 반영한다.
영아사망률	(출생 후 1년 미만에 사망한 영아수/연간 총 출생아수) × 1,000
	한 국가의 보건학적 상태뿐만 아니라 사회적, 경제적, 문화적 조건 등과 관계가 있으므로 한 나라의 사회, 경제지표로 사용한다.
신생아사망률	(28일 미만의 사망아수/연간 총 출생아수) × 1,000
	초생아사망률과 함께 연기된 사산으로 선천적인 원인이 지배적이며 예방이 불가능하고 보건상태가 향상될수록 영아사망률과 신생아사망률의 차이가 감소된다.
후기 신생아 사망률	(생후 28일~1년 미만 사망아수/연간 출생아수) × 1,000
	사망원인이 생물학적 요인보다 주거, 영양, 의료 등의 환경요인에 의해 영향을 받는다.
영아 후기 사망률	(생후 28일~1년 미만 사망아수/연간 출생아수) × 1,000
주산기 사망률	[(같은 해의 임신 28주 이후 태아 사망+생후 7일 미만의 신생아사망수)/어떤 연도의 출생수] × 1,000
α-index	그 연도의 영아사망수/어떤 연도의 신생아사망수
	이 값이 1에 근접할수록 거의 모든 영아사망이 신생아사망으로 그 지역의 건강수준이 높은 것을 의미하며, 값이 클수록 신생아기 이후의 영아사망이 크기 때문에 영아사망에 대한 예방대책이 필요하다.
유아사망률	(같은 해의 1~4세의 사망수/특정연도의 1~4세 중앙인구수) × 1,000
초생아사망률	(같은 해의 생후 7일 이내 초생아사망수/특정연도의 총 출생수) × 1,000
비례사망률 (PMR)	(한 특성에 의한 사망자수/전체 사망자수) × 100
	1년 동안 사망자수 중 한 특성에 의한 사망자수의 구성비율로, 사인별 사망분포를 나타낸다.

비례사망지수 (PMI)	(50세 이상 사망자수/전체 사망자수) × 100
	1년 동안 총 사망자수 중에서 50세 이상의 사망자수를 나타내는 비율로, 이를 통해 한 나라의 건강수준을 파악할 수 있을 뿐만 아니라 다른 나라와 보건수준을 비교할 수도 있다.
원인별 사망률	(한 특성에 의한 사망자수/중앙인구수) × 100

CHECK Point 생명표

1. 생명표란 현재의 사망수준이 그대로 지속된다는 가정(연령별 사망률 불변)하에, 어떤 출생집단이 연령이 많아짐에 따라 소멸되어 가는 과정을 정리한 표이다.
2. 생명표는 보건, 의료정책수립, 보험료율, 인명피해 보상비 산정 등에 활용되고 있으며, 장래 인구추계 작성, 국가 간 경제 · 사회 · 보건수준 비교에 널리 이용되고 있다.
3. **구성요소**
   (1) 생존수 : 일정한 출생수(보통 100,000명)에 대해서 그 인구측정의 사망확률에 따라 사망 · 감소한다고 가정하였을 경우, 어느 연령에 달할 때까지 살아남을 것으로 기대되는 수를 말한다.
   (2) 사망수 : x + 1세가 되기 전에 사망하는 수를 x세에 있어서의 사망수라고 한다.
   (3) 생존률 : x세의 사람 중 x + 1세에 도달할 수 있는 자의 비율을 x세에서의 생존율이라 한다. 즉, 생존율은 x세의 사람이 1년간 생존하는 확률이라고 표시할 수 있다.
   (4) 사망률 : x세의 사람 중 x + 1세가 되기 전에 사망하는 확률을 x세에서의 사망률이라 한다.
   (5) 사력 : x세에 도달한 자가 그 순간에 사망할 수 있는 확률을 사력이라고 한다.
   (6) 평균여명 : 어느 연령에 달한 자가 그 후 평균적으로 몇 년간 생존할 수 있는가 하는 연수를 평균여명이라 한다.
4. **전제조건**
   (1) 동시발생 집단의 출생수를 10만명으로 고정한다.
   (2) 폐쇄인구로 가정한다. 즉, 출생부터 전원사망까지 인구이동이 없는 것으로 간주한다.
   (3) 연령별 사망률은 불변이다.
   (4) 성별로 구분하여 작성한다.

CHECK Point 인구통계

1. 인구배가시간 = 70 / 자연증가율
2. 조자연증가율 = [(연간출생수 − 연간사망수) / 인구] × 1,000 또는 조출생률 − 조사망률
   - 자연증가율 : 2000년(0.83), 2010년(0.06), 2020년(0.01), 2030년(−0.28)
3. 인구증가 = 자연증가 + 사회증가
   (1) 자연증가 : 출생 − 사망, 즉 인구의 자기생산순량을 의미
   (2) 사회증가 : 유입인구 − 유출인구
4. 인구증가율 = [(자연증가 + 사회증가) / 인구] × 1,000
5. 동태지수(증가지수) : 출생수와 사망수의 비 = (출생수 / 사망수) × 100
6. 연간인구증가 = [(연말인구 − 연초인구) / 연초인구] × 100

4 인구구조

어떤 사회나 국가를 구성하고 있는 인구구성을 남녀, 연령, 인종, 직업, 사회계층, 교육 등 여러 방법으로 분류한 것으로, 그 사회의 성격을 규명하는 데 가장 기본적인 요소가 된다.

1. 성비(sex radio)

(1) 남녀인구의 균형상태를 나타내는 지수로, 여자 100에 대한 남자의 수를 말한다.
남자수/여자수 × 100(가장 이상적인 성비는 100으로 보고 있다)

(2) 성비에 직접적인 영향을 주는 요인 : 사망수준, 사망률의 남녀별 차이, 인구이동

(3) 종류

① 1차 성비 : 태아시 성비(110)
② 2차 성비 : 출생시 성비(105)
③ 3차 성비 : 현재 성비(101)

CHECK Point 성비

1. 출산력에 직접적인 영향을 미치고 있는 가장 기본적인 인구특징의 하나인 성비(Sex Ratio)는 여자 100명에 대한 남자의 수로 나타낸다. 2005년 인구센서스 결과 우리나라의 성비를 구해보면(23,624천명/23,655천명) × 100 = 99.53으로, 여자 100명당 남자가 99.53명이다.
2. 해방 전 한국은 남초현상을 나타내었으나 6 · 25전쟁으로 다수의 남자들이 전사하여 성비가 낮아지기 시작하여 1955년에는 100.1을 나타냈다. 그러나 1966년에 101.5로 다시 남초현상 경향을 나타내고 있는데, 이는 남아선호 경향으로 인한 것이라고 해석될 수 있다. 그러나 가족계획사업이 전개되면서 성비는 차츰 낮아져 1980년 이후로는 대체로 균형을 이루고 있다. 2000년 성비는 100.7이었으나 2005년에는 다소 낮아진 99.5로 나타나고 있으며 2010년에는 더 낮아져 98.0로 나타났다.

2. 연령구조

(1) 인구변동의 요인인 출생, 사망, 인구이동에 의해 결정된다.

(2) 연령구조별 전망

① 0~14세 인구 : 낮은 출산율로 계속 감소될 전망이다.
② 15~64세 인구 : 2,000년까지 증가되다 이후 유지
③ 65세 이상 인구 : 낮은 출산율, 평균수명 상승으로 계속 증가될 전망이다.

(3) 중위연령(Median Age)

① 전체인구가 연령별로 분포되었을 때 양분되는 점의 연령으로 어떤 인구의 연령구조를

보는 데 흔히 사용하는 지수이다.

② 출생률과 사망률이 낮아지면 중위연령은 높아지고, 출생률과 사망률이 높아지면 중위연령은 낮아진다.

③ 중위연령이 25세 이하일 때를 '어린 인구'라고 하고, 30세 이상일 때는 '나이든 인구'라고 한다. 2015년 현재 우리나라는 중위연령이 40.9세이다.

(4) 연령통계는 연령분류가 좁은 간격으로 되어 있을 때 더 큰 오차를 보인다. 즉, 5세 간격의 연령통계는 10세 간격의 연령통계보다 정확성이 낮게 된다. 그럼에도 불구하고 일반적으로 5세 간격의 연령구분이 가장 보편적으로 사용되고 있다.

3. 부양비

(1) 생산능력을 가진 인구(15~64세)와 생산능력이 없는 어린이(14세 이하)와 노인인구(65세 이상)의 비를 나타내는 연령지수이다.

(2) 인구의 구조는 거의 모든 사회에 있어서 낮은 연령층이 상대적으로 높은 비율을 보이기 때문에 총 부양인구비의 추세는 대체로 소년 부양인구에 의해 결정된다. 출생률의 계속적인 저하는 소년 부양비를 감소시키고 노년 부양비를 증가시키게 된다.

(3) 종류

① **총부양비** = (14세 이하 + 65세 이상 인구수)/15~64세 인구(경제활동인구) × 100

※ 경제활동 인구비 = 경제활동인구/15~64세 인구수 × 100

㉠ 경제활동인구란 생산연령층 인구 중에서 경제활동을 원하지 않거나 할 수 없는 비경제활동인구(학생, 군인, 주부, 환자 등)를 제외한 인구를 말한다.

㉡ **실업률** : 경제활동인구 중 경제활동에 참여하기를 원하고 있으며, 생산활동능력도 있지만 생산활동에 참가하지 못하고 있는 인구의 비율을 말한다. 일반적으로 선진국의 실업률은 개발도상국의 실업률보다 훨씬 낮다.

② **소년부양비** = 14세 이하 인구수/15~64세 인구수 × 100

③ **노년부양비** = 65세 이상 인구수/15~64세 인구수 × 100

④ **노령화지수**

㉠ 사회, 경제적인 면에서 큰 의의를 가지고 있는 연령지수

㉡ 65세 이상 인구/0~14세 인구 × 100

◎ 우리나라의 연령구조와 부양비

연도	연령별 인구구성			유년부양비	노년부양비	총부양비	노령화지수
	0~14세	15~64세	65세 이상				
2000	21.1	71.7	7.2	29.4	10.1	39.5	34.3
2010	16.1	72.8	11.0	22.2	15.2	37.3	68.4
2020	13.2	71.1	15.7	18.6	22.1	40.7	119.1
2030	12.6	63.1	24.3	20.0	38.6	58.6	193.0
2050	9.9	52.7	37.4	18.9	71.0	89.9	376.1
2060	10.2	49.7	40.1	20.5	80.6	101.1	394.0

4. 인구구조의 유형

(1) 정의 : 일정한 지역 내 인구의 연령과 성별구성을 동시에 보여주는 방법이다.

(2) 수직 축을 중심으로 남자와 여자의 연령집단별로 인구의 절대 수나 비율에 따라 남자는 왼쪽에, 여자는 오른쪽에 그려 넣으며 아래쪽에서 위쪽으로 올라갈수록 고연령층을 도수별로 그려 넣는 인구도수분포표이다.

(3) 성별, 연령별 특성을 쉽게 이해할 수 있으며 두개 이상의 비교로써 인구학적 특성도 쉽게 구분할 수 있게 해준다.

(4) 정형화된 유형

① 피라미드형

㉠ 고출생, 고사망, 다산다사형, 증가형, 발전형, 원시형

㉡ 0~14세 인구 > 50세 이상 인구 × 2

② 종형(Bell Form)

㉠ 저출생, 저사망, 소산소사형, 선진국형, 인구정지형, 아형

㉡ 출생률과 사망률이 낮은 선진국 유형

㉢ 0~14세 인구 = 50세 이상 인구 × 2

㉣ 노인인구의 비중이 많아짐에 따라 노인문제가 야기될 수 있다.

③ 항아리형(Pot Form)

㉠ 단지형, 감퇴형, 방추형

㉡ 사망률이 낮고 정체적이지만 출생률이 사망률보다 낮아 인구감퇴형

㉢ 0~14세 인구 < 50세 이상 인구 × 2

(5) 지역특성에 따른 유형

① 별형

㉠ 도시형, 성형, 유입형

㉡ 생산연령층 인구가 전체 인구의 50%를 넘는 도시형

㉢ 15~49세 인구>전 인구의 1/2

② **호로형**

㉠ 기타형, 표주박형, 농촌형, 유출형

㉡ 생산연령층 인구의 유출이 많은 농촌형

㉢ 15~49세 인구<전 인구의 1/2

◘ 인구분석학적 구조의 모형

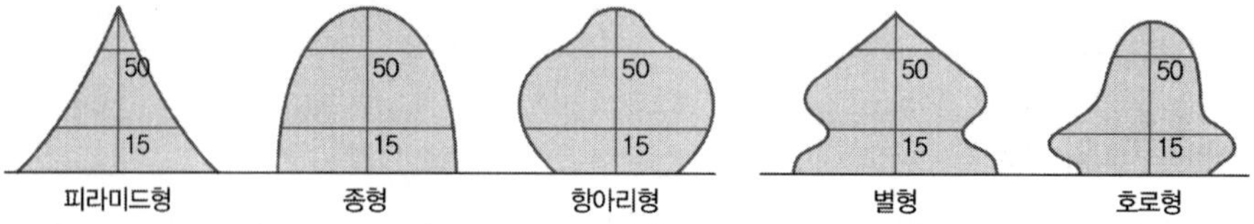

〈정형화된 유형〉 〈지역특성에 따른 유형〉

5. 우리나라 인구구조의 변화

(1) 1960년까지는 전형적인 피라미드형에서 1985년 이후의 도시화, 핵가족화, 소가족화와 정부의 가족계획사업으로 인하여 종형의 인구구조를, 1990년 이후는 항아리형의 인구구조를 나타내었다.

(2) 2000년에는 밀레니엄의 영향으로 출생수가 다소 증가하였지만 점차적으로 저출산 고령화로 인하여 인구감퇴형으로 변화되고 있다.

(3) 현재의 추세가 지속된다면 2030년의 총인구 5,216만 명을 정점으로 감소가 예상되며 이에 따라 생산가능인구가 감소되고 저축, 소비, 투자위축 등에 따라 국가경쟁력 약화를 초래할 전망이다.

5 인구문제

1. 인구문제의 개념

인구문제란, 인구의 사회적 변동으로 인하여 사람의 생존에 필요한 여러가지 생활조건 사이의 균형이 파괴됨으로써 발생하는 일련의 문제를 말한다.

2. 인구문제의 보건의료적 측면

(1) 인구과다와 인구밀집의 영향

① **식량의 부족** : 식량부족 상태로 인해 결과적으로 영양결핍을 가져옴으로써 인구의 건강상태를 악화시키게 된다.

② 환경의 오염

③ 의료혜택의 부족

(2) 출산과 모자보건

① 자연적인 조절에 의한 인구증가가 과거에는 크게 문제되지 않다가 의학 및 공중보건이 인구의 결정요소인 사망수단을 억제하는 역할을 한 결과, 인구의 급증이라는 현상을 초래하여 과다한 인구가 이제는 오히려 그 인구의 보건에 악영향을 미쳐 인류의 가장 큰 위험으로 대두되었다.

② 다산, 짧은 출산간격, 산모의 고령화, 모성사망률 증가, 출산합병증 증가, 모성의 질병발생률 증가, 다산과 미숙아 발생, 영유아 사망, 영유아 질병, 기타 보건문제

3. 인구문제의 사회경제적 측면

(1) 인구문제는 인구의 크기와 지역적 분포, 구성 등 인구현상에 있어서의 모든 변화에 의해 나타나며 대체로 인구의 폭발적인 성장, 인구의 불균등한 분포로 문제가 집약되는데 가장 흔한 문제는 3P(Population, Poverty, Pollution), 3M(Malnutrition, Morbidity, Mortality) 등이 있다.

(2) 사회적 측면의 인구문제

① **생활기반 문제** : 주택부족률 심각, 도시공간의 제약, 인구증가로 인해 배출되는 분뇨와 쓰레기, 공장, 가정 및 건물의 폐수에 함유된 유해물질의 증가

② **교육문제** : 인구증가에 따른 사회, 교육비 부담능력, 교육시설의 미비

③ **사회적응문제** : 전통적인 대가족 제도가 핵가족화 됨에 따라 노령인구의 생활적응문제, 미혼모와 신생아 문제, 여성의 사회진출로 인한 문제, 비행청소년 문제 등

④ **인구의 도시집중 현상** : 도시의 실업, 교통난, 주택난, 교육난 등을 비롯하여 가치관의 변화, 범죄 등과 같은 여러 가지의 사회경제적 문제가 야기된다.

(3) 경제적 측면의 인구문제

인구가 과다하면 생산인구는 비생산인구뿐만 아니라 유휴인구까지 부양하므로 1인당 실질소득은 그만큼 감소하며, 생활수준의 저하가 초래된다. 인구가 과밀한 나라에서의 높은 인구증가는 자원의 부족을 가중시키고 기술진보도 막으며, 유휴노동력이 많아져서 마침내 경제성장을 저하시킨다. 경제활동인구가 1% 증가하면 3%의 경제성장이 있어야 고용문제를 해결할 수 있다.

6 인구정책

인구정책의 분류

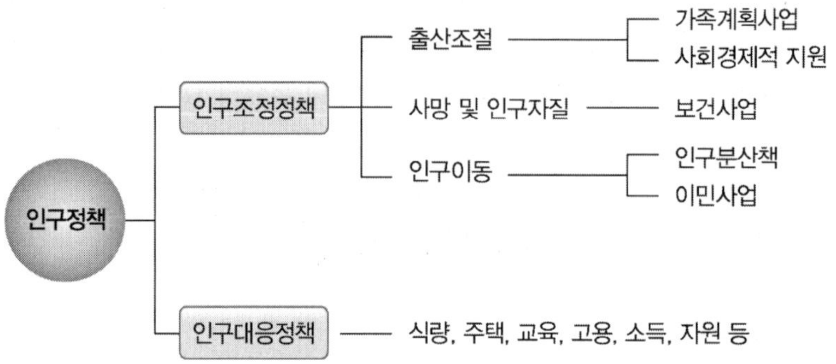

1. 인구정책의 개념

(1) 인구정책이란 현재의 인구현상이 그 사회의 존속과 발전에 적합하지 못할 경우에 이를 시정, 개선하려는 정부의 노력과 수단이다.

(2) 인구정책은 각 나라 실정에 맞는 이상적인 인구규모에 도달하는 것을 목적으로 한다.

2. 인구정책의 분류

(1) 인구조정정책

① 출산조절을 위한 가족계획사업, 사회경제적 지원
② 사망 및 인구자질을 위한 보건사업
③ 인구분산정책 및 이민사업 등의 인구이동정책

(2) 인구대응정책

① 인구변동으로 인한 식량, 주택, 교육, 고용, 소득, 자원 등의 문제를 해결하고 경제 및 사회개발을 통하여 인구증가에 대처하는 정책이다.
② **사회경제적 측면에서 본 인구대응정책** : 인구팽창에 따른 실업이나 식량해결책으로 식량증산, 자원개발 및 주택공급상의 문제해결과 같은 인구대응정책
③ **생물학적 측면에서 본 인구대응정책** : 인구의 질적 향상을 위한 우생학적 노력, 즉, 인구의 성별, 연령별 구조의 불균형을 균형잡힌 국토개발에 따른 인구의 도시집중화 현상을 조절하기 위한 교육, 고용기회, 소득균등과 같은 인구대응정책
④ **미래학적 측면에서 본 인구대응정책** : 인구증가에 따른 환경위생의 악화와 자원의 고갈에 대비하기 위한 대책으로 자연보전대책과 자원개발 및 재활용 대책 등의 미래학적 측면의 인구대응정책

(3) 미래의 인구정책 방향

현재 합계출산율은 저하되어 선진국형이며 인구구조는 소산소사형으로 변천하였다. 또한 인구성장률은 2021년에 0%에 도달할 것으로 추이되며 앞으로 노령화 경향은 더욱 높아질 것이다. 그러므로 지금까지의 양적인 인구조정정책에서 질적인 인구정책으로 변환하여야 한다.

(4) 이상적인 인구규모의 내용

① 전 인구에 충분한 식량자원이 확보되어야 한다.
② 건강을 유지, 증진시킬 수 있는 자연환경과 의료시설이 제공되어야 한다.
③ 노동력이 있는 사람이 일정수준 이상의 생활을 영위하기 위해 일할 고용수준이 되어야 한다.
④ 모든 사람이 충분히 교육받을 수 있어야 한다.
⑤ 누구나 만족할 만한 문화생활을 누릴 수 있어야 한다.
⑥ 인구가 지역적으로 고르게 분포되어 지역 간의 균등한 발전을 가져올 수 있어야 한다.

(5) 인구정책의 변천

① **출산억제 정책기(1962~1995)** : 가족계획사업을 중심으로 범국민운동을 전개하였는데, 이 정책의 성공적인 결과로 인하여 1988년 합계출산율이 2.1명인 저출산 사회가 되었다.

② **인구자질 향상정책기(1996~2003)** : 1994년 '인구정책심의위원회'를 구성하여 1996년부터 인구증가 억제정책을 인구자질 및 복지정책으로 전환하였다. 이 정책은 취약계층을 위한 보건복지서비스를 확대시켰고 여성의 사회진출의 기회촉진을 가져왔다. 그렇지만 합계출산율은 계속 저하되어 2003년에는 1.18명, 그 후 2005년에는 1.08명으로 세계에서 가장 낮은 수준이 되었다.

③ **출산장려 정책기(2004~)** : 저출산 현상을 극복하고 고령화 인구로 인한 사회적 문제를 해결하기 위하여 저출산, 고령화 대책을 세우기에 이르렀고, 정부에서는 2005년 「저출산 · 고령사회기본법」을 제정하고 저출산 고령사회위원회를 설치하였다. 고령화가 빠르게 진행되어 2050년에는 노인인구비율이 38.2%로 세계 최고수준에 이를 전망이다.

3. 저출산 · 고령화사회

(1) 개념

① **인구대체수준** : 인구를 현상유지하는 데 필요한 출산율 수준을 말하며, 대체로 2.1명을 의미한다.

② UN이 제시한 인구의 유형

㉠ **유년인구국** : 65세 이상 노인이 전체인구에서 차지하는 비중이 4% 미만인 나라

㉡ **성년인구국** : 65세 이상 노인이 전체인구에서 차지하는 비중이 4~7% 미만인 나라

㉢ 노년인구국

ⓐ **고령화사회** : 65세 이상 노인이 전체인구에서 차지하는 비중이 7% 이상인 나라

ⓑ **고령사회** : 65세 이상 노인이 전체인구에서 차지하는 비중이 14% 이상인 나라

ⓒ **초고령사회** : 65세 이상 노인이 전체인구에서 차지하는 비중이 20% 이상인 나라

(2) 한국의 저출산 · 고령화의 특성

① **파격적인 고령화 속도** : 고령화 사회에서 고령사회로 도달하는데 일본은 24년, 프랑스는 115년이 소요되고, 초고령사회에 도달하는데 일본은 12년, 프랑스 41년, 미국은 15년이 소요될 전망이다. 그러나 우리나라의 경우 고령인구 비율이 7%에서 14%에 도달하는 데 걸리는 기간이 19년, 14%에서 20%는 7년에 불과하여 빠른 속도로 고령화가 진행되고 있다.

② 고령화의 지역별 편차

③ 저출산과 결부된 노동력의 감소와 부양부담의 상승

(3) 저출산 · 고령화의 원인

① 가치관의 변화

㉠ **혼인가치관의 변화** : 2003년 미혼남녀의 혼인에 대한 태도조사 결과 미혼남녀의 29.1%가 혼인은 필수가 아닌 선택으로 보고 있다.

㉡ 자녀가치관의 변화

㉢ **개인주의적 가치관의 확산** : 가족을 형성하기 위해 혼인할 책임이 개인에게 있는지 여부에 대한 미혼남녀의 태도변화조사 결과 미혼남녀의 34.1%가 혼인에 대한 개인책임을 낮게 생각하고 있다.

② 초혼연령 상승 및 미혼인구의 증가

③ 자녀양육 및 가사노동 부담 증가

④ 여성 경제활동 참가의 증대

⑤ 불임가족 및 인공임신중절의 지속적 증가

(4) 저출산 · 고령사회의 영향 및 전망

① **경제성장의 둔화** : 노동공급 감소, 노동생산성 저하, 노령인구 증가에 따른 저축률 하락, 소비위축, 두자위축, 재징수지 악화 등을 초래하여 경제성장을 둔화시킬 전망이다.

② **노후보장을 둘러싼 세대 간 갈등 첨예화** : 2002년에는 생산가능인구 10명이 노인 1명을 부양하였으나, 2020년에는 5명이 노인 1명을 부양, 2040년에는 2명이 노인 1명을 부양하게 될 전망이다.

③ **노동시장의 변화** : 고령자 노동공급은 증가하고 청년인구는 감소되어 환경변화에 대한 적응력이 약화되고 더불어 경제활력이 저하될 것으로 우려된다.

④ **재정 · 금융 및 산업구조의 변화**

㉠ 고령화로 인한 국민연금 수급률이 급증하고 연금재정이 불안정하여 연금재정위기에 직면할 것으로 우려된다.

㉡ 구매력을 갖춘 실버세대의 등장에 따라 서비스업 및 노인관련 실버산업이 크게 증가될 것으로 전망된다.

㉢ 노인층은 안전자산을 선호하므로 금융시장에서도 주식보다는 채권수요가 증가하고, 청장년층의 노후대비 목적으로 장기저축 및 개인연금저축 등 장기금융상품의 수요가 증가될 전망이다.

⑤ **사회복지 부문의 변화**

㉠ 개인주의적 가치관의 확산, 핵가족화, 여성의 사회참여 등으로 가족자체의 부양기능이 약화되고 자녀 출산 및 양육, 노인부양의 문제가 가족뿐만 아니라 국가 · 사회의 책임이 강화될 전망이다.

㉡ 평균수명의 연장 등으로 독립생활기간이 늘어나고 생계독립경향이 증가하여 Care 비용이 증대될 전망이다.

㉢ 노인질환에 대한 의료 · 요양서비스의 수요가 증가하여 사회적 비용 및 국가재정부담이 증가하게 될 전망이다.

(5) **저출산 · 고령사회 대응을 위한 국가 실천전략**

① **제1차 저출산 · 고령사회기본계획(2006~2010) '새로마지플랜 2010'** : 출산 · 양육에 유리한 환경조성 및 고령사회 대응기반 구축

㉠ 일과 가정의 양립 일상화

㉡ 결혼, 출산, 양육부담 경감

㉢ 아동 · 청소년의 건전한 성장환경 조성

② **제2차 저출산 · 고령사회기본계획(2011~2015) '새로마지플랜 2015'** : 점진적 출산율 회복 및 고령사회 대응체계 확립

㉠ 베이비붐세대 고령화 대응체계 구축

㉡ 안정되고 활기찬 노후생활 보장

㉢ 고령친화 사회환경 조성

③ **제3차 저출산 고령사회 기본계획(2016~2020) '브릿지 플랜 2020'** : 모든 세대가 함께 행복한 지속발전 사회 구현

㉠ 아이와 함께 행복한 사회

㉡ 생산적이고 활기찬 고령사회

④ 제4차 저출산 고령사회 기본계획(2021~2025)

◎ 제4차 저출산 · 고령사회기본계획 추진체계도

< 제4차 기본계획의 정책체계도>

비전	모든 세대가 함께 행복한 지속 가능 사회	
목표	개인의 삶의 질 향상 / 성평등하고 공정한 사회 / 인구변화 대응 사회 혁신	
추진전략	**1. 함께 일하고 함께 돌보는 사회 조성**	**2. 건강하고 능동적인 고령사회 구축**
	F4 모두가 누리는 워라밸	F4 소득공백 없는 노후생활보장체계
	F5 성평등하게 일할 수 있는 사회	F5 예방적 보건·의료서비스 확충
	F6 아동돌봄의 사회적 책임 강화	F6 지역사회 계속 거주를 위한 통합적 돌봄
	F7 아동기본권의 보편적 보장	F7 고령친화적 주거환경 조성
	F8 생애 전반 성·재생산권 보장	F8 존엄한 삶의 마무리 지원
	3. 모두의 역량이 고루 발휘되는 사회	**4. 인구구조 변화에 대한 적응**
	F4 미래 역량을 갖춘 창의적 인재 육성	F4 다양한 가족의 제도적 수용
	F5 평생교육 및 직업훈련 강화	F5 연령통합적 사회 준비
	F6 청년기 삶의 기반 강화	F6 전 국민 사회안전망 강화
	F7 여성의 경력유지 및 성장기반 강화	F7 지역상생 기반 구축
	F8 신중년의 품격있고 활기찬 일·사회참여	F8 고령친화경제로의 도약
추진체계	F4 연도별 중앙부처·지자체 시행계획 수립 F5 중앙·지자체 인구문제 공동대응 협의체 운영 등 중앙·지역 거버넌스 구축	

추진과제
4대 추진전략 하에 20개 대과제, 180여 개의 중과제로 구성

1. 함께 일하고 함께 돌보는 사회
   ① 일하는 모두가 누리는 육아휴직으로 일·생활 균형 회복 지원 및 아이와 함께하는 필수적 시간 보장
   ② 여성이 결혼·출산에 따른 불이익 없이 지속적으로 자신의 경력을 유지하고 성장할 수 있도록 평등하게 일할 수 있는 권리 보장
   ③ 모든 아동이 행복하게 성장할 수 있도록 발달단계에 맞춰 아동 돌봄의 공공성 · 책임성 강화 및 촘촘하고 질 높은 돌봄체계 구축
   ④ 아동을 개별적 권리 주체로 가족과 사회가 함께 존중하고, 모든 제도 영역에서 아동 최우선의 이익을 고려하는 아동중심 사회 실현
   ⑤ 임신, 출산과 관련된 생애 기획의 다양화 등 사회 환경적 변화를 반영하여 생애 건강 전반에 걸친 성·재생산 권리를 포괄적으로 보장
2. 건강하고 능동적인 고령사회 구축
   ① 다층소득보장체계 강화, 노인 일자리 확대 등 다양한 방식의 노후생활 지원 확대
   ② 건강한 고령화를 위한 사전 예방적 건강관리 체계 강화 및 예방-조기발견-치료 · 관리-돌봄의 내실화를 통한 치매국가책임제 완성
   ③ 건강 · 생활 · 주거 등 삶의 전반적 영역에 대한 통합적 돌봄을 통한 고령자의 지역사회 계속 거주
   ④ 나이가 들어도 살던 지역에서 계속 거주(aging in place)가 가능하도록 지역사회 전반의 고령친화적 주거 환경 구축
   ⑤ 생애 말기 환자의 고통 경감 및 가족의 부담 완화를 위한 호스피스, 생애 말기에 대한 자기결정권 강화로 존엄한 삶의 마무리 기반 조성
3. 모두의 역량이 고루 발휘되는 사회
   ① 인구구조 변화와 사회 불확실성 증가 상황에서, 모든 사람이 어떤 변화에도 대응하고 역할을 할 수 있도록 평생에 걸친 역량 제고
   ② 청년이 기회를 보장받고, 자립 · 결혼 · 출산 등의 중요한 생애과정을 포기하지 않도록 삶의 기본적인 자립 기반 강화
   ③ 의욕과 능력이 있어도 경제활동에 충분히 참여하기 어려운 사람들이 충분히 일할 수 있는 여건 조성
   ④ 신중년의 계속고용 지원 및 다양한 근로형태 확산, 퇴직 후 경력을 살려 일할 수 있는 기회 확대 및 사회공헌 활성화
4. 인구구조 변화에 대한 적응
   ① 가족다양성 변화가 빠르게 진행되는 가운데, 개인의 선택 존중 및 아동의 권익 보호를 위해 다양한 가족과 아동에 대한 수용을 제도화
   ② 모든 연령대의 사람들이 함께 공존할 수 있는 '연령통합적 사회'로의 이행을 위해 세대 간 이해와 연대를 증진하기 위한 노력
   ③ 다양한 노동을 포용하는 전 국민 사회안전망 강화 및 개인단위 사회보장제도로의 진전을 위한 기반 조성
   ④ 젊은 층을 중심으로 한 수도권으로의 인구이동에 따른 지역인구 고령화 및 지역소멸 우려에 대응하여 지역상생 기반 구축
   ⑤ 합리적인 선제 조정과 효율화를 통해 각 분야의 지속가능성을 확보하고, 초고령사회에 적합한 사회 · 경제 시스템 구축

02 가족계획

1 가족계획의 이해

1. 가족계획의 정의

결혼한 부부가 한 가정을 이루어 책임을 다할 수 있는 범위 내에서 자녀에 대한 출산시기, 출산터울, 출산횟수 등의 출산계획을 세움으로써 모성의 건강을 도모할 뿐 아니라 태어난 아기를 훌륭하게 키워 밝고 행복한 가정이 되도록 하자는 것이다.

2. 가족계획의 필요성

(1) 모자보건

결혼 후 자녀를 생산해야 한다는 부담으로 인해 영향을 받을 수 있는 모성의 건강관리와 출생 후 영유아의 건강관리는 매우 중요하다.

(2) 여성해방

과거 우리나라 대부분의 모성들은 거의 반평생을 임신, 분만, 출산으로 보냈거나 혹은 자녀를 출산할 수 없다는 이유와 남존여비사상으로 인하여 천대받기도 하였다. 따라서 가족계획은 이러한 불행으로부터 여성들을 해방시키기 위하여 필요하다.

(3) 경제수준 향상과 생활양식의 개선

각 가정의 경제수준을 고려하여 가족계획을 한다면 경제와 문화생활 수준의 향상뿐 아니라 생활양식의 개선을 가져올 수 있을 것이다.

(4) 윤리도덕적 측면의 필요성

최근 가족제도가 핵가족으로 많이 변화하였고 사회보장제도가 노후생활을 보장하는 제도들이 많이 늘어남에 따라 남아선호사상도 점차적으로 많이 바뀌어 가고 있다.

2 가족계획사업

1. 가족계획사업의 발전과정

내용	1960년대	1970년대	1980년대	1990년대	2000년대
정책 조정 기조	경제개발정책 일환으로 가족계획사업 추진	「모자보건법」 제정	인구정책 강화규제, 보상제 확대	출산조절정책을 인구 자질정책으로	2005년 「저출산 · 고령사회기본법」 제정

조직 정비	보건사회부 내 모자보건과 설치	모자보건담당관제	모자보건담당관제를 가족계획과로 축소	가족계획사업을 여성보건복지계로	대통령 직속 인구고령사회대책팀을 발족
사업 접근	보건조직망을 통한 피임보급의 확대	도시지역 사업확대	관련사업 연계추진, 자비부담 확대전개	가족계획사업을 가족보건사업으로	출산장려운동으로 방향 전환
민간 조직	대한가족계획협회 창설, 어머니회 조직 운영	불임시술협회 창설, 유엔인구기금 지원	청소년 성 상담소 설치, 청소년 성전화 개통	불임시술협회 → 대한가족보건복지협회 → 인구보건복지협회로 변경	
연구 평가	가족계획평가반 조직	가족계획연구원 개원	한국인구보건연구원 개칭	한국보건사회연구원 개설	
홍보 전략	3.3.35	딸 아들 구별말고 둘만 낳아 잘 기르자, 잘 키운 딸 하나 열 아들 안 부럽다.	하나 낳기 운동, 적게 낳아 엄마건강, 잘 키워서 아기건강	신부감은 모자라고 신랑감은 남아돌고	아빠! 혼자는 싫어요. 엄마! 저도 동생을 갖고 싶어요. 1.2.35 출산운동

2. 가족계획의 방법

(1) 이상적인 조건

① **피임효과** : 절대적으로 확실해야 한다.

② **안정성** : 육체적, 정신적으로 무해하고 성생활에 지장이 없어야 하며 피임에 실패했더라도 태아에게 악영향을 주지 말아야 한다.

③ **복원성** : 임신을 원할 때는 언제라도 임신이 가능해야 한다.

④ **수용성** : 모든 사람이 사용할 수 있어야 하며 성감에 해를 주지 않아야 한다.

⑤ **경제성** : 비용이 적게 들고 구입이 쉬워야 한다.

⑥ **간편성** : 사용하기 편리하며 사용방법이 쉬워야 한다.

(2) 피임방법의 분류

① **피임효과의 지속성에 의한 분류**

㉠ **영구적** : 정관수술, 난관수술

㉡ **일시적** : 콘돔, 먹는 피임약, 자궁 내 장치, 월경주기 이용법, 다이어프램, 살정제 등

② **피임원리에 의한 분류**

㉠ **물리적 피임법** : 성교중절법, 질세척법, 콘돔, 다이어프램, 자궁 내 장치

㉡ **화학적 피임법** : 발포성정제, 젤리

㉢ **호르몬 피임법** : 먹는 피임약, 주사제

㉣ **외과적 피임법** : 난관수술, 정관수술

③ **사용자에 의한 분류**

㉠ **남성 피임법** : 정관절제술, 콘돔, 성교중절법

㉡ **여성 피임법** : 난관결찰술, 경구피임약, 자궁 내 장치, 월경주기 이용법, 다이어프램, 살정제 등

(3) 영구적 피임방법

① **남성측** : 정관절제술

㉠ **원리** : 부고환으로부터 약 2cm 떨어진 정관부위를 결찰 또는 절단하여 고환에서 만든 정자의 통로를 폐쇄시켜 정자가 몸 밖으로 배출되는 것을 방지하고 정액만 통과시킨다.

㉡ **수술 후 유의사항**

ⓐ 수술 후 심한 운동은 피하며 목욕과 성생활은 1주일 정도 금지한다.

ⓑ 수술 후 항생제 또는 설파제를 3일 정도 투여하여 감염을 예방한다.

ⓒ 수술 후 6개월간은 다른 피임방법을 사용하고 적어도 2번은 정액검사를 해보아 정자가 없는지 확인한다.

② **여성측** : 난관결찰술

㉠ **원리** : 난관절제, 결찰, 소작으로 정자와 난자의 결합을 방해한다.

㉡ **금기증** : 절대적 금기증은 없으나, 심질환, 당뇨병, 결핵환자, 심한 고혈압, 빈혈, 개복수술, 장유착의 기왕력, 복벽이 비만환자, 탈장, 급성복막염이나 난관염이 있는 여성은 피하는 것이 좋다.

㉢ **부작용** : 출혈과 감염, 자궁외임신, 자궁내 임신

(4) 일시적 피임방법

① **콘돔** : 가족계획의 목적 전에 성병예방 목적으로 사용하였다.

㉠ **원리** : 남자용으로 정자의 질 내 진입을 방지한다.

㉡ **효과** : 완전하나 파손된 콘돔을 사용할 때 실패할 수 있다.

㉢ **장점**

ⓐ 피임이 간편하고 정확하며 비용이 싸다.

ⓑ 인체에 해가 없고 성병예방에 효과적이다.

② **살정제 피임약**

㉠ **원리** : 질 속에 사정되는 정자를 죽이거나 정자의 활동을 억제시키는 것으로 살정제를 성교 5~10분 전에 미리 질 속에 삽입한다.

㉡ **장점**

ⓐ 사용방법이 간편하다.

ⓑ 단 1회 삽입으로 피임이 가능하다.

ⓒ 가격이 저렴하고 쉽게 구입할 수 있어 경제적이다.

ⓓ 사용에 특별한 주의가 필요없으며 부작용도 적다.

㉢ 단점

ⓐ 정확히 삽입해야 하고 삽입 후 성교까지 기다려야 하며 이물감, 작열감, 통증 또는 부종 등의 국소 자극증상이 가끔 발생할 수 있다.

ⓑ 체위에 따라 약물이 질 밖으로 흘러나와 피임효과를 감소시킬 수 있다.

ⓒ 사용 후 임신이 되었을 경우 기형아에 대한 불안감이 뒤따르게 된다.

㉣ 주의점

ⓐ 살정제를 깊숙이 삽입해야 하고 충분히 약효를 발휘할 때까지 기다려야 한다.

ⓑ 살정제를 가급적 누워서 삽입하고 삽입 후 일어나거나 다니지 말아야 한다.

ⓒ 성교가 끝난 후 적어도 6시간 이내에는 질세척을 삼가야 한다.

㉤ 살정제를 콘돔과 같이 사용하면 더욱 확실한 피임효과가 있다.

③ **여성콘돔(페미돔)** : 남성용 콘돔과 비슷하나 폭이 넓은 편이며, 윤활제로 코팅이 되어 있고 양쪽 끝부분에는 부드러운 링이 있다. 콘돔보다 가격이 비싸고 사용자가 많지 않아 현재는 시판되지 않고 있다.

④ 다이어프램

㉠ **원리** : 둥근 고리에 고무막을 씌운 모자모양의 장치로서 살정제 크림이나 젤리를 발라서 자궁경부를 포함한 질의 전벽을 고무막으로 덮어 씌워 사정된 정자가 자궁경 관내로 진입하지 못하도록 하는 것이다.

㉡ **장점** : 효과가 좋고 부작용도 없으며 사용상 주도권이 여성에게 있다.

㉢ 단점

ⓐ 사용 전 의사에게 골반계측을 받아서 다이어프램의 크기를 정해야 하는 불편감이 있다.

ⓑ 비용이 비싸고 생식기에 대한 기초 해부지식이 필요하다.

ⓒ 자궁전굴이 심하거나 질벽이 이완된 경우 적용이 불가능하다.

㉣ **부작용** : 살정제로 인한 알레르기가 있을 수 있으며 다이어프램의 크기가 큰 경우 방광이나 직장에 압박을 줄 수 있다.

⑤ **자궁경 캡**

㉠ **원리** : 정자가 자궁경관을 통해서 자궁에 진입하는 것을 막는 피임원리를 이용하여 자궁경관과 질강 사이를 완전히 차단한다. 컵 모양의 부드러운 고무제품으로 다이어프램과는 달리 경부에 꼭 끼도록 씌우는 피임도구이다.

㉡ **장점** : 24시간 이상 삽입한 채로 둘 수 있고, 때로는 월경주기 동안 계속 삽입한 채로 있을 수도 있으며, 약품을 도포할 필요가 없다.

㉢ **단점** : 삽입하기가 매우 어려운 것이 큰 결점으로 전문가의 도움이 필요하다.

⑥ 자연적 출산조절법

㉠ **임신가능기** : 배란일은 다음 월경 시작 전날로부터 역셈하여 14일째 되는 날이다. 그러나 배출된 난자는 수정이 안 되더라도 배란 후 10~24시간 생존할 수 있고 사정된 정자는 자궁 속에서 약 2~3일까지 생존할 수 있으므로 한 월경주기 중 임신이 가능한 시기는 배란 전후 3~4일 정도 되는데 이 시기를 임신가능기라고 한다.

㉡ **월경주기법** : 한 주기의 월경 중 안전기와 임신가능기 중 안전기를 택하는 방법으로 성공 여부는 배란기 예측의 정확성에 좌우된다.

ⓐ **방법(오기노씨법)** : 월경주기 일수에 상관없이 다음 월경시작 전 12~19일간을 임신가능기로 보는 것으로 이 방법은 월경주기가 규칙적이어야 사용할 수 있다.

ⓑ 단점

• 정성과 시간이 필요하다.

• **실패율이 높다** : 100쌍 중 10~30명이 1년 내 임신한다.

㉢ **기초체온법** : 아침에 잠이 깬 후 안정상태에서 기초체온을 측정하여 배란일을 예측하는 방법으로, 배란기는 저온기에서 고온기로 이행하는 시기(0.2~0.3℃ 또는 0.5°F 상승)이므로 체온이 약간 오른 후 72시간까지가 임신이 가능한 시기이다.

㉣ 점액관찰법

ⓐ 자궁경관에서 분비되는 점액을 관찰함으로써 배란기를 예측하는 방법이다. 배란일이 가까워지면 에스트로겐이 최고도에 달하게 되어 1~3일간 계란 흰자위 같은 맑고 매끄러운 점액이 분비되다가 배란 후에는 프로게스테론의 분비량이 많아지면서 분비물은 적어지게 된다. 즉, 배란기 점액을 관찰하여 이 기간과 정자 생존기일(3일), 난자수명(배란 후 24시간)을 참작하여 임신을 피하는 방법이다.

ⓑ 점액의 양상

• **불수정형 점액** : 희거나 누런색이고 가루같거나 끈적한 양상이고 축축한 느낌을 준다.

• **수정형 점액** : 곧 배란이 될 것을 알리는 것으로 에스트로겐의 영향으로 맑고 미끄러우며 잘 늘어나는 생계란의 흰자위 양상이다. 수정형 점액은 정자진입에 유리하다.

ⓒ 일반적으로 수정형 점액이 나온 마지막 날로부터 24시간 후 배란이 된다.

ⓓ 분만 후 3주 후부터 시작하고 수유부는 배란이 일정치 않으므로 주의깊게 관찰해야 한다.

⑦ **경구피임약(Oral Contraception, 복합피임제)** : 세계적으로 가장 많이 사용하는 방법이다.

㉠ **피임약의 기능** : 배란억제 및 자궁경부의 점액을 끈끈하게 하여 정자가 자궁경부를 통과하여 자궁으로 들어가는 것을 방지하며, 자궁 내의 착상을 방해한다.

㉡ **장점**

ⓐ 피임효과가 우수하고(정확률 99%), 성생활을 방해하지 않는다.

ⓑ 장기복용시 월경량이 감소하고, 월경통이 소실되며, 월경 전 긴장증상이 감소된다.

ⓒ 자궁체암, 난관염, 난소암, 자궁내막암의 발생가능성이 적어지며, 양성유방질환이 감소되고, 골반염증성질환, 류머티즘성 관절염 감소효과가 있다.

㉢ **단점(부작용)**

ⓐ 일부의 여성에게 월경양상의 변화가 있을 수 있고 월경기간 이외에 출혈이 있을 수 있다. 이는 특히 먹는 피임약을 사용하는 첫 2개월 동안에 많다.

ⓑ 처음 사용시 메스꺼움이 있을 수 있다. 이것은 3개월 내에 없어지는데 만약 계속된다면 취침 전이나 음식과 함께 복용하면 좋아질 수 있다.

ⓒ 유방압통과 부종을 겪을 수 있는데 이 또한 첫 1~2주기 동안 경험하는 것이고 자연적으로 없어진다.

ⓓ 가벼운 두통, 체액저류, 우울, 불안 그리고 체중증가 등의 증상을 경험할 수 있으나 이런 가벼운 증상들은 추적검사를 위하여 방문할 때 검사할 것을 권유한다.

ⓔ 무월경, 여드름, 우울증, 성욕감퇴

ⓕ 고혈압이 있는 경우 3~6개월 치료 후 프로게스테론 단독제로 대체한다.

ⓖ 간질환, 황달, 정맥류, 갑상선질환, 당뇨병, 자궁암, 유방암 등이 있는 여성은 이 방법을 피한다.

ⓗ 특히, 먹는 피임약의 복용을 빼먹거나 늦어진 경우에 월경이 없을 수도 있는데, 이때는 반드시 임신 여부를 확인해야 한다.

ⓘ 열이 있고 항생제를 복용하고 있거나 심한 설사나 구토가 있으면 먹는 피임약의 효과가 감소된다. 따라서 피임약은 계속 복용하되, 성교를 자제하거나 다른 피임방법도 같이 병행토록 한다. 열, 설사, 구토가 회복된 후 또는 항생제 복용이 끝난 후로부터 7일 후부터는 피임약만 복용하여도 효과가 있다. 만약 임신이 의심되거나 부작용이 있을 경우, 피임약의 복용에 대한 의문 등이 있다면 상담을 권한다.

㉣ **복용방법**

ⓐ **21일형** : 월경 시작일로부터 5일째 날 투약을 시작하여 21일간 복용한다.

ⓑ **28일형(21정 : 피임약, 7정 : 영양제)** : 21일형 같은 방법으로 투약하되 영양제로 대치된 7일간의 연속적 투약으로 투약중단일이 없이 복용할 수 있다.

㉤ **복용상 주의점** : 매일 일정한 시간에 빠짐없이 복용하고, 저녁식사 후가 좋다.

ⓐ 수유 중일 때는 분만 6개월 후부터 복용을 시작하고, 수유를 하지 않을 경우 분만 후 3~6주 후부터 복용한다.

ⓑ 임신을 원할 시 복용을 중단하고 2개월간 다른 피임법을 사용한다.

ⓒ 첫 주기의 복용은 절대적인 피임을 기대할 수 없다.

ⓓ 유산의 경우 즉시 복용한다.

㉥ **금기증**

ⓐ **절대적 금기증**

- 혈전성 정맥염이나 혈전색전증
- 뇌혈관 또는 심혈관질환이나 과거력이 있는 경우
- 간기능 장애가 현저할 때
- 유방암의 과거력이 있거나 현재 유방암이 있는 경우
- 자궁내막암과 같은 에스트로겐에 의존하는 신생물이 있거나 의심될 때
- 합병증이 있는 심장판막질환이 있는 경우
- 중증의 고혈압이 있는 경우(160/100mmHg 이상)

ⓑ **상대적 금기증**

- 편두통, 고혈압, 자궁근종이 있을 때
- 임신이 의심될 때
- 확진되지 않은 비정상적인 생식기 출혈이 있을 때
- 35세 이상의 흡연자나 30세 이상에서 하루 15개비 이상 흡연할 경우
- 진단되지 않았지만 유방의 악성종양이 의심될 때
- 간염과 같은 급성간질환이 있은 후 간기능이 정상이 될 때까지 혹은 임상적 회복 후 3개월까지는 다른 피임방법을 사용하는 것이 좋다.

ⓒ 체중증가가 4.5kg 이상인 경우

ⓓ 분만 후 7주 이내, 수유 초기

ⓔ 월경주기가 극히 짧은 경우

㉦ **복용 중 위험증상** : 심한 복통, 흉통이나 호흡곤란, 눈이 침침하거나 섬광이 있을 때, 실명, 다리에 심한 통증이 있을 경우는 중단한다.

⑧ **황체호르몬단독제(프로제스틴제, 미니필)**

㉠ **방법** : 극소량의 황체호르몬제만으로 제조되었고 피임을 원하는 동안에도 쉬지 않고 복용하는 것이 특징이다.

㉡ **장점** : 심혈관계 질환의 위험도가 높지 않고 고혈압과 두통도 야기하지 않는다. 당대사에 미치는 영향이 없고 수유 중인 여성에서 모유량의 감소도 없으며 35세 이상의 흡연자에게도 사용할 수 있다.

㉢ **단점** : 상대적으로 피임실패율이 높고 자궁외임신의 발생빈도가 증가하며 불규칙적인 자궁출혈이 있다.

㉣ **금기증** : 원인불명의 자궁출혈이 있는 고령의 여성과 자궁외임신, 긴장성 난소종의 과거력이 있는 여성에게는 금한다.

⑨ **자궁 내 장치(IUD)**

㉠ **원리** : 피임장치가 자궁 속 환경을 변화시켜 수정된 난자의 착상을 방지하고 정자의 운동성을 저하시킨다.

㉡ **효과** : 임신율 1~3%

㉢ **사용방법** : 생식기 질병이나 기형과 관련된 검사를 실시한 후 전문가가 삽입하여야 한다. 적기는 월경주기의 첫 5일이 자궁경관이 부드럽고 약간 개대되어 있어 삽입하기 쉬우며 월경 시작일로부터 10일 이내일 경우는 임신의 가능성이 없으므로 삽입가능한 시기이다. 분만한 경우에는 6주 후, 제왕절개술 후에는 8~10주 후가 적당하다.

㉣ **적응증**

ⓐ 임신의 터울조절

ⓑ 금기증이 없는 경산부

ⓒ 모유수유 중

ⓓ 다른 방법이 적절하지 못할 때 예 흡연자, 차단법이나 먹는 피임약 사용에 문제가 있는 경우

ⓔ 성교시 매번 번거로운 방법을 원하지 않는 경우

ⓕ 규칙적인 피임약 복용이 어려운 경우

ⓖ 개인적으로 다른 방법에 문제가 있거나 피임제를 보관하기 어려운 경우

㉤ **장점**

ⓐ 한번 삽입하면 오래 피임이 가능하며(여러 해 사용가능), 필요시 제거하기도 쉽다.

ⓑ 간편하고 경제적이다(시술 소요시간 : 5분, 비용 : 4~5만원).

ⓒ 사용자에게 안정감을 준다.

ⓓ 삽입 후 성생활에 지장을 주지 않는다.

ⓔ 자궁경부암이나 이형성증의 위험이 증가하지 않는다.

ⓕ 1년간 피임실패율은 약 3% 정도이다.

㉥ **단점**

ⓐ 삽입 후 약 3~4개월 동안 부정출혈과 월경량이 증가하며 월경기간이 연장될 수 있다. 지속적으로 문제가 되면 제거하여야 한다.

ⓑ 월경통(하복부통 및 요통)이 있을 수 있으나 12~24시간 이상 지속되는 경우 감염의 가능성을 의심한다.

ⓒ 질 분비물이 증가하고 세균감염이나 골반장기 감염, 심하면 자궁천공의 위험이 있다.

ⓓ IUD의 자연배출 및 이탈로* 피임에 실패할 가능성이 있다.

ⓢ 금기증

ⓐ 출산의 경험이 없는 자 또는 임신의심시

ⓑ 골반이나 자궁의 감염, 급성염증, 자궁기형, 자궁내강을 변형시키는 자궁근종·종양·자궁암이 있는 경우

ⓒ 자궁 내 장치를 삽입한 부작용으로 다시 제거하였거나 완치되지 않은 자, 기타 허약체질로 시술하기에 적당하지 않은 자

ⓓ 과다한 월경량, 부정출혈, 월경주기가 불규칙한 자는 사용하지 않는 것이 좋다.

ⓔ 재발 또는 만성골반염, 혹은 IUD와 관련된 골반염을 앓은 경우

ⓕ 구리에 대해 알레르기나 대사장애가 있는 경우(구리 자궁 내 장치인 경우)

ⓖ 급성 또는 최근의 골반염(완치 후 최소 3개월까지)

ⓗ 최근의 산욕기 혹은 유산 후 패혈증(감염이 완전히 치료된 후 3개월까지)

ⓘ 자궁경부염이나 질염을 포함한 하부생식기의 심한 감염(완치 후 3개월까지)

ⓙ 진단되지 않은 비정상적인 생식기 출혈

ⓚ 골반결핵(완치 후 최소 3개월까지)

ⓛ 임신성 융모상피암(완치 후 1년까지)

ⓜ 다산부 또는 자궁이 큰 경우, 자궁경관 협착시, 임질, 심한 월경통

CHECK Point 구리 자궁 내 장치

1. **원리 및 효과** : 99%의 피임효과를 나타내고, 수정란의 착상을 방지한다.
2. **삽입시기** : 성교 후 5일 이내에 또는 배란 예상일로부터 5일 이내에 삽입한다. 구리 자궁 내 장치는 일시적인 응급 피임효과 이외에 지속적인 피임효과를 얻을 수 있다.
3. **적응증**
   (1) 성교 후 72시간이 경과하였으나 5일은 되지 않았을 때
   (2) 응급피임 후에도 계속 피임을 오랫동안 원할 때
   (3) 응급복합피임약 사용의 절대적 금기증이 있을 때
   (4) 응급복합피임제를 2회 복용하는 동안 어느 한 번이라도 2시간 내에 토하였고, 임신 가능성이 높을 때
4. **주의점**
   (1) 분만 경험이 없는 여성은 부적합하다.
   (2) 생식기의 감염이 있는 경우에는 항생제를 투여하면서 선별적으로 사용할 수 있다.
   (3) 삽입 후에는 통증, 출혈, 감염이 생길 수 있다.
   (4) 계속 피임을 원하지 않는 경우에는 다음 월경이 정상적으로 나오면 제거해 준다.

⑩ 응급(사후피임약, 모닝에프터 필, 노레보)

㉠ 원리

ⓐ 경구용 피임약을 고농도로 농축시켜 만든 여성호르몬제로서 이미 사정된 정자의 활동을 방해한다.

ⓑ 복용법

- **복합 노레보(PC4 일명 Tetra-Gynon)** : 사후피임을 원하는 경우에는 성관계 후 72시간 내에 1회(2알~4알) 피임약을 복용하고 12시간 후에 다시 같은 양의 약을 복용하여야 한다.
- **노레보원(프로제스틴 단일성분)** : 성관계 후 72시간 내(12시간 이내 권장)에 1알의 피임약을 복용한다.

ⓒ 반드시 의사의 처방전을 받아서 약국에서 구입하도록 되어 있으며 성공률은 75%까지 가능하다.

㉡ **장점** : 성폭력 같은 성교 후 임신을 예방할 수 있다.

㉢ 단점

ⓐ 단 1회의 성교에 한하여 효과가 있다.

ⓑ 자궁암, 난소암, 유방암의 원인이 된다.

㉣ **부작용** : 하혈을 하게 되면 큰 병으로 발전할 가능성이 클 뿐 아니라 약을 복용했는데 임신이 되었다면 태아는 기형아임이 틀림없으므로 반드시 임신중절수술을 받아야 하므로 섣불리 시도하지 않는 것이 좋다.

⑪ 피하이식 피임법(임프라논)

㉠ **원리** : 성냥개비 모양의 임플란트를 상박부 안쪽, 피부 아래에 이식하는 방법으로 피하이식한 당일부터 3년간 피임이 가능하고 제거시는 바로 가임능력이 회복된다. 이는 여성의 배란을 억제하거나 정자의 자궁 내 이동을 방해하는 호르몬을 서서히 방출한다.

㉡ **장점** : 시술 소요시간은 1분 정도인 데 비하여 3년간 피임효과가 있어 장기간 편리하게 사용할 수 있다.

㉢ **적응증** : 직장을 위해 첫 임신을 미루거나 터울조절시, 더 이상 출산계획이 없을 때 적합하다.

⑫ 질내 삽입형 호르몬 제제

㉠ T자 형태로 레보노게스트렐이 함유되어 있는 질내 삽입형 피임기구이다.

㉡ 5년간 국소적으로 작용하며 매일 일정량의 호르몬이 분비되어 정자의 자궁 및 난소로의 이동을 막는다.

✚ 인공임신중절수술의 허용한계

1. 모자보건법 제14조

(1) 의사는 다음의 어느 하나에 해당되는 경우에만 본인과 배우자(사실상의 혼인관계에 있는 사람을 포함한다. 이하 같다)의 동의를 받아 인공임신중절수술을 할 수 있다.

① 본인이나 배우자가 대통령령으로 정하는 우생학적(優生學的) 또는 유전학적 정신장애나 신체질환이 있는 경우

② 본인이나 배우자가 대통령령으로 정하는 전염성 질환이 있는 경우

③ 강간 또는 준강간(準强姦)에 의하여 임신된 경우

④ 법률상 혼인할 수 없는 혈족 또는 인척 간에 임신된 경우

⑤ 임신의 지속이 보건의학적 이유로 모체의 건강을 심각하게 해치고 있거나 해칠 우려가 있는 경우

(2) (1)의 경우에 배우자의 사망 · 실종 · 행방불명, 그 밖에 부득이한 사유로 동의를 받을 수 없으면 본인의 동의만으로 그 수술을 할 수 있다.

(3) (1)의 경우 본인이나 배우자가 심신장애로 의사표시를 할 수 없을 때에는 그 친권자나 후견인의 동의로, 친권자나 후견인이 없을 때에는 부양의무자의 동의로 각각 그 동의를 갈음할 수 있다.

2. 모자보건법시행령 제15조

(1) 법 제14조에 따른 인공임신중절수술은 임신 24주일 이내인 사람만 할 수 있다.

(2) 법 제14조 제1항 제1호에 따라 인공임신중절수술을 할 수 있는 우생학적 또는 유전학적 정신장애나 신체질환은 연골무형성증, 낭성섬유증 및 그 밖의 유전성 질환으로서 그 질환이 태아에 미치는 위험성이 높은 질환으로 한다.

(3) 법 제14조 제1항 제2호에 따라 인공임신중절수술을 할 수 있는 전염성 질환은 풍진, 톡소플라즈마증 및 그 밖에 의학적으로 태아에 미치는 위험성이 높은 전염성 질환으로 한다.

FINAL TEST

01 인구의 종류

(1) 연령별 출생률만이 일정하게 유지되는 인구

(2) 인구조사 당시 통상적으로 거주하고 있는 인구

(3) 성별, 연령별 사망률과 연령별 출생률이 변하지 않고 오랫동안 지속되는 인구

(4) 인구이동이 전혀 없는 인구

(5) 인구조사 당시 해당지역 내에 실제로 존재하는 인구

(6) 인구와 자원과의 관련성에 근거한 이론으로 주어진 여건 속에서 최대의 생산성을 유지하여 최고의 생활수준을 유지할 수 있는 인구

(7) 안정인구 중 출생률과 사망률이 같아 인구의 자연성장률이 0인 경우

02 멜더스의 주요원리

(1) 인구는 증식과 규제의 상호작용에 의해 균형과 균형교란으로 다시 회복으로 주기적으로 반복한다.

(2) 인구는 반드시 생존자료에 의해 규제당한다.

(3) 생존자료가 증가되는 한 인구도 증가한다.

FINAL TEST 정답

01 (1) 준안정인구 (2) 상주인구 (3) 안정인구 (4) 폐쇄인구 (5) 현재인구 (6) 적정인구 (7) 정지인구

02 (1) 파동의 원리 (2) 규제의 원리 (3) 증식의 원리

03 Blacker의 분류에 대해 쓰시오.

04 정태적 통계, 동태적 통계

(1) 연령별 인구에 관한 통계
(2) 사망에 관한 통계
(3) 인구이동에 관한 통계
(4) 직업 및 직종별 인구에 관한 통계
(5) 성별 인구에 관한 통계
(6) 결혼 및 이혼에 관한 통계
(7) 결혼상태별 인구에 관한 통계

FINAL TEST 정답

03 Blacker의 분류
① 제1단계(고위정지기, 다산다사) : 고출생률과 고사망률의 인구정지형
② 제2단계(초기확장기, 다산감사) : 저사망률과 고출생률의 인구증가형
③ 제3단계(후기확장기, 감산소사) : 저사망률과 저출생률의 인구성장둔화형
④ 제4단계(저위정지기, 소산소사) : 사망률과 출생률이 최저에 달하는 인구증가 정지형
⑤ 제5단계(감퇴기) : 출생률이 사망률보다 낮아져서 인구가 감소하는 형

04 (1) 정태통계 (2) 동태통계 (3) 동태통계 (4) 정태통계
(5) 정태통계 (6) 동태통계 (7) 정태통계

05 생정통계

(1) 인구의 성별, 연령구조의 영향을 배제시킨 사망률 통계

(2) 1년 동안 사망자수 중 한 특성에 의한 사망자수의 구성비율

(3) 산전, 산후관리를 하는 정도를 알 수 있는 지표인 동시에 사회경제적인 수준을 알 수 있는 지표

(4) 1년 동안 총 사망자수 중에서 50세 이상의 사망자수

(5) 1 이상이면 다음 세대에 인구가 증가하는 것을 의미

(6) 한 세대의 여자들이 15~49세 동안에 낳은 정상출생아의 수

(7) (같은 해 임신, 분만, 산욕기 합병증으로 사망한 부인수/총 출생아수) × 1,000

(8) (출생 후 1년 미만에 사망한 영아수/연간 총 출생아수) × 1,000

(9) 그 연도의 영아사망수/어떤 연도의 신생아사망수

(10) (50세 이상 사망자수/전체 사망자수) × 100

06 생명표의 구성요소에 대해 나열하시오.

07 성비의 종류에 대해 나열하시오.

FINAL TEST 정답

5 (1) 표준화사망률 (2) 비례사망률 (3) 모성사망률 (4) 비례사망지수
(5) 순재생산율 (6) 합계출산율 (7) 모성사망비 (8) 영아사망률
(9) α-index (10) 비례사망지수

6 생존수, 생존률, 사망수, 사망률, 사력, 평균여명

7 성비의 종류
① 1차 성비 : 태아시 성비(110)
② 2차 성비 : 출생시 성비(105)
③ 3차 성비 : 현재 성비(101)

08 부양비의 종류에 대해 나열하시오.

09 인구구조의 유형

(1) 15~49세 인구 > 전 인구의 1/2

(2) 0~14세 인구 = 50세 이상 인구 × 2

(3) 고출생, 고사망, 다산다사형

(4) 생산연령층 인구의 유출이 많은 농촌형

(5) 인구감퇴형

10 인구조정정책에 대해 나열하시오.

11 UN이 제시한 노년인구국의 종류에 대해 나열하시오.

FINAL TEST 정답

08 부양비의 종류

① 총부양비 = (14세 이하 + 65세 이상 인구수)/15~64세 인구(경제활동인구) × 100

② 소년부양비 = 14세 이하 인구수/15~64세 인구수 × 100

③ 노년부양비 = 65세 이상 인구수/15~64세 인구수 × 100

09 (1) 별형 (2) 종형 (3) 피라미드형 (4) 기타형 (5) 항아리형

10 인구조정정책

① 출산조절 : 가족계획사업, 사회경제적 지원

② 사망 및 인구자질 : 보건사업

③ 인구이동 : 인구분산책, 이민사업

11 노년인구국의 종류

① 고령화사회 : 65세 이상 노인이 전체인구에서 차지하는 비중이 7% 이상인 나라

② 고령사회 : 65세 이상 노인이 전체인구에서 차지하는 비중이 14% 이상인 나라

③ 초고령사회 : 65세 이상 노인이 전체인구에서 차지하는 비중이 20% 이상인 나라

12 피임의 기능 : 경구피임약, 콘돔, 살정제 피임약, 자궁 내 장치

(1) 배란억제

(2) 자궁 내 착상의 방해

(3) 정자의 질 내 진입을 방지

13 일시적 피임방법

(1) 수유를 하지 않은 경우 경구피임약은 분만 후 (　　　)주부터 복용

(2) 가족계획의 목적 전에 성병예방 목적으로 사용한다.

(3) 자궁 내 장치 : 적기는 월경주기의 첫 (　　　)일

(4) 기초체온법 : 배란기는 (저온기, 고온기)에서 (저온기, 고온기)로 이행하는 시기이다.

(5) 수정형 점액의 특성을 나열하시오.

(6) 오기노씨 방법에서 임신가능기는?

(7) 여성용 콘돔

(8) 다이아프램의 적용이 불가능한 경우를 쓰시오.

(9) 사후피임으로 사용한 구리 자궁 내 장치의 적응시기는?

(10) 경구용 피임약을 고농도로 농축시켜 만든 여성호르몬제로서 이미 사정된 정자의 활동을 방해하는 피임약은?

14 인공임신중절수술의 허용한계 주수는?

FINAL TEST 정답

12 (1) 경구피임약　(2) 자궁 내 장치, 경구피임약　(3) 콘돔

13 (1) 3~6주　(2) 콘돔　(3) 5일　(4) 저온기 → 고온기

(5) 곧 배란이 될 것을 알리는 것으로 에스트로겐의 영향으로 맑고 미끄러우며 잘 늘어나는 생계란의 흰자위 양상이다.

(6) 다음 월경시작 전 12~19일간을 임신가능기로 본다.

(7) 페미돔

(8) 자궁전굴이 심하거나 질벽이 이완된 경우 적용이 불가능

(9) 성교 후 72시간이 경과하였으나 5일은 되지 않았을 때

(10) 노레보

14 임신 24주일 이내인 사람만 할 수 있다.

CHAPTER 10 인구와 건강

기출문제

01 **다음은 고등학교 예비 보건교사가 작성한 교수 · 학습 지도안이다. ㉠에 해당되는 법과 ㉡에 들어갈 내용을 순서대로 쓰시오.** [2점] 2018년

교수 · 학습 지도안			
단 원	여성건강과 생명윤리	지도교사	박○○
주 제	건강한 임신	대 상	2학년 2반 28명
차 시	2/3차시	장 소	2-2 교실
학습목표	인공임신중절의 허용한계를 설명할 수 있다.		
단 계	교수 · 학습 내용		시간
도 입	• 전시 학습내용 확인 : 생명윤리의 개념 • 본서와 관련하여 동영상 시청 • 본시 학습목표 확인		5분
전 개	인공임신중절의 허용한계 • 우리나라는 인공임신중절이 합법적으로는 허용되지 않고, 의학적 · 윤리적으로 정당한 사유가 있을 때만 허용한다. • ㉠ 인공임신중절수술의 허용한계는 법으로 정하고 있으며, 그 외의 경우는 불법으로 간주한다. • 인공임신중절수술의 허용한계는 다음과 같다. 1) 본인이나 배우자가 대통령령이 정하는 우생학적 또는 유전학적 정신장애나 신체질환이 있는 경우 2) 본인이나 배우자가 대통령령이 정하는 (㉡)이 있는 경우 3) 강간 또는 준강간에 의하여 임신된 경우 4) 법률상 혼인할 수 없는 혈족 또는 인척 간에 임신된 경우 5) 임신 지속이 보건의학적 이유로 모체의 건강을 심각하게 해치고 있거나 해할 우려가 있는 경우 …… (하략) ……		30분

|정답| 1. **모자보건법 제14조**(인공임신중절수술의 허용한계)

의사는 다음의 어느 하나에 해당되는 경우에만 본인과 배우자(사실상의 혼인관계에 있는 사람을 포함한다. 이하 같다)의 동의를 받아 인공임신중절수술을 할 수 있다.

(1) 본인이나 배우자가 대통령령으로 정하는 우생학적(優生學的) 또는 유전학적 정신장애나 신체질환이 있는 경우
(2) 본인이나 배우자가 대통령령으로 정하는 전염성 질환이 있는 경우
(3) 강간 또는 준강간(準强姦)에 의하여 임신된 경우
(4) 법률상 혼인할 수 없는 혈족 또는 인척 간에 임신된 경우
(5) 임신의 지속이 보건의학적 이유로 모체의 건강을 심각하게 해치고 있거나 해칠 우려가 있는 경우

2. 본인이나 배우자가 대통령령으로 정하는 전염성 질환이 있는 경우

02 **다음은 A고등학교 봉사동아리 학생들을 위한 교육자료이다. 〈작성방법〉에 따라 서술하시오.**

[4점] 2018년

노인 체험활동 교육자료

• 노인 인구의 증가
– 통계청(2016)에 의하면, 우리나라는 전체인구에서 65세 이상 노인이 차지하는 비율이 2000년에는 7.2%로 (㉠)사회에 진입하였고, 2020년에는 15.6%로 (㉡)사회로 진입할 예정이라고 함.

• 노년부양비와 노령화지수(A지역 사례)

〈표〉 A지역의 인구구성 추계

(단위 : 명)

구분	2010년	2030년	2050년
0~14세	2,000	1,600	1,200
15~64세	8,000	7,200	6,000
65세 이상	1,600	2,400	3,600

• 노인의 특성
– 신체적 특성
– 심리적 특성
– 사회 · 경제적 특성

…… (하략) ……

〈 작성 방법 〉

• 유엔(UN)의 분류기준에 따라 괄호 안의 ㉠과 ㉡에 해당하는 내용을 순서대로 서술할 것
• A지역의 2010년과 2050년의 노년부양비와 노령화지수를 산출하여 각각 비교 설명할 것(소수점 둘째자리에서 반올림없이 소수점 첫째자리까지 제시할 것)

|모범답안|

1. ㉠ 고령화, ㉡ 고령
2. 노년부양비 = (65세 이상 인구수/15~64세 인구수) × 100

노령화지수 = (65세 이상 인구/0~14세 인구) × 100

A지역의 경우 다음과 같이 노년부양비가 20에서 60으로 40이 증가하였다. 즉, 15~64세 인구 100명당 65세 이상 인구수가 2050년에 60으로 되었다.

노령화지수 역시 80에서 300으로 급증하였다. 즉, 2050년 0~14세 인구 100명당 65세 이상 인구수가 300명이 되었다.

A지역의 경우

구분	노년부양비	노령화지수
2010년	20	80
2050년	60	300

03 피임법을 주제로 한 수업 중에 보건교사와 학생의 질의응답 내용이다. 〈작성 방법〉에 따라 서술하시오.

[4점] 2016년

학 생 : 선생님, 예기치 못한 성관계 후 임신을 방지하는 데 어떤 피임방법이 사용되나요?
보건교사 : 사후 피임법을 질문하는 거구나. 사후 피임법에는 여러가지가 있지. 그 중에서 많이 사용하는 방법이 먹는 응급피임약이란다.
학 생 : 그 약은 어떤 원리로 임신이 안되게 하는 거예요?
보건교사 : 피임원리는 ㉠ ____________________.
학 생 : 약은 언제 먹는 거예요?
보건교사 : 일반적으로 ㉡ 성교 후 72시간 내에는 먹어야 한단다.
학 생 : 약은 한 번만 먹는 건가요?
보건교사 : 그건 약의 종류에 따라 다르단다.
학 생 : 약의 부작용은 없나요?
보건교사 : 메스꺼움과 구토가 있지.
학 생 : ㉢ 메스꺼움과 구토가 생기는 것은 왜 그런 건가요?
… (하략) …

〈 작성 방법 〉

- ㉠에 응급피임약의 피임원리 2가지를 제시할 것
- ㉡의 이유를 제시할 것
- ㉢을 일으키는 피임약의 성분을 제시할 것

|모범답안|

㉠ 응급피임약의 피임원리 : 단기간에 강력한 폭발적인 호르몬의 노출에 의해
① 배란 전에 복용하면 배란을 지연 또는 억제하고,
② 배란 후에 복용했을 때는 정자나 난자의 난관통과를 방해하여 수정을 억제한다.

㉡ 성교 후 72시간 내 피임약을 먹어야 하는 이유는 수정란이 자궁내막에 착상되는 시점을 기준으로 하여 착상 이전의 시기에 사용해야만 임신을 예방할 수 있기 때문이다(임신 후에는 효과가 없으므로 가능한 한 빨리 복용해야 효과가 높아진다).

㉢ 고용량의 에스트로겐과 프로게스틴(합성프로게스테론) 때문에 메스꺼움과 구토를 일으킨다.

04 수집된 자료를 비교한 내용으로 옳은 것을 〈보기〉에서 고른 것은? [2.5점] 2012년

자료	(가)지역	(나)지역
가임 여성수	250,000명	200,000명
1년간 출생아수	9,000명	6,500명
1년간 모성사망수	1명	1명
1년간 신생아사망수	20명	16명
1년간 영아사망수	30명	28명

〈 보 기 〉

ㄱ. 모성사망률은 (가)지역이 (나)지역보다 더 높다.
ㄴ. 영아사망률은 (나)지역이 (가)지역보다 더 높다.
ㄷ. 신생아사망률은 (가)지역이 (나)지역보다 더 높다.
ㄹ. 알파 인덱스(α-index)는 (나)지역이 (가)지역보다 더 높다.

① ㄱ, ㄴ
② ㄱ, ㄷ
③ ㄴ, ㄷ
④ ㄴ, ㄹ
⑤ ㄷ, ㄹ

|정답| ④

|해설| ㉠ 모성사망률 = 임신, 분만, 산욕 합병증으로 사망한 부인수 / 연간 총출생아수 × 1,000
∴ 모성사망률은 (나)지역이 (가)지역보다 더 높다.
㉡ 영아사망률 = 연간 영아사망수 / 연간 총출생아수 × 1,000
∴ 영아사망률은 (나)지역이 (가)지역보다 더 높다.
㉢ 신생아사망률 = 연간 신생아사망수(생후 28일 미만) / 연간 총출생아수 × 1,000
∴ 신생아사망률은 (나)지역이 (가)지역보다 더 높다.
㉣ 알파 인덱스(α-index) = 영아사망수 / 신생아사망수
∴ 알파 인덱스는 (나)지역이 (가)지역보다 더 높다.

05 모자보건과 관련된 통계지표에 대한 설명으로 옳은 것은? 2011년

① 출산율은 인구 1,000명당 출생수를 말하며 인구분석학적 이해를 돕는다.
② 순재생산율은 1.0을 기준으로 1.0보다 크면 인구는 늘고 1.0보다 작으면 인구가 줄어드는 것을 의미한다.
③ 모성사망비는 임산부의 산전 · 산후관리 및 사회 경제적 수준을 반영하며 사고나 우발적 원인에 의한 모성사망도 포함된다.
④ 영아 후기 사망률은 1,000명 출생 당 생후 6개월부터 1년 미만의 사망으로서 일반사망률에 비하여 통계적 유의성이 높다.
⑤ 주산기 사망률은 10,000명 출생 당 사산수와 생후 2주일 이내 신생아사망수를 합친 것으로 보건수준을 평가하는 지표이다.

|정답| ②

|해설| 총 재생산율이란 한 여자가 일생동안 여아를 몇 명 낳는가를 나타내는 것을 말하며, 여기에서 여아의 생존율을 감안한 재생산율을 순재생산율이라고 하는데, 이는 일생동안 낳은 여아의 수 가운데 출산가능 연령에 도달한 생존여아의 수만을 나타낸 것이다. 따라서 순재생산율이 1이면 대체출산력 수준이라고 말하며, 이 수준이 계속하여 일정기간이 지날 경우 인구의 증가나 감소가 이루어지지 않는 상태에 돌입하였다는 의미를 갖는다.

① 출산율은 15세에서 49세의 가임여성 1,000명당 출생수를 말하며 인구분석학적 이해를 돕는다.
③ 모성사망비는 10만명의 신생아 출생 당 임신과 출산 관련으로 사망한 산모의 비율로, 임산부의 산전 · 산후관리 및 사회 경제적 수준을 반영하며 사고나 우발적 원인에 의한 모성사망은 제외된다.
④ 영아 후기 사망률은 1,000명 출생 당 생후 28일부터 1년 미만의 사망으로서 일반사망률에 비하여 통계적 유의성이 높다.
⑤ 제1주산기 사망률은 1,000명 출생 당 임신 28주 이후의 사산수와 초생아(7일 이내 신생아) 사망수를 합친 것이고, 제2주산기 사망률은 1,000명 출생 당 임신 20주 이후의 사산수와 신생아사망수를 합친 것으로 보건수준을 평가하는 지표이다.

06 **박씨는 1명의 자녀를 둔 24세 기혼여성으로 1개월 전에 풍진 예방접종을 하였다. 그런데 피임을 하지 않은 상태에서 성관계 후 80시간이 지났다. 이 시점에서 임신을 예방하기 위해 가장 적절한 피임방법은?** [2.5점] 2009년

① 질 세척
② 살정제
③ 경구용 피임약
④ 응급 복합피임약
⑤ 구리 자궁 내 기구(Copper IUD)

|정답| ⑤

|해설| 성교 후 응급피임법으로는 응급 복합피임약 복용과 구리 자궁 내 장치가 있다.

1. 응급 복합피임약은 성교 후 첫 72시간 이내에 적용 가능
2. 구리 자궁 내 장치는 성교 후 72시간이 경과하였으나 5일은 되지 않은 경우 적용 가능

∴ 박씨는 성관계 후 80시간이 지났으므로 72시간 경과 후 적용 가능한 구리 자궁 내 장치를 피임방법으로 사용 가능하다.

CHAPTER

11 가족간호

01 가족의 이해

1 가족의 정의

1. 가족은 전통적으로 혼인관계로 맺어진 남녀, 즉 부부와 그들 사이에서 출생한 자녀 또는 양자로 이루어진 혈연집단이다.
2. Murdock(1949, 기능적 입장) : 가족이란 공동의 거주, 경제적 협력, 생식의 특성을 갖는 사회집단으로서 성관계를 허용받는 최소한의 성인 남녀와 그들에게서 출생하였거나 양자로 된 자녀로서 이루어진다.
3. Burgess & Locke(1950, 상호작용론 입장), Wright & Leathey(1984, 정서적인 결속력 입장)
4. 가족이란
   (1) 인간발달의 근원적 집단
   (2) 가족구조가 어떤 형태이든지 간에 연대의식을 지닌 공동체집단
   (3) 이익관계를 떠난 애정적인 집단
   (4) 반드시 같은 장소에 기거하고 취사하지는 않아도 그들만의 고유한 문화를 갖는 집단

2 가족의 구조와 유형

1. 전통적 가족구조

(1) 핵가족(부부가족, Nuclear Family, Conjugal Family)

부부와 그들의 미혼자녀로 구성된 가족으로 가장 일반적인 형태이며, 인간은 생애 동안 방위가족과 생식가족 두 유형의 가족을 경험한다.

① **방위가족** : 자기가 출생하여 부모 밑에서 형제자매와 같이 자라며 생활하는 가족

② **생식가족** : 자기가 새로 형성한 가족

(2) 확대가족(Extended Family)

① 직계가족(Stem Family) : 자녀 중 아들(보통 장남)가족만이 부모와 동거하는 가족

② 방계가족(Joint Family, Kin-Network Family) : 2인 이상의 아들가족이 부모와 동거하는 가족

> 일반적으로 가족구성원 수를 기준으로 5인 이하를 소가족, 6인 이상을 대가족이라고 한다.

2. 비전통적 가족구조

(1) 핵가족(Nuclear Dyad) : 자녀들 없이 부부로만 구성된 2인 가족

(2) 혼합가족(Blended Family) : 이혼하거나 상처한 부부가 각기 기르던 자녀를 데리고 재혼하는 경우

(3) 편부모 가족(Single-Parent Family) : 이혼, 별거, 사망에 의해 부모 중 하나만 남게 된 가족

(4) 결혼하지 않는 편부모 가족, 동성애 가족, 히피 등의 공동생활체 가족, 미혼의 남녀가 공동거주하는 동거가족, 독신성인이 혼자 사는 독신가족

3. 가족의 유형

(1) Communes Family

재산과 책임을 공유하기 위해 이루어지는 의도적인 가족의 형태

(2) 빈조개형 가족(The Empty-Shell Family)

가족구성원 사이에 교호작용과 지원이 거의 이루어지지 않고 기본적 가족기능이 결여된 가족으로 애정, 이해심, 역할모델이 거의 부재하며 이혼의 결과로 발전하는 경향이 높다.

(3) 폐쇄형 가족

완고하며 절대적인 가부장의 관리하에 각 가족구성원에게 역할을 인식시키고 분담하여 수행하게 하는 가족구조로, 고도의 비밀보장과 자기만족을 느끼며, 가족구성원에게는 높은 안정감을 준다.

(4) 개방형 가족

각 가족구성원의 자유는 받아들여지고 고무되지만 모두 집단에 대한 책임을 짐으로써 집단의 행복을 중요시한다.

(5) 방임형 가족

개인의 자유가 가장 존중되는 가족의 형태이나 개인의 독립이 강조된다.

(6) 배우자 수에 의한 분류

① **단혼가족** : 남녀가 일대일로 결혼하는 단혼가족

② **복혼가족** : 일대다로 결혼한 가족으로 일부다처제와 일처다부제가 있다.

(7) 거주지 선택에 의한 분류

① **부거가족** : 결혼 후 여자가 남자 집에서 같이 사는 형태

② **모거가족** : 결혼 후 남자가 처가에서 같이 사는 형태

③ **신거가족** : 결혼한 부부가 독립적인 거주지에서 생활하는 경우

(8) 권위유형에 의한 분류

① **가부장제 가족** : 가장(보통 제일 나이 많은 남자)이 절대적 또는 상대적으로 많은 권한을 갖는 형태

② **평등주의 가족** : 부부가 평등한 권한을 갖는 형태

3 가족의 특징

1. **가족은 1차적 집단이다(Cooley).** : 가족과 친구와 같은 감정적인 유대가 깊은 사람들의 집단을 의미하며 강한 결속력을 갖고 있다.
2. 가족은 공동사회(Gemeinschaft)집단이다.
3. 가족은 폐쇄적 집단(Closed Group)이다.
4. 가족은 형식적 집단(Formal Group)이다.
5. 가족은 혈연집단이다.
6. 가족은 매우 이질적 구성원들로 이루어진 집단이다.

CHECK Point 건강한 가족의 특성

1. 가족구성원들끼리 의사소통이 잘되며, 가족구성원들의 말을 잘 경청한다.
2. 가족구성원들은 신뢰감이 있고 서로를 지지해준다.
3. 다른 사람들을 존경하는 것을 배운다.
4. 여가시간을 함께 보내며, 유머가 있다.
5. 각 구성원들은 서로 균형있는 상호작용을 한다.
6. 가족구성원들은 공유된 책임감을 가지고 있다.
7. 가족은 전통과 의식이 있다.
8. 가족들은 종교를 공유한다.
9. 구성원들의 사생활을 존중한다.
10. 문제가 있을 때 가족들은 서로 도와주고 해결한다.

CHECK Point 가족의 일반적 특성

1. 성과 혈연의 공동체
2. 거주의 공동체
3. 가계의 공동체
4. 애정의 공동체
5. 운명의 공동체

4 가족의 기능

구분	대내적 기능	대외적 기능
성·애정기능	성적 욕구의 충족	성적 욕구의 통제
생식기능	자녀의 출산과 교육	종족 보존(사회구성원을 제공)
경제적 기능	생산과 소비, 경제적 협동과 자립	노동력의 제공 및 경제질서의 유지
교육과 사회화기능	자녀의 사회화	문화의 전달 및 사회적 역할과 지위 창출
정서적 안정 및 휴식제공기능	신체, 정신적 보호, 지지 및 건강관리	사회의 안정화

1. 대내적 기능

가족이 구성원 개개인에게 미치는 필요한 작용

2. 대외적 기능

가족이 사회전체에 대해서 수행하는 기능

3. 가족기능의 변화

구분	산업화 이전	산업화 이후
경제적 기능	• 집과 직장이 분리되지 않음 • 단일경제 기능(자급자족의 단위) • 자녀는 노동력으로 취급 • 생산자로서 가족은 강한 친족관계에 의해 지지됨	• 경제적 기능의 약화 • 집과 직장의 분리 • 주로 소비자의 기능 • Family Provider가 주된 경제적 수입원 • 직업의 다양화
교육기능	• 아버지는 아들에게 직업기술을, 어머니는 딸에게 가사와 자녀양육법을 가르침	• 교육은 역할대행기관에서 행해짐
어린이의 사회화기능	• 자녀양육은 가정 내 여성가구원의 책임 • 부모는 자녀를 마음대로 할 권한이 있었으며 자녀에 대한 전적인 책임이 있었음	• 가정 이외의 외부기관(탁아소, 유치원)과 기능을 분담 • 자녀에 대한 부모의 권위와 통제력이 감소

건강관리기능	• 가족구성원의 보호, 감독, 간호는 가정에서 가족구성원에 의해 이루어짐	• 사회가 건강관리기능을 나누어 가짐 • 전문인이나 전문기관에 의해서 수행됨
오락기능	• 가족과 친족 중심의 가정 내 오락이 대부분	• 상업화된 오락이 도처에 편재
재생산기능	• 결혼과 가족은 생존에 필수적	• 결혼과 자녀를 갖는 일이 반드시 필요하지 않게 됨
애정적 · 정서적 지지 기능	• 확대가족이 애정적으로 더 중요하고 정서적 지지도 강함	• 애정적 기능은 핵가족에게 그 중요성이 증대됨

CHECK Point 미셀이 제시한 보편적 가족의 기능

1. **성적 욕구 충족과 생식기능** : 가족은 개인에게 성적 욕구를 충족시킬 수 있는 제도적 통로임과 동시에 사회적으로는 성적 욕구를 통제하는 기능을 담당한다.
2. **자녀의 양육 및 사회화의 기능** : 아이들은 대단히 무기력한 상태로 출생하므로 가족은 그들에게 걷고 말하고 자신을 돌보는 방법을 가르치며, 특정문화에 잘 적응하면서 살아갈 수 있도록 각종 기술을 익혀 주는 사회화를 담당한다.
3. **애정기능** : 가정은 남편과 아내, 부모와 자녀 간에 애정을 가꾸어 가는 곳이다. 이 기능에 결함이 생길 때 가족은 해체위기에 놓이게 된다.
4. **경제적 기능** : 가족의 경제기능은 생산기능과 소비기능으로 나누어지며 가족은 경제의 기본단위로서 재산을 공동으로 소유하는 집단이다.
5. **정서적 기능** : 가정은 가족들의 정신적 긴장을 해소시키고 안정된 상태에서 휴식을 취할 수 있게 해준다.
6. **지위부여의 기능** : 어린아이가 태어나 출생신고를 하게 되면 정식으로 하나의 사회성원으로 인정받게 된다. 이처럼 가족에서 합법적으로 출생한 개인은 사회적 지위를 부여받게 된다.
7. **교육기능** : 가정은 흡수력이 강한 무의도적 교육기능을 담당한다. 즉, 가정교육의 본질은 가르치기보다는 몸에 배게하는 데 특징이 있다.
8. **보호적 기능** : 질병과 상해와 같은 외적 위험으로부터 가족구성원과 그 재산을 보호하는 것이 가족에 의해 수행되었다.

5 취약가족(Vulnerable Families)

1. 정의

특별한 요인 때문에 생활 속에서 바람직하지 않은 결과를 좀 더 많이 경험하는 가족

2. 종류

(1) **구조적으로 취약한 가족** : 한부모 가족, 이혼 · 별거가족

(2) **기능적으로 취약한 가족** : 저소득 가족, 취업모 가족, 만성 및 말기질환자 가족

(3) **가족 내 상호작용이 취약한 가족** : 학대부모 가족, 비행청소년 가족, 알코올중독 가족

(4) **발달단계적으로 취약한 가족** : 미혼모 가족, 미숙아 가족

3. 취약가족의 공통적 문제

(1) 위험상황에 처한 가족은 이러한 속성이 장기화되고 많은 스트레스를 동반하므로 복합적 위기를 경험하게 된다.

(2) 대부분 위험상황에 처한 가족은 한 명 이상 가족구성원이 없거나 분리되어 있다.

(3) 위험상황에 있는 가족구성원에만 관심이 집중되어 다른 구성원들의 신체적 · 정서적 욕구가 무시되는 경우가 많다.

(4) 취약상황의 가족은 빈번히 가족 내 역할변화를 경험한다.

(5) 취약상황에 있는 부모는 아이훈육에 어려움을 가진다.

(6) 재정적 어려움은 많은 취약상황의 가족에서 흔히 경험하는 문제이다.

4. 폭력가족

Walker의 폭력의 주기이론은 세 단계로 구성되는데 학대받는 여성이 어떠한 과정으로 희생자가 되고, 무기력한 행동을 하게 되는지 그리고 그러한 상황에서 왜 벗어나려는 시도를 하지 않는 지를 설명하고 있다.

(1) **첫 번째 단계 – 긴장 형성기**

① 사소한 일에 남편이 흥분하기 시작하고 물건을 던지는 등 아내가 느끼는 긴장이 고조되는 시기

② 이때 여자는 더욱 수동적이 되고 유순해지며, 남편의 기분을 거스르지 않기 위해 고분고분해진다.

③ 아내는 또한 이에 대해 자신도 약간의 책임이 있다고 생각하여 남편의 사랑을 받기 위해 과도하게 신경쓰며, 이러한 분위기가 남에게 노출되는 것이 싫어서 이웃 · 친구 등 타인과의 관계를 멀리하고 사회적으로 고립된다.

④ 남편은 자신의 이러한 행동때문에 부인이 자신을 떠날까봐 부인에게 더 압력을 가하고, 아내가 자신의 소유라는 강압적 행동을 하게 된다.

(2) **두 번째 단계 – 급성폭력 발생기(남편의 긴장이 격하게 분출)**

① 남편의 분노가 사소한 일로 촉발되어 폭력이 발생한다.

② 시간은 2~24시간 지속되며 남편이 정서적 · 신체적으로 힘이 빠져 더 이상 폭력을 가할 수 없을 때 종결된다(가족이 말려도 멈추지 않을 정도로 폭력을 휘두른다).
③ 이때 아내는 자신을 보호하려는 시도나 안전한 장소로 도망가려는 시도를 할 수 없다. 특히, 어린 아동이 있을 때에는 더욱 그러하다. 아내의 자존감은 극도로 떨어지고 더욱 무기력해지는 순간이다.
④ 아내는 자신과 타인에게 손상의 심각성을 부인하며, 의학적 도움이 필요한 상황에서도 도움을 청하지 않는다.
⑤ 손상의 정도는 의료기관에 가야만 확인된다.

(3) 세 번째 단계

남편이 아내에게 용서를 구하고 선물을 주면서 다시는 폭력을 행사하지 않겠다는 맹세를 하며 관계를 유지하기 위해 노력하는 사과단계로 이 시기는 매우 짧다. 이 단계가 지나면 다시 1단계로 들어가게 된다.

5. 만성질환 가족

(1) 만성질환자 가족의 특성

① 환자생활 전반에 큰 영향을 미쳐 가족 전체의 일상이 재조정되어야 한다.
② 다양한 보조적 서비스를 필요로 한다.
③ 뇌졸중과 치매는 다른 만성질환에 비해 예후를 예측하기 어렵고 장애 정도가 크다.

(2) 만성질환으로 인한 가족의 영향

① **청소년기의 문제** : 만성질환은 신체적 · 정신적 · 영적 성장에 영향을 주며, 성행위와 관련된 불안을 증가시키기도 하고, 가족으로부터 독립적이 되기 위해 좀 더 투쟁적으로 만든다.
② **부모의 문제** : 한 가족구성원의 질병으로 인해 경제적 압력 및 직장생활의 불충실이 따르게 되며, 가족균형이 깨어지고 과도한 스트레스를 받게 된다.
③ **가족단위에 주는 영향** : 만성질병을 앓고 있는 청년기 자녀가 있는 경우 가족단위로서 받는 영향은 가족유형에 따라 이용가능한 지지체계, 재정자원, 대처전략, 윤리 문화적 행위들 간에 차이가 있으나, 주로 가족결합과 관련된 영향을 받게 된다.

(3) 환아의 만성질환 진행시 가족에게 미칠 수 있는 영향(문제점)

① **신체적 문제** : 환자를 돌봄으로 인하여 수면부족, 피로, 신체적 건강상태의 악화 경험
② **심리적 문제** : 불안과 위기감, 질병의 병리 및 예후에 대한 정보부족으로 인한 좌절감, 새로운 역할수행에 따른 부담감, 안녕감 저하
③ **사회적 문제** : 환아를 돌보면서 일을 동시에 수행해야 하므로 역할갈등, 사회활동의

제한 등의 사회적 부담

④ **경제적 문제** : 치료비용뿐만 아니라 환자간호를 위해 직업을 포기하는 경우 더욱 어려움을 겪는다.

02 가족간호

1 가족간호의 발전

1. Whall(1986)

구역간호 또는 보건간호가 가족을 돌봄의 단위로 인식하기 시작한 최초의 전문간호분야라고 보았다.

2. 의료환경의 변화와 더불어 간호사들이 급성기 의료시설에서 일함에 따라 간호의 초점이 특수질환을 가진 개인에게로 옮겨져 가족중심의 간호가 약화되었다.

3. 1960년대

가족전문간호사와 아동전문간호사가 생기면서 가족이론과 가족간호에 대한 관심이 높아지게 되었다.

4. 1970년대

건강증진의 중요성이 대두되면서 가족간호에 대한 관심이 더욱 높아졌다.

5. 1980년대

간호의 초점이 인간으로서의 개인과 서비스의 필수단위로서의 가족에 있기 때문에 가족중심간호를 지지한다고 미국간호협회에서 언급하였다.

6. 오늘날 간호사들은 개별 대상자뿐만 아니라 그들을 돌보고 지지하는 가족들을 간호의 대상에 포함시키는 가족간호의 중요성을 점점 더 인식하고 있다.

2 가족간호의 목적

1. 가족간호의 목적은 가족건강을 유지 · 증진시키는 데 있으므로 가족건강에 대한 정의를 어떻게 내리는가에 따라 가족간호의 목적이 달라진다.

2. 가족건강의 정의

(1) WHO(1973)

가족건강이란 한 가족 내의 이환과 유병상태를 말하고 가족의 안녕과 건강증진의 일차적인 대리인으로서의 가족의 상대적인 기능 정도를 말한다.

(2) Petze(1984, 기능적 측면에서 정의), Wright & Leathey(1984, 가족건강은 적응, 구조적인 안녕성, 통합성이 특징), Newman(1983, 총체적 안녕의 측면에서 정의)

3 가족간호의 주요 이론

1. 일반체계이론(1950, Von Bertalanff)

(1) 가족은 각 부분의 특성을 합한 것 이상의 특징을 지닌 체계이다. → 전체성

(2) 가족은 그 자체가 하위체계로 구성되어 있다. 또한 가족은 국가와 지역사회라는 상위체계의 하위체계가 된다. → 조직화

(3) 가족체계는 외부체계와의 지속적인 상호작용과 교류를 통하여 변화와 안정 간의 균형을 잡는다. → 항상성

(4) 가족체계 일부분이 받은 영향은 다른 부분에 영향을 주며 또 전체체계에 영향을 준다. → 변화성

(5) 가족에서의 사건(개인행동)은 어떤 원인이 곧 결과가 된다는 직선적 인과관계보다는 원인이 결과이며, 결과가 원인이 될 수 있다는 순환적 관계로 보는 것이 보다 이해하기 쉽다. → 순환성

(6) 기본가정

① 가족체계는 상호의존성과 관련성이 있다.
② 가족체계는 전체성으로 이해되어야 한다.
③ 가족체계는 목표지향성이 있다.
④ 가족체계는 입출력과 전환과정을 갖고 있다.
⑤ 가족체계는 개방성이 있어야 한다.
⑥ 가족체계는 자기규제성과 통제매커니즘을 가져야 한다.
⑦ 가족체계는 위계질서를 갖는다.
⑧ 가족체계는 기능분화의 특성이 있다.

2. 구조 - 기능이론(Parson)

(1) 가족을 하나의 체계로 인식하고 사회체계의 하위체계로 보는 것은 체계이론과 유사하나 성장과 변화, 불균형 등에는 관심을 덜 둔다.

(2) 가족은 하나의 체계이고, 가족체계의 구조는 가족구성원들의 배열이며, 가족구성원은 기능을 하며 이들 기능은 상호관련성을 가지고 있다. 또한 이러한 가족체계의 구성원들은 다른 체계의 구성원들과 상호작용을 한다.

(3) 가족이 사회구조의 하나로서 사회의 요구에 가족구조의 기능이 어느 정도 적합한 지에 중점을 둔다.

(4) 가족의 구조적 형태뿐만 아니라 가족 내의 권력구조, 역할구조, 대화 또는 상호작용구조 등에 중점을 두며, 이러한 구조들이 가족 전체의 기능을 적절하게 수행하는가에 따라 그 구조의 적합성 여부가 판단되는 것이다.

(5) 가족의 구조적 형태들이 사회에서 요구하는 가족의 기본기능을 적절히 수행하도록 조직되어 있는가를 평가함으로써 가족건강을 평가하게 된다.

(6) 체계이론적 접근과 다른 점은 상호작용의 과정보다는 구조 자체와 상호작용의 결과에 더 중점을 주는 것이라 할 수 있다.

(7) 이 접근법은 내용이 매우 구체적이며, 사정기술(가계도, 사회지지도) 자체가 잘 개발되어 있어 가족사정시 쉽게 적용할 수 있다.

(8) **가족구조**

가족구조에 대한 정의는 학자들마다 다르나 대체적으로 다음과 같이 정의하고 있다.

① 가족구조를 가족형태의 유형으로 정의하는 반면, 다른 이론가들은 권력지위 또는 결혼유형으로 정의하고 있다.

② Parad & Caplan(1965)은 가족의 구조를 가족의 생활양식으로 정의하고 이는 다시 가치체계, 의사소통망, 역할체계의 3요소로 구성되었다고 하였다.

③ Friedman(1986)은 가족구조를 의사소통 유형, 역할, 가치체계, 권력구조의 4가지 기본 요소로 생각하였으며 이 요소는 상호 관련되고 가족체계에 영향을 준다고 하였다.

(9) **가족기능**

CHECK Point 가족기능장애를 초래하는 가족문제의 유형

1. Freeman(1970)
   (1) 경제적으로 매우 가난한 가족
   (2) 많은 가족문제를 지닌 가족
   (3) 이민가족
   (4) 부적절하게 기능하는 가족
   (5) 불완전한 가족구조를 지닌 가족
   (6) 어머니가 직장을 다니고 있는 가족
   (7) 유전적 소인이나 장애를 가진 가족
2. Smith & Fontana(1981)
   (1) 미혼모 가족, 미성년 가족 등 비합법적 동거와 같은 불완전한 가족

(2) 긴장과 갈등이 습관화되고 활기가 없는 가족, 정서적으로 유리된 빈 껍질과 같은 가족
(3) 자녀의 가치와 삶의 목표형성에 대한 교육능력이 부족해 자녀의 사회화를 제대로 못하는 가족
(4) 배우자나 자녀에게 정신적 · 신체적으로 학대하는 가족
(5) 실직, 저임금, 과도소비 등으로 심리적 · 정서적으로 긴장감이 있는 재정적 위기 가족
(6) 이혼을 부부갈등, 문제해결방안으로 생각하는 이혼위기 가족

3. Duvall이 제시한 가족문제 유목화
(1) 구성원의 상실
(2) 구성원의 추가
(3) 지위의 상실

① 가족기능은 가족구조에 따른 결과 또는 가족이 한 일에 대한 결과를 말한다. 가족기능의 완수는 가족구조 또는 조직의 유형을 통해 달성된다.
② 가족기능 측면에서는 가족의 구조가 가족의 기능을 수행하도록 잘 조직되어 있는지가 주요 관심이 된다.
③ Friedman(1986)
㉠ **가족의 5가지 주요 기능** : 정서적 기능, 재생산 기능, 사회화 기능, 건강관리 기능과 의식주 제공 기능, 경제적 기능
㉡ 가족은 가족의 내 · 외적 대처전략에 의해 기능을 수행한다고 하였다.

CHECK Point 건강한 가족의 기능

1. 가족구성원들 간의 상호작용을 촉진하는 과정이 있다.
2. 가족구성원들은 개인구성원의 발전을 촉진한다.
3. 시간이 경과함에 따라 역할관계는 효과적으로 조직화되어 있다.
4. 가족구성원들은 발생하는 문제에 능동적으로 대처해 간다.
5. 건강한 가정환경과 생활양식을 갖고 있다.
6. 외부 지역사회와 규칙적인 연계를 맺고 있다.

3. 가족발달이론(Family Development Theory)

(1) 가족생활주기의 각 단계별로 가족의 다양한 역할과 발달과업을 가족원들이 어떻게 실행하는지, 즉 시간에 따른 변화의 과정에 초점을 두며, 가족이 각 단계의 과업을 효과적으로 달성하는가를 중심으로 가족문제를 파악하는 이론이다.
(2) 1950년대부터 체계화되었으며, 이 이론에 의해 결혼생활의 만족, 노동의 분화, 부부의 세력 등이 연구되었다.
(3) 가족형태에 따라 발달단계를 먼저 사정한 후 그 시기의 발달과업을 어느 정도 수행하고 있는가를 사정해야 한다.

(4) 핵가족을 중심으로 분류하고 있기 때문에 확대가족에게는 적용하기가 어려우며, 중산층에 편중되어 설명되고 있다.
(5) 짧은 시간에 사정이 요구되는 가족이나 많은 가족을 관리하여야 하는 보건간호사에게 유용한 접근법이다.
(6) Duvall(1977)
  ① 가족성장주기에 따른 가족발달과업
  ② 가족의 기본발달과업
    ㉠ 물질적 부양
    ㉡ 노동의 분배
    ㉢ 자원의 분배
    ㉣ 가족구성원의 사회화
    ㉤ 가족구성원의 재생산, 휴식, 독립
    ㉥ 질서의 유지
    ㉦ 가족구성원의 사회 내 배치
    ㉧ 사기와 동기의 유지

4. 상징적 상호작용이론

(1) 가족을 상호작용존재의 단위로서 의사소통과정, 역할, 의사결정, 문제해결과 사회화 양상을 포함한 내적 가족역동을 이해하고자 한다.
(2) 가족상호작용은 외부관찰만으로 설명될 수 없으며 반드시 가족원이 그 상황을 지각하는 방식으로 이해되어야 한다는 점을 강조한다.
(3) 상징적 상호작용론자들은 가족을 살아있는 기능적인 집합체로 보고 있으며 무대 위에서 활동하는 배우들의 집단으로 비유하기도 한다.
(4) 가족성원들은 맡은 역할이 있고 그 역할에 대한 기대가 있다. 그런데 사람들은 창조적인 존재이기 때문에 자기에 대한 정의를 내리고 다른 사람과 상이하게 역할을 수행한다. 역할이 어떻게 수행되는가는 자기에 대한 개념 정의, 주어진 상황, 다른 사람들의 반응에 달려 있다.
(5) 부부간에 역할기대가 일치할수록, 부부의 역할수행이 잘 이루어질수록 결혼생활은 만족스러운 것이라는 명제를 갖고 있다.
(6) 이론의 강점은 가족의 역할, 역할갈등, 위치, 의사소통, 스트레스에 대한 반응, 의사결정, 사회화와 같은 가족 내의 내적인 과정에 초점을 두는 것이다.
(7) 상호작용적 접근은 가족의 본질과 과정을 이해하는 데 지대한 영향을 주었으며, 내적인 관점을 가지고 데이트, 배우자의 선택, 결혼적응, 부모-자녀관계, 인격형성분야를 다루는 데 있어 많은 영향을 주었다.

(8) 기본가정

① 상징적 언어조직의 소유는 인간을 다른 하위동물들과 구분시키는 가장 중요한 특성이다.

② 모든 인간은 태어났을 때 친사회적이거나 반사회적이지도 않고 사회성이 없다.

③ 모든 인간은 자아나 상징적 과정을 통해서 자신을 주체화 · 객체화하는 것을 배움으로써 성격을 발달시킨다.

④ 일단 인간이 자신을 발달시키고 언어를 연마하면, 인간은 행동을 분리하고 연관성이 없는 사건으로 보기보다는 범주화하기 시작한다.

⑤ 상호작용연구에서의 기본단위는 사회적 행동이다.

⑥ 인간은 그룹 속에서 태어나고 여러 가지 부류의 사람들 속에서 대부분의 생활을 보낸다.

⑦ 인간은 가치를 갖는다.

⑧ 인간은 반사적이며 점차 자기반성을 통해 자아에 대한 정의를 창조해 나간다.

⑨ 인간은 행위자이며 반응자이다.

⑩ 사회는 개인에 선행한다.

⑪ 사회는 인간과 같다.

⑫ 인간의 정신은 지워질 수 없다.

⑬ 인간은 자신의 수준에서 연구되어져야 한다.

⑭ 기본이 되는 관찰의 단위는 상호작용이다.

CHECK Point 가족의사소통의 관계망

1. **사슬형**(Chain Network) : 양쪽 끝에 위치하는 가족구성원은 오직 한 가족구성원과만 의사소통하고, 중간에 위치하고 있는 가족구성원은 양쪽의 두 구성원과 의사소통하는 유형이다. 중간에 위치한 사람은 가족 내에서 보다 중심적인 사람들이며, 양끝의 가족구성원은 다소 격리된 사람이다.
2. **원형**(Circle Network) : 사슬형에서 가장자리에 있는 가족구성원이 의사소통하는 형태를 생각한다면 원형의 관계망이 형성된다. 즉, 모든 가족구성원은 각각 양 옆에 있는 가족구성원과 의사소통하는 형태를 취한다.
3. **Y형** : 한 가족구성원을 통하여 다른 한 가족구성원 또는 둘 이상의 가족구성원에게 의사전달이 되는 유형이다.
4. **바퀴형**(Wheel Network) : 중심이 되는 한 가족구성원은 모든 가족구성원과 의사소통할 수 있으나 나머지 가족구성원은 중심이 되는 한 가족구성원과만 의사소통하는 유형이다.
5. **완전통로형**(All-Channel Network) : 모든 가족구성원들 간에 양방향으로 의사소통이 이루어지는 유형이다. 의사소통은 모든 방향으로 흐르고 피드백이 최대로 사용된다.

CHECK Point 가족관련 주요 이론의 3차원적 유형화

수준 및 변화	시간			
	정적		동적	
	내생적	외생적	내생적	외생적
관계적 차원	상징적 상호작용이론	-	-	-
가족적 차원	-	-	체계이론	체계이론 발달이론
제도적 차원	-	-	-	발달이론

5. 위기이론(Crisis Approach)

(1) 위기의 종류

① **성숙위기** : 성장발달과정 중에 있는 사람들이 경험하는 예견할 수 있는 위기로 위기의 출현은 점진적이다. 예 신체변화, 결혼, 출산

CHECK Point 성숙위기가 발생할 수 있는 생활환(Erikson)

1. 영아기 : 신뢰감 혹은 불신
2. 유아기 : 자율성 혹은 수치
3. 학령전기 : 솔선 혹은 죄의식
4. 학령기 : 근면성 혹은 열등감
5. 청소년기 : 인생의 생활환경 속에서 가장 심각하고 가장 깊게 지속되는 성숙위기가 있는 시기이며 성발달에 대한 위기가 있는 시기(동성애 경향), 미래생활유형과 직업선택
6. 청년기 : 선택과 정착의 역할(결혼, 취업, 역할만족)
7. 중년기 : 신체적, 문화적, 경제적, 심리적 스트레스(신체기능 저하, 자녀교육, 직업성공 여부, 젊은 시절의 계획에 못 미치는 회환)
8. 노년기 : 은퇴, 신체적인 질병, 경제적인 문제, 사망에 접근

② **상황위기** : 우발적으로 발생한 예견할 수 없는 위기로 흔히 사고라고도 한다.
예 기형아 출생, 이혼, 실직, 질병, 사고

(2) 위기의 단계(Fink)

① **충격단계** : 최고의 스트레스를 느끼고 불안, 무력감, 혼돈, 공황이 따르며 이인화의 감정 느낌, 위기해결을 위해 취할 행동을 계획할 수 없다. 정서적 충격이 신체적 충격보다 지속기간이 길다.

② **현실화 단계** : 충격에서 벗어나 현실감을 느끼는 단계로, 불안이 다시 상승하여 판단력의 기능이 손상되며 주의집중력이 떨어지고 논리적 대화나 행동을 할 수 없다. 또한 평소의 습관적이며 자동적인 문제해결기전을 사용할 수 없으며, 외부의 도움이 필

요한 시기로 대부분 이 시기에 보건의료체계로 들어오게 된다.

③ **방어적 후퇴단계** : 현실감에 의해 다시 손상되며 현실을 부정하거나 도피하게 되는 단계이다. 공상, 언어적, 비언어적 행위로 분노표현, 파괴적 태도, 부정, 합리화, 전이, 투사 등 방어기제를 사용하며 일상생활이나 사회적 역할수행이 힘들다.

④ **승인단계** : 개인이 상황에 대해 객관적으로 현실을 인식하고 재확인함으로써 문제해결을 시도하고 위기해결을 위한 계획을 수립하는 단계이다. 긴장과 불안이 다시 상승하여 문제해결을 위한 재구조, 재인식할 수도 있고 영구히 공상 속으로 후퇴하여 자살할 가능성도 있는 단계이다.

⑤ **적응과 변화의 단계** : 재조직과 안정의 시기로, 불안이 감소하며 새로운 인식과 새로운 방식으로 문제를 해결하는 단계이다.

(3) 위기중재전략

① **1차 중재전략** : 사건이 일어나기 전에 예방하는 것

② **2차 중재전략** : 조기발견하고 초반에 중재를 투입하여 더욱 심각한 상황에 처하지 않고 평형을 회복하게 하는 전략으로 가족의 적응행위를 높이기 위함이다. 특히 복합문제를 가진 가족이 적용대상이 된다.

③ **3차 중재전략** : 위기에 처한 가족의 회복을 돕고 이후에 닥칠 위기를 줄이는 것으로 불구나 장해를 감소시키는 것에 초점을 둔다.

CHECK Point 가족의 위기

1. 가족의 위기 대처능력에 영향을 미치는 것
   (1) 지역사회자원 이용능력
   (2) 효과적 의사소통 양상
   (3) 가족의 통합이나 결손
   (4) 가족의 역할 재분배
2. 위기에 처해 있는 가족에 대한 지역사회간호사의 역할
   (1) 가족이 각자의 책임을 판별할 수 있도록 해준다.
   (2) 건강문제 해결을 위한 자원을 알선한다.
   (3) 자극이나 위기에 대처하는 잠재력을 인식시켜 위기처리가 일상적인 과업이 되도록 돕는다.
   (4) 환자가 현실을 직면하여 발견하도록 한다.
   (5) 스스로 위기를 관리할 수 있도록 도우며 도움이 필요할 경우 도움을 받아들일 수 있도록 돕는다.

6. 스트레스 이론(Rechen Hil의 ABCX모형)

(1) 개념

① **A변수** : 고난과 관련된 스트레스 요인이나 사건

② **B변수** : 스트레스 요인이 되는 사건을 다루는 데 유용한 자원이나 가족의 장점(종교적

믿음, 재정, 사회적 지지, 육체적 건강, 가족의 유연성, 가족의 대처기전 등)

③ C변수 : 사건에 연루된 가족의 주관적 의미나 스트레스 사건의 심각성

④ X변수 : 스트레스를 일으킨 사건으로 인하여 가족체계 안에서의 분열이나 능력상실

(2) 가족스트레스 모형의 가정

① 기대하지 않은, 계획하지 않았던 사건을 보통 스트레스로 인지하고 있다.

② 심한 질환 등의 가족 내에서의 사건은 전쟁 등의 가족 밖의 사건보다 가족에게 더 큰 영향을 미친다.

③ 스트레스에 대한 사전경험의 부족은 스트레스로 인지하는 것을 더 증가시킨다.

④ 애매모호한 사건들은 애매하지 않은 사건들보다 더 스트레스를 유발시킨다.

⑤ 가족의 종교적 믿음, 재정, 사회적 지지, 육체적 건강 등은 스트레스를 관리하는 데 유용되는 자원이 된다.

7. 갈등이론

(1) 가족 내의 갈등을 배우자나 다른 가족구성원들의 상호 간에 영향을 주는 과정이라고 보고 일정한 경쟁이 지속되는 동안 서로를 의식하는 정도나 특성에 관심을 가져야 한다고 본다.

(2) 가족의 갈등이 존재하는 것은 필수적인 것이므로 가족의 갈등을 처리하는 과정에서 서로 만족스러운 방식으로 타협, 협상, 협조할 수 있는 구성원들의 동기와 능력, 공통되는 일련의 규칙을 유지하는 것이 중요하다.

(3) 가족 내에서 가족이 갈등을 어떻게 인식하는가, 어떤 관리방법을 사용하는가에 따라 가족이 유지되기도 하고 해체되기도 한다는 것이다.

(4) Bach와 Deutsh가 제시한 갈등을 다루는 기본원칙

① 불만이 무엇인지 구체적으로 명확하게 표현한다.

② 말하기 전에 진짜 나의 느낌과 생각이 무엇인지 생각해 본다.

③ 지나간 일은 언급하지 말고 현재에 닥친 문제만 초점을 맞춘다.

④ 부부싸움 후에는 승자가 없다는 것을 기억한다. 단지 친밀감이 손상되거나 혹은 더욱 친해질 수 있을 뿐이다.

⑤ 한 번에 한 상황만을 다루도록 한다.

⑥ 단지 불평만을 하지 말고 원하는 합리적인 변화상황을 제시한다.

⑦ 문제를 알게 되었을 때는 문제가 무엇이라고 생각하는 지를 상대방에게 명확히 전달한다.

⑧ 상대방의 감정상태를 함부로 속단하지 않는다. 자신이 알고 있는 상대방의 감정이 틀릴 수 있다.

8. 교환이론

(1) 중심개념

① 인간은 보상을 추구하고 처벌은 회피한다.

② 타인과의 상호작용에서 인간은 이익의 극대화 – 비용의 최소화를 추구한다.

③ 인간은 합리적 행위자로서 행동하기 전에 그들이 소유한 제한된 정보의 범위 내에서 보상과 비용을 계산하고 대안을 고려한다.

④ 인간이 보상과 비용을 평가하는 기준은 사람마다 다르다. 또 시간의 흐름에 따라 변화한다.

⑤ 보상의 가치는 개인의 기대가 클수록 크고, 그 이후에 이러한 보상의 가치는 낮아진다.

(2) 교환이론은 출산시기와 이혼결정 여부 등을 설명하는 데 유용하게 활용된다.

9. 여권주의 이론

(1) 여권주의 입장에서는 가족을 성별분업의 역할분리개념하에 남성을 위한 가족서비스를 보장하고, 자녀들은 성에 따른 역할로 사회화시켜 가부장적 질서를 재생산하는 여성을 억압하는 하나의 제도로 보았다.

(2) 가족 내에서 여성에 의해 이루어지는 대부분의 가사노동과 자녀양육 및 노인봉양 등은 사회적 가치를 인정받지 못하고 있음을 지적하고 있다.

(3) 즉, 여권주의는 기존의 가부장적 사회구조에 대한 저항을 갖는다.

10. 포스트모더니즘

(1) 구조기능론적 가족에 대한 반대입장으로 가장 최근에 등장한 이론으로서 불확실성, 불연속성, 비결정성, 다원주의 등을 특징으로 하고 있다.

(2) 새로운 형태의 가족들은 가족문화영역을 보다 넓게, 보다 다양하게 확장하고 있는 것이다.

(3) 다양한 가족형태는 새로운 삶의 방식을 추구하는 특정한 형태의 가족형을 상징하는 것이다.

(4) 한부모 가족, 재혼가족들은 안정되지만 획일적인 가족문화 대신에 개인의 자발성에 기반한, 보다 유동적인, 그래서 더 큰 가능성을 지닌 다양한 가족문화라는 입장이다.

4 간호대상으로서의 가족에 대한 4가지 관점

1. 배경으로서의 가족

개인이 중요하고 가족은 배경이 된다. 가족은 개인의 건강과 질병에 대해 스트레스원 또는 자원을 제공한다. 이러한 관점을 이용하는 간호사는 환자 개인에게 "인슐린 의존성 당뇨병의 진단이 당신의 가족에게 어떠한 영향을 미치는가?", "당신이 밤에 투약하는 것이 당신의 가족에게 문제가 됩니까?"라고 질문한다.

2. 대상자로서의 가족

가족이 중요하고 개인이 배경이 된다. 가족은 개별 가족구성원의 합으로 각 구성원들은 가족에게 영향을 준다. 간호사는 가족구성원에게 "가족구성원들은 간암이라는 당신 어머니의 진단에 대해서 어떻게 반응할 것 같습니까?"라는 질문을 한다.

3. 체계로서의 가족

상호작용하는 가족으로 가족은 부분의 합 이상인 가족 간의 상호작용체계에 초점을 둔다. 즉, 개인과 가족전체 동시에 초점을 두는 이론이다. 또한 가족구성원들 간의 상호작용은 간호중재의 목표가 된다. 간호사는 "아이가 두부손상이 된 이후로 당신과 당신의 배우자 사이에 변한 것이 무엇입니까?"라고 질문한다.

4. 사회구성원으로서의 가족

가족을 사회의 많은 조직 중에 하나로 본다. 사회의 일차적인 조직인 가족은 보다 큰 체계의 부분이 되며, 가족은 다른 조직들과 상호작용을 한다. 간호사는 가족과 지역사회기관들과의 상호작용에 초점을 둔다.

CHECK Point 가족주기

1. 개인환경으로서의 가족간호
   (1) 간호사들은 가족 내 개인들과 관계를 가지고 간호목표는 개인에게 초점을 둔다.
   (2) 환자에게 : 인슐린과 식이에 대해 잘 이해하고 있습니까? 당뇨진단으로 인한 환자의 생활상의 변화와 적응정도는 어떠합니까?
   (3) 가족에게 : 환자의 질환특성과 식이, 운동 등 관리방법을 얼마나 잘 이해하고 있습니까?
2. 대인관계체계로서의 가족간호
   (1) 주어진 시간에 서로 상호작용하는 가족의 수에 근거하여 둘 이상의 체계를 가족간호의 대상으로 하는 개념으로 가족의 상호작용에 개입함으로써 중개자로서의 역할을 수행한다.
   (2) 환자에게 : 당신의 질병으로 인해 아내에게 부담을 주는 것 같은가요? 둘의 관계가 변화한 것 같은가요?
   (3) 아내에게 : 환자를 간호할 때 당신의 느낌은 어떻습니까?
3. 전체체계로서의 가족간호
   (1) 가족을 환경체계 및 하위체계와 상호작용하는 구조적, 기능적 요소를 갖춘 체계로 보는 입장으로, 간호의 목표는 가족체계 내의 변화, 체계-환경 간 및 체계-하위체계 사이의 조화의 증진이다.
   (2) 가장의 당뇨병진단으로 인해 집안의 의사결정권이 변화되지는 않았습니까?
   (3) 가장의 당뇨병진단으로 인해 가족구성원들의 역할변화나 행위 등에 변화가 있나요?
   (4) 가족은 이런 상황을 극복하기 위해 잘 협조하고 있나요?
   (5) 가족은 환자의 치료를 위해 외부자원을 잘 이용하고 있나요?

5 가족생활주기(Family Life Cycle, WHO)

CHECK Point 가족에 접근하는 3가지 접근법

1. 가족주기 3단계 : 한 가족이 형성되는 단계 → 발전하여 확대되는 단계 → 다시 규모가 축소되는 단계
2. 가족주기 5단계 : 본인의 출생에 의한 독신전기 → 혼인에 의한 부부전기 → 장자의 출생에 의한 친자동거기 → 막내의 혼인 및 분가에 의한 부부후기 → 배우자 사망에 의한 독신후기
3. Sorokin(1931)의 가족구성원과 가족크기의 변화에 따른 가족생활주기
   결혼한 부부 → 자녀 한둘이 있는 부부 → 성인이 된 자녀를 둔 부부 → 노년기의 부부
4. Kirkpatrick(1934)의 자녀의 교육형태에 따른 가족생활주기
   학령전기 가족 → 학령기 가족 → 청소년기 가족 → 성인기 가족
5. Bigelow(1942) 가정의 수입지출, 자녀의 교육상태를 기준으로 한 가족생활주기
   형성기 → 학령전기 → 학령기 → 청소년기 → 대학교육기 → 회복기 → 은퇴기
6. Rodgers(1960) : 첫 번째 자녀뿐 아니라 막내 자녀의 연령과 역할까지 고려한 24단계로 가장 다양하게 분류
7. Susser의 발달주기 : 팽창 → 분산 → 독립 → 대치

가족주기	특성	
	시작	끝
1단계 형성기	결혼	첫 아이 출산
2단계 확대기	첫 아이 출산	마지막 아이 출산
3단계 완전확대기	마지막 아이 출산	첫 아이 집 떠남
4단계 수축기	첫 아이 집 떠남	마지막 아이 집 떠남
5단계 완전수축기	마지막 아이 집 떠남	부부 중 한 명 사망
6단계 해체기	부부 중 한 명 사망	나머지 부부 사망

6 가족생활주기별 발달과업과 건강문제

1. 가족발달과업

주어진 각 단계에 가족이 성취하여야 하는 책임으로서 생물학적 충족, 문화적 요구, 가족의 열망과 가치를 만족시켜야 한다. 또한 가족은 가족구성원의 발달에 특별히 관련된 책임, 목표, 발달과업을 가지는데 이 과업은 계속 수정된다.

2. 가족생활주기별 건강관련 발달과업(Duvall, 1977)

CHECK Point Duvall의 가족생활주기 분류기준

1. 장자의 나이
2. 장자의 교육상태
3. 자녀가 가족에 포함되기 전과 후의 가족의 기능과 상태
4. 여러 가지 양상들

(1) 제1단계(가족의 시작, 부부만의 시기 : 결혼~큰 아이 출생 전)

① 우선적인 주요관심은 결혼에의 적응
② 서로 만족하는 부부생활
③ 임신과 부모됨에 적응
④ 친족관계 형성
⑤ 정보의 부족은 성문제나 정서문제, 두려움, 죄의식, 원치않는 임신 등을 발생
⑥ 올바른 가치관을 가질 수 있도록 도와주는 것이 가족간호사의 중요한 역할이다.

(2) 양육기 가족(장자 0세~2.5세)

① 부모의 역할과 기능
② 자녀를 낳고 그에 적응하며 자녀발달을 조장
③ 부모와 자녀 모두를 위한 만족스러운 가정생활
④ 주요관심은 산모교육, 육아, 신체건강문제의 조기발견 및 처치, 예방접종, 가족계획, 가족상호작용, 일반 건강증진활동이다. 일하는 엄마의 경우 육아시설까지의 접근성에 관한 것, 부모-아이관계, 아동학대에 관한 조짐, 부모로서의 역할을 받아들임에 관한 것이 중요하다.

(3) 학령전기 아동가족(장자 2.5~6세)

① 성장을 자극, 촉진시키기 위해 취학 전 아동의 욕구와 관심에 적응(자녀들의 사회화 및 양육)
② 부모는 에너지 소모와 사생활의 부족에 적응
③ 주요 신체건강문제는 전염병, 감기, 화상, 중독, 기타 사고 등이고, 심리적인 건강문제는 결혼관계이다. 최근 연구에 의하면 많은 부부들이 이 시기에 결혼만족도가 감소되고 경제활동을 하고 싶은 욕구를 느낀다고 한다. 또 다른 문제로 형제자매 간 질투, 가족계획, 성장발달에 대한 욕구, 아이훈련에 대한 부모의 문제, 아동학대, 가정 내 사고, 의사소통문제 등이 발생할 수 있다.

(4) 학령기 아동가족(장자 6~13세)

① 자녀들의 사회화 및 학업성취 격려

② 가정의 전통과 관습의 전승

③ 아동의 교육적 성취 고무

④ 아동을 위한 건설적 가족공동체 형성을 위한 노력

⑤ 가족 내 규칙과 규범의 확립

⑥ 만족스런 부부관계 유지

⑦ 가족구성원의 신체건강상태는 양호하다. 그러나 부모편에서 남자연령 35세부터는 심장질환이 나타나기 시작하고, 남녀 모두 질병발생에 취약해지기 시작하는 연령층에 들어가게 된다.

(5) 청소년기 가족(장자 13~20세)

① 성숙한 청소년으로서의 책임감과 부모로부터의 해방감에 균형을 유지

② 성숙한 부모로서의 자질과 능력을 갖춤

③ 직업(수입)의 안정화

④ 자녀들의 독립성 증가에 따른 자유와 책임의 조화

⑤ 자녀들의 성문제에 대처

⑥ 세대 간의 충돌대처

⑦ 자녀는 자동차나 오토바이 등으로 인한 사고위험이 높고, 약물이나 알코올에 대한 대책, 원치않는 임신, 성에 대한 관심고조에 유의해야 한다.

(6) 진수기 가족(장자의 출가 ~ 모든 자녀들의 출가)

① 적절한 의식이나 사회의 도움으로 취직, 군 입대, 대학입학, 결혼 등에 직면

② 지지기반으로서의 가정의 기능을 유지

③ 자녀출가에 따른 부모의 역할 적응

④ 부모-자녀 간 의사소통문제가 일차적 관심이 된다. 남편과 아내의 역할전이, 고콜레스테롤치나 고혈압 등 만성질환의 출현, 갱년기문제 등이 발생된다. 건전한 생활양식을 가지는 것이 이 시기의 부모가 준비해야 할 과업이다.

(7) 중년기 가족(빈 둥우리가족 ~ 은퇴)

① 결혼관계에서 다시 초점을 맞춰 결혼관계 재정립

② 신, 구세대 간의 친족결속력 유지

③ 새로운 흥미의 개발과 참여

④ 적절한 휴식, 여가활동, 수면, 충분한 영양, 규칙적 운동, 금연, 절주, 체중조절, 건강검진 등 건강한 생활양식 이행을 통해 건강증진을 꾀해야 한다. 또한 자녀, 손자, 부

부간 원만한 의사소통을 유지하는 것, 노후생활에 대비한 대책을 마련하는 것이 과업이라 할 수 있다.

(8) 노년기 가족(은퇴 ~ 양쪽 배우자 사망)

① 은퇴 및 수입감소에 적응해 가는 것
② 배우자의 죽음에 적응하는 것
③ 체력 및 건강의 쇠퇴에 적응해 가는 것
④ 동년배의 사람들과의 친밀한 관계를 만드는 것
⑤ 최대관심은 건강하게 오래 사는 것이다. 간호사는 급성질환에서부터 만성질환, 재활에 이르기까지 간호제공과 의료시설 이용안내 및 의뢰 등 많은 도움을 줄 수 있다.

03 우리나라의 가족

1 가족의 변화

1. 가족구조의 변화

(1) 소가족화와 가족규모 축소
(2) 가족세대의 단순화와 핵가족의 증대
(3) **비정형적 가족형태의 출현** : 1인 가구, 노인 단독가구, 한부모 가구의 증가

2. 가족기능의 변화

(1) 주요 가족원이 경제적 기능으로 가정 밖에서 보내는 시간의 증대로 가족의 유대감이 약화됨
(2) 성적 및 재생산 기능의 약화
(3) 자녀의 양육과 사회화 기능 퇴화
(4) 정서적 기능의 약화
(5) 여가와 휴식의 기능 미약
(6) **사회보장적 기능 약화** : 특히 노인부양에서 두드러지고 있다.

3. 가족의 형성과 주기 변화

(1) **가족형성기** : 짧아지는 추세로 1959년 이전에는 2.37년, 1990년 이후는 1.22년

(2) **확대기** : 점차 짧아져 1959년 이전에는 약 11년, 1990년 이후는 2.4년

(3) **확대완료기** : 14.8년이었던 것이 23.4년으로 점차 길어짐

(4) **가족축소기** : 10.9년이었던 것이 2.4년으로 짧아짐

(5) **축소완료기** : 8.6년에서 12.2년으로 점차 길어짐

(6) **해체기** : 8.6년에서 12.2년으로 점차 길어짐. 즉, 가족주기의 전기단계는 단축되는 반면 가족후기의 단계는 연장되는 추세이다.

4. 가족의 경제생활 변화

(1) 남성가구주가 차지하는 주 소득원의 비중은 점차 경감되는 반면, 여성의 경제활동 참여가 확대되고 있다.

(2) **소비구조의 변화** : 교양, 오락, 교통, 통신 및 기타 잡비, 교육비의 지속적 증가

(3) 실업은 가족의 결속력을 약화시킬 뿐 아니라 남성들의 정체성에 큰 영향을 미쳐 가족 내 긴장감을 증폭시키며, 자녀의 성장과정에도 영향을 미친다.

5. 결손가족의 문제

최근 이혼, 별거, 가출, 가정폭력 등 가족의 불안정을 나타내는 현상이 증가하고 있다. 1990년 다시 증가하고 있는 한부모 가족이나 새싹가정 등 결손가족이 증가하고 있으며 이는 자녀유기, 노인부양, 청소년 비행 및 범죄 등 사회문제의 발생을 증가시키고 있다.

(1) 한부모 가족의 문제점

자녀양육의 문제, 경제적 문제(특히, 교육비 문제), 법적 보장문제

(2) 새싹가정의 문제점

① **정의** : 부모사망으로 형제끼리 혹은 혼자 사는 경우 외에도, 부모가 있더라도 재소 중이거나 가출, 이혼, 재혼 등의 이유로 보호받지 못하는 경우이거나 조부모나 일가친척 또는 부모 중 한 명과 생계를 같이 하나 그들의 노령, 질병 등으로 아동이 실질적인 가장의 역할을 해야 하는 경우 등을 포함한다.

② 경제적 문제, 정서적 문제, 교육문제, 주택문제

(3) 단독가구(청장년 1인 가구, 노인 단독가구)의 문제점

① 경제적 문제

② 심리적 문제

③ 건강상 문제

CHECK Point 한국가족의 변화

1. **한국가족의 외적 변화**
   (1) 가족의 소수인화 현상으로 산업화 · 도시화에 따른 핵가족화 및 소가족화가 진전되고 가구 수 증가와 가구당 평균 가구원 수가 3.1명(2005년)으로 감소추세를 보이고 있다.
   (2) 초혼 연령이 남자 30.9세, 여자 27.7세로 매년 높아지고 있으며, 합계출산율도 최저치를 기록하고 있다.
   (3) 가족의 고립화 현상으로 심리적 고립감을 느끼며 좀 더 가족들 간의 애착을 보이게 되는 경향이 있다.
   (4) 배우자 선택에 있어 연령, 교육수준, 결혼 전 최장거주지 등이 유사하거나 동일한 경우에 결혼하는 비율이 높아 동질혼 경향이 강하다.
   (5) 초혼 결합형태가 연상의 여성과 결혼하는 비율이 늘고 이혼율의 상승으로 재혼비율이 증가추세에 있다.
   (6) 형성기 및 확대기가 소자녀 규범정착으로 단축되고, 확대완료기는 연장되고 있다. 축소기는 점차 단축되는 경향이 있고 축소완료기는 젊은 층일수록 길어지는 양상을 보이고 해체기는 점차 길어지는 추세이다. 이러한 가족의 주기변화는 기혼여성들의 취업률을 높여 현재 취업 중인 부인은 전체의 45.5%이다.
   (7) 축소완료기와 해체기의 연장은 노인부부 가구 및 여성노인 단독가구의 증가현상을 보여 이들을 위한 사회적 차원의 지원책이 요구된다. 3세대 이상의 확대가족의 감소와 비정형 가구(한부모 가족, 조부모와 손자녀 가구, 1인 가구, 비혈연 가구, 기러기가족)의 급증 양상을 보이고 있다.
2. **가족의 기능변화**
   (1) 의식주를 포함한 경제적 기능이 간편해지고 주부의 부담이 감소되었다.
   (2) 개인 위주의 업무중심이 되면서 가족에게 심리적 기능이 더욱 강조되었다.
   (3) 가족의 심리적 기능 강조로 인하여 더욱 안락하고 안정적인 가정을 가꾸어 나가야 하는 부담을 주부가 갖게 되었다.
   (4) 대부분의 기능을 가족 밖의 기관과 제도로 넘겨주고 주요 기능은 가족구성원에게 정서적 지지를 제공하는 것에 국한되었다.
3. **현대사회의 새로운 가족모습**
   (1) 전통적인 부자중심 가족에서 부부중심으로, 수직구조에서 수평구조로 변화가 일어난다.
   (2) 가족원이 적으므로 단조로움이 있는 반면, 생활이 편리하고 이동이 용이하나 가족들만의 소외감이 늘어 전체 사회에서의 고립감이 증가하고 있다.
   (3) 개인주의 성향이 증가하여 가족 내의 개성이 뚜렷하나 응집력이 약해 결속을 위한 보완이 필요하다.
4. **한국의 가족변화에 대한 논의**
   (1) 한국에서 가족의 변화에 관심을 보이기 시작한 것은 IMF경제위기, 저출산, 만혼 및 비혼, 이혼, 인구고령화 등의 문제가 대두된 1990년 후반이다.
   (2) 한국가족의 변화를 가족의 위기로 보는 시각과 가족의 다양화 또는 재구조화로 보는 시각이 있다.

(3) 2005년 1월 1일 「건강가정기본법」이 시행되고 5년마다 건강가정기본계획 수립 및 가족실태조사를 실시하며 시·군·구별 건강가정지원센터를 통해 가정상담, 가정생활교육 및 정보제공, 가정생활문화운동을 전개하고 있다.
(4) 2013년 서울의 중앙 건강가정지원센터를 비롯한 전국의 151개소의 건강가정지원센터가 설립·운영되고 있다.

CHECK Point 우리나라 가족변화의 주요 요인

1. 사회적 요인
   산업화, 도시화, 여성의 사회적 지위 변화
2. 인구학적 요인
   초혼 연령의 상승, 출산율 저하, 평균 수명의 연장, 남녀 사망률 격차
3. 가족가치관적 요인
   결혼가치관의 변화, 자녀가치관의 변화, 가족부양가치관의 변화, 부부관계가치관의 변화

2 우리나라의 가족정책

1. 가족의 소득보장 강화

노인 단독가구, 한부모 가족, 새싹가정 등에 가장 필요하다.

2. 가족의 보호기능 강화

재가노인을 위한 서비스 확충, 저소득 취업여성 가정, 한부모 가족, 새싹가정의 자녀보호를 위한 가정도우미의 지원강화 및 가족간호 휴직제도의 도입, 활성화가 요구된다.

3. 가족의 정서적 기능지수 강화

약화된 가족의 정서적 유대관계를 위해 체계적이고 종합적인 가족복지상담 및 치료서비스를 실시하고 있다. 또한 핵가족 현상과 함께 부부만의 생활기간이 길어지고 있어 이를 위한 노인여가시설이나 사회교육기관 등을 통해 부부공동으로 참여할 수 있는 프로그램 등의 개발이 요구된다.

4. 자녀양육과 사회화 기능지수 강화

보육시설의 확충과 운영시간의 연장이 요구되며, 아동연령에 따른 다양하고 차별화된 보육정책, 방과 후 아동교실의 확대 등이 추진되어야 한다.

5. 취업여성을 위한 가족지원 강화

직장에서의 육아휴직제도의 활성화, 탄력적인 근무시간제도 등의 도입이 요구되며, 가족간호 휴직제도의 활성화가 이루어져야 한다.

6. 가족단위의 여가와 휴식기능 향상

다양한 가족문화 관련 프로그램의 개발 및 보급이 요망된다.

3 다문화가족

1. 다문화사회의 개념

다양한 소수민족이 거주하고, 국제결혼의 증가로 다문화가족 자녀의 출생이 늘어나며, 많은 유학생 등이 거주하는 상태를 말한다. 뿐만 아니라 다문화가족으로 인해 늘어나는 사회문제를 예방하기 위해 법과 제도를 만들고 그들을 위한 서비스 제공 시설이 증가하는 사회를 말한다.

2. 우리나라가 전반적으로 학력과 소득이 높아지면서 1987년 이후 제조업과 건설부문, 즉 3D 직종의 산업체는 인력이 부족하게 되었던 시기에 다문화사회로 급변하게 되었다. 1990년대부터는 이주노동자보다 여성 결혼이민자의 비율이 급속하게 증가되었다.

3. 다문화가족의 유형

(1) **결혼이민자 가족** : 한국인 남자 + 외국인 여자, 외국인 남자 + 한국인 여자

(2) **외국인 근로자 가족** : 한국에서 결혼 혹은 본국에서 결혼 후 국내로 이주한 가족

(3) **북한이탈주민 가족** : 북한 태생으로 한국 입국, 한국인과 결혼 또는 외국인과 결혼해 형성된 가족

(4) **1인 외국인 가구** : 외국인 근로자, 유학생

4. 다문화가족의 정의(다문화가족지원법)

(1) 결혼이민자(대한민국 국민과 혼인한 적이 있거나 혼인관계에 있는 재한외국인)와 출생시부터 대한민국 국적을 취득한 자로 이루어진 가족

(2) 「국적법」에 의해 귀화허가를 받은 자와 출생시부터 대한민국 국적을 취득한 자로 이루어진 가족

5. 보건소에서의 사업

(1) 영양플러스 사업

다문화가족을 위한 이유 보충식 등의 교육자료와 프로그램을 개발하여 보급하고 있다.

(2) 영유아 건강검진

(3) 긴급복지지원제도

다문화가족이 위기상황에서 의료비를 지원받도록 지원하는 제도

04 가족간호과정

1 사정단계

1. 개념

(1) 가족의 건강문제를 파악하기 위해 기초가 되는 자료를 수집하는 단계이다.
(2) 가족의 건강, 기능, 과업수준, 가족구성원의 상호작용 유형 등을 파악함으로써 구체적이며 효과적인 중재를 개발하는 데 도움을 얻을 수 있다.
(3) 자료는 가족간호과정의 전 단계에 걸쳐 계속해서 수집되어야 한다.

2. 기본원칙

(1) 가구원보다는 가족전체에 초점을 맞춘다.
(2) 정상가족이라는 일반적인 고정관념이 아닌 가족의 다양함과 변화성에 대한 인식을 가지고 접근한다.
(3) 가족의 문제점뿐만 아니라 강점도 사정한다.
(4) 가족이 함께 사정에서부터 전 간호과정에 참여함으로써 간호사와 대상자가 함께 진단을 내리고 중재방법을 결정하도록 한다.
(5) 가구원 한 사람에게 의존하지 않고 가구원 전체, 친척, 이웃, 의료기관이나 통·반장 등 지역자원 및 기존자료를 통해서 자료를 수집한다.
(6) 가족정보 중에는 이중적 의미가 있는 정보가 있을 수 있다. 따라서 한 가지 정보나 단면적인 정보에 의존하기보다는 복합적인 정보를 수집하여 정확한 해석을 통하여 판단한다.
(7) 대부분의 가족사정자료들은 질적 자료를 선택하여 기록한다.

(8) 수집된 자료 중에 의미있는 자료를 선택하여 기록한다.

(9) 사정된 자료 자체는 가족의 문제가 아니며 원인도 아니다. 즉, 사정자료는 진단이 아니다.

3. 자료수집방법

(1) 1차 자료

간호사가 직접적으로 가족 및 가족환경을 접촉하여 얻은 자료로 1차 자료를 얻는 방법은 면담, 관찰, 신체사정, 환경조사 등이 있다.

① **구조화된 면담** : 이미 작성된 구체적인 질문내용을 가지고 면담을 실시하는 것으로 체계적인 자료수집이 용이하며 시간이 절약되는 장점이 있다.

② **비구조화된 면담** : 개방적인 질문을 함으로써 쉽게 드러나지 않는 깊이 있고 내면적인 부분에 대한 내용을 수집할 수 있으나 원하는 자료를 얻고자 할 때 숙련된 기술이 필요하다.

③ **관찰** : 가족의 역동과 문제해결능력에 관한 자료를 얻고자 할 때 유용한 방법이다.

(2) 2차 자료

가족과 관련있는 타인, 기관, 건강기록지 등 다양한 자료원으로부터 간접적으로 얻은 자료로 이러한 자료를 이용하는 경우 가족의 구두 또는 서면 동의를 받는 것이 필요하다.

4. 가족을 사정하는 방법

(1) 직접면담

가정방문, 직접관찰, 전화, 점검표 등을 이용하여 대상자와 직접 면담하는 방법이다.

(2) 간접면담

친척, 친구, 이웃, 통 · 반장 등 가족구성원과 가까운 사람이나 지역의 인적 자원을 만나 면담하는 방법이다.

(3) 기존자료 활용

가족이 다니는 병원이나 보건의료기관의 자료, 학교 혹은 직장의 자료, 동사무소나 구청의 자료, 사회사업기관의 자료 등 기존자료를 이용하면 많은 시간과 노력을 절약할 수 있다.

5. 가족사정도구

(1) 가족구조도 또는 가계도

3세대 이상에 걸친 가족성원에 관한 정보와 그들 간의 관계를 도표로 기록하여 복잡한 가족유형의 형태를 한눈에 볼 수 있도록 한 도구

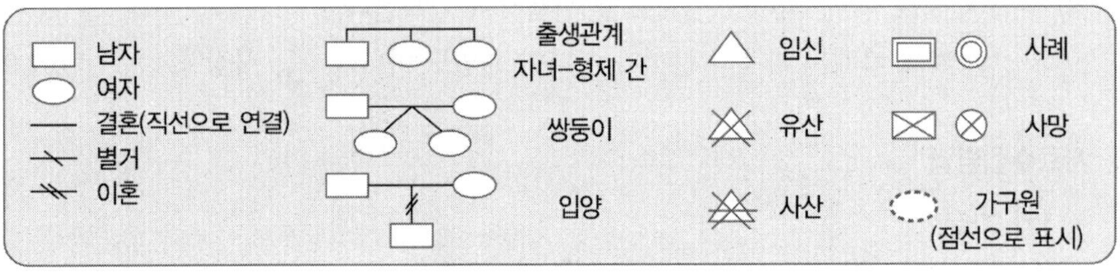

〈가계도에서 사용되는 상징기호〉

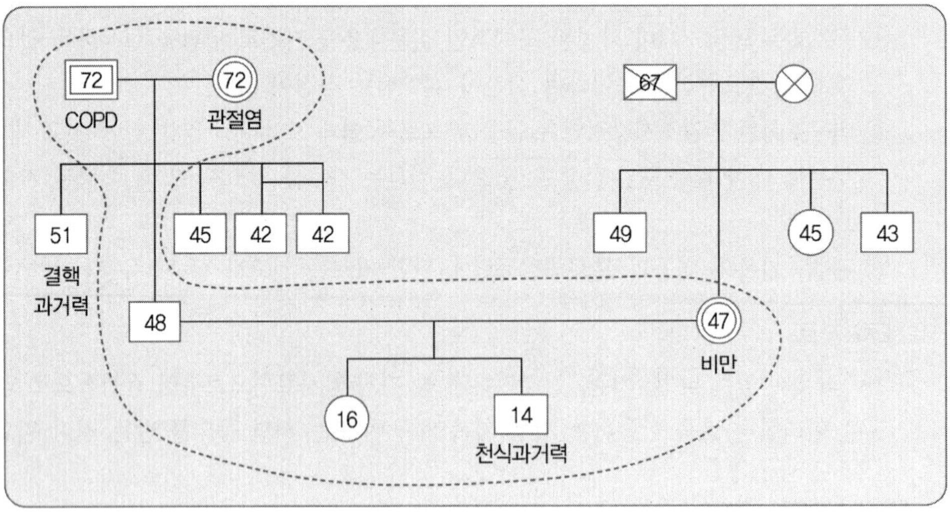

〈가계도의 예〉

CHECK Point 가계도 그리는 방법

1. 가족구조를 도식화한다. : 가족이 한 세대에서 다음 세대까지 생물적, 법적으로 어떤 관련이 있는지 묘사하는 것이다. 우선 부부를 먼저 그리고 아이들을 표시한 후 부부의 양가부모와 형제자매를 그린다.
2. 가족에 관한 정보를 기록한다. 즉, 이혼, 결혼, 죽음, 가족구성원의 나이, 생일, 질병력 등을 삽입한다.

(2) 가족밀착도

현재 동거하고 있는 가족구성원들 간의 밀착관계와 상호관계를 이해하는 데 도움을 준다.

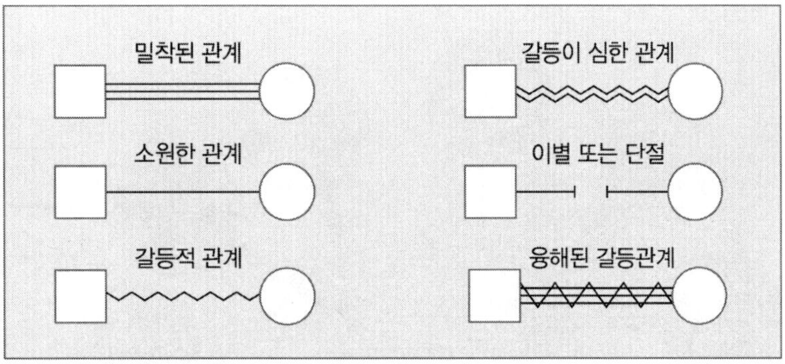

〈가족밀착도에서 사용되는 상징기호〉

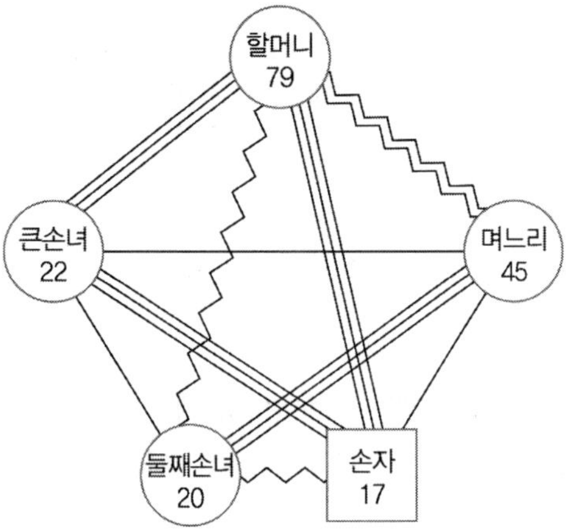

〈가족밀착도의 예〉

(3) 외부체계도(가족생태도)

가족관계와 외부체계와의 관계를 그림으로 나타내는 도구로 가족의 에너지 유출과 유입을 관찰할 수 있고 가족구성원들에게 영향을 미치는 스트레스원을 찾는 데 도움을 준다. 외부체계도를 그리는 방법은 다음과 같다.

① 가족의 가계도를 그린다.

② 가계도 둘레를 가족구성원이 느끼는 스트레스원, 갈등 제공원, 강점이 될 수 있는 자원을 그린다.

③ 가족과 자원 간의 관계가 강한 경우에는 실선으로 연결한다.

④ 가족과 자원 간의 관계가 약한 경우에는 점선으로 연결한다.

⑤ 가족과 스트레스원과의 관계는 실선 위에 스트레스 표시를 해준다.

⑥ 에너지 흐름을 화살표로 표시한다.

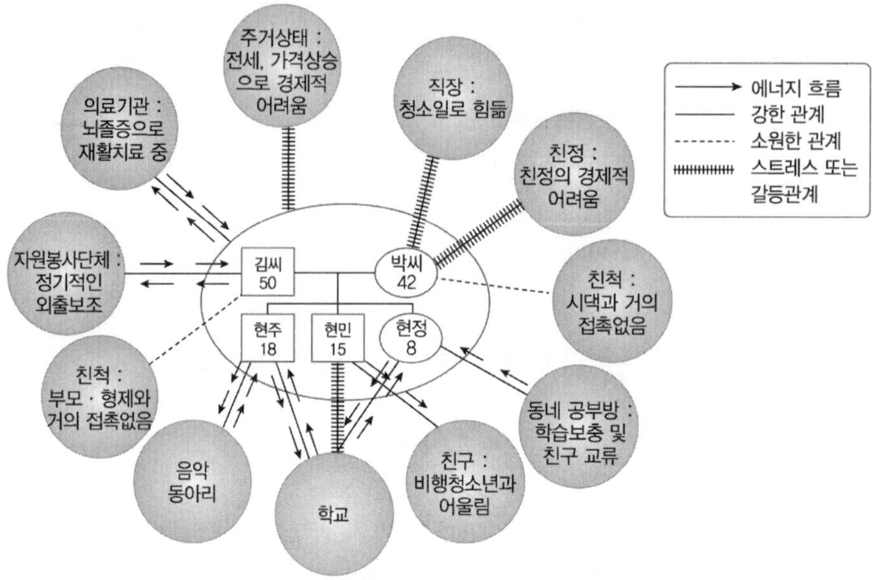

〈외부체계도의 예〉

(4) 가족연대기

가족의 역사 중에서 개인에게 영향을 주었다고 생각되는 중요한 사건을 순서대로 열거한 것으로 개인의 질환과 중요한 사건의 관련성을 추구하려 할 때 사용한다.

(5) 가족생활사건

가족이 최근에 경험하는 일상사건의 수를 표준화한 가족생활사건도구(FILE)를 사용하여 가족에게 일어나는 문제가 스트레스와 관련된 문제인지, 특정한 스트레스에 잘못된 대처로 인하여 더욱 악화되고 있는지의 여부를 확인하는 데 사용된다.

(6) 사회지지도

가족 중 가장 취약한 구성원을 중심으로 부모형제관계, 친척관계, 친구와 직장동료 등 이웃관계, 그 외 지역사회와의 관계를 그려봄으로써, 취약구성원의 가족 하위체계뿐만 아니라 가족 외부체계와의 상호작용을 파악하고자 한다. 실제 사회지지도는 가족의 지지체계를 이해함으로써 가족중재에도 활용할 수 있다.

사회지지도를 그리는 방법은 다음과 같다.

① 간호사는 가족구성원 가운데 우선적으로 간호중재가 주어져야 한다고 생각되는 대상자(취약구성원)가 누구인지를 선택한다.

② 원을 겹쳐서 5개를 그린다.

③ 제일 안쪽의 원 안에 선택한 대상자를 기록한다.

④ 두 번째 원 안에 동거하는 가족을 기록한다.

⑤ 세 번째 원 안에는 따로 거주하는 직계가족과 친척들을 기록한다.

⑥ 네 번째 원 안에는 대상자와 관련이 있는 보건의료기관, 종교기관, 사회기관 등을 기록한다.

⑦ 대상자와 다른 원에 있는 사람 및 기관 간에 지지활동 여부를 표시해 준다.

⑧ 지지 정도에 따라 직선을 1개 혹은 2개 연결하며 지지관계가 아닌 경우는 연결을 하지 않는다.

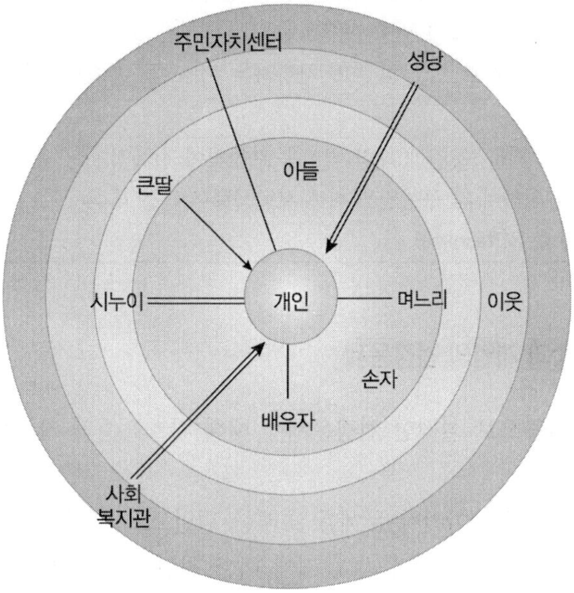

〈사회지지도의 예〉

(7) 가족기능평가도구

① 가족이 문제에 대처하여 해결해 나가는 데 있어서 가족의 자가관리능력과 더불어 가족기능수준을 사정해 보는 것이다.

② Smilkstain(1980) : 가족의 적응능력, 가족 간의 동료의식 정도, 가족 간의 성숙도, 가족 간의 애정정도, 해결 등 5가지 가족기능영역(APGAR)을 평가하여 각 항목당 최고 2점을 배점하여 총 7~10점을 받은 경우 가족기능이 높은 것으로 보았다.

구분	아니다 (0점)	때때로 그렇다 (1점)	그렇다 (2점)
위기시 문제해결을 위해 가족의 내적, 외적 자원을 활용하는 능력이 좋음 A(Adaptation)			
가족구성원끼리 동반자관계에 의해 의사결정을 하고 서로 지지해 주는 정도에 만족 P(Partnership)			
가족구성원 상호 간의 지지 및 지도를 통해 신체적 · 정서적 충만감을 달성하는 정도에 만족 G(Growth)			
가족구성원 간에 서로 보살펴주고 사랑하는 정도에 만족 A(Affection)			
가족구성원들이 재물, 공간에 대한 결정을 포함하여 신체적 · 정서적 지지를 위하여 타 구성원을 위해 서로서로 시간을 내주는 정도에 만족 R(Resolve)			

2 간호진단 : 가족과 개인의 건강문제

1. 수집된 자료를 바탕으로 설정한 건강문제에 대해 간호표준과 기준을 적용하여 간호문제를 도출한다.
2. 간호진단은 간호문제와 이러한 문제를 초래한 원인으로 구성된다.
3. 간호진단을 내리는 과정은 먼저 각 문제에 대한 원인을 나열하고 간호중재를 통하여 그러한 원인이 해소될 수 있는가를 생각한다.
4. 간호진단은 충분한 정보에 근거해야 하며 가족과 가족 개별구성원들에게 타당하게 인정되어야 한다.
5. 간호진단은
   (1) 건강문제가 존재하지 않음
   (2) 건강문제 존재
   (3) 잠재적인 건강문제가 있고 간호사나 다른 건강팀의 중재가 요구되는 것을 대상으로 기술한다.
6. 진단의 우선순위 결정시 고려되는 요소
   (1) 간호문제가 현존하는 것인가(현존문제의 특성), 가족들이 실제로 행동하여 어떠한 결과 변화를 초래할 수 있는가(해결가능성)
   (2) 가족의 관심도가 높은가(관심도)
   (3) 가족이 쉽게 수행할 수 있는가(수행가능성)

(4) 응급 또는 긴급을 요하는가(문제의 심각성)
(5) 문제의 예방이 가능한가(예방가능성)

3 계획단계

1. 목표설정

(1) 간호목표는 간호사가 중재를 시작하기 전에 가족과 대상자로부터 타당성을 인정받아야 한다. 따라서 간호계획과정에 반드시 가족을 포함시켜야 한다.
(2) 명확한 목표설정은 수행계획의 지침이 될 뿐만 아니라 사업의 평가기준을 제시하므로 매우 중요하다.
(3) 목표를 설정하는 기준
① 가족이 해결해야 할 문제와 관련이 있어야 한다.
② 실현가능성이 있어야 한다.
③ 관찰가능한 것이어야 한다.
④ 측정가능한 것이어야 한다.

2. 가족간호 방법 및 수단의 선택

방법으로는 직접간호제공, 보건교육, 관리 등을 들 수 있으며, 이들 방법을 수행하기 위한 수단으로는 가정방문, 클리닉활동, 집단교육, 상담, 의뢰 등이 있다.

3. 수행 및 평가계획

가족이 설정한 간호목표에 달성될 수 있도록 구체적인 간호방법 및 업무분담, 시간계획, 예산 및 자원활동 등을 계획하며, 또한 수행된 활동에 대하여 언제, 어떻게, 어느 범위에서 평가할 것인가를 계획한다.

4 수행단계

1. 계획에 따른 수행전략

(1) 문제 하나하나 보다는 가족전체의 취약점에 초점을 맞춘다.
(2) 표면화된 구체적 문제 아래 내재되어 있는 더 큰 문제가 있음을 기억하고 문제들과의 연계, 자료들과의 상호관련성을 검토한다.
(3) 가족의 문제들은 도미노 현상을 가지고 있다. 중재계획시 도미노의 첫 단계가 무엇이 될 수 있는지를 파악하여 중재를 시작한다.

(4) 간호계획시 가족들이 참여하여 대상자 스스로가 가능한 한 문제를 해결하도록 한다.
(5) 각 단계의 순서나 구분이 모호하다.
(6) 가족의 장점을 확인해서 활용하여야 한다.

CHECK Point 가족간호에서의 간호중재의 본질

1. 가족간호는 가족이 겪은 경험에 관여한다.
2. 가족간호는 지역사회와 가족의 문화적인 상황을 고려한다.
3. 가족간호는 가족구성원 간의 관계를 고려하지만 가족의 모든 구성원이 동시에 최대의 건강을 성취할 수 없다는 것을 인식한다.
4. 가족간호는 건강한 가족은 물론 건강문제가 있는 가족 모두를 대상으로 한다.
5. 가족체계는 가족원의 어떠한 변화에도 영향을 받는다.
6. 가족간호 수행시 간호사는 가족의 상호작용을 증진시키기 위해 환경을 조절한다.
7. 가족간호 수행시 간호사는 가족구성원 중 가장 증상이 심한 사람은 변한다는 것을 안다.
8. 가족간호는 가족의 상호협조와 성장을 증진시키기 위해 개인으로서 가족구성원과 그룹으로서 가족의 장점에 초점을 둔다.
9. 가족간호 수행시 간호사는 가족의 정의를 분명히 해야 한다.

2. 가족간호 접근방법

(1) 행위변화를 위한 접근

가족의 건강행위를 관찰함으로써 간호계획을 수립한다.

(2) 가족치료 접근

가족구성원 사이의 교호작용 형태와 반응을 파악하여 상호작용을 촉진시킨다.

(3) 효율적인 부모훈련을 통한 접근

적극적인 경청과 나-전달법을 활용하여 부모-자녀의 효율적인 의사소통기술을 지도한다.

(4) 부부관계증진을 통한 접근

조화로운 부부관계를 유지하고 부부갈등을 해소하기 위해서 상황에 대해 정확하게 인식하도록 도와주고, 효과적인 대응방식을 활용할 수 있도록 정보와 지지를 제공한다.

(5) 역학적 접근

불건강행위, 질병발생 요인을 찾아 규명하고 분석, 평가한다.

(6) 위기관리를 통한 접근

성숙위기와 상황위기의 위기관리방안을 지도한다.

3. 가족간호수행의 유형(구체적 중재방법)

(1) 예측적 안내

가족생활을 통해 가족들이 경험할 수 있는 문제들을 예측하여 이에 대처할 수 있는 능력을 키워주는 것이다.

+ 예측적 안내

- 예측적 안내는 가족이 그 건강문제에 대해 많은 정보를 수집하고 대처방법을 고려할 기회를 제공하기 때문에 문제상황에 대한 효과적인 의사결정과 쉬운 적응을 제공한다. 그러므로 예측적 안내는 문제해결의 접근방법으로 이루어져야 한다. 예를 들어 당뇨, 관절염, 고혈압을 가진 노인들에게 적절한 예측적 안내를 제공할 수 있어야 한다.
- 문제해결은 조사(scanning) → 공식화(formulation) → 사정(apprasing) → 문제해결을 위한 준비성의 개발 → 계획 → 수행 → 평가의 단계로 이루어진다.

(2) 건강상담

가족건강에 대한 책임이 누구보다도 가족 스스로에게 있음을 인식시키고 가족의 협력과 적극적 참여를 유도하기 위하여 간호사가 이용할 수 있는 가장 효과적인 중재방법으로 문제해결방안을 스스로 찾도록 한다.

(3) 보건교육

보건교육을 통해 새로운 대처방법을 습득함으로써 현존문제 해결에 어떻게 도움이 되는지 가족이 깨닫도록 하며, 가족 보건교육은 행동변화에 의해 해결할 수 있는 문제해결에 초점을 둔다.

(4) 직접적인 간호제공

(5) 의뢰

복합적인 가족의 건강문제나 위기시에 여러 전문인의 도움이 필요할 때 하는 간호중재방법이다.

(6) 가족의 자원강화

가족의 경제적 · 물리적 자원과 인적 자원에 대해 사정하고 이러한 가족자원의 적절성을 유지하고 강화하여 가족문제를 해결하는 중재방법이다.

(7) 스트레스 관리(가족단위)

① **개별적 감소법** : 이완요법, 미술요법, 회상요법, 음악요법, 적절한 영양의 섭취, 약물과 알코올의 최소한 이용, 바이오 피드백(bio-feedback), 댄스, 운동 등

② 가족단위를 위한 스트레스 관리 전략(가족단위 감소법) : 문제해결, 인지의 재구조화, 갈등해소, 역할분담, 의사소통전략, 시간관리, 친밀감, 가족 중심성, 유머

5 평가단계

1. 이미 설정된 목적과 목표가 얼마나 성취되었는가를 측정하는 단계로 간호수행법의 효과를 파악하는 것이다.

2. 평가의 형태

(1) 중간평가

간호사가 특수한 간호행위를 통해 목적을 어느 정도 충족시키는지 또는 대상자와 가족이 특수한 중재를 어느 정도 받는지, 어느 정도의 중재가 긍정적인 효과를 가지는지를 기술하고자 중간평가를 실시한다.

(2) 최종평가

가족의 장기목표나 특정한 목적을 달성한 정도를 기술하고자 최종평가를 실시하며 최종평가의 기록은 법적인 근거로 반드시 간호사가 기술한다.

FINAL TEST

01 자기가 출생하여 부모 밑에서 형제자매와 같이 자라며 생활하는 가족

02 자녀 중 아들(보통 장남)가족만이 부모와 동거하는 가족

03 개인의 자유가 가장 존중되는 가족의 형태

04 가족의 특징에 대해 5가지 이상 나열하시오.

FINAL TEST 정답

01 방위가족

02 직계가족

03 방임형 가족

04 가족의 특징
① 가족은 1차적 집단이다(Cooley). : 가족과 친구와 같은 감정적인 유대가 깊은 사람들의 집단을 의미하며 강한 결속력을 갖고 있다.
② 가족은 공동사회(Gemeinschaft)집단이다.
③ 가족은 폐쇄적 집단(Closed Group)이다.
④ 가족은 형식적 집단(Formal Group)이다.
⑤ 가족은 혈연집단이다.
⑥ 가족은 매우 이질적 구성원들로 이루어진 집단이다.

05 가족의 기능

(1) 성적 욕구의 충족

(2) 생산과 소비, 경제적 협동과 자립

(3) 자녀의 사회화

(4) 문화의 전달 및 사회적 역할과 지위창출

06 가족의 기능에 대해 5가지 이상 나열하시오.

07 다음 취약가족의 유형을 제시하시오.

(1) 한부모 가족, 이혼 · 별거가족

(2) 저소득 가족, 취업모 가족, 만성 및 말기질환자 가족

(3) 학대부모 가족, 비행청소년 가족, 알코올중독 가족

(4) 미혼모 가족, 미숙아 가족

FINAL TEST 정답

05 (1) 성 · 애정 기능 (2) 경제적 기능 (3) 교육과 사회화기능 (4) 교육과 사회화기능

06 가족의 기능

① 성적 욕구 충족

② 생식기능

③ 보호적 기능 : 질병과 상해와 같은 외적 위험으로부터 가족구성원을 보호하는 기능으로 전통사회에서는 노인과 어린이 및 환자를 보살피는 기능을 수행해 왔으나, 오늘날 이러한 기능은 크게 감소되었다.

④ 애정기능

⑤ 자녀의 양육 및 사회화기능

⑥ 사회적 지위 부여 : 어린아이가 태어나 출생신고를 하게 되면 정식으로 하나의 사회구성원으로 인정받게 된다. 이 결과 사회적 지위를 부여받게 된다.

⑦ 경제적 기능

⑧ 휴식 및 오락기능

⑨ 종교기능

07 취약가족의 유형

(1) 구조적으로 취약한 가족

(2) 기능적으로 취약한 가족

(3) 가족 내 상호작용이 취약한 가족

(4) 발달단계적으로 취약한 가족

08 취약가족의 공통적 문제를 5가지 이상 제시하시오.

09 폭력가족의 주기를 제시하시오.

10 환아의 만성질환 진행시 가족에게 미칠 수 있는 문제점에 대해 나열하시오.

FINAL TEST 정답

08 취약가족의 공통적 문제

① 위험상황에 처한 가족은 이러한 속성이 장기화되고 많은 스트레스를 동반하므로 복합적 위기를 경험하게 된다.
② 대부분 위험상황에 처한 가족은 한 명 이상 가족구성원이 없거나 분리되어 있다.
③ 위험상황에 있는 가족구성원에만 관심이 집중되어 다른 구성원들의 신체적 · 정서적 욕구가 무시되는 경우가 많다.
④ 취약상황의 가족은 빈번히 가족 내 역할변화를 경험한다.
⑤ 취약상황에 있는 부모는 아이훈육에 어려움을 가진다.
⑥ 재정적 어려움은 많은 취약상황의 가족에서 흔히 경험하는 문제이다.

09 폭력가족의 주기

① 첫 번째 단계 - 긴장 형성기
사소한 일에 남편이 흥분하기 시작하고 물건을 던지는 등 아내가 느끼는 긴장이 고조되는 시기
② 두 번째 단계 - 급성폭력 발생기(남편의 긴장이 격하게 분출)
남편의 분노가 사소한 일로 촉발되어 폭력이 발생한다.
③ 세 번째 단계 : 남편이 아내에게 용서를 구하고 선물을 주면서 다시는 폭력을 행사하지 않겠다는 맹세를 하며 관계를 유지하기 위해 노력하는 사과단계로 이 시기는 매우 짧다.

10 환아의 만성질환

① 신체적 문제 : 환자를 돌봄으로 인하여 수면부족, 피로, 신체적 건강상태의 악화 경험
② 심리적 문제 : 불안과 위기감, 질병의 병리 및 예후에 대한 정보부족으로 인한 좌절감, 새로운 역할수행에 따른 부담감, 안녕감 저하
③ 사회적 문제 : 환아를 돌보면서 일을 동시에 수행해야 하므로 역할갈등, 사회활동의 제한 등의 사회적 부담
④ 경제적 문제 : 치료비용뿐만 아니라 환자간호를 위해 직업을 포기하는 경우 더욱 어려움을 겪는다.

11 ( )의 중요성이 대두되면서 가족간호에 대한 관심이 더욱 높아졌다.

12 가족간호의 주요이론

(1) 가족상호작용은 반드시 가족원이 그 상황을 지각하는 방식으로 이해되어야 한다.
(2) 핵가족을 중심으로 분류하고 있으며 중산층에 편중되어 설명하고 있다.
(3) 가족을 무대 위에서 활동하는 배우들의 집단으로 비유하기도 한다.
(4) 가족의 구조자체와 상호작용의 결과에 더 중점을 두고 있다.
(5) 주관적이기도 하고 객관적이기도 하다.
(6) 가족은 각 부분의 특성을 합한 것 이상의 특징을 지닌 체계이다.
(7) 가족은 목표지향성이 있다.
(8) 가족이 사회구조의 하나로서 사회의 요구에 가족구조의 기능이 어느 정도 적합한 지에 중점을 둔다.
(9) 짧은 시간에 사정이 요구되는 가족이나 많은 가족을 관리하여야 하는 보건간호사에게 유용한 접근법이다.
(10) 내적인 관점을 가지고 데이트, 배우자의 선택, 결혼적응, 부모-자녀관계, 인격형성분야를 다루는 데 있어 많은 영향을 주었다.

13 구조-기능이론의 경우 (,)의 사정기술 자체가 잘 개발되어 있어 가족사정시 쉽게 적용할 수 있다.

FINAL TEST 정답

11 건강증진

12 (1) 상징적 상호작용이론 (2) 가족발달이론 (3) 상징적 상호작용이론 (4) 구조-기능이론
(5) 일반체계이론 (6) 일반체계이론 (7) 일반체계이론 (8) 구조-기능이론
(9) 가족발달이론 (10) 상징적 상호작용이론

13 가계도, 사회지지도

14 위기이론

(1) 최고의 스트레스로 이인화의 감정을 느끼는 단계

(2) 방어기제를 사용하며 일상생활이나 사회적 역할수행이 힘든 단계

(3) 습관적인 문제해결기전을 사용할 수 없는 단계로 외부의 도움이 필요한 단계

(4) 긴장과 불안이 다시 상승하여 자살할 가능성도 있는 단계

(5) 재조직과 안정의 시기

15 스트레스 이론 – (A,B,C,X 변수) : 고난과 관련된 스트레스 요인이나 사건 그 자체

16 간호대상으로서의 가족에 대한 관점 : 배경으로서의 가족, 대상자로서의 가족, 체계로서의 가족

(1) 가족에게 : 환자의 질환 특성과 식이, 운동 등 관리방법을 얼마나 잘 이해하고 있습니까?

(2) 가장의 당뇨로 인해 가족구성원들의 역할변화나 행위 등에 변화가 있나요?

(3) 환자에게 : 당신의 질병으로 인해 아내에게 부담을 주는 것 같은가요?

FINAL TEST 정답

14 (1) 충격단계 (2) 방어적 후퇴단계 (3) 현실화 단계 (4) 승인단계 (5) 적응과 변화단계

15 A변수

16 (1) 배경으로서의 가족 (2) 체계로서의 가족 (3) 대상자로서의 가족

17 가족생활주기별 발달과업

(1) 자녀출가에 따른 부모의 역할적응 :

(2) 신, 구세대 간의 친족결속력 유지 :

(3) 자녀들의 사회화 및 학업성취 격려 :

(4) 자녀들의 성문제 대처, 세대 간의 충돌에 대처 :

(5) 자녀들의 사회화 및 양육 :

(6) 주요관심은 산모교육, 육아, 신체건강문제의 조기발견 및 처치, 예방접종, 가족계획, 가족 상호작용, 일반 건강증진활동이다.

(7) 가족 내 규칙과 규범의 확립

(8) 부모는 에너지 소모와 사생활의 부족에 적응

(9) 새로운 흥미의 개발과 참여

(10) 남편과 아내의 역할전이, 고콜레스테롤치나 고혈압 등 만성질환의 출현, 갱년기문제 등이 발생된다.

18 다문화가족의 유형에 대해 제시하시오.

FINAL TEST 정답

17 (1) 진수기 가족 (2) 중년기 가족 (3) 학령기 가족 (4) 청소년기 가족
(5) 학령전기 가족 (6) 양육기 가족 (7) 학령기 가족 (8) 학령전기 가족
(9) 중년기 가족 (10) 진수기 가족

18 다문화가족의 유형

① 결혼이민자 가족 : 한국인 남자 + 외국인 여자, 외국인 남자 + 한국인 여자
② 외국인 근로자 가족 : 한국에서 결혼 혹은 본국에서 결혼 후 국내로 이주한 가족
③ 북한이탈주민 가족 : 북한 태생으로 한국 입국, 한국인과 결혼 또는 외국인과 결혼해 형성된 가족
④ 1인 외국인 가구 : 외국인 근로자, 유학생

19 우리나라 가족의 변화

1) 가족구조의 변화에 대해 나열하시오.

2) 가족기능의 변화에 대해 나열하시오.

3) 가족의 형성과 주기 변화에 대해 나열하시오.

4) 우리나라 가족변화의 주요 요인에 대해 나열하시오.

FINAL TEST 정답

19 **1) 가족구조의 변화**

① 소가족화와 가족규모 축소
② 가족세대의 단순화와 핵가족의 증대
③ 비정형적 가족형태의 출현 : 1인 가구, 노인 단독가구, 한부모 가구의 증가

2) 가족기능의 변화

① 주요 가족원이 경제적 기능으로 가정 밖에서 보내는 시간의 증대로 가족의 유대감이 약화됨
② 성적 및 재생산 기능의 약화
③ 자녀의 양육과 사회화 기능 퇴화
④ 정서적 기능의 약화
⑤ 여가와 휴식의 기능 미약
⑥ 사회보장적 기능 약화 : 특히 노인부양에서 두드러지고 있다.

3) 가족의 형성과 주기변화

① 가족형성기 : 짧아지는 추세
② 확대기 : 점차 짧아지는 추세
③ 확대완료기 : 점차 길어짐
④ 가족축소기 : 점차 짧아짐
⑤ 축소완료기 : 점차 길어짐
⑥ 해체기 : 점차 길어짐

4) 우리나라 가족변화의 주요 요인

① 사회적 요인 : 산업화, 도시화, 여성의 사회적 지위 변화
② 인구학적 요인 : 초혼 연령의 상승, 출산율 저하, 평균 수명의 연장, 남녀 사망률 격차
③ 가족가치관적 요인 : 결혼가치관의 변화, 자녀가치관의 변화, 가족부양가치관의 변화, 부부관계가치관의 변화

20 가족사정의 기본원칙에 대해 5가지 이상 나열하시오.

21 가족사정도구

(1) 3세대 이상에 걸친 가족성원에 관한 정보와 그들 간의 관계를 도표로 기록한 것
(2) 개인의 질환과 중요한 사건의 관련성을 추구하려 할 때 사용하는 도구
(3) 취약구성원의 가족 하위체계뿐만 아니라 가족 외부체계와의 상호작용을 파악하고자 하는 도구
(4) 가족의 에너지 유출과 유입을 관찰할 수 있고 가족구성원들에게 영향을 미치는 스트레스원을 찾는 데 도움을 주는 도구
(5) 현재 동거하고 있는 가족구성원들 간의 밀착관계와 상호관계를 이해하는 데 도움을 준다.
(6) 가족이 최근에 경험하는 일상사건의 수를 표준화한 가족생활사건도구(FILE)를 사용하여 가족에게 일어나는 문제가 스트레스와 관련된 문제인지, 특정한 스트레스에 잘못된 대처로 인하여 더욱 악화되고 있는지의 여부를 확인하는 데 사용된다.
(7) 가족이 문제에 대처하여 해결해 나가는 데 있어서 가족의 자가관리능력과 더불어 가족기능 수준을 사정해 보는 것이다.
(8) 간호사는 가족구성원 가운데 우선적으로 간호중재가 주어져야 한다고 생각되는 대상자(취약구성원)가 누구인지를 선택한다.

FINAL TEST 정답

20 가족사정의 기본원칙

① 가구원보다는 가족전체에 초점을 맞춘다.
② 정상가족이라는 일반적인 고정관념이 아닌 가족의 다양함과 변화성에 대한 인식을 가지고 접근한다.
③ 가족의 문제점뿐만 아니라 강점도 사정한다.
④ 가족이 함께 사정에서부터 전 간호과정에 참여함으로써 간호사와 대상자가 함께 진단을 내리고 중재방법을 결정하도록 한다.
⑤ 가구원 한 사람에게 의존하지 않고 가구원 전체, 친척, 이웃, 의료기관이나 통·반장 등 지역자원 및 기존자료를 통해서 자료를 수집한다.
⑥ 가족정보 중에는 이중적 의미가 있는 정보가 있을 수 있다. 따라서 한 가지 정보나 단면적인 정보에 의존하기보다는 복합적인 정보를 수집하여 정확한 해석을 통하여 판단한다.
⑦ 대부분의 가족사정자료들은 질적 자료를 선택하여 기록한다.
⑧ 수집된 자료 중에 의미있는 자료를 선택하여 기록한다.
⑨ 사정된 자료 자체는 가족의 문제가 아니며 원인도 아니다. 즉, 사정자료는 진단이 아니다.

21
(1) 가족구조도 (2) 가족연대기 (3) 사회지지도
(4) 외부체계도 (5) 가족밀착도 (6) 가족생활사건
(7) 가족기능평가도구 (8) 사회지지도

CHAPTER 11 가족간호

기출문제

01 다음은 보건교사가 학생의 가족을 사정한 자료이다. 〈작성 방법〉에 따라 순서대로 서술하시오. [4점] 2020년

[학생 현황]
- 평소 짜고 자극적인 음식, 라면, 고기, 피자, 고지질 음식을 선호함.
- 운동하는 것을 싫어함.
- 키 : 165cm, 몸무게 : 100kg, 혈압 : 140/100mmHg

[가족 사정]

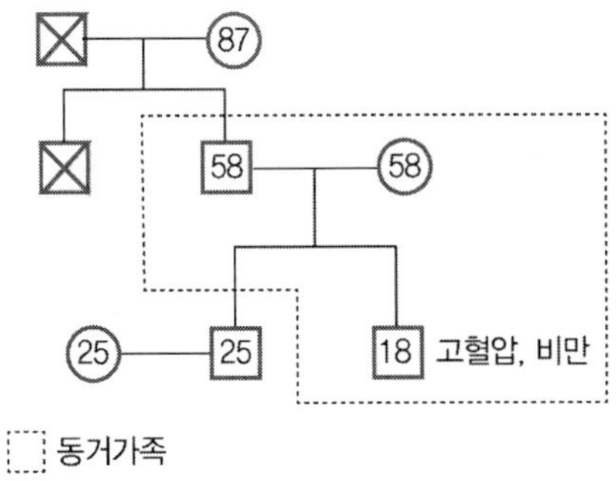

〈그림 1〉 가계도

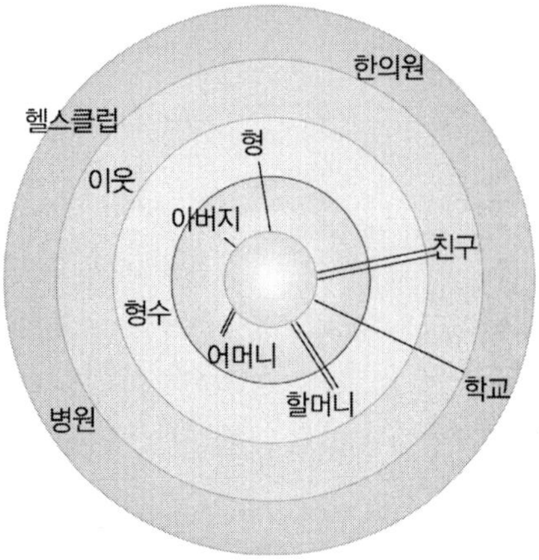

〈그림 2〉 (㉠)

〈 작성 방법 〉
- 〈그림 1〉 가계도를 보고 듀발(E. Duvall)의 가족발달단계에 근거하여 이 가족에게 해당하는 발달단계의 명칭을 쓰고, 그 이유를 서술할 것.
- 괄호 안의 ㉠에 들어갈 가족 사정도구의 명칭을 쓸 것.
- 〈그림 2〉에 근거하여 학생과 형의 관계, 학생과 친구와의 관계를 순서대로 서술할 것

|모범답안|

1. 진수기 가족 : 25세인 큰 아들이 결혼을 하여 출가를 한 상태임
2. ㉠ 사회지지도
3. 학생과 형은 친밀감이 약한 관계이나 학생과 친구는 서로 친밀한 관계이다.

02 보건교사는 우울증상을 보이는 A학생의 가정을 방문하여 다음과 같이 가족사정을 하였다. 보건교사가 작성한 ㉠, ㉡에 해당하는 가족사정도구의 명칭을 순서대로 쓰시오.

[2점] 2015년

년도	가족 사건
1996	아빠의 사업 실패로 경제적 어려움을 겪음
… 중 략 …	
2002	A학생 출생
2003	엄마의 건강 악화로 A학생은 조부모에게 맡겨짐
2010	부모의 이혼
… 하 략 …	

(㉠)

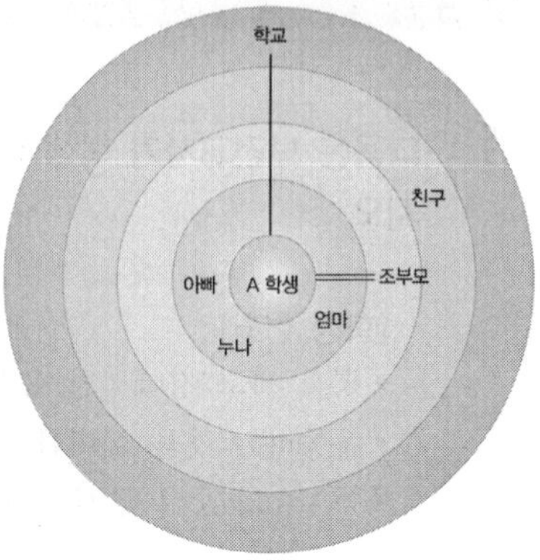

(㉡)

|정답| ㉠ 가족연대기, ㉡ 사회지지도

03 **다음은 정군(남, 14세)의 가족건강을 사정한 것이다. 그림에서 사용한 '가족건강사정도구'에 대한 설명으로 옳은 것은?** 2013년

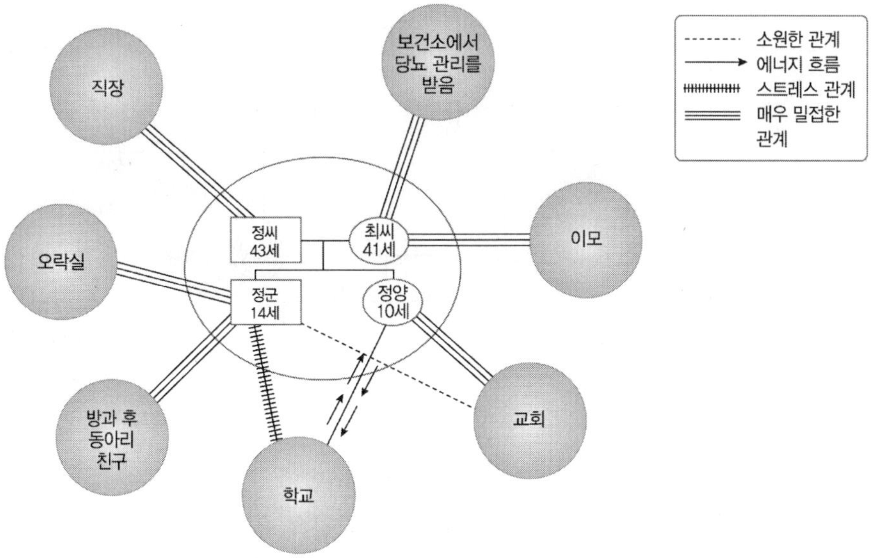

① 외부체계도(생태도)를 사용하여 가족구성원들과 그들을 둘러싼 다양한 외부환경 간의 상호작용을 나타낸 것이다.

② 외부체계도(생태도)를 사용하여 가족관계를 파악함으로써 가족구성원들의 건강이나 가족기능의 문제점을 나타낸 것이다.

③ 가족밀착도를 사용하여 가족구성원들 간의 결속력이나 유대감을 나타낸 것이다.

④ 사회지지도를 사용하여 지역사회와 가족구성원들의 건강에 중요한 영향을 주었다고 생각되는 사건을 나타낸 것이다.

⑤ 사회지지도를 사용하여 가족 내 취약한 가족구성원을 중심으로 부모 형제, 친구, 기타 지역사회와의 관계를 나타낸 것이다.

|정답| ①

|해설| 가족건강사정도구 중 하나인 외부체계도는 가족을 둘러싼 다양한 외부체계와 가족구성원과의 관계를 그려봄으로써 가족과 외부와의 다양한 상호작용을 한눈에 파악할 수 있도록 한 것이다.

04 다음은 L교사(여, 50세) 가족의 가계도이다. 듀발(E. Duvall)의 가족발달이론에 근거하여 '가족생활주기'와 '가족발달과업'에 대해 설명한 것으로 바르게 연결한 것은?

[1.5점] 2013년

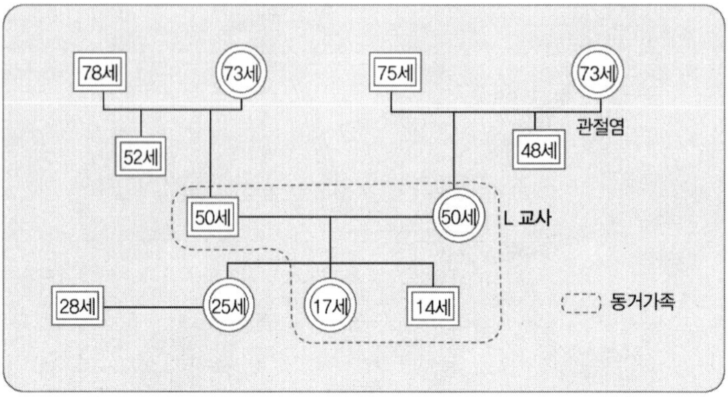

〈가족생활주기〉	〈가족발달과업〉
① 청소년기 가족	새로운 친족관계의 결속 유지
② 청소년기 가족	자녀의 사회화와 교육적 성취 격려
③ 청소년기 가족	자녀 양육으로 인한 사생활 부족에 적응
④ 진수기 가족	가족 내 규칙과 규범의 확립
⑤ 진수기 가족	자녀의 출가에 따른 부모의 역할에 적응

|정답| ⑤

|해설| 1. 듀발은 가족생활주기를 8단계로 나누었는데 그 기준은 "여러 가지 양상", "첫 번째 자녀의 나이", "첫 번째 자녀의 교육상태", "자녀가 가족에 포함되기 전과 후의 가족의 기능과 상태"였다.

2. 듀발의 8단계 가족생활주기
   ① 결혼한 부부(자녀가 없음)
   ② 양육기 가족(첫 자녀 출산~30개월)
   ③ 학령전기 가족(첫 자녀 30개월~만 5세)
   ④ 학령기 가족(첫 자녀 만 6세~만 12세)
   ⑤ 청소년기 가족(첫 자녀 만 13세~만 20세)
   ⑥ 진수기 가족(첫 자녀가 떠날 때부터~마지막 자녀가 떠날 때까지)
   ⑦ 중년기 가족(부부만 남은 가족~은퇴기까지)
   ⑧ 노년기 가족(은퇴 후 부부의 사망까지)
3. 진수기 가족의 발달과업
   ① 부부관계의 재조정
   ② 늙어가는 부모지지
   ③ 자녀의 출가에 따른 부모의 역할 적응
   ④ 가족구성원들을 적절하게 통합하고 분가시킨다.

05 **다문화가족의 자녀인 김군(19세)의 일기내용이다. 이 내용을 바탕으로 김군의 어머니가 처해 있는 위기의 종류 (가)~(다)와 이에 해당하는 위기를 설명한 내용 ㄱ~ㄹ을 옳게 짝지은 것은?** [1.5점] 2012년

2011년 10월 O일 O요일	날씨 : 흐림
제목 : 불쌍한 우리 엄마 나는 요즘 너무 슬프다. 우리 엄마는 매일 매일 우신다. 우리 엄마는 베트남 사람이다. 아빠는 우리와 살고 싶지 않은가 보다. 엄마와 안 사신다고 매일 싸우시더니 집을 나가서 오랫동안 안 들어오신다. 엄마는 돈도 없다. 돈도 벌지 못하신다. 아빠는 우리가 미운가 보다. 돈도 안 주신다. 나는 아빠가 밉다. 동생이 울기만 한다. 불쌍하다.	

(가) 성숙(발달)위기
(나) 상황위기
(다) 재난(우발적)위기

ㄱ. 일상적인 사건이 개인의 정신적 평형상태를 깨뜨릴 때 발생한다.
ㄴ. 위기의 출현은 점진적이며 인생주기의 전환기에 발생한다.
ㄷ. 예상치 못한 사건이 개인의 생리적 · 심리적 · 사회적 통합을 위협할 때 발생한다.
ㄹ. 광범위한 환경적 변화로 큰 손실이 발생하며 많은 사람들이 같은 위기상황에 처하게 된다.

① (가) - ㄱ, ㄴ
② (가) - ㄴ, ㄷ
③ (나) - ㄱ, ㄷ
④ (나) - ㄴ, ㄹ
⑤ (다) - ㄷ, ㄹ

|정답| ③

|해설| (가) 성숙(발달)위기 - ㄴ
삶의 주기에서 점차로 일어나는 예상가능한 삶의 사건으로, "신체적 변화, 결혼, 출산 등"
(나) 상황위기 - ㄱ, ㄷ
예상치 못한 사건이 개인의 생리적 · 심리적 · 사회적 통합을 위협할 때 발생하며, "사랑하는 사람의 죽음, 직업의 변화나 상실, 원치않는 임신 등"이 포함된다.
(다) 재난(우발적)위기 - ㄹ
우발적이고 흔하지 않으며 다양한 상실이나 광범위한 환경적 변화를 포함하는 예상치 못한 위기로, "지진, 전쟁, 폭동, 학살, 대구지하철 가스폭발 등"

06 간호학에서 대상자인 가족을 이해하기 위하여 활용하는 이론적 접근에는 ㉠ 체계이론, ㉡ 상징적 상호작용주의이론, ㉢ 구조기능주의이론 등이 있다. ㉠~㉢의 관점에 대한 설명으로 옳지 않은 것은? 2010년

① ㉠은 가족을 가족구성원들의 개인적 특성을 단순히 합친 것 이상의 체계로 본다. 따라서 부분의 상호관계를 중심으로 전체적인 분석을 해야만 가족체계를 온전히 이해할 수 있다.

② ㉡은 가족의 상호작용은 그들이 부여하는 사물의 의미에 근거하여 이루어지므로, 외부관찰만으로 설명될 수 없으며 가족구성원이 그 상황을 지각하는 방식으로 이해되어야 함을 강조한다.

③ ㉡은 가족을 권력관계로 규정하고, 구성원들 간의 갈등이 표출되는 특성을 고려하여 가족 내의 이해관계나 자원의 불균형 분배에 초점을 두고 가족갈등을 처리하는 과정을 중시한다.

④ ㉢은 거시적 측면의 접근으로 가족이 사회통합에 어떻게 기여하는가에 초점을 두므로 개인보다는 구조나 집단을 강조하며, 가족이나 가족구성원들은 변화에 수동적인 구성요소로 본다.

⑤ ㉢은 가족의 역할구조, 의사소통양상 등과 이러한 요소들의 연관성이 가족전체 기능에 미치는 영향을 평가하는데, 이때 상호작용과정보다는 구조 자체와 상호작용 결과에 더 중점을 둔다.

|정답| ③

|해설| ③은 구조기능주의이론에 해당된다.

07 보건소 간호사가 박 할머니 댁을 처음 방문하였다. 할머니는 고혈압과 당뇨를 앓고 있다. 할머니를 대상으로 3대 가족에 대해 생존한 사람과 사망한 사람을 포함하여 성별, 연령과 질병력에 관하여 자료를 수집하려고 한다. 가장 적절한 가족사정도구는? 2009년

① 가족밀착도 ② 외부체계도
③ 사회지지도 ④ 가족구조도
⑤ 생의 변화 질문지

|정답| ④

|해설| ① 가족밀착도 : 밀착도는 주로 동거 가구원 간의 밀착관계를 표시함으로써 가족구조를 구성하고 있는 관계의 본질을 파악하고, 가족의 전체적인 상호작용을 바로 볼 수 있어 가족 간의 문제를 확인하기가 용이하다.

② 외부체계도 : 가계도나 가족밀착도가 가족 전체를 파악하는 것이라면, 외부체계도는 가족을 둘러싸고 있는 다양한 외부체계와 가족구성원과의 관계를 그려봄으로써 가족과 외부와의 다양한 상호작용을 한눈에 파악할 수 있도록 한 것이다.

③ 사회지지도 : 가족 중 가장 취약한 구성원을 중심으로 부모형제관계, 친척관계, 친구와 직장동료 등 이웃관계, 그 외 지역사회와의 관계를 그려봄으로써 취약가족구성원의 가족 하위체계뿐만 아니라 가족 외부체계와 상호작용을 파악할 수 있다. 실제 사회지지도는 가족의 지지체계를 이해함으로써 가족중재에도 활용할 수 있다.

⑤ 생의 변화 질문지 : 질병을 앓는 위험에 있는 사람들을 파악하기 위해 이용되어 온 도구로, 가정이나 지역사회 또는 임상에서 복합적인 스트레스를 경험하는 개인을 신속히 가려내는 데 유용하다.

CHAPTER

12 재난간호

1 재난의 정의

1. 라틴어에서 유래된 것으로 고대 사람들은 나쁜 별(star)이라 하여 지진, 화산과 같은 것들이 하늘에서 내린 벌로서 인간의 통제가 불가능한 것이라 여겼다.
2. **과거 정의** : 지진, 홍수, 태풍과 같은 자연재해로 인한 피해를 의미
3. **현재의 정의** : 사회구조의 다양화, 산업화로 인한 경제의 발달 등으로 인해 발생하는 재해까지 포함
4. **우리나라의 정의(재난 및 안전관리 기본법)** : 국민의 생명, 신체, 재산과 국가에 피해를 주거나 줄 수 있는 것

2 재난의 유형

1. 자연재난

태풍, 홍수, 호우, 강풍, 풍랑, 해일, 대설, 한파, 낙뢰, 가뭄, 폭염, 지진, 황사, 조류 대발생, 조수, 화산활동, 소행성 · 유성체 등 자연우주물체의 추락 · 충돌, 그 밖에 이에 준하는 자연현상으로 인하여 발생하는 재해

2. 사회재난

화재 · 붕괴 · 폭발 · 교통사고(항공사고 및 해상사고를 포함) · 화생방사고 · 환경오염사고 등으로 인하여 발생하는 대통령령으로 정하는 규모 이상의 피해와 에너지 · 통신 · 교통 · 금융 · 의료 · 수도 등 국가기반체계의 마비, 「감염병의 예방 및 관리에 관한 법률」에 따른 감염병 또는 「가축전염병예방법」에 따른 가축전염병의 확산 등으로 인한 피해

3 재난관리의 단계

1. 예방 및 완화단계

사회와 주민의 건강과 안전, 복지에 어떠한 위험이 있는지를 살펴보고 위험이 발견되었을

때 어떻게 할 것인가를 결정하며, 위험요인을 줄여 재난발생의 가능성을 낮추는 프로그램을 수행하는 단계이다.

2. 대비단계

예방 및 완화단계의 노력에도 불구하고 재난발생 가능성이 높은 경우, 비상시에 대비한 계획을 수립하거나 재난사태 발생에 대한 대응능력을 유지하는 과정이다. 즉, 비상시 효과적인 대응을 하기 위해 취해지는 준비활동이라 할 수 있다.

3. 대응단계

재난발생 직전, 도중, 직후에 인명을 구조하고 재산피해를 최소화하며 복구효과를 증진시키기 위한 단계로 가장 중요한 과정이라 할 수 있다. 재해에 의해 나타나는 문제에 대한 즉각적인 조치를 하는 시기이며, 대응시기가 진행됨에 따라 즉각적인 응급문제를 다루는 데서부터 수리, 보고, 공공서비스 운영, 청소과정의 마무리와 같은 활동으로 관심의 초점이 옮겨져야 한다.

(1) 지역통제단 활동

지역통제단에서는 현장지휘소와 응급의료소를 설치, 운영하도록 하고 있다. 응급의료소는 지역 관할보건소장이 소장이 되며 분류반, 응급처치반 및 이송반을 두고, 인력은 응급의학 전문의를 포함한 의사 3인, 간호사 4인 및 보조요원 1인 이상으로 구성한다.

① **분류반** : 사상자를 검진하여 사상자의 상태에 따라 사망, 긴급, 응급 및 비응급의 4단계로 분류한 후 분류된 사상자에 응급환자분류표를 가슴부위에 부착하여 긴급과 응급환자는 응급처치반으로 인계하고 사망자와 비응급환자는 이송반으로 인계한다.

② **응급처치반** : 인계한 긴급과 응급환자에 대해 응급처치를 담당한다. 응급처치사항을 응급환자분류표에 기록하고 신속히 이송반에게 인계한다.

③ **이송반** : 긴급환자, 응급환자, 사망자 및 비응급환자의 순으로 사상자를 이송한다.

(2) 중등도 분류(Triage)

의학적 응급사태가 발생했을 때 환자에게 응급처치와 이송의 우선순위를 결정하기 위해 중등도 분류를 사용한다. 1순위 immediate, 2순위 delayed, 3순위 minor, 4순위 deceased로 분류한다. 현재 우리나라에서는 응급환자분류표를 사망 또는 생존불능인 경우 사망(흑색)으로 분류하고 가장 중증인 환자는 긴급(적색), 비교적 중증이며 수술을 요하는 경우에는 응급(황색)으로 분류하고 경증인 경우에는 비응급(녹색)으로 분류하고 있다.

4. 복구단계

재해의 모든 측면이 회복되는 단계로, 영향을 받은 지역은 물리적 · 환경적 · 경제적 · 사회적 안정이 어느 정도 성취되는 시기를 말한다. 시기적으로 구분하면 6개월에서 1년까지의 단기 복구시기 또는 10년 정도까지 보는 장기복구시기로 구분할 수 있다.

4 중앙재난안전대책본부

1. 대한민국에 있는 대규모 재난의 대응 · 복구 등에 관한 사항을 총괄 · 조정하고 필요한 조치를 하기 위하여 행정안전부에 두는 기관으로, 행정안전부장관을 중앙본부장으로 하여 구성되지만, 해외에서 발생한 재난의 경우에는 외교부장관이, 방사능 재난의 경우 중앙방사능재난대책본부장인 원자력안전위원회위원장이 본부장의 권한을 행사한다.
2. 행정안전부장관이 건의하거나 국무총리가 직권으로 본부장을 국무총리로 변경할 수 있는 경우
   (1) 차장은 행정안전부장관이나 외교부장관, 원자력안전위원회위원장 중 1명이 각 재난유형에 따라 보임되며,
   (2) 본부장은 필요에 따라 중앙사고수습본부장이나 시 · 도재난안전대책본부, 시 · 군 · 구 재난안전대책본부를 지휘할 수 있다.
3. 본부장이 국무총리인 경우
   (1) **차장** : 행정안전부장관
   (2) **총괄조정관** : 재난안전관리본부장
   (3) **대변인** : 일반직 고위공무원, 소방감 또는 치안감
   (4) **통제관** : 행정안전부 소속의 일반직 고위공무원 중 해당 재난업무를 총괄하는 자
   (5) **부대변인** : 재난발생유형에 따른 소관부처 일반직 고위공무원
   (6) **담당관** : 행정안전부 소속의 일반직 고위공무원 중 해당 재난업무를 담당하는 자
4. 본부장이 행정안전부장관인 경우
   (1) **차장** : 재난안전관리본부장
   (2) **총괄조정관** : 행정안전부 소속의 일반직 고위공무원 중 해당 재난업무를 총괄하는 자
   (3) **대변인** : 행정안전부장관이 지명하는 일반직 고위공무원
   (4) **통제관** : 행정안전부 소속의 일반직 고위공무원 중 해당 재난업무를 담당하는 자
   (5) **부대변인** : 재난발생유형에 따른 소관부처 공무원
   (6) **담당관** : 행정안전부 소속의 과장급 공무원 중 해당 재난업무를 담당하는 부서의 장

CHAPTER 12 재난간호

기출문제

01

다음은 학교의 재난관리 내용이다. 재난 및 안전관리 기본법에 근거하여 밑줄 친 ㉠에 해당되는 재난유형을 쓰고, 괄호 안의 ㉡에 해당하는 재난관리단계를 쓰시오. [2점] 2017년

㉠ 감염병 재난 관리 (㉡) 단계 임무 및 역할
• 감염자 및 유증상자, 유사 환자 파악(교직원 등 포함) 보고 • 방역 기관 협조하에 감염자 및 유증상자 치료 기관 이송 및 격리 조치 • 환자 접촉을 통한 2차 감염 우려자 정밀 진단 실시, 잠복 기간 동안 별도 격리 및 학부모에게 통보 • 교육 시설, 교육 기자재 등에 대한 방역 실시 및 손 씻기 철저 지도 등 개인위생 관리 강화 • 음용수 및 급식 제공 시설 등 위생 관리 강화 • 환자 발생교는 음용수 및 급식 제공 중단 • 방역 기관 및 교육청 등과 협의하에 필요시 휴업·휴교 조치 • 수학여행, 체험 학습, 수련 활동 등 단체 활동 금지

|모범답안|

㉠ 사회재난

㉡ 대응단계

1. 재난발생 이전단계(위험감소, 질병예방 및 건강증진, 정책개발 및 계획, 윤리적·법적 실무, 책임감, 의사소통 및 정보공유, 전문직 개발 등)
   ① 예방 및 준비단계 : 재난발생을 예방하는 단계
   ② 대비단계 : 재난발생에 대한 평상시 대비체제 구축
2. 재난발생 이후단계
   ① 대응단계 : 재난이 발생하면 시나리오에 맞추어 적절히 긴급하게 대응하여 재난피해를 최소화하는 단계(지역사회 돌봄, 개인과 가족 돌봄, 심리적 지지, 취약계층 돌봄)
   ② 복구단계 : 상황종료 후 피해를 복구하는 단계(장기적 돌봄과 회복)

전공보건

P·A·R·T 2

정신간호

01 정신간호의 이해
02 인간의 이해
03 치료적인 인간관계와 의사소통
04 정신간호의 이론적 모델
05 지역사회 정신건강간호
06 조현병
07 불안장애
08 기분장애
09 신체증상 관련 장애
10 인격장애
11 해리장애
12 물질 관련 장애
13 아동 · 청소년 정신장애
14 신경인지장애
15 섭식장애

CHAPTER

01 정신간호의 이해

1 정신건강

1. WHO

건강이란 단순히 질병이 없거나 허약하지 않을 뿐만 아니라 신체적 · 정신적 · 사회적으로 안녕한 상태

2. K. A. Menniner

개인이 가장 효율적이고 행복하게 다른 사람과 자신을 둘러싸고 있는 세계에 적응하는 것

3. A. Maslow

자아실현을 이룩한 사람

4. 건강과 질병은 그 사회의 신념과 가치에 의하여 정의되며 문화의 영향을 받고, 모든 인간의 행동은 정신건강과 정신질환 연속선의 어떤 지점에 놓여 있다.

건강 ······	질병
적응 ······	부적응
건설적 ······	파괴적

2 정신건강 판단기준 : Marie jahoda(마리 야호다)의 기준

자신에 대한 긍정적 태도	• 자아인식 수용 • 자신에 대한 객관성 • 정체감, 소속감, 안정감과 자신에 대한 의미부여

성장, 발달과 자아실현 : 자아를 실현한 사람 = 정신적으로 건강한 사람 특성	• 매슬로우 : 자아를 실현하는 사람 • 효율적인 현실 지각 • 자발적이고 솔직하고 자연스러움 • 집중력 및 문제해결능력 • 자신과 타인에 대한 수용 • 열정적인 정서 반응 • 절정 경험 • 창의성 및 윤리감 • 대인관계 • 자율성과 독립 • 인류와의 동일시 • 인식의 신선함 • 민주적 성격 • 사생활 보호 • 유머 감각 • 환경과 문화에 영향을 받지 않음
	• 로저스 : 충분히 기능하는 사람 • 자기에게 진실하지 않은 허울에 관심이 없다. • 자기가 무엇이 되어야 하는지에 대한 타인의 기대에 관심이 없다. • 자기에게 인위적 목표를 부과하는 타인들을 즐겁게 하려하지 않는다. • 자율적, 자기지향적이며 책임감이 높다. • 자기의 잠재력을 개발하고 변화에 개방적이다. • 자신을 신뢰하고 존중하며 자신을 새로운 방식으로 표현한다.
통합력	개인의 갈등과 욕구 조절의 능력
자율성	의사결정을 스스로 할 수 있는 능력
현실지각	주위를 적절히 파악할 수 있는 능력
환경의 지배	상황에 대한 효율적인 대처 능력

3 정신질환에 대해 잘못 인식되고 있는 사회적 통념

1. 정신질환은 드문 병이다.

누구나 앓을 수 있는 흔한 병이지만 사회적인 편견 때문에 쉽게 눈에 띄지 않을 뿐이다. 유병률 1%로 아주 흔하다.

2. 정신병은 유전병이다.

(1) 유전적인 소인은 있지만 유전은 아니다.
(2) 선천적인 요인에 촉진적인 요인이 가해질 때 일어나는 경우가 많다.

3. 정신병은 마음의 충격이나 스트레스 때문에 걸린다.

마음의 충격이나 스트레스가 정신병의 간접적인 유발요인으로는 작용할 수 있으나, 직접적인 발병원인은 아니다.

4. 정신병은 가난하면 잘 걸린다.

정신과 빈곤 사이에는 아무런 상관관계가 없다.

5. 정신병은 불치병이다.

충분히 치료될 수 있다. 단지 다른 병에 비하여 치료기간이 평균적으로 길 뿐이다.

6. 정신질환자들은 정신이 분열되어 사람이 달라지며, 언제나 제정신이 아니다.

(1) 대부분의 정신분열병환자는 병을 앓는 동안에도 자신의 평소 성격을 그대로 지니고 있다.
(2) 단지 이해하기 어려운 생각이나 감정을 갖고 해석하고 느낄 뿐, 보통 사람과 다를 바 없다.

7. 정신질환자들은 위험하고 사고를 일으킨다.

악성 편견, 선입견이다. 이들은 위축되고 불안하며, 소심하고 수동적이기 때문에 공격적이고 위험한 행동을 보이는 경우는 오히려 매우 드물다.

8. 정신병을 치료하는 약물은 위험하며 중독을 일으킨다.

무의식적인 공포, 거부감이다. 항정신병 약물은 전혀 중독성이 없는 안전한 약이며, 중단해도 금단증상이 없다.

9. 회복된 정신질환자의 경우 낮은 수준의 직무는 성공적으로 할 수 있지만, 중요하고 책임이 있는 지위에는 적합하지 않다.

사람들의 직무역량은 그 사람의 능력에 달려 있다. 정신질환에서 회복된 사람들도 마찬가지로 개인의 재능, 능력, 경험, 동기부여 및 건강상태에 달려 있다.

4 주관적 건강지표

1. 삶의 질 측정도구

(1) EQ-5D

① EQ-5D는 자가평가를 통한 설문지 기재방식의 도구로 상대적으로 건강상태 표현이 쉽고, 다양한 임상적인 상황에서도 쉽게 사용할 수 있다. 여러 나라에서 수행될 질 가중치 평가 결과가 있는 경우 국가 간 비교가 가능하다는 장점이 있다.

② EQ-5D의 문항은 운동능력(mobility), 자기돌봄능력(self care), 일상활동(usual activities), 통증/불편감(pain/discomfort), 불안/우울(anxiety/depression) 등 5가지로 구성되어 있다. 이 5개 문항을 ㉠ 문제 없음, ㉡ 다소 문제 있음, ㉢ 심각한 문제 있음 등 3가지로 답하게 되어 있다.

(2) SF-36과 SF-12

① SF-36과 SF-12(Medical Outcome Study 36-Item Short Form, 12-Item Short Form)는 보건정책에 대한 평가, 일반인이나 노동인구를 대상으로 일반적 건강수준을 측정하는 대규모 조사에서 널리 사용되는 척도이다.

② SF-36은 9개의 하부영역, 36개 문항으로 구성되어 있다. 영역별 문항은 신체적 기능 10문항, 신체적 역할제한 4문항, 통증 2문항, 사회적 기능 2문항, 정신건강 5문항, 감정문제로 말미암은 역할제한 3문항, 활력 4문항, 일반건강 5문항, 건강상태의 변화 1문항으로 구성되어 있다. 건강상태의 변화를 제외한 8개영역으로 삶의 질을 측정한다. 각 문항은 가장 나쁜 영향을 미치는 내용을 1점, 문항에 따라 최고점은 2점에서 6점 사이로 주어 점수분포는 영역별로 다르며, 모든 영역의 점수를 합산하여 0점에서 100점까지 분포하도록 변환시켜 판정하는데, 점수가 높을수록 좋은 건강상태를 의미한다.

③ SF-12는 SF-36을 간단히 축약한 것으로 총 12문항으로 구성되어 있으며 영역별 문항은 신체적 기능 2문항, 신체적 역할제한 2문항, 통증 1문항, 사회적 기능 1문항, 정신건강 2문항, 감정적 역할제한 2문항, 활력 1문항, 일반건강 1문항으로 구성되어 있다. 점수는 100점으로 환산한 점수로 제시하며 점수가 높을수록 좋은 건강상태를 의미한다.

(3) WHOQOL-BREF

① WHOQOL-BREF(World health Organization Quality of Life assessment)은 세계보건기구가 개발한 삶의 질 척도로 4개의 영역 아래에 24개 하부척도와 그 아래 4개 항목과 전반적인 '건강 관련 삶의 질'에 대한 4개 일반항목 등, 총 100개의 항목들로 구성되어 있어 큰 규모의 역학연구에 적용하기에는 제한이 있다.

② WHOQOL-BREF는 ㉠ 신체건강 영역, ㉡ 심리 영역, ㉢ 사회관계 영역, ㉣ 환경 영역 등 4개 영역의 24개 문항과 전반적인 삶의 질에 대한 2문항을 포함한다. 각 항목의 점수는 '전혀 아니다'에서 '매우 많이 그렇다'까지 1~5점으로 답하도록 구성되어 있으며, 삶의 질이 높을수록 척도의 점수가 높게 나타난다.

(4) PWI-SF

① PWI-SF(Psychosocial Well-being Index-Short Form)는 PWI의 축약형으로서 우리나라 직장인과 지역사회 인구집단의 사회심리적 스트레스를 측정할 수 있도록 번역한 도구이다.

② PWI-SF는 ㉠ 사회적 역할 및 자기신뢰도 8문항, ㉡ 우울 3문항, ㉢ 수면장애 및 불안 3문항, ㉣ 일반건강 및 생명력 4문항으로 전체 18문항으로 구성되어 있다. 각 문항은 '전혀 그렇지 않다', '이따금 그렇다', '자주 그렇다', '항상 그렇다'의 4점 척도로 구성되어 있다. 점수는 순서대로 0-1-2-3점을 부여하며 부정적 문항은 역코딩한 후 이를 합산하여 총점은 0~54점 사이에 분포하고, 점수가 높을수록 스트레스 수준이 높음을 의미하는데, 27~54를 고위험 스트레스군, 9~26점은 잠재적 스트레스군, 8점 이하를 건강군으로 분류한다.

2. 정신질환과 인지능력 측정도구

(1) MMPI

MMPI(Minnesota Multiphasic Personality Inventory)는 가장 널리 쓰이고 있는 다면적 인성검사로서 566문항, 383문항의 두 종류의 검사지가 있다.

① MMPI는 550개의 문항으로 구성되어 있으며 각 문항에 대해 "그렇다"와 "아니다"로 대답하게 되어 있는 질문지형 검사이다. 총 14개의 척도로 구성되어 있으며 여기에는 4개의 타당도 척도와 10개의 임상척도가 있다. 각 척도별로 해당되는 문항수의 총합은 사실 550개가 넘는데, 이는 척도들 간에 중복되는 문항들이 일부 포함되어 있기 때문이다. 또, 내용이 완전히 같은 문항 16개가 추가로 포함되어 있는데, 이 16개의 반복문항들은 피검자가 얼마나 일관성 있게 반응했는지를 확인하는 지표로 사용된다. 이렇게 하여 MMPI의 실제 질문지의 총 문항은 566번까지로 되어 있다.

구분	척도명	기호	약자	문항
타당도 척도	무반응 척도 모르겠다(can not say)		?	
	L척도(Lie)		L	15
	신뢰도 척도 F척도(Frequency)		F	64
	교정척도 K척도(Defensiveness)		K	30
임상척도	건강염려증	1	Hs	33
	우울증	2	D	60
	히스테리증	3	Hy	60
	반사회성	4	Pd	50
	남성특성-여성특성	5	Mf	60
	편집증	6	Pa	40
	강박증	7	Pt	48
	조현병	8	Sc	78
	경조증	9	Ma	46
	사회적 내향성	0	Si	70

② 타당도 척도

㉠ **무응답(?) 척도** : 수검자가 응답하지 않은 문항의 점수를 측정하는 척도

㉡ **부인(L) 척도** : 자신을 실제보다 좋게 보이고자 하는 수검자의 태도를 반영하는 척도

㉢ **신뢰도(F) 척도** : 검사 개발자의 의도와 다른 방향으로 의도하는 성향을 측정하는 척도

㉣ **교정(K) 척도** : 수검자가 임상적으로 방어적인 태도를 보이는 성향을 측정하는 척도

(2) CES-D-K

① CES-D-K(Center for Epidemiologic Studies Depression Scale Korean version)는 일반 인구집단을 대상으로 하는 자기 기입식 우울증 간이 선별도구로 우리말로 번역한 것이다. 지난 일주일 동안 경험한 우울을 측정하는데, 문항들이 매우 간결하고 증상의 존재기간을 기준으로 심각도를 측정하기 때문에 모든 연령층에서 적용 가능하며 역학연구에 적합하다.

② 20문항으로 구성되어 있는데 질문내용은 ㉠ 우울한 기분, ㉡ 죄의식, ㉢ 자신이 무가치하게 느껴지는 것, ㉣ 무기력감, ㉤ 절망감, ㉥ 정신운동성 지체, ㉦ 식욕감퇴, ㉧ 수면장애 등으로 구성되어 있다. 지난 일주일 동안 경험한 우울을 0-1-2-3점으로 응답한다. 총점은 60점으로 점수가 높을수록 우울 정도가 높음을 의미하고, 절단점은

일반적으로 16점과 25점을 이용하여 16점은 우울증 추정, 25점은 우울증 확정 등으로 분류한다.

(3) MMSE

① MMSE(Mini-Mental State Examination)는 널리 이용되는 치매 선별검사 도구로 다양한 인지기능들을 5~10분에 측정할 수 있도록 고안되었으며, 심하거나 중간 정도의 수준으로 진행된 치매를 탐지하는 데 신뢰도와 타당도가 높다.

② 우리나라에서는 MMSE-K(MMSE-Korean version), K-MMSE(Korean MMSE), MMSE-KC(MMSE in the Korean version of CERAD assessment battery)등의 한글판 도구가 개발되어 이용되고 있다.

③ MMSE는 ㉠ 시간 지남력 5문항, ㉡ 장소 지남력 5문항, ㉢ 기억등록 3문항, ㉣ 기억회상 3문항, ㉤ 주의집중과 계산 5문항, ㉥ 언어 및 시공간 구성 9문항 등 총 30문항으로 구성되어 있다. 각 문항당 1점이 주어지고 점수는 0~30점 사이에 분포하게 되며 점수가 높을수록 인지기능 수준이 높은 것을 의미한다. 점수에 따라 10점 미만 심한 치매, 10~19점 중등도 치매, 20~23점 경한 치매, 24점 이상은 정상으로 분류한다.

(4) GDS

GGDS(Global Deterioration Scale)는 치매가 의심되는 환자나 인지기능 장애가 의심되는 환자의 임상 양상 및 심각도를 평가하도록 제작되었다. 주로 기억력과 일상생활기능에 초점이 맞추어진 평가척도로서, 시간에 따른 환자의 단계변화를 파악할 수 있어서 치료의 경과나 예후를 평가할 수 있고, 다른 질환과 감별하는 데에도 이용할 수 있다.

3. 일상생활 능력 조사도구

(1) ADL

① ADL(Activities of Daily Living)는 일상생활을 영위하는 데 필요한 가장 근본적이며 필수적인 활동으로 일상생활의 역할과 과업을 수행하는 기능상태를 평가한다. ADL은 노인의 건강을 기능수준에 기초하여 건강상태를 평가하는 데 적합하다.

② ADL은 일상생활 활동내용으로 ㉠ 목욕, ㉡ 옷 입기, ㉢ 화장실 사용, ㉣ 이동, ㉤ 대소변 조절, ㉥ 식사, ㉦ 세수 등을 포함하고 있고, 3점 척도(1 : 완전자립, 2 : 부분의존, 3 : 완전의존)로 구성되어 있으며, 점수가 높을수록 의존성이 높음을 의미한다.

(2) IADL

① IADL(Instrumental ADL)은 지역사회 환경에서 독립적인 생활을 하는 데 필요한 ADL보다 높은 차원의 기능상태를 평가한다. 또한 입원 후 퇴원하려는 환자의 사회복귀 가능성을 확인하는 데에도 사용된다.

② IADL의 한국형 도구인 K-IADL은 3점 척도(1 : 완전자립, 2 : 부분의존, 3 : 완전의존)로 이루어진 7문항(몸단장, 집안일, 식사준비, 빨래하기, 근거리 외출, 금전관리, 약 챙겨먹기)과 4점 척도(1 : 완전자립, 2, 3 : 부분의존, 4 : 완전의존)로 이루어진 3문항(교통수단 이용, 물건 사기, 전화 사용) 등으로 총 10문항으로 구성되어 있다. 점수가 높을수록 의존성이 높음을 의미한다.

FINAL TEST

01 Marie jahoda가 제시한 정신건강기준에 대해서 나열하시오.

FINAL TEST 정답

01 정신건강기준
① 자신에 대한 긍정적 태도
② 성장, 발전, 자아실현 능력
③ 통합
④ 자율성
⑤ 현실에 대한 지각
⑥ 환경의 지배

CHAPTER 01 정신간호의 이해

기출문제

01 다음은 심리 검사에 대한 보건교사 보수 교육 자료의 일부이다. 괄호 안의 ㉠에 추가해야 할 임상척도 1개의 명칭과 밑줄 친 ㉡에 해당하는 명칭을 순서대로 쓰시오. [2점] 2020년

1. 심리 검사의 개념

심리 검사는 환자의 환경과 인지적, 정서적으로 상호작용하는 최근의 인지, 성격 또는 정신 병리적 요소까지 측정할 수 있다.

2. 심리 검사 도구의 종류

1) MMPI(Minnesota Multiphasic Personality Inventory, 미네소타 다면적 인성검사)

- MMPI는 자기 보고식의 객관적 인성검사 도구로 집단적인 인성검사에 많이 이용되고 있다. 이 도구는 정신상태의 정도를 객관적으로 파악하고 수량적으로 표시할 수 있으며, 사회적, 정서적 적응과 관련된 정서장애나 정신과적 장애의 특징을 측정하는 데 초점을 두고 있다.
- MMPI는 임상척도와 타당도 척도로 구성된다. 임상척도는 건강염려증(Hs), 우울증(D), 히스테리(Hy), 편집증(Pa), 강박증(Pt), 조현병(Sc), 경조증(Ma), 사회적 내향성(Si), 남성여성성(Mf), (㉠) 척도로 구성된다.
- 타당도 척도는 응답의 객관성이나 솔직성에서 문제 발생을 보완하기 위해 무반응 척도, 신뢰도 척도(F), 교정척도(K), ㉡ 자신을 좋게 보이려는 고의적이고 부정직한 경향을 찾기 위한 척도로 구성된다. 타당도 척도들이 비교표의 규준 T점수 70점 이상이면 응답 전체의 신뢰성을 일단 의심한다.

…(하략)…

| 정답 | 1. ㉠ 반사회성

2. ㉡ 부인(L)척도

| 해설 | MMPI : MMPI(Minnesota Multiphasic Personality Inventory)는 가장 널리 쓰이고 있는 다면적 인성검사로서 566문항, 383문항의 두종류의 검사지가 있다. 현재 임상장면에서 383문항형이 단축형으로는 가장 널리 사용되고 있다.

1) MMPI는 550개의 문항으로 구성되어 있으며 각 문항에 대해 "그렇다"와 "아니다"로 대답하게 되어 있는 질문지형 검사이다. 총 14개의 척도로 구성되어 있으며 여기에는 4개의 타당도 척도와 10개의 임상척도가 있다. 각 척도별로 해당되는 문항수의 총합은 사실 550개가 넘는데, 이는 척도들 간에 중복되는 문항들이 일부 포함되어 있기 때문이다. 또, 내용이 완전히 같은 문항 16개가 추가로 포함되어 있는데, 이 16개의 반복문항들은 피검자가 얼마나 일관성 있게 반응했는지를 확인하는 지표로 사용된다. 이렇게 하여 MMPI의 실제 질문지의 총 문항은 566

번까지로 되어 있다.

구분	척도명	기호	약자	문항
타당도 척도	무반응척도 모르겠다(can not say)		?	
	L척도(Lie)		L	15
	신뢰도 척도 F척도(Frequency)		F	64
	교정척도 K척도(Defensiveness)		K	30
임상척도	건강염려증	1	Hs	33
	우울증	2	D	60
	히스테리증	3	Hy	60
	반사회성	4	Pd	50
	남성특성-여성특성	5	Mf	60
	편집증	6	Pa	40
	강박증	7	Pt	48
	조현병	8	Sc	78
	경조증	9	Ma	46
	사회적 내향성	0	Si	70

2) 타당도 척도

① 무응답(?) 척도 : 수검자가 응답하지 않은 문항의 점수를 측정하는 척도

② 부인(L) 척도 : 자신을 실제보다 좋게 보이고자 하는 수검자의 태도를 반영하는 척도

③ 신뢰도(F) 척도 : 검사 개발자의 의도와 다른 방향으로 의도하는 성향을 측정하는 척도

④ 교정(K) 척도 : 수검자가 임상적으로 방어적인 태도를 보이는 성향을 측정하는 척도

02 야호다(Marie Jahoda)가 제시한 정신건강 평가기준에 부합하는 것을 〈보기〉에서 고른 것은?

[1.5점] 2009년

〈 보 기 〉

ㄱ. 자신의 욕구와 행동에 대한 인식
ㄴ. 새로운 성장과 발달에 대한 도전
ㄷ. 새로운 사물에 대한 이해와 인식 능력
ㄹ. 옳고 그름에 대한 윤리 의식
ㅁ. 외부세계에 대한 검증 능력

① ㄱ, ㄴ, ㄷ
② ㄱ, ㄴ, ㅁ
③ ㄱ, ㄹ, ㅁ
④ ㄴ, ㄷ, ㄹ
⑤ ㄷ, ㄹ, ㅁ

|정답| ②

|해설| 마리 야호다가 제시한 정신건강 평가기준

1. ㉠ 자신에 대한 긍정적 태도 : 자기 자신을 하나의 인간으로 수용하고 자기의 욕구와 행동을 알며 자신에 관해 어느 정도 객관적으로 나이에 맞게 인식할 수 있는 것
2. ㉡ 성장, 발달, 자기실현 : 자기의 잠재력을 개발하여 실현하고 성장, 발달, 도전할 수 있어야 함
3. ㉤ 현실지각 : 개인이 외부세계에 대한 그의 추측을 경험행위로써 검증해보는 능력을 말하고, 공감능력, 사회적 민감성, 남의 감정과 태도를 존중하는 것 등이 현실지각에 포함됨

〈그 외 더 포함되는 항목〉

4. 통합력 : 개인이 내적, 외적 갈등 및 욕구와 기분 및 정서의 조절 간에 균형을 이루는지, 겉으로 표현되는 것과 내적으로 억압되는 것 사이에 균형을 이루는지를 말하며, 정서적 감응성 및 통제와 통합된 인생철학 개념들을 포함하고 있음
5. 자율성 : 자기결정, 의존과 독립의 조화, 자기행동 결과의 수용성 등을 포함, 자기의 결정, 행동, 사고 감정들을 포함하여 개인이 스스로 책임지는 것을 말하며, 그 결과 타인의 자율성과 선택의 자유도 존중할 수 있음
6. 환경의 지배 : 건강인은 사회에서 인정하는 역할에 성공적으로 기능하고 세상에 효율적으로 대처하며, 인생문제를 잘 해결하고 남들로부터 사랑을 받으며 호혜적 관계를 가짐

CHAPTER

02 인간의 이해

1 정신과 신체의 통합

- 환경자극과 생물학적 요인 사이에는 중요한 관계가 있음
- 뇌와 신체의 구조나 기능상의 이상은 행동에 영향을 미침
- 정신 사회적 스트레스 → 신체적으로 중요한 신경회로를 활성화시키는 신경화학적 경로 변경

2 신경계

1. 중추신경계

(1) 대뇌

① 뇌의 가장 큰 부분으로 의식, 지각, 사고, 운동기능을 담당한다. 좌반구와 우반구로 나뉘고 뇌량으로 연결되어 있으며, 각각의 반구는 4개의 엽으로 나뉜다.

CHECK Point	뇌량
뇌에서 가장 큰 섬유덩어리로 대뇌반구 사이의 정보교환을 촉진한다. 나이가 들수록 양과 세포의 질이 떨어져 노인 정신장애와 관련된다.	

② **전두엽**

㉠ 이성 · 주의 · 판단, 언어생성 등 사고, 운동, 기억, 정서와 도덕적 행동을 통제하고 이런 모든 정보를 통합하여 각성을 조절하며 주의집중, 문제해결과 의사결정을 하는 등 총체적인 고도의 지적 기능을 수행한다.

㉡ 특히 인지, 동기, 주의, 감각정보를 주관하고 통합하는 전두피질의 이상은 전두엽 증후군을 유발한다. 기능장애시 부적절하고 억제되지 않는 행동, 부적절한 감정, 동기가 사라짐, 치매가 유발된다.

③ **두정엽** : 다양한 체감각과 운동감각을 수용, 해석, 평가하며 공간감각에도 관여하는 등 각종 감각정보의 통합과 연상을 주관한다. 기능장애시 공간지각 능력의 감소, 부정, 신체상의 손상, 자가 간호능력의 손상, 좌우 방향감을 상실하게 된다.

④ 측두엽

㉠ 기능 : 후각과 청각정보를 수용하고 통합한다. 기억, 추상적 사고 · 판단력, 언어이해에 중요한 기능을 하며, 변연계와 더불어 정서표현과도 연관된다.

㉡ 기능장애 : 일부 환자에 있어서 공격적이고 폭력적인 반응, 환후와 환청, 언어 이상

⑤ **후두엽** : 시각 해석에 중요한 기능을 하며, 측두엽과 더불어 언어생성을 조정하고 기억기능을 담당한다.

(2) 변연계

① 대뇌피질 주변에 있으며 시상, 시상하부, 해마와 편도체 등을 포함한 C자형의 고리를 형성하고 있다.

② 동물적 행동의 중추로 식욕, 성욕, 집단욕 등의 본능적인 행동이나 공포, 분노, 기쁨, 슬픔 등의 감정과 밀접하게 연관되어 있다.

③ 해마 : 단기기억을 장기기억으로 전환시키는 다량의 신경전달물질을 포함하고 있는데, 알코올 중독이나 알츠하이머 질환에서 해마의 광범위한 세포성 변성이 있으면 새로운 기억을 하지 못한다.

④ **편도체** : 성난 감정을 유발하고 불안과 공포의 조절기능을 하는 것으로 알려져 있다.

⑤ 시상 : 감각, 운동, 연합정보를 대뇌로 중계하여 감각, 감정, 활동을 조절하는 중추이며 아편 수용체가 많아 통증과도 밀접히 연관되어 있다.

⑥ 시상하부 : 뇌하수체를 조절함으로써 항상성을 유지하고 자율신경계, 내분비계, 감정, 체성 등의 기능을 조절한다. 체온, 성적 충동, 식욕조절, 조증행동, 공포나 분노 같은 충동적 행동, 스트레스 관련 신체화 장애와 연관되어 있다.

(3) 뇌간

① 중뇌, 교, 연수와 망상체를 포함한다.

② 중뇌

㉠ 기능 : 청각, 시각반응들을 중개하는 역할, 운동반응의 무의식적인 조절중추

㉡ 기능장애 : 틱장애, 추체외로 증상 등 상동증적 움직임

③ 연수 : 호흡과 심혈관 기능의 중추를 포함하는 생명 중추로서 심박동, 호흡, 연하, 구토, 기침, 재채기 등에 관여한다.

④ 망상체 : 뇌간의 핵심적 중추로서 수면각성 주기와 같은 주기적인 활동을 조절한다.

⑤ 교 : 소뇌와 대뇌를 연결하고 중뇌를 연수까지 연결, 호흡수 조정

(4) 소뇌

① 기능 : 평형감각, 근육 긴장도, 자세조절, 수의적 운동의 조정에 관여하며, 정보의 처리와도 밀접히 연관되어 있다.

② 기능장애 : 움직일 때 진전, 발음하는 근육의 부조화된 운동으로 발음이 부정확해짐

(5) 간뇌

① 시상

㉠ 기능 : 모든 감각경로, 감각경로를 받아 대뇌피질의 각 영역으로 연계, 의식주도

㉡ 기능장애 : 동기결여의 원인, 충동 조절에 관여할 가능성

② 시상하부

㉠ 기능 : 호르몬, 식사, 음주, 수면, 각성, 체온, 화학적 균형, 성, 감정, 성적 행위 조절, 뇌하수체 조절, 생체리듬, 면역체계 조절 중추

㉡ 기능장애 : 수면-각성 주기의 이상, 과식과 과음, 성적 기능부전, 기분장애

2. 뇌영상 기술

구분	작용방식	영상 내용	장단점
CT	• 뇌의 단면을 컴퓨터로 구성한 방사선 사진 • 3차원 영상 가능 • 뼈에 관한 것을 자세히 보여주고 두부 손상 및 종양의 위치를 확인하는 데 유용함	뇌의 구조	방사선 사진보다 더 선명한 뇌의 사진을 제공
MRI	• 머리 주위의 자기장이 뇌조직에서 라디오파가 방출되도록 유도함 • 이를 분석하고 재구성하여 뇌의 단면 영상을 만들어 냄 • 종양, 알츠하이머형 치매의 비대된 뇌실과 백질의 변화 등 뇌조직을 자세히 보여줌	뇌의 구조 Funtional MRI는 뇌의 활동을 보여줌	일차적으로는 유해한 방사선 사용을 피할 수 있음
BEAM (뇌 전기활동 지도)	• 섬광이나 갑작스런 소리와 같은 특정 자극, 또는 특정 정신적 업무에 의해 유발된 뇌의 전기적 활동을 기록한 뇌파검사로부터의 데이터를 CT의 기술로 표현	뇌의 활동/기능	• 뇌의 넓은 영역의 누적된 활동을 나타냄 • 병소부위의 뇌활동은 주로 방해받은 상태로 나타남
PET	• 주입된 방사활성물질이 뇌로 들어가 스캔상 밝은 점으로 나타남 • 뇌의 조직과 활동정도에 따라 뇌로 유입되는 물질의 종류와 양이 다름	뇌의 활동/기능	신경전달물질 수용체 활동 또는 뇌에서의 농도 연구를 위해 약품을 주입할 수 있음

	• 정신분열병, 양극성 장애, 노인성 치매, 자폐증, 주의력 결핍 과잉행동장애 등의 정신질환과 관련된 생화학적 비정상을 보여줌	뇌의 활동/기능	
SPECT	• PET와 비슷하나 혈류 양상을 시각화하기 위하여 더 안정된 물질과 다른 종류의 탐지기를 사용함 • 알츠하이머병의 진단에 중요함	뇌의 활동/기능	뇌혈관 질환과 뇌종양을 진단하는 데 유용함

3 신경전달물질

약물	증가(↑)	감소(↓)
도파민	조현병, 조증	우울
노르에피네프린	조현병	우울
세로토닌	조현병, 음성증상, 불안, 조증	우울, 공격성, 자살, 강박성 인격장애
아세틸콜린		알츠하이머형 치매
GABA		불안장애, 조현병

✚ 도파민

1. 시상하부에 의해 분비되는 신경호르몬으로 주요 기능은 뇌하수체의 전엽에서 프로락틴의 분비를 억제하는 것이다.
2. 도파민은 심장 박동수와 혈압을 증가시키는 효과를 나타내어 교감신경계에 작용하는 정맥주사 약물로서 사용할 수 있다.
3. 파킨슨병과 도파-반응 근육긴장이상과 같은 질병의 환자에게 있어 도파민의 양이 증가하게 된다.
4. 도파민의 분비가 과다하거나 활발하면 조울증이나 정신분열증(schizophrenia)을 일으키며, 도파민의 분비가 줄어들 경우 우울증(clinical depression)을 일으킨다. 또한, 도파민을 생성하는 신경세포가 손상되면 운동장애를 일으켜 파킨슨병(Parkinson's disease)을 유발한다. 흡연으로 인해 흡수되는 니코틴은 도파민을 활성화시켜서 쾌감을 느끼게 해준다. 마약을 통해 느끼는 환각이나 쾌락 등도 도파민의 분비를 촉진 및 활성화시켜서 얻게 되는 것이다.

4 정신 역동적 이해

1. 의식의 구성

의식 (Consciousness)	• 깨어 있을 때만 작용하는 마음의 일부로 개인이 인식하며 통제할 수 있는 지적, 정서적 경험과 인간관계 등의 모든 경험 • 대부분 자아와 일부 초자아로 구성 • 현실적인 사고과정
전의식 (Preconsciousness)	• 의식과 조금 가까운 마음의 영역으로 잠재의식이라 함 • 개인이 주의를 집중하는 강렬한 정신에너지가 투여되면, 접근할 수 있는 기억과 재료가 저장되는 곳 • 자아와 초자아로 구성
무의식 (Unconsciousness)	• 개인이 일생 동안 경험한 지식, 감정, 경험이 모두 저장되는 영역. 마음의 가장 큰 부분 • 욕구나 충동이 들어있는 깊고 접근할 수 없는 곳 • 내용 : 충동과 억압된 사고와 감정 • 본능(instinct) 혹은 충동(drives)이라고 하는 소원의 집합체와 밀접하게 연결됨 • 이드와 초자아로 구성 • 1차 사고과정이 이용됨

2. 성격(Personality)

(1) 그리스 배우들이 쓰던 가면 페르조나(persona)라는 말에서 유래

(2) 개인이 가진 고유하고 독특한 성질 포함

(3) 개인의 독특성이 매우 안정적이며 시간이 지나더라도 그 특성이 변하지 않음

(4) 성격의 구조

이드 (Id)	• 성격의 가장 깊숙한 핵심 • 생물학적 과정과 밀접하게 연결됨 • 유전적인 모든 것 • 반사, 반응할 수 있는 능력, 기본적 욕구, 본능적 욕구, 충동, 동기유발 • 쾌락 원칙(pleasure principle) : 즉각적 • 비언어적이고 비과학적인 1차적 사고과정에 움직임 • 태어날 때 존재, 5~6세에 약해지다가 청소년기에 일시적으로 커짐 • 기능 : 성격을 형성하는 에너지와 창조의 잠재능력을 제공(무의식계)

자아 (Ego)	• 이드에서 분화되어 환경을 탐색하는 것과 연관되는 성격의 일부 • 외부세계와 직접적으로 접촉하여 현실 검증 • 생후 4~6개월부터 발달, 2~3세경에 자아 형성 • 성격의 집행부 • **현실 원칙**(Reality Principle) : 합리적, 논리적, 언어적 • 이차적 사고과정을 통해 기능 수행 • 방어기전을 사용하여 마음의 불안을 처리 • **기능** : 이드와 초자아의 조정자, 방어기능, 자율기능, 통합기능, 숙달과 자신감 (의식계)
초자아 (Superego)	• 자아로부터 분화 • 부모, 사회와의 상호작용을 통해 발달하는 도덕적 표준, 사회적 이상 • 무엇이 옳고 그른가를 판단하는 데 관여하는 성격의 일부분 • 1세 전후에 생김, 5~6세에 최고로 발달 보임, 잠복기를 지나면서 더욱 발달하여 9~11세가 되면 기틀 마련 • 초자아가 이드의 충동을 심하게 억제시 죄의식, 불안, 신경증적 성격 • 초자아가 이드의 충동을 조절 못하면 반사회적 성격 • **기능** : 본능 조절, 이드를 다스림, 자아와 싸우기도 함. 의식, 전의식, 무의식 모두 포함하나 대개 무의식에 속함 * 양심 conscience * 자아 이상 ego ideal

CHECK Point 일차 사고과정과 이차 사고과정

1. **일차 사고과정** : 현실과 환상의 구별 없이 비언어적, 비논리적, 비체계적 사고를 하며, 시간과 공간의 관계가 무시되고, 생각과 행동이 하나로 취급되며, 불편한 감정을 경감시켜 줄 대상이나 상황에 관해 쾌락을 얻기 위하여 개인이 정신적 이미지를 형성하는 것을 말한다.
2. **이차 사고과정** : 논리를 따르며, 인과법칙이 존재하고, 외부현실에 비추어 판단하며, 각성시의 언어를 통해서 나타나므로 합리적이고 신중한 행동을 하도록 이끌어준다.

(5) 자아의 12가지 기능

자아의 기능	설명
현실검증	외적인 상황을 분별할 수 있고, 자신에게 일어나는 심리적 과정을 인지하는 능력
현실감각	• 현실검증에서 분리된 자아기능으로 자신의 경험에서 생기는 외부세계에 대한 경험이나 개인의 유일성에 대한 느낌 • 자기 신체나 자신의 부분에 대한 감각
판단력	행동의 결과를 예측할 수 있고 현실에 부합하게 행동할 수 있는 식별능력

본능, 정서, 충동의 조절과 조정	충동적인 쾌락추구 행동을 더욱 큰 만족을 위해 지연시킬 수 있고, 불안이나 우울감 같은 고통스러운 정서를 참을 수 있는 능력
대상관계	• 좋고 나쁜 대상과의 융합이나 분리정도를 결정할 수 있는 능력 • 서로 만족하는 관계를 형성하는 능력은 부모나 중요한 사람과의 초기의 상호작용에서 비롯되는 내재화 양상과 관련됨
사고과정	• 현실과 부합하는 인지와 2차적 사고를 처리하는 능력 • 주의, 기억, 집중, 예측, 개념 형성을 추진 및 촉진시킴
적응적 퇴행	더 나은 성취를 위해 적응시 퇴행이 필요할 때 자아기능 수준이 적응을 위해 퇴보할 수 있는 능력
방어기능	위협적인 내·외적 자극에 대해 방어하고 이러한 방어기능을 관리하는 능력
자극관문	여러 수준의 감각자극을 통합하고 조절해서 받아들이는 능력
자율적 기능	• 관심, 집중력, 학습된 지식이나 기술, 습관, 취미, 취향 등에 관한 것으로 정신장애가 발생해도 손상받지 않음 • 이 기능이 보전되어 있으면 다른 약한 자아기능의 회복을 도움
통합기능	모순되는 태도나 가치, 정서 상태 등을 통합하여 외부로 나타나는 행동이 전체적으로 통합되는 능력
숙달과 자신감	환경을 지배할 수 있고 타인에게 영향을 줄 수 있는 능력과 그것을 자신이 깨닫는 능력

3. 방어기제

(1) 불안이 발생할 때 자아는 두 방법 중 하나로 반응

① 첫째, 자아는 합리적인 문제해결 노력을 증가

② 둘째, 방어기제 사용

(2) 방어기제의 종류

구분	종류
자기애적 방어	합리화, 부정, 분리, 투사, 투사적 동일시
미성숙 방어	행동화, 동일시, 공격자와의 동일시, 합일화, 함입, 전환, 신체화, 퇴행
신경증적 방어	억압, 반동형성, 격리, 취소, 전치, 상징화, 해리, 합리화, 주지화
성숙한 방어	이타주의, 금욕주의, 유머, 승화, 억제
기타 방어	보상, 저항, 고착

(3) 부정

의식적으로 용납할 수 없는 생각, 감정, 소망, 욕구 또는 외부 현실에 대한 인식을 회피하는 기제

(4) 투사

개인이 원하지 않거나 불쾌한 감정, 사고 및 자신과 관련된 태도를 다른 사람의 탓으로 돌리는 기제

(5) 퇴행

개인이 불안을 감소시키기 위하여 이미 지나간 행동 수준으로 후퇴하고 의존적인 역할을 추구하는 기제

(6) 승화

의식적으로 허용하기 힘들거나 사회적으로 용인되지 않는 충동이나 행위를 사회적으로 수용 가능한 활동으로 방향을 바꾸는 기제

(7) 행동화

소망이나 충동이 즉시 만족되지 않고 연기됨으로써 생기는 갈등을 피하기 위하여 즉각적인 행동으로 표현하는 기제

Quiz

1. 간암말기라는 진단을 받은 환자가 이 진단을 인정하지 못하고 다른 병원에 다시 검사하러 가는 것
2. 시험점수가 나쁜 학생이 열심히 공부하지 않아서 점수가 나쁜 것이 아니라 교수가 이상한 문제를 출제했기 때문이라고 투덜대는 것
3. 소변가리기 훈련이 다 끝난 어린이에게 동생이 태어나면서 다시 바지에 오줌을 싸는 현상
4. 중년기의 여성이 그가 갈망하는 사랑을 방향을 바꾸어 애완동물을 즐겁게 해 주는 현상
5. 정신과 병동에서 흔히 볼 수 있는 환자들의 모습

답 1. 부정 2. 투사 3. 퇴행 4. 승화 5. 행동화

(8) 억압

위협적인 충동이나 생각을 의식 밖으로 밀어내는 것으로 무의식적이고 자동적인 방어기제로 가장 기본적이면서 중요한 기제

(9) 억제

개인에게 불유쾌하거나 용납할 수 없는 충동, 감정, 사고를 의식적이며 의도적으로 전의식계로 추방하는 것

(10) 합리화

개인이 사회적으로 용납되는 그럴싸하고 수용할 수 있는 이유나 설명으로 행동이나 감정을 정당화시키는 가장 흔히 사용하는 방어기제

(11) 주지화(지능화, 지식화)

개인이 정서나 감정을 지적 영역으로 이동시켜서 정서적 불편을 제거하려는 기제

(12) 대리형성

욕구불만으로 생긴 긴장을 감소시키기 위하여 원래 대상과 비슷하며 동시에 사회적으로 용납되는 다른 대상으로 만족하는 방어기제

Quiz

6. 한밤중에 공동묘지를 지나가면서 무서운 생각이 떠오를 때, 그런 생각을 하지 않으려고 큰소리로 노래부르는 현상
7. B학점의 시험결과를 받고서 건강하고 B학점을 받는 것이 A학점을 받고 일찍 죽는 것보다 훨씬 좋다고 생각하는 현상
8. 가족의 죽음을 당하여 참을 수 없을 만큼의 고통을 참으면서 침착하고 논리적인 방법으로 장례절차를 따르는 것
9. 죄책감이나 수치심 또는 자존심을 상하게 한 일들에 대한 기억상실
10. 어머니를 잃은 여아가 이모를 따르는 현상, 꿩 대신 닭

답 6. 억제 7. 합리화 8. 지식화 9. 억압 10. 대리형성

(13) 해리

의식에서 갈등을 분리시키고 떼어냄으로써 정서적으로 충전된 갈등과 관련된 감정을 인식하지 못하도록 하여서 개인을 보호하는 기제로 몽유병이 이에 속한다.

(14) 함입

넓은 의미로 볼 때 동일시에 포함되는 것으로 자신에게 중요한 사람의 성격특성, 태도, 사고를 자신에게 융합하는 것으로 합일화보다 더 후에, 즉 영아가 자기와 자기 아닌 것 정도를 구별하는 시기에 발생한다.

(15) 합일화

넓은 의미로 볼 때 동일시에 포함되는 것으로 동일시의 원시적 형태이다. 즉, 자기와 자기 아닌 것을 전혀 분별하지 못하는 영아기에 일어나는 동일시라 할 수 있다. 외계에 있는 대상으로 상징적으로 입으로 삼켜 동화하여 자아의 형태 변형 없이 그대로 자기 자아의 구조 속으로 들어오게 하는 원시적인 기제

(16) 동일시

다른 사람의 바람직한 속성이나 태도 · 행동을 들여와서 자신의 성격의 일부로 삼게 되는 기제

(17) 격리

과거나 현재의 경험에 있어서 실제 사실은 의식에 남아 있으면서도 그 사실과 관련된 고통스러운 감정이나 충동은 무의식에 남게 하는 기제

Quiz

11. 어린아이가 어머니가 웃으면 자기가 웃는 줄 알고 자기가 좋아하는 줄 아는 상태
12. 사랑하던 남편이 죽은 뒤 홀로 된 과부가 남편이 현실에 있는 것으로 여기면서 매사에 처신하는 경우
13. 초등학교 1학년 학생들이 담임 선생님의 걸음걸이나 글씨체를 그대로 닮아가는 것
14. 지킬박사와 하이드
15. 너무 억울한 일을 당한 사람이 처음에는 그 일을 생각하면서 울거나, 욕을 하지만, 일정기간이 지나고 나면 '내가 예전에는 이런 일을 당했었다'고 감정을 섞지 않고 사실만 이야기하는 것

답 11. 합일화　12. 함입　13. 동일시　14. 해리　15. 격리

(18) 반동형성

수용할 수 없는 감정이 억압되고 있는 동안에 개인이 다른 사람이나 상황에 대하여 그 상황에서 통상적으로 기대되는 것과 반대되는 감정, 태도나 행동을 표현하는 기제

(19) 전치

개인이 좌절, 적개심, 불안과 같은 감정이나 정서를 원래 파생된 곳에서부터 덜 위협적이고 더 받아들이기 쉬운 다른 대상으로 이동하는 기제

(20) 취소

무의식에서 어떤 대상에 대해 품고 있던 자기의 성적 또는 적대적인 욕구로 인해 상대방이 입었다고 상상하는 피해를 원상복귀하는 행위를 하는 기제

(21) 상징화

사물, 사고나 행위가 다른 일반적인 형태를 통하여 다른 것으로 표출되는 기제로 국기는 단순히 천에다 몇 가지의 선이나 점, 모양을 그려 놓은 것이지만 애국심, 사랑 등의 독특한 상징을 가지는 것이라 할 수 있다.

(22) 전환

불안을 감소시키기 위해 개인의 강한 정신적 갈등이 신체적 증상, 즉 신체의 감각기관과 수의근계의 증상으로 표출되는 기제로 전환신경증과 관련되어 있다.

(23) 신체화

심리적인 갈등이 감각계와 수의근계를 제외한 기타 신체부위의 증상으로 표출되는 기제로 심한 갈등을 겪는 사람이 편두통을 앓는 형상을 의미한다.

(24) 이타주의

반동형성의 하나로 자기 본능의 만족을 포기하고 다른 사람을 건설적으로 도와줌으로써 내재화에 의한 대리만족을 하는 것으로 우리가 다른 사람을 도와주는 많은 행동들이 여기에 속한다.

Quiz

16. 노인이 친한 친구의 사망 소식을 듣고는 하지 기능을 상실하는 것
17. 미운 자식에게 떡 하나 더 준다.
18. 다른 사람을 건설적으로 도와줌으로써 대리만족을 하는 현상
19. 강박충동장애를 가진 대상자가 반복해서 손을 씻거나 청소하거나 확인하는 것
20. 사촌이 논을 사면 배가 아프다.
21. 종로에서 뺨 맞고 한강에서 눈흘기기
22. 정신증 환자들은 종종 붉은 색은 피나 죽음을 나타낸다고 한다.

답 16. 전환 17. 반동형성 18. 이타주의 19. 취소 20. 신체화 21. 전치 22. 상징화

질환별 주로 사용하는 방어기제

우울장애	함입	**신체화장애**	전환, 억압, 투사
편집증	투사	**강박충동장애**	격리, 취소, 반동형성, 고립
공황장애	억압	**공포장애(불안)**	전치, 상징화

5 인간발달이론

학자	에릭슨	설리반	프로이트	피아제	콜버그	말러
이론	정신사회적	대인관계	정신성적	인지	도덕	분리개별화
단계	8	7	5	4	3	3
1	0~1세 〈영아기〉 신뢰 vs 불신	0~18개월 〈영아기〉 수유를 통한 어머니와의 첫 인간관계 형성	0~1.5세 〈구강기〉	0~2세 〈감각운동기〉 대상과 사건의 감각운동적 탐색과 모방을 통하여 자기와 환경에 관해 배움	0~9세 〈전인습적 수준〉 처벌, 복종중심의 단계	출생~1개월 〈정상자폐기〉
2	1~3세 〈초기 아동기〉 자율성 vs 수치, 의심	18개월~6세 〈아동기〉 자기 소망이 저지되는 것과 만족을 지연시키는 것을 수용	1.5~3세 〈항문기〉	2~7세 〈전조작기〉 상징적 활동, 물활론적 사고, 도덕판단	9~13세 〈인습적 수준〉 인간 상호조화 중심단계	1~5개월 〈공생기〉
3	3~6세 〈후기 아동기〉 주도성 vs 죄책감	6~9세 〈소년기〉 동료들과의 만족스러운 관계 형성	3~6세 〈남근기〉	7~12세 〈구체적 조작기〉 논리수학적 사고구조, 보존개념 형성, 탈자아중심적 사고, 자율적인 도덕성, 추상적 사고 시작	13세~이후 〈후인습적 수준〉 사회계약 중심 단계	5~36개월 〈분리개별화기〉
4	6~12세 〈학령기〉 근면성 vs 열등감	9~12세 〈청소년 전기〉 동성 친구와 관계 형성을 배움	6~12세 〈잠복기〉	12세 이후 〈형식적 조작기〉 논리적 추리능력, 연합적 · 연역적 사고		
5	12~18세 〈청소년기〉 정체감 vs 역할혼돈	12~17세 〈초기 청소년기〉 독립할 수 있으며 이성과 만족스러운 관계 형성	12세 이후 〈사춘기, 성기기〉			
6	18~45세 〈초기 성인기〉 친밀감 vs 고립감	17~23세 〈후기 청소년기〉 사회생활과 시민의 특권, 의무, 책임을 수행하기 시작				

7	45~65세 〈중년기〉 생산성 vs 자기침체	24세 이후 〈성숙기〉 자아인식, 자아존경이 가능한 시기로 성숙한 인간관계의 능력을 획득				
8	65세 이후 〈노년기〉 통합 vs 절망					

1. 정신성적 발달

(1) 구강기(0~18개월)

① 쾌감대가 입에 집중되어 있는 시기로 6~8개월까지는 무조건 엄마의 모든 것을 받아들이고 의존하는 시기이나 치아가 나면서 18개월까지는 구강기적 공격성이 나타나며 불만과 좌절을 물어 뜯음으로써 표현하게 된다.

② **발달과제 성공시** : 자신감과 관대함, 남에게 의존하지 않고 타인을 신뢰하며 주고받을 줄 알고 사교적이며 새로운 지식을 잘 받아들이는 긍정적인 성격이 형성된다.

③ **발달과제 실패시** : 과잉보호를 받고 자란 아이는 의존적이고 준비성이 없으며 남이 자신을 도와주기만을 바라는 성격이 되며, 좌절감을 심하게 느끼고 자란 아이는 억지를 쓰고 요구가 많으며 잔인하고 욕심이 많은 성격을 형성하여 말로 상대방을 공격함으로 쾌감을 느끼기도 한다.

(2) 항문기(18~36개월)

① 대소변을 조절하는 데서 쾌감을 느끼는 시기로 배변훈련이 성격형성에 영향을 많이 미치게 된다.

② **성공시** : 자율성이 발달하고 자존심이 강하며 리더십이 있는 아이로 성장할 수 있다.

③ **실패시** : 강박적인 성격으로 질서정연하고 정리 정돈을 잘하는 항문기적 성격이 되기도 하며 오히려 더 지저분하고, 순종, 분노, 가학 피학성, 양가감정이 심한 성격기반을 지닌 사람이 될 수도 있다.

(3) 남근기(3~6세)

① 오이디푸스 콤플렉스라고도 하고 프로이트는 이 시기를 가장 중요한 시기라고 보았으며 음경이 쾌감대가 된다. 대부분의 학자들도 이 시기를 성격이 형성되고 초자아가 발달되는 중요한 시기라고 하였다. 오이디푸스 콤플렉스나 엘렉트라 콤플렉스, 자신의 몸에 대해 자랑스럽고 기분 좋게 생각하는 자기애도 나타난다. 또한 거세 콤플렉스(남근선망, 거세불안)가 성격형성에 영향을 미치게 된다.

② 실패시 : 심한 불안 등 신경증의 요인이 되며 초자아 형성의 장애로 반사회적 성격형성의 기반이 된다. 정서적 고착시 노출증, 관음증 등 성생활에 지장을 초래하며 사랑과 일에 장애를 초래하게 된다.

(4) 잠복기(6~12세)

① 성적 흥미가 일시적으로 잠복되어 생리적으로 노출되지 않으며 성적 쾌감대가 온몸에 퍼져 잠복되어 있는 초등학교 시기로 영아적인 성욕기의 마지막 단계이다.

② 이 시기를 잘 지내면 사회적응능력이나 집단생활에 적응하는 유능한 성격이 형성된다.

(5) 성기기(12세 이후)

① 청소년기를 말하며 성기에 관심이 집중되는 시기로 이성에 대한 관심이 크며 생리적으로 생식이 가능한 시기이다.

② 성적 충동이 증가하면서 성적 환상과 함께 수음행위를 하게 되며 갈등과 죄의식, 열등감을 느낀다.

2. 정신사회적 발달

(1) 영아기(과업 : 신뢰 대 불신)

어머니의 일관성 있고 예측가능하며 신뢰성 있는 태도가 중요하다.

(2) 초기 아동기(과업 : 자율성 대 수치심)

배변훈련이 너무 빠르거나 심할 때 과잉 통제하는 엄마 때문에 아동의 의지가 손상되어 자율성이 형성되지 못하고 수치심과 의심이 나타날 수 있다.

(3) 후기 아동기(과업 : 주도성 대 죄책감)

이 시기에는 행동이 주도적이고 목표를 정하여 추진하며 경쟁한다. 또한, 호기심이 많고 창조적이다.

(4) 학령기(과업 : 근면성 대 열등감)

학교에 입학한 후 기술과 지식을 배우며 성공적인 경험이 능력과 숙달감, 근면감을 느끼게 해주나 과제나 부과된 일을 할 수 없을 때 열등감이 발달된다.

(5) 청소년기(과업 : 주체성 대 역할혼돈)

12~18세에 현재 자신이 무엇이며 장래에 무엇이 되기를 원하는가를 결정한다.

(6) 성인기(과업 : 친밀감 대 고립감)

18~45세로 타인을 사랑하고 돌보아 주는 능력을 친밀감이라고 하며 자신에 대한 주체가 확립되어야 진정한 친밀감이 이루어진다.

(7) 중년기(과업 : 생산성 대 자기침체)

45~65세를 말하며 자녀양육이나 창조적인 활동, 생산적인 활동을 통해서 다음 세대를 키우고 교육하는 데 대한 관심을 말한다.

(8) 노년기(과업 : 통합 대 절망)

65세 이후를 말하며 통합이란 인생의 한계를 받아들이고 자신도 역사의 한 부분임을 받아들이며 지혜를 갖고 지금까지를 모두 통합하는 것이다.

3. 인지발달

(1) 감각운동기(0~2세)

① 보고, 듣고, 만지는 등의 감각을 통해 대상물과 관련된 개념을 지니는 시기
② **대상영속성 획득** : 시야에서 사라진 사람과 사물도 찾아 냄

(2) 전조작기(2~7세)

① 사고가 비체계적, 비논리적이나 단어 및 이미지를 포함한 상징의 기능이 비약적으로 발전
② **물활론적 경향** : 무생물에 생명과 감정 부여
③ **도덕적 타율성** : 정해진 규칙에 맹목적으로 복종

(3) 구체적 조작기(7~12세)

① 구체적인 사물과 행위에 대해서만 체계적인 사고를 행함
② **보존개념 획득** : 양을 보태거나 빼지 않으면 형태는 달라져도 양은 변하지 않는다는 개념을 획득한다.
③ 탈자아중심적인 사고로 상대방의 관점에서 모순을 발견하고 이해할 수 있으며 자율적인 도덕성이 생긴다.
④ 도덕적 판단이 발달하여 협동놀이가 이루어짐
⑤ 논리적 · 수학적 사고구조, 대상 분류 가능
⑥ 추상적 사고 시작

(4) 형식적 조작기(12세~)

① 추상적 사고가 가능. 논리성과 합리성을 토대로 한 추론이 가능
② 이상과 현실에 대한 개념이 발달
③ 가설을 세우는 능력과 현실검증능력을 보임
④ 반복적 실험을 통해 결론에 도달하는 연역적 사고 발달

4. 대인관계 발달

(1) 영아기(0~18개월)

아동에 대한 수유가 인간 최초의 대인관계 경험이 되며 유아기의 특징은 역동의 출현, 원시적 경험에서 나열적 경험에로의 변화, 신체분화로 인해 어머니로부터 독립하여 스스로 긴장을 완화시키는 방법을 학습한다.

(2) 아동기(18개월~6세)

놀이친구를 필요로 하며 언어발달이 종합적 경험의 조직을 가능하게 한다. 자신을 남성적 역할 또는 여성적 역할에 동일시시키는 소꿉놀이를 많이 하게 된다.

(3) 소년기(6~9세)

가족 외의 권위자에게 복종하는 경험을 쌓고 경쟁적 · 협조적 태도를 배우며 집단의식의 의미를 배운다. 환상과 현실의 차이를 구별하며 삶의 방향에 대한 통찰력이 생기고 목표를 향해 전진한다.

(4) 청소년 전기(9~12세)

동성의 친구와 친교의 욕구가 특징이며 타인과 순수한 대인관계를 가지기 시작한다. 친한 친구가 없으면 절망적인 고독감에 빠져든다.

(5) 초기 청소년기(12~17세)

사춘기의 생리적 변화로 인해 욕정을 경험하며 이런 감정경험에서 욕망의 역동이 나오고 그것이 성격에 작용하여 이성 간의 관계발달을 유도한다.

(6) 후기 청소년기(17~23세)

사회생활 및 시민의 특권, 의무, 책임을 수행하기 시작한다. 자아가 완전히 형성되고 승화된 방법으로 충동과 불안을 해소할 수 있는 시기이다.

(7) 성숙기(24세 이후)

행복감을 느끼고 자아인식을 하며 자아존경을 할 수 있는 인간으로서의 성숙한 인간관계의 능력을 가질 수 있는 시기이다.

5. 분리개별화 발달

(1) 정상자폐기(0~1개월)

모든 세상을 자신으로 여기는 시기로 주변 환경의 존재를 인식하지 못하고, 고착되면 어린이 자폐장애가 될 수 있다.

(2) 공생기(1~5개월)

모자가 공생하는 시기로 어머니는 아이에게 쏙 빠지고 영아는 어머니가 자신의 욕구를 충족시켜 주는 것을 인식한다. 어머니의 존재가 없거나 거절감을 느끼면 공생 정신증을 초래한다.

(3) 분리개별화기(5~36개월)

자아영역이 독립되면서 신체적 · 정신적으로 분리되어 개별화가 이루어진다.

① 제1분기(5~10개월) : 분화분기로 영아가 주위환경에 관심을 갖고 조금씩 어머니 품에서 벗어나려고 시도한다.

② 제2분기(~16개월) : 실행분기로 어머니 대신 다른 것과 관계 맺는 데 마음을 쏟는다.

③ 제3분기(~24개월) : 화해(재접근)분기로 어머니 몸과 자기 몸이 분리되어 있음을 확실히 아는 시기로 분리불안이 심해지며 말로 자기 의사를 표현해야만 이해해 준다는 것을 알게 된다.

④ 제4분기(~36개월) : 통합(대상항상성 수립)분기로 하나의 인간으로서 좋은 점, 나쁜 점을 모두 갖춘 어머니를 내면화시켜서 자신과 분리된 사람으로 지각하게 된다.

6 이상 행동 장애

1. 이상 행동 이해의 중요성

양성증상 (positive symptom)	누가 봐도 이상하다고 여기는 생각, 말, 행동 등 : 환각, 망상, 와해된 사고, 와해된 언어, 기이한 행동
음성증상 (negative symptom)	무쾌감증, 무의욕증, 감정의 둔마, 자발성 감소, 현저하게 빈약한 언어, 사회적 철회, 주의력 결핍

2. 이상 행동 종류와 내용

사고장애	사고과정의 장애	음송증, 말비빔, 보속증, 사고의 비약, 음연상, 우회증, 이탈, 지리멸렬, 사고의 지연, 사고의 두절(차단)
	사고내용의 장애	건강 염려증, 공포증, 이인증, 피해망상, 과대망상, 관계망상, 우울망상, 신체망상, 종교망상, 자책, 색정
	사고형태의 장애	자폐적 사고, 마술적 사고, 일차 사고과정, 신어조작증, 강박관념
정서장애	쾌정서 장애	다행감, 의기양양, 기고만장, 황홀감
	불쾌 정서장애	예민성, 슬픔, 애도, 우울
	기타 정서장애	부적합한 정서, 정서의 부조화, 양가감정, 불안

지각장애	인지 불능증, 착각(기시증, 미시증, 이인증), 환각
행동장애	지나친 행동, 저하된 행동, 반복 행동(상동증, 기행증, 납굴증), 자동증, 거부증, 강박행동
기억장애	기억과잉, 기억상실, 기억착오
의식장애	의식의 혼돈, 의식의 혼탁, 섬망, 혼미, 혼수, 거부증, 강박행동
언어장애	언어 압출, 다변증, 언어 빈곤, 발음장애, 신어조작증
지능장애	정신지체, 치매
판단장애	시, 공간 판단장애
지남력 장애	시, 공간, 사람 판단장애
병식 결여	가성 병식, 진성 병식

(1) 사고과정의 장애

① **보속증** : 사고를 진행시키려는 노력과 외부에서 부단히 새로운 자극이 들어오는데도 불구하고 사고의 진행이 제자리에서 맴돌고 한 개 내지 몇 개의 단어나 문장에서 벗어나지 못하고 계속 같은 말을 반복하게 되는 경우

② **음송증** : 아무런 의미도 없어 보이는 낱말이나 어구, 짧은 문장을 전혀 조리없이 되풀이하는 것 예 추우세요? "나무", 내가 누구예요? "나무", 나 예뻐요? "나무"

③ **우회증** : 애초에 목적한 사고에 도달하기는 하지만 불필요한 하찮은 지엽적인 생각으로 탈선한다.

④ **지리멸렬** : 사고진행에 있어 논리적인 연결없이 한 생각에서 다른 생각으로 넘어가고 조리 있게 말하지 못하는 것으로 정신분열병에서 흔히 본다. 예 크리스마스 때 뭐 하시나요? "러시아로부터 크리스마스를 가져 와 모든 차들을 바다에 넣어 젤리를 만들꺼예요."

⑤ **음연상** : 말의 의미보다는 단순히 소리의 음향으로 영자, 정자, 명자 등과 같이 음이 비슷한 단어를 계속 반복하여 말하는 경우 예 영자에 대해 이야기 해 주세요 "아! 영자 좋은 친구예요. 영자, 정자, 명자, 난자.."

⑥ **말비빔** : 단어와 문구를 이해할 수 없게 지리멸렬하게 뒤섞는 것으로, 듣는 사람에게 아무 의미가 없는 말을 한다. 지리멸렬의 극심한 형태로 전혀 무관한 것으로 보이는 일련의 단어나 구를 나열하는 현상

⑦ **사고의 차단** : 연상의 진행이 갑자기 중단되는 것으로 강한 감정으로 인해 나타나기도 한다.

(2) 행동장애

① **상동증** : 어떤 일정한 행동을 시작하면 무한정 그 행동을 꼭 같은 모양으로 되풀이하는 경우로 병동에서 복도 끝까지 계속 똑같은 태도와 속도로 왔다갔다 하는 행위를 말한다.

② **기행증** : 신체의 일부를 불수의적으로 움직이는 버릇으로 정신분열병에서 특징적으로 볼 수 있다. 누구에게 질책을 받을 때마다 손목시계를 본다든지의 행위를 예로 들 수 있다.

③ **납굴증** : 일정한 자세를 조금도 움직이지 않고 오래 유지하는 경우

④ **거부증** : 상황이 요구하는 것과는 반대되는 행동을 보이는 것으로 질문에 대하여 아무 대꾸도 하지 않는 함구증이 이에 속한다.

(3) 지각장애

① **기시감**(deja vu) : 낯선 상황이나 사람이 친숙하게 느껴지는 것

② **미시감**(jamais vu) : 실제 경험한 친숙한 일이 낯설게 느껴지는 현상으로 정상인이 피로하거나 술에 취한 경우, 정신병, 간질 등에서 볼 수 있다.

(4) 기억장애 중 기억착오

① **작화증** : 기억이 안 나는 부분을 무의식적으로 꾸며서 메우는 행위로 알코올성 치매, 노인에게서 볼 수 있다.

② **회상성 착오** : 의식적으로 의도하지 않지만 과거기억 중 자신에게 유리한 내용만 기억하거나 왜곡하여 기억하는 것

FINAL TEST

01 신경전달물질과 관련된 정신질환

약물	증가(↑)	감소(↓)
(1)	정신분열증, 조증, 파킨슨	우울
(2)		우울
(3)	조증	우울, 강박성 인격장애
(4)		알츠하이머형 치매
(5)		불안

02 의식의 구조 : 의식, 전의식, 무의식

(1) 개인이 쉽게 기억하고 즉시 활용가능한 모든 정보

(2) 잠재의식

(3) 마음의 가장 큰 부분

(4) 내용은 경험, 사고, 감정, 욕망이다.

(5) 이차 사고과정을 따른다.

(6) 자아와 초자아로 구성된다.

(7) 개인이 강렬한 정신에너지를 투여하면 접근할 수 있다.

(8) 이드와 초자아로 구성

(9) 대부분의 자아와 일부 초자아로 구성

(10) 행동과 사고의 결정에 아주 중요한 역할을 한다.

(11) 본능이라고 하는 소원의 집합체

(12) 일차 사고과정이 이용된다.

(13) 프로이트는 생의 초기 5~6년 동안의 모든 경험이 억압된 기억에 담겨져 있는 것으로 간주한다.

FINAL TEST 정답

1 (1) 도파민 (2) 노르에피네프린 (3) 세로토닌 (4) 아세틸콜린 (5) GABA

2 (1) 의식 (2) 전의식 (3) 무의식 (4) 무의식
(5) 의식, 전의식 (6) 전의식 (7) 전의식 (8) 무의식
(9) 의식 (10) 무의식 (11) 무의식 (12) 무의식
(13) 무의식

03 성격의 구조 : 이드, 자아, 초자아

(1) 출생 후 점점 약해지다가 2세경부터 아주 약해진다. 5~6세 때 한층 더 약화되다가 청소년기가 되면 그 힘이 일시적으로 커지고, 여자의 경우 폐경기에 다시 한번 더 커진다.

(2) 고통스러운 긴장을 회피하기 위하여 충동적이고 부적절한 방법으로 즉각적으로 행동한다.

(3) 출생시부터 살아가는 데 필요한 만큼 존재하고 생후 4~6개월부터 점점 더 발달하기 시작한다.

(4) 부모 및 사회화의 상호작용을 통해서 발달되는 도덕적 표준

(5) 정신에너지가 저장되어 있는 곳으로, 자아와 초자아를 작동시키는 힘을 제공한다.

(6) 도덕적 가치는 추구하지 않고 전적으로 실제적이며 효율적인 것만을 행한다.

(7) 효율성보다는 도덕성 쪽으로 자아에게 압력을 가하여 완전을 추구하도록 한다.

(8) 현실적으로 대처하는 방식

(9) 대부분 의식에 속하지만 방어기전을 일으키는 부분은 무의식에 속한다.

(10) 생물학적으로 일어나는 에너지

(11) 이것이 약하면 반사회적 인격이 형성되고, 너무 강하면 지나친 금욕주의자나 수심이나 초조에 쌓인 사람이 될 수 있다.

04 ○, ×

(1) 전의식은 자아와 초자아로 되어 있고, 의식이나 무의식에 쉽게 접근할 수 있는 부분이다.

(2) 무의식은 이드와 자아로 구성되어 있고, 행동과 사고의 결정에 중요한 역할을 한다.

(3) 무의식의 내용은 충동과 억압된 사고와 감정이며, 일차 사고과정이 이용된다.

(4) 전의식은 의식이나 무의식에 쉽게 접근할 수 있는 영역으로, 일차 사고과정이 이용된다.

(5) 의식은 개인이 쉽게 기억하고 즉시 활용가능한 모든 정보이며, 이차 사고과정을 따른다.

(6) 보상은 자신의 결함을 보충하기 위해 다른 부분을 강조하는 것이다.

(7) 부정은 용납할 수 없는 생각, 감정, 욕구를 회피하는 것이다.

(8) 억압은 위협적인 충동이나 생각을 의식 밖으로 밀어내는 것이다.

(9) 신체화는 정신적 갈등을 감각계, 수의근계의 증상으로 표출하는 것이다.

(10) 승화는 받아들일 수 없는 충동을 사회적으로 수용 가능한 것으로 바꾸는 것이다.

FINAL TEST 정답

3	(1) 이드	(2) 이드	(3) 자아	(4) 초자아
	(5) 이드	(6) 자아	(7) 초자아	(8) 자아
	(9) 자아	(10) 이드	(11) 초자아	
4	(1) ○	(2) ×	(3) ○	(4) ×
	(5) ○	(6) ○	(7) ○	(8) ○
	(9) ×	(10) ○		

05 방어기제

(1) 2주 전에 뇌졸중으로 쓰러진 이 씨는 마치 아무 일도 없었던 것처럼 식사하고 옷을 입는다. 이 씨가 사용한 방어기제는?

(2) 김 부인은 어제 아이를 사산한 사실에 대해 아무런 감정없이 말하였다.

(3) 어떤 학생이 "교수님이 중요한 내용을 더 강조해서 가르쳐 주셨다면 더 좋은 점수를 얻을 수 있었을 텐데"라고 말하였다.

(4) 한 남편이 부인과 싸운 1주일 후 자신이 부인을 얼마나 사랑하는지를 말하기 위해 부인에게 꽃다발을 보냈다.

(5) 자신을 무의식적으로 혐오하는 박 양은 학급 급우들이 자기를 미워한다고 믿고 있다.

(6) 김 양은 친한 친구의 애인에게 강한 매력을 느끼고 있는데, 오히려 그를 만나면 냉정하고 관심없는 척 행동한다.

(7) 심근경색증으로 입원한 김 씨는 퇴원 후 행해야 할 적응에 대하여 얘기하면서 "내가 해 오던 활동들이 중요하지 않기 때문에 포기할 예정이다."라고 말하였다.

(8) 시험 점수를 낮게 받은 김 군이 '공부만 잘한다고 사회에 잘 적응하는 건 아니야.'라고 생각한다.

(9) 초등학생인 미영이가 좋아하는 선생님의 말과 행동을 따라 한다.

(10) 알콜 의존이 있는 김 씨가 자신은 불행한 결혼 생활 때문에 술을 마실 수밖에 없다고 계속 말한다.

(11) 호된 시집살이를 한 며느리가 이후에 더 호된 시어머니가 되는 경우

(12) 동생이 태어나면서 아람이는 손가락을 빨며 자신도 젖병에 우유를 달라고 한다.

(13) 내일이 시험인데 친구와 놀러 나갔을 때 시험에 대한 걱정을 의식적으로 잊어버리면서 신나게 노는 것

(14) 용납될 수 없는 생각이나 욕구를 무의식의 영역에 묻어버리는 기전으로 세월이 약이다.

(15) '투사'의 반대말로 타인에게 느끼는 감정을 자신에게 돌려 자학, 우울, 자살을 시도하는 것

(16) 자아와 초자아의 형성에 가장 큰 역할을 하며, 성격발달에 매우 중요한 기전으로 아이 보는 데서는 찬물도 못 마신다. 존경하는 사람 모방하기

(17) 무의식적 소망이나 충동을 직접적으로 행동하는 것으로 '성질'을 부리는 것을 포함한다.

(18) 주로 지능이 높거나 교육 정도가 높은 사람에게서 발견되는 것으로 어떤 사람이 자신을 괴롭힐 때, 그로 인한 속상함을 인정하지 않으려고 자신을 괴롭히는 원인이 무엇인가를 분석하는 것으로 친구와 밤새워가며 사람이, 인생이 뭐냐는 등을 논한다.

FINAL TEST 정답

05	(1) 부정	(2) 격리	(3) 합리화	(4) 취소
	(5) 투사	(6) 반동형성	(7) 합리화	(8) 합리화
	(9) 동일시	(10) 투사	(11) 동일시	(12) 퇴행
	(13) 억제	(14) 억압	(15) 함입	(16) 동일시
	(17) 행동화	(18) 주지화		

06 혼동하기 쉬운 방어기전

(1) (억제, 억압) : 용납될 수 없는 생각을 무의식의 영역에 묻어 버리는 기제

(2) (억제, 억압) : 바람직하지 못한 생각을 의식적으로 통제하는 기제

(3) (함입, 합일화) : 남에게 향했던 모든 감정을 자신에게로 향하게 하는 기전, 자학, 우울, 자살 등. 예로서 자기와 자기 아닌 것 정도는 구분하는 시기에 일어나는 원시적 동일화이다.

(4) (함입, 합일화) : 자기와 자기 아닌 것이 구분이 안 되는 상태로 대상을 통째로 삼키듯이 동화하는 기제

(5) (합일화, 동일화) : 개인이 어떤 집단과의 강한 정서적 유대감을 형성하여 거기서 자신의 만족감을 얻으려는 기제. 강한 공격적인 충동을 억압하고 있는 사람이 강력하고 공격적인 히틀러와 같은 사람과 동일화하는 것이다.

(6) (투사, 전치) : 무의식적인 충동이나 감정이 실제 대상과는 다른 대치물로 향하게 되는 것으로 어머니가 면회하고 간 후 이유없이 간호사에게 화를 내는 것

(7) (투사, 전치) : 어떤 생각이나 행동의 책임을 다른 사람에게 돌리는 과정

(8) (부정, 격리) : 의식화되면 도저히 감당 못할 어떤 생각을 무의식적으로 인정하지 않으려고 하는 기제로 환상통이 있다.

(9) (부정, 격리) : 고통스러운 사실은 기억하지만 감정은 억압하는 것으로 강박장애에서 일어난다.

(10) (전환, 신체화) : 심리적 갈등이 신체감각기관과 수의근계의 증상으로 무의식적으로 표출되는 것. 팔의 마비

(11) (전환, 신체화) : 심리적 갈등이 감각기관, 수의근계를 제외한 기타 신체부위의 증상으로 표출되는 경우

(12) (반동형성, 취소) : 밑바닥에 흐르는 생각이 받아들여질 수 없는 것일 때 이와 반대되는 것을 강조함으로써 의식되지 않도록 하는 과정 예 지저분한 사람이 깨끗한 척 하기

(13) (반동형성, 취소) : 자신의 적대적 욕구로 인해 상대가 입었다고 상상하는 피해를 인정하지 않는 행위로 무의식적으로 없었던 것처럼 취소하는 행동이다. 반동형성은 의식이나 태도가 반대로 나타나지만 취소는 행동이 반대로 나타나며 강박신경증에서 볼 수 있다.
예 남편이 부인을 때리고 꽃을 사다 준다.

FINAL TEST 정답

6	(1) 억압	(2) 억제	(3) 함입	(4) 합일화
	(5) 동일화	(6) 전치	(7) 투사	(8) 부정
	(9) 격리	(10) 전환	(11) 신체화	(12) 반동형성
	(13) 취소			

07 인간발달이론

(1) Freud의 정신성적 발달이론

① 이기적이고 욕구의 충족을 연기시키지 못하는 단계로 기본개념은 '원욕(이드)'이 된다.

② 주된 갈등은 배변훈련으로 기본개념은 '자아'가 된다.

③ 주된 갈등은 남녀 각기 오이디푸스와 일렉트라 갈등으로 기본개념은 '초자아'가 된다.

④ 동성의 또래들과의 관계에 초점을 두게 되며 성이 억압되는 시기

⑤ 사랑과 일에 대한 능력을 개발시키며 성적인 성숙이 일어난다.

(2) Piaget의 인지발달이론

① 초보적이지만 논리 수학적인 사고구조를 가지고 있다.

② 추상적 문제해결의 논리적 추리능력이 생기는 단계이다.

③ 주위환경에 대해 감각운동으로 대처할 뿐 사고를 할 수 없다고 본다.

④ 직관적인 판단을 한다. 즉, 눈에 보이는 대로 판단하고 추리를 사용하지 못한다.

⑤ 권위적인 인물에 의해 강요된 규칙이 아니라 자율적인 도덕성이 생긴다.

⑥ 생물과 무생물을 구별하는 기준이 성인과 달라서 움직이는 것은 생명이 있는 것, 즉 물활론적 사고를 한다.

(3) 말러의 분리개별화이론

① 정신적으로 출생하는 시기로 어머니로부터 신체적, 정신적으로 분리시키게 된다.

② 영아는 자신을 어머니의 연장으로 생각하면서도 어머니를 자신의 욕구를 충족시켜 주는 사람으로 인식한다.

③ 자기와 자기 아닌 것을 구별 못하고 모든 세상을 자신으로 여기는 시기

④ 자아가 발달되고 자아영역이 독립되면서 개별화가 이루어진다.

FINAL TEST 정답

07 (1) ① 구강기 ② 항문기 ③ 남근기 ④ 잠재기 ⑤ 성기기
(2) ① 구체적 조작기 ② 형식적 조작기 ③ 감각운동기 ④ 전조작기 ⑤ 구체적 조작기 ⑥ 전조작기
(3) ① 분리개별화기 ② 공생기 ③ 정상자폐기 ④ 분리개별화기

CHAPTER 02 인간의 이해

기출문제

01 **다음은 정신분석이론에 대한 보건교사 연수 교재 내용의 일부이다. 〈작성 방법〉에 따라 순서대로 서술하시오.** [4점] 2020년

> 정신분석이론
>
> 1. 개요
>
> 프로이트(S. Freud)는 정신분석이론을 통하여 성격 구조와 의식의 수준, 불안, 방어기전의 역할, 정신성적 발달단계를 제시하였다.
>
> …(중략)…
>
> 2. 성격의 구조
>
> ㉠ 이드(id)는 출생 시부터 존재하며 동기 부여, 충동, 본능, 반사, 욕구의 원천이다. 이드는 현실적인 제한이나 미래에 관계하지 않고 즉각적인 본능 충족을 추구한다. 자아(ego)는 모든 정신 현상을 총괄하며, 주관적인 경험, 기억의 이미지 등을 구분할 수 있다. 또한 성장 과정을 통하여 자아의 강도가 커지면서 (㉡) 원칙에 따라 움직이게 된다. 성숙한 성격으로 성장하기 위해서는 자아의 건전한 발달이 필수적이다.
>
> …(중략)…
>
> 3. 정신분석 치료 과정
>
> 프로이트는 감정적으로 힘든 문제를 드러내는 것이 정신 질환을 일으키는 상처를 치유하는 잠재력이 있음을 설명했다. 그래서 정신분석 치료 과정에 ㉢ 어떤 의식적 점검이나 검열 없이 떠오르는 대로 생각과 느낌을 그대로 언어화하는 것과 꿈 분석을 사용하였다.
>
> …(하략)…

〈 작성 방법 〉

- 밑줄 친 ㉠이 추구하는 원칙의 명칭을 쓸 것.
- 괄호 안의 ㉡에 들어갈 명칭을 쓰고, 그 개념을 서술할 것.
- 밑줄 친 ㉢에 해당하는 방법의 명칭을 쓸 것.

|정답| 1. ㉠ 쾌락원칙

2. ㉡ 현실원칙

3. ㉢ 자유연상

|해설| 1. 성격의 구조

이드 (Id)	• 성격의 가장 깊숙한 핵심 • 생물학적 과정과 밀접하게 연결됨 • 유전적인 모든 것 • 반사, 반응할 수 있는 능력, 본능, 기본적 욕구, 충동, 동기유발 • 본능적 욕구 • <u>쾌락원칙(pleasure prinsiple) : 즉각적</u> • 비언어적이고 비과학적인 1차적 사고 과정에 움직임 • 태어날 때 존재, 5~6세에 약해지다가 청소년기에 일시적으로 커짐 • 기능 : 성격을 형성하는 에너지와 창조의 잠재능력을 제공(무의식계)
자아 (Ego)	• 이드에서 분화되어 환경을 탐색하는 것과 연관되는 성격의 일부 • 외부세계와 직접적으로 접촉하여 현실 검증 • 생후 4~6개월부터 발달, 2~3세경에 자아 형성 • 성격의 집행부 • <u>현실원칙(Reality Prinsiple) : 합리적, 논리적, 언어적</u> • 이차적 사고 과정을 통해 기능 수행 • 방어기전을 사용하여 마음의 불안을 처리 • 기능 : 이드와 초자아의 조정자, 방어기능, 자율기능, 통합기능, 숙달과 자신감(의식계)
초자아 (Superego)	• 자아로부터 분화 • 부모, 사회와의 상호작용을 통해 발달하는 도덕적 표준, 사회적 이상 • 무엇이 옳고 그른가를 판단하는 데 관여하는 성격의 일부분 • 1세 전후에 생김, 5~6세에 최고로 발달 보임, 잠복기를 지나면서 더욱 발달하여 9~11세가 되면 기틀 마련 • 초자아가 이드의 충동을 심하게 억제 시 죄의식, 불안, 신경증적 성격 • 초자아가 이드의 충동을 조절 못하면 반사회적 성격 • 기능 : 본능 조절, 이드를 다스림, 자아와 싸우기도 함. 의식, 전의식, 무의식 모두 포함하나 대개 무의식에 속함 * 양심 conscience * 자아 이상 ego ideal

2. 정신분석

• 프로이트의 가설에서 발전된 특수 형태의 정신 치료
• 자유연상, 저항, 전이, 꿈을 분석하여 치료
• 갈등의 원인이 내면적인 경우, 갈등이 오이디푸스 콤플렉스, 불안장애, 우울장애

02 다음은 보건실에서 건강 상담을 받고 있는 학생과 보건교사가 나눈 대화 내용이다. 〈작성 방법〉에 따라 순서대로 서술하시오.

[4점] 2019년

보건교사 : 요즘은 어때요?
학생 : 정말 힘들어요. ㉠ 제 주변에서 일어나는 안 좋은 일들은 모두 다 제 탓이에요. 우리 학교 야구부가 전국대회에서 진 것도 다 제 잘못이고, 저 때문에 이번 모의고사에서도 저희 학교가 꼴지할 거예요.
보건교사 : 그런 생각을 하니 많이 힘들겠어요. 지난번 병원 진료 받으라고 한 것은 어떻게 되었나요?
학생 : 엄마와 함께 병원에 다녀왔어요. 의사 선생님이 '주요 우울장애'라고 ㉡ 플루옥세틴(fluoxetine)이라는 약을 처방해 주셨어요.
보건교사 : 약은 잘 복용하고 있나요?
학생 : 네, 잘 먹고 있어요. 그런데 별로 좋아지지는 않고 오히려 더 힘든 것 같아요.
보건교사 : 약 복용 후 초기에는 여러 가지 불편한 증상도 있을 수 있어요. 시간이 지나면서 불편한 것도 나아지고 치료효과가 나타날 거예요.
학생 : 네, 그런데 ㉢ 경두개 자기 자극법(transcranial magnetic stimulation)을 할 수도 있다고 했는데 그것이 무엇인가요?

… (하략) …

〈 작성 방법 〉

- 밑줄 친 ㉠에 해당하는 '사고내용 장애'의 구체적인 유형을 제시할 것.
- 밑줄 친 ㉡의 약물작용 기전을 설명하고, 작용기전이 이루어지는 부위를 제시할 것.
- 밑줄 친 ㉢이 주요 우울장애의 치료에 효과를 나타내는 기전을 서술할 것.

|정답| ㉠ 사고내용 장애 중 관계망상

㉡ 플루옥세틴

- 체내 신경전달물질의 양을 조절함으로써 항우울 효과를 나타내는 약으로 선택적 세로토닌 재흡수 차단제에 속한다.
- 뇌 속의 신경세포들은 시냅스라는 구조를 통해 서로 연결되어 있는데 신경세포 말단에서 분비된 신경전달물질이 반대쪽 신경세포의 수용체에 결합함으로써 신경세포 간에 신호가 전달된다.
- 강박증은 이러한 신경전달물질 중 '세로토닌'이라는 물질의 부족과 관련이 있다. 신경세포 말단에서 분비된 신경전달물질은 시간이 지나면서 재흡수되는데 SSRI라는 선택적 세로토닌 재흡수 차단제는 세로토닌의 재흡수를 차단함으로써 시냅스 간극의 세로토닌 농도를 증가시키고 결과적으로 세로토닌 수용체에 더욱 강하게 작용하게 되어 강박증을 호전시킬 수 있다.

㉢ 경두개 자기 자극법(TMS, 뉴로모듈레이션)

- 뇌세포의 기능을 변화시키기 위하여 전기가 매우 직접적이고 효과적인 방법이기는 하나 전기를 사용할 경우 뇌세포를 지나치게 흥분시켜 경련과 같은 부작용이 발생할 수 있다.
- 반면 자기장의 자장은 두개골을 지나 뇌에 바로 영향을 주기 때문에 국소적이고 원하는 부위에 자기장을 집중시켜 국소부위를 활성화할 수 있게 된다. 아주 짧은 시간 자기장의 변화를 주어 펄스형태로 뇌세포를 자극하기 때문에 1초에 40번 이상의 너무 빠른 속도로 자극이 가해지면 뇌세포의 과활성화로 경련이 발생하기도 한다.
- 1985년 개발되었고 1998년 안전지침이 만들어져서 경련위험성은 매우 낮아졌다.

03 다음은 보건교사와 담임교사의 대화내용이다. 밑줄 친 ㉠, ㉡에 해당하는 이상행동의 명칭을 순서대로 쓰시오. [2점] 2018년

담임교사 : 선생님, 안녕하세요. 상의드릴 일이 있어서 왔어요.
보건교사 : 네, 안녕하세요.
담임교사 : 어제 중간고사 성적 면담을 하는데 학생이 ㉠ 성적 얘기가 끝나기도 전에 생일이 언제인지를 물어봤어요. 그러더니 제가 질문에 대답하기도 전에 친구와 도서관에 다녀온 얘기를 하다가 갑자기 키우고 있는 고양이 얘기를 하는 거예요. 학생의 얘기가 빠르게 바뀌니 정신이 없더라구요.
보건교사 : 그랬군요. 다른 이상한 점은 없었나요?
담임교사 : 한창 얘기 중에 ㉡ 창밖에서 들리는 빗소리가 친구들이 자기를 욕하는 소리라고 하더라고요. 그래서 제가 빗소리만 들린다고 얘기해주긴 했는데.....
보건교사 : 제가 학생을 만나 볼게요.

|정답| ㉠ 사고과정의 장애 중 사고의 비약
㉡ 사고내용의 장애 중 피해망상

|해설| 1. 사고의 비약 : 연상작용이 지나치게 빨라 대상자의 생각과 대화가 하나의 주제에서 다른 주제로 빠르게 진행되는 현상
2. 피해망상 : 조현병에서 가장 흔히 볼 수 있는 망상으로 누군가가 자신이나 가족을 해치려고 하거나 감시하고 있다고 믿는 것

04 다음은 고등학교 3학년인 정수 어머니와 보건교사와의 전화통화 내용이다. 밑줄 친 ㉠에 해당하는 정수의 정신증상과 ㉡에 해당하는 어머니의 방어기제(defense mechanism)를 순서대로 쓰시오.

[2점] 2015년

보건교사 : 정수 어머니! 정수가 학교생활에 문제가 있어서 전화드렸습니다.
정수 어머니 : 무슨 문제가 있나요?
보건교사 : 정수가 친구와 어울리지 않고 말도 잘 안하는데, 가끔씩 혼잣말로 알아들을 수 없는 말을 중얼거려요. 그리고 ㉠ <u>친구들이 욕하지도 않았는데 자꾸 자기를 욕한다고 생각하면서 친구들에게 따지는 거예요. 그래서 제가 면담을 해 보니 정수는 사실이 아닌데도 누군가가 자기를 대학에 가지 못하도록 모든 수단을 동원해서 괴롭히고 있다는 생각을 하고 있더군요.</u>
정수 어머니 : 그렇지 않아도 남편이 정수를 데리고 정신과 병원에 간 적이 있어요.
보건교사 : 아, 그러셨어요. 병원에서는 뭐라고 하던가요?
정수 어머니 : 의사선생님은 정수가 조현병(정신분열병)이라고 하면서 입원치료를 권했지만, ㉡ <u>제 생각은 달라요. 우리 아들은 치료받을 필요가 없어요. 고 3이라 힘들어서 그런 거지 아무 문제가 없거든요. 저는 정수를 어느 대학에 보낼지 고민하고 있어요. 정신과 의사선생님이 잘못 진단하신 거예요.</u>

… (하략) …

|정답| ㉠ 피해망상, ㉡ 부정

05 프로이트(Freud), 콜버그(Kohlberg) 및 피아제(Piaget)의 이론에 근거하여 (가), (나), (다)의 행동특성에 해당하는 발달단계를 바르게 짝지은 것은? 2011년

민호는 (가) 축구와 게임을 좋아하며 공부에도 관심을 보이고 동성 또래 친구들과 놀기를 좋아하였다. 또한 (나) 수업시간에 조용히 하면 선생님이 착한 아이로 생각할 거라며 조용히 하려고 노력하였다. 그리고 수업시간에 (다) 같은 양의 찰흙으로 공 모양이나 긴 막대 모양을 만들어도 찰흙의 양이 같다는 것을 이해하고 친구들 앞에서 발표하였다.

	(가)	(나)	(다)
①	남근기	전 인습적 단계	전조작기
②	잠복기	전 인습적 단계	구체적 조작기
③	잠복기	인습적 단계	구체적 조작기
④	남근기	인습적 단계	형식적 조작기
⑤	잠복기	후 인습적 단계	형식적 조작기

|정답| ③ – (가) 잠복기, (나) 인습적 단계, (다) 구체적 조작기

|해설| 학령기 아동의 발달단계

1. 프로이트의 성심리 발달이론에서는 잠복기(잠재기)이다. 잠복기는 6세부터 사춘기까지 지속되는 시기로, 유아적인 성적 에너지가 무의식 속으로 잠복하는 성적 성숙기이다. 이 단계에서는 이성에 대한 관심이 지극히 낮아지며 동성의 또래집단과의 관계가 친밀해지면서 놀이를 통하여 삶에 필요한 여러 가지 사회적 기술을 습득하게 된다.
2. 콜버그의 도덕 발달이론에서는 9세 이후에는 인습적 도덕기로, 다른 사람을 기쁘게 하거나 돕는 착한 아동으로서 승인을 얻기 위해 규칙에 순응한다. 청소년기와 성인 대부분이 이 수준에 있다. 이는 다시 두 단계로 나뉠 수 있다. 3단계(상호관계의 도덕)는 사회규율이나 관습에 맞는 행동을 하며 권위적인 인물의 승인을 받고자 노력하는 단계이고, 4단계(사회체계의 지향적 도덕)는 사회적 질서를 위한 법의 존재를 인정하고 법에 따른 행동이 도덕적이라고 판단하는 단계이다.
3. 피아제의 인지 발달이론에서는 구체적 조작기(7~12세)로, 논리적 조작이 가능하며 초기에는 귀납적 사고를 하고 후기에는 연역적 사고가 가능하다. 조작적 사고는 관찰이 가능한 구체적 사건이나 사물에 한정되며, 보존개념을 획득한다. 또한 사물을 일정한 속성에 따라 분류할 수 있으며, 사물과 사물의 관계에서 순서를 이해하는 서열화 개념도 획득된다.

06 (가)~(라)의 내용과 관련이 있는 방어기전으로 옳은 것은?

[2.5점] 2011년

외국어 고교를 가고 싶어하는 현경이는 집안이 어려워지면서 학원을 다니지 못하게 되었고 지난 달 모의고사에서 성적이 떨어져 불안하고 초조해졌다. 아버지는 사업실패에 대한 비관으로 자주 술을 마셨고 어머니를 때리거나 집안의 물건을 던져 부수는 일이 잦아졌다. (가) 아버지를 점점 미워하게 된 현경이는 최근 가출하고 싶은 생각이 들었지만 그래서는 안된다고 스스로를 달래며 참고 있었다. 중간고사가 얼마 남지 않자 안절부절 못하며 공부에 집중하기 힘들었고 점차 짜증이 늘어나 남자친구들과 어울려 술을 마시게 되었다. 이를 알게 된 아버지로부터 심한 꾸중을 듣자 현경이는 (나) "내가 술 마신 것도 다 아빠 때문이야!"라고 소리치며 아버지에게 덤벼들었고 어머니는 (다) "착했던 네가 아빠한테 덤벼들다니 내가 교육을 잘못시킨 탓이다!"라고 통곡하며 울었다. (라) 현경이는 시험 당일 등교하던 중 갑자기 오른쪽 팔에 마비가 나타나 응급실을 방문하였고, 오후에 상태가 호전되어 귀가하였다.

〈 보 기 〉

ㄱ. 억압(repression)
ㄴ. 억제(suppression)
ㄷ. 투사(projection)
ㄹ. 반동형성(reaction formation)
ㅁ. 함입(introjection)
ㅂ. 상환(restitution)
ㅅ. 전환(conversion)
ㅇ. 해리(dissociation)

	(가)	(나)	(다)	(라)
①	ㄱ	ㄷ	ㅁ	ㅅ
②	ㄱ	ㄹ	ㅂ	ㅇ
③	ㄴ	ㄷ	ㅁ	ㅅ
④	ㄴ	ㄷ	ㅁ	ㅇ
⑤	ㄴ	ㄹ	ㅂ	ㅅ

|정답| ③

|해설| 방어기전

1. (가) 억제
   ① 불쾌한 감정과 경험을 자신의 인식에서부터 의식적으로 차단하는 것이다.
   ② 억제는 억압보다는 자기 기감이 심하지 않으며 정신에너지를 적게 소모하기 때문에 조금 더 건전한 방법으로 인정된다. 모든 방어기전의 유일한 의식적 기전이다.
   ③ 예 : 내일이 시험인데 친구와 놀러 나갔을 때 시험에 대한 걱정을 의식적으로 잊어버리면서 신나게 노는 것, 밤길을 혼자 걸을 때 무서운 생각이 떠오르면 의도적으로 노래를 부르면서 무서운 생각을 하지 않으려고 애쓰는 것 등
2. (나) 투사
   ① 어떤 행동이나 생각의 책임을 자신으로부터 외부 대상이나 다른 사람들에게 돌리는 과정이다.

② 이 기전은 받아들이기에 너무 어려운 요구를 객관화시키거나 현실을 왜곡하여 남에게 그 탓을 돌림으로써 자아를 보호하는 것이다. 투사는 심한 편견, 근거없는 의심으로 인한 친밀감의 거부, 외부위험에 대한 지나친 경계, 다른 사람들의 부정을 수집하는 것들을 포함한다. 투사는 현실감에 손상이 있는 편집증 환자에게서 가장 심화되어 있다.

③ 예 : 성적 충동이 강하기는 하나 억압된 부도덕한 성적 충동이 있는 부인이 모든 남자는 믿지 못할 사람이라고 주장하는 경우, (속담) 잘되면 제 탓이고 못되면 조상 탓이다.

3. (다) 함입(= 섭취)

① 동일시의 일시적 형태로 남에게 행했던 모든 감정을 자신에게 향하게 하는 기전으로 '투사'의 반대말로 사용된다.

② 타인에게 느끼는 감정을 그대로 표현하지 못하고 그 느낌을 자신에게 돌려 자학, 우울, 자살을 시도하기도 한다.

③ 예 : 일이 이렇게 된 것은 모두 내가 잘못했기 때문이라고 말하는 것

4. (라) 전환

① 심리적 갈등이 신체감각기관과 수의근계의 증상으로 표출되는 것을 말한다.

② 예 : 글 쓰는 것에 심한 갈등을 느끼는 소설가에게 갑자기 오른 팔에 마비가 오는 경우, (속담) 남의 일은 오뉴월에도 손이 시리다.

5. 억압

① 모든 방어기전의 기초가 되는 가장 보편적이고 1차적인 자아의 방어로서 용납될 수 없는 생각이나 욕구 등을 무의식의 영역에 묻어버리는 방어기전이다.

② 억압을 통해 자아는 위협적인 충동, 감정, 소원, 환상, 기억 등이 의식되는 것을 막아주고, 특히 죄의식, 창피 또는 자존심의 손상을 일으키는 경험들은 고통스러운 불안을 일으키므로 억압되기 쉽다. 억압이 성공적일 때 본능적인 욕구나 사회적으로 금지된 욕망의 노골적인 표현을 막아주므로 사회적 · 도덕적으로 순응하고 잘 적응된 생활을 영위할 수 있으나, 무의식에 억압적으로 된 사고는 계속해서 행동에 영향을 미치며, 억압된 감정은 적절하지 않을 때 분출되어 기능과 인간관계를 방해하게 된다.

③ 예 : 한 여성이 15세 때 성폭행 당했던 사건을 기억할 수 없다.

6. 반동형성

① 억압이 과도하게 일어난 결과, 그 반대의 욕구나 생각을 의식에서 갖게 되는 것으로 수용할 수 없는 충동에 정반대로 행동하는 것이다.

② 이 기전의 사용은 수용할 수 없는 충동을 계속 억압하기 위해 인격특성을 부정하거나 가장한다. 따라서 그 동기를 인식하지 못하면 기능장애를 초래하고 실제의 자신과 내적으로 멀어지게 된다. 반동형성은 최소의 기제와 연관이 있고, 동일한 발달단계(2, 3세)에서 일어난다. 때로는 과잉보상으로 불린다.

③ 예 : 지저분한 사람이 깨끗한 척 하기, 강한 가학적인 성격을 가진 사람이 열렬한 생체 해부 반대론자가 되는 일, (속담) 귀한 자식 매 한 대 더 때리기

7. 상환

① 자신의 태만하고 비난받을 만하며 비열한 행동에 대한 죄의식을 완화시키기 위한 의미의 보상활동이다.

② 이것은 남을 돕는 전문직을 선택하거나 다른 사람을 돕겠다는 큰 뜻을 장려한다.

③ 예 : 30년을 두고 산더미 같은 돌을 깍아 부처님 조각을 완성했다는 옛날이야기에 나오는 사람 같은 경우, (속담) 사서 고생하기

8. 해리
   ① 정서적 고통과 관련된 인격의 일부가 의식의 통제에서 벗어나 인식할 수 없게 되는 무의식적 과정이다.
   ② 이 기제의 사용은 인격을 조각내고 통합된 인간으로 기능할 수 있는 능력을 방해한다.
   ③ 예 : 몽유병에 있는 사람이 자다가 일어나서 다양한 활동을 한 후에는 다시 잠들며 깨어나서는 그 일을 기억하지 못한다.

07 에릭슨(E. Erikson)이 제시한 심리사회 발달의 특성이 바르게 설명된 것을 〈보기〉에서 고른 것은?

[1.5점] 2010년

〈 보 기 〉

ㄱ. 영아기 : 신뢰감이 형성되는 시기로, 영아를 돌보는 사람을 통하여 수유, 옷입기, 달래기와 같은 영아의 기본욕구가 충족될 때 발달한다.
ㄴ. 유아기 : 솔선감이 형성되는 시기로, 이 시기의 과업을 달성하지 못한 유아는 죄책감을 갖게 된다.
ㄷ. 학령전기 : 자율성이 형성되는 시기로, 이 시기의 과업을 달성하지 못한 아동은 수치심이나 의심을 갖게 된다.
ㄹ. 학령기 : 근면성이 형성되는 시기로, 부모와 교사의 지지는 근면성 발달에 긍정적인 영향을 주는 요인이다.
ㅁ. 청소년기 : 자아정체성이 확립되는 시기로, 이 시기를 어떻게 보내느냐에 따라 주체성이 확립되거나 역할혼돈의 상태가 된다.

① ㄱ, ㄴ, ㄷ
② ㄱ, ㄴ, ㅁ
③ ㄱ, ㄹ, ㅁ
④ ㄴ, ㄷ, ㄹ
⑤ ㄷ, ㄹ, ㅁ

|정답| ③

|해설| ㄴ. **학령전기** : 솔선감이 형성되는 시기로, 이 시기의 과업을 달성하지 못한 유아는 죄책감을 갖게 된다.
ㄷ. **유아기** : 자율성이 형성되는 시기로, 이 시기의 과업을 달성하지 못한 아동은 수치심이나 의심을 갖게 된다.

CHAPTER

03 치료적인 인간관계와 의사소통

1 간호사 - 대상자 관계 형성

1. 원리

(1) 간호사 - 대상자 관계의 목표

문제해결과 대처기전을 발전시키도록 대상자를 돕는 것

(2) 치료적 간호사 - 대상자 관계 규정, 촉진요소

적절한 제한(limit)과 경계(boundary)

(3) 치료적 인간관계의 핵심요소

신뢰, 전문성, 상호 존중, 돌봄, 협력관계

(4) 치료적 인간관계에서 간호사의 자질

① 자기인식

CHECK Point Jo-Hari's Window(조하리의 창)

1. 정의

Joe Luft와 Hary Ingham이 제시한 것으로 마음의 4가지 창이라고도 한다. 주로 대인관계능력 강화에 많이 활용되고 있다.

2. 4개의 창

(1) Public : 대인관계에 있어 마음의 상태에는 자신도 알고 타인에게도 알려진 영역인 '열린 창'

(2) Blind : 자신은 모르나 타인에게는 알려진 영역인 '보이지 않는 창'

(3) Private : 자신은 알고 있지만 타인에게는 알려지지 않은 영역인 '숨겨진 창'

(4) Unknown : 자신도 모르고 타인도 모르는 영역인 '암흑의 창'

Ⅰ. 나와 남이 아는 나	Ⅱ. 나는 모르고 남만 아는 나
Ⅲ. 남은 모르고 나만 아는 나	Ⅳ. 나도 모르고 남도 모르는 나

② 라포형성능력
③ 신뢰감
④ 존중
⑤ 진실성
⑥ 공감능력
⑦ 역할모델
⑧ 윤리감과 책임감

2. 간호사 – 대상자 치료적 관계 형성의 단계 : 페플라우의 치료적 인간관계

전 상호적 단계	Pre-interactional Phase
오리엔테이션 도입단계	Orientation, Introductory Phase
활동단계	Working Phase
종결단계	Termination Phase, Separation

(1) 전 상호적 단계(Pre-interactional Phase)

① 대상자와 첫 만남을 갖기 전 간호사가 준비해야 할 사항들을 점검하는 단계
② 간호사 – 대상자 관계 형성에 영향을 줄 수 있는 요소(선입관, 고정관념, 편견, 가치관) 탐색 시기

(2) 오리엔테이션 도입단계(Orientation, Introductory Phase, 초기단계)

① 목적은 라포형성과 해결 과제를 위한 기초를 세우는 것
② 관계에 대한 기대, 시간 설정을 확인함
③ 대상자와 같이 목표를 설정
④ 대화를 통해 관계의 종결, 이별(관계의 시간 제한적 본성)에 대해 예측
⑤ **간호사가 수행해야 할 내용**
㉠ 처음 대면시 서로를 소개하고 인사하는 시간을 갖는다.
㉡ 대상자와 의사소통하는 것에 흥미가 있어야 한다.
㉢ 대상자의 질문이나 위급한 문제에 성급하게 답변하지 않도록 한다.
㉣ 간호사 – 대상자의 상호작용의 매개 변수를 지정한다.
㉤ 자료를 수집한다.
㉥ 대상자의 불안감을 감소시킨다.

(3) 활동단계(Working Phase)

① **행동양식 확인** : 문제해결과 대처기전에 대한 통찰력 향상
② **수용적 태도와 적극적 경청** : 생각과 감정을 표현하고 그들의 대처기전을 학습하도록 도움

③ 초기단계에서 세운 목표를 달성하기 위해 적극적으로 행동해야 한다.

(4) 종결단계(Termination Phase, Separation)

① 목표의 진행과 성취 평가
② 종결, 이별단계에서 발생할 수 있는 문제(분노, 거리감, 증상재발, 의존성) 확인
③ 대상자가 종결에 대한 느낌을 표현하도록 격려
④ 초기 만남부터 대상자에게 미리 이별을 준비시킴
⑤ 대상자의 강점 확인 및 추후 관리의 필요성 예측
⑥ 다른 지지체계로 대상자를 보냄

3. Travelbee의 간호사 - 대상자관계

(1) 일차적인 만남의 단계

(2) 정체성 규명단계

(3) 공감(empathy)의 단계

타인의 순간적인 건강상태를 이해하고 나누며 그 감정 속으로 들어가는 능력으로 이 과정 동안 각 사람의 유일성과 개인성은 더욱 분명하게 받아들여지며 평가된다.

(4) 동정(sympathy)의 단계

공감의 과정으로부터 나타나며 공감에서는 볼 수 없는 상대의 불편감을 해소시키려는 욕구가 나타나는 것이 특징이다. 간호사가 대상자에게 동정을 느낄 때 커뮤니케이션을 하며 긴장을 완화시키는 행동을 하게 된다.
공감은 타인의 긍정적, 부정적 사고와 감정을 무비판적으로 이해하고 포용하는 것이 더 강조되나, 동정은 남의 불편감을 완화시키기 위해 돕고자 하는 욕망이 더 강조된다. 대상자는 동정을 경험함으로써 간호사를 신뢰하기 시작한다.

(5) 심리적 일치단계

치료자와 대상자 간의 인간관계의 신뢰와 친밀한 경험을 하는 단계

2 치료적 의사소통과정

1. 원리

(1) 의사소통

언어적 · 비언어적 표현 모두 포함, 전문적 틀 내에서 사용되고 목표 지향적이어야 함

(2) 성공적인 의사소통

적절성, 효율성, 융통성, 회환성 포함

(3) 간호사나 대상자의 불안

의사소통 방해

2. 치료적 및 비치료적 의사소통 기술

(1) 치료적 의사소통 기술

명료화와 확인	대상자가 사용한 단어를 재진술하기, 메시지 억양에서의 느낌을 간호사 자신의 언어로 되풀이하기
행동계획 수립의 격려	
초점화 및 재초점화	대상자의 중요한 의미를 함축하고 있는 주제에 대해 구체적으로 표현하도록 한다.
경청	치료적 관계의 기본적인 기법
침묵 유지	대상자의 반응을 기다린다.
반영	• 내용의 반영 : 대상자가 가지고 있는 주요 생각을 좀 더 새롭고 간략한 언어로 반복하는 것이며, 바꾸어 말하기와도 유사하다. 대상자 : "내가 시험을 보기 위해 교실로 들어갔을 때 숨이 탁 막혔어요. 그동안 해야 할 일이 많았었고.. 저는 시험 볼 준비가 되어 있지 않았어요." 보건교사 : "ㅇㅇㅇ님은 자신이 시험을 볼 준비가 되었다고 생각을 하였는데 막상 시험 장소에 갔을 때는 자신이 너무 서둘러 시험을 보려고 했다는 것을 깨닫게 되었군요." • 감정의 반영 : 대상자가 표현한 언어의 내용에 담겨져 있는 감정에 대한 반응으로 대상자가 모호하게 표현한 감정을 명확한 의식의 수준으로 끌어올림으로써 대상자는 자신의 감정을 수용하고 인정하는 데 도움이 된다. 〈감정의 반영단계〉 ① 대상자가 표현하고 있는 감정이 무엇인지 파악한다. ② 감정들을 명확하게 묘사한다. ③ 감정의 반영이 옳은지 대상자의 반응으로 판단한다. 대상자 : "그것이 내가 직업을 바꾸는 것을 꺼려하는 이유는 아닙니다. 바로 나를 위해… 나를 믿고 일을 한 사람을 실망시킬 것 같아서입니다." 간호사 : "ㅇㅇㅇ님은 직원들에게 책임감을 느끼고 있군요. 그리고 직장에서 일어난 일에 대해서 슬픔과 죄책감을 느끼고 있군요." 대상자 : "맞아요, 나는 슬프고… 죄책감을 느끼고… 상당히 화가 나 있어요."

주제의 확인	대상자가 느끼는 감정, 행위나 경험한 사건들을 연결 짓는데 도움이 된다.
지각공유	대상자가 생각하고 느끼고 있는 것을 간호사가 이해하고 있음을 대상자에게 확인시키는 것
요약	대상자 상담의 종결기에 적합한 기술
개방적 질문	대상자가 반응할 수 있는 충분한 시간을 준다.
기타	정보제공, 유머, 질문

(2) 비치료적 의사소통 기술

문자적인 반응	대상자 : 저는 죽었습니다. 간호사 : 아닙니다. 000씨는 죽지 않았습니다.
도전	병이 없다면 왜 퇴원이 안 될까요?
시험	아직도 망상을 가지고 계세요?
즉각적인 찬성	좋아요. 그 계획을 들으니 무척 반갑군요.
상투적인 반응	날씨가 좋군요. 용기를 잃지 마세요.
이견	나는 절대로 ~에 동의하지 않아요.
표현된 감정의 경시	뭐 그런 것 가지고 그렇게 심각하게 고민하세요.
거짓된 안심 제공	모든 것이 잘 될 거예요.
거절	더 이상 듣고 싶지 않습니다.
비난	그것은 나빠요.
충고	제 생각에는 ~하는 것이 현명한 듯 합니다.

FINAL TEST

01 페플라우의 치료적 인간관계

① 전 상호적 단계	② OT단계(초기단계)
③ 활동단계	④ 종결단계

(1) 사정의 시작, 지지 제공, 구조의 제공
(2) 약물남용에 대한 자신의 감정을 동료간호사와 이야기 해 본다.
(3) 대상자가 왜 도움을 청하는지 결정한다.
(4) 간호사가 전문적인 강점과 한계점에 대해서 분석한다.
(5) 고통경감 및 새로운 기술을 가르침
(6) 상호계약 설정
(7) 문제확인 및 목표 설정
(8) 간호사와 대상자의 역할과 기대 설명

02 Jo-Hari's Window가 제시한 4개의 창에 대해 나열하시오.

FINAL TEST 정답

01 페플라우의 치료적 인간관계

(1) ②	(2) ①	(3) ②	(4) ①
(5) ③	(6) ②	(7) ②	(8) ②

02 조하리의 창

1. Public : 대인관계에 있어 마음의 상태에는 자신도 알고 타인에게도 알려진 영역인 '열린 창'
2. Blind : 자신은 모르나 타인에게는 알려진 영역인 '보이지 않는 창'
3. Private : 자신은 알고 있지만 타인에게는 알려지지 않은 영역인 '숨겨진 창'
4. Unknown : 자신도 모르고 타인도 모르는 영역인 '암흑의 창'

CHAPTER 03 치료적인 인간관계와 의사소통

기 출 문 제

01 **여러 사람 앞에서 발표를 하는데 어려움이 있는 청소년 8명을 대상으로 12회기로 구성된 집단치료를 하고 있다. 이번은 10회기째로 활동단계(working phase)이며, 대상자들은 모두 활동단계에서 성취해야 하는 목적을 달성하였다. 이번 회기에서 대상자가 나타낼 수 있는 반응으로 옳은 것을 〈보기〉에서 모두 고른 것은?** 2010년

〈 보 기 〉

ㄱ. "이제 발표를 하게 된다면 피하지 않고 부딪혀 보겠어요."
ㄴ. "제 문제가 실수를 하지 않으려는 마음에서 비롯된다는 것을 알았어요."
ㄷ. "발표하는 데 겪는 어려움에 대해 제 생각과 이 모임에 있는 다른 친구들의 생각이 달라 당황스럽네요."
ㄹ. "이 모임에서 서로 간에 문제점 등을 지적해주는 경험을 하다 보니 제 문제를 명확히 알게 되었어요."

① ㄱ, ㄴ
② ㄱ, ㄷ
③ ㄴ, ㄹ
④ ㄱ, ㄴ, ㄹ
⑤ ㄴ, ㄷ, ㄹ

|정답| ④

|해설| 활동단계는 독창적인 문제해결에 관여하고 해결책이 나타나는 단계로 대상자들은 과제완성에 집단에너지를 사용한다. 집단 내의 대인구조는 집단과제를 성취하는 도구가 되며, 유연하고 기능적으로 역할하게 된다. 보기 ㄷ은 집단작용에 대해 불만을 표시하고 일이 기대대로 되지 않는다고 의견을 말하는 것으로 보아서 갈등기에 해당되는 내용이다.

02 **페플라우(Peplau)의 대인관계 모델은 치료적 인간관계 형성을 돕는 4단계 과정으로 각 단계마다 수행해야 하는 특정한 과업이 있다. (가)~(라)에 넣을 수 있는 내용으로 옳은 것은?** 2011년

1단계	2단계	3단계	4단계
• 대상자와의 첫 만남을 계획함 • (가)	• 상호간 계약을 수립함 • (나)	• 관련있는 스트레스원에 대해 탐색함 • (다)	• 치료의 진전사항과 목적의 성취 여부에 대해 고찰함 • (라)

〈 보 기 〉

ㄱ. 저항행위 극복하기
ㄴ. 상담자 자신의 느낌 탐색
ㄷ. 대상자의 생각 탐색
ㄹ. 상실감 탐색

	(가)	(나)	(다)	(라)
①	ㄱ	ㄴ	ㄷ	ㄹ
②	ㄴ	ㄷ	ㄱ	ㄹ
③	ㄴ	ㄷ	ㄹ	ㄱ
④	ㄷ	ㄴ	ㄱ	ㄹ
⑤	ㄹ	ㄱ	ㄴ	ㄷ

|정답| ②

|해설| **페플라우(Peplau)의 대인관계 모델**

1. 전 상호적 단계(Pre-interactional Phase)
   (1) 대상자와 첫 만남을 갖기 전 간호사가 준비해야 할 사항들을 점검하는 단계
   (2) 간호사-대상자 관계 형성에 영향을 줄 수 있는 요소(선입관, 고정관념, 편견, 가치관) 탐색 시기
2. 오리엔테이션 도입단계(Orientation, Introductory Phase, 초기단계)
   (1) 목적은 라포형성과 해결 과제를 위한 기초를 세우는 것
   (2) 관계에 대한 기대, 시간 설정을 확인함
   (3) 대상자와 같이 목표를 설정
   (4) 대화를 통해 관계의 종결, 이별(관계의 시간 제한적 본성)에 대해 예측
3. 활동단계(Working Phase)
   (1) 행동양식 확인 : 문제해결과 대처기전에 대한 통찰력 향상
   (2) 수용적 태도와 적극적 경청 : 생각과 감정을 표현하고 그들의 대처기전을 학습하도록 도움
   (3) 초기단계에서 세운 목표를 달성하기 위해 적극적으로 행동해야 한다.
4. 종결단계(Termination Phase, Separation)
   (1) 목표의 진행과 성취 평가
   (2) 종결, 이별단계에서 발생할 수 있는 문제(분노, 거리감, 증상재발, 의존성) 확인
   (3) 대상자가 종결에 대한 느낌을 표현하도록 격려

(4) 초기 만남부터 대상자에게 미리 이별을 준비시킴
(5) 대상자의 강점 확인 및 추후 관리의 필요성 예측
(6) 다른 지지체계로 대상자를 보냄

03 **건강사정시 면담자는 대상자의 특성에 따라 적절히 대처하여야 한다. 대상자와 면담할 때 면담자가 취해야 할 태도로 옳지 않은 것은?** 2010년

① 우울이 심한 대상자에게는 활기차고 용기를 북돋우는 의사소통을 한다.
② 분노가 있는 대상자에게는 자신의 감정을 환기(ventilation)할 수 있게 한다.
③ 폭력의 위험성을 가진 대상자에게는 침착하게 행동하고 차분한 목소리로 대화한다.
④ 사람을 조종(manipulation)하려는 대상자가 부탁하는 경우 속임수를 쓰는지 합당한 부탁인지 구별한다.
⑤ 성적 유혹(seductive)을 하는 대상자에게는 언어적 경계를 명확히 한다.

|정답| ①
|해설| 우울한 대상자는 대상자를 이해하고 관심을 표명하며 중립적인 입장에서 반응을 한다. 활기차고 용기를 북돋는 방식으로 의사소통을 시도하는 방식은 도움이 되지 않는다.

CHAPTER

04 정신간호의 이론적 모델

1 환경요법

1. 환경치료의 역사적 배경

(1) 18세기 중반~19세기 초반

① 프랑스 정신의학자 피넬(P.Pinel)

② 최초의 인도주의적 치료를 제공

③ 도덕치료(moral treatment), 인간적인 접근법

(2) 19세기 말~20세기 초반

① 정신질환자에 대한 깊은 이해

② 1920년대 후반 설리번(H. S. Sullivan) : 정신병 환자를 위한 치료적 병실

(3) 1945년~1950년대

① 1946년 미국 정신보건법(National Mental Health Act) 제정

② 1953년 환경치료의 창시자 존스 "치료적 공동체"

(4) 1960년대 이후

① 1963년 J. F. Kennedy 대통령 – 지역사회 정신 건강 센터법 제정

② 정신질환자의 치료를 탈수용화

(5) 우리나라 환경치료 현황

① 1970년대 중반 : 광주 천주의 성 요한 병원

② 1981년 : 연세대학교 부속 기독병원 정신과

③ 1995년 : 「정신보건법」 제정

④ 2016년 : 「정신보건법」이 전부개정되어 「정신건강증진 및 정신질환자 복지서비스 지원에 관한 법률」로 개정

2. 환경치료 이론과 실재

(1) 치료적 환경의 구성요소

① 물리적 환경

② 사회적 환경

③ **치료적 환경의 기능적 구성** : 억제 혹은 보호, 지지, 구조, 참여, 민주성, 허용성, 공동성, 현실직면

④ 인적 환경

(2) **치료적 환경에서 간호사 역할**

① 일관성 있고 체계적인 치료 전략 수립

② 치료적 환경 자체를 건전하게 유지

③ 병실의 규칙과 질서를 지키는 일과 개별화된 치료 사이에서 조화와 균형 유지

④ 객관적인 입장

⑤ 역할모델

(3) **환경치료 유형**

① **공동사회모임** : 병실가족회의라고도 하며 직원과 환자 간의 대인 접촉을 증가시켜 대화를 촉진시키는 것을 말한다.

② 일일 모임회

③ **중간 치료소** : 병원에서 퇴원하여 가정으로 복귀하기 전에 시험적인 독립거주를 시키면서 치료와 간호를 제공받는 과도기적 치료기관을 말한다.

④ 낮병원

⑤ 밤병원

⑥ 저녁, 주말병원

2 정신요법

1. 정신요법의 분류

(1) **대상자 중심으로 분류**

① 개인정신요법

② 집단정신요법

③ 가족정신요법

(2) **병식을 갖도록 유도하느냐에 따른 분류**

① 정신분석, 분석적 정신치료

② 단기역동 정신치료

③ 마취합성, 환기, 제반응, 설득, 암시, 최면, 지지, 안심시키기

2. 개인정신요법

(1) 지지정신요법

① 통찰의 회복이나 성격 변화 없이 증상 제거와 완화의 목적을 둔 정신치료

② 자아 기능을 강화하는 것이 중요한 목적

③ **사용되는 기법** : 환기, 안심시키기, 암시, 설득, 희망, 지지, 자긍심의 배양, 공감, 최면

(2) 통찰정신요법

① **정신분석요법**

㉠ 프로이트의 가설에서 발전된 특수 형태의 정신치료

㉡ 자유연상, 저항, 전이, 꿈을 분석하여 치료

> **CHECK Point**
>
> 1. **자유연상** : 어떤 의식적인 검토나 검열 없이 떠오르는 대로 생각을 언어화하는 것이다.
> 2. **저항** : 환자가 표현하지 않거나 인식하지 않는 갈등영역을 의미한다.
> 3. **꿈의 분석** : 꿈은 내적 갈등이 상징적으로 교류하는 영역이므로 환자의 꿈을 분석함으로써 저항의 특성을 더 잘 알 수 있다.
> 4. **전이** : 환자가 치료자에게 긍정적 또는 부정적으로 강한 느낌을 갖는 것을 말한다.
>   ① 긍정적 전이 : 치료에 만족하며 치료자의 해석을 받아들인다.
>   ② 부정적 전이 : 저항을 불러일으켜 치료에 방해가 된다.
>   *cf.* 역전이 : 치료자가 환자에게 갖는 긍정적 또는 부정적인 강한 느낌

㉢ 갈등의 원인이 내면적인 경우, 갈등이 오이디푸스 콤플렉스, 불안장애, 우울장애

> 정신분석요법은 급성기의 조현병이나 기분장애, 심한 정신·신체증상을 가진 사람에게서는 효과를 기대하기 어렵다. 또한 40세 이상의 성인(인격의 융통성이 결여되어 있다고 보기 때문에), 반사회적 인격장애, 지능이 낮을 때, 환경이 교정불능일 때, 치료 시간을 충분히 갖지 못할 경우, 치료자가 아는 사람이거나 실생활에 관계되는 사람일 경우 치료를 피하는 것이 좋다.

② **분석적 정신요법**

㉠ 정통 정신치료나 유아기의 갈등이나 무의식적 내용을 철저하게 다루지 않음

㉡ 병적 자아 방어 기전을 시정하려는 정신치료

㉢ 정신분석보다 시간과 경비가 절약. 치료 대상 범위가 넓음

㉣ 예후는 병전 사회적응력이 뛰어나고 대인관계가 원만하거나 유발 인자가 확실한 급격한 발병일수록 좋음

③ **단기 통찰정신요법**

㉠ 처음부터 몇 회의 면담을 가질 것인지 그 횟수를 정해놓고 시작

㉡ 대상자의 주 증상을 일으키고 있는 갈등 하나에만 적극적으로 초점을 맞추어서 진행

(3) 사회 심리적 정신치료

① 설리번의 이론에 의해 발전

② 치료자는 자신의 믿음과 가치와 생각과 느낌이 있는 진실한 인간으로서 대상자와 상호작용

③ **치료 관계의 기본 요소** : 신뢰와 공감대 형성, 자신감의 향상을 유도하는 친밀감 형성

(4) 실존주의 정신요법

① **합리적 -정서적 치료**

㉠ 1950년대에 엘리스에 의해 발전된 심리치료방법이다.

㉡ 정서적인 문제는 비논리적 신념체제 또는 비합리적 가치관에서 기인하는 것이므로 비합리적인 것을 합리적인 것으로 대치할 때 정서적인 문제들이 해소될 수 있다고 하는 기본원리에 입각하고 있다.

㉢ **보편적인 비합리적인 생각의 예** : 우리는 모든 사람에 의하여 사랑을 받고 인정을 받아야만 한다는 생각, 인간은 완전해야만 한다거나 실수를 했을 때는 반드시 벌을 받아야만 한다는 생각

㉣ 비합리적인 생각에서 탈피하여 보다 합리적이고 논리적인 사고에 입각하여 행동하도록 돕는다.

㉤ 궁극적인 치료의 목적은 근본적인 인격과 인생관의 변화를 촉진시키는 데 있다.

㉥ 목표는 무조건적 자기 수용 아래 사람들을 돕는 것

㉦ **기본 전제** : 사람의 정보를 해석하는 경로가 그의 감정과 행동에 영향을 미침

㉧ 자기 패배적 행동을 수정하기 위해 감정을 표현하도록 격려하는 치료법

② **의미치료**

㉠ 프랭클에 의해 발전

㉡ 인간의 자유의지와 책임감에 호소하고, 인생의 의미나 가치를 분석해 가면서 치료

③ **현실요법**

㉠ 1950년대 정신과 의사인 글래서가 제시한 이론

㉡ 현실치료자들은 모든 내담자들의 기본적인 문제가 뇌 병리와는 별개로 현재의 인간관계가 불만족스럽거나 인간관계가 없는 상태 둘 중 하나라고 하였다.

㉢ 내담자들은 이러한 불만족스러운 관계에 의해 발생된 좌절감을 다루는 방법으로 가벼운 우울증에서 심각한 정신이상에 이르기까지 다양한 행동을 선택하게 된다.

㉣ 치료 목표는 내담자가 자신의 삶에서 필요한 행동을 효과적으로 선택할 수 있도록 가르치는 것이다.

㉤ 치료자와 내담자는 만족스런 관계를 확립해야 하며, 치료자는 교사나 역할모델로서 기능하게 된다.

ⓑ 뇌의 기능을 통제이론을 배경으로 삼음
ⓢ 상담 분위기 조성과 행동 변화를 위한 상담과정으로 구성

④ 게슈탈트요법
ⓖ 펄스에 의해 사용된 이론
ⓝ 개체와 환경 간의 유기적 통합성을 강조하고 있다.
ⓓ 상담에서 대화를 중시하고, 환자는 대화를 통해 치료자와 인격적 교류를 하고 있고 인간으로서 존엄성을 지닌 온전한 존재로 인식하게 된다.
ⓡ 환자의 언어적 표현 외에도 표정, 목소리, 자세, 신체 동작, 제스처 등 다양한 비언어적 행동과 꿈, 화상, 이미지 등 비언어적 매체를 통합적으로 치료에 활용함으로써 다각적이고 통합적 접근을 시도하게 된다.
ⓜ 현재의 자기표현, 자기탐색, 자아의식을 강조
ⓑ 대상자와 치료자는 매일의 문제에 초점을 맞추고 그것을 해결하고자 함

⑤ 내담자 중심 요법
ⓖ 로저스(C. Rogers)
ⓝ 집단 모임 동안 구성원들이 서로에게 감정을 표현하도록 돕는 것
ⓓ 치료자의 역할은 감정 표현을 격려하고, 이런 감정을 대상자와 함께 명료화함
ⓡ 인간은 잠재적으로 의식의 인식에서 도출될 수 있는 자신의 인생에 대한 모든 면들을 건설적으로 다룰 수 있는 충분한 능력을 가짐

3. 집단정신요법

(1) 적응 대상자

① 형제간의 경험이 부족하거나, 적대적인 형제관계에 있는 대상자
② 집단활동에 참여할 기회가 없는 대상자
③ 파괴적인 가족관계를 경험하는 대상자
④ 성격장애자
⑤ 전반적인 사회부적응의 증거를 나타내고 있는 대상자
⑥ 개인치료자와의 동성애적 관계 형성을 두려워하는 대상자

(2) 장점

① 많은 수의 대상자가 저렴한 비용으로 집단치료를 받을 수 있다.
② 다른 회원들의 문제를 청취함으로써 이득을 얻는다.
③ 구성원은 준거집단을 얻는다.

(3) 단점

집단 내에서 나눈 대화가 집단 외부에서 반복될 때 사적 침해를 받게 된다.

(4) 집단정신요법의 유형

① 정신분석적 집단정신요법

② 심리극

③ **상호교류 분석** : 부모 자아상태, 성인 자아상태, 아동 자아상태

CHECK Point Berne의 자아상태의 기능분석

1. 부모 자아상태(P)
   (1) 통제적 부모의 자아상태
   (2) 양육적 부모의 자아상태
2. 성인 자아상태(A) : 현실에 대한 객관적인 관찰, 심사숙고하여 생각하는 태도로 언어적 단서는 논쟁, 캐묻기, 심문, 분석, 진단 등이 있다.
3. 아동 자아상태(C)
   (1) 자연적 아동 자아상태 : 어느 누구의 제지도 받지 않고 자기가 하고 싶은 대로 하는 것
   (2) 순응적 아동 자아상태 : 합리적이든 비합리적이든 간에 부모가 원하는 대로 행하고 지나치게 규범적이고 수동적인 태도를 보이는 것

④ 감수성 훈련 집단, 참 만남 집단

(5) 집단치료 과정

① 치료 전 단계

㉠ **대상자 선정** : 일반적으로 성인 대상자는 21세 이상으로 한다.

㉡ **집단의 조직** : 인원은 7명이 가장 적당하며, 5명 이하는 집단 내의 역동이 잘 일어나지 않아 효과가 적다.

② 초기단계

㉠ **오리엔테이션기** : 치료자는 집단의 목표, 비밀유지, 화합 시간, 정직성, 의사소통의 규칙 등을 포함하는 내용들을 집단원들이 합의하도록 한다.

㉡ **갈등기** : 집단원들이 집단치료 상황이나 다른 집단원에 대하여 부정적인 정서적 반응을 나타낸다.

㉢ **응집기** : 집단원은 집단과 서로에 대해 강한 애착을 느끼고 좋은 느낌과 긍정적 관심을 가지며 부정적 감정이 사라지게 된다.

③ **활동단계** : 집단원들은 집단의 과제 완수에 열정을 쏟고 지도자나 구성원 서로에게 즐거움을 준다.

④ **종결단계** : 집단원들이 집단에서 바람직하지 못한 행동을 버리고 새로운 행동을 학습하여 목적을 달성했을 때 종결단계에 이르게 된다.

4. 가족요법의 주요 이론

(1) 정신분석적 가족이론 : 액커만(Ackerman)

① 주 대상은 개인이며 치료의 주 목표는 개인의 개별화이다. 즉, 개인을 가족으로부터 해방시키는 것이며 대상자가 숨겨진 과거사건으로부터 자유로워지면 증상이 없어진다고 보았다. 따라서 가족 중에서 치료의 주 대상자를 선택하게 된다.

② 개인 정신분석적 접근에서와 마찬가지로 경청, 감정이입, 해석, 중립성 유지 등의 기법을 사용한다.

③ 성장과정에서 부모로부터 상처를 받았거나 제약에서 헤어나지 못하고 있는 가족에게 효과적이며 언어와 지적 수준이 높은 성인 대상자를 중심으로 치료를 진행한다.

(2) 가족체계이론 : 보웬(Bowen)

① 가족은 정서와 인간관계의 결합체이기 때문에 대부분의 가족문제는 가족구성원이 원가족으로부터 심리적으로 분리되지 못하여 발생한다고 보았다.

② 행동문제가 한 세대에서 다음 세대로 전수된 정서적 융해 때문에 발생한다고 보았기 때문에 치료목표는 탈삼각관계 과정을 통해 다세대에 걸친 삼각관계 속의 개인을 해방시키는 것에 두었다.

③ 가족 내의 연합성과 분리하고자 하는 힘이 있다고 보았고, 이 두 힘이 서로 조화를 이루는 것이 이상적인 상태인 반면에 미분화나 융해는 두 힘의 불균형상태를 이룬다.

(3) 경험적 가족치료이론 : 사티어(Satir)

① 가족 특유의 갈등과 행동양식에 맞는 경험을 제공하는 데 주력하며, '지금-여기'에 중점을 둔다.

② 가족문제의 근본원인이 정서적 억압에 있다고 보고, 치료자는 가족구성원들로 하여금 진정한 정서에 접촉하게 하는 경험을 제공함으로써 개인의 성장과 가족의 결속력을 도모한다.

③ 가족의 감수성, 감정 표현, 자발성, 확실성의 성장에 목표를 둔다. 또한 증상의 감소나 사회적 적응도 추구하지만 내면의 경험 및 그 확대를 기본목적으로 한다. 즉, 가족과의 깊은 교류를 통해 가족을 변화시킬 수 있다는 신념을 더 중요시한다.

④ 사티어는 정서적 체험을 위해 가족조각, 안무, 재정의, 유머, 의사소통 등의 다양한 기법을 사용하였다.

(4) 구조적 가족요법 : 미누친(Minuchin)

① 가족의 구조와 조직화를 이해하고 변화시킴으로써 가족구성원의 상호작용을 향상시키고자 한다.

② 목표는 역기능적인 가족구조로 인해 생긴 증상을 감소시키고 문제를 해결하기 위해 가족구조를 변화시키는 것이다.

③ 가족 하위체계 간의 명확한 경계선 설정, 가족위계질서의 강화, 가족의 현실에 맞는 규칙 대체 등이 필요하게 된다.

(5) 전략적 가족요법 : 헤일리(Haley)

① 가족문제 해결에 필요한 전략을 찾아내는 것으로 치료목표가 현재 문제와 직결된다.

② 문제해결을 강조하기 때문에 제2의 의사소통치료라고도 한다.

③ 치료자는 가족의 변화를 이끌어낼 책임을 가지며 지도자의 역할을 한다. 즉, 가족에게 지시하고 실천하게 하고 과제를 부과하여 가족관계와 의사소통을 재조직하고 재해석하면서 가족문제를 해결한다.

(6) 해결 중심적 단기 가족치료 : 드 세이저(De Shaizer), 김인수 부부(Insoo Kim Berg)

① 전략적 가족치료를 기반으로 생긴 모델로 문제보다는 적용 가능한 해결에 초점을 두어 목적지향적 모델이라고도 한다.

② 가족이 이미 가지고 있는 강점, 건강한 특성, 능력, 자원 등을 적극 활용한다.

③ 진정한 치료적 관계는 치료자가 가족에게 협력할 때 이루어진다고 믿기 때문에 치료자가 주도하거나 지시하는 것이 아니라, 가깝고 우호적인 대화를 통해서 대상자가 자신의 미래의 삶을 새롭게 구상해 보도록 한다.

3 인지행동치료

1. 개념

(1) 행동치료의 이론적 뿌리는 1900년대 초 파블로프의 고전적 조건형성에서 시작되었으며, 이후 스키너에 의해 행동의 조작에 대한 이론이 제시되었다.

(2) 1960년대 미국의 Beck에 의해 주로 우울증 환자를 대상으로 개발되었으며 1970년대, 1980년대에 들어와서 치료요법으로 자리잡기 시작하였다.

(3) 특성

① 전적으로 대상자 중심이다.

② 치료과정에서 치료자와 대상자의 상호관계성을 중요시한다.

③ 아동, 청소년, 성인, 노인을 포함한 모든 연령층에 적용할 수 있으며 불안장애, 기분장애, 섭식장애, 조현병, 물질남용 등의 다양한 임상문제를 다루는 데 효과적이다. 또한 대상자 가족에게도 적용할 수 있으며, 개인이나 집단의 형태로 수행할 수 있다.

2. 행동이론

(1) 행동이론에서 '행동'이란 관찰, 기록, 측정이 가능한 행위 또는 반응을 말한다. 예를 들어 '과다활동'은 아이가 수업시간에 자리에서 몇 번 일어나는지, 책을 몇 번 떨어뜨리는지, 과제를 얼마나 해 오는지 등으로 기술해야 한다.

(2) 고전적 조건화, 조작적 조건화 이론이 기초가 된다.

(3) 행동의 증가

① **적극적 강화** : 행동 → 긍정적인 보상자극 → 행동의 증가

② **소극적 강화** : 혐오스러운 자극 → 행동 → 혐오스러운 자극의 제거 → 행동의 증가

(4) 행동의 감소

① **벌** : 행동 → 혐오스러운 자극 → 행동의 감소

② **반응대가** : 행동 → 강화물의 제거 → 행동의 감소

③ **소멸** : 행동의 결과로 강화물을 유보함으로써 그 행동이 다시 일어날 가능성을 감소시키는 것
행동 → 강화 → 행동 → 강화 없음(강화 유보) → 행동의 감소

3. 인지이론

(1) 인지와 관련된 개념

① **인지사건** : 개인의 의식흐름 속에서 야기되는 의식적 사고와 심상 같은 것을 의미한다. 이를 흔히 자동적 사고라고 하는데, 이러한 자동적 사고는 단순히 인지기능만이 관여하는 것이 아니라 심상, 상징적 언어, 몸짓, 그리고 그에 수반되는 여러 감정과 밀접한 관계가 있다.

② **인지과정** : 사람이 살아가면서 적절하게 처리할 수 있는 정보의 양은 극히 제한되어 있기 때문에 실제로는 정보를 선별하여 처리하게 된다. 하지만 자신이 어떤 정보에 선택적으로 주의를 기울이는지는 의식하지 못하며, 이러한 과정은 모두 자동적으로 수행된다.

③ **인지구조(인지도식)** : 정보처리와 행동의 조직은 개인의 인지구조에 의해 이루어진다. 인지구조에는 개인의 기본적인 믿음이 내재되어 있으며, 상황을 지각하는 데 있어 일종의 관문 역할을 한다. 정보가 기호화되고 저장되는 것과 같이 감정도 기호화되어 저장되는바, 즉 인지구조는 모든 사고와 지각과정에서 선택적 필터의 기능을 하게 된다.

(2) 인지모델

① 인지치료는 인지모델을 근간으로 한다. 인지모델은 어떤 사건을 경험했을 때 나타나는 감정이나 행동은 그 사건에 대한 지각에 의해 영향을 받는다고 가정한다. 어떤 상황에서 개인은 그 상황에 대한 사실적인 정보를 이해하고 통합하는 활동을 하는 한편 동시에 그 상황에 대해 재빠르게 평가적 사고를 하게 되는데, 이러한 평가적 사고는 합리적으로 판단한 결과가 아니라 자동적으로 튀어나오는 것이다. 이를 자동적 사고라고 칭한다.

② 자동적 사고

㉠ 핵심믿음 : 가장 근원적인 수준의 믿음으로 본인도 잘 인식하지 못한다.

㉡ 중간믿음 : 상황 특정적인 자동적 사고와 핵심믿음 사이에 있으며 핵심믿음의 영향을 받는다. 중간믿음은 개인의 태도, 규칙, 가정들로 구성되어 있으며 평소에는 잘 인식하지 못한다.

㉢ 자동적 사고 : 어떤 특정한 상황에서 그 사람의 마음속에 스쳐가는 단어나 영상 등을 말하며, 인지의 가장 표면적인 수준으로 의식하기 쉽다.

㉣ 개념화 : 인지치료에서 개념화는 치료자에게 대상자를 이해하는 기본틀을 제공한다. 치료자는 대상자가 제시한 자료를 근거로 하여 그에 대한 가설을 세운다.

핵심믿음 : 나는 무능력하다.
↓
중간믿음 : 책 내용을 완전히 이해할 수 없다면 나는 우둔한 것이다(규칙, 가정 등).
↓
상황 → 자동적 사고 → 반응(감정, 행동, 생리적 반응 : 슬픔, 책 덮기, 두통 등)
: 책 내용이 너무 어렵다. 나는 결코 이해할 수 없을 것이다.

4. 인지행동 치료기법

불안 완화 기법	인지의 재구조화 기법	새로운 행동 학습 기법
• 이완요법 • 바이오 피드백 • 체계적 둔감법 • 감각기관에의 노출 • 홍수법 • 반응 방지(예방, 차단)	• 사고와 감정의 감시 • 증거 탐문 • 대안 검토 • 탈비극화 • 재구성 • 사고 중지	• 모델링 • 형성법 • 토큰경제 • 역할극 • 사회 기술훈련 • 혐오요법 • 행동 계약

(1) 자기통제법

자기감시법, 자기지시법, 자기계약법

(2) 인지적 재구성법

대상자의 부정적이고 자기패배적 사고 대신 긍정적이고 자기향상적 사고를 갖도록 가르치는 체계적인 전략

(3) 사고 중지법

강박장애의 치료에 유효한 것으로 비논리적 행동을 일으킨 후 '중지'라는 단어를 외침으로써 대상자는 자신의 생각을 통제할 수 있다는 것을 알게 된다.

(4) 심상 만들기

긍정적인 자기 대화를 촉진시키기 위해 사용하는 방법으로 심각한 문제를 가진 부부의 중재에 사용

(5) 모델링

타인의 행동을 관찰하여 자신이 그 행동을 몸에 익히는 것

(6) 사회 기술 훈련

개인적인 문제나 대인관계상 발생하는 문제에 대해 이를 극복하고 보다 쾌적하고 의미 있는 생활을 영위해 나가기 위한 방법과 기술을 익히는 것

(7) 자기 표현 훈련(자기 주장 훈련)

대인관계에서 발생하는 불안의 조건화를 해소시키는 기법, 역할극 이용

(8) 체계적 둔감법

자극을 약한 것부터 차차 강한 것으로 단계적으로 부여함으로써 자극에 의해 발생하는 불안을 서서히 경감

(9) 이완요법

눈을 감고 편안한 자세로 심호흡법(복식호흡)을 시작으로 이완훈련을 규칙적으로 함

(10) 홍수법

대상자가 어떤 불안증상을 가진 경우 강한 불안자극에 장시간 노출

(11) 토큰경제

어떤 행동이 실행된 직후 어떤 자극이 제시되면 그 행동의 빈도와 강도가 상승한다는 정적 강화 요인을 이용

⑿ 행동형성

선행하는 조작적 행동이 존재하지 않거나 불완전하거나 현저하게 빈도가 낮을 경우, 정적 강화물 이용

⒀ 바이오피드백

고전적 조건 형성을 조작적 조건 형성적 기법으로 조합

⒁ 혐오치료

부적응 행동에 대해 혐오자극을 제공하여 부적응 행동을 제거시키는 것

5. Beck의 인지치료

(1) 인간은 자신의 문제를 이해하고 해결할 수 있는 지각능력과 의식기능을 가지고 있다고 전제하고 있다. 이상행동과 부적응 행동에 대해서는 아동기에 역기능적 가정에서 생활사건을 통해 자동적 사고와 부정적 정서 및 행동을 습득하는 것으로 설명하고 있다. 이에 문제를 가진 사람들은 인지적 왜곡과 오류를 가지고 있으며, 이로 인해 부정적인 자동적 사고가 유발되는 것으로 본다.

(2) 인지치료의 치료과정에서는 스스로 자신의 왜곡된 인지와 오류를 깨닫도록 질문을 하며, 이러한 질문법을 '소크라테스식 방법(Socratic Method)'이라 부른다.

(3) 인지치료의 원리

① 우리의 내적인 대화, 즉 사고가 감정과 행동을 형성함에 있어서 주요한 역할을 한다.
② 정서적으로 어려움을 겪는 사람들에게는 자신을 폄하하고 비난하는 방향으로 현실을 지각하는 논리적 오류를 범하는 경향이 있다.
③ 역기능적인 정서와 행동을 변화시키기 위한 가장 직접적인 방법은 부정확하고 역기능적 사고를 수정하는 것이다.

(4) 자동적 사고(Automatic Thoughts)

① Beck은 우울증 환자들이 보이는 '자동적 사고'에 관심을 가졌다.
② **자동적 사고** : 특정한 자극에 의해 촉발되는 개인화된 생각으로서 정서적 반응을 일으킨다. 즉, 의식적인 노력이나 선택 없이도 반사적으로 일어나며, 과거의 경험으로부터 생성된 신념이나 가정들(Assumptions)을 반영한다.
㉠ 자동적 사고는 경험으로 학습된다.
㉡ 자동적 사고는 언어, 이미지 또는 둘 다의 형태로 나타난다.
㉢ 자동적 사고는 아무리 비합리적이라 할지라도 믿어진다.
㉣ 자동적 사고는 흔히 당위성을 가진 말로 표현된다.

㉤ 객관적인 증거에 반하더라도 지속되고 중단하기가 쉽지 않다.

(5) 인지왜곡(Cognitive Distortions)

① 정보처리가 부정확하거나 비논리적이고 비현실적인 것을 의미하는데, 그릇된 가정과 생각으로 이끈다.

② 왜곡되고 부정적인 사고는 부정적이고 과대한 감정들을 발생시키는데, 따라서 무언가로 울적해지거나 기분이 나쁘다면 방금 전에 떠올랐던 부정적인 사고를 찾으려고 노력해야 한다.

③ 왜곡된 사고는 우리 삶의 한 부분으로 자리 잡았기 때문에 별다른 노력 없이도 자발적이고 자동적으로 떠오른다.

(6) 인지왜곡의 유형

① **이분법적 사고, 흑백논리**(All-or-Nothing : Dichotomous Thinking) : 개인의 특성들을 극단적이고 흑백논리에 의해 평가하는 경향성을 의미한다. 예 All A를 받아온 학생이 한 시험에서 B를 받았을 때 '나는 인생의 실패자야.'라고 할 때 나타나는 사고이다.

② **과잉일반화**(Over Generalization) : 한 번 일어난 일이 앞으로도 계속 모든 상황에서 일어날 것이라고 임의적으로 결론짓는 것을 의미한다. 예 대기업에 이력서를 냈다가 떨어진 남자가 '난 앞으로 어떤 기업에 서류를 내더라도 계속해서 퇴짜를 맞을 거야. 나를 필요로 하는 직장은 없어.'라고 생각하는 것은 과잉일반화에 의한 인지적 왜곡이다.

③ **선택적 추상**(Mental Filtering) : 모든 상황에서 부정적인 것들만을 골라서 생각하고, 결국 세상이 부정적이라고 인식하는 것을 말한다.

④ **긍정 격하**(Disqualifying the Positive)

㉠ 중립적인 것들 심지어 긍정적인 경험들까지도 부정적인 것으로 변형시키는 것이다.

㉡ 긍정적인 경험들을 단순히 무시하는데 그치는 것이 아니라 교묘하게 부정적인 것으로 바꾸어 버린다.

㉢ 일상생활에서 누군가가 우리의 옷차림새나 우리가 한 일에 대해 칭찬을 할 경우, 스스로에게 '저 사람들이 착해서 나한테 저런 이야기를 한 거야.', 혹은 '응. 아무것도 아냐.'라고 말할 때 이런 경향의 사고를 보인다.

⑤ **섣부른 결론에 도달하기**(Jumping to Conclusions) : 사실로서 입증되지 않은 내용을 부정적으로 결론 내리는 것을 말하며, Mind Reading(독심술)과 The Fortune Teller Error(점쟁이 오류)가 있다.

㉠ **독심술**(Mind Reading) : 다른 사람들이 나를 깔보고 폄하하고 있다고 가정하는 것을 말하는데, 이런 생각이 너무 확고해서 과연 다른 사람들이 그렇게 생각하고 있는지 확인할 필요를 느끼지 못한다.

예 수업 중에 조는 학생을 발견했을 때, 그 학생이 지난밤에 늦게까지 공부하느라 잠을 못 자서 수업시간에 존다는 생각은 하지 못하고 '내 수업이 지루한 거야.'라고 결론을 내리는 경우

㉡ **점쟁이 오류**(The Fortune Teller Error) : 당신에게 오로지 불행만을 예언해주는 수정구슬을 가지고 있는 것과 같다. 안 좋은 일이 일어날 거라 상상하는데, 이러한 예언이 비현실적임에도 불구하고 하나의 사실로서 받아들인다.

⑥ **극대화**(Magnification), **극소화**(Minimization)

㉠ **극대화** : 자신의 실수, 두려움, 완전하지 못한 점들의 중요성을 과장할 때 나타나며, 일반적으로 일어나는 일상생활의 부정적인 일들을 마치 큰 재앙이 닥친 것처럼 과장해서 반응한다는 의미로 '파국화(Catastrophizing)'라고 불리기도 한다.

㉡ **극소화** : 자신의 장점들을 아주 작고 중요하지 않은 것으로 보는 것을 말한다.

⑦ **정서적 추론**(Emotional Reasoning) : 자신이 느끼는 정서적인 반응을 사실(진실)의 증거로 삼는 것을 말한다. 예 난 죄책감이 들어. 따라서, 내가 무슨 큰 잘못을 저질렀음에 틀림없어. 너무 당황스럽고 절망스러워. 그러니까, 내 문제는 절대로 풀리지 않을 거야. 등과 같이 생각하는 것이다.

㉠ 우울증에 걸리면 모든 일들이 부정적으로 느껴지는데, 따라서 모든 일들이 자신에게 부정적이라고 생각하게 된다.

㉡ 우리의 감정은 우리의 사고와 신념을 대변하는 것이기 때문에 이런 식의 추론은 잘못된 것이다. 즉, 우리의 사고와 신념이 비합리적이어서 그런 느낌을 만들었을 뿐이지 세상이 그리고 우리가 부정적인 것이 아니다.

⑧ **당위론적 진술**(Should Statements)

㉠ '~해야만 해'라고 말하는 것은 보통 자신이나 타인을 동기화시켜서 어떤 일을 하도록 유도하기 위해 하는 말이다.

㉡ 당위론적인 말들은 오히려 자신과 타인에게 압력으로 작용해서 화를 불러일으키는 반면, 당위론적 말을 듣는 사람을 무관심하게 만들어서 하고자 하는 의욕을 감퇴시키기도 한다.

㉢ 스스로에게 당위론적인 말을 하는 사람이 자신이 세운 기준에 못 미칠 경우에 자기 혐오, 수치, 죄책감과 같은 부정적인 감정들을 느끼게 된다.

㉣ 당위론적 말을 하는 사람은 자신이 세워놓은 기준에 타인이 미치지 못하는 경우 과도하게 그 사람을 불신하게 하고 갈등을 조장하게 된다.

⑨ **명명**(Labeling), **잘못된 명명**(Mislabeling)

㉠ 과잉일반화의 극단적인 형태로서, 실수나 결점을 기초로 완전히 부정적인 이미지를 만드는 것을 의미한다.

㉡ 주식투자로 돈을 잃은 사람이 '내가 실수했다.'라고 말하지 않고 '난 실패자야.'라고 말한 경우 명명(Labeling)의 인지적 왜곡이 일어난 것이다.

⑩ **개인화**(Personalization) : 죄책감을 만드는 인지적 왜곡으로 그렇게 해야 할 아무런 근거가 없음에도 불구하고, 부정적인 일들에 대해서 책임감을 느끼는 것이다.

예 아이의 성적이 잘못 나온 것이 마치 자신이 형편없는 엄마이기 때문이라고 생각하는 등의 사고로 인지적 왜곡에 빠지게 되면 모든 부정적인 일들이 자신의 책임이라고 생각하기 때문에 죄책감을 느끼게 된다.

(7) 치료과정

문제중심적 접근을 하고, 문제가 되는 정서적, 행동적인 증상이 나타나는 사건과 내용을 기록하는 숙제를 준다.

① 상담자는 내담자에게 왜곡된 사고를 인식하는 방법을 가르치고, 내담자는 상담자의 도움을 통해 자신의 사고와 현실을 구별하는 것을 배운다.
② 내담자는 자신의 생각과 느낌이나 행동, 심지어 환경에서 일어나는 사건에 영향을 미친다는 것을 배우게 된다.
③ 내담자는 자신의 생각과 가정, 특히 부정적인 '자동적 사고'를 인식, 관찰하고, 감시하는 것을 배운다.
④ 비현실적으로 부정적인 사고들이 자신에게 어떤 영향을 미치는가에 대한 통찰을 획득한 후, 자신의 생각을 지지하는 또는 반대되는 증거들을 검토함으로써 자동적 사고들을 현실적으로 검증하는 방법을 훈련받는다.
⑤ 이 과정에서 상담자는 과제를 내주고, 내담자의 활동을 기록하게 하고, 대안적인 사고들을 만들어 내도록 격려하는 등 다양한 행동기법들을 사용한다.
⑥ 최종적으로 내담자는 현실에 기반을 둔 보다 정확한 해석으로 왜곡된 생각들을 대체하는 법을 배우게 된다.

4 전기 경련 요법(Electroconvulsive Therapy : ECT)

1. 적응증

(1) 자살, 타살 등의 빠르고 결정적 반응이 요구되는 경우
(2) 대상자가 극도의 초조, 혼미상태일 경우
(3) 대상자가 ECT를 선호할 경우
(4) 약물반응이 저조하거나 이전 ECT 효과가 좋았을 경우
(5) 다른 치료방법의 위험성이 ECT의 위험성보다 높을 경우
(6) 항우울제 효과가 없을 경우

2. 금기증

두개내압을 증가시키는 뇌종양, 최근의 심근경색증, 두개 내 출혈, 정맥류, 동맥류, 뇌동맥류, 망막분리, 갈색종, 잠재적 고혈압, 울혈성 심부전, 심실부정맥이 있을 때 금기한다.

5 이상행동모형

모형	이상행동에 대한 관점	주요 치료과정	대상자 역할	치료자 역할
정신분석모형 (프로이트)	• 어렸을 때 해결되지 못한 문제들	• 자유연상 • 꿈의 해석 • 전이 및 역전이 • 저항 해석	• 자신의 생각과 꿈을 적극적으로 표현하는 참여자	• 음영자 • 자신의 생각과 느낌을 표현하지 않고 대상자의 사고 흐름에 방해되지 않도록 간결한 반영만 보임
대인관계모형 (상호 인간관계, 설리반)	• 대인관계 거절에 대한 두려움	• 올바른 인간관계 경험	• 불안과 감정을 치료자와 나누어 안정감 느낌	• 공감을 이용하여 신뢰관계 형성 • 이방인 • 자원인 • 교육자 • 지도자 • 대리인
사회적 모형 (카플란)	• 사회적·환경적 요소가 스트레스, 불안 발생	• 위기 중재 • 환경적 조작 • 사회적 지지체계 • 사용가능한 자원 탐색	• 문제를 표현 • 지역사회자원 이용	• 사회체계 탐색 • 지역사회자원 이용
실존적 모형 (로저스)	• 개인이 자신이나 환경으로부터 멀어졌을 때 소외감	• 참 만남에 초점	• 현실적이고 합리적인 생각, 삶의 의미 깊이 체험 • 지금-여기, 책임을 통해 자신의 삶을 효과적으로 통제	• 안내자 역할 • 돌봄 • 따뜻함 • 환자의 가치 인식 • 행동통제 • 감정탐색
행동모형	• 잘못된 학습 • 바람직하지 않은 습관의 지속	• 이완요법 • 체계적 둔감법 • 강화와 소거 • 주장훈련 • 혐오요법 • 바이오피드백	• 바른 학습 학습자	• 바른 학습 교사
의사소통모형	• 의사소통의 왜곡 • 타인으로부터 메시지가 명확히 전달되지 않을 때 유발	• 언어적·비언어적 의사소통의 분석과 피드백 • 상호교류 분석	• 의사소통유형조사 • 자신의 의사소통 명료화 • 타인 메시지 확인	• 좋은 의사소통 원칙 알려줌 • 가까운 사람과 의사소통 증진하도록 도움

스트레스-적응모형	• 만성적인 스트레스에 적응하는 과정에서 나타나는 비효율적인 반응	• 문제중심 대처 • 정서 중심적 대처 • 이완법, 명상 • 약물치료 • 인지치료 • 자조집단 • 사회적 지지	• 자기관리 주체	• 자기관리를 돕는 지지자, 교육자
지지치료모형	• 생물, 정신, 사회적 요소의 결과로 인한 현재의 부적응적 대처	• 현실검증 • 자긍심 증진 • 사회적 지지 • 적응적 대처반응 강화	• 동참자	• 적극적 지지자
의학모형	• 중추 신경계 장애	• DSM-Ⅳ-TR에 따른 의학적 방법	• 환자로 인정하고 처방대로 수행	• 의사 : 질병확인, 치료계획수립 처방
간호모형	• 잠재적, 실재적 건강문제에 대한 반응	• 사정, 진단계획, 수행평가	• 간호계획, 진행에 협조 • 평가에 참여	• 간호사 : 계획단계에서 대상자와 건강전문인과 협의

6 스트레스와 건강

1. 스트레스

(1) 주로 어려움, 고난, 곤경, 고통의 의미로 사용

(2) 긍정적 스트레스(eustress), 부정적 스트레스(distress)

2. 스트레스원(Stressor)

개인에게 생리 및 심리적으로 적응반응을 일으키는 일 또는 반응

3. 스트레스 반응

(1) 스트레스의 투쟁 - 도피반응

① Cannon(1932)의 주장으로 스트레스란 위험에 대한 일련의 생화학적 반응인 투쟁-도피반응이라고 하였다.

② **초기반응** : 시상하부의 작용으로 자율신경계의 교감신경계가 활성화되어 나타나는데, 여러 장기와 내분비선에 작용을 하고 부신수질에 작용하여 에피네프린과 노르에피네프린을 방출하게 되어 나타난다.

③ **지속된 반응** : 시상하부가 뇌하수체에 영향을 주어 부신피질에 작용함으로써 나타난다.

④ **투쟁 - 도피반응**

㉠ 에피네프린, 노르에피네프린, 코티졸 등이 혈액 내에 유리된다.
㉡ 간은 저장된 당을 혈액 내에 유리시킨다.
㉢ 혈류가 주로 근육과 뇌로 흐르고 소화가 느려진다.
㉣ 근육에 산소를 더 공급하기 위해 호흡이 빨라지고 얕아진다.
㉤ 심박동수가 증가하고 혈압이 높아진다.
㉥ 신진대사가 증가하여 열이 나고 이를 식히기 위한 발한이 있다.
㉦ 위험에 대처하기 위해 대퇴, 둔부, 등, 어깨, 팔, 턱, 안면의 골격근 등이 긴장한다.
㉧ 동공이 확대되고 모든 감각기관이 예민해진다.
㉨ 팔다리 혈관이 수축되어 손과 발이 차가워진다.

(2) **스트레스 - 적응 반응단계**

① Selye(1956)는 스트레스 반응을 일반적응증후군이라고 불렀는데 경고반응단계, 저항단계, 소진단계의 3단계로 구분하였다.
② **경고반응단계** : 유기체가 해로운 자극에 갑자기 노출되었을 때 일어난다.
㉠ **쇼크 국면** : 해로운 자극에 대한 초기의 즉각적인 반응으로 심장박동이 빨라지고 근육긴장이 풀어지며 체온과 혈압이 저하
㉡ **역쇼크 국면** : 부신피질이 확장되고 부신피질자극 호르몬(ACTH)의 분비가 증가
③ **저항단계** : 뇌하수체가 계속해서 ACTH를 분비해서 부신피질이 부신피질 스테로이드를 계속 방출하도록 자극하여 신체의 저항을 증가시킨다.
④ **소진단계** : 저항단계의 에너지는 소진이 되고 뇌하수체와 부신피질의 호르몬 분비가 중단된다. 이 결과 경고반응단계에서 나타났던 증상들이 다시 나타나 두통, 정신장애, 관상동맥질환, 궤양, 대장염, 암, 당뇨, 신장병, 관절염, 알레르기, 고혈압 등이 발생된다.

(3) **심리 - 행동적 스트레스 반응**

① 심리-행동적 스트레스 반응이란 스트레스원에 따라 다양하게 나타나는 괴로움을 말한다.
② 즉, 기분이 나쁘거나 짜증날 수도 있으며 슬프고 절망스러울 수도 있고 억울한 느낌이 들 수도 있다. 이러한 정서적 반응은 인지적 기능을 방해한다. 또한 정서적 흥분으로 각성수준이 지나치게 증가하여 주의집중을 방해하게 된다.
③ 결국 이러한 정서적, 인지적 반응으로 인해 결과적으로 과제수행과 같은 행동장애를 보이게 된다. 실수하는 행동이 많아지고 분노행동, 공격적 행동, 흡연과 음주 등과 같은 자기파괴적 행동 등의 부적응적 행동반응을 보일 수 있다.

(4) Lazarus & Folkman(1984)의 인지적 평가

① 스트레스를 인간과 환경 간의 상호작용으로 설명하면서 촉발사건이 개인이 가진 자원의 한계를 초과하여 안녕을 위협하는 것으로 개인에게 평가되는 것이라고 정의하였다.

② **촉진적 사건** : 스트레스를 촉발시키는 사건으로 개인에게 지각된 내적, 외적 환경으로부터 오는 자극을 말한다.

③ 인지적 평가

㉠ **일차적 평가** : 개인은 초래된 자극이 자신에게 무관한지, 온건하고 긍정적인지, 손상 위협, 도전인지를 평가한다.

㉡ **이차적 평가** : 이 상황에 대처하기 위해서 대인이 가진 기술, 자원, 지식에 대한 인지적인 평가가 이루어진다.

ⓐ 이용 가능한 대처전략이 무엇인가?

ⓑ 선택한 대처방안이 이 상황에서 효과적인가?

ⓒ 효과적으로 이 대처방안을 적용할 능력이 있는가?

㉢ **재평가(= 삼차적 평가)** : 환경이나 자신의 반응에서 오는 새로운 정보에 기초하여 평가를 변경하는 것, 즉 사건의 의미를 재평가한다.

④ **소인적 요인** : 인간 – 환경 상호작용에서 스트레스 촉발사건에 대한 개인의 지각과 반응에 관여하여 영향을 주는 요인들을 말한다.

㉠ **현재의 조건** : 적응적으로 대처하기 어렵게 만드는 개인이 지닌 취약성으로 현재의 건강상태, 동기, 성숙정도, 연령, 교육적 배경 등을 말한다.

㉡ **유전적 영향** : 가족적으로 지닌 신체적, 심리적 취약성과 강점 및 기질을 의미한다.

㉢ **과거 경험** : 이전에 동일한 혹은 다른 종류의 스트레스원에 노출된 경험 등을 말한다.

⑤ **대처** : 개인의 역량을 넘어서거나 과도하게 부담되는 것으로 인식되는 요구를 극복하기 위한 노력을 말한다.

㉠ **문제 – 중심적 대처전략** : 문제 재정의하기, 대안적 방안 모색하기, 각 대안들의 비중을 고려하기, 대안 선택하기, 실행하기 등이 포함된다.

㉡ **감정 – 중심적 대처전략** : 객관적인 사실의 변화 없이 상황의 의미를 변화시키는 전략이다. 예를 들어 소리를 지르거나 울분을 터뜨리기 등을 말한다.

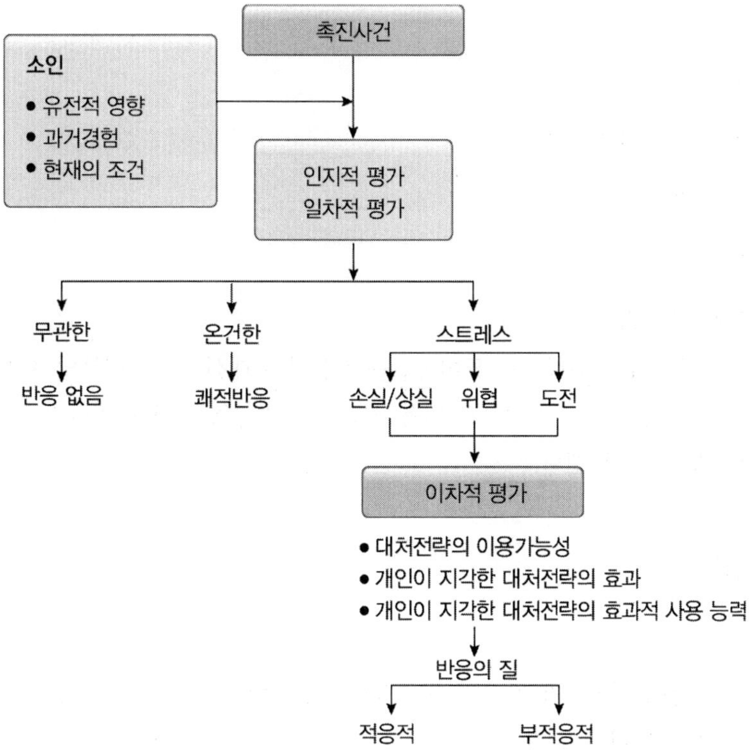

4. 스트레스 관리 기법

정신과 서로 관련이 있다는 믿음(어느 한 쪽의 사태가 다른 한 쪽에 반드시 영향을 미침)에 기초

(1) 스트레스 인식 일지(Stress awareness log)

대상자는 2주 정도 작성하면서 자료를 일별로 검토하여 나름의 독특한 스트레스 반응양상을 발견하도록 한다.

(2) 심호흡 운동

(3) 점진적 이완

(4) 심상법

(5) 명상

(6) 요가

(7) 자기최면

(8) 자율 훈련법

(9) 운동

(10) 생각의 중단

(11) 비합리적 신념에 대한 논박

(12) 자기주장 훈련

(13) 시간관리

(14) **자연 의학적 관리법**

인위적인 특수치료나 화학약물 투여방법을 적용하는 대신, 인체 내부의 자연적인 생명력을 보강하고 활성화하는 기법으로 약용식물요법, 임상영양요법, 비타민 및 미네랄요법, 아로마치료법 등을 말한다.

7 활동요법

1. 정의

다양한 활동을 통해 대상자가 자신의 에너지를 건설적인 방향으로 사용하도록 유도하여 치료적 도움을 얻도록 하는 방법

2. 목적

(1) 사회적 위축과 퇴행감소

(2) 긴장, 불안, 적개심의 긍정적 표출

(3) 잠재능력 개발, 성취감 경험, 자존감 증진

→ 궁극적인 목적은 환자의 잠재능력 개발 및 사회적 재활능력 증진

3. 종류

(1) **음악치료** : 긴장 이완, 상상이나 연상 증진, 무의식을 상징화, 자신의 표현

(2) **미술치료** : 무의식이 솔직하게 드러남, 시간적 · 공간적 제약 없음

(3) **작업치료** : 질병의 증상 감소, 갈등이 부분적으로 승화, 자기가치감 증가

(4) **오락치료** : 혈액순환 촉진, 기억력 · 집중력 증진, 자기표현의 기회, 대인관계 증가

(5) 이 외에도 독서요법, 문예요법, 무용요법 등이 있다.

FINAL TEST

01 개인정신요법

1. 지지정신요법

① 환기	② 안심시키기	③ 암시	④ 설득
⑤ 희망	⑥ 지지	⑦ 제반응(감정발산)	⑧ 자긍심의 배양

(1) 동정적인 말투로 "과연 그렇겠다"라고 이해하는 자세를 취하는 경우

(2) 치료자가 대상자와 논리적으로 토론하고 격려하는 것이다.

(3) 무의식속에 억압된 억울한 기억을 표현해 버림으로써 누적된 스트레스를 완화하게 되는 치료법

(4) 불안해 하는 대상자에게 "걱정하지 않아도 된다", "괜찮다"라고 치료자가 권위있게 안심시키는 것

(5) 치료자가 권위와 자신감을 가지고 불쾌한 증상이 소멸될 것이라는 확신을 심어 주어 마음을 편안하게 해주는 방법

2. 통찰정신요법

① 정신분석요법	② 분석적 정신요법	③ 단기통찰정신요법

(1) 자유연상, 저항, 전이, 꿈을 분석하여 치료한다.

(2) 유아기적 갈등보다는 현재 갈등과 정신역동도 다루며 병적 방어기전을 시정하려는 정신요법이다.

(3) 성격문제는 크게 건드리지 않으며, 현재 일어나는 사태에 관심을 특히 집중한다.

(4) 대개 대상자는 긴 의자에 비스듬히 눕고 치료자는 그 뒤편에 있게 된다.

(5) 이 이론의 중심은 억압이다. 억압된 감정은 여러 가지 방식으로 사람에게 강한 영향을 미친다.

(6) 전이나 꿈의 해석을 가볍게 다루고 문제에 대한 직면, 문제의 명료화 등의 기법을 사용한다.

(7) 유아적 갈등이나 무의식적 내용을 철저하게 다루게 된다.

(8) 통상적으로 주 1회 마주 앉아서 면담을 시행하는데 12~20회 정도 하며, 1회 면담시간은 45~55분 정도이다.

(9) 서로 마주보는 상태에서 면담과 토론 같은 정신기법을 좀 더 자유로이 활용한다.

02 다음에서 제시한 행동이탈에 대한 견해를 주장하는 모형을 제시하시오.

(1) 초기 아동기 발달과정 중 해결되지 않은 갈등이 근원이 되어 자아는 불안에 대해 부적절한 방어를 하고 이것이 증상으로 나타난다.

(2) 사람들은 긍정적 대인관계 경험을 통해 안전성과 만족을 얻는다. 기본적인 두려움은 거부에 대한 것으로 불안은 대인관계에서 일어난다.

(3) 사회적, 환경적 요소가 스트레스를 만들고 이것이 불안을 일으키고 행동이 일탈된다고 본다.

(4) 생은 개체가 충분히 경험할 수 있고 자아를 받아들일 때 의미가 있고 진실된 관계를 통해 자아를 경험한다. 행동이탈은 자아를 찾으려는 노력이 방해받을 때 나타난다.

(5) 인간의 행동은 모두 의사소통을 위한 것이므로 행동이탈도 왜곡되고 간접적이기는 하나 의사소통이다.

(6) 모든 행동은 학습되는데 일탈행동은 불안을 감소하려고 나오며 바람직하지 않게 학습된 것이므로 교정하고 다른 행위로 대치하도록 한다.

(7) 행동이탈은 생물학적 질병과정에서 오고 증상은 생리적, 유전적, 환경적, 사회적 요소의 결함으로 나타난다.

(8) 사람은 생물심리 사회적 개체로, 일탈행동은 잠재적 혹은 실재적 건강문제에 대한 대처반응에 따라 나타난다.

(9) 만성적인 스트레스에 적응하는 과정에서 나타나는 부적응적 반응으로 스트레스원이 개인의 적응수준을 넘어설 때 나타난다고 한다.

(10) 행동문제는 생물, 정신, 사회적 요소의 결과라고 보고 현재의 부적응적 대처 반응에 중점을 둔다. 일탈행동은 신경증적, 경계선, 정신증적으로 기술한다. 지지치료자는 이드, 자아, 초자아의 개념을 믿고 적응적 기능에서 심리적 방어의 중요성을 강조한다.

(11) 행동이탈을 중추신경계 장애의 증상, 특히 뇌의 변연계나 시냅스 수용체의 이상으로 본다. 조울증, 우울장애, 조현병 등은 도파민이나 노르에피네프린 등의 신경화학물질과 관련된 신경자극 전달의 문제라고 본다.

FINAL TEST 정답

01 1. 지지정신요법

(1) ⑥ (2) ④ (3) ⑦ (4) ② (5) ③

2. 통찰정신요법

(1) ① (2) ② (3) ③ (4) ① (5) ①
(6) ② (7) ① (8) ③ (9) ②

02 (1) 정신분석모형 (2) 대인관계모형 (3) 사회적 모형
(4) 실존적 모형 (5) 의사소통모형 (6) 행동모형
(7) 의학모형 (8) 간호모형 (9) 스트레스-적응모형
(10) 지지치료모형 (11) 생물학적 모형

03 Berne의 자아상태에 대해 서술하시오.

04 Selye(1956)가 제시한 스트레스 적응단계를 제시하시오.

FINAL TEST 정답

03 Berne의 자아상태

(1) 부모 자아상태(P)

① 통제적 부모의 자아상태

② 양육적 부모의 자아상태

(2) 성인 자아상태(A) : 현실에 대한 객관적인 관찰, 심사숙고하여 생각하는 태도로 언어적 단서는 논쟁, 캐묻기, 심문, 분석, 진단 등이 있다.

(3) 아동 자아상태(C)

① 자연적 아동 자아상태 : 어느 누구의 제지도 받지 않고 자기가 하고 싶은 대로 하는 것

② 순응적 아동 자아상태 : 합리적이든 비합리적이든 간에 부모가 원하는 대로 행하고 지나치게 규범적이고 수동적인 태도를 보이는 것

04 Selye(1956)가 제시한 스트레스 적응단계

(1) 경고반응단계 : 유기체가 해로운 자극에 갑자기 노출되었을 때 일어난다.

- 쇼크 국면 : 해로운 자극에 대한 초기의 즉각적인 반응으로 심장박동이 빨라지고 근육긴장이 풀어지며 체온과 혈압이 저하
- 역쇼크 국면 : 부신피질이 확장되고 부신피질자극 호르몬(ACTH)의 분비가 증가된다.

(2) 저항단계 : 뇌하수체가 계속해서 ACTH를 분비해서 부신피질이 부신피질 스테로이드를 계속 방출하도록 자극하여 신체의 저항을 증가시킨다.

(3) 소진단계 : 저항단계의 에너지는 소진이 되고 뇌하수체와 부신피질의 호르몬 분비가 중단된다. 이 결과 경고반응단계에서 나타났던 증상들이 다시 나타나 두통, 정신장애, 관상동맥질환, 궤양, 대장염, 암, 당뇨, 신장병, 관절염, 알레르기, 고혈압 등이 발생된다.

CHAPTER 04 정신간호의 이론적 모델

기 출 문 제

01 인지행동치료는 세 범주로 구성되어 있다. (가)~(다)에 해당하는 프로그램 내용으로 옳게 짝지어진 것은?

2011년

범주	인지행동치료 프로그램의 내용 구성		
불안 감소시키기	반응예방	감각기관에의 노출	(가)
인지 재구성하기	증거탐문	대안검토	(나)
새로운 행동의 학습	우발적 계약	행동 형성	(다)

	(가)	(나)	(다)
①	이완훈련	탈감작화	역할극
②	탈비극화	사고중지	토큰경제
③	홍수요법	사고중지	혐오요법
④	이완훈련	탈감작화	탈비극화
⑤	탈감작화	홍수요법	토큰경제

|정답| ③

|해설| 인지행동치료요법에는 불안감소, 인지재구성, 새로운 행동의 학습이 있다.

1. **불안감소**

① 이완요법, ② 바이오피드백, ③ 체계적인 둔감법, ④ 감각기관에의 노출, ⑤ 홍수요법 재구성, ⑥ 반응예방

2. **인지재구성**

① 사고와 감정의 감시, ② 증거탐문, ③ 대안검토, ④ 탈비극화, ⑤ 재구성, ⑥ 사고중지

3. **새로운 행동의 학습**

① 모델링, ② 형성법, ③ 토큰형성, ④ 역할극, ⑤ 사회기술훈련, ⑥ 혐오요법, ⑦ 수반관계 계약

02 다음 사례의 가족에게 가족치료를 하고 있다. 이 가족에게 '구조적 가족치료'를 적용한 것으로 옳은 것을 〈보기〉에서 모두 고른 것은?

[2.5점] 2010년

> 중학교 1학년생인 승기는 학교에서 다른 학생의 물품을 빼앗는 행동을 하거나, 하교 길에 자신보다 키가 작거나 약해 보이는 학생에게 자신의 가방을 들고 가도록 하는 등 다른 학생들을 괴롭히는 행동을 하였다. 이에 담임교사가 가족에게 연락을 취해 상담을 받을 것을 권하여 가족치료를 받게 되었으며 오늘이 3회기 째이다.
> 승기의 어머니는 "승기가 외아들이라 저는 많은 관심과 정성을 쏟아 키우고 있지요. 승기와 저는 관계가 아주 좋은데, 남편과 아들 간에는 전혀 대화가 없어요."라고 상담자에게 말하였다. 또한 "제가 이렇게 정성을 쏟아 키우고 있는데, 아들이 지난 주에도 일요일 만 빼고는 일주일 내내 다른 학생들을 괴롭힌 행동을 해서 너무 속이 상해요."라고 말하였다.

〈 보 기 〉

ㄱ. 승기의 문제행동의 원인을 가족구조의 측면에서 파악한다.
ㄴ. 승기에게 지난 일주일간 문제행동을 하지 않았던 예외의 상황에 대해 이야기하도록 한다.
ㄷ. 승기 어머니에게 아들과 더욱 밀착된 관계가 될 수 있으므로 점차 적절한 경계선을 유지하도록 한다.
ㄹ. 승기 어머니에게 아들과 관계가 좋으므로 아들과 대화하는 시간이나 활동하는 시간을 예전보다 많이 갖도록 한다.

① ㄱ, ㄴ
② ㄱ, ㄷ
③ ㄱ, ㄹ
④ ㄱ, ㄴ, ㄷ
⑤ ㄱ, ㄴ, ㄹ

|정답| ②

|해설| 1. **구조적 가족치료는 가족의 구조와 조직화를 이해함으로써 가족구성원의 상호작용을 향상시키는 것이다.**

(1) 구조적 가족치료의 핵심은 가족이 조직화되는 과정에서의 결함이 문제를 발생시킨다는 관점이다.
(2) 치료과정에서 가족들의 고착되고 왜곡된 상호작용 패턴을 수정하고 관계를 재정립한다.

2. **구조적 가족치료의 전략**

(1) 합류하기와 적응하기 : 합류란 서로 이해받지 못하고 있음을 주고 받는 악순환의 고리를 끊기 위해 공감적 연결을 제공하는 것으로, 이를 통해 가족구성원 각자는 물론 가족의 위계질서와 가족체계에 대한 존중을 보여주게 된다.
(2) 상호작용 다루기 : 가족구조는 가족들의 설명이나 토론보다는 가족구성원들의 상호작용 방식에서 잘 나타난다. 치료자가 가족구성원 각자에게 이야기할 기회를 주어 다른 구성원에 대해 말하기 시작하게 함으로써 가족 상호작용이 실연할 수 있는 기회를 이끌어내

며, 실연시 치료자는 문제가 되는 연결고리에 주의하고 치료자가 실연을 주도하며, 치료자가 실연을 수정하도록 지도한다.

(3) 구조형태 그리기 : 가족에 대한 사정은 첫 만남에서 관찰한 상호작용을 기초로 모든 가족구성원이 포함되어야 한다.

(4) 상호작용 조정하기 : 가족구성원들의 상호작용을 관찰하다보면 문제가 되는 관계패턴이 드러난다. 문제가 되는 상호작용을 부각시킨 후 치료자가 강력하게 개입하여 조정한다. 이를 위해 가족들이 말하는 내용보다는 상호작용하는 과정에 초점을 맞추어야 한다.

(5) 경계선 설정하기 : 밀착된 가족의 경우는 치료자가 개입하여 하위체계 간의 경계선을 강화하고 각 개인의 독립성을 고취시킨다.

(6) 균형 무너뜨리기 : 가족의 갈등상태가 고착되어 있는 경우 가족체계의 균형을 깨뜨려서 체계를 재조정하는 방법이다. 이를 위해 치료자가 가족에 합류하여 구성원 한사람이나 하나의 하위체계에 힘을 실어줌으로써 하위체계 내에 있는 가족구성원 간의 관계를 변화시킨다.

(7) 가족신념에 도전하기 : 가족의 상호관계 패턴이 바뀌면서 현실에 대한 새로운 관점을 갖게 되는 것과 마찬가지로 가족구성원들이 상황에 대한 관념을 변화시키면 가족구성원들이 관계를 형성하는 방식 또한 바뀔 수 있다.

03 다음 사례를 읽고 물음에 답하시오.

[20점] 2009년

> 평소 학업성적이 항상 상위권에 속하는 중학교 2학년 A학생이 두통과 어지러움, 메스꺼움으로 수업을 받기 힘들어 보건실을 찾았다. 이 학생의 건강검진 결과 신체적 질병은 없는 것으로 확인되었다. 보건교사가 학생을 면담한 결과, 지난 주에 부모가 이혼하였고 A학생은 평소 관계가 소원했던 고모집으로 이사를 하였으며, 예전에 비해 성적이 떨어진 것을 알게 되었다. 보건교사가 A학생을 종합적으로 사정한 결과 A학생의 현재 상태는 스트레스로 인한 것으로 판단하였다.

위 사례를 라자루스(R. S. Lazarus)의 스트레스 이론을 적용하여 서술하고, 위의 증상 이외에 A학생에게 나타날 수 있는 신체적 반응과 심리적 반응을 제시하고, 보건교사가 실시할 수 있는 스트레스 관리기법 4가지를 근거와 함께 서술하시오.

| 모범답안 |

1. 라자루스의 스트레스 이론은 개인과 환경의 관계를 강조하며, 개인적 특성과 환경적 사건의 본질을 고려한다.
   (1) A학생은 부모의 이혼과 평소 관계가 소원한 고모집으로 이사를 하는 스트레스 생활사건을 경험하였다.
   (2) 학생이 이 상황에 대해 개인적 의의를 평가하는 1차 평가를 통해 '무관한, 좋은 – 긍정적, 스트레스

를 주는 것'으로 평가하며, 스트레스로 평가한 경우에는 '위해나 상실, 위협, 도전'으로 구분한다.

(3) 이 과정이 끝나면 상황을 다룰 수 있는 기술, 자원 또는 지식에 대한 평가로 대처전략을 사용할 수 있는지, 선택할 수 있는 대안이 효과적인지, 대처전략을 효율적으로 사용할 수 있는 능력이 있는지 질문한다. 결국, 일어난 사건에 대한 1차 평가와 이용가능한 대처전략에 관한 2차 평가의 상호작용이 스트레스에 대한 개인의 적응적 반응의 질을 결정한다.

(4) 대처는 스트레스를 극복하려는 노력으로, 문제를 변화시키려는 '문제중심 대처'와 그 문제에 대한 정서적 반응을 조절하는 '정서중심 대처'가 있다. 이러한 대처방식은 상호 관련되며 대처행동을 촉진하거나 방해할 수 있다.

2. A학생에게 나타날 수 있는 신체적 반응과 심리적 반응

(1) 신체적 반응

① 스트레스로 발생할 수 있는 증상은 신체적으로 숨이 막히고, 목이나 입이 마르고, 불면증, 편두통, 눈 피로, 어깨나 목의 결림, 가슴이 답답하고 토할 것 같은 기분, 식욕저하, 변비나 설사, 신체가 나른하고 피로를 느끼는 등의 반응이 나타날 수 있다.

② A학생은 위의 생활사건이 스트레스로 평가되어 성적저하와 두통, 어지러움, 메스꺼움 등의 신체반응으로 나타나고 있다.

③ 적합한 대처전략을 모색하기 위해 학생의 소인(유전, 과거경험, 현재상태 등)에 관해 사정한다.

④ 신체증상과 성적하락이 나타나는 등 학생의 기존 대처전략으로 쉽게 해소되지 않고 부담이 되고 있으므로 이 고통과 불편감을 유발하는 부모의 이혼이나 고모집으로의 이사를 취소하거나 되돌릴 방법이 있는지 모색해 본다.

⑤ 방법이 없다면 상황을 변화시킬 수 없으니 이 상황의 의미를 변화시켜 보도록 한다. "난 앞으로 꿈을 이루기 위해 해야 할 중요한 일들이 많아", 또는 음악감상이나 운동 등으로 스트레스에 관한 정서적 변화를 경험하도록 지지한다.

(2) 심리적 증상

초조하고, 흥분을 잘하고 화를 잘 내거나, 건만증이 심해지고, 집중력 저하, 우울, 의욕저하, 의심이 많고 망설이거나 또는 성급한 판단을 내리는 경우가 자주 발생하는 등의 심리적 증상이 나타날 수 있다.

3. 이러한 불편감을 해소하기 위해 보건교사가 실시할 수 있는 스트레스 관리기법 4가지

(1) 여행을 아버지나 어머니와 함께 가거나, 친한 단짝친구와 떠나 스트레스원인 생활의 변화에 대한 노출을 감소시키고, 휴식을 취할 수 있도록 함께 계획하고 실행할 수 있도록 지지한다.

(2) 이혼한 부모님이나 함께 살게 된 고모에게 고민이나 감정상태를 표현하고 학생 자신의 의견을 어른들에게 들려주는 기회를 마련해준다.

(3) 두통이나 어지러움증 등 신체적 불편감을 해소시키기 위해 명상법이나 음악감상, 호흡법, 점진적 이완법 등의 교육을 통해 이완을 돕는다.

(4) "난 앞으로 꿈을 이루기 위해 해야 할 중요한 일들이 많아!", "부모님이 이혼했다고 해서 모든 게 잘못되진 안을 거야!" 등의 스트레스 상황의 의미를 다시 평가해본다.

(5) 울고 실컷 소리지르고 원망하는 등의 감정발산을 하도록 하여 정서적 불편감이 완화될 수 있도록 한다.

(6) 지속적 상담 및 교육을 통해 학생이 건강한 방법으로 상황을 이겨낼 수 있도록 지지한다.

CHAPTER

05 지역사회 정신건강간호

1 지역사회 정신건강간호의 정의 및 특징

1. 정의

정신건강을 목적으로 지역사회 내에서 행해지는 모든 활동이다.

2. 특징

(1) **예방적 접근의 중점** : 1차 · 2차 · 3차 예방

(2) 모든 정신질환자들의 정신 사회 재활이 중요시된다.

2 지역사회 정신보건 역사

1. 18세기 말 이전

정신질환자들은 악령에 사로잡혀있다고 믿었고, 정신질환자는 치료의 대상이기보다는 관리의 대상이었다.

2. 도덕적 치료의 시기(18세기 말 ~ 19세기 중반)

튜크와 딕스에 의해 도덕적 치료운동이 시작되었다.

3. 정신위생운동의 시기(19세기 중반 ~ 1950년대 이전)

대형 정신병원 대신 소규모 정신병원과 외래서비스, 추후관리, 예방서비스, 서비스의 통합, 대중에 대한 교육을 강조 → 이는 현재의 지역사회 정신보건사업의 원칙과 유사

4. 탈원화 시기(1950년 ~)

정신약물의 발달로 심한 증상들이 대부분 조절되어 외래치료가 가능하게 되었다. 지역사회 정신보건사업이 중요한 정책적 계기가 되었으며 특히 정신보건센터는 입원치료, 응급서비스, 부분 입원, 외래서비스, 자문과 교육의 5가지 사업을 실시하였다.

5. 탈원화 이후

정신질환자들이 정신병원이나 요양원으로부터 지역사회로 나오게 되어 지역사회에서 관리를 하게 되었다.

정신의학의 4대 혁명

1798년	Philip Pinel : 최초의 인도주의적 치료
1856~1939년	프로이트 : 정신분석치료
1950년	클로르프로마진 개발(정온제)
1963년	케네디 대통령 : 지역 사회 정신 보건 센터법

3 지역사회 정신보건의 원리

포괄적인 서비스, 근접성, 상담 및 자문, 평가와 연구, 팀 접근, 치료의 연속성, 1차 · 2차 · 3차 예방 중재, 의료와 사회복지서비스의 연결, 지역주민에 대한 책임 및 참여 필요

4 지역사회 정신보건 간호사의 역할

1. 1차, 2차, 3차 예방 사업을 위한 활동
2. 사례관리
3. 지역사회 정신과적 응급간호

5 지역사회 정신건강 예방 사업

1. 1차 예방

(1) 정신질환 발생 감소
(2) 스트레스원의 회피 또는 적응적인 대처

2. 2차 예방

환자의 조기 발견, 조기치료 – 악화 방지 치료

3. 3차 예방

재발방지, 재활치료를 통해 사회로 복귀

6 지역사회 위기 중재(Crisis Intervention)

1. 위기

(1) 위기의 정의

① 일시적으로 정서가 심각하게 와해된 상태
② 대처기전의 실패나 지지의 부족으로 초래
③ 의사결정과 문제해결이 부적절함

(2) 위기 결과에 영향을 미치는 요인

① 과거의 문제해결 경험
② 개인이 문제를 보는 견해
③ 의미 있는 사람들의 도움이나 방해

(3) 위기의 단계

① **1단계** : 외상적 사건에 대한 반응, 불안 증가, 익숙한 대처기전 사용
② **2단계** : 일상적인 대처방법을 사용하는 시기로 독자적으로 문제를 해결하거나 친구와 의논하기도 한다. 부정을 사용하며, 이때 대처기전의 실패로 불안이 더욱 증가하기도 한다.
③ **3단계** : 불안이 계속 증가, 대부분 도움을 요청, 정서적으로 고립되어 있던 사람은 위기를 경험
④ **4단계** : 위기의 실제적 단계, 개인의 내적 자원 및 지지체계가 부적절한 상태

(4) 위기의 유형

① 성숙 위기
② **상황 위기** : 생활사건이 개인이나 집단의 평형을 위협할 때 발생하며 대개 지지의 상실과 관련해서 발생
③ **우발적 위기**(재난, adventitious) : 화재, 지진, 태풍, 홍수 등 전 지역사회를 혼란시키는 기대치 않은 사건으로 인한 위기를 말한다.
㉠ **충격단계** : 극심한 공포, 공황, 자기 파괴행위
㉡ **영웅단계** : 협조정신과 건설적 행동이 불안과 우울을 극복하는 데 도움을 주는 시기
㉢ **밀월단계** : 재난 후 1주에서 수개월까지로 여러 곳으로부터 도움과 지원을 받는 단계로 심리적, 행동문제는 간과되기도 한다.
㉣ **환멸단계** : 2개월에서 1년까지 지속되며 실망, 원한, 좌절, 분노의 시기
㉤ **재구성 및 재조직단계** : 자신의 문제를 받아들이는 단계로 재난 후 몇 년 동안 지속될 수 있다.

2. 위기 중재의 원리

(1) 위기 중재의 목적

위기 전 단계로의 회복

(2) 위기의 해결

위기는 보통 4~6주 안에 해결(긍정적 해결 또는 부정적 해결)

(3) 위기 중재의 초점

'지금 그리고 여기(here and now)'

(4) 재난위기중재의 기본원리 : CODE-C모델

① **자문**(Consultation) : 재난으로 인한 주민들의 스트레스를 해소할 수 있도록 자원을 활용하고 연계하는 활동이다.

② **방문**(Outreach) : 직접 방문을 통한 심리지원으로 재난정신건강서비스의 가장 기본적인 방법이다.

③ **자기보고**(Debriefing) : 재난생존자들 스스로 재난으로 인한 스트레스를 표현할 기회를 주는 단계로 재난 직후부터 시행하는 것이 바람직하다.

④ **교육**(Education) : 내용은 재난 이후 있을 수 있는 심리적 변화와 그 특성, 스트레스 관리방법, 도움을 요청하는 방법, 사용할 수 있는 자원의 목록 등을 포함한다.

⑤ **위기상담**(Crisis counseling) : 1차 방문 상담원은 보다 적절한 대응이 필요한 사람을 발견하였을 경우 즉시 전문적인 상담기록을 연결하여 심리적 지원을 실시한다.

3. 위기 중재 간호사(1차 치료자)의 역할

(1) 무비판적

(2) 평온함 유지 및 공감 표현

(3) 적극적인 태도

(4) 대상자로 하여금 감정을 말로 표현토록 함

4. 위기 중재 형태

가정방문, 가족중재, 팀 접근, 전화상담, 재난중재, 건강교육, 위기집단모임

7 정신과적 응급간호

1. 자살

자살 의도나 관념에 대해 직접적으로 질문해야 하고, 자살의 위험도를 주기적으로 평가한다.

2. 폭력

(1) 정의

① 신체적 학대 : 부모, 배우자, 보호자 또는 대인관계나 친척관계가 있는 사람이 대상자에게 고의적인 상해 · 손상 · 파괴적인 행동을 가하는 것

② 신체적 방임 : 삶을 지탱하고 발전시키는 데 필요한 보살핌을 등한시

③ 정서적 학대 : 명백한 협박, 언어폭력, 퇴폐적 행동으로 개인의 자기가치감 손상

④ 정서적 방임 : 지지의 결핍, 정신 성숙의 억제와 방해

⑤ 물질적 학대 : 개인의 재산이나 돈을 훔치거나 오용

⑥ 권리 침해 : 불필요한 압력이나 강요

(2) 사회학습이론

① 가정 안에서의 폭력은 폭력을 낳게 된다.

② 가족이 폭력에 노출되는 것은 모든 가족구성원에게 영향을 줄 뿐 아니라, 직접적으로 관계가 없는 다른 사람에게도 영향을 미친다.

(3) 폭력주기이론

① 폭력주기 1단계 : 긴장형성단계

이 시기에 긴장이 고조되기 때문에 마음의 평형을 유지하는 것이 더 어려워지고 대처기전은 붕괴되기 시작한다.

② 폭력주기 2단계 : 폭발단계

자제력이 부족하고 파괴적인 공격자가 순간적으로 가하는 공격성이 특징이고 대부분의 외상이 이 단계에서 일어나게 된다. 오직 공격자 자신만이 이 단계를 중단시킬 수 있다.

③ 폭력주기 3단계 : 밀월단계

다정, 사랑, 뉘우침 또는 협상의 시기로 고요함을 특징으로 한다.

3. 섬망

증상에 따른 지지치료가 필요

4. 조증

항불안제 사용

5. 약물중독

내용물을 최대한 배출

6. 강간

(1) **산부인과적 처치** : 구급조치, 병력 청취기록, 이학적 검사, 예방치료

(2) **정신과적 처치** : 면담, 지지, 분노 등의 감정 발산

(3) **법적 조치** : 정액 · 체모검사, 법적 상담, 임상 기록공개 등의 동의 얻은 후

7. 일반적 중재

(1) 심리적 일치와 신뢰감 형성
(2) 학대받는 대상자의 치료를 위한 준비
(3) 폭력에 대한 정서적 환기
(4) 안전에 대한 염려감의 지지
(5) 사회적 지지체계를 위한 지침
(6) 추후계획의 설정

8. 죽음의 인식단계

(1) 충격, 부정단계

믿으려고 하지 않고 오진이거나 잘못된 것이 있다고 생각하는 기간이다.

(2) 분노단계

"왜 내가?" 하는 반응을 보이며, 신, 가족, 친구, 의사, 병원 등에 대해서도 화를 낸다.

(3) 타협단계

의사, 가족, 신 등과 타협하려고 하며, 어떻게 하면 죽지 않을까 하여 여러 가지 행동을 한다.

(4) 우울단계

절망하고 우울해 하며, 위축되고 정신운동이 감퇴할 뿐만 아니라 자살도 고려하게 된다.

(5) 수용단계

죽음을 받아들이며, 사후의 일에 대해 관계자들과 솔직히 토론하고 대책을 세운다.

FINAL TEST

01 정신의학의 4대 혁명에 대해 서술하시오.

02 재난의 단계에 대해 서술하시오.

03 CODE-C모델의 구성요소를 제시하시오.

FINAL TEST 정답

01 4대 혁명
① 1798년 Philip Pinel이 최초의 인도주의적 치료를 주장
② 1856~1939년 프로이트의 정신분석치료
③ 1950년 클로르프로마진 개발(정온제)
④ 1963년 케네디 대통령이 지역 사회 정신 보건 센터법 제정

02 재난의 단계
① 충격단계 : 극심한 공포, 공황, 자기 파괴행위
② 영웅단계 : 협조정신과 건설적 행동이 불안과 우울을 극복하는 데 도움을 주는 시기
③ 밀월단계 : 재난 후 1주에서 수개월까지로 여러 곳으로부터 도움과 지원을 받는 단계로 심리적, 행동문제는 간과되기도 한다.
④ 환멸단계 : 2개월에서 1년까지 지속되며 실망, 원한, 좌절, 분노의 시기
⑤ 재구성 및 재조직단계 : 자신의 문제를 받아들이는 단계로 재난 후 몇 년 동안 지속될 수 있다.

03 CODE-C모델
① 자문(consultation)
② 방문(outreach)
③ 자기보고(debriefing)
④ 교육(education)
⑤ 위기상담(crisis counseling)

04 가정 안에서의 폭력주기에 대해 나열하시오.

05 죽음의 인식단계에 대해 서술하시오.

FINAL TEST 정답

04 가정 폭력주기
① 폭력주기 1단계 : 긴장형성단계
② 폭력주기 2단계 : 폭발단계
③ 폭력주기 3단계 : 밀월단계

05 죽음의 인식단계
① 충격, 부정단계
② 분노단계
③ 타협단계
④ 우울단계
⑤ 수용단계

CHAPTER 05 지역사회 정신건강간호

기출문제

01 보건교사는 가정폭력을 주제로 사례 발표 수업을 진행한다. 발표한 사례와 토의 내용을 근거로 〈작성 방법〉에 따라 서술하시오. [4점] 2016년

〈 사 례 〉

ㅇ 발표자 : 김ㅇㅇ
ㅇ 대상자 : 여자 A(30세, 결혼 2년차)
ㅇ 폭력 피해 상황 : 일주일 동안 A씨의 남편은 술을 먹고 집에 들어와, 갑자기 흥분하면서 A씨에게 "너 때문에 되는 일이 없어"라고 소리치며 폭력을 마구 휘둘렀다. 이때, 가족들은 말렸지만 남편의 폭력 행동은 멈추지 않았다. 결국 A씨는 골절상을 입고 병원 응급실에 실려 가게 되었다. A씨 남편의 폭력은 이번이 처음이 아니며 올해 들어서만도 세 번째이다.

〈사례 출처 : 여성상담화센터〉

김 ㅇㅇ : 이상으로 사례 발표를 마치겠습니다.
보건교사 : 수고했어요. 여러분은 지난 시간에 워커(I. Walker)의 폭력주기를 배웠습니다. 그러면 발표 사례와 여러분이 배운 폭력주기를 한번 연결하여 설명해 볼까요?
… (중략) …
이 ㅇㅇ : 선생님, A씨의 사례는 폭력주기의 단계와 연관지어 잘 이해할 수 있는데 다른 단계들은 이해가 잘 안돼요.
… (하략) …

〈 작성 방법 〉

ㅇ 워커(I. Walker)의 폭력주기에 근거하여 A씨의 사례가 어느 단계에 해당하는지 그 명칭과 이유를 제시할 것
ㅇ 워커(I. Walker)의 폭력주기에 근거하여 밑줄 친 나머지 2단계의 명칭과 특징을 제시할 것

| 모범답안 |

1. 워커(I. Walker)의 폭력주기에 근거한 A씨의 사례는 갑작스러운 폭력발생단계(구타사건 발생단계)에 해당되며, 이 단계에서 남편은 분노에 차서 자신의 행위를 조절하지 못하며, 처음에는 가벼운 폭력으로 시작되나 결국은 여성에게 심한 폭력을 행사한 후에야 멈추게 된다.

2. 워커(I. Walker)의 가정폭력주기는
   (1) 첫째 국면 : 긴장이 고조되는 상태(긴장형성단계)
   (2) 둘째 국면 : 갑작스런 폭력발생(구타사건 발생단계)
   (3) 셋째 국면 : 친절과 후회 및 사랑행위(화해단계)로,
   A씨의 사례에 해당되는 갑작스런 폭력발생단계 외에 긴장이 고조되는 단계와 친절과 후회 및 사랑행위단계가 있다.

02 다음은 교사들을 대상으로 한 아동학대에 대한 교육자료이다. 괄호 안의 ㉠, ㉡에 해당하는 내용을 차례대로 쓰시오.

[2점] 2014년

□ **아동학대 유형 및 예방***

대상	OO초등학교 교사	인원	OO명
일시	2013년 O월 O일 O시	장소	교무실

□ **기본방침**

- 학생의 권익보호와 최적의 발달을 고려한 체계적 · 실질적인 학교보건 교육의 내실화
- 폭력 및 아동학대로부터 학생을 보호하고 학대 아동의 발견, 보호, 치료에 대한 신속한 처리

1. 아동학대의 유형

유형	주요 내용
신체 학대	신체에 손상을 주는 학대 행위
정서 학대	정신건강 및 발달에 해를 끼치는 정서적 학대 행위
성 학대	성적 수치심을 주는 성희롱, 성폭행 등의 학대 행위
(㉠)	자신의 보호 감독하에 있는 아동을 유기하거나 의식주를 포함한 기본적 보호, 양육 및 치료를 소홀히 하는 학대 행위

2. 아동학대의 신고

항목	주요 내용
신고 기관	아동보호 전문기관 또는 수사기관
(㉡)	교직원, 의료인, 아동 복지시설의 장 및 종사자, 가정폭력 관련 종사자, 사회복지 전담공무원 등
신분 보호	신고인 신분은 보호되어야 하며, 그 의사에 반하여 신원이 노출되어서는 안된다.

3. 아동학대예방프로그램

1차 프로그램	정보 제공, 교육 훈련, 인식 변화를 위한 각종 홍보 및 캠페인

… (하략) …

* 출처 : 아동복지법[시행 2013.6.19.] [법률 제11572호, 2012.12.18., 타법 개정]

|정답| ㉠ 아동방임, ㉡ (아동학대) 신고의무자

03 유아(1~3세)의 그림 (가)~(마) 중에서 신체적 학대에 의한 멍이나 상처의 가능성이 가장 낮은 신체부위는?

[1.5점] 2012년

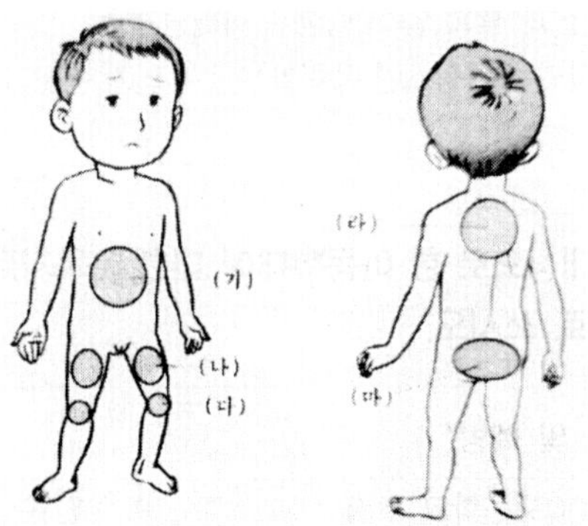

① (가)　② (나)
③ (다)　④ (라)
⑤ (마)

|정답| ③

|해설| 신체적 학대의 표시는 치료의 여러 단계에서 보이는 설명하지 못하는 타박상(붉은 색 멍 → 파란색 멍 → 보라색 멍 → 녹색 멍 → 노란 멍), 상처 등이다. 입, 입술, 눈의 타박상, 설명하지 못하는 부은 팔다리, 물린 자국, 특히 성기부분이나 엉덩이의 물린 자국, 물체를 알 수 있을 정도의 흔적을 보이는 타박상(손, 벨트, 전기줄 등) 또는 아동이 닿지 못하는 곳에 생긴 외상 등이 특징적이다. 화상은 얼굴, 손, 다리, 발에서 보일 수 있다. 혹은 뜨거운 물에 데인 상처가 보일 수 있다(보통 다리나 엉덩이에 생기는 피부를 가로지르는 선). 움직임의 범위가 제한되고 동통을 호소하는 경우는 직접적인 타격, 비틀기, 흔들기, 압박한 결과로 골격의 손상이 의심된다. 그러나 어린 아동은 정상적인 활동으로부터도 타박상을 많이 입기 때문에 타박상이 어떻게 생겼는지에 대해 아동과 양육자와 충분히 이야기해야 한다.

04 지역사회 정신건강 서비스 활동에는 1차, 2차, 3차 예방이 있다. (가)~(나)와 같은 수준의 예방활동으로 옳게 짝지어진 것은? [1.5점] 2011년

김씨(남, 39세)는 평소 말이 없고 직장동료와도 별로 어울리지 못하여 혼자 지내는 시간이 많았다. 김씨의 회사에는 (가) 직원을 위한 다양한 인간관계 프로그램이 있으나 김씨는 저녁 늦게까지 일하느라 참석하지 못하였다. 이틀 전 김씨는 주차문제로 이웃집 남자와 싸운 뒤 옆집에서 자신의 집에 도청장치를 해 놓았다고 경찰에 신고하고, "직장동료들이 나를 쳐다보며 수근거린다"며 더 이상 직장을 나가지 못하였다. 이후 증상이 악화되어 정신병원에 입원하게 되었다. (나) 김씨는 4주 동안 항정신병 약물투여와 활동치료를 받으면서 증상이 빠르게 호전되어 퇴원하였고, 집으로 돌아온 김씨는 휴직기간 동안 정신보건센터에 등록하고 센터의 프로그램에 참여하였다.

	(가)	(나)
①	치매 선별검사	직업재활 프로그램
②	우울증 선별검사	인지행동치료 프로그램
③	인터넷 중독 집단검진	알코올 중독자 가족모임
④	직업재활 프로그램	청소년 금연교실
⑤	정신건강의 날 캠페인	우울증 선별검사

| 정답 | ⑤

| 해설 | (가)는 1차 예방, (나)는 2차 예방

① 2차 예방, 3차 예방

② 2차 예방, 2 · 3차 예방(치매환자를 치매 선별검사를 통해 조기 발견하여 제공되는 프로그램인 경우에는 2차 예방, 뇌졸중이나 교통사고로 뇌손상을 입은 대상자의 재활치료 중에 제공되는 프로그램인 경우에는 3차 예방활동이 된다)

③ 2차 예방, 3차 예방

④ 3차 예방, 1 · 2 · 3차 예방(흡연경험이 없는 청소년을 대상으로 실시할 때에는 1차 예방활동, 흡연하다 적발된 청소년을 대상으로 실시하는 경우에는 2차 예방활동, 금연한 지 한 달 이상 된 청소년을 대상으로 금연의 유지를 위해 제공되는 경우에는 3차 예방활동이 된다)

추가 해설 Leavell의 질병 및 관리방법(1965)

- 1차 예방 : 질병예방을 위해 생활조건 개선, 체력증강을 통한 환경적응, 생리적 기능 향상 및 보건지식 습득(예 예방접종, 환경개선, 영양섭취, 안전관리 등 대책강구 및 건강저해인자 제거)
- 2차 예방 : 조기발견과 조기치료가 이루어지며, 감염성질환의 경우에는 질병의 조기전파 방지와 치료기간 단축을 위해 감염기회를 최소화하고, 비감염성질환은 질병의 조기발견 및 조기치료로 치료기간을 단축시키고 생존율을 증가
- 3차 예방 : 건강회복 및 재활과정, 질병으로 인한 신체적 · 정신적 손상에 대한 후유증을 최소화하고, 신체적 기능 회복, 기능장애를 최소한으로 경감시켜 정상적 사회생활 복귀

05 초등학생을 대상으로 하는 성 학대 예방교육의 내용으로 옳지 않은 것은? [1.5점] 2010년

① '괜찮은', '적절한' 신체접촉과 '안되는', '부당한' 신체접촉을 구별할 수 있도록 한다.
② 원치 않은 신체접촉이 일어났을 때, "안돼"라고 말할 권리가 있음을 상기시킨다.
③ 성과 관련된 신체부위는 부끄러워하지 않도록 은유적인 용어를 사용하여 교육한다.
④ 원치 않은 신체접촉은 낯선 사람뿐만 아니라 가까운 주변사람들과의 사이에서도 발생할 수 있음을 알린다.
⑤ 원치 않은 신체접촉을 당했을 때, 이 사실을 숨기지 말고 즉시 믿을 만한 어른들에게 이야기하도록 한다.

|정답| ③

|해설| 성과 관련된 신체부위는 직접적인 용어와 명확한 명칭을 사용하여 교육한다.

06 보건교사가 두통을 호소하며 보건실을 방문한 학생을 사정한 결과, 몸 전체에서 멍을 발견하였다. 학생은 아버지로부터 상습적인 폭행을 당하고 있어 집으로 돌아가는 것을 두려워하며 위축되어 있다. 보건교사가 가장 우선적으로 취해야 할 조치는? 2009년

① 교육감에게 보고한다.
② 학생을 아버지로부터 격리한다.
③ 아버지 이외의 다른 보호자와 면담한다.
④ 학생의 가정과 양육 환경에 대해 조사한다.
⑤ 아동보호전문기관 또는 수사기관에 신고한다.

|정답| ⑤

|해설| 1. **학대아동 발견시 보건교사가 취해야 할 조치**
(1) 아동학대가 의심되면 즉시 담임교사에게 알리고, 교장선생님에게 보고한다.
(2) 경찰에 신고한다.
(3) 아동의 신체상황을 객관적으로 관찰, 기록한다.
(4) 신체적 문제에 대한 간호를 제공한다.
(5) 필요하면 아동보호소에 입소하도록 한다(자원 활용).

2. 아동학대가 의심되면 전화, 우편, PC통신 또는 경찰서에 직접 방문하여 신고할 수 있다. 아동학대는 경찰에 직접 112로 신고하거나 아동학대 예방 및 상담기관, 아동보호전문기관(1391)에 신고할 수 있다. 신고할 때는 가능한 한 많은 정보를 알려주는 것이 아동학대를 판단하는 데 도움이 되므로 학대부위에 대한 사진을 신고시 첨부하는 것이 좋다.

07 고등학생들에게 성폭력 피해시 대처방안에 대한 교육내용으로 옳지 않은 것은?

[1.5점] 2009년

① 피해자는 범인을 알게 된 후 2년 내에 고소한다.
② 가해자의 신장, 체중, 인상착의를 기억해 둔다.
③ 강간은 결코 자신의 잘못 때문이 아님을 명심한다.
④ 안전한 장소로 몸을 옮기고 빨리 주위에 도움을 청한다.
⑤ 옷을 갈아입거나 목욕을 하지 말고 병원으로 간다.

|정답| ①

|해설| **성폭력 피해시 대처방안에 대한 보건교육 내용**

1. 즉시 안전한 장소로 몸을 옮기고 빨리 주위에 도움을 청한다.
2. 강간 피해를 입은 지 48시간 이내의 경우 증거채취와 의료진찰을 받아두어야 한다. 이유는
   (1) 어떤 상처를 입었는지 알아보기 위해,
   (2) 성병이나 임신 여부 또는 상처에 대한 두려움을 덜어주고
   (3) 혼란한 정신을 수습할 수 있는 기회가 되기 위해,
   (4) 가해자 식별의 중요한 단서를 얻기 위함이다.
3. 증거확보를 위해 성폭력 피해를 입은 자리는 가능한 그대로 보존한다. 피해현장에는 가해자의 지문, 소지품, 머리카락, 정액, 땀과 같은 흔적이 남아있을 수 있으므로 증거확보와 수사과정에서의 단서 확보에 도움이 될 수 있다.
4. 몸을 씻거나 옷을 갈아입지 말고 바로 병원으로 간다.
5. 피해 당시에 생겼던 상처나 멍든 곳을 사진촬영(가능하면 얼굴과 같이 찍히도록)해서 보관해 둔다.
6. 주위에 도움을 청한다. 강간 직후 목격자를 확보해두거나 누군가에게 알려두면 법정에서 증인으로 부를 수도 있다.
7. 성폭력 상담소나 보호시설을 찾는다(체계적이고 전문적인 상담과 도움을 받을 수 있다).
8. 가해자의 신장, 체중, 인상착의, 행동특성 등 기억나는 것을 적어둔다.
9. 강간은 결코 자신의 잘못 때문이 아님을 명심하고 혼자서 잊으려고 애쓰거나 부정하는 것은 회복을 막으므로 전문가에게 상담을 요청하도록 한다.
10. 신고를 할 것인지를 부모와 의논하여 결정한다.
11. 비슷한 경험이 있는 사람들이 모인 단체에 가입한다.

08 다음 물음에 답하시오. [30점] 2009년

1. 보건실을 방문한 A학생을 보건교사가 확인한 결과, 학생의 몸에 여러 군데 멍과 불에 덴 자국 등을 통해 신체적 아동학대를 받은 것으로 판단되었다. 이 경우 프리드먼(M. M. Friedman) 또는 핸슨과 보이드(S. M. H. Hanson & S. T. Boyd)의 관점 중 하나를 선택하여 아동학대 가족을 간호대상으로 보는 접근법과 이에 따른 간호목표에 대하여 서술하시오. [20점]

| 모범답안 |

1. 프리드먼의 가족에 대한 접근법
   (1) 대상자의 주요배경으로서의 접근법
   (2) 대인관계체계로서 가족접근법
   (3) 서비스 단위로의 가족접근법
2. 가족에 대한 접근법과 그에 따른 간호목표
   (1) 대상자의 주요배경으로서의 접근
      ① 가족구성원 개인에게 초점을 두고, 가족은 개인의 배경으로서 지원이나 격려 등 지지를 제공하는 것으로,
      ② 구체적인 간호목표는 학대아동의 신체적 · 정신적 건강을 위해 가족프로그램에 참석해서 아동의 회복을 지지하는 방법을 익힌다.
   (2) 대인관계체계로서 접근
      ① 전체 가족체계의 한 하위체계로 한 명의 가족구성원에게 변화가 있으면 가족체계의 다른 구성원에게 영향을 주게 되거나, 부모 체계나 부모자녀 체계가 변화되어 전체 가족에게 영향을 주게 된다는 관점으로,
      ② 구체적인 간호목표는 학대아동과 부모와의 바른 의사소통 방법을 배워 아동과의 대화시 활용한다.
   (3) 서비스 단위로의 가족접근(= 대상자로서의 가족, 전체체계로서의 가족, 가족체계로서의 가족간호)
      ① 가족이 먼저이고 개인은 그 다음이다. 가족이 중요하고 개인이 배경이 되는 것으로 가족은 개별 가족구성원의 합이다. 이 관점은 각 구성원들은 가족에게 영향을 준다는 것이다. 간호중재시 가구원 개인의 문제나 환자치료에 우선순위를 두지 말고, 가족 내 상호관계나 가족역동 또는 가족기능을 중심으로 간호서비스를 제공한다.
      ② 따라서 구체적인 간호목표는 아래와 같다.
         ㉠ 부모의 이행을 강화한다.
         ㉡ 가족구성원의 역할과 기능을 다하도록 한다.
         ㉢ 아동학대를 해결해내기 위해 가족 간 협조한다.
         ㉣ 가족은 학교의 도움 및 지역사회 자원을 활용하여 아동의 치료를 도모한다.
3. 참고 : 핸슨과 보이드의 가족에 대한 접근법
   (1) 환자 또는 대상자의 주요배경으로서의 가족접근
   (2) 가구원들의 총화로서의 가족접근(체계로서의 가족)
   (3) 대상자, 서비스 단위로서의 가족접근

(4) 사회구성원으로서의 가족접근
이 중 가족을 대상으로 보는 접근법은 "(3) 대상자, 서비스 단위로서의 가족접근"이다. 이는 가족이 먼저이고, 개인은 그 다음으로 가족을 개별 가족구성원의 합으로 본다. 따라서 구체적인 간호목표는 위와 동일하다.

2. 다음 사례에 근거하여 보건교사가 실시할 수 있는 사정, 응급처치 및 중재방안에 대하여 논하시오. [10점]

Y초등학교 2학년 4반 담임교사가 7월 초에 보건교사에게 자신이 담임을 맡고 있는 학급의 B학생 문제를 상담하였다.

B학생은 친구들에게 자주 폭력을 행사하고 수업시간에 집중을 하지 못하며 교실을 돌아다니는 산만한 행동을 보이는 등 담임교사는 B학생을 어떻게 다루어야 할 지 잘 모르겠다고 말하였다. 보건교사가 B학생을 상담할 때 B학생은 보건교사와 눈을 마주치지 못하였고, 팔과 다리를 가리는 긴 옷을 입고 있었다. 보건교사가 팔을 걷어 보니 멍 자국이 여러 군데 있어 이유를 물으니 넘어져서 생긴 것이라고 말하면서 옷을 얼른 내렸다.

보건교사가 담임교사와 함께 B학생의 집을 방문하였는데, B학생은 두려운 표정을 지으며 자신의 어머니가 오기 전에 빨리 돌아가 달라고 애원하였다. 그래서 이웃에 사는 B학생의 이모와 상담한 결과, B학생의 어머니는 어릴 때 계모 밑에서 매를 맞으며 자랐고, 어린 나이에 결혼하여 B학생을 미숙아로 출산하였다고 한다. 또 가정불화로 남편과 이혼한 뒤 경제적으로 어렵게 살아가고 있고, 아들이 짐스럽고 힘들다며 욕설을 하고 때린다고 하였다. 그러나 주위 사람들에게는 아이가 없으면 못 산다고 말하는 등 이모가 볼 때, B학생의 어머니는 아이를 무척 사랑한다고 하였다. B학생의 이모는 자주 와서 B학생을 돌봐주고 싶지만 생활이 어려워 그렇게 하지 못하는 실정이다. 이러한 상황을 고려하여 보건교사는 '아동학대'로 결론을 내렸다.

| 모범답안 |

보건교사가 실시할 수 있는 사정, 응급처치 및 중재방안

1. 아동학대를 받았다고 의심되는 학생의 종합적인 평가, 사진, 신체외모 등에 관해 사정한다.
   (1) 신장과 체중을 측정하여 아동이 연령에 맞게 정상 범주에 속하는지 판단한다.
   (2) 피부, 두피, 발바닥 같은 외피계를 포함한 몸통 전체와 생식기 부위는 자세하게 관찰되어야 한다. 모든 타박상, 상처, 화상, 피부의 변색을 기록하고, 필요에 따라 사진을 찍어 상처에 대한 자료를 만든다.
   (3) 근육에 통증을 느끼거나 갈비뼈가 부풀어 올랐거나, 과거에 골절을 입은 경우는 근골격계 사정을 한다.
   (4) 비뇨기, 생식기계도 평가될 필요가 있으며, 소변에서 혈액이나 단백질이 섞여 나오는 경우 그에 따른 과거의 요도감염 여부를 확인한다.

(5) 아동의 정신상태를 사정한다(외모, 기분, 검사자에 대한 태도, 사고 양상과 지적 능력, 놀이 양상, 감각운동 발달정도, 말과 언어능력, 정보를 제공할 의지, 인터뷰 동안 협력수준, 비언어적 행동, 아동 · 양육자 관계의 질 등).

(6) 가족력에 대한 정보를 양육자와 아동과의 대화를 통해 구한다.

2. 응급처치 및 중재방안

(1) 아동의 신체적 · 정신적 사정

(2) 학대가 의심되면 즉시 담임교사와 학교장에게 알리고, 직접 경찰에 신고

(3) 사정한 자료 및 가족이나 양육자와의 상담내용 등의 객관적 기록, 필요시 사진 첨부

(4) 아동을 안전하지 못한 환경에서부터 분리 보호

(5) 신체적 문제에 대한 직접 간호를 제공

CHAPTER

06 조현병

1 정의

- 뇌의 기질적 이상이 없는 상태에서 인격의 여러 측면에 장애를 초래하는 뇌기능의 문제
- 다양한 영역에서 주요 증상을 나타내는 일련의 복합 질환
- 과정성 조현병 : 첫 발병이 점진적이며, 사회적으로 부적절한 병적 인격을 가진 사람
- 유병률 1%, 일반적으로 청소년 후기, 성인 초기에 발병

2 원인과 역동

1. 생물학적 요인

(1) 유전적 요인

(2) 신경화학적 요인

최근에는 도파민과 세로토닌을 포함한 신경화학적 이론이 가장 두드러진다.

(3) 신경 해부학적 요인

측뇌실과 제3뇌실의 확대, 대뇌피질의 위축

(4) 면역학적 요인

① 사이토킨(cytokines) : 주요 정신질환을 일으키는 역할

② 면역세포 사이의 화학전달물질, 염증과 면역반응을 중개하는 역할

2. 정신 사회적 요인

(1) 취약성 모델(스트레스 취약성 모델)

위험요소인 스트레스원에는 빈곤, 주요 생활 스트레스, 물질 남용과 기타 환경, 대인관계를 들 수 있다.

(2) 대인관계요인

설리번은 초기 대인관계 특히 모자관계의 이상 때문에 발생한다고 하였다.

3 행동 특성

양성증상(Positive symptom)	음성증상(Negative symptom)
■ 사고형태 장애 • 탈선 • 사고이탈 • 지리멸렬 • 비논리적 사고 • 우원증 • 언어압박 • 음향현상	■ 실어증 • 언어의 빈곤 • 언어내용의 빈곤 • 단절 • 반응지연
■ 이상행동 • 외모 • 사회적, 성적 행동 • 공격적, 초조한 행동 • 반복적, 상동적 행동	■ 감정의 둔마 • 표정변화 없음 • 자발적 운동 감소 • 몸짓 결핍 • 눈맞춤 부족 • 감정의 무반응 • 억양의 변화 없음
■ 망상 • 피해망상 • 질투망상 • 죄책망상 • 과대망상 • 종교망상 • 신체망상 • 관계망상 • 조종망상 • 사고전파 • 사고주입 • 사고탈취	■ 운동실조 • 몸치장과 위생 결핍 • 일이나 학교생활 유지 못함 • 신체적 무력증 ■ 무쾌감증 • 여가 활동이나 관심 부족 • 성적 활동이나 관심 부족 • 친밀감 부족 • 친구나 동료 간에 관계 부족 ■ 집중 결여 • 사회적 부주의
■ 환각 • 환청 • 환촉 • 환후 • 환시	

4 조현병의 발달과정

1. 발병 전기

(1) 사회적 부적응 또는 위축, 과민, 모순된 사고와 행동, 조용하고 수동적이며 내성적인 모습이 흔하여 조현형 성격과 유사하다.

(2) 아동의 경우 학교생활이나 사회적 활동을 잘 해내지 못하거나 친구가 거의 없고, 비정상

적 운동발달을 보이기도 한다.

(3) 청소년기에는 가까운 친구나 이성관계가 없으며, 팀 스포츠와 같은 사회적 활동을 회피하고 주로 혼자 활동을 한다.

2. 전구증상기

(1) 전구증상

주로 기능 변화와 함께 수면장애, 불안, 초조, 우울, 주의집중의 어려움, 피로 등의 다양한 증상이 나타난다.

(2) 전구증상기의 후반에는 지각 이상, 관계망상, 의심, 사고의 왜곡 등의 양성증상이 나타나며, 이는 정신증의 발병이 임박했음을 알리는 신호이다.

(3) 기간은 평균 2년~5년이며, 이 시기에 확인된 문제에 대한 치료적 중재, 기능 손상을 최소화하기 위한 인지적 치료, 적응 향상을 위한 가족 중재, 학교생활에 대한 지지가 필요하다.

3. 정신증 활성기

(1) 한 가지 이상의 정신증적 증상, 즉 환각, 망상, 혼란된 언어와 같은 증상이 나타나면 조현병으로 진단된다.

(2) 아동의 경우 중요한 발달과정이 심각하게 손상되고, 성인의 경우 가족, 사회, 직업 등에서 극도의 어려움을 겪거나 기능을 수행하지 못하게 되며, 개인위생이나 영양과 같은 기본욕구를 무시하기도 한다.

(3) 6개월 정도 정신증적 증상이 나타나지 않기도 하지만 이 시기에 무감동이나 우울을 경험하는 경우가 많다.

(4) 잔류기

① 급성기의 증상은 없거나 현저하지 않지만 편평 정서와 기능손상이 흔하다.

② 증상이 감소되는 시기와 악화되는 경과가 반복적으로 나타나는 것이 전형적이다.

CHECK Point	조현병의 특징

1. **행동 특성**
   (1) Blumer
      ① 기본증상(4A) : 무감동(Apathy), 양가감정(Ambivalance), 자폐증(Autism), 사고연상의 해이(Association)
      ② 이차적 증상 : 망상, 환각, 거절증, 혼미
   (2) Schneider
      ① 1급 증상 : 환청, 조정망상, 허무망상, 자기의 생각이 타인에게 전파될 수 있다는 믿음, 자기 생각을 조종당하고 있다는 믿음
      ② 2급 증상 : 우울, 정서적 둔마, 다행감, 환각, 혼란
2. **언어적 특성** : 자폐적 사고, 신어조작증, 마술적 사고, 음송증

5 관련 질환

1. 조현병의 진단기준

(1) 다음 증상 중 2개(또는 그 이상)가 있고, 그 각각이 1개월의 기간 중에 의미있는 기간 동안 존재한다. 최소한 ①·②·③ 증상 중 하나는 꼭 있어야 한다.
  ① 망상
  ② 환각
  ③ 와해된 언어
  ④ 극도로 와해된 또는 긴장성 행동
  ⑤ 음성증상

(2) 장애 발병 이래 상당부분의 시간 동안 일, 대인관계 혹은 자기관리 같은 주요 영역의 한 가지 이상에서 기능수준이 발병 전 성취된 수준 이하로 현저하게 저하된다.

(3) 장애의 지속적 징후가 최소 6개월 이상이다.

(4) 조현정동장애와 정신병적 양상을 가진 기분장애 또는 양극성장애가 배제되어야 한다.

(5) 장애는 물질의 생리적 효과나 다른 의학적 상태로 인한 것이 아니다.

(6) 만일 자폐 스펙트럼 장애나 의사소통 장애의 병력이 있다면, 현저한 망상이나 환각이 다른 조현병의 증상과 함께 적어도 1개월 이상 지속될 경우에만 조현병의 추가진단이 가능하다.

2. 기타 조현병 스펙트럼 장애

(1) 조현양상장애

① 조현병과 같은 증상을 나타내되 발병기간이 1개월 이상에서 6개월 미만(6개월 이상인 경우 조현병으로 진단)

② 병전 기능이 좋았던 경우, 정신증적 증상이 뚜렷하고 빠르게 발생한 경우 예후가 좋다.

(2) 단기 정신병적 장애

① 정신증적 증상이 갑자기 발생하는 것으로, 정신증적 증상은 최소 1일 이상 지속되고, 1개월 이내에 사라져 병전 기능을 완전히 회복한다.

② 대부분 뚜렷한 스트레스가 있을 때 발생한다.

(3) 조현정동장애

① 조현병 장애와 기분장애의 증상이 병행하여 적어도 2주 이상 나타날 때 진단한다.

② 다른 조현병 스펙트럼 장애보다 예후는 좋지만 기분장애보다는 좋지 않다.

(4) 망상장애

① 1가지 이상의 망상이 적어도 1개월 이상 지속될 때 진단된다.

② 정교하게 체계화된 지속적인 망상이 특징

③ 급성으로 발병하나 진행은 만성적 경향

④ 인격의 황폐화는 없다.

⑤ 색정형, 과대형, 질투형, 피해형, 신체형, 혼합형, 비정형

(5) 공유조현병적 장애

① 이중 정신병

② 정신병 증상이 있는 사람과 장기적인 관계를 유지하면서 발생한 정신장애

6 간호과정

1. 사정

① 과거력
② 전반적인 외모, 행동, 언어
③ 기분과 정동
④ 사고과정과 내용
⑤ 망상
⑥ 지각과 지적과정
⑦ 판단과 병식
⑧ 자아개념
⑨ 역할과 관계
⑩ 자가관리

✚ 조현병의 예후가 좋은 경우

1. 발병 전에 아주 충격을 받을 만한 사건이 있는 경우
2. 첫 발병 나이가 많을수록, 주 증상이 양성증상일 경우
3. 발병 전에 사회, 직장, 학교생활을 잘했던 경우
4. 정신분열병 증상 이외에 기분 증상(특히 우울증상)이 뚜렷한 경우
5. 결혼한 후 잘 살다가 걸린 경우, 여자 환자
6. 가족이나 친척 중에 정신분열병 환자가 없는 경우
7. 가족환경이 환자에게 우호적인 경우
8. 난폭한 행동을 보이지 않을 경우, 환자의 지능이 높은 경우
9. 술이나 약물을 남용하지 않는 경우
10. 병을 앓은 후 상태가 아주 좋았던 시기가 있는 경우

2. 간호진단

(1) 양성증상

폭력위험, 자살위험, 사고과정장애, 감각지각장애, 자아정체성 장애, 의사소통장애

(2) 음성증상

자가간호 결핍, 사회적 고립, 활동부족, 비효율적 건강관리, 치료지시 불이행

3. 계획

(1) 목표 설정
(2) 퇴원 계획
(3) 지역사회 정신간호

4. 중재

(1) 양성증상 간호

① 망상간호

㉠ 우선 경청하여 수용적인 태도로 들어주고, 이해하기 어려워도 의미 있다는 것을 기억

㉡ 공감적 대화, 전환 기술, 직접적 행동 유도

㉢ 망상에서 벗어나도록 현실에 초점을 둔 대화와 활동 격려

② 환각간호

㉠ 신뢰관계를 수립한다.

㉡ 환각에 대해 판단하거나 무시하지 않는다.
㉢ 간호사에게 물어보면 그와 같은 자극을 경험하고 있지 않다고 대답한다.
㉣ 환각의 내용보다는 그것에 숨겨진 의미나 감정에 초점을 둔다.

③ **현실감 강화** : 지금 그리고 여기, 'here and now'

④ **명료화 촉진** : 간호사는 대화를 통해 대상자의 말이나 행동이 다른 사람의 말이나 행동과는 다른 것으로 인식하도록 도와야 한다.

(2) 음성증상 간호

① 정서장애에 대한 간호

② 행동장애에 대한 간호
㉠ 신뢰감 증진
㉡ 자기간호 촉진
㉢ 대상자 가족간호와 교육

(3) 주요 치료방법

① 개인과 집단정신요법
② 행동요법
③ 환경요법
④ 약물요법

7 항정신병 약물(Antipsychotic Medications)

1. 기전

(1) 조현병을 가진 대상자의 사고과정과 행동 개선, 뇌의 도파민 수용체를 차단하여 정신증상을 감소시킨다.

(2) 보통 2주~6주 정도까지 복용한 후 효과와 부작용의 균형을 고려하여 최적의 복용량을 조정하게 된다.

2. 1세대 항정신병 약물(정형 항정신병 약물, 신경이완제)

(1) 도파민 길항제

기저신경절, 시상하부, 변연계, 뇌간, 연수 등의 시냅스 후 도파민 수용체의 차단으로 효과가 나타난다. 증상 완화의 효과는 보통 투약 후 2~3일경에 나타나기 시작하나 2주 이상 걸릴 수 있다.

(2) 환각, 망상, 혼란된 사고 등 주로 양성증상에 효과

(3) 음성증상에 대한 효과가 약하고 부작용이 많아 사용 빈도가 감소

(4) 2세대 약물에 비해 경제적

(5) 대사증후군에 대한 위험이 낮기 때문에 부작용이 심하지 않은 사람이라면 이 약물도 선택될 수 있다.

(6) 종류

일반명	성인 상용량	투약경로
chlorpromazine	50~450mg/day	PO
perphenazine	6~24mg/day	PO, IM, IV
haloperidol	2~8mg/day, 주사는 1~5mg/회	PO, IM
haloperidol decanoate	50~150mg/회, 중증 300mg/회	IM(4주 간격)
molindone	20~225mg/day	PO

(7) 부작용

① 항콜린성 효과(Anticholinergic effects : ACE) : 도파민 길항제는 항콜린 작용을 하여 항콜린성 증상을 초래한다. 입마름, 흐린 시야, 변비, 요정체, 심박동 증가, 저혈압, 동공산대 등이 있다.

② 추체외로계 증상(Extrapyramidal Side Effects : EPS)

가성 파킨슨 병	급성 근긴장 곤란
• 가면을 쓴 것 같은 무표정한 얼굴 • 구부정한 자세 • 질질끄는 듯한 걸음 • 경직 • 느린 운동 • 휴식 시 진전 • 엄지로 알약을 굴리는 듯한 손동작 • 연하곤란 • 침흘림	• 얼굴 찡그림 • 불수의적 치켜뜨는 안구 움직임 • 근육의 뒤틀림(혀, 얼굴, 목, 몸통 등) • 후두근육의 뒤틀림
정위불능	**지연성 운동장애(TD)**
• 안절부절 • 가만히 서있지 못함 • 계속 걸어다님 • 발을 앞뒤로 계속 움직임	• 혀를 내밀고 굴림 • 입술을 빨고 쩝 입맛을 다심 • 씹는 동작 • 안면운동 이상증 • 몸통과 사지의 불수의적 운동

③ 자발성 운동이상증(TD, TDK)

④ 기립성 저혈압

■ 추체외로 부작용(EPS)을 치료하는 약물
1) 항콜린계 약물 : Cogentin, Trihexyphenidyl
2) 히스타민 제재 : Benadryl
3) 도파민제재 : Amantadine
4) 벤조디아제핀계 : Diazepam(Valium), Lorazepam(Ativan)

■ 항정신병 약물 복용 시 부작용은 흔히 해소제 혹은 근육이완제 또는 항불안제, 베타 차단제 약물을 사용할 수 있다. 항파킨슨 작용 목적으로 흔히 사용되는 약물은 코젠틴, 아만타딘 등이며, 이런 약물은 떨림, 근육의 강직 및 경직 등의 부작용을 감소시키는 효과가 있으나 환자가 약물에 적응되는 3개월 이후에는 요구되지 않는다.

◎ 향정신성 약물의 부작용

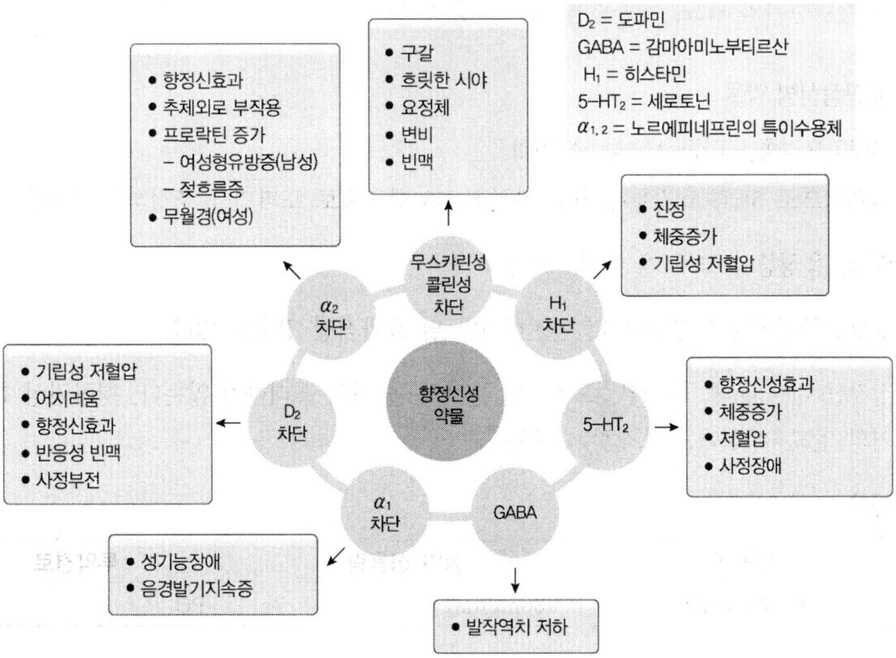

3. 2세대 항정신병 약물(비정형 항정신병 약물)

(1) 세로토닌-도파민 길항제

도파민과 세로토닌 수용체를 동시에 차단하는 효과가 있으나, 도파민 수용체 길항작용이 1세대 약물에 비해 약하고, 세로토닌에 대한 길항작용이 강하다.

(2) 조현병의 양성증상뿐만 아니라, 사회성 결여, 둔마 정서, 동기 부족과 같은 음성증상도 개선하는 효과가 있다. EDPs나 TD가 최소한으로 나타나기 때문에 우선적으로 선택되는 약물이다.

(3) 종류

일반명	성인 상용량	투약경로
clozapine	200~900mg/day	PO
risperidone	2~16mg/day	IM(2주 간격)
olanzapine	5~20mg/day, 주사 10mg/회	PO, IM
quetiapine	100~750mg/day	PO
ziprasidone	80~160mg/day	PO

(4) 부작용

① 무과립구증(클로자핀을 복용한 사람 1% 정도 나타나므로 복용 처음 6개월간 매주 백혈구를 체크해야 한다.

② 혈당증가와 당뇨, 체중증가, 고지혈증 발생

4. 3세대 항정신병 약물

(1) 아리피프라졸(도파민 시스템 조절제)

잠재적으로 5HT2A 길항제이며, 부분적 D2 항진제로 도파민을 조정하는 기능을 한다.

(2) 양성, 음성증상 모두 개선하는 효과

(3) 2세대 항정신병 약물보다 더 안전하지만 덜 효과적인 경우도 있다.

(4) 심각한 대사 문제, 저혈압, 프로락틴 분비 등을 거의 초래하지 않는다. 항콜린성 효과가 거의 없고, 부정맥을 초래하지 않는다.

(5) 종류

일반명	성인 상용량	투약경로
aripiprazole	10~30mg/day	PO

(6) 항정신병 약물의 부작용 관리

분류	종류	주요 증상	관리
신경학적 부작용	가성 파킨슨 증후군	진전, 근육강직, 운동완서, 안면무표정, 침흘림, 가속보행	• 처방된 약의 용량을 줄이거나 다른 약으로 대체 • EPS치료 약물 투여
	정좌불능증	긴장, 막연한 불안과 불편감, 안절부절 못함 등	• 처방된 약의 용량을 줄이거나 다른 약으로 대체 • EPS치료 약물 투여

신경학적 부작용	급성 근긴장 이상증	머리, 목, 입술, 혀 등의 신체 일부 근육의 긴장도가 증가되는 현상	• 수일~수 주 이내 내성이 생기므로 약물 투여 유지 • EPS치료 약물 투여
	지연성 운동장애	반복적이고 불수의적 상동성 운동장애 증후군	뚜렷한 치료 방법이 없으므로 예방이 중요
	신경이완제 악성 증후군	고열, 빈맥, 발한, 근육경직, 진전, 실금, 혼수, 백혈구 증가증, CPK상승, 신부전 등	• 즉시 투약 중단 • 집중 간호 필요 • 수액공급, 체온조절 등 대증요법 실시
기타 부작용	진정작용	주간의 졸음, 정신운동 지연 등	• 가장 흔하고 우선적으로 나타남 • 수 주일 이내 내성이 생김 • 안전사고에 유의
	항콜린성 작용	구갈, 흐린 시야, 배뇨장애, 변비, 발한감소, 타액감소, 혼돈, 환각, 고열 및 혼수 등	• 약물의 감량 • 각 증상에 따른 대증요법
	항아드레날린 작용	기립성 저혈압, 어지러움 등	안전사고에 유의
	혈액계 부작용	clozapine의 경우 치명적인 무과립증	• 관련 증상 주의 깊게 관찰 • 정기 혈액검사 시행 • 백혈구 감소 시에는 투약 중지
	체중증가 및 대사성 부작용	비만, 당뇨, 고지혈증	지속적인 관찰과 관리
	심혈관계 부작용	빈맥, 다양한 EKG 변화	대부분이 문제되지 않을 정도이나 용량 의존적으로 발현하므로 투약 시 주의
	기타	피부반점, 광선민감증, 황달, 간독성, 경련 등	

5. 중재

(1) 활력징후 측정

(2) 추체외로 증상 관찰

(3) 신경이완제 악성 증후군(Neuroleptic Malignant Syndrome : NMS)의 증상 관찰

(4) 요배출량 관찰

(5) 혈당 관찰

(6) 항정신병 약물을 먹는 대상자는 파킨슨 증상으로 장기투여가 필요함에 유의

6. 신경이완제 악성 증후군(Neuroleptic Malignant Syndrom : NMS)

- 잠재적으로 치명적인 증후군
- 신경이완제(항정신병 약물, 항정신분열병 약물)로 치료하는 동안 어떤 때라도 발생 가능
- 드물지만 치료 초기, 다른 약물로 변경 후, 용량을 올린 후, 다른 약물과 함께 복용할 때 발생 가능

(1) 사정

① 발열, 발한의 증가, 빈맥 · 불규칙한 맥박 수, 고혈압, 저혈압, 호흡곤란 · 빈호흡
② 방광 조절력 상실, 골격근 강직, 창백한 피부, 과도한 피로나 허약감, 의식수준 변화
③ 경련(seizure), 심한 추체외로성 부작용, 연하곤란, 과도한 침 분비
④ 안구회선발증(oculogyric crisis, 안구가 돌아감), 운동장애
⑤ 백혈구 증가, 크레아티닌인산효소 CPK 수치 증가

(2) 중재

① 의사에게 알림
② 활력징후 측정
③ 안전, 경련 예방조치 시행
④ 신경이완제 중단
⑤ 의식수준 관찰

FINAL TEST

01 조현병의 양성증상, 음성증상에 대해 각각 3가지 이상 나열하시오.

02 Blumer가 제시한 기본증상 4A를 제시하시오.

03 조현병의 진단기준을 제시하시오.

FINAL TEST 정답

01 1. 양성증상
(1) 사고형태 장애 : 탈선, 사고이탈, 비논리적 사고, 음향현상, 언어압박
(2) 이상행동 : 외모, 사회적, 성적 행동, 공격적 행동, 반복적, 상동적 행동
(3) 망상 : 피해망상, 질투망상, 종교망상, 신체망상, 관계망상
(4) 환각 : 환청, 환촉, 환후, 환시
2. 음성증상
(1) 실어증 : 언어의 빈곤, 언어내용의 빈곤, 단절, 반응지연
(2) 감정의 둔마 : 표정변화 없음, 자발적 운동 감소, 눈맞춤 부족, 감정의 무반응
(3) 운동실조 : 몸치장과 위생 결핍, 신체적 무력증, 무쾌감증

02 4A
무감동(Apathy), 양가감정(Ambivalance), 자폐증(Autism), 사고연상의 해이(Association)

03 망상, 환각, 와해된 언어, 극도로 와해된 또는 긴장성 행동, 음성증상 중 2개 이상이 있고, 각각이 1개월 기간 존재하는 경우. 특히 망상, 환각, 와해된 언어 중 하나는 꼭 있어야 한다.

04 1세대 항정신병 약물의 부작용 중 추체외로 부작용에 대해 나열하시오.

05 기타 질환

① 조현양상장애	② 단기 정신병적 장애	③ 조현정동장애
④ 망상(편집)장애	⑤ 공유조현병적 장애	

(1) 주된 증상이 망상이며, 환각이나 정신병적 증상은 없다.

(2) 조현병의 증상을 나타내지만 총 발병기간이 2주 이상 6개월 이하이다.

(3) 정신병적 증상이 최소한 1일 이상 1개월 이내인 경우

(4) 기분장애보다는 예후가 나쁘나 조현병보다는 예후가 좋다.

(5) 조현병의 증상과 기분장애의 증상(주로 심한 우울)이 공존하고 있는 경우

(6) 이미 걸려 있는 사람은 강한 성격에 나이가 많고 지적이며, 뒤에 걸린 사람은 순종적이고 나이가 어린 경우가 많다.

(7) 성격의 황폐화가 없어 표면적으로는 정상적인 것으로 느껴지기도 하며 감정반응이 적당하고 합당하여 사회적 행동은 비교적 지장이 없다.

(8) 단기 입원, 항정신병 약물, 정신치료 등의 치료적 접근이 가능하다.

FINAL TEST 정답

04 추체외로 부작용

① 가성 파킨슨 병
② 급성 근긴장 곤란
③ 정위불능
④ 지연성 운동장애

05 기타 질환

(1) ④	(2) ①	(3) ②	(4) ③
(5) ③	(6) ⑤	(7) ④	(8) ②

CHAPTER 06 조현병

기 출 문 제

01 다음은 조현병(정신분열병)으로 입원과 퇴원을 반복하고 있는 정아에 대하여 정아 어머니와 보건교사가 나눈 대화내용이다. 〈작성방법〉에 따라 순서대로 서술하시오. [5점] 2017년

어머니 : 안녕하세요? 선생님! 우리 애가 조현병으로 계속 치료를 받고 있는데도 크게 나아진 게 없는 것 같아 걱정이에요.

보건교사 : 걱정이 많으시겠어요. 담임교사가 그러던데 학교에서도 늘 외톨이로 친구들과 전혀 어울리지 않는다고 해요. 저도 관심있게 보니 그렇더군요.

어머니 : 학교에서도 그렇군요. 집에서도 모든 일에 전혀 의욕이 없어요. 어제는 날씨가 추워져 겨울 옷으로 갈아 입으라고 했더니 ㉠ '나를 더 이상 실험대상으로 이용하지 말란 말이에요. 그리고 엄마가 동네 사람들한테 내 욕을 하고 다니는 걸 내가 모르는 줄 알아요!'라고 말하면서 저를 노려 보더라고요.

보건교사 : 당황스러우셨겠네요. 그때 어머니는 어떻게 하셨어요?

어머니 : 하도 어이가 없어 ㉡ '뭐라고? 내가 너를 실험대상으로 이용하고 네 욕을 하고 다녔다니… 정말 어처구니가 없구나. 그런 생각을 할 만한 무슨 증거라도 있는 거야? 또 내가 네 욕을 하고 다닌다는 말은 어디서 누구한테 들었는데?'라고 따졌더니 글쎄… 참. 이럴 때는 내가 어떻게 대처하여야 할지 모르겠어요.

보건교사 : 어머니도 답답하시죠. 그런데 그렇게 말씀하시는 것은 정아의 증상 관리에 도움이 되지 않아요.

어머니 : 그럼 제가 어떻게 해야 할까요?

… (하략) …

〈 작성 방법 〉

- 대화내용 중 조현병의 음성증상에 해당하는 2개 문장을 찾아 그대로 쓸 것
- 밑줄 친 ㉠은 조현병의 양성증상 중에서 무엇인지 제시할 것
- 밑줄 친 ㉡과 같은 대처방법이 정아에게 도움이 되지 않는 이유를 서술할 것

| 모범답안 |

1. 조현병의 음성증상에 해당하는 2개 문장
   (1) "담임교사가 그러던데 학교에서도 늘 외톨이로 친구들과 전혀 어울리지 않는다고 해요." – 친구나 동료 간 관계 부족
   (2) "집에서도 모든 일에 전혀 의욕이 없어요." – 무의욕증

2. ㉠은 '피해망상' 증상으로 조현병에서 가장 흔히 볼 수 있는 망상이며, 누군가가 자신을 해치려고 하거나 감시하고 있다고 믿는 증상이다.
3. ㉡과 같은 대처방법이 정아에게 도움이 되지 않는 이유는 망상이 있는 대상자는 환경에 대한 지각이 예민하기 때문에 침착하고 공감적이며 부드러운 시선 접촉으로 상호 작용해야 하며, 기본적으로 신뢰감을 필요로 한다. 대상자가 현실검증 능력이 향상되기 전까지는 망상에 대한 논쟁이나 동조 또는 망상으로부터 빠져나오도록 대상자를 설득하려는 시도는 유용하지 않다. 이것은 오히려 대상자의 비합리적 신념을 강화시키고, 대상자는 어머니가 자신을 거부하거나 위협하고 있다고 인지하게 된다.

02 정신과 병동 입원환자의 간호기록지이다. '음성증상'으로 옳은 것은? 2012년

이름	한ㅇㅇ(남, 56세)	
진단명	정신분열병	
날짜	시간	내용
10월 21일	ooam	병실에 들어가며 (가) 인사해도 무감동한 얼굴로 쳐다 봄. 질문에 상관없이 (나) 횡설수설하며 앞뒤가 맞지 않는 말을 계속 중얼거림.
	oopm	(다) 주위에 아무도 없는데 창문 커튼 옆에 서서 "시끄러워 그만 해"라고 말함. 데이룸(day room)으로 나가자고 격려하자 병실이 더운데도 (라) "암살에 대비하여 방탄 조끼를 입어야 해."라며 겨울 점퍼를 입고 나옴.
10월 22일	oopm	차 모임(tea time)에도 참여하지 않고 저녁 식사시간까지 병실에서 나오지 않음. (마) 사람들을 계속 피하고 하루 종일 혼자 지냄.

① (가), (나)
② (가), (마)
③ (나), (다)
④ (다), (라)
⑤ (라), (마)

|정답| ②

|해설| 양성증상 : 나(언어장애-지리멸렬, 말 비빔 등), 다(환각), 라(망상)
음성증상 : 가(무감동), 마(사회화 상실)

03 환청을 호소하는 박씨(남, 42세)의 입원간호 기록지를 읽고, 8월 9일 의사가 처방한 약물(bethanechol chloride)을 박씨에게 투여하였을 때 치료될 수 있는 증상으로 옳은 것은?

2011년

이름	박○○(남, 42세)
진단명	정신분열병

간호기록

날짜	내용	서 명
6월 10일	haloperidol(Haldol) 50mg bid 처방을 받아서 경구 투여함	주○○
	중략	
8월 8일	• 환자는 진전(tremor), 경직(rigidity), 근긴장이상(dystonia), 정좌불능(akathisia), 요정체(urinary retention)를 호소함 • haloperidol의 부작용으로 판단됨.	주○○
8월 9일	• bethanechol chloride 10mg tid 추가처방을 받아서 경구 투여함	주○○

① 진전(tremor)
② 경직(rigidity)
③ 정좌불능(akathisia)
④ 근긴장이상(dystonia)
⑤ 요정체(urinary retention)

|정답| ⑤

|해설| bethanechol chloride은 콜린성 약물이므로 부교감 효과를 촉진한다. 그러므로 요정체가 해결된다.

CHAPTER

07 불안장애

불안(anxiety)	• 살아있는 사람은 누구나 경험하며, 실제적인 원인이 확인되지 않은 것 • 실재하거나 혹은 지각하는 위협으로 야기된 근심, 두려움, 주관적 반응
두려움(fear)	구체적인 위험에 대한 반응
공포(phobia)	다른 사람에게는 두려움이 되지 않는 사건이나 상황을 비정상적으로 두려워하는 것
스트레스(stress)	개인이 가진 욕구와 이 욕구를 충족시킬 수 있는 개인 능력 간 불균형 상태
소진(burnout)	지나치거나 지속되는 스트레스로 인한 정신적 · 신체적 탈진 상태

1 연속선상의 불안

1. 경미한 불안(mild anxiety)
2. 중증도 불안(moderate anxiety)
3. 심한 불안(severe anxiety)
4. 공황(panic)

연속선상의 불안

정도	생리적 반응	인지적 · 지각적 반응	정서적 · 행동적 반응
경증	활력 징후 정상 또는 경미한 변화, 각성 상태	지각 범위 넓어짐	• 동기유발 • 성장, 창의성
중등	활력 징후 정상 또는 약간 상승, 긴장감	• 지각 범위 좁아짐 • 문제능력 및 학습능력 아직 가능	• 즉각적인 문제로 제한 • 선택적 부주의
중증	투쟁 및 도피반응, 활력 징후 상승, 발한, 빈뇨 · 급박감, 구강 건조, 식욕저하, 동공확대, 근 긴장, 감각기능 저하	지각 범위는 아주 협소	• 학습, 문제해결 불가능 • 집중하기 위해 지도 요구
공황	상기증상 심해짐, 창백, 혈압하강, 근육조정 불가, 통각 및 청각능력 감소	• 공포, 두려움, 금방 죽을 것 같은 느낌 • 주의 집중 불가능 • 지각 왜곡	• 효과적인 의사소통 불가능 • 신체 움직임 증가

2 원인

1. 생물학적 요인

(1) 유전적 요인

(2) 신경생물학적 요인

GABA는 불안발생과 관련이 있는 뇌신경 활동을 조절하는 것으로 알려져 있다.

(3) 신체적 요인

독성물질의 영향, 영양 결핍, 혈류 감소, 호르몬의 변화, 피로 등이 불안감을 증가시키고 있다.

2. 심리사회적 요인

(1) 정신분석이론에서의 요인

프로이트는 실제의 외적인 위험이나 무의식적, 내적인 갈등이 자아의 심리적 평형상태를 위협하는 것에 대한 경계신호라고 하였다.

(2) 대인관계이론에서의 요인

설리반은 유기체가 주변 환경을 인식하기 시작하는 시기에 유아와 양육자 간의 초기 애착관계로부터 불안이 생긴다고 하였다.

(3) 행동이론에서의 요인

불안이 특수한 환경자극에 대한 조건화된 반응으로 생긴다고 하였다. 즉, 고통을 피하려는 본능 때문에 강화된 욕구가 불안이라고 하였다.

(4) 인지이론에서의 요인

인지적 과정이 왜곡되어 불안이 발생한다고 보았다.

(5) 실존주의이론에서의 요인

불안은 인간의 원초적 경험으로서 인간이 이 세상에 막 태어났을 때 경험하는 세상의 방대함과 낯섦에 갑자기 노출되었을 때 느끼는 답답함과 관련된 인간의 기본적 기분을 말한다.

3 관련된 장애

1. 범불안장애(전반성 불안장애, Generalized Anxiety Disorder ; GAD)

(1) 정의

적어도 6개월 이상 몇몇 사건이나 활동에 거의 매일 과도한 불안을 느끼고, 일상생활에 장애를 초래한 것

(2) 증상

① 나쁜 일이 일어날 것 같은 예기불안이 존재한다.

② **운동성 긴장** : 불안정, 긴장, 근육통, 피로

③ **자동적 과다행동** : 짧은 호흡, 빈맥, 어지러움, 발한, 오심, 빈뇨

④ **지나친 조심성** : 벼랑에 서 있는 느낌, 잘 놀라고, 잠들기가 어려우며, 나쁜 일이 일어날 것 같아 계속적으로 조심

(3) 치료

① **벤조디아제핀, 부스피론** : 서서히 진행되어 2주 이상의 기간을 필요로 한다.

② 최근에는 SSRI, SNRI 계열 약물도 널리 쓰이고 있다.

2. 공포장애(특정 공포증)

(1) 정의

구체적인 사물, 상황이나 활동에 대한 비합리적인 두려움

(2) 광장 공포증(agora phobia), 사회 공포증(social phobia), 특정 공포증(specific phobia)

공포증	공포 상황 / 대상
고소 공포증	높은 장소
물 공포증	물
폐쇄 공포증	폐쇄된 장소
광장 공포증	친숙한 장소로부터 떠나는 것
동물 공포증	동물
죽음 공포증	죽음
어둠 공포증	어둠
오염 공포증	먼지
성 공포증	성
성병 공포증	성병
사회 공포증	타인에 의한 평가

여성 공포증	여성
실패 공포증	실패
동성 공포증	동성애
통증 공포증	통증

(3) 방어기제 : 전치

(4) 치료

① 벤조디아제핀이나 베타 아드레날린 수용체 길항체
② 체계적 탈감작, 홍수법

3. 강박 관련 장애(Obsessive-compulsive disorder)

(1) 정의

자신의 의지와 무관하게 반복되는 강박적 사고나 행동으로 많은 시간을 소모하거나 현저한 고통이나 장애를 초래하는 것

(2) 특징

① 지속 반복되는 생각과 행동, 이로 인해 심한 정상적 일상생활에 장애
② 사고로 행위가 비합리적이라 인식하지 않으려 하나 행동은 멈출 수가 없다.
③ 환자의 50%는 급성으로 발생하고, 병전 성격은 항문기 성격 또는 강박적 성격과 관계가 깊다.
④ 흔히 스트레스가 많은 사건 후에 발생한다.

(3) 증상 : 강박사고 및 강박행위

(4) 방어기제 : 격리, 취소, 반동 형성

(5) 치료

① 벤조디아제핀 : 알프라졸람, 클로나제팜
② 비벤조디아제핀 항불안제 : 부스피론
③ 삼환계 항우울제 : 클로미프라민
④ SSRI 항우울제 : 플루옥세틴, 플루복사민, 설트랄린

4. 공황장애

(1) 정의

특별한 기질적 원인이나 실제적으로 생활을 위협하는 자극이 없이 예기치 않게 공황발작이 반복적으로 발생하는 것

(2) 특징 및 증상

① 증상 : 심계항진, 심장의 두근거림, 맥박상승, 떨림, 목에 뭔가 걸린 느낌, 오심이나 복부 동통, 비현실감, 이인증, 죽음에 대한 두려움, 한기 또는 달아오름, 발한, 호흡이 짧아짐, 흉통이나 가슴의 불편감, 어지럼증, 자제력 결여에 대한 두려움, 지각 이상

② 한번 발작이 일어나면 3주 이내에 최소한 3회 이상의 공황발작이 연속적으로 나타나고 발작이 일어날 것에 대한 지속적인 불안과 걱정이 있다.

③ 공황장애는 광장 공포증과 동반되기도 한다.

④ 후기 청소년기와 30대 중반에 가장 많다. 삶을 위협하는 상황을 경험한 사람에게서 일반적으로 나타나지만, 자극없이도 정서적 · 신체적인 반응을 경험한다.

⑤ 유아기에 분리불안 경험이 있는 사람에게서 자주 나타난다.

(3) 치료

① 인지-행동적인 치료법과 심호흡, 이완법

② 벤조디아제핀, SSRI, 삼환계 항우울제, 항고혈압제[클로니딘(카타프레스), 프로프라놀롤]

+ 인지-행동요법

상황에 대해 비현실적이고 부정적인 평가로 불안이 일어난다고 가정하는 요법으로 대상자에게 병의 원인, 증상 치료에 대해 설명함으로써 증상이 어차피 일정기간 내 끝난다는 것과 생명에 위험이 전혀 되지 않음을 인식시키는 인지치료가 도움이 된다.

5. 외상 후 스트레스 장애(Post Traumatic Stress Disorder)

(1) 정의

누구에게나 외상으로 작용할 수 있는 극심한 위협적인 사건을 직접 경험하거나 목격, 직면하고 나서 심리적 충격을 경험한 후 발생하는 특수 증상

(2) 특징 및 증상

① 재경험

② 각성과 반응의 변화 : 예민, 분노 폭발, 난폭함, 자기 파괴적인 행동

③ 회피 : 사건과 관련되어 떠오르는 생각, 느낌, 대화를 회피

④ 부정적 인지와 감정상태

㉠ 외상사건에 대해 자신을 비난하거나 죄책감을 갖기도 하고 세상 또는 타인에 대한 부정적 인식과 부정적 감정을 표현한다.

㉡ 여러 반응이 억제되어 있어 멍하고 무심해지면 인간관계가 위축되고 고립되는 등 정서적으로 둔감해져 일종의 정신적인 마비상태가 된다.

(3) 치료

인지요법, 지속적 노출치료, 안구운동, 탈감작 및 재처리법, 집단치료, 정신약물요법

6. 급성 스트레스 장애(Acute Stress Disorder)

(1) 정의

매우 위협적인 사건이나 상황을 경험했거나 목격한 후 증상이 나타나며, 2일 이상 4주 이내로 증상이 지속된 경우를 말한다. 증상이 1개월 이상으로 지속되면 외상 후 스트레스 장애로 진단

(2) 증상

① 재경험
② 부정적인 감정
③ 해리증상 : 사건관련 기억상실
④ 회피
⑤ 과도한 각성

7. 적응장애

(1) 정의

극심한 스트레스 요인과는 달리, 부부싸움이나 이사, 전학과 같은 누구나 일상생활에서 겪을 만한 스트레스 요인과 연관되어 나타나는 일시적인 반응이 개인에게 고통이나 생활의 지장을 초래할 때 진단 내려진다. 개인적 재난을 겪은 후 3개월 이내에 발생하여 스트레스 요인이 사라지면 그 증상이 6개월 이상 지속되지 않아야 한다.

(2) 원인

① **생물학적 원인** : 신경인지 요인이나 만성질환으로 인해 취약해져 개인의 적응능력이 저해되어 발생
② **유전적인 요인** : 스트레스에 대한 부적응 반응을 야기
③ **정신분석학적 요인** : 어린 시절의 외상이 의존성을 증가시키고 자아발전을 지연시켜 스트레스에 대한 대응이 부적응적으로 되어 발생

(3) 증상

① **우울감을 동반한 적응장애** : 우울한 기분, 절망감으로 인한 눈물 흘림

② 불안감을 동반한 적응장애
③ 우울감 및 불안감을 동반한 적응장애
④ **행동문제를 동반한 적응장애** : 사회적 규범이나 다른 사람의 권리를 위반하는 행위를 한다.
⑤ 감정과 행동문제를 함께 동반한 적응장애

4 불안환자 간호과정

1. 간호사정

(1) 주의집중능력 부족
(2) 안절부절, 불안정
(3) 충동조절의 어려움
(4) 불편감, 초조감, 무력감
(5) 과다행위, 왔다 갔다 함
(6) 손을 비비거나 비틈
(7) 지각영역 결핍
(8) 언어적 의사소통능력 부족

2. 간호진단 및 의학적 진단

간호진단	DSM-IV진단
• 불안 • 비효율적 대응	• 공포장애(all type) • 강박장애 • 외상 후 스트레스 장애 • 급성 스트레스 장애

3. 간호 목표

(1) 불안을 조절하며, 예방하는 방법을 알고 언어화한다.
(2) 불안증상과 불안 정도를 인식하고 표현한다.
(3) 불안을 유발하는 상황이나 사건 불안 증상과의 연관성을 토론한다.
(4) 불안을 이완하는 긍정적 기술과 전략을 이해한다.
(5) 불안증상이 감소된 행동을 보인다.

4. 간호중재

(1) 안심 및 수용

① 같이 옆에 있어 준다.
② 자극이 적은 조용한 장소
③ 건강상태와 진행과정 안내
④ 간단하고, 분명한 용어로 대화
⑤ 결정, 판단, 선택의 기회 최소화
⑥ 간호사 자신의 스트레스 평가, 안정 유지
⑦ 불안증상 초기 인식

(2) 불안을 건설적인 행동, 활동으로 전환토록 교육

① 성공적 대응 방법, 새로 배운 대응 전략을 통해 격려
② 성취할 수 있는 대안적 결과를 지적, 불안 인내
③ 지지자를 찾도록 함
④ 증상 악화와 불안 발생 예방
⑤ 카페인, 니코틴, 중추신경계 자극제 사용에 대한 교육
⑥ 불안 감소 전략 교육

(3) 경증도, 중등도 불안 대상자 간호 중재

① 불안 인식
② 원인적 요인 탐색
③ **이완 반응 증진** : 심호흡, 이완활동, 불안에 대한 논의
④ 불안을 견디고 건설적인 행동과 활동으로 전환토록 교육
⑤ 처방된 의학적 · 정신 사회학적 치료

(4) 중증 불안이나 공황 수준 대상자

① 지지적이고 신뢰적인 관계
② 자아인식
③ 위험으로부터 보호
④ 지지적인 환경
⑤ 항불안약물

5. 강박장애 대상자 간호중재

(1) 대상자의 불안, 두려움 반추 감소

① 처음에 강박행위를 제한, 관심을 줄인다.

② 대상자의 관심사, 스트레스, 불안, 두려움 등에 대한 언어적 표현을 격려한다.
③ 받아들일 수 있는 방법으로 감정을 분출한다.
④ 대상자의 감정 수용, 감정 해소 방법에 대해 논의한다.
⑤ 강박행위를 할 때 특별한 시간 배려, 점차 할애 시간을 줄인다.
⑥ 환자가 판단해서 행동해야 할 일을 줄인다.
⑦ 방해하지 않는 범위 내에서 집단활동을 격려한다.

(2) 대상자의 강박사고, 강박행위 감소

① 자신의 생각과 행동, 행동과 관련된 감정에 대해 이야기한다.
② 불안 및 좌절감 해소를 위한 새로운 대안적 방법, 행동을 모색한다.

(3) 자존감 증진

① 솔직한 관심
② 치료 및 각종 활동 참가 격려
③ 쉽게 성취할 수 있는 활동 참여 기회 제공

(4) 정상적인 일상 활동 유지(영양, 수분, 배설, 수면 등)

① 영양, 수분, 배설, 수면 등에 대해 관찰, 필요하면 돕는다.
② 정상적 활동 수행을 위한 언어적 지시, 필요하다면 추가의 시간 허용

(5) 대상자의 자기 손상, 공격심 감소

위해행위를 신체적으로 안전한 행동으로 대치

6. 외상 후 장애 대상자 간호중재

(1) 신뢰관계 형성

① 접근시 비위협적이고 전문적 태도
② 처음에는 가능한 동일한 간호사 배정, 후에 점차 늘려간다.
③ 간호사 자신의 감정을 조사, 인식
④ 상호작용시 무비판적, 수용적
⑤ **일관성** : 필요하다면 행동 제한

(2) 상해로부터 보호, 적대감, 공격성, 난폭행위를 조절

① 안전한 환경
② 신체적 운동에 참여 격려
③ 감정에 대해 이야기, 감정을 효율적으로 조절하도록 확신
④ 제한범위 설정, 일관성 있게 적용

⑤ 난폭한 행동으로부터 보호

(3) 물질 남용 문제 조사

① 물질 남용의 과거력을 사정

② 치료 및 활동 참가 격려

③ 성취할 수 있는 활동 참여 기회 제공

(4) 애도과정 진행을 촉진, 자존감 상승, 불안, 죄악감 감소

① 대상자의 경험, 분노감, 죄악감에 대해 이야기하도록 한다.

② 대상자의 감정 표현 격려

③ 지지집단, 집단치료에서 자신의 경험과 감정을 함께 이야기

④ 자신의 경험과 감정 표현에 대해 긍정적인 피드백 제공

(5) 대상자와 보호자와의 의사소통 촉진

① 보호자에게 외상성 경험과 행동에 대한 정보 제공

② 처음에는 환자가 없는데서 자신의 지각이나 감정을 표현

③ 가족 및 집단치료에 의뢰, 중요한 타인과의 의사소통 격려

(6) 대상자의 퇴원준비, 지역사회 재적응

① 병원 밖의 생활에 대한 현실적 계획

② 스트레스 관리 방법에 교육

③ 사회적 기술, 여가 시간 활용에 대한 상담

④ 과거 직장 경험 등에 대해 대화

⑤ 법적 문제해결을 위해 전문가에게 연결

⑥ 지역사회 지지집단 등에 대한 정보 제공

5 항불안제(Antianxiety / Anxiolytic Medications)

1. 벤조다이아제핀계(benzodiazepine)

(1) 작용기전

① GABA와 관련이 있으며 벤조디아제핀의 수용체와 결합한 GABA의 중추신경 억제 기능이 증대되면서 항불안 효과, 진정-수면, 근육이완, 항경련 효과가 나타난다.

② 상황 관련 스트레스, 불면, 불안을 조정하기 위해 선택되는 약물이며 약물 치료기간은 짧을수록 좋다. 단, 급성 녹내장에는 금기시되고, 중추신경계에 작용하므로 마약, 알

코올 등과 함께 복용하지 않도록 한다.

③ **적응증** : 범불안장애, 우울과 관련된 불안, 수면장애, 공황장애과 관련된 불안, 외상 후 스트레스 장애, 알코올과 약물 금단, 의학적 질병과 관련된 불안, 골격근 이완, 경련성 질환, 수술 전 불안 등에 사용된다.

(2) 부작용

① 정신과에서 자주 처방되는 약물이지만 심리적 · 신체적 의존이 있으므로 장기간의 처방은 조심하여야 한다.

② **부작용** : 역설적(paradoxical) 중추신경계 흥분, 현기증, 두통, 건망증, 기면, 불분명한 시야 · 복시, 낮 동안의 진정, 운동실조, 저혈압, 진전, 요실금, 변비, 어눌한 말투, 행동변화

③ 급성독성

㉠ 혼수(coma), 반사의 감소

㉡ 혼동(confusion)

㉢ 졸림(somnolence)

㉣ 벤조다이아제핀 길항제-flumazenil(Romazicon)을 IV로 투여하면 5분 이내 해독

㉤ 벤조다이아제핀 과량복용 치료 대상자 : 초조, 안절부절 못함, 불편함, 불안 경험

(3) 중재

① **관찰** : 자율신경계 반응(예 : 발한, 차고 습한 손, 추위), 운동 반응(초조, 전율, 긴장), 치료

② 역설적 중추신경계 흥분(특히 노인이나 쇠약한 대상자), 시력장애(녹내장 악화시킬 가능성 있는 약물임), 간기능 · 신장기능 · 혈구수

③ **교육** : 치료가 지속되는 동안 졸림은 사라질 것, 약물에 대한 반응이 확립될 때까지는 각성을 요하는 업무는 피할 것, 술을 피할 것, 의사와 상의 없이 다른 약물을 먹지 않을 것, 경련이 유발될 수 있으므로 약물을 갑자기 중단하지 않을 것

④ 기타

㉠ 노인 대상자와 간기능이 저하된 대상자(처방대로 약물용량 줄임)

㉡ 노인 대상자가 불면이나 불안을 위해 약물을 먹을 시, 낙상의 위험이 있으므로 안전예방 조치를 취함

㉢ 대상자가 졸리거나 머리가 붕 뜨는 느낌(lightheadedness)이 있으면 보행 시 보조

(4) 금단증상

① 갑자기 중단하거나 너무 빨리 끊으면 나타나는 증상으로 금단증상을 줄이려면, 벤조다이아제핀계 약물을 2~6주에 걸쳐 점차적으로 끊어야 함

② 안절부절 못함 → 예민성 → 불면증 → 손의 진전 → 복부나 근육 경련통(cramp) → 발한 → 구토 → 경련(seizure)

2. 비벤조디아제핀계 약물

(1) **부스피론** : 세로토닌성 항불안제이며, 진정작용이 적고, 기억 및 운동기능에의 영향력이 적다. 장기간 사용하다 갑자기 중단하여도 금단증상이 없고 알코올이나 다른 약물과의 상호작용도 적은 비교적 새로운 약물이다.

(2) **단점** : 효과가 늦게 나타난다.

(3) **부작용** : 두통, 오심, 어지러움, 드물게 수면장애가 있을 수 있으나 진정작용은 없다.

3. 바비츄레이트계 약물과 진정(수면제 barbiturates, sedative-hypnotics) :

- 억제성 신경전달물질 GABA의 시냅스 활동을 증진 → 망상활성계(reticular activating system) 억제
- 불면증의 단기치료 또는 불안, 긴장, 걱정의 경감을 위해 진정 sedation을 목적으로 사용

(1) 부작용

① 예민성, 혼동, 알러지 반응, 현기증ㆍ졸리움, 과립구결핍증(agranulocytosis)

② 거대적아구성 빈혈(megaloblastic anemia), 혈소판감소성 자반증(thrombocytopenic purpura)

(2) 과다복용(overdose)

차고 축축한 피부, 저혈압, 산동, 빈맥, 약하고 빠른 맥박, 쇼크의 증상, 호흡의 억제 반사의 부재, 호흡기계와 심혈관계 허탈로 인한 혼수ㆍ사망

(3) 금단증상

① 약물에 의존된 사람을 해독하기 위해서는 점차적인 중단 필요

② 의존이 심한 대상자는 약물투여가 중단된 지 24시간 이내에 심각한 금단증상 나타남

③ 불안, 낮 동안의 초조, 불면증, 악몽, 진전, 섬망, 경련, 행동변화

(4) 중재

① 자살 우려가 있거나 약물중독 병력이 있는 대상자에게는 신중히 투여

② 노인 대상자에게는 처방대로 낮은 용량 투여

③ 보행을 감독하고 야간에 침대 난간을 사용, 안전 유지

④ 졸음, 어지러움, 불안정이 나타날 경우, 운전이나 위험한 기구 조작 피하도록 지시

⑤ 불면증 대상자에게는 취침 30분 전에 약물을 먹도록 교육

3. 바비츄레이트계 약물과 진정(수면제, barbiturates, sedative-hypnotics)

- 억제성 신경전달물질 GABA의 시냅스 활동을 증진 → 망상활성계(reticular activating system) 억제
- 불면증의 단기치료 또는 불안, 긴장, 걱정의 경감을 위해 진정 sedation을 목적으로 사용

(1) 부작용

① 예민성, 혼동, 알러지 반응, 현기증 · 졸리움, 과립구결핍증(agranulocytosis)

② 거대적아구성 빈혈(megaloblastic anemia), 혈소판감소성 자반증(thrombocytopenic purpura)

(2) 과다복용(overdose)

차고 축축한 피부, 저혈압, 산동, 빈맥, 약하고 빠른 맥박, 쇼크의 증상, 호흡의 억제 반사의 부재, 호흡기계와 심혈관계 허탈로 인한 혼수 · 사망

(3) 금단증상

① 약물에 의존된 사람을 해독하기 위해서는 점차적인 중단 필요

② 의존이 심한 대상자는 약물투여가 중단된 지 24시간 이내에 심각한 금단증상 나타남

③ 불안, 낮 동안의 초조, 불면증, 악몽, 진전, 섬망, 경련, 행동변화

(4) 중재

① 자살 우려가 있거나 약물중독 병력이 있는 대상자에게는 신중히 투여

② 노인 대상자에게는 처방대로 낮은 용량 투여

③ 보행을 감독하고 야간에 침대 난간을 사용, 안전 유지

④ 졸음, 어지러움, 불안정이 나타날 경우, 운전이나 위험한 기구 조작 피하도록 지시

⑤ 불면증 대상자에게는 취침 30분 전에 약물을 먹도록 교육

FINAL TEST

01 맞는 번호를 쓰시오.

① 공황장애	② 공포증(공포장애)	③ 강박장애

(1) 심계항진, 목에 뭔가 걸린 느낌, 오심이나 복부통증, 이인증, 발한, 흉통이나 가슴의 불편감, 어지러움 등의 증상 중 적어도 4가지가 갑자기 생기고 10분 이내 절정에 달하는 심한 두려움

(2) 환자의 의식적인 기준과는 상반되는 것으로 본능과 초자아의 내적인 심리적 갈등의 결과이다.

(3) 실제 위험이 없다는 것을 명백히 알고 있는데도 불구하고 특정 대상이나 상황에 대해 두려움과 공포를 느끼는 것

(4) 자각적인 강박감과 그에 대한 저항, 그리고 병식이 있다.

(5) 가족 중에 경험이 있고 유아기 때 분리불안 경험이 있는 사람에게서 자주 나타난다.

(6) 자신의 증상을 통해 주위사람에게 영향을 줌으로써 이차적 이득을 획득하고자 한다.

(7) 특별한 기질적 원인 없이 또는 실제적으로 생활을 위협하는 자극 없이 예기치 않게 발작하는 것으로 반복적으로 발생한다.

(8) 한번 발작이 일어나면 3주 이내에 최소한 3회 이상 연속적으로 나타나고 발작이 일어날 것에 대한 불안과 걱정이 있다.

(9) 원래 무의식적 근거에서 일어나는 불안을 다른 대상으로 옮기는 전치하여 그 대상을 상징화시키는 등의 방어기제를 사용한다.

(10) 불안을 제거하기 위하여 환자는 행동을 반복적으로 행하는 취소 기제를 사용하게 된다.

FINAL TEST 정답

01 (1) ① (2) ③ (3) ② (4) ③
(5) ① (6) ② (7) ① (8) ①
(9) ② (10) ③

02 맞는 번호를 쓰시오.

① 외상 후 스트레스 장애	② 급성 스트레스 장애	③ 범불안장애

(1) 전쟁터에서 귀환한 군인, 대지진이나 화재, 비행기 추락사고, 성폭행 등의 사건 후에 발생한다.

(2) 매우 위협적인 사건을 경험한 후 1개월 내에 나타나고, 2일 이상 4주 이내로 증상이 지속된다.

(3) 개인 생활 중 2~3개 사건이나 상황에 대해 비현실적인 걱정과 불안을 심하게 지속적으로 하게 된다.

(4) 사고 직후 사람이나 환경에 대한 무관심과 무감각을 표현한다.

(5) 분리감, 주변에 대한 인식 감소, 현실감 소실, 이인증, 해리성 기억상실 등이 나타난다.

(6) 증상이 4주 이상 지속되면 외상 후 스트레스 장애로 진단된다.

(7) 이 환자의 경우 거의 절반이 주요 우울증으로 고통당하며, 1/3 이상이 공포와 알코올리즘으로 고통받고 있다.

(8) 항상 수의근에 긴장상태가 있고 자율신경계 긴장 증상이 있으며 대상자가 있던 없던 항상 불안하고 지나치게 조심성이 많다.

(9) 안절부절, 근육통, 긴장과 같은 운동성 긴장이 있으며, 짧은 호흡, 심계항진, 어지러움, 구토, 빈뇨, 발한과 불면증의 증상 중 적어도 3가지가 있을 때 진단이 내려진다.

FINAL TEST 정답

2 (1) ①, ② (2) ② (3) ③ (4) ①, ②
(5) ② (6) ② (7) ① (8) ③
(9) ③

CHAPTER 07 불안장애

기출문제

01 다음은 고등학교 보건교사와 학생의 상담 내용이다. 〈작성 방법〉에 따라 순서대로 서술하시오.

[4점] 2020년

학생은 병원에서 ㉠ 사회불안장애(social anxiety disorder)로 진단을 받았고, 보건교사와 〈n차 상담〉을 하고 있다.

보건교사 : 오늘 하고 싶은 이야기는 무엇인가요?

학생 : 사실은… 저는 어려서부터 애들한테 못난이라고 자주 놀림을 받았어요.

보건교사 : 힘들었겠네요. 그럴 때는 어떻게 했어요?

학생 : 뭐 별로… 그냥 참고 지냈어요. 사람들 눈에 띄면 괜히 떨리고 불안해서요.

보건교사 : 그랬군요. 고등학교에 와서는 어때요?

학생 : 괜찮아요. 애들이 나한테 관심도 없으니까요.

보건교사 : 그러면 학교생활에서 또 다른 어려움은 없나요?

학생 : 있어요. 수업 중에 제가 발표를 해야 할 때는 실수할까 봐 걱정이 되면서 몸이 굳어져요.

보건교사 : 그럴 때는 어떻게 하는데요?

학생 : 어쩔 수 없이 떨면서 해요. 학교를 안 다닐 수도 없고요. 그래도 저는 다른 애들과 이야기도 하고 잘 지내려고 마음먹고 어떻게든 해 보려고 하는데 막상 닥치면 잘 안 돼요. 모든 것이 헛수고 같아요. 어떻게 해야 할지 모르겠어요.

보건교사 : ㉡ 학생의 이야기를 들어 보니 열심히 노력했는데도 잘 안 되어서 답답하고 매우 속상한 것처럼 들리네요.

학생 : 네. 너무 답답하고 힘들어요.

… (하략) …

〈 작성 방법 〉

- 밑줄 친 ㉠의 증상인 '사회적 불안', '수행 불안'을 나타내는 대화의 문장을 위 내용에서 찾아, 있는 그대로 각각 순서대로 제시할 것.
- 밑줄 친 ㉡에 해당하는 효과적인 의사소통 기법의 명칭을 쓰고, 그 개념을 서술할 것.

|정답| 1. ㉠ 사회적 불안

① 저는 어려서부터 애들한테 못난이라고 자주 놀림을 받았어요.

② 사람들 눈에 띄면 괜히 떨리고 불안해서요.

2. ㉠ 수행 불안
   ① 수업 중에 제가 발표를 해야 할 때는 실수할까 봐 걱정이 되면서 몸이 굳어져요.
   ② 어쩔 수 없이 떨면서 해요.
3. ㉡ 감정의 반영 : 대상자가 표현한 언어의 내용에 담겨져 있는 감정에 대한 반응으로 대상자가 모호하게 표현한 감정을 명확한 의식의 수준으로 끌어올림으로써 대상자는 자신의 감정을 수용하고 인정하는 데 도움이 된다.
   〈감정의 반영단계〉
   ① 대상자가 표현하고 있는 감정이 무엇인지 파악한다.
   ② 감정들을 명확하게 묘사한다.
   ③ 감정의 반영이 옳은지 대상자의 반응으로 판단한다.

|해설| **사회불안장애**

1) 개념 : 다른 사람들 앞에서 당황하거나 바보스러워 보일 것 같은 사회 불안을 경험하며 다양한 사회적 상황을 회피하게 되고 이로 인해 사회적 기능이 저하되는 정신과적 질환
2) 10대 후반에서 가장 많이 발병
3) 우울장애, 성격장애와 감별해야 한다.
4) 약물요법 : SSRI(예: 파록세틴)이나 SNRI(예 벤라팍신)이 주로 사용된다. 복용 후 6주 후부터 효과가 나타나기 시작하여 12~16주가 되면 최대 효과에 도달한다. 최소 6~12개월간 치료가 지속된다.
5) 인지행동요법이 근간이 된다.

02 다음은 보건교사가 담임교사에게 의뢰받은 학생과 처음으로 면담한 내용이다. 밑줄 친 ㉠, ㉡과 같은 증상에 해당하는 용어를 순서대로 쓰시오. [2점] 2019년

학생 : 선생님, 안녕하세요.
보건교사 : 그래, 어서 와요. 담임선생님으로부터 힘들어한다는 얘기를 들었어요. 요즘은 어떻게 지내고 있어요?
학생 : 힘들어요. 계속 같은 생각이 떠올라 멈춰지지 않아요.
보건교사 : 어떤 생각이 떠오르나요?
학생 : 수업시간에 ㉠ '중간고사 답안지를 백지로 내서 망칠 것 같다.'는 생각이 자꾸 떠올라요. 아무리 생각을 멈추려고 해도 제 마음대로 되지 않아요. 수업시간에 집중이 안되고, 선생님이 설명하시는 것도 머릿속에 들어오지 않아요.
보건교사 : 많이 힘들겠어요. 그럴 때는 어떻게 하나요?
학생 : ㉡ 글씨를 똑같은 크기로 쓰려고 해요. 그리고 마음속으로 1부터 100까지 1분 안에 틀리지 않게 세려고 해요. 그러면 불안이 조금 나아져요.
… (하략) …

|정답| ㉠ 강박사고
㉡ 강박행위

|해설| 일반적으로 심각한 걱정으로 대변되는 강박사고에 의해 강력한 불안증상이 시작된다. 이런 강박사고로 인해 생기는 불안증상을 도저히 참을 수 없을 때 그 증상을 없애거나 중화시키기 위해 강박행동을 하게 된다. 이렇게 강박행위를 함으로써 사라지거나 줄어든 불안증상은 지속적으로 떠오르는 강박사고로 인해 계속 반복된다.

03 **다음은 학기 초부터 거의 매일 보건실을 방문하여 건강 문제를 호소하는 고등학생과 보건교사가 나눈 대화의 내용이다. 〈작성 방법〉에 따라 순서대로 서술하시오.** [4점] 2019년

학생 : 선생님, 오늘은 소화가 더 안되는 것 같아요. 아무래도 불치병에 걸린 것이 확실해요. 6개월이 넘었는데, 나아지지도 않고 오히려 더 심해지는 것 같아요.
보건교사 : ㉠ <u>지난 번 병원에서 검사한 결과는 어땠나요?</u>
학생 : 의사 선생님이 검사결과는 정상이라고 했어요. 그렇지만 믿을 수가 없어요. 제가 죽을병에 걸린 것 같아요. 걱정돼서 공부도 못하겠고, 아무 것도 못하겠어요. 엄마에게 다른 병원에 가서 다시 철저하게 검사를 받자고 해야겠어요. 곧 죽게 될 거라고 생각하면 초조하고 기분이 우울해요.
보건교사 : 병원에서는 어떻게 하라고 했나요?
학생 : 처방해주는 약을 먹으라고 하셨어요. 그리고 학교 스포츠클럽에도 참여하라고 하셨는데 이해가 안 가요. 그게 제 병에 어떤 도움이 되나요?
보건교사 : 스포츠클럽과 같은 ㉡ <u>다른 활동에 참여하는 것</u>이 어떤 도움이 되는지 설명해 줄게요.
… (하략) …

〈 작성 방법 〉

- 밑줄 친 ㉠과 같은 질문이 위 사례에서 필요한 이유를 서술할 것.
- 밑줄 친 ㉡이 위 사례의 학생에게 필요한 이유를 서술할 것.
- '정적 강화(positive reinforcement)'의 원리를 설명하고, 밑줄 친 ㉡을 독려하기 위해 정적 강화를 적용한 구체적인 예 1가지를 서술할 것.

|정답| ㉠ 이 학생은 질병불안장애(건강염려증)로 진단내릴 수 있으며 이 경우 대상자의 이해 정도에 따라 분명한 용어로 현재의 건강검진 결과와 진단을 알도록 한다. 이는 대상자가 건강상태에 관한 사실을 수용할 수 있는 정보를 주기 때문이다.
㉡ 활동요법 : 대상자들에게 여러 가지 치료적인 활동에 참여할 기회를 제공하여 그들의 에너지

를 건설적인 방향으로 사용할 수 있도록 도움을 주는 치료방법이다. 이로 인해 정신증적 증상에 몰두하는 시간을 감소시킨다. 초조, 불안, 적개심 등을 건설적으로 발산시킬 수 있는 기회를 제공한다. 생활을 단조로움, 답답함으로부터 벗어나도록 활력을 제공한다.

ⓒ 강화 : 특정 행동의 빈도를 증가시키는 모든 것을 의미하는 것으로 가장 보편적인 것은 '정적 강화' 또는 '보상'이 있다. 예를 들어 교사가 교실에서 자신의 의자에 가만히 앉아 있는 학생을 칭찬한다면 학생들은 칭찬을 받기 위해 각자 자리에 가만히 앉아 있을 것이다. 보건교사가 추천하는 활동에 학생이 참여를 하였다면 칭찬을 해 주거나 보상을 주도록 한다.

|해설| **신경불안장애**

- 신체적 징후나 감각을 비현실적으로 부정확하게 인식해서 자신이 심한 병에 걸렸다는 집착과 공포로 인하여 사회생활이나 직업 기능에도 장애가 있는 상태를 의미한다.
- 이는 타인에 대한 공격심 또는 증오가 신체적 호소로 전이된 것이며 과거의 실망, 배척, 상실에서 분노가 일어나고 타인의 도움을 무효화해 그들을 거절하는 것이다.
- 대상자는 환자역할을 함으로써 여러 가지 곤란한 상황을 모면할 수 있고 사회적으로도 책임과 의무의 도피처가 될 수 있어 자기애적 경향과 관계가 있다고 할 수 있다.
- 방어기제 : 전치와 퇴행
- 발병은 성별에 상관없이 20~30대에 많으며, 우울증이나 불안장애를 동반하기도 한다.
- 대상자의 신체검진은 간호중재를 계획하는 데 도움이 되나 증상을 강화하지 않도록 한다. 따라서 신체검진은 한 번에 실시하는 것이 좋다. 특히 대상자가 급성적인 신체질환으로 고통받을 때 신체적 간호에 우선적으로 주의를 기울일 때 치료적 신뢰감이 형성될 수 있다. 대상자의 신체증상이 일반적으로 감정표현의 하나라는 것을 잘 이해해야 하나, 신체질환은 인정하는 태도를 보이지 않도록 한다.
- 대상자의 이해 정도에 따라 분명한 용어로 현재의 건강검진 결과와 진단을 알도록 한다. 이는 대상자가 건강상태에 관한 사실을 수용할 수 있는 정보를 주기 때문이다.

04 정신질환의 진단 통계 편람 제5(DSM-5)에서는 '외상 후 스트레스 장애(PTSD)'의 진단 기준에 주요 임상 양상 4가지를 제시하고 있다. 보건 상담기록부에서 학생이 호소하는 증상을 근거로 하여 주요 임상 양상 2가지를 쓰시오. [2점] 2016년

보건 상담기록부			
학년 / 반	2-3	성명	최 ○○
성별	여	나이	17세
상담일	2015년 ○월 ○일 월요일		
상담개요	8개월 전에 등교 중 횡단보도를 건너다가 교통사고를 당하였다고 함, 사고 당시 의식을 잃지는 않았으나, 여러 신체 부위에 골절을 당하여 응급 수술을 받았다고 함. 이후 교통사고가 일어나는 끔직한 꿈을 반복적으로 꾸어 괴롭다고 함. 학교 버스 타는 것을 피하게 되고, 횡단보도 앞에서 갑자기 극심한 두려움을 느꼈다고 함. 그리고 친구들이 교통사고에 대해 물어보면 대화를 피하게 되고 TV에서 교통사고 장면이 나오면 자신의 사고 장면이 떠올라 TV를 꺼야 한다고 함. 〈중 략〉 이러한 증상으로 병원을 방문해 "외상 후 스트레스 장애(PTSD)"로 진단받았다고 함.		
조치사항			

| 모범답안 |

1. **재경험** : 교통사고가 일어나는 끔찍한 꿈을 반복적으로 꾸어 괴롭다고 호소, 횡단보도 앞에서 갑자기 극심한 두려움을 느낌. TV에서 교통사고 장면이 나오면 자신의 사고 장면이 떠올라 TV를 꺼야 한다고 함
2. **회피** : 학교버스 타는 것을 피하고, 친구들이 교통사고에 대해 물어보면 대화를 피하게 됨

05 다음은 중학교 1학년인 민수의 담임교사와 보건교사가 나눈 대화내용이다. 〈보기〉의 지시에 따라 서술하시오. [10점] 2015년

담임교사 : 우리 반에 민수라는 아이가 있는데, 이상한 행동을 해서 걱정이 많아요.
보건교사 : 민수의 어떤 행동 때문인가요?
담임교사 : 수업시간에 여러 번 화장실에 가서 손을 씻는 거예요. 그러다 보니 본인도 수업받기가 힘들고 다른 학생들도 수업에 방해를 받아요.
보건교사 : 민수 부모님을 만나 보셨나요?
담임교사 : 네, 부모님 말씀이 민수가 학교에서 사용한 책, 문고리 등 모든 것이 오염되었고, 세균이 있다는 생각을 계속한대요. 그래서 이런 물건을 만지기 전과 후에 수십 번씩 손을 씻거나 그런 물건을 피한다고 해요.
보건교사 : 민수가 학교생활이나 가정생활에서 힘든 점이 많겠네요.
담임교사 : 부모님 말씀이 민수가 집에서 학교숙제를 하기도 힘들어 보인다고 해요. 그리고 손을 씻는 데 많은 시간이 필요하고, 이런 행동 때문에 친구들 앞에서 창피당하는 게 싫어 학교에 가기를 꺼린다고 하네요. 그래서 부모님도 걱정을 많이 하세요.
보건교사 : 걱정이 많이 되시겠어요. 병원에는 갔었대요?
담임교사 : 네, 3일 전에 소아정신과에서 강박장애라고 진단을 받았다고 해요. 이럴 때 병원에서는 어떤 치료를 하나요?
보건교사 : 약물 치료와 인지행동 치료를 병행할 거예요.
담임교사 : 인지행동 치료 중에서 어떤 유형의 치료를 하나요?
보건교사 : 강박장애일 경우에 체계적 둔감법, 사고중지 등을 사용하여 치료할 거예요.
담임교사 : 아, 그렇군요. 그러면 오늘도 민수가 수업시간에 손을 씻으러 가고자 할 때 제가 어떻게 해야 할까요?

… (하략) …

〈 보 기 〉

1) 강박장애에서 강박사고와 강박행동의 개념을 서술하고, 각 개념과 관련한 민수의 증상을 위 대화문에서 찾아 서술하시오. 또, 강박사고와 강박행동 간의 심리적 기전에 대해 서술하시오.
2) 보건교사가 제시한 인지행동 치료 중 체계적 둔감법(systematic desensitization)과 사고중지(thought stopping)의 실시방법을 각각 서술하시오.
3) 위의 대화를 고려하여 수업시간 중에 민수가 손을 씻으러 가고자 할 때 담임교사가 취해야 할 적절한 대응방법 1가지와 그 이유를 서술하시오.

| 모범답안 |

1. 강박사고와 강박행동

강박장애와 관련된 충동과 감정은 격리에 의해 억압되고, 감정이 배제된 강박사고만 의식화된다. 그러나 계속 의식화되려는 충동과 감정으로 인해 방어기제가 동원되면 결과적으로 강박행동이 출현된다.

(1) 강박사고와 강박행동의 개념

① 강박사고는 아무 의미가 없는 비합리적인 생각이 반복해서 떠오르므로 계속 그 사고에 집착하게 되는데, 강박사고 대상자는 강박사고나 충동이 자신의 마음속에서 나타나는 것이라고 인식한다.

② 강박행위는 이해할 수 없는 기괴한 행위를 계속 반복하는 것으로서 불안을 감소시키기 위한 행위이다. 강박행위는 자신의 의지로는 조절할 수 없으며 의식적인 영역에서 부적절하다고 생각하지만 비합리적인 사고나 행위에 대해 대상자 자신도 이해할 수 없다. 강박행위는 강박사고를 직접 수행한 행동반응이며 강박행위로 불안이 일시적으로 해소되어 강박행위를 계속 반복하게 된다.

(2) 각 개념과 관련한 민수의 증상

① 강박사고 증상은 "학교에서 사용한 책, 문고리 등 모든 것이 오염되었고 세균이 있다는 생각을 계속 하는 것"이고,

② 강박행위 증상은 "수업시간에 여러 번 화장실에 가서 손을 씻는 것"이다.

(3) 강박사고와 강박행동 간의 심리적 기전 : 강박사고가 지속되면 최소의 방어기제로 강박행동을 지속하게 된다.

2. 체계적 둔감법과 사고중지의 실시방법

(1) 체계적 둔감법은 자극을 약한 것에서 강한 것으로 단계적으로 부여하여 자극에 의해 발생하는 불안 및 공포 등의 반응을 서서히 경감시키는 절차로, "근육이완반응 훈련, 불안위계표 작성, 근육이완반응과 불안위계표의 항목을 구체적으로 이미지화시켜 일어나는 반응과의 역작용을 조작하는 것"이다.

단계	설명
긴장이완훈련	• 먼저 머리에서부터 차차 아래로 내려오면서 점진적으로 이완시키는 방법
불안요인의 위계설정	• 불안을 야기하는 원인(사건)을 모아놓은 목록을 근거로 주관적 불안 정도를 자기보고식으로 서열화하거나 불안유발 상황에 대해 역할극을 함으로써 불안요인 목록을 위계 설정할 수 있다.
둔감법	• 치료자는 대상자에게 편안한 자세에서 완전히 이완하도록 한 후 불안위계 설정표에서 가장 덜 불안한 수준의 장면부터 상상케 한다. • 대상자는 각 장면을 한번에 약 15초 동안 상상하고 불안이나 불쾌감정을 경험할 때는 손가락을 올리는 행동 등으로 치료자에게 신호를 보내게 한다. • 치료자는 "상상을 멈추고 몸을 계속 이완시키세요!"라고 지시한다. • 한 단계를 별 불안없이 상상할 수 있게 되면 다음 단계로 차차 넘어가고, 만일 어느 단계에서 불안해하면 다시 한 단계로 돌아와서 시도해야 한다.

(2) 사고중지법은 불안을 유발하는 행동을 제지하는 방법으로, 치료자가 우선 '중지'라는 말을 하고, 뒤이어 대상자가 따라 하거나 반복하는 것이다.

3. 담임교사가 취해야 할 적절한 대응방법
   점차 횟수를 줄이도록 지지하고, 물티슈로 닦는 등 대체할 수 있도록 해준다. 그 이유는 강박사고가 진행될 때 '중지'를 속으로 반복해서 외치도록 해서 손씻기 횟수를 줄이고, 점차 물티슈로 닦는 등으로 대체할 수 있도록 하기 위한 것이다.

06 다음은 충동조절 장애에 대한 상반기 보건교사 연수교재 내용이다. 괄호 안의 ㉠, ㉡에 해당하는 임상 진단명을 차례대로 쓰시오.

[2점] 2014년

충동조절 장애(Impulse-Control Disorders)

● (㉠)

김○○(여, 13세)의 사례
보건교사는 김○○의 머리 정수리 부분에 군데군데 머리카락이 빠져 있는 것을 보고 머리카락이 왜 이렇게 빠졌느냐고 묻자, 김○○은 잠시 머뭇거리다가 피부질환은 없는데 자기 전에 머리카락을 반복적으로 잡아 뽑는 버릇이 있다고 대답하였다. 보건교사가 그 이유를 묻자, 일곱 살 때 엄마 아빠가 이혼한 후 엄마가 밖에 나가 일을 해야만 했고, 자기는 혼자서 집에 있게 되면서부터 가끔씩 머리카락을 잡아 뽑기 시작했던 것 같다고 하였다. 또한 머리카락을 뽑지 않으려고 참으면 불안해하고 긴장이 심해지지만 잡아 뽑으면 기분이 좋아진다고 하였다. 그리고 머리카락을 뽑을 때 아프지는 않지만 머리카락이 없는 것을 사람들이 알아볼 것 같아 친구들도 만나지 않는다고 하였다. … (하략) …

● (㉡)

이△△(남, 17세)의 사례
이△△의 어머니는 이△△가 신체적으로 아무런 문제도 없고 평소에는 괜찮은데, 사소한 상황에서 지나치게 화를 내고 공격적으로 변한다며 걱정이 되어 담임교사를 찾아 왔다. 어머니가 말리려고 해도 아무 소용이 없고 발작적이고 폭발적으로 기물을 부수고 소리를 지른다고 한다. 여러 차례 이런 일이 있었고, 한번은 어머니가 운전하면서 함께 차를 타고 가다가 화가 난다고 의자를 발로 차고 소리를 질러 차 내부가 일부 파손되고 사고의 위험도 있었다고 한다. 이△△은 이런 행동에 대해 후회스럽고 어머니께 미안하지만, 이런 행동을 하지 말아야 하는 걸 알면서도 강렬한 충동으로 어쩔 수 없다고 한다. … (하략) …

주) 본 교재에서 사용된 진단명은 정신장애 진단 및 통계편람에 의한 것임

|정답| ㉠ 발모광, ㉡ 간헐성 폭발장애

|해설| DSM-5에서 발모광은 강박 스펙트럼 장애(강박 및 관련 장애)의 하위 범주이며, 간헐성 폭발장애는 파괴성 장애, 충동통제 장애 및 품행장애의 하위 유형이다.

07 방양(11세)에게 적절한 간호사정 및 중재만을 〈보기〉에서 있는 대로 고른 것은? 2012년

방양은 자다가 갑자기 몸을 떨고 울면서 괴성을 질렀다. 그래서 부모님은 방양을 데리고 소아정신과를 방문하였고 면담내용은 아래와 같다.

- 면담내용 : 방양은 2개월 전 성폭행을 당하였고, 경찰관에게 발견되어 곧바로 가까운 응급실로 후송되었다고 한다. 당시 방양은 엄마를 알아보지 못하였고 가쁜 숨을 몰아쉬었으며 안절부절 못하였다고 한다. 또한 경찰관이 다가가자 화들짝 놀라며 구석으로 도망쳐 아빠가 불러도 나오지 않았다고 한다.
- 진　　단 : 외상 후 스트레스 장애

〈 보 기 〉

ㄱ. 외상성 사건이 재현하는 것 같은 플래시백(flashbacks)을 경험한다.
ㄴ. 외상 당시 방양이 보였던 불안, 충격 반응은 중등도 불안수준에 해당한다.
ㄷ. 이완요법을 적용하면 외상 상황에 대한 강박적 반추를 조절하는 데 도움이 된다.
ㄹ. 외상사건의 회상을 동반하는 정서적 반응을 관리하기 위해 인지행동치료를 한다.

① ㄱ, ㄴ　　② ㄴ, ㄷ
③ ㄷ, ㄹ　　④ ㄱ, ㄴ, ㄷ
⑤ ㄱ, ㄷ, ㄹ

|정답| ⑤

|해설| ㄴ. 외상 당시 방양이 보였던 불안, 충격 반응은 중증 불안수준에 해당한다.

08 다음 사례를 읽고 물음에 답하시오.

고등학교 3학년 김대범 학생이 보건실로 찾아왔다. 보건교사는 학생을 면담하는 과정에서 다음과 같은 사실을 확인하였다.

〈주관적 사정 내용〉

"저는 마음에 안드는 친구들이 많아요. 그래서 말은 못해도 신경쓰이고 마음이 불편해요. 2학년 때부터 친구들과 어울리는 게 부담스럽고 힘들어요."

"3학년이 돼서는 집중이 잘 안되고 그래서 더 불안하고 조급해요. 밤에도 계속 공부해야 한다는 생각 때문에 잠들기가 힘들고, 또 잠들었다가도 쉽게 깨고, 그러다 보니 낮에는 너무 피곤하고……. 하루하루가 긴장의 연속이에요."

〈객관적 사정 내용〉

최근 1년 동안 소화불량이 잦고 현기증으로 인해 교실에서 2회 실신하였다. 대범이는 지난 6개월 동안 대학입시와 관련된 생각이 날 때마다 빈뇨와 긴박뇨로 인해 수업 중에 꼭 한 두번은 화장실을 다녀와야 했고, 이로 인해 학교생활의 어려움을 호소하였다. 1개월 전에 ○○종합병원 신경외과와 비뇨기과에서 검사를 하였으나 특이소견이 없었으며, 정신과 상담을 권유받았다. 보건교사와 면담 중에도 화장실에 2차례 다녀왔다.

가족관계에서는 맞벌이를 하는 부모님과는 평소 대화가 거의 없었다. 외아들인 대범이에 대한 부모님의 기대는 큰 편이었으며, 부모님은 대범이를 매우 엄격한 방식으로 양육하였다.

〈면담 내용(축어록)〉

대 범 : 저는 열심히 공부를 해도 성적이 오르질 않아요. 제 생각엔 그 누구보다도 열심히 공부를 하는 것 같은데 지난 기말고사 결과를 보면, 저의 이런 노력이 모두 수포로 돌아간 것 같아요. 앞으로 어떻게 해야 될지 모르겠어요.

보건교사 : 대범아, 네 이야기를 들어보니 정말 열심히 노력했는데도 원하는 결과를 얻지 못해서 실망스럽고 좌절한 것처럼 들리는구나.

대 범 : 솔직히 저 자신에게 실망스러워요. 저 자신에 대해서 많은 기대를 했고, 부모님도 마찬가지예요.

보건교사 : 나라면 그렇게 실망스러워 하지 않을 거야. 대부분의 3학년 학생들은 자신에 대해 실망스러워 한단다. 그러니 너무 걱정하지 않아도 돼.

대 범 : 저는 이제 제가 잘 할 수 있을 거라는 생각이 들지 않아요. 부모님도 실망이 크시고, 친구들도 자꾸 짜증나게 하고, 수업 중에 화장실 다니는 것도 불편하고, 시간이 지날수록 긴장되고 힘들어요.

보건교사 : 대범아, 방금 여러 가지 문제점들을 말했는데, 정리해 보면 자신감이 없고, 부모님의 실망감, 친구들과의 어려움, 그리고 화장실 다니는 것에 대한 불편함에 대해 이야기했어. 이중에서 어떤 문제가 가장 중요한지, 그리고 어떤 문제를 가장 먼저 다루고 싶은지 말해주겠니?

대　　범 : 선생님, 부모님이 원하시는 학과는 저에게 안 맞는 것 같아요. 그렇지만 저는 외아들이고, 그러니 당연히 책임있게 행동을 해야겠지요? 아, 너무 혼란스러워요.
보건교사 : 대범이가 생각하고 있는 것을 분명하게 해보자. 네가 부모님과 의견이 달라서 무책임하게 느껴진다고 말하는 거니?
대　　범 : 매우 혼란스러워요. 제가 어느 때는 무책임하게 느껴지고, 또 어느 때는 너무 완벽하려고만 하는 것 같아요. 이런 나 자신이 모순이라는 생각이 들어요.
보건교사 : 그것은 네가 잘못 생각하고 있는 거야. 그러니 그것에 대해서는 다음에 이야기하도록 하고, 오늘은 왜 자꾸 화장실에 가야만 하는지에 대해 이야기하자.

위의 사례에서 DSM-Ⅳ-TR(정신장애의 진단 및 통계편람) 기준에 따라 입시불안(범불안장애)으로 진단할 수 있는 근거를 제시하고, 또한 대범이와 보건교사의 대화내용에서 보건교사의 언어적 반응 중 효과적인 의사소통 방법과 비효과적 의사소통 방법을 분류하고 그 근거를 제시하시오.

[25점] 2011년

| 모범답안 |

1. DSM-Ⅳ-TR 기준에 따라 입시불안(범불안장애)으로 진단할 수 있는 근거

범불안장애 진단기준	김대범 학생의 증상
아래와 같은 증상이 적어도 6개월 이상 지속되어야 하고, 사회적 · 직업적 혹은 다른 중요한 기능의 영역에서 임상적으로 중대한 고통이나 손상이 발생되어야 한다.	현재 고등학교 3학년인데, 2학년 때부터 라면증상의 지속시간이 최소 6개월 이상임
1. 개인이 조절하기 힘든 많은 사건에 대한 과다한 불안과 걱정	1. 대학입시에 대한 과다한 불안과 걱정
2. 안절부절 못하거나 긴장 또는 벼랑에 선 느낌	2. "하루하루가 긴장의 연속이예요"
3. 쉽게 피곤해짐	3. "~그러다보니 낮에는 너무 피곤하고.."
4. 집중이 어렵거나 마음이 빈 것 같음	4. "3학년이 돼서는 집중이 잘 안되고.."
5. 과민반응	
6. 근육긴장	6. 빈뇨와 긴박뇨 증상, 잦은 소화불량, 현기증과 2회의 실신
7. 수면장애(잠들기 어렵거나 잠을 유지하기 힘듦 또는 끝없는 수면에 대한 만족감 부족)	7. "~, 밤에도 계속 공부해야 한다는 생각 때문에 잠들기가 힘들고, 또 잠들었다가도 쉽게 깨고, ~"

2. 보건교사의 언어적 반응 중 효과적 · 비효과적 의사소통 방법 분류와 그 근거

보건교사의 언어적 반응으로 "반영, 안심과 상투어, 요약과 명료화, 명료화, 이견 및 주제의 회피"를 보였다. 이 중 "안심과 상투어, 이견 및 주제의 회피"는 대상자를 있는 그대로 수용하지 못하는 비효과적인 의사소통 방법이고, "반영, 요약과 명료화"는 효과적인 의사소통 방법이다.

(1) 효과적 의사소통 방법

① 반영 : 대범아, 네 이야기를 들어보니 정말 열심히 노력했는데도 원하는 결과를 얻지 못해서

실망스럽고 좌절한 것처럼 들리는구나.

② 요약과 명료화 : 대범아, 방금 여러 가지 문제점들을 말했는데, 정리해보면 자신감이 없고 부모님의 실망감, 친구들과의 어려움, 그리고 화장실 다니는 것에 대한 불편함에 대해 이야기 했어. 이 중에서 어떤 문제가 가장 중요한지, 그리고 어떤 문제를 가장 먼저 다루고 싶은지 말해주겠니?

③ 명료화 : 대범이가 생각하고 있는 것을 분명하게 해 보자. 네가 부모님과 의견이 달라서 무책임하게 느껴진다고 말하는 거니?

(2) 비효과적 의사소통 방법

① 안심과 상투어 : 나라면 그렇게 실망스러워 하지 않을 거야. 대부분의 3학년 학생들은 자신에 대해 실망스러워 한단다. 그러니 너무 걱정하지 않아도 돼.

② 이견 및 주제의 회피(= 주제 바꾸기) : 그것은 네가 잘못 생각하고 있는 거야. 그러니 그것에 대해서는 다음에 이야기하도록 하고, 오늘은 왜 자꾸 화장실에 가야만 하는지에 대해 이야기하자.

09 공황장애에 대한 설명 중 옳은 것을 〈보기〉에서 고른 것은? 2009년

ㄱ. 공황발작을 경험한 후에는 다음에 올 공황발작에 대해 지속적으로 염려한다.
ㄴ. 공황발작이 시작되면 즉시 약을 먹어야 한다.
ㄷ. 공황장애의 증상은 자기통제가 가능하다.
ㄹ. 유아기에 분리불안 경험이 있던 사람에게 더 자주 발생한다.
ㅁ. 공황발작의 증상은 한시적이므로 시간이 지나면 완화된다.

① ㄱ, ㄴ, ㄷ ② ㄱ, ㄴ, ㅁ
③ ㄱ, ㄹ, ㅁ ④ ㄴ, ㄷ, ㄹ
⑤ ㄷ, ㄹ, ㅁ

|정답| ③

|해설| ㉠ 공황발작은 특별한 기질적 원인 또는 실제적으로 생활을 위협하는 자극없이 예기치 않게 반복적으로 발생하며, 공황발작을 경험한 후에는 다음에 올 공황발작에 대해 지속적으로 염려하거나, 발작 결과로 학교나 직장을 그만두거나 외출회피 등과 같은 행동변화가 나타난다.

㉣ 후기 청소년기와 30대 중반에 호발, 가족력이 있고 유아기 분리불안 경험자에게 호발한다.

㉤ 공황발작의 증상은 한시적으로 시간이 지나면 완화된다. 다음 증상 중 적어도 4개 이상 나타나야 하고, 4개 미만일 경우는 제한적 증상발작이라고 진단한다.

ⓐ 심계항진, 가슴이 심하게 두근거림 혹은 심장박동이 빨라짐

ⓑ 땀

ⓒ 몸의 떨림 또는 흔들거림

ⓓ 질식감
ⓔ 흉통 또는 흉부 불쾌감
ⓕ 오심 또는 복부 불쾌감
ⓖ 현기증, 비틀거리는 느낌, 어지럼증이나 기절할 것 같은 느낌
ⓗ 비현실감 또는 이인증
ⓘ 통제력을 잃거나 미칠 것 같은 두려움
ⓙ 죽을 것 같은 두려움
ⓚ 지각이상(둔하거나 따끔거리는 느낌)
ⓛ 오한 또는 열감

ⓛ 공황발작의 1차 치료는 행동치료로 체계적 둔감화, 호흡훈련 등이다. 그 외 공황발작의 약물치료로 SSRI 제제와 심환계 항우울제, MAO 억제제 등이 선택되고, 약물은 적어도 8~12개월 정도 꾸준히 투여해야 효과적이며, 인지행동치료, 이완요법, 가족치료, 통찰치료 등을 함께 적용한다.

ⓒ 공황장애의 증상은 자기통제가 불가능하며 최초 몇 초에서부터 한 시간 정도까지 아주 심한 불안이 반복해서 일어난다.

10 고등학생이 수업을 마친 후 불안을 호소하며 보건실에 왔다. 보건교사가 학생을 사정한 결과는 다음과 같다. 이 학생에게 나타난 불안수준에 적절한 간호중재를 〈보기〉에서 고른 것은?

2010년

학생은 불안하고 초조하여 보건교사의 질문에 집중을 하지 못해 대답하는 데 어려움이 있다. 손이 떨려 연필을 잡는 데 어려움이 있다고 호소하였으며, 손가락의 진전(tremor), 안절부절, 심한 발한, 혈압 및 맥박상승 등의 신체증상을 보이고 있다.

〈 보 기 〉

ㄱ. 학생에게 친구들과 어울려 놀거나 대화를 나누게 한다.
ㄴ. 학생을 심리적으로 지지하고 감정을 표현하도록 한다.
ㄷ. 학생이 심리적인 고통이나 불안에 대해 호소하는 것을 적극적으로 경청한다.
ㄹ. 학생에게 자신이 경험하는 불안한 상황에 직면하도록 하여 스스로 불안을 극복하게 한다.

① ㄱ, ㄴ
② ㄱ, ㄷ
③ ㄴ, ㄷ
④ ㄴ, ㄹ
⑤ ㄷ, ㄹ

|정답| ③

|해설| ㄱ, ㄹ은 중등도 불안에 해당된다.

1. 집중하지 못하고, 손 떨림이 심하고, 진전, 안절부절 못함, 심한 발한, 맥박상승 등의 신체증상으로 보아 중증 불안상태로 판단할 수 있다.
2. 중증 불안상태나 공황수준의 불안의 간호중재는 아래와 같다.

간호중재	내용
신뢰적인 관계 수립	① 지지적이고 보호적 간호활동 ② 첫 간호중재는 개방적이고 신뢰하는 관계 수립 ③ 적극적으로 대상자의 말을 경청, 대상자들의 감정인 불안, 적개심, 좌절을 표현하도록 격려 ④ 간호사는 대상자의 질문에 직접적으로 대답하고, 무조건적인 수용 ⑤ 언어적 · 비언어적 의사소통을 통해 환자의 감정에 대한 인식과 수용 전달 ⑥ 작은 방에서 1.8m의 거리는 공포를 개방하고 토론할 수 있는 최적의 상태일 수 있음. 이 거리가 증가되거나 감소됨에 따라 대상자는 더 불안함
간호사의 자기인식	① 간호사는 자신의 불안신호에 민감해야 하고, 그것을 받아들이고 원인을 탐색해야 함 ② 간호사는 자신의 감정과 역할을 계속적으로 명료화함으로써 상호간의 불안 없이 환자의 불안을 수용하도록 노력해야 함
환자보호	① 중재의 가장 중요한 부분으로 환자를 보호하고 안전보장 ② 불안감소방법은 환자에게 자신이 그 당시 조절할 수 있는 스트레스 양을 정하도록 허용하는 것 ③ 대응기전이나 증상은 무의식적인 갈등을 다루기 위한 시도임을 이해하고, 그들의 행동이나 증상과 관련하여 "왜"라고 묻는 것은 유용하지 않음 ④ 간호사는 초기에 반복적인 행동을 방해하지 않으며, 공포대상에 직면하지 말아야 함. 또 환자와 이것에 대해 논쟁하거나 이유를 따지지 말아야 함. 시간이 지난 후에 간호사는 환자의 행동에 제한을 주고 생활의 다른 면에서 만족을 찾도록 도움
환경변경	① 불안을 일으키는 상황을 규명하고, 감소시키도록 함 ② 간호사는 조용하고 침착한 태도로 한계를 설정하고, 환경적 자극을 감소시킴 ③ 다른 환자와의 상호작용을 제한하는 것이 불안의 전파적 측면을 최소화할 수 있음 ④ 따뜻한 물의 목욕, 마사지, 월풀 목욕 같은 지지적인 신체적 방법은 불안 감소에 도움이 됨
활동격려	① 환자가 활동에 흥미를 갖도록 격려 ② 산책, 운동, 적극적인 취미활동 등을 제안해 줌 ③ 가족은 기준의 한계를 정하고, 외부활동 자극에 매우 지지적이므로 계획을 세우는 데 참여케 함
투약	항불안제 투여

CHAPTER

08 기분장애

1 용어

1. 기분(Mood)

개인의 내적이고, 주관적인 정서로 광범위하며, 일정 기간 지속되는 개인의 정신생활 색깔, 슬픔, 우울, 행복, 분노

2. 정동(정서, Affect)

외적이고, 관찰 가능한 정서의 표현(무미건조, 억제되고, 정서의 불안정 등), 개인의 정서와 정서의 표현은 광범위하게 나타나는데, 기분이 지나치게 억제되거나 지나치게 증가하게 될 때, 또한 이로 인해 대인관계, 사회적 · 직업적 기능의 장애를 가져오고, 불편한 주관적 느낌이 지속된다.

2 정서적 반응

1. 비통반응(grief)

(1) 상실에 대한 반응으로 강한 정서 상태
(2) 자연스럽고 보편적인 감정
(3) 적응적 · 병적 반응

2. 우울(depression)

- 지연, 왜곡된 비통반응으로 병적 반응
- 슬픔과 비통반응이 비정상적으로 길고 우울이 과장
- 과거에는 정신병적 우울증과 신경증적 우울증으로 분류

(1) 주요 우울증(정신병적 우울증)

① 우울증의 10%
② 20~30대 빈발, 전 연령층 발병
③ 여성에서 더 많이 발생

(2) 기분 부전장애(dysthymic disorder) : 신경증적 우울증

(3) 조증(mania) : 양극성 장애(bipolar disorder)로 진단, 0.6~0.9%

(4) 경조증(hypomania)

(5) 순환기분장애(cyclothmic disorder)

3 원인

1. 생물학적 요인

(1) 생화학적 원인

신경전달물질(세로토닌, 노에피네프린, 도파민 등)의 과다나 과소 혹은 기능 결함

(2) 신경해부학

변연계, 기저신경절, 뇌하수체 등의 병리와 관련

(3) 주기심리 생물학

일정주기 리듬장애

(4) 유전적 요인

(5) 약물 및 신체적 질병

① 항고혈압제, 암페타민, 바비튜레이트, 코카인, 알코올 등의 약물
② 바이러스 감염, 영양부족, 내분비질환, 빈혈, 다발성 경화증, 종양, 뇌혈관질환과 같은 질환

2. 심리사회적 요인

(1) 정신분석학적 요인

상실과 공격성

(2) 인지이론

낮은 자존감, 초자아가 강함, 대인관계가 의존적

(3) 스트레스원

애착 상실, 주요 생활사건, 역할갈등(결혼, 부모역할, 일)

(4) 행동이론

학습된 무력감으로 인한 부정적 기대감 형성

(5) 대상상실 이론

대상상실(양가적으로 사랑하던 대상의 상실)

(6) 성격구조이론 : 우울증이 발생하기 쉬운 성격

① 지배적인 타인에게 의존하여 자존심이 유지되는 의존적 성격으로 이러한 욕구가 충족되지 않을 때 의욕을 상실하게 된다.

② 강박적인 성격으로 성취하기 어려운 비현실적인 목표를 세우고 실패할 경우 우울증에 빠진다.

③ 강력한 금기사항 때문에 어떤 형태의 만족을 억제하는 유형으로 공허감을 경험하고 건강 염려증과 불충분한 대인관계, 자신이나 타인에 대해 지나치게 엄격하고 비판적인 태도를 갖는다.

4 주요 질환

1. 주요 우울장애(Major Depression)

다음 중 적어도 5개 이상이 거의 매일, 하루의 대부분을 적어도 2주 동안 나타나야 한다.

(1) 거의 매일 하루의 대부분 동안 우울한 기분이 주관적으로 표현되거나 객관적으로 관찰된다.

(2) 거의 모든 활동에서 흥미나 즐거움이 현저하게 저하된다.

(3) 체중조절을 하고 있지 않은 상태에서 심한 체중감소나 증가가 있다.

(4) 거의 매일 불면증이나 수면과다를 보인다.

(5) 거의 매일 지속되는 정신운동성 초조 혹은 지체

(6) 거의 매일 피로나 활력상실을 호소한다.

(7) 무가치감이 계속되고 과도하게 죄책감을 가진다.

(8) 사고력이나 집중력이 저하되고 우유부단하다.

(9) 죽음에 대한 생각이 반복되고 자살기도를 계획하기도 한다.

+ Atypical Sign(비전형적 증상)

- MDD(주요 우울증)와는 달리 나타나는 증상
- 과식, 과수면, 팔다리의 무거운 마비감, 대인관계에서 거부에 대한 예민성과 그에 따른 심각한 사회적 · 직업적 장애 동반, 이 밖에 젊은 나이에 발생, 정신운동 지연, 물질남용장애의 병발 또는 신체화 장애의 병발이 있을 때 나타난다.

2. 지속성 우울장애(기분 저하장애, Dysthymic Disorder)

(1) 우울한 기분이 하루에 대부분, 거의 매일 주관적으로나 다른 사람들에 의해 관찰되고, 적어도 2년 동안 지속되며, 다음 중 2가지 이상의 증상이 관찰된다.

① 식욕부진 또는 과식
② 불면 또는 과수면
③ 에너지 감소 또는 피로
④ 낮은 자존감
⑤ 집중력 감소 또는 결정 내리기가 어려움
⑥ 절망감

(2) **특징**

① 흔한 정신장애로 유병률은 약 3~5%
② 남<여
③ 50% 이상이 25세 이전에 발생
④ 젊고 미혼인 경우가 많음
⑤ 경제적 수입이 낮은 경우에 호발
⑥ **동반질환** : 주요 우울증, 불안장애, 물질관련장애(알코올 포함), 경계성 인격장애

3. 파괴적 기분조절 곤란장애

반복적으로 심한 분노를 표출하는 것으로 다음의 증상이 1년 동안 지속되고, 적어도 세 가지 상황(예를 들어 집, 학교, 친구) 중 두 가지에서 관찰되며 초진시 연령이 6세 이전과 18세 이상인 경우는 제외된다.

(1) 심한 감정폭발이 반복적으로 말이나 행동으로 나타난다.
(2) 감정폭발이 발달단계수준과 부합되지 않는다.
(3) 감정폭발은 평균 일주일에 3회 이상 나타난다.
(4) 감정폭발 사이의 감정은 계속 예민하거나 분노상태에 있고 거의 매일 타인에 의하여 관찰된다.
(5) 위의 증상이 12개월 이상 나타나되, 증상이 벗는 기간이 연속 3개월을 넘지 않는다.
(6) 위의 증상이 3가지 상황 중 적어도 2가지 이상의 상황에서 나타난다.

4. 월경전 불쾌장애

생리주기의 대부분에서, 다음과 같은 증상이 5가지 이상 나타났다가 생리가 시작되면 며칠 내에 증상이 최소화되거나 사라진다.

(1) 뚜렷한 정서적인 불안정성
(2) 뚜렷한 우울한 감정, 절망감 또는 자기비하적인 생각
(3) 뚜렷한 불안. 긴장하거나 흥분하여 안절부절 못하는 상태
(4) 주요활동에서의 흥미 감소
(5) 집중하는 데 주관적으로 어려움 느낌
(6) 무기력, 피로하기 쉽거나 뚜렷한 에너지의 감소
(7) 뚜렷한 식욕의 변화, 과식 또는 특정한 음식에 대한 갈망
(8) 과수면 또는 불만
(9) 압도되거나 제어 통제 불능감

5. 양극성 장애(Bipolar Disorder)

(1) 조증의 삽화와 주요 우울증의 삽화의 증상이 동반되면서 빠르게 교차되는 기분(슬픔, 과민한 기분, 다행감)

(2) 증상은 초조, 불면증, 식욕조절 장애, 정신증적 양상과 장애 포함

(3) 직업기능, 일상적-사회적 활동, 대인관계의 어려움과 자해 및 타해의 위험성

① Bipolar Ⅰ Disorder

㉠ 조증과 우울증이 교대로 또는 조증이 반복적으로 나타나는 장애로 일생 동안 반드시 최소한 한 번의 조증 삽화가 있어야 진단이 내려진다.

㉡ 조증 삽화의 경우 남성에게 더 흔하고 여성에게서 우울증 삽화, 혼재성 삽화, 1년에 4회 이상의 삽화를 보이는 급속 순환형 비율이 더 높다.

㉢ 평균 발병 연령은 30세 이전으로 이혼가정이나 독신가정에서 더 흔한 것으로 알려져 있다.

㉣ 평생 유병률은 약 1%이다.

② Bipolar Ⅱ Disorder

㉠ 조증 정도가 경조증 정도로 심하지 않으며, 한 번 이상의 주요 우울증 삽화에 의해 특징지어지고, 적어도 한 번의 경조증 삽화가 동반

㉡ 환자는 주요 우울증이나 인격장애로 종종 오진되기도 한다.

㉢ Bipolar Ⅰ보다 젊은 나이에 발생하고 여성에게 더 흔하다. 특히 출산 직후 삽화를 경험할 위험이 높다.

㉣ 우울증상으로 인한 자살이 가장 심각한 위험으로 약 10~15%에서 발생하며, 무단결석, 학업 수행의 실패, 직업 실패, 이혼, 물질남용 등이 더 많이 동반된다.

(4) 약물치료

① 양극성 장애의 우울 삽화에서 리튬과 라모트리진(lamotrigine)이 1차 약물이다.

- 리튬은 급성 조증, 반복되는 조증에 일차적으로 사용되고, 양극성 장애를 장기간 관리하기 위해 이용된다.

② 리튬에 잘 반응하지 않는 경우 항경련제인 발프로에이트, 카르바마제핀, 라모트리진이 조증치료에 사용된다.

- 라모트리진은 양극성 장애의 1차 치료제로 급성 및 유지치료에 승인된 약물이다. 드물지만 피부반응으로 발진이 나타나면 생명을 위협할 수 있다.

6. 순환기분장애(Cyclothymic Disorder)

(1) 양극성 장애 Ⅱ가 경한 상태를 뜻하는 것으로 적어도 2년 이상 잦은 경조증의 기간과 잦은 경우울증의 기간이 교대로 나타난다. Bipolar Ⅰ보다 주기가 짧고 불규칙적이며 급격한 기분변화를 보이고 알코올이나 약물남용 병력이 있는 경우가 많다.

(2) 여성에게 더 많으며, 평생 유병율은 0.4~1%이며, 청소년기나 초기 성인기에 시작

(3) 양극성 장애 Ⅰ, Ⅱ로 발전될 위험율이 15~20%

(4) 진단기준

① 최소한 2년 이상(아동과 청소년은 1년) 경조증 삽화 기준을 만족하지 않는 다수의 경조증과 주요우울증 삽화 기준을 만족하지 않는 다수의 우울증상이 있다.

② 위의 2년 동안 경조증과 우울증 기간이 최소한 1년간 있었으며, 한 번에 2개월 이상 증상이 없었던 적이 없다.

③ 주요 우울증, 조증, 경조증 삽화기준이 충족된 적이 없다.

④ 증상이 조현정동장애, 조현병, 조현양상장애, 망상장애, 달리 분류되지 않는 조현병 스펙트럼, 기타 정신병적 장애로 더 잘 설명되지 않는다.

⑤ 증상이 물질이나 다른 의학적 상태의 직접적인 생리적 효과에 의한 것이 아니다.

⑥ 증상이 사회적 · 직업적, 기타 중요한 영역에서 임상적으로 심각한 고통이나 장애를 일으킨다.

7. 의학적 상태로 인한 우울장애(Mood Disorder due to Medical Condition)

(1) 이미 다른 의학적 상태의 직접적인 생리적 효과임을 지지하는 과거력과 생리적 검사 소견

(2) 지속적인 기분장애, 즉 거의 모든 활동에서 우울 기분, 현저하게 감소된 흥미나 즐거움, 의기양양, 과대적 기분

8. 약물로 유도된 우울장애(Substance-Induced Mood Disorder)

(1) 물질사용이 이 장애의 원인

(2) 지속적인 기분장애, 즉 우울한 기분, 거의 모든 활동에서 현저하게 흥미나 즐거움 감소, 의기양양, 과대적이거나 과민한 기분

9. 달리 분류되지 않는 우울장애

임상적으로 심각한 고통 또는 사회적, 직업적 또는 중요한 영역에서의 기능에 장애를 유발하나, 우울장애진단 분류기준을 충족시키지 못하는 경우를 말한다.

(1) 재발된 짧은 기간 동안의 슬픔

(2) 짧은 기간 동안의 우울 에피소드(4~13일)

(3) 불충분한 증상을 나타내는 우울 에피소드

CHECK Point

▶ **산후우울증**

출산 후 2~12주 사이에 나타나는 중증의 우울로 정신과적 병력이 있는 사람에게 훨씬 높은 빈도로 나타난다.

〈비고〉 산후우울은 출산 후 1~5일 사이에 산욕기 여성의 50~80%에게 나타나며 호르몬의 감소 등이 원인이 된다.

▶ **갱년기 우울**

1. 40~50대의 갱년기에 발병하는 우울로 DSM-Ⅳ에서는 별도의 진단명으로 쓰이지 않으며 주요 우울장애에 포함되어 있다.
2. 주요우울장애의 증상을 포함하여 초조, 안절부절 못함, 심한 건강염려증, 죄책감, 절망감, 편집증적 양상, 우울망상 등이 주로 나타난다.
3. 지남력은 좋으나 기억력은 현저히 저하되어 있고 치료적 예후는 좋은 편이다.

▶ **노년기 우울증의 흔한 증상**

기력 감소, 집중곤란, 기억력 장애, 허무감, 초조, 불면, 식욕상실, 체중 감소, 신체 증상 호소, 슬픔, 죄책감, 죽음이나 자살에 대한 집착, 수면장애, 정신운동성 초조나 지연, 변비 등이 나타난다. 특히 신체적 호소가 두드러져 신체 또는 신체기관 기능에 대한 망상이 많은 반면, 주관적 우울감의 호소는 적다. 우울증은 오전에 증상이 심하다.

5 간호과정

1. 사정

(1) 정서변화

① 우울장애에서의 정서

② 조증에서의 정서

(2) 사고과정

① 우울증에서의 사고과정들

② 조증에서의 사고과정들

(3) 지적 과정

① 지각

② 의식

③ 지남력

(4) 생리적 · 정신운동적 행동

① 우울증의 신체적 영향

② 조증의 신체적 영향

✚ SAD Persons Scale

(1) Sex : 남성
(2) Age : 19세 이하, 50세 이후
(3) Depression : 우울
(4) Previous attempt : 이전 자살시도
(5) Ethanol abus : 알콜 남용
(6) Ration thinking loss : 합리적 생각의 부족
(7) Organized pain : 질병
(8) No spouse : 미혼
(9) Social support lacking : 사회적 지지의 결여

2. 간호진단

(1) 우울증환자 간호진단

① 폭력 위험성 : 자해

② 사회적 상호작용 장애

③ 자존감 저하
④ 비효율적인 개인 대처
⑤ 무력감(hopelessness)

(2) 우울증환자 간호목표

① 자해행위를 하지 않을 것이다.
② 영양, 수분 배설유지
③ 휴식, 수면, 활동균형
④ 개인위생 유지
⑤ 감정 인식 및 표현
⑥ 안전한 방법으로 분노감, 적대감 표현
⑦ 자존감 강화 및 스트레스 요인 확인
⑧ 행동 조절 및 행동에 대한 책임감 증진
⑨ 타인과의 건전한 인간관계

(3) 조증환자 간호진단

① 폭력 위험성 : 자해
② 폭력 위험성 : 타해
③ 상해 위험성
④ 사회적 상호작용 장애
⑤ 사고과정 장애
⑥ 방어적 대처
⑦ 영양장애 : 요구량보다 부족
⑧ 자가 간호 결핍
⑨ 과다행위 및 초조 감소

(4) 조증환자 간호목표

① 영양, 수분 배설유지
② 휴식, 수면, 활동균형
③ 불안, 초조, 과대행동 감소
④ 지남력
⑤ 환각, 망상, 적대감 감소
⑥ 자해, 타해행위가 없을 것
⑦ 안전한 방법으로 분노감, 적대감 표현
⑧ 자존감 증가

⑨ 주의 집중 시간 증가
⑩ 타인과의 건전한 인간관계
⑪ 강압적 언사나 언어의 탈선이 감소

3. 간호계획

(1) 급성 치료 단계

① 증상호전, 질병 전의 기능 수준 회복
② 6~12주 소요

(2) 계속 치료 단계

① 증상 재발 예방, 회복 증진
② 재발의 위험성은 4~6개월 때 높음
③ 4~9개월 지속

(3) 유지 치료 단계 : 재발과 질병의 삽화 예방

4. 간호중재

(1) 안전하고 보호적인 환경

① 우울증 대상자
㉠ 자해 및 타해 예방
㉡ 안전한 환경
㉢ 자살에 대한 가능성 조사
㉣ 대상자 관찰
② 조증 대상자 : 자해 및 타해 예방

(2) 간호사 대상자 관계

① 우울증 대상자
㉠ 신뢰관계 형성
㉡ 자존감 증진
㉢ 자책감 등 망상 감소
㉣ 우울감 완화 및 감정 표현 증진
② 조증 대상자
㉠ 신뢰관계 형성
㉡ 정서적 지지
ⓐ 적절할 때 긍정적 피드백

ⓑ 성공적인 과제계획

ⓒ 현실적 목표에 대한 지지

(3) 신체적 간호

① 우울증 대상자

㉠ 식욕저하 및 체중감소시 음식을 소량으로 자주 제공한다.

㉡ 자존감을 유지시키기 위해 목욕을 시키고 몸치장을 돕는다.

② 조증 대상자

㉠ 지남력 상실, 망상, 기괴한 행동, 성적 행동화 감소

㉡ 과다행위 및 초조 감소

(4) 휴식, 수면 증진

(5) 영양가 있는 음식 섭취 격려

(6) 기본적 욕구 충족 및 일상 활동 수행에 대한 조력

(7) 정신약물치료

① 우울증 대상자 : 삼환계 항우울제, SSRIs, MAOIs

② 조증 대상자 : 리튬 치료 순응, carbamazepine

CHECK Point

1. 선택적 세로토닌 재흡수 억제제(Selective Serotonin Reuptake Inhibitors : SSRIs)

(1) 작용기전과 임상적용

① 시냅스전 신경세포에서 세로토닌의 재흡수를 선택적으로 차단하여 뇌에서 세로토닌의 신경전달물질을 증가시킨다.

② 안정성이 높고 부작용이 적기 때문에 최근 들어 사용빈도가 늘었으며, 일차적으로는 주요 우울장애의 치료에 사용하나, 이 외에도 정신과적 질환에 광범위하게 사용되고 있다.

③ 심각한 항콜린작용, 심혈관계 부작용과 진정작용이 드물며, 체중증가도 일으키지 않아 폭식증이 있는 환자에게도 유용하다.

(2) 부작용

① 가장 흔한 부작용 : 오심, 구토, 복통 등과 같은 위장관계증상

② 불면, 불안, 흥분과 같은 중추신경 흥분, 지연사정, 불감증, 발기불능, 성욕감퇴와 같은 성장애가 발생된다.

③ 구갈, 예민성 증가, 두통, 진정, 어지러움, 발한 등도 나타난다.

④ 세로토닌 증후군의 가능성(체온상승, 근육경직, 크레아티닌인산효소 CPK 상승)을 인식하게 한다. 이러한 위험성은 MAOIs와 함께 투여할 경우 매우 증가되어 이 약을 함께 주는 것은 피해야 한다.

(3) 종류

일반명	성인 상용량	투약경로
fluoxetine	20~80mg/day	PO
paroxetine	20~60mg/day	PO
sertraline	50~200mg/day	PO
citalopram	10~20mg/day	PO

2. 삼환계 및 사환계 항우울제(Tricyclic Antidepressants : TCAs)

(1) 작용기전과 임상적용

① 신경전달물질인 노르에피네프린이나 세로토닌이 시냅스전 신경말단으로 재흡수되는 것을 차단하여 시냅스에서의 유용성을 증가시킨다.

② 1차 적응증은 우울증이며, 이외에도 불안, 불면, 두통, 각종 공포증, 섭식장애, 아동의 야뇨증 등에 쓰이며 특히 클로미프라민은 강력한 항강박효과가 있다.

③ 기타 작용

㉠ 경련(seizure)의 역치 threshold를 낮출 수 있음

㉡ 항고혈압제의 효과를 낮출 수 있음

㉢ 술이나 항히스타민제와 병용 시 중추신경 억제 가능

㉣ 심독성을 초래할 수 있으므로 투약 전과 투약 중간에 심전도 검사를 실시

㉤ 단가아민 산화억제제(MAOIs)와 병용 시 고혈압성 위기를 일으킬 수 있음

(2) 부작용

① 항콜린 부작용 : 진정, 시력장애, 구갈, 배뇨곤란, 변비, 발기부전
→ 콜린성 제제인 베타네콜(bethanechol)의 투여로 경감시킬 수 있다.

② 심장질환이 있는 환자에게 투여 시 혈압, 맥박, 심전도 등 심혈관계에 상당한 영향을 주게 되며, 기립성 저혈압, 부정맥, 심전도 장애가 나타난다.

③ 과량으로 복용 시 혼란, 섬망, 의식 소실 및 사망할 수 있다.

④ 진정, 성기능장애, 경련, 추체외로 부작용이 나타난다.

⑤ 장기간 복용 시 항히스타민의 효과로 식욕이 증가하며 체중이 증가되기도 한다. 장기간 복용하다 갑자기 중단하면 불안, 불면, 두통 등의 금단증상이 나타나기 때문에 항콜린성 약물을 소량투여하거나 조금씩 감량하도록 한다.

(3) 중재

① 심리치료 격려

② 자살 대상자 감시 → 기분이 좋아지고 에너지 수준이 올라가는 동안에 주의

③ 대상자에게 자세를 천천히 바꾸도록 지시 → 저혈압의 영향 줄임

④ 매일 장운동 양상 관찰

⑤ 위장장애 → 음식이나 우유와 함께 투여

(4) 종류

일반명	성인 상용량	투약경로
amitriptyline	30~150mg/day	PO
imipramine	25~300mg/day	PO
clomipramine	30~150mg/day	PO

3. 단가아민 산화효소 억제제(Monoamiine Oxidase Inhibitors : MAOIs)

(1) 작용기전과 임상적용

① 중추신경계에서 단가아민의 재흡수를 촉진시키거나 분해를 억제하여 단가아민 전달을 급속히 증가시킨다.

② 일차 적응증 : 삼환계 항우울제 치료에 반응하지 않는 우울증이며, 다른 약물을 사용하여 반응하지 않을 경우에만 사용하는 것이 일반적이다.

③ 이 외에도 사회공포증, 공황장애, 광장공포증, 외상 후 스트레스장애, 거식증 치료에도 이용된다.

(2) 부작용

① 기립성 저혈압, 진정, 과자극, 불면, 구갈, 체중증가, 부종, 성기능 저하와 같은 부작용이 나타날 수 있다.

② 고혈압성 위기(Hypertensive crisis)

㉠ 고혈압성 위기를 위한 해독제 : 5~10mg의 phentolamine(Regitine)을 정주로 주입

㉡ 고혈압, 폭발적인 두통

㉢ 심계항진, 빈맥 혹은 서맥

㉣ 꽉 죄는 듯한 흉통

티라민이 함유된 음식은 MAOI의 효과를 상승시키는 음식으로 섭취 시 위기가 발생된다. 오래된 치즈, 포도주, 맥주, 요쿠르트, 초코렛, 말린 무화과, 바나나 등이 이에 해당된다.

(3) 중재

① 고혈압성 위기 증상 관찰

② 자주 혈압 측정

③ 대상자에게 자세를 천천히 바꾸도록 하여 저혈압 영향을 줄임

④ 약물의 효과는 첫 주부터 나타날 수 있지만 최대 효과는 3주 정도 걸림 교육

⑤ 심계항진, 빈번한 두통을 보일 시 약물을 중단하고 의사에게 보고

⑥ 카페인, 비처방 약물(체중 감량제, 건초열약, 감기약)을 피하도록 지시

(4) 종류

일반명	성인 상용량	투약경로
moclobemide	300~600mg/day	PO

4. Lithium(기분 안정제)

(1) 치료적 혈청 수준 : 0.6~1.2mEq/L

(2) 혈청 리튬 수치 : 매 1~2개월마다 검사

혈청수치 변화를 나타내는 행동이 나타날 때에도 검사

(3) 리튬 독성

섭취된 리튬이 해독되지 못하고 신장에 의해 배설될 때 발생, 독성 증상은 혈청 리튬 수치가 1.2~2.0mEq/L일 때 나타나기 시작

① 경증 독성

- 혈청 리튬 수치 : 1.5mEq/L
- 무감동, 기면, 집중력 저하, 경한 운동실조, 경한 근육허약, 거친 손 떨림

② 중등도 독성
- 혈청 리튬 수치 : 1.5~2.5mEq/L
- 오심, 구토, 심한 설사, 경도에서 중등도의 운동실조(ataxia), 운동 불능(incoordinate)
- 불규칙적인 진전, 불분명한 시야, 근육의 뒤틀림, 이명, 어눌한 말투(slurred speech)

③ 중증 독성
- 혈청 리튬 수치 : 2.5mEq/L 이상
- 의식 수준 손상, 대발작 · 혼수로 인한 사망, 안구진탕, 근섬유속 연축(fasciculation)
- 심부 건 과반사, 환시 · 환촉, 핍뇨 · 무뇨

(4) 중재
- 리튬 수치, 전해질, BUN, creatinine, CBC 검사 준비
- 자살우려 있는지 감시 후 자살예방 조치 취함
- 리튬 중지, 의사에게 보고
- 활력징후와 의식수준 측정
- 심장상태 관찰

5. 항경련제

(1) 작용기전과 임상적용

① 발프로에이트(valproate)

㉠ 리튬과 더불어 양극성 치료의 일차 약제로 사용되고 있다.

㉡ 리튬의 혼재성 삽화나 급성 순환성 삽화에서의 낮은 효과, 높은 부작용 위험성, 신장이나 갑상선 손상의 위험성 등을 보완할 수 있어 선호되고 있다.

② 카르바마제핀(carbamazepine) : 정확한 항조증 작용기전은 밝혀지지 않았지만 급성 조증 치료에 리튬과 발프로에이트의 대용물로 사용되며 전형적인 조증 환자보다 급성 순환성 조증, 불쾌성 조증, 신체증상이 있는 경우 등에서 효과를 나타내고 있다.

(2) 부작용

① 발프로에이트(valproate)

㉠ 비교적 부작용이 적은 편이며 오심, 식욕부진, 구토, 설사, 진정과 진전 같은 신경학적 증상. 혈장의 간 아미노 전이효소 증가 등은 저절로 소실되는 경우가 많지만 드물게 치명적인 경과로 진행될 수도 있다.

㉡ 드물게는 혈소판 감소증, 백혈구 감소증 등의 혈액학적 이상이 나타날 가능성이 있으며 이러한 경우 용량을 줄여야 한다.

② 카르바마제핀(carbamazepine)

㉠ 일반적이고 가벼운 부작용 : 피부발진, 위장관계 증상

㉡ 드물지만 백혈구 감소, 재생불량성 빈혈

㉢ 간염, 박리성 피부염도 드문 부작용이다.

㉣ 심장 전도에 영향을 줄 수 있으므로 주의해야 한다.

(8) 신체적 치료

우울증 대상자 : 전기경련치료, 수면박탈치료, 광선치료

(9) 인지전략

① 우울증 대상자 : 역기능적 사고 변화 – 자기이해, 자존감 증진, 긍정적 강화, 감정 탐색, 사고 변혁, 현실적 목표

② 조증 대상자 : 과대망상일 경우 – 현실을 인지하도록 하며 실제를 강화하도록 함

(10) 행동 변화

생산적 과제 – 성공적으로 수행할 수 있고 관심 있는 활동에 초점

(11) 사회적 기술

(12) 가족치료 및 집단치료

(13) 정신건강교육

6 자살 간호

1. 자살의 위험요인

(1) 남성, 청소년이나 40세 이상
(2) 이혼, 사별, 별거
(3) 충동적이거나 고립된 사람
(4) 이전의 자살력
(5) 갑작스런 행동의 변화
(6) 지지체계의 부족 또는 인지된 지지체계의 부족
(7) 소유물을 버리거나 누구에게 줌
(8) 우울 후 기분이 좋아짐
(9) 중병
(10) 알코올 및 약물 남용
(11) 양극성 장애
(12) 주요 우울증

2. 자살 단서

(1) 활동에 대한 흥미 상실
(2) 집중의 어려움

(3) 불면증
(4) 절망감
(5) 식욕저하
(6) 행동의 변화(긍정적 · 부정적)
(7) 급작스런 평온함, 우울증상의 호전
(8) 사회적 약속 취소
(9) 개인적이거나 특별한, 귀중품이나 소지품을 남에게 줌
(10) 유언의 작성, 변경
(11) 보험가입 또는 보험약관
(12) 독약, 총 등 치명적 물건에 대한 관심, 문의
(13) 자살시도 언급

3. 자살 사정 질문

사고	"자살에 대한 생각이 있습니까?"
계획	"자살에 대한 계획이 있습니까?"
방법	"어떤 방법으로 자살을 할 것입니까?"
의도	"당신은 자살계획을 수행할 의도가 있습니까?"
수행	• "어떻게 자살계획을 실행하실 겁니까?" • "언제 자살할 생각이십니까?" • "무슨 요일 또는 하루 중 어떤 시간에 자살할 계획이십니까?" • "어디서 자살할 생각이십니까?"

4. 우리나라 자살률의 증가요인

(1) 가치관의 변화와 혼동
(2) 과중한 스트레스
(3) 정서적 지지망의 약화
(4) 자아 강건성의 약화
(5) 생명경시 풍조
(6) 인구의 고령화
(7) **최첨단 정보화** : 폭력과 살상을 주제로 한 온라인 게임과 음란물의 범람
(8) 정신질환의 증가

5. 예방대책

(1) 직원과 항상 동행
(2) 어디에서 무엇을 하고 있는지 주의 깊게 관찰
(3) 가족력, 이전의 자살 기도나 방법 확인
(4) 자살의 치밀성 및 실행 가능성 사정
(5) 기분 변화 관찰 기록, 자살 징후 관찰
(6) 예방 방법 설명

FINAL TEST

01 주요 우울장애의 증상에 대해 5가지 이상 나열하시오.

02 Bipolar Ⅰ, Bipolar Ⅱ의 특징을 제시하시오.

03 다음의 우울장애 중 맞는 답을 쓰시오.

① 주요 우울장애	② 지속성 우울장애	③ 미분류 우울장애

(1) 심한 사회심리학적 스트레스, 특히 사랑하는 사람의 죽음 이후에 발생할 수 있으며, 우울한 기분이 2주 동안 지속된다.

(2) 만사가 귀찮거나 느낌이 없거나 불안한 기분, 반복되는 죽음에 대한 생각, 자살계획 및 시도

(3) 만성적 질환으로 자신이 우울증을 겪고 있음을 모르는 경우가 많다.

(4) 우울 기분이 있는 날이 더 많은 상태가 적어도 2년 이상 지속된다.

(5) 모든 장애들이 진단기준을 충족시키지 않는 우울양상이 있는 상태

FINAL TEST 정답

01 주요 우울장애의 증상
① 거의 매일 하루의 대부분 동안 우울한 기분이 주관적으로 표현되거나 객관적으로 관찰된다.
② 거의 모든 활동에서 흥미나 즐거움이 현저하게 저하된다.
③ 체중조절을 하고 있지 않은 상태에서 심한 체중감소나 증가가 있다.
④ 거의 매일 불면증이나 수면과다를 보인다.
⑤ 거의 매일 지속되는 정신운동성 초조 혹은 지체
⑥ 거의 매일 피로나 활력상실을 호소한다.
⑦ 무가치감이 계속되고 과도하게 죄책감을 가진다.
⑧ 사고력이나 집중력이 저하되고 우유부단하다.
⑨ 죽음에 대한 생각이 반복되고 자살기도를 계획하기도 한다.

02 양극성 장애
① Bipolar Ⅰ Disorder : 조증과 우울증이 교대로 또는 조증이 반복적으로 나타나는 장애
② Bipolar Ⅱ Disorder : 조증 정도가 경조증 정도로 심하지 않으며, 한 번 이상의 주요 우울증 삽화에 의해 특징지어지고, 적어도 한 번의 경조증 삽화가 동반되는 장애

03 (1) ① (2) ① (3) ② (4) ② (5) ③

04 다음에서 설명하고 있는 장애를 올바르게 표현하고 있는 것을 찾아 쓰시오.

① 양극성 장애Ⅰ	② 양극성 장애Ⅱ	③ 순환기분 장애

(1) 적어도 2년간 경조증과 경우울증이 교대로 나타나며, 주기가 짧고 급격한 기분변화를 보인다.

(2) 무단 결석, 학업 수행의 실패, 이혼, 물질남용, 신경성 식욕부진증, 신경성 폭식증 등과 관계가 있다.

(3) 한 번 이상의 주요 우울증과 경조증 정도가 반복되며 자신이 병적인 것으로 인식하지 못한다.

(4) 1주 이상 지속되는 조증과 주요 우울증이 교대로 또는 조증이 반복적으로 나타나는 장애

05 자살의 단서를 5가지 이상 나열하시오.

FINAL TEST 정답

4 (1) ③ (2) ② (3) ② (4) ①

5 자살의 단서
① 활동에 대한 흥미 상실
② 집중의 어려움
③ 불면증
④ 절망감
⑤ 식욕저하
⑥ 행동의 변화(긍정적 · 부정적)
⑦ 급작스런 평온함, 우울 증상의 호전
⑧ 사회적 약속 취소
⑨ 개인적이거나 특별한, 귀중품이나 소지품을 남에게 줌
⑩ 유언의 작성, 변경
⑪ 보험가입 또는 보험약관
⑫ 독약, 총 등 치명적 물건에 대한 관심, 문의
⑬ 자살시도 언급

CHAPTER 08 기분장애

기출문제

01 다음은 보건교사와 담임교사의 대화 내용 중 일부이다. 〈작성 방법〉에 따라 순서대로 서술하시오. [4점]

담임교사 : 선생님. 우리 반에 제Ⅱ형 양극성 장애를 진단받은 학생이 있는데, 이 질병은 어떤 특징이 있는지요?

보건교사 : ㉠ 제Ⅱ형 양극성 장애(bipolar Ⅱ disorder)는 주요 우울(삽화)과 경조증(삽화)이 1번 이상 나타나는데, 거의 대부분 우울로 시작되어서 주로 침울하고 무기력할 때가 많을 거예요. 조용할 때는 없는 듯이 있다가 기분이 들뜨면 에너지가 넘치고, 평소보다 말이 많고 ㉡ 계속해서 말을 해요. 또 잠도 거의 안 자고 주의가 산만한 모습을 보이기도 합니다.

담임교사 : 그렇군요. 그래서 약을 먹고 있다는데 기분의 변화가 약으로 해결되는지요?

보건교사 : 네. 처음 진단받으면 ㉢ 1차 선택약이 주로 사용됩니다.

… (하략) …

〈 작성 방법 〉

- 밑줄 친 ㉠의 제Ⅱ형 양극성 장애가 제Ⅰ형 양극성 장애에 비해 진단이 늦어지는 이유와 그로 인해 발생할 수 있는 가장 심각한 위험을 서술할 것.
- 밑줄 친 ㉡에 해당하는 증상을 DSM-5*에 근거하여 제시할 것.
- 밑줄 친 ㉢의 약물 중 저조한 기분에 작용하며, 정기적인 혈중 농도 확인이 필요하지 않은 항경련제의 일반명을 제시할 것.

* DSM-5 : 정신장애의 진단 및 통계 편람(제5판)

|모범답안|

㉠ 제Ⅱ형 양극성 장애 : 경조증+울증으로 조증 정도가 경조증 정도로 심하지 않아 주요 우울증이나 인격장애로 종종 오진되기도 한다. 특히 우울삽화가 먼저 나타나는 경우 진단이 늦어지는 경우가 많다. 제Ⅰ형에 비해 가벼운 정도로 다루어지는 경향이 있으나 보다 만성적이며, 평균적으로 우울증 기간이 더 길어 심각한 결과를 초래할 수 있다. 우울증상으로 인한 자살이 가장 심각한 위험으로 약 10~15%에서 발생하며 무단결석, 학업 수행의 실패, 직업 실패, 이혼, 물질남용 등이 더 많이 동반된다.

㉡ 경조증 상태의 지속기간이 4일 이상이며 기능변화가 다른 사람의 눈에 띌 정도이나 입원이 필요할 만큼 심하지 않은 다소 경한 상태를 말한다.
조증삽화의 증상은 다음과 같다.

- 팽창된 자존심 혹은 과대성
- 수면욕구 감소(3시간만 자도 충분하다고 느낌)
- 평소보다 말이 많거나 말을 계속하고 싶은 욕구
- 사고의 비약 또는 생각이 줄달음치는 주관적인 경험
- 주의산만(중요치 않거나 관계없는 외부 자극에 너무 쉽게 주의가 이끌림)
- 목적지향적 활동의 증가 또는 정신운동성 초조
- 고통스러운 결과를 초래할 가능성이 높은 활동에 지나치게 몰두(무절제한 물건 구입, 성적 무분별, 어리석은 사업추진)

ⓒ 라모트리진(lamotrigine)

- 뇌전증 및 양극성 장애를 치료하는 데 사용되는 항경련제
- 제 Ⅱ형 양극성 장애에서 급성 우울삽화와 급속 순환을 치료하고 양극성 Ⅰ형에서는 재발을 예방하는 데 사용된다.
- 원리 : 중추신경계를 억제시키는 주요 신경전달물질인 GABA의 작용을 증가시키고, 나트륨 채널의 작용을 감소시키는 것으로 알려져 있다.
- 부작용 : 졸음, 두통, 구토, 미세운동의 실조 및 발진

심각한 부작용 : 스티븐슨-존슨 증후군과 같은 피부질환, 알레르기 반응, 적혈구의 감소, 자살위험 증가

02 다음은 보건교사와 학생이 나눈 대화의 일부이다. 이를 바탕으로 자살의 유형, 위험요인, 중재에 대해 〈작성 방법〉에 따라 논술하시오.

[10점] 2018년

〈학생 정보〉

• 고등학교 1학년(만 16세)인 여학생으로 '주요우울장애'로 진단받아 지속적으로 면담해 오고 있다.

보건교사 : 잘 지내고 있는 지 궁금했어요. 병원에서 준 약은 잘 먹고 있나요?

학　　생 : 변비가 심하지만 억지로 먹고 있어요. 선생님, 제가 요즘 마음이 많이 무겁고 답답해요.

보건교사 : 무엇이 마음을 무겁고 답답하게 하나요?

학　　생 : 지난달 엄마가 자궁암으로 돌아가셨어요. 그날 이후 엄마와 함께 했던 기억이 계속 떠오르고 엄마가 너무 보고 싶어서 눈물만 나요.

보건교사 : 그런 일이 있었군요.

학　　생 : 엄마가 안 계시니 마음 기댈 곳이 없어요. 넓은 우주에 혼자 남겨진 것 같아요. 엄마 생각을 하다 보면 밥도 먹고 싶지 않고 잠도 안 와요. 한 달 동안 하루에 두세 시간 밖에 못 잤어요. 잠이 안 오니까 밤엔 엄마를 따라 죽는 방법밖에 없다는 생각만 자꾸 들고요.

보건교사 : 그동안 많이 힘들었겠어요. 무엇이 제일 힘든가요?

학　　생 : 엄마한테 너무 미안한 거예요. 엄마가 돌아가신 건 다 저 때문이에요. 제가 그렇게 속 썩이지만 않았어도 엄마한테 암 덩어리가 생기지 않았을 텐데... 다 저 때문이에요. 전 태어나지도 말았어야 해요.

보건교사 : 어머니께서 돌아가신 것이 본인 탓인 것 같아 많이 속상하고 힘들군요.

학　　생 : 그것만이 아니에요. 제가 속을 썩이는 바람에 아빠도 다니던 직장을 그만두시게 되었거든요. 결국 제가 문제에요, 저만 없어지면 다 행복해질 거에요.

… 중략 …

보건교사 : 그럼 과제를 하나 내줄게요.

학　　생 : 무슨 과제인가요?

보건교사 : 어떤 상황에 대해 떠오르는 생각들을 써 보는 거에요.

학　　생 : 어떻게 쓰면 되나요?

보건교사 : ㉠ 노트에 두 칸을 만들어 한 칸에는 어떤 일에 대한 상황을 쓰고, 나머지 한 칸에는 그 상황에 대해 바로 떠오르는 생각을 쓰세요. 그 다음은....

… 하략 …

〈 작성 방법 〉

- 서론, 본론, 결론의 형식을 갖추되, 본론은 다음 4가지를 포함하여 논술할 것
- 뒤르켐(E. Durkheim)의 자살유형을 바탕으로 학생이 속하는 유형을 제시하고 그 이유를 서술할 것
- 학생 정보와 대화문을 통해 파악된 학생의 자살위험요인 4가지를 제시할 것
- 보건교사가 학생에게 인지치료를 적용하려는 근거를 학생의 대화에서 찾아 서술할 것
- 라이트, 백과 테스(J. Wright, A. Beck, & M. Thase)의 인지치료 중 ㉠에 해당하는 기법의 명칭을 쓰고, 학생이 써 온 과제를 보건교사가 활용하는 방법과 효과를 서술할 것

|정답| 1. 자살유형 : 엄마의 죽음으로 인해 사회와의 결속이 약해졌기 때문에 자살을 생각하고 있으므로 뒤르켐의 자살유형인 이기적 자살에 속한다고 할 수 있다.

2. 자살위험요인 : 정신질환, 최근의 사회적 지지 결여(고립), 최근 스트레스 생활사건, 절망
3. 인지치료를 적용하려는 근거 : 어떤 상황에 대해 떠오르는 생각들을 써 보는 것, 즉 어떤 상황에 대해 자동적으로 떠오르는 부정적 사고를 변화시키고자 하는 것은 인지모델에 속한다.
4. 인지모델

|해설| 1. 뒤르켐의 자살론(1897년)에서 제시한 자살유형

(1) 이기적 자살 : 사회적 통합 정도가 낮고 개인과 사회의 결속이 약하거나 깨졌을 때 흔히 나타난다. 일상생활에 적응하지 못하고 고독감에 시달리는 사람들의 자살이 이 유형에 속한다.

(2) 이타적 자살 : 사회적 명분이나 목적을 위해 자신을 희생시키는 것으로 개인이 그가 속한 공동체의 가치에 종속되는 정도가 가장 강한 경우 주로 목격되는 자살 현상이다.

(3) 아노미적 자살 : 사회적 규제가 부족할 때 많이 나타난다. 즉 지금까지 안정되어 있던 가치관이나 사회 규범이 와해되는 상황에서 흔히 나타나는 자살 유형이다.

(4) 숙명적 자살 : 개인이 사회에 의해 과도하게 규제될 때 발생한다. 개인에 대한 지나친 억압은 운명 또는 사회 앞에 무력감을 느끼게 한다.

2. 자살 위험요인

- 의도적인 자살사고
- 자살미수
- 의학적 질병
- 자살 가족력
- 실직
- 공항발작
- 충동성
- 인지능력 상실
- 물질남용
- 최근 스트레스 생활사건(죽음, 기타 다양한 상실경험)
- 치명적인 자살계획
- 정신질환
- 아동학대 경험
- 최근의 사회적 지지 결여(고립)
- 절망
- 수치심 또는 굴욕감
- 공격성
- 총기이용 가능

3. 인지모델

(1) 자동적 사고 : 어떤 특정한 상황에서 그 사람의 마음속에 스쳐가는 단어나 영상 등을 말한다.

(2) 중간믿음 : 핵심믿음의 영향을 받으며 개인의 태도, 규칙, 가정들로 구성되어 있으며 평소에는 잘 인식하지 못한다.

(3) 핵심믿음 : 가장 근원적인 믿음으로 본인도 잘 인식하지 못한다. 모든 영역에 영향을 미치며, 고정되어 있으며 일반화되어 있다. 개인이 태어나서 성장해가면서 가지게 된 경험을 통해 자신과 타인, 세상에 대한 믿음을 형성하면서 구축된다.

03 다음은 주요 우울장애 진단 후 치료를 받고 있는 민지(여/18세)와 보건교사의 대화 내용이다. 괄호 안의 ㉠, ㉡에 해당하는 내용을 순서대로 쓰시오.

[2점] 2017년

> 보건교사 : 민지야! 병원에서 처방받고 있는 토라닐(삼환계 항우울제)은 잘 먹고 있니?
> 민지 : 네! 선생님. 그런데 병원에서 약을 나르딜(모노아민 산화효소 억제제)로 바꾸어 주었어요.
> 보건교사 : 아! 그래. 무슨 일이 있었어?
> 민지 : 입이 너무 마르고 변비 증상이 심해 약을 계속 복용하기가 힘들었어요.
> 보건교사 : 그랬구나. 바뀐 약에 관한 주의 사항은 들었니?
> 민지 : 소와 닭의 간, 발효 음식인 요거트 종류, 오래된 치즈, 훈제 생선, 절인 생선 같은 것은 먹지 말래요. 선생님! 왜 먹지 말아야 하지요?
> 보건교사 : 그런 음식은 (㉠)이/가 함유되어 있어 섭취시 (㉡) 증상이 나타날 수 있단다.

|정답| ㉠ 티라민, ㉡ 고혈압성 위기

|해설| 고혈압성 위기

1. MAO(Monoamine Oxidase : 모노아민 산화효소)는 신경조직과 간 및 장관 같은 조직에서 발견되는 미토콘드리아 효소로, 뉴런에서 휴식상태일 때 시냅스에서 유출된 과도한 신경전달 분자들인 노르에피네프린, 도파민, 세로토닌을 산화적으로 탈아민화하고 불성화하는 '안전밸브'로 작용함. MAOI(Monoamine Oxidase Inhibitors : 모노아민 옥시다아제 저해약)는 이 효소작용을 억제하여 신경전달 분자들의 분해를 억제함
2. 티라민은 장관 내에서 MAO에 의해 정상적으로 불성화됨. MAOI를 복용하는 대상자는 티라민을 분해할 수 없음. 티라민은 신경말단에서 대량의 카테콜라민을 유리시켜 후두 두통, 목경직, 오심, 고혈압, 심부정맥, 경련 및 뇌졸중을 야기함
3. 삼환계 항우울제 부작용

① 무스카린 수용제 차단작용 : 시력 흐림, 구강건조증, 요저류, 변비, 협우각 녹내장의 악화

② 알파 아드레날린 수용제 차단 : 체위성 저혈압, 어지러움, 반사성 빈맥

04 **다음은 보건교사가 '주요 우울장애'로 진단받은 수지(고1, 여)와 상담한 내용의 일부이다. 수지의 증상에 대해 인지행동치료 관점에서 파악한 내용을 〈작성방법〉에 따라 논하시오.**

[10점] 2016년

보건교사 : 수지야, 요즘 기분이 어떠니?
수지 : 매일 모든 게 슬프고 우울해요. 학교 오기도 싫고, 하루하루 생활이 재미가 없고, 흥미도 없어요.
보건교사 : 가장 힘든 게 뭔지 이야기해 줄 수 있을까?
수지 : 잠 못 자는 거예요. 그래서 학교에 오면 짜증이 나고 피곤해요. 밥맛도 없고요. 몸무게도 많이 빠졌어요.
보건교사 : 언제부터 그랬어?
수지 : 중학교 때 그런 적이 있었어요. 그때 병원에서 우울증이라고 했어요. 약도 먹었는데…… 최근 다시 우울하고 불안해졌어요.
보건교사 : 무슨 일이 있었니?
수지 : 중간고사에서 영어시험을 망쳤어요.
보건교사 : 아, 그랬어. 속상했겠구나. 영어시험을 망쳤을 때 수지는 어떤 생각이 들었어?
수지 : 남은 과목들도 모두 망칠 거라는 생각이 들었어요.
보건교사 : 그렇구나. 또, 수지를 힘들게 하는 게 뭐니?
수지 : 선생님, 제가 봄 소풍 가는 걸 엄청 기대를 했거든요.
보건교사 : 기대를 많이 했겠구나.
수지 : 네, 그런데 제가 소풍갈 때마다 비가 오는 거예요. 비가 오는 건 전부 제 탓이라고 생각해요.
보건교사 : 그런 생각을 할 때 기분이 안 좋았겠네?
수지 : 네, 속상하고 우울했어요.

… (중략) …

보건교사 : 이제부터 선생님과 함께 기분 나쁘게 하는 부정적인 생각들을 긍정적인 생각으로 바꾸는 연습을 할 거야.
수지 : 아, 그런 게 있어요?

… (하략) …

〈 작성 방법 〉

- 정신질환의 진단 및 통계 편람 제5판(DSM-5)에 의한 수지의 주요 우울장애 증상 4가지를 위 대화문에서 찾아 제시할 것
- 벡(A. Beck)의 인지치료 관점에서 수지의 인지적 왜곡 2가지를 위 대화문에서 찾아 쓰고, 그 명칭을 각각 제시할 것
- 엘리스(A. Ellis)에 의해 창시된 합리적 정서 행동치료(REBT)의 'ABCDE' 모형을 설명하고, 위 대화문에서 나타난 수지의 비합리적 신념 2가지를 이 모형에 적용하여 ABC 요소를 각각 제시할 것
- 서론, 본론, 결론의 형식을 갖출 것

| 모범답안 |

1. 수지의 주요 우울장애 증상 4가지
   - 수지 : 매일 모든 게 슬프고 우울해요. 학교 오기도 싫고, 하루하루 생활이 재미가 없고, 흥미도 없어요.
   - 수지 : 잠 못 자는 거예요. 그래서 학교에 오면 짜증이 나고 피곤해요. 밥맛도 없고요. 몸무게도 많이 빠졌어요.
   - 수지 : 남은 과목들도 모두 망칠 거라는 생각이 들었어요.
   - 수지 : 네, 그런데 제가 소풍갈 때마다 비가 오는 거예요. 비가 오는 건 전부 제 탓이라고 생각해요.

주요 우울장애(Major Depression)
다음 중 적어도 5개 이상이 거의 매일, 하루의 대부분을 적어도 2주 동안 나타나야 한다.
① 거의 매일 하루의 대부분 동안 우울한 기분이 주관적으로 표현되거나 객관적으로 관찰된다.
② 거의 모든 활동에서 흥미나 즐거움이 현저하게 저하된다.
③ 체중조절을 하고 있지 않은 상태에서 심한 체중감소나 증가가 있다.
④ 거의 매일 불면증이나 수면과다를 보인다.
⑤ 거의 매일 지속되는 정신운동성 초조 혹은 지체
⑥ 거의 매일 피로나 활력상실을 호소한다.
⑦ 무가치감이 계속되고 과도하게 죄책감을 가진다.
⑧ 사고력이나 집중력이 저하되고 우유부단하다.
⑨ 죽음에 대한 생각이 반복되고 자살기도를 계획하기도 한다.

2. 벡(A. Beck)의 인지치료 관점에서 수지의 인지적 왜곡 2가지
   - 수지 : 남은 과목들도 모두 망칠 거라는 생각이 들었어요.
   - 수지 : 네, 그런데 제가 소풍갈 때마다 비가 오는 거예요. 비가 오는 건 전부 제 탓이라고 생각해요.

Beck의 인지치료
벡은 자신과 환경에 대한 인지적 평가가 상실에 적응하는 과정 동안 평형을 유지하게 한다고 하였다. 부정적인 관점이 상실평가에 기초가 된다면, 부정적인 관점은 상실 그 자체보다 더욱 큰 문제를 야기한다고 보았다. 따라서 벡은 내담자로 하여금 사고유형의 왜곡을 자각하도록 시도한다.

3. 합리적 정서 행동치료(REBT)의 'ABCDE' 모형과 수지의 비합리적 신념 2가지

- A(선행사건) : 제가 소풍갈 때마다 비가 오는 거예요.
- B(신념체제) : 비가 오는 건 전부 제 탓이라고 생각해요.
- C(결과) : 속상하고 우울했어요.

합리적 정서 행동치료(REBT)의 'ABCDE' 모형

① Rational Emotive Behavior Therapy(인지, 정서, 행동, 치료)는 1956년 Ellis 박사에 의해서 창안되었다. 이 이론은 인간을 이루는 세 가지 핵심 영역인 인지, 정서, 행동이 서로 상호작용하는 과정에서 인지가 핵심이 되어 정서와 행동에 영향을 준다고 강조한다. REBT는 인간이 그 자극을 어떻게 지각하느냐에 따라 반응이 달라진다는 인지 매개설을 강조한다. 또한 REBT는 인지, 정서, 행동 중에서 인지에 의해 정서와 행동이 결정된다는 인지결정론적 견해를 취하고 있기 때문에 그간에 우리나라에서는 통상적으로 인지상담이론이라고 알려져 있다.

② A-B-C-D-E 모형(상담의 진행과정)

㉠ A(선행사건, Activating event) : 개인이 정서적 혼란을 가져오게 되는 사건, 상황, 행동 또는 개인의 태도

㉡ B(신념체제, Belief system) : 어떤 사건이나 환경적 자극에 대해서 개인이 갖게 되는 신념체제 또는 사고방식

㉢ C(결과, Consequence) : 선행사건(A)에 접했을 때의 결과

㉣ D(논박, Dispute) : 자신이 가지고 있는 비합리적인 신념이나 사고에 도전해 보고 과연 그 생각이 사리에 맞고 합리적인지를 다시 한 번 따져 보는 반박의 과정

㉤ E(효과, Effect) : 비합리적인 신념을 철저하게 논박하여 합리적인 신념으로 대체한 다음에 뒤따르는 효과로서 자기수용적인 태도와 긍정적인 감정과 행동

05 방송뉴스의 내용 (가)~(마) 중 박씨(남, 35세)의 자살원인 및 징후로 볼 수 있는 것만을 있는 대로 고른 것은?

[1.5점] 2012년

> 다음은 오늘의 사건 사고 뉴스입니다. 2011년 10월 OO일 새벽 6시 경기도 OO의 한 모텔에서 자살시도로 의식을 잃은 박OO씨가 발견되었습니다. (가) 학창 시절에 친구들 사이에서 인기도 많았고 활달했던 박씨는 졸업 후 (나) 계속 취업에 실패하면서 점차 우울해졌습니다. 친구들과 만날 때마다 박씨는 (다) "나 자살할 거야."라고 농담 반 진담 반으로 말하였지만 (라) 가족이나 가까운 친구들과는 좋은 관계를 유지하고 있었습니다. 그러나 가끔 술에 만취하여 지나가는 사람에게 시비를 걸어 싸울 때가 많아졌습니다. 이틀 전 박씨를 만난 친구 송씨는 "박씨가 (마) 오랜만에 밝은 표정이어서 반가웠어요. 자기가 아끼던 물건을 주어서 받아 왔어요.(이하 생략)
>
> ㅇㅇ방송 사회부 강ㅇㅇ기자였습니다.

① (가), (나)
② (나), (다), (마)
③ (다), (라), (마)
④ (가), (다), (라), (마)
⑤ (나), (다), (라), (마)

|정답| ②

|해설| 자살예고 행동단서

1. 자살하겠다고 위협하거나 과거에 자살을 시도한 일이 있었던 경우, 다시 자살을 기도할 가능성은 20~30배 높다.
2. 부모나 다른 가족구성원이 자살을 시도한 경우 또는 자살시도를 했거나 자살에 성공한 친구가 있는 경우
3. 죽음과 관련된 말과 행동을 하는 경우
4. 청소년 스스로 자신을 받아들이지 못하거나 심한 열등의식에 사로잡혀 있는 경우
5. 이혼이나 불화로 가정기능이 붕괴되어 가장이 자녀에게 보호, 양육, 교육기능을 다하지 못할 때, 아동은 절망에 빠지기 쉽고 자살행동이 증가한다.
6. 학교 등 평상시 해오던 일상활동을 거부하거나 학업성적이 지속적으로 떨어지거나 낙제, 장기결석, 가출, 학교중퇴시 자살시도가 급증한다.
7. 행동에 큰 변화가 있을 때
8. 상당기간 동안 지속되는 우울증상이 있을 때
9. 부모 몰래 약을 사 모으거나 위험한 물건을 감추는 것이 발견된 경우
10. 자살을 모험적이고 로맨틱하게 생각하는 경우

06 처방된 약물 복용으로 발생할 수 있는 고혈압 위기와 관련된 주의사항으로 옳은 것만을 〈보기〉에서 있는 대로 고른 것은?

[2.5점] 2012년

처방전

환자이름	김○○	성별/나이	여/45세
진단명	주요 우울장애(major depressive disorder)		
[10월 22일] • Nardil(phenelzine sulfate) 45mg 하루 두 번 복용하시오.			

〈 보 기 〉

ㄱ. 고혈압 위기로 서맥이 되면 의료진에게 알린다.
ㄴ. 교감신경 흥분제와 함께 사용하면 고혈압 위기를 막을 수 있다.
ㄷ. 치즈, 요구르트 등을 섭취하면 고혈압 위기가 올 수 있다.
ㄹ. 고혈압 위기시 팬톨라민(phentolamine, Regitine) 5mg을 천천히 정맥 주사한다.

① ㄱ, ㄴ
② ㄱ, ㄷ
③ ㄷ, ㄹ
④ ㄱ, ㄴ, ㄹ
⑤ ㄴ, ㄷ, ㄹ

|정답| ③

|해설| ㄱ. 고혈압성 위기는 혈압이 180/120mmHg 이상으로 상승하는 경우 안절부절 못함, 혼돈 및 섬망, 경련, 시야 흐림, 두통 및 오심구토 증상 등이 나타난다. 이러한 증상이 나타나는지 관찰한다.
ㄴ. 교감신경 흥분제와 함께 사용하면 고혈압성 위기를 초래한다.
ㄷ. Nardil(Phenelzine sulfate)는 치즈, 요구르트 등의 티라민 함유식품과 함께 복용시 Norepinephrine으로 전환되어 고혈압성 위기를 초래하게 된다.
ㄹ. 고혈압 위기 때는 단기작용의 α-아드레날린성 차단제인 phentolamine과 chlorpromazine을 투여한다. 또는 설하용 nifedipine을 가지고 다니다가 사용할 수 있다.

07 아래의 글을 읽고 A양의 자살위험 증상을 도출하고, A양의 자살예방을 위한 간호계획을 구체적으로 서술하시오.

[20점] 2010년

고등학교 2학년 학생이 보건교사에게 와서 자신의 친구 A양이 보낸 "죽고만 싶다."라는 문자를 보여주면서 걱정하였다. 그래서 보건교사가 A양의 담임교사와 부모를 통해서 다음과 같은 내용을 파악하였다.

● 가족관계

- 2녀 중 막내이다.
- 부모는 언니와 밀착되어 있다.
- 아버지가 지배적이고 성격이 강박적이며 완벽주의자이다.
- 부모 사이가 갈등상태에 있다.

● A양의 상황

A양의 언니는 중학교 때부터 대학교 1학년 현재까지 계속 장학금을 받아왔으며 팔방미인이라는 소리를 듣고 있고 부모님의 사랑을 독차지하고 있다. 반면에 A양은 어렸을 때부터 언니와 비교되면서 자신이 열등하다는 생각에 사로잡히고 자신을 무가치하다고 여기며 의기소침해지는 경우가 많다. 자신도 인정을 받으려고 노력하여 1학년 때는 성적이 상위권이었으나 요즘 들어 성적은 계속 떨어져 불안해지면서 잠을 제대로 잘 수가 없다. 성적에 대한 아버지의 비난과 질책으로 고통스러워했고, 아버지에 대한 분노가 마음 속에 있지만 두려워서 표현하지 못하고 그냥 참고 지낸다. 학교에서 친구들이 부모님 이야기를 하면 슬그머니 자리를 피하곤 했다. 그동안 친하게 지내던 몇 명 안되는 친구들과 사이가 멀어지면서 외로움이 밀려와 공부를 해도 집중이 안된다. 친구들로부터 자기만 따돌려지는 것 같아 소외감이 들고, 자신감이 없어지고 한편으로는 화가 나고 한없이 자신이 초라하게 느껴졌다. 방과 후에도 거의 활동을 하지 않고, 집안에서는 부모님과 대화를 거의 하지 않고 방에 들어가 울기만 하면서 이렇게 사는 것보다는 "차라리 죽는 것이 낫지 않을까"라는 생각을 자주 한다.

|모범답안|

1. 자살위험 증상은 "죽고만 싶다."라는 죽음과 관련된 말과 행동, 심한 열등의식에 사로잡혀 있거나, 평상시 친하게 지내던 친구들과 사이가 멀어지고, 공부해도 집중이 안되거나, 지속되는 우울증상 등이다.
2. 자살예방을 위한 간호계획
   (1) 안전한 환경수립을 위해 자살예방책, 자살 주의 또는 경계, 자살하지 않겠다는 약정서, 상황에 따라 강박이나 억제 등을 사용한다.
   (2) 기본적인 욕구 충족을 위해 적절한 수면 및 휴식활동계획을 수립하도록 돕는다.
   (3) 자살위험이 있거나 극도의 초조를 보이는 사람에게는 약물을 투여한다.
   (4) 자살위협이 어느 정도 제지되었다면, 인지행동치료와 같은 치료를 통해 자살사고 뒤에 숨겨진 이유를 드러내고 부모나 친구에 의해 적절한 상황적 지지를 제공한다.

(5) 대상자와 가족을 대상으로 교육을 실시한다. 교육내용으로는 상해를 입히는 데 사용될 수 있는 물건을 없애 안전한 가정환경을 만들며, 자해계획을 나타내는 기분이나 행동변화에 대해 알려주고 이를 인식하도록 하고, 대상자의 건강관리자에게 이를 알려주도록 한다. 또한 미래의 스트레스 요인을 예상하고 적절한 대처기술을 사용하도록 돕고, 쉽게 이용할 수 있는 24시간 응급 전화번호를 알려주며, 가족지지 집단미팅에 참여하도록 지지한다.

(6) 급성상황이 끝난 후에도 치료 및 관리가 계속 되도록 한다. 대상자와 가족과 함께 우울의 증상과 징후, 자살사고의 경고증상 및 약물효과를 복습한다.

08 '양극성 장애 I형, 조증 삽화, 반복형(bipolar I disorder, manic episode, recurrent)'이 의심되어 입원한 대상자에게 나타날 수 있는 증상을 〈보기〉에서 모두 고른 것은? 2010년

〈 보 기 〉

ㄱ. 사고의 비약	ㄴ. 정신운동(psychomotor) 지연
ㄷ. 수면욕구 감소	ㄹ. 망상

① ㄱ, ㄴ　② ㄱ, ㄷ
③ ㄴ, ㄹ　④ ㄱ, ㄷ, ㄹ
⑤ ㄴ, ㄷ, ㄹ

|정답| ④

|해설| 양극성 장애 I형, 조증 삽화, 반복형은 조증과 우울증이 교대로 조증이 반복적으로 나타난다. 1주 이상 지속되는 한 번 이상의 조증이나 혼재성 삽화의 특징이 나타난다. 증상은 조증기간에 (팽창된 자존심과 과대성, 감소된 수면욕구, 평소보다 말이 많고 계속 지껄이려는 압력, 사고의 비약, 분주하다는 주관적 경험, 산만, 목적지향적 활동 증가, 쾌락활동에 과도한 몰두)의 증상 중 3가지 이상의 증상이 나타난다.

09 우울증이 있는 16세 청소년의 자살 위험도를 사정하기 위한 질문으로 가장 적절한 것은? 2009년

① "자살에 대해 어떻게 생각하세요?"
② "요즘 죽고 싶다는 생각을 하세요?"
③ "가족 중에 혹시 자살을 하신 분이 있으세요?"
④ "최근에 본 죽음에 관한 영화나 책의 제목이 무엇인가요?"
⑤ "지난 달에는 얼마나 자주 매사에 흥미가 없어 괴로워하였나요?"

|정답| ②

|해설| 자살가능성이 의심되는 환자에게는 그 생각에 대해서 직접, 그리고 자세히 구체적으로 질문해야 한다. 자살사고와 계획에 대한 직접적인 질문이 자살행동을 제지할 수 있다.

CHAPTER

09 신체증상 관련 장애

1 정의

임상적으로 특별한 조직적 병변이 없고 병태생리가 뚜렷하게 드러나지 않는 신체증상들이 특징적으로 나타나는 정신질환

+ Selye의 GAS(General Adaptation Syndrome)

1. 경고 반응 : 투쟁 도피 반응 아드레날린 분비 – 신체적, 사고적, 정서적 반응
2. 저항 단계 : 당면한 문제에 대한 억압 또는 부정
3. 소진 단계 : 스트레스에 대한 부정적 영향이 신체 및 장기에 영향

2 원인

1. 생물학적 요인

- 신경생리학적 요인
- 유전적 요인

2. 심리학적 요인

3. 사회적 요인

4. 가정환경적 요인

5. 촉진 요인 : 개인적 스트레스, 중요한 인간관계 상실

3 신체증상관련 장애 유형

1. 신체증상장애(Somatization Disorder)

(1) 의사의 진단 또는 신체의 병리적 소견 유무 관계없이 건강에 대해 과도하게 반응하거나 부적응적인 반응을 나타내는 것을 의미한다.

(2) 30세 이전에 시작되고, 수년에 걸쳐 여러 신체적 호소에 대한 과거력

(3) 통증, 위장 증상, 성적 증상, 가성 신경학적 증상이 혼합되어 나타나며 환자는 전형적으로 고통을 호소하며 높은 수준의 기능적 손상을 경험한다. 가장 흔한 증상은 두통, 어지러움, 졸도, 구역질, 구토, 복통, 소화장애, 변비, 설사, 호흡곤란, 빈맥, 월경불순, 근골격계 통증, 생리통이다.

(4) 16세~25세의 젊은 여성에게서 자주 발생한다.

(5) DSM-5에서는 신체적 증상이 일상생활에 현저하게 어려움을 주거나 일상생활을 망가뜨리는 과도한 생각, 느낌, 행동이 동반되는 경우에 진단을 내린다.

2. 전환장애(Conversion Disorder)

(1) 대개 설명되지 않는 감각과 운동기능의 갑작스런 손실이 나타난다.

(2) 발병연령은 사춘기나 성인 초기이며, 여성에게서 약 2~5배 많이 나타난다. 사회경제적 하류계층, 농촌지역, 저학력자, 지능이 낮은 사람, 전쟁의 위협에 놓인 군인에게 많이 나타난다.

(3) 1차적 이득(Primary gain)은 환자가 자신의 충동을 수행할 수 없기 때문에 팔과 손의 마비로 불안이 해소되는 것이다. 이때 환자는 불안이나 걱정을 거의 나타내지 않는 만족한 무관심 증상을 나타낸다.

(4) 2차적 이득(Secondary gain)은 정서적으로 배려받고, 다른 사람들을 조종할 수 있으며, 불쾌한 상황이나 책임으로부터 해방되고, 금전적으로 혜택을 받는 등의 형태로 경험하게 된다.

(5) **증상(가장 흔한 증상 : 마비, 실명, 난청, 함구증)**

① **감각기능 증상** : 마비, 실명, 청력상실
② **운동기능 증상** : 마비, 떨림, 무언증
③ **기질적 증상** : 요정체, 두통, 호흡곤란

(6) **치료**

지지적 정신치료가 효과적이며 벤조디아제핀계의 약물이 도움이 되기도 한다.

3. 질병불안장애(건강염려증)

(1) 자신의 신체에 대한 심한 병적인 집착과 끊임없는 신체적 호소 및 환경에 대한 흥미의 결여를 특징으로 하는 장애로 이는 무의식 수준에서 일어나는 것이다.

(2) 환자는 특정한 신체기관에 어떤 질환이 있다고 끈질기게 믿고 있어서 진찰과 검사상 이상이 없다는 의사의 설명과 설득에 굴복하지 않고 여러 의사를 찾아다니게 된다.

(3) 사춘기에 호발하며 불안, 우울, 강박 인격의 경향이 흔하다. 남녀 모두에게 같은 빈도로 나타나며 30대의 남자, 40대의 여자에게서 시작된다. 결혼상태, 사회경제적 계층이나 교육수준 등과는 상관이 없다.

(4) 경과는 회복되었다가 다시 재발하는 등 삽화적이며 발병기간은 수개월 내지 수년간 지속되기도 한다.

(5) 지지적인 치료자–환자 관계가 도움이 되며 약물치료 및 적절한 정신치료를 병행하면서 재교육적 지지치료를 시도한다.

4. 허위성(가장성) 장애

(1) 특징

① 환자의 역할을 하기 위하여 의도적으로 만들거나 조작하는 신체적 증상이나 심리적 증상을 특징으로 하며, 꾀병과는 다르다. 꾀병은 의도적으로 증상을 만든 목적이 뚜렷하지만 허위성 장애는 증상이 노리는 뚜렷한 현실적 목적이 없다.

② 주로 히스테리성 인격장애에서 흔히 발견된다.

③ 허위성 장애는 증상을 의도적으로 통제할 수 있는 반면, 신체증상관련 장애 환자는 자신의 신체적 증상을 의도적으로 통제할 수 없다.

④ 관심을 받기 위하여 자신에게 상처를 입힐 수도 있다.

+ 꾀병

1. 의도적으로 거짓된 신체적 · 정신적 증상을 만들어 내거나 과장하는 것을 말한다.
2. 일을 회피하거나 범죄 기소를 피하기 위해 또는 약물을 얻거나 재정적인 보상을 얻는 등의 외적인 보상을 얻기 위함이다.
3. 증상은 자신이 얻고자 하는 목적을 얻자마자 곧 사라지기도 한다.

(2) 임상증상

다양한 증상이 보인다. 검사를 통해 아무 문제가 없어도 다른 문제를 호소하는데, 허위성이라는 증거에 직면하면 재빠르게 퇴원, 곧바로 다른 병원에 입원하거나 수많은 국가를 옮겨 다니기도 한다. 함구증, 거부증까지 나타날 수 있다.

(3) 진단기준

① 신체적이거나 심리적인 징후와 증상을 의도적으로 만들고 가장한다.

② 행동 동기는 환자 역할을 하기 위해서이다.

③ 행동의 외적인 유인자극이 없다.

예 꾀병에서 얻는 경제적 이득, 법적 책임 회피, 신체적 편안감 등

(4) 구분

① **심리적 징후와 증상이 있는 경우** : 암시에 잘 걸리며 의사가 묻는 많은 증상들이 있다고 답변한다. 때로는 반항적이거나 비협조적일 수 있다.

② **신체적 징후와 증상이 있는 경우** : 오심과 구토를 동반한 심한 좌하복부 복통, 현훈과 기억상실, 다량의 각혈, 전신발진과 농양, 확인되지 않는 발열, 항응고제 복용 후의 이차적인 출혈

③ 심리적, 신체적 징후와 증상이 함께 있는 경우

(5) 뮤하우젠증후군

의료인의 관심을 얻기 위하여 또는 희생자를 구하는 '영웅이 되기' 위하여 누군가에게 병이나 상해를 입히는 것을 말한다. 흔하지는 않으나 의사, 간호사, 물리치료사, 병원 자원봉사자와 같은 의료전문가나 이들과 친숙한 사람들에게서 발생하기도 한다.

5. 정신생리장애

(1) 억압된 정서적 갈등의 문제들이 신체적 기능상의 장애, 더 나아가 신체기관에 조직학적 변화를 일으키는 것을 말한다.

(2) **소화기계 장애** : 소화성 궤양, 궤양성 대장염, 신경성 식욕부진증, 비만

(3) **호흡기계 장애** : 과호흡, 기관지 천식

(4) **순환기계 장애** : 고혈압, 관상동맥성 심장병

(5) **내분비계 장애** : 갑상선 기능항진증, 당뇨병

(6) **피부계 장애** : 소양증, 다한증, 적면증, 두드러기, 아토피성 피부염, 원형탈모

(7) **근골격계 장애** : 류마티스성 관절염, 요통

(8) 정신신경계 장애

(9) **두통** : 편두통, 긴장성 두통

(10) **면역계 장애** : 감염, 알레르기 장애, 장기이식에 대한 거부현상, 암

(11) 비뇨생식계 장애

FINAL TEST

01 정답을 찾아 쓰시오.

① 신체화 장애	② 전환장애	③ 건강염려증

(1) 신체의 여러 기관에 걸쳐 장기간 다양한 신체적 증상을 되풀이하여 호소한다.

(2) 극적인 증상이 나타나며 사춘기나 성인 초기에 여성에게서 2~5배 많이 나타난다.

(3) 발병연령은 주로 10대 후반이고, 여성에게서 5~20배 호발하며 가족구성원 중 물질남용이나 반사회적 인격이 많다.

(4) 남녀 모두에게 같은 빈도로 일어나며 결혼상태, 사회경제적 계층이나 교육수준 등과는 상관이 없다.

(5) 의존적이고 자기중심적이며 칭찬과 인정받기를 갈망한다.

(6) 여러 의사를 찾아다니며 적절한 의료혜택을 받지 못했다고 주장하고 우울과 불안이 합병하기도 한다.

(7) 가장 흔한 증상은 두통, 어지러움, 졸도감, 구역질, 구토, 복통, 소화장애, 설사, 변비, 호흡곤란, 빈맥, 성기능 장애, 월경불순 등이다.

(8) 환자에게서 만족한 무관심 현상이 나타난다.

(9) 가장 흔한 증상으로는 마비, 실명, 난청, 함구증 등이다.

FINAL TEST 정답

1 (1) ① (2) ② (3) ① (4) ③ (5) ①
(6) ③ (7) ① (8) ② (9) ②

CHAPTER 09 신체증상 관련 장애

기출문제

01 **다음은 보건교사가 작성한 건강 상담 카드이다. 괄호 안의 ㉠에 들어갈 임상 진단명과 밑줄 친 ㉡에 해당하는 용어를 순서대로 쓰시오.** [2점] 2017년

<table>
<tr><td colspan="4">건강 상담 카드
○○ 고등학교</td></tr>
<tr><td>날짜</td><td>2016년 ○○월 ○○일</td><td>학년-반</td><td>2-4</td></tr>
<tr><td>성명</td><td>최 ○○</td><td>성별</td><td>여</td></tr>
<tr><td colspan="4">〈면담 관찰 내용〉
○ 학기말고사를 보기 위해 교실에 앉아 답안지를 작성하려 하자 갑자기 손가락을 움직일 수가 없어 시험을 볼 수 없었다. 즉시 병원으로 후송되어 신경과에서 정밀검사를 받은 결과 정상으로 판정되었다.
그 후 정신과로 의뢰되어 상담 검사를 받은 결과 '신체증상관련 장애' 중 (㉠)(으)로 진단을 받았다.
○ 학생은 ㉡ <u>손가락을 움직일 수 없는 증상에 대하여 걱정을 하지도 않으며 무심한 태도</u>를 보인다.
… (하략) …</td></tr>
</table>

|정답| ㉠ 전환장애(기능적 신경학적 증상 장애), ㉡ 만족스러운 무관심

02 손양이 보이는 정신 심리현상에 대한 설명으로 옳은 것을 〈보기〉에서 고른 것은?

[1.5점] 2012년

타과 의뢰서

환자 이름	손○○	성별/나이	여/19세

정신과 ○○○교수님 귀하

상기 환자는 대학수학능력시험을 보기 위해 전철을 타고 이동하던 중 갑자기 아무 것도 보이지 않아 병원으로 후송되었습니다. 안과 정밀검사 결과 신체적 병리 소견이 없어 정신과로 의뢰합니다.

안과의 : ○○○ 배상

〈 보 기 〉

ㄱ. 손양의 증상 형성에 관여한 방어기전은 억압과 전환이다.
ㄴ. 손양에게는 만족스러운 무관심(la belle indifference)이 나타날 수 있다.
ㄷ. 손양의 갑작스러운 시력장애는 해리성 장애(dissociative disorder)에서 보이는 증상이다.
ㄹ. 손양은 시력장애로 인해 시험을 보지 않아도 되는 일차적 이득(primary gain)을 얻었다.

① ㄱ, ㄴ
② ㄱ, ㄹ
③ ㄴ, ㄷ
④ ㄴ, ㄹ
⑤ ㄷ, ㄹ

|정답| ①

|해설| ㄷ. 손양의 갑작스러운 시력장애는 전환장애에서 보이는 증상이다.

ㄹ. 손양은 시력장애로 인해 시험을 보지 않아도 되는 이차적 이득을 얻었다.

1. 전환장애는 실제 신체적 질병 없이 무의식적인 정신 내적 갈등이 신경계 증상, 즉 감각기관이나 수의적 운동의 극적인 기능상실이 주요 증상인 장애이다.
2. 원인적 갈등요인은 대개 성적 · 공격적 · 본능적 충동 등이며, 증상이 대상자에게 타인을 통제하고 조종하는 비언어적 수단이 될 수도 있다.
3. 극적인 증상 자체가 자기의 내적 긴장을 푸는 1차적 이득과 이러한 극적 증상으로 원하지 않는 상황에 대한 회피, 주위환경으로부터의 관심과 보호, 사회적인 책임 회피, 자신의 욕구충족을 위한 타인 조종 등을 포함하는 2차적 이득 등 여러 이득을 얻게 된다.
4. 실제 고통스러운 증상이 있는데도 대상자는 자신의 증상에 대해 걱정하지 않고 무관심한 태도를 보이는데 이를 '만족스러운 무관심'이라고 한다. 이러한 증상 형성에 관여하는 방어기제는 동일시, 투사, 전환 등이다.
5. 치료방법은 지지적 정신치료와 행동치료이다.

CHAPTER

10 인격장애

1 인격장애(Personality Disorder)

① 개인이 문화적 기대로부터 심하게 벗어난 지속적인 내적 경험과 행동양식을 보임
② 광범위하고 굳어 있으며 청소년기 혹은 성인기 초기에 시작
③ 시간이 지나도 변하지 않고 이로 인한 장애
④ 인격 특성이 융통성이 없고 부적응적이며 주요한 기능 손상과 주관적 고통신뢰성, 자율성, 독립성과 의미 있는 관계와 같은 발달과업을 성취하기 위한 개인의 능력이 제한

2 인격장애자들의 공통적 특성

① 스트레스에 대한 비융통성과 부적응적인 반응
② 일과 사랑하는 능력의 결여
③ 인간관계에 갈등을 불러일으키는 능력
④ 타인을 화나게 하는 능력

3 인격장애의 진단[DSM-IV-TR]

① 개인 문화의 기대와 현저히 빗나가는 내적 경험과 행동의 지속적 유형
② 광범위한 개인적 또는 사회적 상황에 걸쳐 비융통성과 파급성이 지속되는 유형
③ 임상적으로 중요한 고통이나 사회적, 직업적, 다른 중요한 기능적 영역에서 손상을 유발하는 지속적인 유형
④ 오랜 기간 지속되고 그것의 발생은 적어도 청소년기나 초기 성인기로 거슬러 올라가서 추적될 수 있는 유형
⑤ 다른 정신장애의 발현이나 결과로서 설명되지 않는 지속적 유형
⑥ 다른 약물의 직접적인 생리적 효과

4 원인

1. 생물학적 요인

(1) 유전적 취약성 등의 생물학적 요인과 환경적 요소 간의 상호작용
(2) 유전
(3) 세로토닌과 같은 생화학 물질이 인격장애 유발

2. 정신사회적 요인

(1) 정신분석이론
(2) 대상관계이론

3. 촉진요인

사회문화적 스트레스, 심리적 스트레스

5 유형 및 증상

1. A그룹 : 편집성, 조현성, 조현형 인격장애

상식적인 범위에서 벗어나거나 이상하게 행동하는 인격장애군

2. B그룹 : 반사회성, 경계성, 히스테리성, 자기애적 인격장애

변덕스럽고 히스테리적이며 감정적 행동특성이 나타난다.

(1) **경계성 인격장애** : 다음 중 5가지 이상으로 나타난다.

① 실제 혹은 상상 속에서 버림받지 않기 위해 필사적으로 노력한다.
② 극적인 이상화와 평가절하가 반복되는 불안정하고 강렬한 대인관계 양상
③ **정체감 혼란** : 심각하고 지속적인 불안정한 자아상 또는 자아지각
④ 자신에게 손상을 줄 수 있는 충동성이 적어도 두 가지 영역에서 나타난다.
예 낭비, 성관계, 물질 남용 등
⑤ 반복적인 자살 행동, 제스처, 자살 위협, 자해행위
⑥ 만성적인 공허감
⑦ 부적절하고 심한 분노 또는 분노를 조절하기 어렵다(자주 울화통을 터뜨림, 항상 화를 냄).
⑧ 일시적이고 스트레스에 의한 망상적 사고 또는 심한 해리 증상

(2) **연극성 인격장애** : 다음 중 5가지 이상으로 나타난다.

① 자신이 관심의 초점이 되지 못하는 상황에서 불편해 한다.

② 다른 사람과의 행동에서 흔히 상황에 어울리지 않게 성적으로 유혹적이거나 도발적인 행동으로 특정지어진다.

③ 감정이 빠른 속도로 변화하고 피상적으로 표현된다.

④ 자신에게 관심을 끌기 위해 항상 육체적 외모를 사용한다.

⑤ 지나치게 인상적으로 말하면서도 내용은 없는 대화양식을 갖고 있다.

⑥ 자기 연극화, 연극조의 과장된 감정표현이 나타난다.

⑦ 대인관계를 실제보다 더 친밀한 관계로 생각한다.

(3) **자기애성 인격장애** : 다음 중 5가지 이상으로 나타난다.

① 자신의 중요성에 대한 과대한 느낌을 가진다.

② 무한한 성공, 권력, 탁월함, 아름다움, 이상적인 사랑에 대한 공상에 자주 몰두한다.

③ 자신이 특별하고 독특하다고 믿고, 특별한 사람이나 상류층 사람들만이 자신을 이해할 수 있고 또한 그런 사람들과만 어울려야 한다고 믿는다.

④ 과도한 숭배를 요구한다.

⑤ 특권의식, 즉 특별대우를 받을 만한 이유가 없는데도 특별대우나 복종을 바라는 불합리한 기대감

⑥ 대인관계가 착취적이다.

⑦ 감정이입의 결여

⑧ 자주 타인을 질투하거나 타인이 자신에 대해 질투한다고 믿는다.

⑨ 오만하고 건방진 행동이나 태도

3. C그룹 : 회피성, 의존성, 강박성 인격장애 – 근심과 두려움에 대한 행동 특성군이다.

◎ 그룹별 유형과 특성 Ⅰ

그룹	인격장애	특성
A	편집성 (Paranoid Personality disorder)	• 타인의 행동이 악의에 찬 동기가 있다고 해석하는 등 불신과 의심하는 인격장애 • 과민, 오해 • 편협한 감정, 유연성 결핍, 유머감각 없음
	조현성 (Schizoid Personality disorder)	• 사회적 관계에서 고립되고 정서표현이 제한된 인격장애 • 타인의 칭찬이나 비판에 무관심 • 사회적 참여에 대한 욕구 결여, 친한 친구 없음 • 일반적으로 위축, 은둔적, 혼자 하는 일이나 취미를 좋아함 • 정서적으로 멍하거나 냉담함, 차가워 보이고 혼자 떨어져 있음

	조현형 (Schizotypal Personality disorder)	• 관계가 가까워지면 급성불안이 일어나고 인지 또는 지각의 왜곡, 괴이한 행동을 보이는 인격장애 • 사고, 지각, 언어, 행동상의 다양한 이상 증상 • 마술적 사고, 관계망상, 편집적 사고, 착각, 이인증 • 이상한 단어선택, 사회적 고립, 부적 정서
B	반사회성 (Antisocial Personality disorder)	• 타인의 권리를 무시하고 침범하는 인격장애 • 반사회적 행동의 과거력 • 학업이나 직장에서 성취 정도 빈약함 • 가까운 사람, 특히 성적 대상과의 관계유지 어려움 • 피상적으로 얌전함, 속임수와 유혹
	경계성 (Borderline Personality disorder)	• 대인관계, 자아상, 정동이 불안정하고 심하게 충동적인 인격장애 • 예측 불가능한 행동 • 정서변화가 심하고 부적절함 • 자아상과 성적인 기호 혹은 가치가 불명료하며 주체성이 빈약함
	히스테리성 (연극성) (Histrionic Personality disorder)	• 과도하게 감정적이고 관심을 끌려는 인격장애 • 연극적, 시선집중을 구하는 행동 • 불안발작이나 분노 폭발 • 요구가 많고 자아중심적이며 생각 없는 행동 • 속임수와 분열조장 • 유혹, 피상적인 대인접촉
	자기애성 (Narcissistic Personality disorder)	• 자신에 대한 과대평가, 칭찬에 대한 욕구, 공감의 결여를 특징으로 하는 인격장애 • 권력, 성공, 부, 아름다움, 사람에 대한 환상에 몰두 • 공감능력의 결핍 • 속임수
C	회피성 (Avoidant Personality disorder)	• 사회활동의 억제, 부적합감, 부정적 평가에 대한 과민성을 특징으로 하는 인격장애 • 걱정과 두려움 • 낮은 자존감, 창피나 거절에 과민 • 가까운 관계형성 갈망을 동반하는 사회적 위축
	의존성 (Dependent Personality disorder)	• 보살핌을 받고자 하는 과도한 욕구가 있는 순종적이고 의존적 행동을 특징으로 하는 인격장애 • 부적당감과 무력감 • 의존적 관계형성 • 자기욕구를 경시하고 주요 결정을 타인에게 넘김 • 지나치게 수동적이고 유순함
	강박성 (Obsessive Compulsive Personality disorder)	• 정리정돈, 완벽성, 그리고 통제에 대한 과도한 집착을 특징으로 하는 인격장애 • 감정표현 빈약 • 지나치게 차갑고 경직된 태도 • 규칙이나 사소한 일 혹은 타인의 의견에 부합하고자 노력함 • 우월한 태도, 지배욕 • 완전하고 가치 있는 일을 지향하는 경향

기타	수동공격성 (Passive Aggressive Personality disorder)	타인에게 간적접이며, 내성적으로 공격을 표현함으로써 갈등이나 스트레스 요인에 대처

그룹별 유형과 특성 II

그룹	유형	정서	자아상	행동	대인관계	인지양상	방어기전
A	편집성	화를 잘 냄	자아 중요성과 신용에 집착, 타인이 자기를 착취하려한다고 생각	방어적임	터놓고 얘기하기를 꺼려하며 도발적	불신과 의심이 많음	투사
	조현성	밋밋함	자기만족을 나타냄	무기력해 보임	타인과 멀리 떨어져 지냄	빈약함	주지화
	조현형	혼란스러움	소외당하는 느낌을 지님	괴이함	비밀이 많음	자폐적임	취소
B	반사회성	냉담함	자신에 대한 평가가 과도하고 오만함	충동적임	무책임함	이탈된 양상을 보임	행동화
	경계성	부적절한 분노 및 정서적 불안, 충동성	정체감 혼란 및 불안정성이 나타남	조급함	불안정하고 모순되어 보임	변덕스러움	퇴행
	히스테리성 (연극성)	변덕스러움	사교적이라 생각함	가식적이며 극적인 행동 나타남	상대방을 조롱하려 함	경박함	해리
	자기애성	경쾌함	자신의 가치를 높게 평가함	오만함	착취적임	과대 망상적 경향을 보임	합리화
C	회피성	걱정이 많음	고립되어 있다고 생각함	매우 조심스러움	회피적임	산만함	환상
	의존성	평온해 보임	부적절하다고 생각함	무능함	순종적임	순진함	함입
	강박성	엄숙하게 보임	양심적이라고 생각함	경직성과 완고함을 보임	예의 바르고 정중함	편협함	반동형성
기타	수동공격성	적대적임	다른 사람으로부터 이해받지 못한다고 생각함	두려워하지 않음	위협적임	독단적인 경향을 보임	고립

FINAL TEST

※ 다음에서 설명하고 있는 인격장애의 분류를 쓰시오.

01 A그룹

① 편집성	② 조현성	③ 조현형

(1) 타인에 대한 지속적인 불신, 질투와 경계증상

(2) 칭찬이나 비판 혹은 타인의 느낌에 무관심

(3) 마술적 사고, 관계망상, 편집적 사고, 착각, 이인증

(4) 감정적 제한, 유연성 결핍, 유머감각 없음

(5) 일반적으로 서먹함, 은둔적, 혼자하는 일이나 취미를 좋아함

02 B그룹

① 반사회성	② 경계성	③ 히스테리성(연극성)	④ 자기애성

(1) 타인의 권리와 감정을 무시하고 학업성취 정도도 빈약함

(2) 연극적, 시선집중을 구하는 행동, 유혹, 피상적인 대인접촉

(3) 자신이 중요인물이라는 과장된 생각, 극단적 자기중심성

(4) 요구가 많고 자아중심적이며 생각 없는 행동

(5) 대인관계의 강렬하고도 불안정한 관계형성, 정서변화가 심하고 부적절함

(6) 권력, 성공, 부, 아름다움, 사람에 대한 환상에 몰두

(7) 가까운 사람 특히 성적 대상과의 관계유지 어려움

FINAL TEST 정답

01	(1) ①	(2) ②	(3) ③	(4) ①	(5) ②
02	(1) ①	(2) ③, ④	(3) ④	(4) ③	(5) ②
	(6) ④	(7) ①			

03 C그룹

① 회피성	② 의존성	③ 강박성

(1) 지나치게 차갑고 경직된 태도, 감정표현에 무능
(2) 낮은 자존감, 창피나 거절에 과민, 걱정과 두려움
(3) 자기욕구를 경시하고 주요 결정을 타인에게 넘김
(4) 완전하고 가치 있는 일을 지향하는 경험
(5) 지나치게 수동적이고 유순함
(6) 규칙이나 사소한 일 혹은 타인의 의견에 부합하고자 노력함

FINAL TEST 정답

3 (1) ③ (2) ① (3) ② (4) ③ (5) ②
(6) ③

CHAPTER 10 인격장애

기 출 문 제

01 **정신장애의 진단 및 통제 편람(DSM-IV-TR : Diagnostic and Statistical Manual of Mental Disorder-IV-Text Revision)에 의하면 인격장애를 행동의 유사성에 근거하여 세 군으로 분류한다. 분류군과 세부 진단 및 행동 특성을 옳게 연결한 것은?** [2.5점] 2012년

분류군	세부 진단	행동 특성
A군	(가) 회피적 인격장애	ㄱ. 자기욕구를 경시하고 주요 결정을 타인에게 넘기는 사람
B군	(나) 의존성 인격장애	ㄴ. 정서변화가 심하고 충동적이어서 예측 불가능한 행동을 많이 하는 사람
	(다) 경계성 인격장애	ㄷ. 마술적 사고, 천리안 또는 투시력이 있다고 주장하기도 하고 자신이 초능력자라고 믿는 사람
C군	(라) 분열형 인격장애	ㄹ. 자존감이 낮아 타인의 거절에 상처받고 타인과의 관계 형성이 어려워 위축된 사람
	(마) 반사회적 인격장애	ㅁ. 가까운 사람 특히 성적 대상과의 관계유지가 어려운 사람

① A군 - (가) - ㄹ
② B군 - (다) - ㅁ
③ B군 - (마) - ㄴ
④ C군 - (나) - ㄱ
⑤ C군 - (라) - ㄷ

|정답| ④

|해설| A군 - (라) 분열형 - ㄷ
B군 - (다) 경계성 - ㄴ
B군 - (마) 반사회적 - ㅁ
C군 - (가) 회피성 - ㄹ
C군 - (나) 의존성 - ㄱ

CHAPTER

11 해리장애

1 정의

정상적인 통합적 기능(의식, 기억, 정체감, 환경에 대한 지각 등)의 붕괴

2 원인

1. 정신사회적 요인

2. 생물학적 요인

3. 가족 역동

4. 촉진요인

(1) 외상과 충격

(2) 역할긴장

① 역할갈등, 역할모호성, 역할부담 등

② 발달상의 역할전환

③ 상황적인 역할전환

④ 건강 질병 역할전환

3 주요질환

1. 해리성 정체감 장애(Dissociative Identity Disorders)

(1) 다중인격장애라고도 하며 이는 자기 고유의 인격 이외에 한 가지 혹은 그 이상의 다른 인격과 교체되어, 새로운 인격에 의해 지배되는 상태를 말한다. 각 인격들은 서로 정반대의 특징을 나타낸다.

(2) 변화된 인격은 의식이 뚜렷하고 그 나름대로 결합되어 있어서 그 인격을 가졌을 때의 기억과 행동, 친분관계는 어느 정도 유지된다.

(3) 다시 원래의 인격으로 되돌아 왔을 때는 변화되었던 인격의 주체성과 그 시기의 모든 경험이 망각된다.

(4) 사춘기 후반이나 성인기 초기에 있는 여성에게 주로 나타난다. 감당하기 어려운 환경에 취했을 경우 갑자기 발병하며 인격의 변화는 반복되고 만성적인 경과를 취한다.

(5) 예후는 다른 해리장애의 경우보다 좋지 않다.

2. 해리성 기억상실(Dissociative Amnesia)

(1) 해리장애 중 가장 흔하며 과거 심인성 기억상실이라고 불리웠다.

(2) 중요한 개인적 정보를 회상하는 능력을 잃어버리는 것으로, 보통 스트레스가 심했거나 상처가 컸던 사건에 대한 기억 등이 망각된다.

(3) 기억상실의 유형

① **국소적 기억상실** : 어떤 특정 시기에 경험한 사건 전부를 회상하지 못하는 경우로 자동차 사고로 가족이 사망했을 때 그 사건 자체와 그 뒤 얼마간의 일을 전혀 기억해 내지 못하는 것을 말한다.

② **선택적 기억상실** : 어떤 특정한 시기에 일어난 사건 가운데 어떤 부분만 기억해 내지 못하는 경우로 교통사고로 아내가 사망했는데 사고현장, 장례식 등을 자세히 기억하면서 장인과 대화한 것에 대해서만 기억해 내지 못하는 현상이다.

③ **전반적 기억상실** : 자기의 전 생애에 대해 기억을 하지 못하는 경우로 가장 드문 현상이다.

④ **지속적 기억상실** : 어떤 시기 이후에서부터 현재까지의 일을 기억해 내지 못하는 경우이다.

3. 이인장애(Depersonalization Disorder)

(1) 자기 자신이 변화했다는 이인증 또는 외부세계가 달라졌다는 비현실감을 호소하는 등 지속적이고 반복적인 지각의 변화로서 현실감각이 일시적으로 상실되는 장애이다.

(2) 개인은 기계인, 꿈속, 영화 속에서 사는 것처럼 느낌

(3) 자신의 정신과정, 자신의 신체 또는 자신의 신체 부분에 대해 관찰자인 것처럼 느낌

(4) 다양한 형태의 감각 마비, 정서 반응 결여, 언어를 포함한 개인의 활동을 조절할 수 없다는 느낌

4 간호중재

1. 부정적 자아개념 환자

(1) 자아인식의 영역 확대

① 수용적 태도
② 개방적인 신뢰관계 형성과 지지
③ 대상자가 가지고 있는 장점 지지
④ 대상자에게 현실 지향 행위 강화
⑤ 긍정적인 경험을 위한 활동 또는 과제 제공
⑥ 외모 관리를 위한 조력 및 지지
⑦ 치료적 관계에 참석 격려

(2) 자아탐색을 지지

① 최근 스트레스 요인과 관련된 감정, 행위, 신념 조사 지지
② 자신의 사고와 감정 수용을 돕는다.
③ 자아 노출을 통해 자신의 자아개념 확립, 타인과 관계 수립 지지
④ 간호사 자신의 감정 인식 및 조절
⑤ 대상자에 대한 공감적 반응 및 변화를 위한 힘 강조
⑥ 자아탐색을 위해 가족 및 집단의 지지체계 이용

(3) 대상자의 자가 평가를 돕는다.

① 자신의 문제를 정확히 정의
② 문제에 대한 적응적 · 부적응적 반응 탐색
③ 모순성을 지적할 때 지지적 직면이 효과적
④ 역할극을 통해 피드백, 통찰력을 증진

(4) 행위에 대한 책임 수용 및 지지

① 자신의 결정에 대해 책임, 목표 도달을 위한 지지
② 부적응적 대처 반응을 변화, 적응적 행위에 대한 지지

2. 해리장애 대상자

(1) 신뢰관계 형성을 통해 상호 존중하고 개방적인 안전한 환경 제공
(2) 스트레스를 감소시키기 위해 단순한 일과 활동을 계획
(3) 정체성과 시간 및 장소에 대한 방향감각을 강화
(4) 자존감을 증진 → 일상 활동을 스스로 결정, 관리

(5) 간호사는 현실을 강조, 현재에 초점
(6) 촉진적 스트레스 요인이나 갈등의 근원 탐색
(7) 해리반응의 부정적 결과에 대한 이해를 돕고 효율적인 대처기전 격려
(8) 고통스러운 경험이나 불안감정을 표현하도록 지지

FINAL TEST

01 맞는 번호를 쓰시오.

① 해리성 기억상실	② 해리 정체성 장애	③ 이인성 장애

(1) 자기 고유의 인격 외에 한 가지 혹은 그 이상의 다른 인격과 교체되어 그 새 인격에 의해 지배되는 상태
(2) 스트레스가 심했던 사건에 대한 기억 등이 망각되는 경우
(3) 변화된 인격에서 원래의 인격으로 돌아갔을 때 그동안 생긴 일을 망각하는 것이 보통이다.
(4) 외계지각의 장애로 늘 대하던 사람이나 사물이 달라졌다고 느끼는 현상
(5) 환자 자신은 기억상실이 있음을 알고는 있으나 거기에 대해서 걱정하거나 괴로워하지 않고 오히려 무관심한 것이 통례이다.
(6) 현실검증 능력은 정상이나 자기지각의 변화로 자신이 기계 같다고 느끼는 경우
(7) 매우 정숙한 주부가 다른 이름을 가지고 엽색행각을 하는 경우이다.

FINAL TEST 정답

01 (1) ② (2) ① (3) ② (4) ③ (5) ①
(6) ③ (7) ②

CHAPTER

12 물질 관련 장애

1 진단기준

1. 물질중독(Substance Intoxication)

물질에 집착한 상태로 조절 불능

2. 물질남용 진단기준

다음 항목 중 하나 또는 그 이상이 지난 12개월 동안 나타나는 경우

(1) 반복적인 물질 사용으로 직장, 학교, 가정에서의 중요한 임무를 수행하지 못한다.

(2) 신체적으로 해를 주는 상황에서 반복적으로 물질을 사용한다.

(3) 반복적으로 물질사용과 관련된 법적 문제를 일으킨다.

(4) 물질의 효과로 인해 사회적 문제나 대인 문제가 지속적으로 또는 반복적으로 야기되거나 악화됨에도 불구하고 계속 물질을 사용한다. 예 중독의 결과로 배우자와 언쟁하거나 몸싸움을 한다.

3. 물질의존 진단기준

다음 항목 가운데 세 개 또는 그 이상이 지난 12개월 사이 어느 때라도 나타난다.

(1) 내성증상

① 중독이나 원하는 효과를 얻기 위해서 매우 많은 양의 물질이 요구된다.

② 동일 용량의 물질을 계속 사용할 경우 그 효과가 현저히 감소한다.

(2) 금단증상

① 물질에 특징적인 금단증후군

② 금단증상을 완화하거나 피하기 위해 동일물질을 사용한다.

(3) 원래 의도했던 것보다 훨씬 많은 양이나 훨씬 오랫동안 물질을 사용한다.

(4) 물질사용을 중단하거나 조절하려고 계속 노력하지만 뜻대로 안된다.

(5) 물질사용으로 인해 중요한 사회적 · 직업적 활동 및 여가활동을 포기하거나 줄인다.

(6) 물질을 구하거나 사용하거나 또는 물질의 효과에서 벗어나기 위해 많은 시간을 보낸다.

(7) 물질사용으로 인해 지속적으로 신체적 · 정신적 문제가 생긴다는 것을 알면서도 계속 물질을 사용한다.

4. 신체적 의존

(1) 강박적으로 약물을 사용하고자 하는 신체적 욕구가 있는 경우
(2) 중단시 금단증상이 나타남

5. 심리적 의존

강박적 · 정서적으로 약물에 의존

6. 금단증상

약물을 중단하거나 용량을 줄이면 나타나는 증상

7. 내성

사용하던 약물의 동일한 효과를 얻기 위해 용량을 늘려야 함

8. 교차 내성

비슷한 약물에 내성이 생김 예 알코올에 내성 → 진정 수면제에서 내성

2 원인

1. 생물학적 이론

(1) 유전적 요인
(2) 생화학적 요인

2. 심리적 이론

(1) 정신분석학적 요인
(2) 성격요인

3. 사회문화적 이론

(1) 사회적 요인

(2) 학습요인
(3) 가족요인
(4) 문화적 태도

3 알코올 관련 장애

- **알코올** : 중추신경계 억제제, 신체 모든 조직에 영향 끼침
- **신체적 의존** : 신체적 금단증상을 피하기 위한 알코올에 대한 생물학적 요구
- **심리적 의존** : 알코올의 주관적 효과에 대한 갈망

1. 위험요소

(1) 낮은 자존감
(2) 낮은 자제력
(3) 우울하고 불안한 성격
(4) 반항, 저조한 학업수행, 비행(delinquency) 등의 과거력
(5) 부모와의 갈등적 관계
(6) **생물학적 소인** : 유전적 가족 소인

2. 사정

(1) 안절부절 못함, 해야 할 일을 빠뜨림, 조화롭지 못한 움직임, 어눌한 발음, 불안정한 보행
(2) 음주에 대한 논쟁, 호전성(belligerence), 혼돈(confusion)
(3) 몰래 음주, 아침에 음주, 일시적 기억상실(blackout) 경험, 알코올에 대한 내성 증가, 알콜중독(intoxication) – 혈중 알코올 농도가 0.1%(100mg alcohol/dL blood) 또는 그 이상

혈중 알코올 수준과 행동장애

혈중 알코올 수준	행동장애
0.05%	사고와 판단, 자제력 약화와 수의적 운동기능의 조화가 잘 안된다. 취객으로서의 법률적 근거를 제정하고 있으며 음주운전의 기준도 이에 준하고 있다.
0.08%	식별능력 저하, 주의력 감퇴가 생기고 어두울 때 적응의 어려움이 있다.
0.1%	억제능력의 상실로 수의적 운동활동이 눈에 띄게 서툴고 말이 수다스러워지며 운전시 사고의 위험성은 10배 이상 높아진다.

0.2%	전체 운동기능이 뚜렷이 장애가 오고, 감정반응 억제기능 장애가 오며, 오심 및 구토, 복시, 심한 운동실조, 기억의 결함이 있다. 이때 급성 중독증상이 나타날 수 있다.
0.3%	혼돈과 심한 구음장애, 기억상실, 주의산만, 착란과 혼미에 빠지게 된다.
0.4~0.5%	무의식의 혼수에 빠진다.
0.5% 초과	호흡과 심장박동 중추 등이 장애되어 사망하게 된다.

3. 만성적 음주와 관련된 합병증

<table>
<tr><td>알코올 중독</td><td colspan="3">① 혈중 농도가 100~200mg/dl 이상이면 급성 알코올 중독상태이다.
② 언쟁과 시비, 성적 충동과 공격성 증가, 판단결여, 의무불이행 등 부적응적 행동을 보인다.
③ 신체적 증상 : 발음이 불분명하고 보행장애, 안구진탕증, 얼굴의 홍조, 저체온과 호흡감소를 동반하는 혼수, 서맥, 동공 축소 및 이완, 청색증, 반사작용의 감소, 소변정체나 실뇨</td></tr>
<tr><td rowspan="3">알코올 금단증상</td><td rowspan="2">초기</td><td>6~
8시간</td><td>진전(tremor), 안절부절 못함, 빈맥, 고혈압, 불안, 불면, 쉽게 놀람, 과도한 경각심, 식욕부진(오심, 구토 초래)</td></tr>
<tr><td>12~
24시간</td><td>경련(보통 알코올 중단 후 7~48시간 경 나타남), 내적 떨림(shaking inside)의 느낌 가능성, 환각, 착각, 악몽 경험 가능성</td></tr>
<tr><td>후기</td><td>24~
72시간</td><td>• 진전섬망, 초조(agitation), 식욕부진, 불안, 발한(100~103°F), 빈맥, 고혈압, 의식수준의 변동과 관련된 지남력 상실, 환각, 환청, 불면
• 48~72시간에 최고조에 달한다.</td></tr>
<tr><td>코르사코프 증후군 (Korsakoff's Syndrome)</td><td colspan="3">① thiamine, vitamin B_2, niacin, 엽산 결핍
② 대뇌 및 말초신경의 퇴행성 변화
③ 장기간에 걸친 심한 음주 후 발생
④ 전체 신경계통에 영향
⑤ 기억장애, 작화증, 시간과 장소에 대한 지남력 장애, 기억착오, 말초신경장애(저림, 근 약화, 근육의 통증, 감각이상), 움직일 때 심한 통증(사지, 특히 하지)</td></tr>
<tr><td>베르니케 뇌 증후군 (Wernicke's encephalopathy - syndrome)</td><td colspan="3">① 원인 : thiamine 결핍
② 알코올에 의한 뇌 병리
③ 신경계 질환으로 운동 실조증, 안 마비(제 6뇌신경 침범), 안구진탕증, 착란 등의 증상
④ 흔히 코르사코프 증후군과 더불어 나타나지만 단독으로도 발병
⑤ 초기 : 다량의 vitamin B_1 경구적 투여가 효과</td></tr>
</table>

급성 알코올성 환각증 (acute alcoholic hallucinosis)	알코올 금단증상으로 착각, 환각 등이 나타난다.
알코올 금단섬망	① 오랜 기간 동안 술을 지속적으로 많이 마신 뒤에 발생하는 급성 정신증적 상태 ② 단주 후 48~72시간에 주로 발생하며 보통 3~10일 정도 계속된다. ③ 호발연령은 30~40대이고 5~15년의 음주력을 가진 사람에게 주로 나타난다. ④ **정신적 증상** : 안절부절, 주의산만, 식욕부진, 떨림, 무시무시한 꿈이 있고 거미와 뱀 등에 관한 환시가 심하게 나타난다. 특히 시간과 장소에 대한 지남력 상실을 수반한 혼돈이 심하고, 현저한 운동활동의 장애를 보인다. ⑤ **신체적 증상** : 얼굴과 결막의 충혈, 불빛 반사에 대한 동공 확대, 격렬한 경련, 혀와 입술, 얼굴의 떨림이 있고 맥박은 빠르고 불규칙하며 약하다. ⑥ **원인** : 신진대사 장애 ⑦ **예후** : 신체적 상태, 폐렴이나 골절 같은 합병증의 유무 등에 따라 다른데 치료하지 않는다면 사망률이 15% 이상 증가된다.
알코올 치매	① 오랜 기간의 과음으로 인해 치매증상이 나타나는데 술을 중단한 후 증상이 적어도 3주 이상 지속되는 경우를 말한다. ② **원인** : 알코올 자체의 독성효과보다는 이차적인 비타민 결핍이 원인 ③ 초기에는 충동적이고 비도덕적인 행위가 심하고 말기에는 사고의 빈곤, 주의력 및 분별력의 저하, 판단력, 기억력 및 지능의 저하 등 치매증상이 심해진다.

4. 디설피람(혐오제) 치료

disulfiram(antabuse) Tx
• 디설피람-알코올 역작용(disulfiram-alcohol reaction) • 약물 투여 전 최소 12시간 정도 금주 • 치료 후 14일 동안 음주를 피함 • 역반응 : 안면홍조, 발한, 욱신거리는 두통, 목의 통증, 오심, 구토, 저혈압, 빈맥

5. 알코올 남용자 관리

(1) 알코올 남용 문제에 초점을 두도록 지도한다.

(2) 모든 행동에 대한 책임감을 갖도록 한다.

(3) 통제력을 상실하면 잠시 쉬도록(time out) 격려한다.

(4) 강점과 약점을 탐색하도록 돕는다.

6. 알코올 남용자와 그 가족을 위한 치료

(1) 입원
(2) 과도기적 생활 프로그램(부분 거주)
(3) 심리치료(개인, 집단, 가족)
(4) 행동치료
(5) 금주 동맹(AA), 알코올 중독자 가족, 친척, 친구의 모임(Al-Anon), 알코올 중독자의 십대 자녀 모임(Al-a Teen), 알코올 중독자의 어른 자녀 모임(Adult Children of Alcoholics) 등의 지지집단

4 약물 의존(Drug Dependency)

1. 중추신경 억제제(CNS Depressants)

(1) 증상

① 기억력, 주의력, 판단력, 사회적 · 직업적 기능의 손상
② 나른함(drowsiness)
③ 안절부절
④ 운동실조(incoordination)와 불안정한 걸음
⑤ 불분명한 발음
⑥ 저혈압

(2) 중추신경 억제제의 과용량

① 호흡기계 · 심혈관계의 억제, 혼수, 쇼크, 경련, 사망 등을 초래
② 만약 대상자가 의식이 있으면 구토 유발시키고 활성탄 복용시킴
③ 만약 대상자가 혼수상태면 기도를 확보한 뒤 활성탄으로 위세척 실시, 경련주의 지시함
④ 벤조디아제핀 과용량의 효과를 없애기 위해 flumazenil(Romazicon)을 정맥 주입

(3) 중추신경 억제제의 금단증상

① 오심, 구토, 빈맥, 발한, 안절부절, 진전, 불면, 경련
② 급작스런 금단증상은 사망을 초래 → 조심스럽게 유사약물 투여, 금단증상 치료

(4) 중추신경 억제제의 금단증상 치료

① 페노바비탈(Phenobabital, Luminal)
② 장기 작용의 벤조다이아제핀(Benzodiazepines)

(5) 바비츄레이트계 약물과 진정(수면제 barbiturates, sedative–hypnotics)

① 억제성 신경전달물질 GABA의 시냅스 활동을 증진 → 망상활성계(reticular activating system) 억제

② 불면증의 단기치료 또는 불안, 긴장, 걱정의 경감을 위해 진정(sedation)을 목적으로 사용

③ 부작용

㉠ 예민성, 혼동, 알러지 반응, 현기증 · 졸리움, 과립구결핍증(agranulocytosis)

㉡ 거대적아구성 빈혈, 혈소판감소성 자반증

④ 과다복용(overdose) : 차고 축축한 피부, 저혈압, 산동, 빈맥, 약하고 빠른 맥박, 쇼크의 증상, 호흡의 억제 반사의 부재, 호흡기계와 심혈관계 허탈로 인한 혼수 · 사망

⑤ 금단증상

㉠ 약물에 의존된 사람을 해독하기 위해서는 점차적인 중단 필요

㉡ 의존이 심한 대상자는 약물투여가 중단된 지 24시간 이내에 심각한 금단증상 나타남

㉢ 불안, 낮 동안의 초조, 불면증, 악몽, 진전, 섬망, 경련, 행동변화

⑥ 중재

㉠ 자살 우려가 있거나 약물중독 병력이 있는 대상자에게는 신중히 투여

㉡ 노인 대상자에게는 처방대로 낮은 용량 투여

㉢ 보행을 감독하고 야간에 침대 난간을 사용, 안전 유지

㉣ 졸음, 어지러움, 불안정이 나타날 경우, 운전이나 위험한 기구 조작 피하도록 지시

㉤ 불면증 대상자에게는 취침 30분 전에 약물을 먹도록 교육

2. 중추신경 자극제(CNS Stimulants) : 암페타민, 코카인

(1) 증상

① 갑작스런 다행감 및 각성, 증가된 에너지, 말이 많아지고, 고양

② 과활동, 예민성, 과대망상, 강한 말투

③ 발한, 식욕부진, 체중감소, 불면증, 체온상승, 혈압과 맥박 상승, 심계항진, 흉통, 요정체, 변비, 구강건조

④ 고용량 : 분명치 못한 발음, 빠른 말, 지리멸렬, 상동증, 이갈기, 비논리적 사고과정, 두통, 오심, 구토

⑤ 독성 정신증 : 지각의 편집망상, 환청, 환시, 환촉, 매우 불안정한 감정, 이유없는 폭력

(2) 중추신경 자극제 과용량

간질, 심장부정맥, 관상동맥 경련, 심근경색증으로 인한 사망 초래

(3) 금단증상

우울, 초조, 불안, 피로, 극도의 허기짐, 새로운 약에 대한 갈망 등의 증상이 1~4일간 증가

3. 아편(Opioids)

(1) 아편의 중독 증상

① 저하된 호흡, 저혈압, 졸리움, 축소된 동공(constricted pupils)

② 다행감, 기억력, 주의력, 판단력의 손상, 불분명한 발음, 정신운동성의 지연

(2) 아편의 과용량

① 호흡억제, 혼수, 쇼크, 경련, 사망 초래

② 치료 : 아편 길항제(날록손 Narcan) 투여

(3) 아편의 금단증상 및 치료

단계	불안기	분비기	피부 근육기	위장관계기
금단 증상	• 안절부절 • 불안 • 갈망	• 하품 • 눈물 • 콧물 • 발한	• 동공 산대 • 소름 돋침 • 식욕부진 • 근육통	• 불면 • 초조 • 오심 • 구토 • 설사
치료	• 메사돈 해독 (methadone-detoxification) • 클로니딘(Clonidine, Catapress)		acetaminophen	설사 : bismuth-subsalicylate (kaopectate)

4. 환각제(Hallucinogens)

(1) 분류

종류	LSD (lysergic acid diethylamide)	mescalin (peyote) 선인장	psilocybin (mushroom) 버섯	pcp (phencyclidine)
과용량	정신증, 뇌손상, 사망 초래			정신증, 고혈압성 위기, 고열, 경련, 호흡마비 초래
치료	자극이 적은 환경(천천히 명료하게 낮은 목소리로 대화), 불안치료, 약물 투여			• 위세척(의식 명료시) • 소변 산성화시켜 배출 • 정신증적 행동, 고열, 고혈압, 호흡부전 등에 대해 중재
중독 증상	확대된 동공, 활력증후 상승(예 혈압상승), 빈맥, 떨림, 경련, 발한, 환각, 멍한 응시(blank stare), 운동 실조증, 근육의 뻣뻣함과 만성적 비틀림, 불안함과 우울함, 초조함과 호전성(agitation and belliference), 기괴한 행동, 퇴행된 행동, 폭력적 행동, 편집증			

(2) 환각제 금단증상 간호중재

① 우선적으로 지지해 줌

② 초조와 같은 특정 문제행동에 대해서는 투약

(3) 플래시백 효과

환각제 사용 중단 후 환각제 중독 때 경험했던 지각증상, 즉 기하학적 환각, 주변 시야에서의 움직임에 대한 잘못된 지각, 색채의 섬광, 강렬한 색깔, 양성적인 잔상, 대상주위의 후광, 거시증, 미시증 같은 것을 경험하는데, 환각제를 사용하지 않은 상태에서 이러한 경험을 하면 불안과 미쳐 버릴 것 같은 두려움을 초래하게 된다.

5. 흡입제(Inhalants)

종류	부탄, 시너, 페인트, 왁스 제거제, 접착제, 매니큐어 제거제, 아황산질소(웃음 가스) 등의 가스나 액체
중독증상	• 성적 쾌감 증대(enhancement of sexual pleasure) • 졸리움, 몽롱함, 탈억제, 초조감이 동반되는 흥분감 • 다행감 • 킥킥거림과 웃음
과용량	신경계의 손상, 사망 초래
금단현상	특별한 금단증상 없음
치료	• 영향받은 신체계통의 치료 • 지지적 중재

6. 대마초, 마리화나(Cannabis sativa, Marijuana)

(1) 일반적으로 흡연, 섭취도 가능

(2) 다행감, 이완감, 말 많음, 분리감(detatchment), 시각 지각 느려짐, 불안, 피해적 사고 초래

(3) 장기간 의존할 경우 : 집중의 어려움, 기억력 상실, 만성적 호흡장애, 무력감(lethargy)

(4) 금단증상 → 지지적 중재

7. 다른 오락용 및 클럽용 약물

종류	• MDMA(methylenedioxymethamphetamine) • ecstasy • GHB(gamma-hydroxybutyrate) • methamphetamine(crank, meth, crystal meth) • ketamine(special K)
효과	다행감, 증가된 활력, 증가된 자기확신감, 증가된 사회성

부작용	• 고열, 심혈관계 허탈, 우울, 공황발작, 정신증 • 횡문근 용해증(rhabdomyolysis), 신부전, 간독성, 사망
치료	지지적 중재

8. 담배(Nicotine)

(1) 흡연의 첫 효과는 불쾌이다. 즉, 어지러움, 오심, 구토증상이 나타나지만 곧 내성이 생긴다.

(2) 보통 담배 1개피에 니코틴 양이 0.5~1mg이 함유되어 있다.

(3) 니코틴은 중추신경 흥분제로 말초혈관을 수축시키고 장운동 증가, 진전을 야기시키며, 중독이 오면 오심, 무력, 두통, 발한, 침분비 증가, 복통, 빈맥, 감각장애, 고혈압 등이 온다.

(4) 금단증상은 90~120분에 나타나 24시간 최고조에서 48시간까지 지속된다. 그러나 갈망은 수년까지 갈 수 있어 다시 흡연하기 쉽다(심리적 의존이 강한 편이다). 금단증상으로는 불쾌한 기분, 우울, 불면, 자극 과민성, 좌절감 및 분노, 불안, 집중력 장애, 심박동 감소, 식욕증가 또는 체중증가를 들 수 있다.

(5) **치료** : 중독 프로그램, 약물 및 심리치료 중재

9. Anabolic steroid

(1) **부작용** : 사망

(2) 현재 공공연하게 사용되고 있다.

남용약물들의 특성

구분	종류	약리학적 분류	신체적 의존	심리적 의존	내성	투여방법
마약	아편, 몰핀, 헤로인, 코데인, 메사돈, Demerol	중추신경 억제제	++	++	++	경구, 주사, 코 흡입
환각제	LSD 등	중추신경 흥분제 또는 억제제	–	+	+	경구, 주사
대마	마리화나	중추신경 흥분제 또는 억제제	–	+	–	경구, 흡연
흥분제	암페타민	중추신경 흥분제	+	+	+	경구, 주사
진정수면제	바비튜레이트, 페노바비탈	중추신경 억제제	+++	++	+++	경구, 주사
신경안정제	다이아제팜(바리움)	중추신경 억제제	+	+	+	경구
흡입제(본드)	Toluene, Haxane	중추신경 억제제	아직 모름	+	+	흡입
알코올		중추신경 억제제	++	+	++	경구
카페인		중추신경 흥분제	(+)	(+)	(+)	경구
니코틴		중추신경 흥분제	–	++	++	흡입

10. 약물의 일반적 간호중재

(1) 대상자가 물질 남용 문제에 초점을 두도록 지도한다.
(2) 대상자와 함께 분노를 촉발하는 상황을 확인한다.
(3) 대상자가 욕구를 충족하기 위해 조종적 행동을 사용하지 않고, 자기 주장 기법을 사용하도록 한다.
(4) 대상자가 자신의 물질 남용 문제를 설명하기 위해 남의 탓을 하거나 합리화하는 것을 제한한다.
(5) 대상자가 모든 행동에 책임을 지도록 한다.
(6) 대상자가 자제력을 잃으면 잠시 쉴 것(time-out)을 권유한다.
(7) 대상자에게 자주 지남력을 제공한다.
(8) 조정적 행동과 신체적 · 언어적 학대에 대해 제한을 설정한다.
(9) 합리적인 제한을 단호히 유지하고, 규칙을 일관되게 유지한다. 만약 규칙을 어길 경우 합리적인 결과를 제시한다.
(10) 강점과 약점을 탐색하도록 돕는다.

11. 금단증상을 경험하는 대상자에 대한 간호

(1) 활력증후 측정
(2) 약물 선별을 위해 혈액 및 요를 채취
(3) 약물의 종류 및 섭취량에 대한 정보 습득
(4) 최소한의 자극만 있는 조용하고 안정적인 환경 제공
(5) 경련 예방 조치 취함, 대상자의 안전 확보
(6) 주변의 불필요한 물건 제거

5 이중진단

1. 정신장애와 물질 남용 둘 다 있을 경우 이중진단으로 의뢰된다.
2. 정신 병리는 역시 물질사용과 남용을 촉발시킬 가능성이 있다.
3. 알코올과 약물 사용은 때때로 저변에 정신 병리를 전제로 한다.
4. 금주기간을 장기간 유지할 경우 물질 의존으로부터 정신과적 진단을 분리할 수 있다.

6 의료인의 중독(addiction) 및 남용(abuse) : 의심되는 증상

1. 간호사는 전문직으로 결함이 있는 동료(impaired coworker)를 보고할 윤리적 의무를 지님
2. 다른 간호사가 종종 내용물 없이 버려진 약물을 목격했다고 보고
3. 다른 간호사들은 그렇게 하지 않는데, 조절이 필요한 약물의 최대 용량을 투여
4. 근무 패턴
5. 환자에게서 용량이나 빈도 변화가 없음에도 통증 경감이 차이를 보일 경우
6. 대부분의 결함 있는(impaired) 간호사는 간호협회 및 관찰 프로그램을 통해 복직이 가능

FINAL TEST

01 올바른 번호를 쓰시오.

① 알코올 환각	② 알코올 금단섬망	③ 알콜성 치매
④ 베르니케 증후군	⑤ 코르사코프증후군	

(1) 오랜 기간 술을 지속해서 많이 마신 뒤에 발생되는 급성정신증적 상태로 마지막 음주 후 24~72시간 사이에 증상이 발생된다. 보통 안절부절 못함, 주의산만, 식욕부진, 떨림, 무시무시한 꿈을 꾸는 수면장애 등의 환시가 더욱 심하게 나타난다.

(2) 만성 알코올 중독자에게 주로 볼 수 있는 증상으로 Thiamine의 심한 결핍으로 시신경의 마비와 의식의 혼탁이 나타나는 질환으로 점차 악화되어 혼수상태에 빠지게 된다.

(3) 지아민과 나이아신 부족으로 인한 대뇌와 말초신경의 퇴행성 변화로 발생하며, 심한 단기 기억장애가 있고 이를 메우기 위해 작화증이 있게 된다.

(4) 알코올 의존자가 술을 끊거나 감량한 후 생생하고 지속적인 환청 및 환시를 동반하는 기질적 환각이 일시적(48시간 이내)으로 나타나는 경우

(5) 오랜 기간의 과음으로 인해 나타나는 것으로 알코올 자체의 독소효과보다는 이차적인 비타민 결핍이 원인이 되며 판단력, 기억력 및 지능의 저하 등의 치매증상이 심해진다.

02 올바른 번호를 쓰시오.

① 헤로인	② 몰핀	③ 메페리딘
④ 코데인	⑤ 아편	⑥ 메사돈

(1) 다른 마약류의 중독치료제로 사용되며, 경구용이나 효과 빠르고 작용시간이 길며 다행감이 적어 금단증상 치료에 이용된다.

(2) 전 세계 마약 중독자가 주로 사용하는 마약으로 중추신경을 억제하고 있으며 그 효과가 몰핀보다 4~5배 더 강하다.

(3) 몰핀보다 약효가 1/10 정도 약하여 진해제로 쓰인다.

FINAL TEST 정답

01	(1) ②	(2) ④	(3) ⑤	(4) ①	(5) ③
02	(1) ⑥	(2) ①	(3) ④		

CHAPTER 12 물질 관련 장애

기출문제

01 **김OO 교사의 남편은 알코올 의존(alcohol dependence) 진단을 받았다. 김OO 교사가 보건교사에게 상담한 다음 내용 중 괄호 안의 ㉠, ㉡, ㉢에 해당하는 정신증상을 차례대로 쓰시오.**

[2점] 2014년

김교사 : 남편이 술 때문에 병원에 여러 번 입원했었어요.
보건교사 : 네, 걱정이 많으시겠어요.
김교사 : 그런데 이번에 이상한 증상을 보여서 무슨 일인지 궁금해요.
보건교사 : 어떤 증상인데요?
김교사 : 이번에 술 때문에 다시 입원해서 4일째 되던 날 제가 병원을 방문하게 되었어요. 그런데 남편이 아무 것도 없는데 허공을 보면서 수많은 뱀들이 얼굴로 쏟아져 내려온다면서 막 소리를 지르는 거예요. 그리고 정맥수액이 들어가고 있는 주사줄을 보더니 뱀이 기어간다는 거예요. 왜 그런 증상이 나타나는지 걱정도 되고 궁금하기도 해요.
보건교사 : 네, 아무 것도 없는데 뱀이 있다고 하는 것은 (㉠) 증상 중에서도 (㉡) 증상이고요, 정맥 수액줄을 보고 뱀이라고 하는 것은 (㉢) 증상이라고 해요.
… (하략) …

|정답| ㉠ 환각(Hallucinosis), ㉡ 환시, ㉢ 착각

02 OO고등학교 보건교사가 약물중독 예방에 대한 교육자료를 준비 중이다. 약물중독과 관련된 용어 (가)~(다)를 옳게 짝지은 것은?

[1.5점] 2012년

알쏭달쏭한 용어들

가	계속적 약물 사용으로 신체적 · 심리적 · 사회적 문제가 있음에도 약물을 중단하지 못하는 상태
나	가족일원 중 한명의 약물중독으로 인하여 다른 가족이 심각하게 영향을 받는 행동양상
다	약물에 의존한 상태에서 약물 사용을 중단, 감량했을 때 나타나는 증상

	(가)	(나)	(다)
①	오용	내성	금단증상
②	내성	공동의존	금단증상
③	남용	오용	공동의존
④	오용	의존	남용
⑤	남용	공동의존	금단증상

|정답| ⑤

|해설| (가) 남용은 계속적 약물 사용으로 신체적 · 심리적 · 사회적 문제가 있음에도 약물을 중단하지 못하는 상태이고,

(나) 공동의존은 가족 일원 중 한 명의 약물중독으로 인하여 다른 가족이 심각하게 영향을 받는 행동양상을 말하며,

(다) 금단증상은 약물에 의존된 상태에서 약물 사용을 중단, 감량했을 때 나타나는 증상이다.

03 고등학생을 대상으로 물질남용(substance abuse)에 관한 보건교육을 하려고 한다. 보건교사가 알고 있는 내용 중 옳지 않은 것은?

[1.5점] 2010년

① 물질 남용자의 심리 및 성격 특성에는 우울, 불안, 반사회적 성격 등이 있다.

② 암페타민 약물은 중추신경 억제제로 기분을 진정시켜주는 효과가 있다.

③ LSD(lysergic acid diethylamide)는 환각제로 공간에 대한 지각변화, 착각, 환각 등의 증상을 일으킨다.

④ 물질남용을 예방하기 위해서는 적응적인 대처전략을 발달시키는 것이 중요하다.

⑤ 흡입제로 사용되는 물질에는 본드, 시너 등이 있으며, 이 물질들은 중추신경 억제제이다.

|정답| ②

|해설| 암페타민은 중추신경 흥분제이다.

CHAPTER

13 아동 · 청소년 정신장애

1 아동 정신장애의 원인

1. 유전적 요소 : autism, ADHD, Tourette's syndrome
2. 태내 환경 : fetal alcohol syndrome
3. early childhood trauma
4. trait
5. nature vs nurture

2 분류

1. 정신지체(Mental Retardation)

① I.Q. 70 미만

경도(IQ 50~69)	초등학교 수준의 학업이 가능하고 도와주면 직업훈련을 받을 수 있음
중등도(35~49)	초등학교 2년 수준까지 학업을 수행할 수 있고, 약간 도와주면 일상활동이나 자기관리, 그리고 보호작업도 할 수 있음
고도(20~34)	적절한 의사소통이 불가능하고 운동기능의 부조화도 있어 위생관리나 말하는 것도 배워야 하고, 세심한 관찰하에 간단한 작업이 가능함
최고도(20 이하)	의사소통, 운동기능, 배변조절, 자기관리 등에 심각한 제한이 있음

② 지능발달의 지연

③ Down's syndrome, fetal alcohol syndrome, 태중의 문제, 외상, 감염, 빈곤, 학대 등이 원인

④ 상동행동, 과잉행동, 주의산만, 흥분, 고집, 말더듬기, 함구증 등의 문제

2. 자폐 스펙트럼장애(Autistic Spectrum Disorder)

(1) 개념

언어적, 비언어적 의사소통의 장애, 사회적 상호작용의 질적인 결함, 상동적 행동 및 관심 범위의 제한을 주증상으로 하는 발달성 장애이다.

(2) 원인

① **유전적 요인** : 환자의 형제자매들은 확률이 50배나 높음

② **신경 해부학적 요인** : 해마의 위축, 편도 위축, 소뇌 위축, 뇌간 종양

③ **신경 생리학적 요인** : 전정계 결함, 세로토닌 과다설

(3) **특징**

① 남아가 더 많으며 보통 12~24개월 사이에 장애를 발견하는데 타인과 눈맞춤을 못하고 표정, 사회적 제스처나 자세가 적은 것이 특징이다. 여아에서 발생한 경우 남아보다 심하다.

② 타인과의 상호교류가 잘 이루어지지 않아서 마치 자기만의 세계에 있는 듯 행동할 때가 많다.

③ 옹알이도 거의 없으며 소리가 있어도 의미없이 소리내는 기간이 길다. 말이 전혀 없거나 있어도 반향어나 대명사 반전을 보이고 언어를 의사소통의 목적으로 쓰지 않는 경우가 많다.

④ 빙글빙글 돌거나 손뼉을 치고 몸을 흔드는 등 반복적이고 판에 박은 것 같은 반복 행동을 보이는데 못하게 막으면 심하게 떼를 쓰기도 한다.

⑤ 안거나 업어주려 할 때 몸을 뻗치며 거부할 때가 많고, 화를 낼 때 엄마가 달래고 안아주어도 감정을 안정시키기 어렵다.

(4) **치료목표**

사회적 의사소통과 상호교류를 증진시키는 것이며, 비효율적이고 반복적인 행동을 줄이는 것이다.

CHECK Point 전반성 발달장애(Pervasive Developmental Disorder ; PDD)

1. 자폐장애(Autistic Disorder)
   (1) 원인
      ① 생물학적 원인
      ② 유전적 요인(Genetic conditions)
      ③ 임신, 분만인자(Perinatal factors)
      ④ 정신역동 혹은 가족요인
   (2) 임상양상
      ① 사회적 상호작용에서의 질적 장애
      ② 질적인 의사소통장애
2. 아스퍼거 장애(Asperger's Disorder)
   (1) 언어, 인지발달장애가 심각하지 않음
   (2) 심한 사회적 상호작용장애
   (3) 제한적이고 반복적인 행동, 관심, 활동

3. 레트장애(Rett's Disorder)
(1) 생후 첫 5개월 동안은 정상적 발달
(2) 48개월과 5세 사이에 머리 성장 감속
(3) 과거에 습득한 손기술 상실 및 상동증적 손동작
(4) 사회적 활동에 대한 흥미 감소 및 신체 조정 문제
(5) 심한 정신 운동 지연 및 언어발달장애
4. 아동기 붕괴성 장애(Childhood Disintegrative Disorder)
(1) 2년 동안 정상적 발달
(2) 언어, 사회적 기술, 적응 등 과거의 습득 기술 상실

3. 주의력결핍 및 과잉행동장애(Attention Deficit Hyperactivity Disorder : ADHD)

(1) 개념

주의 산만, 충동적, 분노 표출, 그룹활동 어려움, 의사소통장애, 학습장애

◘ 진단기준

부주의(6개 이상)	
• 세밀한 것을 놓치고 실수함 • 과제 · 놀이에서 주의집중을 유지하지 못함 • 직접 하는 말에 경청하지 않는 것처럼 보임 • 지시를 따르지 않고 과제를 끝내지 못함 • 과제나 활동을 조직하는 데 어려움을 보임	• 신경쓰는 과제를 싫어하고 꾸물대며 피함 • 과제나 활동에 필요한 것을 자주 잃어버림 • 관계없는 외적 자극에 쉽게 산만해짐 • 일상적인 활동을 자주 잊어버림
과잉-충동성(6개 이상)	
• 앉아서 꿈틀거리고 손발을 두드리며 안절부절 못함 • 앉아 있어야 할 자리에서 이탈함 • 상황에 맞지 않게 과도하게 뛰거나 기어오름 • 조용히 놀지 못함	• 모터가 작동하듯 항상 바쁨 • 지나치게 말이 많음 • 질문이 끝나기 전에 불쑥 대답함 • 자기 순서를 기다리지 못함 • 아무 데나 끼어들고 가로막아 중단시킴

(2) 특징

① 남아에게서 3배 정도 많으며, 학령기 아동의 3~5%가 이 증세를 보인다. ADHD 아동의 30~50%가 성인기까지 지속되고, 성인 ADHD의 약 70~75%는 사회공포증, 양극성 장애, 주요 우울장애, 알코올 의존과 같은 공존 진단을 하나 이상 받는다.

② 발달력을 보면 밤낮이 바뀌어 키우기 힘들었던 경우가 많고 잠시도 가만히 있지 않으며 까다롭고 변덕스럽다.

③ 앞뒤 보지 않은 채 돌진하고, 가구 위를 올라가거나 뛰어 내리며 집단에서 잠시도 가만히 있지 못하고 움직이는 등 조용한 활동을 견디지 못한다.

(3) 치료제

주의력결핍 및 과잉행동장애 아이들에게는 과다행동을 줄이고 집중시간을 증가시키기 위한 약물이 요구되는데, 가장 효과적인 약물은 중추신경 자극제(CNS stimulants)인 메칠페니데이트를 가장 많이 사용하고 있다.

+ 중추신경 자극제(CNS stimulants)

성인에서 초조와 활동을 증가시키지만, ADHD 아동에게는 진정효과와 각성을 증진시키고 자극에 대한 민감도를 증진시키는 효과가 있다.

① **부작용** : 초조, 빈맥, 혈압상승, 현기증, 식욕부진 및 체중감소

② **중재**

㉠ 중추신경계 부작용 관찰

㉡ 심전도의 기초자료 측정

㉢ 혈압 측정

㉣ 아동과 부모에게 비처방 약물 복용을 피하도록 교육

㉤ 불면 예방을 위해 그날의 마지막 약물은 취침 6시간 이전에 복용, 장기간 분비되는 제형은 14시간 전에 복용

㉥ 키와 몸무게 측정(특히, 아동의 경우)

㉦ 치료 효과를 평가하기 위해 몇 주 정도 필요함을 알림

㉧ 약물이 성장 지연을 일으킬 경우, 약물을 복용하지 않는 기간(drug-free period)이 처방될 것이라고 교육

(4) 관리

① **부모교육과 양육지침** : 일관된 보상, 지속적인 칭찬, 타임 아웃, 언어적 질책이나 긍정적 · 부정적 행동에 대한 점수카드 등 행동수정원칙을 사용할 수도 있다.

② 역할극을 통해 불안을 표출시킬 수 있고 망치놀이, 달리기, 진흙놀이로 에너지를 배출할 수도 있는데, 특히 어렸을 때는 창의적 놀이가 유용하다.

4. 특정 학습장애

(1) 학습이나 학업기술, 특히 읽기, 쓰기표현, 수학에서 특정적인 문제를 보이는 장애로 보통 초등학교 1학년이 되어야 읽기와 쓰기표현에 특정하게 장애가 있는지 알 수 있으며 수학장

애는 5학년이 될 때까지 알기 어렵다.

(2) IQ가 70±5 이상이고, 교육환경이 불충분하지 않은데도 불구하고 발생되는 장애이다.

(3) 학업성취도가 낮으므로 학교를 중퇴하기 쉬우며 소외감이나 좌절감 등을 겪는 등 정신건강 수준이 낮다.

5. 틱 장애(Tic Disorder)

(1) 운동 틱(단순, 복합적)과 음성 틱(단순, 복합적)[Muscle Tic, Vocal Tic]

(2) 뚜렛 장애(Tourette's Disorder) : 18세 이전에 발현하고 기침이나 근육의 씰룩거림, 깜박거림, 몸 비틀기 등의 복합적인 운동 틱과 하나 이상의 음성 틱을 동시에 보이는 장애로 1년 이상 심해졌다 좀 나아졌다 하기를 반복한다.

(3) 남아가 여아보다 2배 정도 많고, 불안하거나 스트레스를 받거나 흥분할 때, 피곤할 때 혹은 목표로 하는 활동에서 조용할 때 더 심하게 나타난다.

6. 불안장애

분리 불안장애(Separation Anxiety Disorder)는 선택적 함구증과 함께 DSM-5에서 불안장애 범주에 포함하고 있다.

(1) 분리 불안(Separation Anxiety Disorder)

① 애착 대상과의 분리에 과도한 불안이 특징인데, 이동이나 청소년은 적어도 4주, 어른은 6개월 이상 지속되면서 사회적 · 학업적 · 직업적 또는 중요한 기능에 방해가 될 때 진단한다.

② 애착 대상에게 나쁜 일이 생길 것 같은 생각(비현실적)으로 인해 독립적인 사회적 활동을 하지 못하고(학교, 기타 장소에 가기 싫어하거나 거부), 혼자 있는 것에 대한 지속적이고 과도한 두려움을 느낀다.

(2) 선택적 함구증

① 언어표현에 문제가 없던 아동이 특정 상황에서 말을 해야 하는 데도 하지 않고 그로 인해 교육, 직업, 사회적 의사소통에 문제가 생길 때 진단하게 된다.

② 아동은 말로 의사표현을 하는 대신 몸짓, 고개 끄덕임, 머리 흔들기, 몸 잡아당기고 밀치기 등으로 의사를 표현한다.

③ 적어도 1개월 이상 지속될 때 문제가 된다.

7. 반응성 애착장애

(1) 5세 이전에 시작되는 대표적인 영유아기 장애로서 아동과 양육자 관계에서의 애착문제가 아동의 다양한 발달을 지연시키게 된다.

(2) 부모가 안아주어도 전혀 반응을 보이지 않거나 혹은 아무에게나 강한 애착반응을 나타내기도 한다.

(3) 보살핌을 제대로 받지 못한 과거력을 가지고 있으면서 돌보아주는 양육자에게 억제되고 정서적으로 위축된 행동을 보이는 등, 안정적인 애착이 형성되지 못한 양상을 12개월 이상 보이는 장애이다.

(4) **탈억제성 사회관계장애** : 애착장애의 또 다른 유형이라고 할 수 있는데 적절한 선별적 애착이 현저하게 결여되어 비교적 낯선 사람에게 과도한 친밀감을 보이거나 애착 대상을 고르지 않는 무분별한 사회성을 우세하게 보이는 장애이다.

8. 배설장애(Elimination Disorder)

(1) 유뇨증(Enuresis)

① 일반적으로 소변을 가릴 5세가 지났는데도 침구나 옷에 반복적으로 소변을 지리는 것으로 최소한 주 2회, 연속적으로 3개월 이상 보이고 사회적으로나 학업 등 중요한 영역에 문제가 발생할 때 진단하게 된다.

② 사회적 · 학업적 다른 영역에서 심각한 장애를 유발시킨다.

③ 이미프라민과 같은 항우울제가 효과적이지만 부작용으로 요정체가 있을 수 있다.

(2) 유분증(Encopresis)

① 대소변 가리기 훈련이 끝나는 4세 이상의 아동이 적절치 않은 곳에 반복적으로 대변을 보는 현상이다.

② 강압적이거나 방임적인 배변훈련, 잘못된 부모-자녀관계, 분노나 적개심, 지적장애 또는 정신적 외상 등과 같은 요인들이 복합적으로 작용하여 발생한다.

9. 품행장애(Conduct Disorder)

(1) 사람과 동물에 대한 공격성

(2) 다른 사람의 권리 침해, 규칙 위반 행위

(3) 방화, 기물파괴, 도둑질, 거짓말, 폭행, 무단결석

(4) 약물치료는 품행장애에 거의 효과가 없지만 기분변화가 많은 경우 리튬이나 카르바마제핀, 발프로산 같은 기분안정제가 도움이 되기도 한다.

(5) 적대적 반항장애

① 권위적 인물에 대한 거부, 도전, 논쟁

② 폭력은 행사하지 않음

③ 낮은 자존감, 정서적 불안정

④ 적대적 반항장애의 25%가 품행장애로 발전하고 10%는 성인이 되었을 때 반사회적 인격장애가 된다고 한다.

3 간호과정

1. 간호사정

발달단계 → 신체적 사정 → 가족생활 → 일상 활동

2. 간호진단

(1) 아동의 정신과적 문제와 관련된 가족과정의 변화

(2) 충동 조절력 부족과 관련된 폭력 위험성(자신, 타인)

(3) 타인의 감정에 대한 인식 및 사회적 기술 부족과 사회적 상호작용 장애

3. 장기 간호목표

(1) 놀이를 통해 생각과 감정표현

(2) 공격적 행동화를 나타내지 않음

(3) 적절한 관심 및 도움을 구하는 행동표현

4. 간호중재

(1) 일반적 간호중재

① 안전한 환경 제공

② 행동 내면의 감정 및 문제를 수용, 표현

③ 치료적 환경 유지

(2) 치료적 놀이활동

① **생물학적** : 기술연마, 이완, 과도한 에너지 배출, 근육운동 감각 자극, 운동

② **개인내적** : 역할, 기능에 대한 열망충족, 특정 상황 극복, 세상탐색, 인지발달, 갈등해결

③ **사회 · 문화적** : 사회적 기술 발달, 불안 극복, 바람직한 역할 모방

(3) 비지시적, 아동중심, 인본주의 놀이치료

① 놀이치료의 핵심

② 치료 원칙

③ 치료자 태도

④ 대상 연령

⑤ 놀이 재료

⑥ 장난감의 예

(4) 놀이치료자의 행동

① 언어적 행동

② 공감 반응

③ 치료에 대한 정보 제공

④ 한계(limit) 설정

(5) 놀이치료

(6) 놀이치료시 고려할 점

① 일정한 시간

② 매일 20분 정도

③ 첫 번째 주에는 5~7일, 그 후에는 주 3~4회

④ 가능한 아이와 일대일 놀이

⑤ 아이가 놀이의 주도자

(7) 약물요법

공격적 행동, 자해 행동 같은 심각한 증상의 완화, 행동치료나 교육적 접근의 효율성 증가

(8) 상호관계요법(Interactive Relationship Therapy)

① 아동과 부모 또는 치료자 사이의 관계, 의사소통 발달의 중요성 강조

② 부모가 훈련받은 후 프로그램을 스스로 구성하고 관리

③ 아동에 대해 비판금지, 아동이 할 수 있는 최선을 하고 있다고 간주

(9) 통합요법(Integration)

자폐증을 가진 사람들이 지역사회 구성원으로 살아갈 수 있도록 하는 것을 목표

(10) 일상생활요법(Daily Life Therapy)

일상생활 기술, 신체적 교육, 음악, 공예 등을 집중적으로 시행

(11) 기타

행동치료(Behavioral Therapy), 미술치료(Art Therapy), 가족치료(Family Therapy)

FINAL TEST

01 맞는 정답을 쓰시오.

① 학습장애	② 주의력 결핍장애	③ 틱장애	④ 뚜렛장애
⑤ 품행장애	⑥ 반항성 장애	⑦ 자폐성 장애	

(1) 쉽게 산만해지고, 일을 끝까지 완수하지 못하며, 분노를 한꺼번에 표출한다.

(2) 폭력을 보이지 않은 채 부정적이고, 적대적이며, 도전적인 행동을 보인다.

(3) 눈맞춤을 못하고 표정이나 자세, 사회적 제스처가 적은 것을 특징으로 한다.

(4) 목적없이 어떤 근육군이 갑작스럽고 반복적으로 움직이는 것으로 안면 수축, 눈깜박임 등이 있다.

(5) 자기가 아는 어른이나 또래들을 무시하며 논쟁, 비협조적 행동, 짓궂은 행동으로 자기 행동을 정당화한다.

(6) 공격적이어서 자기보다 어린 아동에게 폭력을 행사하며 관심을 끌고, 동물에게 잔인하게 행동한다.

(7) 빙글빙글 돌거나 손뼉을 치고 몸을 흔드는 등 반복적이고 판에 박은 듯한 행동을 고집하는데 이 때 방해하면 심하게 떼를 부리기도 한다.

(8) 머리의 복합적인 경련과 음성 틱이 겹치는 것이 특징이다. 기침이나 근육의 씰룩거림, 몸 비틀기, 상스러운 말 등을 보인다.

FINAL TEST 정답

01 (1) ② (2) ⑥ (3) ⑦ (4) ③ (5) ⑥ (6) ⑤ (7) ⑦ (8) ④

CHAPTER 13 아동 · 청소년 정신장애

기출문제

01 **다음은 보건교사가 동료교사와 나눈 대화 내용의 일부이다. 밑줄 친 ㉠과 ㉡에 공통으로 해당하는 장애의 명칭과 괄호 안의 ㉢에 들어갈 장애의 명칭을 순서대로 쓰시오.**

[2점] 2020년

동료교사 : 우리 반 남학생 한 명이 ㉠ 스트레스 상황이 되면 갑자기 반복적으로 눈을 깜박이고 머리를 흔들며 헛기침을 하고 얼굴이나 이마를 씰룩거리기도 해요. 왜 그럴까요?

보건교사 : ㉡ 정확한 원인은 밝혀져 있지 않으나 여러 요인이 복합적으로 작용해서 발생해요. 남자에게 더 많이 발생하고요. 불수의적이고 반복적인 신체 움직임으로 잘 알아차리지 못하는 경우도 있지만, 심하면 일상생활에 지장을 주기도 하지요.

동료교사 : 어떻게 하면 관리가 될까요?

보건교사 : 일반적으로 관리는 학생의 일상생활에서 스트레스를 줄여 주는 데 중점을 두어야 합니다. 행동에 대해 야단치거나 못하게 하고 지적하는 것은 오히려 증상을 더 심하게 할 수 있어요.

동료교사 : 아… 그렇군요. 그런데 그런 아이들 중에는 소리도 내고 욕도 같이 하는 경우도 있다는데요. 그건 뭔가요?

보건교사 : 그것은 다른 유형으로, 그 증상이 1년 이상 지속되면 (㉢)(이)라고 합니다. 때로는 사회적으로 용납되지 않는 단어나 욕설 등을 반복적으로 하기도 하지요.

…(하략)…

|정답| 1. 틱장애

2. 뚜렛장애 : 18세 이전에 발현하고 기침이나 근육의 씰룩거림, 깜박거림, 몸 비틀기 등의 복합적인 운동 틱과 하나 이상의 음성 틱을 동시에 보이는 장애로 1년 이상 심해졌다 좀 나아졌다 하기를 반복한다.

02 **다음은 주의력결핍 과잉행동장애(Attention Deficit Hyperactivity Disorder : ADHD) 진단을 받은 K군(남, 9세)을 위한 교사 교육내용이다. K군의 지도를 위해 교사가 알아야 할 내용으로 옳은 것만을 〈보기〉에서 있는 대로 고른 것은?** [1.5점] 2013년

〈 보 기 〉

ㄱ. 아동이 할 수 있는 일상활동을 목록으로 만들어 메모해 주고, 하루의 계획에 미리 대비할 수 있도록 한다.
ㄴ. 집중력 부족, 과다 행동, 충동성이 특징임을 이해한다.
ㄷ. 과제의 양은 아동이 스스로 할 수 있는 만큼 조정해주고, 과제는 구체적이고 쉽게 제시하여 자신감을 키워준다.
ㄹ. 아동은 자극에 민감하고 충동적이므로 환경적 자극을 최소화하고, 환경을 일관성있게 유지한다.
ㅁ. 보건교사는 아동의 특별한 요구를 이해하고, 담임교사나 관련교사와 협력하여야 한다.

① ㄱ, ㄴ, ㄹ
② ㄱ, ㄹ, ㅁ
③ ㄴ, ㄷ, ㄹ
④ ㄴ, ㄷ, ㅁ
⑤ ㄱ, ㄴ, ㄷ, ㄹ, ㅁ

|정답| ⑤

|해설| 1. ADHD의 가장 특징적인 증상은 주의력결핍, 과잉행동과 충동성이다.

2. **ADHD 아동의 학교환경 및 지도전략**
① 아이의 주의가 산만해질 수 있는 환경적 요소를 제거한다.
② 아이에게 맞는 지시를 하고, 과제를 낸다.
③ 아이에게 가능한 많은 격려와 칭찬, 애정을 베풀어 준다.
④ 부모와 교사가 일관되게 행동한다.
⑤ 소집단으로 학습과 대인관계의 기회를 준다.
⑥ 아이에게 움직임의 기회를 준다(교무실 방문하기, 식물에 물주기 등).

03 정군(17세)의 입원 후 폭력 잠재위험성을 해결하기 위해 적용할 수 있는 간호로 옳은 것만을 〈보기〉에서 있는 대로 고른 것은? 2012년

> 정군은 방과 후 친구를 때리고 돈을 빼앗는 등의 행동문제로 소아정신과에 입원하였다. 정군은 "난 미치지 않았는데 정신병원에 입원시켜!"라고 소리치며, 병실 문 앞에 서서 노려보면서 주먹을 불끈 쥐고 있다.

〈 보 기 〉

ㄱ. 신체활동을 통해 긴장을 감소시킨다.
ㄴ. 정군과 낮고 조용한 어조로 이야기한다.
ㄷ. 정군에게 일관성 있고 확고한 태도로 대한다.
ㄹ. 정군이 안전하다고 느끼도록 넓은 공간을 제공한다.
ㅁ. 간호사는 정군에게 화가 나더라도 자신이 수행할 간호행위를 다른 간호사에게 위임하지 않는다.

① ㄱ, ㄹ
② ㄴ, ㄷ, ㄹ
③ ㄱ, ㄴ, ㄷ, ㄹ
④ ㄱ, ㄴ, ㄷ, ㅁ
⑤ ㄱ, ㄴ, ㄷ, ㄹ, ㅁ

|정답| ③

|해설| 대상자의 분노나 공격성에 대한 사정을 통해 폭력 잠재위험성에 관한 간호중재계획을 수립, 실천한다.

1. **사정지침**
   ① 폭력의 과거경력을 조사한다. 이는 미래폭력의 예측요인이다.
   ② 과다활동, 충동적, 자극적인 소인이 있는 대상자는 폭력의 위험군이다.
   ③ 대상자의 폭력위험을 사정하기 위해 해치려는 요구나 의도 여부, 계획 여부, 계획 수행가능성, 대상자의 인구학적 변수 등을 확인한다.
   ④ 대상자의 공격성은 간호사에 의해 제한되는 상황에서 가장 흔히 나타난다.
   ⑤ 대처기술이 부족한 대상자는 폭력을 사용할 위험이 높다.
   ⑥ 대상자의 폭력을 상승시킬 수 있는 대상자의 성격이나 상황을 포함한 개인적 촉발요인과 반응을 사정한다.
   ⑦ 잠재적 갈등상황시에는 개인의 능력을 사정하고 다른 의료진에게도 도움을 요청할 지 고려한다.
2. **폭력 잠재위험성을 해결하기 위해 적용할 수 있는 간호중재법**
   ① 가능한 한 빨리 대상자와 신뢰관계를 구축해 공격적 행위를 바람직하게 표출하도록 돕는다.
   ② 폭력적 행위와 초조감을 증가시키는 요인을 인식한다.
   ③ 환경적 자극을 감소시킨다.

④ 대상자가 적대감, 공격심이나 파괴적 감정이 있다고 하면 그 감정을 언어적으로나 비언어적으로 비파괴적인 방법으로 표현하도록 한다.
⑤ 항상 자신과 상황에 대한 통제를 유지하기 위해 침착해야 한다.
⑥ 대상자의 신체적 공간을 인식하여 넓은 장소에 머물게 한다. 이는 대상자가 갇힌 것 같은 느낌을 해소할 수 있고, 위협적으로 느끼지 않는다.
⑦ 대상자와 낮고 조용한 어조로 이야기한다.
⑧ 간호사는 무엇을 하려 하고, 무엇을 하고 있는지를 대상자에게 말해준다.
⑨ 대상자의 감정(두려움 포함), 위엄성 및 권리를 인식한다.
⑩ 대상자를 주의깊게 관찰하고 신속하고 완전하게 기록하며, 병원이나 병동의 규칙에 따라 보고한다.
⑪ 상황이 종료되면 다른 대상자와 이야기하고 그 상황과 관련된 감정을 환기시키도록 한다.

04 올해 초등학교에 입학한 성길이는 소아정신과 진료결과 '읽기장애(reading disorder)'로 진단받았다. 성길이의 학교생활을 걱정한 어머니는 보건교사와 상담을 하였다. (가)~(마)의 내용 중 옳지 않은 것은?

[1.5점] 2011년

어머니	: 읽기장애가 도대체 뭐지요?
보건교사(가)	: 읽기장애는 정상적 수업을 받았는데도 글자를 인지하지 못하는 것입니다.
어머니	: 그럼 읽기장애가 있다는 것은 지능이 떨어진다는 말인가요?
보건교사(나)	: 아니에요. 단지 읽기에 어려움이 있는 것이지 지능은 정상입니다.
어머니	: 지능이 정상이라면 눈에 이상이 있다는 말인가요?
보건교사(다)	: 읽기장애 아동의 10% 정도에서 시각장애를 보입니다.
어머니	: 여동생이 있는데 그 아이는 괜찮을까요?
보건교사(라)	: 여자아이는 남자아이보다 읽기장애가 더 많으니까 검사를 미리 해보는 것이 좋습니다.
어머니	: 지금까지는 별 문제없이 잘 자랐는데 왜 이제 문제가 생긴건가요?
보건교사(마)	: 읽기장애는 일곱 살에서 아홉 살 사이에 진단이 가능합니다.

① (가)
② (나)
③ (다)
④ (라)
⑤ (마)

|정답| ④

|해설| 읽기장애는 남아가 여아보다 많다.
(가), (나) 읽기장애는 지능은 정상적이나 교육수준과 관계없이 읽기 능력검사에서 상당히 낮은 점수를 받는 상태로 정의된다.

(다) 학령기 아동의 읽기장애의 원인은 뇌손상(뇌성마비, 간질 등), 선천적 발달지연(유전적, 미숙아, 저체중), 학습자극 결핍, 정서결핍 등의 복합요인이다.

(마) 읽기장애는 보통 초등학교 1학년이 되면 알 수 있고, 산술장애는 5학년 정도가 되기 전까지는 알기 어렵다.

05 사례에서 보건교사가 정군의 어머니에게 약물에 대하여 설명한 내용 중 옳은 것을 〈보기〉에서 모두 고른 것은?

[2.5점] 2010년

> 8세인 정군은 돌출된 행동과 차례를 기다리지 못하는 태도 때문에 친구와 싸움이 잦았다. 또한 정군은 교실에서 주의를 집중하지 못하고 자리를 지키지 못해 수업에 방해를 준다고 담임선생님의 지적을 받았다. 정군은 정신과에서 주의력결핍 과잉행동장애로 진단을 받고 메틸페니데이트(methylphenidate)를 처방받았다. 그 후 정군의 어머니는 약물에 대해 궁금하여 보건교사를 찾아왔다.

〈 보 기 〉

ㄱ. "잠을 잘 자지 못할 수도 있습니다. 그 때는 담당의사와 상의하여 투약시간을 조절하십시오."
ㄴ. "식욕이 증진될 수 있으므로 영양섭취를 제한하여 비만을 예방하여야 합니다."
ㄷ. "중추신경이 억제되므로 집중력이 증가되고 충동적인 행동이 줄어듭니다."
ㄹ. "장기복용으로 인한 부작용을 예방하기 위해 학습에 영향이 적다고 생각되는 기간에는 약물투여를 일시 중단할 수 있습니다."
ㅁ. "복통, 오심, 두통 등이 나타날 수 있습니다."

① ㄱ, ㄴ
② ㄷ, ㅁ
③ ㄱ, ㄹ, ㅁ
④ ㄴ, ㄷ, ㄹ
⑤ ㄷ, ㄹ, ㅁ

|정답| ③

|해설| 메틸페니데이트는 중추신경 자극제로 신경과민, 불면, 식욕부진, 인지손상(고용량 투여시), 성장억제 위험성, 체중감소, 복통, 오심, 두통 등의 부작용이 있다.

06 아동정신장애와 그에 따른 특성에 대한 설명으로 옳은 것은? 2010년

① 뚜렛 장애(Tourette's disorder) : 다양한 운동 틱과 하나 또는 그 이상의 음성 틱이 1년 이상 지속되며, 운동 틱과 음성 틱이 동시에 또는 각각 나타난다.

② 레트 장애(Rett's disorder) : 자폐장애와 유사하며 사회적 교류의 장애를 보이지만, 지능이 정상이고 언어장애가 없다.

③ 품행장애(conduct disorder) : 거부적 행동, 적대적 행동, 반항적 행동이 주요 증상이나, 사회적 규범을 위반하거나 타인의 권리를 침해하는 공격적 행동을 보이는 경우는 드물다.

④ 중증 정신지체(severe mental retardation) : IQ 35~49 정도로서 정신연령은 4~8세 정도에 머무르고 적절한 지도를 받아야 단순작업이 가능하다.

⑤ 적대적 반항장애(oppositional defiant disorder) : 다른 사람의 기본권리를 침해하거나, 사회적 규범이나 규율을 위반하는 행동이 반복적이고 지속적으로 나타난다.

|정답| ①

|해설| ② **레트 장애** : 생후 6개월까지는 정상적으로 발달하다가 이후 점진적으로 두뇌 성장이 감퇴(소두증 초래)되고 손을 비틀거나 손가락을 물어뜯는 등의 상동적인 손 운동을 보이며, 사회적 관계 형성이 소실되고 정신지체와 언어발달의 심각한 장애를 보인다. 대체로 10만명의 여아 중 6~7명이 이환된다. → DSM-5의 자폐 스펙트럼장애 범주에서 진단분류가 삭제되었다(어려서 짧은 기간만 자폐증상을 보이며, MECP2 유전인자의 돌연변이가 근본 원인으로 알려져 있고, 진단적으로 신경계 질환으로 보아야 함).

③ **품행장애** : 지속적으로 다른 사람의 권리를 침범하고 자신의 나이에서 지켜야 할 사회적인 규범을 어기는 행동을 하는 것으로 5~6세에 발병될 수 있으나 대개는 후기 아동기 또는 초기 청소년기에 호발한다. 성인기가 되면 호전되는 경우도 있으나 약 절반에서는 성인기의 반사회적 인격장애 또는 약물남용으로 이행된다.

④ **중증 정신지체** : 지능지수 20~25에서 35~40까지로 전체 정신지체의 3~4%를 차지한다. 학습능력은 가, 나, 다 정도나 간단한 셈은 가능하다. 성인이 되면 철저한 감독하에 간단한 일은 할 수 있다.

⑤ **적대적 반항장애** : 권위자에 대하여 거부적 · 적대적 · 반항적 행동이 주요 증상으로 학업 성취, 직업적 기능을 방해하나 사회적 규범을 위반하거나 타인의 권리를 침해하는 공격적인 행동을 보이는 경우는 드물다. 대개 8세경에 시작되고 사춘기 전 남아에게서 발생한다. 적대적 반항장애는 후에 품행장애로 발전되기도 한다.

07 **주의력결핍/과잉행동장애(Attention Deficit/Hyperactivity Disorder) 진단을 받은 아동의 어머니가 보건교사와 상담 중에 "우리 아이가 이런 병에 걸린 건 내가 아이한테 뭔가 잘못한 것 같아요. 병을 낫도록 하기 위해 아이와 더 많은 시간을 함께 보내고 신경을 써야 하는데, 때때로 참을 수 없어 아이의 행동에 화가 치밀어 스스로 겁이 나요."라고 말하였다. 보건교사가 아동의 어머니에게 제시한 대처방안 중 가장 적절한 것은?** 2009년

① 주의력결핍/과잉행동장애는 증상이 나아지기 어려우므로 어머니에게 성취감을 느낄 수 있는 다른 일을 찾아보도록 권유한다.

② 매일 이웃이나 친구를 만나 차를 마시며 대화를 나누도록 권유한다.

③ 어머니를 화나게 하는 아이의 분노나 공격심과 같은 감정은 어머니가 수용할 수 없다는 것을 아이에게 이해시키도록 권유한다.

④ 어머니가 아이의 문제를 다루기 어렵다고 생각되면 특수시설에 맡길 것을 고려해 보도록 제시한다.

⑤ 아이를 잠깐씩 돌보아 줄 수 있는 자원을 활용해 어머니에게 규칙적인 휴식을 취하도록 권유한다.

|정답| ⑤

|해설| 최적의 치료를 통한 ADHD 아동의 장기목표

1. 생물학적 목표
   - ① 주의산만 ↓
   - ② 주의집중 ↑
   - ③ 충동성 ↓
2. 교육목표
   - ① 학업수행 ↑
   - ② 조기자퇴 가능성 ↓
   - ③ 정학 & 퇴학 ↓
3. 사회적 목표
   - ① 사회적 고립 ↓
   - ② 구속 ↓
   - ③ 물질남용 ↓
4. 대인 간 목표
   - ① 가족 내 긴장 ↓
   - ② 친구관계 성공 ↑
   - ③ 인간관계 기술 습득 ↑

CHAPTER

14 신경인지장애

1 신경인지장애

1. 인지의 개념

(1) 인간이 생각하고 추론하는 능력, 논리적 사고능력, 언어능력, 기억력, 판단력

(2) 방향감각, 지각능력, 집중력과 계산력

2. 원인

신경인지장애란 인지능력에 장애가 온 것을 말한다.

(1) 알츠하이머 질환

① **대뇌 피질의 퇴행성 질환** : 신경세포의 퇴화로 인한 노인성 치매의 불가역적인 형태
② 치매의 50~60%
③ 인지기능의 악화와 ADL수행 능력의 점진적인 상실을 경험
④ 신체적 · 정신적 기능이 지속적으로 감소되어, 질병의 말기에는 요양원 입주가 필요

(2) 전두측두엽 퇴행

뇌의 전두엽과 측두엽을 주로 침범하면서 생기는 퇴행성 뇌질환의 일종으로 가장 큰 특징은 기억장애나 방향감각 소실보다는 성격변화와 행동장애가 먼저 나타난다. 증상은 이유없는 웃음, 목적 없이 배회하거나, 가만히 있지 못하고 서성거리는 행동, 반복적인 행동 등과 같은 기이한 행동을 보인다.

(3) 루이체 질환

호산성 세포질 내 봉입체(루이체)가 대뇌에 광범위하게 발생하는 것으로 알츠하이머병 다음으로 흔한 원인 질환으로 전체 신경인지장애의 10~25%를 차지한다.

(4) 혈관성 질환

발병이 빠르며 기능이 빠르게 변화하다가 유지되고 다시 급속하게 변화하다가 그 수준을 유지하는 양상을 보인다.

(5) HIV감염

(6) 파킨슨병

파킨슨 환자의 20~60%가 인지장애를 나타낸다.

(7) 헌팅통 무도병

대뇌위축이나 뇌신경세포의 수초탈락, 뇌실 확장 등으로 인해 무도병 같은 움직임을 보이는 우성 유전질환이다.

(8) 뇌 외상

(9) 프리온 질환

크로이츠펠트야콥병과 관련이 있는 것으로 이 질환에 의한 신경인지장애는 40~60세 성인에게 주로 발생하며 빠르게 진행되는 특성이 있다.

3. 분류

종류	특징
섬망(Delirium)	단기간에 발생하는 의식장애와 인지 변화
치매(Dementia)	기억력 장애를 포함하는 복합적인 인지 결손
기억장애 (Amnestic Disorders)	다른 심각한 인지장애 없는 기억력 장애
기타 인지장애 (Other Cognitive Disorders)	• 일반적 의학적 상태나 물질 사용으로 인한 것 • 추정은 되지만 위의 유형과 맞지 않는 인지장애

2 치매

1. Primary Dementia

- Alzheimer's Disease
- Huntington's Disease
- Pick's Disease
- Creutzfeldt-Jacob Disease

2. Secondary Dementia

- 진전마비(General Paresis), 뇌종양, 다발성 경화증(Multiple sclerosis), 뇌수종
- Korsakoff's Disease, Trauma, 내분비 및 대사장애, 영양장애, 약물 감염

3. 알츠하이머병(Alzheimer-Disease, AD)

(1) 원인

① 치매의 원인으로 가장 빈번한 질환으로 전체 치매환자의 50~60% 정도가 알츠하이머병에 의한 치매증상을 보이는 것으로 알려져 있다.

② 이상 단백질들(아밀로이드 베타 단백질, 타우 단백질)이 뇌 속에 쌓이면서 서서히 뇌 신경세포가 죽어나가는 퇴행성 신경질환이다.

③ 확실한 원인이 전부 밝혀지지는 않았지만 유전자적인 위험인자가 있는 것으로 밝혀졌다.

④ 21번 염색체에 이상이 있는 '다운증후군'(몽고증) 환자에서는 중년기만 되면 거의 모두 알츠하이머병과 같은 뇌의 변화를 보인다.

(2) 증상

① **기억장애** : 알츠하이머병 환자가 처음에 호소하는 증상이자 가장 흔하게 나타나는 증상이다. 병의 초기에는 새로운 정보의 등록, 저장, 재생(단기기억)이 어려워지며, 병이 진행하면 오래 전에 습득한 장기기억도 잃어버리게 된다.

㉠ 지갑이나 열쇠 등 중요한 소지품을 잘 잃어버린다.

㉡ 전화번호나 사람 이름을 잘 잊어버린다.

㉢ 가스 불에 음식 올려 놓은 것을 잊어버려 자주 음식을 태운다.

㉣ 방금 한 말을 반복하거나 같은 질문을 반복한다.

㉤ 병이 진행하면 자신의 이름도 잊어버리고, 자신의 얼굴이나 가족의 얼굴도 알아보지 못한다.

㉥ 알츠하이머병 환자의 경우 기억장애 때문에 일상생활에 영향을 받으며 환자 자신은 있었던 일 자체를 기억하지 못할 수도 있다.

② **언어장애 = 실어증** : 물건의 이름이 금방 떠오르지 않아, 환자들은 모호하게 돌려 말하며 '그런 것' 같은 표현을 자주 사용한다.

③ **실행증** : 근력(힘)이나 명령을 이해하는 데는 이상이 없어도 일상적인 생활 동작, 요리하기, 세수하기, 옷 갈아입기 등에서 장애를 보인다.

④ **실인증** : 시력은 정상인데도 사물을 구별하지 못한다. 심한 경우는 가족이나 거울에 비치는 자신의 모습을 인식하지 못하는 수도 있다.

⑤ **시공간능력장애** : 잘 알고 다니던 길에서도 길을 잃거나, 오랫동안 살아온 집을 찾지 못해서 헤매는 경우가 발생할 수 있다.

⑥ **판단력 장애** : 연속극 내용을 잘 이해 못하여 흥미를 잃을 수 있다. 또한 계산력이 떨어져 물건을 사고 돈 계산을 틀리게 한다.

⑦ **행동증상, 정신증적 증상** : 초조, 불안, 공격성이 증가하게 된다.

⑧ **우울증상** : 병의 초기부터 나타나며, 전체 치매환자 중 40~80%에서 우울증상이 나타난다.
⑨ **감정변화** : 감정상태가 불안정하여 사소한 일에도 화를 자주 내고 쉽게 울거나 웃기도 한다.
⑩ **야간착란** : 밤이 되면 안절부절 못하고 이리저리 배회하며 난폭해지기도 한다. 그리고 흥분하여 공격적 행동을 하거나 가출하여 배회하는 경우도 있다.

(3) 경과와 합병증

① 알츠하이머형 치매에서는 대개 수년에 걸쳐 서서히 진행하여 눈에 띄는 증상이 나타난 다음 평균 8~12년 후에 합병증 등으로 사망하게 된다.
② 발병한 초기에는 흔히 기억력과 문제해결능력이 떨어지고, 주위 환경에 기민하게 대처하지 못한다.
③ 병이 진행할수록 행동문제나 정신증상이 자주 발생하며, 길을 잃고 배회하다가 집을 찾지 못하기도 한다.
④ 말기단계에 이르기까지 매우 다양하면서도 심각한 증상들이 나타나며 욕창, 골절, 근육이나 관절이 굳어버리는 상태, 흡인성 폐렴이나 신체 다른 부위의 감염, 약물부작용 등이 나타날 수 있다.

(4) 예방 및 치료

현 시점에서 치료책은 없으나 적절한 관리로 수명을 연장하고 삶의 질을 개선할 수 있는 예방적인 방법이 최선이다.

① 규칙적인 운동
② 독서 등 지능에 자극을 줄 수 있는 활동
③ 아스피린과 같은 소염진통제 장기복용
④ 노화를 지연시키는 비타민(C, E) 및 식품섭취(콩은 뇌의 단백질 변화를 완화시킴)
⑤ 콜레스테롤 강하제 복용(뇌로 들어가는 산소가 풍부한 혈액 증가)
⑥ 약물 및 작업요법 심리치료를 통해 일상생활 기능을 어느 정도 유지하는 데 도움을 줄 수 있다.

4. 혈관성 치매

(1) 뇌혈관 장애에 의한 치매는 다발성 경색치매(Multi-infarct dementia)를 들 수 있다.
(2) 다발성 경색치매는 여러 번 뇌졸중이 반복되면서 대뇌피질과 피질 하의 여러 부위에서 경색이 생겨 인지기능장애를 초래한다. 뇌혈관 손상 후 6시간 이내에 즉시 치료하면 세포의 죽음은 방지할 수 있는 것으로 알려져 있다.

(3) 다발성 경색치매의 특징은 치매증상이 나타나기 전에 한 번 이상 뇌졸중을 경험하며, 증상이 악화된 후 일정기간 안정세를 유지하다가 또 갑자기 악화되는 계단식의 경과를 보인다. 마비와 언어장애, 어지러움증 등 신경증상도 동반한다.

(4) 알츠하이머형 치매와 다발성 경색치매는 구별하기가 쉽지 않으며 때로는 두 가지 유형을 같이 가지고 있기도 한다.

5. 치매환자 의사소통 간호중재

(1) 대상자의 의사소통 수준에 적응한다.

(2) 의사소통할 때 확실한 음량과 낮은 음조의 목소리를 사용한다.

(3) 대상자 바로 앞에서 눈을 바라본다.

(4) 대상자 이름을 부르고 간호사 자신을 소개하고, 반응할 때까지 기다린다.

(5) 조용하고 편안한 목소리를 사용한다.

6. 치매환자의 변화된 수면 양상 간호중재

(1) 대상자가 피곤해질 때까지 안전한 장소에서 배회하도록 허용한다.

(2) 방안에 그림자가 생기지 않게 한다.

(3) 수면제 사용을 피한다. 이것은 혼돈스럽게 하고 일몰(sundown)현상을 악화시킨다.

7. 치매환자 초조(Agitation) 간호중재

(1) 초조를 유발하는 요인을 사정한다.

(2) 대상자를 안심시킨다.

(3) 초조해 하는 동안 손상을 입힐 수 있는 물건을 치운다.

(4) 대상자 앞에서 천천히 조용하게 접근하고, 말하고 행동하고 움직이는 것도 천천히 한다.

(5) 대상자를 스트레스가 적은 환경으로 이동시킨다.

(6) 부드러운 신체접촉을 사용한다.

(7) 대상자와 논쟁하지 말고 억지로 시키지 않는다.

8. 회상요법(Reminiscence therapy)

9. 생애회고요법(Life review)

(1) 개인의 과거를 비판적으로 분석하는 것을 통하여 통합을 촉진시키는 것

(2) 인생 전체, 모든 발달단계를 검토하고 통합에 이르기 위하여 노력, 작업

10. 현실 안내(Reality therapy)

(1) 지남력 제공
(2) 혼돈 예방
(3) 집단적 적용 : 신문기사 나눠보기, TV 프로그램 검토하기 등
(4) 물리적 환경 : 시계, 달력, 계절, 날씨 등

11. 확인요법(Validation therapy)

(1) 혼돈, 지남력 상실된 노인
(2) 혼돈된 언어, 행동, 정서의 내용과 의미를 찾아내고 언어적으로 규명하는 방법

12. 치료 약물과 간호

일반명	상품명	약용량	간호
Donepezil	Aricept	하루 5~10mg	오심, 설사, 불면을 모니터링
Rivastigmine	Exelon	하루 3~12mg/2회	위장관출혈위험으로 정규적인 배변검사
Galantamine	Reminyl	하루 16~32mg/2회	오심, 구토, 식욕상실, 어지러움을 모니터링
Memantine	Namenda	하루 10~20mg/2회	고혈압, 통증, 구토, 변비를 모니터링

(1) 아세틸콜린에스터라제 억제제(acetylcholinesterase inhibitors)

(2) Donepezil(Aricept)

① 아세틸콜린에스터라제 억제제, 경증에서 중등도의 알츠하이머 질환 치매치료에 사용
② 부작용 : 오심, 설사
③ 미주신경 효과로 심박수를 느리게 할 수 있다.

(3) Galantamine(Razadyne)

① 아세틸콜린에스터라제 억제제, 경증에서 중등도의 알츠하이머 질환 치매치료에 사용
② 부작용 : 오심, 구토, 설사, 식욕부진, 체중감소
③ 천식 및 만성폐쇄성질환을 가진 대상자에게 사용 → 기관지수축 초래

(4) Memantine(Namenda)

① NMDA(N-methyl-D-aspartate) 수용체 길항제, 경증에서 중등도의 알츠하이머 질환 치매치료에 사용
② 부작용 : 현기증, 두통, 혼동, 변비
③ Amantadine(Symmetrel) 또는 Ketamine(Ketalar)와 같은 다른 NMDA와 함께 사용 시 원치 않은 부작용을 초래하므로 사용을 피하는 것이 좋다.

④ Sodium bicarbonate와 기타 소변을 알카리화하는 약물 : 신장에서 이 약물의 배출을 감소시킬 수 있으며 축적되어 독성 수준 초래

(5) Rivastigmine(Exelon)

① 콜린에스터라제 억제제, 경증에서 중등도의 알츠하이머 질환 치매치료에 사용

② 부작용 : 오심, 구토, 설사, 복통, 식욕부진

③ 소화성 궤양, 빈맥, 약한 동성 증후(sick sinus syndrome), 요폐색, 폐질환자 : 콜린성 전도를 강화시켜 이러한 질병의 증상 악화

(6) Tacrine(Cognex)

① 중추에서 활동하는 아세틸콜린에스터라제 억제제, 경증에서 중등도의 알츠하이머 질환 치매치료에 사용

② 부작용 : 오심, 구토, 설사, 식욕상실, 운동실조, 간독성

가성치매와 알츠하이머 치매

구분	알츠하이머 치매	가성치매
발병 추정시기	불분명 (수년에 거쳐 서서히 진행)	비교적 정확하게 파악 가능 (몇달 전, 몇주 전)
진행과정	인지기능 저하 → 우울증	우울증 → 인지기능 저하
인지기능	일정하게 계속적으로 떨어짐	개선, 악화되는 변동 폭이 큼
환자 경향	자신의 증상을 축소, 부인함	자신의 증상을 과장하며 말함

3 섬망

1. 원인

(1) 일반적 의학적 상태에 의한 섬망

① 전신 감염

② 대사장애(저산소증, 과탄산혈증, 저혈당증)

③ 체액 또는 전해질 불균형

④ 간 또는 신장질환, 티아민 결핍증

⑤ 수술 후 상태, 고혈압성 뇌증

⑥ 간질 발작 후

⑦ 두부 외상 후유증

⑧ 뇌의 국소적 병소 등

(2) 물질로 유발된 섬망

① 물질남용

② 처방 약물

③ 독소 노출

(3) 여러 가지 원인

① 섬망의 원인이 하나 이상인 경우

② 의학적 상태와 물질사용의 복합, 하나 이상의 의학적 상태의 복합

2. 행동특성

(1) 증상의 기복이 심하며, 안절부절 못하고 과다행동을 보이거나 초조감을 보일 수 있다. 또한, 감정의 변화가 매우 빠르고 갑자기 예기치 않게 공격적이거나 극단의 감정을 보일 수 있다.

(2) 증상은 수 시간에서 수일간 지속되며 최초로 시작되는 것은 밤이다.

(3) 기억력 중에는 최근 기억의 장애, 특히 즉각적인 회상에 결함을 보인다. 이런 장애는 주간보다 야간에 더 심하게 악화된다.

(4) 아동이나 노인에게서 빈도가 높고 중환자실이나 일반 병동의 환자도 경험하는 경우가 있다.

(5) 섬망상태로 들어가기 전 전구증상이 나타나는데, 불안, 초조, 청각자극에 대한 과민함, 불면증, 야간에 생생한 꿈이나 일시적이면서 선명한 환시 등이 있다가 밤이 되면서 완연한 섬망상태에 이른다.

(6) 안절부절 못하고 경련, 의식 감퇴와 함께 전체적인 활동이 저하되면서 혼미해지다가 혼수상태에 빠지게 된다.

3. 섬망환자 간호진단

(1) **급성 착란** : 급성 발병, 주의력, 인지력, 정신운동 활동, 의식 수준, 수면 각성, 주기 등의 변화 초래, 가역적

(2) 사고과정장애

(3) 폭력 위험성

(4) 사회적 상호작용 장애

4. 섬망환자 간호목표

(1) 직원이나 보호자와 신뢰관계 형성

(2) 상해 위험이 없다.

(3) 현실 접촉 증가
(4) 치료에 협력
(5) 규칙적 일상활동 수행

5. 섬망환자 간호중재

(1) **생리적인 요구** : 항상성 증진, 휴식 · 수면 · 활동의 균형 유지
(2) **안전간호** : 조용하고 안전한 환경, 필요한 경우 활동 제한
(3) **치료적 환경 유지** : 현실을 제공하고 혼돈 줄임
(4) **의사소통** : 동일한 간호사, 방문객 제한, 지남력 제공
(5) **대상자 교육** : 추후 관리계획 발전하도록 조력

섬망과 치매의 감별

구분	섬망	치매
시작	급성	**주로 잠행성** : 혼수나 섬망이 선행하면 급성
기간	주로 1개월 미만	최소한 1개월
지남력 장애	시간, 장소에 대해	경증에서는 없을 수도 있음
사고장애	혼란	빈곤
기억장애	주로 최근 기억	최근
주의집중장애	틀림없이 장애	없는 것이 보통
인지	항상 저하되어 있고 낮에 변동, 밤에 더 심함	장애가 없는 것이 보통
기민성	증가 혹은 감소	정상 혹은 감소
지각장애	자주 있음	보통은 없음
수면-각성 주기	항상 장애	보통은 정상적

FINAL TEST

01 다음에서 설명하고 있는 장애를 제시하시오.

(1) 대표적인 신경정신계 질환으로 의식장애 없이 후천적으로 발생하며 기억을 비롯한 여러 인지기능의 장애가 있는 상태

(2) 노년기 가장 대표적인 치매는?

(3) 일시적이고 하루 사이에도 증상의 기복이 있으나 대부분의 경우 4주 이내에 회복된다.

(4) 인지기능이 전반적으로 손상되며 의식장애를 동반한다.

02 알츠하이머형 치매의 특성을 4가지 제시하시오.

FINAL TEST 정답

01 (1) 치매 (2) 알츠하이머형 치매 (3) 섬망 (4) 섬망

02 ① 발병 추정시기는 불분명(수년에 걸쳐 서서히 진행)
② 진행과정 : 인지기능 저하 → 우울증
③ 인지기능 : 일정하게 계속적으로 떨어짐
④ 환자 경향 : 자신의 증상을 축소 및 부인함

03 섬망과 치매의 감별에 대한 내용 중 빈칸에 알맞은 말을 쓰시오.

구분	섬망	치매
시작		
기간		
지남력 장애	시간, 장소에 대해	경증에서는 없을 수도 있음
사고장애		
기억장애		
주의집중장애	틀림없이 장애	없는 것이 보통
인지	항상 저하되어 있고 낮에 변동, 밤에 더 심함	장애가 없는 것이 보통
기민성		
지각장애		
수면-각성 주기	항상 장애	보통은 정상적

FINAL TEST 정답

3 섬망과 치매의 감별

구분	섬망	치매
시작	급성	주로 잠행성 : 혼수나 섬망이 선행하면 급성
기간	주로 1개월 미만	최소한 1개월
지남력 장애	시간, 장소에 대해	경증에서는 없을 수도 있음
사고장애	혼란	빈곤
기억장애	주로 최근 기억	최근
주의집중장애	틀림없이 장애	없는 것이 보통
인지	항상 저하되어 있고 낮에 변동, 밤에 더 심함	장애가 없는 것이 보통
기민성	증가 혹은 감소	정상 혹은 감소
지각장애	자주 있음	보통은 없음
수면-각성 주기	항상 장애	보통은 정상적

CHAPTER 14 신경인지장애

기출문제

01 **다음 사례에서 (가)~(마)에 대한 설명으로 옳지 않은 것은?** 2010년

> 김씨는 75세의 노인으로 약 18개월 전부터 (가) 아침식사를 했는지 안 했는지를 모르고, (나) 이웃집 여자를 아느냐는 질문에 “물론 알지, 어제 그 여자 남편과 맥주를 마셨어.” 라고 대답했다. 그녀의 남편은 5년 전에 사망하였고, 김씨는 그녀의 남편을 한 번도 만난 적이 없었다. 그리고 (다) “올해 (2009년도)가 몇 년도냐”는 질문에 1991년이라고 답하였다. (라) 시력장애가 없음에도 불구하고 의자나 연필 같은 물건을 지각하지 못하더니 결국은 가족까지도 알아보지 못했다. 이러한 증상으로 김씨는 딸과 함께 병원에 가서 검사한 결과 양성자방출 단층촬영(PET) 검사에서 양쪽 두정-측두엽 부위의 포도당 대사율이 떨어졌으며, (마) ‘알츠하이머병(Alzheimer's disease)’으로 진단받았다.

① (가)는 기억장애로, 질병 초기에는 장기 기억보다 최근 기억을 하지 못한다.
② (나)는 작화증으로, 기억이 잘 나지 않는 부분을 무의식적으로 상상이나 사실이 아닌 경험으로 채우는 것이다.
③ (다)는 지남력 장애로, 대부분 시간, 장소, 사람의 순으로 지남력 상실이 온다.
④ (라)는 실행증으로, 측두엽과 두정엽의 손상으로 인하여 나타난다.
⑤ (마)는 치매의 한 종류로, 대뇌 신경세포에서 콜린아세틸 전달효소 효능이 떨어지고, 아세틸콜린의 흡수가 저하된다.

|정답| ④

|해설| 1. ④의 보기 사례는 ‘실행증’이 아니라 ‘실인증’의 사례이다. 실인증은 자극의 중요성이나 의미를 파악하고 이해하는 능력을 상실하여 사물을 정확하게 인지하지 못하는 상태를 말한다. 뇌종양처럼 자신의 질병이나 이로 인한 장애를 인지하지 못하는 질병인지 불능증도 해당된다. 실인증은 전두엽의 손상으로 나타난다. 반면에, ‘실행증’은 운동마비나 운동장애가 아니라 행위를 이해하지 못하면서 수의적 행위가 불가능한 상태이다. 따라서 실행증이 걸렸을 시에는 옷을 입는 것과 같은 다소 복잡하거나 의도적이고 조직적인 일을 수행하는 데 어려움이 있다.

2. ②의 보기사례 ‘작화증’은 무의식적으로 자신이 기억하지 못하는 기억의 결손을 허구의 일로 메우는 것이다. 거짓말이나 꾀병과 달리 자신이 허구로 채운 기억을 사실로 알고 있다. 대개 뇌의 기질적 병소가 있는 환자에게서 관찰된다.

CHAPTER

15 섭식장애

1 원인

1. 생물학적 요인

(1) 유전적 요인 : 쌍생아 연구

(2) 신경화학적 요인 : 시상하부의 식욕조절 중추

(3) 신경전달물질(세로토닌 → 조증 → 음식섭취억제)

(4) 호르몬 조절장애 : 저하된 내인성 아편

2. 심리적 요인

신체 불만족, 마르고 싶은 욕망, 식이 제한, 낮은 자존감, 우울, 스트레스

3. 사회문화적 요인

마른 몸매를 강조하는 문화적인 압력

4. 가족요인

혼돈된 가족경계, 과잉보호, 경직과 갈등회피

(1) 독립성과 자율성, 신뢰성을 학습하지 못함

(2) 자신감 부족, 갈등회피, 타인을 기쁘게 하려고 하며 성인으로서의 책임에 대한 두려움

섭식장애의 고위험요인

질환	생물학적 요인	발달적 요인	가족요인	사회문화적 요인
신경성 식욕부진증	비만 : 어렸을 때 다이어트를 시행하는 것	• 자율성 발달과 자신 및 환경에 대한 통제 능력의 문제 • 정체감 발달 • 불만스러운 신체상	• 가족의 정서적 지지 부족 • 부모의 학대 • 갈등을 제대로 다루지 못함	• 마른 몸매를 이상화하는 문화적 분위기 • 아름다움, 마른 몸매 등을 강조하는 대중매체 • 이상적인 몸매를 이루기 위한 집착

신경성 폭식증	비만 • 어린 시절의 다이어트 • 세로토닌과 노르에피네프린 장애 • 염색체 제1번 취약성	• 자신에 대해 뚱뚱하고 매력없으며 보잘 것 없다고 느낌 • 불만족스러운 신체상	• 애매한 경계선으로 혼란된 가족 • 신체적, 성적 학대를 포함한 부모의 학대	• 위와 동일함 • 체중과 관련된 과도한 걱정

2 주요 질환

1. 신경성 식욕부진증 : 거식증[Anorexia Nervosa]

(1) 진단기준

① 필요량보다 에너지 섭취를 제한함으로써 연령, 성별, 발달 궤도의 맥락에서 심각한 저체중이 유발되고, 저체중은 최소한의 정상 수준 또는 최소한의 기대수치 이하의 체중을 말한다.

② 심각한 수준의 저체중임에도 불구하고 체중증가나 살이 찌는 것에 대한 극심한 공포 또는 체중을 증가시키지 않으려는 지속적인 활동을 한다.

③ 체형, 체중에 의해 지나치게 영향받는 자기평가, 지속적으로 저체중의 심각성을 인지하지 못한다.

(2) 유형

① **제한형** : 다이어트와 단식 또는 과도한 운동을 통해 살을 빼려는 유형이다.

② **폭식 및 제거형** : 통상 2시간 동안 보통 사람들이 한 번에 먹을 수 있는 양보다 현저하게 많은 양의 음식을 먹는 폭식행동이 나타나고, 폭식 후 음식을 체내에서 제거할 목적으로 스스로 구토를 하거나 하제, 관장, 이뇨제 등을 남용한다.

(3) 증상(DSM-5 진단기준)

① 체중의 감소

② 무월경

③ 변비, 복통, 추위에 대한 내성 저하, 무기력감, 심각한 저혈압, 저체온, 서맥, 피부건조증 등

④ 체중증가에 대한 극심한 두려움

⑤ 과도한 운동

⑥ 음식에 대한 생각에 집착

⑦ 자신의 문제에 대한 부정

⑧ 공공장소에서의 식사 거부

⑨ 요리법이나 타인을 위한 요리에의 몰두

⑩ 음식을 숨기거나 버림

⑪ 소량의 음식을 오랜 시간 동안 먹음

⑫ 고지식하며 완벽주의적 성향

(4) 행동특성

① 고등학교 연령과 여대생에서 0.5~1%

② 호발연령은 14~18세(혹은 13~20세)

③ 남녀의 비율은 약 1:20 추산

④ **병전 성격** : 융통성이 없고, 성적 미숙, 강박적, 완벽주의적, 이기적, 지적인 독신 여성에게 많다.

⑤ 주요 우울장애가 공존되는 율이 약 50%

(5) 치료 및 예후

① 치료적 접근

㉠ 약물치료

ⓐ **식욕중추의 자극** : 삼환계 항우울제인 아미트리프틸린, 세로토닌 길항제인 시프로헵타딘

ⓑ **체중증가 및 항정신성 효과** : 올란자핀

ⓒ **재발 방지** : 플루옥세틴

㉡ **정신치료** : 가족치료는 특히 18세 미만의 환자에 효과적이나 가족기능이 향상되려면 2년 이상 걸리기도 한다.

② 예후

㉠ 만성, 치료시 50% 이상에서 호전

㉡ 입원치료 받은 환자의 1/3 양호, 약 1/3 약간 호전, 1/3은 불량

(6) 신경성 식욕부진 환자 간호

① 체중증가가 없는 경우 비경구 투여. 즉, 체중증가가 급선무(몸무게가 표준체중의 85% 이하인 경우 진단이 내려진다)이다.

② 대상자의 신체적, 사회적, 발달적 상태를 확인한다.

③ 강요, 설득없이 조용하고 일관성 있는 태도로 음식을 제공한다.

④ 식사 후 2시간은 같이 있도록 한다.

⑤ 처방에 따른 약물을 투여한다.

⑥ 다른 사람과 함께 식사하도록 한다.

⑦ 단식은 자기파괴 행동임을 인지시킨다.

⑧ 혼돈된 가족경계와 과잉보호로부터 대상자가 통제감을 가질 수 있도록 한다.

2. 신경성 폭식증

(1) 진단기준

① 재발하는 폭식 삽화

㉠ 일정 시간(보통 2시간 이내) 동안 일반인들이 그 상황에서 먹는 것보다 훨씬 많은 양을 먹는다.

㉡ 삽화 동안 식사 조절감의 상실

② 체중증가를 막기 위한 부적절한 보상행동(자기 유발 구토, 설사제나 이뇨제의 오용, 금식, 과도한 운동)의 재발

③ 폭식과 부적절한 보상행동 모두 3개월 동안 최소한 일주일에 1회 이상 발생

④ 체형, 체중에 의해 지나치게 영향받는 자기평가

⑤ 신경성 식욕부진증의 경과 중에 발생하지 않아야 한다.

(2) 증상(DSM-5 진단기준)

① 체중은 정상 범위에 있다.

② 폭식 삽화

③ 먹고 난 후 구토를 하기도 한다.

④ 구토로 인해 치아 및 손에 손상

⑤ 신체상 외모, 성적 매력에 관심이 많다.

⑥ 비만에 대한 공포심

⑦ 흔히 어릴 때 비만했던 경력이 있다.

⑧ 충동성, 우울, 불안, 공허, 고독감이 흔하다.

⑨ 알코올 및 약물중독의 위험성이 높다.

⑩ 일부에게서 신경성 식욕부진증 병력이 있다.

⑪ 무월경은 드물고 불규칙한 월경

(3) 행동특성

① 고등학교 연령과 여대생의 5~8%

② 일반적으로 여성의 2%, 남성 1%

③ 발병연령은 18~19세

④ 남녀 비율 1:9

⑤ 때로는 패스트푸드점과 식당을 전전하며 식사를 주문하는데 1~2시간 동안 6개 이상의 장소에서 식사를 하기도 한다.

(4) 치료 및 예후

① 38~47%는 완전히 회복이 되는 반면 30%는 폭식과 구토행동을 반복한다.

② 인지행동치료 : 주장훈련과 자존감 증진에 긍정적인 효과가 있다.
③ 약물치료 : 데시프라민, 이미프라민, 아미트리프틸린, 플루옥세틴 등의 항우울제가 효과적이다.

3. 폭식증

(1) 개념

반복적인 폭식 삽화를 보이며 먹는 것에 대한 조절력을 상실한다는 점에서 신경성 폭식증과 유사하지만 체중과 체형에 대한 집착이 없으며 폭식 후 구토, 하제남용 등의 보상행동이 나타나지 않는다.

(2) 진단기준(DSM-5)

① 재발하는 폭식 삽화는 다음의 특징이 있다.
㉠ 일정 시간 그 시간과 그 상황에서 먹는 것보다 훨씬 많은 양을 먹는다.
㉡ 삽화 동안 식사 조절감의 상실
② 폭식 삽화는 다음 중 3가지 이상과 관련
㉠ 정상보다 매우 빠른 속도로 먹는다.
㉡ 불쾌할 정도로 배가 부를 때까지 먹는다.
㉢ 배가 고프지 않은데도 먹는다.
㉣ 창피해서 혼자 먹는다.
㉤ 폭식 후 혐오감과 우울, 자책감에 빠진다.
③ 폭식과 관련된 현저한 고통이 있다.
④ 폭식 삽화가 3개월 동안 일주일에 최소한 1회 이상
⑤ 폭식 삽화에 부적절한 보상행동은 없으며, 신경성 폭식증이나 신경성 식욕부진증의 경과 중에 발생하지 않아야 한다.

(3) 증상(DSM-5 진단기준)

① 다이어트를 하고 있다.
② 충동적인 폭식이 있다.
③ 폭식 동안 조절력을 상실한다.
④ 매우 빠르게 먹거나 배가 불러서 불편할 때까지 먹는다.
⑤ 배가 고프지 않은 상태에서도 폭식을 한다.
⑥ 수치심 때문에 주로 혼자 먹는다.
⑦ 폭식 후 혐오감, 죄의식, 우울감을 동반한다.
⑧ 주로 비만인 경우가 많고, 주위에서는 다이어트를 하는 줄 알고 있다.

⑨ 자기 체형에 대해 불만족을 느끼지만 신체상의 왜곡은 없다.

⑩ 대개 사춘기나 20대 초반에 시작하며, 대부분 다이어트를 하면서 체중감소 직후에 발생한다.

(4) 행동특성

① 35세 이상의 연령에서 자주 발병하고 여성 대 남성의 비율은 3:2 정도이다.

② 이들은 대부분 과체중이거나 비만이며, 어렸을 때부터 과체중으로 놀림을 받은 경험이 있다. 엄격한 다이어트와 폭식행동의 악순환에 빠져 있는 경우가 많다.

4. 급식장애

(1) 이식증

유아기가 지난 연령에서 페인트나 머리카락, 옷, 낙엽 등 음식이 아닌 물질을 지속적으로 섭취하는 것을 말하며, 흔히 지적장애 아동에게서 나타난다.

(2) 반추장애

소화기에 의학적 문제가 없는데도 반복적으로 음식을 토해내거나 음식을 역류시켜 다시 씹고 삼키는 반추행동을 보이는 장애로 남아에게 많이 나타나고 영양실조상태이기 때문에 약 25%가 사망할 수 있다. 이들은 평소에 배고픔을 느끼며, 부모의 무관심이나 부모-아동 갈등, 정서적 자극의 결핍 등이 원인이다.

(3) 회피성 · 제한성 음식섭취장애

영아나 초기 아동기에 나타나며, 적절하게 먹지 못하는 것이 지속되면서 결과적으로 심각한 체중저하를 보인다. 신체상 왜곡은 보이지 않으며, 미숙아나 발육장애, 자폐장애 등에서도 이유 없는 음식거절행동이 나타날 수 있으므로 감별진단이 요구된다.

FINAL TEST

01 다음에서 설명하고 있는 장애를 찾아 쓰시오.

① 신경성 식욕부진증	② 신경성 폭식증

(1) 가장 큰 특징은 극단적으로 음식을 거부하며 정상체중의 15% 이상이 감소하는 것이다.

(2) 먹는 것과 성행위를 동일시하거나, 마르는 것에 대한 강박적인 충동과 함께 식사를 하지 않게 되고, 나중에는 음식을 혐오하게 된다.

(3) 가장 큰 특징은 많은 양의 음식을 빠른 속도로 섭취하고 배가 부름에도 불구하고 먹는 것을 멈출 수 없는 식사조절력의 상실감이다.

(4) 가족 중 특히 어머니와의 관계가 좋지 않아 양자 간에 적개감이 있고 의존적인 갈등을 보이며 어머니는 과잉보호적이고 강박적으로 엄격하다.

(5) 현저하게 체중감소는 없으며, 체중과 신체에 대한 지속적인 관심이 있고, 음식을 은밀하게 섭취하는데, 이에 대한 죄의식을 가지며 우울해지기도 한다.

(6) 과지배적인 어머니, 불화, 냉담한 아버지 등 분열된 가족행동양상을 보이며 우울증의 과거 병력이 있다.

FINAL TEST 정답

01 (1) ① (2) ① (3) ② (4) ①
(5) ② (6) ②

CHAPTER 15 섭식장애

기출문제

01 **다음은 고등학교 보건교사가 작성한 교수 · 학습 지도안의 일부이다. 〈작성 방법〉에 따라 순서대로 서술하시오.** [4점] 2019년

교수 · 학습 지도안

단원	정신 건강	보건교사	박OO
주제	섭식 장애/인지 행동 치료기법	대상	2학년
차시	2/3	장소	2-1 교실
학습목표	• 주요 섭식 장애의 유형과 특성을 이해할 수 있다. • 인지 행동 치료기법의 종류를 설명할 수 있다.		

단계	교수 · 학습 내용		시간
도입	• 전시 학습 확인 • 동기 유발 : 섭식 장애에 관한 동영상 시청 • 본시 학습 문제 확인		5분
전개	1. 섭식 장애의 유형과 특성		35분
	㉠	• 지나치게 음식물 섭취를 제한함 • 체중 증가나 비만에 대한 극심한 두려움이 있음. • 체중 증가를 막기 위한 행동을 지속함. • 심각한 저체중 상태이나 이에 대한 심각성을 인지하지 못함.	
	㉡	• 식사 조절감을 상실함. • 반복적이고 부적절하게 스스로 구토를 유발하거나 이뇨제나 설사제 등을 복용함. • 자기 가치에 대한 평가에 체형과 체중이 과도하게 영향을 미침. • 최소 3개월 동안 일주일에 1회 이상 지나치게 많은 양의 음식을 섭취하고 부적절한 보상 행동이 나타남.	
	2. 인지행동 치료기법의 종류 가. ㉢ <u>자기감시법(self-monitoring)</u> 나. ㉣ <u>형성법(shaping)</u> … (중략) …		

〈 작성 방법 〉

- 괄호 안의 ㉠, ㉡에 해당하는 섭식장애 유형을 순서대로 제시할 것.
- 밑줄 친 ㉢의 목적을 서술할 것.
- 밑줄 친 ㉣의 목적을 서술할 것.

|정답| ㉠ 신경성 식욕부진증

㉡ 신경성 폭식증

㉢ 자기감시법 : 대상자로 하여금 자신의 행동과 태도, 감정, 사고 등을 관찰하거나 기록하게 함으로써 객관적이고 구체적으로 알고 평가할 수 있도록 하는 방법

㉣ 형성법(유형화) : 우선 목표 행동을 명확히 세워놓고, 초반에는 목표 행동은 아니지만 목표 행동과 근접한 행동에서부터 차츰 수준을 높여 최종적으로는 목표 행동을 형성하도록 하는 기법이다. 치료자는 목표 행동에 근접한 행동을 했을 때 강화를 제공하여 대상자가 계속적으로 바람직한 행동을 형성해가도록 한다. 예를 들어 공격적인 아동이 또래 친구와 잘 노는 행동을 했을 때 칭찬하며, 궁극적으로는 갈등 상황에서도 공격적인 행동을 보이지 않을 때까지 대상자를 강화한다.

02 다음은 영재(여/16세) 어머니와 보건교사의 대화 내용이다. 〈작성 방법〉에 따라 순서대로 서술하시오.

[4점] 2017년

어머니 : 안녕하세요. 선생님! 우리 아이가 식사를 거의 하지 않아 걱정이 많아요. 애가 말랐는데도 자신이 뚱뚱하다고 생각해요. 그리고 체중이 증가하는 것에 대한 두려움까지 느껴 매일 시간을 정해서 3시간씩 열심히 운동을 하고 있어요.

보건교사 : 어머니의 걱정이 크시겠어요. 영재의 건강 기록을 보니 키가 162cm인데 체중은 지난 주 측정한 게 40Kg이군요. 그 문제로 병원을 방문하신 적은 있으신가요?

어머니 : 안 그래도 정신과 병원에 가서 (㉠)(이)라고 진단을 받았어요.

보건교사 : 당황스러우시겠어요. 집에서 어머니는 영재 상태에 대해 어떻게 대처하실 건가요?

어머니 : 제 생각에는 ㉡일단은 식사를 하도록 하여 체중이 정상이 되어야 할 것 같아요. 그래서 체중증량 식단을 짜서 1주일 내에 정상 체중으로 회복하는 것을 목표로 하려고 해요. 그리고 운동이야 건강을 위해 매일 하는 게 좋으니까 지금처럼 그대로 두려고요.

보건교사 : 평소 영재가 자신이 말랐음에도 불구하고 뚱뚱하다고 생각하는 것에 대해 화를 내시나요?

어머니 : ㉢워낙 바쁘게 생활하는 아이라서 따로 그것에 대해 대화할 시간은 없어요. 우리 딸이 성적이 나쁜 것도 아니고 무슨 문제를 일으키는 것도 아니라서 특별히 대화를 나누고 있지는 않아요.

… (하략) …

〈 작성 방법 〉

- 괄호 안의 ㉠에 해당하는 임상 진단명을 제시할 것
- 밑줄 친 ㉡, ㉢에 제시된 어머니의 대처 방법에서 잘못된 내용 3가지를 수정하여 서술할 것

|모범답안|

1. ㉠에 해당하는 임상 진단명 : 신경성 식욕부진증
2. ㉡, ㉢에 제시된 어머니의 대처방법 중 잘못된 내용 3가지 수정
   (1) 체중증량을 주당 1~1.5kg 정도 증가될 수 있도록 식단을 짠다.
   (2) 목표체중에 도달할 때 계획된 운동 프로그램을 제공한다.
   (3) 딸과 어머니의 의사소통을 증진시켜 내면의 갈등이나 문제를 해결하도록 돕고, 가족기능을 향상시킨다.

03 보건교사는 전교생을 대상으로 식이태도를 조사한 결과 섭식장애가 의심되는 A, B 두 학생을 상담하게 되었다. 두 학생의 증상에 대한 설명으로 옳은 것은? [2.5점] 2011년

요 양호 학생 상담일지

일시	2010년 O월 O일 O시	장소	보건실
이름	A	문제	신경성 폭식증
증상	많은 양의 음식을 빠른 속도로 먹고 음식 먹는 것을 멈추기 어려움		
중략			
일시	2010년 O월 O일 O시	장소	보건실
이름	B	문제	신경성 식욕부진증
증상	• 극단적으로 음식을 거부함 • 매우 마른 몸매임에도 불구하고 지나치게 과격한 운동에 집착함		

① A학생은 지난 3개월 이내 15% 이상의 체중감소가 있다.
② A학생은 심각한 저혈압, 저체온을 보인다.
③ B학생은 피부건조와 모발손상이 심하다.
④ B학생은 음식을 감추어 놓고 몰래 먹는 행동을 자주 보인다.
⑤ B학생은 빨리 먹고 쉽게 토할 수 있는 부드럽고 단맛이 나는 고칼로리 음식을 먹는다.

|정답| ③

|해설| A학생은 신경성 식욕폭식증 : ④, ⑤
B학생은 신경성 식욕부진증 : ①, ②

전공보건

부록

2020학년도 중등학교 보건교사 문제

부록 2020학년도 중등학교 보건교사 문제

01 다음은 우리나라의 제4차 국민건강증진종합계획(Health Plan 2020) 에서 제시한 학교보건 사업과 지표이다. 괄호 안의 ㉠, ㉡에 해당하는 지표를 쓰시오. [2점]

〈학교보건 사업과 지표〉

사업명	지표
학교 건강지원 기구의 설립	- 2020년까지 교육부에 1개 설치 - 2020년까지 17개 시·도 교육청에 1개씩 설치
학교 정신건강 수준의 향상	중 · 고등학생(㉠) 중 · 고등학생(㉡)
…… 중략 ……	
학생 개인위생 실천율의 증가	• 중 · 고등학생(13~18세) 학교에서 화장실 사용 후 비누 이용 손 씻기 실천율 • 중 · 고등학생(13~18세) 점심식사 직후 칫솔질 실천율
학생 손상 및 안전사고 발생 감소	• 학교 내 안전사고 발생률 • 학교 안전교육 경험률
건강한 교육 환경 조성	• 석면 함유 학교 건축물 개선율

|해설| ㉠ 자살예방사업

㉡ 스트레스 인지 감소사업

제4차 국민건강증진종합계획에서 제시한 학교보건 사업과 지표

1) 목적

학교건강증진사업을 통해 학생(초·중·고등학교)들의 질병과 사고를 예방하고, 건강에 대한 올바른 지식을 습득하게 하고 건강한 태도 및 습관의 형성으로 성인기의 질병예방과 평생건강의 기틀을 형성함

2) 추진방향

① 학교보건교육의 강화를 통해 행동변화를 수반한 건강역량 향상

② 학생의 건강에 영향을 주는 가정, 지역사회 등을 포괄하는 학교보건사업 실시

③ 교육부와 연계한 건강증진학교 조성 및 확대사업 실시

3) 세부 추진계획

① 학생건강지원기구의 설립

- 교육부 산하의 총괄 기능의 학생건강지원기구와 각 시도 교육청 산하에 1개의 기구 설립(서울시는 설립 되어 있음)
- 건강증진학교 시범학교 지원사업 실시 및 점진적(초 → 중 → 고) 확대
- 건강증진학교에 대한 평가기준 개발 및 주기적 평가를 통한 인증제 실시
- 학교건강증진학교 네트워크 형성
- 국제 건강증진학교 네트워크 결성을 통한 세계수준의 건강증진학교로 변모할 수 있도록 지원

② 학생들의 건강행태 및 건강상태의 개선
- 흡연예방사업, 음주예방사업, 비만예방 및 관리사업, 나트륨 섭취 감소 사업, 학교 스포츠클럽 활성화 사업, 약물사용 예방사업 등
- 건강증진학교 활성화를 통해 불건강한 보건행태 감소 또는 예방할 수 있는 학교정책 개발
- 알레르기 질환을 보유한 학생의 응급처치 및 관리가 가능한 아토피 → 천식 안심학교 단계적 확대

③ 학생들의 개인위생 실천율 증가
- 손씻기 강화사업 : 손씻기 교육 및 손씻기 시설 설치
- 칫(잇)솔질 활성화 및 강화사업 : 칫솔질 교육, 점심식사 후 칫솔질 할 수 있는 환경조성

④ 학생들의 정신건강수준 향상
- 자살예방사업
- 스트레스 인지 감소사업

⑤ 학생들의 건강한 성태도 함양
- 건강한 성가치관 형성을 위한 발달 단계에 맞는 성교육 실시
- 학교 성교육 담당교사 전문성 제고를 위한 교사연수 실시

⑥ 학생들의 손상예방 및 안전사고 발생 감소
- 안전사고 예방행동 실천율 향상 사업 : 안전사고 예방 교육, 교통안전 현장교육, 교통안전 캠페인, 안전벨트 및 헬멧(오토바이, 자전거, 인라인스케이트 등)과 보호대 착용 교육 실시 등
- 학교 내 안전사고 발생 감소사업 : 안전사고 유발 학교시설에 대한 안전장치 강화
- 학교손상 모니터링 시스템 구축

⑦ 학생들의 인터넷 중독 감소 사업
- 인터넷 유해 사이트 차단 프로그램 보급
- 인터넷 게임중독 감소사업

⑧ 건강한 학교 환경 조성
- 학교 건축물 석면 함유 조사
- 단계적 석면 함유 학교 건축물 개선 실시

02 **다음은 보건교사가 담임교사에게 의뢰받은 학생과 처음으로 면담한 내용이다. 밑줄 친 ㉠, ㉡과 같은 증상에 해당하는 용어를 순서대로 쓰시오.** [2점]

> 학생 : 선생님, 안녕하세요.
> 보건교사 : 그래, 어서 와요. 담임선생님으로부터 힘들어한다는 얘기를 들었어요. 요즘은 어떻게 지내고 있어요?
> 학생 : 힘들어요. 계속 같은 생각이 떠올라 멈춰지지 않아요.
> 보건교사 : 어떤 생각이 떠오르나요?
> 학생 : 수업시간에 ㉠'중간고사 답안지를 백지로 내서 망칠 것 같다.'는 생각이 자꾸 떠올라요. 아무리 생각을 멈추려고 해도 제 마음대로 되지 않아요. 수업시간에 집중이 안되고, 선생님이 설명하시는 것도 머리 속에 들어오지 않아요.
> 보건교사 : 많이 힘들겠어요. 그럴 때는 어떻게 하나요?
> 학생 : ㉡글씨를 똑같은 크기로 쓰려고 해요. 그리고 마음 속으로 1부터 100까지 1분 안에 틀리지 않게 세려고 해요. 그러면 불안이 조금 나아져요.
> … (하략) …

|해설| ㉠ 강박사고
㉡ 강박행위

일반적으로 심각한 걱정으로 대변되는 강박사고에 의해 강력한 불안증상이 시작된다. 이런 강박사고로 인해 생기는 불안 증상을 도저히 참을 수 없을 때 그 증상을 없애거나 중화시키기 위해 강박행동을 하게 된다. 이렇게 강박행위를 함으로써 사라지거나 줄어든 불안 증상은 지속적으로 떠오르는 강박사고로 인해 계속 반복된다.

03 다음은 고등학교 보건교사가 작성한 상담 일지이다. 뉴만(B. Neuman)이 제시한 '건강관리 체계이론(The Neuman Systems Model)'에 근거하여 〈작성방법〉에 따라 순서대로 서술 하시오. [4점]

상담일지

이름	박 ○○	성별 / 연령	여 / 17세
상담 일시	○월 ○일 ○시	학년-반	2-5
주요 문제	비만		
상담 개요	□ 가족 구조 및 기능 현황 • 아버지(58세), 어머니(56세)와 함께 살고 있음 • 아버지는 일용직 일을 하시고, 어머니는 8년 전 교통사고로 인해 하반신 마비 상태이셔서 학생이 집안일을 도맡아 하고 있음 • ㉠<u>경제적으로 매우 어려워 현재 기초생활수급자 신청을 한 상태임</u> • 복지관의 반찬 배달서비스를 받고 있음 • 학생의 비만관리가 필요하지만 부모님의 지원을 받기에는 어려움이 많음 □ 학생 현황 • 비만 정도(BMI 32) • 아침식사는 거의 거르는 편이며, 점심은 학교급식을 먹고 있고, 저녁은 과자나 라면으로 끼니를 해결하고 있음 • 비만관리를 위해 필요한 운동을 전혀 하고 있지 않음 • ㉡<u>수면시간이 부족하여 항상 피곤한 상태임</u> • 현재 본인의 비만정도에 대해서 심각성을 느끼지 못하며, 비만이 지속될 때 나타날 수 있는 건강문제를 인지하지 못하고 있음		
건강관리 계획	□ ㉢<u>2차 예방활동</u> • 보건실에 한 달에 한 번씩은 방문하여 비만관리 상담을 받도록 함 • 영양교실과 운동교실에 주 2회 참여하게 함 • 비만 합병증 예방을 위한 교육을 받도록 함		

… (하략) …

〈 작성 방법 〉

- 밑줄 친 ㉠은 어떤 스트레스원에 해당하는지 제시할 것
- 밑줄 친 ㉡은 어떤 방어선에 해당하는지 제시하고, 그 방어선의 개념을 서술할 것
- 밑줄 친 ㉢은 어떤 방어선이 침범되었을 때 적용할 수 있는지 제시할 것

|해설| ㉠ 체계 외 또는 외적 스트레스원
㉡ 유연방어선
㉢ 저항선

스트레스원

① 체계 내 또는 내적 요인 : 개체 내에서 일어나는 힘(예 : 조건반사, 통증, 불안, 상실)
② 체계 간 또는 대인적 요인 : 한 사람 또는 그 이상의 개인들 사이에서 일어나는 자극 요인(예 : 역할기대)
③ 체계 외 또는 외적 요인 : 체계 외부에서 일어나는 힘(예 : 경제적 상황)

유연방어선

환경과 상호 작용하여 시시각각으로 변하는 역동적 구조로 외부자극이나 변화에 대하여 신속하게 축소되거나 확장되는 것으로 대처함으로써 스트레스원이 유연방어선을 거쳐 정상방어선까지 침범하지 못하도록 완충역할을 한다.

간호중재

① 1차 예방 : 대상체계가 스트레스원과 부딪칠 가능성을 경감시키거나 스트레스원에 대한 유연방어선을 강화시키는 것이다. 즉 자극원의 유입감소, 유연방어선 강화, 정상방어선의 보호 등이 해당된다.
② 2차 예방 : 신체의 적정기능에 영향을 미치거나 미칠 수 있는 위험요인과 악화된 상황을 감소시키거나 최소화한다. 즉 저항선의 강화, 조기발견 등이 해당된다.
③ 3차 예방 : 대상체계를 재구성시키고 안정성을 되찾게 한다. 즉 기본구조의 재구성이 해당된다.

04 다음은 고등학교 보건교사가 작성한 교수 · 학습 지도안의 일부이다. 〈작성방법〉에 따라 순서대로 서술하시오. [4점]

교수 · 학습 지도안

단원	정신 건강	보건교사	박ㅇㅇ
주제	섭식 장애/인지 행동 치료기법	대상	2학년
차시	2/3	장소	2-1 교실
학습목표	ㅇ 주요 섭식 장애의 유형과 특성을 이해할 수 있다. ㅇ 인지 행동 치료기법의 종류를 설명할 수 있다.		

단계	교수 · 학습 내용		시간
도입	ㅇ 전시 학습 확인 ㅇ 동기 유발 : 섭식 장애에 관한 동영상 시청 ㅇ 본시 학습 문제 확인		5분
전개	섭식 장애의 유형과 특성		35분
	㉠	• 지나치게 음식물 섭취를 제한함 • 체중 증가나 비만에 대한 극심한 두려움이 있음 • 체중 증가를 막기 위한 행동을 지속함 • 심각한 저체중 상태이나 이에 대한 심각성을 인지하지 못함	
	㉡	• 식사 조절감을 상실함 • 반복적이고 부적절하게 스스로 구토를 유발하거나 이뇨제나 설사제 등을 복용함 • 자기 가치에 대한 평가에 체형과 체중이 과도하게 영향을 미침 • 최소 3개월 동안 일주일에 1회 이상 지나치게 많은 양의 음식을 섭취하고 부적절한 보상 행동이 나타남	
	2. 인지행동 치료기법의 종류 가. ㉢<u>자기감지법(self-monitoring)</u> 나. ㉣<u>형성법(shaping)</u> … (하략) …		

〈 작성 방법 〉

• 괄호 안의 ㉠, ㉡에 해당하는 섭식 장애 유형을 순서대로 제시할 것
• 밑줄 친 ㉢의 목적을 서술할 것
• 밑줄 친 ㉣의 목적을 서술할 것

|해설| ㉠ 신경성 식욕부진증

㉡ 신경성 폭식증

㉢ 자기 감시법 : 대상자로 하여금 자신의 행동과 태도, 감정, 사고 등을 관찰하거나 기록하게 함으로써 객관적이고 구체적으로 알고 평가할 수 있도록 하는 방법

㉣ 형성법(유형화) : 우선 목표 행동을 명확히 세워놓고, 초반에는 목표 행동은 아니지만 목표 행동과 근접한 행동에서부터 차츰 수준을 높여 최종적으로는 목표 행동을 형성하도록 하는 기법이다. 치료자는 목표 행동에 근접한 행동을 했을 때 강화를 제공하여 대상자가 계속적으로 바람직한 행동을 형성해가도록 한다. 예를 들어 공격적인 아동이 또래 친구와 잘 노는 행동을 했을 때 칭찬하며, 궁극적으로는 갈등 상황에서도 공격적인 행동을 보이지 않을 때까지 대상자를 강화한다.

05 다음은 학교보건법 시행규칙(교육부령 제194호, 2019.10.24, 일부개정) 제11조에 근거한 ○○중학교의 보건 보조인력 채용 공고문이다. 〈작성방법〉에 따라 순서대로 서술하시오.

[4점]

> **보건 보조인력 채용 공고**
>
> 1. 근무 기간 : 2019.3.1~2020.2.29
> 2. 근무 장소 : ○○중학교
> 3. 지원 자격 : (　　　㉠　　　)
> 4. 직무 : 학교보건법 제15조의2 제3항에 따른 보조인력은 같은 조 제1항에 따른 보건교사 등의 지시를 받아 질병이나 장애로 인하여 특별히 관리 · 보호가 필요한 학생에 대해서 보건교사 등이 행하는 다음 각 호의 활동을 보조함
>   가. 학교보건법 제15조의2 제1항에 따른 (　　㉡　　) 등 응급처치
>   나. 각종 질병의 예방처치, 건강 관찰 및 건강 상담 협조 등의 보건활동
> 5. 선발 방법 : ㉢<u>패널 면접(panel interview)</u>
>
> … (하략) …

〈 작성 방법 〉

- 괄호 안의 ㉠에 해당하는 내용을 제시할 것
- 괄호 안의 ㉡에 해당하는 내용을 제시할 것
- 밑줄 친 ㉢의 방법을 쓰고, 장점 1가지를 서술할 것

|해설| ㉠ 간호사 면허가 있는 자
㉡ 투약행위
㉢ 면접자의 면접결과에 대하여 의견교환의 절차를 거쳐 광범위한 정보수집 및 정확한 평가를 할 수 있다.

학교보건법 시행규칙 제11조(보조인력의 역할 등)

① 법 제15조의2제3항에 따른 보조인력(이하 "보조인력"이라 한다)은 같은 조 제1항에 따른 보건교사등(이하 "보건교사등"이라 한다)의 지시를 받아 질병이나 장애로 인하여 특별히 관리 · 보호가 필요한 학생에 대해서 보건교사등이 행하는 다음 각 호의 활동을 보조한다.

- 법 제15조의2제1항에 따른 투약행위 등 응급처치
- 각종 질병의 예방처치, 건강관찰 및 건강상담 협조 등의 보건활동

② 보조인력은 「의료법」 제7조에 따른 간호사 면허가 있어야 한다.

패널면접

① 다수의 면접자가 한 사람의 피면접자를 상대로 하는 면접방식으로 관리직이나 전문직 등의 선발을 위한 면접시험으로 많이 이용된다.

② 장점 : 피면접자에 관한 면접자의 면접결과에 대하여 의견교환의 절차를 거쳐 광범위한 정보수집 및 정확한 평가를 할 수 있다.

③ 단점 : 다른 면접방법에 비하여 다수의 면접자가 필요하기 때문에 이로 인한 비용과 시간이 많이 소요된다.

06 **다음은 지역협의회에서 만난 중학교와 고등학교 보건교사가 나눈 대화내용이다. 「2015 개정 고등학교 교양 교과(보건) 교육 과정(교육부 고시 제 2015-74호)」과 「2015 개정 중학교 선택 교과(보건) 교육 과정(교육부 고시 제 2015-74호)」에 근거하여 괄호 안의 ㉠, ㉡에 해당하는 내용을 순서대로 쓰시오.** [2점]

> 중학교 보건교사 : 지난 주부터 '성 건강'에 대한 수업을 하고 있어요. 「2015 개정 고등학교 교양 교과(보건) 교육 과정」의 핵심 개념 중 '성 건강'의 내용 요소에는 어떤 것들이 있나요?
>
> 고등학교 보건교사 : 네, 섹슈얼리티(sexuality), 사랑 · 성적 자기결정권, 성희롱 · 성매매와 성문화, (㉠), 준비된 임신과 피임, 미혼모, 저출산에 대한 내용이 있습니다. 선생님은 중학교에서 '성 건강'과 관련하여 어떤 내용들을 가르치고 있나요?
>
> 중학교 보건교사 : 저는 「2015 개정 중학교 선택 교과(보건) 교육 과정」의 핵심 개념 중 '성 건강'의 내용 요소로 청소년의 성적 발달, (㉡)와/과 성 역할, 임신 · 출산과 피임, 음란물과 성 상품화, 성폭력 · 성매매에 대한 내용을 지도하고 있어요.
>
> … (하략) …

|해설| ㉠ 성매개감염병 ㉡ 이성교제

1. 2015 개정 고등학교 교양교과(보건) 교육과정

(1) 과목 소개

보건은 건강의 가치를 이해하고, 올바른 건강 지식과 자원에 체계적으로 접근하며, 일상생활에서 건강 생활을 실천하고 건강 관리 능력을 증진시킴으로써, 궁극적으로 개인과 공동체의 건강 및 삶의 질을 향상시키기 위한 과목이다. 이를 위해 보건 과목은 건강을 권리와 책임으로 이해하여 건강한 성장과 발달을 지향하고, 참여와 옹호, 소통과 배려를 바탕으로 건강에 유익한 선택을 하며, 건강 증진을 위한 사회·문화적 환경을 조성하는 등의 건강 핵심역량을 함양하는 데 중점을 둔다.

(2) 내용 체계

영역	핵심 개념	내용 요소	일반화된 지식
건강의 이해와 질병 예방	건강 증진	• 건강 영향 요인 • 건강 지표, 평가	• 건강은 신체적·정신적·사회적으로 안녕한 상태의 총체적 개념이며, 다양한 요인과 관련되어 있으므로 개인·사회·국가의 건강 증진은 건강수준 및 건강 지표 평가 등에 근거한 건강 관리를 통해 가능하다.
	생활 주기	• 건강한 생애 주기	• 건강은 생활 습관 및 생활 주기에 따라 변화하므로, 질병의 예방과 건강의 유지·증진은 생체리듬을 고려한 생활 주기 관리를 통해 가능하다.
	질병 예방	• 비만, 암 등 만성 질환 • 신체 기관별 건강 • 감염병 예방 관리	• 질병은 각 기관의 항상성 균형이 깨질 때 발생하므로, 신체 기관별 병인의 특성을 고려하여 예방하고 관리해야 한다.
	약물·담배·술	• 약물 오·남용 예방 • 흡연·음주 폐해와 건강한 선택	• 약물의 오·남용과 흡연·음주는 건강에 위험을 일으키고, 주변의 권유 및 압력에 대응하는 태도가 건강에 영향을 미친다.

생활 속의 건강한 선택	성 건강	• 섹슈얼리티(sexuality) • 사랑·성적 자기 결정권 • 성희롱·성폭력·성매매와 성문화 • 성 매개 감염병 • 준비된 임신과 피임, 미혼모, 저출산	• 성은 생물학적, 사회·문화적으로 다양한 요인과 관련되어 있고, 성 문제는 성 가치관 및 성 윤리 의식과 관련되어 나타난다.
	정서·정신 건강	• 자아존중감과 회복 탄력성 • 불안·우울 등의 감정 대처 • 자살과 위기 관리 • 정신 건강 문제와 편견	• 감정과 정서를 이해하고, 자신의 감정과 생각을 표현하고 조절하는 것은 대인 관계 및 정신 건강의 기초를 이룬다.
	건강 생활 기술	• 건강 의사 소통 기술 (협상, 거절, 갈등 관리) • 공동체 건강 의사결정 • 건강 증진 옹호(국가와 세계)	• 건강 생활 기술은 삶의 요구와 문제들을 효과적으로 관리하고 대처하도록 돕는 적응적, 긍정적 능력이다.
안전과 응급처치	생활 안전	• 건강·안전 위험 요인 평가와 안전 문화 운동 • 차별·학대·폭력 • 직업병의 예방·대처	• 개인의 생활 방식, 안전·위험요인에 대한 예측 및 평가는 안전하고 예방에 영향을 미치므로, 행동 양식의 일차적 변화, 안전제일의 가치관 정립, 안전 의식의 무의식적 표출이 안전 문화의 원칙이다.
	응급 처치	• 생활 속의 응급처치 • 심폐소생술과 자동제세동기 • 구조 활동	• 상황에 따른 적절한 응급 처치 능력은 손상 악화 방지 및 질병 회복에 중요하다.
건강자원과 사회문화	건강권과 건강 자원	• 건강권과 책임(국가와 국제) • 건강 윤리, 건강 격차 • 보건 의료 서비스와 의료 보장 제도	• 건강할 권리는 인간의 기본권이자 사회·국가의 책무로, 건강권 보장을 위해서는 건강 정보·자원의 활용이 중요하다.
	건강 문화	• 건강 신념·관행·미디어 • 헌혈과 장기 기증, 장례 문화 • 문화적 다양성과 건강	• 문화는 건강에 영향을 미치는 주요한 요인으로 생활 환경·미디어·신념·관행 등은 건강 문화 형성뿐만 아니라 개인·지역 사회·국가 건강에 영향을 미친다.

2. 2015 개정 중학교 교양교과(보건) 교육과정

생활 속의 건강한 선택	약물·담배·술	• 약물의 오·남용과 흡연·음주는 건강에 위험을 일으키고, 주변의 권유 및 압력에 대응하는 태도가 건강에 영향을 미친다.	• 의약품의 안전한 선택 • 흡연·음주 예방과 대처	• 탐색하기 • 이해하기 • 분석하기 • 전략수립하기 • 제시하기 • 토론하기 • 모색하기 • 도출하기 • 설명하기 • 적용하기 • 계획하기
	성 건강	• 성은 생물학적, 사회·문화적으로 다양한 요인과 관련되어 있고, 성 문제는 성 가치관 및 성윤리 의식과 관련되어 나타난다.	• 청소년의 성적 발달 • 이성교제와 성 역할 • 임신·출산과 피임 • 음란물과 성 상품화 • 성폭력·성매매	
	정서·정신 건강	• 감정과 정서를 이해하고, 자신의 감정과 생각을 표현하고 조절하는 것은 대인 관계 및 정신 건강의 기초를 이룬다.	• 자아존중감 증진 • 스트레스와 과 몰입 • 분노·충동 등 감정 수용과 조절 • 죽음과 상실	
	건강 생활 기술	• 건강 생활 기술은 삶의 요구와 문제들을 효과적으로 관리하고 대처하도록 돕는 적응적, 긍정적 능력이다.	• 건강 의사소통 기술 (주장, 거절, 공감하기) • 건강 의사 결정 • 건강 증진 옹호 활동 (개인과 지역사회)	

07 고등학교 보건교사가 흡연 학생들과 면담한 내용이다. 프로체스카(J. Prochaska) 등이 제시한 '변화단계모형(Transtheoretical Model)'에 근거하여 〈작성 방법〉에 따라 순서대로 서술하시오. [4점]

보건교사 : 오늘은 여러분의 흡연 경험과 금연에 대한 생각을 나누는 시간입니다.
A 학생 : 저는 중학교 3학년 때부터 흡연하기 시작했는데, 최근에는 몸이 피곤하고 가래도 많이 생기는 것 같아서 ㉠한 달 안에 담배를 끊으려고 해요.
B 학생 : 저는 흡연을 시작하고 나서 친구들이 많이 생겼어요. 물론 담배를 사야 해서 용돈도 많이 들고, 가끔 반 친구들이 담배 냄새가 난다고 놀리기도 하지만 아직까지는 담배를 끊고 싶은 생각이 없어요.
보건교사 : 그렇군요. 흡연이나 금연 등의 행위는 ㉡'의사결정 균형'을 통해 변화하게 됩니다.
A 학생 : 그런데 선생님!, 막상 담배를 끊으려고 결심은 했는데 구체적으로 어떤 노력을 해야 확실하게 담배를 끊을 수 있을까요?
보건교사 : 한 달 안에 담배를 끊겠다고 생각하고 있으니 함께 흡연하는 친한 친구들에게 ㉢"이제부터 담배를 안 피울거야."라고 말하는 것이 금연 의지를 다지는 데 도움이 돼요.
A 학생 : 그럼 저는 며칠 내로 날을 정해서 친구들에게 금연 결심을 말할래요.
B 학생 : 아직까지 흡연 때문에 건강에 아무 문제는 없는데, 정말 담배 피는 사람은 나이 들면 폐암에 걸린다는 게 맞나요?
보건교사 : 좋은 질문이에요. 그 궁금증을 해소할 수 있는 방법을 알려 줄게요. ㉣폐암환자를 소재로 한 책을 빌려 줄테니 책에서 흡연의 유해성을 찾아보고, 흡연에 대한 생각을 이야기해보면 어떨까요?

… (하략) …

〈 작성 방법 〉

- 밑줄 친 ㉠에 해당하는 변화단계를 제시할 것
- 밑줄 친 ㉡의 개념을 서술할 것
- 밑줄 친 ㉢, ㉣에 해당하는 변화과정의 명칭을 각각 제시할 것

|해설| ㉠ 3단계 준비단계
㉡ 개인이 인지하는 흡연에 따른 이득적 요소와 개인이 인지하는 흡연에 따른 손실적 요소간의 의사결정을 저울질하는 단계
㉢ 자기해방
㉣ 의식고양

TTM 이론
1) 변화단계 중 3단계(준비단계, Preperation, Soon : 행동변화 기대치 설정, 지식 및 기술 함양)
① 앞으로 한 달 내에 행동변화의 의지를 가지고 있으며 적극적으로 행동변화를 계획하는 단계로, 과거 1년간의 금연노력 실패도 포함될 수 있다. 행동변화 기대치를 설정하고, 지식 및 기술을 함양한다.
② "앞으로 한 달 이내에 금연할 것을 고려하고 있다."
2) 의사결정 균형
3) 변화과정 중 Self-liberation, 자기해방 : 변화할 수 있다고 믿고 결심하는 것이다.
4) 변화과정 중 Consciousness raising, 의식고양 : 계획단계에서 가장 많이 행하여지는 과정이다. 높은 수준의 의식과 관련된 정확한 정보를 찾는 과정으로 문제를 이해하려고 대상자가 하는 활동

08 **다음은 보건실에서 건강 상담을 받고 있는 학생과 보건교사가 나눈 대화 내용이다. 〈작성 방법〉에 따라 순서대로 서술하시오.** [4점]

보건교사 : 요즘은 어때요?
학생 : 정말 힘들어요. ㉠제 주변에서 일어나는 안 좋은 일들은 모두 다 제 탓이에요. 우리 학교 야구부가 전국대회에서 진 것도 다 제 잘못이고, 저 때문에 이번 모의고사에서도 저희 학교가 꼴지할 거예요.
보건교사 : 그런 생각을 하니 많이 힘들겠어요. 지난번 병원 진료 받으라고 한 것은 어떻게 되었나요?
학생 : 엄마와 함께 병원에 다녀왔어요. 의사 선생님이 '주요 우울장애'라고 ㉡플루옥세틴(fluoxetine)이라는 약을 처방해 주셨어요.
보건교사 : 약은 잘 복용하고 있나요?
학생 : 네, 잘 먹고 있어요. 그런데 별로 좋아지지는 않고 오히려 더 힘든 것 같아요.
보건교사 : 약 복용 후 초기에는 여러 가지 불편한 증상도 있을 수 있어요. 시간이 지나면서 불편한 것도 나아지고 치료효과가 나타날 거예요.
학생 : 네, 그런데 ㉢경두개 자기 자극법(transcranial magnetic stimulation)을 할 수도 있다고 했는데 그것이 무엇인가요?

… (하략) …

〈 작성 방법 〉

- 밑줄 친 ㉠에 해당하는 '사고내용 장애'의 구체적인 유형을 제시할 것
- 밑줄 친 ㉡의 약물작용 기전을 설명하고, 작용기전이 이루어지는 부위를 제시할 것
- 밑줄 친 ㉢이 주요 우울장애의 치료에 효과를 나타내는 기전을 서술할 것

|해설| ㉠ 사고내용 장애 중 관계망상
㉡ 플루옥세틴
- 체내 신경전달 물질의 양을 조절함으로써 항우울 효과를 나타내는 약으로 선택적 세로토닌 재흡수 차단제에 속한다.
- 뇌 속의 신경세포들은 시냅스라는 구조를 통해 서로 연결되어 있는데 신경세포 말단에서 분비된 신경전달물질이 반대쪽 신경세포의 수용체에 결합함으로써 신경세포간에 신호가 전달된다.
- 강박증은 이러한 신경전달물질 중 '세로토닌'이라는 물질의 부족과 관련이 있다. 신경세포 말단에서 분비된 신경전달물질은 시간이 지나면서 재흡수 되는데 SSRI라는 선택적 세로토닌 재흡수 차단제는 세로토닌의 재흡수를 차단함으로써 시냅스 간극의 세로토닌 농도를 증가시키고 결과적으로 세로토닌 수용체에 더욱 강하게 작용하게 되어 강박증을 호전시킬 수 있다.

㉢ 경두개 자기 자극법(TMS, 뉴로모듈레이션)
- 뇌세포의 기능을 변화시키기 위하여 전기가 매우 직접적이고 효과적인 방법이기는 하나 전기를 사용할 경우 뇌세포를 지나치게 흥분시켜 경련과 같은 부작용이 발생할 수 있다.
- 반면 자기장의 자장은 두개골을 지나 뇌에 바로 영향을 주기 때문에 국소적이고 원하는 부위에 자기장을 집중시켜 국소부위를 활성화할 수 있게 된다. 아주 짧은 시간 자기장의 변화를 주어 펄스형태로 뇌세포를 자극하기 때문에 1초에 40번 이상의 너무 빠른 속도로 자극이 가해지면 뇌세포의 과활성화로 경련이 발생하기도 한다.
- 1985년 개발되었고 1998년 안전지침을 만들어져서 경련위험성은 매우 낮아졌다.

09 **다음은 A학교 보건교사가 안전사고 발생률을 B학교와 비교한 자료이다. 〈작성 방법〉에 따라 순서 대로 서술하시오.** [4점]

[표 1] A, B 학교 안전사고 발생률(2018년) (단위: 명)

구분	A 학교		B 학교		표준인구	A 학교	B 학교
	학생수	발생률 (1,000명당)	학생수	발생률 (1,000명당)		기대 발생수	기대 발생수
남학생	2,000	4.0	4,000	3.0	6,000	24	18
여학생	4,000	1.5	2,000	1.5	6,000	9	9
계	6,000	–	6,000	–	12,000	33	27

〈 작성 방법 〉

- 발생률의 개념을 서술할 것
- A 학교와 B 학교의 직접 표준화 방법에 의한 안전사고 발생률(1,000명당)을 산출하여 순서대로 제시할 것(단, 산출값은 반올림없이 소수점 아래 첫째자리까지 제시할 것)
- A 학교와 B 학교의 안전사고 발생률을 직접 표준화 방법에 의한 발생률로 산출하는 이유를 서술할 것

|해설| 1) 발생률의 개념 : 학생 수 1000명당 안전사고 발생 학생 수를 의미한다.

2) 표준화 방법에 의한 안전사고 발생률

구분	A 학교	B 학교
남학생	4	3
여학생	1.5	1.5
계	2.7	2.2

- A학교 남학생 = (24/6000)*1000 = 4
- A학교 여학생 = (9/6000)*1000 = 1.5
- B학교 남학생 = (18/6000)*1000 = 3
- B학교 여학생 = (9/6000)*1000 = 1.5
- A학교 계 = (33/12,000)*1000 = 2.7
- B학교 계 = (27/12,000)*1000 = 2.2

3) 직접표준화법을 사용하려면 두 학교의 "성별 구성"과 "성별 안전사고 발생률"을 알고 있어야 한다. 표1을 보면 A, B학교의 성별구성과 성별 안전사고 발생률을 알 수 있어서 직접표준화법을 사용할 수 있다.

10 **다음은 학기 초부터 거의 매일 보건실을 방문하여 건강 문제를 호소하는 고등학생과 보건교사가 나눈 대화의 내용이다. 〈작성 방법〉에 따라 순서대로 서술하시오.** [4점]

> 학생 : 선생님, 오늘은 소화가 더 안되는 것 같아요. 아무래도 불치병에 걸린 것이 확실해요. 6개월이 넘었는데, 나아지지도 않고 오히려 더 심해지는 것 같아요.
>
> 보건교사 : ㉠지난 번 병원에서 검사한 결과는 어땠나요?
>
> 학생 : 의사 선생님이 검사결과는 정상이라고 했어요. 그렇지만 믿을 수가 없어요. 제가 죽을 병에 걸린 것 같아요. 걱정돼서 공부도 못하겠고, 아무 것도 못 하겠어요. 엄마에게 다른 병원에 가서 다시 철저하게 검사를 받자고 해야겠어요. 곧 죽게 될거라고 생각하면 초조하고 기분이 우울해요.
>
> 보건교사 : 병원에서는 어떻게 하라고 했나요?
>
> 학생 : 처방해주는 약을 먹으라고 하셨어요. 그리고 학교 스포츠클럽에도 참여하라고 하셨는데 이해가 안 가요. 그게 제 병에 어떤 도움이 되나요?
>
> 보건교사 : 스포츠클럽과 같은 ㉡다른 활동에 참여하는 것이 어떤 도움이 되는지 설명해 줄게요.
>
> … (하략) …

〈 작성 방법 〉

- 밑줄 친 ㉠과 같은 질문이 위 사례에서 필요한 이유를 서술할 것
- 밑줄 친 ㉡이 위 사례의 학생에게 필요한 이유를 서술할 것
- '정적 강화(positive reinforcement)'의 원리를 설명하고, 밑줄 친 ㉡을 독려하기 위해
- 정적 강화를 적용한 구체적인 예 1가지를 서술할 것

|해설| ㉠ 이 학생은 질병불안장애(건강염려증)로 진단내릴 수 있으며 이 경우 대상자의 이해 정도에 따라 분명한 용어로 현재의 건강검진 결과와 진단을 알도록 한다. 이는 대상자가 건강상태에 관한 사실을 수용할 수 있는 정보를 주기 때문이다.

㉡ 활동요법 : 대상자들에게 여러 가지 치료적인 활동에 참여할 기회를 제공하여 그들의 에너지를 건설적인 방향으로 사용할 수 있도록 도움을 주는 치료방법이다. 이로 인해 정신증적 증상에 몰두하는 시간을 감소시킨다. 초조, 불안, 적개심 등을 건설적으로 발산시킬 수 있는 기회를 제공한다. 생활을 단조로움, 답답함으로부터 벗어나도록 활력을 제공한다.

㉢ 강화 : 특정 행동의 빈도를 증가시키는 모든 것을 의미하는 것으로 가장 보편적인 것은 '정적 강화' 또는 '보상'이 있다. 예를 들어 교사가 교실에서 자신의 의자에 가만히 앉아 있는 학생을 칭찬한다면 학생들은 칭찬을 받기 위해 각자 자리에 가만히 앉아 있을 것이다. 보건교사가 추천하는 활동에 학생이 참여를 하였다면 칭찬을 해 주거나 보상을 주도록 한다.

㉠ 신경불안장애

- 신체적 징후나 감각을 비현실적으로 부정확하게 인식해서 자신이 심한 병에 걸렸다는 집착과 공포로 인하여 사회생활이나 직업 기능에도 장애가 있는 상태를 의미한다.
- 이는 타인에 대한 공격심 또는 증오가 신체적 호소로 전이된 것이며 과거의 실망, 배척, 상실에서 분노가 일어나고 타인의 도움을 무효화해 그들을 거절하는 것이다.
- 대상자는 환자역할을 함으로써 여러 가지 곤란한 상황을 모면할 수 있고 사회적으로도 책임과 의무의 도피처가 될 수 있어 자기애적 경향과 관계가 있다고 할 수 있다.
- 방어기제 : 전치와 퇴행
- 발병은 성별에 상관없이 20~30대에 많으며, 우울증이나 불안장애를 동반하기도 한다.
- 대상자의 신체검진은 간호중재를 계획하는 데 도움이 되나 증상을 강화하지 않도록 한다. 따라서 신체검진은 한 번에 실시하는 것이 좋다. 특히 대상자가 급성적인 신체질환으로 고통받을 때 신체적 간호에 우선적으로 주의를 기울일 때 치료적 신뢰감이 형성될 수 있다. 대상자의 신체증상이 일반적으로 감정표현의 하나라는 것을 잘 이해해야 하나, 신체질환은 인정하는 태도를 보이지 않도록 한다.
- 대상자의 이해 정도에 따라 분명한 용어로 현재의 건강검진 결과와 진단을 알도록 한다. 이는 대상자가 건강상태에 관한 사실을 수용할 수 있는 정보를 주기 때문이다.